lonely planet

Égypte

Andrew Humphreys
Siona Jenkins
Leanne Logan
Geert Cole
Damien Simonis

LONELY PLANET PUBLICATIONS
Melbourne • Oakland • London • Paris

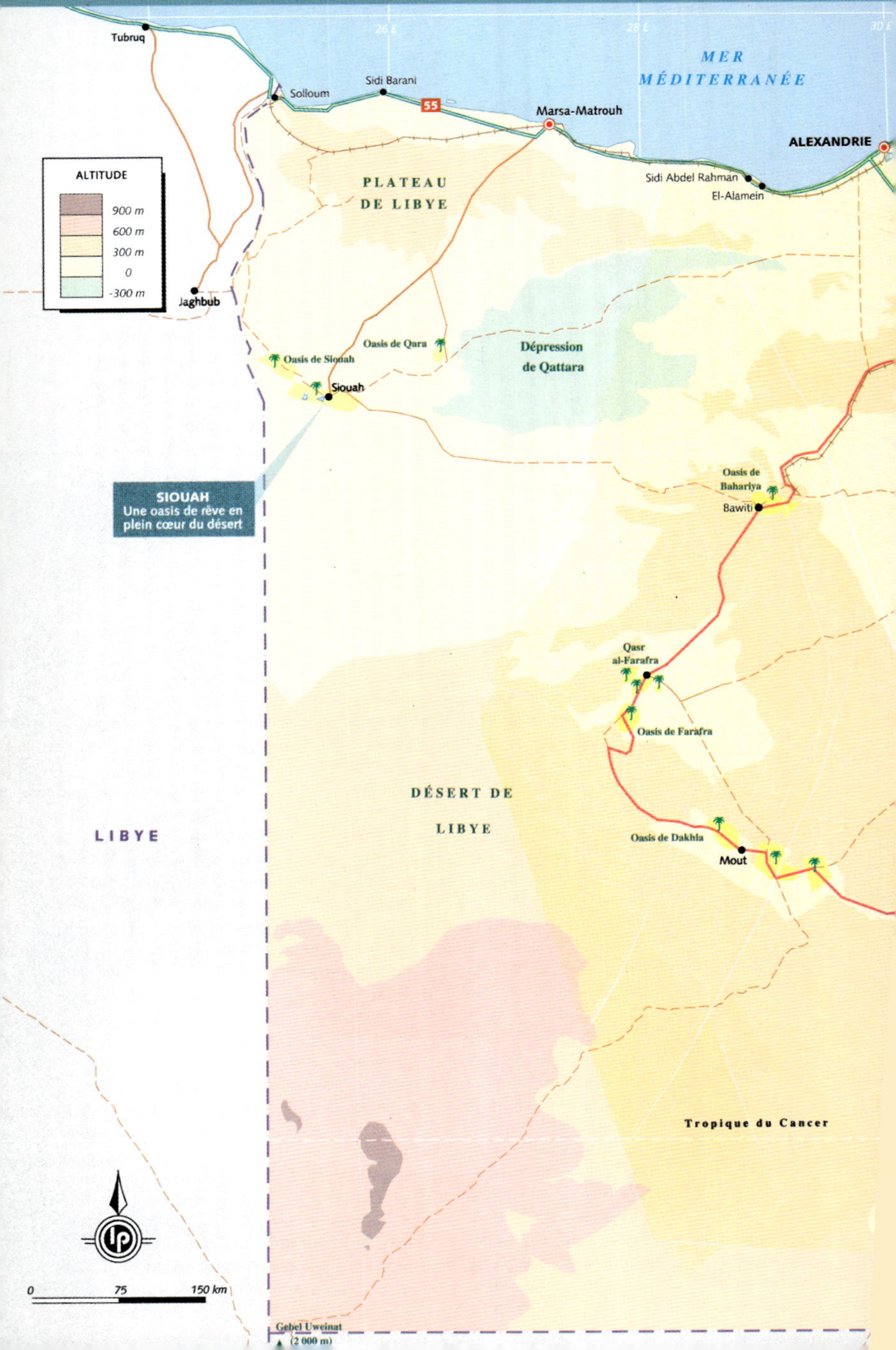

26 E
28 E
30 E
MER MÉDITERRANÉE
Tubruq
Solloum
Sidi Barani
55
Marsa-Matrouh
ALEXANDRIE
Sidi Abdel Rahman
El-Alamein
ALTITUDE
900 m
600 m
300 m
0
-300 m
Jaghbub
PLATEAU DE LIBYE
Oasis de Qara
Dépression de Qattara
Oasis de Siouah
Siouah
SIOUAH
Une oasis de rêve en plein cœur du désert
Oasis de Bahariya
Bawiti
Qasr al-Farafra
Oasis de Farafra
DÉSERT DE LIBYE
LIBYE
Oasis de Dakhla
Mout
Tropique du Cancer
0
75
150 km
Gebel Uweinat
(2 000 m)

ÉGYPTE

LE CAIRE
Ville extrêmement animée et foyer culturel du monde arabe. Découvrez les trésors du Musée égyptien et les pyramides
LE SUD DU SINAÏ
Étonnants canyons et fabuleux paysages désertiques sont au rendez-vous. Près des côtes bordées de récifs coralliens évolue une faune marine exubérante
LA MER ROUGE
Le paradis de la plongée, où l'on découvre des coraux spectaculaires et de magnifiques épaves datant de la Seconde Guerre mondiale
LOUXOR
Ville phare de l'Égypte antique. Laissez-vous émerveiller par les tombes et les temples de la Thèbes pharaonique
ASSOUAN
Idéalement située au bord du Nil, cette ville possède un souk coloré. La culture et l'artisanat nubiens y sont également développés
ABOU SIMBEL
Les temples d'Abou Simbel et d'Hathor expriment la splendeur des monuments de l'ancienne Égypte
Tel Aviv
Jérusalem
AMMAN
Gaza
Rafah
ISRAËL ET LES TERRITOIRES PALESTINIENS
JORDANIE
ARABIE SAOUDITE
Baltim
Damiette (Dumyat)
Rosette (Rashid)
Port-Saïd
Al-Arish
Damanhur
Mansourah
Tantah
Abu Kebir
Zagazig
Ismaïlia
Benha
Canal de Suez
Grand lac amer
Gizeh
LE CAIRE
Suez
Port Tawfiq
Pyramides de Gizeh
Saqqarah
Pyramides de Dachour
Pyramides de Meïdoum
Oasis du Fayoum
Médinet
Pyramide de Haouara
Pyramide d'El-Lahoun
Le Fayoum
Beni-Souef
Zafarana
PÉNINSULE DU SINAÏ
RÉSERVE DE RAS ABU GALLUM
Taba
Eilat
Aqaba
Nuweiba
Golfe d'Aqaba
Golfe de Suez
Plateau du sud Gala
Col de Watia
Mont Sinaï (2 285 m)
Dahab
El-Tor
RÉSERVE DE DAHAB
RÉSERVE DE NABQ
Ras Gharib
Sharm el-Sheikh
RÉSERVE DES ÎLES TIRAN ET SANAFIR
PARC NATIONAL RAS MOHAMMED
Minièh
Mallawi
Deir Mawas
Hurghada
DÉSERT ORIENTAL (ARABIQUE)
GHARD ABU MUHARIQ
Assiout
Nil
MONTAGNES DE LA MER ROUGE
Port Safaga
Sohag
Barrage de Nag Hammadi
Al-Balyana
Qena
Brother Island
Al-Quseir
Qus
Vallée des Rois
Louxor
Kharguèh (Al-Kharga)
Oasis de Kharguèh
Esna
Marsa 'Alam
MER ROUGE
Edfou
Gebel Hamata (1 977 m)
Baris
Tombes des Nobles
Assouan
Barrage d'Assouan
Temple de Philae
Plateau calcaire
Île Mukawwa
Berenice
Baie de Foul
Lac Nasser
Temples d'Abou Simbel
Abou Simbel
Frontière administrative
Halaib
SOUDAN
Frontière politique
32 E
34 E
32 N
28 N
26 N
8
1
11
3
44
33
55
54
2
77
57
88
99
44

Égypte
1re édition française – Janvier 2000
Traduite de l'ouvrage *Egypt* (5th edition)

Publié par
Lonely Planet Publications 1, rue du Dahomey, 75011 Paris

Autres bureaux Lonely Planet
Australie PO Box 617, Hawthorn, Victoria 3122
États-Unis 150 Linden St, Oakland, CA 94607
Grande-Bretagne 10a Spring Place, London NW5 3BH

Photographies
La plupart des photos publiées dans ce guide sont disponibles auprès de notre agence photographique Lonely Planet Images
(e-mail : lpi@lonelyplanet.com.au).

Photo de couverture
Temple de Louxor, Louxor (Greg Elms)

Dépôt légal
Janvier 2000

Traduction de
Jean-Noël Chatain, Thérèse de Cherisey
et Frédérique Hélion-Guerrini

ISBN 2-84070-161-8
ISSN 1242-9244

Imprimé par The Bookmaker Pty Ltd
Imprimé en Chine

Bien que les auteurs et l'éditeur aient essayé de donner des informations aussi exactes que possible, ils ne sont en aucun cas responsables des pertes, des problèmes ou des accidents que pourraient subir les personnes utilisant cet ouvrage.

Table des matières

Table des matières – Cartes

LE CAIRE

LES ENVIRONS DU CAIRE

LA VALLÉE DU NIL – DE BENI-SOUEF A QUS

LA VALLÉE DU NIL – LOUXOR

LA VALLÉE DU NIL – D'ESNA A ABOU SIMBEL

LES OASIS DU DÉSERT DE LIBYE

ALEXANDRIE ET LA CÔTE MÉDITERRANÉENNE

LE CANAL DE SUEZ

LE LITTORAL DE LA MER ROUGE

PLONGÉE EN MER ROUGE

SINAÏ

LÉGENDE DES CARTES

Voir dernière page

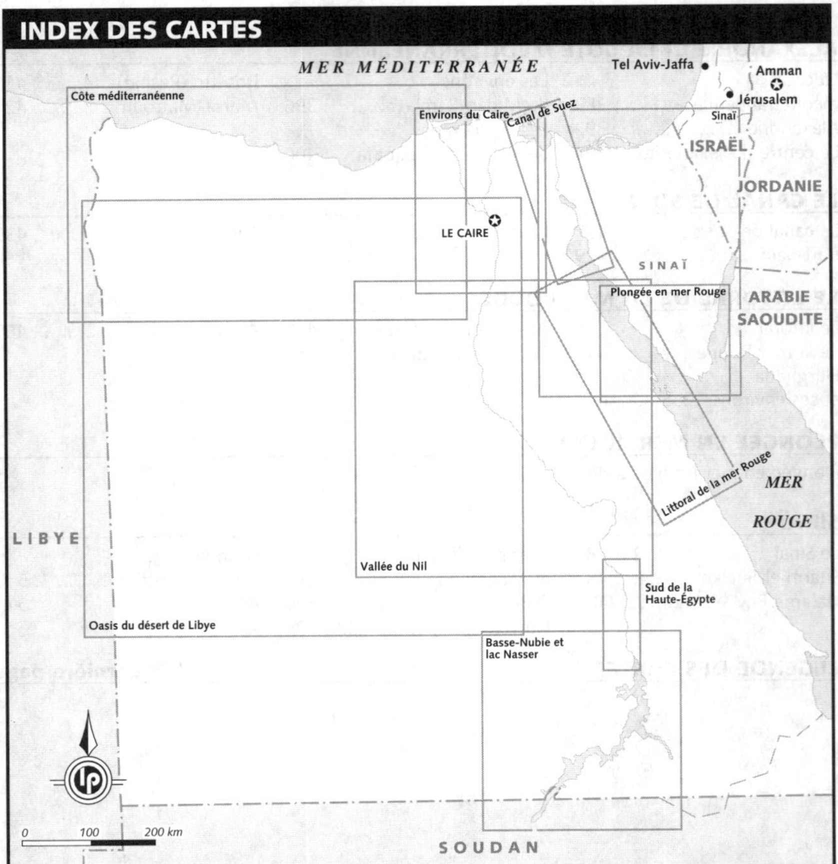
INDEX DES CARTES
MER MÉDITERRANÉE
Tel Aviv-Jaffa
Amman
Jérusalem
Côte méditerranéenne
Environs du Caire
Canal de Suez
Sinaï
ISRAËL
JORDANIE
LE CAIRE
SINAÏ
Plongée en mer Rouge
ARABIE SAOUDITE
Littoral de la mer Rouge
MER ROUGE
LIBYE
Vallée du Nil
Sud de la Haute-Égypte
Oasis du désert de Libye
Basse-Nubie et lac Nasser
0
100
200 km
SOUDAN

Les auteurs

Andrew Humphreys et Gadi Farfour

Passionné par l'Égypte et le Moyen-Orient, Andrew Humphreys a vécu trois ans au Caire. Architecte de formation, son intérêt pour l'architecture arabe l'a mené à l'écriture. Après une expérience de

journaliste dans les États baltes, Andrew est revenu au Moyen-Orient. Pour Lonely Planet, il a collaboré à de nombreux guides : *Central Asia, Middle East, Israel & the Palestinian Territories, Jerusalem, Cairo* et *Syria*. D'origine égyptienne et estonienne, Gadi Farfour a grandi entre Alexandrie et Tallinn. Maquettiste de profession, elle a accompagné Andrew lors de son travail d'investigation. Vivant actuellement à Londres, Andrew et Gadi sont les cofondateurs du *Cairo Times,* journal en langue anglaise dont le siège se trouve au Caire.

Siona Jenkins

Née au Royaume-Uni, Siona a grandi au Canada. Elle a découvert le Moyen-Orient pendant son adolescence, à la faveur d'une mutation professionnelle de ses parents en Arabie saoudite. Après des études supérieures consacrées au Moyen-Orient, elle est partie en Égypte pendant six mois afin de parfaire ses connaissances linguistiques. Elle s'y est finalement installée et partage son temps entre Le Caire et sa maison sur la rive ouest du Nil, à Louxor. Siona a écrit pour de nombreuses organisations humanitaires et est actuellement journaliste indépendante, notamment pour le *Irish Times*.

Leanne Logan

Leanne Logan a toujours eu l'âme d'une voyageuse. Elle a parcouru l'Australie pour plusieurs journaux et l'*Australian Associated Press,* puis l'Asie et le Moyen-Orient. A Londres, elle a été rédactrice en chef adjointe d'un magazine consacré au voyage. Leanne a rejoint Lonely Planet en 1991, où elle a rencontré Geert Cole à l'occasion d'un travail en commun sur la Belgique. Ensemble, ils ont signé de nombreux guides Lonely Planet.

Geert Cole

Dans les années 70, Geert a abandonné ses études universitaires pour aller à la découverte de plus vastes horizons. Il a plusieurs cordes à son arc : lorsqu'il ne s'affaire pas dans son atelier de vitraux, il traverse le Pacifique, élève des moutons australiens, fait du trekking en Alaska ou de la plongée dans les mers chaudes.

Damien Simonis

Né à Sydney et diplômé de langues, Damien Simonis a été reporter et secrétaire de rédaction pour différents journaux australiens dont *The Australian* et *The Age*. Depuis 1989, il a effectué de multiples voyages en Europe, au Moyen-Orient et en Afrique du Nord.

UN MOT DES AUTEURS

Andrew Humphreys. Je tiens à remercier Neil Turner qui a su me communiquer son goût de la vie et m'a fait découvrir l'Égypte. Ma contribution à ce guide lui est dédiée.

Siona Jenkins. Je voudrais remercier Terry Weston, le Dr Adel Taher, Rafael al-Maary, et particulièrement Arman Gazeryan pour ses précieux conseils sur la plongée et pour ses histoires d'horreur. Merci à Samira et à Sheirif Ebeid pour leur hospitalité et leur enthousiasme sur Dahab, à Angela Godfrey pour son formidable engagement pour la protection des sites naturels. Un grand merci à John Grainger et au *National Parks Office* pour leur aide et pour leurs efforts herculéens pour la préservation du Sinaï. Grâce à l'action éducative menée par Amr Shannon, le désert de Libye restera probablement un espace magique et protégé. Un coup de chapeau à Lisa Truett et à Rene Gebhard pour son engagement dans la lutte contre la destruction des sites archéologiques fragiles du désert.

A Siouah, toute ma reconnaissance à Abdallah Baghi pour son orientation infaillible dans la grande mer de sable et pour sa volonté de sauvegarder le patrimoine de sa communauté, et à Mounir Naematallah qui veille à la préservation de l'oasis. Merci à Shukry Saad pour la visite d'Assouan, pour la pêche à la perche dans le lac Nasser et pour m'avoir fait découvrir le oud nubien. A Louxor, le Dr Boutros nous a été d'une grande aide, tout comme Nick Warner avec ses précieuses informations sur Al-Quseir et le regretté Kamal El-Din Hussein, passionné d'histoire et d'Al-Quseir.

Merci à Betsy, Max Rodenbeck, Karima Khalil, Anthony Sattin et Sylvie Franquet, Andrew et Gadi.

Enfin, toute ma gratitude à David qui est resté à la maison et à Leo qui a été un enfant très compréhensif.

A propos de cet ouvrage

Cet ouvrage est la première traduction en français de la cinquième édition en anglais du guide *Egypt* mis à jour par Andrews Humphreys, Gadi Farfour et Siona Jenkins. Scott Wayne a écrit les deux premières éditions de l'ouvrage *Egypt & the Sudan*. Damien Simonis a travaillé sur la 3e édition, et Leanne Logan et Geert Cole ont mis à jour la 4e édition.

Un mot de l'éditeur

Karine Ioannou-Sophoclis a effectué la mise en pages de cet ouvrage et Jean-Bernard Carillet en a assuré la coordination éditoriale.

Nous remercions chaleureusement Sylvie Mabille qui est intervenue aux premiers stades de la maquette, Régis Couturier qui a lancé le projet et effectué des recherches, Sandrine Dupain pour ses éclairages, Sylvie Tellier, Maja Brion-Rafaël, Franck Médioni et Laurent Courcoul pour leur contribution au texte. Merci également à Cécile Bousquet pour ses interventions en traduction.

Les cartes originales sont l'œuvre de Gadi Farfour, aidée de Shahara Ahmed, Brett Moore et Katie Butterworth. Elles ont été adaptées en français par Jacques Richard. Les illustrations ont été réalisées par Trudi Canavan, Golo, Verity Campbell et Geoff Stringer. Quentin Frayne a coordonné le chapitre *Langue*. Paul Piaia a conçu les tableaux climatiques et Jeremy Smith a apporté sa contribution pour la section spéciale sur l'Égypte pharaonique. Quant à la couverture, elle a été réalisée par Sophie Rivoire.

Enfin, nous exprimons tous nos remerciements à Andy Nielson, Barbara Aitken et Graham Imeson pour leur constante collaboration avec le bureau français.

Remerciements
Nous exprimons toute notre gratitude aux lecteurs qui nous ont fait part de leurs remarques, expériences et anecdotes. Leurs noms apparaissent à la fin de l'ouvrage

Avant-propos

LES GUIDES LONELY PLANET

Tout commence par un long voyage : en 1972, Tony et Maureen Wheeler rallient l'Australie après avoir traversé l'Europe et l'Asie. A cette époque, on ne disposait d'aucune information pratique pour mener à bien ce type d'aventure. Pour répondre à une demande croissante, ils rédigent le premier guide Lonely Planet, un fascicule écrit sur le coin d'une table.

Depuis, Lonely Planet est devenu le plus grand éditeur indépendant de guides de voyage dans le monde, et dispose de bureaux à Melbourne (Australie), Oakland (États-Unis), Londres (Royaume-Uni) et Paris (France).

La collection couvre désormais le monde entier, et ne cesse de s'étoffer. L'information est aujourd'hui présentée sur différents supports, mais notre objectif reste constant : donner des clés au voyageur pour qu'il comprenne mieux les pays qu'il visite.

L'équipe de Lonely Planet est convaincue que les voyageurs peuvent avoir un impact positif sur les pays qu'ils visitent, pour peu qu'ils fassent preuve d'une attitude responsable. Depuis 1986, nous reversons un pourcentage de nos bénéfices à des actions humanitaires.

Remises à jour. Lonely Planet remet régulièrement à jour ses guides, dans leur totalité. Il s'écoule généralement deux ans entre deux éditions, parfois plus pour certaines destinations moins sujettes au changement. Pour connaître l'année de publication, reportez-vous à la page qui suit la carte couleur, au début du livre.

Entre deux éditions, consultez notre journal gratuit d'informations trimestrielles *Le Journal de Lonely Planet* ou le Minitel 3615 lonelyplanet (1,29 F/mn), où vous trouverez des informations de dernière minute sur le monde entier. Sur notre nouveau site Internet www.lonelyplanet.fr, vous aurez accès à des fiches pays régulièrement remises à jour. D'autres informations (en anglais) sont disponibles sur notre site anglais www.lonelyplanet.com.

Courrier des lecteurs. La réalisation d'un livre commence avec le courrier que nous recevons de nos lecteurs. Nous traitons chaque semaine des centaines de lettres, de cartes postales et d'e-mails, qui sont ajoutés à notre base de données, publiés dans notre journal d'information ou intégrés à notre site Internet. Aucune information n'est publiée dans un guide sans avoir été scrupuleusement vérifiée sur place par nos auteurs.

Recherches sur le terrain. Nos auteurs recueillent des informations pratiques et donnent des éclairages historiques et culturels pour mieux appréhender le contexte culturel ou écologique d'un pays.

Lonely Planet s'adresse en priorité aux voyageurs indépendants qui font la démarche de partir à la découverte d'un pays. Nous disposons de multiples outils pour aider tous ceux qui adhèrent à cet esprit : guides de voyage, guides de conversation, guides thématiques, cartes, littérature de voyage, journaux d'information, banque d'images, séries télévisées et site Internet

Les auteurs ne séjournent pas dans chaque hôtel mentionné. Il leur faudrait en effet passer plusieurs mois chacune des villes ; ils ne déjeunent pas non plus dans tous les restaurants. En revanche, ils inspectent systématiquement ces établissements pour s'assurer de la qualité de leurs prestations et de leurs tarifs. Nous lisons également avec grand intérêt les commentaires des lecteurs.

La plupart de nos auteurs travaillent sous le sceau du secret, bien que certains déclinent leur identité. Tous s'engagent formellement à ne percevoir aucune gratification, sous quelque forme que ce soit, en échange de leurs commentaires. Par ailleurs, aucun de nos ouvrages ne contient de publicité, pour préserver notre indépendance.

Production. Les auteurs soumettent leur texte et leurs cartes à l'un de nos bureaux en Australie, aux États-Unis, au Royaume-Uni ou en France. Les secrétaires d'édition et les cartographes, eux-mêmes voyageurs expérimentés, traitent alors le manuscrit. Trois à six mois plus tard, celui-ci est envoyé à l'imprimeur. Lorsque le livre sort en librairie, certaines informations sont déjà caduques et le processus se remet en marche…

ATTENTION !

Un guide de voyage ressemble un peu à un instantané. A peine a-t-on imprimé le livre que la situation a déjà évolué. Les prix augmentent, les horaires changent, les bonnes adresses se déprécient et les mauvaises font faillite. Gardez toujours à l'esprit que cet ouvrage n'a d'autre ambition que celle d'être un guide, pas un bréviaire. Il a pour but de vous faciliter la tâche le plus souvent possible au cours de votre voyage.

N'hésitez pas à prendre la plume pour nous faire part de vos expériences.

Toutes les personnes qui nous écrivent sont gratuitement abonnées à notre revue d'information trimestrielle le *Journal de Lonely Planet*. Des extraits de votre courrier pourront y être publiés. Les auteurs de ces lettres sélectionnées recevront un guide Lonely Planet de leur choix. Si vous ne souhaitez pas que votre courrier soit repris dans le Journal ou que votre nom apparaisse, merci de nous le préciser.

Envoyez vos courriers à Lonely Planet, 1 rue du Dahomey, Paris 75011

ou vos e-mails à : bip@lonelyplanet.fr

Informations de dernières minutes :
www.lonelyplanet.fr et www.lonelyplanet.com

COMMENT UTILISER VOTRE GUIDE LONELY PLANET

Les guides de voyage Lonely Planet n'ont pour seule ambition que d'être des guides, pas des bibles synonymes d'infaillibilité. Nos ouvrages visent à donner des clés au voyageur afin qu'il s'épargne d'inutiles contraintes et qu'il tire le meilleur parti de son périple.

Contenu des ouvrages. La conception des guides Lonely Planet est identique, quelle que soit la destination. Le chapitre *Présentation du pays* met en lumière les divers facettes de la culture du pays, qu'il s'agisse de l'histoire, du climat ou des institutions politiques. Le chapitre *Renseignements pratiques* comporte des informations plus spécifiques pour préparer son voyage, telles que les formalités d'obtention des visas ou les précautions sanitaires. Le chapitre *Comment s'y rendre* détaille toutes les possibilités pour se rendre dans le pays. Le chapitre *Comment circuler* porte sur les moyens de transport sur place.

Le découpage du reste du guide est organisé selon les caractéristiques géographiques de la destination. Vous retrouverez toutefois systématiquement la même trame, à savoir : centres d'intérêt, possibilités d'hébergement et de restauration, où sortir, comment s'y rendre, comment circuler.

Présentation des rubriques. Une rigoureuse structure hiérarchique régit la présentation de l'information. Chaque chapitre est respectivement découpé en sections, rubriques et paragraphes.

Accès à l'information. Pour faciliter vos recherches, consultez le sommaire en début d'ouvrage et l'index détaillé à la fin de celui-ci. Une liste des cartes et une "carte des cartes" constituent également des clés pour se repérer plus facilement dans l'ouvrage.

L'ouvrage comporte également une carte en couleur, sur laquelle nous faisons ressortir les centres d'intérêt incontournables. Ceux-ci sont décrits plus en détails dans le chapitre *Renseignements pratiques*, où nous indiquons les meilleures périodes pour les visiter et où nous suggérons des itinéraires. Les chapitres régionaux ouvrent sur une carte de situation, accompagnée d'une liste de sites ou d'activités à ne pas manquer. Consultez ensuite l'index, qui vous renverra aux pages *ad hoc*.

Cartes. Les cartes recèlent une quantité impressionnante d'informations. La légende des symboles employés figure en fin d'ouvrage. Nous avons le souci constant d'assurer la cohérence entre le texte et les cartes, en mentionnant sur la carte chaque donnée importante présente dans le texte. Les numéros désignant un établissement ou un site se lisent de haut en bas et de gauche à droite.

Remerciements
Nous exprimons toute notre gratitude aux lecteurs qui nous ont fait part de leurs remarques, expériences et anecdotes. Leurs noms apparaissent à la fin de l'ouvrage

Introduction

Que dire sur l'Égypte ? Ce pays évoque le souvenir de ces livres d'images que l'on a longuement feuilletés sur les bancs de l'école et qui restent ancrés dans la mémoire toute une vie. Son rayonnement est tel que nous connaissons d'emblée des bribes de son histoire. Ramsès, Toutankhamon, Cléopâtre, le Nil, les pyramides, le Sinaï… nous semblent naturellement familiers.

Pourtant, cette civilisation multimillénaire tant décrite reste le pays de l'éternelle surprise. Le Caire, gigapole écrasante débordant d'une vitalité désordonnée, conserve un pouvoir de séduction inexplicable malgré ses nuisances. La vallée du Nil, véritable musée à ciel ouvert rassemblant des vestiges de l'ancienne Égypte, fait se côtoyer sans complexe 6000 ans d'histoire et un modernisme débridé. Les fabuleux trésors architecturaux et archéologiques, dont l'inventaire continue, subjuguent le plus blasé des visiteurs.

Sur les bords du Nil, fleuve nourricier, des scènes immémoriales se rejouent au quotidien. A Assouan, qui lorgne déjà l'Afrique, au sud, le désert fait corps avec le fleuve.

Quant aux oasis, à l'ouest, petits points de vie perdus dans l'immensité des dunes, elles ont le goût de la poussière et du soleil. A l'écart des sentiers battus, elles conservent un parfum d'aventure.

Le Sinaï ? Plus qu'une référence biblique, c'est la source du monde. Ses paysages de rocaille, sculptés par les éléments, sont d'envoûtants sortilèges. La Mer Rouge, qui le borde, a acquis une renommée mondiale grâce à ses magnifiques fonds sous-marins.

Ce pays est multiple, insaisissable, inclassable. Sa magie s'éprouve de mille manières : en felouque sur le Nil, en microbus, dans un ahwa, lors d'une méharée dans le désert ou encore palmes au pied dans la mer Rouge.

L'Égypte, c'est une révélation sans cesse recommencée.

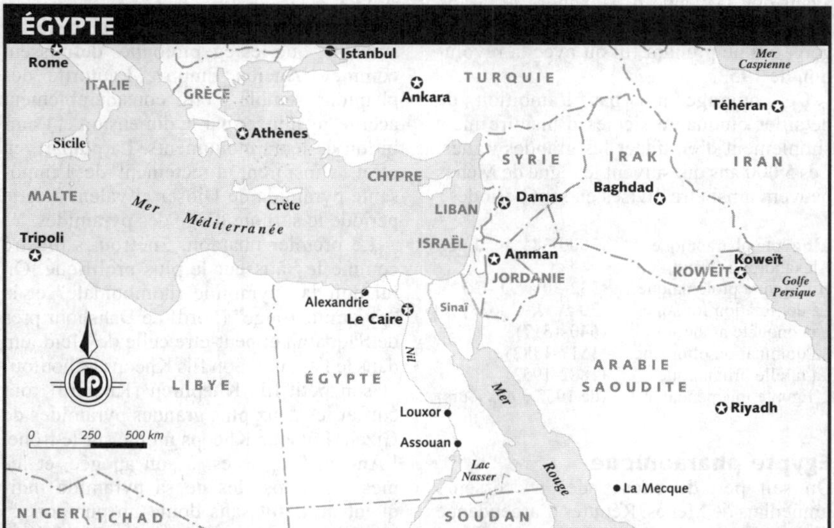

Présentation de l'Égypte

HISTOIRE

L'histoire de l'Égypte et le cours du Nil ont toujours eu partie liée. Dès que les premiers nomades s'établissent dans sa vallée, le fleuve inspire et gouverne la vie religieuse, économique, sociale et politique des Égyptiens. Pendant des siècles, l'étroite bande de terre fertile qui borde le fleuve constitue un obstacle au rassemblement des premières communautés, farouchement attachées à leur indépendance. Cependant, le Nil, voie naturelle du commerce et de la communication, finit par les rapprocher. Ainsi naissent deux États puissants : la Haute-Égypte, constituée de la vallée du Nil dans sa partie navigable, d'Assouan jusqu'au delta au nord, et la Basse-Égypte, régnant sur la plaine marécageuse formée par le delta lui-même. Leur unification par Ménès vers 3000 av. J.-C. inaugure la période la plus remarquable de l'Égypte ancienne. En quelque 2 700 ans, trente dynasties et cinquante souverains égyptiens se succèdent avant que la venue d'Alexandre le Grand marque le début d'une domination étrangère, qui ne prendra fin qu'avec la révolution de 1952.

Cet ouvrage n'a pas l'ambition de détailler cinquante siècles d'histoire mais simplement d'en tracer les grandes lignes. Les 5 000 ans qui suivent le règne de Ménès peuvent ainsi être divisés en sept périodes :

L'Égypte pharaonique	(3000-341 av. J.-C.)
Alexandre le Grand et l'Égypte ptolémaïque	(332-30 av. J.-C.)
La domination romaine	(30 av. J.-C.-638)
La conquête arabe	(640-1517)
La domination ottomane	(1517-1882)
La tutelle britannique	(1882-1952)
L'Égypte indépendante	(de 1952 à nos jours)

Égypte pharaonique

On sait peu de choses des successeurs immédiats de Ménès. Réputés d'ascendance divine, ils développent une société fortement hiérarchisée, encouragent les arts et bâtissent de nombreux temples et édifices publics. A 24 km du Caire, Memphis, la capitale fondée par Ménès, marque la jonction entre la Haute-Égypte et la Basse-Égypte. Berceau de la civilisation pharaonique, la ville prospère pendant 3 500 ans. L'écriture, l'administration, l'art et l'architecture s'y épanouissent. S'il ne reste pratiquement rien de la plus grande cité de l'Égypte ancienne, les remarquables complexes funéraires de ses rois donnent une idée de sa taille et de son importance. La nécropole de Saqqarah, qui s'étend sur 7 km, est la plus réputée. En son centre s'élève la première pyramide à degrés, qui servit de modèle à quantité de pyramides postérieures.

Construit pour le roi Djoser vers 2700 ans av. J.-C., l'édifice témoigne non seulement de la puissance du souverain et de la prospérité de l'époque mais préfigure également une ère nouvelle.

Ancien Empire. Au cours des cinq siècles suivants, que les égyptologues définissent comme l'Ancien Empire, l'autorité des pharaons semble s'être considérablement accrue, à en juger par la dimension et l'ambition de leurs monuments. La plupart, en effet, s'inspirent directement de l'imposante pyramide de Djoser et valent à cette période le surnom d'âge des pyramides.

Le premier pharaon, Snéfrou, s'illustre comme le bâtisseur le plus prolifique. On lui doit la "pyramide rhomboïdale" et la "pyramide rouge" (nord) de Dahshour près de Saqqarah et peut-être celle de Meïdoum dans le Fayoum. Son fils Kheops (Khoufou) et son petit-fils Khephren (Khaéfrê) font édifier les deux plus grandes pyramides de Gizeh. Lorsque Kheops monte sur le trône, l'Ancien Empire est à son apogée, et les mesures colossales de sa pyramide indiquent qu'il fut sans doute un pharaon de première importance. La taille de l'édifice et la précision mathématique de sa structure témoignent de la maîtrise extraordinaire de l'architecture égyptienne.

Plus tard, la Ve dynastie (vers 2490-2330 av. J.-C.) marque une rupture dans le mode de gouvernement. Les pharaons commencent à partager le pouvoir avec de hauts dignitaires et des membres de la noblesse au sein de la bureaucratie dont ils ont favorisé le développement. A l'inverse de leurs prédécesseurs, ils ne sont plus des monarques absolus et manquent de ressources pour l'édification d'immenses monuments funéraires. A cet égard, les pyramides de dimensions plus réduites construites à Abousir, à 12 km au sud de Gizeh, sont révélatrices.

La perte du contrôle politique s'accentue encore pour les pharaons de la VIe et de la VIIe dynastie (vers 2330-2170 av. J.-C.), suscitant l'émergence d'un grand nombre de petites principautés locales et l'établissement d'une deuxième capitale à Héracléopolis, près de l'actuel Beni-Souef. Ce morcellement précipite la chute de l'État central, et les gouverneurs de provinces (*nomes*) s'emparent des commandes. La grandeur des précédentes dynasties n'a pas résisté aux luttes féodales incessantes, condamnant toute possibilité d'essor politique ou artistique.

Au début de la XIe dynastie, un membre de la famille Intef rallie toutes les principautés du sud contre Héracléopolis affaiblie et établit un royaume indépendant dont Thèbes (l'actuelle Louxor) est la capitale. Le Nord et le Sud sont à nouveau réunis sous le règne de Montouhotep II. Les princes thébains prennent la tête de l'Égypte recomposée, marquant le début du Moyen Empire.

Moyen Empire. Le retour à l'ordre politique se traduit par un nouvel élan des constructions de sépultures et de temples. Grands bâtisseurs, Montouhotep, Amenemhat et Sésostris élèvent des pyramides toujours visibles à Lisht, à Dachour, à Haouara et à El-Lahoun près de l'oasis du Fayoum et de Saqqarah. Dans le même temps, les frontières de l'empire sont repoussées au sud vers la Nubie, dont la population tribale intègre les armées pharaoniques (on peut admirer, au musée du Caire, une représentation de soldat nubien datant de cette période). Puis, les querelles opposant les gouverneurs et les nobles, des *nomes* mettent encore une fois un frein à la construction et à l'expansionnisme territorial. L'autorité royale ébranlée, le pays divisé se trouve désormais à la merci d'une conquête étrangère.

Des tribus venues du nord-est (la future Palestine) occupent le delta. Les Égyptiens désignent leurs chefs sous le terme d'*hékakhaset*, "souverain d'un pays étranger", déformé par la suite en Hyksos. Ainsi s'achève le Moyen Empire, au bout de 250 ans. Les Hyksos disputent la souveraineté aux Égyptiens pendant un peu plus de

La palette de Narmer (vers 3200 av. J.-C.) constitue l'un des plus vieux documents sur l'histoire de l'Égypte ancienne. Elle commémore la victoire de Narmer, roi de Haute-Égypte, sur la Basse-Égypte

Chronologie des pharaons

Cette liste n'est pas exhaustive mais elle reprend le nom de tous les souverains cités dans le présent ouvrage.

Dynastie	Période (av. J.-C.)	Monument important
PÉRIODE PRÉDYNASTIQUE		
Ire dynastie	**2920-2770**	
dont		
Ménès		Memphis
IIe dynastie	**2770-2649**	
IIIe dynastie	**2649-2575**	
dont		
Djoser	2630-2611	Pyramide à degrés de Saqqarah
Sékhemkhet	2611-2603	Pyramide à Saqqarah
ANCIEN EMPIRE		
IVe dynastie	**2575-2465**	
Snéfrou	2575-2551	Pyramides de Dachour
Kheops (Khoufou)	2551-2528	Pyramide de Gizeh
Didoufri (Djédéfrê)	2528-2520	
Khephren (Khaéfrê)	2520-2494	Pyramide de Gizeh
Mykérinos (Menkaourê)	2490-2472	Pyramide de Gizeh
Shepseskaf	2472-2467	
V^e dynastie	**2465-2323**	
dont		
Ouserkaf	2465-2458	Pyramide à Saqqarah
Sahourê	2458-2446	Pyramide à Abousir
Néferirkarê	2446-2426	Pyramide à Abousir
Shepseskarê	2426-2419	
Néferefrê	2419-2416	
Niouserrê	2416-2388	Pyramide à Abousir
Ounas	2356-2323	Pyramide à Saqqarah
VIe dynastie	**2323-2150**	
dont		
Téti	2323-2291	
Pépi Ier	2289-2255	
Pépi II	2246-2152	
VIIe et VIIIe dynastie	**2150 2134**	
Ire PÉRIODE INTERMÉDIAIRE		
IXe et X^e dynastie	**2134-2040**	

Chronologie des pharaons

Dynastie	Période (av. J.-C.)	Monument important
MOYEN EMPIRE		
XIe dynastie	**2040-1991**	
dont		
Montouhotep Ier	2061-2010	
Montouhotep II	2010-1998	
Montouhotep III	1998-1991	
XIIe dynastie	**1991-1783**	
dont		
Amenemhat Ier	1991-1962	
Sésostris Ier (Sénousret)	1971-1926	Parties les plus anciennes de Karnak
XIIIe et XIVe dynasties	**1783-1640**	
2e PÉRIODE INTERMÉDIAIRE	**1640-1532**	
XVe-XVIIe dynasties	**1640-1532**	
NOUVEL EMPIRE		
XVIIIe dynastie	**1550-1319**	
dont		
Aménophis Ier	1525-1504	Temple de Louxor
Thoutmosis Ier	1504-1492	Vallée des Rois
Thoutmosis II	1492-1479	
Thoutmosis III	1479-1425	
Hatshepsout	1473-1458	Deir el-Bahari
Aménophis II	1427-1401	
Thoutmosis IV	1401-1391	
Aménophis III	1391-1353	Colosse de Memnon
Akhénaton (Aménophis IV)	1353-1333	Tell al-Amarna
Toutankhamon	1333-1323	
XIXe dynastie	**1319-1196**	
dont		
Horemheb	1319-1307	
Ramsès Ier	1307-1306	
Séti Ier	1306-1290	Abydos
Ramsès II	1290-1224	Ramesseum, Abou Simbel
Séti II	1210-1204	
XXe dynastie	**1196-1070**	
dont		
Ramsès III	1194-1163	Médinet Habou
3e PÉRIODE INTERMÉDIAIRE		
XXIe dynastie	**1070-945**	
dont		
Psousennès Ier	1040-992	

un siècle mais ne laissent guère de traces dans l'histoire, si ce n'est l'introduction du char à cheval. Ces envahisseurs délogés vers 1550 av. J.-C, une nouvelle ère peut commencer. D'une magnificence inégalée, celle-ci se traduit, pendant près d'un demi-millénaire, par une succession presque ininterrompue de dynasties.

Nouvel Empire. A la suite d'Ahmosis (vers 1550 av. J.-C.), plus de trente monarques appartenant à trois dynasties règnent pendant la période considérée comme l'âge d'or de l'Égypte pharaonique. La plupart des monuments remarquables de Louxor datent de cette époque. Thèbes forme alors le centre religieux et politique du royaume, tandis que Memphis, la vieille capitale, gère l'administration et les affaires courantes. Le culte d'Amon-Rê, un hybride d'Amon, le dieu thébain, et de Rê, la divinité solaire de Memphis, devient prépondérant. De grands temples lui sont consacrés. Celui de Karnak, en particulier, dont le pouvoir symbolique s'étend au fur et à mesure de l'expansion de l'empire. Chaque pharaon de la XVIIIe et de la XIXe dynastie apporte sa contribution architecturale, abondamment agrémentée de hiéroglyphes. Une grande partie des connaissances actuelles sur la vie des Égyptiens de ce temps provient de ces inscriptions gravées et des bas-reliefs.

Sous le règne de Thoutmosis Ier, l'Égypte s'étend de façon significative en s'emparant de la Haute-Nubie (partie de l'actuel Soudan). Thoutmosis est le premier pharaon enseveli dans la vallée des Rois sur la rive ouest du Nil, en face de Thèbes, qui fait office de nécropole depuis la XIe dynastie. Montouhotep Ier, premier souverain du Moyen Empire, avait déjà bâti un imposant temple funéraire à Deir el-Bahari, mais la vallée des Rois inaugure un nouveau style de sépulture souterraine.

La fille de Thoutmosis Ier, Hatshepsout compte parmi les rares femmes qui ont occupé le trône d'Égypte. Spectaculaire, son temple funéraire de Deir el-Bahari regarde de haut celui de Montouhotep. Thoutmosis III, neveu d'Hatshepsout et plus grand conquérant égyptien, étend le pays au-delà de la Syrie et jusqu'à l'ouest de l'Asie. Son fils Aménophis II hérite de la même nature belliqueuse. Les règnes de Thoutmosis IV et d'Aménophis III sont à l'inverse synonymes de paix et de prospérité et engendrent de nouvelles constructions grandioses. On doit à Aménophis III le temple de Louxor et un vaste complexe funéraire dont ne subsiste que le colosse de Memnon.

Si Aménophis III est considéré comme le plus prestigieux des pharaons, son fils et successeur Aménophis IV se montre plutôt rétif et change de façon irréversible le cours de l'histoire égyptienne. Il s'oppose aux prêtres d'Amon et, après six ans de règne, change son nom pour celui d'Akhénaton, "celui qui est favorable à Aton" (Aton étant le disque du soleil levant). Abandonnant les dieux traditionnels et le clergé qui s'y rattache, le roi hérétique et son épouse Néfertiti tournent le dos à Thèbes et établissent au nord leur nouvelle capitale Akhétaton consacrée au seul culte de leur divinité. Certains historiens y décèlent la première forme de monothéisme organisé. Aujourd'hui, on peut voir les rares vestiges de la cité sur le site de Tell al-Amarna, près de la ville de Minîèh. Pour en savoir plus sur Akhénaton, reportez-vous à *Tell al-Amarna* dans le chapitre *Vallée du Nil – de Beni-Souef à Qus*.

Après le décès d'Akhénaton, les prêtres de Thèbes se vengent en faisant disparaître toute trace de son règne et de sa religion. Le trône échoit néanmoins à son beau-fils Toutankhamon, un adolescent plus malléable qui mourra prématurément. Cet enfant-roi n'aurait sans doute jamais défrayé la chronique de l'histoire pharaonique sans la découverte, en 1922, des trésors contenus dans sa tombe.

Au cours des siècles suivants, les généraux Ramsès Ier, Ramsès II, Ramsès III et Séti Ier dirigent l'Égypte. En tant que pharaons et chefs militaires dignes de ce nom, ils sont à l'origine de nombreux édifices monumentaux, comme les temples d'Abydos et d'Abou Simbel et guerroient contre les Libyens et les Hittites. Cependant, à l'avènement de Ramsès III (1198 av. J.-C.), deuxième souverain de la XXe dynastie, la désunion sévit de nouveau. Victime d'attaques extérieures, l'Empire se réduit et subit une occupation partielle. Les rois de Libye annexent le delta, qu'ils administrent depuis Tanis. Ils sont ensuite remplacés par les princes de Saïs tandis qu'au sud les Nubiens ont pris le contrôle de Thèbes. En 671 av. J.-C., les Assyriens envahissent le pays avant d'être à leur tour chassés par les Perses en 525 av. J.-C. Ces derniers parviennent à se maintenir pendant pratiquement deux siècles jusqu'à ce que le jeu des chaises musicales dynastiques soit interrompu par l'arrivée d'Alexandre (332 av. J.-C.).

Alexandre et la dynastie ptolémaïque

Durant leur occupation de l'Égypte, les Perses s'étaient montrés peu respectueux des divinités locales, aussi Alexandre est-il accueilli comme une sorte de libérateur. Après avoir fait légitimer son accession au trône par les prêtres de Memphis, le général macédonien fonde, sur la côte nord, une nouvelle cité à laquelle il donne son nom (voir *Histoire* dans le chapitre *Alexandrie et la côte méditerranéenne*). Grâce à ce port sur la Méditerranée, il s'assure un accès maritime direct vers la Grèce, permettant la libre circulation des marchandises et des personnes.

Bien qu'Alexandre ait été tué peu après la pose de la première pierre, Alexandrie ne tarde pas à éclipser Memphis et Thèbes sur le déclin et à assumer le rôle de capitale. La succession d'Alexandre est remportée par l'un de ses généraux, Ptolémée Ier, fondateur de la dynastie des Lagides, qui se perpétuera pendant trois siècles.

D'origine grecque, les Ptolémées assimilent en grande partie l'héritage égyptien en adoptant le mode vestimentaire des souverains égyptiens et en créant un panthéon gréco-égyptien. Enfin, comme l'attestent les temples de Dendérah, d'Edfou et de Philae, ils reprennent également le style architectural pharaonique.

A côté de ses réalisations culturelles et intellectuelles (Alexandrie est considérée comme le plus grand centre du savoir après Rome), le règne des Lagides s'accompagne de son lot de meurtres, d'intrigues et de menaces étrangères. Se sentant en danger face à l'importance croissante et à la puissance d'Alexandrie, Rome tente d'utiliser à ses fins les querelles et les complots des Ptolémées. La suite des événements qui conduit à la domination complète de l'Égypte ressemble à un feuilleton sanglant.

Les relations entre Rome et l'Égypte des Lagides sont d'abord simplement diplomatiques, le Sénat s'imposant peu à peu comme une puissance tutélaire, jouant notamment le rôle d'arbitre à plusieurs reprises dans les querelles de succession des Ptolémées, mais ne souhaitant pas intervenir militairement.

Quand Ptolémée XII meurt en 51 av. J.-C., il laisse son royaume à ses deux enfants, Ptolémée XIII qui a dix ans et Cléopâtre VII (la Cléopâtre incarnée par Elizabeth Taylor dans l'interminable péplum hollywoodien), qui en a dix-sept. Suivant la tradition pharaonique, que perpétuent les Lagides, les deux jeunes gens se marient et Pompée, qui représente Rome à la cour d'Égypte, devient le tuteur du jeune roi. Cependant, Cléopâtre, qui est intelligente autant qu'ambitieuse, affermit bientôt son pouvoir au détriment de son frère et époux. Il faut dire qu'elle a des atouts dans son jeu : outre sa légendaire beauté, elle maîtrise plusieurs langues, dont l'égyptien (chose rare chez les Ptolémées), elle célèbre le culte des dieux traditionnels d'Égypte et s'appuie sur leur clergé, ce qui lui vaut la bienveillance du peuple. Elle réussit ainsi à se faire honorer comme une nouvelle Isis.

En 48 av. J.-C., la guerre civile qui sévit à Rome entre César et Pompée atteint l'Égypte. Pompée, qui vient d'être battu à Pharsale, se réfugie chez ses protégés mais il est trahi et assassiné sur ordre des ministres de Ptolémée. Les Romains, conduits par César, occupent alors l'Égypte et Cléopâtre – l'épisode est fameux dès l'Antiquité – séduit son vainqueur.

Bien que César ait essayé de réconcilier Cléopâtre avec son frère, une insurrection éclate, menée par les partisans de Ptolémée XIII. C'est la guerre d'Alexandrie, au cours de laquelle César manque de périr, et qui entraîne l'incendie de la bibliothèque. César écrase les insurgés et donne à la reine la plénitude du gouvernement, trois ou quatre légions pour la protéger et un fils, Césarion. En 46 av. J.-C., elle rejoint César à Rome et s'installe dans l'une de ses villas. Quand il est assassiné, le jour des ides de mars 44, elle retourne en Égypte et associe son fils au gouvernement, sous le nom de Ptolémée XV César.

C'est à ce moment-là qu'Antoine, successeur de César et sérieux prétendant au pouvoir suprême resté vacant à Rome, se rend en Égypte. Pour lui, les Égyptiens sont des alliés, mais ils doivent obéissance au peuple romain. Aussi, somme-t-il la reine de lui prêter main forte dans sa campagne contre les Parthes. Consciente de son avenir politique, elle le rejoint… pour le séduire à son tour. Les deux amants mettent alors en scène leurs amours dans une identification à Dionysos et Aphrodite et Antoine s'installe à Alexandrie en prince hellénistique, fondant une véritable dynastie familiale. Il rend à l'Égypte la Syrie méridionale, une partie de la Palestine et de l'Arabie nabatéenne, la Cyrénaïque, une partie de la Crète, une partie de la Cilicie et Chypre.

Ses menées inquiètent cependant Rome. Octavien, le fils adoptif de César, dont Antoine a naguère épousé la sœur Octavie, voit de plus dans l'union adultère du général romain avec la reine d'Égypte un affront impardonnable. Il mobilise contre son rival toutes les forces de l'Italie pour écraser la flotte d'Antoine et Cléopâtre à Actium en 31 av. J.-C., et poursuit son offensive jusqu'à Alexandrie. Antoine se suicide le premier. Cléopâtre, après avoir beaucoup pleuré, attend son vainqueur. Mais celui-ci n'a aucune intention de la faire figurer à son triomphe et reste insensible à ses charmes. Elle se suicide à son tour, en se laissant mordre par un aspic. Octavien fait exécuter Césarion mais laisse la vie sauve aux enfants d'Antoine et Cléopâtre, les jumeaux Alexandre Hélios et Cléopâtre Séléné, tombés ensuite dans les oubliettes de l'histoire. La dynastie lagide s'efface.

Domination romaine

Octavien, devenu empereur sous le nom d'Auguste en 27 av. J.-C., prend à son tour les attributs du pharaon qui garantissaient pour les Égyptiens la continuité des cycles naturels et la fertilité du pays.

Sous son règne, les Romains s'installent à Alexandrie. Peu soucieux de développer le pays, ils l'exploitent surtout comme grenier à blé mais établissent des comptoirs commerciaux le long de la mer Rouge et dans le désert de Libye pour relier leurs territoires de Cyrénaïque (l'actuelle Libye). Ils édifient également une forteresse sur le site d'une rivière pharaonique coulant près de Memphis, à 10 km à l'est des pyramides. Contrôlant l'accès au Nil supérieur, cette forteresse dite de Babylone devient un port actif et un bastion frontalier hautement stratégique.

Pour mieux imposer leur loi, les occupants s'emploient à éradiquer les pratiques religieuses locales. Aussi, nombre d'Égyptiens se tournent-ils vers le culte chrétien prêché par saint Marc vers l'an 40 de notre ère. Ressenti comme une menace par l'autorité romaine, le christianisme égyptien, ou christianisme copte, prospère néanmoins. Par la suite, la religion chrétienne devait essaimer sur tout le pourtour méditerranéen avant d'être adoptée officiellement par le Saint-Empire romain en 323. Pourtant, l'Église romaine continue de considérer le monophysisme des coptes (leur doctrine ne reconnaît en Jésus-Christ qu'une seule nature, la nature divine) comme une hérésie et les rejette de son sein.

En Égypte, les persécutions des chefs romains à l'encontre de la population prennent fin en 640 avec l'arrivée d'une armée de cavaliers chevauchant depuis les déserts de la péninsule Arabique.

Conquête arabe

Avec la conquête arabe, la religion musulmane s'implante en Égypte. Vers 642, les nouveaux maîtres du pays établissent une base juste au nord de la forteresse romaine de Babylone. Ce camp appelé Fustat préfigure la ville du Caire dès lors indéfectiblement liée à l'histoire égyptienne.

Dès l'avènement de l'islam, les capitales historiques, Memphis, Thèbes, Akhétaton et Alexandrie déclinent rapidement en petites bourgades faiblement peuplées, les pierres des monuments servant à la construction de la nouvelle capitale islamique.

Comme le christianisme avant lui, l'islam encore jeune subit déjà le jeu des factions et des dynasties rivales. En 658, les Omeyyades de Damas prennent le contrôle de l'Égypte pour un siècle avant d'être supplantés par les Abbassides de Bagdad, qui vont se maintenir pendant deux cents ans. A l'inverse de leurs prédécesseurs, ces derniers laissent au Caire un splendide héritage architectural, la mosquée Ibn Touloun, édifiée par le gouverneur du même nom. Enfin, les Fatimides, basés en Tunisie, s'emparent du pays en 969.

A l'image d'Alexandre et des premiers conquérants arabes, les Fatimides négligent les villes existantes et installent le siège de leur autorité au nord de Fustat. L'enceinte de leur nouvelle cité constitue le noyau du Caire jusqu'au milieu du XIXe siècle (pour plus de détails, consulter la rubrique *Histoire* du chapitre consacré au *Caire*). Se mêlant peu aux citoyens égyptiens, cantonnés hors les murs, les dirigeants fatimides ne sont guère appréciés. Par ailleurs, ils appartiennent à la branche chiite de l'islam, en opposition avec le sunnisme orthodoxe de la population (voir l'encadré *Une tête chiite sur un corps sunnite*).

A cette époque, les chrétiens d'Europe occidentale prennent les armes pour libérer les lieux saints de la Bible occupés par les "infidèles". En 1099, les croisés parviennent à bouter les musulmans hors de Jérusalem. Puis, après avoir mis la Palestine à feu et à sang, ils pénètrent en Égypte en 1168. Repoussés par les Seldjoukides de Damas, une puissante dynastie guerrière appelée à la rescousse par les Fatimides, ils ne dépassent pas le delta du Nil. Cependant, dès leur arrivée à Al-Qahira, les Seldjoukides de confession sunnite destituent leurs alliés chiites et les exilent.

Le restaurateur du sunnisme et nouveau maître du Caire, Salah ed-Din el-Ayyoubi (*alias* Saladin), fonde la nouvelle dynastie des Ayyoubides. En bon chef militaire, il entoure Le Caire d'une grande muraille défensive et érige la citadelle qui domine toujours la partie est de la ville.

La lignée ayyoubide n'aura que quatre représentants car les intrigues et les trahisons aboutissent à la prise du pouvoir par les anciens mercenaires mamelouks.

Mamelouks. Les Mamelouks appartiennent à une classe de soldats-esclaves turcs dont Saladin a récompensé les faits d'armes par l'attribution de terres. Organisé suivant un système quasi féodal, chaque groupe de Mamelouks, dont les rangs se recrutent parmi les jeunes esclaves, est attaché à un seigneur ou émir. En l'absence de succession héréditaire, la loi du plus fort prévaut. Aussi, peu de sultans meurent-ils de vieillesse.

Les prouesses militaires de ces machines de guerre se traduisent par une suite de campagnes victorieuses entraînant l'annexion de la Palestine et de la Syrie. Bien que réputés pour leur sauvagerie, les Mamelouks dotent Le Caire de splendides constructions et, pendant 267 ans, la ville s'illustre comme le centre intellectuel et culturel du monde musulman. Le personnage de Qaït Bey incarne à lui seul la nature contradictoire des Mamelouks. Élevé comme esclave par un sultan, il est témoin du règne éclair de neuf autres souverains avant de monter à son tour sur le trône. A la tête du pays, il accable ses sujets d'impôts et leur inflige de ses propres mains des supplices raffinés. On raconte qu'il aurait un jour arraché les yeux et la langue d'un alchimiste de la cour qui n'avait pas réussi à changer le plomb en or. Pourtant, le sultanat du cruel Qaït Bey produit quelques-uns des plus beaux monuments du Caire, dont la mosquée qui se dresse dans le cimetière du Nord.

Chronologie de l'Égypte musulmane

Cette liste n'est pas exhaustive mais elle inclut le nom de tous les souverains mentionnés dans le présent ouvrage.

Souverain	Période (après J.-C.)	Monument important
DÉBUTS DE L'ISLAM	**640-61**	
Amr ibn el-As	Conquérant de l'Égypte	Mosquée d'Amr
OMEYYADES	**661-750**	
ABBASSIDES	**750-969**	
dont		
Ibn Touloun	868-905	Mosquée d'Ibn Touloun
FATIMIDES	**969-1171**	
dont		
El-Mou'izz	969-75	Fondateur d'Al-Qahira
Abou Mansour el-Aziz	975-96	
El-Hakim	996-1021	Mosquée d'El-Hakim
AYYOUBIDES	**1171-1250**	
dont		
Salah ed-Din (Saladin)	1169-93	Citadelle du Caire
Shagaret ed-Durr	1250	Mausolée d'as-Salih Ayyoub
MAMELOUKS	**1250-1517**	
dont		
Qalaun	1279-90	Madrasa et mausolée de Qalaun
An-Nasir Mohammed	1293-1340	Mausolée d'An-Nasir Mohammed
Barquq	1382-98	Madrasa et mausolée de Barquq
Farag (Ibn Barqouq)	1398-1412	Khanqah-mausolée d'Ibn Barquq
El-Mouayed	1412-21	Mosquée d'El-Mouayed
El-Ashraf Barsbey	1422-38	Complexe du sultan Ashraf Barbey
Qaït Bey	1468-98	Mosquée de Qaït Bey
El-Ghouri	1501-16	Complexe d'El-Ghouri
Tuman Bey	1616-17	
OTTOMANS		
Domination exercée par Constantinople de 1517 à l'occupation de l'Égypte par l'armée française en 1798.		

Les grands édifices mamelouks voient le jour grâce au commerce. Au Caire, un canal reliant le Nil et la mer Rouge au Bassin méditerranéen permet la liaison vitale entre l'Europe, les Indes et l'Orient. Au cours des XIVe et XVe siècles, les Mamelouks, alliés à Venise, contrôlent le trafic marchand est-ouest, dont ils tirent de fabuleux profits.

Au XVe siècle, la découverte par Vasco de Gama de la route des Indes par le cap de

Bonne-Espérance signe la fin de l'âge d'or et libère les marchands européens des lourdes taxes prélevées par Le Caire et Venise. Dans le même temps, l'empire turc ottoman en plein essor poursuit le dessein d'unifier le monde musulman en conquérant l'Égypte. En 1516, les Mamelouks, menés par leur dernier sultan, El-Ghouri, sont défaits à Alep en Syrie. Au mois de janvier de l'année suivante, le sultan turc Sélim Ier fait son entrée au Caire.

Domination ottomane

Sous le joug ottoman, l'Égypte cesse d'être un grand centre politique et redevient, comme à l'époque romaine, une province reculée dont le produit du commerce et des impôts revient à la Sublime Porte (Constantinople).

Malgré l'abolition de leur sultanat, les beys mamelouks ont conservé une influence considérable, et l'emprise des Ottomans sur l'Égypte commence à décliner en même temps que leur Empire. En 1796, un bey attaque avec succès la garnison du Caire et renvoie le gouverneur ottoman à Constantinople. Le retour des Mamelouks est cependant de courte durée, interrompu au bout de deux ans par l'arrivée des armées napoléoniennes.

Bonaparte et la *Description de l'Égypte*

Les cimeterres des cavaliers mamelouks ne résistent pas longtemps aux armes à feu des troupes napoléoniennes venues officiellement soutenir le sultan ottoman. Mais les Français cherchent en réalité à porter un coup fatal au commerce britannique avec les Indes en prenant le contrôle de la route terrestre et maritime. Bonaparte poursuit par ailleurs l'idée de "civiliser" l'Égypte.

Dans ce but, il met en place une administration à la française, réorganise le système fiscal, lance des projets de travaux publics et introduit de nouvelles cultures et un nouveau système de poids et mesures. Une mission scientifique composée d'une centaine de savants, mais aussi d'artistes, l'accompagne pour étudier la société et le peuple égyptien, l'architecture, l'artisanat, les arts, la faune et la flore. L'entreprise aboutit à la publication d'un ouvrage de 24 tomes intitulé *Description de l'Égypte*. Une version abrégée en un seul volume est encore éditée de nos jours.

Hormis ces remarquables efforts anthropologiques et malgré la victoire remportée au pied des pyramides, où les troupes françaises écrasent les Mamelouks de Mourad Bey, l'aventure égyptienne de Bonaparte

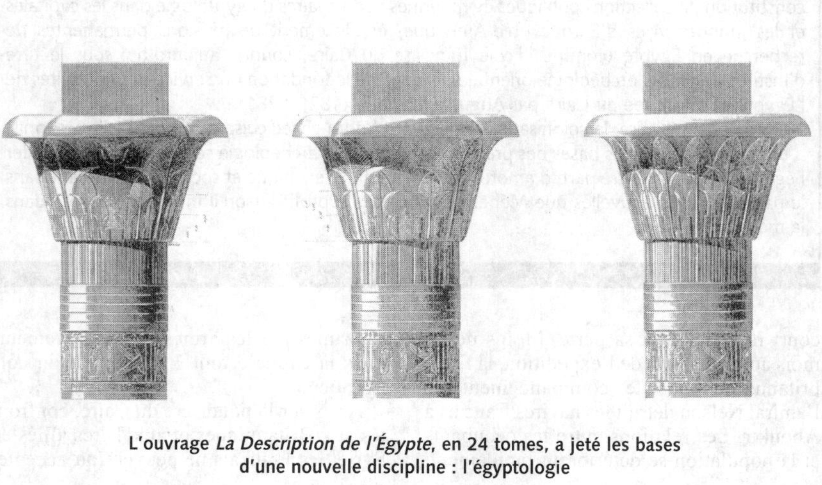

L'ouvrage *La Description de l'Égypte*, en 24 tomes, a jeté les bases d'une nouvelle discipline : l'égyptologie

L'étonnante équipée de Bonaparte

Forte de plus de 35 000 hommes et de 300 navires de guerre et de transport, l'expédition de Bonaparte est la plus grande jamais dépêchée outre-mer par la France, et la plus importante qui ait alors sillonné la Méditerranée. Plus inédit encore, le général en chef de l'armée d'Orient amena avec lui une équipe de jeunes savants, chargés de doter le pays de techniques modernes et de faire œuvre civilisatrice. Parmi eux, le baron Vivant Denon (1747-1825), le mathématicien Gaspard Monge (1746-1818), les chimistes Claude-Louis Berthollet (1748-1822) et Nicolas Conté (1755-1805), le naturaliste Étienne Geoffroy Saint-Hilaire (1772-1844), une dizaine de professeurs des grandes institutions parisiennes, une quarantaine d'élèves des premières promotions de l'École polytechnique, autant d'ingénieurs de tous services, autant d'artistes-mécaniciens, dessinateurs, architectes, et même des musiciens et poètes, sans oublier une vingtaine d'imprimeurs en caractères latins et orientaux.

Ils constituaient la Commission des sciences et des arts et, dès le début de l'occupation, ils créèrent l'Institut d'Égypte, sur le modèle de l'Institut de France. Sous son égide, de grands noms de la science française (Geoffroy Saint-Hilaire, Berthollet, les mathématiciens Monge et Fourier, le géologue Dolomieu, le physicien Malus, ...) étudièrent la faune et la flore, la géographie, les monuments, la géologie, l'hydrologie, la culture, les structures sociales et économiques, etc. L'expédition de Bonaparte s'inscrivait ainsi dans la double tradition des grands voyages scientifiques du XVIIIe siècle (Bougainville, La Pérouse, d'Entrecasteaux) et celle des commissions chargées de recueillir les trésors intellectuels et artistiques à l'occasion des conquêtes révolutionnaires (en Belgique ou en Italie).

Certains ont vu dans cette démarche encyclopédique un modèle d'appropriation scientifique d'une culture par une autre, et le banc d'essai du colonialisme moderne. C'est aussi à cette expédition, fruit singulier d'ambitions personnelles, de considérations géopolitiques, d'intérêts économiques et de l'idéologie du temps, que l'on doit la naissance de l'égyptologie.

Avec la découverte de la pierre de Rosette (1799), le déchiffrement des hiéroglyphes devenait une perspective rationnelle, bien qu'il ait encore fallu vingt ans pour qu'en 1822 Champollion en retrouve la clef perdue depuis l'Antiquité. Le XIXe siècle n'était pas achevé qu'étaient déjà en place les institutions qui assurent aujourd'hui la pérennité de l'égyptologie : constitution de collections publiques égyptiennes et de chaires d'égyptologie dans les capitales et les grandes villes d'Europe et d'Amérique, établissement de missions permanentes de recherche en Égypte (comme l'École française du Caire, connue aujourd'hui sous le titre d'Institut français d'archéologie orientale), ou encore la fondation du Service des antiquités de l'Égypte et du musée du Caire par Auguste Mariette (1821-1881).

Sur le plan militaire, la colonisation de l'Égypte fut un échec cuisant. Au final, elle a permis, d'une part, de poser les bases des premières méthodes d'archéologie scientifique et de fonder l'égyptologie et, d'autre part, d'amorcer une révolution technique et sociale, introduisant dans le pays des idées nouvelles que Méhémet-Ali mettra à profit lorsqu'il fit entrer l'Égypte dans la modernité.

court rapidement à sa perte. Moins de un mois après le début de l'expédition, la flotte britannique sous le commandement de l'amiral Nelson détruit les navires français à Aboukir. Les relations entre les occupants et la population se détériorent rapidement. Réprimés par les armes, les soulèvements dans la capitale font 3 000 morts du côté égyptien.

Assis sur la poudrière du Caire, confrontés aux Britanniques et aux Turcs alliés en Syrie, les Français ne peuvent qu'accepter un armistice. En 1801, ils quittent l'Égypte comme ils étaient venus, *via* Alexandrie.

Méhémet-Ali. En dépit de sa brièveté, la présence française a ébranlé de façon significative la stabilité politique de l'Égypte. L'administration turque est rétablie, mais elle est affaiblie par les luttes intestines. Un lieutenant du contingent albanais de l'armée ottomane, Méhémet-Ali, profite de la situation. Cinq ans après le départ des Français, il accède, à force d'intrigues, au titre de pacha d'Égypte. Officiellement vassal de la Sublime Porte, il s'affirme en réalité comme le véritable maître du pays.

Le sultan de Constantinople étant trop faible pour s'opposer à cette usurpation, Méhémet-Ali ne craint que les beys mamelouks. Une invitation fourbe à un dîner fatal écartera définitivement tout danger (voir l'encadré *Le massacre des Mamelouks*). Rassuré chez lui, le pacha déploie ses troupes au Soudan, en Grèce, en Syrie et en Arabie. En 1839, il contrôle la majeure partie de l'Empire ottoman.

Malgré sa barbarie, le règne de Méhémet-Ali marque un tournant dans l'histoire de l'Égypte. Sous sa main de fer, le pays passe en effet du féodalisme médiéval aux prémices de l'industrialisation. On lui attribue la mise en place d'un système d'enseignement public et l'introduction de la culture très rentable du coton. Si Méhémet-Ali éprouve une attirance pour tout ce qui est nouveau et d'origine étrangère, c'est à son époque que l'Égypte, et l'Orient en général, exerce paradoxalement une fascination accrue sur les Occidentaux (lire l'encadré *La découverte et le pillage de l'Orient*).

A sa mort, ses héritiers reprennent le flambeau des réformes et des projets à caractère social. Un réseau ferroviaire, des fabriques et un système de poste et de télégraphe comptant parmi les premiers du monde sont mis en place (150 ans plus tard, il serait grand temps de les moderniser). La jeune industrie égyptienne du coton connaît un essor important pendant la guerre de Sécession, qui interrompt la production américaine. Les revenus issus de cette activité sont ensuite investis dans des travaux de grande ampleur. En 1869, le plus remarquable d'entre eux, le canal de Suez, rassemble, le jour de son inauguration, en grande pompe, la plupart des têtes couronnées d'Europe.

L'Égypte attire alors un nombre croissant de touristes et dès 1860 Thomas Cook organise à leur intention des descentes du Nil. Dans un mouvement digne de la ruée vers l'or, une population de commerçants et d'hommes d'affaires étrangers investit Le Caire. Avec l'aval de leurs gouvernements respectifs, les banquiers français et britanniques s'enrichissent en accordant des prêts considérables au khédive Ismaïl pour la réalisation de ses projets. En avançant à des taux usuraires des sommes impossibles à rembourser, la Grande-Bretagne se ménage ainsi un prétexte pour intervenir en Égypte. En 1882, elle annonce que le pays demeurera sous son contrôle jusqu'à ce qu'il ait honoré ses dettes.

Protectorat britannique

Malgré le maintien sur le trône des khédives héritiers de Méhémet-Ali, l'autorité réelle échoit au consul de Grande-Bretagne. On a souvent écrit que les Anglais justifiaient leur rôle en Égypte par une emprise paternaliste rigoureuse, vis-à-vis d'un pays incapable de se gouverner lui même. En réalité, ils sont surtout préoccupés d'assurer la sécurité du canal de Suez pour leur usage personnel. Même s'ils introduisent une sorte d'assemblée législative égyptienne et que nombre de propriétaires locaux tirent avantage de la nouvelle administration, il s'agit bel et bien d'une occupation par la force. Cet état de fait porte en germe le futur mouvement national pour l'indépendance.

L'utilisation du pays par les Alliés pendant la Première Guerre mondiale renforce le désir d'autonomie. Le sentiment national se manifeste à travers les émeutes de 1919 et de façon plus éloquente encore par la voix de personnalités comme Saad Zaghloul, brillant représentant d'une classe émergente de jeunes politiciens égyptiens.

La découverte et le pillage de l'Orient

Dans la décennie qui suit l'expédition malheureuse de Bonaparte, l'Égypte est au centre de toutes les convoitises. Des années 1820 à 1840, le pays reçoit la visite d'un flot d'aventuriers et de voyageurs intrépides dont Mark Twain, Gustave Flaubert, Florence Nightingale et Richard Burton, traducteur des *Mille et Une Nuits*. Leurs récits sont dévorés avec frénésie par un public occidental fasciné par l'évocation de temples ensablés, de harems interdits et de belles esclaves aux seins nus.

De même, les artistes entreprennent le voyage et trouvent en Égypte une riche source d'inspiration. Installant leur chevalet dans les ruelles des médinas et au pied des temples, ils représentent des scènes quasiment inchangées depuis l'époque médiévale des Mamelouks. Le plus prolifique d'entre eux, l'Écossais David Roberts, produit à partir de l'Égypte et de la Terre sainte, une œuvre immense qui lui apporte la fortune de son vivant.

A travers les textes et les représentations picturales, l'égyptomania déferle sur l'Europe et le monde occidental. Aussi loin que Melbourne et Chicago, les sphinx et motifs de l'époque pharaoniques sont repris par les architectes, et les thèmes de l'Égypte antique inspirent des opéras. En peinture, on assiste à la naissance du style orientaliste reconnaissable à ses personnages pétris de volupté sur fond de somptueux décor. Si les scènes sortent le plus souvent de l'imagination de l'artiste, la facture hyperréaliste des toiles leur confère néanmoins un air d'authenticité. Largement décrié de nos jours pour ses connotations colonialistes, le mouvement orientaliste a compté dans ses rangs des célébrités comme Ingres ou Delacroix.

L'engouement pour la culture égyptienne s'étend aussi aux antiquités dont certaines sont offertes en cadeau aux colonisateurs. Désireux de faire passer son pays à l'ère industrielle, Méhémet-Ali cède ainsi les obélisques qui ornent aujourd'hui la place de la Concorde à Paris, l'Embankment à Londres et Central Park à New York.

Dans le courant du XIXe siècle, le gros des collections égyptiennes du British Museum, du Louvre, du musée de Berlin et du Metropolitan Museum est constitué d'objets récoltés par de riches collectionneurs et des chasseurs de trésors. Le plus connu, un hercule de cirque du nom de Giovanni Belzoni, procure ainsi au British Museum des fragments du colosse de Memnon dérobés dans le Ramesseum. Ceux-ci voisinent désormais avec une pièce maîtresse du musée, la fameuse pierre de Rosette (voir l'encadré *La pierre de Rosette*). Découverte par les Français, cette pierre est ensuite réclamée comme butin de guerre par les Anglais après la reddition de l'armée napoléonienne.

Ces dernières années, le gouvernement égyptien a demandé le retour de certaines pièces majeures dont la pierre de Rosette, un buste de Néfertiti détenu par le musée de Berlin et plusieurs statues d'Hatshepsout exposées à New York. Si l'égyptomania s'est éteinte depuis longtemps en Europe, les chances sont minces pour ces trésors de revoir un jour leur terre d'origine.

Ce dernier s'exprime un jour en ces termes : *"Je n'ai rien personnellement contre les Britanniques, mais je veux voir l'Égypte indépendante"*.

Afin d'amadouer le mouvement nationaliste, les Anglais autorisent la formation du parti du Wafd (délégation) et proclament la souveraineté de l'Égypte. Cependant, la monarchie constitutionnelle du roi Fouad n'est guère populaire, et les occupants conservent les rênes du pays. La Seconde Guerre mondiale voit même s'accroître le nombre de Britanniques en Égypte. Le conflit n'a pas que des aspects négatifs, les soldats alliés en permission représentant une manne pour le commerce égyptien. Dans le pays, une mouvance présente les Allemands comme de possibles libérateurs. Des étudiants organisent des manifestations de soutien à Rommel, et un petit cercle d'officiers, dont les futurs présidents Nasser et Sadate, complote pour faciliter l'avance du général allemand sur Le Caire. Rommel repousse les forces alliées pratiquement jusqu'à Alexandrie, obligeant les Britanniques à brûler en hâte une telle quantité de documents que le ciel du Caire en devient noir de cendres. Cependant, les Allemands n'entrent pas dans la capitale et les Anglais demeurent en Égypte pendant dix ans encore, avant que la révolution ne les chasse pour de bon.

Égypte indépendante

Après un "Samedi noir", fin janvier 1952, Le Caire s'enflamme à nouveau le 21 juin. Après des années de manifestations, de grèves et d'émeutes contre la domination étrangère, la répression par les Anglais d'une mutinerie de policiers égyptiens dans la zone du canal de Suez met le feu aux poudres. Les commerces tenus et fréquentés par des étrangers sont incendiés et les traces de 80 années d'autorité britannique réduites en fumée en l'espace d'un seul jour.

Conscients que l'Égypte est désormais ingouvernable, les Anglais acceptent comme un fait accompli le coup d'État du 23 juillet 1952, commis par un groupe de jeunes officiers. Trois jours plus tard, Farouk, le roi fantoche descendant de Méhémet-Ali, quitte le port d'Alexandrie à bord de son yacht. Pour la première fois depuis l'époque pharaonique, l'Égypte allait être gouvernée par les Égyptiens.

Le colonel Gamal Abdel Nasser, chef des "Officiers libres", accède au gouvernement, et les élections de 1956 le confirment au poste de président. Désireux de fonder le développement du pays sur la paysannerie, il dépossède les grands propriétaires de leurs terres qui sont nationalisées suivant le modèle soviétique. Dans une moindre mesure, il réagit de même vis-à-vis des résidents étrangers, qui vendent leurs biens et quittent massivement le pays sans même y avoir été forcés.

Enfin, aux yeux du monde entier, Nasser porte le coup de grâce au colonialisme en tenant tête à la France et à la Grande-Bretagne pendant la crise de Suez. En effet, pour financer le projet du barrage d'Assouan sur le Nil, il annonce son intention de nationaliser le canal de Suez. Les tentatives militaires des deux anciens occupants se soldent par un malaise diplomatique et une retraite honteuse. Nasser sort grandi de cette entreprise ; pour les pays en voie de développement, il est un héros à mi-chemin entre Ramsès et Robin des bois.

L'Égypte devient une nation phare pour ceux qui, en Afrique et en Asie, ont récemment secoué le joug colonial. Surtout, Nasser est considéré comme le porte-parole du panarabisme, de l'Algérie à l'Irak en passant par le Yémen.

Conflit israélo-arabe. Quelque dix ans plus tard, le 5 juin 1967, Israël écrase l'aviation égyptienne au cours d'une attaque surprise. C'en est alors fini de la confiance dont jouissait Nasser et de la crédibilité de son pays.

Dès la fondation d'Israël en 1948, les relations n'ont cessé d'être hostiles entre les deux nations. L'Égypte a envoyé des soldats pour soutenir les Palestiniens qui combattent le nouvel État juif et s'est retrouvée dans le camp des vaincus. Depuis, les Arabes tiennent un discours clairement anti-sioniste. S'il parle de libérer la Palestine, Nasser reconnaît pourtant en privé qu'une autre guerre contre Israël se solderait certainement par une nouvelle défaite. Excellent orateur, il ne tarde pas à être dépassé par l'effet de ses propos. Au début de l'année 1967, les leaders des autres pays arabes l'accusent de se cacher frileusement derrière les troupes de l'ONU stationnées dans le Sinaï depuis la crise de Suez. En réaction, Nasser demande leur départ et ferme le détroit de Tiran permettant l'accès au port d'Eilat. Tout en assurant qu'il n'a pas l'intention d'attaquer, il rassemble ses effectifs à l'est de Suez, mais Israël voit venir la manœuvre et frappe le premier.

A la fin de cette guerre dite des Six Jours, Israël contrôle l'intégralité du Sinaï et ferme le canal de Suez. Humilié, Nasser propose de se retirer, mais le peuple égyptien refuse sa démission. Trois ans plus tard, en novembre 1970, le raïs est terrassé par une crise cardiaque.

Plus de trente ans après, la grande majorité des Égyptiens perçoivent le gouvernement de Nasser antérieur à 1967 comme un âge d'or révolu. Témoin, le film *Nasser 1956*, une biographie flatteuse qui fut saluée comme un grand succès cinématographique.

L'opinion publique se montre moins complaisante envers Anouar el-Sadate. Par rapport à son prédécesseur, le second président égyptien effectue une complète volte-face. Là où Nasser avait regardé du côté de Moscou, il se tourne vers Washington. Les principes socialistes sont ainsi abandonnés au profit de l'opportunisme capitaliste. Après quinze ans de profil bas, les riches refont surface, rejoints par une vaste classe moyenne enrichie par la politique d'ouverture économique (*al-infitah*). Sadate pense aussi que, pour revitaliser l'économie égyptienne, il lui faut traiter avec Israël. Pour négocier, il doit cependant se placer en position de force.

Le 6 octobre 1973, pendant la fête juive de Yom Kippour, l'armée égyptienne lance une attaque surprise de l'autre côté du canal de Suez. Beaucoup mieux équipée, elle l'emporte sur les Israéliens. Les territoires conquis sont par la suite restitués, mais l'orgueil national se trouve revigoré, la stratégie de Sadate a bien fonctionné.

En novembre 1977, le président se rend à Jérusalem pour discuter de la paix avec Israël. Les négociations se terminent deux ans plus tard par la signature des accords de Camp David. Israël accepte de quitter le Sinaï tandis que l'Égypte reconnaît l'État hébreu. Ce renoncement total au panarabisme de Nasser est vécu comme une trahison par le monde arabe, et l'initiative de Sadate lui coûtera la vie. Le 6 octobre 1981, au cours d'un défilé militaire commémorant la guerre du Kippour, un soldat sort du rang et tire sur le président, qui est tué sur le coup.

Fondamentalisme musulman. L'assassin de Sadate appartient au mouvement politique des Frères musulmans visant à établir un État islamique en Égypte. Des extrémistes musulmans ou supposés tels sont arrêtés en masse sur l'ordre d'Hosni Moubarak, ancien général de l'armée de l'air et vice-président, qui succède à Sadate.

Dépourvu du panache de son prédécesseur et du charisme de Nasser, Moubarak est souvent décrit comme indécis et sans imagination. Il réussit cependant à mener une politique équilibrée sur plusieurs fronts, en Égypte et à l'étranger. Au grand dam d'États plus radicaux comme la Syrie et la Libye, il restaure le prestige de l'Égypte aux yeux du monde arabe tout en respectant le traité signé avec Israël. Le siège de la Ligue arabe, transféré à Tunis en 1979 pour protester contre la reconnaissance de l'État juif, réintègre Le Caire en 1990. Par ailleurs, le président parvient à contenir pendant près de dix ans la menace islamiste. Le danger réapparaît pourtant au début des années 1990. En dépit de sa symbolique religieuse, l'islamisme est avant tout un mouvement politique né des difficultés économiques rencontrées par les classes défavorisées dans les années 80. Malgré ses promesses, le gouvernement n'a pas su faire face à l'explosion démographique, et toute une génération de jeunes sans travail ni logement décent a cessé de croire en l'avenir. Dans le cadre d'un système politique répressif ne permettant guère à l'opposition de s'exprimer, les islamistes et leur appel au changement représentent alors le seul espoir.

N'étant pas reconnus par l'État comme une entité politique légale, les extrémistes musulmans recourent à la force. Le président et les ministres du gouvernement essuient plusieurs tentatives d'assassinat, et de nombreux affrontements opposent les islamistes aux forces de l'ordre. Plus grave encore, le problème prend une ampleur internationale lorsque les touristes deviennent la cible des attentats.

Fin 1992 et dans le courant de l'année 1993, plusieurs groupes de vacanciers étrangers sont tués au cours d'attaques à la bombe ou à l'arme à feu. Le gouvernement riposte par des mesures musclées. Des centaines d'individus sont arrêtés et la peine de mort instaurée pour les actes de terrorisme. Lors de ces arrestations massives, les associations de défense des droits de l'homme dénoncent l'utilisation de la torture pendant les interrogatoires et d'autres brutalités policières. Dans le milieu des années 90, la violence reflue de la capitale vers les bastions religieux de la Moyenne-Égypte et le gouvernement annonce l'éradication totale de l'extrémisme islamiste.

Égypte aujourd'hui

L'Égypte connaît actuellement des progrès lents mais réguliers. Au cours des dix dernières années, la dette publique s'est réduite et les réserves de devises étrangères ont augmenté. La livre égyptienne reste stable et l'inflation sous contrôle. L'explosion démographique a été contenue. Le président égyptien est un garant respecté de la paix et un allié indispensable des Occidentaux au Moyen-Orient. Dans le domaine de la politique intérieure, le gouvernement paraît stable.

Cependant, personne n'ignore que la page du terrorisme n'a pas été définitivement tournée. A la fin de 1997, l'attaque à la bombe d'un car de touristes devant le musée du Caire puis le massacre de 58 vacanciers à Louxor a traumatisé le monde entier. La réaction de l'étranger s'est traduite par une chute vertigineuse dans les chiffres du tourisme égyptien. Depuis, le pays cherche désespérément à courtiser les visiteurs potentiels avec des manifestations de prestige (spectacles d'opéra au pied des pyramides, par exemple), et les sommes dépensées pour la publicité se comptent en millions. Cette stratégie semble porter ses fruits et, à l'heure actuelle, l'Égypte renvoie une image séduisante associée aux sites archéologiques et aux bains de soleil sur les bords de la mer Rouge. Pourtant, la vision idyllique proposée par les dépliants touristiques ne correspond guère à ce que vivent au quotidien la majorité des soixante millions d'habitants. Si rien ne s'accomplit pour combler cette disparité, le ciel égyptien pourrait bien se couvrir de gros nuages menaçants.

GÉOGRAPHIE

Les Égyptiens vivent en grande majorité dans la vallée du Nil. Bien que le pays couvre environ un million de km², 90 % de la population se concentre sur l'étroite bande de terre fertile des berges du Nil. Au sud, le fleuve est bordé de montagnes et la plaine agricole ne mesure que de 20 à 30 km de large. Au nord, le paysage devient plus plat et la vallée s'élargit.

A l'est de la vallée, le Désert oriental se présente comme un plateau aride, limité par une haute chaîne de montagnes qui culmine à plus de 2 000 m et s'étire sur environ 800 km.

A l'ouest, le désert de Libye, ponctué d'étranges et monumentales formations rocheuses, offre un chapelet d'oasis luxuriantes.

Au nord du Caire, le Nil se ramifie et constitue un delta large de 200 km. Ce paysage fertile évoque un grand éventail de verdure qui s'évase jusqu'à la Méditerranée.

Le Sinaï occupe la partie orientale du pays, de l'autre côté du canal et du golfe de Suez. Cette excroissance géologique du Désert oriental pointe en direction de la mer Rouge les montagnes du Sinaï et le mont Sainte-Catherine (ou Gebel Katerina, le plus haut sommet d'Égypte, culminant à 2 642 m). Toujours au nord, mais au-delà du delta, ce sont les plaines côtières désertiques qui dessinent le paysage.

CLIMAT

Le climat de l'Égypte se résume en deux mots : chaud et sec. Ceci vaut pour la majeure partie du pays pendant presque toute l'année à l'exception des mois d'hiver, qui peuvent se révéler plutôt froid dans le nord. On enregistre en moyenne 20°C sur la côte méditerranéenne et 26°C à Assouan. Aux mêmes endroits, la température maximale peut monter respectivement jusqu'à 31°C et 50°C. Les nuits d'hiver, le thermomètre chute jusqu'à 8°C au Caire et le long de la Méditerranée. Le désert connaît des écarts de température extrêmes. Ainsi, à la chaleur accablante de la journée succède un froid mordant, la nuit.

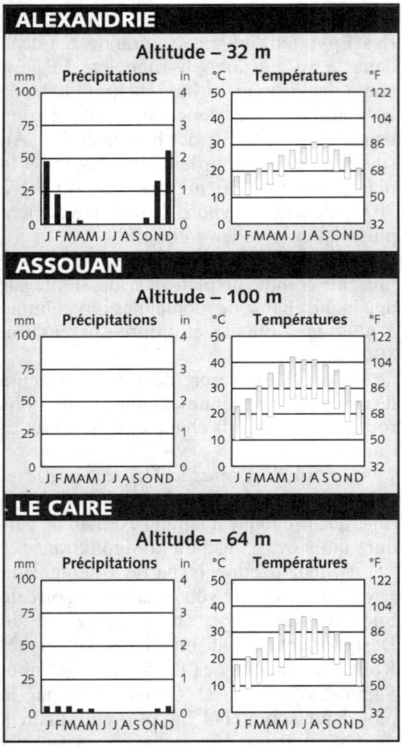

Alexandrie, la région la plus arrosée, reçoit environ 19 cm de pluie par an, contre 10 mm tous les cinq ans à Assouan. L'oasis de Kharguèh, dans le désert de Libye, a connu dix-sept ans de sécheresse absolue.

De mars à avril, le *khamsin*, un vent de sable chaud et sec, souffle du désert de Libye à près de 150 km/h. Le ciel devient alors orange sombre et se charge de poussière. A cette époque de l'année, les habitants ont beau fermer portes et fenêtres, un voile poudreux fait ressembler l'intérieur des maisons à des sépultures inviolées.

ÉCOLOGIE ET ENVIRONNEMENT

La protection de l'environnement était un luxe qui ne préoccupait guère les Égyptiens jusqu'ici. Cependant, les choses évoluent. Ces dernières années, une Agence Égyptienne pour l'Environnement a vu le jour et un ministre a été nommé en 1997. Si certains prétendent qu'il s'agit là d'une mesure de pure forme, des actions ont malgré tout été menées à l'encontre des industries polluantes du Caire et des bateaux qui déversent leurs ordures dans le Nil.

Problèmes urbains

Le Caire ressemble à un grand cendrier retourné (ainsi s'exprime Tony Horwitz dans son livre *Baghdad Without a Map*). L'atmosphère est tellement saturée de particules et d'éléments malsains que la respirer revient, dit-on, à fumer un paquet de cigarettes par jour. Plus de un million de véhicules, pour la plupart anciens et mal entretenus, encombrent les rues, rejetant leurs gaz nocifs. Il n'existe quasiment pas de contrôle en la matière et l'utilisation de l'essence sans plomb n'entre pas encore dans les habitudes. Par ailleurs, les usines périphériques qui recrachent leurs déchets contribuent à hisser Le Caire au rang de ville la plus polluée du monde après Mexico. Suivant l'agence à laquelle on se réfère, le taux de plomb dans l'air se révèle de trois à vingt fois supérieur à la limite autorisée sur le plan international. De même, la densité de particules solides en suspension (cause principale des problèmes respiratoires) dépasse de cinq à dix fois le niveau recommandé.

Au bout du compte, le gouvernement a fini par prendre les mesures qui s'imposaient : les usines doivent désormais s'équiper de filtres (jusqu'à présent, peu ont obtempéré), une initiative pilote prévoit l'utilisation de gaz naturel comprimé comme carburant pour les véhicules appartenant à l'État (pour l'instant, un parc limité de minibus), et une aide américaine de 200 millions de dollars sert à financer un projet d'amélioration de la qualité de l'air. Une goutte d'eau dans la mer : pour l'instant, les Cairotes doivent patienter en restant des fumeurs passifs.

La surpopulation constitue une deuxième pierre d'achoppement. Si le dernier recen-

Un tourisme responsable

Le tourisme représente une activité vitale pour l'économie égyptienne. Sans lui, le pays nagerait en plein marasme. Dans le même temps, l'afflux de millions de visiteurs chaque année constitue une agression pour l'environnement. Depuis que les touristes se rendent sur les sites archéologiques à la recherche des splendeurs de l'Égypte pharaonique, certains ne peuvent s'empêcher d'escalader les ruines, d'emporter des fragments de monuments ou de graver dans la pierre le souvenir de leur passage. Cette forme de tourisme n'est pas tolérable. Aussi, il est désormais interdit de grimper sur les pyramides de Gizeh. Pourtant, les gens continuent de le faire et les guides se montrent complaisants moyennant un petit bakchich. Ne les imitez pas.

De même, rien ne vous empêche objectivement de vous aventurer hors circuit dans des zones protégées comme Ras Mohammed. Au milieu de ce no man's land, personne n'en saura rien. Pourtant, il est illégal de rouler en dehors des routes balisées et le fragile environnement du désert compte sur vous pour respecter la loi en vigueur.

En Égypte, peu de sites pourrait concourir pour la palme de la propreté. Les dépôts d'ordures sauvages et l'absence généralisée de préoccupations écologiques offusquent la vue du visiteur occidental. Cependant, certains déchets comme les bouteilles en plastique sont désormais recyclés. Par ailleurs, plus d'un voyageurs s'est déclaré choqué devant les monceaux de détritus jetés par les touristes qui gravissent le mont Sinaï. Alors, n'en rajoutez pas !

sement a mis en évidence un certain fléchissement de la courbe, le taux d'accroissement démographique atteint encore les 2,1%. A lui seul, Le Caire compte environ 16 millions d'habitants. Le gouvernement admet lui-même que certaines parties de la capitale abritent la plus forte densité de population du globe. Les infrastructures délabrées ne peuvent plus faire face aux besoins, et les transports publics sont devenus meurtriers avec leur lot de déraillements et de collisions. De même, il arrive parfois que des bâtiments construits à la hâte s'écroulent, avec les conséquences tragiques que l'on imagine.

Problème rural

Le développement anarchique du tourisme demeure l'une des menaces principales le long de la mer Rouge et dans le Sinaï. On s'attend à ce que l'ouverture d'un nouvel aéroport à mi-chemin entre Al-Quseir et Marsa Alam entraîne une vague de constructions massive sur la côte restée sauvage. Il existe dans ce secteur moins de quinze sites exempts de bancs de corail et les spécialistes de l'environnement observent d'un œil inquiet la centaine d'hôtels désireux de s'implanter. Ces derniers risquent en effet de recouvrir sans états d'âme les coraux avec du sable pour faciliter la baignade de leurs clients.

Dans le Sinaï, la côte nord de Nuweiba connaît déjà un essor immobilier et un chapelet de stations balnéaires relie l'agglomération à la borne frontière de Taba. Reste à savoir si les promoteurs respecteront leur promesse de protéger les récifs autour de ce site. Compte tenu de ce qui a été fait par le passé, il y a peu de raisons de les croire sur parole. Pour plus d'informations sur la protection des récifs de corail, se reporter au chapitre *Plongée en mer Rouge*.

A l'heure actuelle, la quantité de détritus produite par les milliers de visiteurs reste un problème majeur. A Dahab, par exemple, le nettoyage périodique des plages et des bancs de corail se heurte au refus de la municipalité d'ouvrir une décharge. Pour le moment, les ordures sont déposées au fond d'un wadi susceptible d'être inondé. Ainsi, ce qui n'est pas emporté par le vent soufflant en permanence se déverse dans la mer à l'occasion des crues et vient se mêler aux coraux et à la faune marine.

De même, on peut trouver troublant que le ministère du Tourisme, qui d'ordinaire ne s'embarrasse guère de considérations écologiques, cherche à promouvoir le désert de Libye et les oasis. Un tourisme "d'aventure" se développe déjà dans ces endroits reculés et marque le paysage de son empreinte : on voit parfois des ordures dévaler les dunes de la Grande Mer de Sable, et les visiteurs se servent parmi les nombreux fossiles qui jonchent le sol. En dépit des mesures sévères mises en place contre le braconnage, des groupes d'Arabes du Golfe, entre autres, viennent chasser avec des armes sophistiquées les espèces qu'ils ont décimées chez eux. Parfois, un militaire égyptien se fait complice de telles pratiques en allant jusqu'à leur servir de guide.

On peut néanmoins citer quelques initiatives positives. A la fin de 1997, un programme de recyclage des déchets a vu le jour à Nuweiba. En outre, le Sinaï compte désormais cinq zones protégées. Un bureau des parcs nationaux a également ouvert ses portes à Hurghada et espère endiguer les projets immobiliers les plus fous prévus autour de Marsa Alam. Enfin, le gouvernement se tourne vers une nouvelle stratégie marketing : le tourisme vert. Le premier lieu d'hébergement écologique installé dans l'oasis de Siouah marque un pas vers un tourisme plus respectueux de la nature.

FLORE ET FAUNE

Formée à 94% de désert, l'Égypte évoque immanquablement l'image d'un no man's land aride.

Cependant, la réalité est tout autre. S'il existe des zones extrêmement sèches dépourvues de vie, d'autres régions désertiques abritent un fragile écosystème qui a su s'adapter au cours des millénaires à des conditions particulièrement hostiles. Pour en savoir plus sur la flore du désert, lire l'encadré *L'équilibre de l'écosystème dans le Sinaï*.

Flore

Bien que rare, le lotus, symbole de l'Égypte ancienne, pousse encore dans le delta du Nil. A l'inverse, les champs de papyrus au milieu desquels les pharaons chassaient l'hippopotame ont complètement disparu. A l'exception d'un pied découvert en 1968 dans le Wadi Natroum, on ne trouve plus cette plante que dans les jardins botaniques.

Plus de cent espèces de plantes prospèrent dans les zones arrosées, et le palmier-dattier est présent dans pratiquement tous les endroits cultivés. Avec le tamaris et l'acacia, le jacaranda et le poinciana (aux fleurs rouges et oranges) importés égayent l'été égyptien de leurs couleurs éclatantes. La jacinthe d'eau appelée "rose du Nil" affleure sur certaines parties du fleuve et sur de nombreux canaux.

Le parc national de Ras Mohammed, dans le Sinaï, recèle des mangroves qui, d'après les spécialistes de l'environnement, comptent parmi les plus septentrionales du globe. Ces forêts qui poussent dans l'eau salée jouent un rôle prépondérant dans l'écosystème de la région.

Faune

Mammifères. On dénombre une centaine d'espèces de mammifères en Égypte. S'il subsiste encore quelques spécimens exotiques, les souris, les rats et les chauves-souris sont de loin les plus répandus. Cependant, avec un peu de chance, vous pourrez apercevoir autre chose que des dromadaires, des ânes ou, dans une moindre mesure, des chevaux et des buffles domestiques.

Les déserts égyptiens abritaient autrefois une variété étonnante de grands mammifères comme le léopard, le guépard, l'oryx, le protèle (ou loup fouisseur, qui se nourrit de termites), l'hyène et le caracal (un lynx du désert avec de longues touffes de poils noirs au bout des oreilles). Hélas, toutes ces espèces sont en voie de disparition à cause de la chasse. Aujourd'hui, il ne reste plus dans le pays qu'une seule famille de guépard répertoriée, et aucun léopard n'a été vu depuis des années. D'autres animaux comme le chat des sables (le dessous de ses pattes est

LEANNE LOGAN

EDDIE GERALD

JULIET COOMBE / LA BELLE AURORE

JULIET COOMBE / LA BELLE AURORE

BETHUNE CARMICHAEL

L'Égypte se prévaut d'un patrimoine archéologique exceptionnel et de sites naturels grandioses. L'hospitalité et la gentillesse des habitants font également tout son attrait

GLENN BEANLAND

JULIET COOMBE / LA BELLE AURORE

LEANNE LOGAN

CHRIS MELLOR

Descente du Nil en felouque, voyage en montgolfière au-dessus de la vallée des Rois, transports locaux pittoresques, méharée dans le Sinaï : les plaisirs sont variés en Égypte recouvert de fourrure pour faciliter l'approche des proies), le fennec (le plus petit renard du monde) et le bouquetin de Nubie, ou ibex (le mâle arbore de longues cornes recourbées), se montrent de temps à autre.

On recense en Égypte trois sortes de gazelles, la gazelle arabe, la gazelle de Dorcas et la gazelle blanche. La première espèce s'est probablement éteinte, et les deux autres sont à peine représentées par quelques sujets isolés. Il n'y a pas si longtemps, les troupeaux de gazelles de Dorcas faisait encore partie intégrante du paysage.

La zorille, une sorte de belette, habite la région du Gebel Elba, tandis que l'on peut apercevoir dans le Sinaï le daman de rochers, une créature de la taille d'un gros lapin, grégaire.

Oiseaux. Environ 430 espèces ont été comptabilisées, dont à peu près un tiers se reproduit dans le pays. Les autres sont des migrateurs de passage ou s'installent pour l'hiver en Égypte. Chaque année, on estime à un ou deux millions le nombre d'oiseaux qui survolent l'Égypte pour se rendre d'Europe en Afrique. La législation égyptienne protège tous les grands échassiers tels que le flamant rose, la cigogne, la grue et le héron, ainsi que tous les grands rapaces.

Les volatiles les plus fréquemment rencontrés sont le moineau domestique et la corneille mantelée. De couleur brun clair, cette curieuse huppe présente quant à elle une tête en forme de marteau et déploie sa crête en signe d'agacement. On peut souvent l'observer à la recherche d'insectes dans les jardins aménagés au centre du Caire mais elle est plus commune à la campagne.

Les ornithologues amateurs doivent ouvrir l'œil, surtout au printemps et en automne. Cependant, le lac Qarun (*birket* Qarun), dans la région du Fayoum, constitue un endroit idéal pour observer toute l'année quantité d'oiseaux, allant de la spatule au bécasseau des marécages. Les lagons salés, dans la partie septentrionale du delta, et la réserve de Zerenike, sur le lac Bardawil, dans le nord du Sinaï, accueillent l'hiver de grands flamants, des pélicans blancs et des spatules. On peut également voir d'impressionnants rassemblements de pélicans autour des petits lacs près d'Abou Simbel dans le sud du pays. Par une nuit étoilée dans le désert, vous apercevrez ou entendrez peut-être un grand-duc. La région du Gebel Elba est réputée pour ses oiseaux tropicaux comme le souï-manga, l'engoulevent de Nubie.

Faune aquatique. Pour plus de détails, se reporter au chapitre *Plongée en mer Rouge.*

Animaux divers. Près de 34 variétés de serpents vivent en Égypte. Le plus connu est le cobra qui orne la couronne des pharaons. La vipère à cornes, un serpent dont les yeux sont surmontés de deux excroissances, se dissimule dans le sable.

Les scorpions pullulent dans le pays. Si certains peuvent occasionner une piqûre fatale, ils se promènent le plus souvent la nuit et se montrent rarement. Soyez vigilant lorsque vous soulevez les pierres, sous lesquelles ils aiment se tenir au frais.

Autrefois nombreux le long du Nil, les crocodiles ont disparu depuis 1891, date à laquelle un officier britannique tua le dernier spécimen. Aujourd'hui protégés, ils n'occupent plus que le lac Nasser, au sud du barrage d'Assouan.

INSTITUTIONS POLITIQUES

Le pouvoir est en grande partie concentré entre les mains du président (actuellement Mohammed Hosni Moubarak) nommé par l'Assemblée du Peuple et élu par référendum pour une durée de six ans. Son mandat peut être renouvelé au moins une fois et, à l'heure où nous écrivons ces lignes, Moubarak achève son troisième mandat et se dit prêt à en briguer un quatrième. Une éventuelle défaite n'est absolument pas envisagée. En effet, l'actuel président admet lui-même que la démocratie en Égypte est "limitée" et qu'il n'existe pas de partis sérieux susceptibles de s'opposer au Parti national démocratique (PND) au pouvoir. A l'occasion des dernières élections, la plupart des sièges ont d'ailleurs été disputés par des candidats rivaux issus du PND.

Le président désigne le vice-président et les ministres, ainsi que 10 membres de l'Assemblée du Peuple, qui en compte 454, et 70 des 200 membres du Majlis ash-Shura (assemblée consultative).

ÉCONOMIE

L'Égypte demeure un grand exportateur de coton, une culture introduite au XIXe siècle par le pacha réformateur Méhémet-Ali. Le pays est également exportateur de pétrole, et les gisements d'or noir et de gaz découverts dans le désert de Libye ouvrent la perspective de nouveaux profits dans ce secteur. Malgré le coup récemment porté par les attaques terroristes, le tourisme représente une composante majeure de l'économie. Non seulement il injecte chaque année l'équivalent de un milliard de dollars dans les caisses de l'État, mais il fait vivre aussi nombre de petites entreprises dont la survie dépend de l'afflux constant de visiteurs. Le canal de Suez fournit à l'Égypte sa plus grosse quantité de devises étrangères.

L'économie du pays connaît depuis le milieu des années 90 une évolution accélérée. On parle en effet de l'Égypte comme d'un marché émergent attractif, susceptible de rencontrer une croissance rapide. Ce changement provient d'un revirement politique amorcé au plus haut niveau. Après avoir subventionné pendant des décennies des entreprises étatiques improductives et en sureffectif, le gouvernement a commencé à démanteler le système de planification centralisée, hérité de Nasser. Il a privatisé et introduit un ensemble de réformes libérales pour encourager les investisseurs étrangers.

Les nouvelles mesures politiques ont eu des répercussions immédiates. En 1996, plus de 500 millions de dollars se sont échangés à la bourse du Caire pendant que les investissements étrangers augmentaient d'environ 150%. Tandis que les 18 derniers mois se sont traduits par une stagnation du marché boursier, en dépit du massacre de Louxor, de la crise mondiale et de la baisse du cours du pétrole, la stabilité économique se maintient.

La présence d'argent frais est bien une réalité : Rolls Royce a récemment ouvert un showroom au Caire, emboîtant le pas à Jaguar. A Gizeh, un nouvel immeuble donnant sur le Nil propose des appartements de trois pièces à 1,3 million de dollars. En ville, les galeries marchandes à l'américaine, qui poussent comme des champignons, regorgent de boutiques de prêt-à-porter de luxe, de pâtisseries européennes et de sushi bars.

Quelques problèmes se font malgré tout jour. Dans le cadre de son programme de réforme, le gouvernement s'emploie également à restreindre les subventions allouées au logement, à l'industrie agroalimentaire, à la production électrique et aux transports. Les classes les moins favorisées, c'est-à-dire la majeure partie de la société égyptienne, ne vont pas tarder à se demander pourquoi le prix du pain augmente alors que les voitures de luxe se font de plus en plus nombreuses dans la rue. La situation ne ressemble pas encore à celle du Brésil mais, en l'absence de tout système de redistribution, le fossé entre riches et pauvres s'élargit de manière alarmante.

POPULATION

L'Égypte est le pays le plus peuplé du monde arabe. En Afrique, elle se classe en deuxième position après le Nigeria. Le problème démographique constitue d'ailleurs l'une des préoccupations majeures (voir plus haut *Problèmes urbains* dans la rubrique *Écologie et environnement*). De 6,5 millions d'habitants au premier recensement de 1882, la population est passée à 61,5 millions en 1997. Elle devrait atteindre 65 millions en l'an 2000. Avec un taux d'accroissement annuel de 2,1%, soit plus de un million de personnes, les efforts de l'Égypte pour améliorer sa situation économique semblent peine perdue compte tenu du nombre de nouvelles bouches à nourrir.

Environ 99% des Égyptiens occupent seulement les 4 à 6% du territoire national correspondant à la zone cultivable. Environ 16,5 millions de personnes, soit 27% de la population égyptienne, résident au Caire et dans sa banlieue, auxquels viennent s'ajouter les 5 millions d'habitants d'Alexandrie et de ses environs. Conséquence de cette augmentation rapide, le gouvernement n'a pas eu le temps de construire suffisamment d'écoles et de former assez d'enseignants pour les besoins d'une population dont la moitié a aujourd'hui moins de 18 ans.

PEUPLES ET ETHNIES

Les anthropologues divisent les Égyptiens en trois groupes ethniques dont le plus important descend de la branche chamito-sémitique implantée le long du Nil (ainsi que dans de nombreuses autres zones d'Afrique du Nord et d'Arabie) pendant des millénaires. Les Berbères, une minorité installée autour de l'oasis de Siouah, dans le désert de Libye, appartiennent à cette catégorie. Le deuxième groupe, l'élément purement arabe, est formé par les Bédouins nomades venus d'Arabie qui vivent actuellement dans les zones désertiques et plus particulièrement dans le Sinaï. Enfin, le troisième groupe comprend les Nubiens de la région d'Assouan.

Berbères

Le petit nombre de Berbères qui résident à l'ouest du pays, en particulier à Siouah et dans ses environs, a su préserver son identité. Ils se distinguent assez facilement des autres Égyptiens par la façon, en particulier, dont s'habillent les femmes. Ces dernières portent la *meliyya*, un vêtement qui les couvre des pieds à la tête avec juste une fente au niveau des yeux. Les Berbères ont conservé leur langue, même si beaucoup parlent l'arabe.

Bédouins

Le mode de vie, principalement nomade, des 500 000 Bédouins d'Égypte connaît une évolution rapide à l'heure où les traditions séculaires de ce peuple du désert sont confrontées au XXe siècle. Les Bédouins vivaient à l'origine dans les parties les plus arides et les plus désolées du désert de Libye et du Désert oriental ainsi que dans le Sinaï. Aujourd'hui, leur isolement est rompu par l'intérêt croissant du reste du pays pour ces régions. Les oasis du désert de Libye font depuis longtemps l'objet d'un développement agricole massif et des colonies de peuplement visent à désengorger les centres urbains surpeuplés. Enfin, l'industrie touristique commence à lorgner de ce côté-ci du pays. La même remarque vaut pour le Sinaï. Avec les projets de complexes hôteliers qui hérissent la côte, les Bédouins tendent à se sédentariser et à perdre leur autonomie.

Si leurs ancêtres provenaient en majorité de la péninsule Arabique, leurs lois, leurs coutumes et leur religion (mélange d'islam et de paganisme), ainsi que leur résistance physique et leur étonnante hospitalité, sont nées dans le Sinaï et dans le désert de Libye.

De nos jours, on peut toujours apercevoir dans le Sinaï des dromadaires et des tentes bédouines en peau de chèvre. Cependant, on rencontre davantage de pick-ups et de cabanes en ciment ou en branches de palmier, couvertes d'un toit de tôle ondulée et surmontées d'une antenne de télévision.

Nubiens

Grands et foncés de peau, les Nubiens représentent le lien entre l'Égypte et l'Afrique. Ils viennent à l'origine de Nubie, une région située entre Assouan, au sud du pays, et Khartoum, au Soudan. Ce territoire a presque entièrement disparu sous les eaux dans les années 70 avec la construction du grand barrage d'Assouan. Voir la rubrique *Le lac Nasser et la Basse-Nubie* dans le chapitre *La vallée du Nil – d'Esna à Abou Simbel*.

SYSTÈME ÉDUCATIF

Les neuf années d'enseignement primaire sont théoriquement obligatoires. Pourtant, si environ 97% des enfants de six à quinze ans fréquentent l'école, l'Unesco estimait à 50% le taux d'analphabétisme dans la population adulte en 1992. Ce chiffre peut sembler incroyablement élevé, mais on doit savoir que seize ans auparavant il atteignait les 61,8%. Les femmes composent les deux tiers des analphabètes. En outre, celles qui savent lire et écrire n'ont souvent reçu qu'une instruction rudimentaire en raison des classes surchargées.

Le cycle d'enseignement secondaire commence dès l'âge de 11 ans et dure six années. Le système éducatif reste gratuit à tous les niveaux. C'est peut-être ce qui explique qu'il n'est pas rare de rencontrer un avocat, un ingénieur ou tout autre représentant des professions libérales employé dans la fabrique d'un membre de sa famille ou comme chauffeur de taxi. Il n'y a pas d'emplois en Égypte pour eux (comme pour quantité de personnes moins instruites). Beaucoup sont obligés d'émigrer dans d'autres pays arabes. On estime à deux millions le nombre d'Égyptiens résidant à l'étranger. La plupart vivent dans les pays du Golfe, en Libye et, malgré les tracasseries dont ils sont victimes, en Irak.

Les hommes doivent effectuer trois ans de service militaire, deux ans s'ils suivent des études secondaires et un an seulement s'ils fréquentent l'université. Les fils uniques sont exemptés.

ARTS

Littérature

Non content d'être l'écrivain égyptien le plus célèbre de tous les temps, Naguib Mahfouz peut se vanter d'avoir façonné à lui tout seul la littérature arabe du XXe siècle. Né en 1911, dans le quartier musulman du Caire (voir l'encadré *Le Caire de Mahfouz*), il commence à écrire à l'âge de 17 ans. Ses premières tentatives subissent l'influence des modèles européens mais, au cours de ses 66 ans de carrière brutalement interrompue (voir sur cette page l'encadré *Une leçon pour Salman Rushdie*), il fait entendre une voix typiquement arabe inspirée des conversations entendues dans les cafés et du langage des rues du Caire.

La trilogie (*Impasse des deux palais*, *Le Palais du désir*, *El-Sokkerya*), qui retrace la saga d'une famille dans les quartiers où l'auteur passa sa jeunesse, est généralement considérée comme son chef-d'œuvre. *Passage des miracles*, une description mélodramatique de la vie dans une ruelle pauvre de la capitale, vaut également la peine d'être lu. *L'Harafish*, sans doute l'œuvre la plus aboutie de Mahfouz, doit beaucoup à la tradition du conte arabe symbolisée par *Les Mille et Une Nuits*.

Au vu du petit nombre d'auteurs traduits en français, on aurait tôt fait de croire que la littérature égyptienne se résume à Mahfouz. Ce dernier n'est pourtant que le plus connu d'un ensemble d'écrivains de premier plan.

Une leçon pour Salman Rushdie

Le prix Nobel de littérature décerné à Naguib Mahfouz pour l'ensemble de son œuvre a paradoxalement précipité la fin de sa carrière d'écrivain. Le battage fait autour de cette récompense a réveillé le problème précédemment soulevé dans son roman *Les Fils de la médina* publié sous forme de feuilleton en 1959. Transposition de certains épisodes du Coran, ce roman avait à l'époque été condamné par les autorités religieuses du pays. Quatre mois après que Mahfouz eut reçu les honneurs, le cheikh aveugle Omar Abdel Rahman (actuellement emprisonné aux États-Unis pour sa participation à l'attentat du World Trade Center) déclare que, si l'auteur avait été châtié pour *Les Fils de la médina*, Salman Rushdie n'aurait jamais osé rédiger *Les Versets sataniques*.

Pour une petite minorité d'extrémistes, ces propos ont la résonance d'une fatwa à l'encontre de Mahfouz. Un jour d'octobre 1994, alors que l'écrivain monte dans la voiture d'un ami, un jeune homme s'approche et lui transperce la gorge de deux coups de couteau. Mahfouz échappe miraculeusement à la mort mais son bras et sa main droite, paralysés, ne lui permettent plus d'écrire une ligne.

Les lecteurs non arabophones auront cependant la chance de découvrir de nouveaux titres de l'auteur égyptien car une vingtaine de ses nouvelles n'ont pas encore été traduites.

On citera Taha Hussein, un intellectuel aveugle qui passa la majeure partie de sa vie en délicatesse avec les gouvernements successifs, et Youssef Idris à qui l'on doit des nouvelles plus ou moins autobiographiques. Malheureusement, aucun de ces deux auteurs, aujourd'hui disparus, ne s'est imposé au niveau international comme il l'aurait mérité.

Parmi les pairs de Mahfouz, seul Gamal Ghitany a atteint une certaine notoriété avec son livre *Zayni Barakat*, une histoire d'intrigues dans Le Caire des Mamelouks.

Étrangement sous-représentées dans leur pays d'origine, les femmes écrivains jouissent à l'étranger d'un succès supérieur à celui de leurs homologues masculins. Après Mahfouz, Naoual el Saadaoui est l'auteur le plus connu hors des frontières. En français, on connaît son roman *Ferdaous, une voix en enfer*. Porte-parole de la condition féminine, elle occupe chez elle une position très marginalisée. *La Face cachée d'Ève*, un essai qui examine le rôle de la femme au sein du monde arabe, reste interdit en Égypte.

De même, *Salwa Bakr* s'exprime sans compromis sur des sujets tabous comme les préjugés sexuels et les inégalités sociales. Son roman *The Golden Chariot* raconte l'histoire d'un groupe de femmes incarcérées, que la pauvreté et l'oppression ont conduites à enfreindre la loi. Nous ne saurions que trop vous conseiller ce livre drôle et chaleureux.

Peinture

Si l'Égypte a produit un ou deux peintres de renom, l'art contemporain n'apporte guère de révélation. Le problème réside dans un système d'enseignement artistique qui favorise la reproduction de styles existants plutôt que la créativité individuelle. En outre, la prépondérance du népotisme sur le talent jette le doute sur l'intérêt des œuvres exposées dans les galeries. Il n'est donc pas étonnant que les artistes les plus intéressants n'aient souvent suivi aucune formation spécifique. Parfaitement ignorés par les galeries nationales, ils exposent dans quelques espaces privés soucieux de promouvoir des réalisations moins conformistes. Au Caire, les amateurs d'art contemporain doivent absolument rendre visite aux galeries Mashrabia, Cairo-Berlin ou Extra (voir le chapitre consacré au *Caire* pour connaître les adresses et les horaires d'ouverture).

Cependant, l'art n'a pas toujours été aussi terne et le musée d'Art moderne égyptien, construit au Caire dans le complexe de l'opéra sur l'île de Gezira, mérite le détour. Ne manquez pas, en particulier, le travail unique en son genre d'Abel Hady al-Gazzar qui représente l'Égypte sous la forme d'un cirque coloré mais quelque peu monstrueux.

Musique

La musique rythme la vie quotidienne des Égyptiens. Impossible, en effet, de monter dans un taxi, de faire du shopping ou simplement de marcher dans la rue sans être assailli en permanence par les mélodies qui s'échappent de petits magnétophones grésillants. La musique que vous entendrez se divise en deux catégories : la musique classique et la pop. Au sud du pays, vous rencontrerez en revanche davantage d'airs folkloriques (voir les encadrés *La musique saïdi*, p.314 et *La musique nubienne*, p.349).

Musique classique. La musique arabe classique connaît son apogée dans les années 40 et 50. Elle coïncide alors avec l'émergence du nationalisme. A travers la radio, les chanteurs égyptiens élevés au rang d'idoles d'Alger à Bagdad enflamment les foules. Parmi eux, Oum Kalsoum fait toujours figure de star incontestée du XXe siècle. Ses chansons d'amour et ses *qasa'id* (longs poèmes) expriment l'essence de l'identité arabe. A l'époque, l'idylle entre la chanteuse et l'Égypte prend de telles proportions que les rues se vident complètement le premier jeudi du mois à l'heure de son concert radiodiffusé.

Ses équivalents masculins, Abdel Halim Hafez et Farid el-Atrach, ne susciteront jamais une culte aussi fervent que la “Mère de l'Égypte”. A sa mort en 1975, l'Égypte est sous le choc.

Oum Kalsoum, star de la chanson égyptienne

Les cassettes d'Oum Kalsoum se vendent toujours aussi bien que n'importe quel tube pop, et elle est encore largement présente dans les médias. Son succès a même dépassé les frontières du monde arabe.

On trouve facilement des CD d'Oum Kalsoum dans les magasins de disques français et nous vous conseillons en particulier l'album *Inta Omri,* considéré comme son meilleur enregistrement.

La voix d'Oum Kalsoum, qui fit vibrer Le Caire jusqu'à sa mort en 1975, résonne aujourd'hui dans les taxis de toute l'Égypte.

Musique pop. Si les semblables d'Oum Kalsoum et d'Abdel Halim Hafez sont toujours vénérés dans le pays, le rajeunissement de la population a amené l'émergence d'un nouveau genre. Dans ce contexte, Ahmed Adawiyya a réussi avec la musique arabe la même chose que les mouvements punks avec la musique occidentale. Rejetant les mélodies traditionnelles et leur tonalité mélodramatique, ses morceaux réalistes et parfois subversifs s'inspirent de la rue. Ils reflètent l'esprit de l'époque et dominent la culture populaire pendant toutes les années 70.

Adawiyya jette les bases du *al-jiil* (génération) caractérisé par une rythmique ponctuée de claquements de mains, un accompagnement au synthétiseur et une ligne vocale répétitive et entraînante. Son héritage englobe également le *sha'bi* (populaire) perçu comme la véritable musique du peuple. Beaucoup plus crues et provocantes que celles de l'*al-jiil*, les paroles du *sha'bi* comportent souvent un aspect satyrique ou politique. Les représentants de ce genre musical passent rarement à la télévision.

Ces dernières années, les artistes à succès viennent surtout d'Irak, de Syrie et du Liban. Parmi les talents égyptiens, on peut néanmoins citer Hakim, Amr Diab et Mohammed Fouad.

Danse

Les peintures retrouvées dans les tombes égyptiennes en témoignent, l'art de la danse remonte au moins à l'époque pharaonique. Au cours de la période médiévale, elle s'institutionnalise sous la forme des *ghaouazi*, une caste de danseurs qui se déplacent avec les conteurs et les poètes, donnant des représentations publiques ou privées, comme nos troubadours. La mixité n'étant pas toujours de mise, les femmes se produisent voilées quand elles ne dansent pas pour leurs semblables.

L'arrivée de voyageurs européens au XIXe siècle modifie cette tradition. Les autorités religieuses, outrées que des musulmanes osent se montrer devant des infidèles, font pression sur le gouvernement pour qu'il impose de lourdes taxes aux danseuses. Comme le prix à payer ne suffit pas à décourager les Occidentaux amateurs de sensations fortes, les danseuses sont bannies du Caire. Éloignées de leur clientèle, beaucoup se tournent vers la prostitution, ce qui ne fait qu'attiser les fantasmes de certains.

Petit guide de la pop égyptienne à l'usage du néophyte

La liste qui suit ne se veut pas exhaustive.

Zahma, Ahmed Adawiyya. Cet album, dont le titre signifie "bondé", date des années 70, époque où la musique provocatrice d'Adawiyya était au sommet de sa popularité.

Shababik ou ***El-Malek***, Mohammed Mounir. Surnommé la "pop star des intellectuels", le nubien Mounir mêle le jazz à la musique traditionnelle arabe pour créer un son assez sophistiqué tout à fait accessible aux oreilles occidentales.

Nazra, Hakim. Il s'agit du premier et meilleur album de l'un des chanteurs de sha'bi les plus en vogue du moment.

Lo Laki, Ali Hameida. Après sa sortie en 1988, Lo Laki (sans toi) investit Le Caire pendant plusieurs années. C'est le titre phare du al-jiil, une musique entraînante aux paroles ineptes qui fait un grand usage du synthétiseur. A écouter à vos risques et périls.

Alimouni Hawak, Amr Diab. Le grand tube de l'année 1998 au Moyen-Orient pour le golden boy de la pop égyptienne.

Omar Khayrat. Ancien compositeur pour le cinéma et la télévision, il mélange musique classique et mélodies arabes pour produire ce que certains qualifient de musique d'ascenseur.

Yalla, une compilation en cassette ou en CD (Mango Records 1990) de David Lodge qui réunit des morceaux d'al-jiil et de sha'bi. Le livret est excellent.

Songs From The City Victorious, une collaboration entre Jaz Coleman (Killing Joke), Anne Dudley (Art of Noise) et un éventail de musiciens égyptiens. Les Égyptiens apprécient tellement cet album que la télévision nationale n'arrête pas de le diffuser. On le trouve en Égypte sous la forme d'une cassette bon marché intitulée Masryat.

Diaspora, Natacha Atlas. Une œuvre collective de la chanteuse d'origine marocaine et de son groupe, accompagnés de musiciens cairotes. Le résultat n'est pas toujours heureux.

Les trois derniers albums cités plus haut ne sont pas disponibles au Caire, mais les grandes enseignes dans votre pays les possèdent certainement en stock ou peuvent les commander.

La danse du ventre telle qu'elle existe aujourd'hui commence à être reconnue et popularisée quand elle arrive sur les écrans. Le 7e art extrait les danseuses des boîtes de nuit pour les produire devant un grand nombre de spectateurs. Il enveloppe la danse orientale de prestige et bâtit la réputation d'une poignée d'artistes. Il emprunte aussi à Hollywood en adoptant en toute liberté ses costumes clinquants et fantaisistes : bikini taille basse et voiles diaphanes.

Malgré son ancienneté et la fortune qu'elle procure à certaines de ses adeptes, la danse du ventre n'est toujours pas considérée comme une pratique entièrement respectable. D'après ses défenseurs, elle serait même en train de disparaître. Au début des années 90, les islamistes parcourent les fêtes de mariage dans les quartiers pauvres du Caire pour empêcher les femmes de danser ou de chanter. Ils suppriment ainsi une source de revenu vitale pour les plus modestes d'entre elles. Afin d'apaiser les religieux, le gouvernement renchérit en interdisant les décolletés, de même que les ventres et les cuisses dénudés. Dans le même temps, des danseuses de renom se repentent de leur "péché" et abandonnent le métier. Depuis, les ventres nus ont refait surface mais l'activité n'a pas repris comme avant. Pour plus d'informations sur les lieux de spectacles, consultez la rubrique *Où sortir* du chapitre consacré au Caire.

C'est aussi grâce à sa popularité à l'étranger que la danse du ventre parvient à survivre : il s'agit en effet de la seule forme d'art authentiquement égyptien à s'être exportée avec succès. On l'enseigne aujourd'hui dans des lieux où même le nom de Touthankamon n'évoque pas grand chose.

Si la danse du ventre et le *raq sharqi* concernent exclusivement les femmes, les hommes dansent le *tahtib*, une sorte d'art martial lent et stylisé qui se pratiquent à l'aide de bâtons. On peut y assister dans les *moulid* en Haute-Égypte et il fait souvent partie des spectacles folkloriques des hôtels cinq-étoiles.

Danse soufie. Dans sa forme traditionnelle, on ne peut pas véritablement parler de danse mais plutôt de rite religieux. Les soufis, qui appartiennent à un ordre musulman mystique, tournent sur eux-mêmes, sans s'arrêter, pour atteindre l'état de transe. Un groupe se produit régulièrement dans le Caire musulman. Consulter la rubrique *Où sortir* pour plus d'informations.

Cinéma

Au moment de l'occupation britannique, dans les années 40 et 50, les studios de cinéma du Caire tournaient plus de cent films par an et remplissaient les salles obscures de tout le monde arabe. Aujourd'hui, le nombre de films produits chaque année se limite à une vingtaine. Le déclin de l'industrie cinématographique serait imputable à une taxation excessive de la part de l'État et à une censure intransigeante dès qu'il est question de sexe, de politique ou de religion. Cependant, un critique cairote admet que la qualité médiocre de bien des productions est tout aussi responsable de cette situation. L'archétype du film égyptien consiste effectivement en une grosse farce surjouée.

Il existe néanmoins quelques exceptions. Un ou deux films artistiques sortent chaque année qui traitent le plus souvent de thèmes sociaux. Youssef Chahine est le réalisateur qui se démarque le plus de l'ensemble du cinéma égyptien. Né en 1926, il a tourné à ce jour 37 films au cours d'une carrière inclassable. Encensé par la critique (même s'il ne rencontre pas un énorme succès dans le public), celui que l'on surnomme le Fellini égyptien a été récompensé à Cannes en 1997 pour l'ensemble de son œuvre. Les films de Chahine font partie des rares productions égyptiennes diffusées en France et à l'étranger. Avant *L'Autre*, son dernier film, il a réalisé *Le Destin* (1997) et *L'Émigré* (1994), transposition de la vie du Joseph de la Bible, interdite en Égypte sous la pression des islamistes. On peut également voir *Adieu Bonaparte*, drame historique traitant de la présence française, et *Alexandrie pourquoi ?* (1978), réflexion autobiographique sur sa ville natale.

Ceux qui se demandent ce qu'est devenu Omar Sharif, la vedette de *Docteur Jivago* et de *Lawrence d'Arabie*, seront désolés d'apprendre qu'il vit actuellement au Caire et apparaît dans des films de série B et dans des spots publicitaires.

Architecture

Le riche héritage de l'âge des pyramides est abordé tout au long du présent ouvrage et plus spécifiquement dans la section thématique *Égypte pharaonique*. Cependant, un autre aspect de l'architecture égyptienne mérite l'attention du public : Le Caire recèle en effet des trésors de l'architecture islamique médiévale.

Architecture islamique médiévale. En commençant par la mosquée d'Amr (827), le plus ancien bâtiment islamique du Caire, il est possible de retracer l'évolution de l'architecture musulmane sur plus de un millénaire et à travers la succession de plusieurs dynasties régnantes.

Les premiers édifices musulmans doivent beaucoup aux modèles gréco-romains et chrétiens. Pourtant, plusieurs styles s'en différencient rapidement. Les Fatimides (969-1171) introduisent les premiers la coupole ainsi que l'arc en quille de bateau et l'arc lancéolé, caractéristiques de l'architecture islamique. Ils propagent également l'utilisation de la pierre de taille à la place des briques de terre et du stuc, employés jusque-là comme matériaux principaux. Les Ayyoubides (1171-1250) ne font pas beaucoup évoluer ces techniques, même si c'est à cette époque qu'Aladin édifie les remparts de la fameuse Citadelle.

Par la suite, le vocabulaire de l'architecture islamique s'enrichit considérablement pour connaître son apogée sous le règne des Mamelouks (1250-1517). Ces derniers ajoutent aux constructions déjà existantes (mosquées, murs d'enceinte et portes monumentales) de nouveaux types de bâtiments comme la *madrasa* (école coranique), la *khanqah* (monastère soufi) et le mausolée. Leurs édifices se caractérisent par l'alternance de pierres rouges et blanches dessinant des rayures (la technique de l'*ablaq*), les *muqarnas* (stalactites) et les motifs autour des fenêtres et dans l'embrasure des portails. On doit aussi aux Mamelouks le minaret fin et cylindrique typique du Caire qui se substitue aux lourds minarets trapus, souvent de section carrée. Enfin, ils donnent ses lettres de noblesse à la coupole savamment sculptée (les plus magnifiques exemples sont à rechercher dans le cimetière nord du Caire).

Les Ottomans, qui écrasent les Mamelouks et les remplacent aux commandes du pays, amènent avec eux le style architectural de Constantinople mais ne bâtissent pas de grandes mosquées comparables à Sainte-Sophie ou à la mosquée Bleue. L'Égypte ne représente alors qu'une province éloignée de la Sublime Porte, et l'ampleur des projets s'en ressent. Qu'il s'agisse de maisons d'habitation, de caravansérails, de fontaines ou d'écoles, on bâtit avant tout pour des raisons utilitaires. Peu nombreuses, les mosquées ottomanes du Caire se reconnaissent d'emblée à leur minarets élancés en forme de stylo. Ce goût importé tombe en désuétude vers la fin du XIXe siècle lorsque l'Égypte se libère de la tutelle de Constantinople. Depuis, le style mamelouk connaît un regain de faveur dans l'édification des nouvelles mosquées.

USAGES ET COMPORTEMENTS

Difficile de résumer la société égyptienne. Le mode de vie traditionnel, dont le conservatisme est renforcé par la pauvreté, côtoie en effet de fortes influences occidentales. Dans certaines couches de la population, le régime alimentaire se compose seulement de *foul*, de *ta'amiyya* et de légumes, les femmes portent un long vêtement noir couvrant appelé *abeyya* et les hommes la *galabiyya.* Les cousins se marient entre eux et se rendre à Alexandrie constitue une véritable expédition. Enfin, l'existence toute entière est soumise à la volonté divine (*inch Allah !*).

Parallèlement, d'autres se nourrissent dans les fast-foods, autorisent leur fille à porter des tenues moulantes et à fréquenter ouvertement les garçons. Ceux-là voyagent couramment à l'étranger et ne mettent presque jamais les pieds à la mosquée.

Du seul fait de sa fortune et de son statut, ce groupe exerce sur la société une influence disproportionnée par rapport à la minorité qu'il représente. Aussi subit-il de temps à autre un retour de bâton ; en 1997, quatre-vingts jeunes gens de l'élite occidentalisée ont fait l'objet d'une rafle pour des pratiques soi-disant sataniques. Accusés de boire du sang de rat, d'exhumer des corps et de brûler le Coran, leur seul crime consistait en fait à écouter de la musique occidentale, à suivre la mode, à se brancher sur les chaînes par satellite et sur Internet... Au bout de deux semaines, tous ont été relaxés.

Concrètement, les Égyptiens se classent pour la plupart à mi-chemin entre ces deux stéréotypes.

Vie urbaine

Les habitants des villes égyptiennes font en majorité partie de la classe populaire. La famille urbaine typique vit dans une rue excentrée et oppressante de la banlieue. Elle habite un appartement aux murs lézardés et à la plomberie défectueuse dans un immeuble en parpaing de six étages. Elle a parfois la chance de posséder une petite Fiat ou une Lada d'au moins dix ans d'âge. Si ce n'est pas le cas, le chef de famille prend le métro pour aller travailler ou, le plus souvent, se tasse dans un bus bondé. Il peut avoir fait des études universitaires (plus de 40 000 diplômés chaque année) mais cela ne constitue plus une garantie d'emploi. A moins qu'il ne fasse partie du million de gratte-papier employés par l'administration, qui gagnent chichement leur vie de façon peu astreignante. Cette activité permet au moins de terminer tôt et d'emprunter le taxi d'un cousin pour quelques heures afin de s'assurer un revenu supplémentaire. Son épouse reste à la maison pour s'occuper des trois enfants ou plus et des travaux ménagers entre deux visites à des membres de la famille.

Tout un chacun aspire à s'élever dans l'échelle sociale. En l'absence d'aristocratie, cette ascension dépend entièrement des moyens financiers dont on dispose. Dans les années 70, la politique d'ouverture économique menée par Sadate a entraîné un enrichissement de la population et la naissance d'une classe moyenne jusqu'alors inconnue en Égypte.

A l'autre extrémité de l'échelle sociale, on trouve le *fellah* (paysan) venu s'installer dans un bidonville à la périphérie des grands centres urbains pour échapper à la pauvreté du travail de la terre. Il peut espérer trouver un emploi de manœuvre dans le bâtiment ou de *bawwab*, le traditionnel portier des immeubles de la classe moyenne.

Vie rurale

Un peu plus de la moitié de la population se concentre dans les zones rurales. La campagne égyptienne évoque dans notre imaginaire collectif la vision de *fellahin* en *galabiyya* cultivant la terre comme au temps des pharaons et s'agrippant à leurs traditions face à l'occidentalisation croissante du pays. La réalité se révèle plus subtile.

En cette fin de XXe siècle, le mode de vie rural subit une évolution sans précédent. La densité de population sur les terres agricoles où sont construites la plupart des agglomérations compte parmi les plus fortes du globe. L'espace restant se divise en petits lopins de moins de un hectare, insuffisants pour nourrir une famille de taille moyenne. Aujourd'hui, 50% des ruraux ne tirent plus leurs revenus de l'agriculture. Pour les autres, la dimension réduite des exploitations rend impossible la mécanisation qui accroîtrait la production. Alors, la plupart se reconvertissent à l'élevage ou sont contraints de trouver d'autres moyens de subsistance. Le *fellah* que vous verrez au champ travaille probablement l'après-midi comme manœuvre ou vendeur de cigarettes dans un kiosque de fortune pour essayer de joindre les deux bouts. Il sait qu'il ne faut pas espérer un emploi en ville. L'exode rural des années 70 et 80 se poursuit et les 5 000 agglomérations du pays enregistrent une moyenne de 10 000 habitants.

Et dépit de tous ces changements, la campagne égyptienne reste dépositaire de la culture et des valeurs traditionnelles. Les familles nombreuses sont toujours la norme, particulièrement en Haute-Égypte où les mesures gouvernementales en faveur de la baisse de la natalité ont eu beaucoup moins d'impact que dans le reste du pays. La maison familiale s'agrandit au gré des mariages et des naissances. Les habitations étaient autrefois en brique de terre et servaient d'abri aux hommes comme aux bêtes. Aujourd'hui, les paysans construisent des bâtiments en brique rouge et en ciment avec des enclos séparés pour les animaux.

La tradition est d'autant plus respectée qu'elle s'applique aux femmes. Dans les zones rurales, le taux d'analphabétisme féminin est particulièrement élevé. Les femmes s'enveloppent encore souvent d'un long vêtement noir par-dessus leur robe. Elles se couvrent presque toujours la tête mais le foulard, qui sert surtout à protéger les cheveux, est porté autant par les chrétiennes que par les musulmanes.

Reste à voir si les valeurs de la capitale et celles véhiculées par les feuilletons occidentaux que la télévision diffuse chaque soir dans les fermes et les cafés villageois sont susceptibles de faire évoluer les mœurs en vigueur.

Règles de conduite

Habillement. Si la question fait l'objet de la rubrique *Seule en voyage* du chapitre

Renseignements pratiques, elle n'en concerne pas moins la gent masculine. Dans les endroits moins fréquentés par les touristes, la vue d'un homme en short est assimilée à une provocation. Au Caire, vous ne risquez guère que le ridicule.

Alcool. Beaucoup de musulmans considèrent l'alcool comme *haram* (interdit) mais la plupart le tolèrent et un petit nombre en consomment. Vous pouvez vous procurer des boissons alcoolisées à peu près partout. Cela dit, l'ivrognerie n'est pas le sport national. Nous vous déconseillons par conséquent de circuler en état d'ivresse sur la voie publique si vous ne voulez pas reprendre vos esprits au poste de police.

RELIGION

Environ 90% de la population égyptienne est de confession musulmane, et le reste appartient en majorité à l'Église copte. Dans l'ensemble, les deux communautés cohabitent de façon plus ou moins pacifique. Si la presse occidentale a parfois tendance à présenter les coptes comme une minorité persécutée, les personnalités chrétiennes du pays assurent qu'elles ne subissent aucune pression et qu'elles ne se considèrent d'ailleurs pas comme une minorité. Le mariage entre chrétiens et musulmans reste cependant interdit.

Islam

Religion dominante en Égypte, l'islam tire ses racines du judaïsme et du christianisme. Adam, Abraham (Ibrahim), Noé, Moïse (Moussa) et Jésus (Issa) sont classés au rang des prophètes mais les musulmans ne voient pas en ce dernier le fils de Dieu. Les enseignements de l'islam coïncident étroitement avec ceux de la Torah (les cinq premiers livres de l'Ancien Testament ou Pentateuque), fondement de la loi hébraïque, et des Évangiles. L'essence de l'islam est incarnée par le Coran, son livre saint, et par le dernier prophète Mahomet (Mohammed) qui a délivré le message d'Allah à son peuple.

L'islam apparaît au VIIe siècle par la voix de Mahomet, né à la Mecque (dans l'actuelle Arabie saoudite) vers 570. Le prophète reçoit sa première révélation à l'âge de 40 ans. D'autres surviennent tout au long de sa vie et sont transcrites sous la forme du Coran. Depuis, pas un seul mot n'a été modifié, ce qui fait dire aux musulmans qu'il s'agit véritablement de la parole de Dieu.

Pourtant, l'enseignement de Mahomet ne rencontre pas un succès immédiat. Il commence à prêcher en 613, soit trois ans après sa première révélation, mais ne rassemble alors que quelques dizaines de disciples. Par ailleurs, il s'est fait beaucoup d'ennemis en s'attaquant au culte des idoles vénérées dans sa ville natale. En 622, il se retire avec ses compagnons à Médine, une oasis située à 369 km de La Mecque. C'est l'hégire ou "fuite", qui marque le point de départ du calendrier musulman.

Mahomet meurt en 632, mais la nouvelle religion se répand rapidement et couvre deux ans plus tard l'ensemble de la péninsule Arabique. Elle atteint l'Égypte en 642.

Le mot islam signifie "soumission", un principe qui se vérifie dans la vie de tous les jours du musulman. La foi s'exprime à travers l'observance des Cinq Piliers de l'islam.

1. La *shahada,* ou profession de foi : il n'y a pas d'autre Dieu qu'Allah et Mohammed est son prophète.
2. La *salat,* ou prière cinq fois par jour (au lever du soleil, à midi, au milieu de l'après-midi, au coucher du soleil et le soir).
3. La *zakat,* ou impôt annuel pour la propagation de l'islam et l'aumône aux nécessiteux.
4. Le *siyam,* ou jeûne pendant le mois de ramadan.
5. Le *hajj,* ou pèlerinage à La Mecque.

Le premier commandement s'accomplit au cours de la prière, qui constitue elle-même le deuxième pilier. La prière occupe une place essentielle dans le quotidien du croyant. Du haut du minaret, le muezzin lance cinq fois par jour son appel amplifié par des haut-parleurs. Il est tout à fait admis de prier chez soi ou n'importe où ailleurs, et seule la prière du vendredi à midi doit se dérouler dans la mosquée. Les femmes

La mosquée et son fonctionnement

Minaret

Symbole de la religion musulmane, la mosquée (en arabe *masgid* ou *gamaa*) est un élément architectural omniprésent dans le paysage égyptien.

La maison de Mahomet en aurait fourni le prototype. Il s'agissait à l'origine d'une cour fermée rectangulaire bordée sur un côté de huttes abritant les épouses du prophète et sur l'autre d'un portique rudimentaire pourvoyeur d'ombre. Dans le plan de la mosquée, le *sahn* correspond à la cour, les *riwaq* au portique et le *haram* ou salle de prière, aux habitations.

L'intérieur de l'édifice se divise en plusieurs travées. Plus large que les autres, la travée centrale de la salle de prière comporte, dans le mur du fond, une niche voûté, le *mihrab*, indiquant la direction de La Mecque. C'est vers lui que ce tournent les fidèles lors de la prière.

Mihrab

L'islam ne dispose pas de prêtres en tant que tels, mais chaque mosquée a son *imam*, un homme de foi instruit de la loi islamique. Il fait souvent office de *muezzin* pour l'appel à la prière du haut du minaret. Cependant les cassettes enregistrées et les haut-parleurs utilisés aujourd'hui l'en dispensent le plus souvent. Au cours de la prière du vendredi à midi, l'imam délivre un sermon (*khutba*) depuis le *minbar*, une chaire en bois installée près du mihrab. Dans les plus

prient généralement à la maison (pour plus de détails sur les fêtes musulmanes, se reporter à la rubrique *Jours fériés* du chapitre *Renseignement pratiques*).

En matière de religion, l'autorité suprême est incarnée en Égypte par le cheikh d'El-Azhar, une position actuellement occupée par Mohammed Sayyed Tantawi. Le cheikh indique la ligne à suivre par les musulmans dans des domaines aussi variés que le don d'organes ou la musique hard rock.

Coptes

Avant l'avènement de l'islam, le christianisme représentait en Égypte la confession dominante. Saint Marc, disciple des apôtres Pierre et Paul, commence à prêcher dans le pays vers l'an 35 de notre ère. Le christianisme devient culte officiel au Ve siècle et

La mosquée et son fonctionnement

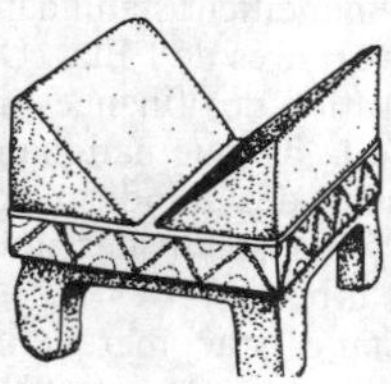

Kursi

belles et les plus anciennes mosquées, cet élément présente souvent de magnifiques décorations.

Avant d'entrer dans la salle de prière et de s'adonner au rite commun, le musulman doit pratiquer les ablutions, autrement dit à se laver les mains, les avant-bras et le visage. Pour cela, la cour de la mosquée renferme en son centre une fontaine, souvent en marbre et polie par des siècles d'utilisation. Les édifices modernes remplacent la fontaine par des alignements de robinets.

La mosquée sert aussi de lieu de rassemblement communautaire. A ce titre, on peut observer des groupes d'enfants et d'adultes suivant des leçons de Coran, des personnes en prière silencieuse et d'autres simplement assoupies à l'abri de l'agitation extérieure.

Minbar

Visite, mode d'emploi

A quelques exceptions près (les mosquées Sayyida Zeinab et Al-Hussein au Caire, par exemple), les visiteurs non musulmans sont les bienvenus tous les jours sauf le vendredi à l'heure de la prière.

Avant de pénétrer à l'intérieur de la mosquée, vous devez vous habiller de manière décente. Les hommes s'abstiendront de porter un short ou un bermuda. Par contre, les femmes éviteront non seulement ce type de vêtement mais aussi les pantalons moulants, les corsages décolletés ou sans manches, en bref tout ce qui peut être considéré comme provocant. Il vous faudra également retirer vos chaussures ou utiliser les protège-souliers disponibles dans la plupart des mosquées moyennant quelques piastres.

l'Égypte est l'une des premières à embrasser la nouvelle foi.

En 451, à la suite de la déclaration, lors du concile de Chalcédoine, de la nature à la fois humaine et divine du Christ, les chrétiens d'Égypte se séparent de l'église orthodoxe de l'Empire romain d'Orient (ou Empire byzantin), dont ils dépendent. Dioscore, le patriarche d'Alexandrie, refuse ce dogme. Suivant sa doctrine, le monophysisme, le Christ se définit entièrement à travers son essence divine, et le considérer comme humain relève du blasphème. Depuis cette époque, on appelle coptes les chrétiens d'Égypte. Ce terme dérive du grec *aiguptios* (égyptien) transcrit et abrégé par les arabes.

L'Église copte est dirigée par un patriarche (actuellement le pape Chenouda III), d'autres dignitaires religieux et un conseil ecclésial formé de laïcs. Elle s'enorgueillit d'une longue tradition monarchiste et s'attribue à bon droit les deux premiers moines chrétiens, saint Antoine et saint Pacôme. La langue copte ne subsiste plus que dans la liturgie, souvent associée à l'arabe pour la compréhension des fidèles. Elle tire son origine de plusieurs écritures hiéroglyphiques et du grec ancien. Aujourd'hui, le copte s'écrit avec l'alphabet grec et quelques caractères additionnels issus des hiéroglyphes.

La communauté copte fournit depuis longtemps une élite instruite qui occupe de nombreux postes importants au sein du gouvernement et de la haute administration. Parmi ses personnalités reconnues sur le plan international, on peut citer l'ancien secrétaire général des Nations Unies Boutros Boutros-Ghali et le cinéaste Youssef Chahine.

Autres religions

D'autres croyances religieuses ne sont représentées en Égypte que par quelques milliers de fidèles. En dehors de la communauté copte, il existe environ un million de chrétiens d'obédiences diverses.

Parmi les catholiques, à part les catholiques romains, tous les rites d'Orient (arménien, syrien, chaldéen, maronite et melkite) coexistent. Les anglicans dépendent de l'église épiscopale de Jérusalem. L'Église apostolique arménienne compte 10 000 membres, et l'Église orthodoxe grecque siège à Alexandrie.

Le pays accueillait autrefois un nombre important de juifs mais, de quatre-vingt mille en moyenne, leur effectif est passé à moins de deux cents. Des sources historiques signalent que, jusqu'en 1168 et à l'époque mamelouke, un quartier juif nommé Haret el-Yahoud occupe le voisinage de la mosquée El-Azhar. Les quarante premières années du XXe siècle correspondent à l'âge d'or de la communauté juive d'Égypte en pleine expansion, dont les membres accèdent à un meilleur statut dans la société et dans les affaires de l'État. On leur doit la modernisation des finances du pays, la fondation de la banque nationale, l'ouverture de la plupart des grands magasins du Caire et le financement des nouvelles infrastructures urbaines.

La création de l'État d'Israël marque un tournant. Peu de temps après, la nationalisation du canal de Suez, qui suit la prise du pouvoir par Nasser, vient encore amplifier l'exode massif des juifs égyptiens. Dans le climat anti-israélien alimenté par la presse, le mot "juif" est aujourd'hui tabou mais restent les synagogues Ben Ezra et Sharia Adly au Caire et celles d'Alexandrie et de Minîèh.

LANGUE

L'arabe est la langue officielle de l'Égypte. Cependant, celui que vous entendrez dans la rue diffère largement de sa forme standard utilisée dans la presse et à la radio et de sa forme classique, celle du Coran, de la prière et d'une partie de la littérature à travers tout le monde arabe. L'arabe égyptien, au même titre que celui des autres pays du Moyen-Orient et du Maghreb, appartient à la catégorie dialectale qui présente de nombreuses variantes. Même s'ils viennent d'endroits différents, les gens instruits parviennent généralement à se comprendre en utilisant l'arabe standard. En effet, bien que sa prononciation diverge, un Jordanien ou un Irakien pourra sans trop de problème discuter politique ou littérature avec un Égyptien. En revanche, il aura peut-être du mal à se faire comprendre dans une boulangerie.

Pour avoir plus de détails sur l'arabe égyptien, reportez-vous au chapitre *Langue* à la fin de cet ouvrage.

L'ÉGYPTE PHARAONIQUE

JULIET COOMBE/LA BELLE AURORE

L'ARCHITECTURE FUNÉRAIRE ET RELIGIEUSE

Les pyramides de Gizeh, les tombes de la vallée des Rois ou les ruines des temples de Louxor et de Karnak symbolisent, pour la plupart des visiteurs, une Égypte dont l'architecture antique ne laisse pas de nous fasciner. Du haut des monuments de l'époque pharaonique, cinquante siècles nous contemplent et imposent l'admiration et le respect. Grâce au patient examen de leurs vestiges plusieurs fois millénaires, les égyptologues estiment être en mesure de retracer, étape par étape, l'évolution des techniques et des styles architecturaux depuis l'aube de la plus longue civilisation de l'histoire.

Les premiers monuments

Les premiers groupes de population qui s'établirent à l'époque prédynastique près des berges du Nil utilisèrent logiquement les matériaux que la nature mettait à leur disposition : ils érigèrent de solides troncs de pal-

BETHUNE CARMICHAEL

Ci-dessus : la silhouette de cette pyramide qui se découpe sur le ciel du soir met en évidence sa géométrie parfaite (photo de Tony Wheeler)

Page de titre : chacun des piliers osiriaques du Ramesseum est une représentation de pharaon sous les traits d'Osiris, dieu du monde des morts

Ci-contre : le temple de Khnoum à Esna. Les colonnes sculptées et peintes de la salle hypostyle reproduisent de façon stylisée les troncs de palmier et les bottes de papyrus ligaturés qui soutenaient le toit des temples de la période prédynastique

BETHUNE CARMICHAEL

JOHN BORTHWICK

GADI FARFOUR

En haut : la pyramide à degrés de Saqqarah, construite par le roi Djoser, a servi de modèle aux plus beaux monuments de l'Égypte ancienne

Au milieu : la pyramide de Meïdoum est à la transition entre la pyramide à degrés et la pyramide classique. Les huit niveaux, aujourd'hui visibles, étaient autrefois à l'intérieur d'une pyramide classique

En bas : à Gizeh, les pyramides de Kheops, Khephren (ci-contre), et de Mykérinos sont les plus majestueuses. Avec le déclin du pouvoir des pharaons, les pyramides construites ultérieurement ont des dimensions plus modestes.

TM FLOWER

GLENN BEANLAND

JULIET COOMBE / LA BELLE AURORE

En haut : sphinx alignés le long de la voie sacrée qui mène au temple d'Amon à Karnak

Au milieu : d'immenses effigies des dieux et du roi ont été gravées sur les pylônes massifs du temple d'Horus à Edfou

En bas : au temple de Louxor, la colonnade d'Aménophis III (à droite de l'image) comporte quatorze énormes piliers. Au centre du temple s'élèvent les minarets de la mosquée d'Abu al-Haggag miers ou de grosses bottes bien cordées de papyrus géant pour poser leurs toits plats, tissèrent de larges panneaux de roseaux ou de joncs pour les cloisons et les murs et enduisirent ces derniers de limon noir. L'allure et la facture de ces premières constructions eurent une influence déterminante sur tous les aspects de l'architecture égyptienne. De nombreux éléments décoratifs (frises, colonnes, corniches) des temples et des sépultures en pierre y ont même trouvé directement leur modèle. Ainsi le *khekherou,* qui court en frises en haut des parois de bien des salles de temples : il s'agit d'une représentation stylisée de la manière dont étaient liée l'extrémité haute des tiges de roseau sur les murs tressés. Quant à la corniche concave, elle s'inspire des lignes et du mouvement légèrement incurvé des bouquets de palmes qui venaient buter contre le toit plat.

Au début de la période dynastique, des bâtiments plus sophistiqués, en brique crue, font leur apparition. Cette technique simple et adaptable qui produit des constructions résistantes se maintient ainsi jusqu'à la IIIe dynastie. Elle est alors supplantée par la pierre lorsqu'il s'agit d'édifier des monuments religieux ou funéraires capables de défier le temps, mais reste largement utilisée dans l'habitat, les palais royaux, les forteresses et les murs d'enceinte des temples.

Héritée de cette période de la brique crue, la façade à redans se distinguera dans la pierre comme une des formes décoratives les plus récurrentes. Elle se compose d'un alignement de tours carrées entre lesquelles se nichent de faux portails. Le mur d'enceinte en pierre qui entoure la pyramide à degrés du complexe de Djoser à Saqqarah constitue l'un des meilleurs exemples de ce type.

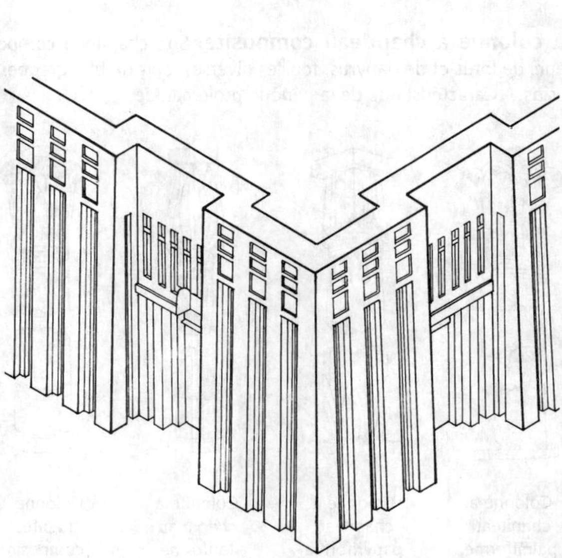

Ci-contre : la façade de palais à redans constitue l'une des formes les plus constantes héritées du mode de construction en briques crues du début de la période dynastique

Colonnes

Les premières colonnes en pierre imitent la base renflée et les ligatures de leurs premiers modèles végétaux. Elles s'ornent de chapiteaux en forme de palmes éployées et de boutons de lotus ou de papyrus. Au Moyen Empire, de nouveaux types de colonnes apparaissent, intégrant la représentation de divinités.

La colonne à chapiteau palmiforme. C'est l'une des plus anciennes. Elle est constituée de huit palmes ligaturées à leur base, qui s'épanouissent élégamment au sommet. Elle abonde sous l'Ancien Empire et connaîtra un renouveau à l'époque ptolémaïque.

La colonne à chapiteau papyriforme. A partir d'une base légèrement bombée et gainée de feuilles symbolisant le marais primordial, elle s'affine doucement avant le chapiteau, en forme de bouton de papyrus. On la rencontre dans les colonnades des cours de temples et dans les salles hypostyles. Une variante, la colonne papyriforme ouverte, au chapiteau en forme de cloche retournée, se répand au Nouvel Empire.

La colonne à chapiteau lotiforme. Elle se distingue par un fût droit couronné d'un bouton ou d'une fleur de lotus. Elle était d'un usage courant dans les constructions privées.

Le pilier osiriaque. D'allure plus géométrique, il doit sa forme carrée à l'ajout, sur sa face avant, d'une sculpture de pharaon représenté sous les traits d'Osiris momifié.

La colonne à chapiteau composite. Son chapiteau comporte fleurs de lotus et de papyrus, feuilles diverses, épis de blé, grappes de raisins… Caractéristique de la période ptolémaïque.

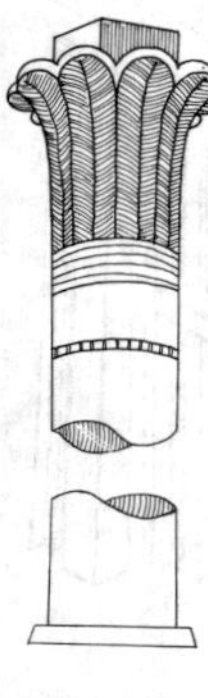

Colonne à chapiteau palmiforme

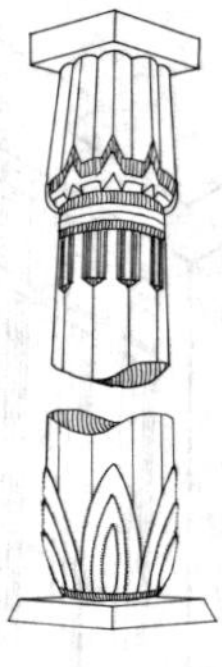

Colonne à chapiteau papyriforme

Colonne à chapiteau lotiforme

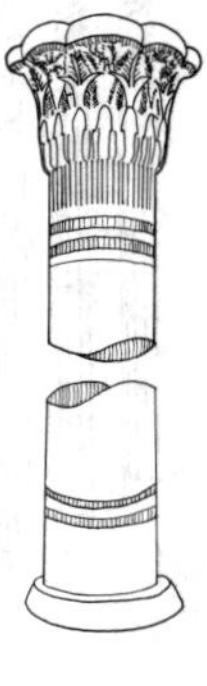

Colonne à chapiteau composite

L'architecture funéraire

Très différente de leurs fameuses descendantes de la période dynastique, les sépultures des premiers Égyptiens n'étaient souvent que des fosses vite creusées dans le désert et contenant parfois quelques objets funéraires. Avec le temps vint le désir de créer pour les morts des demeures plus sûres. On se mit alors parallèlement à creuser plus profond et à amonceler sur la tombe des monticules de pierre et de sable de plus en plus importants. Pour la majorité de la population, ce mode d'inhumation est resté d'usage jusqu'à l'époque contemporaine. Cependant, l'idée germait d'une "maison d'éternité" pour l'esprit du défunt et conduisait progressivement les plus riches à concevoir pour leur tombeaux des dispositifs de plus en plus élaborés.

Pour mettre sa dépouille et son trésor funéraire à l'abri des pillards, la sépulture de l'homme riche se mit à ressembler à un puits profond tapissé de nattes, de briques crues et de bois, relié bientôt à des magasins où s'entassaient des collections d'objets funéraires de plus en plus importantes. Au-dessus, le simple tumulus est remplacé par une structure en brique, rectangulaire et peu élevée, le *mastaba* (qui signifie "banquette" en arabe).

Le mastaba. Au début de la Ire dynastie, l'architecture du mastaba est déjà à peu près codifiée : sa superstructure en brique atteint fréquemment les six mètres de hauteur et protège un dédale souterrain de chambres funéraires et de magasins toujours plus nombreux. Les premiers mastabas comportent, sur le côté, une stèle de pierre ou de bois faisant office de pierre tombale et de centre du culte funéraire. Les prêtres et les membres de la famille venaient certains jours célébrer le mort et poser pour lui de la nourriture sur la table d'offrandes placée à proximité.

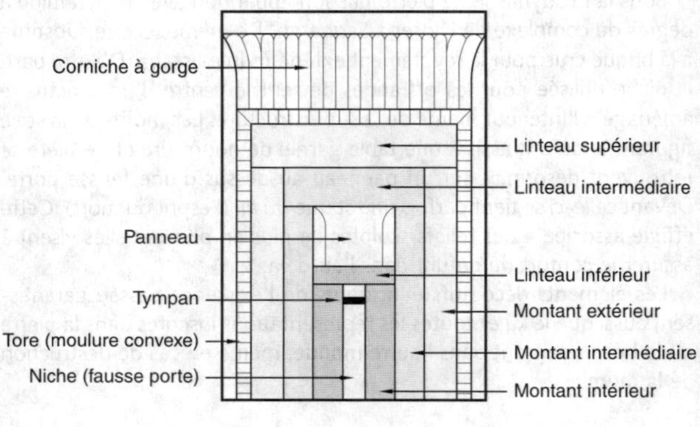

Ci-contre : la fausse porte qui remplace la stèle des premiers mastabas permet au *ka* (l'esprit du mort) de passer de la chambre funéraire au monde des vivants

La préparation à la vie éternelle

La principale fonction des pyramides égyptiennes était de fournir à leurs propriétaires une dernière demeure et un réceptacle pour la fortune qu'ils avaient amassée sur terre. Elles ne se limitaient cependant pas à cet usage.

Par leur taille et leur magnificence, ces tombeaux devaient exalter aux yeux du peuple la grandeur de leur possesseur et devenaient après leur mort des lieux de culte.

Les pyramides étaient aussi un symbole de vie et de mort – de la vie triomphant sur la mort et de la vie après la mort – assurant la permanence des pharaons à la fois dans la mémoire de leur peuple et dans l'au-delà. Ce n'était pas la peur de la mort, ou même son obsession, mais plutôt la croyance dans une vie éternelle et le désir d'accéder au monde des dieux qui portaient les anciens Égyptiens à une telle démesure.

Les pyramides étaient considérées comme d'inviolables sanctuaires pour préserver les *ka* des pharaons. Ces esprits, ou forces vitales émanant des dieux, étaient les "doubles" des personnes vivantes mais ne se révélaient qu'à leur trépas. Ou bien les ka des pharaons continuaient de vivre dans leur tombeaux – d'où la nécessité d'y conserver leurs biens matériels – ou bien ils émigraient pour rejoindre les dieux. La survie des ka, cependant, dépendait de la préservation des corps. Aussi, les méthodes de momification se développèrent-elles en même temps que les techniques de construction funéraire.

Avant la période dynastique, les morts étaient simplement enterrés dans le sable, dans des sépultures peu profondes en bordure du désert. L'action de l'atmosphère sèche et le sable chaud provoquaient souvent la déshydratation des corps avant que les tissus ne se décomposent. Cette méthode naturelle de conservation a sans doute influencé les anciens Égyptiens. Ils élaborèrent la technique de la momification lorsqu'ils modifièrent leurs rituels funéraires et

Sous la IIIe dynastie, la pierre fait son apparition avec la pyramide à degrés du complexe de Djoser à Saqqarah. De même, elle se substitue à la brique crue pour le revêtement extérieur du mastaba. D'autre part, la niche utilisée pour les offrandes devient le centre d'un sanctuaire aménagé à l'intérieur même de la superstructure. Les motifs de la stèle figurant le défunt assis à une table garnie de nourriture et de bière se retrouvent désormais sur un panneau au-dessus d'une fausse porte. Devant celle-ci se tient parfois une statue du *ka* (l'esprit du mort). Cette effigie associée à des reliefs sculptés de plus en plus détaillés visent à assurer le confort du défunt dans l'au-delà.

Les éléments décoratifs évocateurs de l'existence passée garantissent aussi que le *ka* et toutes les représentations inscrites dans la pierre ou le bois renaîtront dans l'autre monde, même en cas de destruction de la momie.

La préparation à la vie éternelle

introduisirent le sarcophage. Réservée d'abord au roi et à ses proches, et aux innombrables animaux (oiseaux, reptiles, chats, etc.) que vénéraient les Égyptiens, elle s'étendit à toute la population et resta en honneur jusqu'au Ve siècle de notre ère.

Le processus de momification durait environ 70 jours pour les humains. L'étape la plus importante était l'extraction des organes vitaux et la dessiccation du corps à l'aide d'un agent déshydratant appelé le natron (un carbonate hydraté de sodium naturel). Le bandelettage du corps en lui-même n'entrait pour aucune part dans la conservation du cadavre.

Le traitement comprenait six étapes principales :

- Le cerveau était broyé et extrait par les narines
- Les viscères (à l'exception du cœur et des reins) étaient retirées par une incision pratiquée sur le flanc gauche. Les intestins, l'estomac, le foie et les poumons étaient déshydratés au natron, traités avec de la résine et stockés séparément dans des réceptacles, les vases canopes.
- Le corps était stérilisé et les cavités intérieures étaient temporairement colmatées avec du natron et de la résine parfumée.
- Le corps subissait alors le procédé de conservation principal, qui consistait à le recouvrir de natron pendant environ 35 jours.
- Les colmatages provisoires étaient ensuite retirés et remplacés définitivement par du lin trempé dans la résine, des sacs de cinnamome et de myrrhe, et de la sciure. Sous la peau des membres, on insérait de l'argile, pour redonner au corps son aspect vivant.
- Le corps était alors oint d'huiles parfumées et d'onguents, l'incision abdominale était couverte d'une amulette représentant l'Œil d'Horus, et la peau était traitée avec de la résine fondue.
- Enfin le corps était bandeletté, et l'on plaçait dans les bandages des bijoux et des amulettes protectrices.

Progressivement, le mastaba se couvre de bas-reliefs peints, et son plan se complique pour inclure des caveaux, des chapelles et des réserves à l'usage des membres d'une même famille. A Saqqarah, le mastaba de Mereruka, vizir de Téti (1er roi de la VIe dynastie), comprend, par exemple, trente et une chambres : vingt et une pour lui seul, le reste pour son épouse et son fils.

Les pyramides. L'art funéraire initié au début de la période dynastique atteint son apogée avec la pyramide, dont le premier exemple appartient au complexe funéraire de Djoser, dans la nécropole de Saqqarah. Achevée au XXVIIe siècle av. J.-C., cette pyramide à degrés de 62 m de haut se compose d'une série de mastabas superposés par ordre croissant de taille et recouverts d'un fin revêtement calcaire. C'est la première fois que la pierre est utilisée dans un ouvrage d'aussi grande envergure et témoigne d'autant de maîtrise (pour plus de détails, se reporter à la rubrique *Saqqarah* dans le chapitre *Les environs du Caire*). On a mis au jour, à Zawiyet el-Mayitin, à Sheila, à El-Kula, à Edfou et sur l'île Éléphantine, d'autres pyramides à degrés légèrement postérieures au règne de Djoser.

La première pyramide véritable voit le jour à Meïdoum à la fin de la IIIe dynastie, mais c'est à Gizeh que le genre atteint sa forme la plus aboutie (pour plus d'informations sur les pyramides de Gizeh, consulter le chapitre consacré au Caire).

Plusieurs théories coexistent concernant les techniques de construction. Si la pyramide de Djoser est constituée de solides pierres de taille, d'autres comportent des murs extérieurs en pierre remplis de cailloux, de boue et de sable. Des rampes d'accès surélevées au fur et à mesure de l'avancement des travaux auraient permis de bâtir chaque niveau. Une autre interprétation penche en faveur de grands monticules élevés sur les côtés de l'édifice puis retirés à son achèvement. Les blocs de pierre étaient déplacés à l'aide de leviers et de rouleaux, puis des poulies servaient à hisser ceux destinés à boucher l'entrée et les souterrains.

Si leur âge d'or ne dure que quelques siècles, les soixante-dix pyramides qui s'égrènent le long des berges du Nil jusqu'à la frontière du Soudan frappent les esprits depuis de quatre mille cinq cents ans.

Les hypogées. A la fin de l'Ancien Empire, un nouveau type de tombe fait son apparition en Haute et en Moyenne-Égypte. Comme l'étroite vallée du Nil ménage peu d'espace pour la construction de mastabas ou de pyramides, les habitants de ces régions creusent leurs monuments funéraires dans les falaises qui surplombent le fleuve. A l'origine, la plupart de ces hypogées ne possèdent qu'une seule chambre très simple mais,

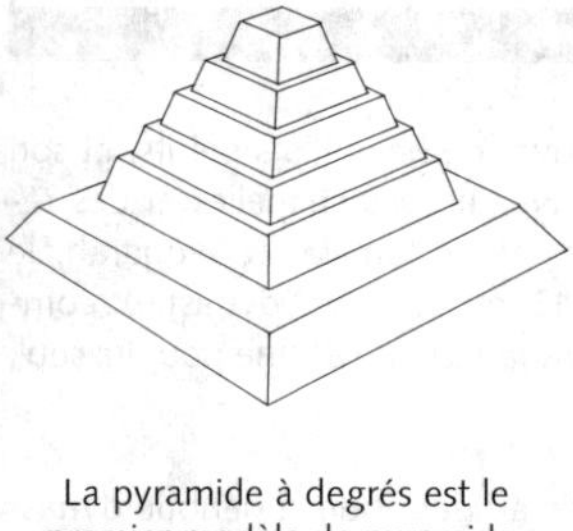

La pyramide à degrés est le premier modèle de pyramide. Imaginée par Imhotep au XXVIIe siècle av. J.-C., cette étonnante forme architecturale se compose d'une série de mastabas en pierre superposés par ordre croissant de taille et recouverts d'un fin revêtement calcaire

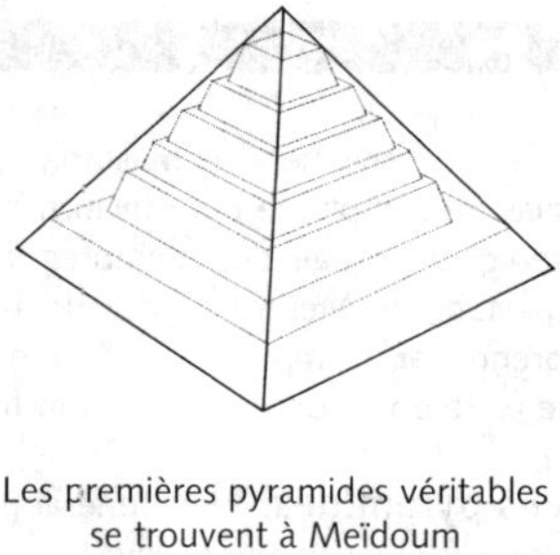

Les premières pyramides véritables se trouvent à Meïdoum et à Dachour mais elles connaissent leur forme la plus aboutie à Gizeh. Il s'agit en fait de pyramides à degrés recouvertes de pierre polie

comme dans le cas des mastabas, leur plan s'élabore progressivement. Ils adoptent alors une cour ouverte et une façade d'entrée creusée dans la paroi rocheuse renfermant une chapelle destinée aux offrandes. Le puits d'entrée relié à la cour ou à la chapelle aboutit à un caveau dépouillé.

Au Nouvel Empire, les hypogées royaux ne diffèrent pas fondamentalement de ceux qui les ont précédés, mais leur plan et leur décoration se compliquent. Ils s'agencent en un dédale de galeries et de salles creusées en profondeur dans la falaise. Sur les murs, des scènes et des textes religieux issus du *Livre des Morts* facilitent le passage du souverain dans l'au-delà et manifestent sa nature divine. La tombe de Séti Ier, second roi de la XIXe dynastie, illustre parfaitement cette forme d'architecture funéraire. Elle s'étend sur plus de cent mètres dans le sous-sol de la vallée des Rois et recèle une salle du sarcophage merveilleusement décorée dont la voûte figure les constellations et l'axe du monde.

L'événement marquant du Nouvel Empire est la décision des pharaons de la XVIIIe et de la XIXe dynastie d'édifier leur dernière demeure à l'abri des profanations, dans une vallée isolée des environs de Thèbes, la future vallée des Rois. Contrairement aux tombes antérieures, celles-ci demeurent cachées et n'ont pas vocation à recevoir la visite des proches du défunt. Rompant avec la tradition établie, le rituel funéraire se déroule désormais dans un temple séparé, où se perpétue la mémoire du mort. Cependant, l'emplacement des sépultures ne reste pas longtemps secret. Vu l'inutilité des précautions prises, les souverains de la XXe dynastie optent pour des tombes à la façade imposante.

La forme de l'hypogée perdure jusqu'au milieu du Ier millénaire av. J.-C., qui marque son déclin progressif. Les caveaux sont alors réutilisés pour l'inhumation en masse de descendants, puis de parfaits étrangers. Au cours de la période ptolémaïque et romaine, un tombeau de petite dimension renferme communément une cinquantaine de corps.

TOMBE DE NAKHT

Ci-contre : sur la rive occidentale de Louxor (vallée des Nobles), la tombe de Nakht, l'un des astronomes d'Amon, présente un plan très simple, caractéristique des hypogées de dimension modeste du Nouvel Empire. Celui-ci se distingue par son vestibule joliment décoré

L'architecture du temple

D'après les hiéroglyphes, l'aspect extérieur du temple primitif se démarque assez peu des premières formes d'habitat. Il suit un plan rectangulaire et ses angles et avant-toits s'ornent d'une corniche concave formée de bottes végétales ligaturées. Des mâts à oriflammes de couleur flanquent l'entrée. La réutilisation des anciens sites et les ajouts apportés par les pharaons successifs expliquent le petit nombre de vestiges antérieurs au Nouvel Empire. Élevé à Karnak sous la XIIe dynastie, le gigantesque temple d'Amon reflète le résultat de deux mille ans de remaniements divers.

On distingue le temple consacré à une divinité locale du temple funéraire voué au culte du roi défunt. Sous le Nouvel Empire, la structure simple reliée à la pyramide du pharaon se transforme en un vaste complexe construit à l'écart de la tombe. Témoignant du goût d'un souverain particulier, les temples funéraires ne présentent pas la même uniformité que les autres édifices religieux. Pour sa beauté et son originalité, on citera celui de la reine Hatshepsout à Deir el-Bahari, près de Louxor.

Le temple. Symbolisant la demeure terrestre du dieu, il est bâti en pierre afin de résister aux outrages du temps. Un mur d'enceinte massif en brique crue l'isole de ses environs immédiats et protège le périmètre consacré de toute intrusion humaine ou surnaturelle. On trouve, à l'intérieur, l'édifice religieux proprement dit, la résidence du prêtre, les ateliers, les entrepôts et le lac sacré utilisé pour les ablutions rituelles. A la période ptolémaïque et romaine, un *mammisi* ou "lieu de naissance", voué au culte osiriaque et placé à l'origine sur le toit du temple, se tient également dans le périmètre sacré.

Partie intégrante du temple, l'élément artistique remplit un rôle à la fois décoratif et fonctionnel. Reliefs et peintures constituent une pro-

BETHUNE CARMICHAEL

Ci-contre : les flancs des montagnes érodées de la vallée des Reines sont criblés de multiples galeries et sépultures tection magique contre les influences néfastes et garantissent la pérennité du rite. De même, la physionomie de chaque pièce correspond à son usage cultuel. Ainsi, le mur d'enceinte, bien exposé à la lumière, arbore souvent des scènes représentant le roi dans son activité publique tandis que les salles intérieures mettent l'accent sur son étroite relation avec la divinité. Si les prêtres et quelques laïcs privilégiés peuvent se rassembler dans la cour qui précède le temple, seuls le pharaon et certains membres du clergé ont le droit de pénétrer dans le domaine du dieu situé au cœur de l'édifice.

Le **dromos,** une longue allée pavée, parfois bordée de sphinx comme à Karnak, conduit la procession des fidèles jusqu'au pylône monumental qui forme le portail d'entrée. Élément le plus imposant de l'édifice, il est sculpté d'énormes reliefs à l'image du souverain massacrant les ennemis de l'Égypte et réaffirme avec force la puissance royale et son rapport avec les dieux. Comme dans les temples antérieurs, de hauts mâts aux chatoyantes oriflammes dressées devant le pylône symbolisent les divinités gardiennes du temple. Les processions forment l'essentiel du rituel religieux. Lors des célébrations, les fidèles se réunissent sur l'aire pavée qui précède le pylône, et quelques rares privilégiés franchissent le portail monumental pour se retrouver dans le péristyle.

Le **péristyle** est une cour intérieure fermée sur trois côtés par une colonnade couverte. Dans cet espace semi-public, la décoration consiste souvent en scènes de couronnement.

Les prêtres progressent ensuite à travers la salle hypostyle et les chambres intérieures jusqu'au sanctuaire, ou *naos,* dont l'architecture tranche délibérément avec la luminosité de la cour. De plus en plus sombres et exiguës, les salles gagnent en mystère à l'approche du *naos* où le dieu est, pour les Égyptiens d'alors, physiquement présent dans sa statue. L'effet est obtenu par le rehaussement progressif du niveau du sol, l'abaissement du plafond et le rétrécissement des portes.

Ci-dessous : le temple comprend des salles de plus en plus petites et sombres qui gagnent en mystère à l'approche du sanctuaire. L'effet est produit par le rehaussement du niveau du sol, l'abaissement du plafond et le rétrécissement des portes

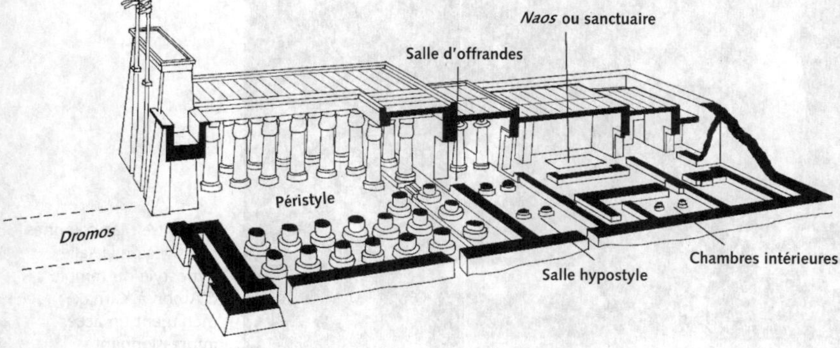

Un mur de cloison ou un portique surélevé séparent le péristyle de l'imposante **salle hypostyle.** Éclairée par des ouvertures à claire-voie, elle se compose de hautes colonnes d'inspiration végétale symbolisant la forêt et le marais originels qui entourent la butte primordiale au-dessus de laquelle est apparu Rê au commencement du monde. Les temples du Nouvel Empire possèdent généralement une seule salle de ce type alors que les édifices de la période ptolémaïque et romaine en comptent plutôt deux. Sous un certain angle, l'espace qui sépare les colonnes n'est plus perceptible à l'œil nu. Puisque la salle hypostyle évoque le marais de la création, son schéma décoratif reproduit les éléments constitutifs du monde : des plantes aquatiques ornent la base et le chapiteau des colonnes, le disque ailé, les constellations et les calendriers astronomiques figurent le ciel sur le plafond et les architraves, tandis que les activités humaines, scènes d'offrandes ou de rituel religieux accompli par le roi, se déploient sur les murs.

La salle hypostyle débouche dans des **chambres intérieures** faiblement éclairées. Dans son prolongement se trouve une petite **salle d'offrandes** généralement dotée de colonnes. Là, les différentes offrandes peintes sur les murs sont préparées avant d'être proposées aux dieux. Des portes latérales conduisent, à travers des corridors, jusqu'aux chapelles annexes, un dédale de pièces et d'escaliers d'accès au toit et aux cryptes.

Symbolisant la demeure divine et la butte primordiale, le sanctuaire occupe la partie la plus inaccessible du temple. Seuls le roi et le grand prêtre peuvent s'avancer à l'intérieur de cet espace entièrement obscur. Il renferme le *naos* de pierre qui supporte et contient la statue du dieu, ainsi que le socle de la barque sacrée qui sert à promener l'effigie lors des processions. Des reliefs muraux reproduisent les étapes de la cérémonie d'offrandes que le roi accomplit deux fois par jour.

TM FLOWER

Ci-contre : les colonnes massives de la salle hypostyle du temple d'Amon à Karnak ménagent un accès impressionnant jusqu'au sanctuaire

LES DIEUX DE L'ÉGYPTE ANCIENNE

A droite : représentation de Toth, dieu de l'Écriture et du Calcul, dans le temple d'Hathor à Dendérah (photo de Bethune Carmichael)

L'Égypte ancienne a produit une pléiade de dieux et de déesses, de déités animales et de pratiques ésotériques propres à captiver notre imaginaire. La description de son panthéon et de son système de croyances s'avère néanmoins une entreprise risquée. Quelque trente siècles de péripéties divines, la prolifération de formes locales, l'évolution ou la nature polymorphe de certains dieux et la tendance pour certains à accaparer les caractéristiques des autres ne facilitent guère la tâche. Par ailleurs, il existe au moins quatre cosmogonies différentes (des grands centres religieux comme Thèbes, Héliopolis, Hermopolis et Memphis se devaient d'avoir la leur) interprétant avec de légères variantes la création de l'univers. De même, plusieurs mythes (l'affrontement d'Horus et de Seth pour le contrôle du monde, par exemple) semblent bien remonter à une époque antérieure à l'unification des royaumes de Basse et Haute-Égypte. Nous nous contenterons donc d'un bref descriptif des divinités récurrentes rencontrées dans les monuments et les musées égyptiens.

Amon

Aker. Un dieu de la terre, il veille sur la porte occidentale et sur la porte orientale de la Douat (région que traverse le globe solaire une fois qu'il a sombré derrière l'horizon, pays des morts et des transformations). On le représente avec une tête de lion ou deux visages humains regardant dans la direction opposée.

Amon (Imen). Son nom signifie "le caché" et il prend la forme d'un homme à la carnation bleue. Il est parfois dépeint avec des cornes de bélier (son animal sacré, avec l'oie) mais, le plus souvent, il porte une couronne surmontée de deux hautes plumes. Il tient entre ses mains la crosse et le fléau, symboles de sa souveraineté. Considéré à ses débuts, à Thèbes, comme un dieu mineur, il éclipse et assimile sous le Moyen Empire le dieu thébain de la guerre, Montou, et le dieu de la fertilité, Min. Au cours du Nouvel Empire, on commence à l'associer à Rê, le dieu solaire. En tant qu'Amon-Rê, il est considéré comme le roi des dieux et le père du pharaon.

Anubis

Anubis. Dieu des nécropoles et patron des embaumeurs, il est représenté sous la forme d'un homme à tête de chien ou d'un chien allongé souvent pris pour un chacal. Sa couleur noire correspondrait à celle que prend le corps après son traitement au natron lors du procédé de momification. Il s'agit peut-être aussi d'une évocation de la vie renouvelée, référence aux eaux sombres du Nil, essentielles à l'agriculture. Selon le *Livre des morts*, Anubis, accompagné de quarante-deux dieux assesseurs, effectue la pesée du cœur du défunt (centre de l'intellect et des émotions) à l'aide de la plume de la vérité (attribut de Maât, déesse de la Vérité, de la Justice et de l'Ordre cosmique).

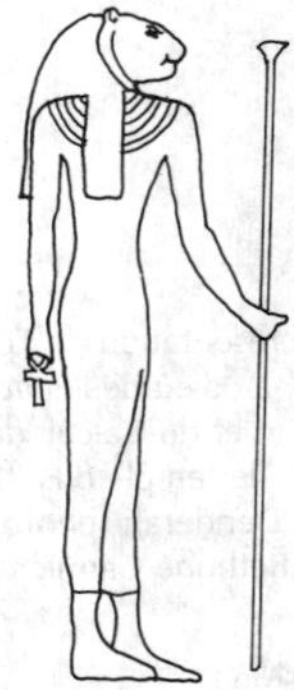

Bastet

Apophis. Dieu-serpent, incarnation des ténèbres et du chaos, il est l'ennemi de Rê. Lorsque ce dernier rentre ou sort du monde des morts (la Douat) à bord de sa barque solaire, il subit l'attaque d'Apophis, qui à son tour est décapité (par Bastet ou par Seth suivant la version choisie). Dans cet affrontement sans fin, et qui se renouvelle chaque matin et chaque soir, son sang répandu teinte tout l'horizon.

Aton (Iten). Cette personnification de Rê en son zénith est représentée par un disque solaire dont les rayons se terminent par des mains. Celles qui se tendent vers le roi ou la reine tiennent la croix ansée (le *ankh :* hiéroglyphe de la vie). A la base du disque se trouve *l'uraeus*, cobra femelle en fureur, au capuchon gonflé, emblème de la souveraineté et du troisième œil de Rê. Aton sera momentanément élevé au rang de dieu unique sous le règne du pharaon hérétique Akhénaton (Aménophis IV).

Bés

Atoum. Dieu créateur d'Héliopolis, on l'assimile depuis les origines au dieu Rê (souvent sous son aspect vieillissant de soleil couchant). Généralement représenté par un homme portant la couronne de la Haute et de la Basse-Égypte, il incarne la notion d'accomplissement. Atoum aurait été engendré par Noun (le Chaos ou Océan primordial), puis aurait à son tour donné la vie aux hommes et aux dieux. Suivant la cosmologie d'Héliopolis (la plus largement admise), il crée les divinités célestes Shou (l'Air) et Tefnout (l'Humidité) qui conçoivent ensuite Geb (la Terre) et Nout (la Voûte céleste). Des deux derniers naissent enfin Osiris, Seth, Isis et Nephtys. Cette "famille" de neuf dieux composent la fameuse ennéade héliopolitaine.

Bastet. La déesse chatte est une manifestation d'Hathor, fille de Rê. Son culte se concentre à Boubastis, dans le nord-est du Delta. C'est la forme, apaisée par Thot, de Sekhmet, la féroce déesse-lionne, envoyée par Rê, son père, punir les hommes de leurs désordres. Sous sa forme de chatte bienveillante, on la regarde comme une divinité propice qui annonce la crue, et sème donc la joie, dans tout le pays.

Hathor

Bès. Malgré son apparence grotesque, ce gnome aux jambes arquées est un personnage bénéfique féru de musique et de danse. Il protège les femmes en couches des esprits mauvais et veille sur les nouveau-nés.

Geb. Dieu de la terre dans la cosmogonie héliopolitaine, il a épousé sa sœur Nout, la Voûte céleste. On le représente souvent comme un homme allongé. Selon la légende, il partagea le pays entre ses deux héritiers, confiant la Basse-Égypte à Horus et la Haute-Égypte à Seth.

Horus

Hapi. Personnification de la crue annuelle du Nil, c'est pourtant un dieu masculin. Mais comme il incarne la fertilité et l'abondance, il est souvent doté d'une poitrine féminine et d'un ventre arrondi et est coiffé de plantes aquatiques.

Hathor. Fille de Rê et Grande Mère universelle, elle incarne la plénitude solaire. Elle est aussi la déesse de la joie et de l'amour et la protectrice des femmes et des voyageurs. Sous la forme de Sekhmet, la lionne, elle se déchaîne contre l'humanité avant de devenir, par l'entremise de Thot, la chatte Bastet qui apporte la crue bienfaisante. Hathor prend souvent l'aspect d'une vache ou d'une femme au visage de face (symbole de plénitude). Elle porte alors des oreilles de bovidé et des cornes en forme de lyre enserrant le disque solaire.

Horus. Il existe en fait deux Horus. Horus l'ancien, dieu céleste dont l'origine se perd dans la nuit des temps et dont le faucon est l'emblème. Et Horus, fils d'Isis et d'Osiris, adversaire de son oncle Seth et grand unificateur de l'Égypte. Mais comme il a lui aussi adopté le faucon pour emblème et que, d'un autre côté, l'Horus céleste apparaît souvent dans l'iconographie aux côtés d'Isis et d'Osiris au moment de la conception miraculeuse d'Horus, l'enfant... on aura une idée de l'état de perplexité où jette parfois la tendance égyptienne au syncrétisme. On l'associe à la personne du pharaon, qualifié d'"Horus vivant".

Isis

Isis. Sœur et veuve d'Osiris, cette déesse maternelle possède de grands pouvoirs magiques. Ayant engendré Horus, elle devient ainsi la mère symbolique du pharaon. On la représente comme une femme portant sur la tête un trône ou un disque solaire encadré de cornes de vache. On la trouve aussi parfois en compagnie de sa sœur Nephtys sous la forme d'un milan veillant le défunt. Elle utilise ses pouvoirs pour ramener Osiris à la vie et défendre leur fils Horus. Aussi, les anciens Égyptiens font-ils appel à elle pour la protection ou la guérison de leur progéniture. Un culte isiaque se développera à Rome et dans le bassin méditerranéen.

Khepri

Khepri. Il représente le soleil levant sous la forme du scarabée, par analogie avec le bousier qui pousse devant lui sa boule. Comme lui, le dieu fait sortir chaque matin le disque solaire du monde souterrain, pour qu'il puisse commencer son parcours à travers le ciel. Associé à la résurrection quotidienne du jour, il orne les bijoux funéraires. De même, de petits scarabées de pierre ou de faïence fabriqués par milliers servent d'amulettes et de sceaux.

Khonsou. Dieu lunaire, guérisseur et protecteur, il prend l'apparence d'un homme (parfois avec une tête de faucon) couronné d'un croissant de lune. Fils d'Amon et de Mout, il porte également la boucle de cheveux de l'enfance.

Maât. Personnification de l'Ordre cosmique (Vérité, Justice, Harmonie), on la dépeint comme une femme coiffée d'une plume d'autruche. Lors de la pesée du cœur, c'est sous la forme de cette seule plume qu'elle occupe l'autre plateau dans la balance.

Khonsou

Meretseger. La déesse dont le nom signifie "celle qui aime le silence" apparaît comme un cobra enroulé ou comme une femme à tête de serpent.

Montou. Dieu thébain de la guerre, il est représenté avec une tête de faucon surmontée du disque solaire et de deux hautes plumes.

Mout. Épouse d'Amon et mère de Khonsou, avec lesquels elle forme une triade, Mout est la principale déesse thébaine. On peut la voir sous les traits d'une femme élancée, coiffée d'une dépouille de vautour ou plus rarement avec une tête de lionne.

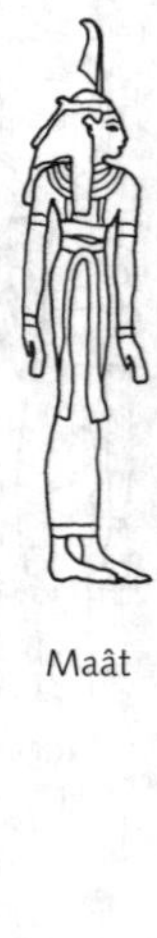

Maât

Nekhbet. Déesse vautour de Nekheb (El-Kab), elle tient entre ses serres le symbole d'éternité. Elle figure souvent sur la couronne du pharaon en tant que personnification de la Haute-Égypte.

Nout. Sœur et femme de Geb, le dieu de la terre, elle est la Voûte céleste qui a engendré Osiris, Isis, Seth et Nephtys. Elle prend parfois l'apparence d'une vache mais, sur le plafond des tombes, on la représente le plus souvent comme une femme courbée avalant le disque solaire et faisant naître la nuit.

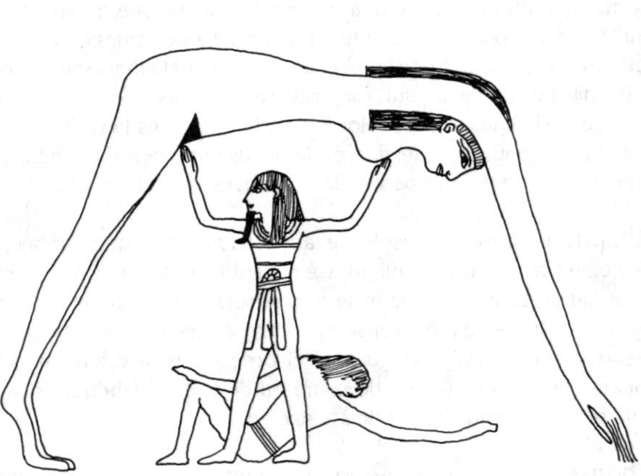

Geb, Nout et Shou sont souvent représentés ensemble. Shou, dieu de l'air et de la lumière, soutient Nout, la Voûte céleste, et la sépare de Geb, le dieu de la terre, qui figure allongé

Montou

Mout

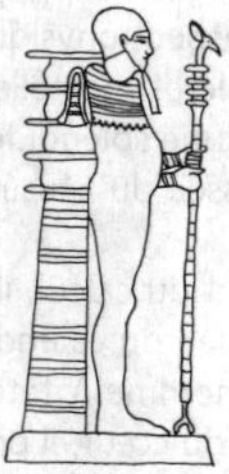

Ptah

Thot

Osiris. Dieu momiforme des morts et de la fertilité, il porte la crosse et le fléau, attributs de la royauté. On le reconnaît à son couvre-chef conique formé d'une paire de cornes de bélier et d'une haute plume. Frère et époux d'Isis, il est le père d'Horus (voir l'encadré *Le culte d'Osiris*).

Ptah. Dieu créateur momiforme vénéré à Memphis, il est aussi le patron des artisans, en particulier des orfèvres et des sculpteurs. Il arbore une calotte sur sa tête rasée et tient le *ouas* (sceptre) pourvu des emblèmes du pouvoir, de la vie et de la stabilité. On l'associe parfois au dieu solaire Sokar.

Rê. Dieu-soleil et démiurge, vénéré à Héliopolis, il revêt plusieurs aspects comme celui de Khepri ou d'Aton. Il fusionne aussi avec d'autres divinités dont il s'approprie alors les pouvoirs (Amon-Rê, par exemple). A son zénith, il est incarné par un homme à tête de faucon surmontée du disque solaire. Il apparaît chaque jour à l'orient et traverse le ciel à bord de sa barque solaire pour rejoindre le monde des Morts à l'occident.

Sekhmet. La déesse lionne est une manifestation d'Hathor, fille de Rê. Son nom signifie "puissante" et son père l'envoya en Nubie pour punir l'humanité de son ingratitude. Lorsque Thot la ramène en Égypte, elle devient Bastet (voir plus haut).

Seth. Il règne sur la Haute-Égypte. Objet d'un culte depuis les temps les plus reculés, il est un dieu rebelle, incarnant la destruction et souvent synonyme du Mal. Manifestant sa violence dès le jour de sa naissance, il s'arracha à sa mère Nout, la Voûte céleste. Il s'oppose à son neveu Horus dont il a assassiné le père Osiris. Symbole du Désordre cosmique (la pluie, le vent, la tempête et le tonnerre), c'est pourtant lui qui, assis à la proue de la barque de Rê, pourfend le serpent Apophis au moment où l'embarcation arrive par l'Occident dans le monde des Morts.

Touéris. Comme Bès, la déesse hippopotame veille sur les femmes en couches, et son étrange aspect physique (tête d'hippopotame, pattes de lion, queue de crocodile et mamelles pendantes) effraie les esprits malfaisants. On peut voir une splendide statue de Touéris dans la salle 24 située au rez-de-chaussée du Musée égyptien du Caire.

Thot. Dieu de l'écriture et du calcul, il incarne la sagesse. Patron des scribes, il est aussi le gardien du calendrier. Les Égyptiens le représentent sous la forme d'un homme à tête d'ibis ou parfois de babouin. Dans la scène de la pesée du cœur, il prend note du résultat devant les dieux assesseurs.

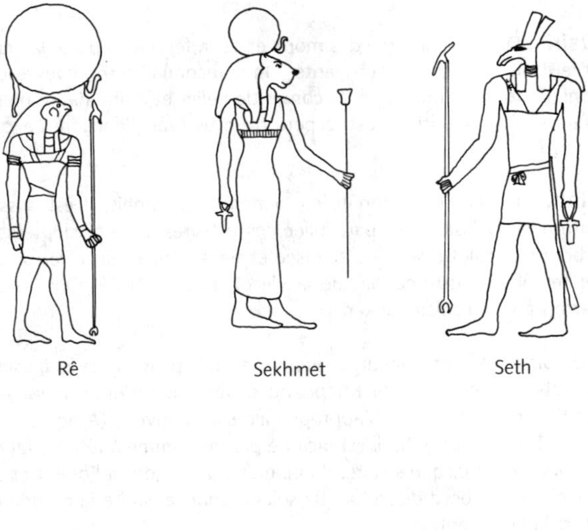

Rê　　Sekhmet　　Seth

Renseignements pratiques

PRÉPARATION AU VOYAGE

Quand partir

La meilleure période pour se rendre en Égypte varie selon les régions que vous souhaitez visiter. De juin à août, le climat est insupportable en Haute-Égypte, avec des températures pouvant grimper jusqu'à 40°C dans la journée. Au Caire, il fait aussi très chaud et, en été, la chaleur, la poussière, la pollution et le bruit transforment la moindre promenade au milieu de la foule en un véritable test d'endurance. Le soleil de plomb paraît en revanche mieux indiqué pour une semaine ou deux de farniente sur les plages du Sinaï méridional.

Pour visiter la Haute-Égypte, l'hiver convient à merveille, même si les prix hôteliers atteignent leur maximum. Sachez toutefois que, de décembre à février, le ciel du Caire est souvent couvert et les soirées peuvent se révéler fraîches alors que, sur le littoral méditerranéen, Alexandrie est sujette à de fréquentes pluies diluviennes et ses rues sont envahies par les eaux boueuses.

Un bon compromis pour découvrir l'ensemble du pays consiste à choisir le printemps (de mars à mai) ou l'automne (octobre, novembre).

Fêtes religieuses et jours fériés. La plupart des fêtes religieuses et des périodes fériées d'Égypte (voir *Jours fériés et manifestations annuelles* plus loin dans ce chapitre) durent tout au plus entre un et deux jours et ne devraient pas sérieusement perturber vos projets de visite. A l'exception notable du ramadan, le mois du jeûne musulman : la plupart des cafés et des restaurants n'ouvrent alors qu'après le coucher du soleil, et les bars ferment complètement pendant tout le mois. Quant aux bureaux, les heures d'ouverture sont réduites et très irrégulières.

Cartes

L'*Egypt Travel Atlas* de Lonely Planet est conçu pour compléter ce guide ; ses 40 pages de cartes détaillées (échelle 1/900 000 et 1/1 800 000) couvrent l'ensemble du pays. Il est entièrement indexé et facile à transporter.

Kümmerly & Frey propose une carte de l'Égypte au 1/950 000, moyennant environ 9 $US. L'éditeur offre aussi une carte séparée du Sinaï et une carte illustrée du Nil (mais sans grande utilité), pour une somme avoisinant les 7,50 $US.

La carte de Freytag & Berndt englobe un plan des grandes pyramides de Gizeh et couvre tout le pays, à l'exception du quart ouest, à l'échelle 1/1 000 000. Y sont également insérés de petits plans du Caire et du centre d'Alexandrie.

Nelles Verlag offre l'une des cartes générales les plus complètes, quoique ancienne, (échelle : 1/2 500 000) de l'Égypte, avec au verso une carte de la vallée du Nil (échelle : 1/750 000) et un bon agrandissement du centre-ville du Caire.

La *Map of Egypt* de Macmillan Publisher (échelle : 1/1 000 000) englobe une carte de la vallée du Nil et une petite carte de l'ensemble du pays, de bons plans du Caire et d'Alexandrie, et toute une série d'agrandissements, de plans de temples et autres sites, le tout moyennant 7 $US environ.

La *World Travel Map of Egypt* de Bartholomew (échelle : 1/1 000 000) se révèle un tantinet succincte et fait l'impasse sur une grande partie du désert de Libye. A la même échelle, la carte IGN française se concentre sur la Vallée du Nil. Quant à la carte Michelin n°954 (échelle : 1/4 000 000), elle couvre l'Afrique du Nord-Est et d'autres régions du Moyen-Orient.

Falk publie un plan détaillé du Caire (au 1/13 000) avec un supplément sur Alexandrie et un livret fourmillant de renseignements sur les deux villes. Il faut toutefois apprécier le style décousu des cartes de cet éditeur. Prévoyez 8,50 $US, ou 33 £E dans les librairies cairotes.

Cartes disponibles en Égypte. La plupart des éditions citées ci-dessus sont vendues dans le pays, à côté d'un nombre croissant d'articles locaux. Il existe plusieurs plans du Caire, le meilleur étant le *City Map of Cairo* (1/25 000), clair en dépit de l'échelle réduite et assorti d'agrandissements en encadré du centre-ville et d'Héliopolis. Pratique pour son format de poche, il coûte à peine 5 £E. Si vous séjournez un certain temps dans la capitale, vous apprécierez sans doute le *Cairo A-Z* (40 £E), malgré ses 150 pages qui le rendent tant soit peu lourd et encombrant. Plus mince (32 pages) et plus commode, le livret *Cairo Maps* (20 £E) est publié par l'AUC Press.

Une fois dans le pays, vous trouverez également d'excellentes cartes de Saqqarah, d'Assouan, de Louxor, d'Alexandrie, du désert de Libye et du Sinaï.

Que prendre avec soi

Peu d'articles utiles sont définitivement introuvables en Égypte. En revanche, le choix risque d'être limité. Alors, emportez : des lunettes de soleil, une torche électrique, une gourde, de la crème solaire (sur place on en trouve difficilement au-delà de l'indice 8), un chapeau, une bonde de lavabo (une ventouse plate, pas un bouchon), un couteau suisse, un drap, un petit nécessaire de couture, ainsi qu'une ceinture-portefeuille ou un sac ventral de type "banane".

Emportez aussi un chandail, utile en soirée si vous visitez le pays en hiver, notamment dans les zones désertiques.

Si l'on trouve la plupart des articles de toilette dans les pharmacies et les supermarchés (ainsi que dans les grands hôtels), certains produits sont moins répandus et chers ; ainsi, vous souhaiterez sans doute apporter vos propres solutions pour lentilles de contact, des tampons (la marque Tampax est quasiment la seule) et des contraceptifs (les hommes peuvent toujours acheter des préservatifs Tops, mais ils accuseraient, semble-t-il, un taux d'échec assez consternant). Les femmes résidant en Égypte conseillent aux voyageuses d'apporter leurs propres serviettes hygiéniques et protège-slip, bien qu'on puisse s'en procurer sur place.

OFFICES DU TOURISME

Le gouvernement égyptien dispose d'offices du tourisme à travers tout le pays (les adresses sont fournies dans les chapitres consacrés aux régions). L'utilité de ces agences, dont certaines se révèlent meilleures que d'autres, dépend surtout de leur personnel. S'il se montre la plupart du temps agréable et fort prévenant, il n'est pas toujours bien informé et ne dispose souvent que de brochures et cartes officielles dépassées et peu détaillées. Il existe cependant des exceptions : les employés des bureaux d'Assouan, de Dakhla et de Siouah témoignent d'une connaissance étendue de leur région et se mobiliseront pour vous aider.

Les offices de tourisme égyptiens à l'étranger sont plutôt bien approvisionnés en brochures, cartes gratuites et autres prospectus, et l'accueil est tout à fait charmant.

Voici deux adresses :

Canada
(☎ 514-851 4606, fax 861 8071)
Egyptian Tourist Authority, Suite 250,
1253 McGill College Ave,
Montréal, Québec H3B 2Y5

France
(☎ 01 45 62 94 42, fax 01 42 89 34 81)
Bureau du tourisme, ambassade de la RAE,
90 av. des Champs-Élysées, 75008 Paris

VISAS ET FORMALITÉS COMPLÉMENTAIRES

Passeport

Assurez-vous que votre passeport demeure valide bien au-delà de la période où vous souhaitez séjourner. S'il est sur le point d'expirer, les services d'immigration égyptiens risquent de vous interdire l'accès au pays.

Veillez aussi à ce qu'il comporte assez de place pour tout nouveau timbre de visa, susceptible d'y être apposé ; pour le visa et tous les timbres qui l'accompagnent, il vous faudra au moins deux pages entières uniquement pour l'Égypte.

Sites à ne pas manquer et itinéraires suggérés

A en croire les centaines de lettres concernant l'Égypte reçues par Lonely Planet, les voyageurs ne tarissent pas d'éloges sur :

1. Karnak et les monuments de Louxor
2. Les pyramides
3. Le Musée égyptien du Caire
4. Abou Simbel
5. Dahab et la mer Rouge
6. Siouah

A cette liste, nous avons ajouté nos sites préférés, traités dans des encadrés, au début de chaque chapitre régional.

Suggestions d'itinéraires

L'Égypte est vaste et, à moins de circuler en avion, sa visite complète exige un certain temps. Si vous êtes pressé, mieux vaut vous limiter à un ou deux sites et réserver les autres pour un prochain séjour.

Les parcours suivants supposent que vous ne preniez aucune ligne aérienne intérieure.

Une semaine. Deux jours vous seront nécessaires pour visiter les pyramides et le Musée égyptien, après quoi vous pourrez prendre le train de nuit pour Louxor et consacrer les deux journées suivantes à l'ancienne nécropole de Thèbes et aux temples de la rive orientale. Sautez ensuite dans un bus matinal à destination d'Assouan (5 heures), et vous pourrez passer l'après-midi à voguer sur le Nil, à bord d'une felouque. Vous pourrez éventuellement effectuer le voyage jusqu'à Abou Simbel, avant de regagner Le Caire sans tarder, en train ou en bus.

Deux semaines. Une quinzaine de jours constituent l'idéal. Consacrez-en trois à la capitale, en réservant le dernier aux quartiers médiévaux musulmans. Enchaînez avec deux journées à Louxor, puis deux à Assouan, avec les visites d'Abou Simbel et du temple de Philae, avant de vous détendre deux nuits durant à bord d'une felouque qui vous amènera à Edfou. Retournez à Louxor pour prendre le bus qui traverse le Désert oriental pour rejoindre Hurghada, sur les rives de la mer Rouge. Empruntez un ferry jusqu'à Sharm el-Sheikh, dans le Sinaï méridional, où vous pourrez vous adonner à la plongée sous-marine, avant de grimper tout en haut du mont Sinaï.

Si toutefois vous n'êtes pas un adepte du sable, de la mer, des palmes et du tuba, mettez le cap à l'ouest depuis Louxor pour sillonner les oasis de Bahariya, Farafra, Dakhla et Kharguèh, avant que vos pas ne vous ramènent au Caire. Ou bien rejoignez directement la capitale depuis Louxor, puis partez vers l'ouest, à destination de Siouah, *via* Alexandrie.

Un mois. Trente jours vous permettront de découvrir la plupart des principaux sites du pays, encore qu'il vous faudra conserver une cadence assez soutenue. Passez quatre ou cinq jours au Caire et dans les environs, avant de filer vers l'ouest, à Siouah. Après deux journées dans ce havre de paix, remontez le littoral méditerranéen jusqu'à Alexandrie, qui mérite qu'on y passe la nuit. Tôt, le lendemain matin, prenez un train pour Le Caire et vous arriverez à temps pour emprunter le bus qui mène à Bahariya ou Farafra, d'où vous pourrez entreprendre une traversée de nuit du désert Blanc. Depuis les oasis, vous rejoindrez en bus la vallée du Nil, puis consacrerez une semaine aux visites de Louxor, d'Assouan et des sites avoisinants. Ensuite, cap à l'est en direction d'Hurghada, sur la côte, pour traverser la mer Rouge en ferry. Il vous restera encore cinq ou six jours pour explorer le Sinaï.

Visas

Tous les étrangers entrant en Égypte, à l'exception des ressortissants de Malte, d'Afrique du Sud, du Zimbabwe et des pays arabes, doivent obtenir leur visa auprès des consulats égyptiens de leur pays ou encore à l'aéroport ou au port, à l'arrivée. En règle générale, la délivrance d'un visa à l'aéroport du Caire revient moins cher et le processus ne dure que quelques minutes ; il vous suffit d'acheter les timbres requis à l'agence Thomas Cook ou dans l'un des autres bureaux de change ouvert 24h/24, avant de passer devant le contrôle. Aucune photo n'est nécessaire. Il vous en coûtera 15 $US/10 £E.

Un visa à entrée unique est valable trois mois et autorise son titulaire à séjourner un mois en Égypte. Un visa à entrées multiples (pour trois séjours) peut également vous être délivré mais, bien que sa validité soit de six mois, votre séjour dans le pays ne pourra pas excéder un mois au total.

Par ailleurs, les tarifs varient selon les ambassades, les consulats et le pays d'origine. En France, comptez 170 FF pour un visa à entrée unique et 205 FF pour un visa à entrées multiples, réglables en espèces.

Obtenir son visa au Moyen-Orient

Il est possible d'obtenir votre visa alors que vous traversez le Moyen-Orient. Les pays voisins comme Israël, la Jordanie, le Soudan et la Libye disposent tous de délégations égyptiennes. En Jordanie, l'ambassade d'Égypte est installée à Amman, tandis que le consulat égyptien se trouve à Aqaba (voir plus loin *Ambassades et consulats*, pour connaître les adresses). A Amman, il suffit de déposer votre passeport le matin et de récupérer le visa dans l'après-midi ; à Aqaba, on vous délivre le visa sur-le-champ. Prévoyez 17 dinars jordaniens et une photo d'identité.

Vous pouvez aussi obtenir un visa à Nuweiba, en arrivant (en ferry), mais les autorités égyptiennes rechignent un peu à vous le délivrer et exigent un règlement en dollars US.

En venant d'Israël, vous *ne pouvez pas* obtenir un visa à la frontière israëlo-égyptienne. Il vous faut le demander au préalable, soit à l'ambassade de Tel-Aviv, soit au consulat d'Eilat. Dans un cas comme dans l'autre, on vous l'accorde dans la même journée, moyennant 60 shekels (18 $US).

Permis d'entrée au Sinaï. Inutile d'obtenir un visa complet si votre visite se borne au secteur du Sinaï, entre Sharm el-Sheikh et Taba (le long de la frontière israélienne), y compris le monastère Sainte-Catherine. On vous délivre un timbre d'entrée, gratuit, qui autorise un séjour de 14 jours. Les points d'accès où sont délivrés ces timbres se situent à Taba, Nuweiba (port) et à Sharm el-Sheikh (aéroport ou port).

Prorogations de visas et visas à entrées multiples. Au-delà du premier mois, on vous proroge facilement votre visa jusqu'à un an, moyennant 8,20 £E. Il vous faudra une photo d'identité et un minimum de patience. Pour tous les détails concernant les bureaux de prorogation de visas, reportez-vous à la rubrique *Renseignements* dans les chapitres consacrés au Caire et aux autres villes.

Si vous ne disposez pas d'un visa à entrées multiples, on peut aussi vous en délivrer un pour une nouvelle entrée dans le pays, valable jusqu'à la date d'expiration du visa initial et de toutes prorogations, dans la plupart des bureaux chargés des passeports. Un visa à entrée unique/multiple vous revient à 10/14 £E.

Il existe par ailleurs un délai de grâce de deux semaines au-delà de la date d'expiration de votre visa. En d'autres termes, un séjour d'un mois peut se prolonger jusqu'à six semaines. Si votre séjour dépasse cette période, une amende de 60 £E vous sera infligée à votre sortie d'Égypte, sans parler des coûts supplémentaires et des tracasseries que vous occasionnera une éventuelle demande de prorogation. Si l'on vous surprend en pareille infraction à l'aéroport, vous pourrez dire adieu à votre vol de retour.

Photocopies

Il n'est pas inutile de photocopier vos documents essentiels, comme les pages de renseignements de votre passeport, votre extrait de naissance, vos cartes de crédit, vos billets d'avion, les numéros de série de vos chèques de voyage et tout autre papier important, en gardant le tout séparé des originaux. Ajoutez à cela une réserve d'urgence de 50 $US. Et laissez également un second jeu de photocopies à un parent ou un ami, dans votre pays d'origine.

Permis de circuler

Les permis de circuler étaient couramment requis pour voyager vers l'ouest, au-delà de Marsa-Matrouh ou en direction de l'oasis de Siouah, mais les relations égypto-libyennes s'étant améliorées depuis 1989, cela n'est désormais plus nécessaire. Cela dit, on n'est jamais certain que les rapports de bon voisinage se perpétuent et les permis de circuler peuvent de nouveau être imposés du jour au lendemain, si les deux pays se retrouvent en désaccord.

Des permis militaires délivrés par le ministère de l'Intérieur, au Caire, sont *obligatoires* pour voyager vers le sud, au-delà de Marsa Alam, au bord de la mer Rouge. Ils ne sont pas attribués facilement, tant que l'Égypte et le Soudan continueront à se disputer la région de Halaib. Pour de plus amples détails, reportez-vous au chapitre *Le littoral de la mer Rouge*.

Permis de conduire

Pour rouler en Égypte, vous devrez présenter un permis de conduire international, délivré par l'association automobile de votre pays, avant votre départ ; il vous faut une photo d'identité et être titulaire d'un permis de conduire. Pour tout renseignement sur la conduite en Égypte, reportez-vous au chapitre *Comment circuler*.

Carte d'auberge de jeunesse

Certaines auberges du pays n'exigent pas que vous soyez membre pour vous accueillir, mais elles vous factureront une livre ou deux en moins si vous présentez la carte d'adhérent. Parfois, on vous en délivre une sur-le-champ, sinon vous pouvez en faire la demande auprès du bureau de Hostelling International (HI) au Caire (voir plus loin la rubrique *Hébergement*, si vous souhaitez en savoir plus).

Cartes d'étudiant

Pendant des années, il fut notoirement facile d'obtenir une carte d'étudiant internationale (International Student Identification Card, ISIC) au Caire. La situation a changé. Il faut désormais apporter la preuve qu'on pousuit bel et bien des études, avant de se voir délivrer une carte ISIC. On peut présenter soit une carte d'étudiant soit une lettre de l'université où vous êtes inscrit. Si vous détenez un tel document, vous pouvez vous présenter au Medical Scientific Centre (MSC, ☎ 363 8815), au 103 Mathaf al-Manial, dans Rhoda Island, au Caire ; il n'y a aucun numéro sur le bâtiment, mais celui-ci se trouve directement à droite de la station-service Co-op. Le bureau du MSC est installé au rez-de-chaussée, derrière une porte sans inscription, à gauche du vestibule. On vous délivre une carte en quelques minutes, moyennant 25 £E ; prévoyez aussi une photo d'identité (de préférence en couleurs). C'est ouvert tous les jours de 9h à 21h.

Au Caire, la plupart des hôtels et des agences s'adressant aux petits budgets vous fournissent également une carte, mais toujours preuve à l'appui.

A Louxor, si vous avez moins de 30 ans (ou que vous apportez la preuve de votre statut d'étudiant), vous pourrez obtenir une carte ISIC au bureau voisin du Venus Hotel (☎ 372 625). Il vous faut une photo d'identité, votre passeport et 40 £E. La démarche ne nécessite pas plus d'un quart d'heure. C'est ouvert de 8h30 à 23h.

Une carte d'étudiant vous donne droit au demi-tarif dans la plupart des sites antiques et des musées, ainsi qu'à des réductions substantielles sur les billets de train. Son utilité n'est donc pas négligeable.

Des voyageurs nous ont confié avoir utilisé bien d'autres cartes, telles la carte Eurail, ou celle d'Hostelling International, pour obtenir les remises accordées aux étudiants dans les transports et à l'entrée des musées.

Certificat de santé international

Le livret prouvant que vous avez été vacciné contre la fièvre jaune et/ou contre le choléra, vous sera nécessaire uniquement si vous venez d'une zone infectée (comme l'Afrique subsaharienne et l'Amérique du Sud). La fièvre jaune n'est pas endémique en Égypte.

AMBASSADES ET CONSULATS

Ambassades et consulats égyptiens à l'étranger

Voici leurs coordonnées dans quelques grandes villes du monde :

Canada
 Ambassade :
 (☎ 613-234 4931/35/58)
 454 Laurier Ave East, Ottawa,
 Ontario K1N 6R3
 Consulat :
 (☎ 514-866 8455)
 1 place Sainte-Marie, 2617 Montréal,
 Québec H3B 4S3
France
 Ambassade :
 (☎ 01 53 67 88 30)
 56 av. d'Iéna, 75116 Paris
 Consulat :
 (☎ 01 45 00 49 52, 08 36 70 45 05)
 58 av. Foch, 75116 Paris
 Consulat :
 (☎ 04 91 25 04 04, 04 91 73 99 31)
 166 av. de Hambourg, 13008 Marseille
Israël
 Ambassade :
 (☎ 03-546 4151/2)
 54 Rehov Basel, Tel-Aviv
 Consulat :
 (☎ 07-597 6115)
 68 Afraty St, Bna Betkha, Eilat
Jordanie
 Ambassade :
 (☎ 6-605202, fax 604082)
 Karbata Ben el-Dawar St, 4e étage, Amman
 ou PO Box 35178
 Consulat :
 (☎ 3-316171/81)
 Al-Wahdat al-Jarbiyya, Al-Istiqlal St, Aqaba
Libye
 (☎ 61-92488, fax 96291)
 Omar Khayyam Hotel, 5e étage, Benghazi
Soudan
 Ambassade :
 (☎/fax 11-778741)
 Sharia al-Gama'a, Al-Mogran, Khartoum
 Consulat :
 (☎ 11-772191)
 Sharia al-Gomhurriya, Khartoum

Ambassades et consulats étrangers en Égypte

La plupart de ces organismes ouvrent de 8h à 15h environ, du dimanche au jeudi. Voici leurs coordonnées :

Arabie Saoudite
 Ambassade :
 (☎ 349 0757, fax 349 3495)
 2 Ahmed Nessim, Gizeh
 Pour obtenir votre visa saoudien, vous devez vous rendre dans un bâtiment consulaire de Garden City, non loin de l'ambassade canadienne. On y délivre des visas de transit aux passagers empruntant le bateau entre Suez et l'Érythrée *via* Djeddah. Appelez au préalable pour connaître l'adresse exacte. Le consulat installé à Suez est censé également délivrer des visas de transit.
 Consulat :
 (☎ 482 9911)
 9 Sharia Batalsa, Alexandria
 (☎ 222 461)
 Port Tawfiq (au coin de l'office du tourisme), Suez
Canada
 (☎ 354 3110, fax 356 35 48)
 5 Al-Saraya al-Kubra, Garden City, Le Caire
Érythrée
 (☎ 303 0517)
 13 Mohammed Shafik, Mohandiseen, Le Caire
 Les visas valables un mois sont délivrés dans les 24 heures. Il vous faut une lettre de recommandation de votre ambassade et deux photos d'identité. On risque aussi de vous demander de présenter votre billet d'avion aller-retour ou prouvant que vous êtes en transit. Comptez 135 £E par visa.
Éthiopie
 (☎ 335 3696, fax 335 3699)
 6 Abdel Rahman Hussein, Doqqi, Le Caire
 Il vous faut présenter une lettre de recommandation de votre ambassade et deux photos d'identité, de même que vous devez pouvoir présenter votre billet d'avion aller-retour. Si vous remplissez ces conditions, on vous délivrera le visa le lendemain, moyennant 63 $US. Les heures d'ouverture sont les suivantes : de 8h30 à 12h, sauf le vendredi.

France
  Ambassade :
  (☎ 570 3916, fax 571 0276)
  29 Sharia al-Gizeh, Gizeh
  Consulat :
  (☎ 393 4645)
  5 Sharia Fadl (qui donne dans Talaat Harb), Le Caire
  Consulat :
  (☎ 482 7950)
  2 Midan Orabi, Mansheya, Alexandrie
Israël
  Ambassade :
  (☎ 361 0528, fax 361 0414)
  18e étage, 6 Ibn al-Malek, Gizeh
  Consulat :
  (☎ 586 0492)
  207 Sharia Abdel Salem Aref, Alexandria
Jordanie
  (☎ 348 5566, fax 360 1027)
  6 Al-Shaheed Basem al-Khatib (anciennement Gohainy), Doqqi, Le Caire
  Déposez votre demande le matin et votre visa sera prêt à 14h. Il vous faut présenter une photo d'identité. Ouvert de 9h à 15h, du dimanche au jeudi.
Kenya
  (☎ 345 3907, fax 344 3400)
  7 Sharia al-Mohandis Galal, Doqqi, Le Caire
  Les visas sont valables trois mois et conviennent pour voyager un mois, moyennant 26 £E pour la plupart des ressortissants occidentaux. Il vous faut présenter une photo d'identité. L'ambassade vous accueille de 8h à 14h du lundi au vendredi.
Libye
  (☎ 340 1864, fax 340 0072)
  7 Sharia Salah ad-Din, Zamalek, Le Caire
  N'espérez pas obtenir un visa libyen au Caire. L'ambassade doit contacter Tripoli et il est peu probable que la permission soit accordée.
Soudan
  Ambassade :
  (☎ 354 5043, fax 354 2693)
  4 Sharia al-Ibrahimy, Garden City, Le Caire
  Consulat :
  (☎ 354 9661)
  1 Mohammed Fahmy as-Said, Garden City
  L'obtention d'un visa soudanais au Caire est très aléatoire. Le consul lui-même affirmait qu'il fallait au moins un mois pour s'entendre avec Khartoum sur la délivrance d'un visa, mais une Allemande et son ami américain ont obtenu le leur en moins d'une semaine. Sachez qu'il vous faut présenter 4 photos d'identité et une lettre de recommandation de votre ambassade. Le personnel ne conserve pas votre passeport pendant la durée de votre demande. Si vous obtenez satisfaction, vous devrez débourser 64 $US en liquide (pas d'autres devises acceptées) à la réception du visa à utiliser moins de un mois après la date d'émission, et pour un séjour de un mois.
Syrie
  (☎ 377 7020, fax 335 8232)
  18 Abdel Rahim Sabry, Doqqi, Le Caire
  Les visas sont délivrés dans la journée, dès lors que vous vous présentez assez tôt le matin pour en faire la demande. Prévoyez deux photos d'identité et 185 £E environ. Ouvert du samedi au jeudi.

DOUANE

A votre arrivée, les produits hors taxe se limitent à : 1 litre d'alcool, 1 litre de parfum, 200 cigarettes et 25 cigares. En outre, vous pouvez acheter encore 3 litres d'alcool (4 litres à Alexandrie) ainsi qu'une large gamme d'autres articles détaxés dans les 30 jours qui suivent.

Au total, on peut importer ou exporter 1 000 £E. Il n'y a aucune restriction sur l'entrée de devises étrangères, bien que vous soyez censé déclarer toutes celles en votre possession à votre arrivée, et ne pas en sortir davantage que le montant annoncé. En pratique, personne ne nous a rapporté avoir dû déclarer la moindre devise.

Parfois, on demande aux touristes qui arrivent de dresser la liste des appareils photo, bijoux, liquidités, chèques de voyage et matériel électronique (chaîne hi-fi, ordinateur, radio, magnétoscope, etc.) sur le formulaire de douane D. Au retour, il semble qu'il ne soit demandé à personne, et rares sont les voyageurs à qui on l'a remis à l'arrivée. En revanche, on demande souvent aux touristes de déclarer leur caméra vidéo et certains affirment même avoir été frappés d'une lourde "taxe d'importation".

Il existe par ailleurs des articles restreints et prohibés, parmi lesquels des ouvrages, des imprimés, des films, des disques et tout matériau que le gouvernement considère comme "subversif, voire susceptible de constituer un risque pour l'État, ou incompatible avec l'intérêt public". Tout ce qui concerne l'espionnage ou les "activités de renseignements" ainsi que les explosifs est banni.

Boutiques hors taxe

Il existe quelques succursales de l'Egypt Free Shops Company réparties à travers le pays. Elles commercialisent des alcools, du vin, de la bière et des cigarettes d'importation, ainsi que toute une série de fournitures électriques et d'autres articles. Comptez de 8 à 20 $US pour une bouteille de vin ; à partir de 12 $US pour un litre de whisky, de gin ou de vodka, tandis qu'une caisse de 24 canettes de Heineken revient à 16 $US. N'oubliez pas votre passeport en vous rendant dans ces boutiques, lesquelles se trouvent aux adresses suivantes :

Alexandrie
(☎ 586 8546) 513 Tariq al-Horreyya
(☎ 483 3429) 16 Sharia Salah Salem
Le Caire
(☎ 348 9059) Cairo Sheraton, Doqqi
(☎ 349 7094) 106 Sharia Gamiat ad-Dowal al-Arabiyya, Mohandiseen
(☎ 393 1985) 19 Sharia Talaat Harb, centre-ville. Alcool et cigarettes ne sont pas vendus dans cette succursale.
(☎ 391 5134) 17 Sharia al-Gomhuriyya, centre-ville
Louxor
Dans une rue qui donne dans Sharia al-Karnak, à un pâté de maisons au nord de l'Emilio Hotel
Port-Saïd
(☎ 325 151) Sharia al-Gomhuriyya

Vous pouvez aussi acheter des produits hors taxe à Assouan (sur la Corniche), à Hurghada (en face de la Banque Misr, dans le complexe hôtelier), à Na'ama Bay (à l'Aquamarine Hotel) ainsi qu'à Nuweiba (zone portuaire).

QUESTIONS D'ARGENT

Monnaie nationale

La monnaie nationale est la livre égyptienne (£E) ; en arabe, la *guinay*. Une livre se compose de 100 piastres (pt), et il existe des billets de 10, 25, 50 pt et de 1, 5, 10, 20, 50, 100 et 200 £E (cette dernière coupure est récente et assez peu courante). Quant aux pièces, on les trouve sous la forme de 10, 20 et 25 pt. Les prix sont rédigés avec ou sans la décimale ; par exemple : 3,35 £E ou 335 pt.

On manque souvent de petites coupures en Égypte. Conservez les billets de 25 pt, de 50 pt et de 1 £E, assez rares. Ils vous serviront pour les pourboires, les transports en ville (le taxi notamment) et vous permettent de faire l'appoint, car on vous rend rarement la menue monnaie.

Taux de change

La livre égyptienne flottait partiellement depuis 1987, de sorte que sa valeur fluctue depuis selon les conditions économiques, mais elle est restée assez stable depuis la fin de l'année 1990, à la plus grande surprise de nombreux observateurs.

Voici les taux de change pour plusieurs devises étrangères :

Pays	devise		livre égyptienne
Canada	1 $C	=	2,24 £E
États-Unis	1 $US	=	3,39 £E
UE	1 €	=	3,58 £E
France	10 FF	=	5,50 £E
Israël	1 ILS	=	0,82 £E
Jordanie	1 DJ	=	4,81 £E
Royaume-Uni	1 £B	=	5,41 £E

Change

On peut officiellement changer de l'argent dans les agences American Express (Amex) et Thomas Cook, les banques commerciales, les bureaux de change étrangers (forex) et certains hôtels. Les taux ne varient guère, surtout en ce qui concerne le dollar américain, mais si vous tenez absolument à économiser quelques piastres, sachez que les bureaux forex proposent parfois de meilleurs taux que les banques et ne prennent en principe aucune commission.

La plupart des monnaies fortes peuvent se changer en Égypte. Cependant, dans les endroits moins touristiques, les dollars américains se négocient plus facilement que les livres britanniques et les Deutsche Marks.

Regardez bien l'argent qu'on vous donne, au moment du change, et refusez les billets en mauvais état (il en existe beaucoup en circulation), car vous aurez quelque peine à vous en défaire. Il en va de même pour les transactions dans les magasins, les taxis, etc.

Vous pourrez changer vos livres égyptiennes en monnaies fortes à la fin de votre séjour, ou même pendant, dans certaines banques, les bureaux forex, ainsi que dans les agences Thomas Cook et Amex.

Reportez-vous à la rubrique *Heures d'ouverture* pour connaître les horaires des banques et des autres institutions.

Chèques de voyage. Si l'on ne rencontre aucun problème pour changer les chèques de voyage les plus connus dans les principales banques, comme la Misr ou la National Bank of Egypt, bon nombre de bureaux forex ne les acceptent pas. Les chèques de comptes postaux (courants en Europe) ne peuvent s'utiliser en Égypte.

Les banques facturent parfois une petite commission sur les chèques de voyage, en général 50 pt par chèque, plus 2 ou 3 £E pour les timbres. Renseignez-vous toujours sur ces suppléments, car ils peuvent varier. Les bureaux forex qui acceptent les chèques ont tendance à ne pas vous compter de frais en sus.

Les chèques de voyage Amex et Thomas Cook peuvent s'échanger contre des espèces dans les agences respectives de ces sociétés (voir les adresses dans les sections consacrées à chaque grande ville), moyennant une légère commission. Certains magasins de souvenirs et certains hôtels acceptent aussi un règlement en chèques de voyage, mais vérifiez-le au préalable.

Marché noir. Le marché noir concernant les devises fortes s'avère quasi insignifiant, et les quelques piastres que vous économiserez ne méritent pas tous les tracas que vous encourrez en cherchant à tout prix le meilleur taux de change.

Distributeurs

S'ils ne sont implantés que depuis deux ou trois ans en Égypte, les distributeurs de billets se sont rapidement répandus aux quatre coins du pays. Outre au Caire, vous en trouverez à Alexandrie, Louxor, Assouan, Hurghada et Sharm el-Sheikh (voir les rubriques concernées dans les sections respectives où sont traitées ces villes). Il en existe de deux types : ceux qui appartiennent au réseau de la Banque Misr et ceux de l'Egyptian British Bank (EBB). Si vous disposez d'une carte Visa, MasterCard, Cirrus ou Plus, les appareils de la Banque Misr autoriseront vos retraits. Ceux de l'EBB acceptent les cartes Visa, Midland Bank et Plus.

Récemment, les automates bancaires de la Banque Misr ont pris la fâcheuse habitude de vous signaler que "votre carte a été conservée" au beau milieu d'une transaction. Si cela arrive, pas de panique ; après une attente interminable, tout finit par se dérouler normalement.

Cartes de crédit

Les cartes Amex, Visa et MasterCard deviennent de plus en plus commodes en Égypte, car on les accepte couramment dans les boutiques et les restaurants, bien qu'à l'écart des sites touristiques, elles soient moins répandues et, dans certaines régions, parfaitement inutiles.

Veillez à conserver le moindre reçu, pour contrôler plus tard vos relevés de compte, car on nous a signalé que des propriétaires de magasins ajoutaient des zéros à la facture. Ce délit est facilement décelable mais les aigrefins jouent sur le fait que les touristes ne découvriront rien avant le retour chez eux.

Les cartes Visa et MasterCard peuvent s'utiliser pour des retraits d'argent à la Banque Misr et à la National Bank of Egypt, ainsi qu'aux agences Thomas Cook (voir les rubriques respectives de chaque ville pour connaître les adresses). La Banque Misr ne prend en général aucune commission, mais la transaction se limite à 1 500 £E.

En cas de perte de carte bancaire en Égypte, appelez les numéros suivants : Amex (☎ 570 3411) ; MasterCard et Visa (☎ 357 1148/9) ; Diners Club (☎ 579 8813).

Virements internationaux

En Égypte, Western Union, le spécialiste mondial des virements internationaux opère conjointement avec les centres financiers IBA et Misr America International Bank.

Alexandrie
(☎ 420 1148) 281 Tariq al-Horreyya. Réception seulement.
(☎ 492 0900) 73 Tariq al-Horreyya. Envoi et réception.
Le Caire
(☎ 393 4906) 19 Qasr el-Nil, centre-ville. Envoi et réception d'argent.
(☎ 357 1385) 1079 Corniche el-Nil, Garden City. Réception seulement.
(☎ 355 7071) 8 Ibrahim Naguib, Garden City. Envoi et réception.
(☎ 331 3500) 24 Sharia Syria, Mohandiseen. Réception seulement.
(☎ 249 0607) 67 Sharia Hegaz, Héliopolis. Réception seulement.
(☎ 258 8646) 6 Sharia Boutros Ghali, Héliopolis. Envoi et réception.
Dahab
(☎ 640 320) Nesima Hotel et centre de plongée. Réception seulement.
Hurghada
(☎ 442 772) Centre commercial Redcon, unité 19, route du Sheraton. Réception seulement.
Louxor
(☎ 372 292) Mina Palace Hotel, Corniche el-Nil. Réception seulement.
Port-Saïd
(☎ 326 404) Centre commercial Sonesta, unité 621. Réception seulement.
Sharm el-Sheikh
(☎ 602 222) Rossetta Hotel, Na'amaa Bay. Réception seulement.

Les horaires de ces agences sont identiques à ceux des banques. Pour de plus amples détails, appelez les renseignements de Western Union (☎ 355 5023).

On peut aussi vous envoyer un mandat depuis votre pays d'origine, en passant par Amex. Ce service fonctionne dans la plupart des succursales du groupe et tout le monde peut l'utiliser, que vous possédiez ou non une des cartes de la société.

Les frais s'élèvent environ à 80 $US par tranche de 1 000 $US, payables dans le pays expéditeur.

France Direct est un service de France Télécom qui permet de passer facilement des appels depuis l'Égypte. Pour connaître le coût et les modalités de ce service, consultez le numéro vert ☎ 0 800 10 20 40.

Thomas Cook propose un service baptisé MoneyGram qui a comme objectif de transférer de l'argent en une quinzaine de minutes depuis votre pays d'origine jusqu'en Égypte. Il pourrait devenir – à l'instar d'éventuels concurrents – un atout de poids pour le voyageur en Égypte.

Coût de la vie

Si l'on prend en compte des critères internationaux, l'Égypte se révèle assez bon marché. Il est possible d'y vivre en dépensant 15 $US par jour, ou peut-être moins, si vous séjournez dans les hôtels les moins chers (où vous pourrez dormir pour 7 £E, soit 2 $US la nuit), si vous vous contentez d'en-cas, tels que le *foul* ou le *ta'amiyya*, et si vous vous limitez à un seul site historique quotidien. Le Caire abrite par ailleurs de nombreux hôtels à 100 $US la chambre, et certains de ses meilleurs restaurants vous proposent des dîners à 20 $US par personne ou davantage.

Toutefois, si vous descendez dans un établissement modeste avec ventilateur et s.d.b. privative, si vous déjeunez et dînez souvent au restaurant, tout en visitant deux ou trois sites par jour, prévoyez des dépenses journalières oscillant entre 20 et 30 $US.

Pour avoir une idée des coûts quotidiens, sachez qu'un sandwich foul ou ta'amiyya revient à environ 35 pt (0,10 $US), alors qu'un Big Mac vous coûtera 5,95 £E (1,75 $US). Vous débourserez aux alentours de 10 £E (3 $US) pour un repas dans un restaurant bon marché, mais si vous préférez un endroit un peu plus haut de gamme, vous pourrez vous régaler moyennant de 20 à 30 £E (7 à 10 $US). Une tasse de café coûte entre 50 pt et 2 £E (0,17 à 0,66 $US), une bière aux environs de 6 £E (2 $US) et une bouteille d'eau minérale 1,50 £E (0,50 $US).

Circuler dans le pays ne grèvera pas beaucoup votre budget ; le trajet en train

(10 heures) entre Le Caire et Louxor revient seulement à 31 £E (soit à peine moins de 10 $US) en 2e classe.

Les plus grosses dépenses concernent les billets d'entrée des sites touristiques. Les étrangers étant considérés comme des "dollars ambulants", les endroits où ils se pressent se révèlent en conséquence assez chers. Une visite complète des pyramides vous reviendra à 80 £E (27 $US) en cumulant tous les droits d'accès aux sites, et si vous souhaitez admirer les momies du Musée égyptien, le prix du billet associant les deux visites s'élève à 60 £E (20 $US).

Un supplément de 12% pour le service s'applique aux tarifs des hôtels et des restaurants, auxquels s'ajoutent également une taxe sur les ventes de 5 à 7%.

Autrement dit, le prix affiché à l'hôtel ou indiqué sur la carte d'un restaurant peut être augmenté de 20% au moment de régler la note.

Marchandage

Comme il fait partie intégrante de la vie quotidienne, il s'applique quasiment à tout, du prix des chambres d'hôtel à celui d'un paquet de cigarettes importé. Même dans les magasins où les tarifs sont clairement indiqués, bon nombre d'Égyptiens vont tenter de discuter, même pour économiser une poignée de piastres. Bien entendu, dans des souks comme le Khan al-Khalili, le marchandage est inévitable, à moins que vous ne soyez prêt à payer bien au-dessus du tarif acceptable. Voyez plus loin la rubrique *Achats*.

POSTE ET COMMUNICATIONS

Tarifs postaux

Les cartes postales et les lettres ne pesant pas plus de 15 g s'affranchissent à 80 pt pour la plupart des pays, et mettent quatre à cinq jours pour arriver en Europe, et une semaine ou dix jours pour parvenir aux

L'art du bakchich ou le revers d'une économie

En Égypte, le pourboire s'appelle bakchich et représente davantage qu'une simple rétribution pour service rendu. Dans un pays où salaires et honoraires sont bien moins élevés que dans les pays occidentaux, le bakchich s'apparente souvent à un revenu complémentaire. Si un employé chargé du ménage dans un hôtel une ou deux-étoiles gagne à peine 150 £E par mois, les pourboires quotidiens constituent pour lui la part essentielle de sa rémunération.

Les voyageurs peu habitués risquent d'être agacés par ces sollicitations, par exemple quand on leur ouvre une porte. Mais cette pratique est courante en Égypte. Ne vous laissez pas intimider au point de verser un pourboire si vous jugez que le service ne le mérite pas, tout en sachant qu'un bakchich se justifie plus souvent que n'importe où dans le monde occidental.

Dans les hôtels et les restaurants, un supplément de 12% pour le service est compris dans la note, mais rien n'est reversé au serveur ; il faut donc prévoir un pourboire. Comptez 25 ou 50 pt si l'on vous ouvre une porte ou si l'on porte vos bagages. Sur un site antique, le gardien qui vous entraîne hors des sentiers battus devra recevoir environ 1 £E. Inutile, en revanche, de glisser la pièce lorsque vous demandez votre chemin.

Par ailleurs, notez que le bakchich n'est pas l'apanage des étrangers. Les Égyptiens eux-mêmes en distribuent quotidiennement : pour garer leur véhicule, recevoir leur courrier, être certains d'avoir des produits frais chez l'épicier ou encore pour qu'on les conduise à leur place au cinéma.

Un dernier conseil : gardez toujours à portée de main une quantité suffisante de menue monnaie et conservez les gros billets à part ; si vous exhibez ceux-ci avec trop d'ostentation, on risque de vous demander des pourboires plus importants.

États-Unis. Vous trouverez des timbres dans les bureaux de poste, les kiosques à journaux et aux réceptions des principaux hôtels. En dehors de la poste, ils coûtent un peu plus chers que leur valeur d'affranchissement. Il semble que le courrier soit plus rapidement acheminé si vous le déposez dans les boîtes aux lettres des grands hôtels, plutôt qu'à la poste. Si vous utilisez les boîtes à lettres de la poste, sachez que les bleues sont réservées aux plis internationaux par avion, les rouges au courrier intérieur et les vertes aux envois intérieurs en express.

Les postes vous accueillent en général de 8h30 à 15 h, tous les jours sauf le vendredi.

Recevoir du courrier. Les lettres mettent d'ordinaire une semaine pour venir d'Europe, de huit à dix jours pour être acheminées depuis les États-Unis. La poste restante égyptienne (les adresses sont fournies dans les sections et rubriques respectives de chaque ville) fonctionne fort bien et c'est un service généralement gratuit (bien qu'on vous demande des frais minimes à Alexandrie pour la collecte du courrier).

Vous pouvez aussi faire envoyer votre courrier dans une agence Amex. Inutile de posséder une carte ou des chèques de voyage Amex pour bénéficier de ce service. Consultez les rubriques respectives de chaque ville pour connaître les adresses des bureaux de cette société. Prenez votre passeport pour aller retirer votre courrier.

Si vous recevez un paquet, on vous remettra une carte (rédigée en arabe) vous indiquant l'adresse, aux confins de la ville, où vous devrez aller le récupérer. Prenez votre passeport, de l'argent et armez-vous de patience.

Colis. Les paquets transitant normalement par bateau ou par avion sont envoyés depuis la poste principale (GPO), bien qu'au Caire, ils ne puissent partir que du gigantesque centre de tri de Midan Ramses. Pour vous donner une idée des tarifs, sachez qu'un colis à destination de l'Europe revient à 16 £E par kilo. Le courrier par bateau coûte en revanche 8,35 £E le kilo (mais la date d'arrivée relève du mystère). Les paquets dépassant 20 kg à destination de l'Europe occidentale et de l'Afrique, et ceux de plus de 30 kg pour les États-Unis, ne seront pas acceptés. Même refus s'ils dépassent 1 m de long et 50 cm de large.

Chaque envoi nécessite de surcroît une procédure douanière longue et compliquée. Ne fermez pas le colis avant d'avoir rempli le formulaire de la douane. Il se peut qu'on vous demande une licence d'exportation ou que l'on examine les objets que vous envoyez, selon leur nature. Tout ce qui est imprimé sera vérifié, ainsi que le matériel audiovisuel. Les produits alimentaires (sauf la nourriture déshydratée) et les médicaments nécessitent un dédouanement.

Pour envoyer un colis, le plus simple consiste encore à verser quelques honoraires à un tierce personne qui s'en chargera à votre place. Certains directeurs de magasin proposent ce service, notamment si vous avez acheté l'article en question dans leur bazar. Le tarif inclut l'obtention de la licence d'exportation, l'emballage et les frais de port.

Express Mail Service. Ce service (EMS) peut s'utiliser pour l'envoi d'une lettre pesant jusqu'à 100 g. Les principales grandes villes possèdent une succursale EMS. Prévoyez 37 £E pour un pli express à destination de l'Europe, la distribution de celui-ci étant "garanti" dans un délai de deux jours. Pour l'Europe, les paquets de 500 g sont facturés 34 £E, tandis que ceux pesant 1/10 kg coûtent 45/243 £E ; ils sont censés parvenir au destinataire en deux jours au maximum. Outre EMS, l'Égypte dispose aussi de DHL, Federal Express, TNT Skypack et d'autres services de messageries. Leurs adresses se trouvent au paragraphe *Poste*, sous la rubrique *Renseignements pratiques* des diverses sections consacrées aux villes.

Téléphone

Le réseau téléphonique égyptien est actuellement en cours de rénovation, et il en a grand besoin. Le secteur privé étant autorisé à œuvrer dans les télécommunications dont l'État détenait jadis le monopole, il existe désormais deux ou trois opérateurs qui installent un réseau de postes téléphoniques à carte. Pareille entreprise en est à ses balbutiements et les cabines sont jusqu'ici uniquement apparues au Caire et en petit nombre, mais la situation s'améliore.

Dans la capitale, les bureaux centraux des services téléphoniques et télégraphiques (appelés *centrales*) de Sharia Adly, Midan Tahrir et Sharia Alfy sont ouverts 24h/24, tous les jours. Les autres agences téléphoniques, comme celle de Sharia Ramses, au Caire, vous accueillent la plupart du temps de 8h à 22h. Ailleurs dans le pays, les horaires varient d'un bureau à l'autre. Voici quelques numéros d'urgence :

Renseignements	☎ 140
Police	☎ 122
Police touristique	☎ 126
Ambulance	☎ 123
Pompiers	☎ 125

Appels locaux. A partir d'un téléphone payant, les appels locaux coûtent 10 pt vers n'importe quelle destination, pour 30 secondes à 3 minutes de communication. Les cabines publiques (de couleurs variées) sont souvent installées à l'extérieur des bureaux de services téléphoniques ou, au Caire, dans les stations du métro. La plupart du temps, les appareils se révèlent hors d'usage, aussi les gens font-ils la queue devant les rares cabines qui fonctionnent encore. Sachez toutefois que de nombreuses échoppes et boutiques disposent de téléphones pour la clientèle, moyennant 50 pt l'appel local. Les hôtels facturent en général celui-ci 1 £E.

Appels nationaux et internationaux. Pour passer un coup de téléphone dans le pays ou à l'étranger, utilisez les téléphones de couleur orange, placés dans les *centrales*. Achetez des cartes qui se vendent au guichet, moyennant 15 ou 30 £E. Sinon, vous pouvez aussi régler votre communication d'avance (au minimum 3 minutes) et l'employé vous oriente ensuite vers une cabine, lorsque vous obtenez la ligne. Notez au passage que les minutes égyptiennes semblent plus courtes que la norme. Il

Indicatifs téléphoniques

Le code du pays est le 20, tandis que celui de l'international (pour appeler à l'étranger depuis l'Égypte) est le 00. Voici les indicatifs des principales villes, moyennes et grandes :

Al-Arish	068	Farafra	010+1405	Ras al-Bar	057
Le Fayoum	084	Hurghada	065	Ras as-Sudr	062
Al-Quseir	088	Ismaïlia	064	Sharm el-Sheikh	062
Alexandrie	03	Kharguèh	092	Sidi Abdel Rahman	03
Assouan	097	Kom Ombo	097		
Assiout	088	Louxor	095	Siouah	046
Bahariya	018	Marsa-Matrouh	03	Sohag	093
Beni-Souef	082	Minièh	086	Suez	062
Le Caire	02	Na'ama Bay	062	Taba	062
Dahab	062	Nuweiba	062	Tantah	040
Dakhla	092	Port Safaga	065		
Damiette	057	Port-Saïd	066		
El-Alamein	03	Qena	096		

existe différents taux de facturation selon qu'on appelle dans la journée (de 8h à 20h) ou la nuit (de 20h à 8h). Par exemple, un appel de 3 minutes pour l'Europe revient à 19,60/13,80 £E de jour/de nuit.

De nombreux hôtels, à l'exception des établissements très bon marché, disposent de lignes internationales directes, mais ils vous facturent jusqu'au double du tarif des *centrales*. On peut aussi appeler l'étranger à partir des nouveaux appareils à carte, gérés par des opérateurs privés, mais ces appels reviennent un peu plus cher.

Si vous partez pour le Sinaï, achetez vos cartes téléphoniques au Caire, vous débourserez moins.

Appels en PCV. Vous pouvez appeler en PCV depuis l'Égypte, mais seulement vers les destinations suivantes : Canada, Italie, Corée du Sud, Royaume-Uni et États-Unis, lesquels disposent du réseau Home Country Direct. Vous obtenez une opératrice dans l'un des pays précités et réglez l'appel en PCV ou bien par carte de crédit. A l'heure de la rédaction de ce guide, ce service n'était proposé qu'à certains endroits, tous situés au Caire, comme les hôtels Marriott ou Semiramis InterContinental, ou encore l'agence téléphonique du hall de départ du nouveau terminal de l'aéroport, ou au comptoir British Airways (appels à destination de la Grande-Bretagne seulement).

Cartes téléphoniques internationales. Ces cartes sont utilisables par le biais des numéros cairotes : AT&T ☎ 510 0200, MCI ☎ 355 5770, Sprint ☎ 356 4777, Global One ☎ 356 4777.

Fax, télex et télégrammes

Des télécopieurs sont disponibles pour envoyer ou recevoir des fax dans les *centrales* des grandes villes, aux agences EMS, dans la plupart des hôtels de trois à cinq étoiles, ainsi que dans certains établissements d'hébergement plus modestes. Vous pouvez recevoir gratuitement un fax dans une des agences Amex, mais il n'est pas possible d'en envoyer depuis l'une d'elles.

Phonophobie

Obtenir un numéro de téléphone en Égypte n'est pas une mince affaire. Selon l'enquête d'un journal local, les numéros de toute une partie de la ville ont changé trois fois en une année. Plus incroyable encore, les abonnés n'en ont pas toujours été informés.

Par ailleurs, obtenir un correspondant relève souvent du plus grand des hasards ; il ne suffit pas de composer le bon numéro pour être certain d'aboutir à la bonne ligne.

Si vous êtes sûr qu'un numéro que nous vous avons indiqué est faux, alors essayez d'appeler les renseignements (140), mais si l'on vous répond – si ce n'est pas occupé et que le service se décide à décrocher –, rien ne prouve encore qu'on vous fournira bel et bien le numéro correct.

Dans un bureau téléphonique, une page de fax à destination de l'Europe ou des États-Unis revient environ à 14 £E. Les tarifs des hôtels s'avèrent un peu plus onéreux. Il vous en coûtera 6 £E pour recevoir une télécopie dans un bureau téléphonique ou 5,50 £E dans une agence EMS.

Vous pouvez envoyer des télégrammes en anglais ou en français depuis les agences des télécommunications du Caire. Les tarifs pour les États-Unis et l'Europe sont de 67 pt le mot. Chaque terme de l'adresse est comptabilisé, au même titre que les mots du texte. Les grands hôtels proposent aussi ce service, mais les prix varient de l'un à l'autre.

E-mail et accès Internet

L'Égypte s'est lancée dans le monde de l'Internet et les cybercafés foisonnent à travers tout le pays, notamment au Caire, à Alexandrie, à Sharm el-Sheikh, à Dahab, à Hurghada, à Louxor et à Assouan ; pour les adresses, reportez-vous aux chapitres régionaux concernés. Malheureusement, la connexion au réseau mondial peut se révéler d'une lenteur horripilante, laquelle est due à une demande trop importante sur une largeur de bande internationale insuffisante. Quant à brancher son portable dans une chambre d'hôtel, l'opération n'est pas toujours aisée. Les prises téléphoniques sont de modèles les plus divers, quand les fils du téléphone ne sont pas directement reliés au mur.

Fournisseurs d'accès. Il en existe plus d'une trentaine en Égypte, parmi lesquels certains nous ont été recommandés : InternetEgypt (☎ 356 2882, site Web www.ie-eg.com), Soficom (☎ 342 1954, site Web www.soficom.com.eg) et Gega-Net (☎ 414 9700, site Web www.gega.net). Beaucoup plus élevés que la moyenne internationale, leurs tarifs débutent à 100 £E par mois, avec de 50 à 100 £E de frais de démarrage.

INTERNET

En entrant le mot "Egypt" dans l'un des nombreux moteurs de recherche, vous obtiendrez des milliers de liens, depuis les heures de prière jusqu'aux dernières théories en date sur la véritable origine des bâtisseurs de pyramides. Voici quelques sites que nous recommandons :

http://www.lonelyplanet.com
Il s'agit de la page d'accueil de Lonely Planet. Suivez les liens jusqu'aux Traveller's Reports, pour connaître les dernières mises à jour concernant l'Égypte.

http://pharos.bu.edu/Egypt/Home.html
L'index de l'Égypte, avec des centaines de liens qui se subdivisent en catégories, dont l'égyptologie, les voyages, les médias et la cuisine. C'est vraiment le site sur lequel vous devez commencer à surfer.

http://pharos.bu.edu/Egypt/Cairo/home
Se baptisant lui-même "Guide du Caire", ce site contient beaucoup d'informations similaires à celles de l'ouvrage que vous tenez en main. S'il est mis à jour régulièrement, il peut se révéler utile.

http://interoz.com/Egypt
Il s'agit du site officiel du ministère du Tourisme égyptien. Outre les conseils et les mises à jour classiques, on y trouve des sujets intéressants, comme le centre de plongée virtuelle, avec une multitude de graphiques et de descriptions des sites de plongée contenant des épaves.

http://www.cairocafe.com.eg
Voilà un site en anglais, agréable et vivant, consacré à l'actualité de la capitale : nouvelles ouvertures d'établissements, critiques gastronomiques et agenda des manifestations diverses. Particulièrement bien documenté pour ce qui concerne la vie nocturne et mis à jour de façon régulière.

http://watt.seas.Virginia.EDU/~εoa5v
Exodus Egypt, un magazine en ligne et une base de données comprenant certaines photos intéressantes et des informations réactualisées quotidiennement sur Le Caire, traduites à partir des articles de la presse locale.

http://www.mt.net/~watcher/pyramid.html
Un site parmi la multitude de ceux qui se consacrent à la pyramidologie. C'est également l'un des plus farfelus, car géré par les Watcher Ministries qui croient que les anges sont à l'origine de l'édification des pyramides et du Sphinx… de même qu'ils auraient construit une cité parallèle sur Mars.

http://touregypt.net
Site officiel en anglais du ministère du Tourisme égyptien. Ce site assez fouillé permet de faire un tour d'horizon des richesses de l'Égypte. Le voyageur trouvera des conseils pratiques, des suggestions de visites : la vallée du Nil, les sites historiques, la mer Rouge, et de nombreux renseignements sur la plongée et la faune sous-marine.

http://163.121.10.41/tourism/docs/cairo/default.html
Le site en anglais de l'office du tourisme égyptien propose de découvrir la ville du Caire sous trois angles : les pharaons, les coptes et l'islam. Ce site donne une foule de renseignements sur les sorties, le logement et les transports dans la ville.

http://www.civilisations.ca/membrs/civiliz/egypt/egindexf.html
Site français-anglais sur la civilisation égyptienne illustré de très belles photos

http://members.aol.com/historel/egypt/index.html
Site qui emmènera les passionnés d'égyptologie sur les traces d'Imhotep et des grandes dynasties royales égyptiennes. Ce site comporte une bonne bibliographie, de nombreuses cartes et une chronologie très complète sur l'Égypte ancienne.

http://www.multimania.com/vdisanzo/egypte2.html
Ce site offre un voyage mythique et légendaire

sur les traces des voyageurs du XIXe siècle grâce à un carnet de route agrémenté d'extraits littéraires présentant les principaux sites et villes.

http://www.infomaniak.ch/~sogival/hurgha1.html
Site consacré à la plongée sous-marine à partir de la ville d'Hurghada. Chaque site est localisé sur une carte et fait l'objet d'une description.

LIVRES

Voici une liste non exhaustive d'ouvrages que nous vous recommandons. La plupart des titres sont disponibles dans les librairies égyptiennes, notamment celle, excellente, de l'American University du Caire. Hors du pays, il vous faudra les commander.

Lonely Planet

Outre cet ouvrage, Lonely Planet publie un guide (en anglais) de 224 pages sur Le Caire, englobant des plans de quartiers en couleurs. *Israel & the Palestinian Territories*, *Jordanie et Syrie* sont deux autres guides (le premier en anglais, le second en français) consacrés aux voisins de l'Égypte, tandis que le Soudan est traité (en anglais) dans le monumental *Africa*. La Libye est incluse dans le guide anglais *Middle East* (qui comprend aussi la Jordanie, la Syrie, le Liban, Israël et les territoires palestiniens, la Turquie, l'Iran, l'Irak, les États du Golfe et le Yémen).

Par ailleurs, il existe une multitude de guides de voyages, publiés dans le pays et disponibles sur place. Ils se consacrent au moindre centimètre carré du territoire égyptien, depuis l'oasis de Siouah à l'ouest, jusqu'aux sites de plongée de la mer Rouge à l'est.

Littérature de voyage

L'Orient exerce sur le voyageur occidental une fascination souvent nourrie de fantasmes et de mythes, voire de mysticisme, comme chez Gérard de Nerval. Les chapitres consacrés à l'Égypte dans son ***Voyage en Orient*** (GF-Flammarion, 1980) sont à mi-chemin entre le journal de voyage et le récit de rêve, le reportage ethnographique et l'exploration de l'imaginaire, car l'auteur observe autant qu'il fabule.

Itinéraire de Paris à Jérusalem (GF-Flammarion, 1968) est le journal de voyage de Chateaubriand autour de la Méditerranée. Les pyramides lui inspirent de sombres méditations sur le thème de l'immortalité et du néant.

Gustave Flaubert est beaucoup plus prosaïque dans son ***Voyage en Égypte*** (Entente, coll. "Impressions de voyage", 1986, photographies de voyage Maxime Du Camp). C'est le journal que l'écrivain a tenu, en visitant le pays pendant quelques mois en 1849. L'auteur rédige à peine quelques lignes au sujet des pyramides, mais s'attarde en revanche sur ses exploits dans les bains publics et les maisons de tolérance.

On lira avec autant de plaisir que de profit le ***Voyage dans la Basse et la Haute-Égypte*** (Denoël, 1990) de Dominique Vivant Denon. Graveur et écrivain mais aussi diplomate, Vivant Denon est surtout connu pour être le fondateur du musée du Louvre. Il fut aussi l'un des principaux animateurs de la Commission des sciences et des arts qui accompagna l'expédition de Bonaparte en Égypte, dont il fait le récit dans son ouvrage. Chroniqueur talentueux de cette campagne sans précédent, l'auteur pose également les bases d'une véritable réflexion sur l'art égyptien.

Vous retrouverez tout l'art impressionniste et le romantisme mélancolique de Pierre Loti dans ***La Mort de Philae*** (Pardès, 1990).

Un infidèle en Égypte (Seuil, 1994), le livre d'Amitav Ghosh, est presque une œuvre anthropologique. Outre son style chaleureux et drôle, ce récit du séjour de l'auteur dans un village du delta fourmille de merveilleuses observations. C'est l'un des rares ouvrages de voyage qui s'abstient de traiter son sujet avec quelque condescendance.

Dans ***Maaslesh, journal d'une tournée de théâtre*** (Gallimard, 1989), Jean Cocteau décrit la vie quotidienne d'une tournée théâtrale qui dura trois mois en 1949 autour de la Méditerranée orientale.

A coté du désir d'éternité : fragments d'Égypte (Mollat, 1998) du philosophe Michel Onfray et du photographe Alain Szczuczynski, s'inscrit également dans la tradition du récit de voyages, mais procède avant tout d'une volonté de confronter l'imagerie orientale et ses mythes à un regard critique.

Égypte pharaonique

L'Art égyptien, de Sergio Donadoni (La Pochotèque, 1993), constitue un ouvrage de référence. Le grand archéologue italien expose les principes fondamentaux qui régirent l'art égyptien, des origines à la période romaine. Trois mille ans d'art égyptien sont ainsi étudiés, avec ses œuvres monumentales mais aussi ses productions artisanales.

S'attachant à l'Ancien et au Moyen Empire (2700-1635 av. notre ère), Guillemette Andreu décrit dans ***L'Égypte au temps des pyramides*** (Hachette Littératures, coll. “La vie quotidienne”, 1999) une époque qui apparaît comme l'âge d'or de l'Égypte ancienne.

Vous trouverez des aperçus très intéressants dans ***L'Égypte ancienne*** (Point/Histoire, 1996), un petit ouvrage établi à partir de la revue ***L'Histoire*** et présenté par Pierre Grandet. Ce recueil d'articles écrits par des spécialistes présente l'Égypte ancienne dans ses aspects religieux, politiques et sociaux. Il retrace aussi l'histoire de sa découverte depuis l'expédition de Bonaparte.

Sur les momies, on peut lire ***Les Momies, un voyage dans l'éternité***, de Françoise Dunand et André Lichtenberg (Découvertes Gallimard, 1998), qui présente une étude complète, de la découverte des premières momies aux études scientifiques réalisées grâce à la radiographie. L'édition est de plus enrichie d'un dossier sur les portraits du Fayoum.

Histoire générale

Alexandrie : redécouverte (Stock, 1998), par l'archéologue Jean-Yves Empereur, est une exploration de l'Alexandrie gréco-romaine. Plusieurs chapitres sont consacrés au célèbre phare et à la recherche du tombeau d'Alexandre. Ce bel ouvrage est somptueusement illustré. Du même auteur, on pourra lire ***Le Phare d'Alexandrie : la merveille retrouvée*** (Découvertes Gallimard, 1998), récit de la campagne de fouilles sous-marines à grande échelle réalisées entre 1994 et 1996, qui donna de spectaculaires résultats.

Les ouvrages sur Champollion ne manquent pas ; on peut néanmoins recommander le livre de Jean Lacouture ***Champollion, une vie de lumières*** (Le Livre de poche, 1991), à mi-chemin entre la biographie au sens romanesque et l'érudition égyptologique.

La Pierre de Rosette de Robert Solé et Dominique Valbelle (Seuil, 1999) adopte une perspective différente et tout aussi passionnante, décrivant la découverte fortuite de la fameuse pierre de grès puis la longue quête des érudits fascinés par ses écritures illisibles.

Robert Solé est l'auteur de l'essai ***Égypte, passion française*** (Point/Seuil, 1999), décrivant les relations passionnelles et passionnées que la France entretient depuis des siècles avec l'Égypte : la conquête napoléonienne, l'aventure du canal de Suez, l'essor de l'égyptologie avec Champollion, la rivalité franco-britannique, les ruptures tragiques, comme l'expédition contre Nasser...

Sur l'histoire récente, le témoignage de Boutros Boutros-Ghali, ministre égyptien des Affaires étrangères de 1977 à 1991, est de tout premier ordre. Il relate dans ***Mémoires d'un Égyptien vol. 1, Le Chemin de Jérusalem*** (Fayard, 1997), la difficile partie diplomatique qui se joua au Moyen-Orient, depuis la rencontre de Anouar el-Sadate et de Menahem Begin à Jérusalem en 1977 jusqu'à l'assassinat du raïs égyptien en 1981.

Culture et société

L'islam est bien traité dans le livre de Joseph Burlot, ***La Civilisation islamique*** (Hachette Éducation, 1990), qui décrit l'histoire du monde islamique et les principaux aspects de sa civilisation, et dans celui d'André Miquel, ***L'islam et sa civilisation : VIIe-XXe siècles*** (Armand Colin, 1991), une synthèse magistrale de 14 siècles d'histoire. Le dernier chapitre sur l'islam contemporain a été revu et mis à jour pour tenir compte de l'évolution de la population, des problèmes économiques et politiques.

Pour en savoir plus sur les coptes, les traditions et les rites particuliers de ces chrétiens dans un pays dominé par l'islam, vous pouvez vous procurer ***Les Coptes*** (Que sais-je ?, 1992) de Pierre du Bourguet.

Le Dernier Pharaon, de Gilbert Sinoué, est une biographie de Méhémet-Ali, le "Ramsès des temps modernes", soldat de fortune, énergique et ambitieux, qui s'empara du pouvoir en 1805, se fit reconnaître pacha d'Égypte par la Sublime Porte. Il régna sur l'Égypte jusqu'en 1952 et fit entrer l'Égypte dans la modernité.

La Face cachée d'Ève (Édition des Femmes, Paris, 1992), de Nawal Al-Saadawi, mène une réflexion sur le rôle des femmes dans le monde arabe. Ce livre reste interdit en Égypte. Pour en savoir plus sur l'auteur, consultez la rubrique *Arts* du chapitre *Présentation du pays*.

Frédéric Lagrange dans ***Musiques d'Égypte*** (Cité de la Musique/Actes Sud, coll. "Musiques du monde", 1996), présente l'histoire, les traditions, les enjeux culturels et commerciaux des différents genres musicaux : musiques populaires du Nil, celles des pêcheurs du delta, musique sacrée des chanteurs du Coran et des confréries soufies, musique "savante".

Ysabel Saïah a consacré un livre à la plus célèbre chanteuse de l'Orient : ***Oum Kalsoum*** (Denoël, 1995). Cette femme au destin exceptionnel, animée d'une volonté sans faille, a aussi joué un rôle politique non négligeable du temps de Nasser.

Vous trouverez une bonne introduction au cinéma égyptien, qui a produit 3 000 longs métrages en 75 ans d'existence, dans ***Regards sur le cinéma égyptien*** d'Yves Thoraval (L'Harmattan, 1988).

Portraits du Caire (Actes Sud, coll. "Fondation arabe pour l'image", 1999) présente l'œuvre de trois photographes (deux Arméniens, Van Léo et Alban, et un Turc, Armand) considérés comme des maîtres du portrait de studio au Caire dans les années quarante et cinquante. Leurs portraits témoignent de l'infiltration de la modernité dans la société du Caire durant une période essentielle de son histoire, loin du kitsch arabe, colonial et exotique.

Salima Aït Mohamed propose dans ***La Cuisine égyptienne des pharaons à nos jours*** (Autre temps, coll. "Temps gourmands", Marseille, 1997) une approche de la gastronomie égyptienne suivie d'une étude qui la relie à son histoire la plus antique. L'auteur nous fait découvrir les racines millénaires d'aromates et d'épices qui faisaient déjà partie des mets favoris des pharaons.

Littérature

Riche d'une histoire vieille de quelque 5 000 ans, qui évoque à la fois les bâtisseurs de pyramides, la sanglante épopée des califes, l'émerveillement des ***Mille et Une Nuits***, les tribulations et le romanesque de l'Empire colonial, la poudrière que constitue de nos jours le Moyen-Orient, on ne s'étonnera guère que l'Égypte ait inspiré de tout temps les écrivains.

Outre la liste qui suit, les ouvrages concernant Alexandrie sont répertoriés dans l'encadré *L'Alexandrie littéraire*, au chapitre *Alexandrie et la côte méditerranéenne*, tandis que les auteurs égyptiens sont cités à la rubrique *Arts* du chapitre *Présentation du pays*.

Théophile Gautier situe une intrigue sentimentale, et quelque peu abracadabrante, dans l'Égypte des temps bibliques avec ***Le Roman de la momie*** (GF-Flammarion), œuvre très marquée par le goût romantique. Grand coloriste, Gautier recrée dans son récit une ambiance à demi historique, à demi légendaire, nourrie de nombreux documents archéologiques.

Mika Waltari, dans ***Sinouhé l'Égyptien*** (Plon, 1993), invente les mémoires d'un médecin égyptien vers l'an 1350 av. J.-C. Un grand voyage au temps des pharaons.

On ne présente plus Christian Jacq et ses innombrables livres sur l'Égypte. Essayez ***Ramsès : Le Fils de la lumière*** (Laffont,

1998), premier volume d'une série de cinq constituant la biographie hautement romancée et très populaire du célèbre pharaon. Cette prose facile décrit longuement les muscles saillant sous l'effort et les robes diaphanes de Néfertari, mais Jacq étant un égyptologue, tout cela doit être vrai.

Léon l'Africain (Lattès, 1992), l'ouvrage d'Amin Maalouf, évoque le Caire de la période ottomane, où le héros se trouve confronté aux événements tumultueux de l'époque. Un roman historique qui se dévore comme un thriller.

Né en 1913, l'écrivain égyptien Albert Cossery s'est installé en 1945 en France où il a publié la plupart de ses livres. On pourra lire ***Les Fainéants dans la vallée fertile*** (Joseph Losfeld, 1996), où la fainéantise est élevée au rang des valeurs supérieures dans une famille cairote ou ***Mendiants et orgueilleux*** (Folio Gallimard, 1979), l'histoire de Gohar, ex-philosophe devenu mendiant dans les rues du Caire, qui professe avec nonchalance la non-coopération. Il sillonne les ruelles et les secrets de cette ville, croisant des figures pittoresques et exemplaires.

Robert Solé, ancien rédacteur en chef et aujourd'hui médiateur du journal *Le Monde,* est l'auteur de nombreux romans se déroulant en Égypte, au Caire en particulier, où il est né. ***Le Tarbouche*** (Points/Seuil, 1995) est la saga d'une famille chrétienne du Levant au début du siècle, ***Le Sémaphore d'Alexandrie*** (Points/Seuil, 1996) évoque les rivalités coloniales franco-britanniques et les événements qui aboutiront à l'occupation anglaise, tandis que ***La Mamelouka*** (Points/Seuil, 1997), qui se déroule à la même époque, relate la destinée d'une belle et jeune Égyptienne.

Dans le roman d'Andrée Chédid, ***Le Sixième Jour*** (J'ai lu, 1998), que Youssef Chahine a porté à l'écran, la vieille Oum Hassam lutte pendant six jours pour sauver son petit-fils du choléra. Andrée Chédid a également fait paraître ***Néfertiti et le rêve d'Akhénaton*** (GF-Flammarion, 1988).

Vous pouvez également relire ***Mort sur le Nil*** (Le Livre de poche, 1982), d'Agatha Christie. L'auteur s'inspira de sa propre expérience, au cours d'un séjour hivernal en Haute-Égypte. Elle écrit en préface : "Lorsque je le lis à présent, je me retrouve à bord du bateau à vapeur effectuant la traversée d'Assouan à Wadi Halfa".

JOURNAUX ET MAGAZINES

L'*Egytian Gazette* est le quotidien égyptien en anglais qui sert largement d'organe de presse au bureau du président, encore qu'il procure de grandes joies aux amateurs de typo et de gros titres accrocheurs. L'édition dominicale s'appelle *Egyptian Mail*. Les équivalents francophones sont *Le Progrès égyptien* qui paraît chaque jour de la semaine, et le *Progrès Dimanche* pour le week-end.

L'*Al-Ahram Weekly* (site Web www.ahram.org.eg/weekly) et le *Middle East Times* paraissent tous les deux chaque jeudi et offrent aux lecteurs anglophones une actualité de bien meilleure qualité. Si le *Middle East Times* s'avère le plus lisible des deux, le très académique *Weekly* jouit d'une bonne couverture journalistique des manifestations culturelles, qu'il s'agisse de cinéma, de théâtre, des concerts classiques, des expositions ou des conférences. *Al-Ahram* propose également une édition hebdomadaire en français, *Hebdo*.

Le *Cairo Times* est un bimensuel sur papier glacé qui s'honore de grandes plumes. Il contient principalement des articles de fond et des analyses, mais aussi de bons articles culturels et une rubrique "around town" assez vivante.

Egypt Today (site Web www.egypttoday.com) constitue un luxueux magazine d'informations générales, saturé de publicités, quoique son agenda mensuel de manifestations soit assez complet. Toutefois, dans ce pays des plus imprévisibles, une grande partie de ces informations relève de l'hypothétique. Ce périodique propose aussi deux publications mensuelles affiliées : *Sports & Fitness* et *Business Today*.

On trouve un large éventail de journaux et magazines occidentaux dans les librairies d'hôtels et les kiosques. Les quotidiens datent seulement de la veille, et les mensuels n'accusent souvent guère plus d'une

L'Égypte au cinéma

Mis à part les décors soigneusement léchés du dessin animé *Le Prince d'Égypte* (1998), cela fait bon nombre d'années que ce pays n'a pas eu les honneurs des salles obscures. Certes, beaucoup de scènes du *Patient anglais* se déroulent dans le désert de Libye et au Caire, mais il s'agit là d'un artifice du septième art, car elles furent effectivement tournées en Tunisie et pour certains intérieurs, à Venise.

Non pas que l'Égypte ne soit pas photogénique, bien au contraire. Ses déserts, ses temples, et ses bazars hauts en couleur exercent toute leur séduction sur grand écran. A tel point que le pays a connu une vague touristique sans précédent, après la sortie du *Patient anglais*, en dépit des efforts déployés par les agences de promotion de la Tunisie pour rétablir la vérité. Ce sont les taxes exorbitantes infligées aux compagnies cinématographiques étrangères qui éloignent les caméras. Ainsi, dans *Les Aventuriers de l'arche perdue*, la longue scène de poursuite dans les rues du Caire se déroule non pas dans la capitale égyptienne mais, une fois encore, en Tunisie.

La dernière production hollywoodienne à avoir bravé la bureaucratie fut *Ruby Cairo* (1993), l'histoire sans grand relief d'une femme qui recherche son époux disparu et présumé mort, jusque dans sa cachette en Égypte. Si Andie MacDowell et Liam Neeson tiennent les premiers rôles, c'est Le Caire qui demeure la véritable vedette de ce film, où l'on ne nous épargne aucun cliché : chameaux, pyramides, moulid et felouques. Un an plus tôt, la capitale avait tenu un bref rôle secondaire dans le *Malcolm X* (1992) de Spike Lee, où ledit Malcolm, converti de frais à l'islam, épouse la cause arabe et prie à la mosquée de Mohammed Ali.

Il y eut une époque où la poésie de l'Égypte était une valeur sûre pour les superproductions cinématographiques. Les pyramides, Le Caire musulman et Karnak servirent de merveilleux décors aux facéties du dénommé James Bond, dans *L'Espion qui m'aimait* (1977). Un an plus tard à peine, la plupart des mêmes sites accueillaient une pléiade de stars pour le tournage de *Mort sur le Nil* (1978). Du reste, la véritable intrigue du film consiste non pas à découvrir le meurtrier, mais à deviner comment le bateau à vapeur parvient à naviguer d'Assouan à Karnak, puis à remonter jusqu'à Abou Simbel dans la même journée. De même que nous écartons toute logique dans *Le Sphinx* (1981), tourné entièrement au Caire et à Louxor, dont nul ne tire son épingle du jeu, si ce n'est la personne chargée des repérages.

La riche histoire de l'Égypte aura également fourni de splendides récits, lesquels ont inspiré nombre de grands (et moins grands) films. Avant Walt Disney et *Le Prince d'Égypte*, il y eut Cecil B de Mille et *Les Dix Commandements*, qu'il réalisa deux fois, alors que l'idylle de Cléopâtre et de Marc Antoine donna lieu à de multiples versions sur pellicule. La plus mémorable, *Cléopâtre*, fut tournée en 1963, avec Elizabeth Taylor dans le rôle-titre et Richard Burton à ses côtés. Cette fabuleuse production, au budget précisément pharaonique, demanda plusieurs mois de tournage dans le désert égyptien. *Gallipoli* (1981) décrit une Égypte qui sert de base aux soldats australiens pendant la Première Guerre mondiale, lesquels s'entraînent pour la bataille fatidique qui donne son nom au titre du film. Enfin, *Le Désert de la peur* (1958) retrace le drame classique d'un officier ambulancier britannique et de son équipe sanitaire fuyant les troupes de Rommel dans le désert de Libye, tout en rêvant d'une bière bien fraîche, dans un petit bar d'Alexandrie.

semaine de retard. Attendez-vous toutefois à débourser deux fois le prix indiqué sur la couverture.

Parmi la presse en langue arabe, le vénérable *Al-Ahram*, qui appartient à l'État, reste le plus connu des journaux nationaux.

Son style demeure toutefois guindé et conservateur, comparé aux nouvelles publications comme *Al-Alam al-Yom*, progressiste et consacré aux affaires, ou encore à l'édition égyptienne d'*Al-Hayat*, le quotidien du monde arabe.

RADIO ET TÉLÉVISION

Malgré un quasi-monopole de l'État, la télévision égyptienne connaît un développement sans précédent. Ces cinq dernières années ont vu l'émergence d'une demi-douzaine de chaînes, venant compléter les trois canaux traditionnels, tandis que sur tout le territoire, chaque gouvernorat impose sa propre station. Depuis Le Caire, Nile TV diffuse chaque jour des informations et l'actualité courante exclusivement en anglais et en français, de 7h à minuit passé. Sinon, rares sont les programmes s'adressant aux téléspectateurs non arabes hormis, de temps à autre, un vieux film américain (le Cine Club de Channel One en propose parfois un bon le samedi soir) et un journal en anglais sur Channel Two, à 20h.

Le satellite gagne du terrain (il suffit de constater le nombre d'antennes paraboliques sur les toits) ainsi que le câble, mais dans une moindre mesure. De nombreux hôtels, même parmi les plus modestes, disposent de la TV par satellite. MTV semble par ailleurs incontournable dans les fast-foods des quatre coins du pays.

En ce qui concerne les radios, sachez que FM95 diffuse des informations en anglais sur 557 kHz, à 7h30, 14h30 et 20h, chaque jour. C'est la station européenne par excellence, car elle propose aussi des programmes en français, en allemand, en italien et en grec. La BBC et Voice of America (VOA) peuvent se capter sur ondes moyennes à différentes heures du jour et du soir. La BBC s'écoute à la fois sur 639 kHz et 1 320 kHz, tandis que VOA est présente sur 1 290 kHz.

Consultez l'*Egyptian Gazette* pour les programmes TV du jour (chaînes hertziennes et satellite) et ceux de la radio. Il existe aussi deux ou trois mensuels répertoriant les émissions du satellite et du câble.

PHOTO ET VIDÉO

L'Égypte offre de splendides sites à photographier. Vous obtiendrez de meilleurs résultats tôt le matin et en fin d'après-midi. Le reste du temps, la luminosité trop crue et le ciel trop brumeux vous donneraient des clichés surexposés. Vous pouvez toutefois, grâce à un filtre, supprimer la réverbération du sable et de l'eau. De même, un pare-soleil atténuera les reflets. Les pellicules Kodachrome 64 ou 25 ASA et les Fujichrome 50 et 100 conviennent à merveille pour les diapositives, lorsque le soleil brille à son zénith.

En Égypte, les appareils et les objectifs ont tôt fait de prendre la poussière. Le papier et le produit nettoyant étant difficiles à trouver, mieux vaut apporter les vôtres. Une petite brosse se montrera également fort utile.

Il est permis de photographier tous les sites antiques, toutefois le flash est interdit dans certains tombeaux, afin de préserver les peintures. Vous pouvez prendre des photos de l'intérieur des mosquées et des temples mais de plus en plus, l'État facture ce privilège entre 5 et 15 £E.

On exige également un droit prohibitif pour l'usage d'un camescope dans de nombreux sites anciens. La plupart du temps, sachez qu'il vous faudra débourser environ 25 £E, mais les tarifs de 100 voire de 125 £E deviennent de plus en plus courants.

Matériel

Les pellicules ne sont souvent guère plus onéreuses qu'en Occident. Par exemple, une Kodacolor 100/200 (36 poses) vous reviendra aux alentours de 22 £E, tandis qu'un film pour diapositives Kodachrome 100 (36 poses) coûtera 24 £E. Si vous achetez des pellicules sur place, vérifiez toujours leur date d'expiration et ne vous fournissez pas auprès d'un marchand qui conserve son stock exposé à la lumière du soleil.

Le développement couleur revient entre 2 et 5 £E, selon qu'il s'effectue dans l'heure ou dure jusqu'au lendemain, avec un surcoût de 50 à 135 pt par photo, selon le format. Le développement noir et blanc n'est guère à recommander sur place mais, en ce qui concerne la couleur, les résultats satisferont tout à fait les non-professionnels. Pour les diapositives, vous débourserez entre 10 et 13 £E la pellicule. Il existe quelques laboratoires et des boutiques qui développent les photos en une heure dans les grandes villes et les centres touristiques. Un bon nombre de ces magasins disposent aussi d'un service de photos d'identité.

Restrictions

Il est interdit de prendre des clichés des ponts, des gares ferroviaires, des sites militaires, des aéroports et des autres endroits publics.

Les Égyptiens se montrent également sensibles aux aspects négatifs de leur pays. Il n'est pas rare que quelqu'un se mette à vous invectiver si vous tentez de photographier un bus bondé, un bâtiment décrépit ou même une charrette remplie de détritus et tractée par un bourricot. Apprenez à être discret.

Photographier les personnes

Avant de cadrer un portrait, mieux vaut demander son autorisation à la personne visée. Les enfants accepteront dans la plupart des cas, mais leurs parents ou d'autres adultes risquent de s'y opposer. Certains musulmans pensent qu'en prenant des clichés d'enfants vous pourriez leur jeter le "mauvais œil". Les mêmes réticences s'appliquent parfois aux femmes, notamment à la campagne.

HEURE LOCALE

L'Égypte compte deux heures de décalage par rapport à l'heure de Greenwich (GMT/UTC) et observe l'heure dite "d'été" (du 1er mai au 30 septembre). Donc, sans tenir compte des variations estivales, lorsqu'il est 12h au Caire, il est 2h à Los Angeles, 5h à New York et à Montréal, 11h à Paris, 13h à Moscou et 19h à Melbourne et à Sydney.

ÉLECTRICITÉ

Le courant alternatif est en 220 V/50 Hz. Les prises femelles murales sont rondes, de type européen à deux fiches (bien que, pour une raison étrange, les trous soient souvent trop étroits pour accepter les prises mâles européennes). On trouve facilement des adaptateurs dans les grands magasins citadins, mais apportez un transformateur au besoin, car on a du mal à s'en procurer en Égypte.

POIDS ET MESURES

L'Égypte utilise le système métrique.

BLANCHISSAGE/NETTOYAGE

Il existe quelques laveries automatiques au Caire. Vous pouvez également confier votre linge à l'une des nombreuses échoppes égyptiennes, où il sera lavé et repassé à la main. Le *mukwagee* ("repasseur") s'empare d'un fer à l'ancienne qu'il ouvre sur le dessus pour y placer du charbon incandescent. Puis il s'empare d'une bouteille d'eau placée près de lui, remplit sa bouche et pulvérise ensuite le liquide sur les vêtements, tout en repassant ceux-ci avec vigueur. La plupart des hôtels peuvent vous proposer de laver votre linge.

Dans quelques-uns des sites touristiques, comme Louxor et Dahab, certains hôtels bon marché leurrent les clients avec des panneaux annonçant "machines à laver". Il s'agit en réalité d'une cuve qui brasse vos vêtements, vous laissant le soin de procéder ensuite au rinçage et à l'essorage.

TOILETTES

Les toilettes publiques, lorsqu'on a la chance d'en trouver, ne sont guère engageantes : quand elles ne sont pas infestées de mouches, certaines appartiennent encore à la catégorie "trou aménagé dans une petite pièce, au-dessus d'une fosse d'aisance". Seuls les hôtels de milieu et haut de gamme fournissent du papier dans les WC, la plupart de ceux-ci étant équipés d'un jet pour vous nettoyer. Cette pratique mérite d'être adoptée, dans la mesure où les cuvettes égyptiennes ne peuvent absorber énormément de papier hygiénique. Il n'est pas rare que les WC des hôtels fréquentés par les Occidentaux soient bouchés. Si vous utilisez du papier, déposez-le dans le seau généralement mis à disposition pour cet usage.

En ville, il n'est pas inutile de repérer les fast-foods à l'occidentale ainsi que les hôtels cinq-étoiles, car ces endroits disposent toujours d'installations sanitaires.

Dans le désert ou sur une plage, ne laissez pas le papier hygiénique usagé sur place. L'enterrer n'est pas une meilleure solution car le vent soulève le sable. Prenez plutôt un sac plastique dans lequel vous déposerez votre papier, que vous jetterez plus tard dans une poubelle, ou encore, apportez des allumettes et brûlez-le.

SANTÉ

Un guide sur la santé peut s'avérer utile. *Les maladies en voyage* du Dr Éric Caumes (Points Planète), *Voyages internationaux et santé* de l'Organisation mondiale de la santé (OMS) et *Saisons et climats* de Jean-Noël Darde (Balland) sont d'excellentes références.

Ceux qui lisent l'anglais pourront se procurer *Travel with Children* de Maureen Wheeler (Lonely Planet Publications) qui donne des conseils judicieux pour voyager à l'étranger avec des enfants en bas âge.

Avant le départ

Assurances. Il est conseillé de souscrire une police d'assurance qui vous couvrira en cas d'annulation de votre voyage, de vol, de perte de vos affaires, de maladie ou encore d'accident. Les assurances internationales pour étudiants sont en général d'un bon rapport qualité/prix. Lisez avec la plus grande attention les clauses en petits caractères : c'est là que se cachent les restrictions.

Vérifiez notamment que les "sports à risques", comme la plongée ou même la randonnée, ne sont pas exclus de votre contrat, ou encore que le rapatriement médical d'urgence, en ambulance ou en avion, est couvert. De même, le fait d'acquérir un véhicule dans un autre pays ne signifie pas nécessairement que vous serez protégé par votre propre assurance.

Vous pouvez contracter une assurance qui réglera directement les hôpitaux et les médecins, vous évitant ainsi d'avancer des sommes qui ne vous seront remboursées qu'à votre retour. Dans ce cas, conservez avec vous tous les documents nécessaires.

Attention ! avant de souscrire une police d'assurance, vérifiez bien que vous ne bénéficiez pas déjà d'une assistance par votre carte de crédit, votre mutuelle ou votre assurance automobile. C'est bien souvent le cas…

Vaccins. Il est utile d'emporter la preuve de vos vaccinations. Si vous arrivez de l'Afrique subsaharienne ou de certaines régions d'Amérique du Sud, il vous faudra un certificat de vaccination contre la fièvre jaune, mais il n'existe aucun risque de contamination en Égypte. Plus vous vous éloignez des circuits classiques, plus il faut prendre vos précautions. Il est important de faire la différence entre les vaccins recommandés lorsque l'on voyage dans certains pays et ceux obligatoires. Au cours des dix dernières années, le nombre de vaccins inscrits au registre du Règlement sanitaire international a beaucoup diminué. Faites inscrire vos vaccinations dans un carnet international de vaccination que vous pourrez vous procurer auprès de votre médecin ou d'un centre.

Planifiez vos vaccinations à l'avance (au moins six semaines avant le départ) car certaines demandent des rappels ou sont incompatibles entre elles. Même si vous avez été vacciné contre plusieurs maladies dans votre enfance, votre médecin vous recommandera peut-être des rappels contre le tétanos ou la poliomyélite, maladies qui existent toujours dans de nombreux pays en développement. Les vaccins ont des durées d'efficacité très variables ; certains sont contre-indiqués pour les femmes enceintes.

Voici les coordonnées de quelques centres de vaccination à Paris :

Hôtel-Dieu, centre gratuit de l'Assistance Publique (☎ 01 42 34 84 84), 1, Parvis Notre-Dame, 75004 Paris.

Assistance Publique Voyages, service payant de l'Hôpital de la Pitié-Salpêtrière (☎ 01 45 85 90 21), 47, bd de l'Hôpital, 75013 Paris.

Institut Pasteur (☎ 01 45 68 81 98,
Minitel 3615 Pasteur),
209, rue de Vaugirard, 75015 Paris.
Air France, centre de vaccination
(☎ 01 41 56 66 00, Minitel 3615 VACAF),
aérogare des Invalides, 75007 Paris.

Il existe de nombreux centres en province, en général liés à un hôpital ou un service de santé municipal. Vous pouvez obtenir la liste de ces centres de vaccination en France en vous connectant sur le site Internet www.france.diplomatie.fr/infopra/avis/annexe.html, émanant du ministère des Affaires étrangères.

Le serveur Minitel 3615 Visa Santé fournit des conseils pratiques, des informations sanitaires et des adresses utiles sur plus de 150 pays. Le 3615 Ecran Santé dispense également des conseils médicaux.

Vous pouvez également vous connecter au site Internet Lonely Planet (www.lonelyplanet.com/health/health.htm/hlinks.htm) qui est relié à l'OMS (Organisation mondiale de la santé).

Précautions élémentaires

Faire attention à ce que l'on mange et ce que l'on boit est la première des précautions à prendre. Les troubles gastriques et intestinaux sont fréquents même si la plupart du temps ils restent sans gravité.

Ne soyez cependant pas paranoïaque et ne vous privez pas de goûter la cuisine locale. N'hésitez pas également à vous laver les mains fréquemment.

Eau. Les tests effectués par l'ambassade américaine sur l'eau du robinet ont confirmé que celle-ci était sans risque ; sa saveur particulière est uniquement due au taux de chlore élevé qu'elle contient, ce qui en fait un excellent antiseptique pour nettoyer les fruits et les légumes.

Toutefois, si vous ne séjournez que peu de temps dans le pays, les médecins recommandent de s'en tenir à l'eau minérale car il faut quelque temps à l'organisme pour s'adapter à des modifications dans la composition de l'eau courante, aussi infimes soient-elles. Il existe plusieurs marques locales d'eau de source, telles que "Baraka" ou "Siwa". En les achetant, vérifiez cepen-

Trousse médicale de voyage

Veillez à emporter avec vous une petite trousse à pharmacie contenant quelques produits indispensables. Certains ne sont délivrés que sur ordonnance médicale.

- ☐ des **antibiotiques** à utiliser uniquement aux doses et périodes prescrites, même si vous avez l'impression d'être guéri avant. Chaque antibiotique soigne une affection précise : ne les utilisez pas au hasard. Cessez immédiatement le traitement en cas de réactions graves.
- ☐ un **antidiarrhéique** et un **réhydratant**, en cas de forte diarrhée, surtout si vous voyagez avec des enfants.
- ☐ un **antihistaminique** en cas de rhumes, allergies, piqûres d'insectes, mal des transports – évitez l'alcool.
- ☐ un **antiseptique** ou un désinfectant pour les coupures, les égratignures superficielles et les brûlures, ainsi que des **pansements gras** pour les brûlures.
- ☐ de l'**aspirine** ou du paracétamol (douleurs, fièvre).
- ☐ une **bande Velpeau** et des **pansements** pour les petites blessures.
- ☐ une **paire de lunettes de secours** (si vous portez des lunettes ou des lentilles de contact) et la copie de votre ordonnance.
- ☐ un **produit contre les moustiques**, un **écran total**, une **pommade pour soigner les piqûres et les coupures** et des **comprimés pour stériliser l'eau.**
- ☐ une **paire de ciseaux**, une **pince à épiler** et un **thermomètre à alcool**
- ☐ une petite **trousse de matériel stérile** comprenant une seringue, des aiguilles, du fil à suture, une lame de scalpel et des compresses.

dant que le cachet de la bouteille soit intact, car il peut arriver qu'un marchand sans scrupule remplisse des bouteilles au robinet.

Prenez garde aux jus de fruits, notamment s'ils sont coupés avec de l'eau. Soyez également prudent avec le lait ; souvent, il n'est pas pasteurisé. Pas de problème pour le lait bouilli et les yaourts. Thé et café, en principe, sont sûrs puisque l'eau doit bouillir.

Pour stériliser l'eau, la meilleure solution est de la faire bouillir durant quinze minutes.

Un simple filtrage peut être très efficace mais n'éliminera pas tous les micro-organismes dangereux. Aussi, si vous ne pouvez faire bouillir l'eau, traitez-la chimiquement. Le Micropur (vendu en pharmacie) tuera la plupart des germes pathogènes.

Problèmes de santé et traitement

Les éventuels ennuis de santé peuvent être répartis en plusieurs catégories. Tout d'abord, les problèmes liés au climat, à la géographie, aux températures extrêmes, à l'altitude ou aux transports ; puis les maladies dues au manque d'hygiène ; celles transmises par les animaux ou les hommes ; enfin, les maladies transmises par les insectes. De simples coupures, morsures ou égratignures peuvent aussi être source de problèmes.

L'autodiagnostic et l'autotraitement sont risqués ; aussi, chaque fois que cela est possible, adressez-vous à un médecin. Ambassades et consulats pourront en général vous en recommander un.

Médecins, dentistes et hôpitaux

Adressez-vous à votre ambassade pour connaître la liste à jour des médecins et dentistes recommandés.

Les ambassades des États-Unis et de Grande-Bretagne disposent également d'unités médicales qui peuvent orienter les personnes nécessitant les soins urgents de praticiens spécialisés. Sachez que médecins et hôpitaux s'attendent à ce vous régliez honoraires et services en espèces et sur-le-champ. L'hôpital américain du Caire est réputé.

Avertissement

La santé en voyage dépend du soin avec lequel on prépare le départ et, sur place, de l'observance d'un minimum de règles quotidiennes. Les risques sanitaires sont généralement faibles si une prévention minimale et les précautions élémentaires d'usage ont été envisagées avant le départ.

Si vous envisagez un long séjour en Égypte, il est bon de contacter SOS Assistance, par l'entremise de Cairoscan (☎ 360 0965), 35 Suleiman Abaza, Mohandiseen.

Vous trouverez les adresses des hôpitaux et des centres médicaux dans les rubriques concernées des différentes villes, dans ce guide.

Pharmacies. Dans les grandes villes, les pharmacies rendent les meilleurs services. La plupart des médicaments sont délivrés sans ordonnance et peuvent être achetés à l'unité. Outre les références occidentales, on peut se procurer les préparations locales, d'excellente qualité.

Les adresses des pharmacies sont citées dans les rubriques concernées des sections ou chapitres traitant de chaque ville, mais vous pouvez également consulter les listes imprimées au dos du magazine *Business Today* et dans les pages du journal *Ahram Weekly*.

Affections liées à l'environnement

Coup de chaleur. Cet état grave, parfois mortel, survient quand le mécanisme de régulation thermique du corps ne fonctionne plus : la température s'élève alors de façon dangereuse. De longues périodes d'exposition à des températures élevées peuvent vous rendre vulnérable au coup de chaleur. Évitez l'alcool et les activités fatigantes lorsque vous arrivez dans un pays à climat chaud.

Symptômes : malaise général, transpiration faible ou inexistante et forte fièvre (39°C à 41°C). Là où la transpiration a cessé, la peau devient rouge. La personne est atteinte d'une céphalée lancinante et éprouve des difficultés à coordonner ses mouvements ; elle peut aussi donner des signes de confusion mentale ou d'agressivité. Enfin, elle délire et est en proie à des convulsions. Il faut absolument hospitaliser le malade. En attendant les secours, installez-le à l'ombre, ôtez-lui ses vêtements, couvrez-le d'un drap ou d'une serviette mouillés et éventez-le continuellement.

Coup de soleil. Sous les tropiques, dans le désert ou en altitude, les coups de soleil sont plus fréquents, même par temps couvert. Utilisez un écran solaire et pensez à couvrir les endroits qui sont habituellement protégés, les pieds par exemple. Si les chapeaux fournissent une bonne protection, n'hésitez pas à appliquer également un écran total sur le nez et les lèvres. Les lunettes de soleil s'avèrent souvent indispensables.

Insolation. Une exposition prolongée au soleil peut provoquer une insolation. Symptômes : nausées, peau chaude, maux de tête. Dans cas, il faut rester dans le noir, appliquer une compresse d'eau froide sur les yeux et prendre de l'aspirine.

Alimentation. Fruits et légumes doivent être lavés à l'eau traitée ou épluchés. Ne mangez pas de glaces des marchands de rue. D'une façon générale, le plus sûr est de vous en tenir aux aliments bien cuits. Attention aux plats refroidis ou réchauffés. Méfiez-vous des poissons, des crustacés et des viandes peu cuites.

Miliaire et bourbouille. C'est une éruption cutanée (appelée bourbouille en cas de surinfection) due à la sueur qui s'évacue mal : elle frappe en général les personnes qui viennent d'arriver dans un climat à pays chaud et dont les pores ne sont pas encore suffisamment dilatés pour permettre une transpiration plus abondante que d'habitude. En attendant de vous acclimater, prenez des bains fréquents suivis d'un léger talcage, ou réfugiez-vous dans des locaux à air conditionné lorsque cela est possible.

Mycoses. Les infections fongiques dues à la chaleur apparaissent généralement sur le cuir chevelu, entre les doigts ou les orteils (pied d'athlète), sur l'aine ou sur tout le corps (teigne). On attrape la teigne (qui est un champignon et non un parasite animal) par le contact avec des animaux infectés ou en marchant dans des endroits humides, comme le sol des douches.

Pour éviter les mycoses, portez des vêtements amples et confortables, en fibres naturelles, lavez-les fréquemment et séchez-les bien. Conservez vos tongues dans les pièces d'eau. Si vous attrapez des champignons, nettoyez quotidiennement la partie infectée avec un désinfectant ou un savon traitant et séchez bien. Appliquez ensuite un fongicide et laissez autant que possible à l'air libre. Changez fréquemment de serviettes et de sous-vêtements et lavez-les soigneusement à l'eau chaude. Bannissez absolument les sous-vêtements qui ne sont pas en coton.

Maladies infectieuses et parasitaires

Diarrhée. Le changement de nourriture, d'eau ou de climat suffit à la provoquer ; si elle est causée par des aliments ou de l'eau contaminés, le problème est plus grave. En dépit de toutes vos précautions, vous aurez peut-être la "turista", mais quelques visites aux toilettes sans aucun autre symptôme n'ont rien d'alarmant. La déshydratation est le danger principal que fait courir toute diarrhée, particulièrement chez les enfants. Ainsi le premier traitement consiste à boire beaucoup : idéalement, il faut mélanger huit cuillerées à café de sucre et une de sel dans un litre d'eau. Sinon du thé noir léger, avec peu de sucre, des boissons gazeuses qu'on laisse se dégazéifier et qu'on dilue à 50% avec de l'eau purifiée, sont à recommander. En cas de forte diarrhée, il faut prendre une solution réhydratante pour remplacer les sels minéraux. Quand vous irez mieux, continuez à manger légèrement. Les antibiotiques peuvent être utiles dans le traitement de diarrhées très fortes, en particulier si elles sont accompagnées de nausées, de vomissements, de crampes d'estomac ou d'une fièvre légère. Trois jours de traitement sont généralement suffisants et on constate normalement une amélioration dans les 24 heures. Toutefois, lorsque la diarrhée persiste au-delà de 48 heures ou s'il y a présence de sang dans les selles, il est préférable de consulter un médecin.

Dysenterie. Affection grave, due à des aliments ou de l'eau contaminés, la dysenterie se manifeste par une violente diarrhée, souvent accompagnée de sang ou de mucus dans les selles. On distingue deux types de dysenterie : la dysenterie bacillaire se caractérise par une forte fièvre et une évolution rapide ; maux de tête et d'estomac et vomissements en sont les symptômes. Elle dure rarement plus d'une semaine mais elle est très contagieuse. La dysenterie amibienne, quant à elle, évolue plus graduellement, sans fièvre ni vomissements, mais elle est plus grave. Elle dure tant qu'elle n'est pas traitée, peut réapparaître et causer des problèmes de santé à long terme. Une analyse des selles est indispensable pour diagnostiquer le type de dysenterie. Il faut donc consulter rapidement.

Gastro-entérite virale. Provoquée par un virus et non par une bactérie, elle se traduit par des crampes d'estomac, une diarrhée et parfois des vomissements et/ou une légère fièvre. Un seul traitement : repos et boissons en quantité.

Giardiase. Ce parasite intestinal est présent dans l'eau souillée ou dans les aliments souillés par l'eau. Symptômes : crampes d'estomac, nausées, estomac ballonné, selles très liquides et nauséabondes, et gaz fréquents. La giardiase peut n'apparaître que plusieurs semaines après la contamination. Les symptômes peuvent disparaître pendant quelques jours puis réapparaître, et ceci pendant plusieurs semaines.

Hépatites. L'hépatite est un terme général qui désigne une inflammation du foie. Elle est le plus souvent due à un virus. Dans les formes les plus discrètes, le patient n'a aucun symptôme. Les formes les plus habituelles se manifestent par une fièvre, une fatigue qui peut être intense, des douleurs abdominales, des nausées, des vomissements, associés à la

Bilharzioses

Les bilharzioses sont des maladies dues à des vers qui vivent dans les vaisseaux sanguins et dont les femelles viennent pondre leurs œufs à travers la paroi des intestins ou de la vessie.

On se contamine en se baignant dans les eaux douces (rivières, ruisseaux, lacs et retenues de barrage) où vivent les mollusques qui hébergent la forme larvaire des bilharzies. Juste après le bain infestant, on peut noter des picotements ou une légère éruption cutanée à l'endroit où le parasite est passé à travers la peau. Quatre à douze semaines plus tard, apparaissent une fièvre et des manifestations allergiques. En phase chronique, les symptômes principaux sont des douleurs abdomninales et une diarrhée, ou la présence de sang dans les urines.

Cette pathologie sévit dans le delta du Nil et dans la vallée du Nil. Évitez tout contact avec l'eau du fleuve et avec celle des oasis du désert de Libye.

Si par mégarde ou par accident, vous vous baignez dans une eau infectée (même les eaux douces profondes peuvent être infestées), séchez-vous vite et séchez aussi vos vêtements. Consultez un médecin en cas de doute. Les premiers symptômes de la bilharziose peuvent être confondus avec ceux du paludisme ou de la typhoïde.

présence d'urines très foncées et de selles décolorées presque blanches. La peau et le blanc des yeux prennent une teinte jaune (ictère). L'hépatite peut parfois se résumer à un simple épisode de fatigue sur quelques jours ou semaines. Il existe cinq types d'hépatite : A, B, C, D, et E.

Maladies sexuellement transmissibles. La blennorragie, l'herpès et la syphilis sont les plus connues. Plaies, cloques ou éruptions autour des parties génitales, suppurations ou douleurs lors de la miction en sont les symptômes habituels ; ils peuvent être moins aigus ou inexistants chez les femmes. On traite la blennorragie et la syphilis par les antibiotiques.

La seule prévention des MST est l'usage systématique du préservatif lors des rapports sexuels.

Typhoïde. La fièvre typhoïde est une infection du tube digestif. La vaccination n'est pas entièrement efficace et l'infection est particulièrement dangereuse.

Premiers symptômes : les mêmes que ceux d'un mauvais rhume ou d'une grippe, mal de tête et de gorge, fièvre qui augmente régulièrement pour atteindre 40°C ou plus. Le pouls est souvent lent par rapport à la température élevée et ralentit à mesure que la fièvre augmente. Ces symptômes peuvent être accompagnés de vomissements, de diarrhée ou de constipation.

La deuxième semaine, quelques petites taches roses peuvent apparaître sur le corps. Autres symptômes : tremblements, délire, faiblesse, perte de poids et déshydratation. S'il n'y a pas d'autres complications, la fièvre et les autres symptômes disparaissent peu à peu la troisième semaine. Cependant, un suivi médical est indispensable, car les complications sont fréquentes, en particulier la pneumonie (infection aiguë des poumons) et la péritonite (éclatement de l'appendice). De plus, la typhoïde est très contagieuse.

Mieux vaut garder le malade dans une pièce fraîche et veiller à ce qu'il ne se déshydrate pas.

Santé au jour le jour

La température normale du corps est de 37°C ; deux degrés de plus représentent une forte fièvre. Le pouls normal d'un adulte est de 60 à 80 pulsations par minute (celui d'un enfant est de 80 à 100 pulsations ; celui d'un bébé de 100 à 140 pulsations). En général, le pouls augmente d'environ 20 pulsations à la minute avec chaque degré de fièvre.

La respiration est aussi un bon indicateur en cas de maladie. Comptez le nombre d'inspirations par minute : entre 12 et 20 chez un adulte, jusqu'à 30 pour un jeune enfant et jusqu'à 40 pour un bébé, elle est normale. Les personnes qui ont une forte fièvre ou qui sont atteintes d'une maladie respiratoire grave (pneumonie par exemple) respirent plus rapidement. Plus de 40 inspirations faibles par minute indiquent en général une pneumonie.

Vers. Fréquents en zones rurales tropicales, on les trouve dans les légumes non lavés ou la viande trop peu cuite. Ils se logent également sous la peau quand on marche pieds nus (ankylostome). Souvent l'infection ne se déclare qu'au bout de plusieurs semaines. Bien que bénigne en général, elle doit être traitée sous peine de complications sérieuses. Une analyse des selles est nécessaire.

VIH/sida. L'infection à VIH (virus de l'immunodéficience humaine), agent causal du sida (syndrome d'immunodéficience acquise) est présente dans pratiquement tous les pays et épidémique dans nombre d'entre eux. La transmission de cette infection se fait : par rapport sexuel (hétérosexuel ou homosexuel – anal, vaginal ou oral) d'où l'impérieuse nécessité d'utiliser des préservatifs à titre préventif ; par le sang, les produits sanguins et les aiguilles contaminées. Il est impossible de détecter la présence du VIH chez un individu apparemment en parfaite santé sans procéder à un examen sanguin.

Il faut éviter tout échange d'aiguilles. S'ils ne sont pas stérilisés, tous les instruments de chirurgie, les aiguilles d'acupuncture et de tatouages, les instruments utilisés pour percer les oreilles ou le nez peuvent transmettre l'infection. Il est fortement conseillé d'acheter seringues et aiguilles avant de partir. En Égypte, le dépistage est rarement pratiqué lors des transfusions.

Toute demande de certificat attestant la séronégativité pour le VIH (certificat d'absence de sida) est contraire au Règlement sanitaire international (article 81).

Affections transmises par les insectes

Voir également plus loin le paragraphe *Affections moins fréquentes*.

Paludisme. Le paludisme, ou malaria, est transmis par un moustique, l'anophèle, dont la femelle pique surtout la nuit, entre le coucher et le lever du soleil. En Égypte, le risque de paludisme subsiste uniquement dans le secteur du Fayoum, surtout de juin à octobre.

Le paludisme survient généralement dans le mois suivant le retour de la zone d'endémie. Symptômes : maux de tête, fièvre et troubles digestifs. Non traité, il peut avoir des suites graves, parfois mortelles. Il existe différentes espèces de paludisme, dont celui à *Plasmodium falciparum* pour lequel le traitement devient de plus en plus difficile à mesure que la résistance du parasite aux médicaments gagne en intensité.

Les médicaments antipaludéens n'empêchent pas la contamination mais ils suppriment les symptômes de la maladie. Si vous voyagez dans des régions où la maladie est endémique, il faut absolument suivre un traitement préventif. La chimioprophylaxie fait appel à la chloroquine (seule ou associée au proguanil), ou à la méfloquine en fonction de la zone géographique du séjour. Renseignez-vous impérativement auprès d'un médecin spécialisé, car le traitement n'est pas toujours le même à l'intérieur d'un même pays.

La prévention antipaludique

Dès le coucher du soleil, quand les moustiques sont en pleine activité, couvrez vos bras et vos chevilles, mettez de la crème anti-moustiques. Les moustiques sont parfois attirés par le parfum ou l'après-rasage.

En dehors du port de vêtements longs, l'utilisation d'insecticides (diffuseurs électriques, bombes insecticides, tortillons fumigènes) ou de répulsifs sur les parties découvertes du corps est à recommander. La durée d'action de ces répulsifs est généralement de 3 à 6 heures. Les moustiquaires constituent en outre une protection efficace à condition qu'elles soient imprégnées d'insecticide (non nocif pour l'homme). L'Organisation mondiale de la santé (OMS) préconise fortement ce mode de prévention. De plus, ces moustiquaires sont efficaces contre tout insecte à sang froid (puces, punaises, etc.) et permettent d'éloigner serpents et scorpions.

Il existe désormais des moustiquaires imprégnées synthétiques très légères (environ 350 g) que l'on peut trouver en pharmacie. A titre indicatif, vous pouvez vous en procurer par correspondance auprès du Service médical international (SMI) 9, rue Ambroise-Thomas, 75009 Paris (☎ 01 44 79 95 95 ; fax 01 44 79 95 94).

Notez enfin que le risque de contamination est plus élevé en zone rurale et pendant la saison des pluies.

Tout voyageur atteint de fièvre ou montrant les symptômes de la grippe doit se faire examiner. Il suffit d'une analyse de sang pour établir le diagnostic. Contrairement à certaines croyances, une crise de paludisme ne signifie pas que l'on est touché à vie.

Coupures, piqûres et morsures

Coupures et égratignures. Les blessures s'infectent très facilement dans les climats chauds et cicatrisent difficilement.

Coupures et égratignures doivent être traitées avec un antiseptique et du mercurochrome. Évitez si possible bandages et pansements.

Les coupures de corail sont particulièrement longues à cicatriser, car le corail injecte un venin léger dans la plaie. Portez des chaussures pour marcher sur des récifs.

Méduses. Les conseils des habitants vous éviteront de faire la rencontre des méduses et de leurs tentacules urticants. Certaines espèces peuvent être mortelles mais, en général, la piqûre est seulement douloureuse. Des antihistaminiques et des analgésiques limiteront la réaction et la douleur.

Piqûres. Les piqûres de guêpe ou d'abeille sont généralement plus douloureuses que dangereuses. Une lotion apaisante ou des glaçons soulageront la douleur et empêcheront la piqûre de trop gonfler. Certaines araignées sont dangereuses mais il existe en général des anti-venins. Les piqûres de scorpions sont très douloureuses et parfois mortelles. Inspectez vos vêtements ou chaussures avant de les enfiler.

Punaises et poux. Les punaises affectionnent la literie douteuse. Si vous repérez de petites taches de sang sur les draps ou les murs autour du lit, cherchez un autre hôtel. Les piqûres de punaises forment des alignements réguliers. Une pommade calmante apaisera la démangeaison.

Les poux provoquent des démangeaisons. Ils élisent domicile dans les cheveux, les vêtements ou les poils pubiens. Poudres et shampooings détruisent poux et lentes ; il faut également laver les vêtements à l'eau très chaude.

Sangsues et tiques. Les sangsues, présentes dans les régions de forêts humides, se collent à la peau et sucent le sang. Les randonneurs en retrouvent souvent sur leurs jambes ou dans leurs bottes. Du sel ou le contact d'une cigarette allumée les feront tomber. Ne les arrachez pas, car la morsure s'infecterait plus facilement. Une crème répulsive peut les maintenir éloignés. Utilisez de l'alcool, de l'éther, de la vaseline ou de l'huile pour vous en débarrasser. Vérifiez toujours que vous n'avez pas attrapé de tiques dans une région infestée : elles peuvent transmettre le typhus.

Affections moins fréquentes

Choléra. Les cas de choléra sont généralement signalés à grande échelle dans les médias, ce qui permet d'éviter les régions concernées. La protection conférée par le vaccin n'étant pas fiable, celui-ci n'est pas recommandé. Prenez donc toutes les précautions alimentaires nécessaires. Symptômes : diarrhée soudaine, selles très liquides et claires, vomissements, crampes musculaires et extrême faiblesse. Il faut consulter un médecin ou aller à l'hôpital au plus vite, mais on peut commencer à lutter immédiatement contre la déshydratation qui peut être très forte. Une boisson à base de cola salée, dégazéifiée et diluée au 1/5e ou encore du bouillon bien salé seront utiles en cas d'urgence.

Dengue. Il n'existe pas de traitement prophylactique contre cette maladie propagée par les moustiques. Poussée de fièvre, maux de tête, douleurs articulaires et musculaires précèdent une éruption cutanée sur le tronc qui s'étend ensuite aux membres puis au visage. Au bout de quelques jours, la fièvre régresse et la convalescence commence. Les complications graves sont rares.

Rage. Très répandue, cette maladie est transmise par un animal contaminé : chien, singe et chat principalement. Morsures, griffures ou même simples coups de langue d'un mammifère doivent être nettoyés immédiatement et à fond. Frottez avec du savon et de l'eau courante, puis nettoyez avec de l'alcool. S'il y a le moindre risque que l'animal soit contaminé, allez immédiatement voir un médecin. Même si l'animal n'est pas enragé, toutes les morsures doivent être surveillées de près pour éviter les risques d'infection et de tétanos.

Un vaccin anti-rabique est désormais disponible. Cependant, la vaccination préventive ne dispense pas de la nécessité d'un traitement antirabique immédiatement après un contact avec un animal enragé.

Rickettsioses. Les rickettsioses sont des maladies transmises soit par des acariens (dont les tiques), soit des poux. La plus connue est le typhus. Elle commence comme un mauvais rhume, suivi de fièvre, de frissons, de migraines, de douleurs musculaires et d'une éruption cutanée. Une plaie douloureuse se forme autour de la piqûre et les ganglions lymphatiques voisins sont enflés et douloureux.

Tétanos. Cette maladie parfois mortelle se rencontre partout, et surtout dans les pays tropicaux en voie de développement. Difficile à soigner, elle se prévient par vaccination. Le bacille du tétanos se développe dans les plaies. Il est donc indispensable de bien nettoyer coupures et morsures.

Premiers symptômes : difficulté à avaler ou raideur de la mâchoire ou du cou. Puis suivent des convulsions douloureuses de la mâchoire et du corps tout entier.

Tuberculose. Bien que très répandue dans de nombreux pays en développement, cette maladie ne présente pas de grand danger pour le voyageur. Les enfants de moins de 12 ans sont plus exposés que les adultes. Il est donc conseillé de les faire vacciner s'ils voyagent dans des régions où la maladie est endémique. La tuberculose se propage par la toux ou par des produits laitiers non pasteurisés faits avec du lait de vaches tuberculeuses. On peut boire du lait bouilli et manger yaourts ou fromages (l'acidification du lait dans le processus de fabrication élimine les bacilles) sans courir de risques.

Santé au féminin

Grossesse. La plupart des fausses couches ont lieu pendant les trois premiers mois de la grossesse. C'est donc la période la plus risquée pour voyager. Pendant les trois derniers mois, il vaut mieux rester à distance raisonnable de bonnes infrastructures médicales, en cas de problèmes. Les femmes enceintes doivent éviter de prendre inutilement des médicaments. Cependant, certains vaccins et traitements préventifs contre le paludisme restent nécessaires. Mieux vaut consulter un médecin.

Problèmes gynécologiques. Une nourriture pauvre, une résistance amoindrie par l'utilisation d'antibiotiques contre des problèmes intestinaux peuvent favoriser les infections vaginales lorsqu'on voyage dans des pays à climat chaud. Respectez une hygiène intime scrupuleuse et portez jupes ou pantalons et sous-vêtements en coton.

Les champignons, caractérisés par une éruption cutanée, des démangeaisons et des pertes, peuvent se soigner facilement. En revanche, les trichomonas sont plus graves ; pertes blanches et sensation de brûlure lors de la miction en sont les symptômes. Le partenaire masculin doit également être soigné.

Il n'est pas rare que le cycle menstruel soit perturbé lors d'un voyage.

VOYAGER SEULE

Les Égyptiens ont une attitude plutôt conservatrice envers la sexualité et les femmes, c'est-à-dire les Égyptiennes, non pas les étrangères.

Comportement envers les femmes

A propos des femmes subsistent d'importants malentendus entre les Égyptiens et les Occidentaux. Les demi-vérités et les stéréotypes existent de part et d'autre : nombre d'Occidentaux supposent que toutes les Égyptiennes sont des victimes, voilées et réprimées, tandis que beaucoup d'Égyptiens voient en la femme occidentale une obsédée sexuelle, une personne immorale.

Pour la plupart des Égyptiens des deux sexes, le rôle de la femme est bien défini : elle est mère et maîtresse de maison. L'homme subvient aux besoins du foyer. Toutefois, comme dans n'importe quelle société, la réalité recouvre bien des nuances. Il existe des milliers de femmes de la classe moyenne ou supérieure qui exercent une profession et qui, à l'instar de leurs

Conseils pour les voyageuses

- Portez une alliance. En général, les Égyptiens du sexe fort témoignent davantage de respect à une femme mariée (parfois, cela ne marche pas, car certains savent qu'il peut s'agit d'un leurre).
- Si vous voyagez avec un homme, mieux vaut affirmer qu'il est votre époux plutôt qu'un simple "ami".
- Évitez de soutenir le regard d'un homme.
- Ne réagissez pas face à une remarque déplaisante proférée par un homme ; faites comme si vous n'aviez rien entendu.
- Prenez garde dans la foule et dans les endroits bondés, car il n'est pas rare que des gestes obscènes surviennent à votre insu.
- Dans les transports publics, asseyez-vous auprès de femmes. C'est assez facile dans le métro du Caire, où le premier compartiment leur est uniquement réservé.
- Hors des sentiers battus, portez des vêtements très classiques.
- Veillez à ne pas adopter un comportement charmeur ou suggestif.
- Si vous avez besoin d'aide (pour trouver votre chemin, etc.), adressez-vous de prime abord à une femme.
- Soyez sur vos gardes lorsque vous effectuez une promenade à cheval ou une randonnée à dos de dromadaire, notamment dans les lieux touristiques. Il n'est pas rare qu'un homme chevauche à vos côtés et saisisse, entre autres, votre monture. Montez à dos de dromadaire devant un homme et vous vous attirerez souvent des ennuis.
- L'Égypte n'est absolument pas le royaume du bronzage intégral. Seules les plages privées des complexes de luxe de la mer Rouge et du Sinaï méridional tolèrent le bikini. Sur la côte méditerranéenne et dans les oasis du désert de Libye, vous devrez nager, vêtue d'un short et d'un tee-shirt, au minimum. Les Égyptiennes se baignent rarement sur les plages publiques, et lorsqu'elles le font, c'est entièrement habillées, en conservant même un foulard.
- Vous trouverez sans doute utile de savoir dire en arabe : "Ne me touchez pas" (*ma tilmasni*), ainsi que les expressions suivantes : "ihtirim nafsak" (littéralement : "Tenez-vous bien") ou "haasib iidak" (littéralement : "surveillez vos mains"). Un langage plus rude ne ferait qu'envenimer les choses.
- Adressez-vous plutôt à des femmes lorsque vous visitez un site. Par ailleurs, elles vous aideront à mieux comprendre la vie du pays. Malheureusement, elles sont très peu nombreuses à fréquenter les cafés et les salons de thé. D'autre part, leur connaissance de l'anglais est souvent plus succincte que celle des hommes.

homologues de l'Ouest, jonglent entre le travail et les responsabilités familiales. Dans la classe ouvrière, où les traditions sont solidement ancrées, l'idéal féminin se limite probablement au foyer et à la famille, mais la réalité économique signifie aussi que des millions d'Égyptiennes se voient contraintes de travailler (tout en conservant la charge des tâches ménagères).

Les islamistes ont exploité le désarroi de nombreux Égyptiens devant ce mélange des rôles, tout en politisant la cause des femmes et de la famille, dans une sempiternelle lutte visant à ébranler le gouvernement. Une vague générale de conservatisme balaie en outre le pays depuis quelques années. Les signes les plus évidents de ce retour aux "valeurs traditionnelles" sont apparus dans les tenues vestimentaires plus classiques, adoptées par un nombre immense de femmes, lesquelles reviennent au port du *hidjab* ou foulard.

Mais, une fois encore, le problème se révèle beaucoup plus complexe que ne l'indiquent les apparences. En effet, si bon nombre de femmes adoptent le hidjab pour des raisons religieuses, d'autres l'arborent afin de circuler librement dans la rue, car peu d'hommes oseraient importuner une *muhaggaba* ! Il marque aussi les différences socio-économiques ; peu de femmes des classes aisée ou moyenne se promènent la tête couverte.

Au-delà des choix vestimentaires, l'attitude face à la sexualité marque une différence fondamentale entre les femmes occidentales et les Égyptiennes. Le sexe avant le mariage (comme tout rapport en dehors de celui-ci) est tabou dans le pays, bien que le phénomène existe malgré tout.

Pour les femmes, l'enjeu est pris plus au sérieux. A l'exclusion possible des classes supérieures, les femmes sont censées être vierges à leur mariage, et toute la réputation d'une famille peut reposer sur ce "détail". Dans un tel contexte, les interdictions imposées à une jeune fille – aussi lourdes qu'elles puissent paraître aux yeux d'un Occidental – entendent protéger sa réputation des éventuelles et désastreuses attentions de la gent masculine. Certains Égyptiens considèrent la présence d'étrangères comme une chance de contourner ces règles avec facilité et sans que cela prête à conséquence. Une façon de penser confortée par les excès véhiculés par les chaînes de TV occidentales.

Ainsi, la voyageuse doit s'attendre au minimum à affronter un certain harcèlement verbal. Les cas d'exhibitionnisme sont beaucoup plus rares, tandis que les agressions sexuelles à proprement parler et le viol ne représentent pas une menace sérieuse.

Comment s'habiller

Loin du Sinaï et des plages de la mer Rouge, les Égyptiennes adoptent des tenues assez classiques. Porter un short ou un tee-shirt moulant dans la rue constitue aux yeux de certains la pire image de la femme occidentale.

En général, si vous êtes seule ou en compagnie d'autres femmes, c'est votre tenue qui suscitera les commentaires les plus importuns. Portez un tee-shirt large et un pantalon ample de coton, de même qu'une jupe longue.

Comme partout ailleurs, inspirez-vous de ce que vous observez alentour : si vous vous trouvez à la campagne, où les robes longues dissimulent la moindre parcelle du corps des femmes, habillez-vous à l'avenant. En revanche, si vous sortez dans un endroit branché du Caire, il y a de fortes chances pour que vous croisiez de jeunes Égyptiennes des classes moyennes et supérieures vêtues aussi court que la mode y incite, alors vous pourrez faire de même… simplement, évitez de vous y rendre à pied.

COMMUNAUTÉ HOMOSEXUELLE

En Égypte, l'homosexualité demeure relativement clandestine. A l'évidence, aucun Égyptien ne reconnaîtra ouvertement être gay, car ceux-ci ont coutume d'être perçus comme faibles et féminins.

Aux yeux de la loi, le comportement sexuel entre adultes consentants du même sexe n'est pas considéré comme un délit, mais la discrétion reste néanmoins conseillée.

Il n'existe aucune association nationale, ni même d'organe de presse gay, mais certains endroits sont réputés pour être fréquentés par la communauté homosexuelle. Le plus célèbre n'est autre que la discothèque Casanova du Burg Hotel de Gezira (fermée à l'époque de la rédaction de ce guide mais susceptible de rouvrir). La Taverne du Champs de Mars et Jackie's Disco, deux établissements du Nile Hilton Hotel, accueillent eux aussi une clientèle gay.

VOYAGEURS HANDICAPÉS

L'Égypte n'est pas très bien équipée pour accueillir les voyageurs à mobilité réduite : les rampes d'accès sont rares, les lieux publics ne disposent pas nécessairement d'ascenseurs, de même qu'il est difficile pour eux de pénétrer dans certains sites antiques – comme les pyramides de Gizeh ou les tombeaux de la rive ouest du Nil, non loin de Louxor. Les temples s'avèrent peut-être plus accessibles, car souvent construits de plain-pied, et certains musées possèdent des rampes ou des ascenseurs.

Si vous souffrez d'un handicap physique quelconque, prenez contact avec votre association nationale. Le CNRH (Comité national pour la réadaptation des handicapés (☎ 01 53 80 66 66, 236 bis rue de Tolbiac, 75013 Paris) peut vous fournir d'utiles informations sur les voyages accessibles.

VOYAGEURS SENIORS

Contrairement à de nombreux pays occidentaux, aucune réduction pour les transports, les billets de musée ou autres droits payants n'est consentie aux voyageurs seniors en Égypte.

Si vous prévoyez de descendre dans un hôtel bon marché, il vous faudra être suffisamment alerte pour en gravir les nombreuses marches. Beaucoup de sépultures sont difficilement accessibles par des escaliers à pic. Par ailleurs, à l'intérieur des tombeaux, les couloirs se révèlent parfois assez bas de plafond ; d'aucuns jugent que la chaleur et la faible lumière aidant, on peut souffrir de claustrophobie.

VOYAGER AVEC DES ENFANTS

L'Égypte est un pays très accueillant pour les enfants, et voyager en leur compagnie vous permettra souvent d'attirer la sympathie des habitants. Avec un peu d'imagination, la visite des temples et des sites antiques pourra distraire votre progéniture. Bien qu'il revienne assez cher, le Village des pharaons du Dr Ragab, un parc à thème avec promenades en bateau, connaît en général beaucoup de succès auprès des enfants de tous âges, qui apprennent à mieux connaître l'Antiquité. Situé à Gizeh, au Caire (vous devrez vous y rendre en taxi), le parc vous accueille quotidiennement de 9h à 17h (40 £E).

Outre les antiquités, les promenades à cheval ou à dos de dromadaire plairont toujours aux petits. Les écuries installées aux alentours des pyramides abritent beaucoup de montures dociles.

La plupart des hôtels quatre et cinq-étoiles autorisent les non-résidents à profiter de leur bassin, moyennant un droit d'entrée (voir *Activités sportives* du chapitre consacré au Caire). Si vous séjournez dans la capitale, vous souhaiterez sans doute profiter de l'un des parcs aquatiques situés en banlieue. Crazy Water propose une demi-douzaine de toboggans, une piscine à vagues, une pataugeoire, ainsi qu'une aire de jeux avec des bacs à sable, encore des toboggans et des tunnels. Prévoyez 15 £E, ou 12 £E pour les plus jeunes. C'est ouvert tous les jours de 10h à 22h. On y accède par la route qui va vers Alexandrie. 15 km après le croisement avec la route de Gizeh, tournez à gauche, en direction de la 6th of October City.

Si vous cherchez un restaurant pour les enfants, autre que les nombreux McDo et Pizza Hut, alors attablez-vous chez Andrea ou chez Al-Dar ; ces deux excellents établissements servent du poulet au pied des pyramides. Votre progéniture appréciera aussi la chaîne locale Felfela, tandis que le Maadi Felfela, installé sur la Corniche abrite des trampolines et des autos tamponneuses.

Lorsque vous circulez en compagnie d'enfants, veillez particulièrement à leur sécurité. Par exemple, les ceintures sont quasi inexistantes à l'arrière de la plupart des voitures et des taxis. Par ailleurs, ne vous attendez pas à ce qu'une felouque soit pourvue de gilets de sauvetage.

Autre problème éventuel : les troubles de l'estomac et les diarrhées qui frappent les voyageurs en Égypte. Si vos enfants en souffrent, sachez qu'ils se déshydratent plus vite que les adultes ; compte tenu du climat sec, il est capital de les faire boire, même s'ils doivent vomir à nouveau. Il n'est pas inutile d'avoir des sels de réhydratation à portée de main (d'autant plus qu'ils peuvent faire double usage, en cas d'abus d'alcool). On en trouve dans les pharmacies (demandez "rehydran") et sont vendus 90 pt la boîte de six sachets. Ce produit peut éviter qu'une mauvaise diarrhée ne se transforme en une affection plus grave. Il suffit de dissoudre un paquet dans 20 cl d'eau (la taille d'une petite bouteille de Coca) et de l'administrer au malade jusqu'à ce que la diarrhée soit passée.

DÉSAGRÉMENTS ET DANGERS

On peut considérer le taux de criminalité égyptien comme négligeable, comparé à ceux de la plupart des pays occidentaux. Une majorité de visiteurs et de résidents admet que les villes égyptiennes, grandes ou petites, comptent parmi les plus sûres au monde ; ce sont des endroits où les piétons peuvent se promener un peu partout, à n'importe quelle heure du jour ou de la nuit. Malheureusement, ce n'est pas franchement le cas pour les étrangères non accompagnées (voir *Voyager seule*, un peu plus haut).

La petite délinquance ne constitue pas non plus un problème majeur. Toutefois, sachez que certains endroits sont particulièrement prisés des pickpockets, comme le métro du Caire ou encore les bus locaux bondés effectuant le trajet de Midan Tahrir

Tracasseries en tout genre

A l'instar de la plupart des Arabes, les Égyptiens témoignent d'un sens aigu de l'hospitalité. On vous gratifiera souvent d'un salam, agrémenté de temps à autre d'un "ahlan w'sahlan", vous invitant à vous asseoir pour prendre un thé. Ce qui ne permet pas toujours de discerner un geste sans arrière-pensée d'une invitation commercialement intéressée.

Dans certains endroits, notamment au centre du Caire et à Louxor, vous vous attirerez la sympathie d'individus qui, comme par miracle, possèdent une "usine" de papyrus qu'ils souhaiteraient vous montrer. Si vous parlez anglais, on ne manquera pas de solliciter votre aide, afin de vérifier l'orthographe d'une lettre destinée à un parent américain, et pendant que vous êtes occupé… madame, serait-elle intéressée par notre parfum tout à fait exceptionnel ?

Certes, tout cela est bien inoffensif mais, à la longue, on peut se lasser. A chacun d'élaborer sa propre tactique pour réduire ces tracasseries au minimum. Pour régler ce genre de sollicitation envahissante, mieux vaut rester poli mais ferme, et si celle-ci atteint son comble, coupez-y court en rétorquant : "Désolé, non merci".

Outre le fait qu'on puisse vous aborder ici ou là, on dénombre aussi quelques entourloupes assez agaçantes. La plus courante concerne les rabatteurs qui mentent ou désinforment pour attirer les touristes vers certains hôtels, lesquels leur versent une commission (voir le chapitre *Le Caire*, pour de plus amples renseignements). Au centre de la capitale, ils flânent devant une succursale d'EgyptAir, afin d'intercepter les étrangers, pour les rabattre sur une agence indépendante, installée en face, et dont ils prétendent – argument fallacieux – qu'il s'agit du seul endroit où les non-résidents peuvent se procurer des billets EgyptAir. Ce sont des hommes bien habillés, qui arpentent Midan Tahrir et prodiguent une amitié spontanée à toute personne susceptible de rentrer dans leur jeu. Dans une lettre, un lecteur nous a ainsi confié qu'il s'était fait duper par un "instituteur" dénommé Omar lui ayant concocté un circuit à dos de chameau sur le site des pyramides, moyennant 110 £E (tarif raisonnable : 10 £E).

Si vous flairez le coup monté, ou si vous sentez que le énième "Excusez-moi, d'où venez-vous ?" va sérieusement entamer votre flegme, rappelez-vous qu'une réaction brusque risque d'offenser quelqu'un ne songeant pas un seul instant à importuner un étranger.

aux pyramides. Veillez cependant à dissimuler soigneusement votre argent dans les lieux très touristiques.

En revanche, la plupart des visiteurs imprudents sont souvent victimes d'escroqueries, et c'est une chose à laquelle il vous faut veiller (voir l'encadré *Tracasseries en tout genre*).

Reportez-vous également aux encadrés suivants : *Attention, terrains minés* et *Dahab et la drogue*.

Terrorisme

Si l'on tient compte du fait que le conflit entre les extrémistes islamistes et le gouvernement laïque ne semble guère sur le point de s'achever, le terrorisme reste un élément à prendre en considération. A la suite de l'assassinat de cinquante-huit étrangers en novembre 1997 à Louxor – deux mois à peine après le meurtre de dix touristes à bord d'un bus, devant le Musée égyptien du Caire –, la sécurité demeure une préoccupation de chaque instant. Mais si les phalanges de soldats armés autour des hôtels et des sites touristiques servent à tenir à distance les extrémistes, elles donnent néanmoins la chair de poule aux visiteurs.

PROBLÈMES JURIDIQUES

Les voyageurs étrangers sont assujettis à la loi égyptienne et ne bénéficient d'aucun traitement de faveur. En cas d'arrestation, vous avez le droit d'appeler aussitôt votre ambassade.

HEURES D'OUVERTURE

Les banques ouvrent de 8h ou 8h30 à 14h, du dimanche au jeudi. Beaucoup d'établissements bancaires de la capitale et d'autres grandes villes vous accueillent à nouveau de 17h ou 18h jusqu'à 22h ou 23h, principalement pour les opérations de change. Certaines d'entre elles sont aussi ouvertes le vendredi et le samedi. Dans le chapitre consacré au Caire, vous trouverez par ailleurs une liste des rares banques ouvertes 24h/24, tous les jours. Durant la période du ramadan, les horaires sont de 10h à 13h30. Les bureaux de change étrangers ou agences forex accueillent en principe les clients toute la journée.

La majeure partie des administrations fonctionnent de 8h environ jusqu'à 14h, du dimanche au jeudi, mais les offices du tourisme constituent l'exception (pour plus de détails, voir les rubriques et sections traitant des différentes villes).

Les magasins ont généralement des heures d'ouverture qui varient selon la période de l'année. En été, la plupart ouvrent de 9h à 13h et de 17h à 22h, voire plus tard. Les horaires d'hiver sont de 10h à 18h. Pendant le ramadan, ils se situent plutôt de 9h30 à 15h30, et de 20h à 22h. Il n'existe pas à proprement parler de règles strictes et, même le vendredi, les boutiques ouvrent quelquefois pendant la majeure partie de la journée.

JOURS FÉRIÉS ET MANIFESTATIONS ANNUELLES

Les jours fériés et les fêtes égyptiennes correspondent surtout à des célébrations islamiques ou coptes, même si tous les congés sont observés par la population entière, sans distinction de confession.

Comme le calendrier islamique ou hégire (qui signifie "fuite", en référence à la fuite de Mahomet de La Mecque à Médine, en 622 av. J.-C.) comporte onze jours de moins que son pendant grégorien, les fêtes islamiques tombent onze jours plus tôt chaque année par rapport à la précédente. Même cette règle ne s'applique pas systématiquement, et le décalage peut être de dix ou douze jours. Ainsi, les dates précises ne sont connues que peu de temps avant leur échéance, puisqu'elles dépendent de l'apparition de la lune. Consultez le tableau des fêtes islamiques, afin d'avoir une idée approximative des dates pour les prochaines années.

A l'instar du grégorien, le calendrier de l'hégire comporte douze mois lunaires, qui sont les suivants :

1	Moharrem	30 jours
2	Safar	29 jours
3	Rabei al-Awal	30 jours
4	Rabei at-Tani	29 jours
5	Gamada al-Awal	30 jours
6	Gamada at-Taniyya	29 jours

7	Ragab	30 jours
8	Sha'aban	29 jours
9	Ramadan	30 jours
10	Shawal	29 jours
11	Zuu'l Qeda	30 jours
12	Zuu'l Hagga	29 jours, 30 dans les années bissextiles

Toutes ces dates sont aussi décalées d'environ onze jours en amont chaque année. Le tableau des fêtes islamiques comprend les dates du ramadan, à partir desquelles vous pouvez déterminer les autres mois.

Voici les jours fériés d'Égypte :

Jour de l'an
1er janvier.
Jour férié national, mais beaucoup de commerces restent ouverts.

Noël
7 janvier.
Uniquement fêté par la communauté copte. Seuls les commerces coptes sont fermés.

Aïd al-Adha
Voir tableau des fêtes islamiques.
Également connu sour le nom d'Aïd el-Kebir, le "grand festin" commémore le période du hadj, le pèlerinage à La Mecque. Les fidèles qui peuvent se l'offrir achètent un mouton, qu'ils sacrifient le jour de la fête, laquelle dure trois jours (encore que de nombreux commerces rouvrent dès le deuxième jour). Comme beaucoup de familles quittent les villes, veillez à réserver vos billets de transport longtemps à l'avance si vous souhaitez voyager durant cette période.

Ras as-Sana
Voir tableau des fêtes islamiques.
Nouvel an islamique. Tout le pays est en congé, mais les célébrations sont rares.

Pâques
Mars/avril.
La date la plus importante du calendrier copte.

Sham an-Nessim
Jour férié copte dont l'origine remonte à l'époque des pharaons ; il signifie littéralement : "le parfum de la brise". La fête tombe le premier lundi qui suit les Pâques coptes et tous les Égyptiens célèbrent l'événement, lors d'excursions et de pique-niques en famille.

Fête de la libération du Sinaï
25 avril.
Jour férié national. Commémore la rétrocession du Sinaï israélien à l'Égypte en 1982.

Fête du travail
1er mai.
Jour férié national.

Moulid an-Nabi
Voir tableau des fêtes islamiques.
Anniversaire du prophète Mahomet. L'une des fêtes majeures de l'année, où les rues s'animent de mille et une lumières et regorgent de victuailles.

Fête de la révolution
23 juillet.
Jour férié national. Commémore la date du coup d'État de 1952, lorsque le Mouvement des officiers libres renversa le régime monarchique fantoche.

Fête nationale
6 octobre.
Jour férié national. Commémore les victoires de l'Égypte, au cours du conflit qui l'opposa à Israël en 1973. La journée s'accompagne de parades militaires, de spectacles aériens et d'un long discours du président.

Ramadan
Voir tableau des fêtes islamiques.
Le ramadan correspond au neuvième mois du calendrier musulman, caractérisé par un jeûne. Les plus pieux n'avalent *absolument rien* jus-

Fêtes religieuses islamiques

Année de l'hégire	Nouvelle année	Anniversaire du prophète	Début du ramadan	Aïd el-Fitr	Aïd el-Adha
1420	17.04.99	25.06.99	08.12.99	07.01.00	17.03.00
1421	06.04.00	14.06.00	27.11.00	27.12.00	06.03.01
1422	26.03.01	03.06.01	16.11.01	16.12.01	23.02.02
1423	15.03.02	23.05.02	05.11.02	05.12.02	12.02.03

qu'à la tombée de la nuit. Si tous les croyants ne suivent pas les préceptes à la lettre, la plupart s'y conforment dans une certaine mesure. L'impact du jeûne s'atténue souvent par un changement de l'heure du lever ; ainsi, de nombreux fidèles se lèvent seulement l'après-midi, lorsqu'il ne reste que quelques heures avant le coucher du soleil. Ils font ensuite bombance pendant la nuit, jusqu'à l'aube. L'association de l'abstinence et du manque de sommeil rend fréquemment les gens assez nerveux. S'il n'existe aucun jour férié à cette période, jusqu'à l'Aïd el-Fitr (voir plus loin), il s'avère difficile de faire quoi que ce soit, en raison des horaires bouleversés dans les commerces et les administrations. Tout est pratiquement fermé dans l'après-midi ou bien les horaires sont restreints ; ceci ne s'applique pas aux établissements s'adressant aux touristes, mais certains hôtels et restaurants peuvent très bien être fermés tout le mois durant. Par ailleurs, si les non-musulmans ne sont pas censés jeûner, il est toutefois considéré comme impoli de manger ou boire en public dans la journée. Pendant le ramadan, le repas du soir, appelé *iftar* ("rompre le jeûne"), est toujours une fête. Dans certains quartiers des villes, on dresse des tables sur le trottoir, geste charitable des gens aisés en faveur des moins favorisés. Les soirées prennent alors une atmosphère festive et les rues s'animent souvent jusqu'au lever du jour.

Aïd el-Fitr

Voir tableau des fêtes islamiques.

Un fête de trois jours commémore la fin du jeûne du ramadan ; voir les commentaires concernant l'Aïd el-Adha.

Manifestations annuelles

Festival de musique arabe. Il s'agit d'un festival qui se déroule pendant dix jours à l'opéra du Caire, au début du mois de novembre, et où l'on peut écouter des orchestres de musique arabe, classique et traditionnelle. Les programmes sont pour la plupart en arabe, mais l'office du tourisme devrait pouvoir vous renseigner.

Salon du livre. Il a lieu en janvier au parc des expositions du Caire et constitue l'un des événements les plus importants de l'agenda culturel de la capitale.

Festival international du film du Caire. Se déroulant chaque année au début du mois de décembre, ce festival de 14 jours offre aux Cairotes la possibilité de voir un large éventail d'œuvres cinématographiques récentes, en provenance du monde entier. Les spectateurs sont surtout conquis par le fait que la censure ne frappe aucun film, et tout ce qui laisse entendre qu'une parcelle de peau pourrait être dénudée à l'écran est projeté à guichet fermé. Peu importe si le ticket coûte le double du prix normalement pratiqué le reste de l'année. La presse locale donne un compte rendu détaillé des projections.

Festival de théâtre expérimental. De nombreuses troupes (une quarantaine, lors du dernier événement) viennent se produire pendant les dix jours de ce festival. Les metteurs en scène se sont plaints dans le passé que la censure gouvernementale interdise dans les faits la moindre "expérimentation", mais pourtant le festival représente presque l'unique occasion de l'année méritant qu'on se déplace pour voir une pièce au Caire.

Rallye des pharaons. Se déroulant en octobre, cette course en 4x4 à travers le désert commence et s'achève au pied des pyramides. Elle attire des concurrents du monde entier.

ACTIVITÉS CULTURELLES ET SPORTIVES

La chaleur et le paysage à prédominance désertique limitent le champ des activités, mais voici toutefois quelques occupations auxquelles vous pourrez vous adonner sur place.

Ornithologie. L'Égypte ravira les ornithologues, grâce à ses nombreux excellents sites d'observation des oiseaux ; pour de plus amples informations, consultez la rubrique *Flore et faune*, du chapitre *Présentation du pays*.

Circuits dans le désert. Il s'agit d'une activité qui démarre à peine dans le pays. A moins de disposer de son propre 4x4, ce

Le *moulid*

A mi-chemin entre une foire et une fête religieuse, un moulid commémore la naissance d'un saint local ou d'une personne sacrée. Il rassemble souvent des centaines de milliers de gens, lors de festivités hautes en couleur. Ceux qui ne résident pas dans la ville bivouaquent dans les rues, à proximité du tombeau des saints, où sont installés manèges pour enfants, attractions diverses et autres stands alimentaires. Au milieu de tout ce tumulte, des barbiers accomplissent des circoncisions à la chaîne, les charmeurs de serpent font sortir les cobras hors de leur panier, de même qu'on présente les enfants au sanctuaire pour qu'ils soient bénis et les malades pour qu'ils guérissent. Des *tartours* (couvre-chefs coniques) et des *fanous* (lanternes) sont confectionnés et vendus aux passants, tandis que dans la soirée, les soufis locaux organisent des *zikr* hypnotiques sous des tentes bigarrées.

Un zikr (littéralement : "souvenir") est un rite où les soufis psalmodient le nom d'Allah, afin d'atteindre une sorte de transe qui les rapprochent de Dieu. Les *mugzzabin* (le "rapprochement") se tiennent debout en ligne droite et oscillent de chaque côté, au rythme des claquements de mains qui augmentent peu à peu en intensité. Lorsque les battements atteignent leur apogée, le zikr est à son comble, et les mugzzabin, ne faisant plus qu'un avec Allah, s'éveillent en sueur et en clignant des yeux. D'autres zikr constituent de stupéfiants tests d'endurance où des groupes de musiciens jouent des heures durant, en compagnie de danseurs en extase.

La plupart des moulid durent environ une semaine, avec la *leila kebira* ("la grande nuit") pour point culminant. La majeure partie de l'organisation est confiée à des professionnels (*maouladiyeh*) qui passent leur vie à se rendre d'un moulid à l'autre.

Pour les visiteurs, le plus difficile consiste à connaître les dates exactes de telles festivités, lesquelles sont indifféremment liées aux calendriers islamique ou grégorien et peuvent varier chaque année. Attendez-vous par ailleurs à des foules immenses (veillez sur vos objets de valeur ou, mieux encore, laissez-les en lieu sûr) et sachez que toute femme doit être accompagnée par un homme.

Le plus important du pays, le moulid d'al-Badawi, se déroule à Tantah, au mois d'octobre, tandis que Le Caire accueille trois principaux moulid en l'honneur de Sayyida Zeinab, Al-Hussein et Imam ash-Shafi (lesquels se tiennent respectivement durant les mois islamiques de Rajab, Rabe at-Tani et Sha'aban). Il vous faudra vous renseigner sur place pour connaître les dates exactes, selon l'année où vous vous trouverez en Égypte.

Reportez-vous également à l'encadré *Moulid aux environs de Louxor*, page 304.

type d'excursion revient assez cher, mais les visiteurs qui y ont participé affirment ne pas le regretter. Les circuits comprennent : le désert de Libye et ses fantastiques paysages de sable, de rochers curieusement érodés et de ruines romaines, ainsi que les environs encore plus déchiquetés du Sinaï. Les safaris dans le désert de Libye peuvent s'organiser dans les oasis ou au Caire. Les équipées dans le Sinaï sont proposées dans des stations touristiques du Sinaï méridional, telles que Nuweiba ou Dahab, à moins que vous n'optiez pour un circuit englobant une sortie dans la région, auprès d'un tour-opérateur spécialisé (voir le chapitre *Comment s'y rendre*).

Plongée. Nombre de visiteurs, en Égypte, ne sortent que rarement la tête hors de l'eau. Ce n'est guère étonnant, car certains des meilleurs sites de plongée se trouvent le long du littoral de la mer Rouge. Les plus étonnants longent la bande méridionale en direction de la frontière égypto-soudanaise, ainsi que la côte sud de la péninsule du Sinaï. Délaissant l'atmosphère luxueuse des stations touristiques, certains opteront, au nord, pour la région de Dahab, à moins qu'ils ne traversent le golfe de Suez, pour rejoindre Hurghada. Consultez le chapitre *Plongée en mer Rouge*.

Pêche. Voir la rubrique *Sorties de pêche*, dans la section *Lac Nasser* du chapitre *Vallée du Nil – d'Esna à Abou Simbel*.

Équitation. Deux possibilités s'offrent à vous : randonnées équestres dans le Sinaï ou location d'un cheval à l'heure dans l'une des écuries sises non loin des pyramides du Caire.

Plongée avec masque et tuba. Inutile de plonger en profondeur pour profiter de la vie sous-marine de la mer Rouge, car vous pouvez admirer beaucoup de choses avec un masque, un tuba et des palmes. Le long de la côte du Sinaï, les récifs ne se trouvent qu'à 15 m et, par endroits, vous n'avez pas besoin de nager bien loin, sans même perdre pied, pour vous retrouver au milieu de bancs de poissons multicolores. Les meilleurs sites sont ceux de Basata, Nuweiba et Dahab. Vous pourrez louer du matériel pour environ 10 £E par jour.

Planche à voile. Moon Beach, dans le Sinaï, est réputé comme l'un des meilleurs spots du monde pour ce sport (*Sports aquatiques* et *Ras as-Sudr*, dans le chapitre consacré au Sinaï).

COURS ET LEÇONS

Apprendre l'arabe

Plusieurs instituts cairotes proposent des cours d'arabe. A l'Arabic Language Institute (☎ 354 2964, fax 355 7665, e-mail alu@auc.acs.eun.eg), un département de l'American University in Cairo (AUC, PO Box 2511, Cairo 11511), on vous propose ici des cours intensifs d'arabe de niveaux élémentaire, intermédiaire et avancé. Les sessions englobent à la fois l'arabe égyptien courant et l'arabe classique. Le cours intensif à plein temps revient à 10 485 $US pour une année complète, ou 5 285 $US par semestre (20 heures par semaine pendant 14 semaines). L'institut assure aussi des programmes d'été intensifs (20 heures par semaine pendant six semaines), moyennant 2 620 $US.

L'Arabic Department (☎ 303 1514, fax 344 3076) du British Council (192 Sharia el-Nil, Agouza, Cairo, site Web www.britcoun.org) propose aussi des formations à l'arabe parlé et littéral ; la première option dispense 8 heures de cours par semaine (l'après-midi) pendant 6 semaines (835 £E), la seconde répartit 12 heures d'enseignement par semaine (le matin) pendant 6 semaines (1 275 £E). Il existe aussi des cours du soir d'arabe parlé, à raison de 2 heures deux fois par semaine, pendant 12 semaines, moyennant 835 £E.

La troisième et moins onéreuse des possibilités consiste à s'inscrire à l'un des deux International Language Institutes (ILI) : à Mohandiseen (☎ 346 3087, fax 303 5624, e-mail ili@starnet.com.eg), au 3 Sharia Mahmoud Azmy, Sahafayin ; ou à Héliopolis (☎ 291 9295, fax 418 7273), au 2 Sharia Mohammed Bayoumi. Tous deux facturent 350/390 £E le programme de 60 heures d'arabe courant/classique. Ces organismes proposent aussi des cours d'été en internat (de fin juin à fin juillet) qui s'échelonnent de 275 £E les 40 heures à 500 £E les 100 heures.

Étudier à l'université américaine du Caire

L'AUC (American University in Cairo) compte parmi les toutes premières universités du Moyen-Orient. Quelque 4 300 étudiants, en majorité égyptiens, fréquentent le campus de Midan Tahrir, au cœur de la capitale. Les cursus, sur le modèle américain, sont reconnus aux États-Unis.

Vous pouvez obtenir un catalogue des cours proposés à l'Office of Admissions, The American University in Cairo, 866 United Nations Plaza, New York, NY 10017

(☎ 212-421 6320, fax 688 5341), ou écrire à l'adresse suivante : PO Box 2511, Cairo 11511 (☎ 354 2964, poste 5011/2/3, fax 355 7565).

Universités égyptiennes

Il est aussi possible d'étudier dans les universités égyptiennes d'Al-Azhar, d'Alexandrie, d'Ain Shams et du Caire. Les cours proposés aux étudiants étrangers comprennent : la langue arabe, l'histoire de l'islam, la religion musulmane et l'égyptologie.

TRAVAILLER EN ÉGYPTE

Plus de 40 000 étrangers vivent et travaillent en Égypte. Ce chiffre à lui seul devrait vous donner une idée de la présence importante des sociétés étrangères dans ce pays. Il est possible de trouver un emploi au sein de celles-ci, surtout si vous entamez votre recherche avant de partir. *Cairo : A Practical Guide*, publié par l'American University in Cairo Press, contient des listes de toutes les compagnies étrangères installées en Égypte. Dès lors que vous décrochez un emploi, l'obtention d'un permis de travail auprès du consulat égyptien de votre pays, ou du ministère de l'Intérieur, sur place, ne devrait pas poser trop de problème.

Il est possible de trouver des emplois dans les stations touristiques. Dahab, en particulier, accueille nombre de visiteurs qui trouvent sur place des contrats à court terme de barman ou de concierge dans les nombreux hôtels et centres de plongée qui jalonnent la plage.

Loin des plages, certains des plus grands palaces de Louxor et d'Assouan acceptent à l'occasion des étrangers en qualité de responsables des activités, mais la plupart des grandes chaînes disposent de leurs propres employés venus de l'étranger.

Figurants au cinéma et à la TV

Les Européens sont souvent pressentis pour apparaître en toile de fond dans les publicités des chaînes de TV locales, les dramatiques ou même les films. Le travail n'a rien de prestigieux et nécessite souvent une journée d'attente pour à peine cinq minutes de tournage. Pourtant, vous devriez gagner de 40 à 50 £E par séance. On trouve parfois des annonces proposant ce type d'emplois dans les auberges de jeunesse du souk de Tawfiqiyya du Caire ou, le plus souvent, des intermédiaires se chargeront de vous les proposer. Ils hantent le café Ash-Shams (voir la rubrique *Où sortir* dans le chapitre consacré au Caire), tout en haut de Talaat Harb.

Moniteurs de plongée

Si vous êtes moniteur de plongée, vous trouverez facilement un travail dans les sites égyptiens où se pratique cette activité. Les gérants des centres de plongée cherchent des employés maîtrisant une ou plusieurs langues et doués pour les contacts humains.

HÉBERGEMENT

L'Égypte offre à ses visiteurs une gamme étendue d'hébergements, des chaînes hôtelières internationales cinq-étoiles aux établissements de troisième ordre. Il existe des hôtels, des flotels (pour les croisières sur le Nil), des pensions, des auberges de jeunesse, quelques terrains de camping et même une station touristique écologique, ici ou là.

En règle générale, les prix sont revus à la hausse chaque année en octobre et dans l'ensemble, ils augmentent d'environ 15%.

Les personnes résidant en Égypte ont souvent droit dans les grands hôtels à des tarifs préférentiels. On ne peut que déplorer le fait qu'il existe en effet un tarif pour étrangers et un autre pour les habitants. Si vous faites un long séjour sur place, faites-le valoir et vous ferez de substantielles économies.

Il n'est toutefois pas interdit de marchander, qu'on soit de passage ou non. L'hôtel affiche certes ses prix encadrés dans un sous-verre fixé au mur, mais cela ne signifie pas pour autant qu'ils demeurent intouchables. En période hors saison, vous obtiendrez des rabais significatifs en marchandant, même dans les établissements de gamme moyenne.

Le gîte, le couvert et les légendes

L'Égypte fut l'une des premières destinations touristiques au monde. Dans les années 1860, Thomas Cook organisait déjà des croisières sur le Nil, et il suffit de jeter un coup d'œil au guide Baedecker publié en 1902 pour découvrir que Le Caire comptait jusqu'à douze grands hôtels, accueillant les touristes intrépides et les voyageurs est-ouest. Le plus splendide des palaces n'était autre que le Shepheard's Hotel, véritable camp de base de luxe non seulement pour l'Égypte, mais aussi pour le Moyen-Orient et l'Afrique. Parmi ses premiers clients, citons le général Gordon, qui y séjourna avant de se lancer dans sa mission fatale à Khartoum, Stanley, qui partait vers l'Afrique pour une rencontre historique avec Livingstone, sir Richard Burton à son retour de La Mecque et Rudyard Kipling en transit entre l'Angleterre et les Indes. Avec son fabuleux hall mauresque, éclairé par un dôme de verre teinté, et sa salle de bal aux colonnes surmontées de lotus, façonnées comme celles de Karnak, le Shepheard incarnait à lui seul toute l'hôtellerie impériale. Malheureusement, l'endroit fut détruit lors des émeutes du Samedi noir, en 1952.

L'Égypte conserve toutefois plusieurs autres établissements de choix, empreints de la magie d'une époque révolue, quoique pourvus de l'air conditionné et de tout le confort moderne.

En janvier 1900, le jour de l'ouverture officielle du Cataract Hotel d'Assouan (aujourd'hui rebaptisé l'Old Cataract), on pouvait lire dans le *Daily Telegraph* de Londres que sa salle à manger était "inégalée même en Europe". Quatre-vingt-dix-neuf ans plus tard, le *Times*, dans ses pages "Voyages" classe encore le Cataract parmi les 100 meilleurs hôtels de luxe du globe et considère que sa terrasse offre "sans doute la plus belle vue qui soit au monde". Celle-ci inspira du reste Agatha Christie, qui y écrivit en partie son *Mort sur le Nil*.

Le Winter Palace de Louxor précède le Cataract de quelque quatorze ans. Au début, il était réservé exclusivement à la famille royale et à la noblesse d'Égypte. Ouvert plus tard au public,

.../...

Camping

En principe, le camping n'est autorisé qu'à certains endroits du pays, comme Harraniyeh, à proximité de Gizeh au Caire, ainsi qu'à Louxor, Assouan, Farafra et au parc national Ras Mohammed. Sur les aires de camping officielles, les installations sont souvent rudimentaires. Il existe par ailleurs quelques hôtels privés qui autorisent les campeurs à s'installer dans leur arrière-cour, comme c'est le cas à Abou Simbel, Kharga, Nuweiga, Basata, Kénèh (Qena) et Abydos. Dans la plupart de ces lieux, les équipements ne sont guère plus confortables.

Auberges de jeunesse

L'Égypte compte 15 auberges reconnues par HI (Hostelling International) et situées au Caire, à Alexandrie, au Fayoum, à Assouan, à Assiout, à Damanhour, Hurghada, Ismaïlia, Louxor, Marsa-Matrouh, Port-Saïd, Sharm el-Sheikh, Sohag, Suez et Tantah. Leurs tarifs s'échelonnent la plupart du temps de 3 à 10 £E la nuit. Celle d'Ismaïlia propose des lits jusqu'à 16 £E, ce qui en fait quasiment un hôtel. Dans certains cas, le tarif englobe le petit déjeuner. Il n'est pas absolument nécessaire de posséder la carte HI, car ces établissements acceptent les non-membres, mais vous économiserez de 2 à 4 £E, selon l'endroit, en étant titulaire de ladite carte. Les auberges de jeunesse ont tendance à être bruyantes, bondées et accusent souvent un certain manque de propreté. Quelques-unes abritent des chambres pour les couples (hétérosexuels) ou les familles, mais dans l'ensemble, ces établissements sont unisexes. Réserver n'est pas forcément obligatoire.

Les bureaux de l'Egyptian Youth Hostels Association (☎ 354 0527, fax 355 0329)

Le gîte, le couvert et les légendes

il servit d'accès aux tombeaux et aux temples de la nécropole thébaine, visibles de l'autre côté du fleuve, sur la rive ouest du Nil. Ce fut d'ailleurs sur le panneau d'affichage des clients du Palais d'Hiver que Howard Carter annonça pour la première fois sa découverte de la sépulture de Toutankhamon.

Avec la disparition du Shepheard, ce fut la Mena House qui prit le rang de plus beau palace du Caire. Construite au cours des années 1860, dans l'ombre des Grandes Pyramides, pour servir de relais de chasse à un dignitaire égyptien, le khédive Ismaïl, elle passa aux mains du privé dans les années 1890 et fut transformée en hôtel.

Les premiers temps, on pouvait seulement y accéder à cheval et en attelage depuis la capitale, mais lorsque Le Caire se dota de ses premiers tramways électriques, au début du XXe siècle, une ligne desservit l'établissement. Selon un témoignage qui date d'avant la Première Guerre mondiale : "A l'heure du thé, les terrasses foisonnent d'une foule éblouissante et enjouée". Par ailleurs, l'emplacement isolé de l'hôtel offrit un avantage incontestable, lorsqu'en 1943 Roosevelt et Churchill s'y retrouvèrent en toute sécurité, afin d'élaborer leurs plans d'invasion pour le jour J.

Tous ces palaces ont été rénovés et remodelés à des degrés divers, et certains sont désormais gérés par des chaînes internationales (Oberoi dirige la Mena House, le groupe Marriott s'occupe de l'ancien Palais royal de Gezira, au Caire, tandis que Sofitel contrôle le classique Cecil d'Alexandrie). Cependant, les palaces historiques d'Égypte conservent un certain charme. Même si vous ne pouvez vous permettre d'y séjourner, ils méritent le détour, ne serait-ce que pour se remémorer une période où les hôtels possédaient autant de personnalité et de prestige que les célébrités qui signaient alors leur livre d'or.

situés au 1 Ibrahimy, Garden City, Cairo, vous fourniront les derniers renseignements en date.

Hôtels

Petits budgets. Cette catégorie comprend les établissements dotés d'une ou deux étoiles et ceux qui en sont dépourvus. Souvent, ce classement n'est pas significatif car un hôtel sans étoile peut s'avérer aussi correct qu'un deux-étoiles, hors le fait qu'il soit moins onéreux. Vous pouvez débourser à peine 10 £E la nuit pour une chambre simple, proprette, avec eau chaude, ou 40 £E, voire davantage, pour une double mal entretenue et dépourvue de douche. En général, ces tarifs incluent toutes les charges et assez souvent le petit déjeuner.

La plupart des hôtels prétendront disposer d'eau chaude, alors qu'ils n'ont même pas d'eau tiède. Avant de payer, tournez le robinet et vérifiez par vous-même, ou regardez s'il existe un chauffe-eau électrique en inspectant la salle de bains. Si le lavabo ne dispose pas d'une bonde, utilisez le bouchon d'une bouteille d'eau minérale Baraka qui, selon un ingénieux voyageur, peut faire l'affaire dans 90% des cas.

Sachez en outre que bon nombre d'établissements bon marché économisent sur les draps, en n'en disposant qu'un seul sur le lit, voire aucun, sous des couvertures qui n'ont jamais connu de machine à laver. Si vous n'avez pas apporté votre propre "sac à viande", alors demandez des draps propres.

Catégorie moyenne. Les établissements milieu de gamme sont généralement propres, confortables et d'un rapport qualité/prix relativement convenable, pour un tarif se situant entre 50 et 100 £E la nuit.

Méfiez-vous malgré tout des suppléments. Le petit déjeuner est souvent obligatoire et l'on vous facture un extra pour le réfrigérateur et la TV dans votre chambre. En additionnant en outre les 12% pour le service, 5% de taxe sur les ventes et probablement une taxe gouvernementale pour couronner le tout, votre chambre qui coûtait au départ 50 £E vous revient tout à coup à plus de 70 £E !

Catégorie supérieure. Dans les cinq-étoiles de cette gamme, on trouve les hôtels appartenant à la plupart des grandes chaînes internationales. Les prix débutent d'ordinaire aux environs de 100 £E la nuit, sans compter la série des taxes et suppléments pour le service qui oscillent entre 19 et 23%. Si les prestations s'avèrent en général conformes aux normes internationales, en revanche le service laisse à désirer.

Bien que tous les cinq-étoiles et beaucoup d'hôtels meilleur marché affichent toujours leurs tarifs en dollars, cela ne pose aucun problème de régler en livres égyptiennes. La plupart des établissements acceptent par ailleurs les cartes de crédit courantes, comme la Visa, la MasterCard et l'Amex. Sachez aussi que de nombreux hôtels plus modestes ne vous les refuseront pas non plus.

ALIMENTATION

Si l'Égypte regorge de merveilles, sa cuisine n'est guère raffinée. En vérité, l'Égypte a introduit dans le monde une bien étrange spécialité, la *mouloukhia*, diversement appréciée. Mitonnée en faisant cuire à l'étouffée la feuille de mouloukhia dans du bouillon de poulet, la soupe obtenue évoque l'algue verte et la consistance du mucus. Au XIe siècle, le calife Al-Hakim jugea ce potage si décourageant qu'il le fit interdire.

Cela dit, il est possible de manger correctement (et sans se ruiner) en Égypte, à condition de ne pas être trop exigeant sur la variété et de laisser ses papilles gustatives en sommeil.

Au passage, l'affirmation selon laquelle un repas chez l'habitant permettrait de savourer les meilleurs plats est loin d'être systématiquement vraie.

Cuisine végétarienne

Les végétariens ne devraient avoir aucune peine à se sustenter en Égypte. Il est en effet facile d'éviter la viande car les salades, hors d'œuvre, légumes à gousse et légumes farcis figurent en grand nombre sur les cartes de la plupart des restaurants. Les plats égyptiens courants sont végétariens aussi : le *foul*, le *ta'amiyya* et le *kushari*. Si vous le trouvez au menu, sachez que la *musaga* est un plat savoureux ; il s'agit d'un mélange d'aubergines, de tomates, d'ail, d'huile et d'épices cuits au four.

Plats égyptiens courants

Foul et ta'amiyya. Le foul correspond à une purée de fèves, dont on tartine en général un pain *shammy* (comme de la pitta), le tout vendu entre 35 et 50 pt pièce ; le ta'amiyya est constitué d'une purée de pois chiches et d'épices, le tout frit dans un patty (ce qu'on appelle partout ailleurs un falafel) pour en garnir un pain shammy, avec de la salade et du tahina. Comptez environ 50 pt pour un sandwich ta'amiyya, en sachant que deux portions constitueront un en-cas tout à fait susbtantiel. Des légumes rose vif en saumure, connus sous le nom de *torshi,* sont généralement servis en supplément. Les restaurants où l'on s'attable proposent diverses variantes sur le thème du foul et du ta'amiyya, en les agrémentant avec des œufs, de l'ail, du beurre, du hachis de viande ou du *basturma*, une viande fumée qui ressemble au pastrami.

Kushari. Autre plat national, le *kushari*, un mélange de nouilles, de riz, de lentilles noires, d'oignons frits et de sauce tomate. Tous ces ingrédients sont servis dans un bol (petit, *sughayyer* ; moyen, *metawasit* ; ou grand, *kebir*) si vous consommez sur place, à moins qu'on ne remplisse à la cuillère un sac en plastique polyéthylène, si vous souhaitez l'emporter. C'est plutôt savoureux. Une portion moyenne, qui contient davantage que quiconque pourrait avaler, revient entre 1 et 1,50 £E. Les établissements vendant du kushari se reconnaissent à leurs grandes soupières rouges regorgeant de riz et de nouilles, en vitrine.

Shawarma. C'est l'équivalent égyptien du sandwich grec *gyros* ou du *doner kebab* turc. On découpe des lamelles d'agneau ou de poulet cuits au tournebroche. On les fait frire ensuite sur une plaque chauffante avec des tomates hachées et diverses garnitures, puis on fourre le tout dans un shammy. Malheureusement, la viande souvent trop grasse, peu appétissante, rend ardue la quête d'un shawarma satisfaisant.

Entrées

Si la pratique qui consiste à dîner de *mezze* n'est pas aussi enracinée que dans la tradition culinaire libanaise, il existe une multitude de plats d'accompagnement. Le *mashi* consiste en des légumes variés, comme les feuilles de vigne (en été), le chou (en hiver), les poivrons ou les aubergines blanches ou noires, farcis de viande hachée, de riz, d'oignons, de persil et d'aromates, puis cuits au four. C'est très bon lorsque c'est chaud, mais beaucoup moins froid. Le *baba ghanouge* est une pâte épaisse réalisée à base de purée d'aubergines à l'ail, qui ressemble assez au *houmous* (une purée de pois chiche, cuite et mélangée avec de l'ail et du citron) et au *tahina* (une pâte plus fine à base de graines de sésame).

Par ailleurs, les Égyptiens adorent les abats. Ainsi, les *kebda firekh* (foies de volailles) sont souvent excellents lorsqu'ils sont cuits à point, c'est-à-dire de consistance moelleuse, presque comme du pâté. Moins appétissante, la *mokh*, ou cervelle, est servie panée et frite, ou telle quelle, garnie de salade. Autre mets délicat : les testicules de mouton, rarement proposés sans accompagnement et figurant la plupart du temps parmi d'autres grillades.

Plats principaux

Le *kofta* et le *kebab* sont deux des plats égyptiens les plus populaires. Le premier consiste en de la viande hachée épicée, mise en brochettes et grillée, tandis que le second est constitué de brochettes de morceaux d'agneau (les brochettes de poulet s'appellent *shish taouk*) grillés dans les flammes. La viande est d'ordinaire servie sur un lit de *badounis* (persil) et, dans les restaurants haut de gamme, accompagnée de tomates et d'oignons grillés. Sinon, elle se mange avec du pain, de la salade et du tahina. Le kofta et le kebab se commandent toujours au poids : 250 g ("roba kilo") suffit en principe à sustenter une personne, moyennant de 9 à 12 £E.

Le *firekh* (poulet) est courant ; rôti à la broche, il se commande au restaurant à la demi-portion. La plupart des petits établissements le vendent entier et à emporter, pour 8 à 12 £E, selon le poids. Très prisé aussi, le *hamam* (pigeon) se sert farci de riz et d'épices. On le prépare également en ragoût, cuit dans une profonde marmite en terre, connue sous le nom de *tagen*, avec des oignons, des tomates, du riz ou du blé concassé. A Alexandrie, vous pourrez en outre déguster de la caille.

Cette ville ravira les amateurs de poisson et de fruits de mer. Bien qu'il n'en existe pas une grande variété et que les méthodes pour les cuisiner ne soient guère inventives (au four ou au grill), la qualité s'avère excellente. Un dîner de poisson en plein air à Alexandrie constitue l'une des meilleures expériences culinaires que puisse offrir ce pays.

Fitir

Il s'agit d'une sorte de pizza à base de pâte feuilletée, recouverte ou fourrée d'une garniture salée ou sucrée. On les consomme dans les *fatatri*. Regarder le cuisinier pétrir, étirer, faire tourbillonner la pâte au-dessus de sa tête comme un lasso fait également partie du folklore. Dans la plupart des fatatri, les garnitures sont disposées dans des plats et il vous suffit de désigner votre choix ; le mélange le plus classique consiste en des œufs, du fromage et des tomates hachées.

Pain et fromage

Une formule très commode pour les voyageurs qui effectuent de longs trajets en bus ou en train. Le pain s'appelle *a'aish* (le mot signifie aussi "vie") ; la plupart des pains que vous verrez et mangerez appartiennent à la catégorie *a'aish baladi*, un pain rond et plat, grossier et spongieux. L'autre type est désigné du nom de *a'aish fransawi* ou pain français, lequel consiste en des petits pains de style européen. Et n'oublions pas la pita.

Il existe aussi deux genres de fromage : le *gibna beida*, ou fromage blanc, qui ressemble à la feta grecque, et le *gibna rumi*, ou fromage romain, un fromage blanc-jaune, de consistance assez dure.

BOISSONS

Boissons sans alcool

Thé et café. Le *shai* et l'*ahwa* (le thé et le café) sont tous les deux servis forts et sucrés.

Le thé est servi au verre dans les cafés traditionnels égyptiens et dans une tasse si vous consommez dans un restaurant à l'occidentale. Dans les cafés, les feuilles de thé sont bouillies avec l'eau, ce qui rend le breuvage très noir et chargé de tanin ; sinon, vous pouvez demander un "shai libton", Lipton correspondant au terme générique désignant les sachets de thé. Précisez la quantité de sucre souhaitée, sinon on supposera que vous en voudrez quatre ou cinq cuillerées. "sukar shwaiyya" correspond à "avec un peu de sucre", "minghir sukar" signifie : "sans". Si vous désirez du lait, demandez : "b'laban", mais le thé est plus rafraîchissant avec de la menthe fraîche ("b'naanaa").

Si vous commandez un café, on vous apportera sans doute de l'*ahwa turki* (café turc) servi dans une petite tasse. Il est granuleux et *très* fort. Attendez que le marc retombe au fond avant de porter la tasse à vos lèvres et de boire en deux gorgées. Comme pour le thé, spécifiez la quantité de sucre souhaitée : "ahwa mazbout" correspond à "moyennement sucré", "ahwa saada" à "sans sucre". La boisson est souvent parfumée avec de la cardamome. Si vous souhaitez un café à l'occidentale, demandez un "neskaf".

Jus de fruits. Dans pratiquement toutes les rues des villes d'Égypte, il se trouvera un stand pour vous proposer des fruits ou des légumes de saison pressés. Les *asiir* (jus) les plus courants sont les suivants : *moz* (banane), *gaufa* (goyave), *limoun* (citron), *manga* (mangue), *bortuaan* (orange), *rumman* (grenade), *faraoula* (fraise) et *asab* (sucre de canne).

Selon le type de fruit, un verre coûte de 50 à 1,50 £E. Vous pouvez aussi prendre une bouteille d'eau minérale vide et la faire remplir par le marchand.

Boissons alcoolisées

Pour ce qui concerne l'attitude des Égyptiens face à la bière et à l'alcool, reportez-vous à la rubrique *Règles de conduite* du chapitre *Présentation du pays*.

Bière. En Égypte, pour obtenir une bière, dites simplement "Stella". Elle est brassée et mise en bouteille au Caire depuis plus de cent ans et c'est à peu près la seule qu'on puisse trouver depuis une quarantaine d'années. Il s'agit d'une bière blonde avec beaucoup de mousse et dont la saveur varie selon le brassage. Depuis 1998, la Stella standard (vendue en bouteille vert sombre de 75 cl à 4 £E en magasin, et partout ailleurs entre 5,25 et 10 £E dans les bars) existe aussi sous la forme Stella Meister (une blonde plus légère) et Stella Premium (à la saveur d'un breuvage maison plus rustique).

Certains bars des hôtels cinq-étoiles proposent aussi des bières importées, mais à des prix proprement exorbitants.

Vin et alcools. Sachez qu'il existe du vin égyptien, malheureusement il est à peine buvable. Produits dans les vignobles du delta du Nil, il existe du rouge, du rosé et du blanc, lesquels se voient qualifiés de Gianaclis Châteaux, Rubis d'Égypte ou Cru des Ptolémies. A 30 £E la bouteille, le "nectar" n'est pas franchement bon marché. Sinon, avec les taxes d'importation prohibitives, le vin importé (quand on arrive à en trouver) se vend au minimum 125 £E la bouteille !

Les spiritueux locaux ne valent malheureusement guère mieux, et les gin, whisky, vodka et cognac produits sur place ont quasiment tous le même goût horrible. Certaines de ces boissons sont véritablement dangereuses pour la santé. Des rumeurs ont circulé dans les rues du Caire, selon lesquelles des personnes étaient mortes après avoir absorbé des alcools locaux. Tous ces récits restaient sujets à caution, jusqu'à ce que l'ambassade canadienne publie une circulaire annonçant que deux décès résultaient effectivement de l'absorption de whisky local. Un conseil : évitez d'en boire.

OÙ SORTIR

Pour les résidents, les distractions dépendent à la fois du sexe et de l'âge des intéressés. Ainsi, les hommes d'un certain âge se plaisent à flâner à l'*ahwa* (café), tandis que les plus jeunes vont au club ou au cinéma. Quant aux femmes, quel que soit leur âge, le choix va du club aux visites à la famille.

Ahwa

Le café ou *ahwa* (qui signifie, comme en français, à la fois la boisson et le lieu où l'on en boit) est une véritable institution égyptienne. Généralement constitué de plusieurs tables toutes simples avec un plateau en fer-blanc et de chaises en bois, dans une pièce au sol parsemé de sciure et ouverte sur la rue, le café est un lieu décontracté où l'Égyptien vient se détendre chaque jour en lisant son journal, ou pour passer le temps en discutant avec des amis et en buvant du thé. Au brouhaha des conversations vient s'ajouter l'incessant *clic-clic* des *domina* (dominos) et des pièces de *towla* (jacquet), tandis qu'on perçoit le bouillonnement des narguilés ou *chicha*.

Se rendre au café est l'apanage de la gent masculine. A de rares exceptions, les Égyptiennes ne fréquentent pas ces lieux. Cela dit, rien n'empêche une étrangère d'y aller. Si vous n'êtes pas accompagnée d'un homme, choisissez un ahwa grand et animé, où vous passerez presque inaperçue.

Les mois d'été, par temps de canicule, de nombreux clients délaissent le thé ou le café pour des boissons plus fraîches comme le *karkadé*, un merveilleux breuvage à base de feuilles d'hibiscus bouillies, le *limoun* (un jus de citron pressé maison), ou encore le *zabaady* (yaourt liquide). En hiver, on préfère en revanche du *sahleb*, une boisson chaude avec de la semoule, du lait et des noix concassées, ou du *yansoun*, un liquide anisé à la saveur médicinale.

Fumer le chicha à l'ahwa local constitue un passe-temps national, réservé principalement aux hommes

Pour l'amateur de chicha, il existe en principe deux types de tabac : le classique *m'aasil*, qui trempe dans la mélasse, ou le *tofah*, imbibé quant à lui de jus de pomme et d'un arôme très sucré, quoique un peu écœurant. Filtrée par l'eau dans le bol, la fumée est légère, mais l'effort requis pour l'aspirer risque de vous faire tourner la tête. Un bon chicha peut durer de 15 à 20 minutes. Lorsque le tabac s'est éteint ou que les braises se sont refroidies, le *raiyis* (serveur) remplacera la petite réserve de tabac en terre (la *hagar* ou "pierre"). Chaque hagar revient de 50 pt à 1 £E. La plupart des Égyptiens en fument deux ou trois par séance.

Lorsque vient le moment de régler, tâchez de croiser le regard du serveur et criez : *Filous !* ("Argent !").

On trouve des ahwa quasiment à tous les coins de rue des villes et des villages et nous vous indiquerons les plus intéressants au fil des pages de ce guide.

Le club

L'*al-nadi* (club) occupe lui aussi une place prépondérante dans la vie sociale égyptienne. Malheureusement, il n'est pas facile pour le visiteur de passage d'y pénétrer. Tout résident qui en a les moyens et dispose de bons contacts devient membre d'un club. Sa carte lui donne accès aux installations sportives dont celui-ci dispose, en général dans un cadre verdoyant, au cœur de la ville. Certains clubs acceptent les visiteurs d'une journée, ce qui n'est pas à négliger si vous avez envie de nager ou de faire du jogging à l'écart de la circulation et du tumulte urbain.

Vie nocturne

Certaines villes comme Le Caire, les stations balnéaires du Sinaï méridional et, dans une certaine mesure, Alexandrie, bénéficient d'une vie nocturne animée. La capitale, par exemple, commence à s'éveiller au coucher du soleil. Durant les mois d'été, les familles ne sortent pas avant 20h ou 21h, quand la chaleur se fait moins intense. Les plus avertis ne réservent pas au restaurant avant 22h. Les bars commencent à s'animer vers minuit et la nuit est déjà très avancée quand les discothèques se remplissent. Il faut attendre au moins 1h pour que les orchestres commencent à jouer et que les danseuses orientales se produisent sur la scène des cinq-étoiles, les dernières tirant leur révérence à 3 ou 4h. Et pour ceux qui ne voudraient toujours pas se coucher, Le Caire dispose encore d'endroits qui ne ferment jamais.

Bars. Non seulement dans la capitale, mais aussi dans toute l'Égypte, vous trouverez une multitude de bars sans prétention, au sol parsemé de sciure. Connus sous l'appellation "cafétérias", leur seul plat n'est autre que du *termis* (de petites fèves jaunes que vous grignotez en arrachant la peau avec les dents), qui ne fera qu'augmenter votre consommation de bière. Ces lieux sont très discrets et souvent dépourvus d'enseigne, encore qu'on les repère facilement à leur porte façon saloon, menant à une pièce sombre. La bière y coûte en général de 5 à 6 £E, et les heures d'ouverture sont d'ordinaire de 11h jusqu'à 1h, voire 4h.

Le Caire abrite aussi un nombre croissant de bars branchés s'adressant à une jeunesse argentée.

N'oubliez pas que tous ces établissements, hormis les bars d'hôtel, sont fermés pendant le ramadan (voir plus haut *Jours fériés et manifestions annuelles*).

Discothèques. Vous n'en trouverez qu'au Caire et dans les stations touristiques du sud du Sinaï, souvent rattachées aux hôtels haut de gamme. La plupart du temps, l'entrée est excessivement chère, et bon nombre de ces établissements imposent un code vestimentaire assez strict. Ces endroits ne méritent pas vraiment le détour, hormis les discothèques africaines de la capitale, qui se révèlent formidables (voir le chapitre consacré à la ville).

Musique *live*. La musique live se borne aux artistes de cabaret se produisant dans les bars d'hôtel, accompagnés d'un musicien au costume clinquant et au sourire figé, derrière son clavier. Mais il existe quelques exceptions. A Assouan et dans les villages environnants, vous pourrez parfois applaudir des artistes nubiens, mais ce n'est pas une règle (voir le chapitre consacré à Assouan, pour de plus amples détails). Au Caire, on peut écouter du jazz au Cairo Jazz Club.

Night-clubs et danse du ventre. Au sens égyptien, un night-club est un endroit où vous êtes attablé pour manger, ou simplement boire, et applaudir une attraction. Il peut alors aussi bien s'agir de danse folklorique que d'un chanteur à la mode, mais ce qui attire vraiment les foules, c'est la danse du ventre.

Les meilleures danseuses du ventre se produisent dans les cinq-étoiles du Caire. Moyennant une poignée de livres, vous pouvez aussi en admirer dans des endroits plus modestes situés au centre-ville et davantage encore le long de Pyramids Rd (en général des boîtes de nuit au tarif prohibitif). Ces lieux, qui s'adressent surtout aux Égyptiens, sont assez médiocres et la plupart des danseuses ont la grâce de lutteurs amateurs.

Casinos. Certains cinq-étoiles du pays abritent un casino, où seuls les non-Égyptiens sont admis (prenez votre passeport). Tous les jeux s'effectuent en dollars US ou autre monnaie forte, avec une mise minimale de 1 $US. Tenue correcte exigée.

Ne confondez pas ces établissement avec les *casinos* locaux, lesquels se révèlent des restaurants très fréquentés par les familles.

Culture

Cinéma. La fréquentation des salles obscures connaît un essor sans précédent dans le pays. Les vieux cinémas sont rénovés, tandis que de nouveaux multiplex viennent d'ouvrir ou sont en construction au Caire et à Alexandrie. A l'affiche, on trouve aussi bien la production locale que les dernières nouveautés de Hollywood. Les films sont plutôt sous-titrés que doublés, et les spectateurs lisant le texte n'hésitent pas à poursuivre leur propre conversation. Sachez aussi que le public égyptien manifeste volontiers son enthousiasme en criant, en acclamant les héros et en applaudissant.

Les œuvres sont soumises à la censure. Celle-ci dépend de l'humeur du moment, mais même des pellicules *a priori* inoffensives subissent des coupes claires, qui rendent certains récits par trop "elliptiques" lors de la projection. Attention : en vertu des lois antiterroristes égyptiennes, nul ne peut quitter la salle, aussi mauvais que puisse être le film, avant la fin de la séance.

Les horaires sont d'ordinaire les suivants : 13h30, 15h30, 18h30 et 21h30. Quelques cinémas proposent une séance à 24h les vendredi et samedi. Le prix des billets varie entre 8 et 18 £E, selon la salle.

Théâtre, musique et danse. L'opéra du Caire (☎ 342 0598), dans Gezira, constitue le plus important complexe de spectacles de la capitale. De célèbres troupes internationales s'y produisent parfois, comme le ballet du Bolchoï, chaque année, ou encore des compagnies locales, telles le Cairo Opera Ballet Company et le Cairo Orchestra, qui méritent le détour. Outre sa salle principale et une plus petite, l'endroit abrite aussi un théâtre de plein air et un amphithéâtre estival. Consultez le programme dans *Egypt Today* et *Al-Ahram Weekly*, ou prenez-le sur place en passant. Veste et cravate sont obligatoires pour les messieurs assistant à un spectacle dans la grande salle, mais des voyageurs vêtus de manière plus décontractée ont pu emprunter ce type de vêtements auprès du personnel.

L'Ewart Hall et le Wallace Theatre (tous deux faisant partie du campus de l'université américaine du Caire) accueillent parfois des récitals et des pièces de qualité variable. Dans les quartiers musulmans de la capitale, le théâtre et la musique sont proposés dans la House of Zeinab Khatoun et au cœur du complexe Al-Ghouri, en particulier pendant le ramadan. Ces endroits méritent le détour, ne serait-ce que pour le décor. Si vous avez des enfants, amenez-les au Cairo Puppet Theatre des Ezbekiyeh Gardens, juste au nord d'Ataba. Ces spectacles de marionnettes se déroulent d'ordinaire en fin de matinée, du dimanche au jeudi, d'octobre à mai. Consultez les deux publications citées plus haut, pour connaître les diverses manifestations.

Mariages

Les visiteurs sont souvent invités par les résidents à des mariages, lesquels se révèlent toujours de tumultueuses festivités, où résonnent les tambours et les *youyou* des femmes.

Vous n'avez cependant nullement besoin d'une invitation si vous vous trouvez un jeudi soir dans un cinq-étoiles. Ces lieux sont très prisés des jeunes mariés, qui aiment afficher leur prospérité, lors d'une procession dans l'escalier, avec parents et amis faisant pleuvoir sur le couple confettis et pétales de rose.

MANIFESTATIONS SPORTIVES

Le football est roi en Égypte. De toutes les nations arabes, ce pays demeure le seul pourvu de joueurs d'envergure internationale (Hazem Emam, ancien membre du club cairote Zamalek joue désormais à Udine en Italie). Si vous discutez avec un Égyptien, les équipes gagnantes de Zamalek et d'Al-Ahly déchaînent davantage les passions que n'importe quel autre sujet. La saison débute en septembre et s'achève en mai. Les grands matches ont lieu au Cairo Stadium, dans Medinat Nasr.

ACHATS

Il est facile d'acheter des souvenirs bon marché en Égypte qui reste un paradis pour les amateurs d'objets kitsch. La moindre ville et le plus petit village s'enorgueillissent d'un marché (ou *souk* en arabe), mais le grand bazar Khan al-Khalili du Caire demeure sans doute le plus remarquable (voir l'encadré *L'art du marchandage*).

Antiquités

Sachez que les bonnes affaires sont rares. Les marchands connaissent à merveille leur métier et les prix du catalogue Sotheby. Par ailleurs, il est illégal d'exporter tout objet ayant la moindre valeur, sans une licence délivrée par le Department of Antiquities. Toutefois, si vous êtes intéressé, les meilleurs endroits pour chiner sont le quartier d'Attarine à Alexandrie, un dédale de venelles étroites où s'alignent les boutiques d'antiquaires, ainsi que les comptoirs situés dans Sharia Hoda Shaarawi, au centre du Caire. Le vrai connaisseur se rendra chez Osiris (☎ 392 6609), 15 Sharia Sheriff, en face de la Banque Misr, au centre-ville. Osiris constitue la salle des ventes la plus réputée de la capitale et le seul endroit où l'on fait de temps à autre une authentique bonne affaire. Les enchères ont lieu toutes les deux ou trois semaines, précédées par trois jours d'exposition au public.

Jeux de jacquet et narguilés

Les plateaux de jacquet et les chicha ne manqueront pas d'animer vos soirées entre amis, une fois de retour à la maison. Une boîte de jeux avec jetons en plastique, comme celles utilisées dans les cafés égyptiens, revient à peine à 20 £E. Lorsque les plateaux sont plus raffinés, le tarif augmente, évidemment, et un plateau avec marqueterie en os vous coûtera plus de 100 £E.

Les narguilés (chicha) démarrent aux alentours de 30 £E, mais si vous devez effectivement vous en servir et ne pas l'utiliser en guise de vase, il vous faudra acheter les petits réservoirs en terre et du tabac. L'ensemble forme un paquet assez encombrant et lourd. C'est sans doute au souk Khan al-Khalili que vous trouverez les plus beaux.

Objets en cuivre

Les assiettes, cafetières et autres objets en cuivre constituent de jolis cadeaux, souvent assez bon marché. Plateaux et assiettes gravées débutent aux alentours de 15 £E, selon la délicatesse du dessin et leur ancienneté. Observez la qualité du travail et méfiez-vous des produits prétendument vieux de cent ans ; dans la plupart des cas, ils sont sortis de la chaîne de production deux ou trois semaines plus tôt. Le meilleur endroit pour vous procurer ce type de souvenirs n'est autre que Khan al-Khalili, en particulier dans les parages de Sharia an-Nahassin (la rue des chaudronniers sur cuivre).

Tapis et carpettes

On en trouve un peu partout, mais si vous avez du temps, allez rendre visite, dans les secteur des pyramides, à quelques-unes des écoles de tapisserie et de tissage de Saqqarah Rd. Le Wissa Wassef Art Centre s'avère à ce titre des plus intéressants (voir la rubrique *Gizeh*, dans le chapitre consacré au Caire).

Autre bonne adresse : le marché hebdomadaire d'Al-Arish, au nord du Sinaï, et celui de Dahab, où une pléthore d'échoppes proposent des tapis peu chers, de couleurs vives, tissés par les Bédouins.

Artisanat

Motifs gravés. Les amateurs de ce type d'ouvrages se rendront à la rue des fabri-

L'art du marchandage

Dans le souk, tous les prix se négocient, et l'on s'attend à ce que vous marchandiez. Les tarifs des souvenirs sont toujours augmentés dans ce but. Pour ceux qui n'en ont pas l'habitude, cette démarche peut s'avérer pénible, mais rappelez-vous qu'il s'agit d'un jeu.

La première règle consiste à ne jamais témoigner un trop grand intérêt pour l'article convoité. Par ailleurs, il ne faut pas acheter le premier objet qui a retenu votre attention. Flânez aux alentours et repérez les prix, mais n'agissez pas de manière trop ostensible, car si vous revenez au premier étal, le vendeur en déduira qu'il est le moins cher.

Décidez de la somme que vous souhaitez dépenser et exprimez une vague intention d'achat. Le marchand proposera un prix et vous un chiffre quelque peu inférieur à celui que vous avez en tête. C'est alors que débute le marchandage. Le commerçant va inévitablement s'offusquer de l'absurdité d'une telle proposition, tout en vous soumettant le "plus petit prix" qu'il puisse vous accorder. Si celui-ci ne vous semble toujours pas assez bas, alors insistez tout en gardant le sourire. Il se peut qu'on vous serve alors du thé ou du café ; cela fait partie du rituel ; que vous en acceptiez une tasse ne vous place nullement dans l'obligation d'acheter. Si vous n'obtenez toujours pas gain de cause, alors éloignez-vous du stand. Pareille attitude a souvent pour effet de clore la vente en votre faveur. Sinon... eh bien il existe des milliers d'autres échoppes dans le bazar !

Si vous acquérez l'article au prix souhaité, voire inférieur, ne vous sentez pas coupable, car aucun marchand ne vend à perte.

cants de tentes (Sharia al-Khayamiyya), au sud de Bab Zuweila, au centre du Caire islamique, où une bonne dizaine d'ateliers se regroupent sous un marché couvert médiéval. Les couleurs sont éclatantes et les motifs vont des arabesques et de la calligraphie aux silhouettes de derviches tourneurs, en passant par les dessins pharaoniques. Le prix dépend de la délicatesse du motif (arabesques et calligraphies coûtent le plus cher), de la qualité de l'ouvrage et de sa taille. En guise de référence, sachez qu'une petite housse de coussin revient à 20 £E, une plus grande à 40 £E. Les tentures murales avoisinant 1,50 m^2 s'échelonnent de 80 à près de 200 £E.

Coffrets en marqueterie et damiers. Venant en seconde position au hit-parade des souvenirs, juste après le papyrus, les coffrets marquetés dressent des piles immenses dans la plupart des boutiques du Khan al-Khalili. Ils sont très peu chers, une petite boîte se vendant à peine 6 £E. Sachez toutefois qu'à ce tarif il s'agira non pas de nacre, comme peut le prétendre le vendeur, mais de plastique. En déboursant davantage, vous pourrez acquérir un bel objet artisanal, comme un miroir ou un coffret à bijoux. Un damier en nacre avec des pièces d'échecs en os de dromadaire devrait vous coûter entre 240 et 300 £E. Il se peut aussi qu'on vous propose de l'ivoire (consultez l'encadré *Achats responsables* à ce sujet.)

Cuir. On trouve certes beaucoup d'articles en cuir, lesquels sont le plus souvent réalisés en peau de gazelle, une espèce protégée et en voie de disparition dans le pays.

Mashrabiyeh. Il n'existe quasiment plus personne qui fabrique de véritables mashrabiyeh de nos jours. Vous trouverez certes des objets évoquant des porte-revues (en réalité des supports à Coran) ou des piétements de table. On trouve cependant de grands paravents ouvragés dans certains magasins d'antiquités, mais leur prix atteignent des sommets. L'unique exception n'est autre que le NADIM (National Art Development Institute for Mashrabiyeh) (☎ 348 1075), une boutique-atelier qui s'attache à préserver cet art ancestral. Il y a toutes sortes d'objets mashrabiyeh, parmi lesquels des paravents (de 2 000 à 3 000 £E) et les visiteurs sont invités à voir les artisans à l'œuvre, sans aucune obligation d'achat. Cet endroit se trouve au Caire, dans Sharia al-Mazaniyeh, qui débouche sur Sharia Sudan, derrière l'usine Coca-Cola.

Vêtements

Constituant l'une des cultures fondamentales de l'Égypte, on ne sera guère surpris de la popularité des vêtements en coton. Les chemises, pantalons et galabiyya (tuniques amples arborées par de nombreux habitants) peuvent être réalisés à votre taille, et de nombreux tailleurs cairotes peuvent travailler d'après photo. Le quartier comprenant Al-Azhar et Bab Zuweila au Caire foisonne d'échoppes proposant des galabiyya en prêt-à-porter ou sur mesure. Essayez aussi le village de Kerdassa, non loin des pyramides. Sachez par ailleurs que les tee-shirts abondent aux quatre coins du pays.

A Dahab, dans le Sinaï, les pantalons et les chemises en coton imprimé sont très répandus. Comptez environ 8 £E pour un pantalon léger. Les Bédouins proposent aussi des vêtements traditionnels. Les sacs en toile sont également bon marché et très populaires, moyennant 5 £E, selon la taille et la qualité.

Bijoux

Les articles en or et en argent seront fabriqués à votre goût pour à peine plus que le prix du métal. Une plaque avec le nom d'un ami en hiéroglyphes peut constituer un cadeau apprécié.

Si les orfèvres se concentrent au cœur du Khan al-Khalili, il est toutefois possible d'acheter des bijoux en or, vendus généralement au poids, dans tout le quartier musulman du Caire. Ce type d'achat demeure toujours un peu risqué. Selon le Laboratoire des métaux précieux de Birmingham, au Royaume-Uni, le poinçon de l'or doit être obligatoirement d'au moins 12 carats et le taux d'argent de 600 pour mille ou davantage, en Égypte. Le poinçon contient une marque standard stipulant l'endroit où la pièce a été testée, ainsi qu'une date en arabe. Les articles étrangers ne peuvent être revendus, pas en Grande-Bretagne du moins, à moins d'avoir été testés sur leur lieu d'origine. Les marchands ont l'habitude agaçante de peser leur produit hors de votre vue. Insistez pour qu'il dispose la balance sur le comptoir et tâchez de garder l'œil. Ceci n'élimine pas forcément les tricheries, mais permet malgré tout de les atténuer. Autre précaution à prendre : pour l'or, vérifiez le cours du jour dans les colonnes de l'*Egyptian Gazette*.

Les mêmes règles de prudence s'appliquent à l'argent et autres articles de bijouterie. Vous trouverez une multitude d'anneaux, bracelets et autres colliers dans toutes les rues du Caire musulman. Chinez ici et là et méfiez-vous des "antiquités" qui n'en possèdent que le nom.

Achats responsables

En accord avec les traités internationaux, l'Égypte n'importe plus d'ivoire. Toutefois, une grande quantité d'articles continuent à circuler en contrebande. La plupart proviennent du Soudan et du Kenya, où l'on a décimé les populations d'éléphants dans les années 70 et 80, pour répondre à la demande de bijoux et de bibelots d'ivoire. De nombreux pays – dont la France – interdisent toute importation d'ivoire.

Cassettes audio

Les cassettes produites sur place se vendent de 8 à 9 £E. La qualité est mauvaise. Par ailleurs, la plupart des magasins disposent d'une sélection restreinte de copies pirates, concernant des artistes égyptiens et arabes (voir la rubrique *Arts* du chapitre *Présentation du pays*) et de chanteurs occidentaux.

C'est dans les boutiques jalonnant Sharia Shawarby, au Caire, que vous trouverez le plus vaste choix ; pour la musique nubienne, reportez-vous au chapitre qui traite d'Assouan.

Les CD importés et un nombre croissant d'enregistrements sur laser d'artistes égyptiens sont également disponibles au Caire (essayez Maestro et Joke Box, tous les deux installés dans le World Trade Center, sur la Corniche el-Nil, Bulaq), mais les prix pratiqués sont assez élevés (de 80 à 90 £E).

Instruments de musique

Les instruments traditionnels, tels que l'*oud* (luth), le *kamaan* (violon), la *nay* (flûte) et le *tabla* (tambour) ainsi qu'une variété d'autres instruments sont fabriqués et vendus dans une dizaine de magasins cairotes, situés dans Sharia Mohammed Ali, une rue qui part vers le sud-ouest, de Midan Ataba jusqu'au Musée d'art islamique. Gamil Georges, au n°170, propose des oud, par exemple, dont les prix oscillent entre 150 et 300 £E.

Papyrus

On trouve du papyrus de piètre qualité à travers toute l'Égypte et vendu pratiquement rien, mais vous pouvez aussi débourser des sommes folles pour les mêmes produits. Soyez circonspect dans votre recherche et si vous envisagez l'achat d'une pièce onéreuse, assurez-vous qu'elle soit peinte à la main et non imprimée. Par ailleurs, vérifiez bien qu'il s'agisse de véritable papyrus qui ne s'endommage pas dès qu'on le roule, et non d'une simple feuille de banane qui risque de se briser. Le nom du Dr Ragab est depuis longtemps associé au papyrus, et il dispose de plusieurs "instituts" dans toute l'Égypte. Si son produit est de belle qualité, il est également cher. Une autre solution consiste à vous rendre au Said Delta Papyrus Centre du quartier musulman du Caire. Les tarifs affichés devraient pouvoir se négocier. La boutique est implantée dans Sharia al-Muizz li-Din Allah, au nord de Bab Zuweila. C'est au 3e étage, au-dessus d'un magasin de chaussures, et un panneau vous l'indique au premier.

Parfums

L'Égypte produit de nombreuses essences qui servent à fabriquer les parfums français, aussi n'est-il guère étonnant qu'une partie du Khan al-Khalili du Caire soit consacrée à un bazar de parfumerie. Vous pouvez acheter de l'essence pure, entre 8 et 20 £E l'once (28,35 g) ainsi que des substances meilleur marché, diluées dans de l'alcool ou de l'eau. Certains produits sont étiquetés, mais cela ne veut pas dire qu'on ne peut pas marchander.

Les petites bouteilles de verre démarrent à 3 £E, tandis qu'en pyrex, plus lourdes et moins cassables, elles sont proposées à partir de 10 £E.

Épices

On trouve tous les plantes aromatiques et les épices imaginables sur la plupart des marchés du pays. En général, ces produits sont plus frais et de meilleure qualité que leur équivalent vendu sous vide en Occident. Ils sont aussi quatre à cinq fois moins chers… mais cela dépend de vos aptitudes à marchander, bien sûr. Le souk d'Assouan est le plus réputé.

Comment s'y rendre

PRÉPARATION AU VOYAGE

Depuis la France, vous trouverez des adresses, des témoignages de voyageurs, des informations pratiques et de dernière minute dans *Le Journal de Lonely Planet,* notre trimestriel gratuit (écrivez-nous pour être abonné), ainsi que dans le magazine *Globe-Trotters*, publié par l'association Aventure du bout du monde (ABM, 7, rue Gassendi, 75014 Paris, ☎ 01 43 35 08 95, fax 01 43 22 24 41) qui organise des rencontres entre voyageurs (centre de documentation, projections...). Le site internet d'ABM (www.abm.fr) rassemble une multitude d'informations et publie notamment le *Guide pratique du voyage en avion* de Michel Puysségur, qui vous aidera à vous envoler au meilleur prix. Le Centre d'information et de documentation pour la jeunesse (CIDJ, 101 quai Branly, 75015 Paris, ☎ 01 44 49 12 00) édite des fiches très bien conçues : "Réduction de transports pour les jeunes" n°7.72, "Vols réguliers et vols charters" n°7.74, "Voyages et séjours organisés à l'étranger" n°7.41. Il est possible de les obtenir par correspondance en se renseignant sur Minitel 3615 CIDJ. Les fiches coûtent entre 10 et 20 FF.

Le magazine *Travels,* publié par Dakota Éditions, est une autre source d'informations sur les réductions accordées aux jeunes sur les moyens de transports, notamment les promotions sur les vols. Il est disponible gratuitement dans les universités, lycées, écoles de commerce françaises.

Depuis la Belgique, la lettre d'information *Farang* (La Rue 8a, 4261 Braives) traite de destinations étrangères. L'association Wegwyzer (Beenhouwersstraat 24, B-8000 Bruges, ☎ (50) 332 178) dispose d'un impressionnant centre de documentation réservé aux adhérents et publie un magazine en flamand, *Reiskrand*, que l'on peut se procurer à l'adresse ci-dessus.

En Suisse, Artou (Agence en recherches touristiques et librairie), 8, rue de Rive, 1204 Genève, ☎ (022) 818 02 40 (librairie du voyageur) et 18, rue de la Madeleine, 1003 Lausanne, ☎ (021) 323 65 54, fournit des informations sur tous les aspects du voyage. A Zurich, vous pourrez vous abonner au *Globetrotter Magazin* (Rennweg 35, PO Box, CH-8023 Zurich, ☎ (01) 211 77 80)

Depuis/vers les pays voisins

- **Israël et territoires sous autorité palestinienne.** Du Caire, par la route, deux itinéraires sont possibles (voir plus loin) : l'un direct (en bus : 10 heures, 120 £E), l'autre *via* le Sinaï. Vous pouvez aussi prendre l'avion moyennant 629 £E l'aller simple.
- **Jordanie.** Au Caire, vous pouvez prendre le bus pour Nuweiba (7 heures, 50 £E), puis l'un des deux ferries (voir plus loin) qui traversent la mer Rouge (32 $US le bateau lent, 42 $US le catamaran). Le trajet en avion revient à 833 £E l'aller simple.
- **Libye.** Au moment où nous mettons sous presse, nous apprenons que les sanctions internationales qui touchent la Libye pourraient être levées prochainement. Les liaisons aériennes entre Le Caire et Tripoli devraient par conséquent reprendre. D'ici là, la seule option consiste à prendre un bus au Caire ou à Alexandrie (voir plus loin).
- **Soudan.** Pour l'instant, il est impossible de se rendre d'Égypte au Soudan par voie terrestre. Vous devrez donc dépenser 1 342 £E pour un aller simple en avion ou bien emprunter le ferry Wadi Halfa (voir plus loin) au départ d'Assouan (12 à 17 heures, 88,50 £E ou 142 £E, suivant la classe).

qui, au travers d'expériences vécues, renseigne sur les transports et les informations pratiques.

VOIE AÉRIENNE

Aéroports et compagnies

La compagnie nationale EgyptAir dessert les lignes intérieures et internationales. D'après notre expérience, ses prestations laissent plutôt à désirer. De plus, ses tarifs ne sont pas particulièrement bon marché. Pour un prix équivalent, voire inférieur, vous bénéficierez ailleurs d'un service de bien meilleure qualité.

Parmi les aéroports égyptiens, six accueillent les vols internationaux : Le Caire, Alexandrie, Louxor, Assouan, Hurghada et Sharm el-Sheikh. En fait, la plupart des voyageurs arrivent en Égypte par Le Caire.

EgyptAir et Air Sinaï relient neuf destinations à l'intérieur du pays (pour plus de détails, consulter le chapitre *Comment circuler*).

Aéroport du Caire. L'aéroport se situe à 25 km au nord-est du centre-ville, et une distance de 3 km sépare ses deux terminaux. Le Terminal II, ou nouveau terminal, héberge la plupart des compagnies internationales, tandis que l'ancien, le Terminal I, est essentiellement réservé à EgyptAir (vols intérieurs et internationaux).

En arrivant au Terminal II, avant de passer le contrôle douanier, vous trouverez une ou deux boutiques duty-free, des bureaux de change, plusieurs banques et une agence Thomas Cook. Situés côte à côte, les bureaux de change pratiquent à peu près les mêmes taux et proposent également des timbres fiscaux pour les visas (voir la rubrique *Visas et autres formalités* du chapitre *Renseignements pratiques*). Le Terminal I offre des services bancaires comparables. Le bureau d'information touristique au Terminal II ne se montre en général pas d'une grande utilité.

Le hall des départs du Terminal II est occupé par quelques boutiques duty-free (qui n'acceptent pas les livres égyptiennes) et par un bureau de poste. On y trouve des cartes téléphoniques, un service de téléphone Home Country Direct, un télex et un télégraphe.

Une consigne à bagages ouverte 24h/24 se tient entre le hall des départs et celui des arrivées. Comptez 3 £E par article de moins de 25 kg et 6 £E pour un poids supérieur.

Les principales sociétés de location de véhicules disposent d'un comptoir dans le hall des arrivées.

Pour plus de détails sur les moyens de transport entre l'aéroport et le centre-ville, reportez-vous à la rubrique *Comment circuler* du chapitre consacré au Caire.

Attention ! A leur arrivée, nombre de touristes se font accoster par les tristement célèbres "guides officiels". Pour en savoir plus sur leurs pratiques, lisez l'encadré *La grande escroquerie hôtelière du Caire* dans le chapitre consacré à la capitale.

Billets

Les tarifs cités dans ce guide sont là pour vous donner une idée générale. Ils se basent sur ceux proposés par les agences de voyage au moment où nous mettons sous presse. Les compagnies indiquées ne font pas l'objet d'une recommandation spéciale de notre part.

Services particuliers

Si vous avez des besoins spécifiques ou des exigences concernant votre voyage, faites-le savoir à la compagnie dès que possible afin qu'elle puisse prendre des dispositions. N'oubliez pas non plus de les mentionner à nouveau lors de la confirmation du vol (au moins 72 heures avant le départ) et au moment de l'enregistrement à l'aéroport.

La plupart des aéroports internationaux sont en mesure de vous fournir au besoin un accompagnateur du guichet d'embarquement jusqu'à l'avion. Ils sont en général équipés de rampes, d'ascenseurs, de toilettes et de téléphones accessibles aux handicapés.

Les chiens guides d'aveugle voyagent dans la soute avec les autres animaux, mais ceux de petite taille peuvent être admis en cabine. Ils devront tous et dans tous les cas se soumettre aux lois de quarantaine (six mois d'isolement, etc.) à l'arrivée et au départ des pays où la rage a été éradiquée.

Les voyageurs sourds peuvent demander à ce que les annonces concernant les vols soient inscrites sur des panneaux d'affichage.

Un enfant de moins de 2 ans ne paie que 10% du tarif standard (certaines compagnies accordent la gratuité), à condition qu'il n'occupe pas un siège à lui tout seul. Il n'a pas droit à un quota de bagages. Si vous prévenez, la compagnie peut vous procurer un petit lit adapté aux enfants jusqu'à 10 kg. De 2 à 12 ans, les enfants paient entre la moitié et les deux tiers du prix normal pour un siège et disposent d'un quota de bagages. Souvent, les poussettes sont admises en cabine comme bagage à main.

Depuis/vers l'Amérique du Nord

Council Travel, le plus important organisme américain de voyages étudiants, dispose d'environ 60 agences aux États-Unis. Son siège (☎ 800-226 8624) se trouve 205 E 42 St, New York, NY 10017. Téléphonez pour connaître l'agence la plus proche de chez vous ou consultez son site sur Internet (www.ciee.org).

Travel CUTS (☎ 800-663 6000, 171 College St, Toronto, ON M5T 1P7) est l'organisme de voyages national des étudiants canadiens et possède des agences dans les grandes villes, ainsi qu'un site Internet (www.travelcuts.com). STA Travel (☎ 416-977 5228, 187 College St, Toronto, ON M5T 1P7) dispose aussi de bureaux à Montréal, Calgary, Edmonton et Vancouver. Pour visiter son site, tapez : www.statravel.com.

Pour se rendre au Moyen-Orient et en Afrique depuis le Canada, la solution la plus abordable consiste à passer par Londres. Vous pouvez aussi opter pour un billet tour du monde (Round-the-World – RTW) comprenant une halte au Caire.

Depuis/vers l'Europe francophone

Il existe de nombreuses agences spécialistes de l'Égypte à Paris, qui constitue un bon point de départ pour organiser son voyage. Pour un aller-retour, comptez entre 2 200 et 3 600 FF, selon la nature du vol (régulier ou charter) et la saison. Vous pourrez atterrir au Caire, à Louxor, à Hurghada, à Sharm el-Sheikh ou à Assouan.

Billets soldés. Quelques compagnies vendent à prix concurrentiel des sièges vacants une semaine ou deux avant le départ. Renseignez-vous auprès des voyagistes suivants :

Dégriftour
  (Minitel 3615 DT), www.degriftour.fr
Réductour
  (Minitel 3615 RT), www.reductour.fr
Air France
  (Minitel 3615 AF, rubrique "les coups de pouce")

Agences de voyages à prix réduits. De nombreuses agences proposent des offres intéressantes sur des vols à destination de l'Égypte.

Anyway
  vente par téléphone uniquement
  (☎ 0803 008 008, Minitel 3615 Anyway, www.anyway.fr)
Acotra World
  110 rue du Marché-aux-Herbes,
  1000 Bruxelles (☎ 2 512 86 07)
Charters Plus
  6 rue Troyon, 75017 Paris
  (☎ 01 44 09 06 24)
Compagnie des Voyages
  28 rue Pierre-Lescot, 75001 Paris
  (☎ 01 45 08 44 88, fax 01 45 08 03 69, www.lcdv.com ; voyages@internetaddress.com)
Connections
  rue du Midi 19-21, 1000 Bruxelles
  (☎ 2 550 01 00)
  av. Adolphe-Buyl 78, 1050 Bruxelles
  (☎ 2 647 06 05)
  Nederkouter 120, 9000 Gand
  (☎ 9 223 90 20)
  rue Sœurs-de-Hasque 7, 4000 Liège
  (☎ 4 223 03 75)
Djos'Air Voyages
  153 av. Jean-Lolive, 93500 Pantin
  (☎ 01 41 71 19 19, fax 01 41 71 19 39)
Éole
  chaussée de Haecht 43, 1210 Bruxelles
  (☎ 2 217 27 44)

Forum Voyages
49 av. Raymond-Poincaré, 75016 Paris (☎ 01 47 27 89 89)
140 rue du Faubourg-Saint-Honoré, 75008 Paris (☎ 01 42 89 07 07)
Go Voyages
13 rue Saint-Lazare, 75009 Paris (☎ 0 803 803 747, Minitel 3615 Go ; www.govoyages.com)
Nouvelles Frontières
(☎ 0803 33 33 33, Minitel 3615 NF)
SSR
20 bd de Grancy, 1006 Lausanne (☎ 21 617 56 27 et 21 614 60 30)
Usit Voyages
6 rue de Vaugirard, 75006 Paris et 85 bd Saint-Michel, 75005 Paris (☎ 01 42 44 14 00)

Depuis/vers le Moyen-Orient

Si vous n'êtes pas pressé, sachez que passer d'Égypte en Israël, en Jordanie ou en Syrie par voie terrestre se révèle bien moins onéreux que l'avion.

Pour obtenir les coordonnées des compagnies aériennes citées plus bas, reportez-vous à la rubrique *Comment s'y rendre* du chapitre *Le Caire*.

Israël. Cinq vols Air Sinaï et cinq vols El Al relient Le Caire à Tel-Aviv chaque semaine. L'aller simple coûte 629 £E et l'aller-retour 895 £E (valable un mois).

Jordanie. Des avions de la Royal Jordanian Airlines et d'EgyptAir circulent quotidiennement entre Le Caire et Amman mais il n'existe pas de billets à prix réduits. Comptez 833 £E l'aller simple et 1 084 £E l'aller-retour avec EgyptAir, et 80 £E de moins avec la Royal Jordanian.

Syrie. Syrian Air dessert Damas cinq fois par semaine au départ du Caire (720 £E l'aller simple).

Depuis/vers l'Afrique

Malgré la proximité géographique, on ne trouve pas de formule bon marché pour se rendre d'Égypte vers le reste de l'Afrique. Vers la plupart des capitales africaines, un billet émis à Londres se révélera la plupart du temps moins cher qu'un billet acheté au Caire. Mieux vaut donc acheter en Europe un billet pour votre destination africaine incluant une escale au Caire.

Pour connaître l'adresse des compagnies aériennes citées plus bas, consultez la rubrique *Comment s'y rendre* du chapitre *Le Caire*.

Depuis/vers l'Éthiopie. Deux vols hebdomadaires relient l'Égypte à Addis-Abeba (actuellement le jeudi et le samedi très tôt) moyennant 584 $US l'aller simple et 811 $US l'aller-retour. Cependant, vous n'obtiendrez un aller simple que si vous produisez une carte de crédit ou des chèques de voyage couvrant le coût du retour.

Depuis/vers le Kenya. Kenya Airlines dessert Nairobi trois fois par semaine (2 116 £E l'aller simple). De Nairobi, vous pourrez poursuivre sur le Rwanda (Kigali), la Tanzanie (Dar es-Salaam), la République démocratique du Congo (Kinshasa) et le Zimbabwe (Harare).

Depuis/vers la Libye. Pour l'heure, les liaisons aériennes internationales avec la Libye sont toujours suspendues en raison de l'embargo imposé par l'ONU à la suite de l'attentat de Lockerbie.

Depuis/vers le Soudan. Sudan Airways et EgyptAir proposent chacune deux vols hebdomadaires entre Le Caire et Khartoum (durée : 2 heures 30). L'aller simple coûte 1 342 £E et l'aller-retour 1 633 £E (valable un mois). Pour acheter un aller simple, il faut cependant pouvoir présenter un billet au départ du Soudan vers votre pays d'origine. En outre, aucun titre n'est émis avant obtention du visa soudanais.

VOIE TERRESTRE

Avec son véhicule

Les conducteurs de voiture et de moto doivent se munir des papiers du véhicule, d'une assurance responsabilité civile et du permis de conduire international en plus de leur permis national. Attention, il existe deux types de permis international ! En ce qui concerne l'Égypte, on reconnaît celui en vigueur dans les anciennes colonies britanniques. Un carnet de passage en douane, sorte de passeport du véhicule, est également requis. Il vous exonère temporairement des droits de douane à l'importation et sert, le cas échéant, à noter les pièces détachées onéreuses que vous amenez avec vous (une boîte de vitesse, par exemple). Contactez votre Automobile Club local pour plus de détails.

On vous délivrera à la frontière égyptienne une autorisation valable trois mois (moins si votre visa est d'une durée inférieure). Celle-ci est renouvelable tous les trois mois pendant un maximum de deux ans, mais vous devrez payer à chaque renouvellement une somme variable. D'après les indications récentes d'un de nos lecteurs, la taxe d'entrée sur le territoire s'élevait à 142 £E pour une voiture plus 291 £E de droits de douane et d'assurance.

Les Égyptiens eux-mêmes ont des avis divergents concernant l'entrée ou non des véhicules à moteur diesel sur le territoire. Les personnes qui souhaitent voyager en 4x4 doivent d'abord se renseigner auprès de l'ambassade d'Égypte de leur pays d'origine car la réglementation en vigueur est assez floue et sujette à controverse. Pour plus de renseignements, adressez-vous à l'Automobile and Touring Club of Egypt (☎ 574 3355), 10 Qasr el-Nil, au Caire. Il est ouvert de 9h à 13h30, tous les jours sauf le vendredi.

Si vous voulez utiliser votre propre véhicule, assurez-vous avant de partir que les pièces détachées et le type de carburant utilisé sont bien disponibles en Égypte. L'essence sans plomb a été introduite dans le pays en 1995 mais reste introuvable en dehors du Caire et d'Alexandrie.

Israël et les territoires sous autorité palestinienne

Deux possibilités s'offrent à vous. Si vous avez l'intention de vous rendre directement à Tel-Aviv ou à Jérusalem, vous devrez passer par Rafah. Par contre, si vous souhaitez séjourner quelque temps dans le Sinaï et arriver en Israël par Eilat, choisissez plutôt l'itinéraire *via* Taba.

La plupart des ressortissants étrangers n'ont pas besoin de visa pour entrer en Israël. A l'inverse, un visa de retour ou à entrées multiples est nécessaire pour repasser en Égypte (voir la rubrique *Visas et formalités complémentaires* du chapitre *Renseignements pratiques*).

Rafah. Un bus partant du centre du Caire rallie Tel-Aviv et Jérusalem, les dimanche, lundi, mercredi et jeudi. La ligne est exploitée par la compagnie Travco (☎ 340 4493), 13 Mahmoud Azmy, Zamalek. Le billet coûte 136 £E l'aller simple et est également vendu dans les agences de Misr Travel, au 7 Talaat Harb ou au premier étage de l'hôtel Sheraton du Caire. Nous vous déconseillons les agences autour de Midan Tahrir. Le bus part du Sheraton à 5h30 et le trajet dure 10 heures. Comptez environ 5 heures jusqu'à Rafah, 2 heures pour le passage de la frontière (préparez 10 £E pour la navette entre les halls d'immigration égyptien et israélien), puis 3 heures supplémentaires à bord d'un bus de la compagnie israélienne Mazada Tours. A la frontière, vous devrez acquitter une taxe de départ de 17 £E.

Une autre solution consiste à prendre un bus local pour Rafah au départ de Midan Ulali au Caire (voir *Comment s'y rendre* dans le chapitre *Le Caire*). Cette solution est cependant plus hasardeuse car, du côté israélien, le seul bus desservant Jérusalem et Tel-Aviv part à 15h.

En théorie, le bus égyptien atteint la frontière à 13h30, ce qui ne vous laisse plus qu'une heure et demie pour remplir les formalités. Mais en réalité, il est très fréquent de manquer la correspondance. Vous devrez alors prendre un taxi collectif pour traverser la bande de Gaza jusqu'à la ville de Gaza puis, de là, un autre taxi collectif pour Jérusalem. Au bout du compte, vous aurez dépensé davantage… pour faire un long détour.

Taba. L'autre itinéraire consiste à vous rendre jusqu'à Taba dans le Sinaï. Deux bus quotidiens partent du Caire à 8h (50 £E) et à 23h (70 £E) depuis le terminal du Sinaï. Le trajet dure de 7 à 9 heures. Si vous séjournez dans une station balnéaire du sud du Sinaï comme Dahab ou Sharm el-Sheikh, sachez que de nombreux bus et taxis collectifs remontent le long de la côte.

A Taba, vous pouvez traverser la frontière à pied (elle est ouverte 24h/24) pour passer en Israël, puis vous rendre à Eilat en taxi. De là, des bus fréquents rallient Jérusalem et Tel-Aviv (sauf pendant shabbat, du vendredi soir au crépuscule du samedi). De capitale à capitale, le trajet *via* Taba est plus cher et plus long que le précédent ; mais si vous aviez prévu de visiter le Sinaï ou Eilat, il présente un intérêt indéniable.

Libye

Des bus directs circulent entre Le Caire, Benghazi et Tripoli. Vous en trouverez également au départ d'Alexandrie, souvent même moins chers (pour plus de détails, consulter la rubrique *Comment s'y rendre* des chapitres *Le Caire* et *Alexandrie*). Une solution plus compliquée, mais aussi plus économique, consiste à prendre un bus d'Alexandrie (voir la rubrique *Comment s'y rendre* correspondante) à Solum, dans l'extrême nord-ouest du pays, puis un taxi jusqu'à la frontière. De là, vous pouvez poursuivre vers l'ouest avec les transports libyens (reportez-vous à la rubrique *Solum* du chapitre *Alexandrie et la côte méditerranéenne).*

VOIE MARITIME

Depuis/vers l'Europe

MenaTours sert d'agent aux navires assurant le service maritime restreint encore consacré au transport de passagers entre Port-Saïd et diverses destinations du pourtour méditerranéen, dont Beyrouth (Liban) et Antalya (Turquie). Il n'existe plus aucun port européen assurant un service passagers à destination des ports égyptiens. La dernière liaison entre Alexandrie et Athènes eut lieu en 1997. Cette même année vit également l'arrêt des ferries reliant Port-Saïd à Beyrouth.

Depuis/vers le Soudan

***Via* Wadi Halfa.** Le trafic maritime entre le lac Nasser et Wadi Halfa, au Soudan, a repris en 1998, après six années d'interruption. Cette longue pause a permis quelques améliorations et les nouveaux bateaux ne mettent plus que de 12 à 17h (les anciens prenaient une journée complète) pour effectuer la traversée.

Il vous en coûtera 142/88,40 £E pour une place en 1re/2e classe. En 1re classe, vous bénéficierez d'une couchette dans une petite cabine, tandis que la 2e classe ne vous donne droit qu'à un siège (si vous avez la chance d'en trouver un). Un repas est inclus dans le prix du billet (du foul en 2e classe et de la viande avec du riz en 1re classe). Cependant, les voyageurs de 2e classe peuvent commander un repas de 1re classe moyennant 3 £E. On vend aussi à bord du thé et des boissons non alcoolisées. Nous vous conseillons cependant d'amener quelques provisions.

Les billets s'achètent auprès de la Nile Valley Navigation Company à Assouan (☎ 303 348), près de l'office du tourisme, à une rue de la Corniche. L'agence ouvre de 8h à 14h30 tous les jours sauf le vendredi. Notez qu'on ne vous vendra un ticket que si vous détenez déjà un visa soudanais.

Le bateau quitte Assouan le lundi à 15h et arrive à Wadi Halfa aux environs de 8h le mardi. Vous devrez être au port, au Haut-Barrage, vers midi. En tant qu'étranger, un certain nombre de tracasseries administratives vous attendent. Quelques formalités des services d'immigration soudanais ont lieu à bord (présentation d'un certificat de vaccination contre la fièvre jaune, par exemple). Le bateau repart de Wadi Halfa tous les mercredi après-midi et accoste à Assouan le jeudi matin.

Si vous comptez entrer au Soudan avec un véhicule, la Nile Valley Navigation Company affrète aussi un ferry de marchandises pouvant transporter cinq ou six voitures. Cependant, il n'y a pas de départ fixe et il faut payer pour l'ensemble du bateau la somme exorbitante de 8 000 £E. De plus, aucun aménagement n'est prévu pour d'éventuels passagers (vous devrez dormir dans votre voiture et apporter vos provisions) et la traversée dure 2 jours. Pour plus d'informations, appelez la compagnie.

Si vous rencontrez à Assouan des problèmes administratifs pour vous rendre au Soudan, essayez de contacter Mohammed Amin (voir *Comment s'y rendre* dans la rubrique *Assouan* du chapitre *La vallée du Nil – d'Esna à Abou Simbel*).

***Via* la mer Rouge.** Pour l'instant, aucun ligne maritime régulière n'effectue la liaison entre l'Égypte et Port-Soudan. Vous pouvez prendre un bateau à Djeddah mais le visa de transit ne vous sera accordé que si votre bateau repart le jour même de votre arrivée de Suez. Pour plus de détails, appelez le bureau MenaTours de Suez (☎ 062-228 821) et consultez la rubrique *Comment s'y rendre* du chapitre *Canal de Suez*. Des yachts privés font route vers le sud, mais ils sont très peu nombreux et pas toujours disposés à embarquer des passagers. A Suez, Mohammed Moseilhy (☎ 062-330 418), de la Damanhur Shipping Agency, peut éventuellement vous aider à trouver des propriétaires de yacht prêts à rendre service.

Depuis/vers la Jordanie

Il existe une liaison maritime entre l'Égypte et la Jordanie *via* le port de Nuweiba dans le Sinaï. Un ferry et un catamaran font la navette avec Aqaba une fois par jour. Le ferry quitte Nuweiba à 15h et le trajet dure 3 heures. Le billet coûte 32 $US l'aller simple (20 $US pour les enfants de 5 à 12 ans). Vous devez vous présenter au port au moins 3 heures avant le départ. Le catamaran part aussi à 15h mais ne met que 1 heure pour rallier Aqaba. Comptez 42 $US l'aller simple, 26 $US pour les enfants de 3 à 10 ans et 16 $US pour les moins de 3 ans. Vous devez arriver au port 2 heures à l'avance.

Les billets se règlent en dollars, et le visa jordanien est nécessaire pour embarquer.

Pour plus d'informations sur les bus à destination de Nuweiba, lisez la rubrique *Comment s'y rendre* du chapitre consacré à la ville d'où vous partez. Il est possible de réserver un billet combiné bus-ferry du Caire ou d'Alexandrie jusqu'à Aqaba, voire jusqu'à Amman. Du Caire (terminal du Sinaï), le voyage coûte 32 $US plus 63 £E.

Depuis/vers l'Arabie saoudite et le Koweït

De ferries réguliers relient Djeddah à Suez (36 heures environ). Plusieurs compagnies sont en concurrence et les tarifs varient parfois d'un agent à l'autre. Généralement, le prix du billet s'échelonne de 145 £E au minimum à 300 £E en 1re classe. La plupart des ferries transportent aussi des véhicules moyennant un tarif élevé. Inutile d'espérer trouver une place pendant le pèlerinage à La Mecque. Vous pouvez vous informer auprès des agences Misr Travel ou acheter directement votre billet à leur bureau de Port-Tawfiq à Suez (pour plus de détails, voyez la rubrique *Comment s'y rendre* des sections *Suez* et *Port Safaga* respectivement dans les chapitres *Canal de Suez* et *Littoral de la mer Rouge*).

Il existe aussi des services réguliers entre Hurghada et Port Safaga, sur la mer Rouge, et Dubaï en Arabie saoudite. A ce sujet, reportez-vous au paragraphe *Comment s'y rendre* des rubriques *Hurghada* et *Port Safaga* ou bien contactez MenaTours au Caire (☎ 348 2230) ou le bureau de Telestar Line à Port Safaga (☎ 452 315).

De même que vous pouvez vous procurer un billet direct jusqu'à Aqaba et Amman, il est possible d'acheter au Caire (terminal du Sinaï ou garage Turgoman) ainsi qu'à Alexandrie des billets directs pour divers pays du Golfe. Le trajet Le Caire-Riyad (un départ quotidien à 13h) revient de 250 à 275 £E. Comptez 380 £E pour vous rendre au Koweït.

VOYAGES ORGANISÉS

Une pléthore de voyagistes proposent des circuits en Égypte allant de la croisière sur le Nil au safari en passant par la plongée sous-marine. Faites le tour des agences pour comparer les prix et vérifiez soigneusement le détail de l'itinéraire, l'hébergement, l'émetteur du billet, le visa et autres formalités, l'assurance et les conditions du circuit.

Vous trouverez ci-dessous une liste de tour-opérateurs connaissant bien l'Égypte et pouvant proposer des prestations sur mesure.

Croisières sur le Nil

Depuis qu'en Moyenne-Égypte, l'activité militante de certains intégristes a mis les voyagistes dans l'impossibilité d'effectuer des traversées complètes du Caire à Louxor, nombre de compagnies ont abandonné leurs formules de croisières. Cependant, il est toujours possible d'effectuer une traversée de trois ou quatre jours de Louxor vers le sud (voir *Croisières sur le Nil* dans la rubrique *Bateau* du chapitre *Comment circuler*). Consultez le catalogue des grandes agences de voyages. Autre option à étudier attentivement : les croisières sur le lac Nasser (voir *Croisières sur le lac Nasser* dans le chapitre *Vallée du Nil – d'Esna à Abou Simbel*), que nous vous recommandons chaudement.

Avertissement

En raison de l'évolution constante du marché et de la forte concurrence régissant l'industrie du tourisme, les renseignements présentés dans ce chapitre restent purement indicatifs. En particulier, les tarifs des vols internationaux et les horaires sont toujours susceptibles d'être modifiés.

De plus, l'administration et les compagnies aériennes semblent prendre un malin plaisir à concevoir des formules relativement complexes. Assurez-vous, auprès de la compagnie aérienne ou d'une agence de voyages, que vous avez bien compris les modalités de votre billet.

Avant de vous engager, nous vous recommandons de vous renseigner auprès de votre entourage et de faire le tour des compagnies et des agences, en comparant les tarifs et les conditions proposés par chacune.

Circuits aventure et safaris

Les circuits en 4x4 sont actuellement à la mode. L'avantage de ces formules est que les organisateurs se chargent de la plupart des formalités administratives, en particulier celles concernant l'obtention des visas et le passage des frontières.

France

Atalante
10, rue des Carmes, 75005 Paris
(☎ 01 55 42 81 00)
36-37 quai Arloing, 69256 Lyon Cedex 09
(☎ 04 72 53 24 80, fax 04 72 53 24 81)
9, rue de la Tour, Case Postale 76, CH 1000, Lausanne 9 (☎ (21) 312 34 22, atalante@atalante.fr)

Autrement l'Égypte
72, bd St-Michel, 75006 Paris
(☎ 01 44 41 69 95, fax 01 44 07 21 80)

Clio
34, rue du Hameau, 75015 Paris
(☎ 01 53 68 82 82, fax 01 53 68 82 60).

Club Aventure
18, rue Séguier, 75006 Paris
(☎ 01 44 32 09 30, fax 01 44 32 09 59, Minitel 3615 Clubavt, www.clubaventure)

Comptoir des Déserts
23, rue du Pont-Neuf, 75001 Paris
(☎ 01 40 26 19 40, fax 01 42 21 47 07, Minitel 3615 Comptoir, deserts@club-internet.fr)

Djos' Air Voyages
153, av. Jean-Lolive, 93500 Pantin
(☎ 01 41 71 19 19 ou 29, fax 01 41 71 19 39)

Esprit d'Aventure et Terres d'Aventure
6, rue Saint-Victor, 75005 Paris
(☎ 01 53 73 77 77 ou 01 53 73 77 99, fax 01 43 29 96 31, Minitel 3615 Terdav)
9, rue des Remparts-d'Ainay, 69002 Lyon
(☎ 04 78 42 99 94)

Explorator
16, rue de la Banque, 75002 Paris
(☎ 01 53 45 85 85, fax 01 42 60 80 00, explorator@explo.com)

Fleuves du monde
7, rue Cochin, 75005 Paris
(☎ 01 43 25 54 19, fax 01 43 25 54 36)
ou 17, rue de la Bûcherie, 75005
(☎ 01 44 32 12 85, fax 01 44 32 12 89)

Ikhar
32, rue du Laos, 75015 Paris
(☎ 01 43 06 73 13)

Nomade
49, rue de la Montagne-Sainte-Geneviève, 75005 Paris (☎ 01 46 33 71 71)

Nomade Expérience
Bd Pérolles 14, CP 621, Fribourg, Suisse
(☎ 026 341 05 70)
Oriensce Voyages
164, rue Jeanne-d'Arc, 75013 Paris
(☎ 01 43 36 10 11, fax 01 43 36 03 00)
Paysages du Monde
11, rue Meslay, 75003 Paris
(☎ 01 42 77 08 11, fax 01 48 87 94 11)
Peuples du Monde
10, rue de Montmorency, 75003 Paris
(☎ 01 42 72 50 36)
Sindbad
50, rue Servan, 75011 Paris
(☎ 01 43 38 19 94, fax 01 43 38 93 56)
UCPA
(☎ 0 803 820 830, Minitel 3615 UCPA, 1,29 FF/mn)
Les Voyages de Pharaon
20, rue des Fossés-Saint-Bernard, 75005 Paris
(☎ 01 43 29 36 36, fax 01 43 54 62 26)
108, rue du Château, 75005 Paris
(☎ 01 40 64 01 23)
Voyageurs en Égypte (Voyageurs dans le monde arabe)
La Cité des Voyageurs,
55, rue Sainte-Anne, 75002 Paris
(☎ 01 42 86 17 90, fax 01 42 86 16 14)
Voyageurs dans les déserts
(☎ 01 42 86 16 21, fax 01 42 97 42 31)
5, quai Jules-Courmont, 69003 Lyon
(☎ 04 72 56 94 56, fax 04 72 56 94 55)
12, rue Gabriel-Péri, 31000 Toulouse
(☎ 05 62 73 56 46, Minitel 3615 Voyageurs ou VDM, www.vdm.com)
Zig Zag
54, rue de Dunkerque, 75009 Paris
(☎ 01 42 85 13 93, fax 01 45 26 32 85, Minitel 3615 Zig Zag Voyage)

Canada

Adventure Center
(☎ 1800-227 8747, fax 510-654 4200, tripinfo@adventure-center.com)
1311 63rd St, suite 200, Emeryville, CA 94608
Représentant des agences anglaises Dragoman, Encounter Overland et Explore Worldwide
Bestway Tours & Safaris
(☎ 604-264 7378, fax 264 7774, bestway@bestway.com, www.bestway.com)
103-3540 West 41st Ave, Vancouver, BC V6N 3E6

Plongée

Bien sûr, rien ne vous empêche de réserver simplement le transport et l'hébergement dans le Sinaï ou à Hurghada, puis d'organiser vous-même vos plongées avec l'un des nombreux centres de plongée locaux (voir *Plongée en mer Rouge*).

Néanmoins, il existe de nombreuses agences spécialisées proposant des formules tout compris. La liste qui suit n'est pas exhaustive :

Aéromarine
22 rue Royer-Collard, 75005 Paris
(☎ 01 43 29 30 22)
Aquarev'
52 bd de Sébastopol, 75003 Paris
(☎ 01 48 87 55 78)
Blue Lagoon
81 rue Saint-Lazare, 75009 Paris
(☎ 01 42 82 95 40)
Également représenté à Lyon
(☎ 04 78 30 01 06)
Marseille (☎ 04 91 55 08 69)
et Mulhouse (☎ 03 89 66 23 23)
Force 4
16 rue d'Argenteuil, 75001 Paris
(☎ 01 42 97 51 53)
Fun & Fly
55 Bd de l'Embouchure, 31200 Toulouse
(☎ 05 62 72 46 00)
Key Largo
82 rue Balard, 75015 Paris
(☎ 01 45 54 47 47)
Nouvelles Frontières
Demandez la brochure Séjours à votre agence Nouvelles Frontières
Sport Away Voyages
BP 109, 13321 Marseille Cedex 16
(☎ 0 803 01 3000)
Subexplor
50 passage des Panoramas, 75002 Paris
(☎ 01 40 39 99 33)
UCPA
(☎ 0 803 820 830, Minitel 3615 UCPA, 1,29 FF/mn)
Ultramarina
37 rue Saint-Léonard, 44032 Nantes Cedex 1
(☎ 02 40 89 34 44)
et 25 rue Thiboumery, 75015 Paris
(☎ 01 40 43 03 63 et 08 25 02 98 02)

Comment circuler

L'Égypte dispose d'un système de transports, publics et privés, très développé. A condition de s'armer d'une bonne dose de patience, on peut voyager pratiquement partout dans le pays à des prix modiques.

AVION

EgyptAir assure la plus grande part du transport aérien intérieur. Air Sinai – en réalité EgyptAir sous un autre nom – est pratiquement le seul autre transporteur.

Les tarifs sont élevés et sans doute inabordables pour les voyageurs à petit budget. D'une manière générale, l'avion ne se justifie que si l'on manque vraiment de temps.

En haute saison (d'octobre à avril), bon nombre de vols affichent complet : réservez aussi longtemps à l'avance que possible.

depuis	vers	aller simple	aller-retour
Assouan	Abou Simbel		290 £E
Le Caire	Abou Simbel	818 £E	1 631 £E
	Alexandrie	248 £E	490 £E
	Assouan	576 £E	1 146 £E
	Hurghada	453 £E	900 £E
	Louxor	419 £E	832 £E
	Sharm el-Sheikh	477 £E	948 £E
Louxor	Assouan	190 £E	380 £E
	Hurghada	190 £E	380 £E

Consultez les rubriques *Comment circuler* des différentes villes pour de plus amples renseignements.

BUS

Les bus desservent pratiquement toutes les villes, bourgades et villages d'Égypte. Le prix du billet se rapproche généralement de celui du train en 2e classe. Les bus des grandes lignes, en particulier en Haute-Égypte et pour les trajets les plus courts, sont le plus souvent bondés. Même si vous avez la chance de dénicher une place assise au départ, vous risquez fort de vous retrouver à la fin avec quelqu'un ou quelque chose sur les genoux.

Des bus de luxe relient certaines grandes villes entre elles. Les compagnies Superjet et West Delta assurent notamment un service quotidien entre Le Caire et Alexandrie. De confortables bus climatisés desservent Le Caire, Ismaïlia, Port-Saïd, Suez, le monastère Sainte-Catherine, Sharm el-Sheikh, Hurghada et Louxor. Bien qu'un peu plus élevés que dans les bus ordinaires, les tarifs restent modestes. La pléthore de bus qui vont au sud du Caire en longeant le Nil offrent généralement un confort nettement plus sommaire.

Le prix du billet pour un même trajet varie selon le niveau de confort du bus et la durée du trajet. Dans les bus de nuit, veillez à garder un vêtement chaud à portée de main car la clim. est poussée au maximum. Sachez aussi que les en-cas servis à bord ne sont pas compris dans le prix du billet.

Sachez également que, même si la mention "non fumeur" est indiquée sur un bus, vous risquez d'être noyé dans un nuage de fumée pendant le trajet : un cauchemar pour les non-fumeurs.

Le billet s'achète dans le bus ou à la gare routière. Conservez-le jusqu'à la descente car des contrôleurs montent presque toujours à bord pour vérifier les billets. Il est préférable de réserver votre place un jour ou deux à l'avance, du moins sur les itinéraires les plus fréquentés (notamment du Caire au Sinaï) et sur ceux où les bus sont plus rares (comme du Caire aux oasis du désert de Libye). Il n'existe pas de réduction pour les étudiants.

Dans les bus où l'on peut acheter son billet à la montée, on se retrouve généralement debout si l'on n'a pas réservé sa place. Pour les courts trajets, on ne peut pas réserver ; les premiers arrivés prennent donc les meilleures places.

TRAIN

Bien qu'étendu (5 000 km), le réseau ferroviaire a nettement besoin de modernisation.

Les bus de luxe s'avèrent nettement préférables à la plupart des trains, souvent sales et en mauvais état. Font toutefois exceptions certaines lignes pour Alexandrie et les services touristiques pour Louxor et Assouan (dans ce cas, mieux vaut prendre le train que le bus).

Avec une carte internationale d'étudiant (ISIC), on bénéficie d'une réduction de 33% sur tous les tarifs, exceptés ceux des wagons-lits. Selon certains voyageurs, il serait également possible d'obtenir une réduction avec une carte de la International Youth Hostel Federation ou du Youth International Educational Exchange. Si vous disposez d'une carte ISIC et si vous êtes prêt à voyager en 3e classe, vous pouvez aller du Caire à Assouan pour seulement quelques livres. Pour prendre leur billet, les femmes se présentent directement au guichet sans faire la queue.

Classes

Les possibilités s'échelonnent des wagons-lits de 1re classe, relativement peu chers (par rapport à l'Europe ou aux États-Unis), aux places assises de 3e classe, ridiculement bon marché, en passant par les places assises de 1re classe et celles de 2e classe avec ou sans la clim.

Wagons-lits. Les trains avec wagons-lits sont les plus confortables et parmi les plus rapides du pays. Leurs voitures, identiques à celles des trains européens, ne comportent que des compartiments-lits. Auparavant, deux de ces trains reliaient quotidiennement Le Caire, Louxor et Assouan mais, depuis deux ans, il n'existe plus qu'une seule liaison journalière.

Toutes de 1re classe, les voitures sont climatisées et moquettées. Dans chaque compartiment, on trouve des serviettes, des cintres, de l'eau chaude et froide et des stores vénitiens. Il existe des voitures-salons. Petit déjeuner et dîner sont servis dans les compartiments.

Autres classes. Des trains de nuit réguliers, avec ou sans voitures-couchettes et repas compris, desservent Louxor et Assouan tous les jours et reviennent beaucoup moins cher que les wagons-lits. Il faut impérativement réserver à la gare Ramsès au Caire. Le billet que l'on vous remet inclut les repas à bord, ce qui correspond à un supplément de 10 £E sur le trajet Le Caire-Louxor, par exemple. Les compartiments des 1re et 2e classes étant climatisés, emportez un vêtement chaud pour la nuit.

Viennent ensuite les trains non climatisés, soit en 2e classe ordinaire, avec généralement des sièges rembourrés, soit en 3e classe avec des banquettes en bois. Ces trains s'arrêtent souvent à toutes les gares.

TAXI

Taxis collectifs

Voyager en *servis* reste l'un des moyens les plus rapides pour circuler d'une ville à l'autre. Les taxis collectifs utilisent généralement de grosses 504 Peugeot et suivent les grands itinéraires interurbains. Les chauffeurs attendent près des gares routières et ferroviaires et annoncent leur destination à haute voix pour attirer les passagers. Ils partent quand leur véhicule est plein ; autrement dit, ils n'ont pas d'horaires fixes et, pour qu'ils partent avant que la voiture soit pleine, il faut que vous et/ou les autres passagers acceptiez de payer davantage. Leurs tarifs reviennent généralement moins cher que ceux des bus ou des trains. L'inconvénient est qu'on se retrouve souvent entassé à six ou sept sans guère de place pour les bagages, si bien que le voyage s'avère souvent assez inconfortable. Par ailleurs, les accidents impliquant ce type de véhicule sont fréquents.

Microbus

Version légèrement plus grande du taxi collectif, le microbus est une camionnette Toyota dans laquelle tiennent parfois jusqu'à vingt-deux personnes, alors que la capacité normale du véhicule est de douze. Les microbus fonctionnent sur le même principe que les taxis collectifs et coûtent à peu près le même prix mais desservent moins de destinations.

Pick-up

Des pick-ups Toyota et Chevrolet circulent fréquemment entre les bourgades et les villages à l'écart des grands axes. Généralement, jusqu'à douze personnes tiennent dans la partie arrière couverte de la camionnette, au milieu de toutes sortes de marchandises.

VOITURE ET MOTO

Conduire au Caire est une folie, aussi réfléchissez-y à deux fois avant de louer une voiture dans cette ville. En revanche, conduire dans les autres régions du pays ne présente guère de difficultés, du moins pendant la journée. Disposer d'un véhicule, ou encore mieux d'un 4x4, vous donne accès à des régions entièrement dépourvues de transport en commun.

La moto serait le moyen idéal pour voyager en Égypte. Le hic, c'est qu'il faut emporter la vôtre et donc accomplir d'innombrables formalités que vous indiqueront l'Automobile club de votre pays et l'ambassade d'Égypte.

La ravitaillement en carburant ne pose pas de problèmes. L'ordinaire, ou *tamanin*, coûte 90 pt le litre, mais ne fera pas de bien à votre véhicule. Préférez le super, ou *tisa'in*, à 1 £E le litre. L'essence sans plomb, introduite en Égypte en 1995, n'est disponible que dans quelques stations-service du Caire (notamment à Mohandiseen, Zamalek et Ma'adi) et d'Alexandrie. En dehors du Caire, les stations-service n'étant souvent pas très nombreuses, faites le plein dès que vous pouvez. En dehors du Caire, de nombreuses stations-service ne vendent pas de *tisa'in,* aussi emportez un jerrican si vous craignez pour votre moteur.

Code de la route

En Égypte, on roule à droite. En dehors des agglomérations, la vitesse est officiellement limitée à 90 km/h (souvent moins dans certaines régions) et à 100 km/h sur les routes à quatre voies, comme celle qui relie Le Caire à Alexandrie. Si vous vous faites arrêter pour excès de vitesse, la police confisque votre permis de conduire et il faut aller le récupérer au bureau de la circulation de la région – une longue et laborieuse procédure. Parmi les quelques routes à péage (environ 1,25 £E), citons la Cairo-Alexandria Desert Highway, la route du Caire au Fayoum et la route qui passe par le tunnel Ahmed Hamdi (qui passe sous le canal de Suez, près de Suez).

Sur de nombreux axes existent des postes de contrôle où la police contrôle vos papiers d'identité. Si vous n'avez pas votre passeport et votre permis de conduire, vous risquez une amende de 100 $US payable immédiatement.

Si la circulation en ville vous paraît chaotique, sachez qu'il existe une règle cardinale : celui qui se trouve devant a la priorité.

Si vous circulez dans la campagne, faites attentions aux enfants et aux adultes qui se promènent sur la route. Conduisez très prudemment en faisant usage de votre avertisseur sonore. En cas d'accident, rendez-vous au commissariat de police le plus proche.

Lonely Planet publie un atlas routier, *Travel Atlas - Egypt*, très complet.

Location

Plusieurs sociétés de location sont représentées en Égypte, notamment Avis, Hertz et Budget (pour savoir où s'adresser, consultez la rubrique *Comment circuler* dans le chapitre *Le Caire*). Leur tarifs s'alignent sur les tarifs internationaux et il s'avère quasiment impossible d'obtenir des tarifs plus avantageux auprès de loueurs locaux. Quel que soit votre choix, lisez attentivement toutes les clauses du contrat.

Pour louer une voiture, le conducteur doit être âgé de plus de 25 ans et posséder un permis de conduire international.

Pour une petite voiture telle qu'une Suzuki Swift, comptez de 33 à 40 $US par jour, plus environ 0,20 $US par kilomètre supplémentaire ; pour une Toyota Corolla, de 56 à 60 $US par jour, plus environ 0,25 $US par kilomètre. Ces tarifs incluent généralement l'assurance et les 100 premiers kilomètres. Pour un kilométrage illimité, vous paierez environ 47/70 $US par jour pour les mêmes voitures. Certaines compagnies ne consentent les tarifs "kilométrage illimité" que pour une location minimum de sept jours, auquel cas vous débourserez entre 240 et 275 $US pour une Toyota Starlet. N'oubliez pas qu'à votre facture s'ajouteront 10 à 17% de taxes. Il est généralement possible de payer en chèques de voyage ou par carte de crédit.

Certaines sociétés, comme Europcar, offrent la possibilité de louer la voiture dans une ville et de la rendre dans une autre. Si vous préférez ne pas avoir à vous mesurer avec les routes égyptiennes, vous pouvez également louer une voiture avec chauffeur.

BICYCLETTE

Pour circuler dans les petites villes, la bicyclette présente de nombreux avantages. On peut louer des vélos à partir de 4 £E par jour environ, en particulier à Louxor. En revanche, les déplacements à bicyclette ne sont pas du tout conseillés dans les grandes agglomérations ou pour parcourir de longues distances. Le plus grand risque reste celui des chauffards absolument pas habitués aux cyclistes sur les routes.

EN STOP

L'auto-stop qui, partout dans le monde, présente toujours un certain risque. Il est en tout cas vivement déconseillé aux femmes. Si vous décidez néanmoins d'utiliser ce moyen de transport, vous verrez que nombre de conducteurs s'attendent à ce que vous payiez votre course.

BATEAU

Croisières sur le Nil

Durant des siècles, le bateau a été le seul moyen de circuler en Égypte. Les pharaons contemplaient leur empire depuis le fleuve, les gens se rendaient visite en felouque, des barges transportaient de précieuses cargaisons d'un bout à l'autre du pays. Dans l'ancienne Égypte, les défunts gagnaient le monde souterrain en barque.

A la fin des années 1860, Thomas Cook a lancé les premiers bateaux à vapeur sur le Nil, ouvrant la voie aux séjours touristiques en Égypte.

Malheureusement, suite aux menaces d'agressions terroristes en Moyenne-Égypte, il n'y a plus depuis le début des années 90 de bateaux de croisière sur le Nil entre Le Caire et Assouan, et vice-versa. En revanche, plus de deux cent cinquante bateaux circulent entre Louxor et Assouan et permettent de découvrir les monuments de cette partie du pays d'une manière relaxante. La plupart des croisières comportent deux ou trois jours de navigation entre ces deux localités avec des arrêts aux temples qui jalonnent le parcours.

Les bateaux correspondent le plus souvent à un hôtel quatre ou cinq-étoiles, mais il existe aussi quelques trois-étoiles. Pour une croisière de quatre jours (trois nuits) sur un bateau de catégorie supérieure, il faut comptez au moins 200 à 300 $US par personne, repas et visites compris. En basse saison, vous pouvez trouver beaucoup moins cher. Pour bénéficier des conditions les plus avantageuses, mieux vaut réserver sa croisière depuis son propre pays, mais l'on peut aussi réserver sa place en Égypte, si le bateau n'est pas complet.

Les bateaux les plus réputés dépendent de chaînes hôtelières internationales, telles que Mövenpick ou Sheraton. Des agences de voyage basées au Caire, comme Abercrombie & Kent (☎ 394 7735) et Thomas Cook (☎ 574 3955), possèdent également leurs propres bateaux et jouissent d'une excellente réputation.

Parmi les autres agences, mentionnons Misr Travel Co & Hilton International (☎ 383 3444), Presidential Nil Cruises (☎ 340 0517), Travcotels (☎ 340 0959) et Seti First Travel (☎ 341 9820).

Felouque

Les traditionnels bateaux à voile du Nil servent encore couramment au transport sur le fleuve. Nombre de personnes les utilisent également pour circuler entre Assouan et Esna, Edfou et Kom Ombo.

Pour plus de renseignements sur l'organisation d'une excursion en felouque, consultez la rubrique *Le fleuve* dans la section *Assouan* du chapitre *Vallée du Nil – d'Esna à Abou Simbel*.

Navires de plaisance

Il est possible de circuler en bateau de plaisance dans les eaux et les ports égyptiens.

Parmi les douze ports d'entrée accessibles, mentionnons Alexandrie, Port-Saïd, Sharm el-Sheikh, Dahab, Nuweiba, Hurghada, Suez et Ismaïlia.

Pour naviguer sur le Nil, il faut un permis spécial (security permit) et, pour passer par le canal de Suez, il faut acquitter un droit de transit de 20 £US pour le bateau, plus 10 $US par personne.

Il faut vous munir de tous les documents habituels nécessaires pour le bateau, plus six copies de la liste de l'équipage. Il faut également produire des visas en cours de validité ainsi que d'autres justificatifs, tels qu'un certificat de santé, une liste en vigueur de l'armement du bateau et une police d'assurance (pour le canal de Suez). Vous pouvez obtenir les visas à votre arrivée dans le premier port. Il est également possible de s'abriter dans des ports où l'entrée n'est pas autorisée, sans toutefois pouvoir accoster.

On trouve du carburant dans tous les ports d'entrée et des cartes de navigation à Alexandrie, à Port-Saïd et à Suez (demandez une "Marinkart"). Il existe neuf yacht-clubs en Égypte. Pour plus de précisions, adressez-vous à votre propre yacht-club avant de partir pour l'Égypte. Avant de quitter l'Égypte, il vous faut obtenir un permis de départ de la Coast Guard (garde côtière), après l'obtention duquel vous êtes censé partir dans les 24 heures.

Si vous souhaitez trouver une place à bord d'un bateau de plaisance descendant vers la mer Rouge ou ailleurs, mieux vaut tenter votre chance à Suez ou à Port-Saïd.

TRANSPORTS LOCAUX

Bus et minibus

Le Caire et Alexandrie sont les seules villes d'Égypte à posséder un réseau de bus urbains. Malheureusement, réussir à monter à bord d'un bus, puis à en sortir, constitue un véritable exploit.

Les bus ralentissent tout juste pour prendre les passagers et il est rare qu'ils s'arrêtent vraiment pour vous laisser descendre. Debout devant la porte, il vous faut donc attendre le moment opportun pour sauter sur la route.

Prendre un minibus s'avère plus facile. Les passagers ne sont pas autorisés à rester debout (bien que la règle soit souvent enfreinte) et chaque minibus part dès que chaque siège est occupé. La place coûte 25 à 50 pt selon la destination.

Microbus

Des microbus privés font la navette dans toutes les plus grandes agglomérations. Cependant, ils ne sont pas faciles à utiliser pour un voyageur car on sait difficilement où ils vont, sauf quand un jeune garçon se penche à la porte pour annoncer à haute voix la destination.

Au Caire, vous aurez peut-être l'occasion de prendre un microbus pour aller voir les pyramides, tandis qu'à Alexandrie, ils font la navette le long de la Tariq al-Horreyya et de la Corniche jusqu'à Montazah.

La plupart des villes de moyenne importance disposent également de services de microbus similaires qui suivent un trajet fixe.

Métro

Le Caire est la seule ville d'Égypte (et même d'Afrique) dotée d'un réseau métropolitain (pour plus de précisions, voir la rubrique *Comment circuler* de ce chapitre).

Vendeurs ambulants

Les bus et les tramways qui attendent dans les gares routières attirent les vendeurs ambulants, qui arpentent la travée centrale en proposant bonbons, brosses à cheveux, articles de toilette, billets de tombola ou cartes portant des versets du Coran. La méthode de vente habituelle consiste à déposer un article sur les genoux de chaque passager. Si c'est le cas, n'essayez pas de le rendre ; juste avant le départ du bus ou du tramway, le vendeur vient ramasser ses marchandises ainsi que l'argent des éventuels acheteurs.

Taxi !

Très pratiques pour circuler en ville, les taxis peuvent être source de contrariétés lorsqu'il s'agit de payer la course. L'absence de tarification au kilomètre prête en effet à toutes les contestations. Les passagers ont souvent le sentiment qu'on les exploite (ce qui est souvent le cas), et les chauffeurs se sentent parfois sous-payés. Les chauffeurs n'utilisent pas le compteur kilométrique car ils ont tous été étalonnés à l'époque où le carburant était ridiculement bon marché. Ces temps étant révolus depuis longtemps, un chauffeur qui se fierait à son compteur en serait aujourd'hui de sa poche à chaque passage à la pompe.

Tramway

Le Caire et Alexandrie sont les deux seules villes du pays équipées d'un système de tramways. Alors que le réseau d'Alexandrie reste relativement important et efficace, celui du Caire ne dessert plus que quelques rares lignes (pour plus de détails, voir les rubriques *Comment circuler* des chapitres correspondants).

Taxi

Il existe des taxis dans la plupart des villes d'Égypte : au Caire, ils sont noir et blanc, à Alexandrie, noir et orange. C'est le moyen le plus pratique de circuler en ville. Faites signe de la main à n'importe quel taxi passant dans la bonne direction tout en annonçant à voix forte votre destination. Peu importe s'il y a déjà un passager à l'intérieur, ce sont des taxis collectifs. Quand un taxi s'arrête, assurez-vous que le chauffeur va bien dans votre direction.

Ne demandez pas "combien ?". L'usage veut que vous sachiez en montant combien vous devrez payer et que, une fois arrivé, vous sortiez de la voiture avant de tendre l'argent par la fenêtre. Veillez à faire l'appoint (en billets de 1 £E). Si un chauffeur suspecte que vous ne connaissez pas le tarif, vous voilà désigné pour être le parfait "pigeon". Si, une fois monté dans le taxi, le chauffeur commence à parler d'argent, annoncez un prix correct (nous vous donnons des exemples de prix corrects tout au long du guide) et, s'il n'accepte pas, descendez chercher une autre voiture.

Souvent, au moment de payer, le chauffeur vous demandera davantage, parfois même en hurlant. Ne vous laissez pas intimider et ne discutez pas.

Si vous êtes sûr de ne pas sous-payer (et les tarifs indiqués dans ce guide sont généreux), éloignez-vous d'un pas ferme. Ce manège n'est que du bluff, le chauffeur jouant du fait que vous êtes un *khawaga* (étranger).

Les taxis collectifs utilisant de grosses 504 Peugeot, souvent marqués "special", font payer plus cher que les autres taxis.

Pick-up. Les pick-ups servent parfois de taxi à l'intérieur des villes. C'est en particulier le cas dans certaines oasis et autres localités le long du Nil. Pour indiquer au chauffeur que vous voulez descendre, tapez du pied sur le sol, sinon demandez à l'un des passagers à l'avant de toquer au carreau situé derrière le chauffeur.

Le Caire

L'Égypte illustre à merveille combien un pays peut s'identifier à sa capitale. L'influence du Caire est telle que le monde arabe s'accorde volontiers à lui conférer, dans sa dimension mythique, le rang de capitale.

De nos jours, Le Caire abrite quelque 16 millions d'âmes. Égyptiens, Arabes, Africains y côtoient les représentants d'ethnies venues de toutes les parties du globe. Sous le poids de l'une des plus fortes densités démographiques au monde, la ville affiche une effervescence permanente, dans la cacophonie d'une circulation paralysée par un inépuisable flot humain.

Le manque de place engendre des scènes singulières. Ainsi, dans un quartier central, à moins de 500 m d'un grand magasin d'informatique flambant neuf, s'élèvent au bord du Nil de simples maisons en briques de terre crue, tandis que des chèvres paissent alentour. A l'autre bout de la ville, on vient récemment d'achever un complexe d'attractions foraines et de restaurants, à proximité d'un antique cimetière.

Peu soucieux – obsession très occidentale – de modernisation acharnée, les Cairotes ne s'offusquent pas de ces violents contrastes ; sans doute l'effet de la permanente présence de 4 500 ans d'histoire (on aperçoit les pyramides depuis chacune des terrasses qui dominent la ville). Du reste, le flottement des repères temporels compte pour l'un des charmes puissants de la cité. On peut ainsi naviguer des ruelles médiévales du Caire islamique aux monumentales pyramides des pharaons, ou encore faire halte dans un café rappelant les gravures du XIXe siècle, puis prendre un verre dans un bar dont l'atmosphère semble figée depuis la période prérévolutionnaire. Bref, si vous prenez le temps de l'apprécier à sa juste valeur, Le Caire n'aura pas son pareil pour vous envoûter.

A ne pas manquer

- **Les pyramides au lever du soleil.** Venez apprécier au petit matin les beautés de ce site inoubliable.
- **Deux heures du matin au Fishawi's.** Le plus ancien café du Caire vous plaira à toute heure de la journée.
- **Une traversée en felouque au crépuscule.** Laissez-vous bercer par les eaux du Nil et admirez le soleil qui disparaît derrière les toits de la capitale.
- **Toutankhamon et le Musée égyptien.** Même imparfaitement mises en valeur, les pièces présentées sont extraordinaires.
- **En haut des minarets à Bab Zuweila.** Pour scruter le cœur de la cité médiévale, jetez votre dévolu sur les deux tours de Bab Zuweila. Un panorama des plus admirables vous attend au sommet.
- **Tôt le matin, à l'Église suspendue.** L'un des sites les plus paisibles et les plus discrets de la capitale, à visiter de bonne heure, avant l'arrivée des bus de touristes.
- **Boire un verre en soirée, à l'Oberoi Mena House.** Il n'est pas nécessaire d'être client de ce prestigieux palace pour musarder au bord de sa piscine et siroter une boisson fraîche, en admirant les pyramides.

HISTOIRE

Le Caire n'est pas une cité pharaonique, même si la présence des pyramides incite plus d'un visiteur à le croire. A l'époque de leur construction, la capitale de l'Égypte ancienne n'était autre que Memphis, située à 22 km au sud du plateau de Gizeh.

Les fondations de la cité du Caire furent posées en 969 par la dynastie des Fatimides. D'autres peuples s'y étaient installés plus tôt, en particulier les Romains, avec la for-

L'AGGLOMÉRATION DU CAIRE

L'AGGLOMÉRATION DU CAIRE

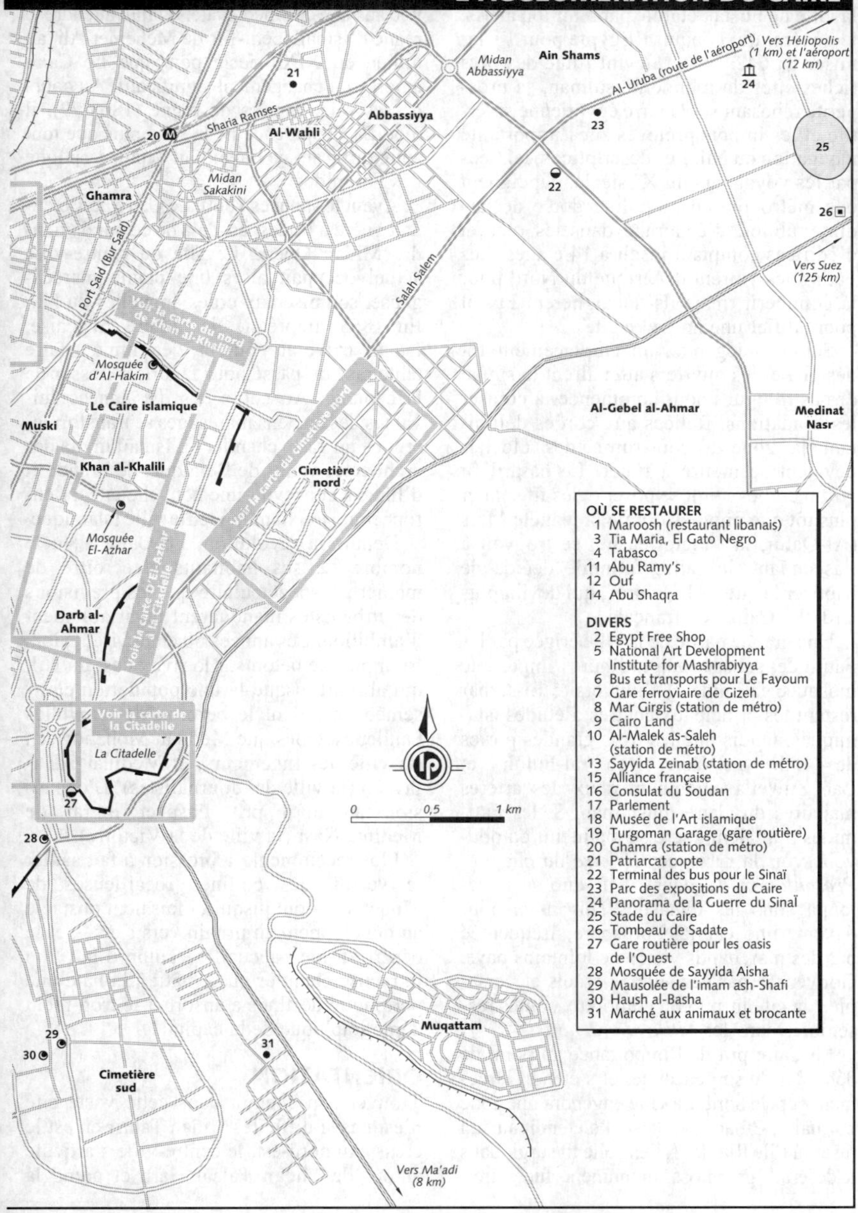

teresse de Babylone, et les musulmans avec la ville de Fustat, établie par Amr ibn al-As, le général qui conquit l'Égypte pour l'islamiser en 642. Fustat devint l'une des plus riches cités du monde musulman, sa prospérité reposant sur la terre égyptienne si fertile et les impôts prélevés sur l'importante navigation du Nil. Les descriptions, laissées par les voyageurs du Xe siècle, dépeignent une métropole cosmopolite, dotée de jardins publics, d'éclairage dans les rues et d'édifices comptant jusqu'à 14 étages. Les Fatimides vinrent d'Afrique du Nord pour la conquérir, mais ils dédaignèrent Fustat pour édifier une nouvelle cité.

Selon la légende, un emplacement fut désigné et les ouvriers attendirent le signal des astrologues pour commencer à creuser les fondations. Reliées aux cordes délimitant la zone à construire, des cloches devaient se mettre à tinter. Le hasard fit qu'un corbeau vint se poser et les fit sonner plus tôt que prévu. Comme la planète Mars (Al-Qahir, la "Victorieuse") se trouvait à l'ascendant, le calife fatimide décida de baptiser la cité "Al-Qahira", qui devint plus tard "Le Caire" en français.

Une grande partie de la ville érigée par les Fatimides subsiste aujourd'hui ; l'imposante mosquée fatimide et l'université El-Azhar restent les principaux centres d'études islamiques, tandis que les trois grandes portes de Bab an-Nasr, Bab al-Futuh et Bab Zuweila enjambent deux des artères majeures du Caire musulman. Si les Fatimides n'allaient guère se maintenir au pouvoir (voir la rubrique *Histoire* du chapitre *Présentation du pays*), leur cité se développa sous les dynasties suivantes, pour devenir une capitale prospère, fréquentée par des marchands venus de lointains pays. Gouvernée par des sultans cruels et versatiles, la cité inspira de nombreux contes rassemblés dans les *Mille et une nuits*.

Le Caire prit de l'importance au point de déborder de son enceinte, et s'étendit largement vers le nord. La ville engendra une zone portuaire, Bulaq, à l'ouest et s'étendit au sud jusqu'à l'île Rhoda. A l'est, elle fit surgir dans le désert de grandioses monuments funéraires. Mais en son cœur, elle demeura pendant 900 ans une cité médiévale. Il fallut attendre le règne d'Ismaïl, petit-fils de Méhémet-Ali, au milieu du XIXe siècle pour que Le Caire amorce un changement significatif. Au cours de ses seize années de règne (1863-79), il modifia l'apparence de la ville plus que tout autre dirigeant ne l'avait fait depuis l'époque des Fatimides.

Avant les années 1860, Le Caire ne s'étendait guère à l'ouest au-delà de ce qui deviendra Midan Opera. Le site du centre-ville actuel occupait alors une plaine marécageuse, soumise aux crues annuelles du Nil. En 1863, imprégné de culture française, Ismaïl arrive au pouvoir, déterminé à faire table rase du passé pour favoriser l'essor de la capitale. Au cours des dix années suivantes, les anciens marécages se transformèrent en un vaste chantier où Ismaïl invita des architectes venus de Belgique, de France et d'Italie à concevoir une nouvelle cité à l'européenne, jouxtant la vieille ville islamique.

Depuis la révolution, Le Caire a vu le nombre de ses habitants s'accroître de manière si spectaculaire que les prévisions des urbanistes manquèrent invariablement d'ambition. Les années 60 et 70 virent alors triompher le béton sur la rive ouest du Nil, qui abritait jusque-là une population clairsemée, et devint le berceau de nouvelles banlieues, telles que Medinat Mohandiseen (la ville des Ingénieurs) et Medinat Sahafayeen (la ville des Journalistes). L'expansion au nord prit l'aspect ingrat de Medinat Nasr (la ville de la Victoire).

Plus récemment, la pression a fait sauter le verrou des collines rocailleuses de Muqattam – qui jusqu'ici faisaient obstacle au développement urbain vers l'est –, et le désert aride accueille aujourd'hui un immense chantier où se bâtit à la hâte une périphérie destinée à absorber le trop-plein démographique de la capitale.

ORIENTATION

Trouver son chemin dans cette vaste cité n'est pas si difficile. Midan Tahrir en est le cœur. Au nord-est, le centre-ville s'articule autour de Midan Talaat Harb et prend la forme d'un quartier commerçant bruyant et très animé, où se concentrent la plupart des restaurants et hôtels bon marché. Midan Ramses, où est implantée la principale gare ferroviaire, délimite la partie la plus au nord du centre-ville. Au-delà, on découvre des faubourgs populaires et très peuplés, tels que Shubra (l'âme véritable du Caire moderne) et Abbassiyya (où est installé le terminal des bus pour le Sinaï). De là, vous rejoignez directement Héliopolis, une banlieue autrefois désertique, parée d'une architecture extravagante et désormais rattrapée par la tentaculaire métropole. L'aéroport est situé aux confins nord-est de cette localité, à environ 22 km du centre de la capitale.

En rejoignant le centre-ville par l'est, on aborde Le Caire islamique par Midan Ataba. L'animation du cœur médiéval de la cité provient en particulier du grand bazar du Khan al-Khalili. Plus à l'est, au-delà du secteur musulman, les cimetières nord et sud forment de grandes nécropoles où cohabitent les vivants et les défunts.

Au sud de Midan Tahrir, s'enroulent les artères sinueuses et arborées de Garden City, adresse de prédilection des ambassades. Toujours plus au sud, la "vieille ville" englobe un dédale de quartiers, où se niche derrière ses murailles Le Caire copte, qui attire en nombre les touristes. Il faut encore parcourir huit kilomètres, le long de la Corniche bordant le fleuve, pour pénétrer dans Ma'adi, un quartier excentré, verdoyant, que les expatriés américains affectionnent.

A l'ouest des lieux précités coule le Nil, d'où émergent deux îles de belle taille. Gezira, la plus centrale, est reliée au cœur de la ville par trois ponts. Elle accueille la Tour du Caire et le complexe culturel de l'Opéra. Sa partie septentrionale, quartier prospère et verdoyant baptisé Zamalek, reçoit de longue date la faveur des résidents européens et de nombreuses ambassades. L'île du sud, Rhoda, comprend dans sa partie nord le quartier Manial.

Beaucoup plus résidentiels que les secteurs précédents et moins chargés d'histoire, les quartiers de la rive ouest du Nil se sont laissé gagner par le béton. Les principaux arrondissements, du nord au sud, sont Mohandiseen, Agouza, Doqqi et Gizeh. Occupant de loin le plus grand territoire, Gizeh s'étend sur une vingtaine de kilomètres à l'ouest d'une longue route droite qui aboutit au pied des pyramides.

RENSEIGNEMENTS

Visas

Toutes les démarches concernant les visas se traitent au Mogamma, le bâtiment blanc de 14 étages qui domine Midan Tahrir.

Les étrangers se rendent au 1er étage, franchissent la porte à leur droite, puis obliquent à gauche pour gagner directement le couloir d'en face. Rendez-vous au guichet 42 pour demander une prorogation ou obtenir un formulaire pour entrées multiples. La prorogation jusqu'à six mois revient à 12,10 £E et requiert une photo d'identité. Présentez le formulaire dûment rempli aux guichets 27 ou 28. Les formulaires pour entrées multiples sont à déposer aux guichets 16 ou 17, accompagnés d'une photo. Les visas pour une/plusieurs entrées coûtent 10/14 £E.

Le Mogamma vous accueille tous les jours (sauf le vendredi) de 8h à 14h.

Offices du tourisme

Le principal office du tourisme du Caire (☎ 391 3454) se trouve 5 Sharia Adly, près de Midan Opera. A défaut de détenir l'information que vous recherchez, le personnel se montrera toujours serviable. Le bureau ouvre chaque jour de 8h30 à 20h (de 9h à 17h pendant le ramadan). La police touristique a, quant à elle, élu domicile au 1er étage, dans la ruelle sise juste à gauche.

Il existe d'autres points de renseignements touristiques, aux terminaux I (☎ 667 475) et II (☎ 291 4255) de l'aéroport international. Le second est censé accueillir les touristes 24h/24, mais n'y comptez guère.

Vous trouverez également un office du tourisme (☎ 385 0259) non loin des pyramides, en face de l'entrée de l'Oberoi Mena House. Celui-ci est en principe ouvert de 8h30 à 17h. D'autres bureaux plus modestes sont situés au palais Manial et dans la gare ferroviaire Ramsès.

Questions d'argent

Pour les détails concernant les banques, les bureaux de change et les transferts de fonds, reportez-vous au chapitre *Renseignements pratiques*. Les agences de la Banque Misr du Nile Hilton et du Shepheard's Hotel sont ouvertes 24h/24.

Sinon, tentez votre chance dans les bureaux de change de la ville, lesquels ne ferment pas avant 20h, en général.

Distributeurs. Pour tout savoir au sujet des cartes acceptées par les DAB du Caire, reportez-vous à la rubrique *Questions d'argent* du chapitre *Renseignements pratiques*. Au centre-ville, les distributeurs de la Banque Misr se situent dans les succursales de Talaat Harb (au 1er étage de la tour en béton se trouvant juste au sud de Midan Talaat Harb), à Qasr al-Ainy (à 200 m au sud de Midan Tahrir) et dans Mohammed Farid (exactement au sud du croisement avec Qasr el-Nil). Des distributeurs de l'Egyptian British Bank sont installés dans le hall des hôtels suivants : Cairo Marriott (à Zamalek), Nile Hilton et Semiramis InterContinental, ainsi que dans l'entrée principale du centre commercial Al-Bustan, dans Sharia al-Bustan, au centre-ville ; au consulat britannique d'Agouza, et enfin à l'EBB d'Abu al-Feda de Zamalek.

American Express. Les agences Amex sont ouvertes de 8h30 à 17h tous les jours (fermeture le vendredi). Voici les adresses au Caire :

Centre-ville
(☎ 574 7991, fax 578 4003) 15 Qasr el-Nil
(☎ 578 5001/2) Nile Hilton
Gizeh
(☎ 570 3411) Nile Tower,
21-23 Sharia al-Giza
Héliopolis
(☎ 290 9158) 72 Omar ibn al-Khattab

American Express propose également une ligne téléphonique fonctionnant 24h/24 (☎ 569 3299).

Thomas Cook. Les agences Thomas Cook vous accueillent chaque jour de 8h à 17h. Voici les adresses dans la capitale :

Centre-ville
(☎ 574 3955, fax 576 2750)
17 Mahmoud Bassiouni
Héliopolis
(☎ 414 0625) 7 Sharia Baghdad
Mohandiseen
(☎ 346 7187) 9/10 Sharia 26th of July

Poste

La poste centrale de Midan Ataba ouvre de 7h à 19h, du dimanche au jeudi, et de 7h à 12h, les vendredi et jours fériés. L'entrée de la poste restante se trouve dans une ruelle à droite de l'entrée principale ; poussez la dernière porte qui se trouve en face du courrier express EMS. C'est ouvert de 8h à 18h, sauf les vendredi et jours fériés (uniquement de 10h à 12h). Le courrier est conservé pendant trois semaines.

Pour expédier un colis à l'étranger, vous devez vous rendre au Post Traffic Centre de Midan Ramses. Ce centre de tri vous accueille de 8h30 à 15h (sauf le vendredi). Prévoyez une demi-heure pour l'opération, et apportez votre passeport. Rejoignez d'abord, au 2e étage, la première grande salle à gauche. Au guichet, demandez le formulaire n°13 (5 £E), faites peser le paquet et réglez le port. Le service des douanes souhaitera sans doute l'inspecter (pour tout détail au sujet de ces formalités, reportez-vous à la rubrique *Poste et communications* du chapitre *Renseignements pratiques*).

Vous pouvez envoyer du courrier en express au bureau principal EMS (☎ 393 9796), qui se trouve dans la même petite rue, derrière la grande poste. C'est ouvert (sauf le vendredi) de 8h à 17h.

Outre EMS, Le Caire dispose aussi d'une multitudes de messageries express :

DHL
(☎ 393 8988) 34 Abdel Khalek Sarwat,
centre-ville
(☎ 355 7118) 20 Gamal ad-Din Abu
al-Mahasin, Garden City (☎ 246 0324)
35 Ismail Ramzy, Héliopolis

Federal Express
(☎ 354 0520) 1079 Corniche el-Nil, Garden City
(☎ 331 3500) 24 Sharia Syria, Mohandiseen
(☎ 246 4197) 67 Sharia Hegaz, Héliopolis
TNT Skypak
(☎ 348 8204) 33 Sharia Doqqi, Doqqi

Téléphone

La ville compte plusieurs bureaux de services téléphoniques (les centrales), et la plupart disposent de cabines à carte. Vous trouverez des agences dans la partie nord de Midan Tahrir, à côté de l'office du tourisme de Sharia Adly, et dans Sharia Mohammed Mahmoud, à Bab al-Luq. A Zamalek, le bureau est situé dans Sharia 26th of July, non loin du pont 15th of May. Ces grandes centrales vous accueillent 24h/24, alors que les annexes, comme celle de Sharia Ramses, n'ouvrent que de 6h à 22h. Doqqi et Gizeh abritent aussi des agences de quartier. Pour tout détail sur les tarifs, les appels en PCV et les services téléphoniques en général, reportez-vous au chapitre *Renseignements pratiques*.

Fax et télex

On peut envoyer/recevoir des fax dans les agences téléphoniques de Sharia Adly (fax 393 3909), de Midan Tahrir (fax 578 0979) et de Sharia Alfy (fax 589 7662). Vous pouvez aussi en expédier et en recevoir au bureau EMS (fax 393 4807), voisin de la poste principale, et uniquement en recevoir à l'agence Amex (fax 574 7997) de Qasr el-Nil.

E-mail et accès Internet

Trois des quatre cybercafés du centre-ville sont gérés par InternetEgypt, et nous vous conseillons d'aller consulter leur site Web (www.internetegypt.com). Les adresses accueillant les cybernautes sont les suivantes :

InternetEgypt
(☎ 356 2882) 2 Midan Simon Bolivar, 6e étage, Garden City. Ouvert de 9h à 22h, du dimanche au jeudi, et de 15 à 22h le vendredi ; 12 £E l'heure, avec un minimum perçu de 3 £E.

Mohandiseen Cybercafe
(☎ 305 0493) Dans une ruelle débouchant dans Sharia Gamiat ad-Dowal al-Arabiyya, entre McDonald's and Arby's. Ouvert tous les jours de 10h à 24h ; 12 £E l'heure, avec un minimum perçu de 3 £E.

Nile Hilton Cybercafe
(☎ 578 0444 poste 758) Au sous-sol de la galerie marchande du Nile Hilton. Ouvert quotidiennement de 10h à minuit (fermé le vendredi de 12h à 14h) ; 12 £E l'heure, avec un minimum perçu de 3 £E.

St@rnet Cyber Café
(pas de téléphone) Au sous-sol du centre commercial Al-Bustan, Sharia al-Bustan, centre-ville. Ouvert chaque jour de 10h30 à 22h30 ; 9,90 £E l'heure, avec un minimum perçu de 5,50 £E.

Agences de voyages

Le quartier de Midan Tahrir fourmille d'agences de voyages, mais n'espérez pas faire des affaires mirobolantes. En réalité, l'endroit abonde en tour-opérateurs peu scrupuleux, dont Metro Travel et Wonder Travel, que nous conseillons d'éviter tout particulièrement.

Pour les visites de la capitale et des environs, ainsi que pour les excursions à Louxor et à Assouan, essayez Hamis Travel (☎ 574 9275, fax 574 9276, e-mail : hamis@ritsec2.com.eg), dont les bureaux sont implantés au 1er étage de l'annexe, juste au sud du principal hall de réservation de la gare ferroviaire Ramsès. La société est dirigée par Amy, une sympathique Hollandaise. C'est ouvert chaque jour de 9h à 21h.

DeCastro Tours (☎ 574 3144, fax 574 3382, e-mail : hesham@brainy1.ie-eg.com), 12 Talaat Harb, s'avère tout à fait fiable pour réserver un vol. Par ailleurs, ce voyagiste vous proposera toujours quelques-unes des meilleures offres de la ville, ainsi que des rabais sans mauvaise surprise pour étudiants. Il réserve des chambres d'hôtels et vous aide dans vos formalités.

L'une des agences les plus réputées du Caire, Egypt Panorama Tours (☎ 350 5880, fax 351 1199, e-mail : ept@intouch.com, 4 Road 79), se situe juste en sortant de la station de métro Al-Ma'adi. Elle est spécialisée dans les tarifs aériens bon marché, ainsi que dans les circuits à travers l'Égypte et les destinations méditerranéennes. Si vous ne souhaitez pas faire le trajet jusqu'à Ma'adi, la société prendra vos réservations par téléphone (le personnel parle bien anglais) et acheminera les billets par coursier.

L'agence de voyage officielle du pays, Misr Travel (☎ 393 0168, fax 392 4440), est installée 7 Talaat Harb, au centre-ville.

Librairies

Le Caire dispose de librairies assez intéressantes, notamment si vous cherchez des titres ayant trait au pays. La meilleure se trouve sans doute à l'American University in Cairo (AUC). Pénétrez dans le campus par la porte Mohammed Mahmoud, puis gagnez le bâtiment sur votre droite. C'est ouvert de 9h à 16h, du dimanche au jeudi, et de 10h à 15h le samedi. Il existe aussi une annexe plus modeste, à l'AUC Hostel, 16 Sharia Mohammed ibn Thakeb, à Zamalek. Parmi les autres librairies offrant une bonne sélection de livres sur Le Caire et le pays en général, citons Livres de France, 36 Qasr al-Nil, riche en titres en français. Ouvert de 10h à 19h (fermé le samedi après-midi et le dimanche).

Kiosques à journaux. Les trois meilleurs sont proches les uns des autres, à Zamalek, au croisement des artères 26th of July et Hassan Sabry. Au centre-ville, citons quelques kiosques : celui de Midan Talaat Harb, devant le café Groppi's, un autre situé dans Mohammed Mahmoud, face à l'entrée de l'AUC, et enfin le kiosque de Midan Tahrir, en face du Nile Hilton.

Centres culturels

Apportez votre passeport, car l'accès à la plupart de ces organismes requiert la présentation d'une pièce d'identité.

France
(☎ 355 3725) 1 Madrasat al-Huquq al-Fransiyya, Mounira ; ouvert de 9h à 21h, du dimanche au jeudi.
(☎ 414 4824) 27 Sharia Sabry Abu Alam, Midan Ismailia, Héliopolis.

Les deux centres de l'Alliance française proposent régulièrement des films et des expositions ; leurs bibliothèques sont ouvertes au public, de même qu'on peut regarder les magazines d'information en français sur la chaîne par satellite TV-5. L'institut de Mounira propose aussi des cours de français et d'arabe.

Photo

Il existe une multitude de laboratoires dans le centre. Nous vous en recommandons un en particulier, à la fois pour la qualité de ses travaux et les tarifs pratiqués : le Photo Centre (☎ 392 0031), au 1er étage du 3 Sharia Mahrany, une ruelle qui donne dans Sherifeen, laquelle est également une rue perpendiculaire à Qasr el-Nil. Toujours au centre, citons aussi la boutique Kodak de Sharia Adly, entre Sharia Sherif et Mohammed Farid. A Zamalek, un magasin Kodak est implanté dans Sharia 26th of July, de même qu'une succursale Agfa occupe le 22 Hassan Sabry.

Si vous souhaitez un tirage rapide et professionnel de diapositives, poussez la porte d'Antar Photostore (☎ 354 0786), 180 Sharia Tahrir, juste à l'est de Midan Falaki, à Bab al-Luq.

Pour une photo d'identité, adressez-vous à l'un des photographes installés devant le Mogamma. Pour les épreuves couleur rapides, le meilleur marché reste encore le Photomaton (6 £E les quatre photos) voisin des guichets de la station de métro Sadate, sous Midan Tahrir.

Services médicaux

Hôpitaux. On ne peut que déplorer l'équipement archaïque et le peu d'hygiène de la plupart des centres hospitaliers cairotes, mais il existe plusieurs exceptions, dont voici les noms et coordonnées :

Anglo-American Hospital
(☎ 340 6162/3/4/5), dans Sharia Hadayek al-Zuhreyya, vers l'ouest de la Tour du Caire, Gezira
As-Salam International Hospital
(☎ 302 9091/2/3) sur la Corniche el-Nil, Ma'adi
(☎ 363 8050), 3 Sharia Syria, Mohandiseen

Cairo Medical Centre
(☎ 258 1003) Midan Roxy, Héliopolis
Misr International Hospital
(☎ 335 3345), 12 Sharia al-Saraya,
à proximité de Midan Fini, Doqqi

Pharmacies. Le Caire ne manque pas de pharmacies et l'on peut se procurer la plupart des médicaments sans ordonnance. Parmi les officines qui ouvrent 24h/24, citons : Isaaf (☎ 574 3369), au coin des rues Ramses et 26th of July, centre-ville ; Al-Ezaby (☎ 414 8167), 1 Sharia Ahmed Tayseer, Héliopolis ; et la Zamalek Pharmacy (☎ 341 6424), 3 Shagaret ad-Durr, Zamalek.

Au centre-ville, l'Anglo-Eastern Pharmacy, à l'angle des rues Abdel Khalek Sarwat et Sherif, ouvre de 10h à 15h, puis de 18h30 à 22h (fermée le vendredi).

LE CENTRE DU CAIRE

Un voyage en Égypte débute souvent par la découverte des environs de Midan Tahrir et Sharia Talaat Harb. Le centre de la capitale, royaume du bruit et de l'animation, plonge le visiteur au milieu d'une stupéfiante quantité de boutiques, et l'introduit dans l'univers des hôtels et restaurants bon marché, sans compter les banques, les agences de voyages, et les cinémas.

Midan Tahrir et ses environs

Midan Tahrir (la place de la Libération) marque le carrefour du Caire moderne. Les principales artères de la capitale convergent ici, drainant piétons et voitures dans une circulation dense et ininterrompue.

Des bâtiments servent aisément de points de repère. Difficile, en particulier, d'ignorer le **Nile Hilton**, un bloc bleu et blanc caractéristique, s'interposant entre Midan Tahrir et le Nil. Sa construction en 1959, en remplacement d'une ancienne caserne de l'armée britannique, a doté Le Caire de son premier hôtel moderne. Immédiatement au nord du Nile Hilton, on distingue la masse néoclassique, rose et poussiéreuse, du **Musée égyptien** (voir plus loin la section spéciale qui lui est consacrée), tandis qu'au sud on aperçoit l'austère **immeuble de la Ligue arabe**.

En contournant Midan Tahrir dans le sens contraire des aiguilles d'une montre s'impose ensuite à la vue la kafkaïenne bâtisse du **Mogamma**, véritable monument de la bureaucratie centralisée. Quelque 18 000 fonctionnaires peinent à entraîner ses rouages administratifs ; c'est ici que l'on vient faire proroger son visa. Si ce bâtiment symbolise un récent passé égyptien d'inspiration socialiste, celui qu'on découvre de l'autre côté de Qasr al-Ainy, et de ses quatre voies de circulation, représente peut-être un élan vers le futur, impulsé par l'initiative privée.

L'**American University in Cairo** (AUC) constitue un établissement supérieur de choix pour les enfants des classes aisées cairotes. Le campus dispose d'un attrayant jardin et d'une bonne librairie. L'entrée (pièce d'identité requise) s'effectue par la porte donnant sur Mohammed Mahmoud, face au McDonald's.

Les immeubles de Midan Tahrir vous guideront vers Sharia Tahrir. Cette rue débouche, à 250 m à l'est, sur une place animée qui abrite un dépôt de bus : Midan Falaki.

Bab al-Luq. Midan Falaki marque le cœur du quartier de Bab al-Luq. L'endroit mérite qu'on s'y attarde, en flânant dans le **souk Mansour**. De part et d'autre du souk, les rues sont jalonnées de petites gargotes où l'on se restaure à peu de frais, tandis que la partie nord de la place accueille la **Cafeteria Horreyya**, fréquentée par de fervents joueurs d'échecs. Ce café sert aussi de l'alcool.

En s'éloignant vers l'est, vous arrivez dans **Midan al-Gomhuriyya** (place de la République), une sorte d'esplanade déserte que les véhicules contournent à vive allure. Une grande bâtisse, le palais Abdeen, ancienne résidence des souverains d'Égypte, domine les lieux.

Palais Abdeen. Commandé par le khédive Ismaïl et réalisé par l'architecte français Rosseau, le Palais Abdeen fut mis en chantier en 1863 et achevé cinq cents pièces plus tard, en 1874. Il servit à l'occasion de

LE CENTRE DU CAIRE

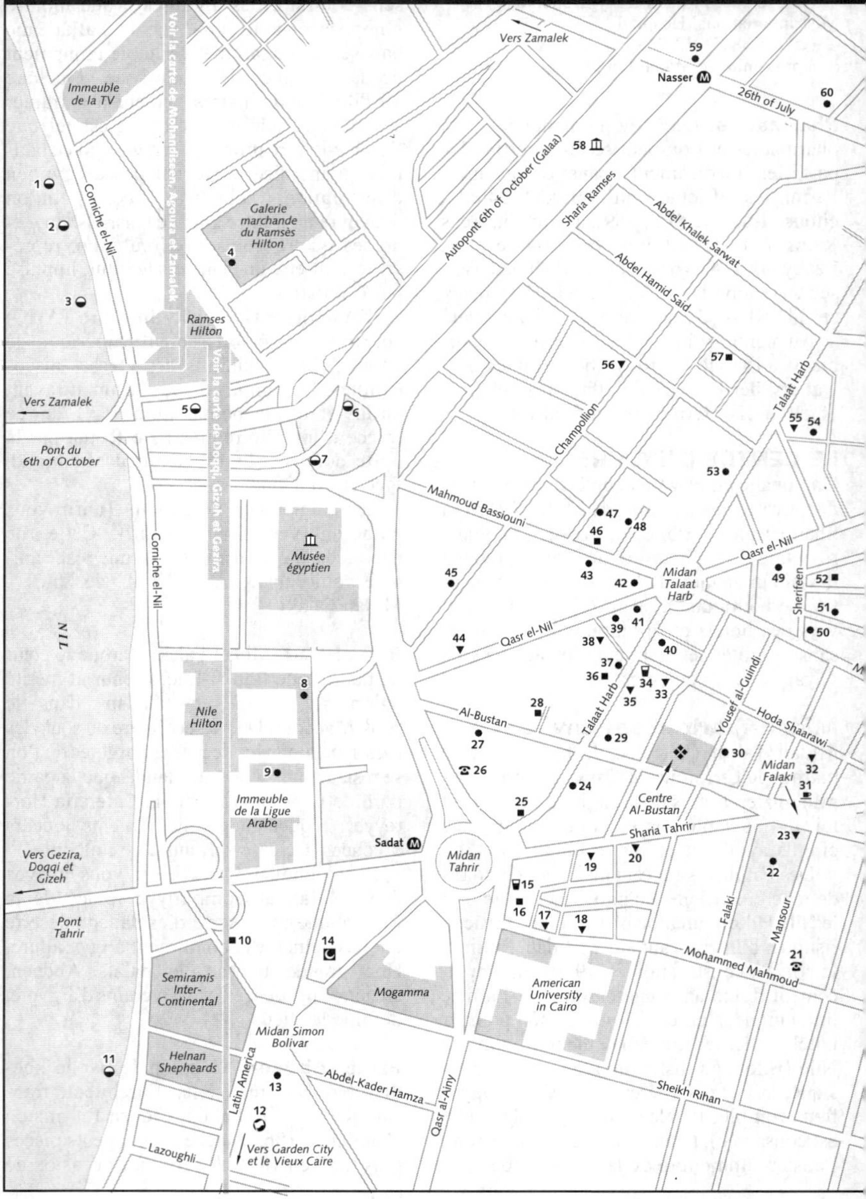

LE CENTRE DU CAIRE

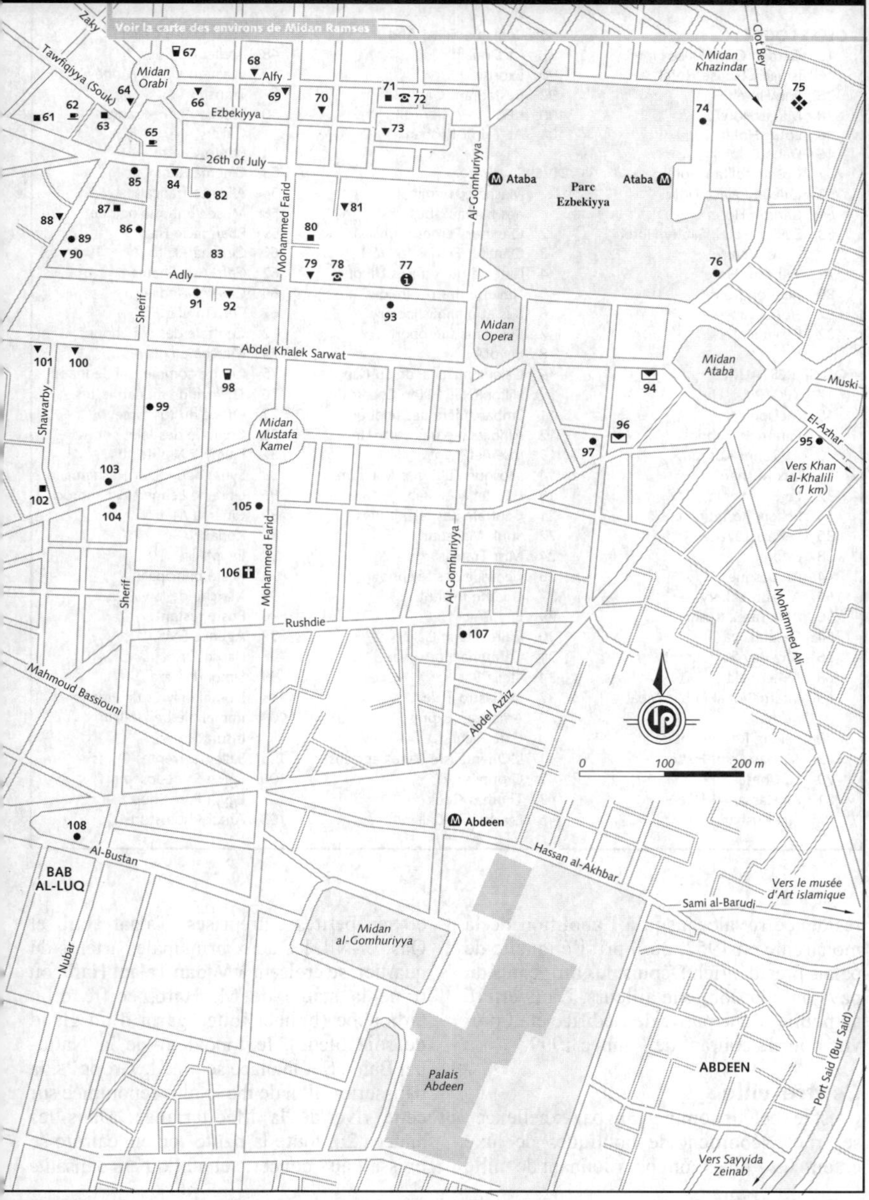

LE CENTRE DU CAIRE

OÙ SE LOGER
10 Garden City House Hotel
16 Ismailia House Hotel
25 Sun Hotel
28 Magic Hotel
36 Lotus Hotel
46 Dahab Hotel
52 Cosmopolitan Hotel
57 Odeon Palace Hotel
61 Carlton Hotel
63 Sultan Hotel, Safary Hotel Hotel Venice
71 Windsor Hotel
80 Pension Roma
87 Hotel Minerva
102 Berlin Hotel

OÙ SE RESTAURER
17 KFC, Pizza Hut
18 McDonald's
19 Fatatri at-Tahrir
20 At-Tahrir Kushari
23 Lux Kushari
32 Le Bistro
33 Felfela Restaurant
35 Felfela Takeaway
38 Estoril
44 Arabesque
55 Al-Abd Bakery
56 Abu Tarek Kushari
64 Casablanca
66 Alfy Bey Restaurant
68 Akher Sa'a
69 International Public Meal Kushari
70 Peking Restaurant
73 Ali Hassan al-Hatie
79 La Chesa
81 Ali Hassan al-Hatie
84 Lux Kushari
85 Boulangerie Al-Abd
88 McDonald's
90 Excelsior
92 Restaurant Gad
100 KFC
101 At-Tahrir Kushari

DIVERS
1 Maspero, terminal des bateaux-bus
2 Qanater Ferries (publics)
3 Qanater Ferries (privés)
4 Cinéma du Ramses Hilton
5 Navette des pyramides
6 Bus et minibus locaux
7 Bus pour l'aéroport
8 EgyptAir
9 Galerie marchande du Nile Hilton (Nile Hilton Cybercafe)
11 Embarcadère des felouques
12 Ambassade des États-Unis
13 InternetEgypt
14 Mosquée d'Omar Makram
15 Cafeteria Ali Baba
21 Centrale des téléphones
22 Souk Mansour
24 Misr Travel
26 Centrale des téléphones
27 Goethe Institut
29 EgyptAir
30 Cairo-Berlin Gallery
31 Cafeteria Horreyya
34 Stella Bar
37 DeCastro Tours
39 American Express
40 Cafe Riche
41 L'Orientaliste (livres anciens)
42 Groppi's
43 Thomas Cook
45 Mashrabia Gallery
47 Townhouse Gallery
48 Atelier du Caire
49 Western Union Money Transfer
50 Espace Karim-Francis Gallery
51 Photo Centre
53 Cinema Radio
54 Alliance française
58 Musée entomologique
59 Pharmacie Isaaf
60 Cinéma Rialto
62 Cafe Ash-Shams
65 Cafe Al-Andalus
67 Port Tawfiq Bar
72 Centrale des téléphones
74 Marché aux livres
75 Centre commercial Sednaoui
76 Théâtre de marionnettes
77 Office du tourisme
78 Centrale des téléphones
82 Palmyra Nightclub
83 Synagogue Shar Hashamaim
86 Librairie Lehnert & Landrock
89 Cinéma Metro
91 Kodak
93 EgyptAir
94 Poste principale
95 Marché de la viande
96 Poste restante
97 Agence EMS
98 Cap d'Or
99 Simonds Cafe
103 Librairie Livres de France
104 Immeuble de l'Italian Insurance
105 Salle des ventes Osiris
106 Église Saint-Joseph
107 Egypt Free Shop
108 Antar Photostore

résidence royale, jusqu'à l'abolition de la monarchie en 1952, où il prit l'étiquette de palais présidentiel. Depuis, les dirigeants du pays ont élu domicile ailleurs. L'ouverture au public d'une partie de l'édifice était prévue pour le courant de l'année 1999.

Centre-ville

C'est le secteur commerçant par excellence ; ses rues débordent de boutiques de luxe entourées d'un essaim bourdonnant de mille et une petites entreprises. Talaat Harb et Qasr el-Nil, les deux principales artères du quartier, se croisent à **Midan Talaat Harb**, où trône la statue de M. Harb, coiffé d'un tarbouche (bonnet rouge garni d'un gland de soie bleue), le fondateur de la National Bank. Sur la place se profile **Groppi's**, la pâtisserie-salon de thé la plus renommée sur cette rive de la Méditerranée. Dans les années 20, toute la haute société cairote se pressait aux concerts et aux dîners dansants que proposait alors cette enseigne huppée. Aujourd'hui, les seuls ors qui subsistent relèvent des splendides mosaïques avoisinant l'entrée.

Juste au sud de la place, dans Sharia Talaat Harb, les écrivains et intellectuels égyptiens avaient coutume de se retrouver au **Café Riche**. Il a fermé ses portes à la fin des années 80, mais la rumeur laisse entendre qu'il rouvrirait sous peu.

Au nord, Qasr el-Nil foisonne de magasins de chaussures, et la rue n'est pas départie d'une certaine élégance architecturale, comme le prouve l'immeuble de l'**Italian Insurance**, au coin de Sharia Sherif, ou celui du **Cosmopolitan Hotel**, à un pâté de maisons plus au sud. N'oublions pas non plus le **Cinema Metro**, une splendeur des années 30 qui, lors de son ouverture (avec la sortie d'*Autant en emporte le vent*), disposait aussi d'un magasin d'exposition Ford et d'un restaurant.

A une rue à l'est de l'Excelsior, le long de Sharia Adly, l'immeuble qui semble surgir d'un décor dont Indiana Jones ne rougirait pas n'est autre que la **synagogue Shar Hashamaim**, qui reste le témoignage le plus visible d'une communauté juive jadis présente. Le lieu de culte peut se visiter le samedi.

Un pâté de maisons au nord d'Adly, Sharia 26th of July (rue du 26-juillet) commémore la date de l'abdication du dernier roi d'Égypte, Farouk. Pour les Cairotes, l'attrait majeur de l'artère réside dans l'**Al-Abd Bakery** (au coin de Sherif), où tout le monde se bouscule du matin au milieu de la nuit pour acheter des gâteaux, des bonbons et les meilleures pâtisseries de la ville (il existe une succursale dans Talaat Harb). Encore une rue au nord, vous voilà dans les vapeurs de **Sharia Ezbekiyya**, *la* rue des kebabs. Piétonnière depuis peu, **Sharia Alfy** résume la vie nocturne du centre-ville, avec de nombreux bars assez modestes, deux ou trois établissements où se produisent des danseuses du ventre (se reporter plus bas à la rubrique *Où sortir*), ainsi qu'un bon restaurant ouvert sans interruption, dans l'Akher Sa'a (voir plus loin le paragraphe *Petits budgets* de la rubrique *Où se restaurer*). Le **souk** voisin **de Tawfiqiyya** invite à parcourir un marché nocturne aux fruits et légumes, à faire halte dans l'une des nombreuses échoppes où l'on dîne pour presque rien avant de débusquer quelques-uns des cafés dispersés dans les venelles environnantes (voir *Ahwa*, dans la rubrique *Où sortir*).

En marchant vers l'est dans la rue 26th of July, on parvient à **Midan Opera**, place ainsi nommée pour désigner l'opéra disparu en 1971 dans un incendie. La place ne se distingue plus que par son immense parking sur plusieurs niveaux. Au-delà, on arrive sur Midan Ataba.

Midan Ataba. Cette place offre une transition assez brouillonne entre Le Caire "moderne et européen" et l'ancienne ville médiévale de Saladin, des Mamelouks et des Ottomans. C'est une sorte de gigantesque bazar, dont les moindres recoins sont occupés par les marchands ambulants et les échoppes. Au sud-ouest, derrière les amoncellements des stands de cartes postales et de papeterie, on aperçoit le dôme de la **Poste centrale**. Agrémentée d'une plaisante cour intérieure, on peut visiter aussi au 1er étage, son **Musée postal**. C'est ouvert chaque jour de 9h à 13h (sauf le vendredi), moyennant 10 pt. En poursuivant vers l'est, dans la rue 26th of July, vous rejoindrez **Midan Opera**.

A l'est de cette place, derrière le bâtiment décoré aux volets verts, vous abordez le fascinant **marché à la viande**, déconseillé toutefois aux âmes sensibles. En direction du nord, des échoppes de vêtements bon marché indiquent l'entrée de **Sharia Muski**, la longue rue marchande, qui mène au Khan al-Khalili. Vous n'avez plus qu'un kilomètre à parcourir pour gagner le célèbre souk, mais l'artère est si fréquentée qu'il faut parfois jouer des coudes pendant une bonne demi-heure pour la remonter.

Autre promenade suggérée au départ de Sharia Ataba : mettez le cap au nord, en direction de Midan Khazindar, où **Sednaoui**, l'un des grands magasins cairotes du début de ce siècle, mérite le détour. Non pour les articles de qualité aléatoire proposés dans les rayons du magasin, mais pour le superbe atrium en verre qui s'élève sur trois étages. Depuis Midan Khazindar, **Sharia Clot Bey** (également appelée Sharia Khulud) décrit un arc de cercle de 1,5 km vers le nord, pour rejoindre Midan Ramses. Cette artère doit son nom au médecin français Antoine Clot, lequel réussit à promouvoir, dans l'Égypte de Méhémet-Ali, les conceptions occidentales relatives à la santé publique. A l'heure actuelle, il s'agit d'une charmante rue jalonnée d'arcades en pierre abritant des dizaines de cafés et restaurants aux couleurs fanées.

Midan Ramses et ses environs. L'accès nord du Caire, à savoir Midan Ramses, n'est pas sans évoquer un formidable délire urbain. Le principal itinéraire nord-sud de la ville est entrecoupé d'échangeurs et de multiples artères qui asphyxient la place dans une chorégraphie anarchique de minibus, bus, taxis et autres véhicules.

Le flot humain déversé par la grande gare ferroviaire contribue largement à la mêlée générale.

Au milieu de cette cohue se dresse une **statue de Ramsès II** qui fut découverte non loin de Gizeh. Depuis 1955, date où elle fut érigée, les vibrations de la circulation et les gaz d'échappement ne lui ont guère été bénéfiques ; il était prévu de la déplacer en 1997 sous des cieux plus cléments, mais le souverain trônait encore au milieu de la place à l'époque de la rédaction de ce guide.

La gare Ramsès (Mahattat Ramses) présente une attrayante association de style mauresque et de génie civil de l'ère industrielle. Dans sa partie est, elle englobe l'**Egyptian National Railways Museum**, qui expose une merveilleuse collection de locomotives d'antan, dont l'une fut fabriquée en 1862 pour l'impératrice Eugénie, à l'occasion de l'ouverture du canal de Suez. Ce musée du Rail (☎ 763 793) vous accueille quotidiennement de 8h30 à 13h (sauf le lundi). Prévoyez 1,50 £E l'entrée (3 £E le vendredi et les jours fériés).

Dans la partie sud de la place, on distingue le principal point de repère de la capitale, à savoir la **mosquée Al-Fath**. Achevé au début des années 90, son minaret est visible depuis n'importe quel endroit du centre et du Caire islamique.

Garden City et Manial

Garden City fut construite au début du siècle, sur le modèle d'une banlieue anglaise verdoyante. Ses rues courbes et bordées d'arbres étaient destinées à créer une aire de tranquillité, tandis que le voisinage de l'**ambassade du Royaume-Uni** apportait sans doute sa caution rassurante en matière de sécurité. Ancrée au nord-ouest de Garden City, l'ambassade étendait à l'origine son domaine jusqu'au Nil. La partie basse des pelouses fut supprimée dans les années 50, lorsque Nasser fit creuser la Corniche.

Nombre des élégantes villas, qui donnaient autrefois tout son charme à l'endroit, sont devenues la proie des promoteurs et, dans les années 90, la circulation a envahi les étroites avenues. Il reste néanmoins suffisamment de belles demeures, de palmiers, d'hévéas et de manguiers pour assurer le plaisir des flâneurs.

Palais-musée. Manial désigne la partie septentrionale de l'île Rhoda. A peine séparé de la partie méridionale de Garden City par un mince canal, il s'agit d'un quartier résidentiel pour classes moyennes, qui abrite par ailleurs l'un des sites les moins visités de la capitale, malgré sa grande originalité : le palais-musée Manial.

Il fut bâti au début du XXe siècle pour servir de résidence au prince Mohammed Ali Tawfiq, l'oncle du dernier régent d'Égypte, le roi Farouk. Visiblement, le prince était indécis sur ses préférences architecturales, aussi a-t-il opté pour un savant mélange : les styles ottoman, mauresque, perse et rococo européen sont ici tous représentés.

Aujourd'hui, le palais a ouvert au public toute une série de collections installées dans cinq des principaux bâtiments. Le bâtiment le plus imposant rassemble les manuscrits, les vêtements, l'argenterie, les meubles, le nécessaire à écrire et d'autres pièces datant de toutes les périodes, du Moyen-Age au

XIXe siècle, collectionnées par le prince. Un guide indépendant se fera un plaisir de vous montrer cette section du musée, mais si vous souhaitez vous dispenser de ses services, faites-le lui savoir.

Le palais ouvre ses portes tous les jours de 9h à 16h, moyennant 5 £E (2,50 £E pour les étudiants), plus 10/150 £E pour avoir la permission de photographier/filmer.

Pour y accéder depuis Midan Tahrir, le plus facile consiste à descendre la Corniche el-Nil, puis à traverser le troisième pont qui se présente à vous. Sinon, la course en taxi depuis la place Tahrir (demandez "Al-Manial") ne devrait pas excéder 2 £E.

LE CAIRE ISLAMIQUE

Le Caire islamique constitue presque une ville dans la ville. Comme Alice traversant son miroir, le visiteur qui met le cap à l'est depuis Midan Ataba voit soudain s'évanouir tous les repères habituels du monde moderne lorsqu'il pénètre dans l'apparent chaos d'un univers différent.

Le terme "Caire islamique" ne convient pas vraiment, car le quartier n'est ni plus ni moins musulman que d'autres dans la capitale, mais peut-être est-ce la profusion de minarets à l'horizon qui renforce cette prégnance religieuse. Immuable depuis des siècles, ce secteur du Caire est parcouru de venelles aux directions mystérieuses et si étroites que les maisons semblent s'effleurer à leur sommet. De splendides mosquées et une multitude de façades médiévales bordent la chaussée sinueuse et défoncée, où de petites camionnettes Suzuki se frayent un passage parmi les bourricots et les charrettes des marchands ambulants. Le promeneur respire les arômes sucrés et violents du curcuma, du basilic et du cumin, auxquels se mêlent les odeurs du bétail et les vapeurs d'essence. Bref, c'est un lieu fascinant et totalement déroutant.

Visite du Caire islamique

Avec plus de 800 monuments répertoriés, de trop rares panneaux indicateurs ou autres concessions au tourisme, le Caire islamique a de quoi susciter le découragement. Aussi, nous l'avons divisé en six secteurs, chacun correspondant à une demi-journée de balade.

Une tenue convenable est indispensable pour la visite de cette partie du Caire, entendez que jambes et épaules doivent être couvertes, pour les hommes comme pour les femmes, sinon l'accès aux mosquées pourrait vous être refusé. Emportez beaucoup de menue monnaie pour les pourboires.

Notez par ailleurs que les horaires d'ouverture des sites peuvent fluctuer, en sachant que les gardiens se trouvent en général sur place de 9h jusqu'au début de la soirée. La plupart des mosquées sont fermées au public aux heures de prière.

El-Azhar et Khan al-Khalili

Pénétrez dans le grand bazar Khan al-Khalili et vous vous imprégnerez de l'atmosphère qui baigne l'ensemble du quartier. On se retrouve au contact de l'Orient tel que l'imagination occidentale aime se le représenter. En outre, ce souk immense se révèle très facile d'accès depuis le centre-ville ; en partant de Midan Ataba, empruntez directement Sharia al-Azhar ou Muski (voir plus loin le paragraphe consacré à Sharia Muski). Vous pouvez aussi vous y rendre en taxi, après avoir indiqué la destination "Al-Hussein" au chauffeur. Le nom correspond à la fois à la place et à la mosquée située à l'entrée du bazar. La course ne devrait pas dépasser les 3 £E depuis le centre-ville. Descendez à la mosquée El-Azhar, à l'endroit où un passage souterrain s'engouffre sous la chaussée à grande circulation pour resurgir juste devant Midan Hussein.

Mosquée El-Azhar. Cette mosquée est l'une des institutions du Caire les plus chargées d'histoire. Fondée en l'an 970, El-Azhar constitue la plus ancienne université en activité de par le monde. A une certaine période, c'était aussi un centre d'études qui attirait les érudits venus d'Europe comme de tout le monde arabe. Elle continue aujourd'hui de jouer un rôle éminent dans la vie théologique égyptienne, le cheikh d'El-Azhar étant considéré comme la suprême autorité religieuse du pays.

Sur le plan architectural, le monument présente un mélange de styles, dû aux fréquents agrandissements survenus au cours de ses mille ans d'existence. La cour centrale constitue la partie la plus ancienne, alors que, du sud au nord, ses trois minarets datent des XIVe, XVe et XVIe siècles. La chambre des tombeaux, à laquelle on accède par une porte sur la gauche, après avoir franchi l'entrée, dispose d'un somptueux *mihrab* (niche indiquant la direction de La Mecque) que vous ne devez absolument pas manquer. La mosquée peut se visiter chaque jour, moyennant 12 £E.

(Suite du texte en page 161)

LE MUSÉE ÉGYPTIEN DU CAIRE

Le Musée égyptien (simplement connu sous le nom d'*Al-Mathaf*, "le musée") abrite plus de 100 000 reliques et antiquités illustrant la plupart des périodes de l'Égypte ancienne.

Cette collection fut rassemblée pour la première fois en 1858 à Bulaq par Auguste Mariette, un archéologue français ayant effectué des fouilles en Haute-Égypte. Elle fut transférée en 1902 dans son actuel bâtiment néoclassique. Depuis lors, le nombre des pièces exposées a largement excédé l'espace disponible. Une légende cairote affirme même que les sous-sols contiennent tant d'objets non référencés que les archéologues devront réentreprendre un véritable travail de fouilles lorsque le nouveau musée, promis de longue date, sera enfin construit.

Hormis la succession des salles qui permet de suivre l'évolution chronologique de l'Ancien Empire jusqu'à l'Empire romain, aucune mise en scène particulière n'a été élaborée pour mettre en valeur les objets qui sortent du lot en raison de leur signification précise ou de leur beauté.

ADAM Mc CROOW

Ci-dessus : détail d'un fauteuil découvert dans le tombeau de Toutankhamon (photo Chris Mellor)

Ci-contre : le Musée égyptien

En fait, depuis l'ouverture du musée il y a un siècle, on n'a jamais repensé les présentations, en dépit du nombre croissant d'objets. On ne peut que regretter l'étiquetage trop souvent inexistant et les vieilles vitrines en bois et en verre, sans éclairage direct. Mais la situation s'améliore peu à peu. Deux nouvelles galeries, ouvertes en 1998, sont équipées d'une lumière à fibre optique et, grande première, des étiquettes informatives ont fait leur apparition ! Le musée s'est par ailleurs doté d'un nouveau dispositif de sécurité et d'éclairage, après la tentative de vol qui fit grand bruit en 1996.

Face à une telle profusion, découvrir l'ensemble en une seule fois est une gageure. La meilleure stratégie consiste à répartir votre exploration sur au moins deux journées.

L'entrée revient à 20 £E (demi-tarif pour les étudiants). Un supplément de 40 £E (20 £E pour les étudiants) est perçu pour l'accès à la salle des momies royales ; ces billets peuvent s'acheter à l'entrée de l'exposition, au 1er étage.

Le musée (☎ 575 4319) ouvre tous les jours de 9h à 16h45, mais il ferme le vendredi de 12h à 14h (de 11h30 à 13h30 en hiver). Une visite le vendredi matin ne vous permet pas de revenir l'après-midi avec le même billet. La salle des momies royales et la salle 53 ferment toutes les deux à 16h15. L'autorisation de photographier (sans flash) vous est facturée 10 £E, sinon vous devez laisser l'appareil à l'entrée.

Le droit d'utiliser un caméscope vous coûtera 100 £E. Par ailleurs, des guides officiels proposent leurs services, moyennant 40 £E l'heure environ.

LE MUSÉE ÉGYPTIEN

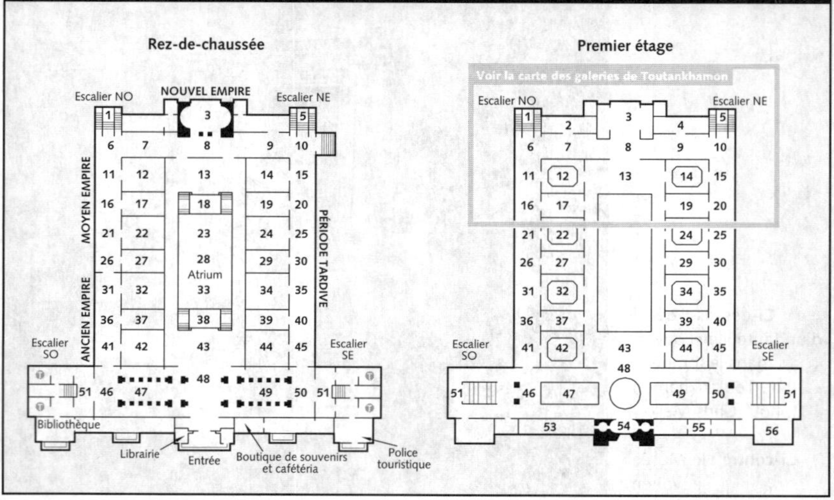

Livres

Le but de cet ouvrage n'est pas de vous offrir une description exhaustive du musée, mais si vous souhaitez une aide plus précise pour explorer cette imposante annexe de l'Antiquité, vous trouverez plusieurs publications spécialisées. Il existe deux guides officiels édités par le musée, mais ils se révèlent très arides. Mieux vaut consulter *Le Musée Égyptien du Caire*, du Dr Edouard Lambelet (publié en français, en anglais et en allemand). Il contient les illustrations abondantes des principales pièces à ne pas manquer, répertoriées par salle et par leur numéro au catalogue. Comptez environ 60 £E l'exemplaire.

Les amateurs de momies auront plaisir à parcourir l'attrayant *Royal Mummies in the Egyptian Museum* (35 £E), par Salima Ikram et Aidan Dodson. Bénéficiant d'une bonne iconographie et d'un style fort lisible, cet ouvrage mérite d'être feuilleté, ne serait-ce que pour découvrir le processus de momification, ainsi que la description des dépouilles desséchées et enveloppées de bandelettes.

Tous ces titres sont disponibles à la librairie du musée.

A ne pas manquer au Musée égyptien

Pour ceux qui seraient pressés, voici la liste des dix expositions qui nous paraissent incontournables.

1 Galeries de Toutankhamon
2 Salle des momies royales
3 Salle d'Akhénaton
4 Momies gréco-romaines
5 Tombeaux royaux de Tanis
6 Salles de l'Ancien Empire
7 Techniques pharaoniques
8 Salles de Yuya et Thuyu
9 Salle des bijoux de l'Égypte antique
10 Animaux momifiés

Visite du musée : le rez-de-chaussée

Ce niveau suit une organisation à peu près chronologique, dans le sens des aiguilles d'une montre en partant du hall d'entrée. Voici quelques pièces majeures à ne pas manquer.

SALLE 43 – Période des premières dynasties

La statue en calcaire, presque grandeur nature, d'un monarque assis, représente Djoser, le pharaon de la IIIe dynastie, pour lequel l'architecte Imhotep a érigé la première pyramide, à savoir la pyramide à degrés de Saqqarah. Découverte en 1924 à l'angle nord-est de la construction (une réplique se dresse désormais à sa place), cette statue est la plus ancienne de ce type qu'on puisse admirer au musée.

SALLES 47, 46 et 51 – Chefs-d'œuvre de l'Ancien Empire

Cherchez la série des trois triades en schiste noir qui représentent le pharaon Menkaure (Mykérinos), bâtisseur de la plus modeste des grandes pyramides, flanqué de part et d'autre d'une silhouette féminine. Celle de droite est la déesse Hathor, tandis que celle de gauche symbolise une région de la Haute-Égypte, dont le nom est donné par un symbole au-dessus de la tête de Hathor. Quatre de ces triades furent découvertes dans le temple de la vallée du pharaon, juste à l'est de sa pyramide, à Gizeh.

SALLES 42, 37 et 32 – Salles de l'Ancien Empire

Au centre de la salle 42 se dresse ce que certains considèrent comme le chef-d'œuvre du musée : une statue en diorite, noire et lisse, de Khephren (Khaéfrê), plus grande que nature. Assis sur un trône, le bâtisseur de la seconde pyramide de Gizeh est protégé par les ailes du dieu-faucon Horus qui lui enveloppent la tête. Par déduction du nombre de socles découverts, les archéologues pensent que cette sculpture n'est qu'une des 24 pièces qui ornaient à l'origine la salle du temple de la vallée du pharaon, sur le plateau de Gizeh.

Légèrement sur la gauche, en avant de cette représentation de Khephren, on découvre la statue en bois de Ka-Aper. Sculptée dans une seule pièce de sycomore (à l'exception des bras), l'œuvre se révèle incroyablement vivante. Les yeux, en particulier, sont enchâssés dans des paupières de cuivre ; le blanc est constitué de quartz opaque et les cornées, taillées dans du cristal de roche, ont été percées puis remplies de pâte noire pour figurer les pupilles. Lorsqu'ils ont mis au jour cette statue à Saqqarah, les ouvriers de la région l'ont baptisée Sheikh al-Balad ("chef du village"), car ils lui trouvaient une ressemblance frappante avec leur chef de village.

Salle 32 règne une splendide sculpture d'un couple royal, Rahotep et Nofret, représentés presque grandeur nature. En dépit de leurs 4000 ans, les visages peints ont gardé leur fraîcheur et les lignes simples qui modèlent le calcaire étonnent par leur facture contemporaine.

Autre œuvre majeure : le tableau assez curieux du chef nain Seneb en famille. Soucieux de dissimuler sa petitesse, Seneb est assis, et ses jambes croisées sont volontairement masquées par ses deux enfants placés devant lui. Son épouse (de taille normale) le tient d'un air protecteur par les épaules et affiche une expression qu'on interprète aussitôt comme de l'affection. Ce couple heureux et sa progéniture ont récemment servi à illustrer des campagnes du planning familial égyptien.

On trouve aussi exposés ici les panneaux connus sous le titre des "Oies de Meïdoum". Ils sont extraits d'une frise découverte sur un mastaba en brique de terre, à Meïdoum, à proximité de l'oasis du Fayoum (les lacs de cette région accueillent encore une grande variété d'oiseaux). Appliqués aux alentours de 2600 av. J.-C., les pigments ont conservé leur éclat, et le degré de réalisme de cette peinture (empreint d'un style pharaonique très caractéristique) suscite l'étonnement.

SALLE 26 – Montouhotep II

Après avoir quitté la salle 32, à votre droite, vous admirerez une statue assise, à la peau noire, et coiffée de la tiare rouge de la Basse-Égypte ; il s'agit de Montouhotep II, second souverain du Moyen

Empire, qui réunit le Nord et le Sud du pays. Howard Carter la découvrit sous l'avant-cour de Deir al-Bahari, à Thèbes, en 1910, lorsque le sol céda sous les sabots de son cheval.

SALLES 21 et 16 – Les sphinx

Ces créatures de granit gris diffèrent complètement du gigantesque et énigmatique sphinx de Gizeh et s'apparentent davantage à l'Homme-Lion du *Magicien d'Oz* : leur visage humain est encadré d'une belle crinière hirsute et de grandes oreilles.

Sculptés en l'honneur d'Amenemhat II, pharaon de la XIIe dynastie, ces sphinx décoraient la ville de Tanis, dans la région du delta, où on les découvrit en 1863.

SALLE 12 – Tombeau de Hathor

Vous découvrirez au centre de cette salle, une chapelle de grès remarquablement bien conservée et surmontée d'une voûte, peinte en relief. On la retrouva au cœur du temple de Thoutmosis III, à Deir al-Bahari, dans la ville de Thèbes, avec la représentation grandeur nature de la déesse Hathor sous la forme d'une vache.

Le site de Deir al-Bahari est aussi connu pour le temple de Hatshepsout, et l'on peut admirer, à gauche de la chapelle, une statue de la reine en granit rose. Elle est représentée arborant une coiffe de pharaon et une fausse barbe, mais les traits du visage sont féminins.

SALLE 3 – Salle d'Akhénaton

Une salle est consacrée à Akhénaton, le "roi hérétique" qui donna à l'Égypte ancienne sa première et unique religion monothéiste. Un rapide coup d'œil alentour suffit pour constater que les styles décoratifs évoluèrent presque aussi radicalement que la religion d'État, pendant les quinze ans d'un règne qui s'acheva par l'accession au trône de Toutankhamon.

Observez les quatre magnifiques statues du roi, les formes des hanches, des cuisses et des ventres étrangement rebondis, les têtes allongées aux lèvres pulpeuses, et comparez-les aux sculptures lisses, aux bords saillants, que vous venez de voir dans les salles consacrées au Moyen Empire. La stèle où le roi et la reine jouent avec leurs enfants mérite qu'on s'y attarde, pour l'aspect non conventionnel et décontracté de la scène, jamais représentée jusqu'alors dans l'art pharaonique royal.

Le plus remarquable reste la tête inachevée de Néfertiti, épouse d'Akhénaton. Taillé dans un quartzite brun clair, ce portrait en relief exalte, par sa délicatesse et sa sensibilité extraordinaires, l'extrême beauté de la souveraine.

SALLE 10 – Intef

L'une des plus récentes pièces exposées était jusqu'ici présentée en trois parties distinctes, jusqu'à ce qu'on se rende compte qu'il s'agissait d'un tout dont on finit par assembler les morceaux. La figure de grès ainsi reconstituée représente Intef, qui dirigeait l'armée sous la XIe dynastie. Cette statue est fort bien légendée.

Ci-contre : ce buste de grès brisé d'Akhénaton (Aménophis IV) fut découvert à Karnak, dans le temple d'Aton. Le clergé de Thèbes et de Karnak n'apprécia guère qu'Akhénaton leur tourne le dos et abandonne les dieux traditionnels pour vénérer Aton, la divinité du disque solaire. A sa mort, les prêtres retrouvèrent toute leur influence et firent de leur mieux pour effacer les traces d'Akhénaton et de son culte

SALLE 34 – Salle gréco-romaine

L'absence de tout commentaire dans cette salle se fait en revanche cruellement sentir. Des pièces fascinantes sont présentées sans aucune légende ou allusion à un contexte qui permettrait de les situer. Mais on retiendra quelques évidences que ces objets laissent transparaître, telles l'assimilation par l'Égypte du nouvel idiome grec, puis la suprématie romaine sur le style pharaonique.

Sur la stèle placée contre le mur du fond, ainsi que sur le grand panneau de grès à droite, on identifie trois langues : les hiéroglyphes (idiome égyptien littéraire), le démotique (langage populaire égyptien) et, en bas, le grec (langue officielle des dirigeants de l'époque). Cette pierre aux inscriptions trilingues est de nature semblable à celle, plus célèbre, dite "de Rosette" (voir l'encadré qui lui est consacré, page 417). Cette dernière est conservée au British Museum, mais on peut en admirer une réplique moulée, non loin de l'entrée du musée, dans la salle 48.

SALLES 50 et 51 – Alexandre le Grand

Sur le plan officiel du musée, cette section est intitulée "Alexandre le Grand", mais on n'y trouve actuellement rien qui se rapporte directement au conquérant macédonien. On admirera en revanche une magnifique petite statuette en marbre de la déesse Aphrodite, que les Égyptiens nommaient Isis. Sculptée aux IIIe ou au IIe siècle av. J.-C., elle fut découverte à Alexandrie. De l'autre côté de la pièce trône un stupéfiant sarcophage, recouvert de hiéroglyphes réalisés avec des incrustations de verre coloré. Le coffre en bois est aussi délicatement marqueté avec des pierres semi-précieuses.

Visite du musée : le premier étage

Les pièces de ce niveau sont regroupées par thèmes et peuvent se découvrir dans n'importe quel ordre, mais en supposant que vous arriviez par les escaliers sud-est (après avoir traversé la salle 51), nous vous proposons un circuit dans le sens inverse des aiguilles d'une montre, en commençant par les galeries de Toutankhamon, salle 45. Ainsi, les objets se présenteront à vous pratiquement dans l'ordre où ils étaient disposés dans la sépulture.

LES GALERIES DE TOUTANKHAMON

Indiscutablement, le trésor de ce jeune pharaon, dont le règne fut relativement insignifiant sous le Nouvel Empire, surpasse toutes les autres expositions du musée.

Le tombeau et les richesses de Toutankhamon, qui n'occupa le trône que neuf années durant, au XIVe siècle av. J.-C., fut découvert en 1922 par l'archéologue anglais Howard Carter. Son emplacement fort discret dans la vallée des Rois, sous le caveau bien plus grandiose et bien plus saccagé de Ramsès VI, avait échappé aux archéologues mais cela lui avait épargné également les pilleurs de sépulture. Pour plus de détails, reportez-vous aux pages consacrées à la vallée des Rois, pages 286 à 293.

Environ 1 700 articles sont présentés dans une série de salles, dont certaines se réduisent à des portions de corridor des ailes nord et est. L'absence d'une numérotation claire de ces salles n'est pas faite pour simplifier les recherches.

SALLE 45. Dès l'entrée, vous découvrez deux statues grandeur nature du jeune monarque. Dans l'antichambre du tombeau, elles tenaient lieu de sentinelles (au mur, une grande photo en noir et blanc les présente *in situ*). Réalisées en bois, elles sont recouvertes d'une couche de bitume ; la peau noire, qui évoque Osiris, symbolise la renaissance. Cette pièce abrite aussi une statue en bois d'Anubis, le protecteur des morts à la tête de chacal, qui aurait aussi servi de gardien du tombeau.

SALLE 40. Cette salle possède un coffre somptueusement décoré de scènes représentant le jeune pharaon sur son char, livrant bataille à des ennemis mis en déroute. Comme le roi mourut adolescent, il est peu vraisemblable qu'il ait conduit ses armées à la guerre ; en revanche, il a très bien pu chasser avec les membres de sa suite, comme nous l'indiquent les dessins sur le couvercle. Lorsqu'on a trouvé ce coffre, il renfermait les colliers et les ceintures exposés en salle 3.

SALLES 35 et 30. C'est le trône du pharaon qui retiendra toute votre attention. Le bois doré à la feuille et incrusté de verre et de pierres semi-précieuses du siège royal est soutenu par des lions aux formes étirées. Au second plan, le tableau multicolore représente la reine posant la main sur l'épaule du souverain, sous les rayons du soleil (Aton). Ce culte rappelle l'influence de son prédécesseur, Akhénaton. Les robes de cérémonie des personnages sont taillées dans l'argent martelé, tandis que de la pâte de verre est utilisée pour leur coiffure.

Les multiples statues en or découvertes dans le caveau étaient toutes destinées à accompagner le monarque dans son voyage vers l'au-delà. Elles comprennent une série de 28 divinités en bois doré, protectrices du pharaon, et de 413 shabti (ou serviteurs symboliques) supposés accomplir les moindres tâches utiles à leur maître dans l'autre monde. Seule une sélection de ces statues est présentée ici.

SALLE 25. Le tombeau en bois plaqué or, exposé ici, fut trouvé vide, ses statues ayant été dérobées sous l'Antiquité. On lui porta cependant une grande attention pour ses représentations de scènes domestiques royales, dorées à la feuille par l'artiste ; toutes démontrent un style peu conventionnel et réaliste, qui prit son essor à la cour d'Akhénaton, à Amarna.

SALLE 20. Cette salle contient plusieurs délicats objets d'albâtre : jarres, sarcophages, coffres et même un calice (à l'aplomb sud de la porte donnant sur la salle 19). On y a glissé une petite lumière, pour en montrer la finesse.

SALLE 15. Ici, on nous présente des maquettes de bateaux, aux gréements complexes, destinés au voyage du pharaon vers l'autre monde.

LES GALERIES DE TOUTANKHAMON (SECTION PRINCIPALE)

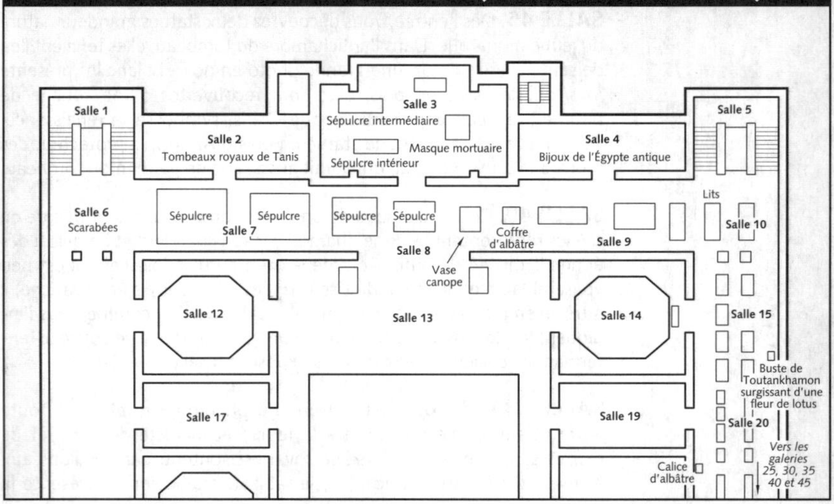

SALLES 10 et 9. La partie nord de cette galerie expose les trois couches funéraires ouvragées du souverain : l'une est soutenue par deux vaches, une autre par deux hippopotames et la troisième par deux lionnes. Ces lits devaient permettre au pharaon de rejoindre confortablement l'au-delà.

Le coffre d'albâtre contient quatre vases canopes, dont les bouchons représentent la tête de Toutankhamon. A l'intérieur étaient placés les quatre sarcophages miniatures en or (disposés dans la salle 3) enchâssant les entrailles du monarque. Le coffre et son précieux contenu trouvaient place à l'intérieur du caveau canope, avec les quatre statues dorées des divinités Isis, Neith, Nephtys et Selket, toutes représentées dans la même attitude de protection, à savoir les bras ouverts.

SALLES 8 et 7. Ces galeries exposent simplement les quatre énormes sépulcres en bois doré qui s'emboîtaient l'un dans l'autre, tels des poupées russes, et renfermaient au centre le sarcophage de l'enfant-roi.

SALLE 3. C'est la salle qui attire les foules. Aux heures de grande affluence, il vous faudra faire la queue. Exposé au centre, le masque mortuaire de Toutankhamon vous stupéfiera. Réalisé en or massif, il pèse 11 kg et fut découvert sur la tête de la momie, à l'intérieur d'une série de trois sarcophages. Il représente un portrait idéalisé du jeune pharaon ; les yeux sont modelés avec du quartz et de l'obsidienne, tandis que du lapis-lazuli en délimite les contours et dessine les sourcils.

Les deux sarcophages intérieurs en or ne sont pas moins fabuleux. D'un poids de 110 kg, le plus petit, à l'instar du masque funéraire, est moulé dans l'or massif et orné d'incrustations précieuses. Le deuxième sarcophage fut fabriqué en bois doré. Le plus grand sarcophage (qui contenait les deux autres) et les restes momifiés de Toutankhamon demeurent dans l'hypogée de la vallée des Rois.

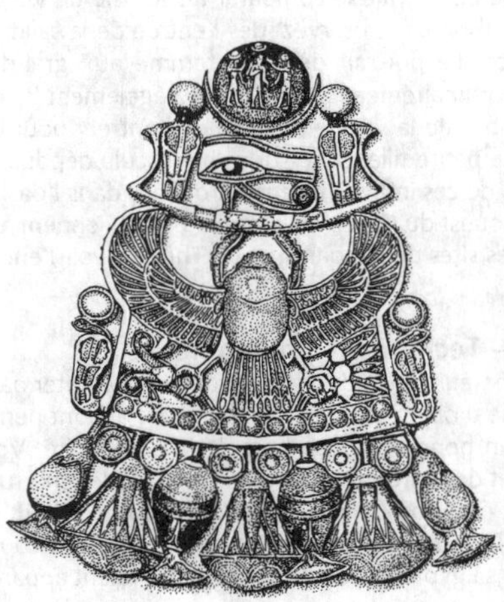

Ci-contre : ce pectoral ouvragé en or et en argent, serti de pierres semi-précieuses et de verre, fut découvert sous les bandelettes en lin entourant la momie de Toutankhamon

SALLE 4 – Les bijoux de l'Égypte antique

Cette galerie récemment rénovée rassemble des trouvailles venues d'un peu partout, notamment de Saqqarah et Gizeh. On peut y admirer des ceintures, des incrustations de perles, des colliers, des pierres semi-précieuses et des bracelets. La plus belle pièce est un diadème de Set Hathor lunet, un bandeau en or serti de pierres semi-précieuses figurant un cobra dressé. Outre les richesses des pharaons, l'endroit contient également des objets de la période gréco-romaine, découverts dans les régions des oasis et de la mer Rouge.

SALLE 2 – Tombeaux royaux de Tanis

Cette galerie, ouverte en 1998, rassemble une éblouissante collection d'amulettes incrustées d'or et d'argent, des masques funéraires en or, des poignards, des bracelets, des colliers, des sandales en or, ainsi que des parures de doigt et d'orteil, en provenance de cinq sépultures du Nouvel Empire, mises au jour dans la région du delta, sur le site de Tanis. Citons aussi le sarcophage anthropoïde de Psusennes Ier, unique en son genre, pour avoir été fabriqué dans de l'argent massif, et présentant une tête de faucon.

SALLE 14 – Momies gréco-romaines

Cette salle ne contient qu'une modeste partie (on en a découvert plus de un millier) des remarquables portraits trouvés sur les momies de la période gréco-romaine. Ces visages, dont les grands yeux vigilants semblent vous suivre à travers la pièce, étaient peints sur des panneaux de bois qu'on plaçait ensuite sur le visage embaumé des momies (certains étaient peints directement sur le linceul). Rares sont les portraits de cette époque, aussi cette collection se révèle-t-elle unique.

Si les vitrines sont poussiéreuses et à peine éclairées, ces visages dont les regards vous interpellent derrière les vitres sont d'un réalisme envoûtant. Rien dans l'élégance stylisée de l'art égyptien antique dans son ensemble ne saurait se comparer au souffle de vie qui émane de ces lointains disparus. Observez, dès l'entrée de la salle, la momie qui vous fait face. Le portrait de cette femme aux grands yeux bruns semble extraordinairement vivant. Prenez également le temps de scruter la pénombre de la vitrine à droite de l'entrée, pour contempler le portrait d'une petite fille, posé sur sa minuscule dépouille.

La plupart de ces images furent retrouvées dans l'oasis du Fayoum, juste au sud-ouest du Caire, mais certaines proviennent aussi de la vallée du Nil, des sites de Saqqarah et de Thèbes (voir l'encadré *Portraits du passé*).

SALLE 34 – Techniques pharaoniques

Les amateurs de gadgets auront plaisir à fureter dans cette salle, remplie d'objets de la vie quotidienne, qui ont permis à l'Égypte d'effectuer un bond immense hors de la préhistoire. Vous trouverez des peignes et des miroirs, un attirail de pêche, des charrues, des houes (identiques à celles qu'utilisent les *fellah* d'aujourd'hui), sans compter les lames et les rasoirs. Parmi les outils de chasse, citons les boomerangs, dont les Égyptiens de l'Antiquité se servaient apparemment pour tuer les oiseaux (salle 25, sur l'une des sculptures décorant le sépulcre en or, on distingue Toutankhamon en train d'en utiliser un).

SALLES 32 et 27 – Maquettes du Moyen Empire

Plus vraies que nature, les maquettes de ces salles furent pour la plupart découvertes dans le tombeau de Meket-Rê, un notable de Thèbes vivant sous le Moyen Empire. L'ensemble forme une reconstitution fascinante de la vie quotidienne voilà près de 4 000 ans. On pourra observer les détails des bateaux de pêche, avec les poissons dans les filets, un abattoir, un atelier de menuiserie, un métier à tisser, et la représentation de la demeure de Meket-Rê avec ses colonnes peintes et les figues sur les arbres. Plus spectaculaire encore est la scène de 1,50 m de large où l'on aperçoit Meket-Rê assis en compagnie de quatre scribes et diverses autres personnes en train de compter le bétail. Les statuettes d'esclaves en plâtre tiennent les animaux par des cordes miniatures, tout en passant devant la tribune où le maître siège.

SALLE 37 – Armées miniatures

Retrouvées dans la sépulture d'un gouverneur provincial et datant de la XIe dynastie (vers 2000 av. J.-C.), ces deux séries de 40 soldats en bois défilent en phalanges. Ceux qui ont le teint sombre sont des Nubiens, les moins hâlés étant les Égyptiens.

SALLE 43 – Salle de Yuya et Thuyu

Avant la découverte du trésor de Toutankhamon, la mise au jour en 1905 dans la vallée des Rois du tombeau de Yuya et Thuyu (parents de la reine Tyi) constituait la plus importante découverte de l'archéologie égyptienne. Le caveau quasiment intact contenait beaucoup de richesses, dont cinq sarcophages décorés et les momies remarquablement conservées des deux membres de la famille royale (on peut leur rendre visite dans la salle consacrée aux momies). Ici, salle 43, place aux lits, aux sandales et au char qui comptaient parmi les objets essentiels pour rejoindre l'autre monde.

SALLES 53 et 54 – Animaux momifiés

Avant l'essor des dynasties pharaoniques, les cultes animaliers étaient très répandus en Égypte, ce que l'on peut constater en observant les petites momies poussiéreuses et déformées de chats, chiens, oiseaux, béliers et autres chacals, présentées en salle 53. D'autres petits paquets similaires sont exposés devant la salle 54.

SALLE 56 – Salle des momies royales

En 1981, la salle abritant les momies royales (27 au total) fut fermée au public, car le président Sadate jugeait pareille exposition irrespectueuse à l'égard des défunts. Mais depuis 1995, après les avoir dissimulées derrière une porte pendant quinze ans, on a de nouveau présenté aux visiteurs une sélection des souverains égyptiens de l'Antiquité. La salle des momies royales abrite les corps de onze des plus illustres rois et reines de la XVIIIe à la XXIe dynastie qui ont régné sur l'Égypte entre 1552 et 1069 av. J.-C. Citons Ramsès II, son père Séti Ier,

Touthmosis II et la reine Meret Amun (épouse d'Amenhotep Ier). Chaque dépouille est disposée dans une vitrine individuelle (maintenue à la température constante de 22°C) dans un environnement privilégiant la lumière tamisée, comme à l'intérieur d'un tombeau. On ne peut s'exprimer au-delà d'un murmure et, pour cette raison, les guides touristiques ne sont pas admis à l'intérieur de la salle, l'une des plus paisibles du musée.

Il est prévu d'exposer les 16 momies restantes avant l'an 2000.

Pour de plus amples informations, vous trouverez un opuscule en vente au guichet (3 £E).

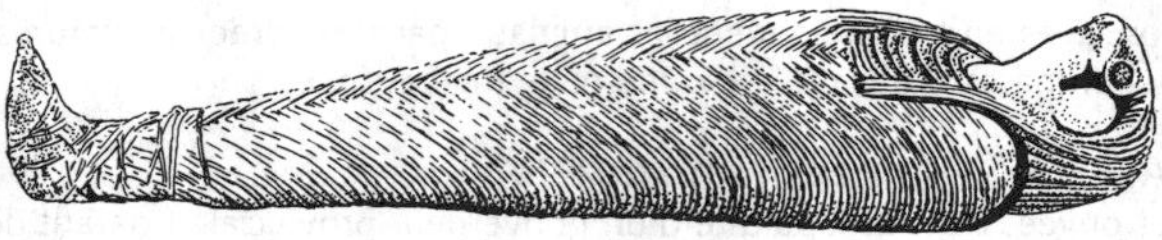

Ci-contre : à travers toute l'Égypte, on vénérait les faucons comme autant d'incarnations de Rê (et parfois de Horus), de même qu'on les utilisait dans les rituels religieux. A leur mort, on les momifiait, avant de les enterrer dans de petits sépulcres d'argile

CHRIS MELLOR

En haut : Ramsès II est certainement l'une des figures les plus connues de l'Égypte ancienne. Ce pharaon a entre autres construit le superbe temple d'Abou Simbel, le Ramesseum, et une partie du temple de Louxor où est érigée sa gigantesque statue de granite rose

CHRIS MELLOR

En bas : ce bateau funéraire en bois sculpté aurait été placé dans la tombe du pharaon pour l'emmener dans l'au-delà. Des sculptures semblables se trouvent dans les salles 27 et 32 du musée de Louxor

CHRIS MELLOR

CHRIS MELLOR

En haut : le masque funéraire en or de Toutankhamon constitue l'un des joyaux du patrimoine mondial

En bas : détail du dossier du trône du jeune roi, représentant Toutankhamon et sa femme. Il est réalisé en or, pierres semi-précieuses et incrustations décoratives

(Suite du texte de la page 148)

Une fois sorti du lieu de culte, tournez à gauche et encore à gauche, et vous vous retrouverez dans une ruelle longeant d'une part la muraille sud d'El-Azhar et un alignement de minuscules échoppes, à l'abri des voûtes d'un entrepôt de négoce du XVe siècle. A la sortie de cette venelle (consultez la carte *D'El-Azhar à la Citadelle*), vous découvrirez **Beit Zeinab al-Khatoun** (la maison de Zeinab Khatoun), une demeure de l'époque ottomane transformée en centre culturel et parfois en galerie d'art. De l'autre côté d'un petit jardin, se dresse **Beit al-Harawi**, un autre exemple de l'architecture domestique locale du XVIIIe siècle, mais dont l'intérieur d'un intérêt trop succinct ne justifie pas les 10 £E (demi-tarif pour les étudiants) exigés.

Midan Hussein. Au Moyen-Age, c'était l'une des principales places du Caire, s'étendant entre deux mosquées hautement véné-

EL-AZHAR ET KHAN AL-KHALILI

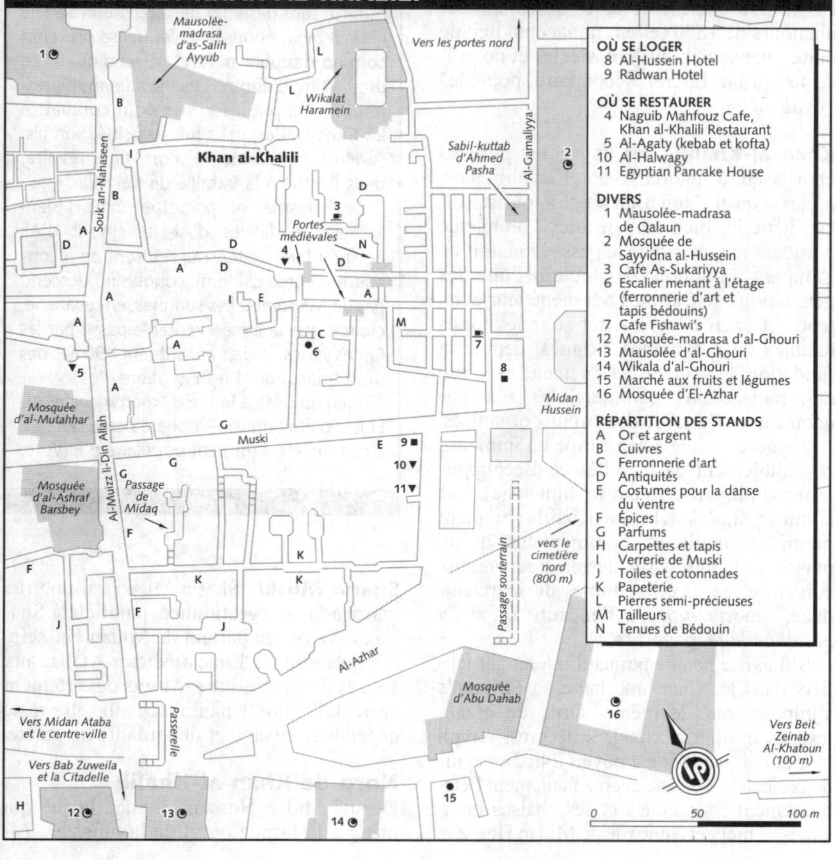

rées : El-Azhar au sud et Sayyidna al-Hussein au nord. L'endroit n'en demeure pas moins important de nos jours, en particulier au moment des fêtes, les soirs de ramadan, et pendant les *moulid* (festivals religieux) d'Al-Hussein et d'An-Nabi Mohammed (voir l'encadré *Le moulid*, page 103). Ces jours-là, la place attire les foules au milieu de musiques et de lumières éclatantes, et les réjouissances ne cessent qu'au petit matin.

Au nord, donc, la **mosquée Sayyidna al-Hussein** représente l'un des sites islamiques les plus sacrés d'Égypte (voir l'encadré *Chiites et sunnites : les origines*) et, de ce fait, les non-musulmans n'y sont pas admis. La bâtisse elle-même date seulement des alentours de 1870 (elle remplace un lieu de culte plus ancien du XIIe siècle) et ne présente qu'un intérêt secondaire pour les voyageurs.

Khan al-Khalili. Des voyageurs puristes choisissent d'ignorer Khan al-Khalili, sous prétexte qu'il s'agit d'un piège à touristes. Il est difficile, bien sûr, de nier l'ambiance particulière que génère le passage massif de groupes. N'oublions pas toutefois que des générations de Cairotes ont mené leur existence et exercé leur métier sous les toiles tendues de ces ruelles exiguës, depuis la fondation du souk au XIVe siècle, et le rite des transactions commerciales n'a pas débuté avec l'arrivée des circuits organisés.

Aujourd'hui, le Khan forme un immense rassemblement de marchés et d'échoppes (dont la plupart ferment le dimanche). Les commerçants de Khan al-Khalili comptent parmi les meilleurs bonimenteurs qu'on puisse rencontrer sur terre. Pour mieux connaître les us et coutumes du marchandage, reportez-vous à l'encadré *L'art du marchandage*, page 115.

S'il existe peu de points d'intérêt particuliers dans le Khan, une halte au **Fishawi's** s'impose tout de même. Orné de gigantesques miroirs aux cadres décorés, rempli jour et nuit, ce café est ouvert 24h/24 depuis deux siècles. Vous trouverez facilement l'établissement ; ses tables et ses chaises branlantes se nichent à une rue de Midan Hussein.

Chiites et sunnites : les origines

La mosquée Sayyidna al-Hussein est réputée pour receler l'une des reliques les plus sacrées de l'islam : la tête d'Al-Hussein, petit-fils du Prophète. Elle fut apportée sur les lieux en 1153 (quelque 500 ans après sa disparition) dans un sac de soie verte, à l'insu des croisés, occupés à profaner les sites musulmans de Palestine. La tête n'est pas exposée, mais enterrée profondément, sous un tombeau.

Al-Hussein fut tué par le clan des Omeyyades, qui avait pris le contrôle du califat, après que le prophète Mahomet mourut sans désigner de successeur. Sa fille Fatima avait épousé Ali, lequel se présenta comme dauphin naturel, revendiquant ce droit à titre d'époux. Les musulmans l'ignorèrent, et il prit les armes pour combattre les Omeyyades, mais fut assassiné. Son fils, Al-Hussein, conduisit alors une révolte, mais fut tué à la bataille de Kerbala.

Le schisme se perpétue dans l'islam actuel. Les fidèles d'Al-Hussein et d'Ali devinrent les chiites, qui refusent de reconnaître comme calife quiconque ne descend pas de Mahomet. Les sunnites, en revanche, croient que la lignée véritable passe par les Omeyyades ; ils constituent 90% des musulmans, dont les Égyptiens.

Bien qu'il fasse figure de martyr chiite, Al-Hussein était uni au Prophète par le sang et, à ce titre, c'est un saint populaire d'Égypte.

Sharia Muski. Sharia Muski est une rue marchande congestionnée, parallèle à Sharia al-Azhar, en partant de Midan Hussein, et elle rejoint à l'ouest Midan Ataba, aux abords du centre-ville. Moins ouvertement "orientale" que Khan al-Khalili, elle reste cependant vivante et débordante de gaieté.

Nord de Khan al-Khalili

Depuis Midan Hussein, prenez la rue qui mène à la façade ouest de la mosquée Al-

Hussein. Longez-la, tandis qu'elle oblique sur la gauche, et vous voilà dans le quartier appelé **Gamaliyya**. C'est ici qu'a grandi le prix Nobel de littérature, Naguib Mahfouz (voir l'encadré *Le Caire de Mahfouz*). Sharia al-Gamaliyya, la rue principale que vous suivez, représentait la seconde voie publique importante du Caire médiéval. Aujourd'hui, elle revêt l'apparence d'une ruelle sans revêtement, défoncée d'ornières, qui s'insinue entre les bâtiments. Vous longerez ainsi quelques mosquées et madrasa de l'époque des Mamelouks, mais de nombreuses façades disparaissent derrière des échafaudages de madriers, destinés à consolider les dommages occasionnés par le tremblement de terre de 1992. Malheureusement, l'un des monuments les plus imposants du quartier, le palais de Musafirkhanah, ne réchappa du séisme que pour être réduit en cendres lors d'un incendie, en 1998.

Au bout de Sharia al-Gamaliyya, sur la gauche, avant que la rue ne franchisse la grande porte de la ville, vous découvrirez une ancienne auberge de marchands, la **wikala de Qaït Bey** (1481).

Le nord de Khan al-Khalili

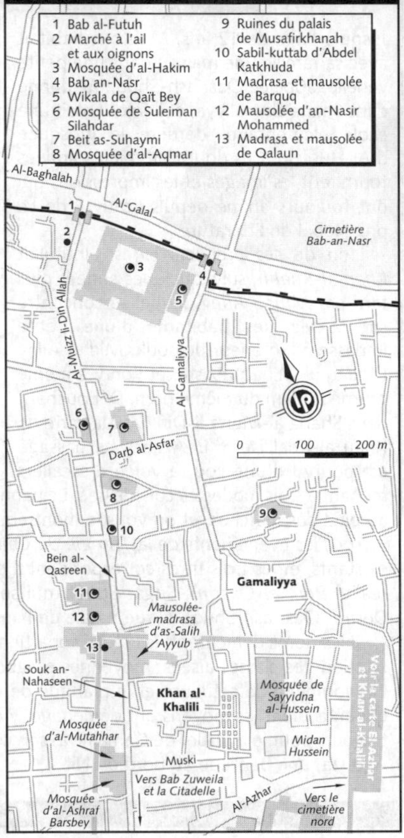

Murailles et les portes nord. Bab an-Nasr (la porte de la Victoire), d'allure carrée, et Bab al-Futuh (la porte des Conquêtes), toute en courbes, furent construites en 1087, en guise d'accès principaux au nord de la nouvelle cité fortifiée d'Al-Qahira. Il vous en coûtera 6 £E. Il se peut qu'on vous demande 12 £E : 6 £E pour les portes, 6 £E pour la mosquée, mais celle-ci se révèle toute à fait visible depuis les murailles. Demandez simplement : "Al-Abwab bas" et vous ne débourserez que 6 £E.

Une fois sur la terrasse, continuez à gauche en direction de Bab al-Futuh. Cherchez l'inscription gravée au-dessus de l'une des portes d'entrée, qui indique : "Tour Lasalle", apportant la preuve que certains des soldats napoléoniens se trouvaient jadis en garnison ici (Bab an-Nasr présente la mention : "Tour Milhaud"). Poursuivez au-delà de la tour, vers le bastion le plus à l'ouest, où vous descendrez un escalier. Sur le mur, au fil des marches, on distingue des silhouettes de pharaons et des bœufs sculptés, tandis qu'au pied de l'escalier, sous une fenêtre, on aperçoit un hippopotame au relief à moitié érodé ; ce sont autant de blocs de pierre qui ont été chapardés dans l'ancienne Memphis pour achever ces fortifications.

De nouveau sur les remparts, vers le nord, votre regard se porte vers l'ancien cimetière de Bab an-Nasr, presque entièrement recouvert par les maisons.

Le Caire de Mahfouz

Jusqu'à l'âge de 12 ans, Mahfouz habitait avec sa famille une maison dans une petite venelle, appelée Qasr ash-Shuq, qui donne dans Sharia Gamaliyya, et il fréquentait une école élémentaire, derrière la mosquée d'Al-Hussein. Ces douze premières années fournirent les images et les impressions qui ont toujours animé depuis l'œuvre de ce prix Nobel de littérature.

L'un de ses premiers livres s'intitulait *Khan al-Khalili*, suivi quelques années plus tard par *Midaq Alley*, lequel se concentre sur la vie des habitants d'une petite impasse à l'intérieur du souk. Midaq Alley (Zudaq al-Midaq) existe, et l'on y a même tourné un film du même nom. Débouchant dans Sharia al-Muizz li-Din (voir la carte de Khan al-Khalili et d'El-Azhar), ce passage est pourvu d'une courte volée d'escaliers menant à trois modestes culs-de-sac. Le panneau indiquant la ruelle est conservé dans un café au pied des marches, et on vous le montrera contre un bakchich.

Tous les événements de la *Trilogie du Caire* de Mahfouz se déroulent aussi dans des sites existants, et les trois titres correspondent à des noms de rues du quartier : *Palace Walk* (en réalité *Bein al-Qasrin*), Sugar Street (qui se trouve non loin de Bab Zuweila) et *Palace of Desire* (Qasr ash-Shuq), la rue natale de l'auteur.

Si les noms demeurent, les récits appartiennent toutefois à une autre époque. Cette cohabitation des classes aisées, moyennes et laborieuses qu'il décrit, relève désormais du passé. La plomberie défectueuse et le manque de commodités ont eu raison des lieux. Tous ceux qui en avaient les moyens ont déménagé, y compris Mahfouz, et si le cœur de l'écrivain bat toujours pour le quartier de Gamaliyya, son corps préfère quant à lui le confort de la moderne Agouza, une banlieue au bord du Nil.

Mosquée d'Al-Hakim. Al-Hakim bi-Amr Allah, "Celui qui gouverne sous la férule de Dieu", n'avait que 11 ans à la mort de son père et il devint le troisième souverain fatimide d'Égypte. Son tuteur le surnomma : "Petit Lézard", en raison de son allure inquiétante et de ses manières particulières. Plus tard, Hakim se vengea en le faisant assassiner. Au cours de ses vingt-quatre années de règne, ses proches ne cessèrent de craindre pour leur vie. Ainsi, dans l'euphorie d'une victoire, un général pénétra un jour dans les appartements royaux, en omettant de se faire annoncer, et découvrit Hakim recouvert de sang, debout au-dessus d'un page éviscéré. L'officier eut la tête coupée.

Hakim témoigna toutefois d'un grand intérêt pour son peuple et sillonnait à l'occasion les rues de la ville, en chevauchant son âne appelé Lune. Il recevait pétitions et doléances des habitants, et punissait les marchands malhonnêtes, en les faisant sodomiser par un robuste serviteur noir qui l'accompagnait. Hakim détestait aussi les chiens – il les fit tous abattre – et les femmes, auxquelles il interdisait de s'aventurer au dehors.

Il disparut aussi étrangement qu'il avait vécu. Lors d'une de ses promenades solitaires et nocturnes, sur le dos de son bourricot Lune, tandis qu'il gravissait les collines de Muqattam, Hakim disparut et l'on ne retrouva jamais son corps. Aux yeux de l'un de ses fidèles, un dénommé Al-Darizy, cet épisode apportait la preuve de la nature divine du souverain. A la mort de Hakim, Al-Darizy voyagea par monts et par vaux, en prêchant la bonne parole, et fonda la secte des Druzes, laquelle existe encore de nos jours.

Achevée en 1010, la mosquée de Hakim a rarement servi de lieu de culte, mais, tour à tour, de prison pour les croisés, d'écuries pour les chevaux de Saladin, d'entrepôt pendant la campagne napoléonienne et, finalement, d'école de garçons pendant les années Nasser.

Sharia al-Muizz li-Din Allah. Al-Muizz li-Din (telle qu'on l'abrège souvent) doit son nom au calife fatimide ayant conquis Le Caire en 969. Il s'agit de l'ancienne grande voie publique de la cité médiévale. Selon une description du XVe siècle, les conteurs, les artistes en tous genres et les échoppes alimentaires jalonnaient son parcours. Près de la mosquée, l'emplacement où s'est tenu, jusqu'au milieu du XIXe siècle, le marché aux esclaves a laissé la place aux étals d'ail et d'oignon.

A mesure que l'on progresse vers le sud, les marchandises changent et les boutiques proposent du matériel en fer forgé pour les cafés et les vendeurs de foul : chichas, braseros et grosses marmites en forme de poire. A droite, 200 m plus loin, vous découvrez la **mosquée Suleiman Silahdar**, érigée relativement tard, en 1839, sous le règne de Méhémet-Ali. On l'identifie facilement grâce à son minaret grêle comme un tuyau. Traduisant l'aspiration du pacha, qui souhaitait acclimater les concepts européens à ceux de l'Égypte traditionnelle, la mosquée habille d'une façade de style mamelouk, une silhouette d'inspiration rococo et baroque.

Dépassez la mosquée et tournez aussitôt à gauche dans Darb al-Asfar, une ruelle où l'on peut admirer, au n°19, **Beit as-Suhaymi**, une demeure cairote du plus pur style ottoman. La restauration a ôté la plupart du temps leur âme et leur cachet aux bâtisses historiques. En revanche, Beit as-Suhaymi a conservé cette authenticité qui donne l'impression que les occupants de jadis vont réapparaître d'un instant à l'autre. Malheureusement, à l'époque où nous rédigions ce guide, la demeure restait fermée au public pour cause de rénovation.

De retour sur Al-Muizz li-Din, à 50 m à peine au sud du croisement avec Darb al-Asfar, attardons-nous sur la charmante petite **mosquée Al-Aqmar** ("Celle qui est éclairée par la lune"). Bâtie en 1125 par l'un des derniers califes fatimides, elle occupe une place de choix dans l'évolution architecturale de la capitale, car c'est la plus ancienne mosquée d'Égypte pourvue d'une façade en pierre. C'est ici qu'apparurent pour la première fois les nouvelles techniques des bâtisseurs de mosquée : la sculpture en stalactites, par exemple, et la voûte sur croisée d'ogives.

Sabil-kuttab d'Abdel Katkhuda. Une *sabil* est une fontaine ou un robinet qui offre aux passants la possibilité de se désaltérer, tandis qu'une *kuttab* est une école coranique. Ainsi, une *sabil-kuttab* répond à deux fonctions édictées par le Prophète : l'eau pour les assoiffés et la nourriture spirituelle pour les ignorants. La construction d'une sabil-kuttab permettait aux gens aisés d'expier leurs péchés. Celle-ci fut édifiée en 1744 par un seigneur fortuné, connu pour son existence de débauche. L'intérieur est décoré de jolies céramiques, qu'on ne peut admirer depuis la rue. Si vous vous attardez un peu, le *bawwab* (portier) vous invitera peut-être à entrer.

Bein al-Qasreen. La partie d'Al-Muizz li-Din située immédiatement au sud de la sabil-kuttab est connue sous le nom de Bein al-Qasreen, qu'on pourrait traduire par : "Entre les palais", en référence à deux grandes bâtisses royales qui bordaient la rue, à l'époque fatimide. Tombé en ruine à la chute des Fatimides, Bein al-Qasreen est restée un lieu public très couru, d'où partent une dizaine de venelles, remplies d'échoppes et de marchands ambulants. Les souverains suivants continuèrent d'apprécier l'endroit et érigèrent leurs monuments sur les décombres des anciens palais. Aujourd'hui, trois grands complexes funéraires du temps des Mamelouks s'alignent côte à côte à l'ouest de l'artère, rassemblant ainsi un impressionnant bouquet de minarets et dômes. Un droit d'entrée de 6 £E (3 £E pour les étudiants) vous sera demandé pour chacun de ces bâtiments.

En commençant par l'ensemble mortuaire installé le plus au nord, citons d'abord la **madrasa** et le **mausolée de Barquq**. Ce dernier prit le pouvoir en 1382, au moment où la peste et la famine ravageaient l'Égypte ; la madrasa fut achevé quatre ans plus tard. On y pénètre en franchissant l'audacieux portail en marbre noir et blanc qui mène à un passage voûté. A gauche, la cour intérieure présente un plafond haut en couleur, soutenu par quatre colonnes pharaoniques de porphyre. Bien que l'endroit s'appelle "le mausolée de Barquq", c'est en réalité la dépouille de sa fille qui repose sous le dôme du splendide caveau, alors que le sultan est enterré au cimetière nord (voir plus loin *Khanqah-mausolée d'Ibn Barquq*, au paragraphe *Cimetière nord*).

Au sud du complexe funéraire de Barquq, on découvre le mausolée d'an-Nasir Mohammed (1304). L'entrée gothique provient d'une église d'Acre (aujourd'hui Akko, en Israël), où An-Nasir et son armée de Mamelouks neutralisèrent la domination des croisés, en 1290. On discerne d'autres influences étrangères dans les stucs raffinés du minaret de style nord africain. Le fils préféré d'An-Nasir repose dans le mausolée (sur la droite, quand on entre, mais la salle est d'ordinaire fermée), tandis que le sultan est enterré dans le mausolée de son père, Qalaun.

Si vous ne devez visiter qu'un seul des trois ensembles mortuaires, optez pour la **madrasa** et le **mausolée de Qalaun**. C'est le plus ancien du trio, et sa construction terminée en 1279 nécessita à peine treize mois. Sur la droite, le mausolée constitue un assemblage particulièrement soigné de *mashrabiyya*, incrustations de pierre et de stuc, ornées de motifs étoilés et floraux, le tout éclairé par des vitraux.

Outre le mausolée et la madrasa, l'ensemble comprend un *maristan* (hôpital). L'historien et voyageur Ibn Battuta, qui visita Le Caire en 1325, écrivit que l'hôpital de Qalaun contenait "un nombre incalculable d'instruments et de médicaments". Aussi incroyable que cela puisse paraître, une clinique occupe encore de nos jours une partie de la bâtisse d'origine, perpétuant ainsi une tradition de soins médicaux de plus de 700 ans.

De retour au centre-ville. Vous souhaitez acheter un minaret en souvenir ? Au sud de Bein al-Qasreen, les monuments cèdent le pas à un chapelet de boutiques plus ou moins délabrées, regorgeant de marmites, casseroles et autres minarets terminés par un croissant, d'où le nom de l'artère : Sharia an-Nahaseen ("rue des Chaudronniers"). Après avoir marché un peu, vous constaterez que l'or remplace le cuivre, signe que vous pénétrez de nouveau dans l'aire de Khan al-Khalili.

A l'embranchement de Muski, à côté des deux mosquées, une rue à gauche vous conduit à Midan Hussein, tandis qu'en poursuivant à droite vous regagnez Midan Ataba (après 20 à 30 minutes de marche) ; tout droit, vous débouchez dans Sharia al-Azhar, où vous devriez trouver un taxi sans difficulté.

D'El-Azhar à la Citadelle

Au sud de Sharia al-Azhar, Al-Muizz li-Din Allah se prolonge en une vivante rue commerçante, jusqu'à Bab Zuweila et ses minarets jumeaux ; on y accède à pied, tranquillement, en dix minutes. Depuis cette porte, deux itinéraires s'offrent à vous pour

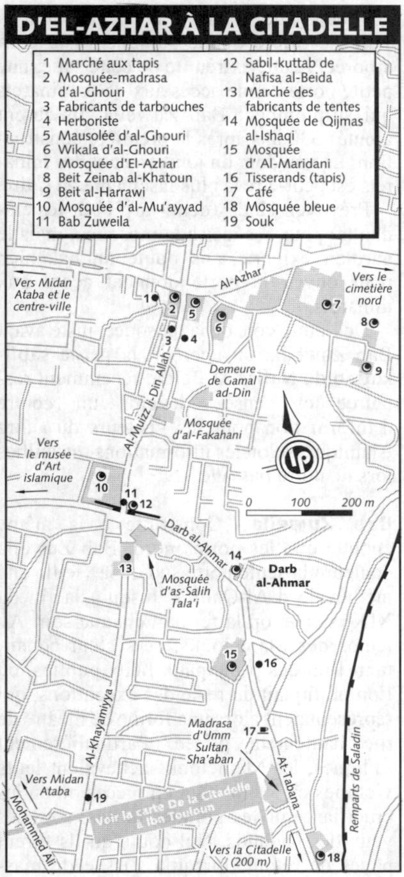

rejoindre la Citadelle : par l'est, le long de Darb al-Ahmar, ou par le sud, en traversant Sharia al-Khayamiyya (la rue des Fabricants de tentes). Quel que soit le parcours choisi, il vous faudra encore 20 minutes pour atteindre la Citadelle, où vous pourrez vous rafraîchir, profiter du panorama et continuer la visite, avant de prendre un taxi pour retourner en ville. Sinon, prenez à droite en quittant Bab Zuweila, et vous rejoindrez bientôt le musée d'Art islamique (voir plus bas).

Complexe d'Al-Ghouri (Al-Ghouriyya). Dans la partie sud de Sharia al-Azhar, les deux gigantesques bâtisses noir et blanc (datant de 1505) qui se font face, de l'autre côté du souk, forment l'ensemble de la mosquée-madrasa (reconnaissable par son minaret évoquant un tuyau de cheminée à damiers rouges) et du mausolée d'Al-Ghouri. Le tout compose un monument assez raffiné de la fin de l'ère mamelouke. Qansuh al-Ghouri, l'avant-dernier sultan de cette période, gouverna pendant 16 années, pour finir par jeter son armée dans la bataille contre les Turcs en Syrie, alors qu'il était âgé de 78 ans. Il subit à la tête de ses Mamelouks une cuisante défaite. Peu de temps après, l'Égypte tomba sous la domination ottomane, qui perdura pendant 281 ans. La tête d'Al-Ghouri vaincu fut dépêchée à Constantinople, mais l'on ne retrouva jamais son corps. Son mausolée cairote renferme à la place la dépouille de Tumanbey, son successeur, qui vécut peu de temps, car il fut capturé par les Turcs, puis pendu à Bab Zuweila.

Une partie du mausolée abrite désormais un théâtre où l'on peut assister deux fois par semaine à des spectacles de danse soufie (voir plus bas la rubrique *Où sortir*).

Wikala d'Al-Ghouri. A environ 300 m à l'est de l'ensemble funéraire d'Al-Ghouri, on peut admirer un autre legs du sultan au destin tragique : un *wikala*, érigé en 1505. Également désigné par le terme *caravansérail*, il s'agit d'une auberge médiévale destinée aux marchands. Ces derniers dormaient dans les chambres à l'étage et leurs animaux dans les écuries juste au-dessous. Le rez-de-chaussée disposait aussi d'un entrepôt et les affaires se concluaient dans la cour, autour de la fontaine. La nuit, on fermait les portes du wikala, afin de protéger les marchandises. A l'époque ottomane, Le Caire accueillait plus de 360 auberges de ce type, mais il en reste à présent moins d'une vingtaine, et celle-ci demeure de loin la mieux conservée.

A l'heure actuelle, musiciens et comédiens viennent se produire dans la cour, tandis que les anciennes écuries sont transformées en ateliers d'artistes. Le wikala (☎ 511 0472) accueille les visiteurs tous les jours de 8h à 24h, moyennant 6 £E.

Souk. Le secteur autour du complexe funéraire d'Al-Ghouri était jadis connu comme le "marché de la soie du Caire", et l'on y vendait des tapis. Les passages situés derrière la mosquée-madrasa (faufilez-vous sur le côté ou pénétrez par Sharia al-Azhar) accueillent toujours des marchands de tapis, mais leurs produits sont désormais fabriqués en laine ou en fibres synthétiques. Au sud de Ghouriyya, Al-Muizz li-Din Allah se transforme en un souk fort animé, où l'on peut trouver des produits ménagers, des tissus et des vêtements bon marché, notamment des galabiyyas (les tuniques longues portées par les hommes). Sur la droite, à moins de 50 m au sud de Ghouriyya, sont installés deux des derniers fabricants de tarbouches (*fez*). Vous aurez tout loisir de les observer en train de façonner les chapeaux sur leurs lourdes presses en cuivre. Jadis arborés par les *effendi* (gentilshommes) respectables, les tarbouches sont principalement achetés aujourd'hui par les hôtels et les troupes théâtrales. La gamme des prix oscille entre 5 et 30 £E la pièce. Plus loin, de l'autre côté de la rue, ne manquez pas la boutique d'un herboriste, dont la devanture présente des hérissons et des lézards séchés.

Mosquée d'Al-Mu'ayyad. Le seigneur Al-Mu'ayyad était un intrigant patenté, ce qui lui valut d'être arrêté et incarcéré dans une prison infestée par les poux. Tandis qu'il purgeait sa peine, il fit le vœu de remplacer un jour sa geôle par un "lieu saint", si par bonheur il survivait pour jouir de la liberté. Non seulement il survécut, mais s'éleva au rang de sultan. Censée avoir été bâtie sur le site de l'ancienne prison, sa mosquée achevée en 1422 constitue une œuvre monumentale caractéristique de l'époque des Mamelouks. L'entrée conduit à un mausolée où Al-Mu'ayyad et son fils reposent dans deux cénotaphes ; au-delà, on peut admirer la mosquée proprement dite, un lieu d'une grande tranquillité, dont la salle de prière donne sur une vaste cour arborée. A une extrémité de cette salle, une petite porte donne accès aux deux minarets qui surplombent Bab Zuweila. Ils furent ajoutés 330 ans après la première construction. La vue dont on jouit en haut des minarets est peut-être la plus fascinante du Caire.

Prévoyez 12 £E (demi-tarif pour les étudiants) pour accéder à la mosquée, mais le gardien exigera sans doute un bakchich pour ouvrir la porte donnant accès aux minarets.

De l'autre côte de la mosquée, juste avant Bab Zuweila, on aperçoit la petite **sabil-kuttab de Nafisa al-Beida**, récemment restaurée et censée devenir un centre d'information pour les visiteurs du Caire islamique, selon les informations recueillies lors de notre passage.

Bab Zuweila. Construite à la même époque que les portes nord, Bab Zuweila demeure la seule porte sud de la vieille cité médiévale d'Al-Qahira. Jusqu'à la fin du XIXe siècle, on la fermait chaque soir. Au temps des Mamelouks, ce secteur constituait l'un des principaux lieux publics, où l'on pratiquait du reste des exécutions, qui représentaient alors une forme de théâtre de rue hautement prisée. Particulièrement sadiques, les Mamelouks achevaient leurs victimes en les mettant en pièces ou en les crucifiant sur les grandes portes, sous les yeux des badauds. Nul doute qu'ils furent payés de retour, lorsqu'à l'issue du massacre de la Citadelle (voir l'encadré page 172), on exposa à la porte de la cité les têtes des 500 Mamelouks assassinés, plantées sur des fers de lance.

Bab Zuweila bénéficia d'une meilleure réputation au XIXe siècle, lorsqu'on l'associa à Metwalli, un saint local, résident du quartier. Les personnes en quête de guérison ou d'une entremise divine clouaient une mèche de cheveux ou un morceau d'étoffe à la porte, dans l'espoir d'attirer sa bienveillante attention. La pratique se perpétue de nos jours et si vous observez attentivement, vous distinguerez des clous récemment enfoncés dans les grandes portes de bois.

Sharia al-Khayamiyya. Cette "rue des Fabricants de tente" doit son appellation aux artisans qui, selon la tradition, fabriquaient ici les tissus aux vifs imprimés dont se paraient les caravanes d'antan. Aujourd'hui, ces toiles servent aux tentes de cérémonie qu'on dresse pour les funérailles, veillées, mariages et autres festins. Pour de plus amples détails, reportez-vous à la rubrique *Achats* du chapitre *Renseignements pratiques*.

En poursuivant au sud, au-delà du marché couvert, Sharia al-Khayamiyya se prolonge sur 500 m, avant de croiser Sharia Mohammed Ali ; tournez à gauche et vous rejoindrez la grande mosquée du sultan Hassan et la Citadelle. Mais plutôt que de suivre cet itinéraire, nous vous conseillons de rebrousser chemin jusqu'à Bab Zuweila, puis de mettre le cap à l'est, en empruntant Darb al-Ahmar.

Darb al-Ahmar. Ce quartier, qui porte le nom de son artère principale et signifie : "la route rouge", se trouvait au cœur même du Caire des XIVe et XVe siècles. A cette période, la capitale comptait environ 250 000 habitants, dont la plupart logeaient en dehors des murailles de la ville, dans des quartiers résidentiels surpeuplés, où plus de la moitié des ruelles sinueuses s'achevaient en cul-de-sac. Lorsqu'on termina la construction de la cité intérieure fortifiée d'Al-Qahira, les gens fréquentant les nouvelles mosquées, les grands palais et les institutions religieuses se virent contraints de construire de l'autre côté des portes, et bien des bâtisses qu'on distingue alentour datent de la fin de l'époque mamelouke. D'ailleurs, la **mosquée Qijmas al-Ishaqi** (1481) illustre à merveille l'architecture de cette période. Si sa façade toute simple s'avère décevante, l'intérieur s'orne de merveilleux vitraux, de sols en marqueterie de marbre et de murs en stuc. L'entrée est en principe gratuite, mais vous devrez sans doute verser quelques livres en guise de bakchich.

A environ 150 m de là, sur la droite, la **mosquée d'Al-Maridani** (1339) mérite que l'on s'y attarde pour la variété des styles qui la composent : huit colonnes de granit en provenance d'un monument pharaonique, des arcades réalisées selon des lignes architecturales romaines, chrétiennes et musulmanes, sans compter la fontaine et l'encastrement en bois qui constituent l'apport ottoman. Les rares visiteurs, la cour arborée, et l'agréable décor des mashrabiyya sont autant d'invitations à une halte paisible. Aucun droit d'entrée non plus, mais quelqu'un attendra probablement que vous lui glissiez la pièce.

En revenant dans Darb al-Ahmar, connu à cet endroit sous le nom de Sharia at-Tabana, vous apercevrez en face de la mosquée un petit **atelier de tissage de tapis**. Comme c'est ouvert sur la rue, vous pourrez observer le grand métier sur lequel les artisans tissent des lirettes à partir de chutes multicolores. Ils fabriquent à la demande ; indiquez seulement vos coloris et précisez la taille. Un peu plus loin, à l'endroit où la rue se sépare en deux, vous aurez plaisir à vous arrêter dans un sympathique petit café en plein air, pour siroter un *limoun* glacé.

Mosquée bleue. La "mosquée d'Aqsunqur", de son nom véritable, doit son surnom à l'association du marbre gris-bleu en façade et des carrelages floraux intérieurs. Importés de Syrie, ces carreaux furent ajoutés en 1652 par un gouverneur turc, mais la construction d'origine, plus uniforme, remonte à 1347. Le minaret offre une excellente vue sur la Citadelle, tandis que plus à l'est, juste derrière la mosquée, vous discernerez les vestiges des remparts de la ville de Saladin (Salah ad-Din), aujourd'hui largement recouverts par les décombres des bâtiments effondrés. L'accès à la mosquée vous coûtera 12 £E (demi-tarif pour les étudiants).

Depuis cet endroit, il vous reste encore 400 m à parcourir pour atteindre la Citadelle.

Musée d'Art islamique

Occulté par le Musée égyptien, qui attire les foules, ce musée renferme l'une des plus

LE MUSÉE D'ART ISLAMIQUE

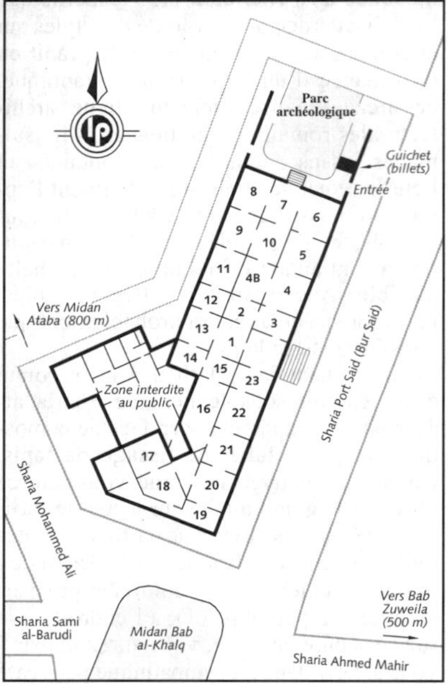

belles collections d'art islamique du monde. Cela dit, rien n'est fait pour le mettre en valeur. A l'instar du Musée égyptien, les légendes accompagnant les œuvres présentées laissent franchement à désirer.

On y accède par la porte du jardin qui donne dans Sharia Port Said.

Vous pénétrez ensuite dans le hall central où sont exposées quelques-unes des œuvres les plus belles. Les salles 8 et 9 contiennent des pièces d'ébénisterie, parmi lesquelles de jolis plafonds à caissons. La salle 11 renferme des objets de ferronnerie et la salle 12 des armes de l'époque mamelouke. La salle 13 se consacre quant à elle aux "chefs-d'œuvre", parmi lesquels une grande porte appartenant jadis à la mosquée de Sayyida Zeinab. Plus loin, les salles 14 et 16 sont consacrées aux céramiques, mais comme il n'existe aucune tradition de carrelage émaillé en Égypte, la plupart des pièces exposées proviennent de Perse (Iran actuel).

Traversez les salles 21 (verrerie) et 20 (époque ottomane) pour rejoindre la 19, contenant des manuscrits enluminés et des exemplaires du Coran illustrés, lesquels appartenaient précédemment au roi Farouk. A présent, revenez sur les salles 4 et 4 B, séparées par une rangée de colonnes sculptées datant de l'ère mamelouke. Le clou de l'exposition se trouve dans la salle 4 B : une fontaine ottomane associée à un magnifique décor mashrabiyya et un plafond en bois sculpté. La salle 5 abrite également une fontaine mamelouke encastrée et plus ouvragée.

Le musée (☎ 390 9930) ouvre ses portes quotidiennement de 9h à 16h (fermé de 11h30 à 13h30 le vendredi). Le droit d'entrée s'élève à 16 £E (demi-tarif pour les étudiants).

Comment s'y rendre. Le musée se trouve à dix minutes à pied de Midan Ataba, tout en bas de Sharia Mohammed Ali (également baptisée Sharia al-Qala'a). Midan Tahrir se situe à 1,5 km à l'ouest, dans Sharia Sami al-Barudi et ses prolongements. Sinon, une course en taxi depuis/vers le centre-ville ne devrait pas excéder les 3 £E.

Citadelle

Occupant un éperon de calcaire à la bordure est de la cité, la Citadelle (Al-Qala'a) servit de résidence aux dirigeants égyptiens pendant quelque 700 ans. Ils laissèrent en héritage trois mosquées fort différentes, plusieurs palais renfermant des musées et deux ou trois points de vue sur la ville depuis les terrasses. Aussi beaux que puissent être ces panoramas, il serait tentant de faire l'impasse sur la Citadelle, pour protester contre le mercantilisme des responsables du site. Outre un droit d'entrée de 20 £E déjà très élevé, il vous faut encore débourser 20 £E supplémentaires (difficilement justifiables) pour avoir accès à une certaine partie de la Citadelle, et l'une des mosquées exige 6 £E de plus pour sa visite. Par ailleurs, les autorités ont récemment

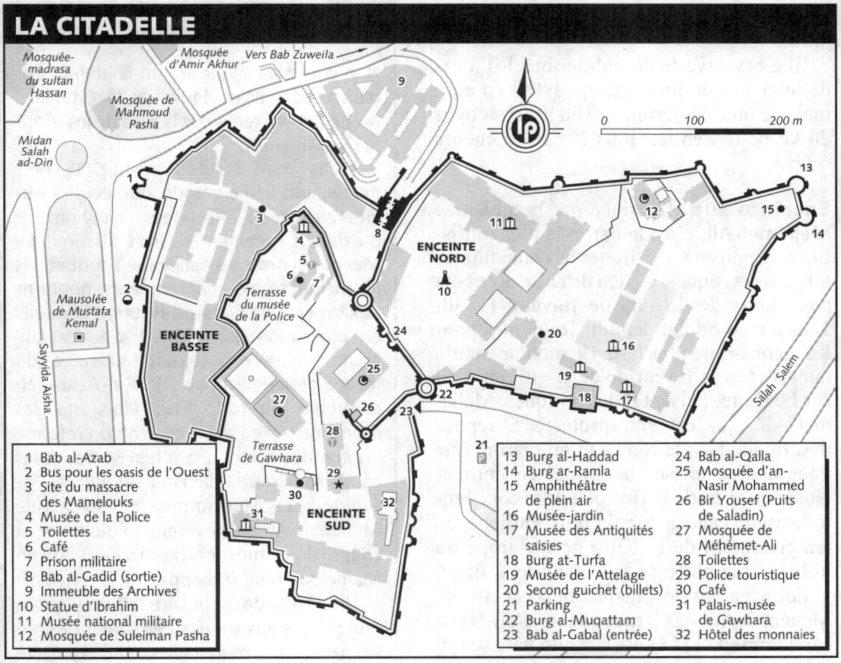

fermé l'ancienne entrée principale de la Citadelle (pour des raisons de sécurité), ce qui contraint les visiteurs éventuels à utiliser une porte en retrait au sud, accessible uniquement en taxi.

Saladin (Salah ad-Din) débuta la construction de la Citadelle en 1176 pour fortifier la ville contre la menace des croisés, lesquels se livraient au saccage de la Palestine. Après avoir renversé la dynastie ayyoubide de Saladin, les Mamelouks occupèrent le fort, l'agrandirent et y ajoutèrent palais et harems somptueux. Sous le régime ottoman (1517-1798), la forteresse s'élargit encore vers l'ouest, et l'on adjoignit une nouvelle porte principale, Bab al-Azab, tandis qu'on laissait se détériorer les palais mamelouks. Malgré tout, lorsque l'expédition française de Napoléon prit le contrôle du bastion en 1798, les érudits de l'entourage de l'empereur considérèrent ces bâtiments comme quelques-uns des monuments islamiques les plus raffinés du Caire. Ce qui n'empêcha pas Méhémet-Ali – qui prit le pouvoir au départ des Français de les démolir. Le seul édifice qui fut conservé de l'époque des Mamelouks n'était autre qu'une simple mosquée, et on l'utilisa comme écurie. Méhémet-Ali refaçonna le reste de la Citadelle et la coiffa d'une mosquée dans le goût turc, qui actuellement domine l'est de la capitale.

Après qu'Ismaïl, petit-fils et héritier de Méhémet-Ali, eut quitté la forteresse pour s'installer au palais royal d'Abdeen, celle-ci servit de garnison aux soldats. L'armée britannique y installa sa caserne pendant la Seconde Guerre mondiale, puis les troupes égyptiennes prirent le relais après 1952. Le site est désormais presque en totalité rendu aux touristes.

La forteresse se subdivise en trois parties : l'enceinte basse, l'enceinte sud (par laquelle on accède au site) et l'enceinte nord.

Elle est ouverte au public tous les jours de 8h à 17h en hiver (jusqu'à 18h en été), mais le musée ferme à 16h30. Prévoyez 20 £E pour y entrer. Plus 20 £E. Et encore 6 £E !

Enceinte sud. Dominée par la **mosquée Méhémet-Ali**, c'est la partie la plus touristique. Épousant les lignes architecturales turques classiques, ce lieu de culte nécessita pas moins de 18 ans de travaux (1830-1848), puis on dut démolir les dômes pour les reconstruire plus tard. Ce monument n'a jamais reçu la faveur de ceux qui ont écrit sur Le Caire. Faisant fi des critiques, Méhémet-Ali, qui est son protecteur, repose désormais dans le tombeau en marbre que vous apercevez sur la droite, en entrant. Notez que l'horloge rustique de la cour centrale est un cadeau du roi Louis-Philippe, en remerciement de l'obélisque qui trône au milieu de la place de la Concorde, à Paris.

Éclipsée par le gigantisme de celle de Méhémet-Ali, la **mosquée d'an-Nasir Mohammed** (1318) est la seule bâtisse qui subsiste de l'époque des Mamelouks. Si l'intérieur se révèle un peu rudimentaire, pour avoir été dépouillé de son marbre par le sultan ottoman Selim Ier, les éléments torsadés des minarets attirent l'attention pour leur couverture de tuiles émaillées, un ornement rarement observé en Égypte. Sachez que vous devrez acquitter 6 £E en sus pour accéder à ce lieu de culte.

Face à l'entrée de cette mosquée, on découvre un portail d'inspiration gothique menant à une terrasse, d'où la **vue** porte sur le Caire islamique, les plus hauts immeubles du centre-ville et, par temps clair, jusqu'aux pyramides de Gizeh.

Au sud de la mosquée Méhémet-Ali, une autre terrasse offre de jolies perspectives, tandis qu'en face se profile le très morne **palais-musée Gawhara**, qui tente d'évoquer, sans grand éclat, la vie de la cour au XIXe siècle.

Enceinte nord. On y accède par Bab al-Qalla, qui date du XVIe siècle et se trouve en face de la mosquée An-Nasir Mohammed. Vous pénétrez sur une vaste pelouse, où trône la réplique de la statue équestre d'Ibrahim installée à Midan Opera. Au-delà de la sculpture et de l'assortiment bigarré de tanks et d'avions, datant des guerres israélo-arabes, se dresse le palais qui abritait jadis le harem de Méhémet-Ali, transformé de nos jours en **Musée national militaire**.

A l'est de la pelouse, un chemin étroit mène à une autre partie de l'enceinte, dont l'accès nécessite un nouveau sésame de 20 £E. L'endroit possède en fait peu d'attraits justifiant un tel supplément. Le **musée**

Le massacre des Mamelouks

Non content d'avoir détruit la plupart des bâtisses des Mamelouks de la Citadelle, Méhémet-Ali tenta par la ruse de les éliminer eux-mêmes.

Le 1er mars 1811, il invita 500 chefs mamelouks à une grande journée de festivités au sein de la forteresse, en l'honneur du départ imminent de son fils pour La Mecque. Lorsque s'acheva le banquet, les Mamelouks enfourchèrent leurs montures aux ornements bigarrés et furent conduits en procession dans l'étroit passage aux hautes murailles (aujourd'hui siège du musée de la Police, vers Bab al-Azab), en contrebas du fort. Mais alors que les Mamelouks s'en approchaient, on referma les grandes portes avant leur sortie, et les coups se mirent à pleuvoir sur eux. A l'issue de la fusillade surprise, les soldats de Méhémet-Ali achevèrent l'ouvrage à coups de sabres et de haches. Aucun Mamelouk n'en réchappa.

Une légende populaire affirme qu'un seul d'entre eux survécut en sautant à cheval par-dessus les murailles, mais en réalité le personnage en question dut uniquement sa survie au fait de ne s'être pas présenté au festin, en ce jour sanglant.

de l'Attelage vous occupera une dizaine de minutes, tandis qu'une bâtisse plus à l'est accueille le **musée des Antiquités saisies** (uniquement indiqué en arabe), sans grand intérêt.

Les amateurs d'architecture musulmane jugeront sans doute plus intéressant de payer le supplément requis pour visiter la **mosquée Suleiman Pasha** (1528), une merveilleuse petite construction ottomane, surmontée d'un agglomérat de dômes. Ces dernières années, les boiseries peintes à l'intérieur ont été amoureusement rénovées par un étudiant cairote en arts plastiques. Derrière le lieu de culte, il est peut-être encore possible de monter sur les remparts et de marcher vers l'est, en direction de **Burg al-Haddad** (tour du Maréchal-Ferrant). Si cet accès est interdit, traversez alors le nouvel "amphithéâtre" de béton, d'aspect assez hideux, pour gagner cette tour et sa compagne, **Burg ar-Ramla** (tour de Sable). Ce sont deux des beffrois de Saladin, auxquels on accède par le rez-de-chaussée. Bien que ce ne soit pas officiellement permis, vous pourrez toujours franchir les murailles ou contourner les remparts pour atteindre Burg at-Turfa (tour Chef-d'Œuvre).

Depuis/vers la Citadelle. La Citadelle se trouve à 3 km à pied du centre-ville. Depuis Midan Ataba, descendez directement Sharia Mohammed Ali, tandis qu'au départ de Midan Tahrir, mieux vaut emprunter Midan Falaki, Midan Bab al-Khalq, puis Sharia Mohammed Ali. Une course en taxi vous reviendra à 4 £E. En transport en commun, sachez que le bus n°174, qui démarre de Midan Ramses passe par la Citadelle, ainsi que le n°173, dont le départ et le terminus se situent à Midan Falaki. Le bus n°905 circule entre la Citadelle et les pyramides. Les bus n°57 et n°951 desservent Midan Ataba et le n°54 Midan Tahrir. Toutes ces lignes s'arrêtent à Midan Saladin (Salah ad-Din), devant la Citadelle, d'où il vous faut prendre un taxi pour rejoindre l'entrée arrière. Ce qui ne devrait pas vous coûter plus de 1 £E.

De la Citadelle à Ibn Touloun

Quiconque visite la Citadelle doit aussi consacrer du temps à la mosquée-madrasa Sultan Hassan, l'un des exemples les plus impressionnants de l'architecture islamique du Moyen-Age. Les ruelles du voisinage abritent elles aussi moult édifices plus modestes qui, sans réellement justifier à eux seuls un déplacement, valent néanmoins le détour. Par exemple, si vous arpentez Sharia Mohammed Ali, nous vous recommandons de faire halte à la **madrasa Sunqur Sa'adi**, de frapper à la porte et de demander à voir le théâtre Mevlevi, un superbe espace rénové pour les derviches tourneurs ; de même, la **sabil-kuttab de Qaït Bey** mérite qu'on s'y attarde, ne serait-ce que pour admirer la délicate marqueterie de marbre.

Mosquée-madrasa Sultan Hassan. Considérée comme l'exemple architectural cairote le plus raffiné du début de l'époque mamelouke, cette grandiose construction (édifiée en 1356-63) était conçue pour jouer le rôle de mosquée et de *madrasa* (école coranique), avec quatre *iwan* donnant sur une cour centrale, se consacrant chacun à l'un des principaux courants de l'islam sunnite. A l'arrière de l'iwan est, on découvre un *mihrab* (niche indiquant la direction de La Mecque) particulièrement superbe, lequel est flanqué de colonnes. Sur la droite, une porte en bronze mène au mausolée du sultan.

Vous remarquerez que les minarets présentent des hauteurs différentes. Le plus élevé des deux (68 m) est aussi, au Caire, le second par la taille derrière le minaret de la nouvelle mosquée Al-Fath de Midan Ramses ; à l'origine, on lui avait adjoint un jumeau, qui s'effondra en 1659, avant d'être remplacé par celui que vous voyez aujourd'hui.

La mosquée est ouverte au public de 8h à 17h (jusqu'à 18h en été). Prévoyez 12 £E l'entrée (demi-tarif pour les étudiants). Le guichet se situe à l'arrière du lieu de culte.

Mosquée Ar-Rifai. Bâtie dans un style imitant l'art mamelouk, cette mosquée date à peine de 1912 (sa construction démarra en

1867). Les membres de la famille royale, parmi lesquels Ismaïl et le roi Farouk, y sont enterrés, ainsi que le dernier shah d'Iran. Les horaires d'ouverture et les tarifs sont les mêmes que ceux de la mosquée-madrasa Sultan Hassan. Prévoyez un bakchich pour accéder aux tombeaux royaux, situés à gauche de l'entrée.

Mosquée Ibn Touloun. Ibn Touloun fut dépêché au Caire au IXe siècle par le calife abbasside de Bagdad. Il fit édifier la mosquée entre 876 et 879, et celle-ci demeure à ce jour le plus vieux monument musulman resté intact et toujours en activité. Elle diverge des autres lieux de culte islamiques de la ville, en raison de son inspiration presque entièrement irakienne, les édifices les plus analogues étant les anciennes mosquées de Samarra.

Ibn Touloun ajouta toutefois quelques innovations de son cru au modèle irakien d'origine. Selon les historiens de l'architecture, c'est la première construction qui utilise l'arc en tiers-point, deux siècles au moins avant que le christianisme ne l'adopte dans ses églises gothiques. Entièrement bâtie en brique et en bois d'œuvre, la mosquée couvre une superficie d'un peu plus de trois hectares, soit un espace assez vaste pour accueillir la communauté des fidèles à la prière du vendredi.

Après vous être promené dans l'imposante cour, gravissez le minaret hélicoïdal auquel on accède depuis la cour extérieure. Si elle évoque aujourd'hui les douves de quelque château, son dessein initial consistait à tenir la cité laïque à distance, bien qu'elle abritât alors boutiques et échoppes. Le sommet du minaret constitue le meilleur endroit pour apprécier la grandeur et la simplicité géométrique de la mosquée.

La mosquée et le minaret sont ouverts de 8h à 18h, moyennant 6 £E, plus un bakchich pour enfiler des mules par-dessus vos chaussures.

Musée Gayer-Anderson. Ce musée tient quasiment lieu d'annexe à la mosquée Ibn Touloun, et l'on peut y accéder depuis la cour extérieure, en franchissant un portail qui conduit au sud de l'entrée principale.

DE LA CITADELLE A IBN TOULOUN

Parfois appelé Beit al-Kretliya ("maison de la Femme crétoise"), il rassemble en réalité deux demeures du XVIe siècle et doit son nom actuel à John Gayer-Anderson, un major britannique qui les restaura et les meubla entre 1935 et 1942. L'attrait du site ne réside pas dans les expositions à proprement parler mais dans les maisons, leur dédale de pièces et leur décor. Il existe ainsi une salle persane au carrelage des plus délicats, ainsi qu'une chambre de damas, dont les murs et le plafond présentent des motifs en laque et en or. Par ailleurs, la galerie en décor mashrabiyya est une petite merveille, d'autant qu'elle donne sur une magnifique *qa'a* (salle de réception), dotée d'une fontaine centrale en marbre et alcôves recouvertes de tapis.

Le musée ouvre ses portes de 8h à 16h tous les jours (fermé de 12h à 13h le vendredi). Prévoyez 16 £E l'entrée (demi-tarif pour les étudiants) et 10/25 £E en sus pour utiliser un appareil photo/un caméscope.

De l'autre côté de la rue, vous pourrez aller chiner au Khan Misr Touloun, un intéressant comptoir de produits artisanaux. Pour de plus amples détails, reportez-vous plus loin à la rubrique *Achats*.

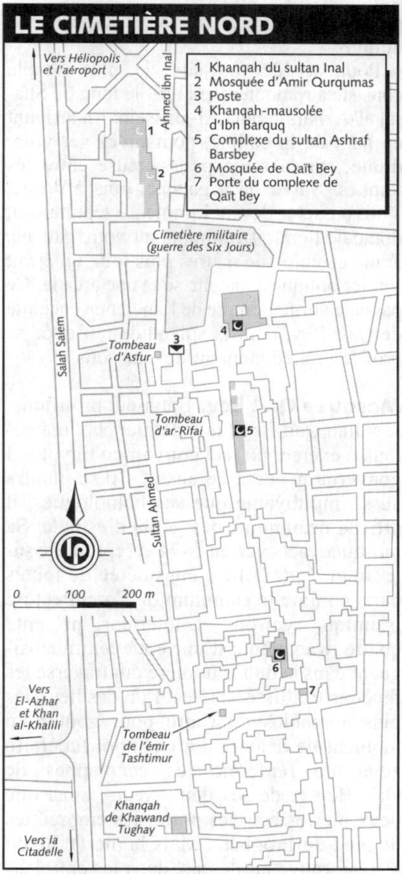

Cimetière nord

Le cimetière nord représente la moitié d'une vaste nécropole, plus communément appelée "cité des Morts". Ce nom lugubre rappelle surtout que les cimetières cairotes n'abritent pas seulement le repos des défunts, mais aussi celui des vivants.

A l'origine, le site formait une zone désertique à l'extérieur des remparts de la ville, offrant aux sultans et aux émirs mamelouks un espace illimité pour bâtir, ce que leur refusait la cité déjà surpeuplée. Le vaste ensemble de mausolées qu'ils construisirent alors servit en outre d'espace de divertissement. Il s'agit là d'une tradition égyptienne, qui remonte à l'ère des pharaons, lorsque les gens se restauraient au milieu des sépultures. Même le plus humble des caveaux familiaux comprenait une pièce où les visiteurs pouvaient passer la nuit. Naturellement, les sans-abri de la cité investirent les lieux. Ceci se déroulait déjà au XIVe siècle et se perpétue encore, à tel point qu'à l'heure actuelle vivants et morts cohabitent toujours le plus commodément du monde. Dans certaines demeures-sépultures, les cénotaphes tiennent lieu de tables et l'on étend son linge entre deux pierres tombales. La communauté dispose de l'eau courante, du gaz et de l'électricité, de même qu'un poste de police et un bureau de poste sont implantés sur place. Les vendredi et jours fériés, les visiteurs affluent pour pique-niquer et présenter leurs respects aux défunts.

Pour accéder au site, le plus simple consiste à remonter vers l'est le long de Sharia al-Azhar, depuis Al-Hussein. En arrivant en haut de la colline, poursuivez sur votre droite, sur la route poussiéreuse entre les tombes. Suivez-la à gauche, puis à droite. Vous passerez devant l'immense sépulture en dôme de l'émir Tashtimur, sur votre gauche, à une centaine de mètres plus loin, un étroit sentier oblique à gauche sous une arcade. Ce passage abrite l'entrée de l'ancienne enceinte de Qaït Bey, dont la splendide mosquée se profile immédiatement devant vous.

Mosquée Qaït Bey. Bâtisseur prolifique, le sultan Qaït Bey fut le dernier chef mamelouk à exercer un réel pouvoir en Égypte. Il gouverna pendant 28 ans et s'il se montra aussi impitoyable que ses homologues, il afficha néanmoins des goûts d'esthète. Sa mosquée (achevée en 1474 et reproduite sur le billet de 1 £E) est considérée de toutes parts comme le summum de l'architecture islamique cairote. L'intérieur présente quatre iwan autour d'une cour centrale baignant dans la douce lumière qui traverse les fenêtres treillissées. C'est l'un des lieux les plus agréables du Caire pour goûter un moment de détente. La chambre funéraire adjacente renferme les cénotaphes de Qaït Bey et de ses deux sœurs, ainsi que deux pierres censées porter les empreintes de pied du Prophète. Mais la merveille du site se trouve au-dessus, dans les entrelacs d'étoiles et de fleurs qui décorent le dôme de pierre. L'entrée vous reviendra à 6 £E (demi-tarif pour les étudiants).

Depuis Qaït Bey, traversez la place et continuez vers le nord. Le cimetière prend presque des allures de village. Au bout d'environ 250 m, la rue s'élargit et, sur la droite, un mur de pierre encercle un vaste espace jonché de décombres, où se dressait autrefois le complexe du sultan Ashraf Barsbey.

Complexe du sultan Ashraf Barsbey. S'il n'est pas aussi raffiné que celui de Qaït Bey, le dôme de cet ensemble se révèle toutefois gravé d'un remarquable motif en étoiles. A l'intérieur, on peut admirer de jolis sols en marbre et une somptueux *minbar* (chaire) incrusté d'ivoire. Tâchez de trouver le gardien ou demandez à un enfant du quartier d'aller le chercher ; il vous laissera entrer contre un pourboire.

Khanqah-mausolée d'Ibn Barquq. Ibn signifie "fils de", et il s'agit ici du mausolée de Farag, fils de Barquq, dont le grand mausolée-madrasa se dresse dans Bein al-Qasreen (voir plus haut *Le nord de Khan al-Khalili*). Terminé en 1411, le khanqah évoque une sorte de forteresse pourvue de hautes façades abruptes, de deux minarets identiques et de dômes. Si vous traversez la cour intérieure, vous apercevrez les petites cellules monastiques donnant sur les arcades. Chaque dôme abrite une chambre sépulcrale, une pour les femmes, une pour les hommes. Les deux plafonds ont été repeints ces dernières années et ne manquent pas d'allure. On peut aussi grimper sur la terrasse et en haut des minarets. C'est ouvert de 8h à 17h, moyennant 6 £E.

De retour vers Al-Hussein. Au nord d'Ibn Barquq sont implantés deux complexes adjacents, la **mosquée Amir Qurqumas** (1507) et le **khanqah du sultan Inal** (1456), tous deux ayant subi de grands travaux de restauration. Pour l'heure, ni l'un ni l'autre ne sont accessibles au public.

Plutôt que de revenir sur vos pas, depuis Ibn Barquq, marchez tout droit en partant de l'entrée, passez devant la poste sur votre gauche, jusqu'à ce que vous trouviez un petit mausolée de forme allongée ; tournez alors aussitôt à gauche et continuez tout droit sur 1 km dans Sharia Sultan Ahmed et vous reviendrez à la rue qui mène au passage souterrain.

LE VIEUX CAIRE

Au sens large, le Vieux Caire (que les Égyptiens appellent "Masr al-Qadima") englobe toute la zone sud de Garden City jusqu'au secteur connu des étrangers sous l'appellation "Caire copte". La plupart des

ADAM McCROW

Mosquée de Méhémet-Ali, au Caire

THOMAS HARTWELL

Porche d'entrée de l'opéra moderne du Caire

EDDIE GERALD

Église grecque orthodoxe de St George, Le Caire

EDDIE GERALD

Palais du Baron, Héliopolis, au Caire

EDDIE GERALD

Descendre le Nil en felouque constitue un temps fort lors d'un voyage en Égypte

CHRIS MELLOR

La Tour du Caire offre une vue impressionnante sur la ville qui fut qualifiée de "Mère du monde"

EDDIE GERALD

L'université du Caire, sur la rive gauche du Nil au cœur de Gizeh, est la plus grande de la ville

LE VIEUX CAIRE

visiteurs filent tout droit vers ce quartier, depuis lequel on peut explorer des sites du nord-est, comme la mosquée d'Amr ibn al-As et les fouilles archéologiques de l'ancienne Fustat. De la même manière, mieux vaut partir du Caire copte pour visiter le tout premier nilomètre (puits en communication avec le Nil, dont la paroi graduée permet de mesurer la hauteur de crue du fleuve) sur l'île Rhoda.

Sachant que vous pénétrez dans un secteur traditionnel de la capitale, veillez à porter les vêtements idoines. Les visiteurs des deux sexes en short ou les épaules nues ne seront pas admis dans les églises ou les mosquées.

Le Caire copte

Vous voici au cœur même de la communauté chrétienne d'Égypte, qui demeure le plus ancien quartier du Caire contemporain. Cette enclave reste un havre de sérénité et de paix, derrière les murailles qui l'encerclent étroitement.

A en croire les archéologues, une petite colonie se serait installée sur ce site en bordure du Nil, au VIe siècle av. J.-C., où plus tard les Romains érigèrent une forteresse, baptisée "Babylone en Égypte", au début du IIe siècle de notre ère. Le nom "Babylone" serait, semble-t-il, une déformation latine de "Per-hapi-en-on" ou "État du Dieu Nil à On", un nom pharaonique désignant l'ancien port d'On (l'ancien Héliopolis).

Avant que l'islam ne s'installe dans le pays, Babylone a toujours représenté un bastion de la chrétienté (voir la rubrique *Histoire* du chapitre *Présentation du pays*). A une certaine époque, on y dénombrait plus d'une vingtaine d'églises rassemblées sur une superficie de moins de un kilomètre carré, alors qu'on en compte à peine cinq de nos jours. Des étroites allées pavées les relient les unes aux autres, derrière de hauts remparts de pierre, à tel point qu'on a l'impression de circuler dans la vieille cité de Jérusalem. En réalité, lorsque les juifs furent contraints de fuir leur ville sainte en l'an 70, certains trouvèrent refuge en Égypte, et la plus ancienne synagogue du pays est installée ici, dans le Caire copte.

Il existe deux accès à l'enceinte du Caire copte : un escalier souterrain, à proximité de la passerelle enjambant le métro, permet de gagner la plupart des églises et la synagogue, tandis que l'entrée principale mène au Musée copte et à l'église de la Vierge. Lorsque seront achevés les travaux de restauration, les deux parties de l'enclos communiqueront entre elles.

Tours romaines. L'entrée principale se situe entre les vestiges des deux tours rondes de la porte ouest de Babylone. Construites en 98 par l'empereur Trajan, elles faisaient alors partie des remparts fluviaux, que venaient sans doute longer les eaux du Nil avant de s'éloigner vers l'ouest. Des fouilles menées dans la tour sud ont révélé une partie de l'ancien quai, à plusieurs mètres sous le niveau de la rue. L'église grecque orthodoxe de Saint-George fut quant à elle bâtie sur l'emplacement de la tour nord.

Musée copte. Fondé en 1908, il abrite une collection d'objets d'art copte depuis l'époque gréco-romaine jusqu'à l'ère musulmane (de l'an 300 à l'an mil) en provenance non seulement du Caire mais aussi de monastères du désert et de Nubie. Le musée se subdivise en deux ailes. L'aile ancienne est malheureusement fermée pour réparation des dommages causés par le tremblement de terre de 1992.

Dans l'aile nouvelle, les pièces exposées (maçonnerie, ébénisterie, manuscrits, verrerie et céramique) sont réparties sur deux étages, selon un ordre chronologique et dans le sens contraire des aiguilles d'une montre. Les explications sont offertes en français et en anglais. Les salles elles-mêmes ne manquent pas d'attrait, compte tenu des peintures raffinées aux plafonds, des fontaines et des paravents de style mashrabiyya.

Le musée vous accueille tous les jours de 9h à 17h, moyennant 16 £E l'entrée (demi-tarif pour les étudiants), avec un supplément de 10/100 £E si vous souhaitez photographier/filmer.

La partie sud du jardin abrite un agréable (quoique onéreux) café, de même qu'elle dispose d'un portail menant à l'Église suspendue. S'il est fermé, ressortez dans la rue principale, parallèle au métro, et vous trouverez une autre entrée, au sud de la tour romaine.

Église suspendue. Dédiée à la Vierge Marie, cette église est communément appelée "suspendue" ("Al-Muallaqa") pour avoir été bâtie au-dessus du Nil. C'est le plus célèbre, le plus beau et sans doute le plus ancien lieu de culte du Caire qui, selon toute vraisemblance, daterait du IVe siècle.

L'intérieur du site, rénové à maintes reprises au fil des siècles, présente trois allées sous des voûtes de bois en berceau. Des cloisons incrustées d'ivoire dissimulent les trois autels, tandis que devant ceux-ci se dresse une chaire majestueuse (uniquement utilisée le dimanche des Rameaux) soutenue par treize colonnes graciles représentant le Christ et ses disciples. L'un des piliers, plus sombre que les autres, symbolise Judas. Dans le baptistère, à droite, on a découpé un panneau dans le sol afin qu'on puisse apercevoir la porte donnant sur le fleuve.

Il n'y aucun droit d'entrée, puisque l'église est encore en service. Les messes coptes ont lieu le vendredi de 8h à 11h et le dimanche de 7h à 10h. L'ancienne liturgie copte est encore en usage dans la plupart des offices.

Monastère et l'église Saint-George. En reprenant Sharia Mar Girgis, la première porte au nord de l'entrée principale conduit au monastère et à l'église orthodoxes Saint-George (en arabe : Mar Girgis), qui doivent leur nom au plus populaire des saints du monde chrétien, à l'époque médiévale. Conscrit de l'armée romaine, il fut exécuté en 303 pour avoir déchiré une copie du décret de l'empereur Dioclétien qui interdisait la pratique du christianisme. Une église lui rendant hommage dans le Caire copte existe depuis le Xe siècle, mais celle-ci date de 1909. L'intérieur a quelque peu souffert des incendies passés, mais les vitraux s'embellissent de splendides motifs multicolores. Le monastère voisin est fermé au public.

Couvent Saint-George. Si vous empruntez l'escalier en contrebas de la passerelle, la première porte à votre gauche, dans la ruelle, mène à la cour du couvent Saint-George. Celui-ci est fermé aux visiteurs, mais vous pouvez pénétrer dans le hall principal et la chapelle. A l'intérieur de celle-ci se dresse une fabuleuse porte en bois d'environ 8 m de haut, derrière laquelle se trouve une petite salle où se pratique toujours le rituel de l'enchaînement, qui évoque la persécution de saint George, durant l'occupation romaine. Les visiteurs souhaitant être bénis peuvent être entourés de chaînes par les religieuses paisibles, qui psalmodient ensuite les prières requises.

Églises Saint-Sergius (Saint-Serge) et Sainte-Barbara (Sainte-Barbe). Pour accéder à Saint-Sergius, également appelé Abu Serga, quittez le couvent Saint-George par la porte que vous avez franchie à l'aller, tournez à gauche et suivez l'allée en obliquant à droite, puis prenez à gauche pour arriver à l'entrée du lieu de culte. Celui-ci serait, paraît-il, construit à l'un des endroits où la Sainte Famille aurait fait une halte, après avoir fui le roi Hérode ; on atteint la crypte en question en descendant quelques marches à la droite de l'autel, mais le sous-sol est inondé depuis quelque temps. Tous les ans, le 1er juin, une messe spéciale commémore l'événement. L'église est ouverte tous les jours de 8h à 16h.

En poursuivant le long de la ruelle, vous parviendrez à Ben Ezra, sur la droite, et à l'église Sainte-Barbara, à gauche. Celle-ci rend hommage à la sainte, qui fut battue à mort par son père pour avoir tenté de le convertir au christianisme. Sa relique est censée reposer dans une petite chapelle à gauche de la nef.

Si vous dépassez l'église, un portail en fer à gauche vous mènera à un vaste **cimetière grec orthodoxe**.

Synagogue Ben Ezra. Ben Ezra, la plus ancienne synagogue d'Égypte, date du IXe siècle, bien qu'elle occupe la charpente d'une église chrétienne du IVe siècle. Au XIIe siècle, elle fut restaurée par Abraham Ben Ezra, rabbin de Jérusalem, auquel elle doit son nom. Plusieurs légendes circulent au sujet de ce lieu de culte. On raconte ainsi que le temple du prophète Jérémie se dressait jadis sur ce même lieu et que ce fut ici qu'il rassembla les juifs, après qu'ils eurent fuit Nabuchodonosor, destructeur du temple de Jérusalem. Il existe par ailleurs une source censée indiquer l'emplacement où la fille du pharaon découvrit Moïse parmi les roseaux, et où Marie puisa de l'eau pour laver Jésus.

Fustat

Fustat fut fondée en l'an 642 de notre ère, afin de servir de garnison pour les armées conquérantes d'Amr ibn al-As. Au fil du temps, la colonie militaire s'établit de façon permanente et devint bientôt une cité commerçante prospère, puis la première capitale musulmane d'Égypte. Fustat fut rasée sous le règne des Fatimides, pour se transformer en véritable dépotoir, à l'époque mamelouke. Depuis lors, elle est restée une sorte de terrain vague non habité.

Si, après sa destruction, Fustat a conservé un aspect déserté et léthargique pendant 600 ans, elle n'en demeure pas moins le plus important site archéologique islamique du monde. Les fouilles ont été entreprises au début du siècle, et la plupart des découvertes (en majorité des poteries) sont exposées au musée d'Art islamique. Si l'on a quelque peine à imaginer ce qu'évoquent ces monticules de terre et ces tranchées, on parvient cependant à distinguer la trace des venelles, demeures, puits et autres systèmes de canalisation entourés par un muret. L'accès au site vous reviendra à 6 £E.

Pour vous y rendre depuis l'entrée principale du Caire copte, prenez la direction du nord en suivant Sharia Mar Girgis, puis la première rue à droite (Sharia Ain as-Sirah) pendant 500 m, jusqu'à ce que vous aperceviez une grande porte sans écriteau, à gauche, laquelle s'ouvre sur un petit sentier menant aux ruines.

Potiers. Fustat a toujours accueilli des potiers. La fumée que vous voyez s'élever au milieu de ce paysage lunaire provient des fours à céramique. Nichés sous les remblais fumants, des centaines d'ateliers produisent récipients, urnes, plats et tuyaux pour les égouts et les canalisations. Les fabriques de poterie occupent toute la longueur de Sharia Ain as-Sirah, et leurs occupants laissent volontiers les visiteurs s'y promener et les observer à l'œuvre.

Si vous souhaitez acheter leurs produits, sachez que Sharia Mar Girgis, dans le voisinage de la mosquée Amr, regorge de stands de poterie.

Mosquée Amr ibn al-As

Bien que la construction d'origine ait quasiment disparu, ce lieu de culte musulman peut se prévaloir d'une descendance en droite ligne de la première mosquée érigée en Égypte. Celle-ci fut bâtie en 642 par l'envahisseur victorieux Amr (général qui conquit le pays pour l'islamiser) et fondée sur le site même où ce dernier avait planté sa tente. L'édifice originel aurait été réalisé, dit-on, avec des troncs de palmiers et un toit de feuille, mais il fut rebâti et agrandi jusqu'à atteindre sa taille actuelle en 827. La reconstruction ne s'arrêta jamais et l'on n'a cessé de modifier et de retravailler la silhouette de la mosquée jusqu'en 1983. L'intérieur ne présente guère d'intérêt, encore que sur les quelque 200 colonnes qui soutiennent le plafond, il n'en existe pas deux semblables. Il est perçu 6 £E à l'entrée.

Une gare routière est située dans les parages, d'où partent plusieurs bus desservant Midan Tahrir, tels que les n°s 134, 135, 412, 444 et 814 ; comptez 25 pt le billet.

Île Rhoda

L'histoire de Rhoda remonte à l'ère des pharaons, lorsqu'elle faisait partie du territoire de l'ancienne Héliopolis. Sous l'Empire romain, elle abritait une forteresse, identique à celle de Babylone, tandis qu'au XIIIe siècle on y dénombrait palais, mosquées et plus d'une cinquantaine de tours et de jardins (son nom signifie d'ailleurs "jardin" en arabe). Au fil des changements de régime, Rhoda fut abandonnée, puis exploitée plus tard en carrière. Jusqu'au milieu de ce siècle, l'île demeura sous-développée et largement agricole mais, au cours de la période post-révolutionnaire, elle connut un véritable essor immobilier. De nos jours, c'est un quartier résidentiel assez morne, qui vaut uniquement le détour pour le palais-musée Manial, installé dans sa partie nord, et le nilomètre, qui se trouve au sud. La distance entre les deux sites n'étant pas négligeable, mieux vaut visiter le palais Manial depuis Garden City (voir plus haut la rubrique *Garden City et Manial*), tandis qu'on accède plus facilement au nilomètre depuis le Vieux Caire.

Nilomètre. Édifié au IXe siècle pour mesurer la crue et la décrue du Nil, le nilomètre permettait de prévoir l'état de la récolte annuelle. Si le fleuve montait jusqu'à 16 cubits (un cubit correspond environ à la longueur d'un avant-bras), cela annonçait une récolte prometteuse et les gens allaient fêter l'événement. Le dôme conique fut ajouté lorsqu'on restaura le nilomètre au XIXe siècle. L'appareil de mesure, une colonne graduée, se trouve bien au-dessous du niveau de l'eau, dans un secteur pavé, au pied d'une volée d'escalier. L'entrée coûte 6 £E.

Musée Oum Kalsoum. Situé sur la rive, non loin du nilomètre, le palais Munasterli (érigé en 1851) abritait encore ces dernières années un centre artistique sans grand éclat, mais des transformations sont en cours pour le reconvertir en musée destiné à rendre hommage à la vie de la légendaire chanteuse Oum Kalsoum (voir la rubrique *Musique*, au chapitre *Présentation du pays*). Il devrait ouvrir ses portes en décembre 1999.

Comment s'y rendre

Le métro est de loin le moyen de transport le plus simple pour accéder au Vieux Caire ; la station Mar Girgis se situe juste devant l'enceinte du Caire copte. Prévoyez 30 pt le trajet depuis Midan Tahrir, en sachant qu'on attend à peine quelques minutes entre deux rames. Des bus circulent entre Midan Tahrir et le Vieux Caire, mais ils sont incroyablement bondés. Toutefois, le trajet du retour s'avère moins pénible si vous montez directement au terminus, à proximité de la mosquée Amr ibn al-As, avant que le véhicule ne se remplisse.

Plus lent, mais plus agréable aussi, si vous avez le temps, un bateau-bus peut aussi vous amener sur place, au départ de l'embarcadère Maspero, non loin de l'immeuble de la Radio et Télévision, juste au nord du Ramses Hilton, en centre-ville. Vérifiez s'il se rend effectivement à Masr al-Qadima, car tous n'y vont pas (pour connaître les itinéraires précis, voir plus loin *Bateau-bus*, dans la rubrique *Comment circuler*). La traversée dure environ 50 minutes et vous revient à 25 pt. Le dernier bateau quitte Maspero à 16h15. Depuis le débarcadère du Vieux Caire, traversez la Corniche et descendez la rue où est installée la boutique vantant les vertus de Marlboro ; au bout, tournez à gauche et suivez Sharia Athar an-Nabi pendant 250 m environ, jusqu'à la passerelle qui enjambe la ligne de métro.

GEZIRA ET ZAMALEK

Inhabitée jusqu'au milieu du XIXe siècle, Gezira (qui signifie "île") formait une langue de terres alluviales de 3,5 km sur 1 km, émergeant du Nil en face de Bulaq. Après avoir créé une nouvelle cité (le centre-ville actuel) sur la zone inondable de la rive ouest du fleuve, le khédive Ismaïl édifia un grand palais sur l'île, qu'il aménagea notamment en jardins paysagers formant un vaste parc royal. Dans les premières années de ce siècle, tandis que Le Caire connaissait un développement foncier, on partagea la propriété du palais en plusieurs lots qui furent ensuite mis en vente puis bâtis.

De nos jours, l'île se subdivise en deux parties quasi égales : le sud, arboré et verdoyant conserve le nom de Gezira, tandis que le nord est devenu un quartier résidentiel chic baptisé Zamalek.

Gezira

Mieux vaut y accéder par le pont Tahrir, en partant de la place (Midan) du même nom, pour arriver sur la petite Midan Saad Zaghloul, que domine la statue d'un homme robuste coiffé d'un tarbouche, Saad Zaghloul, leader nationaliste des années 30. A droite du pont, on aperçoit le début d'une nouvelle **Corniche piétonnière** au bord du Nil, qui bientôt vous permettra de rejoindre Zamalek au nord. Entre la promenade et l'artère principale se déroule une étroite bande de verdure appelée **Andalusian Garden** (le Jardin andalou), un petit parc décoré d'un obélisque pharaonique, dont l'entrée vous coûtera 50 pt.

Opéra et musée d'Art moderne. Juste à l'ouest de Midan Saad Zaghloul, on peut admirer le domaine superbement entretenu de l'Opéra, un complexe culturel englobant le musée d'Art moderne, la galerie d'art Hanagar, une bibliothèque musicale, un planétarium (fermé au moment de la rédaction de ce guide) et diverses salles de spectacle. Ouvert en 1988 et offert par les Japonais, l'Opéra s'inspire de l'architecture musulmane traditionnelle. On peut pénétrer dans le bâtiment uniquement les jours de représentation, mais le parc offre cependant d'agréables promenades. La propriété inclut le musée d'Art moderne (☎ 342 0592), doté d'une collection assez limitée de tableaux égyptiens du XXe siècle, dont certains méritent d'être vus (voir la rubrique *Arts* dans le chapitre *Présentation du pays*). L'endroit

MOHANDISEEN, AGOUZA ET ZAMALEK

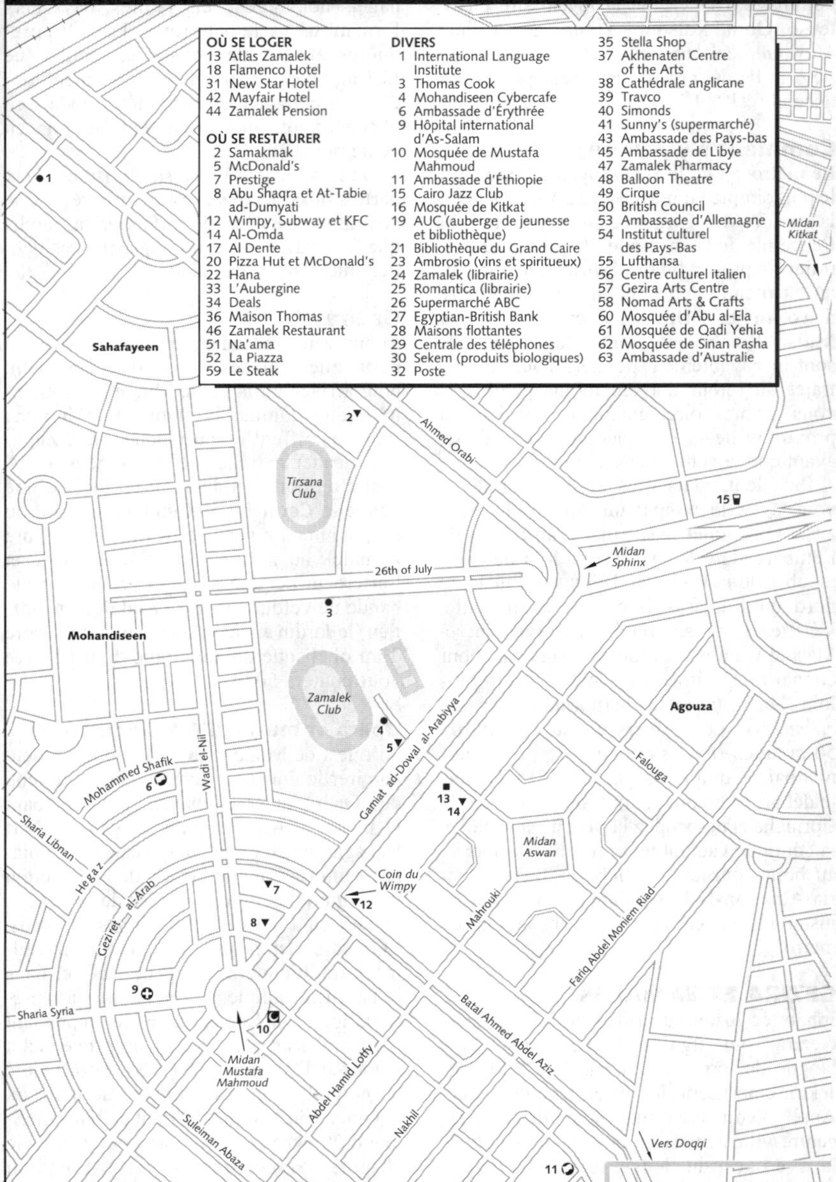

MOHANDISEEN, AGOUZA ET ZAMALEK

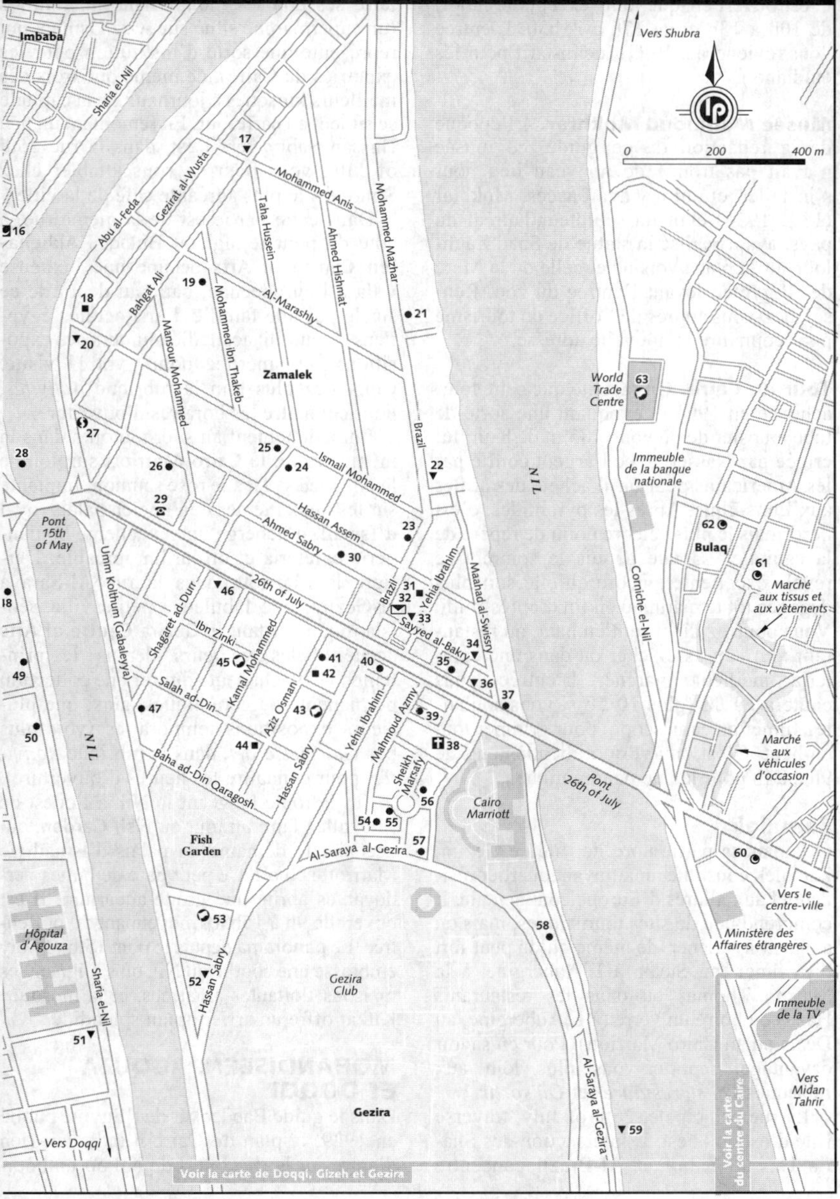

accueille aussi des expositions temporaires. C'est ouvert chaque jour (excepté le lundi) de 10h à 13h et de 17h à 21h30. L'entrée vous reviendra à 10 £E (demi-tarif pour les étudiants).

Musée Mahmoud Mokhtar. A l'époque de la rédaction de ce guide, ce musée n'avait pas trouvé de nouveau lieu pour s'installer, et nul n'y avait accès. Mokhtar (1891-1934) était un sculpteur lauréat du pays, ayant réalisé la statue de Saad Zaghloul sur la place voisine et celle de la Mère de l'Égypte, devant l'entrée du zoo. Renseignez-vous auprès de l'office du tourisme pour connaître la nouvelle adresse.

Tour du Caire. On raconte que cette tour, achevée en 1961 et évoquant une sorte de tube en osier de quelque 185 m de haut, fut érigée par Nasser, avec l'argent confié par les Américains pour qu'il achète des armes aux États-Unis. Après les pyramides, c'est désormais le plus célèbre point de repère de la capitale. La vue depuis le sommet se révèle excellente, encore qu'elle soit plus dégagée tôt le matin ou en fin d'après-midi. Vous pourrez dîner tout en haut, au restaurant tournant assez cher ou dans une cafétéria meilleur marché. L'entrée vous coûtera 10 £E (plus 10 £E si vous souhaitez filmer au caméscope) pour grimper tout en haut. C'est ouvert quotidiennement, de 9h à 24h pour la vue panoramique.

Zamalek

Occupant la partie nord de l'île de Gezira, Zamalek constitue un attrayant quartier résidentiel aux allures d'Europe continentale. Il comprend peu de sites touristiques, mais on a plaisir à y flâner, de même qu'on peut fort bien dîner (au Steak, à L'Aubergine, à la Maison Thomas ou dans les restaurants Hana) ou boire un verre (à L'Aubergine, au Deals ou au Cairo Marriott). Pour en savoir davantage, reportez-vous plus loin aux rubriques *Où se restaurer* et *Où sortir*.

La rue principale, 26th of July, traverse l'île d'est en ouest. L'intersection des Sharia Hassan Sabry et Al-Brazil concentre tous les attraits de ce quartier. On peut y faire ses courses, notamment au Sunny's (un supermarché situé sur Aziz Osman, qui représente une sorte d'institution pour les expatriés du Caire), de même que trois des meilleurs kiosques à journaux de la capitale se situent au carrefour. En remontant un peu Hassan Sabry vers l'est, dans la rue 26th of July, vous pourrez vous attabler chez Simonds, le plus agréable café de la ville.

Dans cette partie est de la même rue, à côté du pont rejoignant Bulaq, l'**Akhenaten Centre of Arts** occupe une luxueuse villa à l'européenne, bâtie au début de ce siècle par une famille d'aristocrates égyptiens. L'endroit accueille toujours des expositions et mérite donc votre visite. Consultez plus loin la rubrique *Activités*, pour connaître les horaires d'ouverture.

Immédiatement au sud, toujours dans la même artère, le **Cairo Marriott** surplombe le Nil avec sa façade rose saumon. Implanté sur les lieux mêmes de l'ancien palais royal d'Ismaïl, il héberge une excellente boulangerie-cafétéria et un jardin agréable. Derrière le Marriott, dans la rue Al-Saraya al-Gezira, une fabuleuse petite villa néo-islamique abritant le **Gezira Centre of Arts** accueille les visiteurs depuis le printemps 1999. On peut admirer une collection permanente de céramiques, ainsi que plusieurs expositions temporaires (voir plus bas *Galeries d'art*, dans la rubrique *Activités*, pour connaître les heures d'ouverture).

Sur la route longeant le Nil, à l'ouest de l'île, allez faire un tour au **Fish Garden**, qui occupait le domaine du palais d'Ismaïl (le Marriott actuel). Ce petit parc de buttes verdoyantes abrite une grotte-aquarium. Il est ouvert de 9h à 15h30, moyennant 50 pt l'entrée. Le **panorama** depuis le pont 15th of May embrasse une courbe du Nil, où s'alignent les maisons flottantes amarrées, et la mosquée Kitkat offre un arrière-plan splendide.

MOHANDISEEN, AGOUZA ET DOQQI

Dans le guide Baedecker de l'Égypte publié en 1929, le plan du Caire n'indiquait rien d'autre sur la rive ouest du Nil qu'un hôpital et la route des Pyramides. L'hôpital existe encore ; situé en retrait, il donne sur la Corniche, à Agouza, mais il est à présent bordé de tous côtés par une série d'immeubles d'habitation disgracieux et moyennement élevés, lesquels ont poussé comme des champignons dans les années 60 et 70, lorsqu'on créa Mohandiseen, Agouza et Doqqi, de nouvelles banlieues destinées à loger les professions libérales qui essaimaient alors. Les trois quartiers demeurent des bastions de la classe moyenne, où résident en grande partie les familles ayant prospéré à l'époque de la politique d'ouverture de Sadate. A moins de trouver fascinant le béton et la circulation automobile, le seul attrait de ces secteurs réside dans leurs nombreux et excellents restaurants (voir plus loin *Où se restaurer*).

Le peu d'histoire que ces lieux enveloppent se retrouve dans les **maisons flottantes** amarrées le long de Sharia el-Nil, juste au nord du pont 15th of May (pont du 15-Mai). Appelées *dahabiyyas*, ces embarcations en bois à deux étages bordaient jadis les rives du Nil, de Gizeh à Imbada, formant ainsi une sorte de grand quartier sur l'eau. Dans les années 30, elles attiraient les touristes, surtout lorsque certains de ces bateaux furent convertis en casinos, music-halls et autres maisons de tolérance. La plupart de ces "péniches" locales continuent d'être louées et les professeurs du British Council les affectionnent tout particulièrement, leurs bureaux étant situés dans la rue, à quelques mètres au sud.

De nos jours, les attractions au bord du Nil s'avèrent un peu moins hardies ; citons le **Balloon Theatre**, une salle où l'on peut assister à des farces égyptiennes, et surtout le **cirque du Caire**, qui attire moult spectateurs. Tous deux n'étant ouverts qu'en été (de juin à août), renseignez-vous auprès de l'office de tourisme ou en lisant *Egypt Today*, pour connaître leurs programmes.

Musée de l'Agriculture

Si son nom n'est pas très attractif, l'originalité de ce musée ne manquera pas de vous fasciner. Son parc vous permettra de sur-croît de vous détendre. Situé dans Sharia Wizarat al-Ziraa, à Doqqi, à l'ouest du pont 6th of October, il vous accueille chaque jour (sauf le lundi) de 9h à 14h, contre un droit d'entrée de 25 pt à peine.

Musée Mahmoud Khalil

Ce musée (☎ 336 2379) abrite l'une des collections moyen-orientales les plus raffinées de l'art européen du XIXe siècle. Elle comprend de nombreuses sculptures de Rodin ainsi qu'une riche collection d'œuvres françaises de Delacroix, Gauguin, Lautrec, Monet et Pissarro. On y dénombre aussi quelques tableaux de Rubens, de Sisley et un Picasso. Ces peintures sont présentées dans une villa récemment rénovée, où résidait jadis Mohammed Mahmoud Khalil, un politicien renommé des années 40, avant qu'elle ne devienne la résidence officielle du président égyptien, à l'époque de Sadate. Installé dans Sharia al-Gizeh, aux abords de Doqqi et de Gizeh (Giza), le musée vous accueille quotidiennement de 9h30 à 18h, moyennant un droit d'entrée exorbitant de 25 £E (5 £E pour les étudiants).

GIZEH

Ancien village de la rive ouest du Nil, Gizeh (Giza) forme désormais un gouvernorat à part entière. La localité s'étend depuis le Nil sur 18 km à l'ouest vers les pyramides, bordé par sa voisine Doqqi au nord, avant de se perdre dans des champs puis dans le désert au sud. Pour les Cairotes, le site est surtout réputé pour abriter la **Cairo University** (université du Caire), la plus grande qu'ils possèdent.

Zoo du Caire

Malgré sa vétusté et son manque de fonds, le zoo du Caire s'est débrouillé tant bien que mal pour survivre jusqu'ici, et l'on a célébré son centenaire en 1994. Il reste une sortie de choix pour les familles et les couples de la capitale, notamment les vendredi et samedi. Toutefois, les défenseurs des animaux trouveront sans doute matière à critiquer.

Installé près de l'université du Caire, entre Sharia Gamiat al-Qahira (rue de l'Université)

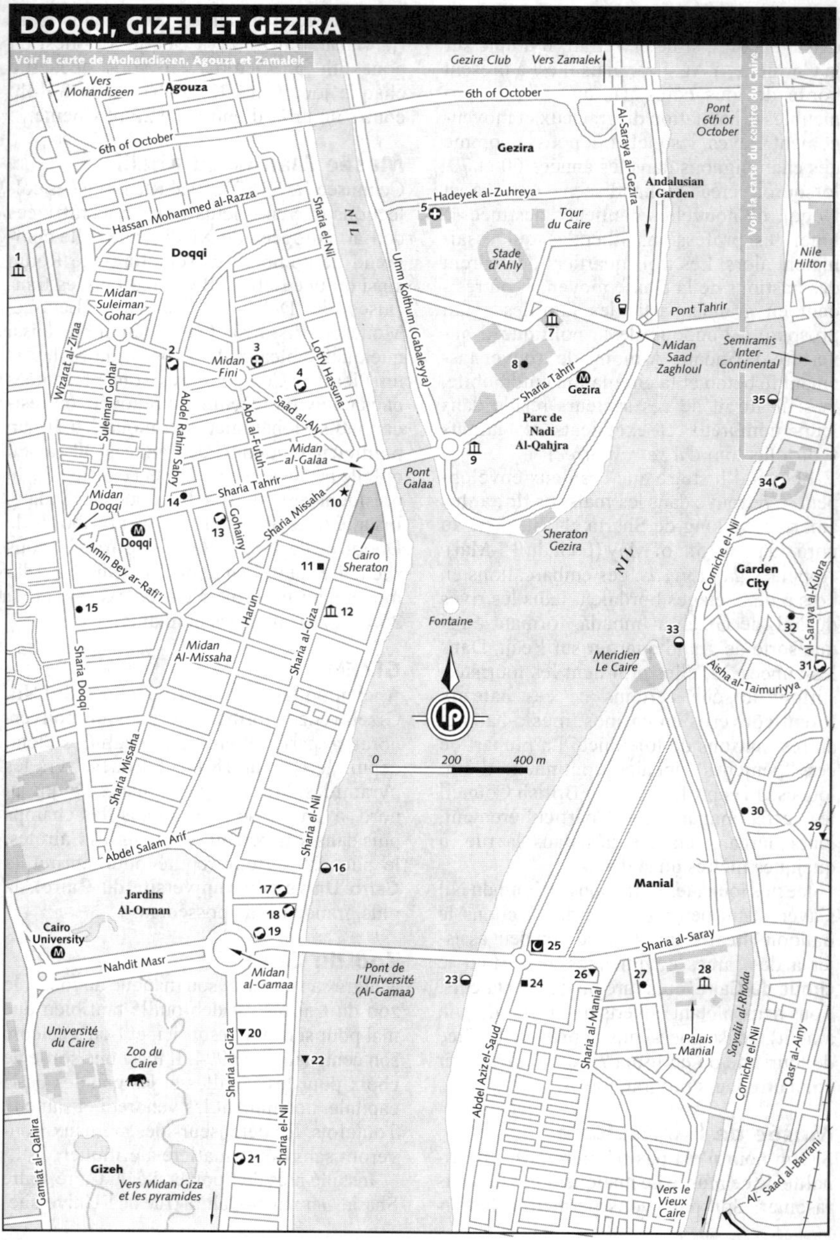
DOQQI, GIZEH ET GEZIRA
Voir la carte de Mohandiseen, Agouza et Zamalek
Voir la carte du centre du Caire
Vers Mohandiseen
Agouza
Gezira Club
Vers Zamalek
6th of October
Pont 6th of October
Gezira
Al-Saraya al-Gezira
Andalusian Garden
Hadeyek al-Zuhreya
Tour du Caire
Stade d'Ahly
Hassan Mohammed al-Razza
Sharia el-Nil
NIL
Umm Kolthum (Gabaleyya)
Doqqi
Nile Hilton
Pont Tahrir
Midan Suleiman Gohar
Midan Saad Zaghloul
Semiramis Inter-Continental
Midan Fini
Lotfy Hassuna
Saad al-Aly
Abd al-Futuh
Abdel Rahim Sabry
Suleiman Gohar
Wizarat al-Ziraa
Sharia Tahrir
Gezira
Parc de Nadi Al-Qahjra
Midan al-Galaa
Pont Galaa
Midan Doqqi
Sharia Tahrir
Gohainy
Sharia Missaha
Doqqi
Cairo Sheraton
Sheraton Gezira
Amin Bey ar-Rafi'i
Harun
Sharia al-Giza
Corniche el-Nil
Garden City
Fontaine
Midan Al-Missaha
Sharia Doqqi
Meridien Le Caire
Al-Saraya al-Kubra
Aisha al-Taimuriyya
0
200
400 m
Sharia Missaha
Sharia el-Nil
Abdel Salam Arif
Manial
Jardins Al-Orman
Cairo University
Nahdit Masr
Midan al-Gamaa
Pont de l'Université (Al-Gamaa)
Sharia al-Saray
Palais Manial
Université du Caire
Zoo du Caire
Sharia al-Giza
Sharia el-Nil
Abdel Aziz el-Saud
Sharia al-Manial
Sayalit al-Rhoda
Corniche el-Nil
Qasr al-Ainy
Gamiat al-Qahira
Gizeh
Vers Midan Giza et les pyramides
Vers le Vieux Caire
Al- Saad al-Barrani
1 2 3 4 5 6 7 8 9 10 11 12 13 14 15 16 17 18 19 20 21 22 23 24 25 26 27 28 29 30 31 32 33 34 35

DOQQI, GIZEH ET GEZIRA

OÙ SE LOGER

11 Pyramisa Hotel
24 HI Manial Youth Hostel

OÙ SE RESTAURER

20 KFC
22 TGI Friday's
26 KFC
29 Abu Shaqra

DIVERS

1 Musée de l'Agriculture
2 Ambassade de Syrie
3 Masr International Hospital
4 Ambassade du Kenya
5 Hôpital anglo-américain
6 Casanova's Disco
7 Musée d'Art moderne
8 Opéra
9 Musée Mahmoud Mokhtar
10 Police
12 Musée Mahmoud Khalil
13 Ambassade de Jordanie
14 Cinéma Tahrir
15 TNT Skypack
16 Arrêt de bateau-bus : University
17 Ambassade d'Arabie saoudite
18 Ambassade du Liban
19 Ambassade d'Israël
21 Ambassade de France
23 Arrêt de bateau-bus : Manial
25 Mosquée
27 MSC (Cartes d'étudiants)
28 Palais-musée Manial
30 Western Union/Federal Express
31 Ambassade du Canada
32 DHL
33 Dok Dok (embarcadère des felouques)
34 Ambassade des États-Unis
35 Felouques

et Sharia al-Gizeh, il ouvre ses portes de 9h30 à 18h, moyennant 1 £E l'entrée.

En face du zoo, on aura plaisir à flâner dans les jardins Al-Orman, un parc modeste mais bien entretenu.

Sharia al-Haram

Sharia al-Haram (route des Pyramides) débute juste au sud de Midan Giza et se déploie sur 10 km vers le sud-ouest, pour rejoindre le site des célèbres monuments pharaoniques. La voie fut tracée dans les années 1860, en hommage à l'impératrice Eugénie, qui visitait alors l'Égypte à l'occasion de l'inauguration du canal de Suez. Tout au long du chemin, de multiples établissements s'implantèrent ensuite pour les calèches de touristes qui suivirent. Arrivèrent alors les boîtes de nuit et les casinos qui ont fait depuis lors la renommée de cette artère. Les plus célèbres brûlèrent au cours des émeutes de 1972, mais on les remplaça. Dans les années 70, à leur tour, les clubs de strip-tease devinrent légion, pour le plus grand plaisir des Arabes enrichis par le pétrole, qui commencèrent à affluer chaque été. Aujourd'hui, les ressortissants des Émirats du Golfe continuent de se presser route des Pyramides, qui regorge toujours de night-clubs.

Kerdassa

La plupart des foulards, galabiyyas, tapis et autres produits tissés vendus dans les bazars et boutiques du Caire, sont fabriqués dans ce village touristique, voisin de Gizeh. Un seul marché principal s'y déroule, où vous trouverez tous ces articles, ainsi qu'un affligeant assortiment d'animaux empaillés.

Pour accéder à Kerdassa, prenez Al-Haram en direction des pyramides, tournez à droite au canal de Maryutia, puis suivez la chaussée sur environ 5 km jusqu'au village. Le minibus desservant les pyramides au départ de Midan Tahrir commence et achève son parcours à l'embranchement d'Al-Haram et du canal, tandis qu'un minibus local longe celui-ci tout du long, moyennant 25 pt. Vous pouvez aussi prendre le bus n°116 depuis Midan Giza qui vous conduit directement à Kerdassa (20 minutes de trajet, 25 pt le billet).

Centre artisanal Wissa Wassef

Ce paisible centre d'artisanat se situe à deux pas du Motel Salma, dans Harraniyya, sur la route de Saqqarah (Saqqara Rd) à environ 4 km au sud d'Al-Haram. Il est spécialisé dans les tapisseries en laine et en coton, aussi bien que dans les batiks et les céramiques, de même qu'il abrite un musée, des ateliers et une boutique-galerie.

Il est ouvert tous les jours de 10h à 18h en été et de 9h30 à 17h en hiver ; l'entrée est libre. Si vous désirez assister au tissage des tapisseries, ne venez pas le vendredi, jour de fermeture des ateliers. Pour vous y rendre, prenez un microbus à destination d'Abousir qui descend la route de Saqqarah au départ d'Al-Haram. C'est le même arrêt que pour le Motel Salma.

LES PYRAMIDES

Uniques rescapées des Sept Merveilles du monde, répertoriées par les Grecs de l'Antiquité, les pyramides constituent l'attraction touristique la plus ancienne du globe. Elles dataient déjà de plus de 2 000 ans lorsque l'historien grec Hérodote les visita, et de plus de 2 500 ans au moment de la naissance de Jésus-Christ.

A l'époque de Hérodote (Ve siècle av. J.-C.), elles présentaient un revêtement de calcaire blanc et devaient sans doute étinceler. Malheureusement, jusqu'au XIXe siècle, des bâtisseurs égyptiens dépouillèrent successivement les monuments de ces blocs extérieurs pour construire leurs palais et leurs mosquées, exposant ainsi les pierres internes plus friables aux intempéries.

Mais plus encore que leur âge, la double énigme relative aux pyramides suscite l'émerveillement : pourquoi et comment les a-t-on construites ? L'hypothèse selon laquelle les pyramides ne sont rien moins que des sépultures édifiées sous les ordres des pharaons, par des dizaines de milliers d'ouvriers, est sans cesse remise en question, tandis que de nouvelles théories, de la plus invraisemblable à la plus farfelue, sont inépuisablement avancées.

Les bâtisseurs de pyramides

Ce n'est ni l'obsession de la mort ni la crainte de celle-ci qui conduisit les anciens Égyptiens à édifier d'aussi incroyables mausolées, mais bel et bien leurs croyances en la vie éternelle et leur désir de ne faire qu'un avec le cosmos. Un pharaon était considéré comme le fils d'un dieu, et l'unique dépositaire du *ka* (force vitale), émanant de la divinité. A son tour, le pharaon transmettait cette force à son peuple, aussi l'idolâtrait-on comme un dieu, de son vivant comme après sa mort.

Une pyramide servait de sanctuaire pour la conservation du ka, de même qu'elle représentait l'apogée d'un complexe funéraire plus vaste, qui constituait un lieu de culte pour ses loyaux sujets. Par ailleurs, elle offrait un témoignage tangible de la puissance absolue et éternelle des dieux et de leur univers.

Les complexes mortuaires de Kheops (Khoufou), Khephren (Khaéfrê) et Mykérinos (Menkaure), lesquels correspondent respectivement aux mausolées du père, du fils et du petit-fils, comprenaient : une pyramide, constituant à la fois le tombeau du pharaon et une sorte de dépôt de tous ses biens ménagers, vêtements et trésors ; un temple funéraire dans la partie est de la pyramide ; des tranchées pour les barques solaires du pharaon, destinées à le transporter dans l'au-delà ; un temple de la vallée sur les rives du Nil ; et enfin une chaussée reliant le fleuve au monument.

Dans le cas de la pyramide de Kheops, la plus grande des trois, il aura fallu, suppose-t-on, dix ans pour construire la chaussée et les rampes de terre massives servant en quelque sorte d'échafaudage, et 20 ans encore pour bâtir la pyramide elle-même. La pierre était extraite sur place et dans les collines de Muqattam. Napoléon calcula que les 2,5 millions de blocs de pierre ayant servi à l'édification de la pyramide de Kheops suffisaient à construire un mur de 3 m de haut tout autour de la France. Les travaux furent accomplis par des corps de métiers hautement qualifiés, incluant maçons, mathématiciens, géomètres et tailleurs de pierre, tandis qu'une centaine de milliers d'esclaves se brisèrent l'échine à charrier et à disposer les blocs.

Plateau de Gizeh

Il existe deux accès au plateau : l'entrée principale s'effectue par le prolongement de la route des Pyramides, qui passe devant l'Oberoi Mena House, pour finir au pied de la pyramide de Kheops ; sinon, vous pouvez

LE PLATEAU DE GIZEH

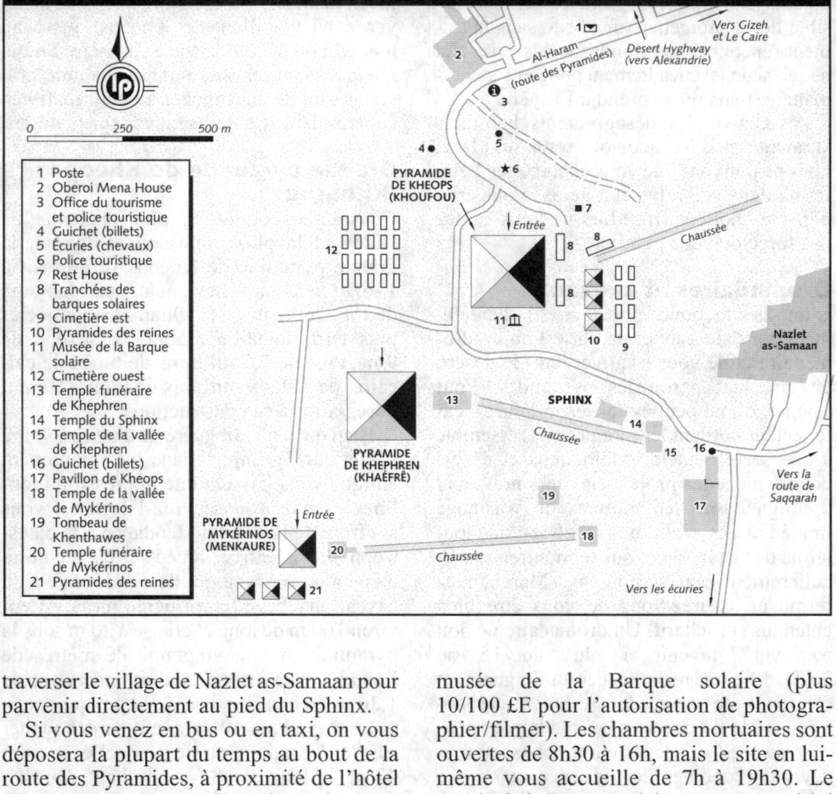

traverser le village de Nazlet as-Samaan pour parvenir directement au pied du Sphinx.

Si vous venez en bus ou en taxi, on vous déposera la plupart du temps au bout de la route des Pyramides, à proximité de l'hôtel Oberoi Mena House. En suivant la route jusqu'au plateau de Gizeh, où se dressent les pyramides, vous passerez devant l'office du tourisme (ouvert chaque jour de 9h à 17h) sur la gauche, où vous pourrez vous renseigner sur les tarifs officiels concernant les balades à cheval ou à dos de dromadaire. Si quiconque tente alors de vous entraîner vers des écuries aux odeurs proprement insoutenables, rebroussez chemin au plus vite et ignorez les promesses fallacieuses selon lesquelles vous pourrez accéder au plateau sans le moindre billet.

Il existe un droit d'accès de 20 £E pour le plateau et le même tarif est en vigueur pour chacune des pyramides, ainsi que pour le musée de la Barque solaire (plus 10/100 £E pour l'autorisation de photographier/filmer). Les chambres mortuaires sont ouvertes de 8h30 à 16h, mais le site en lui-même vous accueille de 7h à 19h30. Le musée de la Barque solaire ouvre quant à lui de 9h à 16h (jusqu'à 17h en été).

Notez que les pyramides sont fermées à tour de rôle, et deux seulement sont ouvertes au public, pour réguler les indispensables travaux de restauration.

Tracasseries

Chaque visiteur du plateau de Gizeh doit subir le harcèlement des loueurs de chevaux et de chameaux, sans parler des vendeurs de souvenirs et de sodas, des prétendus guides, des propriétaires de boutiques et des divers mendiants.

La bonne nouvelle, c'est que lors de notre dernière visite, la plupart des racoleurs étaient tenus à l'écart des touristes par des armées d'actifs jeunes policiers. Il fut réellement possible de se promener sur le site sans quasiment rencontrer la moindre tracasserie. Nul ne sait si un tel encadrement policier sera permanent, mais on se prend à l'espérer.

Au cas où les désagréments habituels auraient repris lorsque vous serez sur place, nous ne pouvons que vous encourager à être ferme dans vos refus et à ne pas vous crisper. Un "non" suffit, alors ne vous sentez pas forcé de vous justifier.

Dromadaires et chevaux

L'une des tactiques pour éviter le harcèlement consiste à louer un cheval ou un dromadaire et de vous esquiver dans le désert, en circulant parmi les pyramides. Pour l'heure, on ne peut éviter les montures, car le secteur bordant les monuments ressemble à une sorte d'enclos sablonneux et désordonné, mais des projets en cours prévoient d'éloigner tous les animaux du voisinage immédiat des sépultures. Méfiez-vous toutefois des chameliers qui se montrent particulièrement peu scrupuleux. Marchandez ferme et assurez-vous de vous être bien entendus sur le tarif. Un dromadaire ne doit pas vous revenir à plus de 15 ou 20 £E l'heure, mais beaucoup de gens ont été tenus de payer des sommes astronomiques à la fin de leur promenade pour pouvoir *descendre* de leur monture. Les femmes devront redoubler de vigilance et *ne pas* laisser le loueur de chevaux ou de dromadaires monter derrière elles, sur l'animal.

Louer un cheval convient davantage à la visite car, une fois en selle, vous avez tout loisir de vous promener à votre rythme. Des écuries sont installées près de l'office du tourisme, sur la route des Pyramides, mais les destriers n'y sont pas toujours en excellent état. Si vous vous dirigez au sud de l'entrée, non loin du Sphinx, vous trouverez plusieurs écuries, parmi lesquelles MG (☎ 358 3832) et AA, que nous vous recommandons, parce que leurs chevaux sont bien traités. Précisez si vous êtes bon cavalier et l'on vous proposera un meilleur coursier. Ici aussi, la location ne devrait pas excéder 20 £E de l'heure. La tombée du soir se prête idéalement à la promenade, que vous achèverez au Pavillon de Kheops, juste au moment où débute le son et lumière. Sinon, quelques écuries sont ouvertes la nuit, et il est grisant de chevaucher au petit matin en contemplant le soleil se lever sur le désert.

Grande pyramide de Kheops (Khoufou)

Considérée comme la plus ancienne de Gizeh et la plus imposante d'Égypte, la grande pyramide de Kheops se dressait à 146,50 m à son achèvement, aux alentours de l'an 2600 av. J.-C. Quarante-six siècles plus tard, sa taille n'aura baissé que de 9 m. Près de 2,5 millions de blocs de calcaire, pesant six millions de tonnes, furent nécessaires à sa construction.

Bien qu'il n'y ait guère de choses à voir à l'intérieur, grimper dans ce monument antique vous laissera une impression inoubliable, mais vous devrez l'éviter si vous souffrez de la moindre tendance à la claustrophobie. L'entrée, située sur la face nord, mène à un passage qui descend jusqu'à un caveau inachevé (en principe fermé) d'environ 100 m de long et creusé à 30 m sous la pyramide. A une vingtaine de mètres de l'entrée, il existe un couloir ascendant de 1,30 m de haut sur 1 m de large, qui continue sur quelque 40 m, avant de déboucher sur la Grande Galerie, laquelle mesure 47 m de long sur 8,5 m de haut. On distingue aussi une passage horizontal plus petit, conduisant à ce qu'on appelle la chambre de la Reine.

Comme vous gravissez la Grande Galerie pour atteindre la chambre du Roi, notez au passage combien les blocs s'imbriquaient avec précision tout en haut. Contrairement au reste de la pyramide, la principale salle mortuaire, qui mesure à peine 5 m de large sur 10 m de long, fut construite en granit rouge. Le toit, qui pèse plus de 400 tonnes, consiste en une série de neuf gigantesques plaques de granit, au-dessus desquelles s'ajoutent quatre autres morceaux séparés par des intervalles, destinés à répartir l'énorme poids à l'extérieur de la chambre funéraire. Cette salle est bien aérée, car elle fut conçue pour que l'air circule librement par deux puits de ventilation dans les murs nord et sud. L'accès au monument vous coûtera 20 £E.

Aux abords de la face est du monument sont érigées trois petites pyramides d'une vingtaine de mètres de haut, lesquelles ressemblent davantage à des tas de décombres de forme pyramidale. Elles représentent les sépultures des femmes et des sœurs de Kheops.

Musée de la Barque solaire. Cinq longues tranchées, qui jadis contenaient les embarcations du pharaon, bordent les faces est et sud de la pyramide de Kheops. Ces barques dites "solaires" ont peut-être servi à acheminer la momie du monarque défunt sur le Nil pour rejoindre le temple de la vallée, d'où elle fut conduite jusqu'à la chambre funéraire, en empruntant la chaussée. Les bateaux censés transporter le roi dans l'autre monde étaient alors enterrés autour de la pyramide.

L'un de ces anciens vaisseaux de bois, sans doute le plus vieux bateau qui existe au monde, fut déterré en 1954. On l'a restauré et l'on a construit tout autour un musée de verre, afin de le protéger des intempéries. Pour la même raison, les visiteurs doivent enfiler des chaussures de protection, pour éviter d'amener du sable.

Disposée dans une tranchée de 5 m de profondeur, la barque mesure 43 m de long sur 8 m de haut. Prévoyez 20 £E l'entrée (plus 10/100 £E pour avoir le droit de photographier/filmer).

Pyramide de Khephren (Khaéfrê)

Placée au sud-ouest de la grande pyramide, celle de Khephren possède quasiment les mêmes dimensions. A première vue, elle semble plus imposante que celle de son père car elle se dresse sur un terrain plus élevé et son sommet porte encore une partie du revêtement en calcaire qui recouvrait autrefois la totalité du monument. Elle mesure 136,50 m de haut (à l'origine : 143,50 m).

Les chambres funéraires et les couloirs sont moins élaborés que ceux de la grande pyramide, mais tout aussi inquiétants pour les claustrophobes. L'entrée mène à un passage qui descend puis traverse la salle mortuaire, laquelle renferme encore le grand sarcophage de granit de Khephren. Comptez 20 £E l'entrée.

Parmi les attraits de ce monument, citons les vestiges assez importants du temple funéraire de Khephren, à l'extérieur, non loin de la face est. Plusieurs salles sont ouvertes au public et la chaussée, qui jadis donnait accès au tombeau depuis le Nil, relie toujours le temple principal à celui de la vallée.

Pyramide de Mykérinos (Menkaure)

Se dressant sur une hauteur de 62 m (initialement à 66,50 m), c'est la plus petite des trois. Au XVIe siècle, un calife qui s'était mis en tête de démolir toutes les pyramides endommagea sérieusement l'extérieur.

A l'intérieur, un hall descend depuis l'entrée jusqu'à un passage, qui débouche à son tour sur une petite chambre mortuaire et une série de pièces. Rien d'extraordinaire, en réalité, si ce n'est le frisson d'explorer un site rarement visité ; vous débourserez encore 20 £E pour y pénétrer. Au dehors, on découvre les vestiges du temple funéraire de Mykérinos qui ont été mis au jour et, vers l'est, les ruines de son temple de la vallée, toujours ensablé.

Sphinx

Légendes et superstitions abondent sur le Sphinx. Le mystère entourant la raison de sa construction, oubliée de longue date, fascine presque autant que l'apparence du monument.

Connu en arabe sous le nom d'Abu al-Hol ("Père de la Terreur"), l'homme-félin fut baptisé Sphinx par les Grecs anciens, car il ressemblait au monstre ailé mythique à tête de femme et au corps de lion qui posait une énigme aux Thébains et tuait tous ceux qui ne savaient pas la résoudre.

Taillé quasiment dans un seul énorme morceau de calcaire, qui subsistait de la découpe des pierres pour la pyramide de Kheops, le Sphinx mesure environ 50 m de long sur 22 m de haut. On ignore à quelle date il fut sculpté, mais une théorie prétend que Khephren aurait songé à façonner la roche en un corps léonin à tête de divinité arborant la coiffe royale d'Égypte. Une autre hypothèse affirme qu'il s'agirait du portrait de Khephren en personne qui scruterait ainsi les sables du désert depuis tant de siècles.

Une des légendes associées au Sphinx laisse entendre par ailleurs que le monument serait resté enseveli dans le sable pendant plusieurs centaines d'années. Le dieu-soleil Rê apparut à l'homme qui allait devenir Thoutmosis IV et lui promit la couronne d'Égypte, s'il libérait des sables son image, le Sphinx. Une stèle fut découverte entre les pattes de la statue, témoignant de cette première restauration connue.

Sous l'Empire ottoman, les Turcs utilisèrent le Sphinx en guise de cible pour s'entraîner au tir (mais d'autres sources attribuent la pratique à Napoléon), en faisant ainsi exploser son nez et sa barbe. Une partie de celle-ci fut retrouvée par des aventuriers du XIXe siècle, et elle est exposée à présent au British Museum de Londres.

De nos jours, le Sphinx connaît des problèmes plus graves que ses blessures de tirs d'artillerie du passé. Il souffre d'une forme de "cancer" de la pierre qui le ronge de l'intérieur. Les spécialistes s'interrogent sur la cause véritable de ce mal, mais la pollution et la montée de la nappe phréatique sont les deux diagnostics les plus vraisemblables. Tout au long du XXe siècle, les tentatives de restauration se sont succédé, dont certaines ne réussirent qu'à accélérer dangereusement le processus de détérioration.

Autres sites

Tombeau de Khenthawes. Situé face à la grande pyramide et au nord de la chaussée de Mykérinos, cet imposant monument, rarement visité, représente le caveau de la fille du pharaon Mykérinos. Le tombeau forme une bâtisse rectangulaire découpée dans une petite colline. A l'arrière de la chapelle, vous pouvez emprunter un couloir en descente et gagner ainsi la chambre mortuaire, mais le parcours se révèle quelque peu hasardeux.

Cimetières. Des cimetières privés abritent plusieurs rangées de tombes disposées en quadrillage autour des pyramides. La plupart des sépultures sont fermées au public, mais vous aurez accès à celles de Qar, d'Idu et de la reine Mersyankh III, dans le cimetière est, si vous réussissez à trouver le gardien qui détient les clés.

Le tombeau d'Iasen, au cimetière ouest, renferme d'intéressantes inscriptions et des peintures murales offrant un aperçu de la vie quotidienne sous l'Ancien Empire.

Spectacle son et lumière

Le Sphinx tient le rôle de narrateur dans ce spectacle à l'adresse des touristes, mais qui vaut la peine d'être vu. Le récit tonitruant qui accompagne les jeux de lumières multicolores sur les pyramides et le Sphinx permettent d'apprendre agréablement des rudiments de l'histoire de l'Égypte antique.

Deux ou trois spectacles se déroulent chaque soir, chacun dans une langue différente. Les horaires sont 18h30, 19h30 et 20h30 en hiver (une heure plus tard à chaque passage, en été). A l'époque de la rédaction de ce guide, le programme était le suivant :

Jour	Séance 1	Séance 2	Séance 3
Lundi	anglais	français	
Mardi	anglais	italien	français
Mercredi	anglais	français	
Jeudi	japonais	anglais	arabe
Vendredi	anglais	français	
Samedi	anglais	espagnol	
Dimanche	russe	français	allemand

On peut s'asseoir en plein air sur la terrasse du Pavillon de Kheops, non loin du sphinx et face au temple de la vallée de Khephren. Le billet vous reviendra à 33 £E (17,50 £E pour les étudiants). A l'époque du ramadan, les horaires peuvent changer.

En cas de doute, appelez le ☎ 385 2880/7320, ou renseignez-vous à l'office du tourisme.

Comment s'y rendre

La manière la plus confortable pour s'y rendre consiste à prendre le nouveau bus climatisé n°355, lequel part de Héliopolis en desservant Roxy, Abbassiyya et Midan Tahrir, où il prend les passagers à un arrêt proche du Musée égyptien (voir la carte du *Centre du Caire*). Prévoyez 20 minutes de trajet et 2 £E. Sinon, vous pouvez accéder au site en microbus au départ du dépôt de Midan Abdel Moniem Riad. Ils passent à proximité de l'hôtel Ramses Hilton mais, comme il n'y a aucun panneau, demandez simplement "Haram" et l'on vous indiquera la bonne file de véhicules. Comptez 25 pt et l'on vous déposera environ à 500 m de l'Oberoi Mena House, qui se trouve juste devant. Vous pouvez aussi obliquer à gauche et suivre le panneau indiquant "Pizza Hut à 600 m", qui vous mènera au village de Nazlet as-Samaan, pour accéder au plateau de Gizeh par l'entrée du Sphinx.

Au retour, le bus n°355 et les microbus vous chargent à l'embranchement de la route du Désert (Desert Highway) et de la route des Pyramides (voir la carte du *Plateau de Gizeh*).

Au départ du centre-ville, la course en taxi vous coûtera 15 £E l'aller.

Balade équestre jusqu'à Saqqarah. Vous pouvez louer un dromadaire ou un cheval pour traverser le désert jusqu'à Saqqarah. Cette excursion s'adresse aux cavaliers confirmés. N'oubliez pas qu'en fin de la journée vous aurez passé six à sept heures à chevaucher et quelques autres à vous promener parmi les sites de la ville.

La parcours nécessite environ 3 heures dans chaque sens et vous revient entre 30 et 50 £E si vous louez un cheval, entre 30 et 70 £E si vous louez un dromadaire, selon l'empressement du loueur à faire des affaires et votre aptitude à marchander. N'oubliez pas qu'un dromadaire peut transporter deux personnes.

HÉLIOPOLIS

Ce n'est rien d'autre qu'une banlieue du Caire mais, en tant que cité à part entière, Héliopolis devrait être considérée comme l'un des joyaux d'Afrique du Nord.

Elle fut conçue en plein désert comme une "cité-jardin" idéale, à des kilomètres au nord-est de la touffeur et du tumulte du Caire, afin d'accueillir les hauts responsables européens chargés d'administrer l'Égypte. Sa construction débuta en 1906 et son style architectural imposa un singulier mélange européen et mauresque, une sorte de vision occidentale de l'Orient transcrite dans la pierre. Outre les Européens, cette banlieue récente, connue en égyptien sous l'appellation "Masr al-Gedida" (Nouveau Caire), attira les classes aisées du pays, tout en engendrant de grandes communautés coptes, juives et musulmanes. Dans les années 50, toutefois, ce proche faubourg accueillit le trop-plein démographique du Caire, tandis qu'une kyrielle d'immeubles destinés aux revenus moyens ouvrait une brèche dans l'ancienne barrière du désert. Aujourd'hui, les rangées d'appartements, où pavoisent les antennes paraboliques, dépassent en nombre les anciennes villas raffinées, mais Héliopolis n'en demeure pas moins une adresse haut de gamme.

Promenade à pied dans Héliopolis

Si vous prenez le tramway, descendez à l'arrêt Roxy. Le tram manœuvre en deux temps : après un premier arrêt d'une minute, il avance encore sur une centaine de mètres et stoppe à nouveau. C'est là que vous devez descendre. En cas de doute, demandez : "Fi Roxy ?" Suivez la ligne du tramway (ne partez pas sur la gauche) jusqu'au carrefour principal, où vous obliquez cette fois à gauche, dans la vaste avenue qui vous mènera à **Midan Roxy**. La place doit son nom au cinéma implanté à l'est de l'esplanade. Empruntez l'artère qui décrit une courbe sur la droite, et vous voilà dans **Sharia Ibrahim Laqqany**, avec ses fantastiques façades à colonnades.

Au bout de 300 m, la rue Ibrahim Laqqany croise Sharia al-Ahram, jadis rue prin-

HÉLIOPOLIS

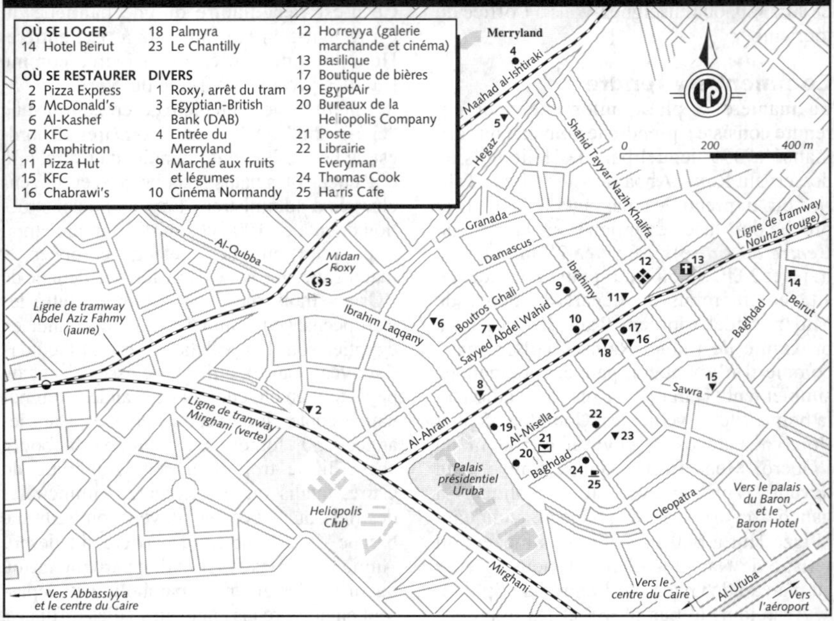

cipale d'Héliopolis, desservie par une ligne de tramway (c'est ici que vous descendez, si vous venez en bus). A portée de regard, découvrez à gauche la **cafétéria Amphitrion**, tandis que se profile à droite, dans Sharia al-Haram, l'ancien Héliopolis Grand Hotel, qui abrite désormais le **palais Uruba**, résidence officielle du président.

Si **Sharia al-Ahram** a particulièrement souffert de la rapacité des promoteurs, elle abrite encore, en remontant vers l'est (près du croisement avec Ibrahimy), un bouquet d'immeubles splendides, dont celui qu'occupe la **cafétéria Palmyra**. A l'instar de l'Amphitrion, que vous rejoindrez plus bas dans la rue, cet établissement date de la fondation de la ville, et les soldats alliés des deux guerres mondiales avaient coutume de se désaltérer à l'une comme à l'autre de ces adresses. De nos jours, elles comptent parmi les rares endroits cairotes où l'on peut boire une bière, loin des regards. Les deux terrasses servent des repas et l'on a plaisir à s'y détendre.

Deux pâtés de maison à l'est, dans Al-Ahram, se dresse la **basilique**, conçue comme la version miniature de la célèbre Sainte-Sophie d'Istanbul. Le baron Empain, l'industriel belge qui fonda Héliopolis, est enterré dans la crypte. Malheureusement, le lieu est d'ordinaire tenu fermé. Depuis la basilique, mettez le cap au sud (à droite), en empruntant Al-Shahid Tayyar Nazih Khalifa ; après quelques minutes de marche, vous avez rejoint Sharia al-Uruba, la route de l'aéroport, et le palais du Baron se dresse face à vous.

Palais du Baron. Donnant sur la nouvelle route de l'aéroport, le palais du Baron (Qasr al-Baron) offre une vision assez incongrue : une sorte de temple hindou qui surgit parmi les immeubles d'habitation aux façades monotones. C'était autrefois la résidence particulière du baron Empain, dont le style s'inspira – pour une raison inconnue des temples d'Angkor Vat, au Cambodge. Trois générations de la famille Empain occupèrent le palais, jusqu'à ce que la gouvernement le réquisitionne dans les années 50, et ne le laisse finalement tomber en ruine. Le site est fermé au public, mais si vous versez deux ou trois livres au gardien, qui vit sur place dans une cabane, il vous fera faire le tour de la propriété.

Revenez ensuite sur vos pas, jusqu'à l'embranchement, puis engagez-vous dans Sharia Sawra, jusqu'à Sharia Baghdad (la rue de Bagdad) ; à 200 m, **Le Chantilly** constitue sans doute le meilleur établissement où dîner, ou simplement prendre un verre dans le jardin situé à l'arrière de l'établissement. Poursuivez jusqu'au bout de Sharia Baghdad, puis tournez à droite ; deux ou trois entrées plus loin à droite, on peut admirer les anciens **bureaux de la Heliopolis Company**, dont la salle principale est merveilleusement restaurée ; en général, les occupants sont ravis de voir des visiteurs.

Pour retourner au centre-ville, vous pouvez prendre un tramway ou un bus dans Sharia al-Ahram.

Panorama de la guerre du Sinaï

Ce monument commémoratif de la "victoire" de 1973 sur l'occupation israélienne du Sinaï témoigne d'un incroyable effort de propagande.

Le Panorama (voir la carte *L'agglomération du Caire*) est ouvert tous les jours (sauf le jeudi). Prévoyez 8 £E l'entrée. Le monument se situe à environ 2 km au sud-ouest du palais du Baron, dans le faubourg de Medinat Nasr. Si vous venez de l'aéroport, c'est à gauche, dans Sharia al-Uruba.

Comment s'y rendre

Pour accéder à Héliopolis, il est plus simple de prendre le bus de l'aéroport (n°356), au départ de Midan Abdel Moniem Riad, derrière le Musée égyptien. Il passe par Mirghani puis, à gauche, devant le palais présidentiel, et remonte Sharia al-Ahram. Comptez 2 £E le billet, en sachant qu'il passe un bus toutes les 20 minutes. Autre option : le tramway qui part du nord de Midan Ramses (voir plus loin la rubrique *Comment circuler*). Le trajet jusqu'à l'arrêt Roxy dure environ 30 minutes et coûte 25 pt.

ACTIVITÉS

Pour des détails sur les manifestations culturelles cairotes, consultez la rubrique "What's On" du mensuel *Egypt Today*.

Galeries d'art

Outre le musée d'Art moderne (voir plus haut la rubrique *Gezira*), une multitude de petites galeries sont disséminées dans la capitale, pour faire connaître des peintres et des sculpteurs locaux et aussi étrangers. *Al-Ahram Weekly* et *Egypt Today* proposent la liste des programmes d'exposition, à moins que vous ne préfériez directement vous rendre à certaines des adresses suivantes :

Akhenaten Centre of Arts
: (☎ 340 8211) 1 Maahad al-Swissry, Zamalek. Ouvert tous les jours (sauf le vendredi) de 10h à 13h et de 17h à 19h. Ce sont les salles d'exposition officielles du ministère de la Culture qui occupent une superbe villa au bord du Nil.

Atelier du Caire
: (☎ 574 6730) 2 Karim ad-Dawla, dans Mahmoud Bassiouni, à un immeuble à l'ouest de Midan Talaat Harb. Ouvert tous les jours (sauf le vendredi) de 10h à 13h et de 17h à 23h. Salles d'exposition de l'union des artistes officiels.

British Council
: (☎ 354 3281) 192 Sharia el-Nil, Agouza. Petite galerie qui accueille souvent des expositions itinérantes en provenance de l'étranger.

Cairo-Berlin
: (☎ 393 1764) 17 Yousef al-Guindi, centre-ville. Ouvert chaque jour (sauf le dimanche) de 11h à 21h. Avec la Mashrabia, cette galerie présente souvent les plus belles œuvres qu'on puisse admirer dans la capitale.

Espace Karim-Francis
: (☎ 393 1699) 1 Sherifeen, dans Qasr el-Nil, centre-ville. Ouvert de 10h à 14h et de 17h à 20h (sauf le vendredi). Galerie située au 3e étage d'un immeuble d'habitation.

Gezira Centre of Arts
(☎ 341 8672) Al-Saraya al-Gezira, Zamalek. Ouvert tous les jours de 10h à 13h30 et de 17h30 à 21h (de 17h50 à 20h le vendredi) sauf le lundi. Musée de la céramique musulmane, avec plusieurs galeries d'expositions temporaires.

Hanager Arts Centre
(☎ 340 6861) Complexe de l'Opéra, Gezira. Ouvert quotidiennement de 10h à 22h. Expositions d'artistes de renom.

Mashrabia
(☎ 578 4494) 8 Champollion, sur Midan Tahrir. Ouvert de 11h à 21h tous les jours, sauf le dimanche. Galerie la plus attrayante du Caire.

Townhouse Gallery
(☎ 575 5901) Hussein Pasha, dans Mahmoud Bassiouni. Ouvert chaque jour de 10h à 14h et de 18h à 21h (fermé le jeudi et le vendredi matin). Galerie privée récemment inaugurée.

Traversées du Nil en felouque

Les felouques sont ces anciennes embarcations qu'on ne peut manquer d'apercevoir sur le Nil. Elles se louent à l'heure, à plusieurs endroits de la Corniche.

L'une des balades les plus agréables consiste à voguer sur le Nil en felouque, avec des boissons et un pique-nique, au crépuscule. Nous vous conseillons d'en réserver une à l'embarcadère Dok Dok, sur la Corniche, à Garden City, juste au nord du Méridien Le Caire. Le bateau et les services de son capitaine devraient vous revenir à 15 £E l'heure, quel que soit le nombre de passagers à bord. Ce tarif, bien entendu, est négociable.

Les autres embarcadères à felouques se situent dans la partie sud-est de Gezira, juste au nord du pont Tahrir, en face de l'hôtel Helnan Shepheard (les capitaines ont tendance à exiger un tarif supérieur à cet emplacement), ainsi que dans Ma'adi, juste au nord du Felfela.

Promenade à cheval

Une balade à cheval sur le site des pyramides, surtout le soir, vous permettra d'échapper au tumulte du Caire. Pour tous détails, reportez-vous plus haut à la rubrique concernant les pyramides.

Piscine

La majorité des hôtels quatre-étoiles autorisent les gens qui ne sont pas clients à utiliser leur piscine. Celle du Méridien Le Caire présente le meilleur rapport qualité/prix, moyennant 39 £E par personne et par jour, d'autant que vous serez conquis par son emplacement au bord du Nil. Le Cairo Marriott dispose d'une jolie piscine dans le parc et facture 63 £E par jour sa fréquentation, mais celle de l'Oberoi Mena House arrive en tête, toutes catégories confondues, grâce aux palmiers qui l'entourent et à ses vues sur les pyramides ; comptez 175 £E par jour pour deux personnes.

CIRCUITS ORGANISÉS

Certains hôtels économiques du Caire proposent des circuits dans divers sites aux environs de la ville, comme les pyramides, Saqqarah et Memphis. Le tarif avoisine en général les 20 £E et inclut seulement le transport ; aucun guide ne vous accompagne et l'accès aux sites est en supplément. Sachez toutefois que nous avons reçu des échos négatifs sur ces sorties de groupe.

Si vous souhaitez un guide, appelez Salah Mohammed Abdel Hafez (☎ 298 0650, mobile 012-313 8446, samo@intouch.com). Cet homme formidable organise des excursions d'une journée sur les sites mentionnés au-dessus, ainsi qu'au centre d'art Wissa Wassef, à Harraniyya, moyennant 18 £E par personne (ici aussi, le déjeuner et les droits d'entrée aux sites ne sont pas compris). Si vous séjournez dans l'un des hôtels du centre-ville, il viendra vous prendre aux environs de 9h. Prévoyez la visite au moins un jour à l'avance et laissez-lui un message sur son répondeur s'il est absent.

Troisième possibilité : adressez-vous à une agence telle que Misr Travel ou American Express. Toutes deux proposent des circuits d'une demi-journée, parmi lesquels : les pyramides et le Sphinx, Memphis et Saqqarah, le Vieux Caire, et le Musée égyptien, moyennant entre 26 et 30 £E (voir précédemment *Agences de voyages*, sous la rubrique *Renseignements pratiques*, pour connaître leurs coordonnées).

OÙ SE LOGER

Pour tout renseignement d'ordre général sur l'hébergement dans la capitale, reportez-vous à la rubrique *Hébergement* du chapitre *Renseignements pratiques*.

OÙ SE LOGER – PETITS BUDGETS

Les hôtels et les pensions bon marché, dont le choix est pléthorique, sont rassemblés principalement dans le cœur animé de la capitale. Sachez que les tarifs ne traduisent pas toujours la qualité de l'hôtel et qu'ils sont souvent négociables. Considérez donc les prix mentionnés comme des estimations.

Camping

L'unique camping du Caire se situe au ***Motel Salma*** (☎ *384 9152, fax 385 1010*), à proximité du centre artisanal Wissa Wassef à Harraniyya, au sud de Gizeh. Bien que son emplacement se révèle peu commode, car très isolé, le lieu offre cependant la vision des pyramides, à l'arrière du site. Les circuits de groupe s'y arrêtent parfois. Attendez-vous aux attaques de moustiques au coucher du soleil. Prévoyez 7 £E par personne avec votre propre tente ou caravane, mais vous pouvez également louer un cabanon assez étouffant pour 2/4 personnes, moyennant 30/40 £E la nuit, ou 50 £E avec douche privative.

Pour accéder au Salma, prenez un microbus à destination d'Abousir, au départ de Sharia al-Haram (route des Pyramides). Comptez 4 km de trajet ; demandez au chauffeur de vous faire descendre à l'endroit le plus favorable.

Auberge de jeunesse

Un seul établissement revendique l'appellation "auberge de jeunesse", la ***HI Manial Youth Hostel*** (☎ *364 0729, fax 398 4107, 135 Abdel Aziz al-Saud, Manial*). L'endroit est assez correct, avec des toilettes propres, mais les lits n'offrent en revanche rien d'extraordinaire. Chaque dortoir accueille entre 3 et 6 personnes. Il n'existe pas de chambre pour les couples ou les familles. Sachez en outre que moustiques et chats se disputeront le privilège de vous tenir compagnie. Les membres de HI débourseront 12 £E en chambre à trois lits ou 8 £E en chambre à 6 lits ; les non-titulaires de la carte HI régleront 4 £E en sus. Le petit déjeuner est compris, mais le couvre-feu est fixé à 23h. Au départ de Midan Abdel Moniem Riad, prenez le minibus n°82 jusqu'au pont Al-Gamaa, puis descendez la rue longeant le fleuve.

Hôtels et pensions

Les hôtels et pensions économiques se retrouvent au centre-ville, pour la plupart dans le voisinage de Sharia Talaat Harb (voir la carte *Le centre du Caire*). C'est l'endroit idéal pour se promener, se restaurer et se distraire. En général, les établissements se situent aux étages supérieurs de vieux immeubles d'habitation, souvent passablement décrépits. Les chambres, plutôt vastes, sentent le renfermé, et le mobilier est rare. Dans cette gamme de prix, n'espérez pas bénéficier de la clim. (sauf lorsque c'est précisé), mais parfois d'un ventil. Quant à la plomberie des sanitaires – le plus souvent communs –, elles remonte sûrement à l'ère des pharaons.

La liste qui suit, loin d'être exhaustive, englobe ce que nous considérons comme les meilleurs endroits, en débutant par les nuitées les moins chères.

Le ***Sultan Hotel*** (☎ *577 2258, 4 Souk at-Tawfiqiyya*) donne sur le haut de la rue Talaat Harb, au centre-ville. Lors de notre dernière visite, il existait en fait trois hôtels Sultan, occupant le même immeuble avec le ***Safary*** Hotel (☎ *575 0752*) et l'***Hotel Venice***. Le lieu constitue une sorte d'enclave pour petits budgets, aux abords d'un marché haut en couleur. A une livre égyptienne près, ces enseignes offrent toutes les mêmes prestations et tarifs, à savoir des dortoirs exigus et une propreté approximative (de 5 à 9 £E le lit), quelques doubles (de 16 à 20 £E la nuit) et des sanitaires communs peu engageants. Uniquement recommandés pour les budgets très serrés.

Le ***Dahab Hotel*** (☎ *579 4400, 26 Mahmoud Bassiouni, centre-ville*) veut suggérer l'atmosphère d'un camping de plage du

Escroqueries hôtelières au Caire

L'escroquerie la plus couramment pratiquée au Caire consiste à convaincre un touriste nouvellement arrivé que l'hôtel vers lequel il se dirige est fermé, horrible, voire très cher et à l'amener dans un "meilleur établissement", où l'intermédiaire percevra sa commission.

En première ligne de ces pratiques, les chauffeurs de taxi de l'aéroport. La plupart des pensions du centre-ville leur versent un pourcentage fixe, et ils vous conduiront toujours à la plus généreuse du moment. Toute pension refusant de jouer le jeu peut se retrouver évincée et par conséquent voir baisser son chiffre d'affaires. Mais les taxis ne sont pas les seuls en cause. Dès votre arrivée, si vous n'appartenez à aucun groupe, vous risquez d'être abordé par un homme ou une femme arborant un badge d'aspect officiel qui indique : "Egyptian Chamber of Tourism" ou quelque appellation du genre. Ces personnes n'appartiennent à aucun organisme touristique gouvernemental mais sont tout bonnement des rabatteurs d'hôtel. Certains d'entre eux prennent les bus desservant la ville depuis l'aéroport. D'autres jettent leur dévolu sur les nouveaux arrivants en pleine rue ; ils vous proposeront de vous conduire à votre hôtel, où ils pourront vérifier si "tout va bien" puis, bien sûr, vous réclameront un dû pour vous avoir guidé jusque-là.

Dans le pire des cas, par abus de confiance, vous pourriez vous retrouver dans un établissement rebutant et excentré. En outre, quelle que soit la commission qui aura été versée au rabatteur, elle finira tôt ou tard par alourdir votre note. Pire encore, votre "nouvel ami" est capable de négocier un tarif plus élevé que la normale pour la chambre, ce qui ne fait qu'accroître la marge bénéficiaire des deux complices.

En tout état de cause, une fois que vous avez fait votre choix, ne vous laissez convaincre par personne. Certains chauffeurs de taxi tenteront de gagner du temps en vous disant qu'ils ne connaissent pas l'adresse ; le cas échéant, demandez à être déposé à Midan Tahrir (ou devant le Nile Hilton), d'où vous pourrez rejoindre à pied la plupart des hôtels petits budgets. Et si un "nouvel ami" vous escorte malgré vous jusqu'à votre destination, arrêtez-le devant l'entrée. S'il se met à protester, n'oubliez jamais qu'aucun Égyptien correct ne songerait à accompagner un étranger à son hôtel.

Sinaï. Ouvert en 1998, cet établissement présente des cabanons chaulés, installés sur le toit d'un immeuble, avec des espaces communs à ciel ouvert, jonchés de coussins, protégés de paravents en bambou et Bob Marley en fond sonore. Vous apprécierez son ambiance décontractée, mais sans doute moins les vendeurs de rue que la direction autorise à déambuler sur les lieux ; par ailleurs, des voyageuses se sont plaintes de ne pouvoir se soustraire à l'attention pesante de la gent masculine locale. Les lits en dortoir se louent 12 £E la nuit (douches communes), tandis qu'une double toute simple avec douche privative revient à 35 £E.

L'***Hotel Minerva*** (☎ *392 0600/1/2, 39 Talaat Harb, centre-ville*) comprend une réception en rez-de-chaussée, dans la venelle qui se trouve en face du café Al'Américaine, alors que l'établissement proprement dit occupe les 6e et 7e étages. On oublie souvent cet endroit, en raison de son emplacement un peu difficile à localiser, mais les chambres se révèlent bien entretenues, de même que les douches et toilettes communes. Par ailleurs, il présente un bon rapport qualité/prix à 18/28 £E la nuit en simple/double, ou 32 £E si vous optez pour une double avec douche privative.

Situé au centre du Caire, le ***New Palace Hotel*** (☎ *575 1283, mony@*

starnet.com.eg, 17 Suleiman Halab, 6e étage) a ouvert ses portes en 1998. Il s'agit d'un vaste établissement à quelques minutes à pied au nord du centre-ville (voir la carte *Les environs de Midan Ramses*). Si les chambres varient en superficie et en qualité, elles s'avèrent toutes récentes donc impeccables. Une excellente terrasse semi-ouverte abrite un espace convivial et une cafétéria servant des plats bon marché. L'hôtel dispose aussi d'un terminal en ligne à l'usage des clients. Les lits en dortoir reviennent à 12 £E, tandis que les doubles sont facturées de 30 £E (chambre rudimentaire) à 50 ou 60 £E (chambre avec clim. et douche). Les tarifs sont apparemment négociables. Sachez toutefois que Lonely Planet a reçu plus d'une plainte au sujet de cet endroit, alors soyez prudent.

L'***Ismaila House Hotel*** (*☎ 356 3122, 1 Midan Tahrir, 8e étage, centre-ville*) mérite le détour pour ses fenêtres orientées à l'ouest, avec une vue superbe sur la place, mais ses chambres et ses sanitaires pèchent par manque de propreté et la direction est coutumière d'un comportement désagréable. Les simples, dont certaines sont réellement décourageantes, reviennent à 25 £E. Les doubles avec/sans s.d.b. coûtent 40/50 £E. Un lit dans une chambre partagée (c'est-à-dire exiguë avec deux lits bringuebalants) est facturé entre 12 et 15 £E.

Le ***Sun Hotel*** (*☎ 578 1786, 2 Talaat Harb, 9e étage, centre-ville*) jouit d'un emplacement commode, car il donne sur Midan Tahrir, mais n'offre aucune vue. Ses simples/doubles de taille convenable, quoique assez mornes, vous seront proposées à 24/40 £E, à moins que vous ne souhaitiez louer un lit 15 £E dans une chambre de 4 personnes. Les sanitaires communs sont propres et disposent d'eau chaude. Le salon avec TV par satellite et une cuisine sur laquelle il n'y a rien à redire sont les autres commodités du Sun hotel. Inconvénient majeur, toutefois : l'ascenseur ne fonctionne que de 15h à 20h.

Le ***Magic Hotel*** (*☎ 579 5918, 10 Sharia al-Bustan, 3e étage, centre-ville*) témoigne d'un entretien légèrement plus soigné que ses deux confrères, le Sun et l'Ismailia ; les chambres et les s.d.b. semblent plus propres et l'endroit dégage une atmosphère plus douillette, moins "usée" par le passage des voyageurs. Prévoyez 25/40 £E la simple/double avec ventilateur.

Dans une ruelle transversale, à deux pas du grand magasin Gattegno, se profile la ***Pension Roma*** (*☎ 391 1088, fax 579 6243, 169 Mohammed Farid, 6e étage, centre-ville*). C'est sans doute le plus charmant des établissements économiques, réputé de longue date pour son élégance désuète, avec parquets brillants, meubles anciens, une salle de petit déjeuner sublime, sans compter la gentillesse de la propriétaire. L'endroit a récemment été repeint et rénové. Il est conseillé de réserver. Les simples/doubles/triples sans s.d.b. reviennent à 25/45/60 £E (ajoutez 5 £E pour disposer de sanitaires privatifs).

Le ***Berlin Hotel*** (*☎/fax 395 7502, e-mail : berlinhotelcairo@hotmail.com, 2 Shawarby, 4e étage, dans Qasr el-Nil, centre-ville*) se révèle un peu plus coûteux que la plupart des établissements économiques ; ce qui nous paraît tout à fait justifié car les chambres, climatisées, sont impeccables et disposent toutes d'une douche. En outre, le propriétaire-directeur Hisham Yousef est anglophone et semble se préoccuper des prestations offertes à sa clientèle, une qualité rare parmi les établissements cairotes bon marché. Un ordinateur en ligne est aussi proposé à l'usage des clients. Les simples/doubles/triples reviennent à 60/80/90 £E.

Le ***Mayfair Hotel*** (*☎ 340 7315, 9 Aziz Osman*) est implanté à Zamalek, un quartier paisible et plus verdoyant que le centre de la capitale, et qui abrite beaucoup de cafés et de restaurants où l'on mange bien. Autre atout : ce n'est qu'à 5 minutes du centre-ville en taxi. Voisin d'un bon supermarché et d'une rue commerçante animée, vous serez au calme dans cet établissement qui bénéficie de surcroît d'une terrasse ombragée. Les simples/doubles sans s.d.b. se louent 25/30 £E, tandis que les doubles avec sanitaires privés oscillent entre 50 et 60 £E.

La ***Zamalek Pension*** (☎ *340 9318, 6 Salah ad-Din*), toujours dans Zamalek, comblera ceux qui recherchent le calme et l'intimité. L'endroit ne comprend que 5 chambres et l'on se sent davantage invité que client. Bonus non négligeable : il se situe dans une rue arborée, au cœur d'un secteur résidentiel. Du point de vue des tarifs, nul doute qu'on frôle le milieu de gamme, avec des simples/doubles à partir de 50/70 £E, et vous paierez plus si vous désirez la clim.

OÙ SE LOGER – CATÉGORIE MOYENNE

Les établissements de cette gamme sont répertoriés par quartier, puis énumérés par ordre alphabétique.

Centre-ville

Le ***Carlton Hotel*** (☎ *575 5022, fax 575 5323, 21 Sharia 26th of July*), auquel on accède par la ruelle qui passe devant le cinéma Rivoli, est un établissement ancien qui ne manque pas de cachet, mais préférez tout de même ses chambres récemment rénovées. La terrasse abrite un restaurant agréable, mais on ne vous servira pas de bière. Prévoyez 65/85 £E en simple/double.

Le ***Cosmopolitan Hotel*** (☎ *392 3663, fax 393 3531, Sharia ibn Taalab*) donne dans Qasr el-Nil. C'est un fabuleux immeuble Art déco, avec meubles anciens laqués, salles de bains carrelées, baignoires et quelques ajouts modernes, tels que la clim. Les simples/doubles sont facturées 135/175 £E la nuit.

Donnant sur l'arrière du Semiramis Inter-Continental (cherchez le petit panneau au 3e étage), le ***Garden City House Hotel*** (☎ *354 4969, 23 Kamal ad-Din Salah, Garden City*) est apprécié et fréquenté mais l'endroit s'avère bruyant, un peu poussiéreux et les tarifs sont exagérés. Les simples/doubles se louent de 51/94 £E (sans s.d.b.) à 64/102 £E (avec s.d.b.), petit déjeuner et dîner inclus.

On accède au ***Lotus Hotel*** (☎ *575 0966, fax 575 4720, 12 Talaat Harb, 7e étage, centre-ville*) par un ascenseur, au bout d'un passage situé presque en face du Felfela Takeway. Ses chambres climatisées sont propres et confortables et disposent d'un grand balcon. Prévoyez 47/67 £E la simple sans/avec s.d.b., tandis que les double se louent 67/87 £E.

L'***Odeon Palace Hotel*** (☎*/fax 577 6637, 6 Abdel Hamid Said*) donne dans Talaat Harb, en centre-ville. Très confortable, cet établissement de gamme moyenne supérieure abrite des chambres disposant toutes d'un mini-réfrigérateur, de la TV, du téléphone et de la clim. Le bar de la terrasse ouvert 24h/24 a la faveur des couche-tard. Les simples/doubles coûtent 115/146 £E, le petit déjeuner 10 £E en sus.

Le ***Windsor Hotel*** (☎ *591 5277, fax 592 1621, 19 Sharia Alfy, centre-ville*) constituait le Club des officiers britanniques jusqu'en 1952. Il conserve encore une atmosphère coloniale, notamment dans le hall de réception, qui abrite un ascenseur somptueusement décoré, et dans le salon-bar, qui compte parmi les plus agréables de la ville. L'endroit comprend une grande variété de chambres, et toute une gamme de s.d.b. diverses et variées : exiguës ou de la taille d'un court de tennis, avec ou sans douche/WC/baignoire, dotées d'un carrelage neuf ou ancien et patiné, avec eau chaude ou sans eau du tout. Les simples s'échelonnent de 75 à 102 £E, les doubles de 102 à 140 £E.

Environs de Midan Ramses

Midan Ramses se trouve un peu au nord du centre, à une distance équivalente à dix minutes à pied ou à deux stations de métro.

A l'angle nord-ouest de la place, bien audessus de la circulation et des vapeurs d'essence, le ***Fontana Hotel*** (☎ *592 2321, fax 592 2145, Midan Ramses*) comprend des chambres proprettes, un agréable cafébar en terrasse, avec une petite piscine pour se rafraîchir et une discothèque. En dépit du panorama splendide, l'emplacement n'est guère pratique, hormis pour la proximité de la gare ferroviaire. Tablez sur 57/84 £E en simple/double.

A mi-chemin entre Midan Ramses et le centre-ville, le ***Happyton Hotel*** (☎*/fax 592*

8671/00, 10 Ali al-Kassar) se niche dans une ruelle paisible, qui donne dans Emad ad-Din (derrière le cinéma Karim). Décontracté, d'un bon rapport qualité/prix, l'établissement possède son propre restaurant ainsi qu'un petit bar en terrasse. Les climatisées sont louées 40/52 £E en simple/double.

Datant des années 30, le ***Victoria Hotel*** (*☎ 589 2290, fax 591 3008, 66 Al-Gomhurriyya*) a su garder le charme de cette période, notamment dans le hall d'entrée. Vous apprécierez son charmant café-jardin agrémenté d'une fontaine. Prévoyez 120/170 £E en simple/double.

Le Caire islamique

Le Caire islamique (voir la carte *El-Azhar et Khan al-Khalili*) représente la partie la plus vivante et la plus fascinante de la capitale, mais le niveau sonore est élevé, et lorsque vous serez enfin parvenu à vous endormir, sachez que vous avez de grandes chances d'être réveillé tôt, par l'appel à la prière du matin.

Situé en plein cœur de l'action, c'est-à-dire le bazar Khan al-Khalili, l'***Al-Hussein Hotel*** (*☎ 591 8089, Midan Hussein*) possède des chambres bien tenues, et son restaurant en terrasse offre un fantastique panorama sur le Caire médiéval (dommage que la cuisine ne soit pas à la hauteur). Les simples/doubles climatisées avec s.d.b. et vues sur la place sont facturées 60/70 £E ; les chambres plus petites avec sanitaires en commun ou sans la vue sur Midan Hussein reviennent quant à elles à 35/45 £E.

Le ***Radwan Hotel*** (*☎ 590 1311, Midan Hussein*) constitue un second choix, si le précédent affiche complet. Il comprend des chambres correctes, moyennant 45/70 £E en simple/double, avec petit déjeuner et s.d.b.

Zamalek

A seulement cinq minutes en taxi du centre-ville, Zamalek se révèle plus verdoyante et plus tranquille.

Hautement conseillé à ceux qui se moquent d'être un peu éloignés du centre, le ***Flamenco Hotel*** (*☎ 340 0815, fax 340 9312, 2 Geziret al-Wusta, Zamalek*) surplombe le bras du Nil entre Zamalek et Mohandiseen, et la vue depuis les balcons est splendide. Un bon point pour le service, comme pour les deux bars et le restaurant. Le simples/doubles reviennent à 220/292 £E.

Niché dans une venelle, à deux pas de l'angle entre 26th of July et Hassan Sabry, se trouve le ***New Star Hotel*** (*☎ 340 0928, fax 341 1321, 34 Yehia Ibrahim, Zamalek*). Ses doubles climatisées sont entièrement moquettées, sans parler des s.d.b. modernes et des vastes balcons avec vue sur le Nil, le tout pour 170 £E la nuit.

Héliopolis

Situé au nord du centre, à une quarantaine de minutes en taxi, en bus ou en tramway, Héliopolis n'offre pas une solution pratique d'hébergement au visiteur. En revanche, si vous êtes en voyage d'affaires et ne souhaitez pas trop vous éloigner de l'aéroport, vous trouverez deux établissements trois-étoiles à prix raisonnables.

Le ***Baron Hotel*** (*☎ 291 5757, fax 290 7077, 8 Mahaad al-Sahari*) donne dans Al-Uruba et surplombe l'incroyable palais du Baron Empain de style hindou. Outre son bar et son restaurant tout à fait convenable, ses chambres sont louées 135/170 £E en simple/double.

S'il semble assez morne, l'***Hotel Beirut*** (*☎ 291 6048, 43 Sharia Baghdad*) n'en reste pas moins commodément situé pour explorer le centre de Héliopolis, et les expatriés locaux fréquentent assidûment son bar. Comptez 204/272 £E en simple/double.

OÙ SE LOGER – CATÉGORIE SUPÉRIEURE

Tous les cinq-étoiles du Caire proposent les prestations classiques de cette gamme : restaurants, bars, suites VIP, centres d'affaires, boutiques et banques, ainsi que quelques spécialités égyptiennes, telles que boîtes de nuit avec danseuses du ventre. Les tarifs qui suivent n'englobent pas en général le petit déjeuner et les taxes (habituellement 19% et un supplément de 5% pour le service).

Le ***Cairo Marriott*** (☎ *340 8888, fax 340 8240, Al-Saraya al-Gezira, Zamalek*) représente le meilleur palace de la capitale. Ancien palais royal, il fut agrandi avec goût et s'honore d'une réception qui ne manque pas de classe, de salles à manger exquises et d'un jardin paisible avec bar, café, piscine et courts de tennis. Les simples/doubles valent toutes 180 $US.

Situé sur la mauvaise rive du Nil, c'est-à-dire à un bon quart d'heure à pied du centre-ville, le ***Cairo Sheraton*** (☎ *348 8600, fax 336 4601, Midan al-Galaa, Doqqi*) présente une décoration très marquée "années 70" et peu attrayante. A partir de 152/176 $US en simple/double.

Le ***Sheraton Gezira*** (☎ *341 1333, fax 340 5056, Sharia al-Orman, Gezira*) est implanté à l'extrémité méridionale de l'île de Gezira, où les points de vue se révèlent grandioses depuis les chambres ou les nombreux restaurants et bars en bordure du fleuve. Prévoyez 185/210 $US pour une simple/double standard.

Sur la Corniche el-Nil, au centre du Caire, le ***Helnan Shepheard's*** (☎ *355 3800, fax 355 7284*) est un établissement lugubre, qui a mal vieilli et présente peu d'atouts, si ce n'est son emplacement juste au sud de Midan Tahrir. Les chambres donnant sur le Nil reviennent à 134/160 $US en simple/double, tandis que celles à l'arrière coûtent 90/105 $US, taxes comprises.

Sur la route des Pyramides, à Gizeh, l'***Oberoi Mena House*** (☎ *383 3444, fax 383 7777*) est considéré par plus d'un Cairote comme le meilleur hôtel. Et s'il se trouve tout de même à 10 km du centre, la proximité des pyramides doit sans doute amplement compenser cet inconvénient. L'intérieur déploie une opulence orientale éblouissante, sans parler de ses merveilleux jardins et de sa piscine. Les chambres démarrent à 130/160 $US.

Sur la Corniche el-Nil, dans Manial, à la pointe nord de l'île Rhoda, le ***Méridien Le Caire*** (☎ *362 1717, fax 368 1555*) offre des vues fantastiques depuis ses chambres. Son restaurant, le Champollion, compte parmi les trois les plus réputés de la capitale, tandis que sa terrasse au bord de la piscine est idéale pour siroter un cocktail au coucher du soleil. Malgré tout, l'établissement accuse son âge et son emplacement nécessite 1,5 km de marche pour rejoindre Midan Tahrir et le centre-ville. Les spacieuses simples/doubles tout confort se louent 180 $US.

En dépit de son ancienneté, le ***Nile Hilton*** (☎ *578 0444, fax 578 0475, nhilton@brainyl.ie-eg.com, Midan Tahrir, centre-ville*), reste l'un des plus charmants lieux d'hébergement pour les voyageurs disposant de moyens suffisants. C'est le mieux situé de la capitale, Midan Tahrir, à un jet de pierres du Musée égyptien, et ses chambres offrent des vues imprenables sur le fleuve. En terrasse, son ***Ibis Cafe*** est très fréquenté par les Cairotes, et sa piscine compte parmi les meilleures de la ville. Ses chambres sont vastes et propres, encore que la plomberie fasse parfois des siennes. Prévoyez environ 180/210 $US pour les simples/doubles les mieux agencées.

En dépit d'un emplacement difficile, à l'ombre de l'imposant Cairo Sheraton, le ***Pyramisa*** (☎ *336 7000, fax 360 5347, 60 Sharia al-Giza, Doqqi*) est un petit établissement intimiste aux tarifs très raisonnables pour un cinq-étoiles : 100/120 $US en simple/double.

En plein cœur du Caire, le ***Ramses Hilton*** (☎ *574 4400, fax 575 7152, 115 Corniche el-Nil*) affiche une modernité sans âme. Pire encore, il est cerné par des échangeurs et une gare routière ; à moins de prendre un taxi dès que vous descendez ses marches, partir à pied n'importe où vous contraint à traverser une demi-douzaine d'artères parmi les plus dangereuses de la capitale. Les chambres s'échelonnent de 155/187 $US, pour les simples/doubles classiques, à 2 030 $US pour une suite comportant trois lits.

Sur la Corniche el-Nil, le ***Semiramis InterContinental*** (☎ *355 7171, fax 356 3020, cairo@interconti.com*) est bien situé, juste au sud de Midan Tahrir ; il n'y a qu'une seule rue à traverser pour gagner le Musée égyptien ou le centre-ville. Le hall d'entrée reste le plus attrayant de tous les nouveaux hôtels et ses salles à manger se révèlent fort agréables, avec moult fenêtres, végétation luxuriante et vues sur le Nil. Les chambres donnant sur le fleuve reviennent à 190/220 $US en simple/double, celles qui surplombent la ville coûtent 20 $US de moins.

OÙ SE RESTAURER

Pour ce qui concerne la description des diverses cuisines, les conseils sur la façon de commander et les prix, reportez-vous à la rubrique *Alimentation* du chapitre *Renseignements pratiques*.

Foul et ta'amiyya

Quasiment toutes les rues du Caire abritent des vendeurs de foul et de ta'amiyya mais, bien sûr, tous n'offrent pas la même qualité. En voici trois que les Cairotes ont plébiscités depuis longtemps.

At-Tabie ad-Dumyati, 31 Orabi, au nord de Midan Orabi (voir la carte *Les environs de Midan Ramses*) est notre préféré. On vous prépare du foul avec tomates et oignons, œufs et pasturma, ou beurre clarifié. Vous pouvez acheter pour emporter ou dîner au restaurant installé sur place (voir plus bas *Petits budgets*). Il existe une annexe à Mohandiseen, sur Midan Mustafa Mahmoud.

Le ***Felfela Takeaway*** de Talaat Harb dépasse tous ses concurrents du centre-ville. Passez commande, réglez à la caisse, puis présentez le ticket au comptoir où les employés s'affairent, au fond de la salle, pour récupérer vos plats.

Sur la Corniche d'Agouza, juste au nord du pont 6th of October, ***Na'ama*** propose lui aussi une cuisine succulente. Installé un peu à l'écart, il est ouvert en permanence et les chauffeurs de taxi forment, semble-t-il, la majorité de sa clientèle.

Kushari

Les établissements cairotes de kushari les plus renommés sont situés au centre-ville. Mentionnons ***At-Tahrir***, 19 Abdel Khalek Sarwat, à l'est de Talaat Harb, avec une annexe dans Sharia Tahrir, à Bab al-Luq ; ***Abu Tarek***, 40 rue Champollion, réputé comme le meilleur ; le ***Lux***, Sharia 26th of July, ainsi qu'au sud de Midan Falaki ; puis enfin l'***International Public Meal Kushari***, reconnaissable à ses encadrements de fenêtre peints en rouge, au coin d'Emad ad-Din et d'Alfy.

Kofta et kebab

Si les kofta et kebabs viennent en tête sur bon nombre de cartes cairotes, il existe plusieurs établissements spécialisés qui ne proposent que ces plats. Chaque soir, Sharia Ezbekiyya, juste au nord de la rue 26th of July, au centre-ville, s'enfume sous les brasros au charbon d'une demi-douzaine de marchands ambulants. Aucun ne propose toutefois une viande excellente et les voyageurs "carnivores" devront plutôt se rabattre sur le quartier de Zein al-Abdeen.

Ouf, sur Midan Zein al-Abdeen (voir la carte *L'agglomération du Caire*) est une maison reconnue pour ses kebabs traditionnels, sa viande tendre et ses abats, notamment les *kellawi* (rognons). Vous pouvez dîner à l'étage ou sur le trottoir, le soir venu. Ouvert jusqu'à 2h, parfois plus tard.

Ne manquez surtout pas ***Abu Ramy's***, un vaste restaurant en plein air, non loin des anciens abattoirs. Sa viande demeure la plus fraîche et la plus savoureuse de la capitale. Outre des koftas et kebabs, on vous prépare du *kebda* (foie), des rognons, des saucisses et de succulentes *rayesh* (côte d'agneau) fortement parfumées. L'établissement n'ouvre qu'après les prières du soir (environ 20h) et sert jusqu'au petit matin. Tablez sur 10 £E pour 250 g de viande avec salades en complément. Prenez un taxi à destination d'Ouf, à Midan Zein al-Abdeen ; en bas de la rue, une fois que vous avez dépassé les stands qui vendent des couteaux de boucherie, continuez sur la gauche et vous trouverez Abu Ramy's à 50 m sur votre droite.

Al-Agaty s'avère de loin le meilleur établissement de kofta et de kebab du Khan al-Khalili, alors que la plupart de ses concurrents se concentrent autour de Midan Hussein. Évitez-les, car ils ont trop l'habitude de grossir la note des touristes non avertis, en leur offrant une cuisine de mauvaise qualité. Al-Agaty se révèle au contraire un modeste endroit, installé à l'écart dans une ruelle, Sharia Makassisse, laquelle donne dans Sharia al-Muizz li-Din Allah, à deux pas du croisement avec Muski. Malheureusement, il n'existe aucune table en terrasse, mais les plats sont excellents et les prix raisonnables.

Ar-Rifai (consultez la carte *De la Citadelle à Ibn Touloun*) donne directement sur Midan Sayyida Zeinab. Cet établissement pour les couche-tard connaît une fréquentation croissante de clients venant festoyer en taxi, au sortir des discothèques et des boîtes de nuit. Vous le trouverez en haut de la venelle située à gauche de la sabil-kuttab bigarrée du sultan Mustafa, en face de la mosquée de Sayyida Zeinab.

Fast-foods

La capitale abrite à présent plus d'une trentaine de franchises internationales. Le terme "fast-food" (nourriture rapide) ne convient pas toujours, car les jeunes Égyptiens s'attablent de longues heures dans ces établissements, considérés comme les plus branchés de la ville. A Mohandiseen, Gamiat ad-Dowal al-Arabiyya est ainsi devenue l'artère où il est de bon ton de flâner – une sorte de Sunset Boulevard cairote en béton, avec ses six voies de circulation polluées par les vapeurs de carburant –, en raison surtout de sa forte concentration de fast-foods.

La liste suivante ne couvre que les enseignes du centre-ville :

KFC
Dans Mohammed Mahmoud, donnant juste sur Midan Tahrir, en face de l'AUC
21 Abdel Khalek Sarwat, qui débouche sur Talaat Harb

McDonald's
42 Talaat Harb
Dans Mohammed Mahmoud, donnant juste sur Midan Tahrir, en face de l'AUC
Galerie marchande du Ramses Hilton, 6e étage

Pizza Hut
16 Midan Tahrir, en face de l'AUC

Texas Fried Chicken
31 Sharia 26th of July, à l'ouest de Talaat Harb

Wimpy
Sharia Hoda Shaarawi, non loin de Midan Falaki
Talaat Harb, juste au sud de Midan Talaat Harb
Sharia Sherif, au nord de l'embranchement avec Qasr el-Nil

Cuisine végétarienne

Bien qu'il n'existe que deux restaurants végétariens, les gourmets "non carnivores" n'auront aucune peine à trouver des plats de légumes, dans des établissements tels qu'***At-Tabie ad-Dumyati*** ou ***Felfela Restaurant***, au centre-ville, ***Maroosh***, à Mohandiseen, ou encore ***Chabrawi's*** à Héliopolis (voir les paragraphes concernant ces divers endroits).

L'Aubergine (*☎ 340 6550, 5 Sayyed al-Bakry, Zamalek*) représente l'unique restaurant entièrement végétarien du Caire, et fort heureusement sa cuisine est excellente. Sa carte varie sans cesse, mais elle proposait à notre dernière visite des lasagnes aux poireaux et au bleu (17 £E), une moussaka d'aubergines (16 £E) et des légumes variés, nappés d'une sauce à la noix de coco, au gingembre et à la coriandre verte (17 £E). On peut aussi déguster des salades, des potages et de la bière. Ouvert de 12h à 1h.

Situé dans une rue secondaire, à côté de l'hôtel Atlas Zamalek de Mohandiseen, l'***Al-Omda*** est un établissement fort prisé des amateurs de kushari et de shawarma, avec une salle à l'étage réservée uniquement aux salades. Nous ne l'avons appris qu'à la fin de notre visite, sans pouvoir nous rendre sur place, mais la presse locale le jugeait favorablement.

Petits budgets

Au nord de Midan Talaat Harb. Quelques établissements à kushari (mentionnés plus haut) sont installés dans le voisinage, ainsi que les échoppes à kebab de Sharia Ezbekiyya qu'il vaut mieux éviter. Toutefois, il existe aussi de rares endroits, comme le ***Casablanca***, donnant sur Midan Orabi, qui proposent des poulets à la broche tout à fait corrects, à condition de ne pas vouloir autre chose (un demi-poulet avec du pain et du tahina revient à 10 £E). Si vous désirez manger plus raffiné, poussez la porte des endroits qui suivent.

Akher Sa'a, 8 Sharia Afty (l'enseigne est uniquement en arabe, mais vous la repérerez grâce à la librairie chrétienne voisine), est très renommé pour ses foul et ses ta'amiyya à emporter, ainsi que pour le restaurant sans fioritures qui jouxte la partie magasin. Si la carte est limitée, vous pourrez choisir des omelettes (délicieuses au pasturma), du pain et du tahina. La note n'excédera pas 3 ou 4 £E. Ouvert 24h/24.

A 200 m au nord de Midan Orabi (voir la carte *Les environs de Midan Ramses*), ***At-Tabie ad-Dumyati*** (*☎ 575 4211, 31 Sharia Orabi*) compte parmi les meilleurs établissements où l'on peut se restaurer convenablement à peu de frais. A l'instar d'Akher Sa'a, l'endroit possède la simplicité d'une cantine, mais c'est propre, les portions sont copieuses, le service rapide et sympathique, et la cuisine succulente. Parmi une majorité de plats végétariens, vous avez le choix entre une trentaine de salades et mezze, moyennant la modique somme de 3 £E. Les autres spécialités comprennent le foul (de diverses sortes), du ta'amiyya et une savoureuse soupe de lentilles. Le repas pour deux vous coûtera à peine 10 £E.

A l'angle des rues Talaat Harb et Adly, l'***Excelsior*** sert une cuisine critiquable à des prix surévalués, mais les macaronis et cannellonis (aux alentours de 5 £E) s'avèrent digestes.

Face à la synagogue, dans Sharia Adly, le ***Restaurant Gad*** a coutume d'accueillir pour le déjeuner les employés de bureau du centre-ville. Bien qu'assez sombre et lugubre à l'intérieur, il propose une carte étendue de plats, et vous pourrez vous restaurer en déboursant moins de 10 £E (sans la viande). Le "riz spécial Gad" (11 £E) est préparé avec des noix, du raisin de Smyrne, des légumes et du poulet ; un peu gras, mais fameux.

Au sud de Midan Talaat Harb. Les alentours de Midan Falaki et du souk Mansour abondent en marchands de jus de fruits, en boulangeries-pâtisseries, ainsi qu'en échoppes vendant du foul du ta'amiyya, du fitir et du kushari (les meilleures adresses sont citées plus haut dans cette rubrique), alors que la rue Mansour Mohammed, qui longe le trottoir de l'AUC (Université américaine), regorge de fast-foods.

Fatatri at-Tahrir (*166 Sharia Tahrir*) est un restaurant ouvert en permanence et spécialisé dans le fitir (la crêpe/pizza façon égyptienne) ; sucré ou salé, comptez 6 £E le petit fitir, 8 £E pour un moyen, et 10 £E pour un grand.

Le ***Felfela Restaurant*** (*☎ 392 2751, 15 Sharia Hoda Shaarawi*) est très fréquenté par les groupes organisés, mais sa popularité n'a rien d'usurpé. Le décor pour le moins original (tables en forme de troncs d'arbre, animaux empaillés, aquariums et lanternes) crée un environnement amusant. Les plats égyptiens sont excellents et les tarifs modérés. Évitez toutefois la viande, trop onéreuse et mieux préparée ailleurs. Préférez un assortiment de foul, de ta'amiyya, des salades, ou encore des accompagnements comme le tahina ou le baba ghanouge. Tablez sur 20 £E pour deux personnes. Ici aussi, les amateurs de bière seront comblés.

Le Caire islamique. Si le quartier ne manque pas d'établissements, notamment autour de Midan Hussein, la plupart affichent des tarifs exagérés. ***Al-Agaty*** est peut-être le seul restaurant économique correct de ce secteur (voir plus haut *Kofta et kebab*). Sinon, vous avez le choix entre festoyer à grand frais au ***Naguib Mahfouz Cafe***, décrit plus bas, ou grignoter sur le pouce du fitir, ou du foul et du ta'amiyya.

L'***Egyptian Pancake House***, qui donne sur Midan Hussein, présente un rapport qualité/prix correct, avec un fitir de taille moyenne (vous avez le choix entre : fromage, œufs, tomates, olives et viande hachée, ou raisins secs, noix de coco et sucre glace) à 8 £E. Un seul constitue en général un repas complet.

En continuant dans la rue, vous découvrirez ***Al-Halwagy*** (☎ *591 7055*) qui sert une bonne cuisine (ta'amiyya, foul, et salades), moyennant 10 £E le repas pour deux personnes. Ouvert non-stop, cela fait près d'un siècle qu'on y mange sur le trottoir, à moins que vous ne préfériez vous réfugier à l'étage, où l'une des tables permet de scruter, derrière une moustiquaire, le bazar en contrebas.

Le ***Naguib Mahfouz Cafe*** (☎ *590 3788*) n'est autre que le hall d'entrée du Khan al-Khalili Restaurant (voir plus bas). L'environnement est extrêmement agréable et justifierait presque les tarifs exagérés du thé, du café, du shawarma et des sandwiches proposés à la carte.

Zamalek. Les adresses où dîner à bon marché ne sont certes pas le point fort de cette banlieue.

Petit restaurant fréquenté par les étudiants de l'auberge de jeunesse de l'AUC voisine, l'***Al Dente*** (☎ *340 9117, 26 Bahgat Aly*) ne propose que des pâtes (à vous de choisir le type et la sauce). Les portions sont généreuses et valent entre 6 et 10 £E.

La ***Maison Thomas*** (☎ *340 7057, 157 Sharia 26th of July*) constitue le seul traiteur à l'européenne du Caire. Il sert de loin les meilleures pizzas de la capitale, avec des tarifs s'échelonnant de 15 à 20 £E pour une "normale", qui rassasiera deux convives. Par ailleurs, ses sandwiches et ses salades se révèlent succulents, quoique un peu chers. Vous pouvez manger sur place ou acheter pour emporter, 24h/24.

Le ***Zamalek Restaurant***, à deux pas du croisement entre les rues 26th of July et Shagaret ad-Durr, est un établissement économique servant kebab et kofta, ou encore des demi-poulets rôtis à la broche, avec du pain ou du riz, pour moins de 10 £E.

Héliopolis. L'***Amphitrion*** et le ***Palmyra***, les deux cafétérias avec terrasse de Sharia al-Ahram, préparent les plats traditionnels tels que kebab, kofta, shawarma et poulet à la broche. En bas de Sharia Damascus, à un jet de pierres du croisement avec Ibrahim Laqqany, ***Al-Kashef*** sert les mêmes spécialités.

Le ***Chabrawi's*** propose du foul et du ta'amiyya, dans une salle à manger au 1er étage. Outre ses nombreuses salades composées, vous pourrez y déguster des mets plus rares, comme le chou-fleur aux œufs frits ou l'*agah*, à mi-chemin entre l'omelette soufflée et un ta'amiyya géant. En dehors du pasturma, le restaurant est complètement végétarien. Il est chaleureusement recommandé pour sa propreté et ses tarifs.

Au 6 Sharia Baghdad, le ***Harris Cafe*** constitue un agréable café à l'européenne, avec terrasse. Outre ses cappucinos, son chocolat chaud et autres boissons, on peut déguster de la dinde, du poulet rôti, du saumon fumé et des club sandwiches tout à fait convenables. Il vous accueille jusqu'à 0h30.

Restaurants

Centre-ville. Il existe peu de restaurants dignes de ce nom au centre du Caire.

Dans Sharia Alfy, l'***Alfy Bey Restaurant*** (☎ *577 4999*) est ouvert depuis 1938 et une récente rénovation semble lui avoir rendu sa prestance. La cuisine, quoique simple, s'avère succulente et d'un rapport qualité/prix intéressant, avec la plupart des plats principaux oscillant entre 8 et 12 £E. Optez pour les côtelettes d'agneau, le kebab, le poulet grillé ou le pigeon farci (mais vous ne pourrez l'accompagner d'une bière). C'est ouvert de 11h à 1h.

L'***Ali Hassan al-Hatie*** (☎ *591 6055, 391 8829*) comprend deux succursales. La première, juste au sud du Windsor Hotel, abrite une salle à manger imposante, avec ses lustres suspendus sous 5 m de plafond. La carte est alléchante mais le contenu de l'assiette n'est pas à la hauteur du cadre. Orientez-vous plutôt vers l'annexe sise dans une ruelle qui débouche dans Sharia 26th of July, avec un décor certes moins grandiose, mais une cuisine savoureuse et consistante. Essayez le *moza*, de l'agneau rôti présenté avec du riz (15 £E).

Entre Midan Talaat Harb et Midan Tahrir, l'***Arabesque*** (☎ *574 7898, 6 Qasr el-Nil*) surpasse la concurrence pour son cadre raffiné. Vous pénétrez par une petite galerie d'art dans une salle à manger intime, où les tables sont séparées par des paravents en mashrabiyya et des colonnades, tandis que l'eau d'une fontaine occupe le centre de la pièce. Malheureusement, la cuisine – un mélange de spécialités égyptiennes, de fruits de mer et de viande – est irrégulière. Prévoyez entre 25 et 30 £E le plat.

Au cœur du Nile Hilton, ***Da Mario*** est l'un des meilleurs restaurants d'hôtel. Il présente toute une gamme de pâtes, fort bien présentées, avec des portions gargantuesques, moyennant entre 18 et 25 £E. Son jardin en arrière-cour offre un cadre agréable et l'on vous sert du vin et de la bière. Ouvert de 12h à 2h.

L'***Estoril*** (*☎ 574 3102, 12 Talaat Harb*), dans la venelle qui jouxte l'agence Amex, est un établissement à l'ancienne qui propose des grillades égyptiennes, des salades et des mezze libanais. La qualité des plats étant très variable, contentez-vous d'une sélection de hors d'œuvre, arrosée d'une bière.

Le Bistro (*8 Hoda Shaarawi*), 200 m plus haut que le Felfela, propose une cuisine gauloise à souhait, qui lui vaut d'être largement fréquenté par la communauté française du Caire. La carte offre quelques bonnes salades (toutes à moins de 10 £E), ainsi que nombreux plats de bœuf et de poulet en sauce, dans une gamme de prix avoisinant les 20 £E. Ouvert chaque jour de 11h à 23h.

Le ***Peking Restaurant*** (*☎ 591 2381, 14 Sharia Ezbekiyya*), juste au nord de Sharia 26th of July, propose une cuisine cantonaise acceptable. Ne soyez pas rebuté par la façade délabrée, car l'intérieur est assez chic, quoique un peu sombre. Les mets semblent relativement authentiques et, après avoir séjourné quelque temps dans le pays, vous aurez plaisir à déguster autre chose que les habituelles spécialités égyptiennes. Prévoyez entre 20 et 30 £E par personne, sans les boissons.

Le Caire islamique. Les seuls bons restaurants de ce quartier sont presque uniquement les échoppes à kofta et à kebab, mentionnées plus haut.

Le ***Khan al-Khalili Restaurant*** (*☎ 590 3788, 5 Sikket al-Badestan*) se situe au cœur du grand bazar. Géré par l'Oberoi Mena House, le côté "Disneyland oriental" de son décor et de ses musiciens attitrés nuit à l'aspect sélect de l'ensemble. La carte limitée propose des plats excellents, mais à des tarifs sans mesure. Ouvert de 11h à 24h.

Zamalek. L'un des meilleurs restaurants cairotes n'est autre que ***L'Aubergine***, décrit plus haut sous la rubrique *Cuisine végétarienne*. Une annexe à l'étage, le ***Cafe Kurnovsky***, contentera aussi les amateurs de viande. Comme dans la maison mère, la carte change constamment, mais les mets sont toujours aussi savoureux et les prix similaires à ceux du rez-de-chaussée.

Deals (*☎ 341 0502, 2 Malaad al-Swissry*) est un petit bar animé, où l'on sert aussi quelques plats : du hamburger au chili con carne, en passant par les calamars et de généreuses salades. Un coup d'œil au tableau vous indiquera le plat du jour. Dans la gamme des en-cas servis au bar, la cuisine se révèle très bonne et peu onéreuse, mais arrivez avant 20h pour être certain de trouver une table.

Dans Sharia Brazil, à 400 m environ de 26th of July, ***Hana*** (*☎ 341 3197*) est un petit restaurant coréen enfumé et sans prétention. Les *kimchi* (des petits légumes fermentés) sont offerts par la maison, tout comme les fruits en fin de repas. Les plats, consistants, coûtent environ 20 £E, le riz est compté 3 £E en sus, et l'on peut vous servir de la bière. C'est ouvert de 11h à 23h.

Au 4 Hassan Abry, ***La Piazza*** fait partie d'un ensemble de restaurants rassemblés sous l'enseigne collective Four Corners. Claire et aérée, la salle à manger déborde d'une végétation luxuriante et certains plats de la carte s'avèrent tout à fait délicieux (hormis les pâtes). La soupe à l'oignon et les salades ne vous décevront pas.

Le Steak est l'un des restaurants regroupés à bord du Pacha, un bateau amarré au pied de la Corniche, à Zamalek. Aussi réputé pour son service irréprochable que pour sa cuisine, il compte parmi les établissements les plus élégants du Caire. Outre les steaks, la carte propose un mélange de spécialités européennes et moyen-orientales. Attendez-vous à débourser 40 £E pour deux plats.

Mohandiseen et Doqqi. Bien que mornes et insipides en apparence, les banlieues grises et bétonnées du Caire recèlent néanmoins quelques-uns des meilleurs restaurants de la capitale. Si votre budget vous le permet, ceux-ci méritent que vous preniez un taxi pour aller vous y attabler.

L'***Abu Shaqra*** (☎ *344 2299, 17 Gamiat ad-Dowal al-Arabiyya*) est renommé pour ses (onéreux) kebabs, mais propose aussi toute une variété de plats, comme le pigeon farci au riz et servi avec des chips, le *fatta moza tagen* (de l'agneau présenté sur un lit de riz cuit au four, avec tranches de pain trempées dans une sauce vinaigrée), tous deux revenant à moins de 12 £E. C'est ouvert de 9h à 14h. L'établissement dispose aussi d'une annexe près de Garden City, au 69 Qasr el-Nil.

Le ***Tabasco*** (☎ *336 5583, 6 Midan Amman*) à Doqqi (voir la carte *L'agglomération du Caire*) est dirigé par les mêmes personne que L'Aubergine de Zamalek. Très fréquenté, notamment par la jeunesse dorée de la ville, il offre lui aussi une carte qui change souvent. Sa gamme culinaire s'étend au-delà de la Méditerranée, avec des mets en provenance du Mexique et d'Europe de l'Est. Cette adresse un peu plus chère (de l'ordre de 25 à 40 £E), où la réservation est recommandée, vous accueille de 12h à 2h.

Maroosh (☎ *345 0972, 64 Midan Libnan ; voir la carte L'agglomération du Caire*) sert d'excellents mezze que vous dégusterez dans des fauteuils en rotin, sur la terrasse donnant sur la rue. Évitez les plats de viande, choisissez du pain et toutes sortes d'entrées, lesquelles vous reviendront entre 3 et 5 £E pièce. Ouvert de 8h à 2h.

Le ***Prestige*** (☎ *347 0383, 43 Sharia Geziret al-Arab*) rassemble deux restaurants en un seul : à savoir une pizzeria conviviale et bon marché (de 12 à 20 £E le plat) et un établissement de style italien plus coûteux, spécialisé dans les steaks et le poisson frais (de 30 à 40 £E), où l'on peut s'attabler sur le trottoir, à l'abri des parasols. La bière n'est servie en revanche qu'à l'intérieur. Ouvert de 12h à 2h.

A Sahafayeen, le ***Samakmak*** (☎ *347 8232, 92 Ahmed Orabi*) est une annexe du très renommé restaurant de poisson d'Alexandrie (reportez-vous à la rubrique *Où se restaurer* du chapitre *Alexandrie et la côte méditerranéenne*). Installée de façon pour le moins originale entre deux immeubles d'habitation, sa terrasse pavée donne sur une artère à grande circulation, mais ses poissons et fruits de mer raviront vos papilles. Comptez 40 £E pour un repas comprenant deux plats.

En dépit d'un décor incroyablement kitsch de rideaux roses et fanfreluches en tout genre, le ***Tia Maria*** (☎ *335 3273, 32 Sharia Jeddah ; voir la carte L'agglomération du Caire*) propose une succulente cuisine italienne. Nous vous recommandons chaudement les spaghettis à la carbonara (12 £E), les pâtes aux fruits de mer (18 £E), servies dans un énorme coquillage et les "crespelle Argentine" (crêpes à la crème glacée, nappées de caramel). Vous pourrez vous y attabler de 12h à 1h.

Gizeh et la route des Pyramides. Gizeh abrite peu d'endroits où se restaurer. La route des Pyramides est cernée par les fast-foods, tandis que les établissements implantés au pied des monuments débitent pour la plupart une cuisine sans intérêt à des prix exorbitants.

TGI Friday's (☎ *570 9690*) existe au Caire sur un bateau amarré au 26 Sharia el-Nil, entre les ponts de l'Université et de Gizeh. Cette franchise américaine n'hésite pas à verser dans l'autosatisfaction, et les Égyptiens en raffolent. La carte décline un large assortiment des spécialités de l'Oncle Sam et il est possible de dîner pour

EDDIE GERALD

Quelques idées de décoration pour votre intérieur...

EDDIE GERALD

Les affiches de films égyptiens forment la toile de fond de cette rue très fréquentée du Caire

CHRIS MELLOR

Les pyramides de Mykérinos, de Khephren et de Kheops, et les pyramides des épouses royales, plus petites

ADAM McCROW

Le Sphinx, colossale statue de lion à tête humaine, monte la garde au pied des pyramides moins de 20 £E, si vous résistez aux desserts. Le week-end, lorsque la fréquentation et le niveau sonore atteignent leur apogée, nous vous recommandons de réserver.

Andrea's est un célèbre restaurant de plein air, spécialisé dans le poulet et situé à 1,5 km au nord de la route des Pyramides. S'attabler au cœur d'un vaste jardin se révélerait plaisant si les moustiques ne venaient pas empoisonner votre repas. Il n'existe aucune carte et l'on vous sert tout simplement du poulet à la broche (parfois de la caille) avec un assortiment de succulents mezze en guise de hors-d'œuvre. Comptez environ 20 £E par personne. Si vous y accédez en taxi depuis le centre du Caire, prévoyez 15 £E la course, ou 2 £E si vous venez des alentours de la Mena House.

Héliopolis. *Le Chantilly*, 11 Sharia Baghdad, surpasse sans conteste ses concurrents. Faute de briller par son originalité, la cuisine est bonne et le cadre agréable, si vous pouvez vous attabler dans le jardin en arrière-cour. Le prix des entrées se situe dans une gamme de 25 à 35 £E, bien qu'il existe des plats meilleur marché ; par ailleurs, on sert de la bière.

Dans la rue Mirghani, face à l'Héliopolis Club, ***Pizza Express*** (☎ *450 5871*) est nettement plus haut de gamme que les établissements de type Pizza Hut. Il s'honore d'un décor de bon goût et la cuisine est excellente, notamment les pizzas (17 variétés). Comptez de 8,50 à 17 £E.

Faire son marché

Les rares supermarchés cairotes de style occidental sont tous excentrés. Le plus commode s'avère sans doute le ***Sunny's Supermarket***, 11 Aziz Osman, à Zamalek. Considéré comme une véritable institution par les expatriés, il dispose d'un panneau d'affichage pour les appartements à louer et les emplois à pourvoir. Toujours dans Zamalek, le nouveau ***ABC Supermarket*** vient de s'implanter dans la rue Mansour Mohammed mais n'offre pas un choix de produits plus étendu.

Les amateurs de fruits et légumes frais iront se ravitailler au ***souk Tawfiqiyya***, qui donne sur le haut de la rue Talaat Harb, au centre-ville, ou bien au ***souk Mansour***, qui part de Midan Falaki pour finir sur Midan Tahrir. Le premier dispose d'une gamme de produits plus large et reste ouvert tard le soir. Il abrite aussi plusieurs boulangeries et de nombreux *ba'al*, des épiceries, où l'on trouve de tout : du pain, du fromage ou des yaourts.

Si vous souhaitez du pain à l'occidentale, essayez les boulangeries du Nile Hilton et du Cairo Marriott, sinon la ville offre de multiples boulangeries égyptiennes classiques, notamment dans le voisinage des marchés. Pour les pâtisseries et autres douceurs, poussez la porte d'une des deux succursales d'***Al-Abd*** : 35 Talaat Harb, au centre-ville, ou à l'angle des rues 26th of July et Sherif. Toutes les deux ouvrent jusqu'à 24h.

OÙ SORTIR

Le Caire ne manque pas de possibilités de distractions, des cinémas aux discothèques en passant par les night-clubs avec spectacle. Vous pouvez également jouer dans les casinos de la plupart des hôtels cinq-étoiles. Si vous souhaitez des ambiances plus locales, poussez la porte d'un des innombrables *ahwa* (café).

Ahwa

En dehors des nouvelles banlieues, telles que Mohandiseen, Doqqi et Agouza, quasiment toutes les rues du Caire abritent au moins un ahwa. L'un des plus anciens, ***Fishawi's***, se situe à quelques pas de Midan Hussein, dans le Khan al-Khalili. Bien qu'il soit fréquemment envahi par des nuées de touristes étrangers et des Égyptiens n'habitant par Le Caire mais tout aussi ébahis, cet établissement joue la carte du naturel. On y sert du thé, du café et la chicha à tous les clients. C'est ouvert 24h/24, mais vous l'apprécierez davantage en soirée.

Plus coloré que le précédent sur le plan du décor (murs en stuc doré et fausses peintures classiques assez kitsch), mais dépourvu d'une atmosphère aussi authentique, l'***Ash-Shams*** se niche au fond d'une cour, entre

Sharia 26th of July et le souk Tawfiqiyya, en plein centre-ville. En raison de sa popularité auprès des clients des hôtels avoisinants, les serveurs ont la fâcheuse habitude d'alourdir la note. Réfugié derrière le Grand Hotel, au coin de Talaat Harb et de 26th of July, l'***Al-Andalus*** voisin vous plaira sans doute davantage. D'une propreté irréprochable, ses prix sont affichés (et le personnel n'a jamais cherché à grossir la note) et, plus incroyable encore, l'endroit dispose d'une "salle familiale" où les femmes peuvent fumer la chicha, loin des regards masculins.

Si les *domina* (dominos), le *towla* (jacquet) et les cartes constituent les jeux de société classiques des ahwa, certains établissements sont également fréquentés par les joueurs d'échecs, notamment le ***Horreyya*** de Midan Falaki, à Bab al-Luq, et ***Zahrat al-Midan*** (voir la carte *De la Citadelle à Ibn Touloun*), sur Midan Sayyida Zeinab, à l'embranchement de Sharia Abdel Meguid.

Bars

Bars égyptiens. Vous en trouverez dans le voisinage de Sharia Alfy, au centre-ville, mais ils n'offrent pas un accueil des plus chaleureux. Deux exceptions, toutefois : la ***Cafeteria Port Tawfiq,*** de Midan Orabi, et la ***Cafeteria Orabi*** (voir la carte *Les environs de Midan Ramses*), à 150 m au nord de la partie gauche de Sharia Orabi. Dans Sharia Abdel Khalek Sarwat, le ***Cap d'Or*** témoigne d'une atmosphère plus agréable et reste sans doute le meilleur des bars locaux du centre. Le personnel et les habitués ont coutume d'y voir des étrangers. Le même commentaire s'applique à l'exigu ***Stella Bar***, sis à l'angle de Hoda Shaarawi et de Talaat Harb. Ces établissements ne conviennent cependant pas aux femmes seules.

A l'origine, la ***Cafeteria Horreya Coffeehouse***, sur Midan Falaki, ne proposait que du café. Désormais, on sert aussi de la Stella (la moins chère de la ville, à 5,25 £E). Sur Midan Tahrir, la place voisine, l'***Ali Baba Cafeteria*** vous donnera également l'occasion de commander une bière bien fraîche (6,25 £E).

Bars à l'occidentale. A l'époque de la rédaction de ce guide, le plus prisé était celui situé à l'étage de ***L'Aubergine***, 5 Sayyed al-Bakry, à Zamalek. Composée d'expatriés, la clientèle vient écouter du jazz dans une ambiance décontractée, aux lumières tamisées. Comptez 9,50 £E la bière. De 23h jusqu'à sa fermeture, aux alentours de 2h, ce bar ne désemplit pas. Juste en haut de la rue, le ***Deals*** est un bar en sous-sol bondé en fin de soirée et le week-end.

Le ***Tabasco***, 8 Midan Amman, et ***El Gato Negro***, 32 Sharia Jeddah, tous deux à Doqqi (voir la carte *L'agglomération du Caire*), attirent une clientèle jeune, à la mode, et surtout égyptienne. La musique est assez bonne, et son cadre passe pour branché et élégant. Cependant, les tarifs minimum sont assez élevés. Une bonne soirée dans l'un ou l'autre de ces endroits vous reviendra à 40 ou 50 £E.

Les bars des grands hôtels sont le plus souvent quelconques et très onéreux, sauf le ***Lounge Bar*** du Windsor Hotel (voir la carte *Le centre du Caire*), qui s'avère l'un des lieux les plus décontractés de la capitale, avec son décor suranné et post-colonial, où l'on choisit son siège parmi les sofas et les tonneaux capitonnés. Nombre de résidents le fréquentent, en particulier les gens de cinéma et de télévision ; par ailleurs, les voyageuses non accompagnées devraient s'y sentir à l'aise. Le prix d'une bière ? 6,50 £E... Fermeture à 1h.

Le bar-terrasse de l'***Odeon Palace Hotel***, dans la rue Abdel Hamid Said (à hauteur de Talaat Harb) attire la même clientèle que l'adresse précédente mais bénéficie d'un attrait majeur : il ne ferme jamais ! Prévoyez 10 £E minimum pour la première consommation. Le ***Fontana Hotel*** offre lui aussi un bar en terrasse, avec une vue fantastique sur Midan Ramses et ses embarras automobiles.

Musique live. La scène musicale cairote est pour ainsi dire inexistante. Seul le ***Cairo Jazz Club*** (☎ *345 9939, 197 Sharia 26th of July, Agouza*) trahira un soupçon d'animation. On y joue du jazz ou du blues tous les soirs, dans un cadre dépouillé et enfumé. Malheureusement, le tarif minimum est de 30 £E.

Casinos

Presque tous les palaces du Caire disposent d'un casino, ouvert seulement aux étrangers (amenez votre passeport). Tous les jeux se déroulent en dollars US ou autres devises.

Cinémas

Pour connaître les films à l'affiche, procurez-vous l'*Egyptian Gazette*, le *Middle-East Times* ou l'*Al-Ahram Weekly*. Voici la liste des salles où sont régulièrement projetés des films en anglais :

Cairo Sheraton
(☎ 360 6081) Sharia al-Giza, Doqqi
Ce qui se rapproche le plus d'une salle d'art et d'essai.

Horreyya I et II
(☎ 452 9980) 6e étage de la galerie marchande Horreyya, Sharia al-Ahram, Héliopolis.

Karim I et II
(☎ 591 6095) Emad ad-Din, centre-ville. Un ancien cinéma récemment rénové. Prisé des jeunes Égyptiens ; toute femme non accompagnée devra donc l'éviter.

Metro
(☎ 393 7566) Talaat Harb, centre-ville
Jadis l'une des salles les plus raffinées de la capitale, maintenant l'une des plus délabrées.

Normandy
(☎ 258 0254) 32 Sharia al-Ahram, Héliopolis
L'un des plus anciens cinémas du Caire, avec projection en plein air en été.

Radio
(☎ 575 6562) 24 Talaat Harb, centre-ville.
Mêmes commentaires que les salles Karim I et II.

Ramses Hilton I et II
(☎ 574 7436) 7e étage, galerie marchande du Ramses Hilton
Deux salles relativement récentes et bien entretenues.

Renaissance
(☎ 578 4915) annexe du World Trade Centre, Corniche el-Nil, Bulaq
Le plus récent et le plus élégant du Caire.

Tahrir
(☎ 335 4726) 122 Sharia Tahrir, Doqqi
Une belle salle confortable, où les femmes seules ne devraient pas être importunées.

Discothèques et night-clubs

Ouverte en 1998, la ***Crazy House Disco*** (☎ *366 1082*) fait partie d'un nouveau et gigantesque complexe de divertissements appelé Cairo Land, curieusement situé aux abords de l'ancien cimetière sud de la ville. Le tarif s'élève à 50 £E le jeudi, 25 £E les autres soirs, et le billet vous donne droit à deux bières gratis. Situé 1 Salah Salem, on y accède en taxi (5 £E la course depuis le centre-ville).

A l'époque où nous rédigions ce guide, l'autre endroit "branché" du jeudi soir n'était autre qu'***El Gato Negro*** (☎ *361 6888*), 32 Sharia Jeddah, à Doqqi. Prévoyez 20 £E l'entrée, avec une seule bière comprise. Aux environs de 2h, un minibus gratuit transporte tous les nouveaux venus à la Crazy House Disco.

Plus intéressante et plus festive, l'***Africana***, sur la route des Pyramides, diffuse davantage de musique en provenance du sud du Sahara. C'est le lieu de rendez-vous de larges communautés d'étudiants et de réfugiés africains. L'atmosphère est survoltée. C'est ouvert du jeudi au dimanche, à partir de minuit environ. Prévoyez 25 £E pour l'entrée avec une bière gratuite. Le club ne se trouve pas facilement ; il se situe à votre droite, lorsque vous prenez la direction des pyramides, au-delà du Haram Theatre, puis à une rue du KFC.

Danse du ventre. Les meilleures danseuses se produisent dans les palaces cinq-étoiles. Dina, considérée comme la plus accomplie, et la légendaire Fifi Abdou présentent toutes les deux un spectacle au ***Méridien Le Caire*** (la première le mercredi et le samedi, la seconde le jeudi et le vendredi). Leur prestation débute à minuit, moyennant 175 £E, buffet compris, mais sans les boissons. Autre grande vedette, Lucy se produit au ***Semiramis*** les mardi et samedi. Le spectacle a lieu de 23h à 4h, moyennant 190 £E, boissons non incluses. On peut aussi l'applaudir le jeudi soir au club ***Parisienne***, sur la route des Pyramides.

Dans un registre moins prestigieux, il est possible d'assister à des spectacles de danse du ventre, moyennant quelques livres. Plusieurs établissements du centre-ville et d'autres sur la route des Pyramides (qui pratiquent en général des tarifs particulièrement prohibitifs) s'adressent principalement aux Égyptiens.

Le ***Palmyra***, qui donne juste dans Sharia 26th of July est un lieu caverneux où règne la musique arabe, et où se produisent des danseuses du ventre (de 1h à 4h environ) et parfois d'autres artistes, tels que des acrobates. L'entrée revient à 3 £E.

Deux autres possibilités : le ***New Arizona*** et le ***Sheherazad Nightclub***, installés dans Sharia Alfy (le dernier se situe au-dessus de l'Alfy Bey Restaurant).

Musique, théâtre et danse

L'Opéra du Caire (☎ 342 0598), à Gezira, représente la première salle de spectacles de la ville. Des troupes internationales de renom s'y produisent parfois. Consultez le programme dans ***Egypt Today*** et dans ***El-Ahram Weekly***, ou bien passez le prendre sur place.

L'Ewart Hall et le Wallace Theatre, tous deux faisant partie de l'Université américaine (AUC), proposent parfois des concerts et des pièces de qualité variable. Dans le Caire islamique, les représentations théâtrales et les soirées musicales se déroulent à la maison de Zeinab Khatoun et dans le complexe Al-Ghouri, en particulier à l'époque du ramadan.

Par ailleurs, si vous avez des enfants, le ***Cairo Puppet Theatre*** du parc Ezbekiyya, juste au nord d'Ataba, présente ses spectacles de marionnettes en fin de matinée, du dimanche au jeudi et d'octobre à mai.

Danses soufies

Les mercredi et samedi soirs, à partir de 21h (21h30 en hiver), l'Al-Tannoura Egyptian Heritage Danse Troupe offre une 1 heure 30 de démonstration de danse soufie, au cœur du mausolée Al-Ghouri, dans le Caire islamique.

La compagnie s'est produite à l'étranger et recueille un franc succès auprès du public. L'entrée est gratuite.

ACHATS

Pour les souvenirs classiques, l'immense bazar Khan al-Khalili est incontournable (voir plus haut la rubrique qui lui est consacrée).

Pour des achats d'ordre général, essayez la galerie marchande du Ramses Hilton ou le World Trade Center.

Si vous êtes en quête d'un cadeau inhabituel, d'un souvenir spécial, allez faire un tour au Khan Misr Touloun (☎ 365 2227), situé face à l'entrée de la mosquée d'Ibn Touloun, dans le Caire islamique (voir la carte *De la Citadelle à Ibn Touloun*). Dirigé par une Française et son époux égyptien, ce splendide magasin propose des produits artisanaux des villages et des oasis d'Égypte, parmi lesquels des coffres, des bols, des assiettes et des marionnettes en bois ; du verre soufflé, des figurines d'argile, des foulards et des vêtements tissés main. C'est ouvert du lundi au vendredi, de 10h à 17h.

Marketing Link (☎ 341 5123, 27 Yehia Ibrahim, appartement 8, Zamalek) est une boutique à prix fixes, proposant de la marchandise destinée à soutenir des projets de développement locaux à travers tout le pays. On trouve des tapis ou des ouvrages en perle, réalisés par les Bédouins du Sinaï et d'ailleurs, du papier fait main à Muqattam et des châles en provenance de la Haute-Égypte. Les tarifs sont compétitifs et souvent meilleur marché que ceux des souks. Les produits bénéficient en outre de contrôles de qualité.

La ville de Nagada (à 28 km environ de Louxor) a donné son nom à une boutique (☎/fax 594 3249) qui propose de splendides textiles tissés main ainsi que des poteries du Fayoum et des vêtements, des lampes et des bijoux. La boutique Nagada se situe au 8 Sharia Dar al-Shefa, 3e étage, Garden City. Pour y accéder, prenez au sud, le long de la Corniche, puis la première à gauche en face de l'embranchement pour le Méridien, à droite ; suivez la rue qui oblique à droite et ensuite la première à droite : le magasin se trouve dans le deuxième ou troisième immeuble.

Nomad (☎ 341 1917), 14 Al-Saraya al-Gezira, au 1er étage d'un immeuble d'habitation, dans la rue qui part du Cairo Marriott, mérite également votre visite. Ce petit joyau s'est spécialisé dans les bijoux, les costumes et l'artisanat traditionnels des Bédouins. Il vous accueille de 10h à 15h, du lundi au samedi.

COMMENT S'Y RENDRE

Consultez le chapitre *Comment s'y rendre* pour connaître en détail les meilleurs moyens de transport entre Le Caire et le reste du pays.

Avion

EgyptAir possède un certain nombre d'agences réparties dans toute la ville, parmi lesquelles : son principal bureau de réservation, dans Sharia Adly (☎ 392 7649) ; une annexe au coin de Talaat Harb et de Sharia al-Bustan (☎ 393 2836) ; une autre dans la cour arborée du Nile Hilton (☎ 576 5200) ; et enfin une troisième, 22 Ibrahim Laqqany, à Héliopolis. Tous ces bureaux ouvrent de 8h à 20h. Pour tout renseignement d'ordre général, appelez le ☎ 245 0270.

En ce qui concerne les tarifs aériens internationaux, reportez-vous au chapitre *Comment s'y rendre*, et pour les vols intérieurs, au chapitre *Comment circuler*.

Vous pouvez appeler l'aéroport du Caire pour toute information concernant les vols (☎ 291 4255).

Les coordonnées des compagnies aériennes sont les suivantes :

Air France
  (☎ 275 8899) 2 Midan Talaat Harb
Air Malta
  (☎ 575 6022) 2 Talaat Harb
Air Sinai
  (☎ 577 2949) Nile Hilton
Alitalia
  (☎ 578 5823) Nile Hilton
Austrian Airlines
  (☎ 392 1522) 22 Qasr el-Nil
British Airways
  (☎ 578 0743) 1 Sharia al-Bustan, Midan Tahrir
EgyptAir
  (voir ci-dessus)
Emirates
  (☎ 340 1142) Cairo Marriott, Zamalek
Ethiopian Airlines
  (☎ 574 0603) Nile Hilton
Gulf Air
  (☎ 574 3336) 21 Mahmoud Bassiouni
Japan Airlines (JAL)
  (☎ 574 7233) Nile Hilton
Kenya Airways
  (☎ 579 8529) Nile Hilton
  (Risque de déménager sous peu pour partager des bureaux avec KLM)
KLM (Royal Dutch Airlines)
  (☎ 574 7004) 11 Qasr el-Nil
Lufthansa
  (☎ 342 0471) 6 Al-Sheikh al-Marsafi, Zamalek
Middle East Airlines
  (☎ 574 3422) 12 Qasr el-Nil
Olympic Airways
  (☎ 393 1459) 23 Qasr el-Nil
Royal Jordanian Airlines
  (☎ 575 0614) 6 Qasr el-Nil
Scandinavian Airlines (SAS)
  (☎ 575 3627) 2 Champollion, Midan Tahrir
Singapore Airlines
  (☎ 578 0321) Nile Hilton
Sudan Airways
  (☎ 578 7145) 1 Sharia al-Bustan, Midan Tahrir
Swissair
  (☎ 392 1522) 22 Qasr el-Nil
Syrian Air
  (☎ 392 8284) 35 Talaat Harb
Turkish Airlines
  (☎ 578 4634) 3 Midan Mustafa Kamel
TWA
  (☎ 574 9904) 1 Qasr el-Nil, Midan Tahrir

Bus

Gares routières. La ville prévoit, dans sa réorganisation en cours, la relocalisation de ses gares routières. Pour désengorger le centre-ville, un nouveau dépôt est en construction dans le quartier de Bulaq, juste au nord du centre. Le garage Turgoman se situe dans Sharia al-Gisr, à 1 km au nord-ouest de l'intersection des rues Galaa et 26th of July (voir la carte *L'agglomération du Caire*). Allez-y en taxi (2 £E la course depuis le centre-ville). A l'époque où nous rédigions ce guide, le dépôt se résumait à une série de guichets préfabriqués, installés sur une sorte de terrain vague en partie bitumé. Quoi qu'il en soit, les bus partant de cette "gare" desservent Alexandrie, Marsa-Matrouh, Hurghada, Safaga, Al-Quseir, Marsa Alam, Sharm el-Sheikh, Dahab, Nuweiba, Louxor et Assouan, ainsi qu'Amman, Benghazi, Riyad et Tripoli.

Signalons aussi la gare routière de Midan Ulali, juste au sud de Midan Ramses (voir la carte *Les environs de Midan Ramses*), d'où les bus partent pour le delta et les villes du canal de Suez, ainsi que la station d'Ahmed Helmy, immédiatement au nord de la gare ferroviaire, dont les lignes régulières desservent des villes de Moyenne-Égypte, telles que Beni-Souef, Minîèh et Assiout.

Les bus à destination du Sinaï partent du terminal d'Abbassiyya (voir la carte *L'agglomération du Caire*). Situé à quelque distance au nord du centre-ville, on peut y accéder par les bus n°s 983 ou 948, ou en prenant le minibus n°32, au dépôt de Midan Abdel Moniem Riad. Sinon, un taxi depuis/vers le centre devrait vous coûter 6 £E. Les bus vers le Sinaï desservent en général le garage Al-Mazar d'Héliopolis.

Alexandrie et la côte méditerranéenne. Les bus Superjet, très confortables, vous transporteront en deux heures et demie du garage Turgoman à la gare routière Sidi Gaber d'Alexandrie. Les départs ont lieu toutes les 30 minutes, entre 5h et 21h ou 22h ; le billet revient à 20 £E.

La West Delta Bus Co possède des lignes desservant Alexandrie depuis le garage Turgoman, avec des départs toutes les 30 minutes, à compter de 5h30. Prévoyez de 16 à 20 £E, selon le type de véhicule. Ceux qui relient la capitale à Marsa-Matrouh (de 25 à 35 £E, 5 heures de trajet) démarrent à 7h15, 7h45, 8h30 et 16h30.

Delta du Nil, canal de Suez et mer Rouge. Les bus à rayures jaunes et vertes de la compagnie East Delta partent de deux dépôts situés Midan Ulali. Certains quittent toutes les 30 minutes le parking, en face de la centrale des téléphones pour rejoindre Mansourah (de 6 à 7 £E, deux heures et demie de trajet) et toutes les heures à destination de Damiette (de 9 à 10,50 £E, 3 heures 30). A l'angle de la rue, d'autres bus démarrent chaque heure pour Port-Saïd (de 13 à 15 £E, 3 heures), toutes les 30 minutes pour Ismaïlia (6 £E, en 2 heures 30) et des réguliers desservent Suez toutes les 15 minutes (6 £E, 1 heure 30 à 2 heures).

Pour rejoindre Tantah (6 £E) et d'autres destinations moins importantes du Delta, vous pouvez prendre un bus de la société Middle Delta, qui part du garage Turgoman toutes les heures, entre 7h et 21h.

Les bus en direction de Hurghada et d'autres localités au bord de la mer Rouge partent tous du garage Turgoman. La compagnie Superjet propose trois lignes quotidiennes pour Hurghada (de 45 à 47 £E, 6 heures) à 8h30, 14h30 et 22h30. Upper Egypt Travel compte au moins neuf départs, le premier à 9h et le dernier à 23h30. Les services de 10h, 12h, 20h30 et 21h40 prolongent tous leur itinéraire jusqu'à Safaga (50 £E). Un seul bus journalier relie Al-Quseir (55 £E), départ à 22h (avec desserte de Safaga), et un autre démarre pour Marsa Alam (65 £E) à 18h30.

Haute-Égypte. Upper Egypt Travel dispose de bus luxueux au départ du garage Turgoman à 20h30, pour rejoindre Louxor (50 £E, entre 10 et 11 heures de route), et à 17h15 pour relier Assouan (55 £E, 12 heures). Les bus ordinaires (verts, bon marché, sans fioritures) de cette compagnie partent de la gare Ahmed Helmy, derrière la gare ferroviaire Ramsès, et desservent des localités telles que Beni-Souef (4,50 £E), Minîèh (de 8 à 11 £E, 4 heures), Assiout (de 10 à 15 £E, 6 à 7 heures), Louxor et Assouan. Les bus qui relient des villes comme Minîèh et Assiout circulent toutes les 30 à 60 minutes, entre 6h et 18h.

Sinaï. Presque tous les bus de la compagnie East Delta à destination du Sinaï partent du terminal Sinaï (☎ 482 4753) d'Abbassiyya. Beaucoup plus onéreuses

ger jusqu'en Haute-Égypte : le train n°980, qui quitte Le Caire tous les jours à 7h30, et le n°996, qui part à 22h. Les tarifs en 1re/2e classe sur le service de nuit sont de 51/31 £E pour Louxor, tandis qu'ils s'élèvent à 63/37 £E pour Assouan. Le matin, comptez 3 £E en moins. Les étudiants déboursent paient deux tiers du plein tarif. Le trajet dure environ dix heures pour rejoindre Louxor, plus cinq heures supplémentaires si vous prolongez le parcours jusqu'à Assouan.

Les billets s'achètent au guichet jouxtant le quai 11, c'est-à-dire de l'autre côté des voies par rapport au hall principal (voir le plan de la gare Ramsès). Ces trains-là partent du quai 8 (du moins à l'époque de la rédaction de ce guide).

Achetez vos billets deux ou trois jours à l'avance.

Alexandrie et destinations du nord. Les meilleurs trains circulant entre Le Caire et Alexandrie sont les Turbini (également baptisés "trains espagnols"). Ils ne marquent qu'un seul arrêt, à la gare Sidi Gaber d'Alexandrie, et le trajet dure 2 heures 30. Sur ces lignes, la 2e classe est presque aussi confortable que la 1re sur la plupart des autres. Vous ne pouvez les confondre, car ces trains ressemblent aux TGV. Ils quittent la capitale à 9h, 15h et 18h ; les billets en 1re/2e classe climatisée reviennent à 22/17 £E.

Viennent ensuite dans la catégorie "confort", les Faransawi, ou "lignes françaises", qui mettent au moins 2 heures 45 et coûtent 20/12 £E en 1re/2e classe. Ces trains desservent Benha, Tantah (9/6 £E) et Damanhour en cours de route ; ils partent à 6h, 8h30, 11h, 12h (celui-ci s'arrête uniquement à Tantah), 14h10, 16h, 17h, 20h (ne dessert pas Tantah) et 21h30.

Toutes les autres lignes à destination d'Alexandrie sont interminables et s'arrêtent quasiment partout.

Pour les billets de 1re classe, adressez-vous aux guichets directement face à vous, quand vous entrez dans le grand hall, après avoir dépassé l'office du tourisme et les téléphones. Pour les billets ordinaires de 2e classe, restez sur votre gauche au niveau des téléphones, descendez les marches, puis entrez dans le petit hall juste sur votre droite.

Billetterie frauduleuse

Certains lecteurs nous ont confié qu'on leur avait dit qu'il n'était pas possible d'acheter des billets pour Assouan ; qu'ils devaient régler le trajet uniquement pour Edfou, par exemple, et s'acquitter du reste ensuite. En fait, ils ont été obligés de payer une fortune pour le complément. Ne tombez pas dans le piège, insistez pour obtenir un billet couvrant tout le parcours. Inversement, un autre lecteur nous a écrit qu'il voulait acquérir un billet à destination de Louxor, mais on lui a rétorqué qu'il en restait seulement pour Assouan… ce qui s'avère parfaitement absurde. Si vous rencontrez le moindre ennui, adressez-vous à la police touristique dans le hall principal de la gare.

On nous a aussi signalé d'autres problèmes liés aux rabatteurs qui achètent des billets en grand nombre et les conservent afin de les revendre au prix fort. Ne vous étonnez donc pas si l'on vous annonce à la gare qu'il ne reste plus de place dans le train. Le cas échéant, certaines pensions du centre-ville pourront vous obtenir des billets avec un supplément d'environ 10 £E par rapport au tarif officiel.

Canal de Suez et destinations de l'est. Quatre trains assurent la liaison Le Caire-Port-Saïd (4 heures), en desservant au passage Zagazig, Ismaïlia et Qantara. Ils partent à 6h20, 11h30, 14h30 et 18h30. Six autres correspondances relient la capitale à Ismaïlia (3 heures), celles qui s'arrêtent le moins partant à 5h35 et à 8h45. Il n'existe pas de 1re classe ; le billet en 2e classe climatisée pour Port-Saïd revient à

14 £E, tandis qu'il faut débourser 8 £E pour rejoindre Ismaïlia.

Taxis collectifs

La plupart des taxis collectifs démarrent de la gare Ramsès et de Midan Ulali. Juste au nord de cette place, à droite de la route pour Shubra, stationnent ceux qui desservent le delta et Suez. Depuis ce dépôt, ils partent pour Mansourah, Qantara, Damiette, Suez et Ismaïlia (5 £E), Port-Saïd (8 £E), Al-Arish (12 £E, cinq heures de route) et Rafah (15 £E, 6 heures). Les tarifs variant selon la distance, tâchez de savoir combien paient les autres voyageurs pour connaître le prix officiel.

Les taxis collectifs pour Alexandrie démarrent de l'entrée de la gare Ramsès, moyennant un forfait de 10 £E à l'époque de la rédaction de ce guide.

Les taxis pour Le Fayoum et les environs (4 £E) quittent l'arrêt de bus Al-Fayoum, à proximité de Midan Giza (voir plus haut *Le Fayoum*, rubrique *Bus*).

COMMENT CIRCULER

Les bus et minibus bondés sont le lot quotidien de la majorité des Cairotes, mais pour quiconque souhaite pouvoir respirer à son aise en se déplaçant, les taxis sont la meilleure solution. Selon des critères occidentaux, ceux-ci se révèlent bon marché et il en passe toujours un à proximité. En revanche, lorsque vous devez effectuer une distance relativement longue, par exemple rejoindre Héliopolis au nord ou Ma'adi au sud, la course en taxi devient onéreuse. Le cas échéant, mieux vaut prendre le bus à destination de Héliopolis ou le métro pour relier Ma'adi.

Autant éviter aussi les taxis entre 14h30 et 16h (en supposant que vous en trouviez un de libre dans cette tranche horaire), car c'est le moment où chacun rentre chez soi, et la circulation est plus congestionnée que jamais.

Desserte de l'aéroport

Bus. Ne croyez pas ceux qui vous disent qu'il n'existe aucun bus à destination du centre ; il y en a deux, plus un minibus.

Le meilleur service n'est autre que la nouvelle navette de l'aéroport, le n°356. Ces bus blancs, modernes, climatisés démarrent de Midan Abdel Moniem Riad, derrière le Musée égyptien, au centre-ville, et passent par Abbassiyya et Héliopolis, pour desservir le Terminal II, où ils s'arrêtent quelques minutes, puis repartent vers le Terminal I. Il en passe un toutes les 20 minutes de 5h45 à 23h, moyennant 2 £E le trajet, plus 1 £E par bagage. Pour les repérer à chaque terminal, prenez la direction du parking et vous apercevrez l'arrêt ou même un bus qui attend.

Outre le n°356, il existe le bus local n°400 et le minibus n°27 (50 pt), qui tous deux suivent le même itinéraire que la navette de l'aéroport.

Taxi. On ne quitte pas facilement l'aéroport du Caire. Bien qu'il existe des lignes de bus, leurs arrêts sont difficiles à repérer, et vous vous rabattrez sans doute sur un taxi. Le cas échéant, le tarif en vigueur pour une course au centre-ville oscille entre 25 et 30 £E. En sens inverse, comme il y a davantage de véhicules, vous pouvez vous permettre de marchander plus fermement, à savoir que la course ne devrait pas excéder 20 ou 25 £E. Évitez les grands taxis "officiels" de l'aéroport qui facturent un forfait de 46 £E.

Mieux vaut en général sortir du hall des arrivées et décourager les racoleurs, avant de se mettre à négocier. Le fait de s'éloigner provoque souvent une baisse des prix. Au besoin, vérifiez par trois fois le tarif convenu, car les chauffeurs ont la déplorable habitude d'acquiescer d'un hochement de tête, avant de vous asséner plus tard un tarif astronomique.

Dans les premières heures de la matinée, lorsque les routes ne sont pas embouteillées, le trajet jusqu'au centre du Caire prend 20 minutes, mais aux pires heures du trafic, la course peut durer plus d'une heure.

Bus et minibus

Reportez-vous au chapitre *Comment circuler* pour de plus amples détails concernant les bus de ville en Égypte.

Les principaux dépôts de bus et de minibus de ville se situent à Midan Abdel Moniem Riad, derrière le Musée égyptien. De là partent des lignes qui desservent pratiquement les quatre coins de la capitale.

Microbus

De plus en plus, les Cairotes circulent en microbus privés (par opposition aux minibus publics). Les destinations ne sont indiquées dans aucune langue, aussi sont-ils difficiles à utiliser, à moins de bien connaître leurs itinéraires. Sinon, postez-vous sur le trottoir d'une rue menant à l'endroit que vous souhaitez rejoindre et, lorsqu'un microbus passe, criez votre destination ; s'il se rend là où vous allez et dispose de places libres, il s'arrêtera.

Métro

Le réseau métropolitain se révèle d'une efficacité surprenante, et les stations plus propres que n'importe quel autre lieu public de la capitale. Les trajets sont extrêmement bon marché et, en dehors des heures de pointe, les rames ne sont pas trop bondées. Lorsque nous rédigions ce guide, deux lignes étaient en service, une troisième en construction et une quatrième en projet. La principale, qui compte 32 stations, s'étend sur 43 km de la banlieue sud de Helwan à Al-Marg, non loin de Héliopolis. Vous êtes susceptible d'utiliser ce mode de transport si vous visitez le Vieux Caire (desservi par la station Mar Girgis). La deuxième ligne relie le quartier ouvrier de Shubra à l'université du Caire (pratique pour se rendre au zoo), s'arrêtant au passage au complexe de l'Opéra. Elle sera prolongée ensuite au sud, en passant par Midan Giza, pour rejoindre la gare de Gizeh. Enfin, une nouvelle ligne circulant sous le Nil relie l'université du Caire à la place Tahrir (Midan Tahrir) à 5 km du centre-ville.

Les stations sont facilement identifiables à leur panneau portant un "M" majuscule dans une étoile bleue.

Comptez 30 pt pour 9 stations, 50 pt jusqu'à 16 stations, 70 pt jusqu'à 22 stations, 1 £E jusqu'à 28 stations et 1,20 £E pour

LE MÉTRO DU CAIRE

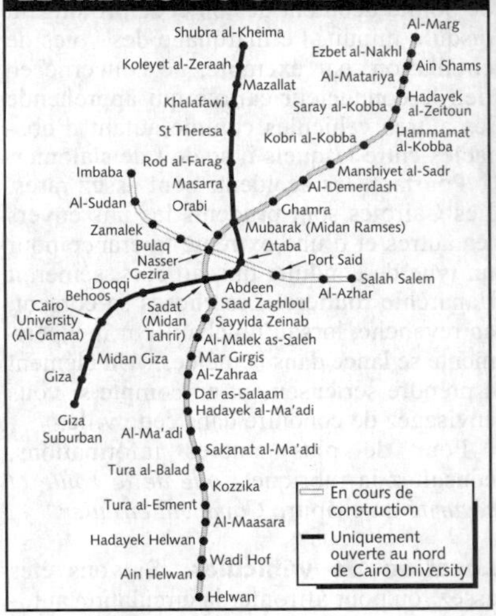

parcourir toute la ligne. Le métro fonctionne de 5h à 23h30 environ.

Les hommes tiendront compte du fait que le premier wagon est réservé aux femmes. Les voyageuses souhaitant en profiter devront s'assurer qu'elles se trouvent au bon endroit sur le quai (à savoir en tête de rame), car les trains ne s'attardent pas dans la station.

Tramway

La plupart des tramways du Caire (que les Cairotes appellent confusément "métros") ont été progressivement retirés de la circulation. Une des lignes restée en usage permet au visiteur de relier le centre-ville à Héliopolis. Elle part du nord de Midan Ramses et remonte jusqu'à Midan Roxy, à l'entrée sud de Héliopolis, où elle se subdivise en trois : Nouzha, Mirghani et Abdel Aziz Fahmy. Pour de plus amples détails, reportez-vous plus haut à la rubrique *Héliopolis* de ce chapitre.

Voiture

Conduire au Caire est fermement déconseillé aux cœurs fragiles. Cela tient de la course de chars dans *Ben Hur*. Les heures de pointe débutent dès 8h et se prolongent jusqu'à minuit. Le marquage des voies de circulation, par exemple, ne concerne en rien le conducteur cairote qui appréhende les autres véhicules comme autant d'obstacles entre lesquels il se doit de slalomer.

Pourtant, les accidents sont assez rares. Les Cairotes sont prudents les uns envers les autres et d'une extrême tolérance pour un type de conduite qui, ailleurs, sèmerait l'anarchie routière. Les choses se corsent, en revanche, lorsqu'un chauffeur inexpérimenté se lance dans la mêlée… Un élément à prendre sérieusement en compte si vous envisagez de conduire dans cette ville.

Pour de plus amples informations, consultez la rubrique *Code de la route et sécurité* du chapitre *Comment circuler*.

Location de véhicules. Si vous êtes assez fou pour affronter la circulation automobile du Caire, voici la liste de quelques agences de location de la capitale, parmi lesquelles les trois plus importantes : Avis, Hertz et Budget.

Vous devez avoir plus de 25 ans et posséder un permis de conduire international. A titre indicatif, sachez qu'une petite voiture de type Suzuki Swift vous reviendra à 40 $US par jour, plus 0,20 $US par kilomètre parcouru. Une Toyota Corolla coûte environ entre 56 et 60 $US la journée, et 0,25 $US le kilomètre. N'oubliez pas qu'une taxe de 10 à 17% viendra majorer votre facture. Il est d'ordinaire possible de régler en chèques de voyage ou par carte de crédit.

Avis
- (☎ 354 7400, fax 356 2464) 16 Mamal as-Sukkar, Garden City
- (☎ 576 6432) Nile Hilton
- (☎ 291 4288) Aéroport international du Caire, demandez Avis
- (☎ 291 0223) Héliopolis Sheraton
- (☎ 290 5055) Meridien Héliopolis

Budget Rent-a-Car
- (☎ 340 0070, fax 341 3790) 5 Makrizy, Zamalek (bureau principal)
- (☎ 340 6667) Cairo Marriott
- (☎ 265 2395) Aéroport international du Caire

Europcar
- (☎ 347 4712/3, fax 303 6123) 27 Sharia Libnan, Mohandiseen
- (☎ 291 4288) Aéroport international du Caire, demandez Europcar

Hertz
- (☎ 303 4241, fax 347 4172) 195 Sharia 26th of July, Mohandiseen
- (☎ 574 4400) Ramses Hilton
- (☎ 354 3239, fax 356 3020) Semiramis InterContinental
- (☎ 291 4288) Aéroport international du Caire, demandez Hertz.

J Car
- (☎ 335 0521, fax 360 3255) 33 Sharia Missaha, Doqqi
- (☎ 291 4288) Aéroport international du Caire, demandez J Car

Thrifty
- (☎/fax 266 3313) 1 Al-Entesar, Héliopolis
- (☎ 265 2620) Aéroport international du Caire

Taxi

Le taxi est le meilleur moyen de se déplacer au Caire. Ils sont assez bon marché pour se dispenser des tracas relatifs aux bus. Les tarifs cités au-dessous devraient vous servir de repères pour les prix des courses dans la capitale :

Du centre-ville à l'aéroport	25 £E
Du centre-ville à Héliopolis	10 £E
Du centre-ville au Khan al-Khalili	3 £E
Du centre-ville à Zamalek	3 £E
De Midan Tahrir à la Citadelle	4 £E
De Midan Tahrir à Midan Ramses	2 £E
De Midan Tahrir aux pyramides	15 £E

Ces tarifs sont généreux et bien supérieurs à ce que débourserait un Cairote. Pour de plus amples informations, consultez le chapitre *Comment circuler*.

Hantour

Ces calèches tirées par des chevaux et leurs cochers circulent sur la Corniche, aux abords de l'hôtel Helnan Shepheard's, ainsi qu'à Gezira, non loin de la tour du Caire. Elles ne sont guère commodes pour visiter la ville. Les propriétaires se montrent plutôt insistants pour vendre leur prestation aux touristes.

Bateau-bus

Le terminal des bateaux-bus se situe à Maspero, sur la Corniche, devant le grand bâtiment rond de la TV. Depuis cet embarcadère, les bateaux partent toutes les 15 minutes environ, entre 6h30 et 15h45, pour l'université, un débarcadère sur la rive de Gizeh, juste au nord du pont de l'Université (University Bridge). Un bateau sur deux poursuit la traversée jusqu'à Manial, Rhoda, Gizeh et Masr al-Qadima (le Vieux Caire). Le dernier arrêt est particulièrement pratique pour visiter le Caire copte. La totalité du parcours dure 50 minuteseet revient à 50 pt.

Le point de départ des bateaux à destination de Qanater (voir la rubrique *Delta du Nil* dans le chapitre *Les environs du Caire*) se situe immédiatement au sud du terminal Maspero.

Les environs du Caire

La plupart des destinations présentées dans ce chapitre peuvent se visiter lors d'une excursion d'une journée au départ du Caire, à l'exception du Fayoum, où vous devez envisager de passer la nuit, à moins de disposer de votre propre véhicule.

A ne pas manquer

- **Saqqarah.** Jouez les Indiana Jones et explorez des ruines à demi ensevelies dans la solitude paisible du désert.
- **Dachour.** Plus petites mais plus anciennes qu'à Gizeh, ces pyramides, dans leur décor grandiose et désolé, vous donneront le sentiment de vraiment sortir des sentiers battus.
- **Le marché aux dromadaires de Birqash.** Une localité qui offre un saisissant contraste avec la vie citadine du Caire.

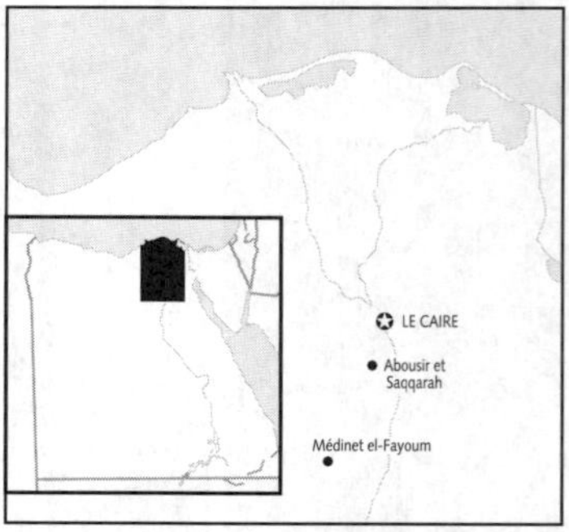

MEMPHIS

Memphis, qui fut jadis la glorieuse capitale de l'Ancien Empire, a presque complètement disparu. On suppose que sa fondation remonte aux alentours de 3100 av. J.-C., sans doute l'œuvre du roi Ménès, lorsque Basse et Haute-Égypte étaient encore réunies. Le site abritait alors de splendides palais et jardins, de même qu'il constituait la ville la plus renommée et la plus peuplée du monde antique. Au Ve siècle encore, bien avant que Thèbes ne devînt capitale du pays, Memphis était décrite par l'historien Hérodote comme "une cité prospère et un centre cosmopolite". Sa prépondérance se reflétait déjà à l'époque dans le nombre de ses sépultures sur la rive ouest du Nil, un secteur rempli de pyramides royales, de tombeaux privés et de nécropoles d'animaux sacrés. Cette cité des défunts, dont le centre n'est autre que Saqqarah, recouvre 30 km, à l'orée du désert, depuis Dachour au sud jusqu'à Gizeh au nord.

Des siècles d'inondations annuelles ont submergé la ville avec la boue du Nil, tandis que d'autres bâtisses et d'autres monuments anciens ont été, de longue date, ensevelis, de sorte qu'il reste aujourd'hui peu de signes de la grandeur passée de Memphis ; il est assez difficile de s'imaginer, à vrai dire, qu'elle ait pu exister autrefois, alors qu'il n'existe de nos jours qu'un modeste musée et quelques statues dans un jardin.

Partiellement en plein air, ledit musée contient une statue colossale de Ramsès II en calcaire, semblable à celle qui trône au centre de Midan Ramsès, au Caire. Celle-ci se trouve toutefois allongée au sol, et dans un état bien plus négligé et bien plus délabré. Le jardin abrite un sphinx d'albâtre de huit tonnes, d'autres statues de Ramsès II, le sarcophage d'Amenhotep, ainsi que les lits d'albâtre où l'on momifia les taureaux Apis sacrés, avant de les placer dans le Serapeum de Saqqarah. L'entrée revient à 14/7 £E pour les adultes/étudiants, avec un supplément de 5/25 £E si vous utilisez un appareil photo/une caméra vidéo. C'est ouvert de 8h à 17h et une cafétéria aux prix incroyablement prohibitifs est installée de l'autre côté de la route.

Pour visiter Memphis, la solution la plus simple consiste à s'inscrire à une visite gui-

LES ENVIRONS DU CAIRE

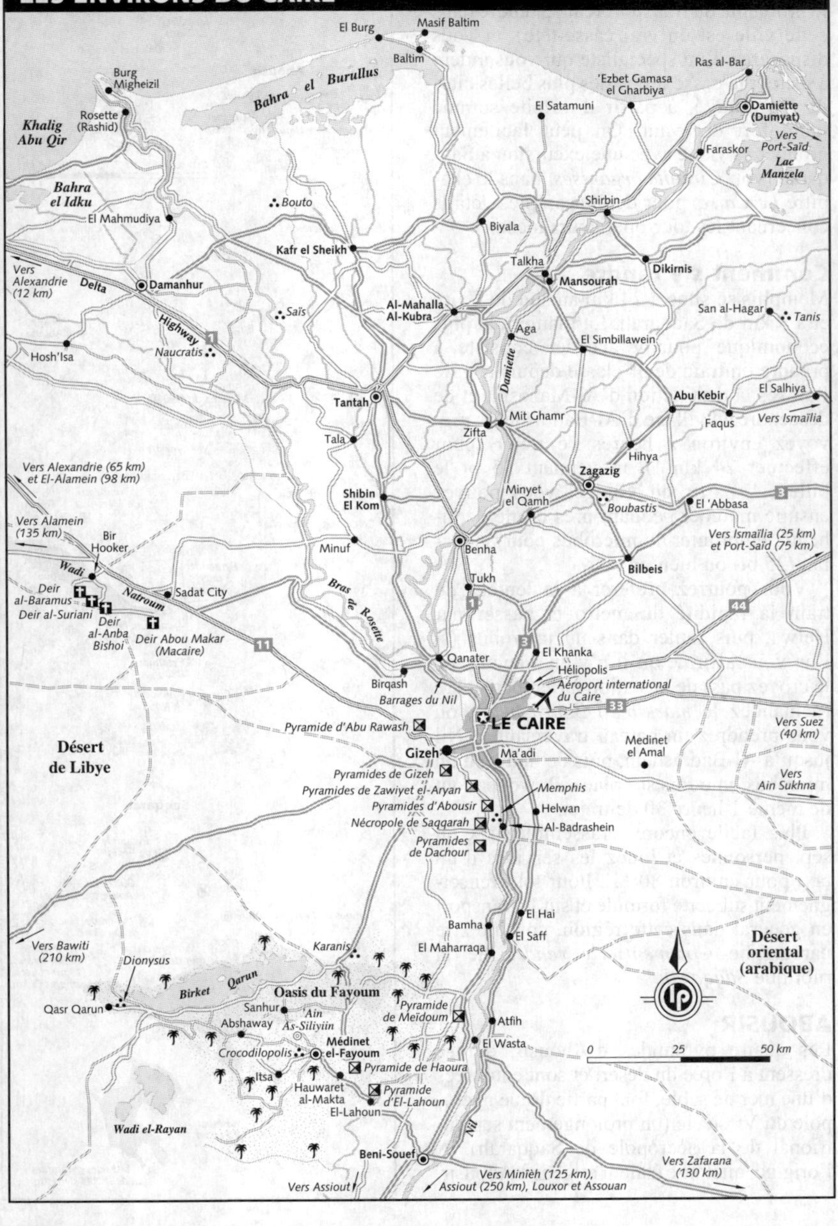

dée au départ du Caire. Vous éviterez ainsi le problème du transport (car se rendre dans cette ville est un vrai casse-tête), et vous disposerez d'un spécialiste qui vous aidera à recréer le passé d'une des plus belles cités de l'Antiquité, à partir d'un site somme toute fort décevant. On peut facilement grouper sa visite avec une excursion à Saqqarah (voir *Circuits organisés,* dans le chapitre *Le Caire,* pour de plus amples détails concernant les tour-opérateurs locaux).

Comment s'y rendre

Memphis se situe à 24 km au sud du Caire et à 3 km de Saqqarah. La manière la plus économique pour y accéder consiste à prendre un train de 3e classe depuis la gare Ramsès, à destination d'Al-Manashi, et de descendre au village d'Al-Badrashein ; prévoyez environ 2 heures de trajet (pour effectuer 24 km !), moyennant 35 pt le billet. A partir du village, vous pouvez ensuite marcher pendant près d'une demi-heure, emprunter un microbus pour Saqqarah (25 pt) ou bien un taxi.

Vous pourrez préférer à la lenteur du train la rapidité du métro et passer par Helwa, puis sauter dans un microbus (si l'on vous affirme qu'il n'y en a aucun, ne le croyez pas) de la station à l'embarcadère (demandez le *markib lil-Badrashein*), où vous prendrez un bateau traversant le Nil jusqu'à Al-Badrashein, puis de nouveau un microbus, une fois sur place. Prévoyez tout de même 1 heure 30 de trajet.

Plus facile encore : rassemblez six ou sept personnes et louez les services d'un taxi pour environ 80 £E. Pour tout renseignement sur cette formule et sur le transport en général dans cette région, consultez le paragraphe *Comment s'y rendre* de la rubrique *Saqqarah.*

ABOUSIR

Les quatre pyramides d'Abousir, qui se dressent à l'orée du désert et sont entourées d'une mer de sable, font partie d'une nécropole du Ve siècle (un prolongement septentrional de la nécropole de Saqqarah). A l'origine, quatorze étaient érigées à Abousir,

ABOUSIR ET SAQQARAH

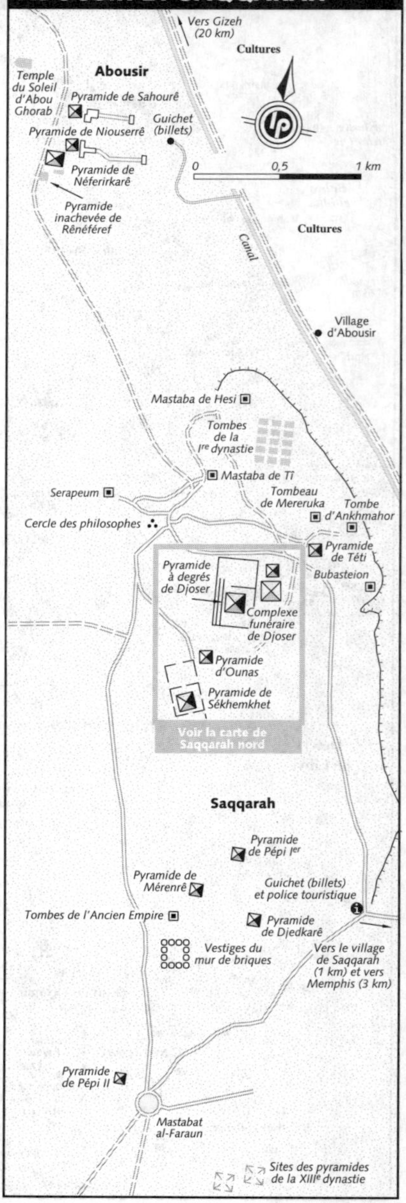

et celles qui subsistent s'avèrent gravement endommagées. La seule exception, la pyramide de Sahourê, fut ouverte pour la première fois au public au milieu de l'année 1996. Pendant des années, elle fut difficile à trouver et rarement visitée par les touristes mais, au début de l'année 1999, on a officiellement "inauguré" le site, et l'énorme route d'asphalte qui permet d'y accéder sera bientôt empruntée par les bus des groupes effectuant le circuit Gizeh-Saqqarah-Memphis. C'est ouvert de 8h à 17h et l'entrée coûte 10 £E pour les adultes ou 5 £E pour les étudiants.

Pyramide de Sahourê. C'est la plus complète et la plus au nord du groupe. Le couloir d'accès se situe à peine à cinquante centimètres de hauteur et aboutit à pic à une petite salle, depuis laquelle on traverse encore 75 m de corridor, avant de ramper à plat ventre dans la poussière, pour parvenir à la chambre mortuaire. A proximité se trouvent les vestiges du temple funéraire de Sahourê, dont les murs de calcaire renfermaient initialement 10 000 m^2 de bas-reliefs. Hélas, au moment des fouilles, il en restait à peine 150 m^2. Ces fragments dépeignent une campagne militaire contre les Libyens, ainsi que des bateaux en provenance de Syrie et embarquant pour le Pount.

Depuis cette pyramide, par temps clair, on en distingue jusqu'à dix autres qui s'égrènent jusqu'à l'horizon.

Pyramide de Niouserrê. Des trois pyramides encore complètes d'Abousir, c'est la plus dégradée. Niouserrê s'était accaparé une part de la chaussée d'accès de son père, Néferirkarê. On en distingue encore la trace, menant aux vestiges de son propre temple funéraire (érigé sur les fondations du temple de la vallée de son père) vers le sud-est.

Pyramide de Néferirkarê. Le tombeau de Néferirkarê est l'un des plus beaux du site. Se dressant à 45 m de hauteur, il évoque la pyramide à degrés de Djoser mais, à l'instar des pyramides de Gizeh, il disposait à l'origine d'une couche extérieure en pierre. C'est non loin d'ici qu'on a retrouvé, au XIXe siècle, les fameux papyrus d'Abousir (où étaient consignés le calendrier des cérémonies et des fêtes, l'inventaire du mobilier et des accessoires du temple, ainsi que les transactions financières et les inspections du lieu). Il s'agit d'une source inestimable de renseignements pour les égyptologues, et la plupart de ces documents se trouvent désormais au British Museum.

Pyramide de Rênéféref. Sur une diagonale juste à l'ouest de la pyramide de Néferirkarê, on découvre les vestiges de la pyramide inachevée de Rênéféref. Les archéologues tchèques qui travaillent sur place ont récemment découvert des fragments de papyrus, semblables à ceux d'Abousir, au sein du temple.

Autres monuments. Au nord du temple vous attendent plusieurs *mastaba* (les tombeaux plats courants à l'époque). Si vous vous rendez à Abousir à dos de dromadaire, de cheval ou d'âne, en traversant le désert depuis Gizeh, faites une halte au temple du Soleil d'Abou Ghorab, datant de la Ve dynastie. Construit par le roi Niouserrê, en l'honneur du dieu-soleil Rê, c'est l'un des deux seuls temples solaires de l'Ancien Empire que les égyptologues aient découvert. Le gigantesque autel est constitué de cinq gros blocs d'albâtre et servit jadis de base à un grand obélisque solaire. Rares sont les voyageurs qui font l'effort d'aller jusqu'à ce site éloigné des sentiers battus.

SAQQARAH

Lorsque Memphis était la capitale de l'Égypte, Saqqarah lui servait de nécropole. Les pharaons défunts, leur famille et les animaux sacrés y étaient transportés en grande pompe depuis la cité impériale pour être enchâssés dans un de ses multiples temples, pyramides et tombeaux, leurs demeures d'éternité.

Au cours des 3 000 ans qui s'écoulèrent entre la fondation de Memphis et la fin du

SAQQARAH NORD

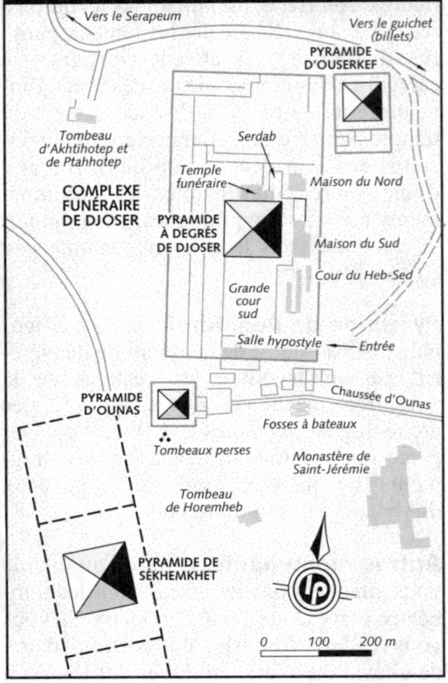

règne des Ptolémée, la nécropole finit par gagner 7 km sur le désert de Libye. Concernant la valeur de son passé et ce qui reste encore à découvrir, il existe peu de sites archéologiques mondiaux comparables à celui-ci ; pourtant, à l'exception de la pyramide à degrés, la nécropole resta quasi ignorée des archéologues jusqu'au milieu du XIXe siècle, lorsque Auguste Mariette fit la découverte du Serapeum. Y compris l'énorme complexe funéraire qui encadre la pyramide à degrés de Djoser, qui ne fut pas mis au jour avant 1924 et demeure d'ailleurs en cours de restauration.

Une visite digne de ce nom à Saqqarah exige plus d'une journée. Compte tenu de sa taille, il semble que les touristes y soient rares et peu nombreux, hormis ceux des circuits organisés qui survolent le site au pas de course, en général le matin. Vous découvrirez ainsi, en plein désert, un sentiment de paix, que vous retrouverez difficilement sur les autres sites antiques.

Orientation et renseignements

Les principaux sites intéressants se trouvent au nord de Saqqarah, c'est-à-dire dans le secteur qui entoure la pyramide à degrés de Djoser. La plupart des voyageurs commencent leur visite ici, puis, s'ils se sentent en condition, poursuivent, en taxi, sur un âne ou à dos de dromadaire, vers Abousir, au nord, et/ou vers le sud de Saqqarah. Il est impératif de disposer d'un moyen de transport quelconque pour circuler, car les sépultures sont disséminées et il n'est guère possible d'effectuer le circuit à pied. Remplissez vos gourdes, car la chaleur déshydrate vite. Au moment de la rédaction de ce guide et il n'existait aucun endroit où acheter à boire.

Officiellement, la plupart des pyramides et des tombeaux de Saqqarah se visitent de 8h à 17h. En fait, les gardiens commencent à fermer les portes aux alentours de 16h30, et certains même plus tôt, paraît-il, en laissant des touristes à l'intérieur, afin de leur soutirer quelque bakchich. Le droit d'entrée pour tous les sites du nord de Saqqarah est de 20/10 £E pour les adultes/étudiants. Ajoutez à cela 5 £E pour pouvoir utiliser un appareil photo, perçus uniquement à l'entrée de la pyramide de Djoser. Avant de débuter votre visite, vérifiez au guichet quels sont les monuments ouverts au public.

Pyramide à degrés de Djoser

Construite vers 2700 av. J.-C. par Imhotep, l'architecte en chef du pharaon, la pyramide à degrés du roi Djoser fut la plus grande structure de pierre jamais érigée. Elle demeure de nos jours l'édifice le plus imposant de Saqqarah. Pour avoir su brillamment utiliser la pierre et oser rompre avec la tradition des tombes royales, traitées en chambres souterraines, parfois couvertes de mastabas en brique crue, Imhotep inspira toutes les réalisations architecturales qui suivirent.

La pyramide se présente au début comme un simple mastaba, mais Imhotep lui en a

Itinéraire dans Saqqarah

Saqqarah est si vaste, ses monuments et ses tombes si nombreux qu'on ne saurait tout voir en une seule visite. Voici une suggestion d'itinéraire englobant les sites les plus importants :

- Traversez la salle hypostyle et découvrez la pyramide à degrés du roi Djoser, la plus ancienne du monde.
- Flânez dans le complexe funéraire de Djoser : parcourez la gigantesque cour sud, passez dans les maisons du Nord et du Sud, et devant le saisissant *serdab*, où vous plongerez les yeux dans le regard de pierre du pharaon. Traversez les ruines du temple funéraire et retournez-vous pour admirer l'arrière de la pyramide.
- Marchez vers le sud, le long de la colline qui surplombe le bord ouest du complexe, puis descendez sur la chaussée d'Ounas. Visitez l'une des splendides tombes qui la bordent ou jetez un coup d'œil aux énormes fosses en forme de bateau.
- Cap sur la pyramide d'Ounas pour admirer les hiéroglyphes bleus et verts des fameux "Textes des pyramides".
- Descendez dans le Serapeum. Dans la pénombre, vous distinguerez les gigantesques sarcophages des vingt-cinq taureaux Apis ensevelis dans cette étrange nécropole.
- Continuez vers les mastabas d'Akhouthotep et de Ptahhotep, où vous serez touché et amusé par ces bas-reliefs de la Ve dynastie, illustrant la vie quotidienne d'un père et de son fils.
- Enfin, entrez dans le mastaba de Tî et découvrez sur ses séduisants bas-reliefs comment les coiffeurs à la cour vivaient il y a 4 500 ans, et mille détails pittoresques sur l'Ancien Empire.

rajouté cinq. A chaque niveau de pierre, il se montra plus confiant dans l'usage de ce nouveau matériau et maîtrisa les techniques requises pour déplacer, poser et fixer les énormes blocs. Cette première pyramide s'élevait sur plus de 62 m et six degrés, avant qu'elle ne soit recouverte d'une couche de calcaire fin.

La pyramide à degrés domine le centre funéraire de Djoser, une surface de 544 m de long et 277 m de large autrefois ceinte d'un magnifique mur de calcaire fin à bastions et redans. Une partie de ce mur d'enceinte a survécu jusqu'à une hauteur de 4,50 m, et l'on a restauré une portion proche de l'angle sud-est en utilisant des pierres trouvées dans le désert, pour lui rendre son élévation de jadis, soit 10 m de haut. Sculptées et peintes dans le mur d'enceinte pour donner jusqu'à l'illusion du bois véritable, des gonds et des renfoncements, plusieurs portes factices permettaient au *ka* du pharaon (sa force vitale) d'aller et venir à loisir.

Les vivants, eux, ne disposent que d'une seule entrée, dans le coin sud-est, *via* un vestibule et une longue allée bordée de deux colonnades couvertes, menant à une salle hypostyle disposée perpendiculairement. Les quarante colonnes de l'allée sont d'authentiques colonnes "fasciculées" (reproduisant des faisceaux de palmes ou des bottes de papyrus) d'époque. Les murs ont été restaurés, mais le plafond protecteur est en béton bien d'aujourd'hui. Le toit de la salle hypostyle est soutenu par quatre impressionnantes colonnes fasciculées, et l'on découvre une large porte ouverte factice, destinée au *ka*. C'est ici que vous attendent des "guides" très impatients de vous montrer le reste.

La salle débouche sur la grande cour sud, vaste espace à ciel ouvert bordé au nord par la pyramide, avec au sud, près de l'enceinte, la portion reconstruite d'un mur orné d'une frise de cobras. Appelé aussi *uræus,* le cobra femelle était un symbole de la monarchie égyptienne, incarnant le jaillissement du feu destructeur et protecteur du monarque. Du reste, le cobra en fureur, au capuchon dilaté, figurait toujours sur la coiffe pharaonique.

Non loin de la frise, on découvre un puits qui descend à 28 m de profondeur, pour atteindre le tombeau sud de Djoser, dont la décoration s'apparente à la sépulture principale, située sous la pyramide à degrés. A l'origine, il abritait sans doute les vases canopes où étaient conservés les viscères du souverain.

Au centre de la grande cour sud sont placés deux autels de pierre représentant les trônes de la Haute et de la Basse-Égypte. La coutume voulait que, au cours de la trentième année de son règne, un pharaon réactive sa puissance, en renouvelant les rites du sacre. Lors d'un rituel appelé la course du Heb-Sed, il s'asseyait successivement sur les deux trônes afin de symboliser l'unification de l'Égypte. Pendant les cinq jours du jubilé, il devait aussi faire des cadeaux à tous les prêtres des provinces, les obligeant à reconnaître sa suprématie sur leurs dieux locaux. La cérémonie se serait en réalité déroulée à Memphis, alors que ces autels perpétuaient dans la pierre la régénération cosmique du pouvoir et du *ka* du pharaon.

Dans la partie orientale de la pyramide, il existe deux "maisons" représentant les sanctuaires de la Haute et de la Basse-Égypte, soit une fois encore l'unité du pays. La maison du Sud, avec sa façade de colonnes de style dorique primitif, porte sur elle les plus anciennes traces de graffitis touristiques connues à ce jour. En effet, le vandalisme des scribes thébains du XIIe siècle, qui griffonnèrent leur admiration pour Djoser sur le mur dans un style cursif de hiéroglyphes, est désormais protégé par un plastique transparent, juste à l'entrée de la demeure. La maison du Nord se révèle similaire à son pendant méridional, hormis le fait que des fleurs en papyrus sculptées parent les chapiteaux de ses colonnes. Encore plus au nord, la pyramide d'Ouserkef évoque aujourd'hui à peine plus qu'un amas de moellons.

Le *serdab*, une construction de pierre placée juste devant la pyramide, renferme un coffre en bois légèrement incliné, percé de deux trous dans sa face nord. Scrutez à travers ceux-ci et vous aurez l'étrange impression de vous trouver face à face avec Djoser en personne. A l'intérieur se trouve une statue peinte, très vivante et grandeur nature, du roi depuis longtemps défunt, portant son regard figé vers les étoiles. Bien qu'il ne s'agisse que d'une copie (l'original étant conservé au Musée égyptien), sa présence possède néanmoins de quoi vous donner la chair de poule. Les serdabs étaient conçus de telle sorte que le ka du pharaon puisse communiquer avec le monde extérieur. L'accès initial à la pyramide à degrés se situe directement derrière le serdab, mais il est fermé au public.

Pyramide et chaussée d'Ounas

Ce qui semble n'être qu'un empilement de blocs au sud-ouest du tombeau de Djoser se révèle être la pyramide d'Ounas, dernier pharaon de la Ve dynastie. Bâti seulement 350 ans après la création inspirée de la pyramide à degrés, et après la perfection des grandes pyramides de Gizeh, ce modeste tas de blocs disjoints et de terre marqua pourtant le début d'une tendance architecturale. Jusqu'à l'époque d'Ounas (2400 av. J.-C.), l'intérieur des pyramides n'était pas décoré : si donc de l'extérieur, son mausolée ressemble davantage à celui de Djoser qu'à celui de Kheops, ce qu'il renferme s'avère en revanche d'une importance historique capitale.

En 1881, Thomas Cook & Sons dirigèrent les fouilles du tombeau menées par Gaston Maspero, lequel découvrit les murs ornés de hiéroglyphes. Gravés dans d'énormes morceaux d'albâtre, ces écrits qu'on baptisa *Textes des pyramides* constituent les tous premiers exemples d'écriture décorative dans la chambre mortuaire d'un pharaon. Il y est question des rituels, des prières et des hymnes accompagnant l'enterrement du souverain, destinés à libérer son *ka,* et de la liste des articles, tels qu'aliments et vêtements, nécessaires à son existence dans l'au-delà.

Malheureusement, la détérioration des sculptures conduisit le Conseil supérieur des monuments antiques à fermer en permanence cette pyramide en 1998.

Un tronçon de la chaussée, qui part de l'est de la pyramide d'Ounas, a été restauré.

De part et d'autre de celle-ci, on a mis au jour plus de deux cents mastabas, de même qu'il existe plusieurs sépultures bien conservées, dont certaines peuvent normalement se visiter. Le merveilleux tombeau de la princesse Idout, appartenant à la Ve dynastie, et qui était probablement une fille d'Ounas, se trouve à proximité du mur méridional de l'ensemble funéraire de Djoser. Les parois de ses dix chambres sont décorées de scènes animalières hautes en couleur, où l'on reconnaît, entre autres, bœufs, gazelles, bouquetins, hippopotames… Les mastabas de Méhou et de la reine Nébet sont tout aussi somptueusement ornés, de même que le tombeau de Nebkauher, (attention il est souvent fermé), qui mérite le détour si vous y avez accès.

Les égyptologues débattent encore sur la présence des énormes fosses à bateau sculptées, réalisées en pierre et situées au sud de l'allée, à savoir si elles contenaient réellement les barges royales censées transporter le pharaon dans l'autre monde, ou bien si elles symbolisaient seulement ces embarcations solaires.

Rien ne fut découvert lorsqu'on mit au jour ces tranchées en forme de croissant, mesurant 40 m de long.

Tombeaux perses

Les sépultures de trois nobles perses, situées juste au sud de la pyramide d'Ounas, comptent parmi les plus profondes d'Égypte. L'entrée est masquée par une discrète petite cabane en bois, dont le gardien du site possède la clé. Si vous ne disposez pas de torche, il vous conduira à 25 m audessous, en bas de l'escalier hélicoïdal menant aux tombeaux voûtés de Psamétique, Tjannehebou et Pelese. A en croire les dessins antiques qui ornent les murs, fantastiques et multicolores, Tjannehebou était un célèbre amiral perse et Psamétique, médecin-chef à la cour du pharaon. Alors qu'on avait enseveli ces sépultures très profondément pour empêcher les profanateurs d'en dérober le contenu, ce furent pourtant des voleurs qui découvrirent le passage de l'entrée en colimaçon.

Monastère de Saint-Jérémie

Les vestiges à demi enterrés de ce monastère du Ve siècle après J.-C. se profilent sur la colline qu'on aperçoit depuis la chaussée d'Ounas, au sud-est des fosses à embarcations. La bâtisse est quasiment en ruine, pour avoir été mise à sac par les envahisseurs arabes en 950, tandis que, plus récemment, les autorités égyptiennes chargées de la sauvegarde des sites antiques ont transféré toutes ses peintures et sculptures murales au Musée copte du Caire.

Pyramide de Sékhemkhet

La pyramide inachevée de Sékhemkhet se trouve à une faible distance vers l'ouest du monastère.

Elle fut abandonnée avant l'achèvement des travaux, pour des raisons inconnues, alors qu'elle n'atteignait que 3 m de haut. L'un de ses passages souterrains renferme un sarcophage inutilisé, mais nul n'est autorisé à pénétrer dans ces décombres, en raison du danger d'effondrement.

Tombeau d'Akhouthotep et de Ptahhotep

Akhouthotep et Ptahhotep, notables père et fils sous le règne de Djedkarê (un pharaon de la Ve dynastie), conçurent leur propre complexe funéraire, lequel comprend deux chambres mortuaires, une chapelle et une salle hypostyle. Ces deux hommes étaient à la fois juges, contrôleurs des prêtres des pyramides et responsables des greniers à blé et du trésor. Les sculptures de leurs caveaux comptent parmi les plus remarquables de Saqqarah et décrivent la vie quotidienne sous la Ve dynastie. Vous découvrirez : Akhouthotep dans les marais, en train de construire des bateaux, luttant contre l'ennemi et traversant des rivières ; une magnifique scène où Ptahhotep et d'autres chasseurs poursuivent avec acharnement des animaux sauvages ; des individus en train de jouer, de récolter de la nourriture ou de manger ; et enfin Ptahhotep en pleine séance de manucure, tout en écoutant un groupe de musiciens. Cette double sépulture se situe au sud de la route principale.

Cercle des philosophes

Sur le chemin du Serapeum, on découvre en passant plusieurs statues de philosophes grecs disposées en cercle à la période des Ptolémée, protégé par un auvent moderne. De gauche à droit, on distinguera : Platon (debout), Héraclite (assis), Thalès (debout), Protagoras (assis), Homère (assis), Hésiode (assis), Démétrios de Phalère (debout contre un buste de Sérapis) et Pindare.

Serapeum

Les taureaux sacrés Apis représentent de loin les plus importants animaux de culte mis en tombeau à Saqqarah. On croyait alors que l'Apis était une incarnation de Ptah, le dieu de Memphis, et le petit d'une vache frappée par la lumière céleste. Ainsi fécondée par les divinités, elle n'allait plus jamais pouvoir donner naissance et son veau était conservé dans le temple de Ptah et idolâtré tel un dieu. L'Apis était toujours représenté en noir, avec un diamant blanc distinctif sur le front, un disque solaire entre les cornes, l'image d'un aigle sur l'échine et un scarabée sur la langue. A sa mort, le taureau était momifié, transporté sur un lit d'albâtre jusqu'aux galeries souterraines du Serapeum de Saqqarah, où on le plaçait ensuite dans un énorme sarcophage.

Les catacombes des Apis datent du XIIIe siècle av. J.-C., lorsque Ramsès II commença la construction de la première galerie, laquelle atteignait une longueur de 68 m. On ajouta ensuite ces cimetières souterrains, qui restèrent utilisés jusque vers 30 av. J.-C. Vingt-cinq taureaux Apis furent embaumés dans des cercueils monolithiques de granit pesant jusqu'à 70 tonnes chacun, mais un seul animal momifié, à présent au Musée agricole du Caire, y fut découvert, lors des fouilles du Serapeum.

Jusqu'en 1851, l'existence des sépultures sacrées des Apis n'était connue qu'à travers des ouvrages de référence classiques. Après avoir découvert un sphinx à demi enseveli à Saqqarah, et suivant la description offerte par l'historien grec Strabon en 24 av. J.-C., l'archéologue français Auguste Mariette mis à jour l'avenue des sphinx menant au Serapeum. Sa découverte déclencha les fouilles à grande échelle, et ininterrompues depuis, de Saqqarah. En 1856, il écrivait que sa toute première visite, cinq années plus tôt, dans les caveaux des Apis l'avait tant fasciné que ses impressions demeuraient intactes dans son esprit. Une seule salle, murée sous le règne de Ramsès II, avait échappé à l'attention des profanateurs de sépultures. En la trouvant inaltérée, Mariette écrivit :

> Les traces des doigts des Égyptiens qui glissèrent l'ultime pierre dans le mur, destiné à dissimuler la porte, apparaissaient encore sur le calcaire. On apercevait aussi des empreintes de pieds nus dans le sable, au coin du caveau. Tout se trouvait en l'état d'origine dans ce tombeau, où la dépouille embaumée du taureau gisait telle quelle depuis 37 siècles.

On accède au Serapeum par la route principale, à l'ouest du Cercle des philosophes. Il est fort probable que vous éprouviez le même sentiment que Mariette : l'endroit se révèle indiscutablement étrange et de plus en plus insolite, à mesure que vous cheminez dans les galeries, à peine éclairées par de minuscules lanternes projetant une lumière trouble sur les voûtes et les énormes sarcophages noirs et macabres qu'elles renferment. Le plus imposant, au bout de la principale galerie, fut taillé dans un seul bloc de granit couleur ébène et il est recouvert de hiéroglyphes.

A l'heure de la rédaction de ce guide, le Serapeum était fermé pour subir des rénovations et devait rouvrir au début de l'an 2000.

Mastaba de Tî

Ce tombeau, ou mastaba, constitue l'une des principales sources de connaissances sur la vie en Égypte vers la fin de l'Ancien Empire. Tî, personnage important de la cour, qui servit trois pharaons, collectionnait les titres comme ses souverains les esclaves. Il était "seigneur des secrets", "superintendant des travaux", "régisseur des pyramides d'Abousir", "conseiller du pharaon", et même "coiffeur royal". Il épousa une femme de sang royal et les inscriptions qui figurent sur les parois de son caveau indiquent que ses enfants étaient considérés comme appartenant à la famille royale. L'une des plus belles sculptures représente Tî debout dans une attitude régalienne, à bord de son bateau, et voguant dans les marais de papyrus, tandis que d'autres nous montrent des hommes et des femmes occupés à des tâches diverses.

Découverte par Mariette en 1865, cette sépulture est située à quelques centaines de mètres au nord-ouest du Cercle des philosophes.

Pyramide de Téti

L'avenue des sphinx, mise au jour par Mariette dans les années 1850, est de nouveau ensevelie par les sables du désert, mais elle s'étendait jadis à l'est, jusqu'à la pyramide de Téti. Il fut le premier à monter sur le trône, sous la VIe dynastie, et sa pyramide fut bâtie avec des degrés, puis remplie et revêtue de calcaire fin. Malheureusement, elle fit l'objet de vols, pour ses trésors et sa pierre, si bien qu'il n'en reste aujourd'hui guère de vestiges, si ce n'est un vague monticule. La chambre funéraire demeure néanmoins intacte et contient toujours le sarcophage de basalte de Téti. A présent que la sépulture d'Ounas est fermée, c'est dans celle de Téti que vous pouvez admirer les célèbres Textes des pyramides. Pour accéder à ce tombeau quelque peu éprouvé par le temps, il vous faut suivre la route depuis le Serapeum, en obliquant légèrement vers le nord, dès lors que vous aurez dépassé la pyramide à degrés.

Tombeaux de *Mereruka* et d'Ankhmahor

Non loin de la pyramide de Téti, on aperçoit le tombeau de Mereruka, lequel renferme 31 salles, dont beaucoup portent de splendides inscriptions murales. En étudiant ces dessins, les spécialistes ont appris énormément sur la vie sauvage de l'Ancienne Égypte. Lorsque vous pénétrez dans le caveau, vous remarquerez, sur l'une des parois, les hippopotames aux gueules béantes et aux défenses pointues.

La sépulture d'Ankhmahor, un peu plus à l'est, contient quelques scènes très intéressantes qui décrivent les opérations chirurgicales sous la VIe dynastie, dont la chirurgie des orteils et la circoncision.

Mastabat al-Faraun

La plus ancienne construction du secteur de Saqqarah Sud n'est autre que l'inhabituel complexe funéraire du roi de la IVe dynastie, Shepseskaf, dont le père serait Mykérinos. Le tombeau de ce dernier n'est ni un mastaba, ni une pyramide. Le Mastabat al-Faraun ou "Banc du pharaon" est formé d'une énorme structure en pierre évoquant un sarcophage, surmontée d'un couvercle arrondi. L'ensemble occupait autrefois 700 m^{2} ; l'intérieur se compose de longs couloirs et d'une chambre mortuaire. Il est possible d'y pénétrer, à condition de trouver un gardien.

Un peu plus au nord-ouest de ce site, la **pyramide de Pépi II**, un souverain de la VIe dynastie qui, selon certains érudits, aurait régné 94 ans, renferme quelques hiéroglyphes méritant le détour. Les ruines de son temple funéraire, qu'une chaussée reliait jadis à la pyramide, peuvent également se visiter.

Circuits organisés

Pour tout renseignement, reportez-vous à la rubrique *Circuits organisés,* dans le chapitre *Le Caire.*

Comment s'y rendre

Saqqarah se situe à environ 25 km au sud de la capitale et à près de 3 km de Memphis. S'il est toujours possible d'accéder à 1,5 km du guichet vendant les billets, en empruntant un moyen de transport public, cette option risque de vous prendre beaucoup de temps et, une fois sur place, vous aurez peine à rayonner dans le secteur, à moins d'être pris en stop par un véhicule se rendant sur le plateau, puis de marchander pour continuer en dromadaire ou en bourricot. Mieux vaut donc visiter le site en taxi, en combinant votre excursion avec Memphis et Dachour. Vous devrez organiser tout cela au préalable au Caire, n'espérez pas trouver une station à Saqqarah.

Si vous êtes déterminé à y accéder par vos propres moyens, en venant de Gizeh ou de la capitale, plusieurs possibilités s'offrent alors à vous.

Bus. L'une des façons les moins onéreuses de rejoindre Saqqarah, sans passer par Memphis, consiste à prendre un bus ou un minibus (de 25 à 50 pt) pour la route des Pyramides (Pyramids Road ; voir la rubrique *Gizeh* dans le chapitre consacré au *Caire*) et de descendre à l'arrêt "Saqqarah Rd". A partir de là, vous pouvez monter dans un microbus à destination de l'embranchement pour le site de Saqqarah (ne demandez pas le village du même nom, car vous parviendrez au mauvais endroit), d'où il vous restera sans doute à effectuer à pied les derniers 1 500 m pour rejoindre le bureau de vente des billets. Une fois au guichet, faites du stop.

Train. Reportez-vous au paragraphe *Comment s'y rendre* de la rubrique *Memphis*, pour de plus amples détails. Le train au départ du Caire et desservant le village d'Al-Badrashein se rend aussi à Dachour ; un taxi partant de l'une ou l'autre de ces localités et à destination de Saqqarah Nord devrait vous facturer la course environ 5 £E. Vous pouvez également réserver un microbus depuis Memphis jusqu'à l'embranchement pour le site de Saqqarah, sur la route reliant Gizeh à Memphis, et vous devrez achever à pied le chemin (1,5 km) qui vous sépare du bureau de vente des billets. D'ordinaire, il y a toujours un peu de circulation sur le trajet de Gizeh à Memphis.

Au départ d'Al-Badrashein, sachez qu'il existe (parfois) des microbus directs pour Gizeh.

Taxi. Il s'agit sans doute d'une des meilleurs façons pour accéder à Saqqarah et circuler sur le site. Depuis le centre du Caire, le chauffeur vous demandera environ 15 £E l'heure à répartir entre les passagers (sept maximum). Cependant, précisez ce que vous souhaitez visiter et le temps que vous désirez consacrer ; il n'est pas rare de voir des taxis passer outre les principaux sites (comme la pyramide à degrés !) et déposer des visiteurs peu méfiants devant deux ou trois monuments de moindre importance, afin de les ramener plus vite au Caire. Par ailleurs, si votre excursion doit vous prendre toute la journée, ne laissez pas le chauffeur décider de l'endroit du déjeuner car vous risqueriez de débourser une fortune pour couvrir sa commission.

Dromadaire. La solution la plus inédite (quoique physiquement éprouvante) consiste à louer un cheval, un âne ou un dromadaire et à traverser le désert depuis les grandes pyramides de Gizeh jusqu'à Saqqarah. L'aller-retour nécessitant six à sept heures de trajet, sachez qu'il vous faudra être en condition. La plupart des écuries sérieuses vous laisseront effectuer uniquement l'aller, mais vous devrez régler le retour des animaux (en général, cela équivaut au tarif d'une heure d'excursion).

On peut louer des montures dans des écuries installées au sud du Sphinx ; voir la rubriques *Pyramides* dans le chapitre consacré au *Caire*.

Comment circuler

Impossible d'explorer le site à pied, car il n'y a aucun taxi à proximité du bureau de vente des billets. La seule possibilité qui s'offre donc à vous, si vous venez par vos propres moyens, est de tenter l'auto-stop ou de louer un dromadaire, un cheval ou un bourricot (dans les parages du Serapeum), lequel devrait vous coûter 8 £E, après marchandage, et pour une promenade dans Saqqarah Nord. Attendez-vous à payer davantage car les loueurs sont tout à fait conscients qu'il vous faut à tout prix un moyen de locomotion et votre marge de négociation est sérieusement réduite.

Les seuls taxis que vous trouverez sur place viennent du Caire et se révèlent d'ordinaire déjà réservés.

DACHOUR

Se trouvant à une vingtaine de kilomètres au sud de Saqqarah, sur une étendue désertique particulièrement paisible, Dachour est un impressionnant site de 3,5 km, regroupant des pyramides des IVe et XIIe dynasties. Jusqu'en 1996, le secteur constituait une zone militaire interdite au public, et les chameliers, guides et autres rabatteurs, qui sont légion à Gizeh et à Saqqarah, n'ont pas encore étendu leurs activités mercantiles ici. Vous pourrez donc profiter des monuments en paix.

Sur les onze pyramides originelles, Dachour n'en abrite désormais plus que quatre intactes. Quant aux deux qui datent de l'Ancien Empire, seule la pyramide d'Amenemhat III, avec sa silhouette sombre et insolite, mérite le détour. Sa structure en forme de tour donne l'impression qu'elle s'est complètement effondrée, à cause du chapardage de son revêtement calcaire à l'époque médiévale, mais en réalité les vestiges en brique crue renferment un dédale de couloirs et de salles, destiné à tromper les éventuels profanateurs de sépulture. Et tandis que les voleurs s'ingéniaient à pénétrer dans son caveau, ils passaient à côté de toutes sortes d'objets funéraires précieux qu'on découvrit en 1993.

L'endroit reste surtout célèbre pour les deux fascinantes pyramides, la rouge et la "rhomboïdale" que construisit Snéfrou, père de Kheops et fondateur de la IVe dynastie. Quant à savoir pourquoi Snéfrou en possédait deux, et sans doute une troisième à Meidoum, le mystère reste entier. Comme on n'a retrouvé sa dépouille dans aucun de ces tombeaux, nul ne sait laquelle fut sa dernière demeure (en supposant que ce fut bien l'une d'elles).

Dachour est ouvert de 8h à 17h. Le prix d'entrée s'élève à 10/5 £E pour les adultes/étudiants.

Pyramide rouge

On désigne ainsi cette pyramide (la plus ancienne qui soit au monde) en raison des graffitis rouges qui furent griffonnés sur son revêtement externe à l'Antiquité ; sa hauteur n'est que de 10 m inférieure à la grande pyramide de Gizeh. Peut-être Kheops voulait-il s'assurer qu'il surpassait son père ? C'est la seule qui soit ouverte au public à Dachour, et l'entrée se situe à quelque 28 m du sol (125 marches à gravir !). Un couloir de 65 m de long vous entraîne dans trois chambres, dont les deux premières sont pourvues de stupéfiants plafonds à encorbellements de 15 m de haut ; on accède à la troisième en montant quelques marches, mais elle n'est pas bien conservée.

Pyramide rhomboïdale

Avec sa forme caractéristique, cette pyramide intrigue les égyptologues depuis le XIXe siècle. Pour une raison inconnue, à mi-parcours de ses 101 m de haut, l'angle de sa pente passe de 54,31° à 43,21°. Une hypothèse répandue soutient que, au milieu des travaux, l'architecte de Snéfrou se serait rendu compte que la construction allait s'effondrer s'il conservait la même inclinaison. D'autres affirment que l'angle fut modifié, afin d'accélérer la construction, à la mort soudaine du pharaon. Quelle que soit la raison, celle-ci et la pyramide de Meïdoum, également bâtie (ou du moins terminée) par Snéfrou, témoignent de la transition architecturale entre la structure à degrés et la structure pyramidale parfaite.

Unique parmi celles des environs du Caire pour avoir conservé son revêtement externe, cette pyramide se distingue aussi par ses deux entrées, sur les faces nord et ouest. L'intérieur comprendrait, paraît-il, des poutres en cèdre (qui proviendrait du Liban), mais tant que le Conseil supérieur des antiquités égyptiennes n'a pas achevé ses travaux de rénovation, le site demeure interdit aux visiteurs.

Il existe aussi une petite pyramide secondaire, au sud de la rhomboïdale, et les vestiges d'un modeste temple funéraire, qui jouxtent sa face est. Environ à mi-chemin des cultures situées à l'est, vous apercevrez également les ruines du temple de la vallée de Snéfrou, qui abritent quelques sculptures non négligeables. A presque 1 500 m au sud-est, à l'orée des champs cultivés, vous découvrirez le lac de Dachour, ultime témoin des ports desservant autrefois les pyramides et où ne viennent plus aujourd'hui nicher que les oiseaux. Si vous vous aventurez à pied dans le secteur, attendez-vous à être entouré par des enfants du village réclamant un bakchich.

Comment s'y rendre

Consultez *Comment s'y rendre* dans la rubrique *Saqqarah*, pour de plus amples détails. Vous pouvez prendre un microbus pour Dachour sur la route qui part de Saqqarah, ou bien sur celle reliant Gizeh à Memphis.

OASIS DU FAYOUM

A une centaine de kilomètres du Caire se trouve la plus vaste oasis d'Égypte. La région du Fayoum s'étend sur environ 70 km de large et 60 km de long, de même qu'elle englobe le lac connu sous le nom de Birket Qarun. Accueillant plus de deux millions d'âmes, il s'agit d'un bassin très fertile, au réseau d'irrigation complexe, que le Nil alimente grâce à des centaines de canaux capillaires.

C'était autrefois le lac de Birket Qarun qui arrosait le secteur, et sous le règne du pharaon Amenemhat III de la XIIe dynastie, on creusa toute une série de canaux pour le relier au Nil. Ce même monarque fit également assécher les marais et fut ainsi le tout premier à reconquérir les terres. Plus tard, on a détourné le fleuve vers les cultures et le lac, situé à 45 m au-dessous du niveau de la mer, souffre d'une salinité croissante ; seules quelques variétés de poissons continuent d'y vivre, et ses eaux baissent lentement.

L'oasis constituait l'un des lieux de villégiature préféré des pharaons de la XIIIe dynastie, et nombre de superbes palais furent érigés à cet endroit. Les Grecs baptisèrent plus tard le secteur Crocodipolis, car ils tenaient les crocodiles de Birket Qarun pour sacrés. On construisit alors un temple en l'honneur de Sobek, le dieu à tête de crocodile et, sous le règne des Ptolémée et sous l'Empire romain, des pèlerins vinrent de tout le monde antique pour nourrir les animaux vénérés.

On a dit du Fayoum qu'il était le jardin de l'Égypte : il abrite des champs luxuriants de légumes et de canne de sucre, des plantations d'agrumes de toutes sortes, de même qu'on récolte noix et olives en abondance ; le lac, les canaux et la végétation accueillent une faune à plume étonnamment diversifiée ; et la vie dans les villages aux bâtisses en brique crue ne semble guère avoir changé au fil des siècles.

Comment s'y rendre

Bus. A destination du Caire (4 £E, 3 heures), des bus partent toutes les demi-heures entre 7h et 19h de la gare située sous Kubri al-Misalla. Ils vous déposent au Caire à la station Ahmed Helmy, derrière la gare Ramsès. En chemin, ils font halte à Gizeh. D'une autre gare routière, dans un quartier appelé Hawatim, au sud-ouest de la ville, les bus se rendent régulièrement à Beni-Souef (1 £E, 1 heure), tandis que d'autres, à 7h30 et à 14h30, rejoignent Minîeh (4,25 £E).

Il existe deux dépôts séparés pour les bus et taxis réguliers à destination d'Abshaway et d'Aïn as-Siliyiin/lac Qarun ; elles se situent dans la partie ouest de la localité.

Train. Un train de 3e classe se rend quatre fois par jour au Caire (1,60 £E), à 7h30, 11h30, 15h15 et 19h30. Le trajet dure plus de quatre heures.

Taxi régulier. Des taxis réguliers partent des gares routières. Pour Le Caire, prévoyez 4 £E depuis Gizeh ou 5 £E depuis Midan Ramses. Vous pouvez relier Beni-Souef, moyennant 1,50 £E.

Comment circuler

Pour de plus amples détails concernant la visite des divers sites de l'oasis, consultez leurs paragraphes respectifs dans les pages qui suivent. Sachez que les horaires de départ de ces bus ne sont pas très fiables. Les minibus vert et blanc couvrent tout le secteur de Médinet el-Fayoum, compris entre les gares routières ouest, est et le centre-ville (*oust albalad*), moyennant 25 pt.

Médinet el-Fayoum

Toute la tradition et la fertilité de l'oasis du même nom entourent Médinet el-Fayoum (la "ville du Fayoum"), localité assez sale et reflétant à moindre échelle (400 000 habitants) tous les désagréments de la capitale, à savoir automobilistes fanas du klaxon, suffocantes vapeurs d'essence, poussière et rues bondées.

Le canal joue le rôle d'artère principale, car la plupart des activités commerciales se déroulent alentour et plus vous vous en éloignez, plus l'environnement devient calme. Les dépôts de bus et de taxis vous contraignent à marcher quelque peu, car tous sont éloignés du centre.

Un office du tourisme (☎ 342 313) vous accueille de 8h à 14h tous les jours, sauf le vendredi, à l'arrière du bâtiment du gouvernorat. Il existe aussi un kiosque d'information touristique (☎ 342 586), ouvert tous les jours de 8h à 17h, à proximité des roues hydrauliques, dans le centre-ville.

Voisines l'une de l'autre et implantées de l'autre côté du canal, face au kiosque, vous trouverez la banque Misr et la banque du Caire, et du même côté d'Amenemhat que l'office du tourisme, la Bank of Alexandria. Toutes ouvrent aux heures habituelles. Vous pourrez changer de l'argent, mais elles ne vous feront pas d'avance de liquide sur présentation d'une carte bancaire. Un central téléphonique fonctionnant 24h/24 est installé également à proximité du canal, de même qu'il y a une poste dans Sharia an-Nasr, ouverte de 8h à 14h, (fermée le vendredi).

Pour ce qui est des sites, ne manquez pas l'**obélisque de Sénousret**, devant lequel vous passerez en venant du Caire, et qui se dresse au centre d'un rond-point au nord-est de la ville. S'il a l'air perdu au milieu des voitures et des bus, il serait, paraît-il, le seul d'Égypte à posséder un haut arrondi, de même qu'il présente une crevasse où était placée une statue de Rê, reflétant les rayons du soleil aux quatre points cardinaux. Le bâtiment du gouvernorat abrite un petit **musée**, présentant toute une variété de collections sur l'histoire et la faune de l'oasis et sur son avenir touristique. Face à l'office du tourisme, on découvrira quatre roues hydrauliques en train de tourner, lesquelles sont les modèles réduits de celles toujours en usage au Fayoum (200 au total jalonnent l'oasis).

Où se loger. Mieux vaut abréger sa visite dans cette localité et filer tout droit vers l'oasis.

Auberges de jeunesse. Située à à peine plus d'un kilomètre du centre, en partant vers l'est, la ***Youth Hostel*** (☎ *343 682*) revient à 3 £E la nuit (en chambre de 6 lits) pour ses membres et à 5 £E pour les non-affiliés. Le bâtiment donne l'impression d'avoir subi un bombardement.

Hôtels. L'hébergement le moins cher (et le plus "parfumé") de la ville est sans doute le peu engageant ***Karoun Hotel***, face à la Cafeteria al-Medina. Ses doubles coûtent 3 £E, mais autant les éviter.

S'acharnant à damer le pion au précédent sur le plan de l'insalubrité, le ***Lokanda Abdel Hamid***, (repérez l'inscription "hotel"), au coin de la rue face au canal, propose des doubles à 5 £E, des triples à 9 £E, et dispose d'eau chaude.

Paisible, le ***Montazah Hotel*** (☎ *348 662*), installé à environ 500 m au nord-ouest du centre, à un pâté de maisons de Sharia Tawfiqiyya, comprend des simples/doubles assez correctes sans s.d.b., avec ventilateur et petit déjeuner, moyennant 20/25 £E, ainsi que des doubles avec s.d.b. à 35 £E.

Une rue plus au nord, toujours dans Sharia Tawfiqiyya, le ***Queen Hotel*** (☎ *346 819, fax 346 233*) loue ses chambres les plus anciennes 85/120 £E la simple/double et les nouvelles 120/150 £E. Toutes sont climatisées, disposent de téléphone, TV et réfrigérateur. Le petit déjeuner est inclus.

De nouveau au bord du canal, le ***Palace Hotel*** (☎ *351 222*) conserve son haut niveau de prestations en fournissant toujours savon et serviettes de bain. Il abrite des simples/doubles propres (avec petit déjeuner) à 20/35 £E sans s.d.b. ou 30/45 £E avec s.d.b. Ajoutez 15 £E et vous

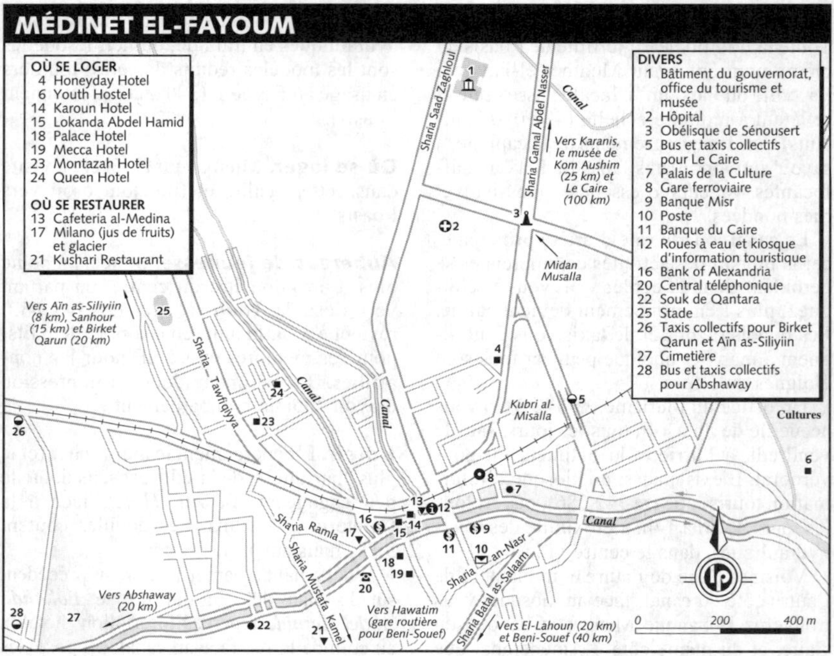

jouirez de la clim. Si le personnel est sympathique, n'en oubliez pas pour autant d'inspecter les chambres car certaines s'avèrent plus agréables. La direction gère aussi le ***Mecca Hotel*** (☎ *351 223*) juste derrière, qui offre un confort plus rudimentaire avec des chambres à 10/18 £E sans s.d.b. Aucun repas n'y est servi.

Le ***Honeyday Hotel*** (☎ *341 205, fax 340 105*) est implanté au bas de Sharia Gamal Abdel Nasser et englobe un bar, une cafétéria et un restaurant. Ses chambres très convenables se louent 55/75 £E en simple/double, petit déjeuner compris.

Où se restaurer. Le choix n'est pas bien grand à Médinet el-Fayoum. Outre les habituelles ***échoppes à foul, ta'amiyya et kushari*** (il en existe une proposant de bons produits dans Sharia Mustafa Kamel, non loin de Sharia al-Horreyya), vous pourrez vous attabler à la ***Cafeteria al-Medina***, bâtie près des roues hydrauliques, et servant des kebabs et autres plats de viande et de poulet. Prévoyez la somme astronomique de 25 £E pour un repas, certes copieux, mais sans grande originalité. ***Milano***, le marchand de jus de fruits, et son voisin glacier vous rafraîchiront chacun avec leurs bons produits. Le *Queen Hotel* abrite aussi un restaurant, où l'on vous servira la sempiternelle escalope panée, ainsi que du kofta et du poulet, moyennant 15 £E.

Karanis

Au bord de la dépression de l'oasis, à 25 km de Médinet el-Fayoum, sur la route du Caire, vous découvrirez les ruines de Karanis, cité du IIIe siècle av. J.-C., où vivaient les mercenaires de Ptolémée II. On distingue encore les vestiges de leurs bains publics parmi les décombres.

La partie méridionale du site abrite deux temples gréco-romains. Le plus grand, bâti vers la fin du Ier siècle av. J.-C., était dédié à deux dieux crocodiles de la région, Pnepheros et Petesouchos, et il porte des inscriptions datant des règnes des empereurs romains Néron, Claudius et Vespasien. Quelques-uns des portraits peints découverts ici sont exposés désormais au Musée égyptien du Caire. L'entrée vous coûtera 16 £E (la moitié si vous êtes étudiant).

Le musée voisin de Kom Aushim propose d'intéressants objets datant de l'Ancien et du Moyen Empire, parmi lesquels des barques sacrées en bois, des vases canopes, ainsi que des statuettes en bois et en céramique, enterrées pour servir les défunts dans leur autre vie. L'exposition concernant la période gréco-romaine se tient au premier étage. Le musée vous accueille chaque jour de 8h à 16h, moyennant 6 £E (étudiant : 3 £E).

Où se loger – camping. Vous pouvez dresser la tente sur la propriété du musée de Kom Aushim, à condition de débourser 4 £E pour la nuit.

Il était autrefois possible de camper au bord du lac, mais la police touristique rechigne à octroyer des permis depuis le massacre de Louxor. Renseignez-vous auprès de l'office du tourisme, pour savoir si la situation a changé.

Comment s'y rendre. Il existe un bus (50 pt) à destination de Karanis, qui part à 7h et à 14h30, à moins que vous ne préfériez prendre l'un de ceux qui desservent Le Caire.

Pyramide de Haouara et labyrinthe

A environ 12 km au sud-est de Médinet el-Fayoum, en prenant la route de Beni-Souef, on découvre la pyramide de Haouara, également connue sous le nom de pyramide d'Amenemhat III (XIIe dynastie). Se dressant à 58 m de haut, elle fut bâtie en brique crue et se trouve en piteux état. Jadis imposant, le complexe funéraire de ce roi n'est désormais plus qu'un amas de décombres, et même son temple, réputé sous l'Antiquité, a souffert des assauts des voleurs de pierre. Hérodote affirmait que le labyrinthe de 3 000 pièces que contenait le temple (300 m sur 250 m) surpassait même les pyramides ; tandis que Strabon soutenait qu'il avait possédé autant de pièces que de provinces pour permettre aux sujets du pharaon d'être représentés par leurs notables respectifs dans les offrandes des sacrifices. En 24 av. J.-C., Strabon écrivait donc :

Portraits du passé

Si le Fayoum n'est plus aussi renommé que dans l'Égypte ancienne, son nom reste lié à la découverte des plus anciens portraits connus au monde.

Débordants de vie, ces portraits dits "du Fayoum" étaient réalisés sur des panneaux de bois et encastrés sur le visage des morts, ou simplement peints sur le linceul ; une fusion des anciennes pratiques funéraires égyptiennes avec les usages gréco-romains.

Datant des trois premiers siècles, ces images demeurent les seuls témoignages d'une technique propre aux Grecs et aux Romains et utilisant l'encaustique ou la détrempe. Ils témoignent de la maturité des artistes anonymes qui les ont peintes, et l'expressivité de ces visages est si universellement humaine qu'on est tenté de les trouver modernes. Même si on a retrouvé aussi des portraits de personnes âgées, la majorité de visages jeunes tient au fait que les gens se faisaient peindre de leur vivant, en pleine vitalité (la vieille idée égyptienne que les images sont la réalité de l'autre vie !).

Plus d'un millier de ces portraits ont été découverts en Égypte et un grand nombre proviennent du cimetière de Haouara. Ils sont exposés dans les musées du monde entier.

Il y a de longues allées couvertes, dotées de passages communiquant entre eux, si bien qu'aucun étranger ne saurait y trouver son chemin pour entrer ou sortir sans l'aide d'un guide. Les toits de ces demeures consistent chacun en une simple pierre, tandis que les allées couvertes sont abritées de la même manière avec de simples dalles de taille extraordinaire, sans avoir entremêlé du bois d'œuvre ou n'importe quel autre matériau.

Le site servit également de cimetière pour les Grecs et les Romains, et ce fut ici qu'ils adoptèrent la pratique égyptienne de la momification. Là aussi, on retrouva beaucoup des nombreux portraits dits "du Fayoum" (voir l'encadré *Portraits du passé* page précédente, pour de plus amples renseignements sur ces fascinantes peintures). Tout ce qu'il reste aujourd'hui se résume à des morceaux de toile à momifier et des os humains, saillant du monticule de ruines. Par ailleurs, un cimetière de crocodiles fut exhumé au nord-est de la pyramide. A l'heure de la rédaction de ce guide, il n'était pas possible de pénétrer dans la pyramide, car la nappe phréatique avait monté et obstruait l'entrée. Le site est ouvert de 7h à 17h, moyennant 18/8 £E par adulte/étudiant.

Comment s'y rendre. Les bus circulant entre Beni-Souef et Médinet el-Fayoum desservent Haouarat al-Makta, d'où il ne reste qu'une courte marche à effectuer pour accéder à la pyramide. Demandez simplement au chauffeur de vous laisser descendre.

Pyramide d'El-Lahoun

A une dizaine de kilomètres de Haouara, sur le secteur, proche du Nil, de l'étroit couloir fertile qui relie le Fayoum au fleuve, se profilent les vestiges d'une modeste pyramide en brique crue. Jadis revêtue de calcaire, elle fut érigée par Sénousret II, à la période du Moyen Empire, aux alentours de 1885 av. J.-C. Les profanateurs de sépulture de l'Antiquité la dépouillèrent de ses trésors, mais les archéologues des temps modernes découvrirent toutefois un objet qui avait échappé aux vandales : un stupéfiant cobra en or massif.

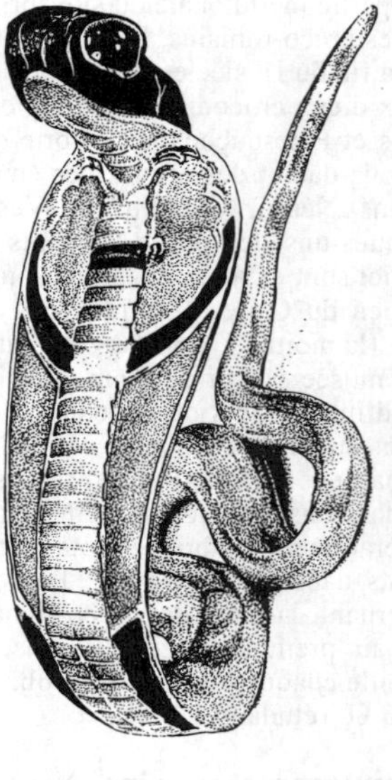

L'uræus de Sésostris II, XIIe dynastie, fut découvert dans la pyramide d'El-Lahoun. Sa tête est constituée de lapis-lazuli, pierre bleu azur utilisée aussi pour son corps avec du feldspath et de la cornaline. Il faisait partie jadis d'une coiffe de cérémonie

La pyramide d'El-Lahoun se situe totalement hors des sentiers battus et, bien qu'il n'en reste pas grand chose, vous pourrez toujours grimper à son sommet pour bénéficier d'une beau panorama sur les environs. Seul point noir : l'entrée du site coûte 16/8 £E par adulte/enfant.

Comment s'y rendre. Vous pouvez faire du stop depuis Beni-Souef ou Médinet el-Fayoum, ou bien encore prendre le bus qui relie les deux localités jusqu'au village d'El-Lahoun, d'où il vous restera 2 km de marche pour rejoindre la pyramide.

Aïn as-Siliyiin

Les sources et les jardins d'Aïn as-Siliyiin, à 8 km environ au nord-ouest de Médinet el-

Fayoum, méritent une visite, ne serait-ce que pour le cadre luxuriant de la vallée qui leur sert d'écrin. Les eaux sont agréables au palais et l'on dit qu'elles aideraient à la prévention de l'artériosclérose, en raison des traces de titane découvertes dans leur composition. Le site abrite quelques cafés, des restaurants et de petites boutiques où vous pourrez acheter de l'eau et des biscuits. Les paysans des jardins avoisinants vendent leur production saisonnière le long du chemin. Vous débourserez 25 pt pour pouvoir y pénétrer.

Où se loger. L'***Hotel-Chalet Aïn as-Siliyiin*** (☎ *552 113*) est agréablement situé près des sources, en pleine verdure. Ses chambres toutes simples sont vastes et dotées d'une sorte de terrasse. Prévoyez de 38 à 50 £E avec la clim., le petit déjeuner étant en supplément.

Comment s'y rendre. Depuis Médinet el-Fayoum, prenez un bus (50 pt, 1 départ par heure) ou un taxi régulier pour Sanhour, au dépôt installé à l'ouest de la ville, et dites au chauffeur où vous souhaitez descendre.

Birket Qarun

Il n'y a pas grand-chose à faire dans cette localité hormis s'attabler à l'un des cafés au bord du lac ou louer un bateau, contre 5 £E l'heure.

Vous pouvez profiter de la plage, moyennant 50 pt, le vendredi et les jours fériés.

Où se loger. En arrivant au lac, le premier endroit devant lequel vous passerez n'est autre que l'***Auberge du Lac*** (☎ *700 002, fax 700 730*), un établissement quatre-étoiles. A l'issue de la Première Guerre mondiale, les grands de ce monde se rencontrèrent dans ce qui était à l'époque le seul hôtel du site, pour décider des frontières du Moyen-Orient. Plus tard, l'endroit servit de relais de chasse privé au roi Farouk. De nos jours, des groupes de chasseurs, traquant les canards et les oies, y descendent, de même que des Cairotes en mal de grand air. Les simples/doubles se louent assez cher : 70/105 £E la nuit, avec le petit déjeuner.

A 500 m plus à l'ouest, le ***Panorama Shakshouk Hotel*** (☎ *701 746, fax 701 757*), établissement trois-étoiles, propose des simples/doubles à 180/280 £E sur la base obligatoire d'une formule demi-pension. L'établissement bénéficie d'une piscine construite sur le lac.

S'offre enfin une troisième solution, moins onéreuse : l'***Oasis Motel*** (☎ *701 565*), mais il était fermé pour rénovation au moment de notre dernière visite.

Où se restaurer. Les restaurants du bord du lac n'ouvrent pour la plupart qu'à la pleine saison et sont rattachés aux grands hôtels. Les Cairotes ont coutume de descendre à l'***Auberge*** lorsqu'ils passent la journée dans le secteur, où ils savourent le célèbre canard du Fayoum mais, comme dans tous les hôtels de luxe, l'addition se révèle assez salée (prévoyez autour de 40 à 50 £E pour un repas complet).

Comment s'y rendre. Prenez un des pick-ups effectuant le trajet Sanhour-Shakshouk (1 £E). Dès que vous apercevrez le lac et l'Auberge du même nom, vous serez arrivé et n'aurez plus qu'à descendre où vous le souhaitez. Il est assez facile de repartir dans l'autre sens, en reprenant le même moyen de locomotion pour l'une ou l'autre destination, sur la route qui longe la rive sud.

Qasr Qarun

Les ruines de la ville antique de Dionysus, jadis point de départ des caravanes pour l'oasis de Bahariya, dans le désert de Libye, se situent à proximité du village de Qasr Qarun, à la sortie ouest de Birket Qarun.

Le temple ptolémaïque érigé au IVᵉ siècle av. J.-C. en l'honneur de Sobek, dieu du Fayoum, se profile à gauche de la route, peu avant la bourgade. On l'a en partie restauré en 1956. Vous pouvez demander à descendre dans les chambres souterraines et à grimper, pour bénéficier d'une vue sur le désert, les vestiges disséminés des localités ptolémaïques et romaines, ainsi que sur l'oasis. Vers l'ouest du temple, on découvre une forteresse en ruine qui a donné son nom au site et qui servait jadis à protéger les caravanes en provenance de la ville. A l'intérieur, on peut admirer les restes d'une basilique chrétienne avec quelques chapiteaux en pierre. L'entrée vous coûtera 16 £E (8 £E si vous êtes étudiant).

Comment s'y rendre. Accéder au site n'est pas de tout repos, en dépit de la distance relativement faible à couvrir. Depuis Médinet el-Fayoum, prenez un taxi ou un pick-up à destination de la ville d'Abshaway (55 pt, 1 heure de trajet), puis changez une fois sur place pour la direction de Qasr Qarun (1,20 £E, 1 heure). Il existe aussi des pick-ups circulant sur la route qui longe la rive sud du lac à destination de Qasr Qarun, mais ils sont rares et peu fréquents.

Wadi Rayan

Dans les années 60, les autorités égyptiennes entreprirent de grands travaux d'irrigation, créant ainsi toute une série de lacs dans une dépression appelée Wadi Rayan, au sud-est du lac Qarun. Rempli avec le surplus d'eau de l'oasis, l'ensemble était conçu comme la première étape d'un ambitieux projet d'assèchement des terres. Il accueille également de nombreux oiseaux qui viennent y nicher. Par ailleurs, des cascades relient les plans d'eau et les Cairotes ont l'habitude de venir y pique-niquer. Si vous évitez les vendredis et les jours fériés, Wadi Rayan constitue un endroit paisible pour passer l'après-midi à observer les oiseaux et goûter dans le désert.

Comment s'y rendre. Wadi Rayan n'est desservi par aucun transport public, aussi vous faudra-t-il vous y rendre en taxi ou louer votre propre véhicule. Suivez la route jusqu'au bout du lac Qarun, puis empruntez la large chaussée d'asphalte sur la gauche, après avoir aperçu les dômes en brique du village de Tunis (retraite bucolique des artistes cairotes et de l'intelligentsia occidentalisée) sur une crête à votre gauche. Une route de bitume mène directement au lac. L'entrée s'élève à 5 £E par personne et 5 £ par véhicule.

PYRAMIDE DE MEÏDOUM

A environ 32 km au nord-est de Médinet el-Fayoum et à 45 km au nord de Beni-Souef, par-delà la ceinture de végétation, on peut admirer les ruines de la première pyramide proprement dite que les Égyptiens de l'Antiquité tentèrent de construire. Bien qu'elle évoque davantage une tour en pierre, elle n'en demeure pas moins impressionnante en se dressant abruptement au milieu d'une grosse colline de décombres. Dans ce cas précis, toutefois, l'état apparent de délabrement n'est pas l'œuvre du temps ou encore des voleurs de pierre ayant sévi au fil des siècles, mais plutôt le résultat d'un seul accident instantané. La pyramide fut d'abord bâtie comme une structure de huit niveaux, puis on remplit les marches et l'on ajouta le revêtement externe, en formant ainsi une véritable coquille pyramidale. Cependant, il y eut de sérieuses erreurs de conception et, quelque temps après l'achèvement des travaux (sans doute sous les Ptolémées dans les derniers siècles av. J.-C.), la pyramide s'affaissa sous son propre poids sur les côtés, laissant subsister la partie centrale, encore debout.

Commencée par le roi Houni, elle fut terminée par son fils Snéfrou, fondateur de la IVe dynastie. Les architectes de ce dernier surent à l'évidence tirer les leçons des erreurs de Meïdoum, puisque c'est le même Snéfrou qui fit ériger les pyramides rhomboïdale et rouge de Dachour, et que l'on doit à son fils, Kheops, l'une des grandes pyramides de Gizeh.

On peut la visiter moyennant 16 £E (8 £E avec une carte d'étudiant). Demandez au gardien de la maison voisine de vous ouvrir le site. Vous pourrez ensuite descendre les 75 m qui mènent à la chambre funéraire vide.

Comment s'y rendre

Il s'avère en fait plus facile d'y accéder depuis Beni-Souef, situé à 45 km au sud, que depuis Médinet el-Fayoum. Prenez un

MARK ECCLESTON

Atelier de potier en plein air à El-Nazla dans le Fayoum, plaine fertile au sud du Caire

GREG ELMS

A l'abandon dans un musée de Memphis, l'immense statue en calcaire de Ramsès II est très abîmée

BETHUNE CARMICHAEL

BETHUNE CARMICHAEL

BETHUNE CARMICHAEL

BETHUNE CARMICHAEL

Magnifiquement conservé, le temple d'Hathor à Dendérah comporte des toits massifs en pierre, des chambres obscures, des passages souterrains et d'imposantes colonnes gravées de hiéroglyphes pick-up (75 pt, 45 minutes de trajet) de Beni-Souef à Al-Wasta, puis un second se rendant au village de Meïdoum (35 pt), d'où vous aurez encore 2 ou 3 kilomètres de marche, à moins qu'on ne vous prenne en stop.

Sinon, vous pouvez aussi monter dans l'un des taxis réguliers ou des bus circulant entre Beni-Souef et Le Caire, en demandant qu'on vous dépose à l'embranchement de Meïdoum, d'où il vous restera encore 6 km à effectuer. Au retour, c'est sans doute le moyen le plus simple de rentrer à Beni-Souef (ou au Caire, du reste) en hélant un taxi régulier ; mais soyez patient.

MARCHÉ AUX DROMADAIRES DE BIRQASH

Le plus important *souk al-gamaal* ("marché aux dromadaires") du pays se tient à Birqash, à environ 35 km au nord-ouest de la capitale. Jusqu'en 1995, cette célèbre foire se déroulait parmi les immeubles délabrés et les rues populeuses d'Imbaba, l'un des faubourgs situés à l'ouest du Caire. Mais une population en plein essor a pris du terrain, en s'étendant jusqu'à la périphérie de la ville si bien que, par manque de place – denrée trop précieuse pour la sacrifier à ces animaux –, l'une des plus anciennes institutions cairotes a dû être déplacée aux frontières du désert de Libye, dans un secteur jugé plus convenable pour le commerce des dromadaires.

Depuis Le Caire, c'est une excursion facile d'une demi-journée. Des centaines de dromadaires sont vendus quotidiennement, la plupart ayant été conduits par des chameliers sur la route des Quarante-Jours depuis le Soudan occidental jusqu'au nord d'Abou Simbel (voir l'encadré *On emmène les dromadaires au marché*). Une fois sur place, la majeure partie est vendue à des négociants du marché de Daraw, qui les entassent entravés dans des camions pour un trajet de 24 heures à destination de Birqash. A l'arrivée, beaucoup d'entre eux n'ont plus que la peau sur les os. Les animaux qui ont le malheur de sortir du rang sont battus sans remords. Ames sensibles s'abstenir.

Outre ceux en provenance du Soudan, on trouve des dromadaires en provenance de diverses régions d'Égypte (dont le Sinaï, l'Ouest et le Sud) et parfois d'aussi loin que la Somalie. On les échange contre d'autres types de bétail, tels que moutons, chèvres ou chevaux, quand on ne les vend pas pour des travaux de ferme ou pour la boucherie. Si vous souhaitez devenir acquéreur, sachez qu'un petit dromadaire vous coûtera environ 1 500 £E, tandis qu'un grand avoisine le double. Le marché s'anime surtout les vendredi et lundi matin, de 7h à 9h. A mesure que la journée avance, les transactions se raréfient et, en début d'après-midi, elles sont quasi inexistantes.

Depuis longtemps se pose la question de savoir s'il existe ou non un droit d'entrée officiel pour les touristes, mais la pratique s'est établie d'elle-même et l'on vous remet un ticket stipulant "marché d'intérêt public" ("Government souk"). Prévoyez 3 £E, plus 2 £E si vous prenez des photos et 15 £E si vous filmez.

Comment s'y rendre

Il existe plusieurs possibilités. Si vous disposez d'un véhicule, prenez Pyramids Rd, puis obliquez à droite sur la route du Mansuriyya Canal. Roulez pendant 25 km, au panneau indiquant les pépinières Nimos, tournez à gauche. Lorsque, 2 km après, la route bifurque, restez sur votre gauche, roulez encore 1 km : vous voilà au marché.

Si vous utilisez les transports publics, le moins cher consiste à vous rendre à l'ancien marché aux dromadaires d'Imbaba, d'où des microbus (remplis de marchands et d'acheteurs potentiels de djellabas) font la navette entre Birqash et Le Caire. Pour parvenir sur place, prenez le bus n°99 dans Midan Abdel Moniem Riad, ou le minibus n°72 de Midan Ramses à Midan Libnan (à Mohandiseen), puis montez de nouveau dans un microbus. Plus simple encore : sautez dans un taxi au départ du centre-ville jusqu'à l'ancien marché, en demandant l'aéroport d'Imbaba (*matar Imbaba*), le repère important le plus proche. Comptez entre 3 et 5 £E. Les microbus pour Birqash

(1 £E) démarrent d'un café (repérez l'enseigne *"Modern Cairo House"*), face à l'ancien emplacement du marché (lequel est devenu pour l'heure une sorte de vague dépotoir-terrain de jeux).

Au départ d'Imbaba, la route serpente parmi les champs constellés de palmiers-dattiers, de villages poussiéreux et d'orangeraies, avant de grimper l'escarpement désertique menant au marché. En tout et pour tout, vous goûterez à 45 minutes d'un parcours au cœur de l'Égypte rurale. Les microbus qui partent de Birqash pour rentrer à Imbaba attendent d'être pleins pour démarrer, aussi devrez-vous patienter environ une heure.

Sinon (mais uniquement le vendredi), le Sun Hotel (voir *Où se loger*, dans le chapitre consacré au *Caire*) organise une visite du souk en minibus, lequel quitte l'établissement à 7h et revient vers midi. Prévoyez 20 £E par personne (5 au minimum) et réservez un ou deux jours au préalable.

Dernière possibilité : louez les services d'un taxi pour effectuer l'aller-retour. Comptez 70 £E, mais assurez-vous de bien négocier le temps d'attente sur place.

WADI NATROUM

A une centaine de kilomètres au nord-ouest du Caire, Wadi Natroum est une vallée en partie cultivée, désormais fortement liée à l'Église copte. Les Égyptiens de l'Antiquité tenaient le site pour précieux, car ils y trouvaient du natron, dont il se servait pour le processus de momification. Le natron provient de vastes dépôts de carbonate de soude qui demeurent dans la vallée lorsque les lacs salés se tarissent chaque été ; ces dépôts sont de nos jours utilisés à grande échelle dans l'industrie chimique.

Une visite aux monastères de Wadi Natroum devrait vous permettre de mieux comprendre la ténacité de l'ancienne secte chrétienne copte. C'est le désert qui, en un sens, a servi de rempart à la foi, car ce fut là-bas que des milliers de chrétiens se sont réfugiés, pour échapper aux persécutions de Rome, au IVe siècle. Ils vivèrent dans des grottes ou bâtirent des monastères, et développèrent la tradition monastique qu'adoptèrent plus tard les chrétiens d'Europe.

Le centre vital des monastères n'était autre que l'église, autour de laquelle étaient construits un puits, des entrepôts, une salle à manger, une cuisine, un four à pain et les cellules des moines. Ces communautés à l'origine isolées et non protégées bâtirent des fortifications, à l'issue des raids destructeurs menés en 817 par des Arabes partis à la conquête de l'Afrique du Nord. Sur la soixantaine de monastères disséminés dans la vallée, seuls quatre demeurent. Mais ils ont tous su préserver une intense vie religieuse. Le pape copte est toujours choisi parmi les moines de Wadi Natroum et on assiste même à un renouveau du monachisme parmi les jeunes coptes, de plus en plus nombreux à endosser la robe et le capuchon brodé, pour vivre "au désert", derrière ces murailles ancestrales.

Hormis leur isolement et leur sérénité, ces monastères méritent aussi le détour pour les œuvres d'art copte qu'ils renferment, notamment celui de Deir as-Suriani.

En règle générale, vous pourrez tous les visiter, à l'exception de Deir Abou Makar (Makarios). Si vous souhaitez passer la nuit, il vous faudra une permission écrite obtenue auprès des résidences monastiques du Caire : Deir Amba Bishoi (☎ 591 4448), Deir as-Suriani (☎ 592 9658), Deir al-Baramus (☎ 592 2775), Deir Abou Makar (☎ 577 0614). Les femmes ne sont en principe pas admises à y passer la nuit.

Deir Amba Bishoi

Saint Bishoi fonda deux monastères à Wadi Natroum : celui-ci, qui porte son nom, et son voisin, Deir as-Suriani. Deir Amba Bishoi – un merveilleux endroit pour contempler le coucher du soleil sur le désert – renferme la dépouille du saint, qui serait préservée sous une toile rouge, et les restes de Paul de Tamweh, lequel se rendit célèbre en se suicidant à sept reprises.

Deir as-Suriani

Deir as-Suriani ("monastère des Syriens") doit son nom à un groupe de moines voyageurs venus de Syrie et qui achetèrent le lieu de culte aux coptes, avec l'aide d'un de leur compatriote prospère, au VIIIe siècle. En réalité, des moines coptes s'y réinstallèrent au XVIe siècle et l'ont occupé depuis. Il mérite d'être visité pour ses superbes œuvres d'art, dont de remarquables peintures murales découvertes sous le plâtre de l'église de la Vierge. Certaines de celles-ci peuvent s'admirer au travers de petites "fenêtres" découpées dans le plâtre qui les recouvre.

Le monastère se trouve à 500 m environ au nord-ouest de Deir Amba Bishoi.

Deir Abou Makar (Macaire)

Ce monastère se trouve à près d'une vingtaine de kilomètres au sud-est de Deir Amba Bishoi. Il fut fondé autour de la cellule où saint Macaire passa ses vingt dernières années. Bien qu'il ait particulièrement souffert des assauts des Bédouins, il s'agit sans doute du plus renommé des quatre. En effet, depuis des siècles, les papes coptes ont été choisis parmi ses moines. Dernière demeure de bon nombre de ces papes, il abrite aussi les dépouilles des "Quarante-Neuf Martyrs", un groupe de moines décimés par les bédouins en l'an 444. Par ailleurs, c'est le plus reclus des quatre monastères et, même pour une simple visite, il vous faudra avoir obtenu une autorisation au préalable.

Deir al-Baramus

Jusqu'à une période récente, c'était le plus isolé des monastères de Wadi Natroum, mais une route convenable a été construite depuis, entre celui-ci et Deir Amba Bishoi, au sud-est. Malgré cela, on ressent toujours cette impression d'isolement, et c'est sans doute le meilleur des quatre pour y séjourner, car un peu moins austère que les autres. L'église Saint-Jean se caractérise par sa splendide iconostase marquetée d'ivoire.

Comment s'y rendre

Vous pouvez prendre un bus de la West Delta Co à destination du village de Wadi Natroum, moyennant 3 £E, au départ du garage Turgoman, au Caire. Il en démarre un chaque heure, à partir de 6h30. Une fois dans le bourg, il vous faut trouver un taxi. Si vous vous y rendez un vendredi ou un dimanche, jours où les monastères sont remplis de fidèles coptes, vous ne devriez pas avoir de problème en auto-stop.

Si vous disposez de votre propre véhicule et si vous venez de la capitale, prenez la Pyramids Rd, puis obliquez sur la Desert Highway, juste avant la Mena House. A environ 95 km du Caire (après la *resthouse*), tournez à gauche dans le wadi, traversez le village de Bir Hooker et poursuivez, en suivant les panneaux indicateurs. Le premier est celui de Deir Amba Bishoi. Deir as-Suriani se situe à environ 500 m au nord-ouest, Deir Abou Makar 20 km plus loin, en empruntant une route en bitume vers le sud-ouest, et enfin Deir al-Baramus se trouve en retrait, vers le nord-ouest.

LE DELTA DU NIL

Si vous avez le temps, la balade du Caire à Alexandrie s'impose : la visite du delta de l'Égypte, ce luxuriant éventail ouvert, mérite maints détours. C'est là que le fleuve se sépare en deux pour se jeter au nord dans les ports méditerranéens de Damiette et de Rosette. Tissée par une multitude d'affluents de toutes tailles, cette région est l'une des plus fertiles du globe.

Dans l'Antiquité, ce secteur joua un rôle aussi important que la Haute-Égypte, encore que rares soient les écrits archéologiques qui l'attestent. Si le désert et la sécheresse du Sud permit de préserver les sites pharaoniques, la stupéfiante fertilité de la région du delta produisit un effet contraire. Au fil des siècles, à mesure que les cités, temples et palais antiques du delta étaient laissés en ruines, ils furent littéralement labourés par les *fellaheen* (paysans). Tout le charme de ce trajet réside dans le fait de traverser des localités peu visitées.

Les taxis réguliers et les bus sillonnent la région de ville en ville, mais si vous désirez partir à la découverte de l'incroyable campagne verdoyante, mieux vaut louer un véhicule. Théoriquement, vous n'êtes pas censé quitter les routes principales, mais au

Vous voulez rencontrer les gens du pays ? Prenez un bateau à destination des barrages du Nil : en arrivant vous aurez déjà trois douzaines d'amis

cas peu probable où la police vous interpellerait, dites que vous êtes perdu.

Barrages sur le Nil (Qanater)

Les barrages sur le Nil et la localité de Qanater (qui signifie simplement "barrages") se trouvent à 16 km au nord du Caire, à l'endroit où le fleuve se sépare en deux cours, l'un à l'est vers Damiette, l'autre à l'ouest vers Rosette. Mis en œuvre au début du XIXe siècle, ces ouvrages d'art ne furent parfaitement achevés qu'au bout de plusieurs décennies. Des séries de bassins et d'écluses placés sur les deux branches principales du Nil, ainsi que deux canaux latéraux, assurèrent, sur une large échelle, la régulation vitale du débit du fleuve dans la région du delta, favorisant un développement de la production de coton.

Le barrage de Damiette consiste en 71 vannes traversant le fleuve sur 521 m, tandis que celui de Rosette mesure 438 m et possède 61 portes d'écluse. Entre les deux, on découvre un secteur d'un kilomètre foisonnant de merveilleux jardins et de cafés. L'endroit est idéal pour louer un vélo ou une felouque.

La ville de Qanater, à la confluence du fleuve, représente officiellement le début de la région du delta.

Comment s'y rendre. Depuis Le Caire, prenez un bus fluvial, moyennant 50 pt au départ de la station des bateaux-taxis, devant l'immeuble de la Radio et de la Télévision (station Maspero), juste au nord du Ramsès Hilton. Prévoyez environ 2 heures de traversée. Plus rapide, mais moins paisible : le bus n°930, qui part de Midan Ataba ou le n°950 qui démarre de la gare routière Ahmed Helmy, derrière la gare ferroviaire Ramsès.

Zagazig

Juste à la sortie de cette ville, fondée au XIXe siècle, vous découvrirez les ruines de Boubastis, l'une des plus anciennes cités d'Égypte. Il n'y a pas grand chose à visiter dans Zagazig elle-même, mais la localité ne se trouve qu'à 80 km au nord-est du Caire et l'on peut faire l'aller-retour dans la journée (bien qu'il existe sur place un hôtel ou deux, si vous souhaitez y passer la nuit). Le train pour Port-Saïd depuis la capitale met environ 1 heure 30 pour rejoindre Zagazig, tandis qu'un taxi régulier (4 £E), qui démarre de Midan Ahmed Helmy au Caire, mettra environ 1 heure.

Boubastis

La grande divinité de l'ancienne cité de Boubastis n'était autre que la déesse-chat Bastet. Les festivités en son honneur attiraient, dit-on, plus de 700 000 fidèles qui chantaient, dansaient, festoyaient, buvaient de grandes quantités de vin et offraient des sacrifices à leur idole. Le joyau architectural de Boubastis était constitué par le temple de Bastet, sis entre les deux canaux, entouré d'arbres et encerclé par la ville, laquelle fut bâtie en surplomb pour dominer celui-ci. Les travaux commencèrent sous la férule de Kheops, puis de Khephren, au cours de la IVe dynastie, puis les pharaons suivants ajoutèrent leur empreinte au fil des dix-sept siècles qui succédèrent. Le temple ne forme plus désormais qu'un triste empilage de blocs… Le plus intéressant site de Boubastis demeure le cimetière félin, à 200 m en bas de la route. La série de galeries souterraines, où l'on découvrit de nombreuses statues de chat en bronze, peut faire l'objet d'une fascinante exploration.

Tanis

En quittant le village de San al-Hagar, à 70 km au nord-est de Zagazig, on peut admirer les vestiges de l'antique Tanis. Pour beaucoup, il s'agirait de la cité biblique où les Hébreux furent persécutés avant de fuir en traversant la mer Rouge, en quête de la Terre promise. C'est également l'endroit où Indiana Jones découvre "l'Arche perdue". Quoi qu'il en soit, ce fut sans doute une importante localité pour toute une succession de pharaons, dont tous laissèrent leur empreinte dans l'extraordinaire nombre de statues qu'ils firent construire. Pendant plusieurs siècles, Tanis demeura l'une des plus vastes cités du delta.

Le site couvre environ 4 km^{2}, dont seule une partie a été fouillée par les archéologues. Les monuments mis au jour datent de la VIe dynastie, sous le règne de Pépi Ier, soit aux alentours de 2330 av. J.-C., jusqu'à la fin de la période ptolémaïque, au Ier siècle av. J.-C. Jusqu'ici les travaux ont révélé des lacs sacrés, les fondations de multiples temples, une nécropole royale, ainsi qu'une grande diversité de statues et de sculptures. On trouve aussi quelques tombeaux royaux que l'on peut visiter (moyennant un droit d'entrée), bien qu'ils ne soient pas très impressionnants, et toutes les découvertes sont désormais exposées au Musée égyptien du Caire.

Tantah

Tantah, la plus grande ville du delta, se situe à 90 km de la capitale et à 110 km d'Alexandrie. Elle ne renferme rien d'intéressant, bien qu'il s'agisse d'un haut-lieu du soufisme. Une mosquée est érigée en hommage à Sayyed Ahmed al-Badawi, un soufi marocain qui combattit les croisés au XIIIe siècle, de même qu'un *moulid* (festival religieux) en son honneur a lieu après la récolte du coton en octobre et compte parmi les plus populaires du pays : il attire une foule de un à deux millions de visiteurs.

Il ne reste plus de véritables vestiges antiques dans cette partie du delta, sauf les sites de trois anciennes cités. Au nord-ouest de Tantah, sur la rive est du Nil, se situe **Saïs**, la capitale de la XXVIe dynastie. Dédiée à Neith, déesse de la guerre et de la chasse, protectrice des corps embaumés, Saïs date des toutes premières heures de l'histoire égyptienne et elle abritait jadis palais, temples et sépultures royales.

A l'ouest de Tantah, un peu plus qu'à mi-chemin de Damanhour, existe le site de **Naucratis**, une cité antique où les Grecs eurent la permission de s'installer et de commercer, au VIIe siècle av. J.-C. Enfin, n'oublions pas **Bouto**, au nord-est de Damanhour et au nord-ouest de Tantah, qui fut le centre du culte de Ouadjet, la déesse-cobra de Basse-Égypte, toujours représentée sous la forme de l'*uræus* sur la couronne du pharaon.

Depuis Le Caire, on parvient facilement à Tantah, soit en prenant un taxi régulier dans Midan Ahmed Helmy, soit un bus de la Middle Delta Bus Co, au départ du garage Turgoman, soit encore un des trains effectuant le parcours Le Caire-Alexandrie (ils s'y arrêtent presque tous, hormis deux ou trois, dont les Turbos).

Mansourah

Mansourah est surnommée "cité de la Victoire", pour le rôle qu'elle joua au début de l'histoire islamique de l'Égypte. En 1249, les Égyptiens se retirèrent du littoral et installèrent leur campement à Mansourah, après que les croisés, sous le commandement de Louis IX (Saint Louis), eurent pris le port de Damiette. Lorsque ces derniers décidèrent de pénétrer plus avant dans les terres, ils assiégèrent le bivouac musulman, pour être fauchés de l'autre côté de Mansourah par dix mille guerriers mamelouks. Le roi lui-même fut capturé et rançonné contre la restitution de Damiette.

Plus récemment, Mansourah se distingua notamment en qualité de centre de production de l'industrie du coton égyptienne. Toutefois, la ville présente peu d'intérêt.

Il existe des liaisons ferroviaires directes avec Le Caire, ainsi que des taxis au départ de Midan Ahmed Helmy (8 £E). Les bus de la East Delta Co assurent la liaison avec la ville, moyennant 7 £E (2 heures 30 de trajet), au départ de Midan Ulali.

Damiette (Dumyat)

Jadis port arabe de commerce fort prospère, Damiette a durement souffert de la construction du canal de Suez et du développement de Port-Saïd. Au Moyen Âge, sa position stratégique sur la côte nord de l'Égypte, à l'embouchure du Nil, lui valait d'être régulièrement menacé par les armées ennemies. Lorsqu'il n'était pas attaqué par des croisés en maraude, Damiette (Dumyat pour les habitants) connut le négoce florissant du café, du lin, de l'huile et des dattes, de même que les navires du monde entier y jetaient l'ancre.

Aujourd'hui, hormis quelques demeures typiques du delta, il n'y a pas grand-chose à voir. Si vous souhaitez séjourner, essayez le ***Al-Manshi Hotel*** (☎ *323 308, 5 Sharia Nokrashi*) qui loue ses simples/doubles 20/27 £E la nuit.

Les bus de l'East Delta Co quittent Midan Ulali, au Caire, toutes les heures de 6h à 18h30 et desservent Damiette moyennant 10 £E.

La vallée du Nil – de Beni-Souef à Qus

Hérodote, grand historien et voyageur de l'antiquité grecque, décrivait l'Égypte comme un "don du Nil". Les anciens Égyptiens, quant à eux, comparaient leur pays à un lotus : le delta dessinant la fleur, l'oasis du Fayoum le bouton et la vallée la tige. Quel que soit l'angle sous lequel on la considère, l'Égypte c'est le Nil. Sa fertile vallée ressemble à une artère.

Plus long fleuve du monde, le Nil traverse, en serpentant vers le Nord, 6 680 km de terre africaine pour rejoindre la Méditerranée. Il naît de deux sources distinctes, distantes de 1 500 km : le lac Victoria, en Ouganda, d'où il coule durant 3 000 km sous le nom de Nil Blanc, et le lac Tana, dans les hauts plateaux éthiopiens. Les deux rivières convergent à Khartoum au Soudan pour donner naissance à ce fleuve qui s'écoule vers le Nord sans qu'aucun affluent ne vienne grossir ses flots.

L'Égypte est le principal pays bénéficiaire de ce puissant cours d'eau. Malgré la rareté des pluies dans la vallée du Nil, jusqu'au vingtième siècle, tous les étés, le fleuve inondait les terres alentour, en les recouvrant d'une épaisse couche de limon. Quand les eaux se retiraient, il suffisait aux paysans de planter des graines sur leur terre fraîchement fertilisée, puis d'attendre que les récoltes poussent.

Cependant, si le Nil rendait la vie relativement facile aux paysans, il leur jouait parfois des tours. Certaines années, quand la montée des eaux restait insuffisante pour inonder toute la terre, la famine sévissait. D'autres années, la crue atteignait une telle intensité qu'elle emportait les villages et la précieuse couche arable. Aussi, depuis la nuit des temps, les Égyptiens ont-ils conscience que la clé de la prospérité réside dans la maîtrise du fleuve. C'est dans ce but qu'ils ont aménagé un système d'irrigation très sophistiqué pour essayer d'économiser l'eau et d'obtenir chaque année plus d'une récolte à partir du limon.

Il fallut, néanmoins, attendre l'achèvement du grand barrage d'Assouan en 1971 (voir *Grand Barrage* dans le chapitre

A ne pas manquer

- **Minîèh.** Ses édifices du tournant du siècle, même délabrés, témoignent de sa grandeur passée et justifient une visite.
- **Tell al-Amarna.** Jetez un coup d'œil aux derniers vestiges de la cité construite par Akhénaton, le célèbre pharaon schismatique, et consacrée au culte du dieu-soleil, Aton.
- **Abydos.** Contemplez les bas-reliefs du temple de Séti, qui comptent parmi les plus beaux d'Égypte.
- **Dendérah.** Le magnifique temple d'Hathor reste l'un des ensembles les mieux conservés d'Égypte.

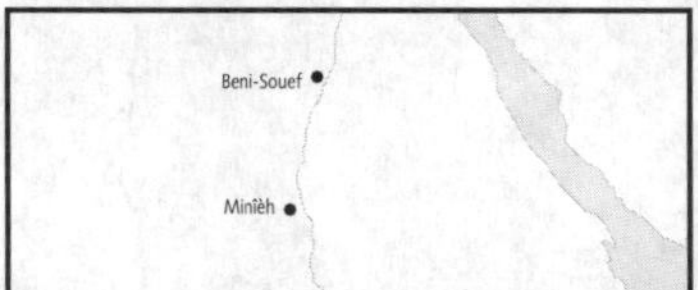

LA VALLÉE DU NIL

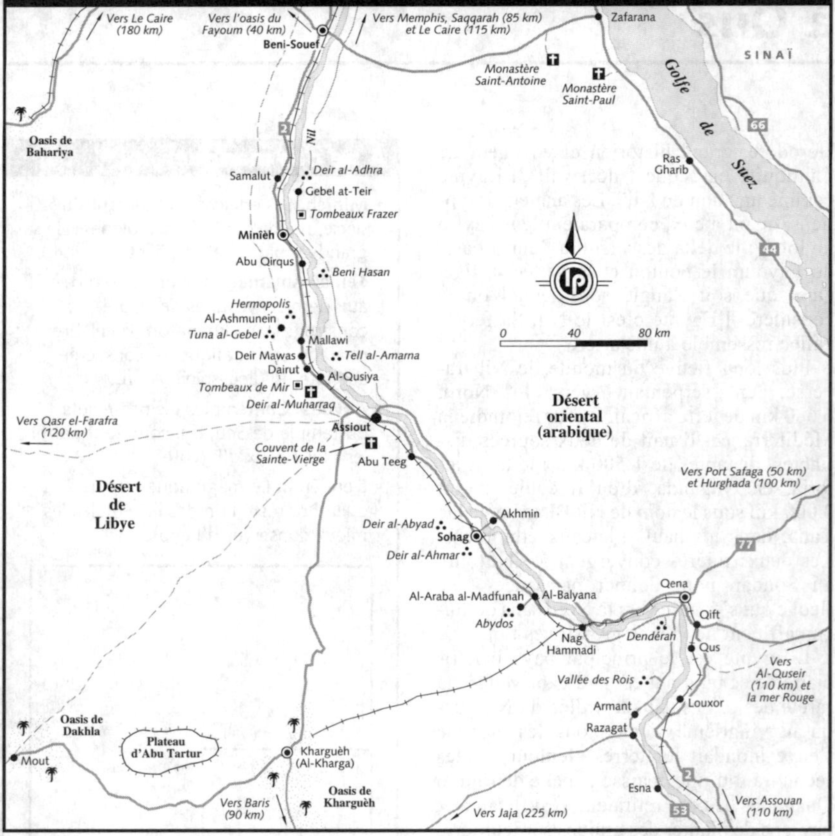

La vallée du Nil – d'Esna à Abou Simbel) pour que l'Égypte réussisse enfin à maîtriser le cours du fleuve. Le Nil dompté, la campagne a connu une gigantesque explosion démographique. Les milliers de villages qui émaillent les rives de l'ancienne plaine inondable ont maintenant atteint la taille de petites villes.

Reste que lorsqu'on quitte le Caire pour descendre vers le Sud, on est frappé par la luxuriance des champs verdoyants qui offrent un contraste étonnant avec le désert. Les paysans pratiquent toujours l'irrigation. On aperçoit parfois une *sakia*, ou roue à eau, que fait tourner un âne aux yeux bandés, ou un *chadouf*, ce balancier qui sert depuis toujours à élever l'eau.

La campagne présente ainsi un caractère bucolique qui cache en fait une réalité plus sombre. L'agriculture ne peut employer toute la population de la région qui, en l'absence de toute base industrielle, subit de graves problèmes économiques. Les plus touchés sont les jeunes, chez qui le taux de

Troubles dans la vallée du Nil

En 1992 a commencé au Caire et en Haute-Égypte une série d'actes de violence à l'instigation des islamistes. Si une action massive de la police a permis d'écraser l'aile radicale du mouvement au Caire, il s'avère beaucoup plus difficile d'en faire autant dans la région de la vallée du Nil située entre Minîèh et Qena. La police a du mal à contrôler vraiment une région où il est si facile de se cacher au milieu des cultures, comme celle de la canne à sucre, ou de s'enfuir par les routes du désert. Aussi, alors que la population n'a jamais soutenu la violence, les arrestations massives et les brutalités policières ont fini par alimenter un tel ressentiment à l'égard de l'État que le conflit a pris des allures de vendetta opposant les "familles" des policiers à celles des militants.

A l'heure actuelle, rares sont les étrangers qui voyagent dans cette partie de la Haute-Égypte. Paradoxalement, c'est dans la région supposée sûre de Louxor que les militants ont pu perpétrer l'attaque la plus sanglante contre des touristes, en novembre 1997, qui s'est soldé par le massacre de 58 étrangers au temple de Hatshepsout. Depuis lors, la police a ostensiblement renforcé la protection des touristes dans tout le pays. Pour autant, la région située entre Minîèh et Qena reste, et de loin, celle où la tension est la plus vive et les violences continuent même si les touristes n'en sont pas les victimes. L'omniprésence de la police et les incessants contrôles le long de la route qui longe le Nil donnent une idée de l'atmosphère ambiante.

Quiconque tente de s'aventurer seul dans les anciens sites tels que Tuna al-Gebel, Tell al-Amarna, les monastères proches de Sohag ou à Abydos se verra sans doute refoulé hors de la région par la police locale. Renseignez-vous auprès de votre ambassade sur les conditions de sécurité qui ont cours au moment de votre voyage.

chômage est très élevé. Sans parler de la méfiance historique à l'égard des lointaines autorités du Caire et la tradition de violentes vendettas. Ce sentiment d'indifférence alimente une certaine frustration, exploitée par les islamistes à la fin des années 80 et au début des années 90 dans certaines parties de la Moyenne et de la Haute-Égypte (voir l'encadré *"Troubles dans la vallée du Nil"*).

BENI-SOUEF

Capitale provinciale, située à 120 km au sud du Caire, Beni-Souef ne présente guère d'attrait pour le voyageur. Certes, elle est proche de la pyramide de Meïdoum et de l'oasis du Fayoum, mais ces deux sites peuvent très bien se visiter depuis Le Caire (voir le chapitre *Les environs du Caire*). Un petit musée, inauguré récemment, situé à côté du bâtiment du gouvernorat, abrite quelques objets mis au jour dans la région.

Il existe un central téléphonique ouvert 24h/24 dans la gare ferroviaire, un bureau de poste juste après la gare et un autre bureau téléphonique encore au-delà. La Bank of Alexandria dispose d'une agence à deux pas de Midan al-Gomhuriyya.

Où se loger et se restaurer

A côté de la gare, le ***Semiramis Hotel*** (☎ *322 092, fax 326 017*), un deux-étoiles, reste le meilleur établissement de la ville. Il dispose de simples/doubles avec s.d.b. et TV à 39/57 £E, petit déjeuner compris.

A une rue en retrait de la place, l'***Hotel al-Bakri*** possède des simples/doubles à 16/20 £E avec s.d.b. ou à 13/16 £E, avec s.d.b. commune. Le petit déjeuner est inclus.

Près de la gare routière et de la station de taxi, l'***Hotel Rest House*** (☎ *322 116*) sent un peu le renfermé mais offre des chambres correctes avec s.d.b. à 14/16,50 £E.

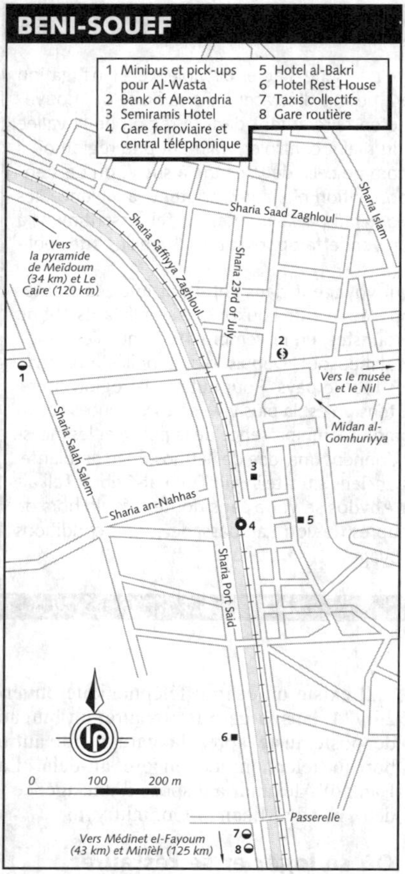

Pour vous restaurer, vous n'aurez pas l'embarras du choix. Outre le ***Semiramis Hotel,*** où un copieux kebab coûte environ 15 £E, il existe un kushari bon marché en bas de l'Hotel al-Bakri et quantité de vendeurs de foul et de ta'amiyya.

Comment s'y rendre

La gare routière borde la grand-route, au sud de la ville. Un service de bus, assuré entre 6h et 18h, dessert la gare routière Ahmed Helmy (derrière la gare Ramsès) du Caire. Il existe aussi de nombreux bus pour Minîèh et le Fayoum. Beni-Souef est également un point de départ pour la randonnée à travers le désert jusqu'au monastère Saint-Antoine, situé à environ 150 km à l'est, près du golfe de Suez (pour plus de précisions, voir la rubrique *Monastère Saint-Antoine* dans le chapitre *Le littoral de la mer Rouge*). Un bus quotidien relie Beni-Souef à Zafarana, la ville du littoral de la mer Rouge la plus proche du monastère.

De nombreux trains relient, au nord, Le Caire et Gizeh et, au sud, Minîèh. Des trains (à petite vitesse) desservent le Fayoum. Les tarifs sont affichés en arabe.

GEBEL AT-TEIR ET LES TOMBEAUX FRAZER

Deir al-Adhra (monastère de la Vierge) est le principal attrait de Gebel at-Teir, un petit hameau chrétien situé à 93 km au sud de Beni-Souef. Ce monastère et son église, fondés au IVe siècle par l'impératrice byzantine Hélène, furent édifiés sur l'un des sites où la Sainte Famille est censée avoir fait étape lors de la fuite en Égypte. Gebel at-Teir et son église sont perchés sur une colline (130 m d'altitude) qui surplombe la rive est du Nil.

Pour accéder à ce monastère, il s'avère plus facile de partir de Minîèh, à environ 20 km au sud, que de Beni-Souef. Empruntez le service de taxis ou de microbus qui va de Minîèh à Samalut et, de là, prenez un pick-up vers l'embarcadère sur le Nil (25 pt), puis effectuez la traversée sur le car-ferry ou en felouque, ce qui vous reviendra au même prix (1 £E). Sur l'autre rive, un pick-up dessert Deir al-Adhra, mais il vous faudra peut-être débourser environ 1 £E pour qu'il se décide à partir sans attendre d'autres voyageurs, souvent rares pour cette destination. Une fois arrivé, demandez la *knissa* ou église, et vous verrez apparaître quelqu'un avec les clés qui vous fera faire une brève visite. L'église abrite quelques belles icônes du XVIe siècle.

A environ 5 km au sud de Gebel at-Teir se trouvent les tombeaux Frazer qui remontent à la Ve et à la VIe dynasties. Taillés dans une falaise désertique de la rive gauche du Nil, ces tombeaux de l'Ancien Empire dominent la plaine et les champs. Très simples, ces quatre tombeaux recèlent quelques statues érodées et des hiéroglyphes gravés. Ces gravures n'ont rien de spectaculaire, mais c'est un lieu qui plaira à ceux qui aiment les endroits tranquilles.

Depuis Minîèh, prenez un pick-up (25 pt) à hauteur du pont situé à 500 m au sud-est de la ville. Il se dirigera vers le nord en suivant la route de la rive est jusqu'à un embranchement marqué par deux piliers blancs. Descendez à cet endroit puis marchez jusqu'aux falaises (un chemin qui part près de la pompe et qui passe à travers champs réduit de moitié la distance).

MINÎÈH

On la surnomme l'"épouse de la Haute-Égypte" (Arous as-Sa'id), car Minîèh marque plus ou moins la séparation entre la Haute et la Basse-Égypte. Capitale provinciale, située à 245 km au sud du Caire, elle doit son relatif développement industriel aux raffineries de sucre et aux manufactures de savons et de parfums. Elle a aussi acquis la mauvaise réputation d'être un foyer d'opposition antigouvernementale islamiste. Vu le nombre de "troubles" partis de la campagne alentour, Minîèh s'est mise à ressembler un peu à une forteresse en état d'alerte, où patrouillent des chars et des camions remplis de policiers sur le qui-vive. Malgré tout, Minîèh reste une ville agréable, avec une longue corniche en bordure du Nil et quelques beaux édifices du début du XXe siècle qui témoignent du temps où elle était un centre prospère de l'industrie cotonnière. Vous pouvez en principe vous promener relativement librement dans la ville mais la police vous accompagnera lors de vos visites aux monuments des alentours.

Renseignements

Si vous avez besoin de proroger votre visa, le bureau des passeports se trouve au deuxième étage de la poste. Il existe un office du tourisme (☎ 320 150) dans le bâtiment du gouvernorat et un autre dans la gare ferroviaire (☎ 342 044), ce dernier étant ouvert jusqu'à 20h.

Avec une carte Visa, vous pouvez effectuer un retrait d'argent à l'agence de la Banque Misr, située Midan as-Sa'a. C'est toutefois assez long. Vous pouvez également faire des transactions en liquide ou en chèques de voyage dans deux ou trois autres banques, dont la National Bank à l'angle d'Al-Gomhuriyya et de Corniche el-Nil.

La poste ouvre de 8h à 14h tous les jours, sauf le vendredi. Le central téléphonique, situé dans la gare ferroviaire, vend des cartes de téléphone.

A voir

Si le site de Minîèh présente un certain charme, la ville elle-même n'offre guère de centres d'intérêt, hormis l'architecture du centre-ville. La Corniche, longue avenue bordée de trois rangées d'arbres qui longe le Nil, se prête agréablement aux pique-niques et aux promenades en *hantour* (voiture à cheval). Un souk très animé se situe tout au sud du centre-ville.

A environ 7 km au sud-est de la ville, près de l'embarcadère du ferry sur la rive est, s'étend un vaste cimetière musulman et chrétien appelé **Zawiyyet al-Mayyiteen** (le lieu des Morts). Abritant plusieurs centaines de mausolées en brique crue, il s'étend sur 4 km, de la route jusqu'aux collines.

Où se loger

Hôtels. Le ***Majestic Hotel*** (☎ *364 212)*, dans Al-Gomhuriyya, le moins cher de la ville (et peut-être le plus poussiéreux), loue des chambres à trois lits pour 13,50 £E.

Même si vous n'avez pas l'intention d'y descendre, le ***Palace Hotel*** (☎ *324 071)*, sur Midan Tahrir, mérite une visite pour son cadre : une immense peinture de Néfertiti vous accueille au pied de l'escalier. Quant aux chambres, elles sont particulièrement hautes de plafond et le hall offre un espace immense et aéré, bien qu'un peu délabré. Les simples/doubles valent 12/16 £E sans s.d.b. ou 21/28 £E avec s.d.b.

Un peu au sud de la gare ferroviaire, l'***Hotel Seety*** (☎ *363 930, 71 Saad Zaghloul)*

MINÎÈH (MINYA)

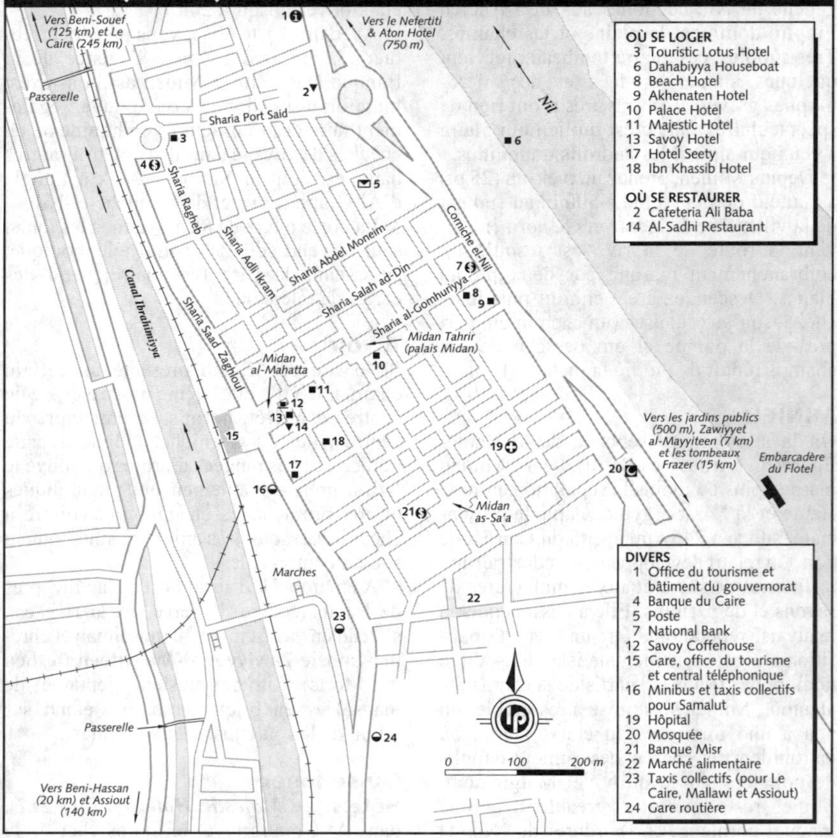

cache, derrière une façade un rien fatiguée, des chambres propres et confortables à petit prix (8/10 £E sans s.d.b. ou 10/14 £E avec).

Juste en face de la gare, sur Midan al-Mahatta, le ***Savoy Hotel*** (☎ *363 270*) a conservé, malgré sa décrépitude, des airs de grandeur avec son immense hall et ses plafonds peints. Les chambres simples/doubles/triples, vastes, mais plutôt décaties, coûtent 20/30/36 £E avec s.d.b. ou 15/25/30 £E sans.

L'***Ibn Khassib Hotel*** (☎ *364 535, 5 Sharia Ragheb*), situé dans une petite rue derrière la gare, occupe une vieille bâtisse. Ses 12 chambres doubles et ses 6 simples ont toutes de hauts plafonds et un mobilier de style victorien, mais visitez-les au préalable car certaines ne disposent que de minuscules s.d.b./douches. Avec le petit déjeuner, comptez 34/44 £E pour des simples/doubles avec clim. et s.d.b., ou 30/38 £E sans ces aménagements. L'hôtel possède un restaurant, un bar et une nouvelle salle de billard.

Situé près de la rivière, Al-Gomhuriyya, le ***Beach Hotel*** (☎ *322 307*) est un hôtel agréable et propre où les simples/doubles valent 21/28 £E sans s.d.b. (28/35 £E avec).

L'***Akhenaten Hotel*** (☎ *365 917/8*), sur la Corniche, possède 42 chambres propres avec moquette et clim., dont certaines bénéficient d'une vue superbe sur le Nil. Cet établissement offre le meilleur rapport qualité/prix. Comptez 33,10 £E/42,50 £E la simple/double, sans le petit déjeuner. Ajoutez quelques livres pour la clim.

Le ***Dahabiyya*** (☎ *325 596*), dans un vieux bateau, appartient à l'Organisation évangélique copte. Ses quatre petites chambres avec s.d.b. commune (dont la propreté, paraît-il, laisse à désirer) se négocient 25/50 £E, petit déjeuner compris.

Le ***Touristic Lotus Hotel*** (☎ *364 541, fax 364 576, 1 Sharia Port Said*), à 10 minutes à pied au nord de la gare ferroviaire, accueille souvent des groupes d'Allemands. Ses simples/doubles, toutes avec clim. et TV, coûtent 43,90/63,20 £E, petit déjeuner compris.

Le ***Nefertiti & Aton*** (☎ *331 515, fax 326 467*) est sur la Corniche, à environ 1 km au nord du centre-ville. Ce quatre-étoiles, dont certaines chambres avec vue sur le Nil reviennent à 51/61 $US, taxes non comprises, possède trois restaurants et deux bars.

Où se restaurer

Les habituels petits marchands de foul et de ta'amiyya abondent un peu partout autour de Midan al-Mahatta, de Midan Tahrir et le long de la rue qui s'étend au sud du marché. La ***Cafeteria Ali Baba***, sur la Corniche juste au nord de Sharia Port Said, vous servira un repas satisfaisant comprenant kebab ou autre plat de viande, salade, tahina et une boisson non alcoolisée pour environ 10 £E. C'est également un lieu agréable le matin pour prendre son café avec une pâtisserie.

L'***Al-Sadhi***, à droite du Savoy Hotel, propose de bons plats autour de 12 £E. La plupart des autres restaurants dépendent des hôtels. Ceux qui surmontent le ***Touristic Lotus Hotel*** et ***l'Akhenaten Hotel*** servent tous deux des plats simples mais copieux autour de 15 à 20 £E. Ils offrent en outre de belles vues. Au restaurant de l'***Ibn Khassib Hotel***, vous savourerez un poulet suivi d'une orange moyennant 12 £E environ.

Le ***Savoy Coffeehouse*** est idéal pour prendre une tasse de thé en faisant une partie de backgammon.

Comment s'y rendre

Bus. La police insiste généralement pour que les étrangers ne voyagent qu'en train. Il existe, toutefois, une gare routière à 500 m au sud de la gare ferroviaire, d'où part toutes les heures, entre 5h et 16h, un bus pour Le Caire (12 £E, 4 heures). Vous pouvez réserver ou tenter votre chance le jour même. Des bus partent également pour Beni-Souef (7 £E) toutes les 20 à 40 minutes, et pour Assiout (5,50 £E, 2 à 3 heures) toutes les 30 minutes. Un bus dessert quotidiennement Hurghada (30 £E). En été, il existe, le matin, un bus direct pour Alexandrie (35 £E).

Train. Le trajet Minîèh-Le Caire (4 heures) coûte 23 £E en 1re classe et 14/6,50 £E en 2e classe avec/sans clim. De très nombreux trains vont vers le Sud, les plus rapides quittant Minîèh entre 23h et 1h environ. Cinq d'entre eux vont jusqu'à Assouan et six jusqu'à Louxor. Bien que les étrangers soient censés prendre uniquement les deux trains "spéciaux" qui viennent du Caire, en pratique personne ne vous empêche de monter dans celui qui vous intéresse. Voici les prix des billets à partir de Minîèh (1re classe/2e classe avec clim./2e classe sans clim.) : 13/8/3,40 £E pour Assiout ; 21/13/5,80 £E pour Sohag ; 31/19/9 £E pour Qena ; 31/24/10 £E pour Louxor et 49/30/13,20 £E pour Assouan.

Taxis collectifs. Depuis Le Caire, les taxis collectifs mettent 3 à 4 heures pour rejoindre Minîèh et coûtent 10 £E. Depuis Minîèh, ils assurent un service jusqu'à 20h. Il existe également des taxis collectifs pour Assiout et Mallawi mais vous n'aurez sans doute pas le droit de les prendre. La gare

Pour circuler en Moyenne-Égypte, les taxis collectifs longue distance, plus connus sous le nom de "servis", sont le moyen de transport idéal

routière se situe à environ 5 minutes à pied de la gare ferroviaire (juste après le pont).

BENI-HASSAN

Nécropole du Moyen Empire située sur la rive est du Nil, à une vingtaine de kilomètres au sud de Minîèh, Beni-Hassan compte plus de trente tombeaux distincts, de tailles diverses, creusés dans une falaise de calcaire. Seuls quelques-uns sont accessibles. Le site ouvre de 7h à 17h mais mieux vaut ne pas arriver après 15h. L'idéal serait même de commencer la visite plus tôt tant la chaleur peut être écrasante en fin de journée. L'entrée coûte 12 £E (6 £E pour les étudiants). Le gardien s'attend à un petit bakchich.

Parmi les divers tombeaux de Beni-Hassan, les plus beaux (et les seuls ouverts au public) sont les suivants :

Tombeau de Khéti (n°17). Khéti fut gouverneur du *nome* (district) d'Oryx sous la XIe dynastie (environ 2000 av. J.-C.). Sur les parois de son tombeau figurent des scènes de la vie quotidienne sous le Moyen Empire.

Tombeau de Baqit (n°15). Baqit était le père de Khéti. Son tombeau recèle quelques peintures murales intéressantes : des lutteurs se livrant à un "corps à corps" bien peu académique, des gazelles s'adonnant au même "sport", ainsi qu'une chasse aux animaux unicornes et aux monstres ailés.

Tombeau de Khnoumhotep (n°3). Ce superbe tombeau est celui de Khnoumhotep qui fut gouverneur sous Amenemhat III (vers 1820 av. J.-C.). Sur les murs sont représentées des scènes de la vie de famille de Khnoumhotep et, au-dessus de la porte, quelques belles scènes d'acrobates.

Tombeau d'Amenemhat (n°2). L'ajout inhabituel d'une fausse porte ouverte sur l'ouest correspond au fait que les morts sont censés accéder au monde souterrain uniquement par l'ouest. Amenemhat était un nomarque, ou gouverneur, commandant en chef du nome d'Oryx.

Comment s'y rendre

Depuis Minîèh, prenez un taxi collectif ou un microbus pour Mallawi (1 £E) et demandez au chauffeur de vous déposer à Abu Qirqus. Sinon, allez à pied, passez la gare routière et la passerelle surélevée, traversez les rails de chemin de fer et tournez sur la gauche jusqu'à ce que vous tombiez sur une autre gare de microbus, justement ceux d'Abu Qirqus (50 pt). Le trajet dure environ 30 minutes. Une fois là-bas, traversez à pied le canal Ibrahimiyya et la voie ferrée puis continuez sur environ 200 mètres. Là, prenez un pick-up (25 pt) jusqu'au fleuve. Sur les berges, vous verrez un guichet qui vend des billets de bateau pour 6 £E l'aller-retour, quand il y a moins de 8 passagers, et 8 £E quand on est seul. Le prix tombe à 2 £E par personne s'il y a huit passagers ou plus.

MALLAWI

Située à 48 km au sud de Minîèh, la ville de Mallawi a pour principal intérêt un petit musée qui abrite une collection d'objets découverts à Tuna al-Gebel et à Hermopolis. Il est ouvert tous les jours, sauf le mercredi, de 9h à 16h (jusqu'à 12h le vendredi) et l'entrée coûte 6 £E. Vu que Mallawi a été au centre d'affrontements entre la police et les militants islamistes ces dernières années, il est peu probable qu'on vous autorise à vous y arrêter.

Comment s'y rendre

Tous les bus qui desservent Minîèh et Assiout s'arrêtent ici. Un taxi collectif depuis Minîèh vous reviendra à 1 £E ; depuis Assiout, comptez environ 2 £E (1 heure de trajet).

HERMOPOLIS

Cette cité antique, située à 8 km au nord de Mallawi, a conservé peu de vestiges du temps où elle était le centre du culte de Thot, le dieu à tête d'ibis, dieu de la sagesse, des guérisseurs et de l'écriture.

Les Grecs assimilèrent Thot à leur dieu Hermès, d'où le nom qu'ils donnèrent à cette ville, l'ancienne Khmounou (la ville du huit). Noun, le chaos primordial, est à la fois l'origine des huit puissances dont émane l'univers et l'une d'entre elles. Selon cette cosmogonie, la cité se trouvait sur le tertre où le soleil s'était levé pour la première fois. Le nom arabe du village actuel et de la région qui entoure la cité ruinée d'Hermopolis, Al-Ashmunein, dérive de Khmounou.

Outre les rares vestiges du Moyen et du Nouvel Empire, les seuls véritables monuments d'Hermopolis sont les restes d'une agora romaine et d'une basilique du début du christianisme, la plus grande de ce genre qui subsiste en Égypte. Un petit musée à été établi près des deux grandes statues en grès de Thot mises au jour dans la région.

Au moment de la rédaction de ce guide, Hermopolis était fermé. Renseignez-vous auprès de l'office de tourisme d'Assiout ou de Minîèh.

Comment s'y rendre

Pour vous rendre à Hermopolis depuis Mallawi, prenez un microbus local ou un taxi collectif vers le village d'Al-Ashmunein. L'embranchement pour le site se trouve à 1 km de la grand-route. Arrivé à ce carrefour, vous pouvez soit rejoindre à pied Hermopolis, pas très loin, soit convaincre le chauffeur de pousser un peu plus loin.

TUNA AL-GEBEL

Outre qu'elle marquait la limite d'Akhétaton, l'éphémère capitale du pharaon Akhénaton, Tuna al-Gebel était aussi la nécropole d'Hermopolis. Le plus ancien monument de la région, une des six stèles frontières, marquait la limite ouest de la ville d'Akhétaton qui englobait des fermes et des villages. Sur la stèle, taillée dans la falaise et ornée de statues, figurent Akhénaton et Néfertiti dans différentes postures.

Au sud de cette stèle, située à environ 5 km au-delà du village de Tuna al-Gebel, se trouvent les catacombes et les tombes des habitants et des animaux sacrés d'Hermopolis. Une équipe allemande travaille à Tuna al-Gebel depuis 1979.

Partie la plus intéressante à voir, les sombres galeries des catacombes abritaient jadis des milliers de babouins, d'ibis et d'œufs d'ibis momifiés (babouins et ibis étaient sacrés pour Thot), datant essentiellement de l'époque ptolémaïque et romaine. La plupart des animaux ont été détruits ou volés et les archéologues n'ont retrouvé intact qu'un seul des babouins. Cette nécropole souterraine s'étend sur au moins 3 km ;

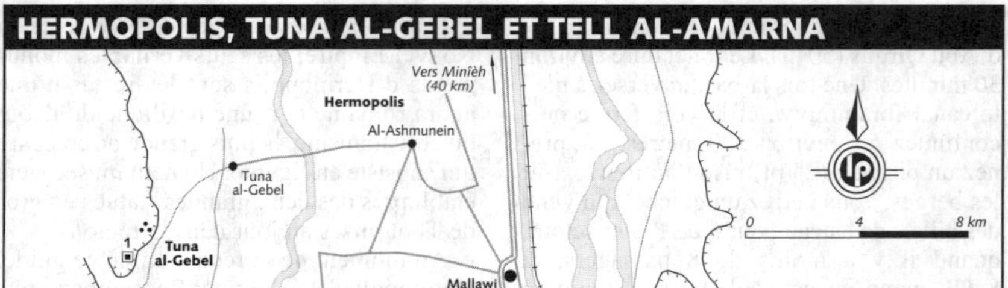

certains égyptologues supposent même qu'elle pouvaient s'étendre jusqu'à Hermopolis. N'oubliez surtout pas d'emporter une lampe-torche pour explorer ces galeries.

Également intéressante, la **tombe de Pétosiris**, d'époque ptolémaïque, présente l'aspect d'un temple et est dédiée à Pétosiris, grand prêtre de Thot. Un vestibule à colonnes mène vers l'intérieur de la tombe dont les peintures reflètent un mélange de deux cultures : les scènes de vie agricole sont typiquement égyptiennes tandis que les personnages sont vêtus à la grecque. Un petit édicule situé derrière la tombe de Pétosiris recèle une momie extrêmement bien conservée (pour la voir, donnez au gardien un petit bakchich), la **momie d'Isadora,** une jeune fille qui se noya dans le Nil en 120. Ses dents, ses cheveux et ses ongles sont parfaitement visibles.

Tuna al-Gebel se trouve à 7 km à l'ouest d'Hermopolis. Le site ouvre de 7h à 17h ; l'entrée coûte 12 £E (demi-tarif pour les étudiants). Les très rares touristes qui y viennent sont généralement escortés par la police depuis Minièh. Assurez-vous auprès d'un office de tourisme que le site est ouvert avant de vous y rendre.

Comment s'y rendre

Vu l'importance de la circulation entre l'embranchement pour Hermopolis et le village, vous devriez pouvoir monter à bord d'un pick-up. Cependant, il est probable que ce soit la police qui vous conduise au site puis vous ramène.

TELL AL-AMARNA

Les maigres vestiges de cette cité, située à 12 km au sud-ouest de Mallawi, paraissent fort décevants quand on connaît sa fascinante histoire. Il est vrai qu'elle fut très brève.

Au XIVe siècle av. J.-C., Akhénaton, le pharaon schismatique, et son épouse, la reine Néfertiti, abandonnèrent les dieux, les temples et les prêtres de Karnak à Thèbes pour fonder une nouvelle religion dans une nouvelle cité. En adorant Aton, dieu du disque solaire, ils instaurèrent, eux et leurs disciples, ce que beaucoup de spécialistes considèrent comme la première forme connue de monothéisme.

La cité, dont le site s'appelle aujourd'hui Tell al-Amarna, fut construite sur la rive est du Nil, sur une plaine en forme de croissant, superbe et isolée, qui s'étire sur une douzaine de kilomètres du nord au sud. Bordés d'un côté par le fleuve, les palaces, les temples et les résidences de la cité étaient cernés de hautes falaises que n'interrompaient ici et là que quelques wadis. Baptisée Akhétaton (l'horizon du Disque solaire) par le couple royal, la cité fut la capitale de l'Égypte durant environ quatorze ans.

Peu après la mort d'Akhénaton, la cité fut définitivement abandonnée après que les prêtres de Karnak eurent réussi à restaurer leur pouvoir religieux. Ils désacralisèrent le temple d'Aton et, d'une manière générale, firent leur possible pour effacer tout souvenir de la nouvelle religion scandaleuse de l'hérétique pharaon. Ils convainquirent Toutankhaton, le gendre et successeur d'Akhénaton, de rétablir le culte d'Amon à Thèbes, ce qu'il fit en prenant le nom de Toutankhamon. Le polythéisme domina à nouveau tout le pays. Akhétaton tomba en ruines, les pierres de ses palais et de ses temples servirent à construire les édifices d'Hermopolis et d'autres cités.

La nécropole de Tell al-Amarna comprend deux groupes de tombeaux rupestres situés de part et d'autre de la ville. Ils abritent de pittoresques peintures murales évoquant la vie durant la révolution d'Aton. Le tombeau royal d'Akhénaton (entrée : 16 £E) se cache dans un ravin à environ 13 km en amont du Wadi Darb el-Melek, la vallée qui sépare les parties nord et sud des falaises. Ce n'est toutefois pas là que le pharaon fut enterré, mais on n'a jamais retrouvé d'autre tombeau portant son nom.

Du fait de l'abandon soudain de la cité, bon nombre de tombeaux ne furent jamais achevés et rares sont ceux qui ont effectivement été utilisés.

Orientation et renseignements

Le site ouvre de 7h à 16h en hiver, ou 17h en été.

Le système de tarification est extrêmement compliqué. Pour commencer, vous avez le choix entre trois options pour la traversée du Nil : la chaloupe locale (50 pt), le car-ferry (50 pt) ou le bateau touristique bleu (4 £E aller-retour pour une ou deux personnes ; 1 £E par personne quand il y a au moins trois passagers). Les billets pour ce dernier s'achètent à l'office du tourisme sur la rive est, c'est-à-dire que vous payez votre billet après la traversée du fleuve.

Une fois sur l'autre rive, vous payez un droit d'entrée dans le site de 12 £E à l'office du tourisme. Ensuite, ce que vous devez régler dépend du nombre de personnes, des différents endroits que vous désirez visiter et du mode de transport que vous avez utilisé pour traverser le fleuve. Tous ces droits s'acquittent auprès du personnel de l'office du tourisme, sauf le droit d'accès aux tombeaux nord, que l'on règle à l'entrée du site.

Si vous êtes seul ou en couple, on vous demandera 8 £E pour une visite en bus de 2 heures autour des tombeaux nord et du palais ; à partir de trois personnes, vous paierez chacun 3,75 £E. A l'arrivée devant les tombeaux nord, chacun devra encore acquitter un droit d'entrée de 12 £E (6 £E pour les étudiants).

Si vous voulez effectuer la visite en bus des tombeaux sud et du grand temple d'Aton, il vous faudra payer 23 £E (à partager entre une à huit personnes ou 3,75 £E par personne pour les groupes de plus de huit). Il faut environ une demi-heure pour accéder en bus aux tombeaux sud où vous êtes censés pouvoir rester aussi longtemps que vous le désirez. Pour la visite en bus du tombeau royal d'Akhénaton, comptez 35 £E pour une à huit personnes ou 5 £E chacun s'il y a plus de huit personnes. Les tombeaux nord se situent à environ 3 km de l'arrivée du ferry à At-Till, les tombeaux sud à environ 8 km. Les autres vestiges de temples et d'édifices privés ou publics sont disséminés sur un vaste domaine.

Tombeaux

Il existe en tout vingt-cinq tombeaux taillés au pied des falaises et numérotés de 1 à 6 pour ceux du nord, de 7 à 25 pour ceux du sud. Voici une description de ceux qui méritent une visite :

Tombeau de Houya (n°1). Houya était le superintendant du harem royal d'Akhénaton. Remarquez le pharaon et sa famille juste en entrant sur la droite.

Tombeau de Méryrê II (n°2). Ce tombeau de scribe royal a été restauré depuis peu. Cependant, comme le n° 1, c'est l'un de plus éloignés de tous les tombeaux du nord, aussi les guides ont-ils tendance à ne pas les montrer sauf si vous insistez.

Tombeau d'Ahmès (n°3). Ahmès était l'un des porteurs d'éventail, aux fonctions multiples, du roi. Sa statue se dresse au fond du tombeau.

Tombeau de Méryrê (n°4). Ce Méryrê était le grand prêtre d'Aton. Sur les peintures de ce tombeau, on voit le pharaon parcourant la ville dans son char et visitant le temple d'Aton.

Tombeau de Panéhési (n°6). Panéhési était vizir de Basse-Égypte et serviteur d'Aton. La plupart des scènes de ce tombeau représentent Akhénaton et sa famille assistant aux cérémonies du temple du Soleil.

Tombeau de Mahou (n°9). Ce tombeau du sud reste l'un des mieux conservés. Les peintures murales illustrent avec force détails les fonctions de Mahou en tant que chef de la police d'Akhénaton.

Tombeau de Aï (n°25). C'est là le plus beau tombeau de Tell al-Amarna. Les peintures des parois montrent des scènes de palais et de rues. Sur l'une d'elles, on voit Akhénaton et Néfertiti faire cadeau de colliers d'or à Aï et à son épouse.

Comment s'y rendre

Si vous avez réussi à échapper à la police, vous pouvez aller de Mallawi à Tell al-Amarna en prenant un taxi collectif ou un pick-up couvert à la gare routière sud, près du débarcadère du ferry à At-Till. Si vous venez d'Assiout, il est préférable de prendre un taxi collectif jusqu'à Mallawi (environ 2,50 £E) puis de revenir sur vos pas en utilisant l'un des moyens de transports mentionnés plus haut.

Au retour, depuis le débarcadère du ferry sur la rive ouest, vous risquez de payer plus cher pour prendre un pick-up qui vous mènera à Mallawi ou à Deir Mawas, car après 15h les véhicules qui vont dans cette direction se font rares.

DAIRUT

Dairut, situé à une dizaine de kilomètres de Deir Mawas, ne présente guère d'intérêt pour la plupart des voyageurs. Cette localité à l'importante population chrétienne a été le théâtre de nombreux affrontements sanglants. Plusieurs voyageurs ayant été attaqués autrefois ici, la police ne vous laissera sans doute pas y séjourner.

AL-QUSIYA

A environ 8 km au sud-ouest de la petite bourgade d'Al-Qusiya, et à 35 km au sud de Mallawi, s'étend l'ensemble copte de Deir al-Muharraq. Environ 7 km plus à l'ouest, les tombeaux de Mir se trouvent sur un escarpement en lisière du désert. Si Al-Qusiya ne possède aucun hôtel, les moines autorisent parfois les groupes de voyageurs (mais généralement pas les individuels) à loger dans une vaste hôtellerie située juste à l'extérieur des murailles crénelées pseudo-médiévales de Deir al-Muharraq. Quoi qu'il en soit, les deux sites peuvent facilement faire l'objet d'une petite journée d'excursion depuis Miniêh ou Assiout, à condition d'être motorisé.

Deir al-Muharraq

La centaine de moines qui vivent à Deir al-Muharraq ("monastère brûlé") affirment que Jésus et Marie ont vécu six mois et dix jours dans une grotte, située à cet emplacement, durant leur fuite en Égypte. Chaque année, durant dix jours (généralement du 18 au 28 juin), des milliers de pèlerins participent à des fêtes qui commémorent la consécration de l'église Al-Adhra (église de la Vierge) construite sur cette grotte. Pour les coptes, Al-Adhra est l'une des plus anciennes églises du monde (n'oubliez pas d'enlever vos chaussures avant d'entrer).

A côté d'Al-Adhra se dresse une tour carrée du Ve siècle construite pour renforcer la protection des moines en cas d'attaque. Elle abrite une église et comporte quatre niveaux. Un ancien cadran solaire orne l'un de ses murs extérieurs.

L'église Saint-Georges (ou Mar Girgis), derrière Al-Adhra, date de 1880 et recèle des peintures représentant les 12 apôtres ainsi que d'autres scènes religieuses (là aussi, pensez à vous déchausser).

Les visites guidées se terminent généralement par la nouvelle église construite en 1940, ainsi que par la boutique de souvenirs juste à côté. Les dons sont les bienvenus.

Tombeaux de Mir

La nécropole des gouverneurs de Cusae, également connue sous le nom de tombeaux de Mir, a été creusée dans la paroi rocheuse sous l'Ancien et le Moyen Empire. Neuf de ces tombeaux sont décorés et ouverts au public, six autres n'ont jamais été achevés ni encore fouillés.

Le tombeau n°1 et son voisin le n°2 sont dédiés à 720 divinités pharaoniques. Cependant, les coptes ayant utilisé ces tombeaux comme cellules aux premiers temps du christianisme, de nombreux visages et noms de dieux ont été effacés. Dans le tombeau n°4, on voit encore le quadrillage tracé sur le mur pour aider l'artiste à reporter son dessin. Dans le tombeau n°3 figure une vache en train d'accoucher.

L'accès aux tombeaux coûte 16 £E (8 £E pour les étudiants), plus éventuellement un droit de 10 £E par tombeau pour prendre des photos, ou de 150 £E pour filmer.

Comment s'y rendre

Le bus qui relie Assiout à Minièh vous déposera à Al-Qusiya (1,25 £E ; 50 minutes environ depuis Assiout), sans quoi vous pourrez vous y rendre en taxi collectif. De là, vous trouverez peut-être un microbus local pour le monastère, à moins que la police, pour votre sécurité, ne vous conduise elle-même.

Vu la rareté des véhicules allant d'Al-Qusiya aux tombeaux de Mir, il faudra demander à un taxi de vous y emmener. Idéalement vous devriez pouvoir combiner cette excursion avec la visite du monastère.

ASSIOUT

Située à 375 km au sud du Caire, Assiout fut fondée à l'époque pharaonique sur une vaste plaine fertile bordant la rive ouest du Nil. C'est la plus grande ville de Haute-Égypte et le principal centre agricole de la région, spécialisé dans le coton et les céréales. Il existe aussi une petite industrie du tapis. Autrefois, Assiout se trouvait au débouché de la route des grandes caravanes, qui remontaient depuis la province de Darfur, au Soudan, la route des Quarante-Jours. Il y a cent cinquante ans encore, la ville se vantait d'être le plus important marché aux esclaves d'Égypte.

Assiout abrite une importante communauté copte. C'est là également que la violence fondamentaliste fit sa première apparition dans les années 90. Si la ville est restée calme ces dernières années, des incidents ont encore lieu épisodiquement dans les campagnes. Cependant, comme dans les autres régions à risque de la Haute-Égypte, les attaques sont généralement dirigées contre la police. Toujours est-il que la police risque de ne pas vous lâcher.

Si Assiout reste un point de transit pour les gens qui viennent des oasis, rares sont ceux qui séjournent ici.

Renseignements

Il existe un office du tourisme (☎ 310 010) dans Sharia ath-Thawra, au 1er étage du bâtiment du gouvernorat. Son personnel est très accueillant. Il est ouvert tous les jours, sauf le vendredi, de 8h30 à 14h.

Vous pouvez changer de l'argent dans l'une des banques qui bordent Midan Talaat Harb. Avec une carte Visa ou MasterCard, vous pouvez effectuer des retraits d'argent dans l'une des deux agences de la Banque Misr. Pour changer des Eurochèques, adressez vous à la seule agence de la Bank of Alexandria. La Banque du Caire se trouve en haut de la rue.

La poste principale se situe en face du Badr Hotel, derrière la gare ferroviaire. Le central téléphonique se trouve à droite de l'entrée de la gare.

A voir

Gezirat al-Moz ("l'île Banane"), au bout de Sharia Salah Salem, est un agréable lieu de pique-nique. Négociez avec un capitaine de felouque pour qu'il vous y emmène.

En lisière nord de la ville, le barrage d'Assiout fut construit sur le Nil au XIXe siècle, sous la supervision britannique, afin de réguler les flots dans le canal Ibrahimiyya pour faciliter l'irrigation de la vallée jusqu'à Beni-Souef au nord. C'est une structure imposante, mais il vous est interdit de marcher dessus ou alentour. Nous vous déconseillons également de prendre des photos dans les parages.

Sur la rive est du Nil, environ 200 m après avoir franchi le barrage, se dresse le Lillian Trasher Orphanage. Née à Jacksonville, en Floride, aux États-Unis, Lillian Trasher arriva en Égypte en 1910, à l'âge de 23 ans et, l'année suivante, elle fondait un orphelinat à Assiout. Il s'est tellement développé depuis qu'il est devenu le plus grand et le plus connu d'Égypte. Trasher ne quitta jamais son pays d'adoption et y mourut en 1961. Cet orphelinat constitue comme un symbole de la charité chrétienne dans une ville à forte concentration copte. Il accueille volontiers les visiteurs. Les dons sont appréciés. Il existe, du centre-ville, des microbus qui vous laissent à proximité (25 pt). En taxi, la course coûte 1 £E. Demandez : "Malga Trasher".

Où se loger et se restaurer

Par suite des problèmes de sécurité, nous ne somme pas allés à Assiout lors de nos recherches pour la nouvelle édition de ce guide.

Aussi les informations données datent-elles de nos visites antérieures. Cependant, les prix ont été mis à jour.

La ***Youth Hostel*** (*☎ 324 846, Lux Houses, 503 Sharia al-Walidiyya*) demande 5,10 £E pour un lit dans un dortoir de huit places. L'accès à l'auberge de jeunesse se fait par une rue latérale.

La ***YMCA*** (*☎ 323 218*), à environ 500 m en bas de Salah ad-Din al-Ayyubi, bénéficiait de commentaires dithyrambiques à l'époque où les voyageurs séjournaient à Assiout. Elle dispose de simples/doubles avec clim., TV, mini-réfrigérateur et s.d.b., à 25/35 £E en simple/double.

L'***Akhenaten Hotel*** (*☎ 337 723, fax 331 600*) propose des simples/doubles avec s.d.b. tout à fait raisonnables à 31/37 £E. Demandez à voir la chambre avant de vous décider car certaines sont minuscules. Il est possible de prendre le petit déjeuner.

Le ***Reem Hotel*** (*☎ 311 421, fax 311 424*), dans Sharia Nahda, près de la voie ferrée, loue ses simples 38,50 £E et ses doubles 58,50 £E, taxes, TV et petit déjeuner compris. Évitez les chambres qui donnent sur la voie ferrée, très bruyantes.

L'***Assiutel Hotel*** (*☎ 312 121, fax 312 122*), Sharia ath-Thawra, donnant sur le Nil, est un bon établissement dans la catégorie moyenne, avec des chambres confortables à 130/160 £E, petit déjeuner inclus.

Le ***Badr Hotel*** (*☎ 329 811, fax 322 820*), Sharia Nahda, près de la gare ferroviaire, est un hôtel de style occidental qui bénéficie d'une situation centrale. Ses simples/doubles valent 82/90 £E, plus le petit déjeuner (9,50 £E). L'hôtel dispose d'un restaurant et d'un bar.

Tous les grands hôtels possèdent un restaurant. Le moins cher, celui de l'***Akhenaten Hotel,*** est climatisé et sert aussi bien des escalopes que de bonnes pizzas ou soupes. La ***Cafeteria Majestic,*** en face de la gare ferroviaire, propose des mets corrects. Vous

trouverez ici et là des petits vendeurs de foul et de ta'amiyya.

Comment s'y rendre

Assiout est une plaque tournante pour tous les modes de transport, mais la police vous incitera à prendre le train.

Bus. Au départ d'Assiout, des bus pour Le Caire (16,25 à 20,25 £E, 6 à 7 heures) partent pratiquement toutes les heures entre 7h et 24h. Des bus pour Alexandrie (28 £E, 10 heures) partent régulièrement entre 7h et 19h et des bus pour Minîèh (3 £E, 2 à 3 heures) toutes les deux heures de 6h à 17h. Un bus qui quitte Assiout à 8h dessert Esna et Louxor (10,50 £E). Il existe également cinq services par jour pour Qena et de fréquents services pour Sohag.

Pour aller dans les oasis, huit bus quotidiens desservent Kharguèh (6 à 8 £E), dont quatre poursuivent jusqu'à Dakhla (14 à 17 £E).

Train. De nombreux trains relient Assiout au nord et au sud du pays. Une vingtaine de trains par jour desservent Le Caire et Minîèh, et une dizaine Louxor. Le billet pour Le Caire en 1re/2e classe coûte 31/19 £E (21/14 £E pour les étudiants).

Le tarif pour Minîèh (2 à 3 heures) est de 13/8 £E (9/6 £E pour les étudiants). Pour Louxor (4 à 6 heures), comptez 29/19 £E (20/14 £E). Il existe des trains réguliers, très lents, pour Sohag, le grand centre le plus proche d'Assiout, cependant la police ne vous laissera sans doute pas les prendre.

Taxis collectifs. Les taxis collectifs qui attendent près de la gare routière desservent Le Caire (15 £E), Minîèh (4,50 £E, 2 heures) et Kharguèh (8 £E). Les microbus et les taxis collectifs pour Mallawi (2 £E) partent près du grand parking à côté de la mosquée.

LES ENVIRONS D'ASSIOUT

Couvent de la Sainte-Vierge

Situé à une dizaine de kilomètres au sud-ouest d'Assiout au lieu-dit Dirunka, ce couvent est édifié près d'une grotte qui, selon les coptes, aurait servi de refuge à la Sainte Famille durant sa fuite en Égypte. Une cinquantaine de moines et de nonnes vivent dans ce couvent bâti dans la falaise à 120 m au-dessus de la vallée. L'un de ces moines se fera un plaisir de vous le faire visiter. Durant le moulid de la Vierge (du 7 au 22 août), des dizaines de milliers de pèlerins se rassemblent ici pour porter en procession les images de Jésus et de Marie.

La ***rest-house*** située à l'extérieur, juste à côté de la grande porte, accueille volontiers les groupes et les individuels, mais elle n'assure pas le couvert. Un lit en dortoir coûte 3 £E, un lit dans l'une des petites chambres 5 £E. Le couvent est ouvert de 6h à 18h.

SOHAG

La ville de Sohag, à 115 km au sud d'Assiout, est le centre administratif du gouvernorat du même nom et l'un des principaux centre copte orthodoxe de la Haute-Égypte. Ses principaux attraits touristiques résident dans la visite des monastères Rouge et Blanc situés juste à la sortie de l'agglomération, et dans celle de la ville d'Akhmin, de l'autre côté du fleuve. Sachez toutefois que, comme à Minîèh et à Assiout, les innombrables policiers présents prennent très à cœur leur rôle de protection des touristes de passage. S'ils savent que vous êtes en ville, ils insisteront pour vous escorter partout et vous interdiront sans doute de sortir de votre hôtel dès la nuit tombée. C'est pourquoi il est sans doute préférable de vous en tenir à une excursion d'une journée depuis Louxor.

Il n'existe pas d'office de tourisme, mais vous pouvez changer argent liquide et chèques de voyage à la Bank of Alexandria ou à la Banque du Caire, toutes deux dans Al-Gomhuriyya. La poste se trouve près du Nil, un peu plus bas sur la route quand on vient de la Banque du Caire.

Monastère Blanc et monastère Rouge

Deir al-Abyad, le monastère Blanc, fut construit en 400 par le copte saint Chénouda, avec de gros morceaux de calcaire blanc provenant d'un temple pharaonique. Il abritait à l'origine une communauté de deux mille moines et n'en compte plus que quatre aujourd'hui. Si les murs de la forteresse restent encore debout, une grand partie de l'intérieur est en ruines, mais laisse toutefois voir encore les divers types de voûtes utilisées pour sa construction. Situé à 12 km au nord-ouest de Sohag, le monastère reste ouvert de 8h à 20h.

Deir al-Ahmar, le monastère Rouge, se cache, à 4 km de Deir al-Abyad, tout au bout d'un village ; demandez la direction. Il fut fondé par Bishoi, un ancien voleur converti au christianisme, qui édifia encore deux autres monastères à Wadi Natroum et fut finalement canonisé par l'église copte. Ce monastère comprend deux chapelles, celle de Santa Maria et celle de Saint-Bishoi. Ne manquez pas les vestiges d'une fresque du Xe siècle, dans un châssis sur autel latéral ; ils recèlent une icône vieille de 1 000 ans. Remarquez aussi les jolies, quoique assez estompées, fresques aux murs, les colonnes peu habituelles et les vieilles serrures en bois sur les portes.

Pour accéder à ces monastères, prenez un taxi (environ 10 £E aller-retour), à moins de venir durant les deux premières semaines de juillet, auquel cas vous pourrez monter dans l'un des bus (1 £E) qui acheminent les milliers de pèlerins.

Akhmin

La ville d'Akhmin, sur la rive est du Nil, doit sa réputation à ses tapis et tentures tissés uniques en leur genre et, depuis peu, à la découverte d'une **statue de Méritamon**. Cette statue colossale est la plus grande d'une ancienne reine jamais retrouvée en Égypte. Méritamon (la bien-aimée d'Amon)

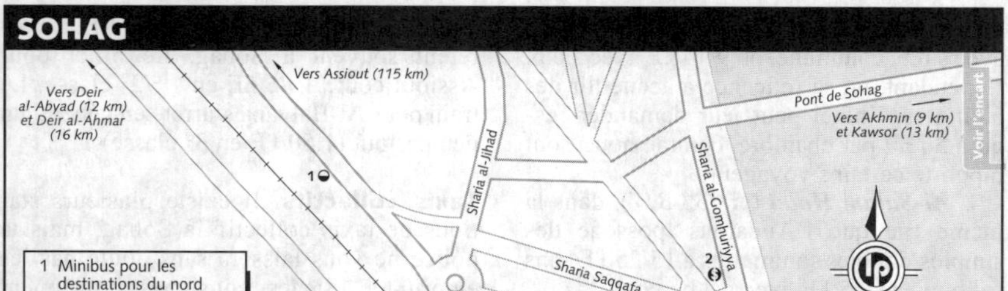

était l'une des filles de Ramsès II et l'épouse d'Amenhotep. Elle fut aussi la prêtresse du temple de Min, dédié à une divinité locale et au dieu de la fertilité. Il ne reste pas grand-chose du temple lui-même, et la statue de Méritamon se dresse aujourd'hui au creux d'une immense fosse, en plein cœur de la ville, au milieu des maisons. Découverte par hasard en 1882, alors que l'on creusait les fondations d'une nouvelle école, la statue n'a été redressée et le site ouvert au public que depuis peu. L'entrée coûte 10 £E (5 £E pour les étudiants) et le site est ouvert de 9h à 17h. Cependant, la statue est si colossale que vous pouvez facilement la voir sans même entrer dans le site.

En face de la statue de Méritamon se trouve un minuscule bureau de poste et, juste de l'autre côté de la rue par rapport à celle-ci, une petite **manufacture de tapis**. Vous la reconnaîtrez à sa porte verte. Toquez et l'on vous mènera jusqu'à la salle d'exposition, où vous pourrez acheter des pièces de soie ou de coton tissées à la main ou des ensembles de nappe et serviettes. Demandez à rencontrer les artisans à l'ouvrage – vous entendrez le cliquètement des vingt-cinq métiers à tisser avant même d'avoir monté l'escalier.

Un microbus relie Sohag à Akhmin (15 minutes ; 20 pt).

Où se loger et se restaurer

En tant que voyageur, on vous dissuadera de séjourner à Sohag. Pour ce faire, certains hôtels vous indiqueront des tarifs exorbitants, d'autres refuseront tout simplement de vous loger. Où que vous descendiez, on vous interdira sans doute de sortir dès la nuit tombée.

L'***Andalous Hotel*** (☎ *324 328*), Sharia al-Mahatta, juste en face de la gare, dispose de simples/doubles rudimentaires à 7/10 £E avec s.d.b. commune, ou 9/14 £E avec s.d.b. Cependant, vu sa réticence à accueillir des étrangers, l'hôtel peut leur demander jusqu'à 50 £E par chambre, comme nous l'ont rapporté certains voyageurs.

L'***Al-Salam Hotel*** (☎ *333 317*), dans la même rue que l'Andalous, possède des simples/doubles sommaires à 15/25 £E sans s.d.b. ou 18/45 £E avec s.d.b.

Le ***Merit Amoun Hotel*** (☎ *601 985, fax 603 222*), sur la rive est du fleuve, prétend sans doute justifier ses prix de trois-étoiles par sa taille, puisqu'il demande 70/88 £E en simple/double, taxes comprises.

Le ***Cazalovy Hotel*** (☎ *601 185*), également sur la rive est, à environ 100 m au-delà de la statue de Méritamon, présente le meilleur rapport qualité/prix de la ville avec ses chambres climatisées à 38,80/55 £E, savon, serviettes et petit déjeuner inclus.

Sohag n'offre guère de choix en matière de restauration. Outre les habituelles échoppes de fruits et de légumes, il existe quelques petits vendeurs de foul et de ta'amiyya près de la gare ferroviaire. Si vous suivez Sharia al-Mahatta vers le sud en venant de la gare ferroviaire (c'est-à-dire à gauche en sortant de la gare), vous arriverez à une grande place, de l'autre côté de laquelle se trouve un restaurant de kebab correct. Les hôtels ***Cazalovy*** et ***Merit Amoun*** possèdent également des restaurants, le premier étant sans doute le meilleur des deux.

Comment s'y rendre

Bus. La principale gare routière se situe presque au coin de la grande place au sud de la gare ferroviaire. Sept bus par jour desservent Le Caire (17 £E), le premier partant à 5h et le dernier à 22h. Un bus pour Assouan (13 £E), *via* Louxor (6,50 £E), part à 6h. Si vous le ratez, allez en bus ou en taxi collectif à Qena où il existe de nombreux services journaliers pour ces destinations. Les bus pour Assiout (2,75 £E, 1 heure 30 à 2 heures) partent toutes les 30 à 40 minutes.

Train. Les trains de la ligne Nord-Sud s'arrêtent souvent à Sohag. Le billet pour Assiout coûte 10/6 £E en 1re/2e classe. Le train pour Al-Balyana s'arrête en général un peu partout (1,50 £E en 3e classe).

Taxis collectifs. Il existe plusieurs stations de taxis collectifs à Sohag, mais la police ne vous laissera sans doute pas les emprunter. Si les consignes deviennent moins strictes, sachez toutefois que les véhicules pour Assiout et les autres destinations du nord, dont Le Caire, se trouvent au nord de la gare ferroviaire, Midan Europa. Les taxis collectifs pour Qena et Nag Hammadi partent de la gare routière sud, en bordure de la grand-route vers le sud, juste après un canal. Il existe aussi des stations de taxis collectifs locaux pour les monastères et pour Akhmin. Sur certains de ces itinéraires, les taxis utilisent de merveilleuses voitures anciennes.

AL-BALYANA

Le seul motif pour vous amener dans cette localité est la visite du village d'El-Araba el-Madfunah, à 10 km. C'est là que se trouvent en effet la nécropole d'Abydos et le magnifique temple de Séti, l'un des plus beaux monuments d'Égypte. Si vous avez pu jusqu'alors circuler sans escorte policière, ici vous ne pourrez plus y échapper.

Pour changer de l'argent, il existe un minuscule kiosque de la Banque Misr à l'entrée d'Abydos, mais il n'est pas forcément ouvert.

Abydos

Les temples d'Abydos ont servi sous plusieurs dynasties d'Égypte, et se faire enterrer dans son immense nécropole fut, pendant très longtemps, considéré comme le *nec plus ultra*. Les fouilles ont révélé que c'était déjà un lieu de sépulture au temps des derniers rois prédynastiques, au XXXIIe av. J.-C., alors que les plus importants temples du complexe n'ont été édifiés qu'au XIIIe siècle av. J.-C. par deux des derniers pharaons, Séti Ier et Ramsès II, et qu'Abydos conservait encore son importance à l'époque romaine.

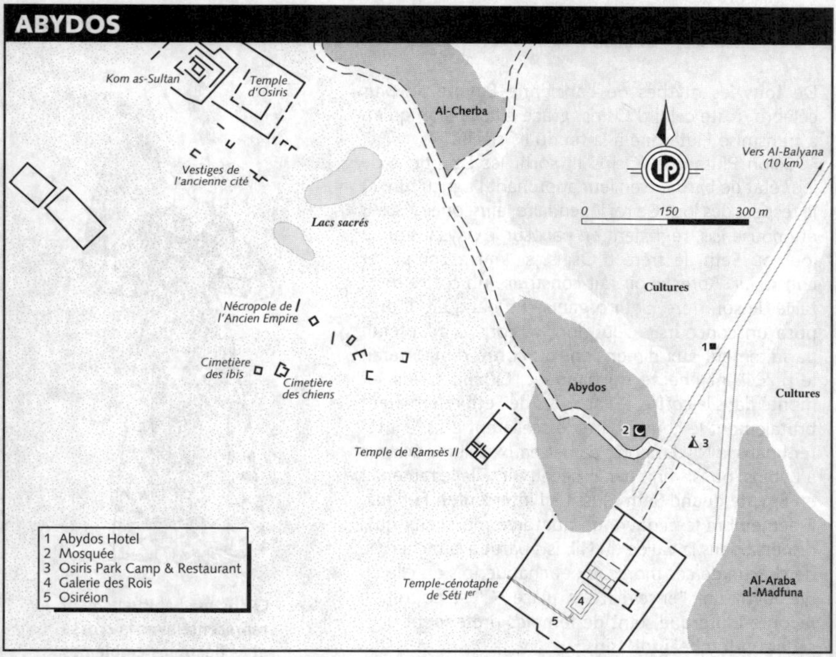

La raison de la pérennité d'Abydos durant tant de siècles tient au culte d'Osiris, le dieu des morts. La région était un haut lieu du culte du souverain des enfers, car c'est là que sa tête avait, dit la mythologie, été ensevelie après qu'Osiris eut été assassiné et démembré par son frère Seth (voir l'encadré *Le culte d'Osiris*). Abydos était donc le plus important des sanctuaires d'Osiris et un grand lieu de pèlerinage. La plupart des Égyptiens s'y rendaient au moins une fois dans leur vie.

Abydos est ouvert tous les jours de 7h à 17h. Le droit d'entrée est de 12 £E (6 £E pour les étudiants) pour les deux temples. Emportez une lampe-torche.

Si vous désirez en savoir davantage, procurez-vous la plaquette en vente (10 £E) dans le magasin de l'Osiris Park Camp.

Temple-cénotaphe de Séti Ier. Dès que l'on arrive à Abydos, on aperçoit ce temple, l'un des plus complets et des plus beaux d'Égypte. En tant que temple-cénotaphe, il est non seulement dédié à un ou plusieurs dieux, mais constitue aussi un monument funéraire à la mémoire du pharaon défunt qui l'a construit et qui est lui-même divinisé. Ce splendide temple du pharaon Séti abrite sept chapelles consacrées chacune à un dieu différent : Osiris, Isis, Horus, Amon-Rê, Harmakhis, Ptah et Séti Ier lui-même. Il présente une autre spécificité : celle d'être en forme de L et non pas rectangulaire. La chapelle d'Osiris eut droit à un soin particulier : elle s'ouvre, au fond, sur un espace occupant toute la largeur du temple et composé de deux salles hypostyles, bordées chacune de trois chapelles dédiées à Osiris-Séti, Isis et Horus.

En déambulant dans les salles et sanctuaires du temple, on ressent un profond sentiment de mystère et, de façon presque

Le culte d'Osiris

De tous les mythes de l'ancienne Égypte, le plus célèbre reste celui d'Osiris, grâce à la version qu'en a transmise Plutarque à la fin du Ier siècle.

Selon Plutarque, Osiris fit sortir les Égyptiens de leur état de barbarie en leur apprenant l'agriculture et le respect des lois. Ce roi légendaire, ainsi que sa sœur et épouse Isis, régnaient en paix sur le pays jusqu'au jour où Seth, le frère d'Osiris, se mit à comploter contre lui. Après avoir fait construire un coffre de la taille de son frère, Seth organisa un banquet. Il proposa un concours : celui dont le corps s'adapterait parfaitement aux dimensions du coffre remporterait le prix. Vint l'heure du banquet. Quand Osiris fut monté dans le coffre, les acolytes de Seth refermèrent brutalement le couvercle et le scellèrent puis le jetèrent dans le Nil. Emporté par les eaux, celui-ci échoua à Byblos, où Isis finit par le découvrir. Elle le ramenait en Égypte quand Seth réussit à l'intercepter. Furieux, il démembra le cadavre en quatorze morceaux qu'il dispersa dans la vallée du Nil. Isis partit à la recherche de chacun de ces morceaux et chaque fois qu'elle en découvrit un, l'ensevelit sur place. C'est pourquoi, raconte Plutarque, tant de temples prétendent posséder un tombeau d'Osiris.

Osiris est habituellement représenté avec la crosse et le fléau, les emblèmes de la royauté

Depuis les premiers temps, Osiris était considéré comme le dieu des morts. Le pharaon régnant était la représentation vivante d'Horus (le fils d'Osiris qui avait vengé son père). Lorsque le pharaon mourait, son nom était précédé d'Osiris pour signifier qu'il prendrait place sur le trône d'Osiris, d'où il pourrait donner des ordres aux vivants.

tangible, la grande pompe qui devait accompagner les cérémonies. Les superbes bas-reliefs qui ornent les murs décrivent les rituels pratiqués en ce lieu. Ils vous entraînent en imagination dans ce monde de cérémonies en l'honneur de la mort et de la renaissance d'Osiris, à la suite des processions d'adorateurs qui défilaient ici.

Dans une galerie située à gauche des sanctuaires et connue sous le nom de galerie des Rois, on a découvert une liste des pharaons d'Égypte jusqu'à Séti Ier. Ces 76 cartouches ont beaucoup aidé les archéologues à reconstituer la longue histoire de l'Égypte depuis Ménès, même s'il existe quelques lacunes dans la chronologie.

Pour accéder directement dans l'Osiréion, ou cénotaphe, situé derrière le grand temple, il faut marcher dans l'eau jusqu'aux chevilles. Comme il se trouve en contrebas du grand temple, il reste en permanence inondé depuis la montée du niveau hydrostatique. Vous y découvrirez des fragments du *Livre des morts* et du *Livre des portes* et des représentations d'Horus tenant une échelle devant Osiris.

Temple de Ramsès II. Au nord-ouest du temple de Séti, son fils Ramsès II fit édifier un autre temple dédié à Osiris et à lui-même. Malheureusement, son toit s'est effondré et il ne subsiste qu'un quart des immenses statues et colonnes, mais les inscriptions sont intéressantes. Il faut demander au gardien de vous ouvrir la porte.

Où se loger et se restaurer

Les forces de l'ordre étant sur le qui-vive, il est peu probable que l'on vous autorise à séjourner à Al-Balyana. Si la situation changeait, sachez que le ***Wadi Melouk Hotel*** dispose de doubles très sommaires à 5 £E. Il existe quelques cafés et échoppes alimentaires en ville.

A l'***Osiris Park Restaurant & Camp*** (☎ *812 200*), juste en face du temple, on pouvait se restaurer à l'époque de la rédaction de ce guide, mais on ne pouvait y passer la nuit. Il est tenu par Horus, un protégé d'Umm Séti. Sinon, vous avez pour seul autre recours l'***Abydos Hotel*** (☎ *812 102*), à 200 m avant l'Osiris Park.

Comment s'y rendre

Al-Balyana est desservi par des bus, des trains et des taxis collectifs, dont les gares ou arrêts sont assez proches les uns des autres, ce qui est pratique. Cependant, n'espérez pas trop qu'on vous laisse choisir votre mode de transport. Si vous n'êtes pas venu escorté, la police vous conduira sans doute à la gare ferroviaire, à moins qu'elle ne vous fasse monter dans un bus d'excursion venu de Louxor avec une escorte policière armée. Si vous débarquez à la gare ferroviaire d'Al-Balyana, la police vous fera monter dans un taxi local et vous escortera à l'aller et au retour, ce qui vous coûtera environ 5 £E.

QENA

Capitale provinciale, située à 91 km à l'est d'Al-Balyana et à 62 km au nord de Louxor, Qena se trouve à l'intersection de la grande route du Nil et de la route qui traverse le désert pour conduire à Port Safaga et à Hurghada, au bord de la mer Rouge.

A moins que vous ne rejoigniez la mer Rouge, ou que vous en reveniez, et que vous ayez à changer de transport à Qena, la seule raison de vous y arrêter reste la visite du spectaculaire ensemble du temple de Dendérah, à quelques kilomètres de la ville. Des deux stations de taxis collectifs, assez éloignées l'une de l'autre, l'une dessert les destinations vers le nord et l'autre rive du Nil, l'autre les destinations vers le sud. Pour vos besoins d'argent, il existe en ville la Bank of Alexandria et la Banque du Caire. Ici encore, vous avez des chances de vous faire escorter par la police jusqu'au temple puis remettre dans le premier train pour Louxor.

Dendérah

Bien qu'il témoigne du déclin du style purement égyptien, il faut voir l'ensemble merveilleusement préservé de Dendérah. Presque intact, le grand temple d'Hathor a conservé son toit de pierres massives, ses cryptes obscures, ses corridors souterrains et ses immenses colonnes couvertes de hiéroglyphes.

Si la nécropole de Dendérah comporte des tombes dynastiques des premiers temps et s'il subsiste ici des traces des constructions effectuées par Kheops et des pharaons ultérieurs, le temple dans son enceinte, tel qu'il se dresse aujourd'hui, date de l'époque ptolémaïque et romaine. Sa conception même suggère toutefois qu'il occupe le site d'un ancien temple dont, comme c'était la coutume à l'époque, il reprend les caractères et la mythologie. Aussi, bien qu'il ait été construit sous l'occupation étrangère et qu'il présente des imperfections dans son architecture et dans sa décoration, c'est un superbe et imposant monument consacré à une déesse ancienne de grand renom, Hathor.

Déesse du plaisir et de l'amour, Hathor était généralement représentée sous les traits d'une vache, d'une femme à tête de vache ou d'une femme coiffée de cornes de vache enserrant le disque solaire. C'était la déesse bienfaisante de l'amour maternel et familial, de la beauté et de la lumière. Les

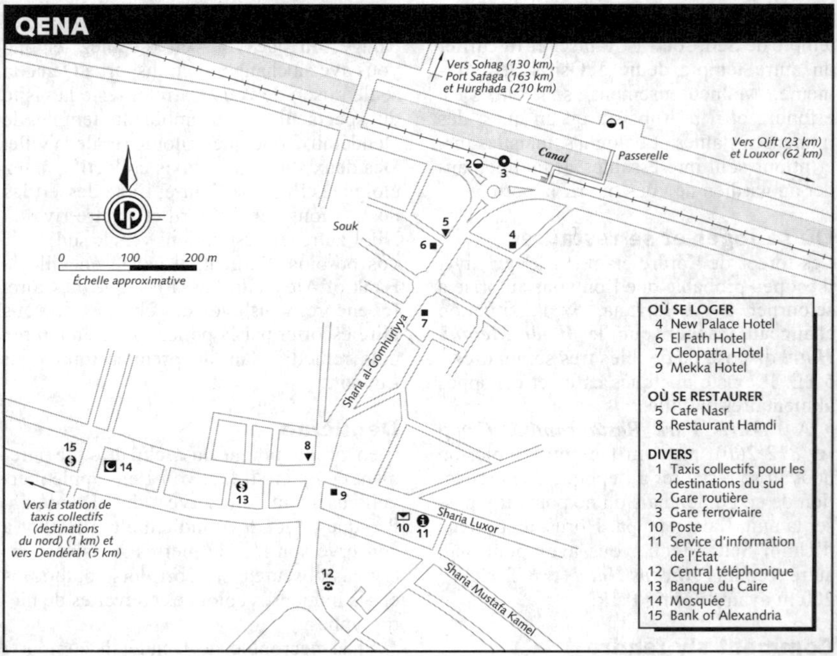

Grecs l'assimilèrent à Aphrodite. C'était aussi la nourrice d'Horus, avant de devenir son épouse et de porter Ihy, le dieu-enfant incarnant l'éternelle jeunesse des dieux créateurs.

Dendérah étant le lieu rituel où Hathor avait donné naissance à Horus, le temple se dresse en lisière du désert comme pour attendre son retour.

Dans le temple, la tête d'Hathor forme le chapiteau de chacune des 18 colonnes de la **salle hypostyle extérieure**. Sur les murs figurent d'étranges scènes représentant les empereurs romains Auguste, Tibère, Caligula, Claude et Néron ainsi, que des pharaons faisant des offrandes à Hathor. Le plafond est décoré de vautours qui volent au milieu du soleil, de la lune et des étoiles du ciel zodiacal égyptien tandis que Nout, la déesse du ciel, et d'autres divinités traversent les cieux dans leur barque solaire.

Les tableaux de la **salle hypostyle intérieure** évoquent la fondation du temple. Par-delà se trouvent la salle des offrandes, puis le sanctuaire proprement dit, entouré par un couloir bordé de **chapelles**, et les escaliers est et ouest qui mènent au toit.

Dans la **salle des offrandes**, où avaient lieu les rites quotidiens du culte, figurent le pharaon et d'autres personnages faisant des offrandes à Hathor. Lors de la fête de la nouvelle année, des statues de la déesse étaient portées en cortège de là jusque sur le toit pour être exposées aux rayons de Rê, le dieu du Soleil. Depuis le toit, on jouit d'une vue magnifique sur toute la campagne alentour. Les graffitis sur les bords du temple ont été laissés en 1799 par le général Desaix et d'autres membres de l'armée de Napoléon.

Le **sanctuaire** restait habituellement fermé à clé, et seul le pharaon, ou les prêtres qui agissaient en son nom, pouvaient y pénétrer. Les bas-reliefs montrent les rituels très particuliers que pratiquait le pharaon en pénétrant dans le sanctuaire pour manifester son adoration à la déesse.

Chaque année, au nouvel an, Hathor embarquait depuis la chapelle située à l'arrière du sanctuaire pour son voyage jusqu'à Edfou, où s'accomplissait son union bienheureuse avec Horus.

A l'extérieur du mur sud du temple, les bas-reliefs représentent divers empereurs romains, tels Néron et Césarion, fils de Jules César et de Cléopâtre, ainsi que la grande reine égyptienne elle-même faisant des offrandes à la tête d'Hathor.

Derrière le grand temple se dresse le **temple de la Naissance d'Isis**, construit sous l'empereur Auguste. Au nord du grand temple, le deuxième édifice sur la gauche est un **mammisi romain**, ou maison de l'accouchement, dédié à Hathor et à son fils Ihy.

Une **basilique copte** du Ve siècle se niche entre le mammisi, la cour du temple d'Hathor et une autre maison de l'accouchement. Cette dernière, commencée par Nectanébo, un pharaon de la XXXe dynastie, fut achevée sous les Ptolémée.

Le site de Dendérah ouvre de 7h à 18h ; l'entrée coûte 12 £E (6 £E pour les étudiants). Il existe sur place plusieurs échoppes de souvenirs, des toilettes publiques et un café (cher).

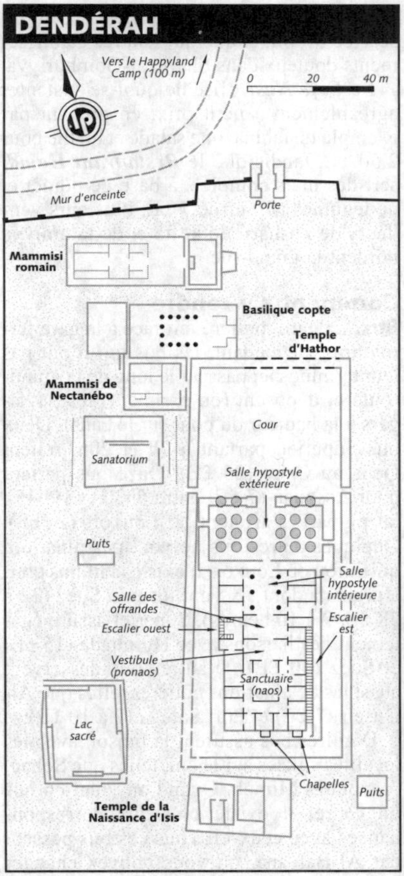

Comment s'y rendre. Dendérah se trouve à 4 km à l'ouest de Qena, sur la rive opposée du Nil. Nombre de visiteurs viennent ici en escorte depuis Louxor.

Si vous désirez louer un taxi collectif pour faire l'excursion depuis Louxor, il vous en coûtera de 100 à 120 £E aller-retour. Depuis Qena, vous pouvez prendre un microbus local jusqu'à la station nord des taxis collectifs puis, de là, un autre microbus qui suit la grand-route. Il vous déposera à l'embranchement situé juste après un nouveau pont ferroviaire, après quoi, il vous restera 20 minutes de marche à pied pour accéder au temple. Si vous n'avez pas encore rencontré la police, vous ne pourrez lui échapper à ce temple, et il est probable qu'après la visite elle vous escortera pour votre retour en ville.

Où se loger et se restaurer

Si vous devez loger à Qena, sachez que le *Happyland Camp*, à 100 m du temple, est avant tout un hôtel où vous surpayerez les lits, mais qu'il offre également la possibilité de camper dans son jardin (pas très propre). Vous ne trouverez rien de grandiose non plus en ville, seulement le ***New Palace***

Hotel (☎ *322 509*), juste derrière la station-service Mobil, et quelques autres établissements douteux dans Sharia al-Gomhuriyya.

Le ***Cafe Nasr*** offre de quoi se sustenter agréablement à petit prix, en prenant par exemple un tahina, une salade et un thé pour 2,50 £E, tandis que le ***Restaurant Hamdi*** sert des plats complets à base de poulet et de légumes autour de 7 £E. Plusieurs vendeurs de kushari, de kofta et de ta'amiyya bordent la grand-rue.

Comment s'y rendre

Bus. La gare routière fait face à la gare ferroviaire. Cependant, les bus qui n'ont pas leur terminus ici passent le long de la grand-route et déposent (ou prennent) les passagers à la hauteur du pont sur le canal. Deux bus Superjet, partant à 7h et 20h, relient Qena au Caire (25 £E). Onze bus partent pour Assouan (7 £E) entre 6h30 et 19h45 ; la plupart s'arrêtent à Louxor (2 £E). Quelques autres bus ne vont pas plus loin qu'Edfou ou Louxor. Il existe neuf bus pour Hurghada dont six vont jusqu'à Suez (22 à 38 £E, 9 à 10 heures). Superjet assure également des liaisons avec Hurghada (15 £E) et Suez (40 £E). D'autres bus desservent aussi les destinations côtières telles que Al-Quseir (7 £E) et Port Safaga (7 à 10 £E).

D'autres bus assurent la liaison avec les localités situées sur le Nil, telles que Sohag, Assiout et Minîèh. Quand on vient en bus du Caire, il existe plusieurs correspondances avec ceux-ci. Tous ces bus passent par Al-Balyana, où vous pouvez changer pour Abydos.

Train. Généralement, seuls les trains les plus lents s'arrêtent à Qena, aussi n'est-ce pas une solution idéale pour s'y rendre ou en repartir. Il existe toutefois des trains climatisés en 1re et 2e classe pour Louxor et des trains en 1re et 2e classe pour Al-Balyana, utiles pour visiter Abydos.

Taxis collectifs. Les taxis collectifs desservant les localités au nord de Qena partent d'un carrefour en T à 1 km de la ville. Pour le sud de Qena, comme Louxor, les taxis collectifs partent d'une station située de l'autre côté du canal par rapport à la gare ferroviaire.

Comment circuler

Un microbus local fait la navette entre la ville et la station de taxis collectifs pour le nord. Vous pouvez le prendre près de la gare ferroviaire ou, si vous venez du sud, à la hauteur du pont sur le canal proche de la station de taxis collectifs sud. Il coûte 25 pt.

QIFT

A l'époque gréco-romaine, Qift était une grande ville commerçante sur la route Arabie-Inde, et un important point de départ pour les expéditions vers la mer Rouge et le Sinaï. Elle a perdu son rôle de carrefour commercial depuis le Xe siècle.

A la rédaction de ce guide, la police n'autorisait pas les étrangers à visiter Qift.

QUS

Fondée en 1083, Qus était, à l'époque médiévale, la plus grande cité islamique d'Égypte, après Le Caire. Son port lui assurait un rôle important dans le transit des marchandises entre le Nil et Al-Quseir sur la mer Rouge. Aujourd'hui, la ville fait l'objet d'un projet égypto-américain d'un montant visant à construire une usine de fabrication de papier à partir de la bagasse, issue du raffinement de la canne à sucre.

A l'époque de la rédaction de ce guide, la police n'autorisait pas les étrangers à visiter Qus.

La vallée du Nil – Louxor

Ses monuments grandioses, que le temps a su épargner, ont fait de Louxor l'un des principaux sites touristiques de l'Égypte. Édifiée sur l'antique cité de Thèbes, fondée il y a 4 000 ans, Louxor se présente comme un immense musée à ciel ouvert, imposant le témoignage vivace d'une civilisation glorieuse.

Au fil des siècles, les superbes temples de Louxor, de Karnak, de Ramsès II et d'Hatshepsout ont suscité l'émerveillement des visiteurs. A l'époque gréco-romaine, on se pressait déjà pour entendre la mystérieuse voix de Memnon émanant d'un colosse d'Aménophis III. Depuis que l'archéologie a acquis ses lettres de noblesse au siècle dernier, les voyageurs curieux se pressent sur les pas des premiers découvreurs de la célèbre nécropole de la vallée des Rois.

La région a subi de plein fouet les conséquences du massacre de 1997 perpétré près du temple d'Hatshepsout. Très dépendantes du tourisme, ses activités n'ont toujours pas retrouvé leur rythme antérieur mais la situation devrait s'améliorer au fil des mois.

Le harcèlement de la part des marchands, rabatteurs et autres intermédiaires n'a en revanche pas cessé. Pendant la canicule estivale, le phénomène peut se révéler franchement désagréable, mais cette façade peu agréable du tourisme de masse reste minoritaire et l'immense majorité de la population n'a rien perdu de son sens de l'accueil.

A ne pas manquer

- **La salle hypostyle de Karnak.** Pour s'égarer dans une forêt de papyrus taillés dans la pierre.
- **La vallée des Rois.** Comprendre comment les pharaons tentaient de triompher de la mort et des pilleurs de tombes grâce à de spectaculaires hypogées enfouis sous les montagnes du désert.
- **Le temple d'Hatshepsout.** L'édifice creusé dans les collines de Thèbes célèbre la mémoire de l'une des rares souveraines d'Égypte.
- **La tombe de Néfertari.** L'occasion unique d'admirer à quoi ressemblaient les tombes thébaines avant d'être altérées par le temps et le passage de milliers de touristes.
- **Une croisière en felouque.** Voguer sur le Nil en regardant le soleil se coucher derrière les montagnes de Thèbes.
- **Gurna.** Déambulez à flanc de montagne, parmi les maisons en terre colorées où les villageois vivent au milieu des vestiges du passé.

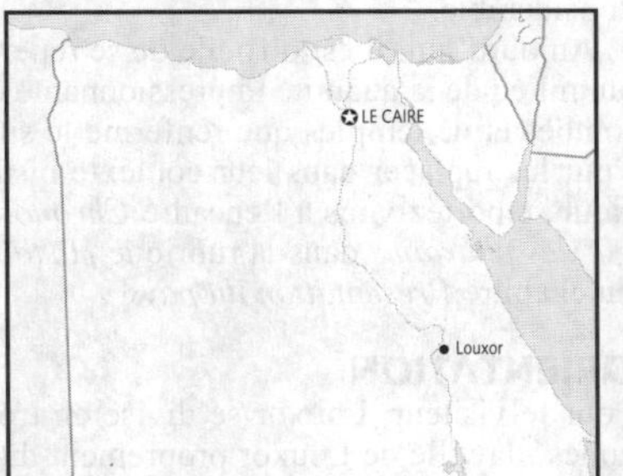

HISTOIRE

A la fin de l'Ancien Empire, le pouvoir centralisé se désagrège et Thèbes devient, sous les pharaons des XIe et XIIe dynasties, la capitale de la Haute-Égypte. Soulevée contre Héracléopolis, capitale de la Basse-Égypte, elle inaugure la période du Moyen Empire en réunifiant le pays sur le plan politique religieux et administratif. Après une seconde période de déclin, elle réaffirme son autorité et libère le pays de la

LES ENVIRONS DE LOUXOR

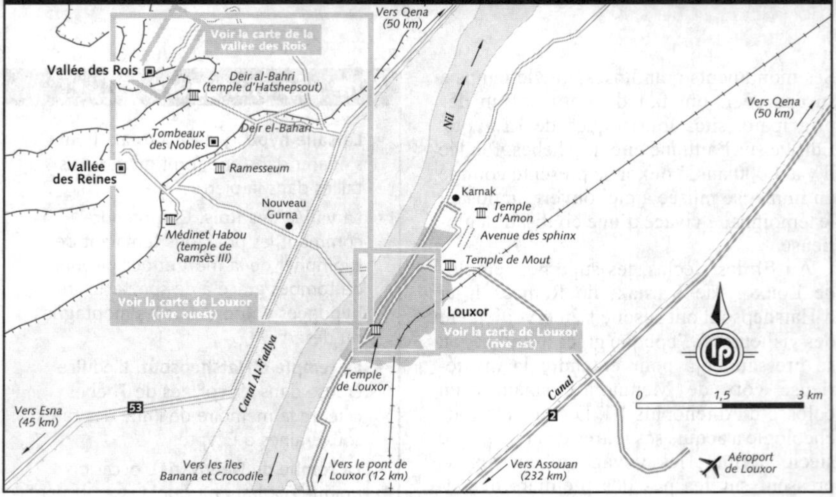

domination étrangère, préparant ainsi le règne des dynasties du Nouvel Empire.

Tous les pharaons de cette époque (à l'exception d'Akhénaton installé à Tell al-Amarna) résident à Thèbes, qui atteint le sommet de sa gloire et de sa prospérité entre 1570 et 1090 av. J.-C. La cité compte près de un million d'habitants, et l'architecture monumentale connaît dès lors un essor considérable.

Aujourd'hui, il est difficile de se repérer au milieu de la quantité impressionnante de tombes et de temples que renferme le site. Pour les replacer dans leur contexte historique, reportez-vous à l'encadré *Chronologie des pharaons* dans la rubrique *Histoire* du chapitre *Présentation du pays*.

ORIENTATION

Pour le visiteur, Louxor se divise en trois zones : la ville de Louxor proprement dite, le village de Karnak, à deux kilomètres au nord-est, et les monuments et nécropoles de Thèbes, sur la rive occidentale du Nil.

Trois artères principales sillonnent la ville : Sharia al-Mahatta, Sharia al-Karnak et la Corniche. Également utile à connaître, Sharia Television regroupe un certain nombre d'hôtels bon marché.

Sharia al-Mahatta, perpendiculaire au Nil, débute en face de la gare ferroviaire et s'étend jusqu'aux jardins du temple de Louxor. Parallèle au fleuve, Sharia al-Karnak (ou Sharia Maabad al-Karnak, la "rue du temple de Karnak") va du temple de Louxor à celui de Karnak. Elle prend le nom de Sharia al-Markaz après le croisement avec Sharia al-Mahatta et de Sharia al-Lokanda au sud, entre le temple et le Nil.

RENSEIGNEMENTS

Prorogations de visas

Le bureau des passeports (☎ 380 885) se tient pratiquement en face de l'Isis Hotel, au sud du centre-ville. Il ouvre de 8h à 14h du samedi au jeudi. Selon certains voyageurs, il serait plus facile d'obtenir une prorogation de visa à Louxor que dans la capitale.

Offices du tourisme

La police touristique et l'office du tourisme (☎ 372 215 ou 373 294) occupent le Tourist Bazaar sur la Corniche, près du New Winter Palace Hotel. L'office du tourisme ouvre de 8h à 20h tous les jours sauf le vendredi (fermeture à 13h). Les voyageurs peuvent laisser des messages sur un tableau d'affichage près du guichet d'information principal. Le second office du tourisme, près de la gare ferroviaire, suit théoriquement les mêmes horaires mais le personnel n'est pas toujours au rendez-vous. Enfin, un troisième guichet vous attend à proximité de l'aéroport de 8h à 20h.

Cartes d'étudiant

Agé de moins de 30 ans (ou si vous prouvez votre statut d'étudiant), vous pouvez obtenir une carte ISIC accordant l'accès à demi-tarif pour tous les sites d'Égypte ainsi que des réductions sur les transports. Un bureau (☎ 372 625), près du Venus Hotel, délivre cette carte moyennant 40 £E. Vous avez besoin d'une photo et de votre passeport.

Argent

La Bank of Alexandria se situe sur la Corniche, un peu au-dessus de l'Hôtel Mercure, la Banque Misr sur Sharia Nefertiti, à l'angle de la rue par rapport au même hôtel, et la National Bank of Egypt en bas de la Corniche, près de l'Old Winter Palace. Elles ouvrent généralement de 8h30 à 14h et quelques heures encore à partir de 17h ou 18h. Par ailleurs, les grands hôtels possèdent leurs propres succursales bancaires. Vous pouvez retirer de l'argent au guichet automatique sur la Corniche, en face du Tourist Bazaar.

L'American Express (Amex) (☎ 372 862) vous accueille dans l'Old Winter Palace Hotel de 8h à 19h mais ses horaires semblent variables. Il fournit tous les services habituels.

Le bureau de change et agence de voyages Thomas Cook (☎ 372 196, fax 376 502), en face d'Amex, ouvre tous les jours de 8h à 20h.

Vous trouverez des distributeurs à la banque Misr à côté du Philippe Hotel et juste à la sortie du Gaddis Hotel.

Poste et communications

La poste principale se tient dans Sharia al-Mahatta. Vous trouverez un second bureau dans le Tourist Bazaar.

Le central téléphonique principal, sur Sharia al-Karnak, fonctionne 24h/24. Il en existe un autre (ouvert de 8h à 22h) près de la somptueuse entrée de l'Old Winter Palace Hotel et un troisième (ouvert de 8h à 20h) à la gare.

Services e-mail et Internet

Des militaires entreprenants ont récemment mis sur pied le Rainbow Internet Cafe (☎ 377 800), premier cybercafé de Louxor. Il occupe le club des officiers (Nadi az-Zubaat), sur la Corniche, un peu au nord de Sharia as-Sayyed Yasouf (ouverture de 9h à 14h et de 18h à 24h). En l'absence de serveur local, vous devez payer la connexion avec Le Caire, soit 45 £E l'heure. Sur la rive occidentale, Osman International Phone Line (☎ 310 110), juste au-dessus du débarcadère du ferry, fait payer 22,50 £E les 30 minutes (ouvert de 19h à 24h).

Librairies

Louxor dispose des meilleures librairies de langue anglaise après Le Caire. La librairie Aboudi, dans le Tourist Bazaar, près de l'office du tourisme, offre un excellent choix de guides, de cartes et de cartes postales. Un peu plus bas, en allant vers l'Old Winter Palace Hotel, AA Gaddis propose quelques livres sur l'Égypte. Les librairies des grands hôtels tels que le Mercure et le Sheraton pratiquent souvent des prix élevés. Devant la librairie Aboudi et à l'extérieur du Winter Palace, des kiosques vendent des journaux étrangers relativement récents.

LE MUSÉE DE LOUXOR

Ce très intéressant petit musée, sur la Corniche, à mi-chemin entre le temple de Louxor et celui de Karnak, expose une collection réduite mais étudiée. Les poteries, bijoux, meubles, statues et stèles provenant des temples et nécropoles thébains ont été mis en scène avec l'aide du Brooklyn Museum de New York.

LOUXOR (RIVE EST)

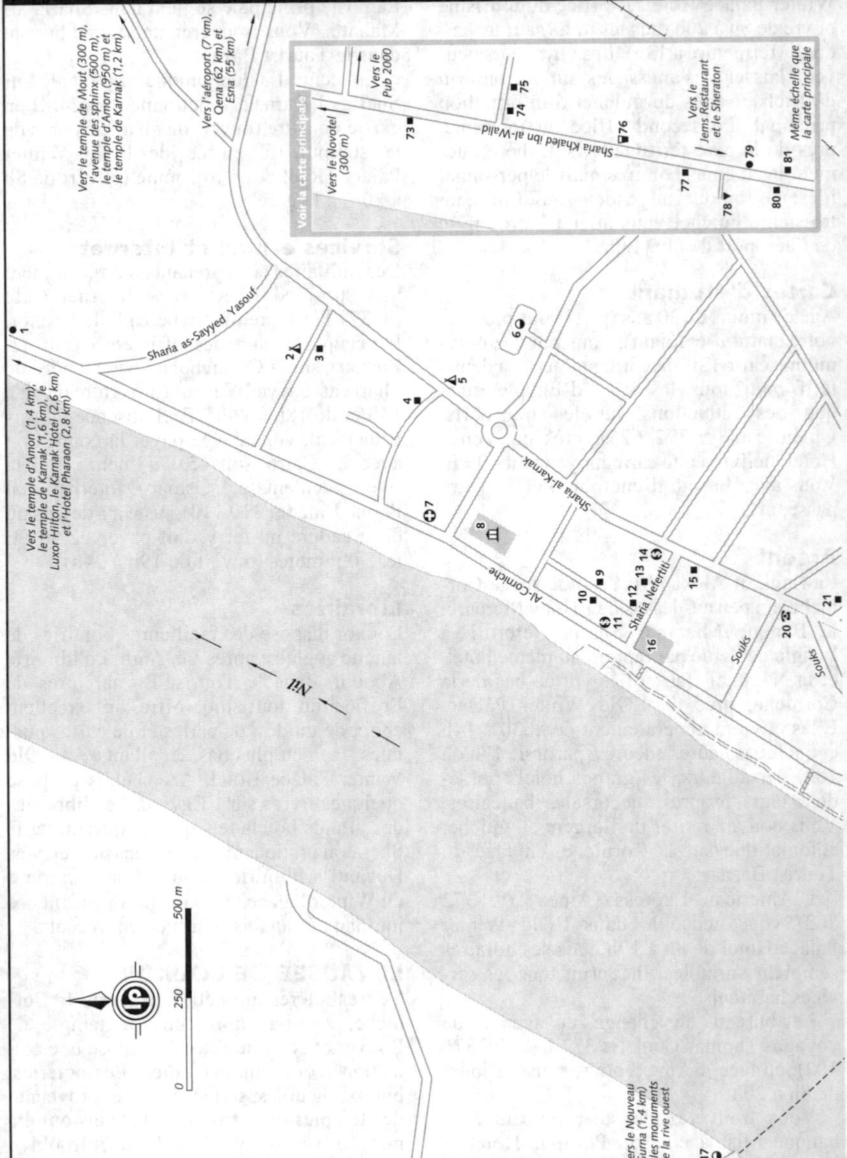

LOUXOR (RIVE EST)

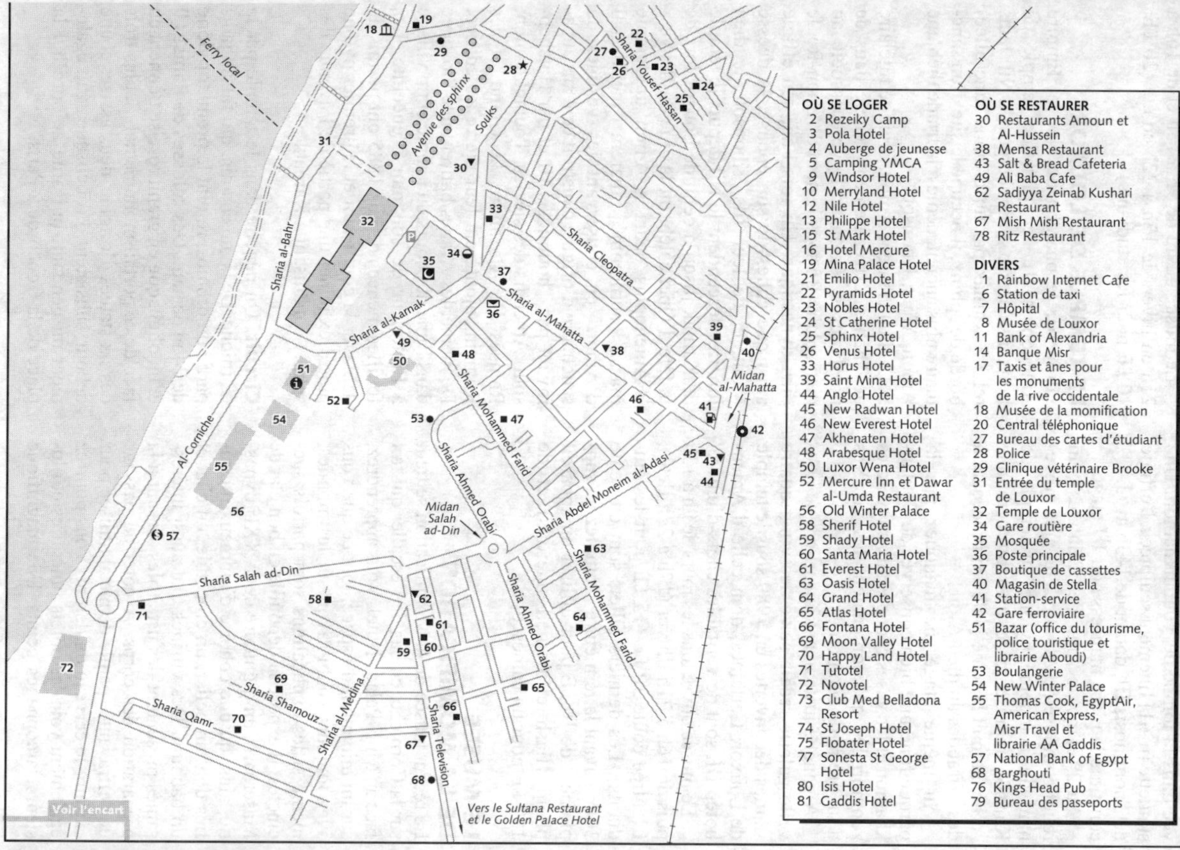

A droite en entrant, vous pourrez admirer une tête d'Hathor, la déesse-vache retrouvée dans la tombe de Toutankhamon. Une statuette (n°61) finement sculptée à l'effigie de Thoutmosis III, datant de 1436 av. J.-C., constitue la pièce maîtresse du 1er étage.

Au 2e étage, le "mur des Talatates", un relief composé de 283 blocs de grès provenant du neuvième pylône du temple de Karnak, représente le pharaon hérétique Akhénaton et la reine Néfertiti procédant à des offrandes au dieu Aton.

Au même étage, ne manquez pas la barque funéraire bien conservée de Toutankhamon et les vases canopes aux couvercles zoomorphes qui contenaient les viscères d'un prêtre de Montou.

A gauche juste avant la sortie, une nouvelle galerie recèle seize des vingt-quatre statues découvertes en 1989 sous le temple de Louxor. Certaines, dont celle d'Amenhotep III, sont de véritables chefs-d'œuvre.

Le musée ouvre tous les jours de 9h à 13h puis de 16h à 21h l'hiver (17h à 22h l'été). L'entrée coûte 30 £E (15 £E pour les étudiants). Les derniers billets sont en vente 30 mn avant la fermeture. Comptez un supplément de 10 £E pour utiliser un appareil photo (flash et trépied interdits) et de 100 £E pour un caméscope.

LE MUSÉE DE LA MOMIFICATION

Le récent musée de la Momification se tient sur la Corniche, en bas de l'escalier qui fait face au Mina Palace Hotel. Vous apprendrez, sur un minimum d'espace, tout ce que vous avez toujours voulu savoir sur les momies, même si les explications sont parfois succinctes. Il expose la dépouille en bon état de Maserharti, un dignitaire de la XXIe dynastie, ainsi qu'une cohorte d'animaux momifiés dont un bélier, un crocodile, un chat et un babouin. Des vitrines tout aussi intéressantes présentent des ustensiles servant à la préparation des corps. A noter au passage une effrayante spatule de métal utilisée pour extraire le cerveau du défunt. Vous pourrez également voir des objets funéraires et plusieurs sarcophages peints. Une magnifique statue d'Anubis, le dieu des embaumeurs à tête de chacal, veille sur l'entrée du musée.

Le musée ouvre de 9h à 13h et de 16h à 21h en hiver, de 17h à 22h en été (20 £E, 10 £E pour les étudiants).

LE TEMPLE DE LOUXOR

Édifié par le pharaon du Nouvel Empire Aménophis III, le splendide temple de Louxor se dresse sur les berges du Nil. Jadis relié à Karnak par un dromos (une allée) bordé de sphinx, il occupe le site d'un sanctuaire plus ancien, dédié à la triade thébaine Amon, Mout, Khonsou.

Le dieu créateur Amon, divinité tutélaire de Thèbes, est également vénéré dans de nombreuses régions d'Égypte associé au dieu solaire Rê sous le nom d'Amon-Rê, le dieu dynastique. Un fois l'an, son effigie ainsi que celles de son épouse, la déesse Mout, et de leur fils, Khonsou, le dieu lunaire, descendent le Nil depuis le temple de Karnak jusqu'à celui de Louxor lors de la fête d'Opet célébrant la crue du fleuve.

Aménophis dédia à Amon un temple massif surnommé "harem méridional d'Amon" en conservant les vestiges du sanctuaire d'origine construit cent ans auparavant par Thoutmosis III et par Hatshepsout. Au cours des siècles, Toutankhamon, Ramsès II, Alexandre le Grand et les Romains ajoutèrent leur pierre à l'édifice. De même, les Arabes bâtirent une mosquée dans l'une des cours du temple et un village à l'intérieur de son mur d'enceinte. Les fouilles menées depuis 1885 ont permis de déblayer la cour avant et le premier pylône puis d'exhumer une partie de l'avenue des sphinx conduisant à Karnak.

Circuit. On pénètre dans le temple par la Corniche. De là, un chemin, qui faisait jadis partie du dromos, rejoint le **premier pylône** de 24 m de haut. Des **colosses de Ramsès II** et un **obélisque** en granit rose se tiennent en face de ce portail monumental. Seules trois des six statues d'origine, deux assises et une debout, subsistent. L'obélisque avait également un pendant, qui orne aujourd'hui la place de la Concorde à Paris.

LE TEMPLE DE LOUXOR

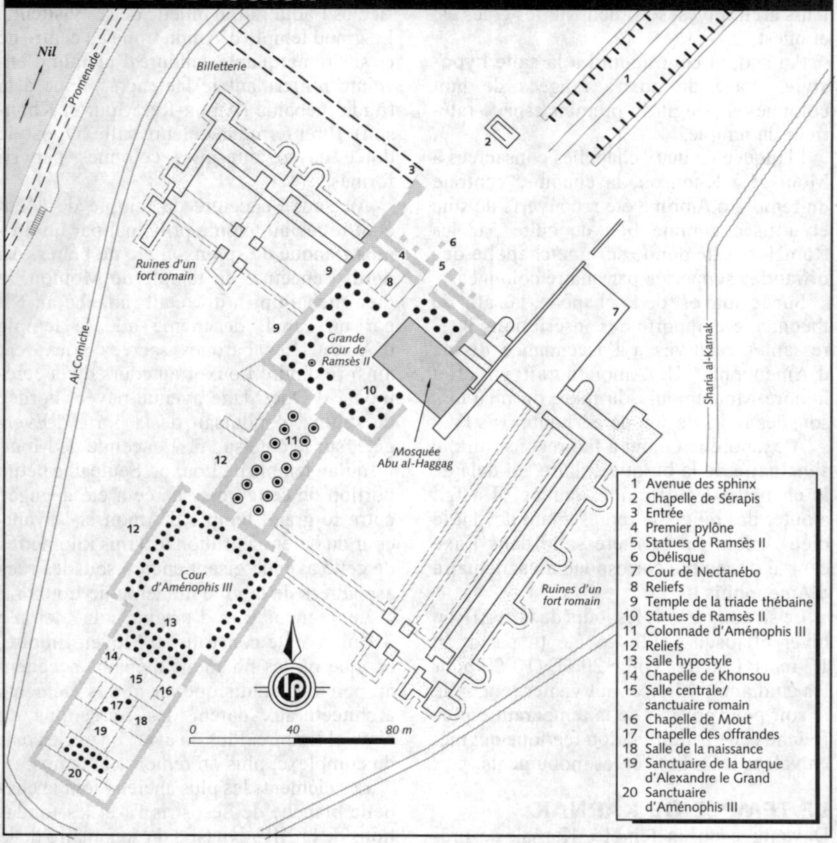

Derrière le pylône illustrant ses victoires, on aborde la **grande cour de Ramsès II** où d'autres reliefs célèbrent les exploits du pharaon. Cette cour héberge une double rangée de colonnes lotiformes et plusieurs énormes statues. Le **temple de la triade thébaine**, remontant au Moyen Empire, s'étend à l'angle ouest de la cour, tandis que la **mosquée Abu al-Haggag** (XIIIe siècle), un cheikh local sanctifié, se dresse au sud.

Au-delà de la cour, quatorze colonnes papyriformes composent la **colonnade d'Aménophis III**. A l'arrière plan, les murs décorés sous le règne du jeune Toutankhamon célèbrent le retour à l'orthodoxie religieuse après le règne hérétique d'Akhénaton. Des scènes figurent la fête d'Opet dans tous ses détails et montrent le souverain, la noblesse et le peuple suivant la procession triomphale de la triade thébaine qui arrive de Karnak.

La colonnade débouche sur la **cour d'Aménophis III**, jadis fermée sur trois côtés par une double rangée de hautes colonnes.

Les mieux conservées, encore dotées de leurs architraves, se situent sur les côtés est et ouest.

Au sud, la cour aboutit à la **salle hypostyle**, dotée de quatre rangées de huit colonnes. Il s'agit du premier espace intérieur du temple.

Flanquée de deux chapelles consacrées à Mout et à Khonsou, la chambre centrale du **temple d'Amon** a été recouverte de stuc et utilisée comme lieu de culte par les Romains. Elle donne sur une **chapelle des offrandes** supportée par quatre colonnes.

Sur le côté est de la chapelle, la salle de théogamie comporte des inscriptions intéressantes relatives à l'ascendance divine d'Aménophis III. Amon aurait en effet honoré Moutémouïa, la mère du pharaon, sous les traits de son père Thoutmosis IV.

Alexandre le Grand a fait reconstruire le **sanctuaire de la barque solaire**, au-delà de la chapelle des offrandes, auquel il a fait ajouter des reliefs le représentant devant le dieu Amon. La dernière salle dans l'axe central du temple correspond au **sanctuaire d'Aménophis III**.

Le site ouvre tous les jours de 6h à 21h en hiver et jusqu'à 22h en été (à partir du 1er mai). L'entrée coûte 20 £E (10 £E pour les étudiants). Mieux vaut visiter le temple le soir pour profiter de la température plus fraîche et de l'illumination féerique qui met en valeur les reliefs et les monuments.

LE TEMPLE DE KARNAK

Davantage qu'un temple, Karnak se présente comme un ensemble de sanctuaires, de kiosques, de pylônes et d'obélisques dédiés à la triade thébaine et à la gloire des pharaons du Moyen et du Nouvel Empire. Tous les éléments architecturaux revêtent des proportions colossales : mesurant 1,5 km de long sur 800 m de large, le site pourrait contenir dix cathédrales, et le premier pylône fait deux fois la taille de celui de Louxor. Principal lieu de culte du royaume durant l'âge d'or du pouvoir thébain, il portait le nom d'Ipet-Isout ("le lieu de la perfection") et a subi quantité de remaniements en l'espace de 1 500 ans.

Immense et écrasant, il inspire depuis des siècles l'admiration muette de ses visiteurs. Le grand temple d'Amon trône au centre de ce site remarquable, entouré d'un mur d'enceinte renfermant le lac sacré. Voué à la triade thébaine (Amon-Rê, Mout et Khonsou), il renferme la célèbre salle hypostyle dotée de gigantesques colonnes papyriformes.

Au sud, l'enceinte du temple de Mout était reliée au temple principal par un dromos flanqué de sphinx à tête de bélier. Au nord, l'enceinte du temple de Montou, le dieu thébain primitif, était rattaché au Nil par un canal, de même que le temple d'Amon. Les barques sacrées pouvaient ainsi rejoindre Louxor au cours de la cérémonie d'Opet. Une avenue pavée, bordée de sphinx, conduisait de la porte d'Évergète, sur le côté sud de l'enceinte de Mout, jusqu'au temple de Louxor. Seule une petite portion de cette voie sacrée a été dégagée entre le grand temple d'Amon et l'avant-cour du harem méridional. Trois kilomètres de cette avenue gisent encore sous les rues asphaltées de la ville moderne de Louxor.

Le sanctuaire d'origine du temple d'Amon a été construit au Moyen Empire, époque où les pharaons thébains accèdent au pouvoir, tandis que les autres éléments architecturaux datent des souverains du Nouvel Empire. Plus on avance vers le cœur du complexe, plus on remonte le temps.

Les éléments les plus anciens sont la chapelle blanche de Sésostris Ier et les fondations de la XIIe dynastie du sanctuaire de la barque solaire et de la cour centrale (derrière le sixième pylône), le saint des saints du grand temple d'Amon. Les fragments de calcaire de la chapelle, recouverts par les fondations du troisième pylône cinq siècles après le règne de Sésostris, ont été reconstitués dans le musée en plein air au nord de la grande cour.

On doit aux souverains de la XVIIIe à la XXe dynastie (1570-1090 av. J.-C.) les ajouts les plus importants, mais ceux des dernières dynasties ont aussi contribué à l'ensemble, de même que les Lagides et les premiers chrétiens.

KARNAK : L'ENCEINTE DU GRAND TEMPLE D'AMON

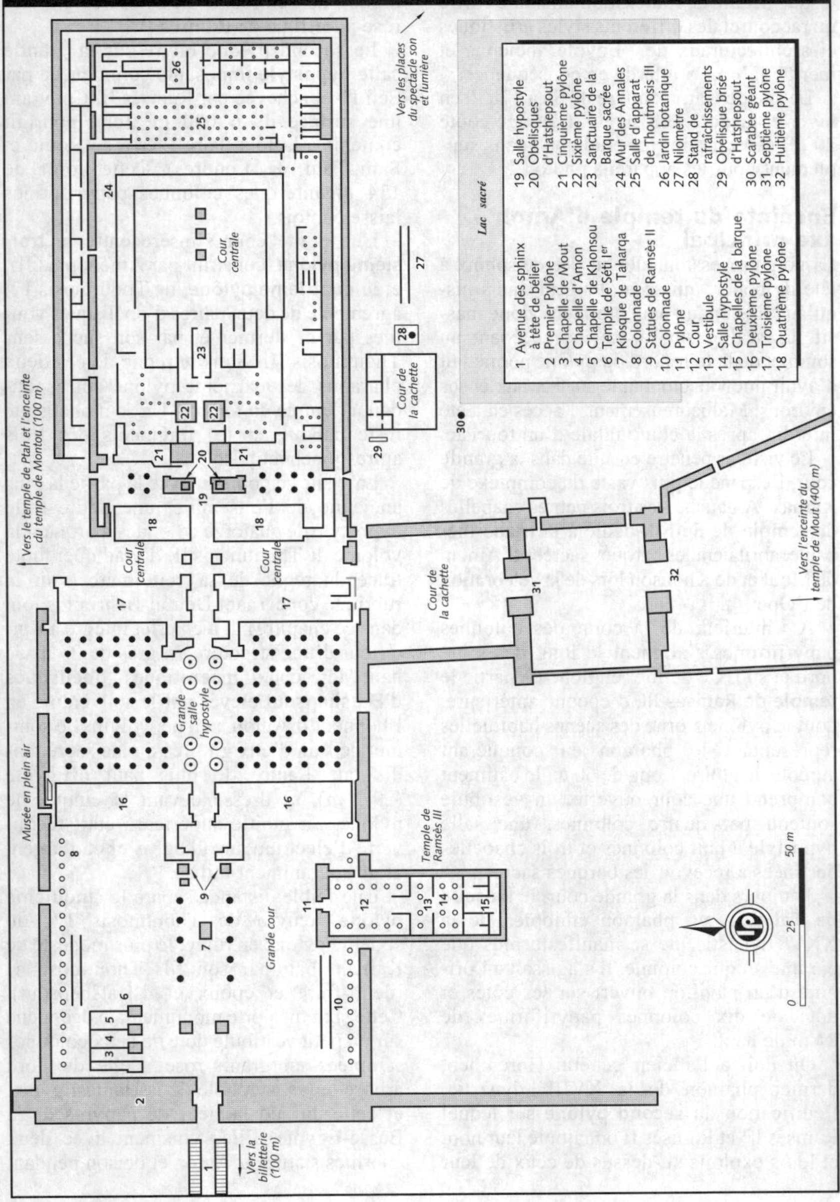

LOUXOR

Clou de tout séjour en Égypte, ce gigantesque dédale de ruines monumentales offre un raccourci des différents styles artistiques et architecturaux de l'Égypte ancienne et mérite qu'on s'y attarde en conséquence.

Le site de Karnak ouvre de 6h à 17h30 en hiver et jusqu'à 18h en été. L'entrée coûte 20 £E (10 £E pour les étudiants) sans supplément pour les appareils photo.

Enceinte du temple d'Amon – axe principal

La voie processionnelle bordée de sphinx à tête de bélier, qui se prolongeait jadis jusqu'au Nil, conduit à un **premier pylône** massif. L'escalier sur la gauche accédant au sommet de la tour nord du pylône permettait d'avoir une vue étonnante sur Karnak et ses environs. Malheureusement, l'accès en a été interdit, après la chute fatale d'un touriste.

Le visiteur pénètre ensuite dans la **grande cour**, l'espace le plus vaste du complexe de Karnak. A gauche, les trois petites chapelles du **temple de Séti II**, dédié à la triade thébaine, abritaient les barques sacrées d'Amon, de Mout et de Khonsou lors de la célébration de l'Opet.

A l'intérieur de la cour, des colonnes papyriformes s'alignent le long des murs nord et sud. Ce dernier englobe en partie le **temple de Ramsès III**, d'époque antérieure, dont le pylône s'orne des scènes habituelles représentant le pharaon en conquérant auréolé de gloire. Long de 60 m, le bâtiment comprend une cour ouverte, un vestibule soutenu par quatre colonnes, une salle hypostyle à huit colonnes et trois chapelles destinées à recevoir les barques sacrées.

Toujours dans la grande cour, le **kiosque de Taharqa**, un pharaon éthiopien de la XXVe dynastie, ne se manifeste plus que par une unique colonne. Il s'agissait à l'origine d'un pavillon ouvert sur les côtés et doté de dix colonnes papyriformes de 21 m de haut.

On doit à l'ancien général Horemheb, dernier pharaon de la XVIIIe dynastie, l'édification du **second pylône** sur lequel Ramsès Ier et Ramsès II ont ajouté leur nom et leurs exploits au-dessus de ceux de leur prédécesseur. On note aussi, de part et d'autre de l'entrée, deux colosses de granit rose à l'effigie de Ramsès II.

Le second pylône ouvre sur la **grande salle hypostyle** imposante commencée par Séti Ier et achevée par Ramsès II. Couvrant une surface de 6 000 m^{2} (elle pourrait contenir à la fois Saint-Pierre de Rome et Saint-Paul de Londres), cette forêt de 134 gigantesques colonnes papyriformes laisse pantois.

Une petite cour s'insère entre le **troisième pylône**, construit par Aménophis III, et le **quatrième pylône**, de Thoutmosis Ier, agrémenté de deux paires d'obélisques voulues par ce dernier et par son successeur Thoutmosis III. Sous le règne de ces deux pharaons, le quatrième pylône correspondait à l'entrée du temple. Un seul obélisque reste debout, et les fragments des trois autres jonchent le sol.

La visite se poursuit avec la partie la plus ancienne de l'ensemble, une petite salle hypostyle de quatorze colonnes marquant la volonté de Thoutmosis III d'éradiquer toute trace du règne de sa belle-mère (voir la rubrique concernant Deir al-Bahri plus loin dans ce chapitre). Il a en effet intégré à l'intérieur d'une structure en grès de 25 m de haut les deux magnifiques **obélisques d'Hatshepsout** élevés par la souveraine en l'honneur d'Amon, son père divin. Le sommet de l'un d'eux gît près du lac sacré tandis que l'autre, le plus haut d'Égypte (29,2 m), se dresse devant le cinquième pylône. Sa moitié supérieure était recouverte d'électrum, un alliage d'or et d'argent alors couramment utilisé.

Une faible distance sépare le **cinquième pylône**, œuvre de Thoutmosis Ier, du sixième pylône en ruine, le plus modeste de Karnak, bâti par son fils Thoutmosis II (demi-frère et époux et d'Hatshepsout). Cette sixième porte monumentale débouche sur un petit vestibule doté de deux colonnes sculptées en granit rose. Celle du nord arbore le lys, symbole de la Haute-Égypte, et celle du sud la fleur de papyrus de la Basse-Égypte. Elles voisinent avec deux énormes statues d'Amon et de son pendant féminin Amunet datant du règne de Toutankhamon.

Deux murs bien conservés appartenant au **sanctuaire de la Barque sacrée** précèdent la cour centrale.

Les bas-reliefs colorés du mur d'Hatshepsout ont bien résisté aux outrages du temps car Thoutmosis III les avait fait recouvrir de peintures à sa propre gloire plutôt que de les détruire.

Après la mort de sa puissante belle-mère, le souverain libéré de sa tutelle part à la conquête du monde connu. Les scènes de la **salle des Annales** le représentent fidèle à sa réputation de héros bâtisseur d'empire, magnanime envers les peuples soumis malgré sa soif de pouvoir. Sur le mur, des inscriptions établissent d'ailleurs la liste des butins de guerre prélevés en l'honneur d'Amon dans les territoires annexés.

A l'est des fondations du temple d'Amon initial, la **grande salle d'apparat de Thoutmosis III** expose un ensemble de beaux reliefs figurant des plantes et des animaux, communément évoqué sous le nom de jardin botanique. Parmi les nombreuses colonnes du temple, vingt ont la particularité, unique en Égypte, d'être plus larges au sommet qu'à la base.

Entre la grande salle d'apparat et le portail oriental de l'enceinte, on peut voir les vestiges d'un portique érigé par Taharqa et ceux d'un temple plus petit construit par Thoutmosis III. Le plus grand obélisque du monde (32,2 m), qui se dressait devant ce temple, a été déplacé en 357 sur les ordres de l'empereur Constantin. Bien que destiné à Constantinople, il s'est d'abord retrouvé dans le cirque maxime de Rome et domine depuis la fin du XVIe siècle la place Saint-Jean-de-Latran.

Commencé sous Thoutmosis III et terminé à l'époque ptolémaïque, le **temple de Ptah** jouxte le mur d'enceinte septentrional du temple d'Amon. Après avoir franchi cinq portes, on accède enfin aux chambres intérieures où l'on peut contempler deux statues originales du sanctuaire. L'effigie décapitée du dieu tutélaire de Memphis se tient dans la chapelle centrale, que le gardien accepte d'ouvrir contre un petit bakchich. On peut admirer, à gauche, une splendide statue de granit noir dotée d'une tête de lionne et d'une poitrine dénudée. Il s'agit de la terrible déesse Sekhmet, l'épouse de Ptah.

Grand temple d'Amon – axe sud

Cette partie s'étend au sud du troisième et du quatrième pylône. Elle correspond à un parcours processionnel délimité par des murs latéraux et compartimenté par des pylônes formant une enfilade de cours. Le **septième pylône** débouche sur la **cour de la cachette,** où des fouilles ont mis au jour en 1903 des milliers de statues en pierre et en bronze. Sept d'entre elles, représentant des pharaons du Moyen Empire, montent la garde devant le pylône à proximité des restes de deux colosses à l'image de Thoutmosis III.

Édifié par la reine Hatshepsout, le **huitième pylône**, en bon état, constitue l'élément le plus ancien de l'axe nord-sud. Il ne reste que quatre de ses six statues monumentales d'origine, la plus complète étant celle d'Aménophis Ier.

Horemheb a fait bâtir le **neuvième** et le **dixième pylône** avec les pierres arrachées à un temple qui avait été édifié à l'est par Akhénaton avant son installation à Tell al-Amarna.

Avant de célébrer le culte, les prêtres d'Amon pratiquaient leurs ablutions purificatrices au bord du **lac sacré**, à l'est de ces deux pylônes. On peut voir, sur le côté nord-ouest du point d'eau, le haut de l'obélisque brisé d'Hatshepsout ainsi qu'un scarabée en pierre géant dédié par Aménophis III au dieu Aton, incarnation du disque solaire. Les guides conseillent de tourner une fois autour de ce dernier pour attirer la chance, trois fois en vue d'un mariage et sept fois pour la naissance d'un premier enfant.

On dénombre, à l'intérieur de l'enceinte principale, les vestiges d'une vingtaine d'autres chapelles. A l'angle sud-ouest, le **temple de Khonsou**, dieu de la lune et du temps né des amours d'Amon et de Mout, présente un bon état de conservation. Le pylône, face à la porte d'Évergete et à l'avenue des sphinx aboutissant au temple de Louxor, ouvre sur une petite salle hypostyle et sur un sanctuaire en ruines. Édifié sous le règne de Ramsès III, le temple a été modifié par les différents Ramsès, par des souverains Lagides et par Herihor, un ancien militaire qui parvint à cumuler la dignité de pharaon et la charge de grand prêtre d'Amon.

A proximité, un petit **temple** joliment décoré est consacré à la déesse hippopotame Opet, mère d'Osiris.

Enceinte du temple de Mout

Une avenue de sphinx partant du dixième pylône rejoint l'enceinte de Mout, la partie sud du complexe de Karnak, incomplètement dégagée par les fouilles. Érigé par Aménophis III et aujourd'hui très endommagé, le temple de Mout se compose d'un sanctuaire, d'une salle hypostyle et de deux cours. Le temple de Ramsès III se tient au sud-ouest du lac qui entoure partiellement le temple principal. Par endroits, des statues en granit à tête de lionne, coiffées du disque solaire, rappellent que cinq cents représentations identiques de Sekhmet décoraient jadis les lieux.

Enceinte du temple de Montou

Près du temple de Ptah (enceinte du temple d'Amon), un portail généralement clos conduit à l'enceinte du temple de Montou, l'ancien dieu tutélaire de Thèbes à tête de faucon. Le temple principal, construit par Aménophis III, a été remanié par ses successeurs, et l'ensemble se révèle gravement dégradé.

Musée en plein air

A gauche juste avant le second pylône, un musée en plein air ouvert jusqu'à 17h30 expose une collection de statues découvertes sur le site (10 £E l'entrée et demi-tarif pour les étudiants).

Spectacle son et lumière

Ce spectacle très hollywoodien retrace l'histoire de Thèbes et la vie des pharaons qui contribuèrent à l'édification du temple d'Amon. Le parcours emprunte l'avenue des sphinx à tête de bélier, franchit le premier pylône donnant sur la grande cour, traverse la salle hypostyle et atteint le lac sacré où se déroule le bouquet final. Malgré le commentaire grandiloquent et la musique d'un kitsch consommé, la promenade nocturne à travers le site illuminé pour l'occasion mérite à elle seule la dépense (33 £E, tarif unique).

Trois séances ont lieu chaque soir à 18h30, à 19h45 et à 21h (environ une heure plus tard l'été). Vérifiez le programme auprès de l'office du tourisme. Lors de notre visite, il s'organisait comme suit :

Jour	Séance 1	Séance 2	Séance 3
Lundi	anglais	français	espagnol
Mardi	japonais	anglais	italien
Mercredi	allemand	anglais	français
Jeudi	anglais	français	arabe
Vendredi	français	anglais	espagnol
Samedi	français	anglais	italien
Dimanche	allemand	anglais	français

Comment s'y rendre

Pour rejoindre Karnak, vous pouvez prendre un microbus à la station de Louxor ou derrière le temple de Louxor (25 pt) ou bien louer un *hantour* (une carriole à cheval) moyennant 5 £E. Le conducteur vous attend en échange d'un bakchich. A défaut, le trajet jusqu'au temple s'effectue rapidement à pied ou en bicyclette.

LA CLINIQUE VÉTÉRINAIRE BROOKE

Cet hôpital, dont l'intérêt n'est pas véritablement touristique, dépend d'un réseau britannique ayant pour vocation de fournir partout dans le monde un minimum de soins aux animaux domestiques, notamment ceux qui travaillent. Situé au-dessus du Mina Palace Hotel, il a ouvert à Louxor il y a plus de trente ans (à l'origine, à un autre endroit). Une visite permet de voir comment l'établissement s'occupe des chevaux mis à la retraite après de longues années à tirer les *hantour* dans les rues de la ville. Un tableau donnant des directives sur la façon de se comporter à leur égard déconseille par exemple d'offrir un bakchich au cocher pour qu'il presse sa monture. La clinique ouvre de 8h à 13h30 et de 16h à 18h (de 18h à 20h en été).

Si cette initiative vous interpelle, il existe des hôpitaux de ce type au Caire, à Alexandrie, à Edfou et à Assouan.

LA RIVE OUEST

En arrivant sur la rive occidentale de Louxor, vous serez frappé par son paysage de champs luxuriants avec en toile de fond des montagnes désertiques ponctuées de maisons colorées. A l'approche du site, on distingue entre les habitations de vastes cavités, et de grandes silhouettes de grès se dressent à la lisière des cultures en contrebas. Il s'agit en réalité de la nécropole de l'antique cité de Thèbes, dont les superbes temples célèbrent la mémoire des pharaons ensevelis sous les falaises environnantes. A l'intérieur de tombeaux sommaires ou somptueusement élaborés reposent des reines, des enfants royaux, des prêtres, des artisans et même de simples ouvriers.

Sous le Nouvel Empire, cette cité des morts fait vivre une population nombreuse de prêtres et de gardiens de temple ainsi que d'artisans et de manœuvres spécialisés dans l'art funéraire. Ces derniers s'entendent à dissimuler les tombes pour les préserver des pillards et se transmettent ce savoir-faire secret de père en fils.

La nécessité de rendre les sépultures invisibles conditionne leur architecture. Au lieu d'une pyramide, qui sert au culte du pharaon défunt et abrite en même temps sa momie, les souverains thébains du Nouvel Empire dissocient les deux fonctions.

Dans la plaine, de splendides temples funéraires permettent aux prêtres et aux sujets du royaume d'honorer la mémoire du pharaon dont le corps repose à flanc de colline, à l'intérieur d'un hypogée insoupçonnable, magnifiquement décoré. Au nord-ouest, un canyon isolé, encerclé sur trois côtés de hautes falaises abruptes, constitue le site principal des inhumations.

Malgré cet accès protégé, les tombes soigneusement cachées de la vallée des Rois ont pour la plupart été pillées.

Sur la rive occidentale, où le passé côtoie le présent, des villages prospèrent au milieu des ruines antiques. Gurna, le plus célèbre d'entre eux (voir l'encadré *Gardiens ou voleurs ?*), existe depuis des centaines d'années, et ses habitants auraient pratiqué le pillage de tombes jusqu'à une période relativement récente.

Comment s'y rendre

L'achèvement du pont controversé qui enjambe le Nil a transformé l'approche de la rive ouest. Il n'y a plus de ferries mais, si vous souhaitez traverser le fleuve en bateau (qui demeure le moyen le plus rapide), vous avez le choix entre le *baladi*, un ferry populaire, et les petites vedettes (appelées *lunches*) qui mouillent le long des berges. Le *baladi* coûte 1 £E pour les étrangers (10 pt pour les résidents) et lève l'ancre d'un embarcadère situé devant le temple de Louxor. Les vedettes partent de n'importe quel endroit dès qu'elles ont des passagers. Comptez 5 £E ou bien 1 £E par personne si vous formez un groupe supérieur à cinq.

Les vedettes présentent l'avantage de la rapidité car vous ne perdez pas de temps à attendre. En revanche, l'expérience du *baladi* offre l'occasion de se mêler à la population.

Vous êtes accueilli sur la rive ouest par une concert de voix annonçant la destination des taxis pick-ups. Celui pour Gourna emprunte la route à droite du guichet (25 pt). Un grand nombre de taxis circulent entre les villages et vous pouvez leur faire signe pour rejoindre un site ou un autre. Vous devrez cependant marcher de la route principale jusqu'à l'entrée.

Si le frère, le cousin ou l'ami d'un chauffeur de taxi ne vous a pas déjà sollicité sur le bateau, des taxis Peugeot vous attendent au débarcadère du ferry. Préparez-vous cependant à marchander ferme. Suivant la saison, l'affluence touristique et vos talents de négociateur, vous dépenserez entre 40 et 70 £E la journée, c'est-à-dire moins cher qu'en prenant un taxi urbain.

LOUXOR (RIVE OUEST)

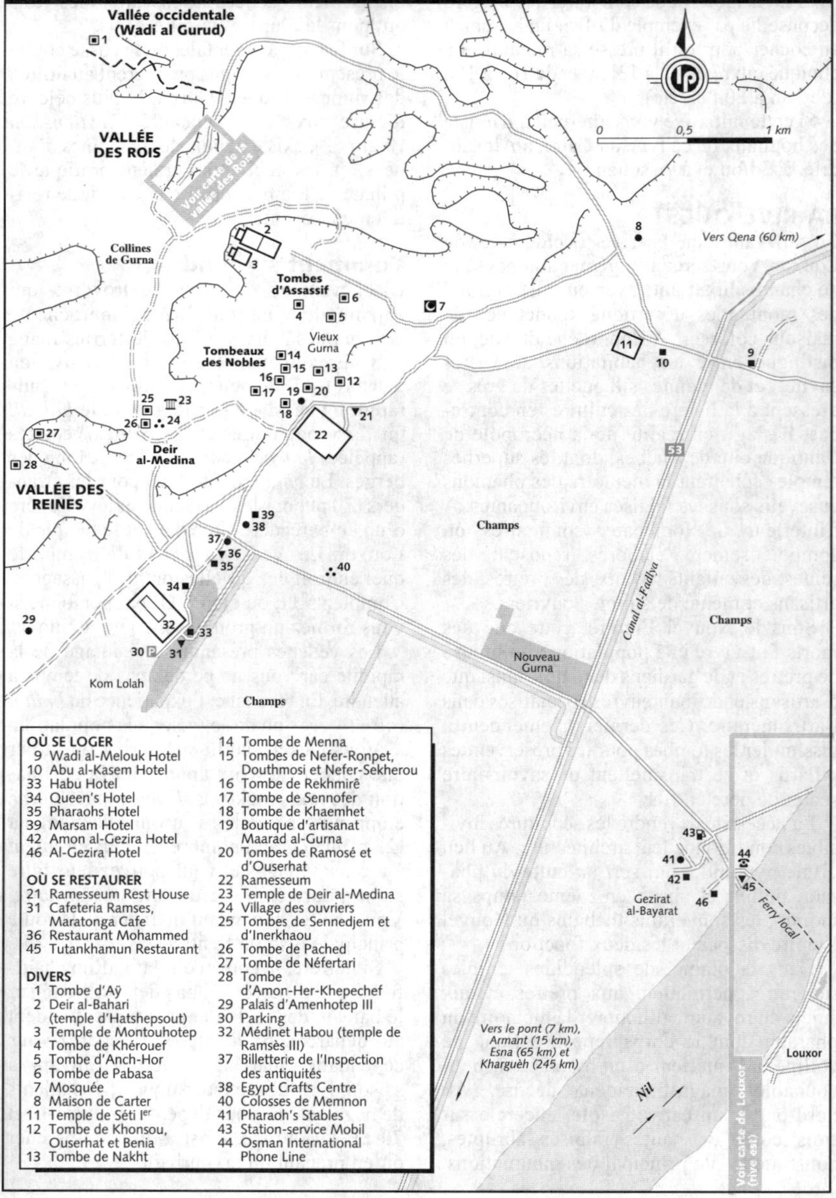

OÙ SE LOGER
- 9 Wadi al-Melouk Hotel
- 10 Abu al-Kasem Hotel
- 33 Habu Hotel
- 34 Queen's Hotel
- 35 Pharaohs Hotel
- 39 Marsam Hotel
- 42 Amon al-Gezira Hotel
- 46 Al-Gezira Hotel

OÙ SE RESTAURER
- 21 Ramesseum Rest House
- 31 Cafeteria Ramses, Maratonga Cafe
- 36 Restaurant Mohammed
- 45 Tutankhamun Restaurant

DIVERS
- 1 Tombe d'Aÿ
- 2 Deir al-Bahari (temple d'Hatshepsout)
- 3 Temple de Montouhotep
- 4 Tombe de Khérouef
- 5 Tombe d'Anch-Hor
- 6 Tombe de Pabasa
- 7 Mosquée
- 8 Maison de Carter
- 11 Temple de Séti Ier
- 12 Tombe de Khonsou, Ouserhat et Benia
- 13 Tombe de Nakht
- 14 Tombe de Menna
- 15 Tombes de Nefer-Ronpet, Douthmosi et Nefer-Sekherou
- 16 Tombe de Rekhmirê
- 17 Tombe de Sennofer
- 18 Tombe de Khaemhet
- 19 Boutique d'artisanat Maarad al-Gurna
- 20 Tombes de Ramosé et d'Ouserhat
- 22 Ramesseum
- 23 Temple de Deir al-Medina
- 24 Village des ouvriers
- 25 Tombes de Sennedjem et d'Inerkhaou
- 26 Tombe de Pached
- 27 Tombe de Néfertari
- 28 Tombe d'Amon-Her-Khepechef
- 29 Palais d'Amenhotep III
- 30 Parking
- 32 Médinet Habou (temple de Ramsès III)
- 37 Billetterie de l'Inspection des antiquités
- 38 Egypt Crafts Centre
- 40 Colosses de Memnon
- 41 Pharaoh's Stables
- 43 Station-service Mobil
- 44 Osman International Phone Line

Depuis le débarcadère, il suffit de monter la colline pour trouver une boutique de location de bicyclettes (6-10 £E). Cependant, ce type de matériel se révèle moins cher et de meilleure qualité en ville. Pratiquement tous les sites de la rive occidentale peuvent se visiter à vélo. Tenez compte toutefois de la chaleur torride : emportez un chapeau et des réserves d'eau.

Il est aussi possible d'opter pour le transport à dos d'âne ou de dromadaire (pour plus d'informations, consultez la rubrique *Promenades équestres et méharées*).

A titre indicatif, le débarcadère et la billetterie sont distants de 3 km, au delà des colosses de Memnon. Comptez 4 km jusqu'à la vallée des Reines et 8 km pour atteindre la vallée des Rois.

Renseignements

A emporter. Pensez à amener une lampe-torche et surtout des provisions d'eau car les boissons vendues sur certains sites coûtent relativement cher. Une *resthouse* bruyante, juste à la sortie de la vallée des Rois sert des repas et des boissons (notamment de l'eau minérale) à des prix exorbitants.

Prévoyez aussi suffisamment de monnaie pour les bakchichs. Si les gardiens insistent pour vous donner des explications dans un anglais approximatif, considérez qu'ils améliorent leur modique salaire uniquement grâce à la générosité des touristes. La somme de 25 ou de 50 pt suffit à interrompre le harcèlement, mais aussi à faire ouvrir une porte ou éclairer une peinture particulièrement remarquable. Une solution consiste à se joindre à un groupe de touristes et à contribuer ainsi à dénaturer l'atmosphère du lieu.

Billets. Si vous souhaitez explorer l'intégralité des sites thébains, vous devrez débourser plus de 65 $US (sans carte d'étudiant) auxquels s'ajoutent le droit d'entrée des sites de la rive orientale ainsi que ceux situés au nord et au sud de Louxor. Le coût total de la visite peut se révéler prohibitif pour les petits budgets.

Les billets s'achètent au guichet de l'Inspection des Antiquités, à environ 3 km du débarcadère du ferry. Celui-ci ouvre de 6h à 16h (jusqu'à 17h en été). Les différents sites accueillent officiellement le public de 7h à 17h en hiver (dans les faits souvent jusqu'à 18h) et de 6h à 19h en été. Seule la tombe de Néfertari suit un horaire particulier (voir la rubrique *La vallée des Reines*).

Le permis de photographier revient à 10 £E pour chaque tombe (5 £E pour les étudiants). Résistez à la tentation d'utiliser le flash, qui détruit les couleurs des sépultures déjà passablement abîmées.

A l'exception du tombeau de Toutankhamon, les sites ne disposent pas de billetterie et requièrent chacun un ticket spécifique numéroté. Vous devez par conséquent établir votre programme avant de vous mettre en route. Valables pour le jour même, ils ne sont pas remboursés. La liste ci-dessous indique le numéro et le prix d'entrée (demi-tarif pour les étudiants) des différents lieux de visite :

Vallée des Rois (trois tombes seulement)	20 £E
Tombe de Toutankhamon	40 £E
Deir al-Bahri (temple d'Hatshepsout)	12 £E
Médinet Habou (temple de Ramsès III)	12 £E
Ramesseum	12 £E
Tombes d'Assassif (Khérouef et Anch-Hor)	12 £E
Tombes des Nobles (Menna et Nakht)	12 £E
Tombes des Nobles (Rekhmirê et Sennofer)	12 £E
Tombes des Nobles (Ramosé, Ouserhat et Khaemhet)	12 £E
Temple et tombes de Deir al-Medina	12 £E
Vallée des Reines (sauf la tombe de Néfertari)	12 £E
Tombe de Néfertari	100 £E
Temple de Séti Ier	12 £E
Tombes d'Assassif (tombe de Babasa)	12 £E
Tombe de Pached (Deir al-Medina)	10 £E

Tombe de Aÿ (vallée occidentale)	10 £E
Tombes des Nobles (Khokha, Nefer-Renpet, Douthmosi et Nefer-Sekherou)	12 £E
Tombes des Nobles (Khonsou, Ouserhat et Benia)	12 £E

Colosses de Memnon

Les deux statues monumentales désignées sous le nom de colosses de Memnon sont les premiers monuments que l'on aperçoit en débarquant sur la rive occidentale. Elles constituent les seuls vestiges du temple du pharaon hédoniste Aménophis III. Dominant la plaine d'une hauteur de 18 m, ces effigies sans visage du souverain sur son trône ont résisté aux crues du Nil, qui ont détruit progressivement les bâtiments alentours.

Au fil des siècles, les ruines de l'édifice, l'un des plus beaux temples thébains, se sont dissoutes dans la terre fertile. D'après une stèle exposée au musée des Antiquités égyptiennes, ces murs de grès blanc étaient recouverts d'or, le sol d'argent et les portes d'électrum.

A l'époque gréco-romaine, les colosses représentaient une attraction car on les identifiait au légendaire Memnon, roi d'Éthiopie et fils de la déesse de l'aurore Eos, tué par Achille pendant la guerre de Troie.

Au lever du soleil, la statue du nord émettait un son mélodieux interprété comme la voix de Memnon accueillant sa génitrice. En retour, Eos versait des larmes de rosée sur la mort prématurée de son cher enfant.

Le phénomène s'explique aujourd'hui par l'effet du changement de température sur la partie supérieure du colosse, détruite par un tremblement de terre en 30 av. J.-C. En réchauffant la pierre imprégnée de rosée, le soleil matinal libère les particules de sable, dont le bruit résonne à travers les fissures. Au IIe siècle, Septime Sévère ordonna la réparation de la statue, et la voix plaintive de Memnon se tut alors à jamais.

Impossible de manquer les colosses. Mitraillés par des légions de touristes, ils se tiennent juste à la sortie de la route, à l'ouest de la nouvelle localité de Gurna.

Temple de Séti Ier

Séti Ier, le père de Ramsès II, étendit les frontières du royaume en annexant Chypre et une partie de la Mésopotamie. Dédié à Amon, son imposant temple funéraire célèbre aussi son culte personnel et sert à entreposer les butins de guerre.

Le premier des deux pylônes et les cours sont en ruines, mais le temple garde un bon état relatif. D'une facture superbe, les bas-reliefs de la salle hypostyle, des chapelles et du sanctuaire se classent parmi les exemples les plus remarquables de l'art du Nouvel Empire. Situé à proximité de Sharia Wadi al-Melouk, la route de la vallée des Rois, cet édifice, souvent boudé par les touristes, mérite largement le déplacement.

Maison de Carter

A l'endroit où la route entre Deir al-Bahri et la vallée des Rois croise celle qui mène au temple de Séti Ier, on peut voir sur une colline aride la maison à coupole d'Howard Carter pendant sa recherche du tombeau de Toutankhamon. Il serait question de la transformer en musée retraçant l'historique des fouilles.

Vallée des Rois

Surnommé jadis les "portes des Rois" ou le "lieu de Vérité", le canyon qui forme la vallée des Rois évoque à la fois la mort, car rien ne pousse sur ses rochers arides, et la magnificence des pharaons, incarnée par leur demeure éternelle.

Le mont Al-Qurn (la corne), en forme de pyramide naturelle, domine le paysage isolé qui s'étend derrière Deir al-Bahri. Il se divise en deux zones, la vallée orientale et la vallée occidentale, qui regroupent la plupart des sites funéraires royaux.

Hormis quelques variantes liées au terrain ou à la durée de construction – la longueur du règne du souverain conditionnant la splendeur de sa sépulture – toutes les tombes, à l'exception de celle des fils de Ramsès II récemment découverte, répondent au même schéma architectural.

Censés représenter le domaine des morts, ces hypogées comportent un long couloir

Que visiter en premier ?

L'âpreté du paysage montagneux écrasé de chaleur incite à visiter les sites archéologiques de la rive occidentale le matin de bonne heure. Hélas, l'idée n'est pas vraiment originale, et vous risquez de devoir partager l'atmosphère confinée d'une tombe avec un bus entier de touristes. Cet emploi du temps laisse cependant le loisir de passer l'après-midi autour d'une piscine ou de faire une sieste avant d'explorer le soir les temples de Karnak et de Louxor ou bien un musée.

Ceux qui ne peuvent s'attarder à Louxor sont confrontés au dilemme du choix des lieux de visite. Si vous ne disposez que d'une journée (et de beaucoup d'énergie), rejoignez la rive occidentale le plus tôt possible, consacrez deux heures à la vallée des Rois, faite un saut à Deir al-Bahri puis rendez-vous à Médinet Habou. Vous pouvez prendre un rafraîchissement dans une cafétéria avant de partir pour la vallée des Reines et d'admirer la tombe colorée de Néfertari (si vous avez un ticket). En revenant sur la rive est, jetez un coup d'œil rapide au temple de Louxor et dirigez-vous vers le temple de Karnak. Arrangez-vous pour arriver à 16h30 afin de passer deux heures sur place et de profiter ensuite du spectacle son et lumière.

Si vous avez davantage de temps, ce circuit peut s'effectuer en deux ou trois jours et compter en outre une randonnée dans la montagne entre la vallée des Rois et Deir al-Bahri.

Pour d'autres suggestions, reportez-vous à l'encadré *A ne pas manquer* en début de chapitre.

creusé dans la roche conduisant à une antichambre ou à des salles hypostyles débouchant sur une chambre funéraire. La décoration intérieure illustre principalement la vie du pharaon dans l'au-delà.

Des peintures et bas-reliefs colorés inspirés des textes religieux ont pour fonction d'assister le roi dans sa nouvelle existence. Ils renvoient au *Livre de l'Amdouat* (ou le livre de celui qui rejoint les Enfers), au *Livre des Portes* (le parcours du souverain dans l'au-delà) et au *Livre des Litanies de Rê* (les paroles prononcées par le dieu soleil lors de sa traversée des cavernes de la mort).

Amon, ou plus tard Amon-Rê (fusion du précédent avec le dieu Rê), traverse chaque soir la vallée des Rois. Le défunt enterré le jour même peut, grâce à sa connaissance des textes magiques, effectuer ce parcours à bord de la barque sacrée du dieu.

On le conduit ensuite au royaume d'Osiris, le dieu des morts, pour y être jugé. S'il réussit l'épreuve, il part alors vers l'est sur une autre barque sacrée. Là, après avoir vaincu le pouvoir des ténèbres et de la mort, il accède enfin à la vie éternelle aux côtés d'Amon-Rê.

Parmi la soixantaine de sépultures mises au jour dans la vallée, toutes n'appartiennent pas à des pharaons. Numérotées par ordre de découverte, certaines ne sont pas ouvertes au public ou subissent actuellement des travaux de rénovation. Nous vous conseillons d'apporter une lampe-torche pour éclairer les recoins obscurs. Les gardiens ont parfois l'exquise habitude d'éteindre la lumière quand vous ne leur donnez pas de bakchich.

Bon courage aux cyclistes qui projettent de monter la route d'accès sous un soleil de plomb. Avant la vallée, une *resthouse*, chère et souvent prise d'assaut, sert de l'eau minérale, des boissons non alcoolisées et des repas. Un *tuf-tuf* (à savoir un tracteur bruyant transformé en train) transporte les visiteurs de l'entrée jusqu'aux tombes moyennant la somme excessive de 1 £E.

Afin d'éviter la foule de touristes que les bus déversent sur le site, dirigez-vous plutôt vers les sépultures éloignées de l'entrée. Vous avez l'embarras du choix mais celles de Ramsès VI (n°9), de Taousert-Sethnakt (n°14), de Thoutmosis III (n°34) et de Siptah (n°47) offrent un intérêt particulier.

LA VALLÉE DES ROIS

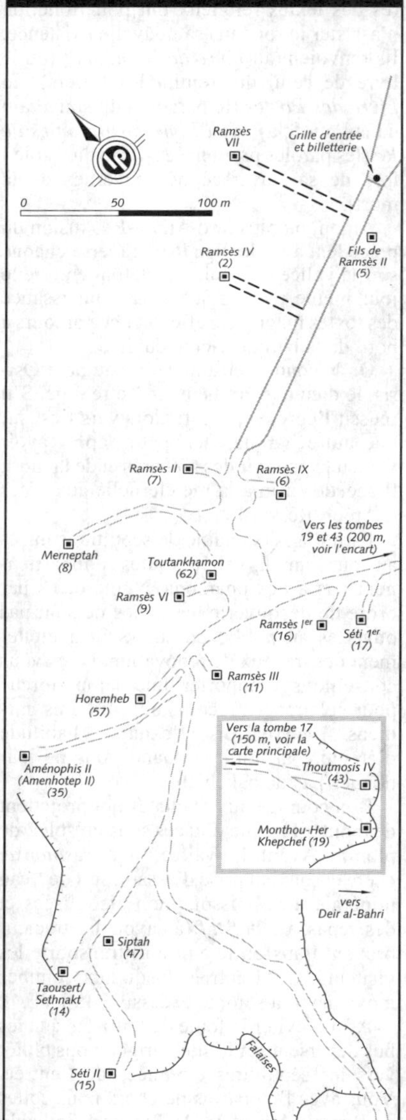

La vallée des Rois ne dispose pas de billetterie (voir la rubrique *Billets* plus haut dans ce chapitre). Notez aussi que chaque billet ne donne accès qu'à trois tombes. Celle de Toutankhamon fait cependant l'objet d'un billet séparé (40 £E), que l'on peut se procurer à l'entrée du site.

Tombe de Ramsès IV (n°2). Deuxième tombe à droite de l'entrée du site, elle était déjà connue à l'époque ptolémaïque, comme l'attestent sur ses murs des graffitis datés de 278 av. J.-C. Récemment ouverte au public, elle figure parmi les plus remarquables. Les peintures de la chambre funéraire sont détériorées mais on remarquera, sur le bleu de la voûte céleste, une représentation de la déesse Nout en relativement bon état.

Tombe de Ramsès IX (n°6). Elle se compose d'un long corridor en pente, d'une vaste antichambre décorée d'animaux, de serpents et de démons, d'une salle hypostyle et d'un petit vestibule précédant la chambre funéraire. La déesse Nout, entourée de barques sacrées, orne le plafond. A noter les cartouches de Ramsès IX, juste avant les marches d'accès à la chambre funéraire.

Tombe de Ramsès II (n°7). Actuellement fouillée par des archéologues français, la sépulture du pharaon qui connut le règne le plus long devrait ouvrir au public en l'an 2000.

Tombe de Merneptah (n°8). Des reliefs figurant Isis, épouse d'Osiris et veilleuse des morts, et sa sœur Nephtys, gardienne des sarcophages, décorent l'entrée. Fils de Ramsès II, Merneptah est le pharaon mentionné dans l'*Exode*. Les parois du couloir abrupt qui descend jusqu'à la salle du sarcophage, à 80 m de profondeur, s'ornent de textes tirés du *Livre des Portes*.

Tombe de Ramsès VI (n°9). Sa mise au jour a devancé la découverte de la sépulture de Toutankhamon située en dessous. Desti-

THOMAS HARTWELL

Ces anciennes maisons multicolores, à Gurna, risquent de faire les frais d'un plan d'urbanisme

JULIET COOMBE / LA BELLE AURORE

Pour l'Égypte, en pleine expansion démographique, l'agriculture de la vallée du Nil est vitale

JULIET COOMBE / LA BELLE AURORE

Piliers osiriaques au Ramesseum, à Louxor

JULIET COOMBE / LA BELLE AURORE

Temple de la reine Hatshepsout, à Louxor

JULIET COOMBE / LA BELLE AURORE

Sphinx à tête de bélier au temple d'Amon

CHRIS MELLOR

Statues en l'honneur d'Amon (temple d'Amon)

GREG ELMS

A Louxor, la découverte de la rive occidentale du Nil commence par les imposants colosses de Memnon, hauts de 18 m. Malheureusement ce sont les seuls vestiges du temple d'Aménophis III

GREG ELMS

TM FLOWER

TM FLOWER

Éléments décoratifs de tombes dans la vallée des Rois

GREG ELMS

De nuit, l'illumination des statues du temple de Louxor crée une ambiance mystérieuse née à Ramsès V, elle a en réalité accueilli la momie de son successeur. Elle s'étend à 83 m sous la montagne et ses trois couloirs présentent des scènes extraites du *Livre des Morts* et du *Livre des Cavernes* ainsi que le texte intégral du *Livre des Portes*.

A l'extrémité du corridor, la chambre funéraire à colonnes accueille les fragments du sarcophage de Ramsès VI. Sur son plafond voûté superbe et inhabituel, la déesse Nout figure deux fois, évoquant tour à tour le *Livre du Jour* et le *Livre de la Nuit*…

Tombe de Ramsès III (n°11). Fermée au public, la chambre funéraire de ce très vaste hypogée doit encore être dégagée.

En revanche, dans la première partie, les trois couloirs et les dix salles latérales sont d'un grand intérêt. On la surnomme tombe des Harpistes en raison d'une salle donnant sur le second corridor où des musiciens sont représentés jouant devant des divinités. Les reliefs ont conservé la vivacité de leurs couleurs d'origine. Les salles latérales s'ornent de peintures illustrant leur ancien contenu et d'autres murs de scènes de la vie quotidienne.

Tombe de Taousert et de Sethnakt (n°14). L'hypogée de Taousert, épouse de Séti II, a été réutilisé plus tard pour héberger la momie de Sethnakt. Ses peintures bien préservées s'inspirent du *Livre des Morts* et du *Livre des Portes* et montrent également la cérémonie de l'ouverture de la bouche. Le sarcophage en granit de Sethnakt se trouve toujours sur place. Au moment de la rédaction de cet ouvrage, des travaux de restauration interdisent l'accès de la tombe au public.

Tombe de Séti II (n°15). Jouxtant celle de Taousert, son épouse, la sépulture de Séti II a été abandonnée, et les jolis reliefs de l'entrée sont demeurés inachevés. Au cours des fouilles de la tombe de Toutankhamon, Howard Carter l'a utilisée pour le stockage et la restauration des pièces découvertes. Lors de notre visite, la tombe, qui abrite une momie non identifiée, était temporairement fermée.

Tombe de Ramsès Ier (n°16). Le tombeau du fondateur de la XIXe dynastie se limite à sa plus simple expression car ce souverain n'a régné que deux ans.

Elle ne comprend qu'un corridor, le plus court de tous, et une chambre funéraire presque carrée contenant un sarcophage de granit rose, ouvert. Seule partie décorée, cette chambre montre le pharaon en compagnie des dieux Osiris, Ptah, Anubis et Maât sur un fond bleu-violet.

Tombe de Séti Ier (n°17). Cet hypogée, le plus profond et le plus exceptionnel de la vallée, s'étend à plus de 100 m sous la colline. La facture de ses splendides reliefs n'a rien à envier à celle du célèbre temple cénotaphe du pharaon à Abydos.

TOMBE DE LA REINE TAOUSERT ET DE SETHNAKT

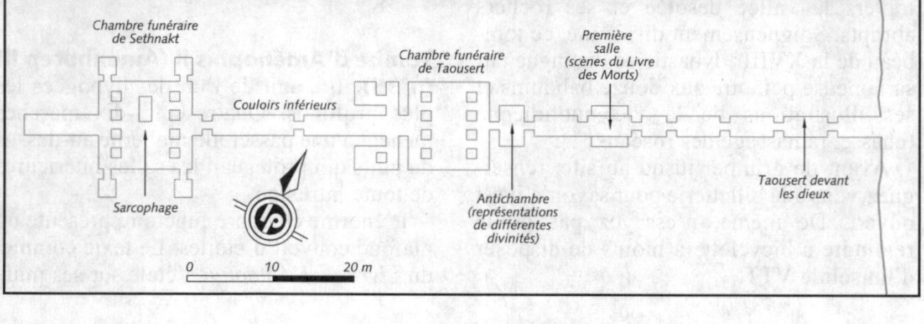

Trois longs couloirs, entrecoupés de salles décorées, débouchent sur une chambre funéraire en deux parties. Parmi les multiples scènes, Séti paraît devant Rê-Harakhty (le dieu du soleil matinal) sous un ciel orné de vautours aux ailes déployées et de textes tirés des *Litanies de Rê*.

Dans la première salle, le pharaon se tient en présence des dieux. La cérémonie de l'ouverture de la bouche, sur le mur d'un autre corridor, servait à s'assurer du bon fonctionnement des organes de la momie.

La première partie de la chambre funéraire se compose d'une salle hypostyle couverte de textes du *Livre des Portes*. La deuxième, qui abrite un magnifique sarcophage en albâtre, présente des écrits issus de l'*Amdouat* ainsi qu'une carte céleste au plafond.

En cours de restauration, la tombe devrait rouvrir courant 2000.

Tombe de Monthou-Her-Khepchef (n°19). La sépulture du fils de Ramsès IX, dont le nom signifie "le bras de Monthou est fort", se visite depuis peu. Située très haut sur le versant oriental de la vallée, elle possède un corridor d'accès doté de reliefs grandeur nature figurant les dieux, dont Anubis et Horus, recevant des offrandes du jeune prince.

Tombe d'Aÿ (n°23). Elle se trouve dans la vallée occidentale (voir la carte de la rive occidentale de Louxor), appelée le wadi al-Gurud, la "vallée des singes", d'après les babouins ornant ses murs. Une route cahoteuse non goudronnée part du parking de la vallée des Rois et serpente pendant 2 km à travers la vallée désolée et ses rochers abrupts. Soigneusement dissimulé, ce tombeau de la XVIIIe dynastie se distingue par sa fameuse peinture aux douze babouins et ses illustrations de la vie quotidienne (chasse, ramassage des roseaux…).

Avant de grimper jusqu'au site, renseignez-vous à la billetterie pour savoir s'il est ouvert. De même, n'essayez pas de le rejoindre à bicyclette à moins de disposer d'un solide VTT.

Tombe de Thoutmosis III (n°34). Cachée au milieu des collines, entre de hautes falaises calcaires, elle est difficilement accessible par un escalier très raide traversant un ravin vertigineux.

L'un des premiers à faire creuser son hypogée dans la vallée des Rois, ce pharaon a choisi un site des plus impraticables et doté sa dernière demeure d'une série de couloirs curieusement orientés ainsi que d'un puits profond. Ce luxe de précautions s'est toutefois révélé insuffisant pour déjouer la ruse des pillards.

Le puits, que l'on franchit aujourd'hui par une étroite passerelle, conduit à une antichambre, supportée par deux colonnes, aux parois peuplées de quelque sept cents divinités peintes.

La chambre funéraire de forme ovale, comme un cartouche royal, offre un aspect plutôt sobre. Deux colonnes soutiennent le toit, et le sarcophage en grès rouge du souverain ne renferme pas sa momie, retrouvée à Deir al-Bahri.

TOMBE DE THOUTMOSIS III

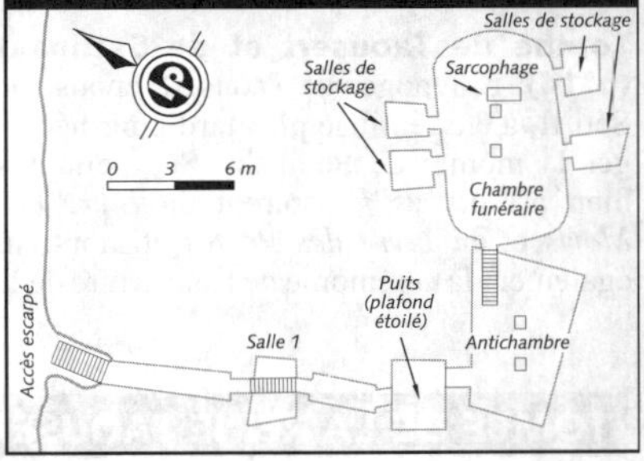

Tombe d'Aménophis II (Amenhotep II) (n°35). Il s'agit de l'un des hypogées les plus profonds. Quatre-vingt-dix marches mènent à une passerelle moderne au-dessus du puits qui protégeait les salles intérieures de toute intrusion.

L'énorme chambre funéraire présente un plafond couvert d'étoiles. Le texte complet du *Livre de l'Amdouat* s'étale sur ses murs

TOMBE D'AMÉNOPHIS II

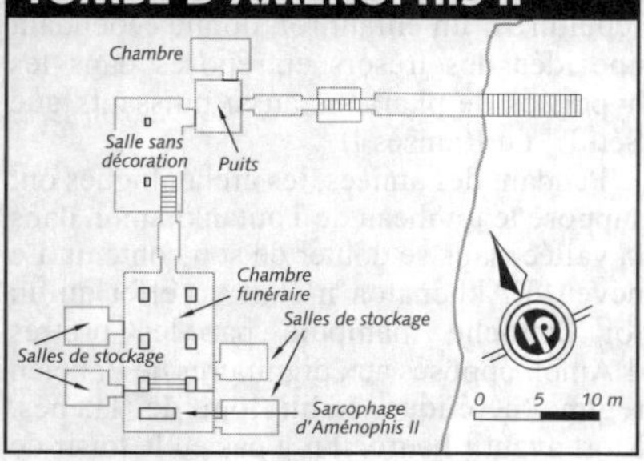

comme sur un rouleau de papyrus. Le pharaon a pu reposer en paix : s'ils ont dérobé tous les objets de valeur, les voleurs n'ont pu atteindre la chambre funéraire ni endommager l'intérieur de la tombe.

En mettant au jour cette sépulture monumentale en 1898, les Français ont exhumé treize momies dont celle d'Aménophis II, encore allongée dans son sarcophage, une guirlande de fleurs autour du cou. Parmi les neuf autres momies de sang royal cachées là par des prêtres, on a identifié celles de Thoutmosis IV, de Séti II, d'Aménophis III et de son épouse Tiyi.

Attention, lors de la visite, car cette tombe se révèle parfois extrêmement chaude et humide. Pensez à boire beaucoup d'eau.

Tombe de Thoutmosis IV (n°43). Très vaste et profondément enfouie, elle remonte à la XVIIIe dynastie. Elle se situe au-dessus de la tombe de Monthou-Her-Khepchef, et on y accède par un sentier distinct (mais les gardiens vous montreront sans doute un raccourci). Deux longues volées de marches descendent jusqu'à la chambre funéraire recelant un imposant sarcophage couvert de hiéroglyphes. La plupart des décorations murales n'ont jamais été achevées. On peut cependant voir deux peintures bien conservées figurant plusieurs dieux, dont Osiris et Hathor, remettant la clé de vie au pharaon.

Tombe de Siptah (n°47). Les parois du couloir d'entrée s'ornent de hiéroglyphes et le plafond de vautours. En pénétrant à l'intérieur de la sépulture, jetez un coup d'œil au disque solaire au-dessus de votre tête. Le mobilier funéraire découvert ici enrichit désormais les collections du Metropolitan Museum of Art de New York. La momie de Siptah a été retrouvée dans le caveau d'Aménophis II.

TOMBE DE THOUTMOSIS IV

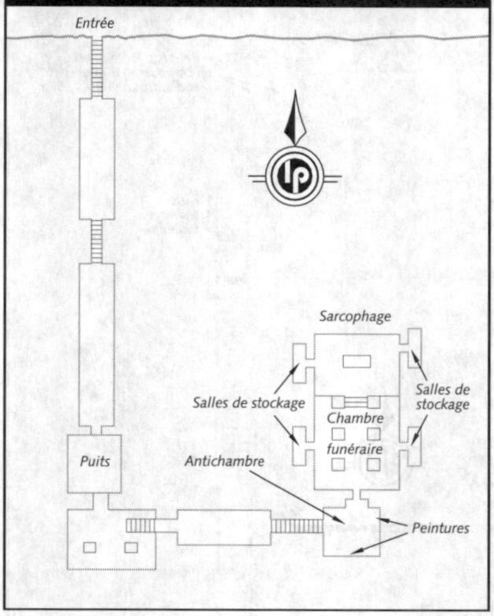

Tombe d'Horemheb (n°57). Général de l'armée vers 1320 av. J.-C., Horemheb a établi une dictature militaire avant d'être le dernier pharaon de la XVIIIe dynastie.

Depuis l'entrée, un escalier et un couloir très raides aboutissent à une chambre agrémentée de beaux reliefs festifs ainsi qu'à une fausse chambre funéraire supportée par deux colonnes. Ce leurre n'a pas fonctionné, et les pillards ont repéré les marches conduisant, plus profond encore, jusqu'à la tombe véritable. Ils n'ont rien laissé, à l'exception du sarcophage de granit rouge.

Les peintures murales inachevées de la chambre funéraire témoignent de la mort prématurée du pharaon et permettent de

TOMBE D'HOREMHEB

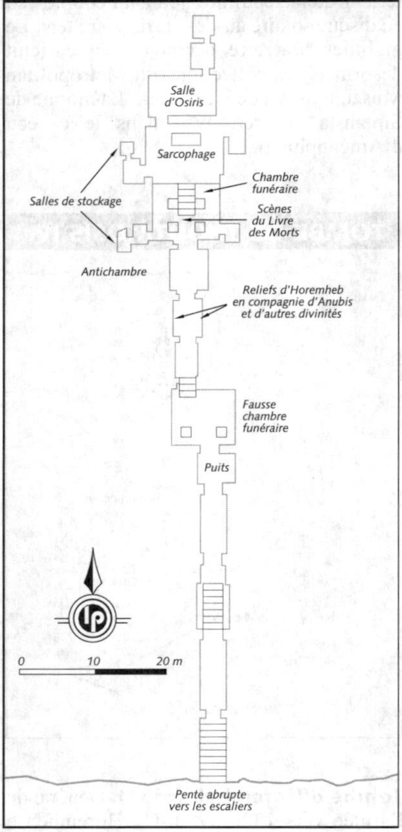

comprendre les différentes étapes de la décoration intérieure.

Tombe de Toutankhamon (n°62). Comparée à l'histoire de sa célèbre découverte et aux objets fabuleux qu'elle recelait, la tombe déçoit largement. Au vu de son aspect actuel, on hésite presque à débourser les 40 £E de droit d'entrée.

Ni grande ni impressionnante, elle montre tous les signes d'une construction hâtive et d'une inhumation sans faste. Son contenu, exceptionnel pour la modeste sépulture d'un enfant roi, donne cependant une idée des trésors entreposés dans les hypogées de pharaons aussi puissants que Séti Ier ou Ramsès II.

Pendant des années, les archéologues ont supposé le tombeau de Toutankhamon dans la vallée, sans se douter de son contenu. Le neveu d'Akhénaton n'était en effet qu'un roi fantoche manipulé par les prêtres d'Amon opposés aux dignitaires de l'ancien régime hérétique établi loin de Thèbes. Mort avant l'heure, il n'a pas eu le loisir de remporter de grandes batailles ou d'édifier des monuments majeurs.

L'égyptologue anglais Howard Carter estimait qu'il pouvait découvrir la sépulture non profanée, pourvue de son mobilier funéraire. Pendant six saisons, il remua des milliers de tonnes de sable et de décombres mais finit par lasser son commanditaire, le riche lord Carnavon.

Avant de perdre ses subsides, il fit toutefois une dernière tentative dans la seule zone non explorée, l'endroit où se tenaient les huttes des ouvriers, juste sous la tombe de Ramsès VI déjà dégagée.

Le 4 novembre 1922, il mit au jour des escaliers et une porte aux sceaux intacts. Il télégraphia alors à lord Carnavon de venir le rejoindre immédiatement pour l'ouverture de ce qu'il pensait être la tombe inviolée de Toutankhamon.

La découverte donna tort aux sceptiques car elle renfermait des trésors inestimables

TOMBE DE TOUTANKHAMON

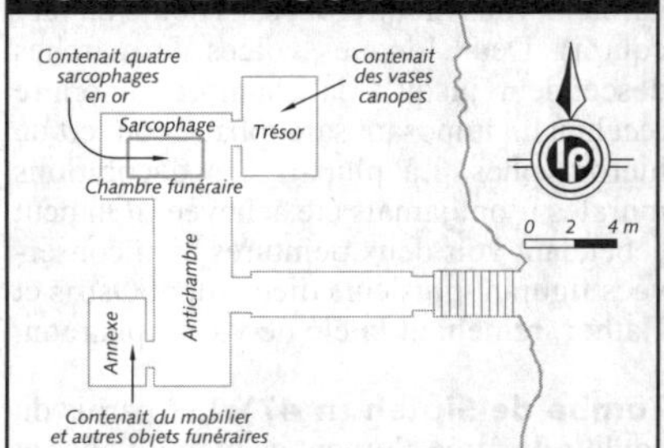

La plus grande découverte depuis Toutankhamon

En mai 1995, l'archéologue américain Kent Weeks dévoile au monde entier le plus vaste hypogée jamais dégagé en Égypte. Identifié comme la sépulture des cinquante fils de Ramsès II (l'un des pharaons les plus prolifiques en terme de descendance et de construction), le site ne tarde pas à faire figure de découverte majeure depuis la mise au jour de la tombe de Toutankhamon.

L'historique des recherches remonte à 1987. A cette époque, l'Organisation des antiquités Égyptiennes annonce un projet de nivellement de la colline à l'entrée de la vallée des Rois afin d'agrandir le parking goudronné. Weeks connaît bien la zone et n'ignore pas que l'entrée d'une sépulture se dissimule quelque part. Howard Carter l'avait d'ailleurs retrouvée et, la jugeant sans intérêt, s'en était servi pour entreposer les déblais de ses propres fouilles.

Un an plus tard, après avoir retourné des monceaux d'éboulis, l'archéologue parvient à localiser l'accès de la tombe répertoriée sous la référence KV5 (King Valley n°5). En compagnie de sa femme et d'une petite équipe d'ouvriers, il entreprend de déblayer les salles intérieures. Les tessons de poteries, les fragments de sarcophages et, surtout, les décorations murales l'incitent à penser qu'il s'agit bien de la dernière demeure des fils de Ramsès II.

En 1995, il atteint enfin la porte qui débouche sur un long couloir flanqué de dizaines de salles et qui se dirige vers la tombe de Ramsès II. Durant les trois ans qui suivirent, l'archéologue et son équipe mirent au jour cent dix salles et corridors du complexe funéraire égyptien le plus vaste et le plus élaboré parmi ceux répertoriés. Le plan symétrique de nombreux couloirs semblent indiquer que quantité d'autres salles se dissimulent encore sous les débris. Des test d'ADN pratiqués sur les quatre momies d'adultes trouvées sur place devront déterminer leurs liens de parenté et confirmer, le cas échéant, la thèse de Weeks. Dans le cas contraire, le mystère continuera de planer autour de cette étonnante découverte.

On estime qu'il faudra au moins une dizaine d'années pour étudier l'hypogée et davantage si le tombeau s'avère plus important en taille. Outre le temps nécessaire aux fouilles, on doit aussi tenir compte de la fragilité de la structure qui requiert d'importants travaux d'ingénierie. Les visiteurs devront donc se rabattre sur *The Lost Tomb*, le nouveau livre de Weeks traitant de la tombe KV5, ou consulter le site Internet www.kv5.com.

dépassant toutes les espérances de Carter. Ironie de l'histoire, des éléments nouveaux jetteront quelques années plus tard une ombre sur cet épisode. Avant l'ouverture de la sépulture en présence d'experts du Metropolitan Museum of Art, Carter et Carnavon auraient en effet pénétré à l'intérieur et dérobé plusieurs pièces avant de sceller à nouveau la porte.

De petite dimension, la tombe est pratiquement dépourvue de décorations. Les meubles, statues, chars, instruments de musique, armes, coffrets, poteries et aliments qui remplissaient trois petites salles se trouvent actuellement au musée du Caire. Seul le sarcophage extérieur en bois doré, contenant la momie détériorée de Toutankhamon, repose toujours dans la cuve en granit de la chambre funéraire aux parois recouvertes de textes du *Livre des Morts*.

Promenade à Deir al-Bahri

Depuis les tombes de Séti Ier et de Ramsès Ier, vous pouvez continuer au sud-est et escalader les collines pour atteindre Deir al-Bahri (ou vice versa). Ce parcours au milieu d'un paysage lunaire ne prend que 45 minutes.

Le sommet offre de beaux points de vue sur le temple d'Hatshepsout, construit dans le cirque naturel de Deir al-Bahri, ainsi que sur la plaine qui s'étend jusqu'au Nil.

En été, nous vous conseillons de partir tôt le matin. Vous profiterez ainsi des couleurs changeantes de l'aube sur les collines arides et éviterez la chaleur accablante de la journée. Vous pouvez effectuer l'ascension à dos d'âne. Depuis le massacre de Louxor en 1997, on rencontre de nombreux policiers postés dans des tentes aux endroits stratégiques. Certains insistent parfois pour vous escorter.

Prévoyez à l'avance de vous procurer les billets nécessaires à la visite, en tenant compte des horaires d'ouverture des guichets. Un autre sentier, beaucoup plus long, va de la vallée des Rois à la vallée des Reines en passant par Deir al-Medina.

Si vous vous contentez d'une vue d'ensemble, il vous suffit d'escalader la colline depuis la vallée des Rois jusqu'au panorama sur Deir al-Bahri.

Deir al-Bahri (temple d'Hatshepsout)

Le temple funéraire de la reine Hatshepsout s'élève de la plaine désertique en une série de terrasses intégrées aux abruptes falaises calcaires du versant oriental de la montagne thébaine. L'effet est tel que la nature semble avoir engendré seule ce monument extraordinaire.

Comprenant une partie souterraine et une superstructure, cet ensemble architectural se classe parmi les plus remarquables de l'Égypte ancienne. A l'origine, des balsamiers, des jardins et une majestueuse avenue de sphinx lui conféraient un caractère encore plus impressionnant.

Auguste Mariette découvrit le temple vers le milieu du XIXe siècle et n'acheva ses fouilles qu'en 1896. Depuis, les travaux de restauration se poursuivent.

Au fil des siècles, le temple n'a pas échappé au vandalisme. Ainsi, le pharaon hérétique Akhénaton effaça toute référence à Amon avant de transférer sa cour à Tell al-Amarna. Plus tard, les chrétiens l'utilisèrent comme monastère (d'où son nom de Deir el-Bahri signifiant "monastère du Nord") et détruisirent ses bas-reliefs païens. On doit cependant les pires dégradations, motivées par la vengeance, à Thoutmosis III.

Après la mort de Thoutmosis Ier en 1495 av. J.-C., une grande querelle de succession oppose son petit-fils Thoutmosis III à sa fille Hatshepsout qui finit par l'emporter. Deux autres reines ont régné avant elle sur l'Égypte, mais Hatshepsout va plus loin. Elle se proclame pharaon ce qui fait d'elle la première femme-roi de l'histoire du pays. Elle s'impose face aux prêtres en se prétendant d'ascendance divine, comme la plupart des souverains égyptiens, et en adoptant l'habit et les manières masculines. Sur les bas-reliefs, elle est d'ailleurs représentée avec la barbe traditionnelle des pharaons.

Hatshepsout se maintient à la tête du royaume pendant vingt ans, inaugurant une période de paix et de prospérité. On ne connaît pas les causes, naturelles ou provoquées, de son décès. Quoi qu'il en soit, son successeur Thoutmosis III s'emploie à effacer toute trace de son nom et de son image, jusque dans le temple funéraire d'Hatshepsout, où il est représenté aux côtés de la reine.

TEMPLE D'HATSHEPSOUT

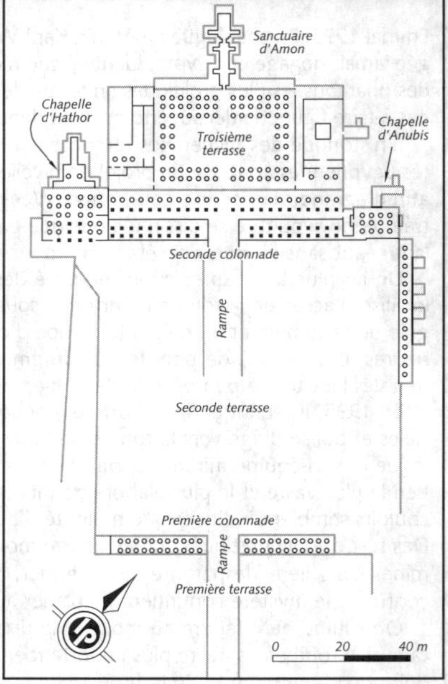

Une chaussée de 37 m de large aboutit à trois immenses terrasses dotées chacune de rampes et de portiques. Sur la terrasse inférieure, des reliefs célèbres de facture délicate illustrent la capture des oiseaux au filet et le transport, depuis les carrières d'Assouan, des deux obélisques commandés par Hatshepsout.

Le portique de la terrasse centrale renferme les reliefs les mieux conservés figurant la naissance divine de la souveraine et l'expédition au pays de Pount pour ramener la précieuse myrrhe et l'encens utilisés lors des cérémonies. Il comporte également une chapelle à chaque extrémité. Les peintures riches en couleurs de la chapelle d'Anubis, au nord, montrent Hatshepsout (défigurée par son neveu) en compagnie de Thoutmosis III, d'Anubis, dieu des embaumeurs à tête de chacal, de Rê-Harakhty, dieu soleil à tête de faucon, et de son épouse, la déesse Hathor. Dans la chapelle d'Hathor, vous pourrez apercevoir, à l'aide d'une lampe-torche, une image intacte d'Hatshepsout adorant la déesse-vache.

La troisième terrasse, en cours de restauration par une équipe égyptienne et polonaise, n'est pas accessible mais on distingue l'entrée en granit rose qui conduit au sanctuaire d'Amon creusé dans la falaise.

D'ici, rien ne vous empêche d'escalader la montagne pour rejoindre la vallée des Rois (voir la rubrique précédente *Promenade à Deir al-Bahri*).

Tombes d'Assassif

En cours de fouilles, cet ensemble situé entre Deir al-Bahri et la vallée des Nobles, date de la XVIIIe dynastie. Plusieurs sépultures sont susceptibles d'ouvrir au public dont celles de Kherouef, d'Ankh-Hor et de Pabasa. Comme dans les tombes des nobles, plus au sud, leur iconographie renvoie à des scènes de la vie quotidienne, telles que pêche, chasse, culture de la vigne et élevage des abeilles, plutôt qu'à des thèmes de nature spirituelle.

Tombes des Nobles

Peu visitées, elles comptent pourtant parmi les sites les plus intéressants de la rive occidentale. Quatre cents sépultures, allant de la VIe dynastie à la période gréco-romaine, se nichent en contrebas et parmi les habitations du vieux village de Gurna. Dans cette zone, les chapelles funéraires datent de la XVIIIe à la XXe dynastie.

Au milieu d'une centaine de tombes toutes dignes d'intérêt, treize méritent vraiment une visite. Elles sont numérotées et réparties en cinq groupes requérant chacun un billet distinct (voir plus haut dans ce cha-

Histoire de momies

La plus grande découverte de momies de l'histoire a lieu en 1876, juste au nord du temple d'Hatshepsout, dans la tombe n°320. Les autorités se rendent compte, avec l'apparition sur le marché de nombreuses antiquités, qu'une sépulture inconnue a été découverte et fait l'objet d'un pillage en règle (voir l'encadré *Gardiens ou voleurs ?*). Après enquête, elles finissent par localiser, au pied des falaises, un grand puits contenant les dépouilles de quarante pharaons, reines et hauts dignitaires.

Conscients que les momies de leurs souverains ne pouvaient échapper aux voleurs dans leur tombe d'origine, les prêtres du Nouvel Empire les avaient alors transférées dans ce caveau collectif. Aménophis Ier, Thoutmosis II, Thoutmosis III, Séti Ier, Ramsès Ier et Ramsès III faisaient, entre autres, partie du lot, et leurs momies se trouvent pour la plupart au musée du Caire.

Il paraît que des milliers de villageois ont assisté à l'exhumation et à la procession des momies le long des berges du Nil, d'où une barge devait les emmener vers le Caire. A cette occasion, des femmes drapées de noir se lamentaient sur le passage des restes royaux. L'épisode a inspiré une scène marquante du film d'Abdel Salam, *Al-Mumia* (La Momie), tourné en 1975 et à ce jour l'une des meilleures productions égyptiennes.

Cette situlae de Pediamoum-Neb-Nesout-Taouy, prêtre et haut dignitaire de la XXXe dynastie, fait partie d'une paire acquise par Belzoni. En sympathisant avec des pilleurs de tombes, ce dernier a pu acheter un grand nombre de pièces pour le compte du British Museum

pitre la rubrique *Billets*). Toutefois, certaines tombes peuvent être fermées. Renseignez-vous au moment de prendre les billets.

Tombes de Khonsou, d'Ouserhat et de Benia (n°s 31, 51 et 343). Khonsou était un préposé au culte funéraire de Thoutmosis III. A l'intérieur de sa sépulture richement colorée, des scènes figurent le défunt transporté en bateau jusqu'à Abydos et, avant le dernier sanctuaire, Khonsou offrant de l'encens à Osiris et à Anubis. Des oiseaux et des œufs décorent le plafond.

Juste derrière la précédente, la tombe plus colorée encore de Benia, un enfant de la nursery royale sous la XVIIIe dynastie. Observez la statue du *ka* du défunt (un substitut du corps) flanqué de ses parents. Ce type de représentation est caractéristique des tombes du secteur. Ici, le visage des personnages a été détruit.

La tombe d'Ouserhat (à ne pas confondre avec son homonyme, la n°56) était fermée lors de notre visite.

Tombes de Menna et de Nakht (n°s 52 et 69). A proximité du groupe cité ci-dessus, ces deux sépultures (peut-être fermées au public) arborent des peintures de la vie rurale sous la XVIIIe dynastie (élevage, pêche, banquets…). Menna était un scribe royal du cadastre et Nakht un astronome d'Amon. La tombe de Nakht, qui possède un petit musée à l'intérieur de sa première salle, présente des dimensions si réduites que seule une poignée de visiteurs peuvent y accéder ensemble. Les peintures murales incluent des scènes très connues comme celle des trois musiciens reproduits sur des millions de tee-shirts, affiches, cartes postales et papyrus souvenir.

Tombes de Ramosé, d'Ouserhat et de Khaemhat (n°s 55, 56 et 57). La fascinante chapelle funéraire de Ramosé, gouverneur de Thèbes sous Aménophis III et Akhénaton, est l'un des rares monuments de la période de transition religieuse, entre

TOMBE DE RAMOSÉ

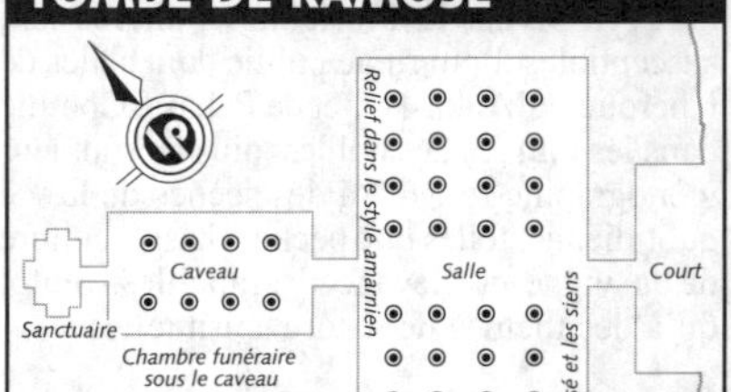

Gardiens ou voleurs ?

Les maisons en terre colorées du village de Gurna entourent, et parfois même recouvrent, les centaines de tombes criblant les flancs montagneux et stériles de la rive occidentale. Les autorités projettent de les démolir et de reloger leurs occupants dans des immeubles modernes au nord de la route qui mène à la vallée des Rois. On accuse en effet les villageois de dérober les antiquités et de détruire les sépultures. Ce soupçon remonte au XIXe siècle, à l'époque où les membres de la famille Abdel Rassoul, célèbres pilleurs de tombes, découvrent la cache des momies royales près du temple d'Hatshepsout (voir l'encadré *Histoire de momies*). D'étonnantes amulettes et cartouches en vente au marché noir mettent alors la puce à l'oreille des inspecteurs des antiquités et un membre de la famille, en conflit avec les siens, finit par révéler la source du trafic.

Aujourd'hui, les habitants de Gurna affirment que le pillage n'a plus cours et que leur présence protège les monuments restants d'éventuels intrus. D'après eux, on voudrait les expulser pour dissimuler aux touristes la pauvreté de leurs conditions de vie.

Cette tentative ne date pas d'hier. Dans les années 40, le gouvernement demande à Hassan Fathy, l'architecte en vogue du moment, de dresser les plans d'un nouveau Gurna. Utilisant les matériaux et les techniques traditionnels, il édifie une ville nouvelle près de la route principale, à l'est des colosses de Memnon. L'agglomération existe toujours mais ses coupoles et bâtiments publics aux belles proportions se perdent dans une forêt de béton. L'architecte a lui même admis l'échec du projet en accusant le mépris de l'État envers les habitants plutôt que son propre manque de réalisme en matière d'urbanisme social.

A l'heure actuelle, l'histoire se répète. Les autorités tentent en effet de parquer les villageois dans des appartements de type HLM, sans considération pour la taille des familles et la nécessité d'élever des animaux pour améliorer leurs maigres revenus. En attendant, les habitants de Gurna s'accrochent à leurs maisons, conscients que l'État ne peut pas employer la force et s'aliéner ainsi la population d'une zone aussi touristique. Reste à savoir qui aura le dernier mot.

les prêtres de Karnak et le nouveau culte monothéiste d'Aton. Les murs s'ornent de superbes peintures et bas-reliefs illustrant des épisodes des deux règnes. Les représentations de Ramosé, de son épouse et des autres membres de sa famille frappent par leur réalisme et l'expression de leurs liens affectifs. Ce tombeau est resté inachevé après le départ de Ramosé pour Tell el-Amarna, la nouvelle capitale du rebelle Akhénaton.

A côté, la sépulture d'Ouserkaf, un scribe royal d'Aménophis II, se distingue par ses peintures murales de la vie quotidienne. On voit Ouserkaf présentant des cadeaux à Aménophis II, une scène de coiffeur, un homme produisant du vin et une chasse à la gazelle.

La troisième tombe appartient à un inspecteur des greniers et scribe à la cour d'Aménophis III. A noter la représentation

TOMBE DE KHAEMHAT

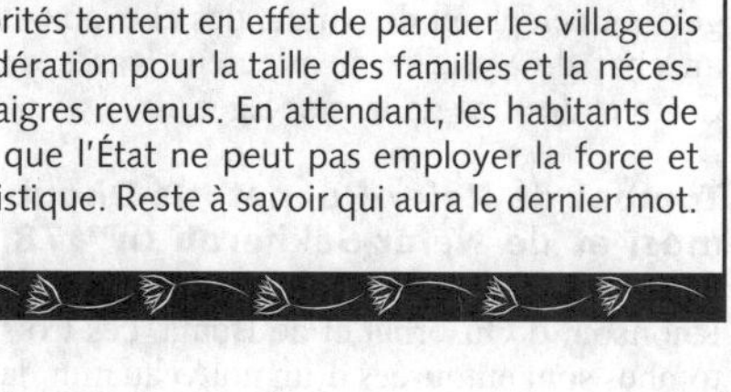

de Khaemhat offrant des sacrifices, celle du pharaon en sphinx, le rite funéraire d'Osiris et des illustrations de la vie de tous les jours et des tâches officielles.

Tombes de Sennofer et de Rekhmirê (nos 96 et 100). Prince thébain, Sennofer a travaillé sous Aménophis II comme intendant des jardins du temple d'Amon. Les éléments les plus intéressants de son hypogée se situent dans la salle principale dont le plafond s'orne de grappes de raisin. Sur les murs, contemplez les nombreuses images de Sennofer et de sa sœur. Le gardien dispose en général d'une lampe à kérosène mais amenez tout de même une lampe-torche au cas où…

La tombe de Rekhmirê, gouverneur sous Thoutmosis III et Aménophis II, se classe parmi les mieux conservées. Dans la première salle, à l'extrême gauche, Rekhmirê reçoit des présents provenant de pays étrangers : un éléphant de Nubie, des chevaux et un char de Syrie et de précieux vases de Crète et des îles de la mer Égée.

Tombes de Nefer-Ronpet, de Dhoutmosi et de Nefer-Sekherou (nos 178, 295 et 296). Non loin des tombes de Khonsou, d'Ouserhat et de Benia, ces trois tombes sont entourées d'un nouveau mur de pierre qui les rendent facilement identifiables. Nefer-Ronpet, couramment appelé Kenro, était un scribe du trésor. Découverte en 1915, la pièce maîtresse de sa sépulture riche en peintures, montre Kenro supervisant le pesage de l'or du trésor. Également bien pourvue en nuances de jaune, la tombe de Nefer-Sekherou, possède comme sa voisine un plafond recouvert de motifs géométriques. Depuis cet hypogée allongé, un petit passage permet l'accès à la tombe de Dhoutmosi, dans un triste état.

Ramesseum

Le Ramesseum fait partie des multiples édifices érigés par Ramsès II à sa propre gloire. Ce temple massif destiné à impressionner les prêtres, ses sujets, ses successeurs et, bien entendu, les dieux, devait permettre au pharaon guerrier d'accéder à la vie éternelle. Son monument funéraire manifeste un soucis de perfection propre à témoigner de sa grandeur pour la postérité.

Aujourd'hui, Ramsès se retournerait dans sa tombe, ou plutôt dans son musée, s'il pouvait voir son grand-œuvre réduit à l'état de ruines. Devant les fragments épars de son colosse et les vestiges de son temple, le poète anglais Shelley n'a d'ailleurs pas manqué de railler les prétentions du pharaon à l'immortalité.

Légèrement plus élaboré que les autres temples, le Ramesseum suit un plan plutôt classique avec deux cours, une grande salle hypostyle, un sanctuaire ainsi que des salles annexes et de stockage. La cour, carrée dans ce type d'édifice, a cependant été modifiée pour englober sur un côté le petit temple de Tuya, la mère de Ramsès.

Le **premier et le second pylône** mesurent plus de 60 m de long, et leurs reliefs illustrent les exploits militaires du pharaon. La **première cour**, immense, s'étend au-delà, agrémentée d'un double portique faisant face au palais royal.

Près des escaliers occidentaux, le **colosse de Ramsès II** gît sur le sol. Debout, il dominait les lieux du haut de ses 17,5 m. Le chef d'une autre sculpture en granit du souverain (à l'origine, il y avait une paire de statues), jonche la **seconde cour**. Aujourd'hui, la **grande salle hypostyle** ne conserve que vingt-neuf de ses quarante-huit colonnes. Derrière, une salle hypostyle plus petite présente un plafond astronomique.

Une resthouse-restaurant, la **Ramesseum Rest House**, se tient à proximité du temple. Le père du propriétaire, Sayyed Hussein, était un ami d'Howard Carter. Idéal pour se détendre, boire des rafraîchissements ou manger un morceau, l'établissement accepte aussi de garder votre bicyclette.

Deir al-Medina

A 1 km le long de la route de la vallée des Reines, un embranchement asphalté monte en pente raide jusqu'au temple de Deir al-Medina (littéralement, "le monastère de la ville"), qui doit son nom aux premiers

LE RAMESSEUM

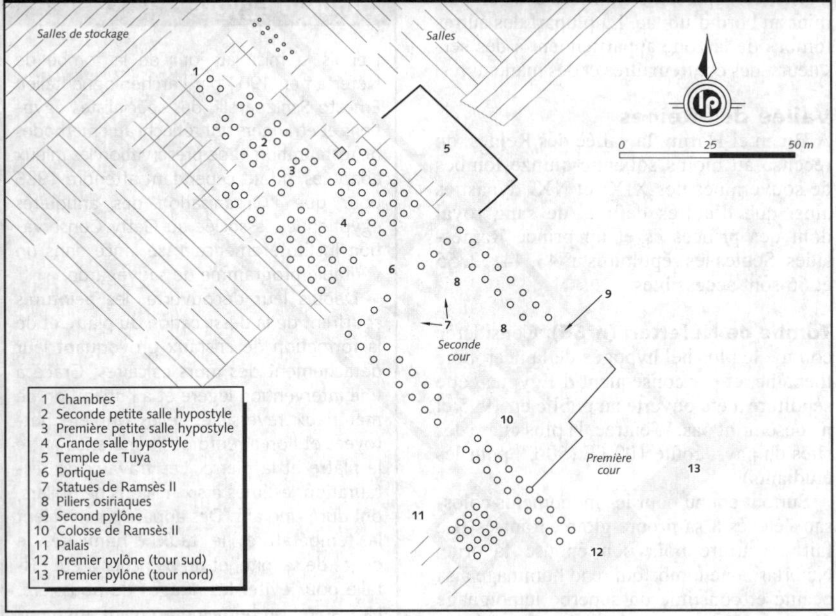

moines chrétiens qui l'ont occupé. A proximité, le village des ouvriers regroupe les habitations et les tombes des artisans et des artistes employés à la construction de la nécropole royale. Moins visités que les autres tombeaux de la rive occidentale, certains arborent cependant de beaux reliefs qui méritent le déplacement.

Temple. Le petit temple d'époque ptolémaïque de Deir al-Medina se situe juste au nord du village des ouvriers, le long d'un chemin rocailleux. Construit entre 221 et 116 av. J.-C. par Philopator, Philomêtôr et Évergète, il était dédié à Hathor, déesse du plaisir et de l'amour, et à Maât, déesse de la vérité et incarnation de l'ordre cosmique.

Village des ouvriers. Les archéologues, qui fouillent le site depuis le début du siècle, ont dégagé au moins soixante-dix habitations. Trois sépultures de sa nécropole en terrasse sont maintenant ouvertes au public.

La **tombe d'Inerkhaou** (n°359), superbement décorée, appartient à un contremaître de la XIXe dynastie qui travaillait sur le "Lieu de Vérité", autrement dit la vallée des Rois. Elle ne comprend qu'une seule salle, aux peintures magnifiques. A noter, à gauche dans la chambre funéraire, la scène du chat tuant un serpent. A côté, la **tombe de Sennedjem (n°1)**, de la XXe dynastie, contient deux petites salles également dotées de jolies réalisations picturales. Seules dix personnes sont admises en même temps, d'où une file d'attente parfois importante.

En attendant votre tour, jetez un œil à la **tombe de Pached (n°3)**, de la XIXe dynastie, juste au-dessus des précédentes. A l'intérieur de la chambre funéraire, son occupant, un autre serviteur du Lieu de la Vérité, est représenté en prière sous un palmier au bord d'un lac. La plupart des autres tombes de la zone appartiennent à des serviteurs, des contremaîtres et des manœuvres.

Vallée des Reines

A Biban el-Harim, la vallée des Reines, on recense au moins soixante-quinze tombes de souveraines des XIXe et XXe dynasties ainsi que d'autres défunts de sang royal dont des princesses et un prince Ramessides. Seules les sépultures n^{os}43, 44, 52, 55 et 66 sont accessibles.

Tombe de Néfertari (n°66). Considérée comme le plus bel hypogée de la nécropole thébaine, et par conséquent d'Égypte, cette sépulture a été ouverte au public en 1995 et ne désemplit pas. L'entrée, la plus chère des sites du pays, coûte 100 £E (50 £E pour les étudiants).

Surtout connu pour les monuments colossaux élevés à sa propre gloire, Ramsès II a fait construire pour son épouse favorite, Néfertari, une tombe qui rend hommage à sa beauté et constitue un superbe témoignage d'amour. Dans les trois salles et couloirs, chaque centimètre carré s'orne de scènes aux riches couleurs montrant Néfertari en compagnie des dieux ainsi que de textes du *Livre des Morts*. Invariablement, la reine "la plus belle de toutes" figure vêtue d'une robe blanche transparente et coiffée de la dépouille d'un vautour et de deux longues plumes enserrant le disque solaire. Le plafond de la sépulture est tapissé d'étoiles dorées.

La chambre, à droite en bas de la première volée de marches, révèle quelquesuns des plus beaux panneaux. Sur l'un d'eux, on peut voir la reine, les bras tendus vers le corps momifié d'Osiris. En haut du second escalier qui conduit à la chambre funéraire, Néfertari fait l'offrande de deux bols de lait à Hathor, déesse du plaisir et de l'amour.

Comme la plupart des tombes de la vallée des Rois, celle de Néfertari a été profanée. Du sarcophage de la reine, en granit rose, ne subsistent que des fragments.

Au secours de la plus belle tombe d'Égypte

Depuis la mise au jour de la tombe de Néfertari en 1904 par l'archéologue italien Ernesto Schiaparelli, des spécialistes égyptiens et étrangers ont réfléchi aux méthodes de restauration et de préservation les mieux adaptées. Il faut cependant attendre 1986 pour que l'Organisation des antiquités égyptiennes, associée au Getty Conservation Institute américain, se lance dans un véritable programme de sauvegarde.

Depuis leur découverte, les peintures souffrent de la dessiccation du plâtre et de la formation de cristaux provoquant leur détachement des murs calcaires. Grâce à une intervention légère et à l'utilisation de matériaux réversibles, elles ont été nettoyées et l'on a renforcé l'adhérence entre le plâtre et la pierre. Les travaux de restauration, estimés à six millions de dollars, ont duré cinq ans. Des appareils surveillent la température, le taux d'humidité, le degré de salinité, et un plancher a été installé pour éviter les nuages de poussière. La respiration humaine pouvant augmenter le taux d'humidité et activer ainsi la formation de cristaux salins, la tombe ne reçoit que 150 visiteurs quotidiens. Ce nombre même est sujet à controverse, et certains archéologues considèrent que deux personnes seulement devraient être autorisées chaque jour à admirer ce joyau de l'art funéraire.

Afin de préserver ses splendides peintures, la vente des billets est limitée à 150 par jour. Donc, présentez-vous de bonne heure au guichet. Dix personnes au maximum sont admises simultanément dans la tombe, pour une durée de 15 minutes. Les photos sont strictement interdites, et l'on peut vous demander d'enfiler des protègechaussures et un masque nasal. Le site se visite tous les jours, de 8h30 à 12h et de 13h

TOMBE DE NÉFERTARI

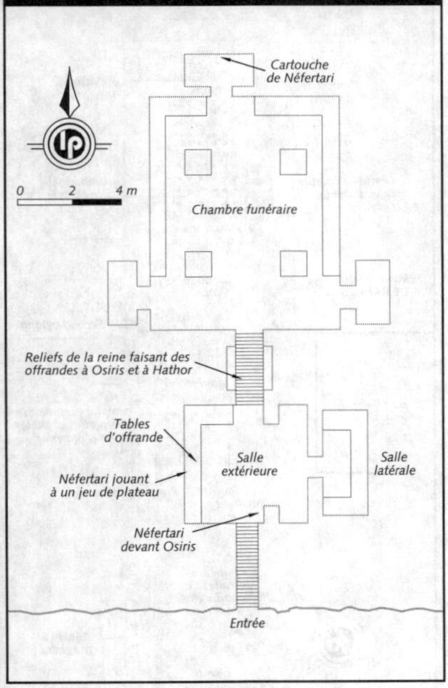

à 16h en hiver, de 7h30 à 12h et de 13h à 17h en été.

Tombe d'Amon-Her-Khepechef (n°55). Jusqu'à l'ouverture au public de la tombe de Néfertari, il s'agissait de la pièce maîtresse de la vallée. Aujourd'hui largement éclipsée, elle offre une solution de repli intéressante à ceux qui n'ont pas pu obtenir de billet pour la précédente.

Fils de Ramsès III, Amon est mort à l'âge de neuf ans. Sur les murs de sa sépulture, son père lui enseigne le rôle de pharaon en l'introduisant auprès des différentes divinités. La mère éplorée d'Amon, enceinte au moment de son décès, a perdu l'enfant qu'elle portait et l'a fait ensevelir aux côtés de son premier fils. On a en effet découvert dans la tombe la momie d'un fœtus de cinq mois. D'autres peintures montrent Ramsès III conduisant Amon auprès d'Anubis, qui emmène le jeune prince jusqu'à l'entrée du Passage de la Mort.

Médinet Habou

Le remarquable complexe de Médinet Habou se classe par la taille juste après le grand temple de Karnak. Les touristes boudent souvent ce site, l'un des moins prisés de la rive occidentale, au profit du Ramesseum, jouissant d'une notoriété supérieure. Quoi qu'il en soit, vous ne regretterez pas d'avoir passé quelques heures dans ce cadre superbe avec en toile de fond les montagnes thébaines et le village assoupi de Kom Lolah.

L'endroit est l'un des premiers de Thèbes associé au culte du dieu Amon. On connaît surtout le temple funéraire de Ramsès III mais Hatshepsout et Thoutmosis III ont également apporté leur pierre à l'ensemble, modifié par la suite jusqu'à l'époque ptolémaïque. Du temps de sa splendeur, Médinet Habou se composait de temples, d'entrepôts, d'ateliers, de bâtiments administratifs et de logements pour les prêtres et les hauts dignitaires. Au centre de la vie économique de Thèbes pendant plusieurs siècles, il était toujours habité au IXe siècle, date à laquelle une épidémie de peste aurait décimé la ville. On peut encore voir, au-dessus des murs d'enceinte, les ruines de la cité médiévale en brique crue qui a donné son nom au lieu (*medina* signifie ville).

Le **temple d'Amon** primitif, édifié par Hatshepsout et Thoutmosis III, a été ensuite totalement occulté par l'énorme **temple**

TOMBE D'AMON-HER-KHEPECHEF

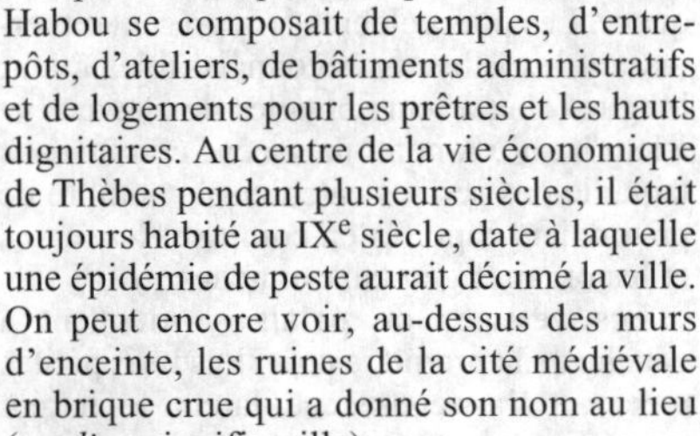

funéraire de Ramsès III, haut lieu de Médinet Habou, inspiré du Ramesseum de Ramsès II.

Les deux monuments s'inscrivent dans l'enceinte externe massive du complexe, de même que les **chapelles des divines adoratrices**, à gauche de l'entrée, abritant les dépouilles des prêtresses d'Amon. La porte orientale, l'une des deux seules entrées, donnait accès à l'embarcadère d'un canal allant jusqu'au Nil.

On pénètre à l'intérieur du site par l'étonnante **porte de Syrie**, un pavillon de deux étages construit à l'image d'une forteresse asiatique. En suivant le mur sur la gauche, un escalier mène aux niveaux supérieurs. Les salles n'offrent pas grand intérêt en dehors d'un beau point de vue embrassant le village devant le temple et les champs au sud.

Le **premier pylône**, en bon état, marque la façade du temple proprement dit. Sur ses reliefs, Ramsès III figure en guerrier vainqueur. Les plus célèbres le représentent terrassant les Libyens, reconnaissables à leur longue robe, à leurs boucles de cheveux et à leur barbe. A noter une scène cruelle dans laquelle des scribes calculent le nombre de prisonniers capturés en comptant les mains et les organes génitaux tranchés.

Les vestiges du **palais** se tiennent à gauche de la **première cour**. Les trois petites pièces à l'arrière accueillaient le harem royal. Entre la première cour et le palais, la **fenêtre d'apparition** permettait au pharaon de se montrer à ses sujets.

Sur le **second pylône**, Ramsès III présente des prisonniers de guerre à Amon et à son épouse Mout coiffée d'une dépouille de vautour. Des portiques et des reliefs de diverses cérémonies religieuses entourent la **seconde cour**.

Si vous avez le temps d'arpenter les ruines autour du temple funéraire, vous apercevrez les restes d'une basilique paléochrétienne ainsi qu'un petit lac sacré.

Médinet Habou se situe à droite de la route en revenant de la vallée des Reines. On y accède aussi par une route asphaltée qui débute à l'est de la billetterie. Vous pourrez terminer votre visite par le petit village de Kom Lolah.

MÉDINET HABOU

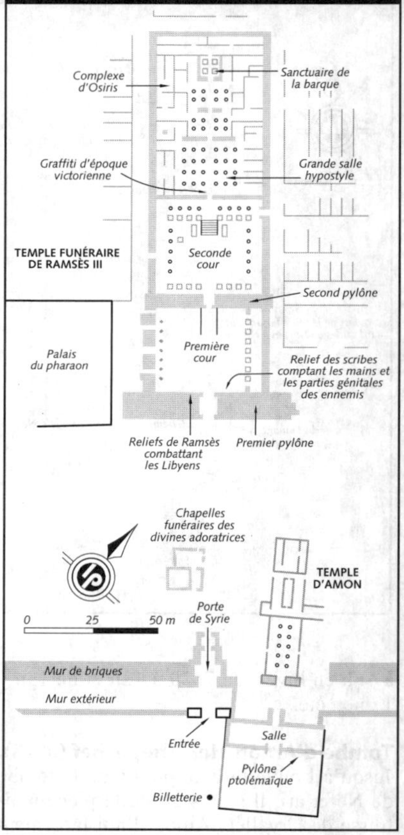

Nouveau Gurna

Pour les amateurs d'architecture, Nouveau Gurna, chef-d'œuvre en brique de terre d'Hassan Fathy, s'étend juste après la ligne de chemin de fer, sur la route entre le ferry et la billetterie. L'agglomération, conçue pour reloger les habitants du vieux Gurna (voir l'encadré *Gardiens ou voleurs ?*) qui, pour la plupart, sont restés chez eux, a progressivement accueilli le trop-plein de population des environs. Hélas, nombre de maisons à coupoles ont été remplacées par

"Au Musée égyptien du Caire, les momies de Thèbes ont au moins droit au silence, parce que sur la rive occidentale, ça manque vraiment de tranquillité !"

des bâtiments en béton. En effet, les bâtiments conçus par Fathy n'étaient pas évolutifs en fonction de l'élargissement des familles nombreuses, d'où l'échec du projet. Toutefois, on peut toujours admirer la mosquée et le théâtre en brique de terre ainsi que la demeure du vénérable architecte. Pour une visite guidée, demandez à rencontrer un membre de la famille Abu al-Haggag.

ACTIVITÉS

Promenades en felouque

A Louxor, ménagez-vous l'agréable détente d'une fin de journée à bord d'une felouque naviguant sur le Nil. La promenade coûte 3 £E l'heure par personne ou 10 £E l'heure pour le bateau. En basse saison, le tarif se négocie à la baisse. On embarque depuis l'une ou l'autre berge (sous la Corniche ou autour du débarcadère du ferry).

Vous pouvez effectuer une plaisante croisière de deux ou trois heures jusqu'à Banana Island, un îlot planté de palmiers, à environ 5 km de Louxor. Organisez-vous pour être sur le chemin du retour au moment où le soleil couchant se reflète sur les eaux du Nil.

Promenades en ballon

Deux compagnies, Hod Hod Suleiman (☎ 370 116) et Balloons Over Egypt (☎ 376 515), proposent le survol en ballon, tôt le matin, de la rive occidentale de Louxor. Vous dépenserez aux alentours de 200 $US pour la promenade assortie d'un petit déjeuner au champagne et d'un spectacle de danses folkloriques. Vous pouvez réserver ce type de prestation par l'intermédiaire des hôtels et agences de voyages.

Promenades équestres et méharées

Pratiquement tous les petits hôtels organisent des randonnées à dos d'âne sur la rive occidentale. Ces excursions au tarif de 20 £E par personne, débutent vers 7h (et parfois même 5h) et se terminent à l'heure du déjeuner. Les hôtels font le forcing mais, en vous rendant de l'autre côté du fleuve, vous pourrez marchander directement le prix de votre randonnée et, qui sait, faire ainsi des économies.

Si vous souhaitez admirer le paysage au bord du Nil du haut de la bosse d'un dromadaire, les garçons près du débarcadère du ferry sur la rive occidentale demandent

25 £E l'heure. De même, certains grands hôtels proposent des méharées incluant la visite des villages proches, où l'on vous proposera une tasse de thé.

Pharaoh's Stables (☎ 310 015), à gauche avant la station service Mobil, à environ 500 m par la route menant aux colosses de Memnon, loue des chevaux, des dromadaires et des ânes. Une randonnée dans le désert au crépuscule constitue une expérience inoubliable. Bakri et Nasser, les patrons de l'entreprise, font payer entre 15 et 20 £E l'heure (moins pour un groupe). Un guide vous conduit à travers champs près du temple de Médinet Habou et en direction des montagnes.

Baignade

La plupart des grands hôtels et même certains établissements bon marché disposent d'une piscine. Le Karnak, le Windsor, l'Emilio et l'Arabesque ainsi que le Rezeiky Camp facturent 7 £E l'accès à la baignade. Les hôtels St Joseph et Flobater, dans le même secteur sur le chemin du Sheraton, font payer 10 £E par personne, de même que le Shady et le Wena Luxor. Comptez 15 £E dans les complexes Novotel et Club Med Belladona Resort et 20 £E au Sheraton, à l'Isis et au Mercure.

CIRCUITS ORGANISÉS

Misr Travel (☎ 380 951), Thomas Cook et d'autres agences de voyages dans les parages de l'Old Winter Palace programment des excursions en bus climatisés sur la rive occidentale. L'été, cette option peut s'avérer intéressante en raison de réductions importantes. Le reste de l'année, la formule d'une journée ou d'une demi-journée tourne autour de 40 £E. Pratiquement tous les petits hôtels font une publicité insistante pour leurs propres prestations, souvent de qualité inégale. Vous risquez cependant de circuler dans un bus non climatisé et de ne visiter que des boutiques de papyrus et des ateliers de souvenirs en albâtre, le tout pour 45 à 65 £E par personne.

A bord de son Lotus Boat, le Novotel organise des croisières d'une journée à Dendérah et à Esna moyennant 150 £E par personne, déjeuner, guide et entrée du site compris.

Moulid aux environs de Louxor

Les moulid (voir l'encadré *Le moulid*, page 103) constituent une occasion idéale d'entendre de la musique saïdi, d'assister à la danse des bâtons (*tahtib*) ou à un *mirmah*, sorte de fantasia égyptienne.

Dans la région de Louxor, il existe de petits moulid plus abordables que celui d'Abu al-Haggag (voir *Manifestations annuelles*), qui draine des centaines de milliers de personnes. La plupart se déroulent pendant le mois de Shaaban, celui qui précède le ramadan. Nombre d'entre eux sont célébrés en dehors du cordon sanitaire établi autour de Louxor, mais d'autres restent accessibles.

Le moulid d'**Abu al-Gumsan**, du nom d'un saint homme mort en 1984, se fête le 27 du mois de Shaaban près du village de Taref sur la rive occidentale, au sud de la route de la vallée des Rois. Ceux de **Sheikh Musa** et d'**Abu al-Jud** ont lieu dans le village de Karnak, le 30 du mois d'Ashura pour ce dernier. On peut citer aussi **Sheikh Hamid**, le 1er du mois de Shaaban et **Sheikh Hussein** deux jours plus tard.

Mar Girgis (saint George), l'un des seuls moulid chrétiens accessibles, se tient dans le monastère du même nom et atteint son point culminant le 11 novembre après une semaine de festivités. Le monastère se situe dans le village de Razagat, au sud d'Armant, à l'embranchement pour l'oasis de Kharguèh. Cette zone est théoriquement interdite aux étrangers mais les taxis qui convoient les spectateurs évitent souvent les postes de contrôle en empruntant une piste dans le désert.

Bakri, de Pharaoh's Stable, participe fréquemment aux moulid avec ses chevaux et se fera un plaisir de vous renseigner.

MANIFESTATIONS ANNUELLES

La reconstitution de l'Opet, la cérémonie pendant laquelle les effigies d'Amon, de Mout et de Khonsou remontaient le Nil du temple de Karnak à celui de Louxor, représente le principal événement touristique. Célébrée à l'origine lors de la crue du fleuve, elle se déroule désormais le 4 novembre mais a été annulée en 1998 à cause de la pénurie de visiteurs. Renseignez-vous auprès de l'office du tourisme pour savoir si elle a lieu de nouveau.

Le moulid d'Abu al-Haggag, un cheikh irakien du XIIe siècle ayant vécu à Louxor, est la fête traditionnelle la plus importante de la ville et un événement considérable pour toute l'Égypte. Il se tient autour de la vieille mosquée Abu al-Haggag qui surplombe l'angle nord-est du temple de Louxor. Cette manifestation religieuse animée marque la troisième semaine précédant le ramadan et se poursuit pendant cinq jours. Pour plus de détails, lire l'encadré *Moulid aux environs de Louxor*.

Le 23 février de chaque année, un marathon se déroule sur la rive occidentale. Il part de Deir al-Bahri et fait le tour des principaux sites antiques avant de revenir à son point de départ. Informez-vous à l'office du tourisme.

OÙ SE LOGER

A Louxor, le coût de l'hébergement fluctue davantage encore que dans les autres zones touristiques. Il n'y a cependant pas de règles établies et, si certains hôtels modifient à peine leurs tarifs en basse saison, d'autres pratiquent des rabais de 50%. Lorsqu'un seul prix est indiqué, il s'agit de celui pratiqué en basse saison.

En raison de la baisse du tourisme, nombre d'établissements n'ont guère augmenté leurs prix, mais la situation peut évoluer rapidement.

OÙ SE LOGER – PETITS BUDGETS

Les lieux d'hébergement bon marché abondent même si certains ont eu du mal à se maintenir à flot ces deux dernières années. Beaucoup se vantent de posséder un jardin en terrasse et des machines à laver. Sachez cependant que le terme "jardin en terrasse" peut signifier n'importe quoi, y compris une plate-forme en béton jonchée de blocs de ciment et de tiges de fer tordues. La plupart des hôtels servent un petit déjeuner standard (pain, beurre, confiture, fromage, œuf, café ou thé). Sauf indication contraire, les prix indiqués ci-dessous incluent le petit déjeuner.

Pratiquement tous ces établissements disposent d'un tableau d'affichage d'un intérêt variable d'un endroit à l'autre mais parfois source d'informations utiles.

Évitez les rabatteurs d'hôtel qui se jettent sur les voyageurs à leur descente du train ou du bus. Ils touchent en effet une commission de 25 à 40%, qui sera répercutée sur la note.

Avertissement

Les femmes non accompagnées doivent se montrer extrêmement vigilantes sur le choix de leur hôtel. Des personnes ont en effet été victimes d'abus sexuels après avoir été droguées avec des boissons servies par des employés.

Camping

La ***YMCA*** (☎ *372 425*), dans Sharia al-Karnak, revient à 4 £E la nuit, avec accès aux douches. Le camping accueillait auparavant les groupes des circuits aventure récupérés par le Rezeiky Camp, plus cher, en montant vers le temple.

Le ***Rezeiky Camp*** (☎ *381 344, fax 381 400*) fait payer 10 £E par personne pour une tente et 10 £E par véhicule, douches et piscine comprises. Il se transforme actuellement en hôtel avec des chambres climatisées de type motel à 30/50 £E la simple/double. Le prix se justifie par la présence de la piscine sur le pas de la porte. Le propriétaire aménage aussi quinze chambres supplémentaires dans une vilaine dépendance en béton. Le vaste jardin comprend un restaurant et un bar (6 £E la bière). L'utilisation de la machine à laver coûte 10 £E pour 4 kg de linge. Vu le choix des hôtels en ville, vous pouvez trouver mieux.

Auberges de jeunesse

La ***Youth Hostel*** (☎ *372 139*), l'auberge de jeunesse, dans une rue donnant sur Sharia al-Karnak, propose des chambres un peu délabrées pourvues d'au moins trois lits. Les douches ressemblent à une pataugeoire. Vous dépenserez 8,10 £E avec une carte de membre et 10,10 £E autrement. Le petit déjeuner est en sus (2,50 £E). Vous devrez vous accommoder du brouhaha matinal de l'école voisine.

Hôtels – au sud de Sharia al-Mahatta

L'***Anglo Hotel*** (☎ *381 679*), le plus proche de la gare ferroviaire, fait payer 10/20 £E pour une simple/double avec s.d.b. commune, petit déjeuner compris. Au moment où nous rédigeons ce guide, dix nouvelles chambres avec s.d.b., téléphone, TV et clim. étaient en cours d'aménagement. La double devrait tourner autour de 30 £E. La propreté de l'établissement et son personnel sympathique ne peuvent rien, hélas, contre le bruit des trains.

De la gare, Sharia Abdel Moneim al-Adasi conduit à Sharia Mohammed Farid puis à Sharia Television. Ce secteur regroupe un nombre croissant de petites pensions et d'hôtels économiques. En arrivant sur Sharia Mohammed Farid, à trois minutes de marche de la gare, vous verrez des panneaux indiquant certains d'entre eux.

L'***Oasis Hotel*** (☎ *381 699*), dans Sharia Mohammed Farid, dispose de doubles spacieuses et de simples plus sombres et exiguës. Les voyageurs en parlent toujours favorablement (à part le petit déjeuner, plutôt chiche). Certaines chambres bénéficient d'une s.d.b., et toutes sont équipées de ventilateurs et de lits confortables. Les s.d.b., bien tenues, ne connaissent pas de problèmes de pénurie d'eau chaude. Comptez 6/13 £E la simple/double climatisée.

Le ***Grand Hotel*** (☎ *382 905*), signalé par des panneaux, vous attend deux rues après l'Oasis Hotel, dans une ruelle en cul-de-sac sur la droite. Propre et accueillant, il jouit d'un petit toit en terrasse offrant une belle vue et de s.d.b. communes correctes avec eau chaude. Vous débourserez 6/10 £E pour une simple/double avec ventil. Toutefois, vérifiez bien les prix, car des clients ont eu de mauvaises surprises. Très sympathique, le patron, un maître d'école du nom de Nobi, garde vos bagages si vous ne quittez pas Louxor tout de suite après avoir rendu les clés de la chambre. Il loue aussi des bicyclettes (6 £E la journée).

En allant vers le Nil, l'***Akhenaten Hotel*** (☎ *373 979*), dans Sharia Mohammed Farid, présente une façade plus gaie que les établissements alentour mais des chambres plutôt modestes et exiguës. La simple/double coûte 8/13 £E et 10/15 £E avec s.d.b.

De retour sur Sharia Abdel Moneim, descendez jusqu'au croisement avec Sharia Ahmed Orabi. La grande artère suivante, plus ou moins parallèle, est Sharia Television. Dans la zone délimitée par ces deux rues, les hôtels bon marché ne manquent pas.

En tournant à gauche sur Sharia Ahmed Orabi puis à droite dans une ruelle poussiéreuse, vous arriverez à l'***Atlas Hotel*** (☎ *373 514*). Prévoyez 8 £E par personne pour une chambre avec s.d.b., avec éventuellement la clim., et 2 £E pour le petit déjeuner. Il s'agit d'une assez bonne adresse disposant de 40 chambres, qui a peu de chance d'afficher complet.

Descendez la ruelle, tournez à gauche puis encore deux fois à gauche pour atteindre l'une des meilleures affaires de Louxor, le ***Fontana Hotel*** (☎ *380 663*), privilégié par les voyageurs "sac à dos". Le patron demande 6 £E par personne pour une chambre avec ventil. et 8/15 £E pour une simple/double climatisée avec s.d.b. Les prix peuvent descendre jusqu'à 5 £E pour une chambre avec s.d.b. commune ou au contraire augmenter si vous ne savez pas négocier. Les s.d.b., toutes équipées d'une baignoire et d'une douche, ne sont pas communes à plus de trois chambres (papier hygiénique et serviettes de toilette fournis). En dehors de ses chambres immaculées, l'hôtel met à votre disposition un coin cuisine et une machine à laver. Un seul reproche, le patron met trop d'insistance dans la promotion de ses circuits.

Dans Sharia Nozha, une ruelle en cul-de-sac partant de Sharia Television, l'***Everest Hotel*** (☎ *373 260*) offre des chambres rénovées décentes avec clim. et s.d.b. (papier hygiénique fourni) au prix raisonnable de 10/20 £E. Comme nombre de petits hôtels, la direction vous pousse à opter pour une excursion sur la rive ouest.

Si aucun de ces établissements ne vous convient, d'autres se situent dans le dédale de ruelles du côté ouest de Sharia Television. Le plus proche, le chaleureux ***Sherif Hotel*** (☎ *370 757*), dans une petite rue latérale au début de Sharia Television, est dirigé par un professeur d'anglais affable du nom d'Amr. Il dispose de 15 chambres dont 6 avec s.d.b. et 4 avec clim. La simple/double avec s.d.b. commune revient à 7/14 £E et à 12/19 £E avec ventil. Il s'agit d'une bonne adresse, qui plus est très bien située.

Le ***Moon Valley Hotel*** (☎ *375 710*), à droite sur Sharia Shamouz, vous accueille à quelques pâtés de maisons au sud du Sherif Hotel. Le hall arbore des photos du patron et l'on peut regarder des cassettes vidéo dans le salon. L'endroit s'avère convivial malgré des chambres de qualité variable. Celles avec clim. ou ventil., s.d.b. et toilettes coûtent 10 £E par personne.

Sur Sharia Qamr, monsieur Ibrahim dirige le ***Happy Land Hotel*** (☎ *371 828*), où vous pourrez voir à l'œuvre la concurrence féroce qui oppose les hôtels bon marché de Louxor. Outre des chambres impeccables, l'établissement fournit le papier hygiénique, le savon et des spirales insecticides ainsi que le lavage gratuit de votre linge. Le patron affirme être le seul à servir des cornflakes et des fruits frais au petit déjeuner dans un hôtel bon marché. Comptez 6 £E par personne, petit déjeuner compris, dans un dortoir avec ventil. et 10 £E pour une simple avec s.d.b. Signalé par des panneaux, l'établissement se tient à 10 minutes à pied de la gare à moins de prendre le minibus jusqu'à l'arrêt sur la Corniche, au sud du Novotel.

Au sud de Sharia al-Mahatta, une petite rue en face de l'El Salam conduit au nouveau ***New Everest Hotel*** (☎ *370 017*), une bonne adresse dotée de 12 chambres propres dont 4 climatisées. Il fait payer 5/10 £E la simple/double avec s.d.b. commune, petit déjeuner en sus, et 20 £E la double avec s.d.b. et petit déjeuner.

Hôtels – au nord de Sharia al-Mahatta

Le sympathique ***Saint Mina Hotel*** (☎ *375 409*) présente un bon rapport qualité/prix si vous acceptez de dépenser un peu plus. Il loge sa clientèle dans 20 chambres impeccables avec clim. ou ventil. dont la moitié équipées d'une s.d.b. Toutefois, certaines personnes se sont plaintes de bruits de plomberie. La simple/double revient à 25/45 £E et à 30/50 £E avec s.d.b. Ces prix baissent considérablement l'été. L'endroit vaut bien certains hôtels de catégorie moyenne qui facturent le double, voire davantage.

Le ***Sphinx Hotel*** (☎ *372 830*) propose des simples/doubles à 12/16 £E comprenant ou non le petit déjeuner suivant votre capacité à marchander. Le personnel est sympathique, mais les chambres fatiguées sentent le renfermé.

Avec son personnel rien moins qu'amical, le ***Nobles Hotel*** (☎ *372 823*) n'égale pas le précédent mais reste une option intéressante. Comptez 15/25 £E la simple/double avec ventil. et 30 £E la double climatisée.

De l'autre côté de la rue, le ***Venus Hotel*** (☎ *382 625*) possède 30 chambres raisonnables avec s.d.b. appréciées des voyageurs "sac à dos". La simple/double avec s.d.b. coûte 15/20 £E. Vous pouvez profiter du restaurant pourvu d'une TV satellite et d'un bar ou boire une bière fraîche sur la terrasse du sixième étage. L'établissement organise des randonnées à dos d'âne sur la rive ouest et loue des bicyclettes moyennant 3 £E par jour.

Pratiquement en face, le ***Pyramides Hotel*** (☎ *373 243*) facture 15/20 £E la simple/double avec s.d.b., taxes et petit déjeuner compris. Il bénéficie d'une bonne situation, d'eau chaude et d'une majorité de chambres climatisées.

Hôtels – rive ouest

Plus agréable que la ville, la rive ouest ne compte cependant qu'un choix limité d'hôtels économiques.

En face du complexe de Medinet Habou, l'***Habu Hotel*** (☎ *372 477*), doté de chambres voûtées et d'une perspective splendide, pourrait devenir un petit bijou si la direction se décidait à l'entretenir. Avec leur terrasse surplombant l'entrée du temple, les trois chambres à l'étage feraient presque oublier les s.d.b. crasseuses et les insectes nocturnes (25/40 £E pour une simple/double). Contentez-vous plutôt d'y boire une bière.

Le ***Maratonga Restaurant***, de l'autre côté de la route, loue parfois deux chambres propres à 20 £E par personne, une somme élevée pour un confort rudimentaire.

Les chambres du ***Queen's Hotel*** (☎ *384 835*) voisin sont d'une qualité légèrement supérieure à celles de l'hôtel Habu mais avec une vue sans intérêt. Le restaurant sur le toit jouit en revanche d'un très beau panorama.

Dans cette gamme de prix, le ***Marsam Hotel*** (☎ *382 403*), également appelé Ali Abd al-Rasul Hotel ou Sheikh Ali Hotel, constitue notre meilleure adresse. Véritable institution locale, il a été construit dans les années 20 pour héberger les archéologues américains. Dans les années 60, il est devenu le refuge des artistes égyptiens (*Marsam* signifie "atelier de dessin"), comme en témoignent une ou deux sculptures dans la cour-jardin ombragée. L'établissement appartenait au cheikh Ali Abdul Rasul, un vieil homme revêche à la poignée de main virile et au sens de l'hospitalité plutôt autoritaire. Il faisait partie du clan qui a découvert la tombe de Séti Ier. A sa mort, son fils a repris l'affaire, aujourd'hui dirigée par une femme d'origine austro-tchèque. L'établissement s'est grandement amélioré ces deux dernières années. Parmi les 23 chambres, dix occupent le bâtiment principal en béton et le reste se répartit dans deux dépendances en briques de terre. Six subissent actuellement des travaux de rénovation. Vous dépenserez 25/35 £E, petit déjeuner compris, pour une simple/double rudimentaire mais propre avec s.d.b. commune.

L'***Abu al-Kasem Hotel*** (☎ *310 319*) avoisine le temple de Séti Ier dans Sharia Wadi al-Melouk. Il dispose de 20 chambres poussiéreuses à 35/50 £E la simple/double avec s.d.b. et ventil. Malgré sa relative propreté, il semble ces derniers temps quelque peu négligé. La famille qui tient l'hôtel possède aussi la fabrique d'objets en albâtre attenante et loue des bicyclettes (5 £ par jour) et des ânes (10 £E).

Le ***Wadi al-Melouk Hotel*** (☎ *310 175*), sur le côté est du canal Al-Fadlya, pratique des tarifs exagérés. Ses chambres fatiguées avec balcon mais sans ventil. tournent autour de 15 £E par personne. Sa splendide terrasse sur le toit ne parvient pas à faire oublier l'état des s.d.b. Vous pouvez toutefois tenter de marchander avec le vieil homme qui le dirige.

OÙ SE LOGER – CATÉGORIE MOYENNE

En raison de la chute du tourisme, nombre d'établissements de catégorie moyenne ont revu leurs prix à la baisse. La clientèle se fait néanmoins attendre, et les odeurs de renfermé nuisent au standing revendiqué. Si les clients reviennent, les prix augmenteront certainement de nouveau.

Rive est

Le ***Karnak Hotel*** (☎ *374 155*) vous accueille à 3 km au nord du centre-ville, en face du Hilton. Il s'agit de l'endroit rêvé si vous souhaitez loger sur la rive orientale tout en évitant l'agitation de Louxor. Il jouit d'un jardin et d'une piscine propre. Les voyageurs se montrent dithyrambiques à son sujet. L'hiver, les prix atteignent 40/50 $US, petit déjeuner compris, et diminuent de 20% en été.

A environ 200 m au nord, en descendant les berges du Nil, l'***Hotel Pharaon*** (☎ *381 177, fax 376 477*) fait payer 15/28 $US en hiver pour une chambre très correcte avec clim., TV et téléphone, et 50% de moins en été. Vous pouvez profiter de la piscine et d'une superbe vue sur le Nil.

En ville, le ***Pola Hotel*** (☎ *380 551, fax 380 552*) vous attend dans une rue donnant sur Sharia al-Karnak, en face du Rezeiky Camp. Le panorama splendide depuis le toit en terrasse vient s'ajouter à la piscine, au bar et au restaurant. Les chambres construites à la va-vite reviennent à 28/35 $US mais, pour remplir l'hôtel, la direction accordait, au moment où nous rédigions ce guide, des réductions allant jusqu'à 50%.

Le ***Windsor Hotel*** (☎ *375 547, fax 373 447*), dans une ruelle débouchant sur Sharia Néfertiti, est un établissement correct de 120 chambres dont certaines un peu décrépites et d'autres franchement tristes et sombres. Pourvu d'une piscine, il héberge une clientèle d'Européens en voyage organisé (60/70 £E la simple/double) et se vante d'être le plus vaste trois-étoiles de Louxor.

De l'autre côté, le ***Merryland Hotel*** (☎ *381 746*) bénéficie de 32 chambres en meilleur état que celles du Windsor. Il affiche le tarif très modéré de 40/60 £E pour une simple/double avec clim., s.d.b., balcon, téléphone et TV. Du bar sur le toit, les résidents ont une vue spectaculaire embrassant le Nil.

Le ***Philippe Hotel*** (☎ *373 604, fax 380 050*), dans Sharia Néfertiti, entre la Corniche et Sharia al-Karnak, se classe au sommet de la catégorie. Les chambres de la nouvelle aile surpassent largement les anciennes mais toutes disposent d'une clim. efficace, d'une TV, d'un mini-réfrigérateur et d'une s.d.b. avec baignoire. A noter aussi un agréable jardin sur le toit doté d'un petit bar et d'une piscine. La simple/double propre et moquettée coûte 30/36 $US, petit déjeuner compris. L'hôtel affichant complet malgré la récente pénurie touristique, nous vous recommandons de réserver.

Les 50 chambres doubles du ***Nile Hotel*** (☎/*fax 372 859*) voisin donnent une impression d'abandon. Vous dépenserez 60/70 £E en hiver et 20% de moins l'été, mais vous trouverez bien mieux en ville.

L'***Emilio Hotel*** (☎ *373 570, fax 370 000*), à l'extrémité nord de Sharia Yousef Hassan, fait partie des très bonnes adresses au sommet de la catégorie. Ses 48 chambres climatisées avec s.d.b. possèdent toutes une TV et un mini-réfrigérateur. Vous pouvez vous délasser sur des chaises longues autour de la piscine du toit en terrasse ombragé et recouvert de gazon synthétique. L'hôtel facture 50/55 $US la simple/double, taxes et petit déjeuner compris. Réservation impérative en hiver à cause des groupes.

A l'angle de Sharia al-Karnak, le nouveau ***St Mark Hotel*** (☎/*fax 383 403*) présente un bon rapport qualité/prix. Il fait payer 35/60 £E la simple/double avec clim., s.d.b., TV et réfrigérateur. Les chambres sont petites mais propres et le personnel sympathique. Sur le toit, un petit bar sert de la bière.

Le ***Mina Palace Hotel*** (☎ *372 074*), sur la Corniche en face de l'entrée du musée de la Momification, se dégrade un tantinet mais conserve une belle vue sur le Nil (76/86 £E la simple/double avec clim. et s.d.b.). Lors de notre visite, la direction envisageait de baisser les prix pratiquement de moitié. Demandez une chambre en coin pour avoir un balcon sur le temple de Louxor et un autre sur le Nil.

Le deux-étoiles ***St Catherine Hotel*** (☎/*fax 372 684, 2 Sharia Yousef Hassan*), écrit parfois "Catreen" ou "Cathrine", ne vaut que par ses tarifs qui ont diminué de 50% ces dernières années (27/36 £E la simple/double). Vous pouvez sans doute les faire baisser encore en marchandant.

L'***Horus Hotel*** (☎ *372 165, fax 373 447*) se tient dans Sharia Karnak, à un pâté de maisons au nord de Sharia al-Mahatta. Ses chambres (30/40 £E) semblent relativement confortables mais, d'après certains voyageurs, la plomberie laisserait à désirer et l'endroit aurait besoin d'un sérieux entretien. Bien supérieures aux autres, les chambres côté façade regardent la mosquée voisine, d'où une grande chance d'être réveillé à l'aube par le muezzin.

Près de la gare, au début de Sharia Abdel Moneim al-Adasi, le ***New Radwan Hotel*** (☎ *385 502, fax 385 501*) a ouvert récemment et constitue une excellente affaire (50/60 £E la simple/double). Bien équipé en s.d.b. et en clim., il dispose aussi d'un toit en terrasse et d'un bar.

L'***Arabesque Hotel*** (☎ *371 299, fax 372 193*), dans Sharia Mohammed Farid, non loin de la poste principale, a baissé le prix de ses chambres climatisées dotées de très petits lits (50/60 £E la simple/double). Le jardin du toit profite d'une jolie vue sur le temple de Louxor et sur le Nil. Vous pouvez aussi vous baigner dans la piscine. Malgré tout, le bruit de la rue nuit à la tranquillité des chambres.

En descendant Sharia Television, plusieurs établissements de catégorie moyenne louent des chambres au confort moderne. Le ***Shady Hotel*** (☎ *374 859*) facture 50/70 £E une simple/double bien tenue donnant sur un rue latérale. Comptez un supplément de 10 £E pour une chambre côté piscine, supposée plus calme. Ladite piscine étant entourée d'immeubles, le bruit ne doit cependant pas l'épargner. Le prix n'inclut pas les taxes. De l'autre côté de la rue, le ***Santa Maria Hotel*** (☎*/fax 380 430*), plus délabré, propose des simples/doubles à 49/66 £E.

Plus bas dans Sharia Television, le ***Golden Palace Hotel*** (☎ *382 972, fax 382 974*), peint en bleu et jaune, ne fait payer que 40/70 £E la simple/double propre avec clim., TV, réfrigérateur et téléphone : une excellente affaire. L'établissement possède également une piscine de taille raisonnable et prévoit d'aménager un jardin sur le toit.

Deux hôtels trois-étoiles se situent après le Club Med dans Sharia Khaled ibn al-Walid. Le ***St Joseph Hotel*** (☎ *381 707, fax 381 727*), doté d'une piscine, propose un bar en sous-sol. Une simple/double climatisée avec s.d.b., TV et téléphone tourne autour de 25/35 $US, petit déjeuner en sus (10 £E). Son voisin au nom étrange, le ***Flobater Hotel*** (☎ *374 223, fax 370 618*), pratique des prix comparables (28/35 $US) et bénéficie d'un semblant de piscine et d'un plaisant jardin sur le toit.

Rive ouest

Le ***Pharaohs Hotel*** (☎*/fax 310 702*), le plus ancien hôtel de la catégorie moyenne, dispose de 14 chambres occupées par des policiers cantonnés dans la région et de 15 nouvelles avec clim. et s.d.b (55/110 £E la simple/double). Oubliez son aspect peu attrayant et choisissez-le pour sa situation exceptionnelle. Le restaurant dans le jardin sert de la bière (6 £E) et des kebabs (à partir de 10 £E).

Beaucoup mieux mais plus loin des monuments, deux hôtels viennent d'ouvrir dans le quartier récent de Gezira, au-dessus du débarcadère du ferry. Ahmed Mahmoud Suleiman dirige l'***Amon al-Gezira Hotel*** (☎ *310 912*), un petit établissement familial impeccable. Cinq des neuf chambres sont dotées d'une s.d.b., et chaque étage est agrémenté d'une terrasse. A noter aussi le vaste toit-terrasse et le jardin. Les doubles avec clim. s'échelonnent de 60 à 70 £E. Pour vous rendre sur place, suivez les panneaux indiquant les Pharaoh's Stables.

L'***Al-Gezira Hotel*** (☎*/fax 310 034*) loge sa clientèle dans 11 chambres avec s.d.b. et clim. ou ventil., certaines avec une belle vue sur le Nil (40/60 £E la simple/double). Sur le toit, un restaurant très agréable surplombant le fleuve vous réserve un copieux menu égyptien (20 £E) à arroser d'une bière (7 £E). Prenez le petit sentier près de la boutique de location de bicyclettes et de cassettes vidéo au-dessus du débarcadère du ferry ; l'hôtel se situe environ 50 m plus loin sur la gauche.

OÙ SE LOGER – CATÉGORIE SUPÉRIEURE

La dégringolade du tourisme consécutive au massacre de 1997 a mis un frein aux constructions frénétiques de cinq-étoiles entreprises au début des années 90. Malgré le gel des projets, le choix est assez vaste pour satisfaire tous les goûts.

Dans cette catégorie, les prix débutent aux environs de 50 $US la simple avec généralement toutes les prestations des grands hôtels internationaux. Sauf indication contraire, les tarifs n'incluent ni le petit déjeuner ni les taxes pouvant s'élever jusqu'à 26%. La liste d'hôtels ci-dessous suit l'ordre alphabétique :

Le complexe quatre-étoiles ***Club Med Belladona Resort*** (☎ *380 850, fax 380 879*) fait payer 180/234 £E la simple/double, taxes et petit déjeuner compris. Vous pouvez aussi opter pour la demi-pension ou la pension complète.

Le récent ***Gaddis Hotel*** (☎ *382 838, fax 382 837*), pratiquement en face de l'Isis Hotel, dans Sharia Khaled ibn al-Walid, comprend trois restaurants, un bar et une piscine (60/79 $US au minimum).

Le ***Hilton Hotel*** (☎ *374 933, fax 376 571*), à 1 km au nord du temple de Karnak, propose des simples/doubles à partir de 55/70 $US, petit déjeuner inclus. Des bus transportent les résidents au centre-ville.

L'***Hotel Mercure*** (☎ *580 944, fax 384 912*), un quatre-étoiles sur la Corniche, présente des chambres sur le Nil à 99/120 $US en hiver (taxes et petit déjeuner compris) et d'autres sur le jardin à 81/103 $US. L'été, les prix baissent de 10 à 15%.

Le cinq-étoiles ***Isis Hotel*** (☎ *372 750, fax 372 923*) occupe, dans un jardin verdoyant aux haies soignées, un bâtiment d'une esthétique contestable, flanqué de deux piscines. Comptez au minimum 70/85 $US pour une simple/double sur la rue et 80/100 $US avec vue sur le Nil.

Le ***Luxor Wena Hotel*** (☎ *380 018, fax 379 849*), dans Sharia al-Karnak, près du temple de Louxor, fait l'objet d'une bataille juridique au long cours, d'où son aspect un peu décrépit. Vous débourserez 100/120 $US, taxes et petit déjeuner compris. Il dispose de plusieurs restaurants et d'une piscine.

Le ***Mercure Inn*** (☎ *373 321*) est un autre quatre-étoiles de la chaîne française (55/70 $US la simple/double, taxes et petit déjeuner compris).

Le cinq-étoiles suisse ***Mövenpick Jolie Ville*** (☎ *374 855, fax 374 936*), sur Crocodile Island, à 4 km au sud de la ville, vous attend avec sa piscine, ses courts de tennis et ses bateaux à voile. Les familles apprécieront le mini-zoo et le terrain de jeu pour les jeunes enfants. Ses 320 chambres modernes bien équipées sont aménagées dans des sortes de bungalows au milieu de jardins tropicaux. Les simples/doubles vont de 110/150 $US à 140/190 $US. Le bateau à moteur de l'établissement fait la navette entre l'hôtel et le centre-ville.

Le ***Novotel Louxor*** (☎ *380 925*), un haut bâtiment massif à l'extrémité sud de la Corniche, bénéficie d'une jolie perspective sur le Nil et d'une piscine flottante (95/121 $US la simple/double, petit déjeuner compris).

Le ***Sheraton Luxor Resort*** (☎ *374 544*) occupe un immeuble de trois étages retiré à l'extrémité sud de Sharia Khaled ibn al-Walid. Sa situation au bord du fleuve offre un point de vue intéressant. Sa piscine compte parmi les plus belles de la ville. La simple/double sur le jardin débute à 55/80 $US et avec vue sur le Nil pour 75/100 $US, taxes et petit déjeuner inclus.

Le ***Sonesta St George Hotel*** (☎ *382 575, fax 382 571*), un hôtel tout en marbre de 224 chambres, a ouvert ses portes quelques jours seulement avant l'attentat meurtrier de 1997 et la baisse de fréquentation touristique qui suivit. La simple/double revient à 123/150 $US, taxes et petit déjeuner compris.

Au nouveau quatre-étoiles ***Tutotel*** (☎ *377 990, fax 372 671*), vous paierez 60/80 $US pour une simple/double, taxes et petit déjeuner compris, sans oublier la piscine sur le toit et toutes les commodités.

Le ***Winter Palace*** et le ***New Winter Palace*** (☎ *380 422, fax 374 087*) se côtoient sur la Corniche mais le second n'égale pas le cachet romantique du premier, une hôtel jadis fréquenté par l'aristocratie européenne. Une chambre standard dans l'ancien bâtiment coûte 158 $US avec vue sur le Nil et 175 $US avec vue sur le jardin, tandis que les chambres de luxe commencent à 272/289 $US. Dans l'aile récente, comptez au minimum 149/160 $US. A noter un vaste jardin, une piscine, des tables de ping-pong et un court de tennis.

OÙ SE RESTAURER

Petits budgets

Sharia al-Mahatta concentre un grand nombre de stands de sandwiches et autres en-cas. De même, plusieurs vendeurs de jus de fruits se tiennent à l'extrémité de la rue, près du temple de Louxor. Sharia Television fait aussi partie des zones bon marché. Là, le ***Sayyida Zeinab*** sert l'un des meilleurs *kushari* de la ville (2,50 £E la grande portion et 1,50 £E la petite).

Au ***Salt & Bread Cafeteria***, sur Midan al-Mahatta, en face de la gare, le repas tourne autour de 5 £E. Le menu comprend un grand choix de plats de résistance (kebab, pigeon et poulet…) et six variétés d'omelettes, pas moins.

La ***Mensa Restaurant***, sur Sharia al-Mahatta, prépare une nourriture de base aux prix un peu excessifs (sandwiches, poulet et pigeon au riz…). Comptez 8,50 £E environ pour être à peu près rassasié.

Al-Hussein, dans Sharia al-Karnak, cuisine un bon poulet à la tomate et au basilic de même que des pizzas correctes mais timides par la taille. Certaines soupes sont savoureuses et d'autres plutôt claires. Les plats principaux s'échelonnent de 7 à 10 £E, service en sus.

L'***Amoun Restaurant***, dans Sharia al-Karnak, sert des kebabs, du poulet, du poisson et plusieurs spécialités à base de riz et de légumes. Il pratique des prix comparables à ceux du précédent et se classe comme lui parmi les établissements les plus touristiques.

L'***Ali Baba Cafe***, à l'angle des rues Mohammed Farid et al-Karnak, attire autant les touristes que les gens du cru. Il dépend de l'hôtel Luxor Wena mais dispose de sa propre entrée sur la rue. Des mezze, kebabs ou shish taouk à prix modérés figurent, entre autres, au menu. Vous pouvez aussi fumer le chicha (3 £E environ).

Au ***Mish Mish***, dans Sharia Television, vous mangerez un bon repas simple à moins de 10 £E. La salade Mish Mish (6 £E), un assortiment de houmous et de viandes froides, constitue un parfait en-cas.

Très prisé des voyageurs, le minuscule ***Sultana Restaurant***, dans Sharia Television, sert du *bram*, des légumes à l'étouffée dans un plat en terre (7,50 £E), et des pizzas (9-11 £E).

Restaurants

Rive est. Louxor manque hélas de très bons restaurants. La cuisine du Winter Palace déçoit et, en matière de gastronomie, mieux vaut se rabattre sur les autres cinq-étoiles. Le ***Mövenpick Jolie Ville*** est réputé pour son buffet du petit déjeuner mais les deux autres services ne déméritent pas. Si vous recherchez une touche d'exotisme, le ***Sonesta St George*** propose un restaurant japonais très bien noté par les résidents de l'hôtel.

Le ***Peace Abouzeid Restaurant*** (☎ *372 419*), sur la Corniche près du temple de Karnak, fait partie des rares restaurants près du Nil n'appartenant pas à un hôtel. Au déjeuner, des touristes hébétés, à peine débarqués du bus d'Hurghada pour la journée, prennent d'assaut le buffet. Le soir, en revanche, une clientèle d'Égyptiens et d'étrangers dîne au bord de l'eau et fume le narghilé. Le restaurant propose une grande variété de spécialités égyptiennes (30 £E le pigeon grillé) et de fruits de mer.

Le ***King's Head Pub*** (☎ *371 249*), dans Sharia Khaled ibn al-Walid, près du bureau des passeports, demeure l'un des bar-restaurants les plus populaires. On se croirait presque en Angleterre, exceptions faites des heures d'ouverture, 24h/24, et du "king" Akhénaton affublé du chapeau Tudor. Dans ce lieu détendu, on passe volontiers un après-midi à feuilleter des journaux étrangers en mangeant des sandwiches toastés et des frites. A noter la formule dominicale du déjeuner comprenant du rosbif et du Yorkshire pudding (20 £E). La bière ne vous ruinera pas, et vous avez l'embarras du choix parmi les cocktails (12 £E) et les alcools.

Le récent ***Ritz Restaurant*** (pas de ☎) vous attend dans une ruelle donnant dans Sharia Khaled ibn al-Walid, entre les hôtels Sonesta St George et Isis. Les plats de résistance débutent à 15 £E et les soupes à 3,50 £E.

Le ***Jem's*** (☎ *383 604*), dans Sharia Khaled ibn al-Walid (devenue la rue des restaurants de Louxor), prépare une très bonne cuisine égyptienne et continentale dont un menu végétarien fixe (30 £E). Les hors-d'œuvre copieux et les salades reviennent moins cher (8 £E environ).

Le ***Tudor Rose*** (pas de ☎), au-dessous du précédent, semble vouloir concurrencer le King's Head en servant aussi des plats anglais comme le rosbif et le Yorkshire pudding. Il pratique des prix similaires mais manque d'ambiance.

La Mama (☎ *374 544*), un restaurant italien sur la terrasse à l'entrée du Sheraton, ravit les enfants. Il sert des pâtes et des pizzas classiques mais se singularise par la présence d'un pélican déambulant dans les parages.

La rive ouest. Certains de meilleurs restaurants, ou du moins des plus agréables, se situent sur la rive occidentale.

Au ***Tutankhamun Restaurant*** (☎ *310 118*), près du débarcadère du ferry, Aam Mahmoud, ancien cuisinier d'une mission archéologique française, prépare entres autres d'excellents ragoûts. Prévoyez de 10 à 15 £E pour un repas.

L'***Al-Gezira Hotel*** propose aussi des plats locaux comme le curieux *mouloukhia* (voir *Alimentation* dans le chapitre *Renseignements pratiques*) et les feuilles de chou farcies. Il bénéficie d'un cadre plaisant, et son toit en terrasse surplombe le Nil et les lumières de la ville. Vous dépenserez aux alentours de 20 £E pour un repas et 7 £E pour une bière.

Doté d'une terrasse plantée d'arbres, le ***Marsam Hotel*** (☎ *382 403*) étonne par la qualité et la fraîcheur de ses spécialités égyptiennes, allant du pigeon farci à la soupe de lentilles en passant par les légumes sautés. S'agissant d'un menu fixe, nous vous conseillons de commander à l'avance. L'établissement ne sert pas de bière.

Le ***Restaurant Mohammed*** (☎ *311 014*), le long du Pharaohs Hotel, se présente comme une grande pièce aménagée dans la maison en brique crue de son propriétaire, Mohammed Abdel Lahi. Il a la faveur des archéologues français et des autres résidents étrangers et cuisine des plats classiques ainsi que du poulet et des frites. Vous débourserez 8 £E pour des *kofta* et 15 £E pour du canard. Le cuisinier ne lésine pas sur les portions, et une bière (7 £E) peut aider à faire passer le tout. Le restaurant ouvre vers 12h et ferme avec le départ des derniers clients, généralement vers 22h.

Faire son marché

Si vous préférez acheter des provisions et préparer vous-même vos repas ou vos en-cas, Louxor offre l'embarras du choix. Achetez plutôt les fruits et les légumes au ***souk***, mais sachez que les meilleurs produits partent tôt le matin. A défaut, les petites boutiques le long de la rue principale restent ouvertes toute la journée.

Dans le même secteur, des ***épiceries*** ou *baal* vendent des conserves, des céréales de type occidental, du fromage importé genre Edam (appelé *felamenk*) ainsi que du fromage blanc local et du *gibna roumi*. Dans le secteur de Sharia Television, l'épicerie ***Barghouti***, du côté ouest de la rue, juste au sud du restaurant Mish Mish, fournit des yaourts et des fromages conservés dans des réfrigérateurs propres et en état de marche, ainsi qu'un grand choix de produits secs.

Au début de Sharia Ahmed Orabi, l'une des meilleures ***boulangeries***, dépourvue de nom, fabrique de délicieux pains et petits gâteaux (prix affichés en anglais).

Parmi les rares fournisseurs de bière à emporter, le ***magasin Stella***, juste au nord de la gare ferroviaire, se signale par une enseigne jaune avec une étoile bleue. Il ouvre de 8h30 à 14h et de 17h à 23h sauf le dimanche.

OÙ SORTIR

La pénurie de touristes a affecté la vie nocturne de Louxor, mais il reste néanmoins quelques lieux de sortie.

Bars

En dehors du ***Kings Head Pub*** (voir la rubrique *Où se restaurer*), le ***Pub 2 000*** (☎ *370 076*) vous accueille dans une rue parallèle à Sharia Khaled ibn al-Walid, à environ 200 m au sud du Novotel. L'*happy hour* dure de 19h30 à 20h30 (4,50 £E la Stella), et l'endroit sert également à manger dont un plat du jour à prix modéré. Au St Joseph Bar, dans l'hôtel du même nom, la bière baisse de 30% et les alcools de 50% entre 22h et 23h. Par ailleurs, la plupart des hôtels de catégorie moyenne disposent d'un bar sur le toit surplombant parfois le Nil.

Sur la rive occidentale, vous pouvez boire une bière au ***Habu Hotel***, dans le jardin du ***Pharaohs Hotel*** et au ***Restaurant Mohammed***.

Nightclubs, discothèques et spectacles

Le restaurant ***Dawar al-Umda***, dans le jardin du Mercure Inn, programme un spectacle folklorique avec danse du ventre, musique *rababa* et charmeur de serpent à

La musique saïdi

Les habitants de Haute-Égypte ou Saïdis, que la capitale regarde comme des *fellaheen* arriérés, ont pourtant su préserver, grâce à leur profond attachement aux traditions, une culture régionale spécifique. Cette remarque vaut en particulier pour leur musique, très rythmée et produite par des instruments simples, qui se distingue agréablement de la mauvaise variété cairote omniprésente dans le pays.

Les gens de Louxor vous diront qu'il existe, malgré le mélange des genres, quatre sortes de musique saïdi. Le *medah*, très populaire, vient du traditionnel *zikr* soufi et se traduit généralement par une mélopée répétitive. Dans le *kaff al-Saïdi*, impliquant un ou deux chanteurs, le rythme est scandé par des claquements de mains (*kaff* signifie paume) plutôt que par des instruments. Le *muzmar*, du nom d'un instrument en roseau, accompagne la danse équestre et la danse du ventre. Enfin, le *rababa* se joue avec l'instrument homonyme dont la forme et le son évoquent un violon à une seule corde.

Nombre de musiciens viennent de petites localités autour de Louxor et ont commencé à se produire dans les noces villageoises et dans les *zikr* soufis. On peut parfois les entendre le week-end sur la rive occidentale.

Parmi les plus connus, et les plus accessibles à l'oreille occidentale, on citera : Cheikh Ahmed Birrin, un cheikh aveugle originaire d'Esna à la voix flûtée et envoûtante ; Rayyis Nessim, un élève du précédent ; Yousef Bakash, un célèbre musicien de *rababa* qui connaît un certain succès en France (l'un des rares musiciens saïdi disponibles en CD) ; Gamal al-Esnawi, de la jeune génération des chanteurs de *medah*, et Sayyed ad-Dawy, interprète du fameux *Sira al-Hilalawi*.

Leurs cassettes (7 £E environ) sont en vente à Louxor dans la boutique Hani w'Hanafon, en face de la poste, dans Sharia al-Mahatta. Vous pouvez écouter les titres avant d'acheter.

l'occasion. Très fréquenté, il sert une cuisine égyptienne raisonnable. Le spectacle est programmé tous les jeudi entre 20h et 21h.

Les autres grands hôtels proposent tous des animations. A cet égard, le ***Mövenpick Jolie Ville*** fait preuve d'imagination. Habillé en *galabiyya*, vous êtes transporté en felouque au coucher du soleil et présenté à des "paysans" avant de dîner et de vous divertir sous une tente au bord du Nil.

Les hôtels ***Isis*** et ***Winter Palace*** organisent aussi des représentations folkloriques et de danse du ventre, à moins que vous ne préfériez leurs discothèques. Cependant, informez-vous au préalable, car ces manifestations sont moins fréquentes depuis 1997. La discothèque du ***Tutotel*** remporte un grand succès, tandis que celle de l'***Hotel Mercure***, le Sabil, fait payer 20 £E aux non-résidents. Le prix inclut aussi le spectacle de danse du ventre à 23h30.

Loin des lieux touristiques, les hommes d'affaires locaux et les rares vacanciers arabes privilégient le nightclub-restaurant ***Mandaria***, en bas d'une ruelle, pratiquement en face de l'Isis Hotel. La soirée débute vers minuit et se prolonge presque jusqu'à l'aube.

Si vous souhaitez fuir les lumières de la ville, rendez-vous sur la rive occidentale même si les mesures policières ont jeté un froid sur la vie nocturne. Pharaoh's Stables organisait des soirées barbecue dans le désert pour des groupes de dix personnes ou plus, comprenant parfois un spectacle équestre. Bakri ou Nasser vous diront ce qu'il en est aujourd'hui (pour le ☎, consultez la rubrique *Promenades équestres et méharées*, plus haut dans ce chapitre).

Le jeudi soir, surtout l'été, on peut entendre la musique d'une noce ou d'un *zikr* soufi s'élever par delà les champs environnants. Si vous suivez sa direction, vous serez probablement bien accueilli.

ACHATS

Malgré un choix plus limité qu'au Caire, on trouve à Louxor pratiquement tous les souvenirs classiques d'Égypte. Vous rencontrerez en outre, sur la rive occidentale, quantité de boutiques d'articles en albâtre, une roche extraite à 80 km au nord-ouest de la vallée des Rois. Certains vases ou tasses dans cette matière constituent des souvenirs robustes et originaux.

Plus inhabituels, les pots en terre (*tawagen*, singulier *tagen*) ou tajines, très utilisés dans la cuisine locale, vont au four et présentent bien sur la table. Avant de vous en servir, vous devez les recouvrir d'un mélange de mélasse et d'huile et les chauffer dans un four à basse température pendant 30 minutes. Pas vraiment légers, ils existent en plusieurs tailles, et les prix démarrent à 5 £E. Vous pouvez les choisir dans un magasin à côté du commissariat de police de Louxor.

A noter deux nouvelles boutiques d'artisanat, bienvenues au milieu des marchandises habituelles des bazars touristiques de la rive occidentale. Le Bedouin Market (☎ 311 152), près du Marsam Hotel, ouvre de 9h à 17h. Associé au centre Marketing Link de la capitale (voir la rubrique *Achats* dans le chapitre consacré au Caire), il vend une foule d'objets de bonne facture provenant de l'ensemble du pays. Pratiquement devant la tombe de Ramosé dans la vallée des Nobles, Maarad al-Gurna est tenue par Golo, auteur de certaines illustrations de cet ouvrage, et par Edith Pointeau. Vous pourrez acheter là des articles spécialement réalisés dans la région, dont la plupart ont un cachet particulier.

COMMENT S'Y RENDRE

Avion

Le bureau d'EgyptAir (☎ 380 580) se situe sur la Corniche, près d'Amex. Un vol quotidien relie Le Caire, Louxor et Assouan. De la capitale, un aller simple pour Louxor revient à 419 £E, et la compagnie assure plusieurs départs par jour. Des liaisons quotidiennes desservent aussi Assouan depuis Louxor (190 £E l'aller simple), et trois vols par semaine décollent pour Sharm el-Sheikh (415 £E l'aller simple). En haute saison, plusieurs vols par jour rejoignent Abou Simbel (832 £E l'aller-retour) *via* Assouan, et un vol hebdomadaire dessert Hurghada (190 £E l'aller simple).

Bus

La gare routière se tient derrière le temple de Louxor dans Sharia al-Karnak (le garage sur Sharia Television n'est pas un arrêt officiel).

De Louxor, un seul bus part pour Le Caire à 19h (50,25 £E, comptez dix à onze heures de trajet). Sept bus relient Assouan (6,50-8 £E, en quatre à cinq heures) ; les départs s'effectuent entre 6h30 et 14h30. Seul le dernier est climatisé. Certains, partis de Qena et d'Hurghada, n'ont pas toujours des places libres. Les mêmes bus vont à Esna (2,50 £E) et à Edfou (4 £E).

Le premier bus pour Hurghada part vers 6h30 (12,25 £E, cinq heures) et le second à 10h30 (14,25 £E). Le troisième à 14h30 (17,25 £E), en provenance d'Assouan, peut être complet. Enfin, celui de 19h bénéficie d'un service de luxe (20,25 £E). Tous ces bus continuent, après Hurghada, jusqu'à Suez (30,25-40,25 £E).

Dix bus pour Qena circulent entre 6h et 19h (3-5 £E), mais les mesures policières ne vous autorisent pas toujours à les prendre.

Les trois bus hebdomadaires qui effectuent la liaison avec Kharguèh les lundi, mercredi et samedi à 8h30 (22 £E) n'empruntent pas la nouvelle route Armant-Kharguèh mais celle qui passe par Assiout.

De temps en temps, un bus "direct" se rend à Dahab (80 £E) mais, d'après des voyageurs, ce périple cauchemardesque de 24 heures passe en réalité par Le Caire. En période d'affluence touristique, des compagnies affrètent des véhicules climatisés plus onéreux mais beaucoup plus fiables. Renseignez-vous à ce sujet auprès de l'office du tourisme.

Train

La gare de Louxor dispose d'un bureau de poste (avec service de courrier express, fax, télégraphe, téléphones à carte et consigne) et d'un bureau d'informations touristiques, souvent fermé.

Si vous souhaitez voyager de nuit jusqu'au Caire, les wagons-lits constituent la seule option (voir le chapitre *Comment circuler*). Il faut réserver deux ou trois jours à l'avance au guichet (☎ 372 015), ouvert de 9h à 14h et de 17h à 20h. Le billet revient à 314,35 £E l'aller simple (pas de réduction pour les étudiants). Le train quitte Louxor à 20h30 et arrive à 6h30.

Deux autres trains à destination de la capitale sont accessibles aux étrangers, l'un à 8h15 (51/28 £E en 1re/2e classe) et l'autre à 23h30 (51/31 £E). Le premier passe par Balyana si vous voulez aller à Abydos. Ces deux lignes accordent des réductions aux étudiants.

Les billets de 1re et de 2e classe pour Assouan (4 heures) coûtent 20/12 £E à bord du train de 6h et 22/14 £E dans celui de 17h15. Le tarif pour Minîèh s'élève à 34/21 £E (départ 8h15) ou à 37/27 £E (départ 23h30). Un train de 3e classe sans clim. part le jeudi à 7h et rejoint Kharguèh en 7 à 10 heures (9,80 £E, 4,90 £E pour les étudiants). Le guichet de 3e classe se trouve à gauche lorsque vous faites face aux voies ; les autres guichets sont à droite.

Taxis collectifs

La station de taxi vous attend dans une rue débouchant sur Sharia al-Karnak, à deux pâtés de maisons du musée de Louxor. Les taxis se rendent régulièrement à Assouan (8 £E, 3 heures 30), à Esna (2 £E, 45 minutes), à Edfou (4 £E, 2 heures), à Kom Ombo (8 £E, 2 heures 30) et à Qena (2 £E).

Les chauffeurs se montrent toujours prêts à négocier une descente du Nil jusqu'à Assouan avec arrêts sur les sites le long du parcours. Comptez environ 100 £E pour le véhicule. Sachez que vous voyagerez probablement sous escorte (voir ci-dessous les horaires des convois), et présentez-vous à la station 30 minutes environ avant le départ.

Vous devrez renoncer à vous rendre dans l'oasis de Kharguèh par la nouvelle route directe et passer par Assiout pour des raisons de sécurité. Les taxis hésitent à entreprendre ce trajet et demandent 700 £E pour le véhicule (sept personnes au maximum). Mieux vaut prendre le bus ou le train.

Convois

Quelle que soit votre destination, quitter Louxor par la route implique généralement de circuler en convoi. Vérifiez auprès de l'office du tourisme les horaires mentionnés ci-dessous.

Vers Hurghada	6h	8h	14h	17h30
Vers Assouan	7h	11h	15h	

Les véhicules pour Hurghada se rassemblent sur la route derrière le Pola Hotel environ 30 minutes avant le départ. Ceux qui se dirigent vers le sud se retrouvent au poste de contrôle précédant le pont.

Bateau de croisière

Pour plus d'informations sur les 250 bateaux de croisière qui sillonnent le Nil entre Louxor et Assouan, reportez-vous au chapitre *Comment circuler*.

Felouque

Au moment de la rédaction de cet ouvrage, il était impossible de naviguer en felouque de Louxor à Assouan. Pour plus de précisions, lisez l'encadré *Croisières en felouque*, p.340.

COMMENT CIRCULER

Desserte de l'aéroport

La course en taxi jusqu'à l'aéroport, à 7 km à l'est de la ville, revient officiellement à 10 £E mais les chauffeurs demandent en général davantage. Aucun bus n'effectue cette liaison.

Moto

Plusieurs hôtels ont commencé à louer des motos moyennant 40 à 60 £E par jour. Si vous êtes intéressé, partez à leur recherche et vérifiez soigneusement l'état des engins.

Bicyclettes

Les boutiques de location de bicyclettes abondent, et pratiquement tous les hôtels offrent cette prestation. Suivant la qualité du matériel, la situation économique et votre détermination à marchander, les tarifs s'échelonnent de 4 à 10 £E par jour. On vous demande souvent de laisser votre passeport ou votre carte d'étudiant à titre de caution.

Vous pouvez également vous procurer des bicyclettes sur la rive occidentale, près du débarcadère du ferry, mais le choix est plus limité et les prix se révèlent parfois exagérés.

On trouve parfois des vélos d'enfant à louer.

Hantour

La promenade à travers la ville en carriole à cheval coûte environ 6 £E l'heure. Bien sûr, les tarifs se négocient et donnent parfois lieu à des chamailleries, voire à quelques hauts cris.

Felouque

Une multitude de felouques prennent des passagers pour de courtes promenades aux environs de Louxor. Elles lèvent l'ancre en différents points le long du fleuve. Selon votre capacité à marchander, comptez environ 15 à 20 £E les deux heures de traversée.

La vallée du Nil – d'Esna à Abou Simbel

A la mort d'Alexandre le Grand, ses généraux macédoniens se partagèrent son immense empire. Pendant 300 ans, les Ptolémée, de langue grecque, vont régner sur l'Égypte, comme les pharaons ; en respectant les traditions et la religion des Égyptiens, ils instaurèrent un modèle que suivirent les Romains, qui leur succédèrent.

Si leur pouvoir central les liait à Alexandrie et au littoral méditerranéen, ils étendirent leur emprise au Sud, imposant la puissance gréco-romaine jusqu'en Nubie (un territoire aujourd'hui à cheval sur la frontière égypto-soudanaise), grâce à une intelligente politique d'assimilation qu'ils préférèrent à l'asservissement pur et simple.

En Haute-Égypte, ils érigèrent des temples en l'honneur des dieux locaux, dans un style grandiose et pharaonique, propre à se concilier le clergé et à gagner la confiance du peuple.

Malgré tout, ces imitations de l'ancien se révélèrent de pâles copies ; à bien des égards, ce n'étaient qu'édifices au style peu imaginatif, dépourvus du panache artistique qui caractérisaient les authentiques monuments égyptiens.

Dans la Haute-Égypte méridionale, au sud de Louxor, les principaux ouvrages gréco-romains se composent d'une série de temples au bord du fleuve, à Esna, Edfou, Kom Ombo et Philae, admirables autant pour leur situation que pour leur réel mérite artistique ou architectural.

Au-delà d'Edfou, le ruban de cultures de la rive est s'ouvre sur le désert Oriental. A Silsila, à 145 km au sud de Louxor, le Nil traverse une gorge, dont on pensait jadis qu'elle délimitait une cataracte. Plus loin, on découvre des ruines datant des premières dynasties et du Nouvel Empire, parmi lesquelles Éléphantine et Abou Simbel, mais également la ville d'Assouan, le fantastique

A ne pas manquer

- **Abou Simbel.** On reste pétri d'admiration devant la somme d'ingéniosité dont témoigne le grand temple de Ramsès II, le plus saisissant monument d'Égypte.
- **Musée nubien.** Pour se faire une idée de tout ce qui fut perdu lors de la construction du Haut-Barrage.
- **Une croisière en felouque.** Un jour ou deux en osmose avec l'un des plus grands fleuves du monde, pour se glisser dans les paysages de Haute-Égypte.
- **Traversez le lac Nasser.** Offrez-vous une croisière sur le MS *Eugénie*.
- **Le temple d'Horus à Edfou.** Flânez dans l'un des derniers grands monuments qui fut élevé par l'Égypte pharaonique.
- **Marché aux dromadaires de Daraw.** Les transactions portent sur 2 000 chameaux, acheminés par l'une des plus célèbres caravanes de l'histoire.

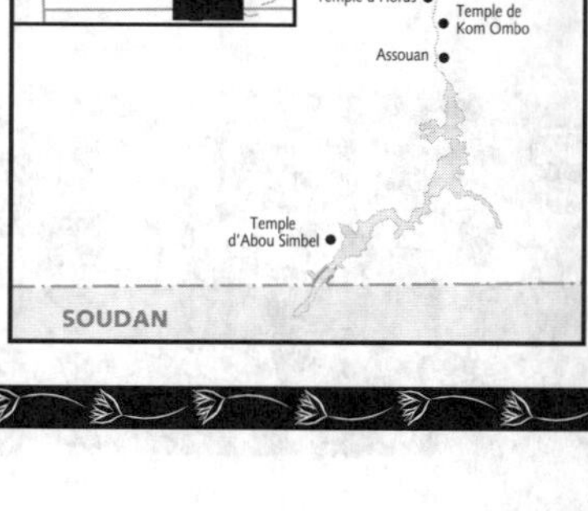

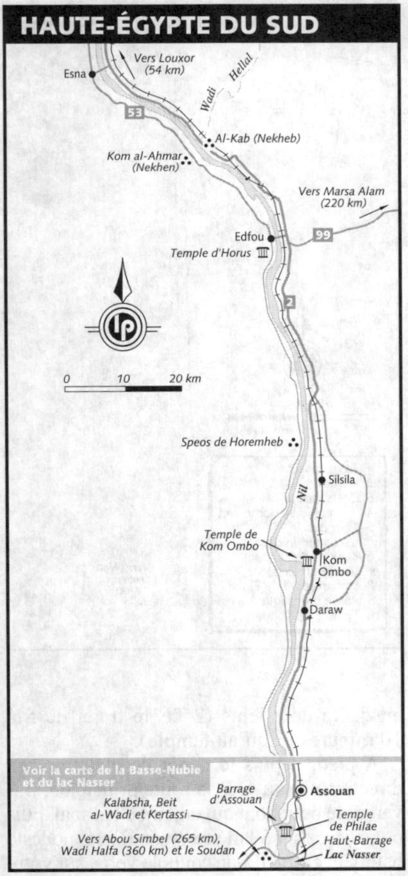

Voyager dans le sud

A l'issue du massacre de Louxor et afin de protéger les touristes, la police a pris des mesures draconiennes dans les secteurs très visités de Louxor et d'Assouan. En tant que voyageur indépendant, votre liberté de mouvement risque donc d'être sévèrement entravée, à savoir qu'on vous contraindra à voyager en convoi, sans pouvoir vous écarter des sentiers battus.

Encadrées d'une phalange de policiers brandissant des mitraillettes, certaines personnes se sentent peut-être en sécurité, mais beaucoup d'autres n'apprécient pas du tout. Heureusement, le règlement ne s'applique pas toujours à la lettre et, parfois, on vous laissera flâner à votre guise tandis qu'à d'autres moments, on vous reconduira gentiment à la gare la plus proche.

S'il n'y a plus d'incidents, on peut espérer que la police allégera son dispositif de sécurité.

Haut-Barrage et le lac Nasser, qui balise les confins du pays.

ESNA

Le temple gréco-romain de Khnoum est le principal attrait d'Esna, une active bourgade agricole de la rive gauche du Nil, à 54 km au sud de Louxor.

En flânant au hasard des rues poussiéreuses, on a peine à croire que, voici cent ans, la ville était ce lieu de dépravation où Flaubert rencontra la célèbre danseuse Koutchouk Hanim, et la contraignit à exécuter un strip-tease.

La poste et une agence de la Bank of Alexandria sont implantées dans la rue qui mène au Nil depuis le canal. Le dimanche, un marché aux animaux s'y tient également. La police touristique est installée dans le bazar, tout près du temple.

Temple de Khnoum

Il ne reste du temple, en vérité, que la grande salle hypostyle, bien conservée, édifiée sous le règne de l'empereur romain Claudius. Elle apparaît de manière incongrue, dans son énorme fosse d'excavation, au beau milieu des maisons et des rues étroites du centre-ville.

Dédié à Khnoum, le démiurge à tête de bélier qui modela l'humanité avec l'argile du Nil sur son tour de potier, le temple fut commencé par Ptolémée VI et bâti sur les ruines de lieux de culte plus anciens. La salle, telle qu'on peut l'admirer aujourd'hui, fut réalisée plus tard. On l'a dégagée de la vase accumulée par des siècles de crues annuelles du fleuve, à environ 9 m sous le niveau de la rue moderne.

La toiture intacte de la salle est soutenue par vingt-quatre colonnes décorées d'hymnes à Khnoum et de récits des annuelles fêtes sacrées d'Esna. Ces textes font également référence à d'autres temples de la région (l'un d'eux a été mis au jour à Kom Mer, à 12 km d'Esna). Le mur ouest de cette salle construite par les Romains, seul témoignage du temple ptolémaïque initial, est orné de reliefs de Ptolémée VI, Philomêtôr et Évergète II.

Le guichet se situe près du fleuve, à environ 1 km en amont du principal pont sur le Nil. Une fois votre ticket en poche, traversez le bazar jusqu'au temple. C'est ouvert de 6h à 17h30 (18h30 en été), moyennant 8 £E par personne (4 £E pour les étudiants).

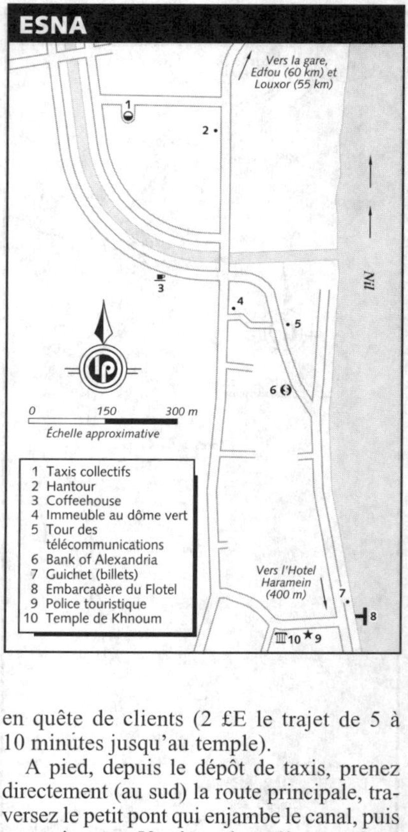

Où se loger et se restaurer

A 800 m au sud du temple, puis 100 m vers les terres en traversant un bazar couvert, on découvre le seul hébergement proposé par Esna : le rudimentaire ***Hotel Haramein***. Mais puisqu'on peut rallier Louxor dans la journée, rien n'oblige à séjourner là.

Pour grignoter pas cher, vous trouverez ici et là quelques échoppes avec les plats habituels. La station de taxis collectifs propose des boissons et des aliments de base. Une ***coffeehouse*** se tient le long du canal.

Comment s'y rendre

L'accès en train s'avère peu pratique, car la gare se trouve sur la rive orientale du Nil. Toutefois, la localité est régulièrement desservie par des bus et des taxis collectifs au départ de Louxor. Le bus opérant de fréquents arrêts, mieux vaut opter pour un taxi collectif (un microbus, la plupart du temps). Prévoyez 45 minutes depuis Louxor (2 £E). A Esna, le terminus des taxis collectifs jouxte le canal, mais l'on vous déposera en général sur la rue principale, le long de laquelle stationnent les *hantour* (calèches), en quête de clients (2 £E le trajet de 5 à 10 minutes jusqu'au temple).

A pied, depuis le dépôt de taxis, prenez directement (au sud) la route principale, traversez le petit pont qui enjambe le canal, puis poursuivez sur 50 mètres, jusqu'à un modeste bâtiment coiffé d'une coupole verte, sur votre gauche. Tournez à gauche après l'avoir dépassé, puis suivez ce chemin sur 100 m, jusqu'à une tour des télécommunications. Obliquez à droite et continuez sur cette route (qui aboutit au Nil) pendant 800 mètres. Vous apercevrez l'endroit où se vendent les billets, près de l'embarcadère des bateaux de croisière. Le temple est à 50 m dans les terres, après le bazar touristique.

AL-KAB ET KOM AL-AHMAR

Entre Esna et Edfou sont disséminées les ruines de deux localités, ruines témoignant de l'époque protodynastique jusqu'aux der-

THOMAS HARTWELL

Majestueux temple de Philae, près d'Assouan, construit au IIIe siècle

JULIET COOMBE / LA BELLE AURORE

Par un dimanche animé, 2 000 chameaux peuvent être vendus sur le marché bédouin de Daraw

JULIET COOMBE / LA BELLE AURORE

N'hésitez pas à déguster le café égyptien qui est servi déjà sucré

CHRIS MELLOR

Quatre statues de Ramsès II se dressent devant l'immense temple d'Abou Simbel

TM FLOWER

Statue assise de Ramsès II (2e en partant de la droite) en compagnie de trois dieux à Abou Simbel

GLENN BEANLAND

A Abou Simbel, statue de 21 mètres de haut construite en hommage au grand pharaon Ramsès II

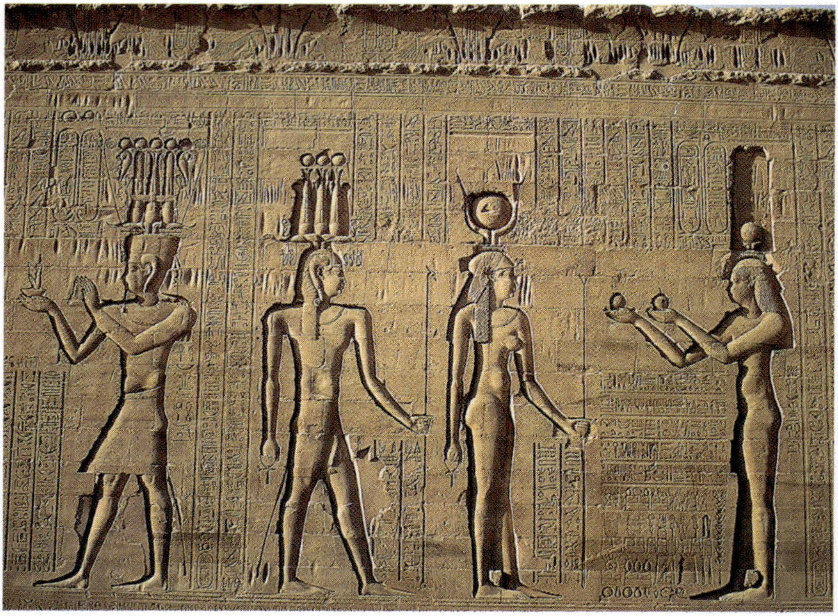

JULIET COOMBE / LA BELLE AURORE

Bas-relief du temple de Kom Ombo où se mêlent influences ptolémaïques et romaines

ANDREW HUMPHREYS

Statues à Wadi as-Subua, près du lac Nasser

GLENN BEANLAND

Statue d'Horus au temple d'Horus à Edfou

nières périodes dynastiques. Les plus anciens vestiges de la région, connus désormais sous le nom d'Al-Kab, sur la rive est du Nil, remontent à environ 6 000 ans. Ce qu'on peut voir est toutefois en grande partie plus récent et date de l'époque où l'antique colonie de Nekheb était la capitale du *nome*. La ville se trouvait alors encerclée de murailles en brique crue, et l'on peut encore admirer les restes d'un temple romain, un lac sacré et des cimetières, ainsi que les ruines du temple principal de Nekhbet, avec ses multiples pylônes, sa salle hypostyle et sa *mammisi* ("le lieu de naissance"). La construction débuta sans doute avant 2700 av. J.-C., mais fut considérablement agrandi par de nombreux pharaons de la XVIIIe à la XXXe dynastie, parmi lesquels Thoutmosis III, Aménophis II et les Ramessides.

A quelques kilomètres à l'est des remparts de la ville, vous découvrirez trois temples du désert. A l'entrée de Wadi Hellal se dresse le sanctuaire ptolémaïque de Sheshmetet, taillé dans le roc. Au sud-est de ce site, on aperçoit une chapelle érigée sous Ramsès II, restaurée sous les Ptolémée, et dédiée à de nombreuses divinités. A quelque 3,5 km de Nekheb, se profile le temple de Hathor et Nekhbet, bâti par Thoutmosis IV et Aménophis III. Citons aussi, au nord de Nekheb, un certain nombre de tombeaux creusés dans la roche et ornés de beaux bas-reliefs.

De l'autre côté du fleuve, les vestiges de la ville antique de Nekhen (antérieure à Nekheb comme capitale du nome) s'étendent sur environ 3 km aux abords du désert. Aujourd'hui baptisé "Kom al-Ahmar" (la butte Rouge), le site renferme les ruines de localités et nécropoles protodynastiques, et les wadi des alentours abritent plusieurs tombes du Moyen et du Nouvel Empire. Le dieu local était alors Nekheny, un faucon pourvu de deux longues plumes sur la tête, qu'on associa plus tard à Horus.

Al-Kab et Kom al-Ahmar se trouvent à 26 km au sud d'Esna, et au nord d'Edfou.

EDFOU

Le temple pharaonique le plus imposant et le mieux sauvegardé d'Égypte (encore que de facture grecque) n'est autre que l'extraordinaire temple d'Horus à Edfou, une des ultimes tentatives égyptiennes d'architecture monumentale. La structure domine cette localité de la rive occidentale du Nil, à 53 km au sud d'Esna. La ville et le temple furent bâtis sur une saillie de terrain, surplombant la large vallée fluviale qui les encercle, et échappèrent ainsi à la crue annuelle du Nil

Centre potier et sucrier, Edfou se révèle en outre un endroit fort sympathique.

Juste avant de parvenir au temple, vous traversez une place. En arrivant, vous distinguerez la poste dans la première rue à gauche. La gare routière est installé à une centaine de mètres, dans l'artère qui part à droite. Les taxis collectifs stationnent à l'entrée de la ville, à deux pas du pont sur le Nil.

Temple d'Horus

L'édification de cet énorme complexe religieux débuta sous Ptolémée III Évergète Ier, en 237 av. J.-C., pour s'achever 200 ans plus tard, au cours du règne de Ptolé-

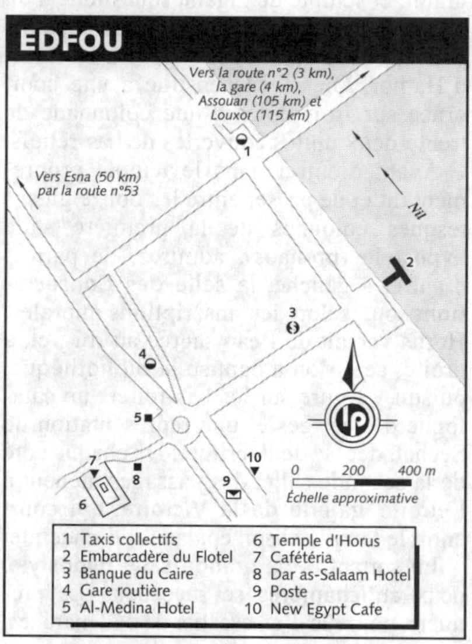

mée XII, au Ier siècle av. J.-C. Pour sa conception et son architecture, on suivit l'authentique tradition pharaonique, qu'il s'agisse du plan, de l'échelle et de l'ornementation. Et jusque dans les tenues égyptiennes arborées par les rois grecs, représentés sur les bas-reliefs ! Bien que plus récent que les temples de Karnak, Louxor et Abydos, l'excellent état de cet ensemble vieux de seulement 2 000 ans a permis de combler un grand nombre de lacunes historiques ; en effet, il se veut copie exacte d'un style architectural déjà archaïque à l'époque ptolémaïque.

Comme toutes les copies, l'ensemble manque de spontanéité artistique. Pourtant, paradoxalement, chaque fois que l'influence grecque transparaît, elle produit des effets raffinés, particulièrement évidents dans la ligne délicate des colonnes.

Ce fut Auguste Mariette qui, au milieu du XIXe siècle, entreprit la mise au jour du temple, enseveli sous le sable, les gravats et une partie du bourg d'Edfou, construit sur sa toiture. On pénètre dans le temple par un pylône monumental de 36 m de haut, gardé par deux énormes et splendides faucons de granit, et sculpté de gigantesques reliefs du pharaon Ptolémée XII, tirant ses ennemis par les cheveux, sous le regard d'Horus et d'Hathor. On accède ensuite à une cour, ornée sur trois côtés d'une colonnade de trente-deux unités couvertes de bas-reliefs.

Avant d'entrer dans le temple proprement dit et de passer entre les douze gigantesques colonnes de la première salle hypostyle (pronaos), admirez, de part et d'autre, à gauche, **la salle des Consécrations** où, selon les inscriptions murales, Horus versait de l'eau sacrée au roi ; et, à droite, ce qu'on a baptisé **la bibliothèque**, puisqu'y figure sur les bas-reliefs un catalogue d'ouvrages et une représentation de Séchat, déesse de l'écriture. De chaque côté de la seconde salle, des passages mènent à l'étroite **galerie de la Victoire**, qui court entre le temple et son épais mur d'enceinte.

En sortant de la **grande salle hypostyle**, deux **antichambres** se succèdent. La première, pourvue d'un escalier de 242 marches, conduit à la terrasse, où un fantastique panorama s'offre à vous. Pour monter, vous devrez sans doute glisser la pièce au gardien, car l'accès à cet escalier est normalement fermé.

La deuxième antichambre, dont les murs se parent d'une multitude de scènes, mène au **sanctuaire d'Horus**, où le faucon ardent, le dieu et son épouse régnaient et recevaient les offrandes. On découvre, tout autour, de plus petites chambres, ornées d'élégants reliefs, ainsi qu'un nouvel accès à la gale-

TEMPLE D'HORUS

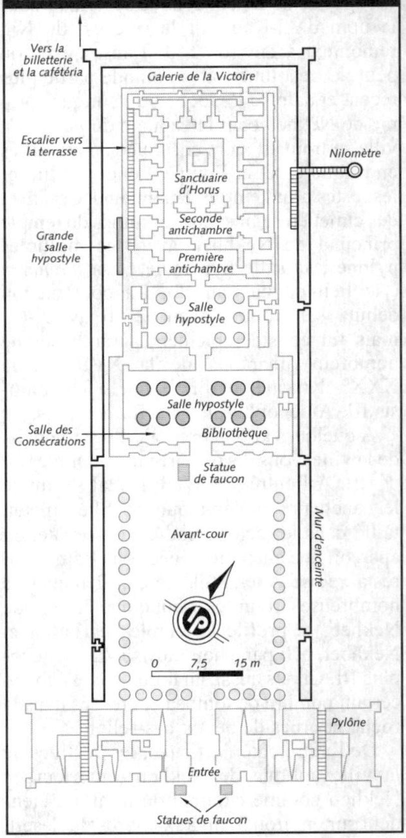

rie de la Victoire, depuis lequel, en tournant à droite, on tombe sur un escalier permettant de passer sous le mur d'enceinte pour aller au nilomètre.

Le temple d'Horus est ouvert de 7h à 16h en hiver, et de 6h à 18h en été. Comptez 20 £E l'entrée (10 £E pour les étudiants).

Où se loger et se restaurer

Au centre de la ville, l'***Al-Medina Hotel*** (☎ *701 326*) revient à 10/15 £E la nuit pour des chambres sans fioritures sans ou avec s.d.b. Bien qu'il s'agisse d'un établissement très simple, plusieurs voyageurs ont chanté ses louanges. Autre possibilité : le ***Dar as-Salaam Hotel***, un peu plus bas, en direction du temple. Il possède des chambres du même genre, mais demande 15 £E pour une simple. L'eau chaude est aléatoire, mais les chambres disposent de ventil. et se révèlent correctes. Nous ne recommandons pas les autres hôtels de la localité.

En plus de l'onéreuse cafétéria du site, on trouve quelques stands à kebab sur la place, et le ***New Egypt***, le café face à la poste, sert une soupe plutôt claire, des haricots et des épinards savoureux et du poulet rôti. Dans tous ces endroits, mieux vaut s'enquérir des prix avant de commander.

Comment s'y rendre

Les trains, bus et taxis collectifs s'arrêtent fréquemment à Edfou. Malheureusement, la gare est installée sur la rive est du Nil, à 4 km de la ville. De la même façon, les bus assurant la liaison Louxor-Assouan ne s'arrêtent parfois que sur cette berge. En partant, on peut au moins prendre un bus à la station qui se trouve en ville. Tablez sur 4 £E pour Louxor ou 2,50 £E pour Assouan.

Les taxis collectifs sont l'option la plus pratique. Depuis Esna, le trajet de 1 heure environ coûte 2 £E ; les taxis directs depuis Louxor (5 £E) mettent 2 heures ; et pour ceux d'Assouan (3,50 £E), prévoyez 1 heure 30. Ils vous déposeront à leur station, juste à côté du pont, sur la rive ouest, d'où vous pourrez prendre un pick-up pour le temple.

Si le Nil, les temples et les sépultures commencent à vous lasser, alors quittez la ville par l'est et mettez le cap sur Marsa Alam, au bord de la mer Rouge. Le bus quotidien qui circule sur cette route part d'Assouan et passe par Edfou entre 8h et 8h30. Attention ! Il ne s'arrête en général pas à la gare routière en ville, mais fait une halte de 30 minutes dans un café situé sur la rive orientale du fleuve, à l'entrée de la route du désert. Il met 3 heures pour rejoindre Marsa Alam (7 £E).

La plupart des felouques achèvent leur voyage à Edfou, après avoir remonté vers le nord depuis Assouan. Les voyageurs très patients, et préférant naviguer à contre-courant, pourront en emprunter une redescendant vers le sud.

SILSILA

A Silsila, à environ 42 km au sud d'Edfou, le Nil se fait tout petit pour se faufiler entre d'abruptes falaises de grès, où foisonnent pêle-mêle anciennes inscriptions sur stèles et graffitis. Connue au temps des pharaons sous le nom de Khenu ("l'endroit où il faut ramer"), la gorge marque également le passage du calcaire au grès dans le soubassement du sol égyptien. Tout au long du Nouvel Empire et des périodes gréco-romaines, des milliers d'hommes œuvrèrent dans les carrières de Silsila, afin d'extraire le grès servant à édifier les temples.

Sur la rive occidentale du fleuve, on admirera un speos (sanctuaire creusé dans le rocher), dédié au pharaon Horemheb et à sept divinités, dont le dieu local, Sobek.

KOM OMBO

Autour de Kom Ombo, à 65 km au sud d'Edfou, les fertiles cultures irriguées de canne à sucre et de maïs assurent non seulement la subsistance de la communauté de fellaheen d'origine, mais aussi celle d'une grande population de Nubiens, chassés de leurs propres terres à la création du lac Nasser. C'est une agréable localité, facilement accessible sur le trajet entre Assouan et Louxor. Si vous n'y faites pas escale lors d'une croisière en felouque, consacrez-y la journée au départ d'Assouan, à 40 km au sud.

Durant l'antiquité, la cité de Kom Ombo était un véritable carrefour du négoce, stratégiquement posé à la croisée des routes des mines d'or du désert Oriental et de la mer Rouge et de la grande route des caravanes de Nubie. Sous les Ptolémée, elle fut la capitale du *nome* Ombite, et l'on y acheminait des éléphants d'Afrique qu'on entraînait avec les armées à défendre la région. Son seul pôle d'attraction reste aujourd'hui le temple de Kom Ombo, un monument unique en son genre, en bordure du fleuve, à environ 4 km du centre du bourg.

Temple de Kom Ombo

Le temple de Kom Ombo ou, plus précisément, le temple double de Sobek et Haroeris, se dresse sur un promontoire surplombant une courbe du Nil. Bien qu'ayant largement pâti de l'alternance des montées et baisses des eaux et, plus tard, d'emprunts répétés de ses pierres pour de nouvelles constructions, Kom Ombo n'en demeure pas moins un site étonnant.

Il se singularise sur le plan architectural par le fait que tout est dédoublé et disposé en une parfaite symétrie, le long de l'axe principal du lieu. On trouve donc deux entrées, deux cours, deux colonnades, deux salles hypostyles, deux sanctuaires.

La partie gauche du temple était consacrée à Haroeris, ou Horus l'Ancien, le dieu céleste à tête de faucon ; la partie droite était celle de Sobek, le dieu à tête de crocodile idolâtré dans la région, comme il l'était aussi à l'époque au Fayoum.

L'édifice gréco-romain fait face au Nil. Le pylône d'entrée, le mur d'enceinte et une partie de la cour, tous construits par Auguste, après l'an 30 av. J.-C., ont été soit presque entièrement démolis par des tailleurs de pierre se livrant au chapardage, soit simplement érodés par le fleuve. L'édification du temple proprement dit fut entamée sous Ptolémée VI Philomêtôr, au début du IIe siècle av. J.-C. Ptolémée XII Néos Dyonisos (surnommé Aulète) fit élever les salles hypostyles extérieure et intérieure, et les derniers Ptolémée et les Romains qui leur succédèrent ajoutèrent des bas-reliefs.

TEMPLE DE KOM OMBO

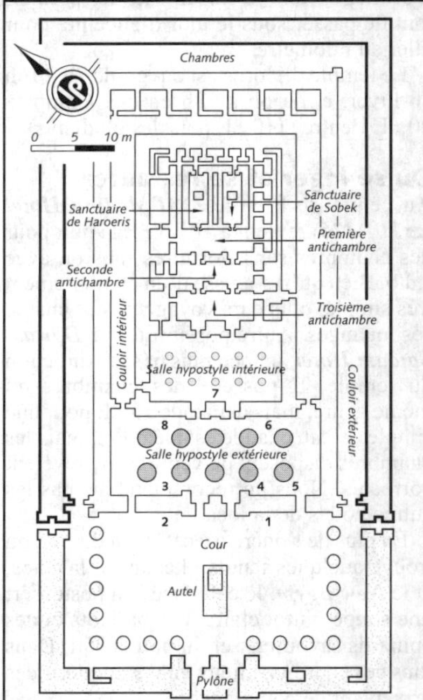

RELIEFS

1 Horus et Thot avec Sobek
2 Horus et Thot avec Haroeris
3 Roi Neos Dionysos avec Haroeris, Isis, Nout et Thot
4 Le roi béni par la déesse protectrice
5 Neos Dionysos faisant des offrandes à quatre bêtes fabuleuses
6 Diverses scènes d'offrandes
7 Crocodile sacré d'Ombo
8 Philomêtôr et Cléopâtre devant Khons

Au sud du temple principal, on peut admirer la chapelle romaine d'Hathor, dédiée à la femme d'Horus, qui abrite de nos jours une collection de crocodiles momifiés, retrouvés dans une nécropole d'animaux sacrés avoisinante. Quatre de ces momies sont exposées.

Le temple vous accueille de 8h à 16h, moyennant 10 £E (5 £E pour les étudiants).

Où se loger et se restaurer

Voisin de la station locale de pick-ups, le ***Cleopatra Hotel*** (☎ *500 325*) est, en ville, la meilleure option à retenir. Ses simples/doubles rudimentaires sont fort convenables et ne reviennent qu'à 12,50/24 £E (ses triples/quadruples 27/32 £E). Toutes disposent d'un ventil. et les toilettes communes sont impeccables. Eau chaude et serviettes de toilette sont comprises, mais pas le petit déjeuner.

Nettement moins attrayant, le ***Radwan Hotel*** (☎ *501 827*), juste au sud de la station de taxis collectifs, sur la route principale, demande 4 £E pour un lit, mais l'odeur des toilettes est vraiment désagréable.

Sur la grand-route, un peu au nord du dépôt de taxis collectifs, l'***Al-Noba Restaurant*** est la seule gargote où l'on peut manger assis dans cette partie du bourg. Bon marché et relativement propre, on y sert du poulet, du riz et des légumes. Sinon, vous pourrez toujours vous rabattre sur les habituels stands de ta'amiyya et de kebab.

On peut aussi grignoter dans l'une des deux cafétérias installées sur la berge du Nil, entre le temple et l'embarcadère. Nous préférons l'ambiance de la ***Cafeteria Venus,*** où hamburgers, kofta et bières sont servis dans un agréable jardin.

Comment s'y rendre

Un taxi collectif ou un minibus au départ d'Assouan met entre 45 minutes et 1 heure pour rejoindre Kom Ombo (1,50 £E). Trains et bus desservent aussi la localité, mais moins fréquemment que les taxis collectifs. En outre, les trains sont moins rapides.

En approchant de Kom Ombo, depuis Assouan, vous pouvez demander au chauffeur de vous déposer sur la route qui mène au temple – surveillez le panneau. A partir de là, vous n'aurez plus que 2 km à pied ou en stop. Pour rentrer à Assouan, faites du stop ou hélez au passage un taxi collectif ou un microbus une fois sur la grand-route.

Sinon, pour vous rendre au temple depuis Kom Ombo, en face du Cleopatra Hotel, un pick-up bâché (25 pt) vous emmènera jusqu'à l'embarcadère, à 800 m au nord du site, ce qui n'est guère long à pied.

Une course en taxi privé entre la ville et le temple vous reviendra environ à 7 £E l'aller-retour. Les felouques assurant la liaison fluviale entre Assouan et Louxor s'arrêtent souvent au temple.

Si vous désirez partir pour la mer Rouge à partir de cette bourgade, le bus qui relie tous les jours Assouan à Marsa Alam passe vers 7h. Comptez 12 £E le billet.

DARAW

Situé à 8 km au sud de Kom Ombo, ce village par ailleurs quelconque mérite le détour pour son marché aux dromadaires (souk al-Gamaal). La plupart des animaux sont acheminés en caravanes depuis le Soudan, le long de la route des Quarante-Jours, jusqu'au nord d'Abou Simbel, puis transportés en camion à Daraw. D'autres pénètrent en Égypte à Wadi al-Alagi, traversent le désert Oriental et arrivent à pied, en petits groupes, au marché. Le dimanche est le jour où le plus important lot de dromadaires (jusqu'à 2 000 parfois), celui d'Abou Simbel, est introduit sur le marché.

Badawi, le "cheikh" de cette foire, se promène parmi les dromadaires attachés et tente de mettre un peu d'ordre parmi les acheteurs et les vendeurs qui marchandent en hurlant. Né en 1925, ce sympathique personnage parle anglais, grec et se débrouille dans d'autres langues.

Comment s'y rendre

Les taxis collectifs et les minibus circulant entre Assouan et Kom Ombo desservent Daraw (à condition de prévenir le chauffeur). Prévoyez 1,50 £E (même tarif que pour la totalité du parcours). Le marché se tient à 2 km, le long du talus oriental de la route principale.

Assouan

Au fil des siècles, Assouan, cité la plus méridionale d'Égypte, fut tout à la fois ville de garnison et ville-frontière, porte de l'Afrique et d'un pays désormais sous les eaux, la Nubie, et marché prospère au carrefour des routes des anciennes caravanes. Depuis peu, c'est un lieu de villégiature hivernale à la mode.

Dans l'Antiquité, on connaît le site sous le nom de Sount. Plus tard, la cité ptolémaïque de Syène s'étalait au sud-ouest de la ville actuelle. Les coptes baptisèrent l'endroit "Souan" ("commerce"), qui devint "Assouan" en arabe.

Le territoire de la ville et du temple de Sount se situait en fait à la pointe méridionale de l'île appelée Yebu (qui signifie à la fois "éléphant" et "ivoire"), que les Grecs rebaptisèrent île Éléphantine. Forteresse naturelle protégée par le fleuve turbulent, elle renfermait alors la capitale du premier nome de Haute-Égypte, tout en servant de base pour les expéditions militaires en Nubie, au Soudan et en Éthiopie. Jusqu'à la période islamique, la ville recevait la visite de grandes caravanes de dromadaires et d'éléphants.

Pharaons et souverains ptolémaïques s'employèrent à leur tour à tenir les confins méridionaux de l'Égypte hors de portée des éventuels envahisseurs ; leur flotte patrouillait sur le fleuve, jusqu'à la seconde cataracte, à Wadi Halfa, et leurs troupes faisaient des incursions de plusieurs centaines de kilomètres à l'intérieur du Soudan. Sous domination romaine, Assouan devint en quelque sorte la "Sibérie" de l'empire ; garnison éloignée de tout, on y dépêchait les généraux trop encombrants, afin qu'ils protègent les intérêts de l'empereur, tout en restant à l'écart du Forum.

La ville s'étend sur la rive orientale du Nil, face à l'île Éléphantine. Située au nord de la première cataracte du fleuve, la localité repose sur l'un des six affleurements rocheux (les cinq autres se trouvant tous au Soudan) qu'on dénombre entre Assouan et Khartoum.

Si ses temples et ses ruines antiques impressionnent peut-être moins que ceux d'autres sites du pays, Assouan offre tout de même des attraits non négligeables au visiteur, dont le moindre n'est pas sa superbe situation sur le fleuve. Le Nil apparaît ici dans toute sa magie, dévalant de barrage en barrage, ou s'enroulant autour de rochers de granit géants et d'îles constellées de palmiers surgissant des rapides de la première

On emmène les dromadaires au marché

Pendant des centaines d'années, on a acheminé des dromadaires du Soudan jusqu'en Égypte en longues caravanes sur la Darb al-Arba'in (route des Quarante-Jours), un chemin périlleux qui traverse le désert et doit son nom au nombre de jours nécessaires pour relier la province soudanaise de Darfour à l'Égypte méridionale.

Au cours des siècles qui suivirent leur importation dans la région (qu'on attribuerait aux Perses, au VIe siècle av. J.-C.), les dromadaires transportèrent esclaves, plumes d'autruche, pierres précieuses, peaux d'animaux et autres marchandises en Égypte, pour satisfaire les chefs pharaoniques suprêmes du pays, ou, plus tard, les grands empires de Grèce, de Perse, de Rome et d'Europe.

Toutefois, aux XVIIIe et XIXe siècles, à mesure que les chemins de fer et le bateau à vapeur envahissaient le Soudan et l'Égypte, on s'aperçut qu'il existait des moyens plus efficaces pour convoyer des marchandises du Sud au Nord.

Et au XXe siècle, l'apparition des liaisons aériennes entre les deux pays sembla régler définitivement le sort des caravanes, derniers vestiges d'un passé révolu.

Mais les dromadaires ont continué à venir. De nos jours, ils forment à eux seuls la cargaison. Certains sont utilisés pour des travaux agricoles, d'autres exportés dans les pays du Moyen-Orient, mais beaucoup sont destinés aux tables des Égyptiens pauvres (oui, ce kebab bon marché a un goût un peu étrange...).

Une fois parvenus à Daraw, ils passent deux jours en quarantaine, pour être vaccinés. Après avoir été vendus, la majorité d'entre eux se retrouvent au marché aux dromadaires de Birqash, à environ 35 km du Caire, d'où ils sont soit transportés vers d'autres pays de la région, soit envoyés à l'abattoir.

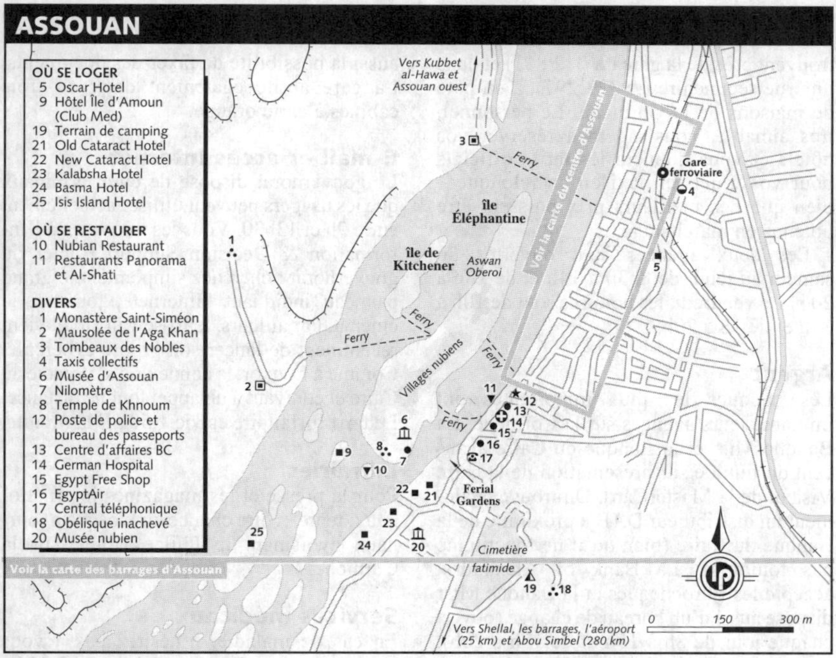

cataracte. Quant à sa Corniche, c'est la plus attachante du pays. Aussi, bien qu'on puisse visiter des monuments pharaoniques, gréco-romains, coptes, islamiques et modernes, un excellent musée, de fantastiques jardins botaniques, le gigantesque Haut-Barrage, le lac Nasser et, en dehors du Caire, les souks les plus fascinants du pays, la meilleure chose à faire à Assouan est de contempler, au soleil couchant, les felouques glisser paresseusement sur le fleuve.

L'hiver convient à merveille pour découvrir la ville, lorsqu'il fait doux et sec et que le mercure avoisine les 26°C. En été, le thermomètre oscille entre 38 à 45°C.

ORIENTATION

Il est facile de s'orienter dans Assouan, car la ville ne compte que trois avenues principales et s'étire le long du Nil ou parallèlement à celui-ci. La gare se situe à la limite nord de la ville, à trois blocs à l'est du fleuve et de son boulevard, la Corniche el-Nil. Devant la gare, Sharia as-Souk (parfois indiquée "Sharia Saad Zaghloul") file vers le sud. C'est une merveilleuse artère commerciale, où les souks regorgent de marchandises odorantes et colorées. Sharia Abtal at-Tahrir lui est parallèle et abrite l'auberge de jeunesse, ainsi qu'une poignée d'hôtels. La majorité des immeubles administratifs, des banques, des agences de voyages, des restaurants et des hôtels de luxe d'Assouan sont installés sur la Corniche, de laquelle vous pourrez admirer les tombeaux taillés dans le roc de la rive orientale, ainsi que l'île Éléphantine.

RENSEIGNEMENTS PRATIQUES

Prorogation de visas

Situé sur la Corniche, le bureau des passeports vous accueille du dimanche au jeudi de 8h30 à 13h et de 18h à 20h.

Offices du tourisme

Les deux principaux offices du tourisme se trouvent près de la gare (☎ 312 811) et dans une rue secondaire (☎ 323 297), à un pâté de maisons de la Corniche. Le personnel, très aimable, vous aidera à réserver vos hôtels et vous donnera les tarifs officiels pour vos trajets en taxi ou en felouque – bien que des meilleurs prix puissent être obtenus en marchandant.

Les deux agences sont ouvertes du samedi au jeudi de 8h30 à 14h et de 18h à 20 h. Le vendredi, les horaires sont de 10h à 14h et de 18 à 20h.

Argent

Les banques les plus importantes ont implanté leurs agences sur la Corniche. La Banque Misr et la Banque du Caire avancent du liquide sur présentation de la carte Visa et de la MasterCard. On trouve également un distributeur DAB à proximité de la Banque du Caire (bien qu'il ne fonctionne pas toujours). La Bank of Alexandria accepte les Eurochèques et la Banque Misr dispose aussi d'un bureau de change (ouvert chaque jour de 8h à 15h et de 17h à 20h), juste à côté de son agence principale.

Attention, l'agence American Express (☎ 322 909), à l'Old Cataract Hotel, n'offre que des prestations liées aux voyages.

Thomas Cook (☎ 304 011, fax 306 209) vous attend aussi sur la Corniche, tous les jours de 9h à 17h.

Poste et communications

Voisine de la piscine municipale, la poste principale (GPO) se profile sur la Corniche. Le courrier en poste restante est à retirer à la petite annexe sise au coin des rues Abtal at-Tahrir et Salah ed-Din (passez par derrière, face au Victoria Hotel). Les deux bureaux ouvrent quotidiennement, sauf le vendredi, de 8h à 14h.

Pour téléphoner à l'étranger, rendez-vous au centre téléphonique situé sur la Corniche (juste au sud des bureaux d'EgyptAir). On trouve sur place, de 8h à 22h, des cabines à carte (et des cartes en stock). Le même bureau abrite un service de fax et télex.

De retour dans la rue, à côté de Photo Sabri, le centre d'affaires BC vous offre aussi la possibilité de faxer des documents. La gare abrite également deux ou trois cabines à carte orange.

E-mail et accès Internet

Le gouvernorat dispose de cinq terminaux que les usagers peuvent utiliser actuellement entre 9h et 13h30. Vous les trouverez à l'Information & Decision Support Center du gouvernorat ; cherchez simplement le grand panneau indiquant "Internet", jouxtant le cinéma. Par ailleurs, le Rosewan Hotel vient récemment de lancer son propre cybercafé. Comme à Louxor, la connexion s'effectue au Caire et équivaut à un appel longue distance. Le tarif forfaitaire est de 1,50 £E la minute.

Librairies

Pour la presse et les magazines internationaux, tentez votre chance au kiosque à journaux avoisinant le Philae Hotel, sur la Corniche.

Services médicaux

En cas de maladie, n'hésitez pas à vous rendre au German Hospital (☎ 317 176), qui dispose d'un personnel parlant plusieurs langues. Il se situe sur la Corniche, à côté de l'Egypt Free Shop.

LA VILLE ET LA RIVE ORIENTALE

L'atmosphère exotique des souks des petites rues d'Assouan représente sans conteste l'un des charmes de la ville. Il suffit de flâner au gré des allées étroites pour voir, entendre et sentir la vie qui régnait voilà des siècles dans ces quartiers (ces ruelles sont trop nombreuses pour être indiquées sur notre carte).

Malheureusement, Sharia as-Souq elle-même est devenue aujourd'hui beaucoup trop touristique. On y vend paniers nubiens, tee-shirts, parfums, épices et *galabiyyas* brodées de perles. Si les marchands se montrent certes moins insistants que ceux de Louxor, ils peuvent parfois mettre vos nerfs à rude épreuve.

LE CENTRE D'ASSOUAN

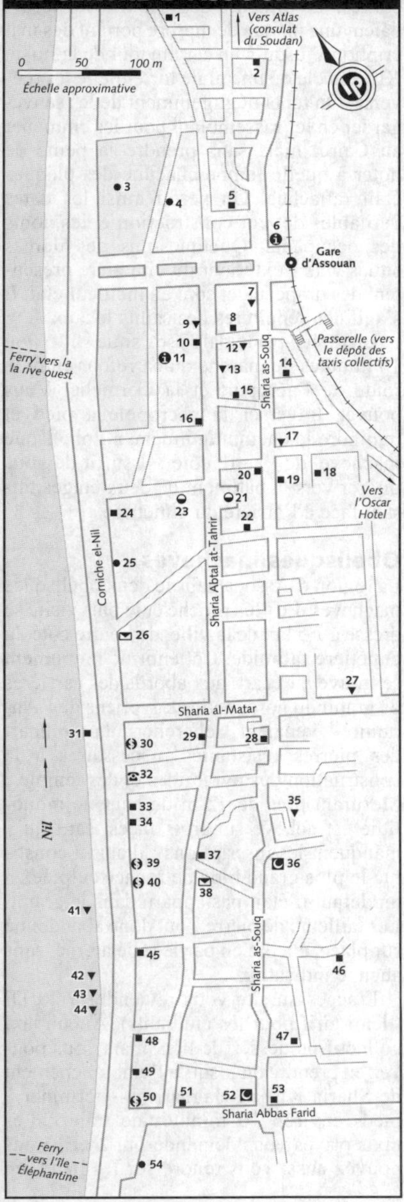

LE CENTRE D'ASSOUAN

OÙ SE LOGER

1 New Abu Simbel Hotel
2 Mena Hotel
5 Hôtels Rosewan et As-Saffa
8 Marwa Hotel
10 Youth Hostel (auberge de jeunesse)
14 Noorhan Hotel
15 Al-Amin Hotel
16 Ramses Hotel
18 Bob Marley Hotel
19 New Brethren Hotel
20 Cleopatra Hotel
22 Nubian Oasis Hotel
24 Abu Simbel Hotel
28 Aswan Palace Hotel
29 Happi Hotel
31 Isis Hotel
33 Al-Salam Hotel
34 Hathor Hotel
37 Victoria Hotel
45 Horus Hotel
46 Keylany Hotel
47 Hotel Orabi
48 Memmon Hotel
49 Philae Hotel
51 Al-Amir Hotel
53 Abu Shelib Hotel

OÙ SE RESTAURER

7 Restaurant Derwash
9 Al-Dar Restaurant
12 An-Nasr
13 Esraa (échoppe à kofta)
17 Medina Restaurant
27 Al-Masry Restaurant
35 Al-Sayyida Nefissa Restaurant
41 Saladin Restaurant
42 Aswan Moon Restaurant
43 Emy Restaurant
44 Monalisa Restaurant

DIVERS

3 Immeuble du gouvernorat
4 Governorate Internet Centre
6 Office du tourisme
11 Office du tourisme et bureau de la navigation dans la vallée du Nil
21 Gare routière
23 Station des taxis collectifs
25 Centre culturel
26 Poste principale
30 Banque Misr
32 Téléphones à cartes
36 Mosquée
38 Poste (Poste restante)
39 Banque du Caire
40 Bank of Alexandria
50 Banque du Caire
52 Mosquée
54 Thomas Cook

C'est dans la rue reliant l'Aswan Palace à l'hôtel Happi que vous pourrez vous procurer des produits frais, tels que fruits et légumes, ou encore poulets et pigeons.

Autre passe-temps favori lorsqu'on se trouve à Assouan : une promenade sur la Corniche, pour contempler, de l'autre côté du Nil, le soleil se coucher sur le désert. Allez dans les Ferial Gardens, à l'extrémité sud de la Corniche (accès gratuit).

Musée nubien

Le Musée nubien présente l'histoire, l'art et la culture de la Nubie depuis la préhistoire jusqu'à nos jours. Il s'agit là d'un modeste et tardif hommage rendu au sacrifice du peuple nubien pour la construction du barrage d'Assouan. Les pièces sont merveilleusement exposées et les étiquettes clairement rédigées vous transportent dans le temps, de 4500 av. J.-C. jusqu'à notre époque.

Parmi les pièces les plus remarquables, citons les bols en poterie décorés datant de 6 000 ans, une étonnante statue en quartzite d'un prêtre d'Amon datant de la XXVe dynastie couchite, ainsi qu'une fascinante exposition retraçant le développement de l'irrigation le long du Nil.

L'entrée du musée se trouve face au Basma Hotel, à 10 minutes de marche environ de l'agence EgyptAir. C'est ouvert de 9h à 13h, puis de 17h à 21h, moyennant 20 £E (demi-tarif pour les étudiants).

Cimetière fatimide

Derrière le Musée nubien, à gauche de la route de l'aéroport, on aperçoit un vaste cimetière avec un ensemble de bâtisses peu élevées en brique crue et aux toits en coupole. La plupart des tombes sont récentes mais certains mausolées, regroupés au fond, remontent au IXe siècle. Bien qu'en mauvais état, ils permettent de distinguer l'évolution de l'architecture funéraire, depuis les simples enceintes à ciel ouvert jusqu'aux coupoles complexes, reposant sur des constructions cubiques. Dans un style propre à l'Égypte méridionale, certains de ces dômes sont érigés sur une sorte de barrique, dont les coins saillent comme des cornes. La plupart des sépultures possédaient une plaque de marbre portant des inscriptions, jusqu'à un certain jour de la fin du XIXe siècle où une pluie torrentielle les renversa. On tenta négligemment de les sauvegarder en les rassemblant pour les emmener au Caire, mais sans prendre la peine de noter à quelle tombe chacune des plaques était rattachée. On perdit ainsi les dates véritables de leur construction et les noms des occupants. Quelques-uns des dômes situés vers l'extérieur du cimetière présentent des drapeaux et sont en meilleur état. Il s'agit des sépultures des saints locaux.

L'entrée principale se situe à 5 ou 10 minutes de marche du carrefour entre la route de l'aéroport et la Corniche. Vous pouvez traverser la nécropole à pied et rejoindre le chemin qui mène à l'obélisque inachevé, de l'autre côté ; il suffit de vous diriger vers le bâtiment de deux étages faisant face à l'arrière du cimetière.

Obélisques inachevés

La région d'Assouan abrite deux obélisques inachevés. Le plus proche et le plus visité se dresse à 1,5 km de la ville, de l'autre côté du cimetière fatimide. Cet énorme monument se trouve à l'écart, aux abords des carrières de granit du nord, où les Égyptiens de l'Antiquité venaient chercher la plupart des pierres résistantes, nécessaires à la construction des pyramides et des temples. Mesurant près de 42 m de haut, le monolithe est achevé sur trois faces, sauf qu'y manquent les inscriptions ; il aurait constitué le plus grand bloc de roche sculptée, si un défaut n'était pas apparu dans le granit. Les tailleurs de pierre l'ont donc abandonné sur place, encore en partie relié au roc, sans aucune indication.

L'accès au site vous reviendra à 20 £E (demi-tarif pour les étudiants). Aucun taxi collectif ne dessert le lieu, mais vous pouvez en prendre un jusqu'à l'embranchement de Sharia Kisr al-Haggar, puis terminer à pied (environ 10 minutes de trajet). Les taxis privés vous demanderont 2 £E. Vous pouvez aussi vous rendre sur les lieux, en traversant le cimetière fatimide. La plupart des gens découvrent l'obélisque à la fin d'un circuit organisé à Abou Simbel.

L'autre obélisque inachevé – portant des hiéroglyphes, cette fois – se situe dans le désert, à l'ouest du monastère Saint-Siméon. Un guide vous sera nécessaire pour le trouver.

LE FLEUVE

Felouques et ferries

Les felouques sont les voiliers traditionnels qui naviguent sur le Nil. C'est à Assouan que celui-ci se révèle dans toute sa splendeur, et aucune visite ne serait complète sans passer au moins une heure à caboter autour des îles. L'une des parties du fleuve les plus pittoresques comprend la pointe sud de l'île Éléphantine.

Sachez que des rabatteurs pour les croisières en felouque arpentent la Corniche. Les tarifs sont négociables et varient grandement, selon votre habileté à marchander et la période de l'année ; si la saison se révèle mauvaise, on acceptera de vous emmener en bateau à un prix inférieur à ce qui leur semblerait acceptable en temps normal. La meilleure tactique consiste à témoigner votre intérêt, puis à faire mine de vous éloigner. Le tarif officiel de la location d'une felouque, susceptible de contenir de une à huit personnes, s'élève à 15 £E l'heure ; mais en marchandant quelque peu, vous devriez pouvoir en louer une pour 5 ou 6 heures à un prix raisonnable. Pour une durée de 3 à 4 heures, comptez entre 35 et 45 £E. Une croisière de 3 heures jusqu'à l'île de Sehel devrait vous revenir à 35 £E environ.

Si vous désirez uniquement vous rendre d'un point A à un point B, mieux vaut encore emprunter le ferry public. Moyennant seulement 25 pt, vous rejoindrez l'île Éléphantine soit du débarcadère situé en face du central téléphonique, soit depuis celui qui se trouve en face de l'agence Thomas Cook. Un autre ferry quitte la jetée devant l'immeuble du gouvernorat et vous conduit aux tombeaux des Dignitaires, sur la rive gauche (50 pt). Lorsque les eaux sont basses, le bateau part de l'embarcadère de l'Abu Simbel Hotel. Notez que les femmes s'assoient à l'avant et les hommes à l'arrière.

Pour accéder à l'île de Kitchener, vous pouvez soit inclure cette visite dans une croisière en felouque, soit prendre le ferry le plus au nord vers Éléphantine, puis traverser le village pour atteindre l'autre côté de l'île. Vous trouverez ensuite deux ou trois petites felouques en contrebas de la luxuriante palmeraie qui fait face à l'entrée de l'île de Kitchener. Depuis ce lieu, vous pouvez aussi vous rendre sur la rive ouest, par le débarcadère du monastère Saint-Siméon. Il vous faudra marchander ferme, mais le capitaine ne lèvera pas l'ancre pour moins de 4 ou 5 £E l'aller simple.

Pour plus de détails concernant une croisière de trois jours jusqu'à Edfou, reportez-vous à l'encadré *Croisières en felouque*.

Île Éléphantine

Selon toute vraisemblance, cette partie d'Assouan, la première à avoir été habitée, fut baptisée *Yebu* à cause des nombreux rochers de granit gris qui cernent l'île, formes géantes qui évoquent un troupeau d'éléphants à la baignade.

En plus d'avoir été la ville-frontière de l'Égypte, où les dirigeants se faisaient appeler "gardiens de la porte du Sud", Éléphantine fut également le berceau de la plupart des pharaons de la Ve dynastie. Elle était alors le centre du culte de Khnoum, le dieu à tête de bélier, créateur de l'humanité et seigneur des cataractes, qui avait le contrôle du niveau des eaux du Nil, en compagnie des déesses Satis (son épouse) et Anukis (sa fille).

Le travail de fouilles de la ville antique, qui commença au début du siècle, est poursuivi encore de nos jours par une équipe d'archéologues allemands, mais la majeure partie du secteur est ouverte aux visiteurs, et de nombreuses plaques vous aideront à vous repérer dans le dédale des ruines. Celles-ci englobent une petite pyramide à degrés de la IIIe dynastie, une minuscule chapelle reconstituée à partir du temple de Kalabsha, lequel se situe juste au sud du

Haut-Barrage, ainsi qu'un temple dédié à Khnoum. C'est une promenade merveilleuse à faire en fin d'après-midi.

Les habitants des trois villages nubiens très typiques de la rive est de l'île sont accueillants. N'hésitez pas à flâner dans la somptueuse palmeraie qui séparent les deux villages du sud.

Occupant une grande partie de la pointe nord de l'île, le luxueux Aswan Oberoi Hotel, à la laideur légendaire, dispose de son propre ferry et d'une clôture de 3 m de haut, destinée à tenir les touristes à l'écart des Nubiens de l'île. Un procès a interrompu récemment leurs projets d'agrandissement vers le nord.

Musée d'Assouan. Au sud-est de l'île, ce modeste petit musée renferme des antiquités découvertes à Assouan et en Nubie. La plupart des pièces nubiennes furent sauvées avant la construction de l'ancien barrage. Les armes, poteries, ustensiles, statues, momies enchâssées et autres sarcophages datent de la période prédynastique jusqu'à la fin de l'époque romaine ; par ailleurs, tout est étiqueté en anglais et en arabe. Le sarcophage et la momie d'un bélier sacré, l'animal associé au dieu Khnoum, sont exposés à part, dans une salle située à droite de l'entrée principale, tandis que, sur la gauche, on peut admirer quatre autres momies.

Il ouvre ses portes du dimanche au jeudi, de 8h à 17h (jusqu'à 18h en été). Comptez 10 £E l'entrée (5 £E pour les étudiants).

Nilomètre. Présages divins et prophéties religieuses mis à part, le nilomètre représentait sous l'Antiquité le seul moyen fiable de savoir si la récolte serait abondante. Descendant à la lisière de l'eau, de dessous un sycomore, à côté du musée, la jauge de l'ancien nilomètre mesurait le niveau du fleuve. Bien qu'il remonte aux temps des pharaons et porte des inscriptions et cartouches datant des règnes d'Aménophis III et Psammétique II, il fut reconstruit par les Romains, puis restauré au siècle dernier.

Lorsque le nilomètre indiquait que les eaux du fleuve étaient hautes, cela annonçait que la crue annuelle suffirait à irriguer les terres et donc permettrait une excellente récolte. Ce qui avait aussi des conséquences sur les impôts, car plus le niveau montait et meilleure serait la moisson, plus les fellaheen et les marchands seraient prospères… et donc plus lourdes devaient être les taxes.

On accède au nilomètre depuis la rivière ou en descendant les marches qui partent près du musée d'Assouan, à moins que vous ne préfériez simplement l'observer depuis l'eau, à bord d'une felouque.

Île de Kitchener

Située à l'ouest d'Éléphantine, cette île, qui constitue l'un des endroits les plus enchanteurs d'Assouan, fut offerte à lord Horatio Kitchener vers 1890, alors qu'il occupait les fonctions de consul général et commandant de l'armée d'Égypte. Cédant à sa passion des jolies fleurs, Kitchener la transforma entièrement en jardin botanique et importa des plantes d'Extrême-Orient, d'Inde et de certaines régions d'Afrique. Le parc offre de paisibles promenades, sauf le vendredi, où l'île se transforme en aire de pique-nique. L'entrée coûte 5 £E (aucune réduction). Reportez-vous au paragraphe *Felouques et ferries* pour tout ce qui concerne l'accès à l'île.

LA RIVE OCCIDENTALE

Mausolée de l'Aga Khan

Mohammed Shah Aga Khan, quarante-huitième imam (chef) du groupe ismaélien musulman, adorait passer l'hiver à Assouan. Lorsqu'il mourut en 1957, son épouse, la bégum, supervisa la construction de son mausolée coiffé d'un dôme, en granit et en grès, qui se profile à mi-chemin du sommet de la colline, sur la rive gauche, face à l'île Éléphantine.

Façonné sur le modèle des sépultures fatimides du Caire, l'intérieur, qui cache une petite mosquée, vous impressionnera davantage que la façade. Réalisé en marbre de Carrare et décoré de textes du Coran, le sarcophage (dont une partie est réservée pour la bégum) trône sous la voûte d'une chambre funéraire, dans la cour intérieure.

Agée de plus de 90 ans, la bégum réside encore une partie de l'année dans la villa blanche (en contrebas du mausolée) où le couple avait coutume de prendre ses quartiers d'hiver. Chaque jour, elle dépose une rose sur le sarcophage, un rituel dont se charge son jardinier en été.

A l'heure où nous rédigions ce guide, le caveau était fermé aux visiteurs. Nul ne sait s'il rouvrira un jour, mais autrefois on y accédait gratuitement de 8h à 16h, du jeudi au dimanche. Si vous avez la possibilité de le visiter, portez des vêtements corrects et retirez vos chaussures à l'entrée.

Monastère Saint-Siméon

Deir Amba Samaan est un monastère du VIIe siècle qui, bien qu'inutilisé depuis plus de 800 ans, compte parmi les anciens bastions chrétiens d'Égypte les mieux préservés. Curieusement, les fondations du monastère d'origine étaient dédiées à un saint local dénommé Hadra, mais le site a survécu sous le nom de Saint-Siméon, jusqu'à ce que Saladin le détruise en 1173.

Entouré par les sables du désert, à l'exception du petit bout de la ceinture verte d'Assouan qu'on aperçoit au loin, le monastère offre des vues superbes et évoque davantage une forteresse qu'un sanctuaire religieux. Il abritait autrefois en permanence près de 300 moines, plus une centaine de pèlerins occasionnels. Bâti sur deux niveaux, le premier en pierre et le second en brique crue, il était cerné jadis de murailles de 10 m de haut et englobait une église, des entrepôts, des boulangeries, des bureaux, une cuisine, des dortoirs, des écuries et des ateliers. Un peu plus loin, on découvre les cellules des moines, avec leurs lits en forme de *mastaba*. La dernière salle à droite porte encore les graffitis des pèlerins musulmans qui furent hébergés sur leur chemin pour La Mecque.

Le monastère se visite de 9h à 17h, moyennant 12 £E (demi-tarif pour les étudiants).

Comment s'y rendre. Pour les bateaux desservant le mausolée et le monastère de Saint-Siméon, reportez-vous plus haut à *Felouques et ferries*. Si vous vous rendez au monastère, vous pouvez soit négocier le transport avec un propriétaire de dromadaire, au débarcadère (25 £E pour 1 heure de trajet), soit crapahuter dans le désert par la piste (25 minutes).

Autre solution : prendre un ferry jusqu'aux tombeaux des Nobles et, de là, louer un dromadaire ou un bourricot.

Tombeaux des Nobles

Les hautes falaises qui font face à Assouan, juste au nord de l'île de Kitchener, regorgent de sépultures des princes, gouverneurs, "gardiens de la porte du Sud" et autres dignitaires de l'ancienne île de Yebu. Ces tombeaux remontent à l'Ancien et au Moyen Empire, et la plupart accusent un état de délabrement avancé. Cependant certains méritent vraiment la visite.

Prévoyez 12 £E de droit d'entrée (6 £E pour les étudiants), de 8h à 16h en hiver et jusqu'à 17h en été.

Pour de plus amples détails concernant l'accès au site, reportez-vous plus haut à *Felouques et ferries*.

Tombeaux de Mekhou et Sabni (n°s 25 et 26). Ces sépultures auraient été érigées sous la VIe dynastie. Les bas-reliefs du n°26 tracent un récit où se mêlent tragédie et triomphe. Mekhou, l'un des "gardiens de la Porte", fut assassiné lors d'une expédition en Afrique. Son fils Sabni mena alors l'armée en Nubie, afin de châtier le responsable de la tribu. Sabni récupéra la dépouille de son père et dépêcha un messager à Memphis, le chargeant d'informer le pharaon que l'ennemi avait reçu une leçon. En rentrant à Assouan, Sabni fut accueilli par des prêtres, des pleureuses professionnelles et quelques embaumeurs royaux, tous envoyés par le souverain pour souligner l'importance accordée aux gardiens des confins méridionaux du royaume.

Tombeau du prince Sarenpout II (n°31). Datant de la XIIe dynastie, c'est l'une des sépultures les mieux conservées. Elle présente des statues du prince et des peintures murales montrant Sarenpout et son fils s'adonnant aux joies de la chasse et de la pêche.

Tombeau du prince Sarenpout Ier (n°36). Ce caveau remonte aussi à la XIIe dynastie, mais est antérieure au n°31. Sur le mur du fond d'une cour à colonnade, à gauche de la porte, le prince est représenté suivi de ses chiens et de son porteur de sandales, tandis que dans d'autres scènes figurent ses trois fils ou des femmes.

Tombeau de Heqa'ib (n°35). La sépulture de Heqa'ib, dirigeant déifié dont le temple se dresse sur Éléphantine, comprend une façade à colonnade et quelques remarquables bas-reliefs. Il y figure en train de combattre des taureaux ou de chasser.

Kubbet al-Hawa

Également sur la rive ouest, ce modeste tombeau fut construit au sommet de la colline, en l'honneur d'un cheikh local. Grimpez tout en haut et vous serez récompensé par le fantastique panorama sur le Nil.

ACTIVITÉS

Baignade

Ne vous baignez pas dans le Nil. Pour vous rafraîchir, précipitez-vous dans l'un des hôtels dotés d'une piscine ouverte au public (d'ordinaire de 9h au coucher du soleil). Le modeste bassin du Cleopatra s'avère de loin le moins cher (10 £E l'entrée). La piscine du Basma Hotel accueille les gens de l'extérieur moyennant 25 £E, tandis que l'Aswan Oberoi et l'Isis Island exigent 30 £E. En revanche, la piscine municipale, près de la poste, n'accepte pas les touristes.

CIRCUITS ORGANISÉS

Pour de plus amples détails sur les circuits vers Abou Simbel, reportez-vous au *Comment s'y rendre* à la fin du passage concernant ce site. Petits hôtels et agences de voyages proposent également des visites d'une journée des principaux sites dont, la plupart du temps, le temple de Philae, l'obélisque inachevé et le Musée nubien.

OÙ SE LOGER

Comme à Louxor, les tarifs varient grandement selon la saison. La période touristique bat officiellement son plein d'octobre à avril, mais son apogée se situe en décembre et janvier, lorsque les Égyptiens affluent par groupes entiers.

En basse saison, et même jusqu'au début du mois de novembre, vous n'aurez aucune peine à dénicher une chambre, et le marchandage est de rigueur. Les prix qui suivent font référence à la saison creuse, alors attendez-vous à des tarifs plus élevés si vous séjournez ici en hiver.

Si vous arrivez en train, vous n'échapperez pas aux rabatteurs, chacun vous vantant la meilleure affaire de la ville. Mieux vaut les éviter et trouver seul votre hébergement.

OÙ SE LOGER – PETITS BUDGETS

Sauf indication contraire, les tarifs de cette rubrique comprennent le petit déjeuner.

Camping

Il existe un ***terrain de camping*** officiel, à côté de l'obélisque inachevé, lequel se situe à 20 ou 25 minutes de marche de l'agence EgyptAir. Attendez-vous à des installations rudimentaires (toilettes plus que malpropres et douches froides), mais l'endroit propose des emplacements herbus où planter sa tente et quelques arbres pour se mettre à l'ombre. Grâce à de puissants lampadaires et aux gardiens, rien à craindre question sécurité. Tablez sur 3 £E par personne, plus 5/2 £E l'emplacement de voiture/de moto.

Auberge de jeunesse

La ***Youth Hostel*** (☎ *322 235*) est installée dans Sharia Abtal at-Tahrir, non loin de la gare, à l'entrée latérale de l'auberge gérée par le gouvernorat (laquelle pour ajouter à la confusion s'est également baptisée "youth hostel''). La "vraie" auberge de jeunesse facture à ses membres 7,60 £E le lit en dortoir, tandis que les non-titulaires de la carte doivent débourser 8,60 £E (sans petit déjeuner). Les chambres ont des ventil., les douches et toilettes sont propres et, si vous évitez les congés universitaires égyptiens, l'endroit est généralement désert.

Hôtels – au nord de la gare

Cela fait quelques années que le ***Rosewan Hotel*** (☎ *304 497*) a la faveur des voyageurs à petits budgets, mais ses chambres accusent désormais un tarif un peu trop élevé. Plutôt petites, sobres et proprettes, ses simples/doubles/triples avec douche-WC se louent 12/22/33 £E. Toutes disposent d'un ventil. et sont carrelées. Le personnel se montre très accueillant et le propriétaire est un personnage truculent.

Son voisin, l'***Hotel As-Saffa*** (☎ *302 172*) s'est dégradé, mais semble être le favori des ouvriers des chantiers de construction locaux. Les prix démarrent à 7/10 £E en simple/double sans s.d.b., et nous ne vous le recommandons qu'en dernier recours.

Le ***Mena Hotel*** (☎ *304 388*) offre des chambres moquettées et climatisées, avec TV, téléphone, douche, WC et un petit balcon, moyennant 25/35 £E en simple/double. Il existe aussi des chambres meilleur marché avec une clim. déficiente ou un ventil. Siroter une bière (5 £E), le soir, bien calé dans un fauteuil sur le pittoresque toit-jardin, est fort agréable. Pour y accéder, suivez pendant trois ou quatre minutes la rue parallèle à la voie ferrée.

Hôtels – au sud de la gare

On parvient au ***Marwa Hotel*** en empruntant une venelle qui donne dans Sharia Abtal at-Tahrir, directement en face de l'auberge de jeunesse. Si les chambres sont rudimentaires et un peu exiguës, à 5 £E par personne dans une pièce de trois ou quatre lits, il va sans dire que l'établissement connaît un certain succès. Chacune dispose d'un ventil., et les douches communes bénéficient d'eau chaude. Quelques chambres jouissent de l'air conditionné, moyennant un supplément de 2 £E. Comptez 1 £E pour le petit déjeuner.

L'***Al-Almin Hotel*** (☎ *302 298*) est un établissement bon marché (à ne pas confondre avec le peu avenant Al-Eman Hotel, deux rues plus au sud). Bien que s'étant fait enregistrer comme étant dans Sharia Abtal at-Tahrir, il occupe en réalité une ruelle adjacente, presqu'en face du Ramses Hotel. Les chambres mériteraient un bon coup d'aspirateur et l'on est fort à l'étroit dans ses douches-WC. Prévoyez 11/22 £E en simple/double avec s.d.b., petit déjeuner non compris.

A un jet de pierres de l'office du tourisme, sur la Corniche, l'***Abu Simbel Hotel*** (☎ *302 888*) se classait jadis dans la catégorie moyenne, mais ses prestations ont décliné à la fin des années 80. Certaines rénovations grandement nécessaires ayant toutefois été entreprises, la situation s'est un peu améliorée. Les simples/doubles avec douche vous reviendront à 29,50/38,50 £E. Depuis le minuscule balcon de chaque chambre, la vue sur le Nil est imprenable et compense l'exiguïté des s.d.b. et le laisser-aller général.

Un peu à l'écart de Sharia as-Souq, le ***Nubian Oasis Hotel*** (☎ *312 126*) reste l'un des repaires de voyageurs les plus prisés d'Assouan, en dépit des plaintes que nous avons reçues signalant des vols et certains comportements hostiles de la part du personnel. Par ailleurs, des employés useraient de méthodes de vente agressives pour tenter de placer des circuits organisés et des croisières en felouque. Hormis ces désagréments, ses simples/doubles propres sont facturées au tarif raisonnable de 10/15 £E la nuit, sans s.d.b. ; comptez 20 £E la double climatisée avec sanitaire privatif. L'établissement possède en outre un vaste salon et un toit-jardin, où la Stella coûte 6 £E.

Dans la partie est de Sharia as-Souq, le ***Noorhan Hotel*** (☎ *316 069*) fait l'objet de commentaires mitigés de la part des voyageurs. Les rabatteurs redoublent d'acharnement pour vous vendre un circuit organisé ; les chambres restent correctes, pour 6 £E par personne avec ventil. ou 7,50 £E avec s.d.b. Il existe aussi quelques climatisées à 10 £E par personne. La Stella est facturée 5,50 £E.

A un pâté de maisons à l'est du restaurant Medina, le ***Bob Marley Hotel*** a de longue date pignon sur rue, mais également mauvaise presse auprès des voyageurs. Contre 6 £E par personne, on vous octroie une double à la propreté douteuse, avec ventilateur et balcon ; prévoyez 1,50 £E pour bénéficier de sanitaires privés. Demandez une chambre avec une serrure qui fonctionne.

Le ***New Brethren Hotel*** (☎ *310 466*), dans Sharia as-Souq, propose des chambres convenables à 10/20 £E en simple/double, avec s.d.b. sur le palier.

En plein cœur du souk, l'***Aswan Palace Hotel*** (☎ *313 664*) n'a certainement rien d'un palace et ses simples/doubles bruyantes à 10/12 £E ne constituent pas l'affaire du siècle.

Le ***Victoria Hotel*** (☎ *303 870*) se glorifie de balcons en bois assez branlants, de hauts plafonds, de lits en fer forgé et d'un escalier à la courbe majestueuse. Malheureusement, les installations communes brillent surtout par leur totale absence de classe. Les vastes chambres se louent 7/12 £E en simple/double.

A l'extrémité sud de Sharia as-Souq, l'***Abu Shelib Hotel*** (☎ *303 051*) avoisine une mosquée. Ses chambres, toutes simples, sont propres, avec ventil. et/ou clim. et douche-WC (de grandes s.d.b. dans certaines). Les simples/doubles reviennent à 20/30 £E la nuit, mais vous pouvez négocier les tarifs, selon la taille et la présence ou non de douches. Il est fréquenté par les groupes.

Situé dans une ruelle paisible qui donne sur le souk, l'***Hotel Orabi*** (☎*/fax 317 578*) est relativement récent et sa situation centrale constitue un avantage pour explorer le bazar et la Corniche. Louons son personnel sympathique, ses chambres modernes et confortables et la propreté de ses s.d.b. communes (ayant néanmoins tendance à s'inonder). Certaines chambres jouissent d'un grand balcon. Prévoyez 10/15 £E en simple/double avec la clim., mais sanitaires sur le palier. Un lit dans une triple avec ventil. revient à 6 £E par personne.

Dernièrement, on a agrandi le ***Keylany Hotel*** (☎ *317 332*) et ses 21 chambres flambant neuves bénéficient de ventil. au plafond, de meubles en pin et d'impeccables s.d.b. privées. Les simples coûtent 7 £E et les doubles 14 £E. Il s'agit certainement de la meilleure affaire dans cette gamme.

OÙ SE LOGER – CATÉGORIE MOYENNE

Dans Sharia Abtal at-Tahrir, le ***Ramses Hotel*** (☎ *324 000, fax 315 701*) présente un excellent rapport qualité/prix. Les simples/doubles avec douche, toilettes, clim., TV, mini-réfrigérateur et vue sur le Nil reviennent à 35/55 £E la nuit. L'établissement reçoit de nombreux groupes venus d'Europe.

Toujours dans la même rue, quelques pâtés de maisons plus bas, le ***Happi Hotel*** (☎ *314 115*) comporte 64 chambres climatisées (dont certaines avec balcon, TV et lit à deux places) propres et dotées de s.d.b. immaculées, à 35/50 £E en simple/double. Demandez-en une avec vue sur le Nil. Le propriétaire gérant également le Cleopatra, les clients peuvent bénéficier d'une réduction pour utiliser la piscine de ce dernier.

L'***Oscar Hotel*** (☎*/fax 306 066*) a la cote auprès des voyageurs. Comptez 40/70 £E en simple/double, mais vous pouvez négocier. Certaines chambres jouissent d'un balcon et de lampes de chevet. Par ailleurs, l'établissement peut s'honorer d'un toit-terrasse, où l'on sert des bières (6 £E).

A plusieurs pâtés de maison de la gare ferroviaire, en partant vers le nord, le ***New Abu Simbel Hotel*** (☎ *306 096*), un peu excentré, est tenu par un personnel sympathique. On vous fournit serviettes et papier toilette et on peut prendre le frais dans son agréable jardin. A 25/35 £E les simples/doubles climatisées, pourvues de moustiquaires et d'une s.d.b., offrent un rapport qualité/prix intéressant.

Sur la Corniche, l'***Al-Salaam Hotel*** (☎ *302 651, 303 649*) peut être considéré comme un établissement attrayant, compte tenu de ses tarifs. Les simples/doubles avec ventil. reviennent à 25/40 £E, les climatisées à 35/50 £E la nuit. La plupart des chambres fraîchement repeintes disposent de sanitaires privatifs et certaines jouissent d'un beau panorama sur le fleuve.

Sur la Corniche encore, le ***Hathor Hotel*** *(☎ 314 580, fax 303 462)* possède

36 simples/doubles, dont la majeure partie sont climatisées, moyennant 20/40 £E, mais certaines se révèlent minuscules. Le toit-terrasse offre des vues spectaculaires sur le Nil et une petite piscine.

Toujours sur la Corniche, le ***Horus Hotel*** (☎*/fax 313 313*) recèle des simples/doubles spacieuses et confortables avec clim. et s.d.b., louées 40/50 £E. Certaines jouissent d'une vue superbe sur le Nil. Demandez-en une qui vient d'être rénovée. Le toit héberge un bar-restaurant à ciel ouvert.

Juste au nord de la Banque du Caire, le ***Philae Hotel*** (☎ *312 090*) a profité de sa rénovation pour augmenter ses prix. Les trois quarts des chambres donnent sur le Nil, mais on doit payer plus cher pour la vue. Les simples avec/sans vue sur le fleuve s'élèvent à 55/70 £E, les doubles à 70/90 £E. Les taxes viennent en sus.

Installé au-dessus de la National Bank of Egypt, sur la Corniche, le ***Memnon Hotel*** (☎ *300 483*) n'est pourtant accessible que par une arrière-rue. La réception se situe au 2e étage. Toutes les chambres sont propres, climatisées et possèdent des lits confortables ; en outre, la direction installe une piscine sur la terrasse. Un seul reproche : le personnel trop insistant, lorsqu'il s'agit de vendre des croisières en felouque. Prévoyez 35/40 £E la simple/double avec s.d.b.

Trois-étoiles situé en retrait de la Corniche, dans Sharia Abbas Farid, l'***Al-Amir Hotel*** (☎ *314 735*) est très prisé des Égyptiens et propose 28 chambres avec tout le nécessaire : matelas épais, mules pour la s.d.b., TV, clim. et téléphone. Voisin d'une mosquée, on peut juste regretter ses tarifs un peu surévalués (85/115 £E) en simple/double compte tenu du fait qu'il ne donne pas sur le Nil.

Dans Sharia as-Souq, à deux pas de la gare, le ***Cleopatra Hotel*** (☎ *314 003, fax 314 002*) est idéalement placé pour qui veut explorer le quartier du vieux marché. Ses 109 chambres sont propres, confortables, climatisées et pourvues d'une s.d.b. et d'un téléphone, même si elles ne sont pas tout à fait à la hauteur de ce que laisse espérer le hall de l'hôtel, récemment rénové avec goût. L'établissement possède de surcroît une piscine en toit-terrasse. Les simples/doubles reviennent à 94,50/126 £E.

OÙ SE LOGER – CATÉGORIE SUPÉRIEURE

L'***Old Cataract Hotel*** (☎ *316 000, fax 316 011*) est l'un des hôtels d'Égypte les plus célèbres. Cet impressionnant édifice de style mauresque est entouré de jardins surplombant le fleuve, d'où l'on a une vue magnifique sur le Nil et la pointe méridionale de l'île Éléphantine. Prévoyez 110 ou 150 $US la double classique avec vue sur le parc ou le fleuve, ou 240 $US la chambre de luxe avec terrasse, plus 23% pour les taxes et le service. Les suites s'échelonnent de 350 à 900 $US. Aucune remise n'est consentie pour une occupation en solo. L'établissement mérite le détour, ne serait-ce que pour savourer une Stella fraîche ou un cocktail sur la véranda, mais sachez qu'un minimum de 25 £E vous sera facturé et, si l'hôtel affiche complet, la direction ferme la terrasse aux personnes non-résidentes.

Voisin de l'ancien, le ***New Cataract Hotel*** (☎ *316 000, fax 316 011*) est un immeuble élevé dont les simples/doubles avec vue sur le parc reviennent à 65/80 $US, ou à 75/90 $US avec vue sur le fleuve. Bien que ne pouvant soutenir la comparaison avec son aîné, cet établissement bénéficie cependant d'un cadre enchanteur et d'une grande piscine.

Le ***Kalabsha Hotel*** (☎ *322 666, fax 325 974*), un quatre-étoiles, a lui aussi sacrifié à la modernité, mais jouit d'une superbe vue sur la première cataracte du Nil. Les simples/doubles se louent 27/33 $US à l'arrière et 39/50 $US devant, plus les taxes d'usage. La clientèle peut utiliser gratuitement la piscine du New Cataract.

Autre quatre-étoiles, le ***Basma Hotel*** (☎ *310 901, fax 310 907*) trône au sommet de la colline, juste après le Kalabsha. Son jardin en terrasse offre un beau panorama sur la pointe sud de l'île Éléphantine et le mausolée de l'Aga Khan. Moins massif que les précédents, il propose néanmoins toutes les prestations des établissements de sa classe. Prévoyez 65/85 $US en simple/double, sans compter le petit déjeuner et les taxes.

L'***Aswan Oberoi*** (☎ *314 667, fax 313 538*) défigure malheureusement l'île Éléphantine. Il dispose de deux chaloupes qui acheminent clients et visiteurs depuis la rive orientale. Du haut de la tour, la vue est sublime, et ses jardins invitent à la flânerie, à la contemplation rêveuse des felouques, avant un revigorant plongeon dans la piscine. Les chambres débutent à 75/106 $US (sans le petit déjeuner et les taxes) pour grimper jusqu'à 300 $US.

L'***Isis Hotel*** (☎ *315 100/200/300*) comprend des simples/doubles à 80/106 $US taxes comprises. Si l'on peut lui reprocher la construction un peu hâtive de ses chambres, qu'on a peine à qualifier de jolies, ce quatre-étoiles jouit pourtant d'un emplacement de rêve au bord du fleuve, au cœur de la ville.

La même direction vient récemment de faire surgir un monstre de 400 chambres, l'***Isis Island Hotel*** (☎ *317 400, fax 317 405*), sur l'une des îles au sud de l'Éléphantine. La réalisation de cet établissement ne s'est pas faite sans controverse, car il s'élève à quelques mètres seulement d'un groupe d'îles abritant le dernier échantillon de la végétation d'origine du Nil. Une chaloupe plutôt voyante achemine la clientèle (et les touristes souhaitant profiter de la piscine) depuis l'agence EgyptAir.

Reconnaissable à sa façade rose saumon, l'***Hôtel Île d'Amoun*** (☎ *313 800, fax 317 193*) est implanté sur un îlot voisin. Il est géré par le Club Med, qui reprit la direction de l'établissement d'origine voilà quelques années pour le transformer en un idyllique jardin d'éden. Les chambres (taxes comprises, mais petit déjeuner en supplément) se louent 33/46 $US. La modeste vedette qui amène sur place part en face d'EgyptAir.

OÙ SE RESTAURER

Petits budgets

Dans Sharia as-Souq, une pléthore de petits restaurants et de cafés contribuent à l'atmosphère animée du souk. On trouve aussi plein de cafés autour de la gare. Situé au sud de la place de la gare, le ***Restaurant Derwash*** nous a été recommandé par quelques voyageurs. A un pâté de maisons de la gare, le ***Samah*** est une petite échoppe à ta'amiyya. Un peu plus loin, au bout d'une ruelle, l'***An-Nasr*** propose des pizzas, ainsi que du poisson et du poulet frits.

Voisin de l'auberge de jeunesse, l'***Al-Dar*** est un endroit correct qui vous sert un repas complet moyennant 6 £E. Sinon, essayez l'***Esraa***, une petite gargote à kofta, juste en bas de la rue.

Dans Sharia as-Souq, face au Cleopatra Hotel, le ***Medina Restaurant*** vous régalera d'un de ses plats de kofta ou de kebab, et l'on y croise souvent des voyageurs. On vous propose aussi un repas végétarien à 4,50 £E.

Niché dans une venelle au cœur du souk, l'***Al-Sayyida Nefissa*** présente un bon rapport qualité/prix, avec son kofta à 6 £E, son potage à 1 £E, et un repas associant riz, salade, légumes et pain à 2,50 £E.

Restaurants

Dans Sharia al-Matar, l'***Al-Masry Restaurant*** (☎ *302 576*) est l'un des établissements les plus connus d'Assouan. S'il ne sert que des kebabs et du kofta, vous apprécierez toutefois sa propreté et l'attrayant décor de ses murs carrelés qui s'ornent d'arabesques. Vous savourerez son excellente viande, présentée avec du pain, de la salade et du tahina. L'endroit est très fréquenté par les familles locales. Attendez-vous à débourser aux alentours de 16 £E.

Sur la Corniche, trois péniches sont amarrées au bord du Nil, où l'on peut se restaurer en dégustant une cuisine convenable, arrosée éventuellement d'une bière.

Arrivant en tête du trio, l'***Aswan Moon Restaurant*** (☎ *316 108*) attire à la fois les étrangers et les Égyptiens. Après quelques jours en ville, vous aurez tôt fait de reconnaître les habitués. Comptez 15 £E environ le plat principal, 7 £E la bière, tandis que soupes et pizzas copieuses sont facturées 10 £E ; en revanche, les salades accusent des portions congrues. Saluons son atmosphère décontractée et son service.

Son voisin, l'***Emy Restaurant*** prépare de délicieux cocktails de fruits et sert les habituelles spécialités égyptiennes. Vous serez comblé par la vue sur le fleuve au coucher du soleil, depuis le pont supérieur ; par ailleurs, l'endroit consent une remise aux étudiants sur présentation de la carte.

La troisième péniche appartient au ***Saladin Restaurant***. Si l'on a plaisir à y boire un verre, sa cuisine n'offre rien d'extraordinaire. Moins prisé que les deux autres, l'établissement affiche rarement complet.

Sur la Corniche, un peu plus haut que l'agence Thomas Cook, le minuscule ***Restaurant el-Nil*** propose un repas complet avec poisson (carpe pêchée dans le lac Nasser), poulet ou autre viande, riz, légumes, salade, tahina et pain, moyennant 9 £E environ.

La partie de la Corniche qui borde le fleuve accueille plusieurs autres établissements flottants sur des pontons, tous offrant la même gamme de plats à des prix quasi équivalents, parmi lesquels : le ***Monalisa***, le ***Panorama*** et l'***Al-Shati***. Le second se pare d'un soupçon de verdure et conviendra pour un déjeuner sur la berge du Nil. La plupart de ses mets cuisent dans les énormes marmites d'argile, propres à la région, et il dispose d'un large éventail de tisanes.

Fort de son énorme coupole, de ses motifs orientalistes et de son éclairage tamisé, le ***restaurant 1902*** de l'Old Cataract Hotel présente le cadre le plus spectaculaire d'Assouan, mais il est fermé aux gens de l'extérieur lorsque le hôtel a fait le plein de clients. Le menu fixe de quatre plats revient à la somme astronomique de 102 £E, taxes et service non compris. Mais l'endroit mérite le détour pour sa discrète musique orientale et ses plats préparés par un cuisinier français.

Sinon, vous aurez le choix entre le buffet du ***Kalabsha Hotel*** (40 £E) ou celui de l'***Hôtel Île d'Amoun*** (56 £E).

Sur l'île d'Essa, le ***Nubian Restaurant*** sert des repas moyennant 35 £E environ et semble s'adresser plus particulièrement aux groupes.

Faire son marché

C'est indéniablement au souk que vous pourrez le mieux vous ravitailler. Dans la rue principale comme dans les ruelles transversales, il fourmille de petites épiceries, où vous trouverez des conserves, du fromage et du lait UHT. Vous constaterez par ailleurs que fruits et légumes abondent selon la saison. Achetez-les de préférence le matin, lorsqu'ils sont tout frais.

OÙ SORTIR

Célèbre dans le monde entier, le groupe de danse folklorique d'Assouan est censé se produire de 21h30 à 23h30 tous les soirs (sauf le vendredi) au centre culturel (☎ 313 390) sur la Corniche, entre octobre et février. Toutefois, avec la baisse de fréquentation touristique qui a suivi le massacre de Louxor, les représentations ont été interrompues. Vérifiez si elles ont repris, en vous adressant directement à l'organisme ou à l'office du tourisme. (Lorsqu'ils étaient présentés, l'entrée revenait à 10 £E). Le centre culturel propose aussi parfois des spectacles traditionnels de la Haute-Égypte et des concerts de musique nubienne.

La plupart des voyageurs se contentent de siroter une boisson sur l'un des restaurants flottants. Les hôtels de luxe abritent tous discothèques et night-clubs mais ceux-ci sont plutôt déserts.

ACHATS

Le célèbre souk d'Assouan se révèle sans doute plus touristique qu'il ne l'était par le passé, mais on déniche encore des souvenirs et des produits artisanaux intéressants. Les calottes nubiennes multicolores remportent un vif succès et coûtent environ 5 £E pièce. Plus volumineux sont les paniers et plateaux, dont les prix varient selon la taille et l'ancienneté ; tablez sur environ 40 £E le plateau ancien et moyennement grand. Les petits de forme arrondie reviennent aux alentours de 10 £E. Exposées de toutes parts, les épices et la poudre d'indigo constituent aussi des achats intéressants, et la plupart des marchands d'épices vendent les fleurs d'hibiscus utilisées pour le karkadé (voir *Où sortir* dans le chapitre *Renseignements pratiques*). Assouan est en outre réputée pour sa poudre de henné et ses délicieuses cacahuètes grillées, lesquelles sont facturées 6 £E le kilo dans la qualité supérieure.

COMMENT S'Y RENDRE

Avion

L'agence EgyptAir (☎ 315 000) est installée à l'extrémité sud de la Corniche. Il existe des liaisons quotidiennes avec Le Caire (576 £E l'aller, 1 heure 15 de trajet sans escale). L'aller pour Louxor coûte 190 £E et vous pouvez relier Hurghada *via* Louxor, moyennant 374 £E. Le vol aller-retour entre Assouan et Abou Simbel coûte 290 £E et comprend le transfert entre l'aéroport et le site du temple. Ce tarif a baissé, car la police a interdit aux étrangers de se rendre en voiture à Abou Simbel ; si la situation devait changer, nul doute que le prix du vol doublerait.

Bus

La gare routière se trouve au cœur de la ville, dans Sharia Abtal at-Tahrir. La police témoigne d'une telle ardeur à "protéger" les étrangers que certains de ses membres ont été jusqu'à leur interdire de prendre les bus qui partent d'Assouan. Quoi qu'il en soit, il n'existe aucun règlement précis, semble-t-il, encore qu'à l'époque de la rédaction de

Croisières en felouque

Naviguer en felouque en glissant les eaux sombres du Nil, voilà bien l'une des plus belles attractions de l'Égypte, et Assouan semble tout indiquée pour s'offrir une croisière avec une nuit à bord. Pour des raisons de sécurité, les croisières au nord d'Edfou sont interdites. A moins que la situation ne change, vous êtes limité à deux destinations : Kom Ombo (deux jours, une nuit) ou, option la plus demandée, Edfou (trois jours, deux nuits).

L'itinéraire classique consiste à lever l'ancre le matin, pour passer la journée à naviguer vers la ville de Kom Ombo. Bon nombre de capitaines étant nubiens, ils vous offriront le thé, en faisant escale dans leur village. Vous passerez la nuit à bord ou sous la tente, sur une île du fleuve. Selon votre humeur et celle des autres passagers, vous occuperez la soirée à admirer les étoiles ou à faire la fête. Une fois arrivé à bon port, vous pouvez soit rentrer à Assouan ou poursuivre jusqu'à Louxor, en prenant un taxi collectif.

Face aux légions de rabatteurs sur la Corniche d'Assouan, organiser une balade en felouque peut paraître décourageant. Les petits hôtels risquent de se montrer tout aussi insistants, en essayant de vous enrôler dans l'un de leurs circuits. Ils se chargent de tout, certes, mais n'oubliez pas qu'ils perçoivent un pourcentage, lequel vient en déduction des honoraires du capitaine ou de votre budget repas. Mieux vaut donc organiser le voyage vous-même, pour être sûr des prestations offertes.

Officiellement, une felouque peut transporter au minimum 6 et au maximum 8 passagers, moyennant 25/45 £E par personne à destination de Kom Ombo/Edfou. Ajoutez à cela 5 £E pour l'inscription auprès de la police et les dépenses liées à la nourriture. On trouve certes des bateaux à des tarifs inférieurs, mais prenez garde ; si le prix accuse une différence trop marquée, soit vous devrez composer avec un équipage déplaisant, soit vos repas se limiteront à du pain et du foul pendant trois jours.Il est essentiel de tomber sur un bon capitaine, surtout si vous êtes une femme ou formez un groupe de femmes seules. Certaines voyageuses se sont plaintes de marins aux mains baladeuses, de même qu'on nous a signalé des agressions (rares). Vous trouverez de nombreux capitaines dignes de confiance, en train de fumer tranquillement la chicha dans un restaurant au bord du Nil, tel l'Aswan Moon. D'autres, comme le propriétaire de felouques Jon Cairo, amarrent plus au nord, devant l'Abu Simbel Hotel. Par ailleurs, Shukri Saad, à l'office du tourisme, peut vous recommander quelques personnes réputées.

ce guide, les bus desservant Abou Simbel étaient interdits.

Renseignez-vous auprès de l'office du tourisme, ou demandez autour de vous, avant d'acheter votre billet.

Un bus direct pour Le Caire (12 heures, 55 £E) démarre à 15h30. Un second, qui part 3 heures plus tard, facture le trajet 14 £E de moins. Tous deux étant censés disposer de la clim., de la vidéo et de toilettes, on ne sait pas au juste pourquoi les tarifs diffèrent tellement.

Au cas où les mesures de sécurité s'assoupliraient, il existe deux bus quotidiens à destination d'Abou Simbel (20 £E l'aller-retour). Réservez, mais sachez qu'aucun des deux n'est climatisé.

Toutes les heures, des bus partent pour Kom Ombo (1,50/5 £E sans/avec la clim., 1 heure), Edfou (3/10 £E, 2 heures), Esna (4,50/15, 3 heures) et Louxor (6,50/15 £E, de 4 à 5 heures).

Cinq bus assurent la liaison avec Hurghada (7 heures). A 6h et 8h, le billet est facturé 25 £E, et le bus poursuit sa route jusqu'à Suez (37 £E) ; celui de 15h30 est un Pullman (40 £E) qui roule jusqu'au Caire, mais sans s'arrêter à Suez. Celui de 17h

Croisières en felouque

Voici quelques éléments à prendre en compte, lorsque vous traitez avec un capitaine de felouque :

- Assurez-vous qu'il possède un bateau en parfait état, avec des couvertures, de quoi faire la cuisine, un abri (du soleil), des sièges confortables et un endroit où enfermer vos objets de valeur. Si l'on vous impose une autre embarcation à la dernière minute, refusez-la avec fermeté. Il en va de même avec le capitaine ; de nombreux voyageurs se mettent d'accord pour naviguer avec un individu précis, puis se retrouvent avec quelqu'un autre, une fois à bord.
- Mettez-vous d'accord. Le prix inclut-il les repas ? Si oui, allez faire les courses avec le cuisinier, pour savoir ce qu'on vous réserve. Sinon, négociez un prix inférieur et faites vos courses vous-même.
- Accordez-vous aussi sur le nombre de passagers avant de lever l'ancre et refusez d'en laisser monter d'autres un peu plus tard, en aval du fleuve, sinon vous risquez de vous retrouver vraiment à l'étroit.
- Faites-vous préciser l'endroit où on vous débarquera. Bien que censés vous mener à Edfou, de nombreux capitaines s'arrêtent à 30 km de la ville, aux villages de Hammam, Faris ou Ar-Ramady, pour vous confier à des taxis collectifs "à prix spéciaux", qui vous débarqueront, en plus, dans l'hôtel de Louxor de leur choix, moyennant 10 £E par personne (au lieu des 5 £E d'usage).
- Ne confiez pas votre passeport. Les capitaines, plus souvent les intermédiaires, ont tendance à vous les confisquer, afin d'avoir des passagers d'avance ; vous devrez ensuite attendre qu'ils aient rabattu les autres. Une photocopie suffit pour obtenir le permis de naviguer. Le mieux est d'accompagner le capitaine au poste de police pour remplir ces formalités.
- Prévoyez de nombreuses bouteilles d'eau pour la traversée, sinon le capitaine risque de se servir de l'eau du Nil pour la cuisine et la boisson.
- Apportez un sac de couchage, car la nuit peut se révéler très fraîche et les couvertures manquent souvent à bord. Une crème antimoustique n'est pas inutile, et un chapeau indispensable.
- Si vous avez campé la nuit sur une île ou une plage, emportez vos détritus.

(35 £E) dessert Suez (45 £E) et celui de 18h30 (25 £E) va jusqu'à la capitale *via* Suez (40 £E) ; comptez 15 heures de route. Le bus pour Marsa Alam (12 £E, 5 heures) quitte la ville à 6h.

Train

Une poignée de trains circulent quotidiennement entre Le Caire et Assouan, mais trois seulement peuvent être pris par les étrangers. Toutefois, si vous tentez de monter dans un autre et achetez votre billet à bord, personne ne devrait vous en empêcher. Si vous désirez vous arrêter à Daraw ou n'importe quelle autre localité entre Assouan et Louxor, c'est sans doute le meilleur moyen de procéder, en dehors du convoi de police.

Plus onéreux, le train de wagons-lits (n°85) revient à 300 £E l'aller pour Le Caire et quitte la gare à 15h. Pour tout renseignement, consultez la rubrique *Comment s'y rendre* du chapitre consacré à la capitale.

Les express n°981 et n°997 à destination du Caire partent à 5h et 20h45. Le tarif en 1re/2e classe s'élève à 63/37 £E (il existe des réductions pour étudiants). Ces trains sont climatisés et disposent d'un wagon-restaurant. Censé durer 15 heures, le trajet dépasse parfois les 20 heures. Tous ces trains nécessitent une réservation. Si vous ne souhaitez pas dîner à bord, précisez que vous désirez un billet sans repas, sinon celui-ci vous sera automatiquement facturé.

Le billet pour Louxor (4 heures) revient à 22/12 £E en 1re/2e classe sur les lignes de l'après-midi, et à quelques livres de plus le matin. Les deux trains desservent aussi Kom Ombo (7/4 £E) et Edfou (12/6 £E).

Taxi collectif

A l'époque de la rédaction de ce guide, la police d'Assouan interdisait aux étrangers de prendre des taxis collectifs, en les ramenant souvent au poste de contrôle situé au nord de la ville. Comme cela arrive souvent en pareil cas, les gens contournent le règlement, mais il vaut mieux prendre le bus ou le train, à moins que vous ne formiez un groupe susceptible de louer un taxi privé. Si la situation évolue (renseignez-vous auprès de l'office du tourisme), le dépôt des taxis collectifs est installé de l'autre côté de la voie ferrée, dans la partie est de la localité. Dans Sharia as-Souq, vous trouverez un auto-pont qui enjambe le chemin de fer. Empruntez-le et marchez jusqu'au bout de la rue de l'autre côté (10 minutes environ). Tournez à droite et continuez sur 500 m pour rejoindre la station de taxis. Sinon, suivez la voie ferrée vers le sud, jusqu'au tunnel, et vous trouverez les taxis de l'autre côté du chemin de fer.

Voiture et moto

Il est interdit à tout étranger d'emprunter la route d'Abou Simbel. Quant à conduire vers le nord, cela signifie rouler en convoi de police. Celui-ci se rassemble devant l'Officer's Club, juste au nord de l'immeuble du gouvernorat, sur la Corniche, et quitte la ville à 8h et à 13h. Présentez-vous environ 15 minutes avant. Renseignez-vous auprès de l'office du tourisme pour savoir si les mesures se sont assouplies.

Bateau de croisière

Pour tout détail concernant les bâtiments cinq-étoiles *Eugénie* et *Qasr Ibrim*, qui naviguent entre le Haut-Barrage d'Assouan et Abou Simbel, consultez plus loin la section *Lac Nasser*.

Bateau vers le Soudan

Reportez-vous au chapitre *Comment s'y rendre* pour de plus amples détails sur le transport en bateau vers le Soudan.

Bien que le consulat du Soudan à Assouan soit officiellement fermé depuis un certain nombre d'années, un représentant de l'ambassade soudanaise au Caire fait la navette pour régler les affaires administratives des nombreux Soudanais de la ville. S'il ne délivre actuellement aucun visa, ce fonctionnaire se montre sympathique et peut éventuellement vous renseigner pour voyager vers le sud. Vous le trouverez à l'appartement 1, bâtiment n°20 (aucun ☎) dans le quartier d'Atlas, juste derrière le New Abu Simbel Hotel. Comme la plupart des bâtisses se ressemblent, demandez le "qunsuliya sudaniya".

COMMENT CIRCULER

Desserte de l'aéroport

L'aéroport se trouve à 25 km au sud-ouest de la ville, et la course en taxi revient à 20 £E pour y accéder.

Taxi

Un circuit en taxi comprenant le temple de Philae, le Haut-Barrage et l'obélisque inachevé, voisin du cimetière fatimide, vous coûtera 30 £E (pour 5 à 6 personnes). Les taxis peuvent aussi vous emmener visiter Daraw et/ou Kom Ombo dans la journée, moyennant 40 £E environ.

Bicyclette

Dans la partie de Sharia as-Souq qui jouxte la gare, quelques boutiques louent des bicyclettes à environ 5 £E la journée ; essayez aussi du côté des hôtels Marwa et Ramses.

Les environs d'Assouan

LE BARRAGE D'ASSOUAN

Lorsque les Britanniques bâtirent, au début du siècle, le barrage d'Assouan au-dessus de la première cataracte du Nil, l'ouvrage était alors le plus grand du monde dans sa catégorie. Comme la population égyptienne augmentait, il devenait urgent de développer les terres cultivables et la seule façon d'y parvenir consistait à réguler le débit du Nil. Mesurant 2 441 m de large, la digue fut construite entre 1898 et 1902, presque entièrement à partir du granit extrait dans la région d'Assouan.

Bien qu'il fallût le rehausser à deux reprises pour faire face à la demande, le barrage permit non seulement d'accroître les terres cultivables, mais aussi de fournir au pays la majorité de son énergie hydroélectrique.

Aujourd'hui, s'il est surpassé à la fois techniquement et touristiquement par le

BARRAGES D'ASSOUAN

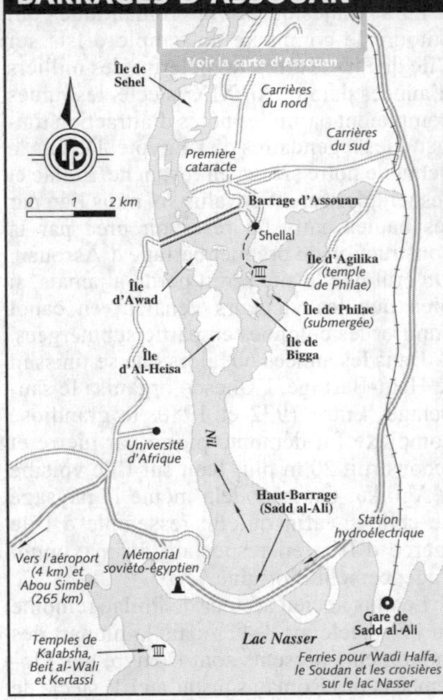

Haut-Barrage, à 6 km en amont. Il mérite toutefois une rapide visite, d'autant plus qu'en contrebas la région de la première cataracte du Nil vous ravira par sa fertilité et son charme pittoresque.

La route de l'aéroport et tous les circuits à destination d'Abou Simbel (lorsque l'interdiction de circuler sera levée) passent sur cette digue.

L'ÎLE DE SEHEL

Sehel, la grande île au nord de l'ancien barrage d'Assouan, rendait jadis hommage à la déesse Anukis et à son époux Khnoum. Si vous effectuez une croisière en felouque dans le secteur, profitez-en pour accoster, même s'il n'y a guère de choses à voir, hormis un sympathique village nubien et de nombreuses inscriptions sur la roche, datant du Moyen Empire et de la période gréco-romaine.

LE TEMPLE DE PHILAE

L'aura majestueuse et romantique qui entoure le complexe du temple d'Isis sur l'île de Philae attira les pèlerins des milliers d'années durant. Au XIXe siècle, les ruines comptaient parmi les pôles d'attraction touristiques légendaires de l'Égypte. Depuis le début de notre siècle, en revanche, Philae et ses temples furent envahis six mois l'an par les hautes eaux du réservoir créé par la construction du premier barrage d'Assouan. On crut que le site serait perdu à jamais, si bien que les visiteurs venaient en canot admirer les colonnes en partie submergées.

Dans les années 60, alors que se finissait le Haut-Barrage, l'Unesco organisa le sauvetage. Entre 1972 et 1980, le grandiose complexe fut démonté pierre par pierre et reconstruit 20 m plus haut sur l'île voisine d'Agilika. On remodela même le paysage de celle-ci, afin qu'elle ressemble à l'île sacrée d'Isis, en respectant au maximum l'agencement d'origine.

Le plus ancien secteur de Philae remonte au IVe siècle av. J.-C., mais la plupart des monuments présents sont l'œuvre des Ptolémée et des Romains jusqu'au IIIe siècle de notre ère. Les chrétiens ajoutèrent également leur touche, en transformant en chapelle la salle hypostyle du temple principal, en érigeant quelques églises et en rendant illisibles les inscriptions païennes, lesquelles furent ensuite saccagées par les premiers musulmans.

A l'origine, c'étaient les cultes d'Isis, d'Osiris et d'Horus et le temple gréco-romain érigé en l'honneur de la déesse qui attiraient les fidèles d'Égypte et de tout le bassin méditerranéen.

Le bateau se rendant à l'île d'Agilika, où le temple se situe, vous dépose en contrebas de la **salle de Nectanébo**, la plus ancienne partie du complexe de Philae. Mettez le cap au nord et pénétrez dans la **cour extérieure du temple**, bordée de part et d'autre de colonnades, pour rejoindre l'entrée du temple d'Isis, délimitée par les tours de 18 m de haut du **premier pylône** (porte monumentale).

Dans la cour centrale du **temple d'Isis**, on découvre la mammisi (lieu de naissance)

TEMPLE DE PHILAE

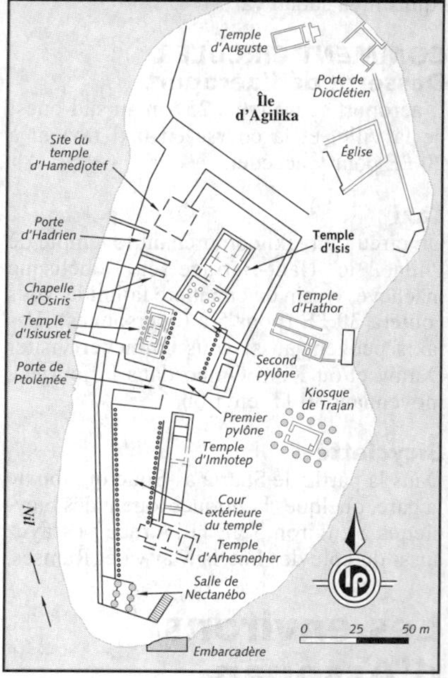

d'Horus. Les pharaons venaient y consacrer leur légitimité en tant que Horus vivant, en prenant part aux rituels de la mammisi, qui célébraient la naissance du dieu.

Le **second pylône** donne accès au vestibule et au **sanctuaire intérieur d'Isis** ; un escalier à l'ouest mène aux **chambres d'Osiris**, décorées de scènes représentant le cortège funèbre. De toutes parts, on aperçoit sur les murs des bas-reliefs d'Isis, de son mari et de son fils, ainsi que d'autres divinités, sans compter évidemment celles des Ptolémée et des Romains qui bâtirent le temple ou contribuèrent à sa réalisation.

A la pointe septentrionale de l'île se dressent le **temple d'Auguste** et la **porte de Dioclétien** ; à l'est du second pylône, on peut admirer le ravissant temple d'Hathor, décoré des sculptures de musiciens et de Bes, le dieu de la musique et du plaisir. Au sud, enfin, l'élégant pavillon inachevé au bord du fleuve n'est autre que le **kiosque de Trajan**. Les sculptures qui l'ornent représentent l'empereur faisant des offrandes à Isis, Osiris et Horus.

Le complexe du temple ouvre de 8h à 16h en hiver et de 7h à 17h en été, moyennant 20 £E l'entrée (10 £E pour les étudiants). Les billets s'achètent au petit bureau jouxtant l'embarcadère de Shellal.

Le soir, on vous propose un "son et lumière" moyennant 33 £E (aucun tarif étudiant) l'entrée avec la traversée en bateau (voir plus bas la rubrique *Comment s'y rendre*) jusqu'à l'île d'Agilika. C'est sans doute le moins kitsch des spectacles de ce type en Égypte, et le simple fait de profiter de l'île en soirée mérite les livres que vous débourserez. Les horaires varient selon la saison. En hiver (du 27 septembre au 24 avril), les séances se déroulent à 18h, 19h30 et 21h ; en été (du 26 avril au 26 septembre), elles ont lieu à 20h, 21h30 et 23h ; et pendant le ramadan, à 20h30, 22h et 23 h. Vérifiez si le tableau suivant correspond auprès de l'office du tourisme :

Jour	1re séance	2e séance	3e séance
Lundi	anglais	italien	-
Mardi	français	anglais	-
Mercredi	anglais	espagnol	français
Jeudi	français	arabe	-
Vendredi	anglais	français	-
Samedi	anglais	français	-
Dimanche	français	allemand	-

Comment s'y rendre

L'embarcadère des bateaux desservant le complexe de Philae se trouve à Shellal, au sud de l'ancien barrage d'Assouan. L'accès le plus facile s'effectue en taxi, à moins que vous ne fassiez partie d'un circuit organisé (proposé par la plupart des agences de voyages et des grands hôtels d'Assouan, mais probablement plus coûteux aussi). L'aller-retour en taxi pour un groupe de six personnes revient à 30 £E sans marchander. Si l'on vous dépose à l'ancien barrage, il est possible de continuer à pied sur la rive, jusqu'à Shellal. Une fois sur place, une petite vedette vous conduit à l'île moyennant 14 £E (dans la journée) ou 16 £E (en soirée), un tarif à diviser entre les passagers (8 au maximum). Si vous êtes plus nombreux, chaque personne débourse simplement 2 £E pour l'aller-retour. Ces sommes se règlent directement au conducteur.

LE HAUT-BARRAGE

Cet exemple contemporain de construction monumentale égyptienne représente 18 fois la quantité de matériaux utilisés pour la grande pyramide de Kheops. Très controversé, le Sadd al-Ali (Haut-Barrage), à 17 km au sud d'Assouan, atteint 3 600 m d'envergure, 980 m de large à sa base et 111 m de haut à son point le plus élevé. Environ 35 000 personnes participèrent à la construction de ce gigantesque ouvrage. Lorsque l'ouvrage fut achevé, les eaux retenues par la digue furent baptisées lac Nasser. C'est le plus grand bassin artificiel du globe.

Dès les années 40, il devint évident que l'ancien barrage d'Assouan, qui ne servait qu'à réguler le débit de l'eau, n'était pas suffisamment grand pour contenir les crues annuelles imprévisibles du grand fleuve. Il fallut toutefois attendre l'arrivée de Nasser au pouvoir en 1952 pour que soient tracés les plans du nouveau barrage, à 6 km au sud de celui construit par les Britanniques. Au début, on se moqua du projet, et la construction se heurta à des difficultés autant politiques que purement techniques. En 1956, après que les États-Unis, le Royaume-Uni et la Banque mondiale eurent brusquement refusé le soutien financier qu'elles avaient proposé au départ, Nasser ordonna la nationalisation du canal de Suez, entraînant ainsi un conflit où la France, la Grande-Bretagne et Israël envahirent la région du canal. Les Nations unies finirent par régler la crise, puis l'Union soviétique proposa le financement et les spécialistes nécessaires, si bien que le projet du Haut-Barrage fut mis en œuvre en 1960. En 1971, il était achevé.

L'intérêt de cette construction se révéla fantastique. L'Égypte vit ses terres cultivables augmenter de 30%, et la station hydroélectrique doubla l'alimentation en énergie du pays.

En revanche, la digue gigantesque empêche le flux de vase nécessaire à la fertilité de la vallée du Nil. On en ressent les effets à travers toute l'Égypte et l'usage effréné des fertilisants artificiels a entraîné une salinité accrue de la nappe phréatique. A l'embouchure méditerranéenne du Nil, les bancs de crevettes et les zones de pêche ont presque tous disparu.

Les canaux d'irrigation désormais remplis en permanence ont créé un développement endémique du parasite de la bilharziose, un problème de santé publique énorme. A leur tour, les autorités doivent résoudre la question du limon qui pourrait finalement envahir le lac.

La plupart des visiteurs se rendent au Haut-Barrage lorsqu'ils participent à un circuit organisé aux environs d'Assouan. Pour avoir le privilège de rouler sur une partie de la digue, jusqu'à un petit pavillon exposant en détail les dimensions de l'ouvrage et les phases de sa réalisation, vous débourserez 5 £E. Si vous venez à pied depuis la gare ferroviaire, comptez quand même 50 pt.

Beaucoup de gens sont déçus par la visite, car ils s'attendent à des vues plus spectaculaires.

Comment s'y rendre

Pour rejoindre le Haut-Barrage situé à 13 km au sud d'Assouan, le plus économique consiste à prendre le train (qui part pratiquement toutes les heures de 6h à 16h, moyennant 1 £E) jusqu'au terminus de la ligne Le Caire-Assouan, c'est-à-dire la gare de Sadd al-Ali, installée près des docks d'où partent les bateaux pour le Soudan. Une fois là-bas, soit vous poursuivez le long chemin à pied, soit vous dénichez un taxi collectif pour vous conduire au barrage.

Si vous prévoyez de prendre un taxi circulant sur la digue, vous pouvez envisager de continuer jusqu'au temple de Kalabsha, qu'on aperçoit depuis le barrage, sur la rive occidentale du lac Nasser. C'est environ à 3 km du bord ouest du barrage.

La Basse-Nubie et le lac Nasser

Pendant des siècles, avant que les barrages ne modifient à jamais la topographie de la région, la cataracte rocheuse d'Assouan représentait une ligne de démarcation entre l'Égypte et sa voisine méridionale, la Nubie. A mesure que le Nil changeait, les territoires bordant ses rives évoluaient aussi. Si les contrées du nord étaient sans cesse cultivées, le sud demeurait plus rocailleux, avec ses falaises désertiques et son sable s'insinuant jusqu'aux berges et entourant des parcelles de terres agricoles.

HISTOIRE

Les Égyptiens antiques appelaient la Nubie *Taseti* (le pays de l'Arc), à cause de l'arme qui faisait alors la renommée des guerriers nubiens. Son nom actuel viendrait de l'ancien terme égyptien désignant l'or (*nbw*), dont le sous-sol regorgeait dans la partie nord-est du pays, aux époques pharaoniques et gréco-romaines. Il semble ironique qu'on ait retenu un nom d'origine égyptienne pour ce pays disparu, alors que la longue histoire de la Nubie fut dominée par sa voisine du nord plus puissante.

Les preuves que des colonies étaient établies au nord de la Nubie remontent à 12000 av. J.-C. et, jusqu'en 3500 av. J.-C., il semble que la Nubie et l'Égypte méridionale se soient développées de façon plus ou moins concomitantes, qu'il s'agisse de la domestication des animaux, du développement de l'agriculture et de l'implantation progressive de localités permanentes. Mais des différences marquées subsistent. Si les deux peuples présentent des similitudes ethniques, nul doute que les Nubiens, de carnation plus sombre, offrent une physionomie plus africaine que les Égyptiens. Leur langue est nilo-saharienne, alors que l'ancien égyptien est afro-asiatique.

En réalisant sa réunification aux alentours de l'an 3100 av. J.-C., l'Égypte ne tarda pas à se développer. Tout au long de l'Ancien Empire, des expéditions commerciales et

LA BASSE-NUBIE ET LE LAC NASSER

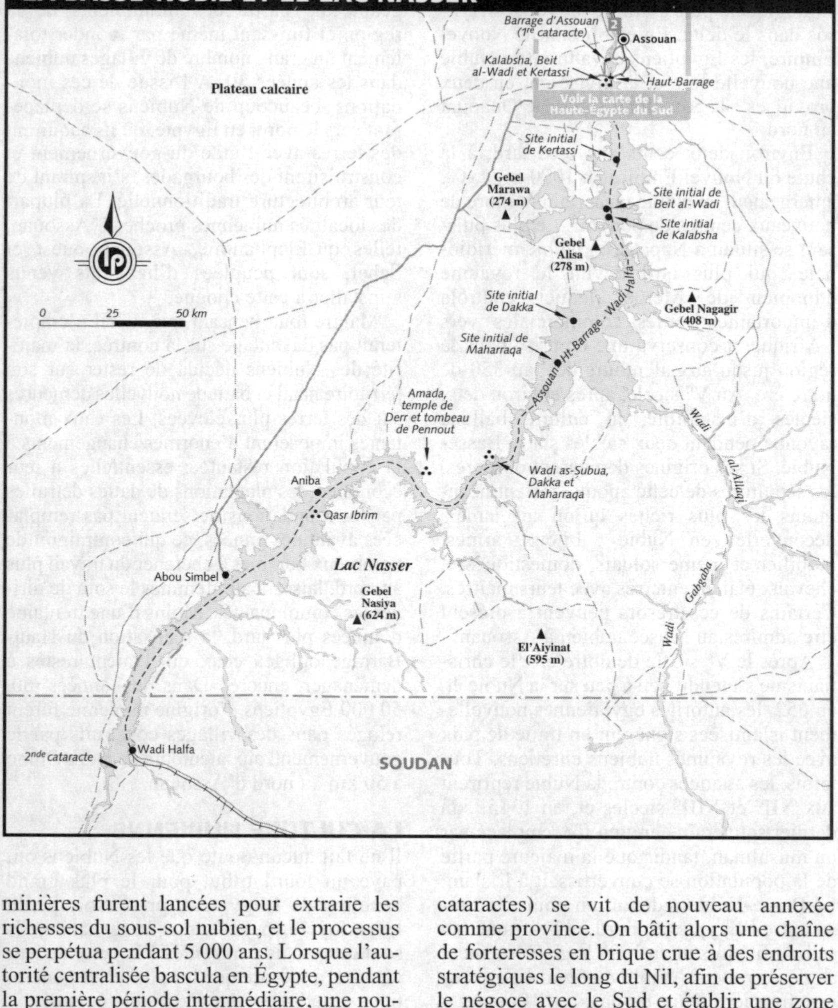

minières furent lancées pour extraire les richesses du sous-sol nubien, et le processus se perpétua pendant 5 000 ans. Lorsque l'autorité centralisée bascula en Égypte, pendant la première période intermédiaire, une nouvelle culture commença à fleurir en Nubie, tandis que les relations entre les deux voisins paraissaient être au beau fixe. Mais lorsque s'amorça la réunification de l'Égypte, avec l'avènement du Moyen Empire, la Basse-Nubie (qui englobe grossièrement le territoire compris entre les première et seconde cataractes) se vit de nouveau annexée comme province. On bâtit alors une chaîne de forteresses en brique crue à des endroits stratégiques le long du Nil, afin de préserver le négoce avec le Sud et établir une zone tampon entre l'Égypte et le royaume indépendant de Kouch, dont la capitale, Kerma, avoisinait la troisième cataracte.

Lorsque le gouvernement central égyptien fut de nouveau renversé, avec l'invasion des Hyksos, pendant la seconde période intermédiaire, les Kouchites prirent possession des forteresses et d'autres sites stratégiques, puis s'allièrent avec les Hyksos dans le delta. En établissant le Nouvel Empire, les Égyptiens envahirent la Nubie une nouvelle fois et la divisèrent en deux provinces : le Kouch au sud et le Ouaouat au nord.

Environ deux cents ans plus tard, à la chute du Nouvel Empire en 1070 av. J.-C., émergeaient en Nubie un certain nombre de nouveaux centres de pouvoir. Le plus puissant se situait à Napata, en Nubie méridionale, qui plus tard devint le royaume éthiopien de Méroé, lequel contrôla d'importantes routes commerciales vers l'Afrique et conserva une emprise dans la région jusqu'aux alentours de l'an 350 de notre ère. Au Ve siècle, après environ deux siècles d'instabilité, la culture ballana rayonna pendant deux siècles sur la Basse-Nubie. Si ses origines demeurent obscures, les sépultures de cette époque restent néanmoins les plus riches qu'on ait jamais découvertes en Nubie : bijoux, armes, mobilier et même soldats, domestiques et chevaux étaient enterrés avec leurs maîtres. Certains de ces trésors peuvent à présent être admirés au Musée nubien à Assouan.

Après le Ve siècle de notre ère, le christianisme s'étendit peu à peu sur la Nubie et, en 652, les autorités égyptiennes nouvellement islamisées signèrent un traité de paix avec les royaumes nubiens chrétiens. Toutefois, les attaques contre la Nubie reprirent aux XIIe et XIIIe siècles et, en 1315, son dernier souverain chrétien fut remplacé par un musulman, tandis que la majeure partie de la population se convertissait à l'islam. La Basse-Nubie redevint un point de transit entre l'Égypte, au nord, et l'Afrique, au sud. Enfin, lorsqu'en 1899 le gouvernement anglo-égyptien s'établit au Soudan, on créa une frontière entre ce pays et l'Égypte, à 40 km au nord de Wadi Halfa, et l'on divisa pour la dernière fois le territoire nubien.

LA NUBIE MODERNE

A l'achèvement du premier barrage d'Assouan en 1902, et après qu'on eut rehaussé la digue en 1912 et en 1914, le niveau des eaux du Nil passa de 87 à 121 m, submergeant une partie des monuments de la région et finissant même par inonder totalement un grand nombre de villages nubiens dans les années 30. A l'issue de ces inondations, beaucoup de Nubiens se déplacèrent vers le nord, en Égypte, où ils acquirent des terres avec l'aide du gouvernement et construisirent des bourgades, s'inspirant de leur architecture traditionnelle. La plupart des localités nubiennes proches d'Assouan, telles qu'Éléphantine, Assouan ouest et Sehel, sont peuplées d'habitants venus s'installer à cette époque.

Malgré tout, pensant que le Nil n'empiéterait pas davantage sur la contrée, la majorité des Nubiens décida de rester sur son territoire natal et bâtit de nouvelles demeures sur des terres plus élevées. Les eaux montantes imposèrent d'énormes changements à la population restante : essentielles à leur économie, les plantations de dattes détruites par les inondations ne seraient pas remplacées avant des années, ce qui contraignit de nombreux hommes à chercher du travail plus au nord, laissant aux femmes le soin de diriger les communautés. Moins d'une trentaine d'années plus tard, la réalisation du Haut-Barrage obligea ceux qui étaient restés à déménager encore. Dans les années 60, 50 000 Égyptiens d'origine nubienne furent relogés dans des villages construits par le gouvernement, aux alentours de Kom Ombo à 50 km au nord d'Assouan.

LA CULTURE NUBIENNE

Il ne fait aucun doute que les Nubiens ont payé un lourd tribut pour le plus grand bénéfice de l'Égypte. Après avoir perdu leurs foyers, puis leur contrée natale, ils sont désormais confrontés à la perte de leur identité, à mesure que les nouvelles générations grandissent dans le moule égyptien.

C'est peut-être sa vulnérabilité qui rend la culture nubienne aussi vivace. Avec sa sonorité si singulière, sa musique est célèbre aux quatre coins du monde, grâce à des musiciens tels que Hamza ad-Din, qui a su populariser en Occident des mélodies à l'oud d'une sublime beauté. Deux autres

La musique nubienne

Cela fait partie des bizarreries du pays, mais il est presque plus facile d'entendre et d'acheter de la musique nubienne dans les pays occidentaux qu'en Égypte. Les citadins du Caire et d'Alexandrie témoignent d'une aversion pour tout ce qui provient du Sud et, à de rares exceptions près, la musique nubienne brille surtout par son absence sur les fréquences radio et TV nationales. Vous n'en trouverez pas non plus dans les boutiques de cassettes audio du centre-ville. Pourtant, alors que des vedettes de la pop égyptienne comme Amr Diab rêvent d'un public qui dépasse les confins du monde arabe, les Européens préfèrent s'arracher les CD d'artistes nubiens, qui jouent chez nous à guichet fermé.

Le plus célèbre d'entre eux est le septuagénaire Ali Hassan Kuban, ancien agriculteur d'une bourgade des environs d'Assouan. Il passa sa vie à jouer dans les mariages et les soirées et fut propulsé sur la scène mondiale après s'être produit dans un festival berlinois, en 1989. Depuis lors, il ne compte plus ses tournées en Europe, au Japon, au Canada et aux États-Unis. Plusieurs de ses CD sont disponibles sous le label allemand Piranha (www.piranha.de).

Si sa musique attire les Occidentaux, c'est parce que, contrairement aux morceaux arabes et à leur usage discordant des quarts de ton, le son nubien se révèle extrêmement accessible. Il présente une qualité rythmique quasi africaine, mélangeant de simples mélodies à des chants expressifs. Bref, c'est une musique incroyablement chaleureuse. La meilleure illustration en est la série de CD qui regroupe musiciens et chanteurs sous le nom Salamat. Cherchez en particulier le titre *Mambo al-Soudani* (toujours chez Piranha).

Hamza ad-Din présente une facette légèrement différente de la musique nubienne. Né à Wadi Halfa en 1929, ce compositeur nubien jouit d'une vaste notoriété en Occident, pour ses partitions semi-classiques écrites pour l'oud. Inspirée par ses croyances soufies, l'œuvre d'Ad-Din se singularise par son aspect lancinant, notamment *Escalay* (*La roue hydraulique*), que vous trouverez enregistrée par l'auteur lui-même, à moins que vous ne préfériez l'excellente version jouée par le Kronos Quartet, sur leur CD *Pieces of Africa*.

Parmi les autres artistes à suivre, citons Sayyed Gayer, chanteur, simplement accompagné au *douff*, de poèmes et chansons d'amour, ainsi qu'Ahmed Monieb et Mohammed Hamam.

Le seul endroit d'Égypte où vous pouvez espérer dénicher des cassettes de quelques-uns d'entre eux, c'est Assouan. Le souk abrite plusieurs échoppes, et les vendeurs seront ravis de sortir leurs collections nubiennes pour vous les faire écouter.

instruments offrent à cette musique son rythme et son harmonie caractéristiques : le *douff*, une sorte de grand tambour creux ou de tabla, que les joueurs tiennent entre les mains, et le *kisir*, un instrument à corde.

Moins connue à l'étranger, l'architecture nubienne possède certains traits distinctifs. Comme en Haute-Égypte, les maisons traditionnelles sont réalisées en brique crue, mais les similitudes s'arrêtent là. Les demeures de Basse-Nubie présentent parfois un plafond voûté ou coiffé d'un dôme, tandis que celles situées plus au sud disposent d'un toit plat semi-palmiforme. Les façades sont crépies ou chaulées et couvertes de dessins et d'ornements, dont des morceaux d'assiettes en céramique. Vous pourrez admirer ces bâtisses dans les villages nubiens des environs d'Assouan, ainsi qu'à Ballana, non loin de Kom Ombo.

Les Nubiens possèdent aussi leurs propres coutumes matrimoniales. Selon la tradition, les festivités du mariage duraient jusqu'à deux semaines, mais aujourd'hui la fête se réduit à trois jours. Le premier soir, le fiancé et la fiancée se réunissent, chacun séparément, avec leurs amis et parents respectifs. Le deuxième soir, la promise emmène ses convives au domicile de son futur époux et les deux groupes dansent sur la musique traditionnelle jusqu'au petit matin. La jeune femme rentre ensuite chez elle, les mains et les pieds recouverts de superbes motifs au henné. Le promis aura lui aussi les pieds et les mains peints au henné, mais sans motif particulier. Le troisième jour, lui et son groupe rejoignent lentement à pied la maison de sa fiancée, en une procession appelée *zaffa*, et ils dansent et chantent toute la journée. Traditionnellement, il devra demeurer trois jours chez la promise, avant de revoir sa famille à lui. Le couple s'installera ensuite dans son propre foyer.

Les voyageuses désirant véritablement s'imprégner de culture nubienne pourront se faire "tatouer" les mains au henné, dans certains villages nubiens des alentours d'Assouan ; outre la beauté des dessins, cela leur permettra de passer un certain temps en compagnie de Nubiennes. Renseignez-vous à Assouan ouest, juste au nord des tombeaux des Nobles. Comptez entre 15 et 30 £E, selon le motif réalisé.

Construites en brique crue, les maisons traditionnelles nubiennes se reconnaissent aux motifs audacieux qui ornent souvent leur façade

LE LAC NASSER

Lorsqu'on contemple le vaste et paisible plan d'eau bleu-vert du lac Nasser, il est difficile de croire qu'il s'agit d'une création humaine. Comme vous êtes en présence du plus grand lac artificiel au monde, ses chiffres vous donnent le tournis : occupant une superficie de 5 250 km², il s'étire sur 510 km de long et sur 5 à 35 km de large. Sa capacité maximum, soit 157 milliards de mètres cubes, fut atteinte en 1996, à l'issue de pluies torrentielles en Éthiopie. Depuis lors, le gouvernement égyptien s'est lancé dans un projet (très critiqué) consistant à réaliser un nouveau canal et à irriguer des milliers d'hectares dans ce qui correspond au désert de Nubie, entre Toshka et la Nouvelle Vallée.

Chiffres mis à part, le contraste entre cet énorme bassin et le désert isolé qui s'étend de tous côtés prête au lac Nasser une sobriété qui n'a d'égal que sa beauté. Comme son niveau fluctue, aucune communauté n'a pu s'établir sur ses berges. En revanche, les oiseaux migrateurs se reposent de leurs longs voyages vers le nord et le sud. Gazelles, renards et plusieurs types de serpents (dont la mortelle vipère cornue) ont élu domicile sur ses rives. Nombre d'espèces de poissons peuplent l'onde, dont la perche du Nil. Les crocodiles, dont certains atteignent, dit-on, 5 m de long, et des lézards occupent aussi ses eaux basses. Hormis les touristes, la principale présence humaine se limite à 5 000 pêcheurs environ, qui passent jusqu'à six mois à bord de petits canots et capturent près de 50 000 tonnes de petits poissons chaque année.

N'oublions pas enfin l'attrait majeur que constituent les temples qu'on a déplacés à grand-peine au cours des années 60. Si tous, sauf celui de Qasr Ibrim, disposent d'un chemin d'accès, il est interdit aux étrangers de les rejoindre en voiture, à l'exception de ceux de Kalabsha, Beit al-Wali et Kertassi. Pour l'heure, les autres sont accessibles en bateau ou, dans le cas d'Abou Simbel, en avion.

Attention !

Le lac Nasser étant une zone protégée, il vous faudra un permis pour effectuer une sortie de pêche ou une croisière. Si vous souhaitez participer à l'un des circuits décrits dans cette rubrique, vous devrez contacter les sociétés au moins deux semaines à l'avance et leur fournir les documents et passeport nécessaires.

Kalabsha, Beit al-Wali et Kertassi

Grâce à l'effort massif de l'Unesco, ces trois temples furent transplantés dans la région, alors qu'ils occupaient un site désormais submergé, à 60 km au sud d'Assouan. Leur nouvel emplacement se situe sur la rive ouest du lac Nasser, juste au sud du barrage.

Le temple de Kalabsha fut érigé sous le règne de l'empereur Auguste, entre 30 av. J.-C. et 14 de notre ère, pour glorifier le dieu nubien Mandoulis. On idolâtra aussi Isis et Osiris, avant que le lieu ne serve d'église, à l'ère chrétienne.

Dans les années 60, l'État ouest-allemand d'alors finança le transfert et la reconstruction des 13 000 blocs du temple. Au cours de l'opération de sauvetage, on découvrit la preuve de la présence d'autres monuments, remontant au temps d'Aménophis II et de Ptolémée IX.

Une impressionnante chaussée en pierre conduit du lac au premier pylône, au-delà duquel on découvre la cour à colonnade et la salle hypostyle, qui renferme douze colonnes. Les inscriptions aux murs montrent divers empereurs et pharaons folâtrant avec dieux et déesses. Juste après la salle, on distingue trois chambres, et un escalier mène de l'une d'elles à la terrasse. La vue sur le lac Nasser et le Haut-Barrage, avec en premier plan les chapiteaux de la salle et de la cour, est absolument fantastique. Un couloir intérieur, entre le temple et le mur d'enceinte, mène à un nilomètre bien conservé.

Le temple de Beit al-Wali (la maison du Saint Homme) fut reconstruit avec l'assistance du gouvernement américain et disposé juste au nord-ouest du temple de Kalabsha. La majeure partie de Beit al-Wali, taillée dans le roc, fut construite sous le règne de Ramsès II. Les murs de l'avant-cour présentent plusieurs bas-reliefs fascinants, qui décrivent en détail la victoire du pharaon sur les Nubiens (paroi sud), ainsi que ses guerres contre les Libyens et les Syriens (paroi nord). Ramsès figure en train de tirer ses ennemis par les cheveux, tandis que les femmes implorent sa miséricorde. Les scènes les plus belles retracent le tribut versé par les Nubiens vaincus. On discerne Ramsès assis sur un trône et recevant, entre autres rétributions, des peaux de léopard, de l'or, des défenses d'éléphant, des plumes, du bétail, un singe et une autruche.

Juste au nord du temple de Kalabsha, on aperçoit les vestiges de celui de Kertassi. Deux colonnes hathorique (à tête de vache), une architrave massive et quatre autres colonnes aux chapiteaux élaborés forment les seules pièces qui échappèrent à l'engloutissement par le lac Nasser.

Entre ces deux lieux de culte, le sol est jonché de rochers portant des sculptures et peintures rupestres datant de la préhistoire, qu'on parvint à sauver avec les temples et dont certaines se révèlent étonnamment bien préservées.

Kalabsha ouvre de 8h à 16h, moyennant un droit d'accès de 12 £E (6 £E pour les étudiants). Lorsque le niveau des eaux est élevé, on y accède en bateau ; vous trouverez des vedettes à proximité du chantier naval, sur la rive occidentale du barrage. Prévoyez 25 £E la traversée aller-retour.

Wadi as-Subua

Les temples de Wadi as-Subua, Dakka et Mahararaqa furent également réinstallés sur ce site, à environ 4 km à l'ouest du Wadi as-Subua d'origine, par l'Egyptian Antiquities Organisation, entre 1961 et 1965.

Wadi as-Subua signifie "vallée des Lions" en arabe et fait référence à l'avenue de dix sphinx qui menait au **temple** dédié à **Amon-Rê** et **Rê-Harmakhis**. Datant du règne de l'énergique Ramsès II, l'arrière de

La sauvegarde des monuments nubiens

Lorsqu'on établit les plans pour la construction du barrage d'Assouan, le monde entier avait les yeux rivés sur les monuments antiques potentiellement sacrifiés par la création d'un énorme lac, derrière la digue. Un grand nombre d'édifices précieux et irremplaçables risquaient d'être définitivement engloutis dans le lac Nasser.

Des équipes du Département égyptien des antiquités et des missions archéologiques venues de tous les pays arrivèrent en Nubie, afin de mettre en œuvre les projets de l'Unesco, visant à sauver le maximum de ces trésors menacés. On mit alors au jour des nécropoles, tous les objets et reliques transportables rejoignirent les musées, et si certains temples disparurent dans le lac, quatorze en réchappèrent, pour être déplacés en des lieux plus sûrs.

Dix d'entre eux, dont les complexes religieux de Philae, Kalabsha et Abou Simbel, furent démontés pierre par pierre et reconstruits (sauf Philae) en groupe de trois, sur des terres plus hautes d'Égypte. Les quatre autres furent offerts aux pays ayant contribué à l'effort de sauvegarde, parmi lesquels le splendide temple de Dendour, rebâti dans bâtiment de verre, au sein du Metropolitan Museum de New York.

La préservation des temples d'Abou Simbel, à 280 km au sud d'Assouan, se classe sans doute parmi les plus belles réussites de l'opération de sauvetage de l'Unesco. Comme ils étaient taillés dans la masse rocheuse, on dut découper, déplacer et édifier de nouveau ces incroyables temples et statues.

Dans les années 60, on collecta des fonds dans le monde entier et l'on fit appel aux meilleurs spécialistes pour sauver les monuments d'Abou Simbel. La coopération planétaire fut immédiate et toute une série de plans de conservation furent présentés. En 1964, on construisit finalement un batardeau (digue provisoire) pour retenir les eaux du lac qui gagnaient déjà du terrain, tandis que des équipes archéologiques égyptiennes, italiennes, suédoises, allemandes et françaises commençaient à déménager les massives constructions.

Moyennant 40 millions de dollars, les temples furent découpés en plus de 2 000 énormes blocs, puis rassemblés à l'intérieur d'une montagne spécialement construite à cet effet, à 210 m de l'eau et 65 m plus haut que le site d'origine. On les orienta soigneusement dans la bonne direction, tout en recréant le paysage de leur environnement initial, au-dessus et aux alentours de la montagne-coupole en béton.

L'entreprise dura à peine plus de quatre ans. Les temples d'Abou Simbel furent officiellement rouverts au public en 1968, alors que le site sacré qu'ils avaient occupé plus de 3 000 années durant disparaissait sous le lac Nasser. Une plaque à droite de l'entrée décrit avec éloquence cette œuvre titanesque : "C'est en restaurant le passé que nous avons pu construire l'avenir de l'humanité".

ce temple fut taillé dans la roche, mais la partie façade n'était pas encastrée. A l'entrée du temple proprement dit, on distingue les vestiges de colossales statues du pharaon, tandis que sur les scènes ornant les pylônes il apparaît en train de faire des offrandes aux dieux. L'arrière fut converti en église, mais les bas-reliefs initiaux sont bien conservés ; ils présentent encore Ramsès faisant des offrandes aux divinités, et certaines scènes portent des traces de couleurs. Dans ce qui tenait lieu jadis de sanctuaire, les statues occupant initialement la niche du mur ouest furent détruites par les chrétiens, lesquels recouvrirent ensuite les scènes sculptées avec du plâtre, pour peindre par-dessus des figures du christianisme. La plupart d'entre elles ont aujourd'hui subi l'outrage du temps et laissent transparaître les ornements ramessides ; si

JULIET COOMBE / LA BELLE AURORE

Les vestiges de la forteresse de Shali, datant du XIIIe siècle, dominent aujourd'hui l'actuelle Siouah

JULIET COOMBE / LA BELLE AURORE

Les façades aux couleurs vives contribuent au charme de Siouah

MARK ECCLESTON

Dans l'oasis de Kharguèh, la nécropole de Al-Bagawat renferme des centaines de tombes en terre séchée

SIONA JENKINS

Vestiges du temple et entrée de la tombe romaine Qasr El-Labaka, près de l'oasis de Kharguèh

SIONA JENKINS

Les formations rocheuses modelées par le vent sont une curiosité du désert Blanc vous observez bien, vous découvrirez un de ces bels anachronismes religieux dont l'Égypte a le secret : un Ramsès finement sculpté dans la pierre, qui semble offrir des fleurs à la silhouette fragmentée et comme auréolée de saint Pierre.

A environ 1 km au nord, vous voilà parmi les vestiges du **temple de Dakka**, un monument ptolémaïque datant du IIIe siècle av. J.-C. Situé à l'origine à 40 km au nord de ce site, ce temple était dédié à "Thot, dieu de Pnoubs" (le sycomore, emblème d'Isis et d'Hathor, ici représentées), et son attrait réside principalement dans son pylône (porte monumentale) de 12 m, sur lequel vous pouvez grimper pour jouir d'un beau panorama sur le lac et les temples des environs.

Le **temple de Mahararaqa**, le plus petit des trois, se dressait jadis à 50 km au nord, non loin du village d'Ofendina. On pense qu'il était consacré à Sérapis, le dieu d'Alexandrie et, comme ses ornements demeurent inachevés, ses murs semblent très vides. Dans l'angle nord-est de la salle principale, un escalier hélicoïdal (unique dans l'architecture égyptienne antique) conduit à la terrasse. L'entrée du site est de 12 £E (demi-tarif pour les étudiants).

Amada

Se profilant à 2,6 km de son site originel, le **temple d'Amada** est le vestige le plus ancien du lac Nasser, puisqu'il remonte à la XVIIIe dynastie. Dédié, comme nombre de lieux de culte nubiens, aux dieux Amon-Rê et Rê-Horakhty, il possède des bas-reliefs, parmi les plus beaux qu'on puisse trouver dans les monuments nubiens, et renferme deux inscriptions d'importance historique. A droite de l'entrée, la première raconte la manière dont le souverain réprima une rébellion soutenue par les Libyens en Nubie, tandis que la seconde, sur le mur du fond, décrit une campagne menée par le pharaon du Nouvel Empire, Aménophis II, contre les Asiatiques, avec moult détails sur sa manière d'achever ses prisonniers de guerre. Tout ceci était sans doute destiné à faire comprendre aux Nubiens que toute opposition politique ne pourrait résister aux puissants Égyptiens. Plus tard, le temple fut converti en église, et l'on ajouta une coupole en brique crue sur le toit.

Tout en haut de la façade, vous apercevrez des dromadaires grossièrement sculptés, dont on suppose qu'ils seraient l'œuvre de Bédouins ou de voyageurs, au Moyen Âge.

Le **temple de Derr** était le seul temple pharaonique situé sur la rive orientale du Nil et se dressait à l'origine à 11 km au sud-ouest de son site actuel. Si la façade est détériorée, on découvre quelques bas-reliefs bien conservés dans la salle hypostyle, représentant une fois encore Ramsès II vénéré tel un dieu vivant, comme à Abou Simbel. Sur les scènes sculptées de part et d'autre de l'entrée, on le reconnaît en train de tuer ses ennemis, suivi par son célèbre lion domestiqué.

A cinq minutes à pied de cet endroit vous attend le petit **tombeau de Pennout**, taillé dans le roc, qui se trouvait initialement à Aniba, à 40 km au sud d'Amada. Sous le règne de Ramsès VI, Pennout occupait la fonction d'administrateur en chef de la Basse-Nubie. Consistant en une modeste chapelle d'offrandes, dotée d'une niche à l'arrière, certaines de ses parois sculptées portent encore des marques de couleur et laissent entrevoir des événements et des personnages liés à la vie de Pennout. Dans une scène, on distingue Ramsès VI en personne qui lui offre un présent. L'accès au site vous coûtera 12 £E (6 £E pour les étudiants).

Qasr Ibrim

Les eaux du lac clapotent aujourd'hui aux pieds de ce monument (le seul encore sur son site initial), qui dominait autrefois sur un pic rocheux de 70 m, à environ 60 km d'Abou Simbel. L'appellation peu courante de cette forteresse, Qasr Ibrim, provient d'un nom méroïtique, *Pedeme*, qui devint *Primis* en grec, *Phrim* en copte, pour aboutir à *Ibrim* en arabe.

L'origine de ce lieu demeure obscure. Placé à un point stratégique en surplomb du Nil, les archéologues ont jusqu'ici découvert les traces d'une fortification qui remonterait à 1000 av. J.-C., mais il est possible qu'une sorte de garnison ait été établie encore 800 ans plus tôt, lorsque les Égyptiens durent bâtir une série de forts le long du fleuve, pour maintenir leur emprise sur la Basse-Nubie.

Aux alentours de 650 av. J.-C., Taharka, roi nubien de la XXVe dynastie d'Égypte, fit ériger ici un temple en brique crue et, quelque 700 années plus tard, un premier mur de fortification y fut élevé. A l'époque romaine, le secteur aurait été, semble-t-il, un bastion du paganisme, alors que le christianisme envahissait la Nubie. On pense qu'au moins six temples, dont un en brique crue consacré à Isis, auraient existé sur ce site de deux hectares. L'endroit ne fut converti au christianisme que 200 ans après l'Égypte, et le temple de Taharka devint une église. Au XIIIe siècle, Ibrim comptait parmi les principaux centres chrétiens de Basse-Nubie et résista à l'islam jusqu'au XVIe siècle, lorsqu'un groupe de mercenaires bosniaques, à la solde des Ottomans, vint occuper les lieux. Ils s'installèrent et épousèrent des femmes de la communauté nubienne, utilisant une partie de la basilique en guise de mosquée. Leurs descendants furent chassés par les Mamelouks qui fuyaient les purges de Méhémet-Ali au début du XIXe siècle (voir l'encadré *Le massacre des Mamelouks*, p.172).

Hormis ces vestiges de constructions diverses, dont ceux d'une basilique de grès du VIIe siècle sont les plus proéminents, des documents écrits relatifs à Taharka et aux souverains méroïtiques, ainsi que des papyrus grecs et latins ont été retrouvés à Qasr Ibrim. A l'époque de la rédaction de ce guide, les fouilles se poursuivaient et le site était fermé aux visiteurs.

Abou Simbel

Taillé dans la roche sur la rive occidentale du Nil, entre 1290 et 1224 av. J.-C., le lieu de culte honorait les divinités Rê-Horakhty, Amon et Ptah et, bien sûr, Ramsès II déifié en personne. Mais avec ses statues gigantesques du souverain tournées vers le fleuve, le monument avait surtout pour but

TEMPLE D'ABOU SIMBEL

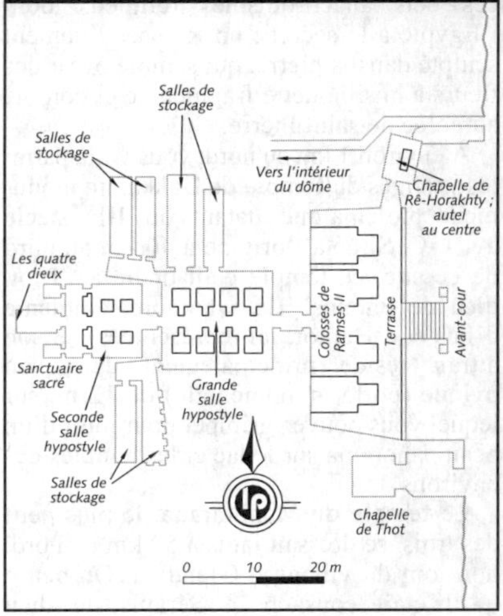

de symboliser la puissance, telle une énorme et effroyable sentinelle surveillant le moindre esquif tentant de pénétrer sur les terres du pharaon par le sud.

Cependant, au fil des siècles, le Nil et les sables du désert se déplacèrent de manière imperceptible, jusqu'à faire sombrer le temple dans les abysses de la mémoire de l'humanité. Un explorateur suisse, John Lewis Burkhardt, le redécouvrit par hasard en 1813 ; une seule des têtes surgissait encore des sables, sa voisine étant brisée, tandis qu'on discernait à peine les couronnes des deux autres encore intactes. David Roberts, qui visita le site 25 ans après lui, réalisa une superbe gravure qui retrace la scène, souvent reproduite depuis. Il fallut attendre que les Britanniques commencent les fouilles, vers le début du siècle, pour que le temple apparaisse dans toute sa splendeur.

A partir de l'avant-cour du grand temple, une petite volée d'escalier mène à la terrasse, devant la massive façade taillée dans la roche, laquelle mesure environ 30 m de haut sur 35 m de large. Gardant l'entrée, les quatre célèbres statues colossales de Ramsès II sont majestueusement assises, scrutant le désert comme si leur regard traversait le temps. Chacune d'elles mesure plus de 20 m de haut et est accompagnée, sculptées en relief sur le trône, de représentations plus petites, quoique plus grandes que nature, de la mère du roi, la reine Tuya, de son épouse Néfertari et de certains de leurs enfants.

Au-dessus de l'entrée de la grande salle hypostyle, entre les colosses centraux assis sur leur trône, on aperçoit la silhouette du dieu-soleil à tête de faucon, Rê-Horakhty. Malheureusement, il a subi les ravages du temps et il lui manque à présent une partie d'une jambe et un pied.

Orné de vautours représentant Osiris, le plafond de la salle est soutenu par huit colonnes, dont chacune présente en façade une statue de Ramsès de 10 m de haut ; tandis que les murs sont décorés de sculptures où le pharaon, plus victorieux que jamais, triomphe dans diverses batailles et écrase l'ennemi. Dans la salle suivante, un vestibule de quatre colonnes, Ramsès et Néfertari apparaissent devant les dieux et les barques solaires qui transportent les défunts dans l'autre monde.

Tout au bout, enfin, le Sanctuaire sacré abrite les quatre divinités du Grand Temple assises sur leur trône, sculptées dans la paroi du fond, et attendant l'aube. Le lieu de culte est aligné de telle sorte que le 22 février et le 22 octobre de chaque année (dates supposées de l'anniversaire du couronnement et de la naissance de Ramsès), les premiers rayons du soleil enjambent le Nil, pénètrent dans le temple, traversent la salle hypostyle, puis le vestibule et atteignent enfin le sanctuaire, pour illuminer les silhouettes désormais quelque peu mutilées de Rê-Horakhty, Ramsès II et Amon. Ptah, à gauche, demeure toujours dans l'ombre.

Temple d'Hathor. L'autre lieu de culte du complexe d'Abou Simbel est le temple d'Hathor, découpé dans le roc, et portant en façade six massives statues debout de 10 m de haut. Quatre d'entre elles représentent Ramsès, les deux autres son épouse bien-aimée, la reine Néfertari, et tous deux sont flanqués par les silhouettes plus petites des princes et princesses ramessides.

Les murs de la salle hypostyle s'ornent de scènes qui représentent : Néfertari devant Hathor et Mout ; la reine honorant son époux ; et Ramsès, encore une fois vaillant et victorieux. Le vestibule et la chambre attenante abritent des scènes hautes en couleur, où figurent la déesse et sa barque sacrée. Le sanctuaire comprend la statue dégradée d'une vache, effigie sacrée d'Hathor, surgissant de la roche.

L'accès aux deux temples s'élève à 36 £E (18 £E pour les étudiants), y compris les honoraires obligatoires du guide.

Où se loger et se restaurer

Abou Simbel ne propose que deux hôtels. Le ***Nefertari*** (☎ *400 508/9*) est un quatre-étoiles situé à 400 m des temples, au cœur d'une végétation relativement luxuriante qui surplombe le lac Nasser. Ses simples/doubles reviennent à 72/90 $US, petit déjeuner compris, mais sans les taxes. Les chambres, assez petites, donnent sur le lac, jouissent de la clim., de la moquette au sol et, pour certaines, d'un mini-réfrigérateur. L'établissement dispose également d'une piscine. Son restaurant ouvre toute l'année et propose des petits déjeuners à 11 £E, tandis que ses déjeuners/dîners sont facturés 31/37 £E. En hiver, il vaut mieux réserver. On vous laissera aussi camper sur le domaine, moyennant 20 £E, et vous pourrez bénéficier des douches, de la piscine… et des moustiques.

Installé en ville, le trois-étoiles ***Nobaleh Ramses Hotel*** (☎*/fax 400 380*) se trouve à environ 1 500 m du site des temples. Ses 39 simples/doubles coûtent 50/82,50 $US en demi-pension, taxes comprises, mais il est possible de négocier. Ses vastes chambres sont claires et propres, avec s.d.b., WC, TV, clim. et un réfrigérateur. Le petit déjeuner buffet revient à 10 £E, le dîner à 19 £E et le dîner à 25 £E.

L'alignement des cafés bon marché en ville ne vous donnera guère envie de vous attabler pour dîner.

Comment s'y rendre

Bien qu'il existe une route parfaite entre Assouan et Abou Simbel, la police l'avait déclarée interdite à tous les étrangers à l'époque où nous rédigions ce guide. En conséquence, EgyptAir diminua ses tarifs de moitié et la plupart des voyageurs doivent accomplir la visite en compagnie de tout un avion de touristes. Pour tout détail, voir la rubrique *Comment s'y rendre* de la section *Assouan*.

Si la police devait assouplir ses mesures, reportez-vous à la même rubrique pour connaître les bus circulant entre Assouan et Abou Simbel. Un peu moins chère, une autre solution consisterait à rassembler un groupe pour louer un taxi ou un minibus et effectuer un circuit des temples, comprenant Philae, Kalabsha, le Haut-Barrage et Abou Simbel. Comptez 30 £E par personne en minibus (transport seulement). Sachez toutefois qu'une visite à Abou Simbel seulement occupe déjà toute une journée.

Circuits organisés

Même si la route d'Abou Simbel demeure pour l'instant interdite d'accès, les hôtels d'Assouan n'hésiteront pas à proposer de vous y conduire en minibus. *Ne déboursez aucune somme* jusqu'à ce que vous sachiez si oui ou non l'interdiction de circuler reste en vigueur. Si la situation venait à changer, il existe en général deux possibilités d'excursion : une courte, qui comprend Abou Simbel et le Haut-Barrage, ou la version longue, qui englobe le temple de Philae et l'obélisque inachevé.

En principe, les circuits démarrent entre 4h et 5h, les minibus se chargeant de prendre les clients aux divers hôtels de la ville. Le but consiste à parvenir au temple aux alentours de 8h30, avant qu'il ne fasse trop chaud, et d'en partir vers 10h. D'ordinaire, les participants d'un circuit court reviennent vers 14h30, ceux de la version longue rentrant aux environs de 17h. L'accès au site n'est pas inclus dans le prix du trajet. Nombre de minibus ne sont pas climatisés, ce qui peut s'avérer fort inconfortable en été, surtout si les organisateurs remplissent un peu trop les véhicules (ce qu'ils ont tendance à faire). Par ailleurs, des voyageurs se sont plaints d'être restés trop peu de temps à Abou Simbel.

Sinon, dès la levée de l'interdiction, la plupart des grandes agences de voyage d'Assouan seront susceptibles de proposer à nouveau des visites d'Abou Simbel en bus climatisés. Essayez Thomas Cook ou toute autre adresse de renom en ville.

Croisière sur le lac Nasser. Il existe d'autres moyens de découvrir le lac Nasser et ses monuments. L'un des meilleurs, et sans doute le plus luxueux, consiste à faire une croisière. Cinq bateaux sillonnent actuellement le plan d'eau, et le ministère du Tourisme a promis d'en limiter le nombre à six, même si on a peine à croire qu'il résiste à la tentation de trop développer cette région, comme il l'a fait dans d'autres provinces d'Égypte. Sur les cinq bateaux proposés, deux se détachent incontestablement du lot : l'*Eugénie* et le *Qasr Ibrim*, lesquels sont gérés par la même compagnie, Belle Epoque Travel, dont Mustafa al-Guindi est le maître d'œuvre ; ce Cairote d'origine nubienne s'est débrouillé quasiment tout seul pour ouvrir le lac Nasser au tourisme. Ses embarcations jouissent d'une décoration ahurissante : l'*Eugénie* évoque un relais de chasse du début du siècle, et le *Qasr Ibrim* flamboie d'une élégance art déco 1930. Tous les deux contiennent piscines, jacuzzis, et servent une fantastique cuisine française. Entre autres privilèges, les passagers se voient octroyés des cocktails en début de soirée et un concert classique devant le temple d'Abou Simbel. Vous pouvez organiser votre croisière, en contactant le bureau cairote de la compagnie (☎ 518 1857/8, fax 353 6114). Une cabine standard revient au moins à 90 $US par jour et par personne, pour une traversée de trois à quatre jours, englobant tous les repas et les visites des temples.

Sorties de pêche. La taille des poissons du lac Nasser est légendaire et commence à attirer les pêcheurs du monde entier. A l'heure actuelle, deux compagnies organisent des excursions de pêche. L'African Angler est dirigée par un ancien guide de safari kenyan, Tim Bailey. Il propose des sorties hebdomadaires de septembre à décembre et de février à juin. Tous les poissons capturés sont remis à l'eau et Tim tente de promouvoir la sauvegarde de l'environnement. Entre deux excursions, on peut le contacter au Basma Hotel d'Assouan (☎ 316 052). Il opère aussi par l'entremise d'Abercrombie & Kent, au Caire (☎ 394 7735). Bohayrat Orascom (☎/fax 314 090) est l'autre société, implantée à Assouan. Ses tarifs s'élèvent à 90 $US par personne et par jour, repas et équipement compris. Elle organise aussi un "safari crocodile" d'une journée, moyennant 35 $US par personne.

Navigation de plaisance. Autre possibilité de découverte du lac Nasser : le voilier. Installée au Caire, la compagnie Hermes Travel (☎ 303 5105, fax 345 4711) dispose d'un yacht de 15 m, le seul qui sillonne actuellement le plan d'eau, avec cinq cabines doubles et un moteur auxiliaire. Grâce à son faible tirant d'eau, le bateau peut se glisser dans des endroits que n'atteignent pas les navires de croisière. Et s'il vous transporte vers tous les temples du lac, il peut aussi naviguer jusqu'au protectorat de Wadi al-Alagi, dans le désert Oriental, où un relais en 4x4 vous attend pour vous faire traverser les sables, jusqu'au port de Berenice, sur la mer Rouge, d'ordinaire interdit. Comptez 50 $US par personne et par jour.

Les oasis du désert de Libye

Le désert de Libye (ou désert Occidental), qui s'étend de la rive ouest du Nil jusqu'au delà de la frontière libyenne, incarne le désert par excellence. Couvrant au total 2,8 millions de km^2, il est encadré à l'ouest par la Libye, au sud par le Soudan et au nord par la Méditerranée. Ce vaste espace désolé constitue l'un des rares endroits d'Égypte où l'on puisse circuler pendant des jours sans rencontrer âme qui vive.

Cinq oasis prospères forment autant d'îlots au milieu de cette mer de sable par ailleurs inhabitée. Elles ont pour nom Kharguèh (Kharga), Dakhla, Farafra, Bahariya et Siouah, et Hérodote les surnommait "l'archipel des bienheureux". Après des jours de traversée à dos de dromadaire, elles devaient en effet apparaître comme telles. Éloignées de tout, elles jouissent cependant d'un passé étonnamment riche, et des fouilles récentes ont mis au jour une multitude d'objets attestant une présence humaine dès la préhistoire. A la fin de l'époque pharaonique et au début de la période romaine, les oasis formaient une étape obligée sur les routes commerciales entre l'Afrique et la Méditerranée.

Depuis Nasser, les autorités égyptiennes ont mis sur pied des projets de grande envergure pour reconquérir le désert par la réquisition des terres et le développement d'une agriculture intensive. L'État incite les paysans sans terre et les familles citadines à s'installer dans les oasis, qui offrent alors une autre option à la vallée du Nil asphyxiée par l'essor démographique. A la fin des années 50, Kharguèh, Dakhla et Farafra sont regroupées au sein du gouvernorat de la Nouvelle Vallée, et les premiers habitants arrivent le 3 octobre 1959 (désormais célébré comme un jour férié dans la région). Si certains projets associés à la Nouvelle Vallée ont rencontré le succès, bien d'autres ont malheureusement échoué. En 1996, on ne recensait en effet que 143 000 personnes dans les limites du gouvernorat, soit un chiffre bien inférieur aux prévisions initiales.

A ne pas manquer

- **Le désert Blanc.** Le seul désert au monde où le sable ressemble à de la neige et où surgissent d'étranges sculptures naturelles immaculées.
- **Siouah.** Cette paisible oasis plantée de palmeraies a su conserver son originalité grâce à son isolement séculaire et au particularisme de ses habitants.
- **Al-Qasr.** Cette ville antique en briques crues située dans l'oasis de Dakhla a défié les tempêtes de sable et les envahisseurs. Aujourd'hui, son dédale de ruelles se prête à la promenade.
- **Les forteresses romaines.** Les ruines qui coiffent les collines de l'oasis de Kharguèh défendaient jadis les caravanes venues d'Afrique qui s'adonnaient au trafic lucratif d'esclaves.

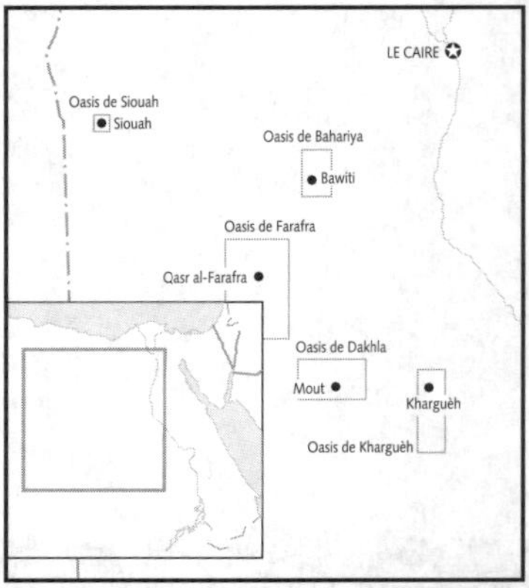

Malgré le développement touristique, les sensations fortes sont toujours au rendez-vous lorsqu'il s'agit de voyager dans cette région reculée. Les villes et villages renfer-

LES OASIS DU DÉSERT DE LIBYE

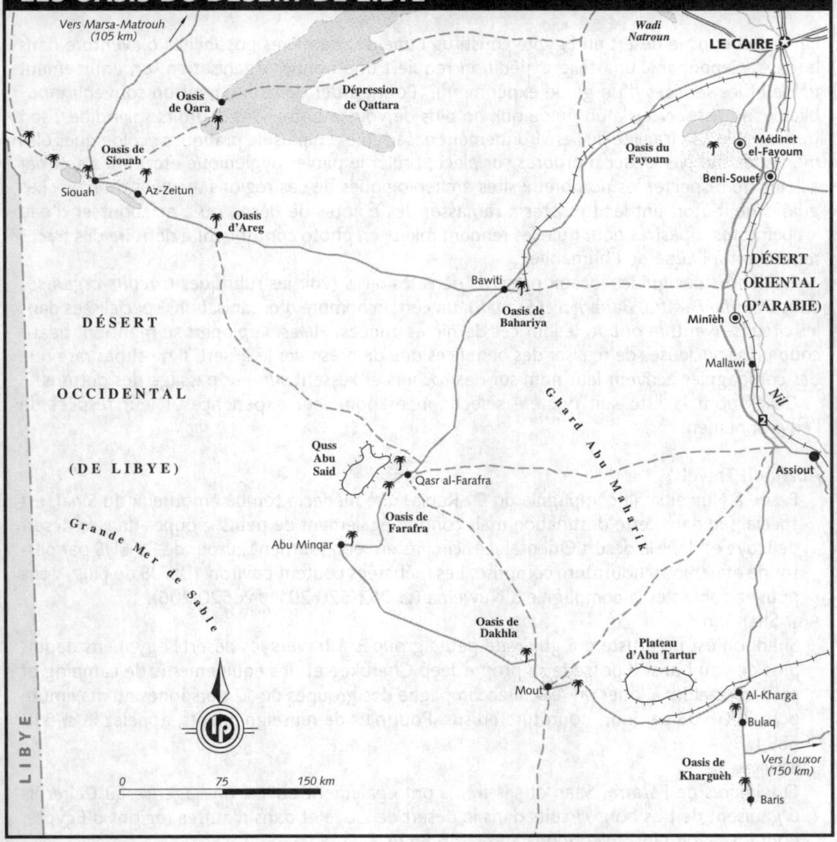

ment des sites archéologiques faciles d'accès mais, contrairement au reste de l'Égypte, le désert alentour permet encore l'aventure. Mieux vaut visiter les oasis à la fin de l'automne ou au début du printemps car le thermomètre atteint parfois les 52°C avec un taux d'humidité rarement supérieur à 9%. L'hiver est très agréable, avec des températures de 20 à 25°C dans la journée entre décembre et février, et parfois jusqu'au mois de mars. Les nuits peuvent cependant être froides (2°C).

Des routes asphaltées desservent toutes les oasis, et l'une d'elles relie aussi Kharguèh à Louxor et à Assiout. Notez qu'il est possible de rouler de Kharguèh à Louxor mais pas en sens inverse car la police de Louxor est sur le qui-vive.

On peut rallier Siouah par la route depuis Marsa-Matrouh sur la côte nord. S'il existe une connexion entre Bahariya et Siouah, les moyens de transports publics font cependant défaut. Pour plus d'informations, voir *Comment circuler* dans la rubrique *Siouah*.

Circuits-aventure dans le désert

Un circuit dans le désert en Égypte constitue l'une des dernières possibilités d'aventure dans le pays. Cependant, une telle expédition requiert une bonne organisation, un équipement fiable et les services d'un guide expérimenté. Pour garder de ce moment un souvenir inoubliable, adressez-vous à un guide qui, en plus de vous montrer des endroits splendides, soit très sensible à la fragilité de l'environnement désertique. En plus de pratiques écologiques élémentaires (ne pas laisser d'ordures sur place, brûler le papier hygiénique etc...), il s'agit par ailleurs de respecter les nombreux sites archéologiques de ces régions reculées du pays. Les guides qui autorisent les touristes à ramasser des pointes de flèche ou à éclabousser d'eau les peintures rupestres pour qu'elles rendent mieux en photo contribuent à détruire des traces remontant à l'aube de l'humanité.

En dehors des guides locaux présents dans les oasis (voir les rubriques *Circuits organisés* dans *Dakhla, Farafra, Bahariya* et *Siouah*), un certain nombre d'organisations spécialisées dans les circuits-aventure ont vu le jour ces dernières années. Hélas, la plupart se montrent beaucoup plus soucieuses de réaliser des bénéfices que de préserver le désert. Il n'est pas rare que des compagnies écrivent leur nom sur des rochers et laissent sur leur passage des détritus.

Celles dont la liste suit ont été sélectionnées pour leur expérience et leur respect de l'environnement.

Abanoub Travel
: Basée à Nuweiba, la compagnie du Dr Rabia, une médecin tombé amoureux du Sinaï, est spécialisée dans cette destination mais conduit également de petits groupes dans le désert de Libye et dans le désert Oriental. Les circuits en Jeep tournent autour de 35 $US par personne et par jour, nourriture comprise. Les méharées coûtent environ 10 $US de plus. Vous pouvez contacter la compagnie à Nuweiba (☎ 062-520 201, fax 520 206).

Amr Shannon
: Shannon est un artiste qui guide de petits groupes à travers les déserts égyptiens depuis plus de vingt ans. Il possède sa propre Jeep Cherokee et des équipements de camping et peut vous aider à louer un 4x4. Il accompagne des groupes de 12 personnes au maximum pour 300 $US par jour, nourriture en sus. Pour plus de renseignements, appelez le ☎ 519 6894.

Badawiyya
: Originaires de Farafra, Saad et ses frères ont également ouvert une agence au Caire. Ils organisent de très bons circuits dans le désert de Libye et dans d'autres régions d'Égypte. Pour en savoir plus, téléphonez au ☎ 345 8524.

L'OASIS DE KHARGUÈH

Kharguèh, la plus vaste et la plus moderne des oasis, se tient à l'intérieur d'une dépression d'environ 30 km de large et 200 km de long. Elle a pour chef-lieu la ville de Kharguèh (Al-Kharga), située à 233 km d'Assiout. Il s'agissait autrefois d'une étape sur la "route des Quarante-Jours" entre le Soudan et l'Égypte. A l'inverse des autres oasis qui ont conservé une partie de leur caractère d'origine, la capitale de la Nouvelle Vallée reflète le rêve des planificateurs égyptiens des années 60. Ses énormes bâtiments modernes en béton et en verre bordant de larges boulevards sans ombre évoquent davantage l'image du progrès issu de l'industrialisation de l'agriculture et des déplacements massifs de population que la chaleur

Circuits-aventure dans le désert

Lama Expeditions

Samir Lama est le roi incontesté du désert de Libye. Vivant actuellement en Allemagne, il organise chaque année plusieurs grandes expéditions dans le désert. D'une durée de 15 à 21 jours, ses itinéraires couvrent une zone allant de l'extrême sud-ouest de l'Égypte jusqu'à l'intérieur du Soudan. Les groupes comprennent généralement 6 à 8 personnes, parfois douze. Vous pouvez le joindre à Francfort au ☎ 49-69-447 897 (fax 499 0767).

Max Adventure Travel

Une des premières compagnies du Caire à organiser des randonnées dans le désert, elle accompagne des groupes dans le désert de Libye et dans le sud du Sinaï. Les circuits dans le Sinaï coûtent 120 $US par personne et par jour, repas et eau minérale compris. Les circuits dans le désert de Libye reviennent à environ 100 $US par personne. Pour en savoir plus, contactez Supriya Chawla au Caire (☎ 303 5125, fax 303 6123).

du désert et les plantations de palmiers-dattiers.

La ville proprement dite ne présente guère d'attrait mais un certain nombre de sites méritent néanmoins le détour.

Orientation

La gare routière se trouve au sud-est de la ville, à côté des rares vestiges du centre historique et à une bonne distance de la plupart des hôtels. Si vous venez de Dakhla, décidez à l'avance de votre lieu d'hébergement afin de descendre éventuellement à Sharia al-Adel et d'éviter ainsi de rebrousser chemin.

Les personnes qui arrivent de la vallée du Nil profitent d'un panorama spectaculaire car la route descend l'escarpement avant de passer devant la célèbre prison d'Al-Munira, à environ 23 km au nord de Kharguèh.

Renseignements

L'office du tourisme (☎ 921 206, fax 921 205), Midan Nasser, accueille le public de 8h30 à 15h puis à nouveau le soir à des horaires variables, tous les jours sauf le vendredi. Le personnel ne dispose pas toujours des informations les plus récentes. La New Valley Tourist Friends Association (☎ 921 451), Midan Basateen, près de l'antenne du ministère de la Culture, constitue une autre source de renseignements. Elle ouvre de 17h à 22h tous les jours sauf le vendredi.

Les agences de la Banque du Caire et de la Banque Misr changent l'argent liquide et les chèques de voyage. La seconde vous permet également de retirer de l'argent avec une carte de crédit, une prestation unique dans les oasis. La poste reste ouverte de 8h à 14h30 et ferme le vendredi. Le central téléphonique, rue al-Gomhuriyya, fonctionne 24h/24.

Le Duaa's Studio, une petite boutique, entre le Waha Hotel et la place sur la rue al-Adel, vend généralement des pellicules Kodak et Agfa.

Musée

Plus bas que l'office du tourisme, un musée renferme des pièces archéologiques provenant de différents sites antiques autour de Kharguèh et de Dakhla. La salle à droite du hall d'entrée s'avère particulièrement intéressante. Financée par un musée canadien, elle retrace la préhistoire des oasis à travers quatre vitrines légendées en anglais et en arabe. On peut voir aussi un vaste éventail d'objets des époques pharaonique, ptolémaïque et paléochrétienne. Le musée accueille le public de 8h à 16h. L'entrée coûte 20 £E (10 £E pour les étudiants).

Temple d'Hibis

Ce monument du VIe siècle av. J.-C. dédié au dieu Amon fut construit en grande partie par l'empereur perse Darius Ier. Consacré à la triade thébaine Amon, Mout, Khonsou, le temple formait jadis le centre

L'OASIS DE KHARGUÈH

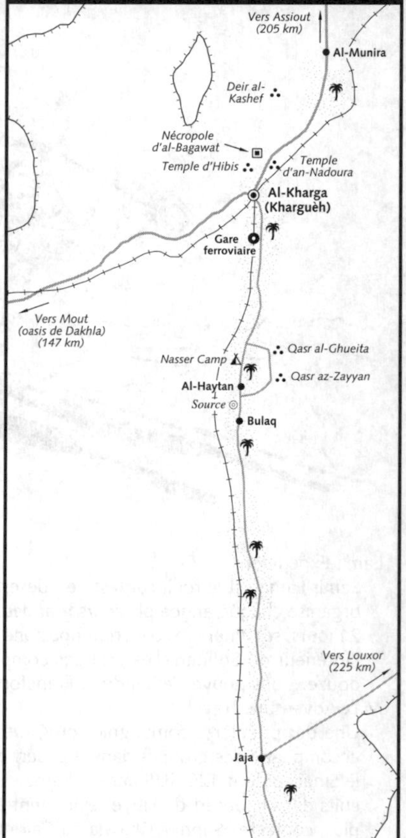

de la cité d'Hibis, capitale de l'oasis dans l'antiquité. Les inscriptions laissées par des voyageurs européens du XIXe siècle, dont le célèbre explorateur du désert de Libye Gerhard Rohlfs, sont toujours visibles dans la salle hypostyle. Le temple se situe à 2 km au nord de la ville par l'embranchement à gauche de la route principale. L'entrée coûte 16 £E (8 £E pour les étudiants).

Temple d'an-Nadoura

Ce temple au nord-est de la ville se double d'une forteresse édifiée en 138 de notre ère par l'empereur romain Antonin le Pieux pour protéger l'oasis. On aperçoit ses vestiges au sommet d'une éminence à droite de la route principale, juste avant l'embranchement qui conduit au temple d'Hibis. Suivez la route à droite pendant 500 m et escaladez la colline semée de tessons de poteries. Le bâtiment ne présente plus que des ruines mais offre une vue, particulièrement splendide au crépuscule, qui embrasse l'oasis et le désert.

Nécropole de Bagawat

A environ 1 km du temple d'Hibis, la nécropole chrétienne constitue certainement le plus intéressant des trois sites au nord de la ville. Ses centaines de tombes coptes à coupole datent pour la plupart du IVe au VIe siècles et certaines recèlent des peintures murales à demi effacées inspirées de thèmes bibliques. L'entrée coûte 20 £E (10 £E pour les étudiants). Vous pouvez accepter les services d'un "guide" si vous souhaitez pénétrer à l'intérieur des sépultures les plus décorées. Demandez à voir la chapelle de la Paix qui renferme des représentations des apôtres à peine discernables sous les inscriptions en grec de la coupole. La chapelle de l'Exode, à la coupole recouverte de scènes de l'Ancien testament et de graffiti du IXe siècle, contient les peintures les mieux conservées. A noter aussi, la tombe n°25 et un petit caveau que le gardien a surnommé la chapelle des Raisins (Anaïd al-Ainab), d'après les grappes qui ornent ses parois. Le site ouvre de 8h à 17h (18h l'été).

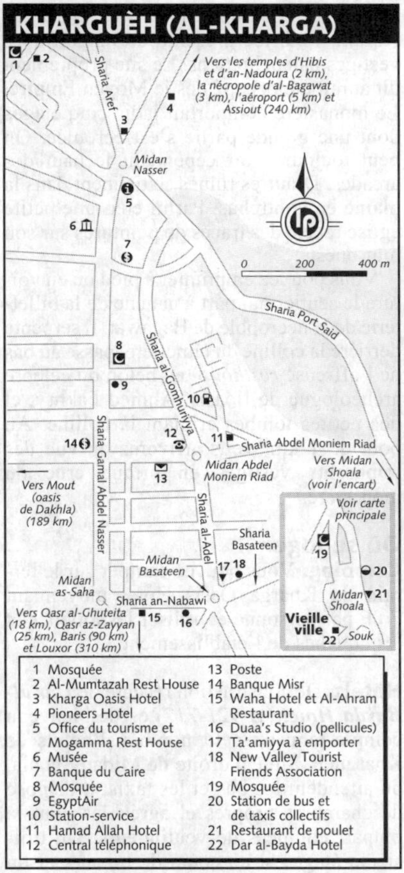

Si vous êtes à pied, coupez à travers le désert lorsque vous apercevrez la nécropole sur votre gauche. En voiture, roulez pendant environ 1 km sur la route qui monte jusqu'à l'entrée du site.

Deir al-Kashef

Les vestiges du monastère de Moustafa al-Kashef, ou Moustafa le collecteur d'impôts, dominent les falaises au nord de Bagawat. Bâti à un carrefour stratégique du désert de Libye, l'endroit où la piste Darb al-Ghabari venant de Dakhla croisait la Darb al-Arbain, l'édifice présente de magnifiques vestiges paléochrétiens. Le site proprement dit aurait été occupé dès le Moyen Empire. Le monastère comportait jadis cinq étages dont une grande partie s'est écroulée. On peut toujours voir cependant le haut des arcades. D'autres ruines se tiennent dans la plaine en contrebas. Parmi eux, une petite église recèle des traces de peintures sur son mur ouest.

Vous pouvez emprunter à pied ou en voiture le sentier qui part à gauche de la billetterie de la nécropole de Bagawat. Il serpente derrière la colline du cimetière, passe au bas de l'affreuse *resthouse* en béton du célèbre archéologue de l'oasis, Ahmed Fakhry, et des petites tombes criblant la colline. Au bout de 1 km, vous arriverez en vue des imposants vestiges en brique crue du monastère.

Où se loger

Camping. Vous pouvez camper sur le terrain du Kharga Oasis Hotel moyennant 7 £E par personne et utiliser les toilettes et les douches de l'établissement.

Hôtels. De construction récente, le ***Dar al-Bayda Hotel*** (☎ *921 717*) est le bienvenu compte tenu du petit nombre d'hôtels de Kharguèh. Situé à droite de Midan Shoala, où attendent les bus et les taxis, il dispose de chambres propres et agréables dont la plupart équipées de ventilateurs. Un troisième étage est en cours de travaux et un bar-restaurant devrait voir le jour au sommet du bâtiment. La simple coûte 14 £E et la double avec s.d.b. 20 £E. Comptez 4 £E de plus pour le petit déjeuner. Prévues pour 1999, les chambres du nouvel étage devraient revenir moins cher.

Le ***Waha Hotel*** (☎ *920 393*) fait partie des adresses à prix raisonnable en dépit de chambres simples exiguës et aveugles. Par ailleurs, la propreté des s.d.b. communes laisse parfois à désirer. L'établissement bénéficie cependant de chambres avec ventil. et d'eau chaude. Si vous venez de Dakhla, le bus peut vous déposer à l'entrée. Une simple/double revient à 7/14 £E ou à 15/20 £E avec s.d.b.

Il existe aussi plusieurs *resthouses* gérées par l'État. ***Mogamma***, derrière l'office du tourisme, est la meilleure. Elle se compose de quatre chalets pouvant accueillir chacun dix personnes. Les chambres impeccables coûtent 17,30 £E par personne et disposent d'un réfrigérateur, d'une cuisine et d'une TV. Vous pouvez aussi opter pour la *resthouse* ***Al-Mumtazah***, un énorme bâtiment moderne comprenant cinq grandes chambres. De qualité légèrement inférieure à la précédente, elle souffre d'une situation peu pratique mais affiche des prix plus bas (9 £E pour un lit). Pour réserver une chambre dans l'un ou l'autre de ces établissements, contactez l'office du tourisme.

L'***Hamad Allah Hotel*** (☎ *920 638, fax 925 017*) a la faveur des groupes qui traversent la région. Comptez 31/53 £E la simple/double avec s.d.b., réfrigérateur, TV et petit déjeuner ou 45/75,25 £E avec l'air conditionné. Les chambres bien tenues manquent auraient cependant besoin d'un coup de peinture.

Le ***Kharga Oasis Hotel*** (☎ *921 500*) bénéficie d'un jardin planté de palmiers et d'une terrasse. Étape de prédilection des aventuriers du désert, cette bonne adresse semble pourtant désespérément vide. Une simple/double coûte 55/77 £E ou 61/83 £E avec l'air conditionné. Les prix comprennent le petit déjeuner et les taxes.

Le ***Pioneers Hotel*** (☎ *927 982, fax 927 983*), premier cinq-étoiles des oasis, a ouvert ses portes en novembre 1998. Doté de 90 chambres aménagées dans un bâtiment de couleur rose saumon, il correspondrait davantage au tourisme de masse de la vallée du Nil qu'à l'environnement du désert. Si vous ne pouvez pas vivre sans TV par satellite ni clim., libre à vous de dépenser 95/124 $US pour une simple/double en demi-pension.

Où se restaurer

Les rares restaurants sont très éloignés les uns des autres et les meilleurs se trouvent dans les hôtels. Le ***Hamad Allah Hotel*** sert un menu déjeuner (17 £E) et un menu dîner (19 £E) et dispose d'un bar. De même, le restaurant du ***Kharga Oasis Hotel*** (21/24 £E), dont le bar en terrasse donne sur un paisible jardin. Le ***Pioneers Hotel*** propose le repas hors de prix que l'on peut attendre en Égypte de la part d'un cinq-étoiles. Il bénéficie également d'un bar et d'une terrasse.

Vous pouvez aussi essayer l'***Al-Ahram***, devant le Waha Hotel, qui prépare des plats à base de poulet et de légumes. Un peu plus bas que la gare routière des bus sur Midan Shoala, un endroit bon marché ne vend que du poulet. Une petite échoppe de *ta'amiyya* à emporter se tient dans la Sharia al-Adel près du rond-point, et un stand de jus de fruits vous attend juste en face.

Comment s'y rendre

Avion. EgyptAir effectue la liaison dans les deux sens entre Le Caire et Kharguèh le mercredi et le dimanche (450 £E l'aller simple). L'agence d'EgyptAir se trouve dans la rue Nasser, juste à côté de la grande mosquée, et l'aéroport à 5 km au nord de la ville.

Bus. Des bus quotidiens relient Kharguèh au Caire : 6h (23,25 £E), 21h, 22h30 et 23h (37/32/37 £E). Les bus de 21h et de 23h viennent de Dakhla et empruntent la route du désert tout du long. Ils effectuent le trajet de Kharguèh à la capitale en sept ou huit heures. Les deux autres vont à Assiout par la route qui suit la vallée du Nil. Ils permettent ainsi de s'arrêter à Minîèh ou a Beni-Souef mais le voyage dure au moins 11 heures.

Plusieurs bus partent pour Assiout (6 à 7 £E, durée 3 à 4 heures) à 6h, à 7h, à 8h30, à 11h, à 12h, à 14h, à 19h et à 1h. D'autres traversent Kharguèh sur le parcours entre Dakhla et Assiout.

Les bus à destination de Dakhla quittent Kharguèh à 7h, à 12h et à 14h30 (5 à 7 £E, durée 3 heures).

Un bus pour Louxor en provenance de Dakhla part les mardi, vendredi et dimanche à 7h30. Les billets s'achètent à bord.

Taxis collectifs. Prendre un taxi constitue un bon moyen de rejoindre Kharguèh depuis Assiout. Le trajet prend de trois à quatre heures et coûte 8 £E par personne. De Dakhla, le voyage ne dure que trois heures (7 £E).

Taxis spéciaux. A l'heure où nous écrivons cet ouvrage, les taxis spéciaux sont pratiquement les seuls véhicules à circuler sur la nouvelle route Kharguèh-Louxor (*via* Jaja). Comptez 500 £E environ (sept passagers maximum). Quelques camions passent à l'occasion, mais nous vous déconseillons le stop.

Train. Un train quitte Kharguèh pour Louxor le vendredi à 7h. Il met environ 7 heures et le billet (3e classe uniquement) coûte 9,80 £E (4,90 £E pour les étudiants). Un nouveau tronçon jusqu'à Baris vient d'être inauguré.

Comment circuler

A Kharguèh, des pick-ups font office de transport local. Ils circulent le long de la rue Gamal Abdel Nasser et entre Midan Shoala et Midan Nasser. Ils desservent aussi plusieurs autres points de la ville. Comptez de 25 à 50 pt selon la distance.

AU SUD VERS BARIS

De Kharguèh, une route asphaltée se dirige au sud vers Baris, la ville la plus méridionale des oasis. Beaucoup de sites facilement accessibles bordent la route.

A environ 18 km au sud de Kharguèh, les ruines de **Qasr al-Ghueita**, ou palais de la Belle, se dressent au sommet d'une colline du côté est de la route de Baris. Il s'agit en réalité d'un temple de la XXVe dynastie dédié à la triade thébaine Amon, Mout et Khonsou. A l'intérieur du mur d'enceinte en brique crue, un édifice religieux de l'époque ptolémaïque bien conservé renferme des reliefs représentant Hapy, le dieu du Nil. De la route principale, une route asphaltée conduit au temple situé 2 km plus loin. L'entrée coûte 16 £E (8 £E pour les étudiants). A environ 7 km plus au sud se tiennent les vestiges de **Qasr az-Zayyan**, un temple romain construit à l'intérieur d'une forteresse. Situé à proximité d'un village moderne, il ne dégage pas le même sentiment d'isolement que la plupart des autres temples-forteresses de la région mais mérite néanmoins la visite (entrée 16 £E, 8 £E pour les étudiants).

Si vous n'êtes pas motorisé, vous pouvez prendre le bus à destination de Baris ou un pick-up pour Bulaq. Demandez au chauffeur de vous déposer sur la route asphaltée qui mène aux temples. Une autre route relie les deux édifices, mais vous devrez parcourir 7 km à pied.

Baris

Baris, à 90 km au sud de Kharguèh, est la quatrième ville du gouvernorat de la Nouvelle Vallée. Peu de choses subsistent hélas pour témoigner qu'elle fut un centre économique majeur le long de la route marchande Darb al-Arbain. En dehors de quelques stands de *foul* ou de *ta'amiyya*, seules les maisons en brique crue désaffectées de Baris al-Gedida, à environ 2 km au nord de l'agglomération actuelle, peuvent retenir l'attention.

A environ 23 km au sud-est de Baris se trouve le temple-forteresse de Qasr ad-Douch, bâti à l'époque romaine. Marquant l'entrée de l'Égypte par le sud, il s'agissait jadis d'une étape importante le long de la Darb al-Arbain. L'édifice gardait peut-être aussi la Darb al-Dush, une route est-ouest conduisant aux temples d'Esna et d'Edfou dans la vallée du Nil. Construit par Domitien au Ier siècle, le temple en grès qui jouxte le flanc est de la forteresse était voué au culte d'Osiris et à l'origine partiellement recouvert d'or. Il ne reste hélas pas grand-chose de sa décoration intérieure. Comme dans d'autres monuments égyptiens, on peut voir à l'entrée des noms de voyageurs européens du XIXe siècle gravés pour la postérité à côté des inscriptions dédiées aux empereurs romains.

De Baris, une route goudronnée mène au temple. Vous pouvez demander au conducteur du bus en provenance de Kharguèh de vous déposer mais vous n'aurez alors aucun moyen pour rentrer. L'autre solution consiste à négocier le trajet avec un conducteur de pick-up (comptez 20 £E, attente comprise). L'entrée du site coûte 16/8 £E.

Où se loger

Le terrain de camping Nasser Camp se situe au sud de Qasr al-Ghueita, à 20 km au sud de Kharguèh. Récemment acquis par la société florissante qui gère le Pioneers Hotel, il propose des tentes et des bungalows onéreux installés dans un jardin à proximité d'une source. Les tarifs s'échelonnent de 12 £E par personne pour une tente de toile à 80 £E par personne, une somme trop élevée pour une chambre mal aérée dans un bungalow préfabriqué.

Les *resthouses* administrées par l'État de Baris et de Bulaq viennent d'être rachetées par une compagnie privée. Les chambres devraient subir des rénovations et par conséquent revenir plus cher (actuellement 15 £E). L'établissement très spartiate de Baris ne fait payer que 5 £E pour un lit mais ne sert pas de repas. Vérifiez auprès de l'office du tourisme de Kharguèh que la *resthouse* est bien ouverte. L'un des employés de l'office du tourisme, Farhat Shaera, reste à Baris du jeudi au samedi, et vous pouvez le joindre sur place pour plus d'informations (☎ 963 054).

Comment s'y rendre

Deux bus quotidiens relient Kharguèh à Baris (1,75 £E). Ils partent de Kharguèh à 7h et à 14h et quittent Baris à 6h et à 15h. Tous les jours à 7h et à 14h, un bus local descend à Baris et s'arrête dans tous les villages dont Dush et d'autres localités isolées (1,75 £E). Les microbus et les pick-ups fréquents sont plus pratiques pour circuler entre Kharguèh et Baris (environ 3 £E).

L'OASIS DE DAKHLA

Dakhla, à environ 189 km à l'ouest de Kharguèh, a vu le jour à partir de plus de 600 sources et points d'eau naturels. Ses pittoresques villages en brique crue souvent construits sur des sites antérieurs, se tiennent au milieu de champs et de vergers luxuriants. L'oasis compte à peu près 70 000 habitants et produit du riz, du blé, des mangues, des oranges, des olives et des dattes ainsi que des abricots qui sont séchés et vendus surtout pendant la période du ramadan.

D'après des recherches récentes, on sait que Dakhla a connu une implantation humaine ininterrompue depuis la préhistoire. Au néolithique, l'oasis abritait un gigantesque lac, et des peintures rupestres indiquent la présence d'éléphants, de buffles et d'autruches. Après l'assèchement du lac, la population aurait émigré vers l'est et formé le premier peuplement de la vallée du Nil.

Le bus en provenance d'Assiout et de Kharguèh vous dépose à Mout (13 000 habitants), la plus grande ville de l'oasis. De là, vous pouvez prendre un taxi pour Al-Qasr. Le bus qui arrive de Farafra vous laisse à Al-Qasr ou à Mout.

Renseignements

Omar Ahmed se montre prévenant et d'une aide précieuse. Il fait la navette entre les deux offices du tourisme existant à Mout : le nouveau (☎ 821 686), Sharia as-Sawra al-Khadra, l'autre (☎ 820 404) dans le bâtiment de la *resthouse* d'État à côté de la gare routière. Les deux bureaux ouvrent de 8h à 15h.

La Banque Misr de Mout change l'argent liquide et les chèques de voyage. Elle est ouverte de 8h à 15h et de 18h à 21h et ferme le vendredi. Le bureau de poste derrière la mosquée vous accueille de 8h à 14h, sauf le vendredi. Vous pouvez appeler l'étranger depuis le central téléphonique qui fonctionne 24h/24.

Musée ethnographique

Le musée est rattaché au Dar al-Wafdeen Hotel et illustre la vie de l'oasis. Pour accéder au lieu, adressez-vous à l'office du tourisme. Vous pouvez aussi vous rendre au Cultural Palace, dans la Sharia al-Wadi, et demander le directeur du musée, M. Ibrahim Kamel (☎ 821 311). Il travaille généralement dans son bureau de 8h à 14h.

Vieille ville de Mout

Souvent ignoré par les visiteurs de passage, le dédale de ruelles sinueuses et de maisons

L'OASIS DE DAKHLA

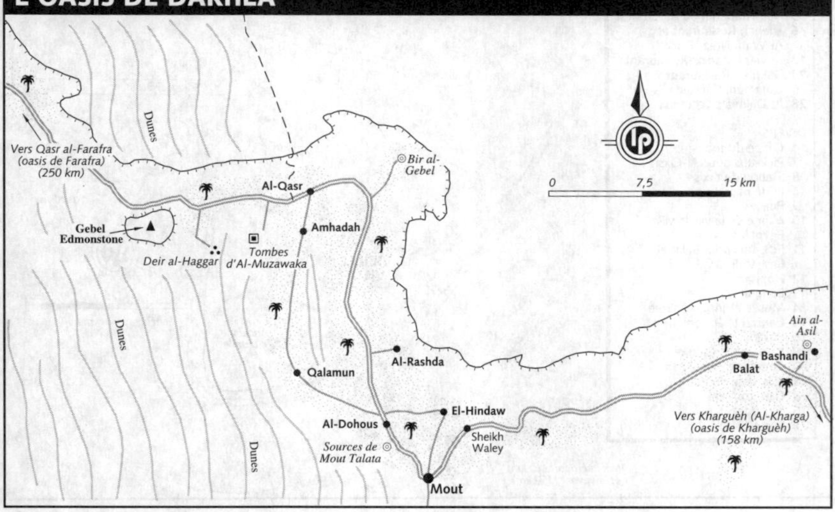

en brique crue de la vieille ville agrippée à la colline mérite le détour. Vous pouvez grimper jusqu'aux ruines de la **citadelle** qui formait jadis la cité elle-même et qui offre une vue de l'agglomération sur fond de falaises et de dunes désertiques. Un **cimetière** musulman médiéval s'étend à droite de la route qui conduit au nouveau centre-ville.

Sources chaudes

Plusieurs sources chaudes sulfureuses sont disséminées aux alentours de Mout. La plus facile d'accès, la source touristique officielle, se situe à 3 km en descendant la route de Mout à Al-Qasr. Appelé Mout Talata (les Trois de Mout), le site abrite un petit hôtel récent (voir *Où se loger* dans le présent chapitre).

Si vous n'avez pas les moyens de loger dans cet établissement plutôt cher, vous devrez vous tremper dans un bassin très exposé de 1,50 m de profondeur à l'extérieur des murs roses de l'hôtel. Ne vous laissez pas rebuter par la couleur rouille de

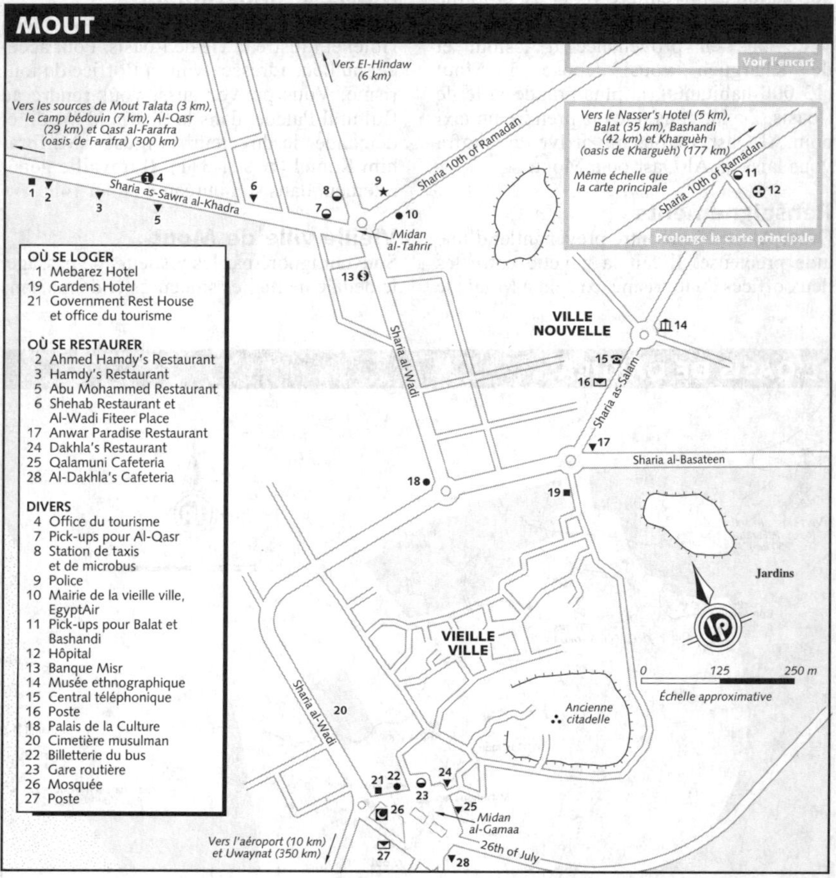

l'eau, très chaude et relaxante (elle peut cependant tacher les vêtements).

Dunes et méharées

Quelques kilomètres après la gare routière, les dunes n'ont rien de bien spectaculaire mais on y accède facilement sans voiture. Pour les méharées, adressez-vous au Campement Bédouin (voir *Où se loger*), au restaurant Abu Mohammed ou à l'office du tourisme.

Al-Qasr

La cité médiévale d'Al-Qasr se dresse à la lisière de la végétation luxuriante, au pied de hautes falaises calcaires. Cet endroit ravissant rappelle à quoi ressemblaient les villes des oasis avant que le projet de la Nouvelle Vallée ne modifie la physionomie de la région. Quelque 700 personnes vivent ici contre 4 500 autrefois.

Construite sur des fondations romaines, la ville conserve une grande part de son caractère médiéval. Les ruelles couvertes gardent la fraîcheur pendant la canicule estivale et protègent, dans une certaine mesure, les habitants des tempêtes de sable du désert. Plusieurs maisons arborent une porte d'entrée de la période ottomane ou mamelouke. Les linteaux en bois d'acacia portent des inscriptions gravées indiquant le nom du charpentier, celui du propriétaire, la date de construction et un verset du Coran. On en dénombre cinquante-quatre, dont le plus ancien date de 924. L'un des plus beaux surmonte le mausolée du cheikh Nasr ad-Din à l'intérieur de la vieille mosquée. Cette dernière se signale par son minaret en brique de terre du XIIe siècle reconstruit au XIXe siècle. L'autorité en charge des monuments historiques a récemment restauré la madrasa (école coranique) et une maison ancienne. Aujourd'hui encore, des hommes continuent de fabriquer des briques crues suivant une technique séculaire tandis que d'autres actionnent un soufflet antédiluvien dans une minuscule fonderie.

Des pick-ups pour Al-Qasr partent d'un point à proximité du poste de police de Mout (50 pt).

Les miraculés du désert

Tineida, le village le plus occidental de l'oasis de Dakhla, existe depuis l'époque antique. Cependant, sa notoriété actuelle vient de son rôle dans l'une des plus incroyables traversées du désert de ce siècle. Lorsqu'en 1930, les Italiens s'emparent de l'oasis de Koufra, dans l'actuelle Libye, des nomades de la zone choisissent de braver la mort plutôt que de se soumettre à une puissance étrangère. Sans réelle préparation, un groupe d'environ 500 hommes, femmes et enfants entreprend un périple de 322 km à travers la Grande Mer de Sable et le Gilt Kebir pour rejoindre Uwaynat. Quand ils arrivent dans la ville, c'est pour apprendre que pas une goutte de pluie n'est tombée depuis des années. Sans nourriture, certains sont laissés pour mort tandis que d'autres errent au hasard dans la direction de Dakhla. Par chance, une patrouille britannique découvre le groupe famélique resté à Uwaynat et parvient à sauver la plupart des gens. Au bout de 21 jours, trois des hommes qui ont quitté Uwaynat arrivent en titubant jusqu'à Tineida d'où une opération de sauvetage est mise sur pied pour retrouver le reste des réfugiés perdus dans le désert.

Balat

Balat, une autre cité médiévale caractéristique, se trouve à environ 35 km à l'est de Mout, sur la route de Kharguèh. En déambulant dans les venelles typiques, vous vous rendrez compte combien peu de choses ont changé depuis des siècles. Pour vous y rendre, prenez un pick-up près de l'hôpital de Kharguèh (1 £E).

Sous le Moyen Empire, une ville importante occupait le site de Balat. Si vous êtes motorisé, plusieurs vestiges de l'époque pharaonique vous attendent dans les environs. Pour atteindre, les tombes d'Al-

Adaba, empruntez la route d'Al-Kharga sur 200 m après Balat puis traversez 1 km de désert. Ain al-Asil se tient à environ 2 km au sud, toujours dans le désert. L'entrée des deux sites coûte 20 £E.

Autres centres d'intérêt

A 55 km au sud de Mout, vous pourrez admirer des **peintures rupestres** sur le côté ouest de la route Kharguèh-Dakhla. Dans un virage après Tineida, d'étranges formations rocheuses se dressent à proximité des dernières terres cultivées de Dakhla. L'un des plus grands rochers au bord de la route présente des girafes, des antilopes et des poissons peints. Le site constituait une étape caravanière majeure, au carrefour de deux importantes routes marchandes, la Darb al-Ghabari entre Dakhla et Kharguèh et une autre piste aujourd'hui perdue qui reliait le village de Tineida à la Darb al-Arbain au sud.

A environ 4 km à l'ouest d'Al-Qasr, un embranchement à gauche (au sud) mène aux **tombes d'Al-Muzawaka** magnifiquement colorées qui datent de l'époque ptolémaïque et romaine. Indiquées par un panneau en arabe, elles se trouvent dans le désert à 1 km de la route.

A 7 km d'Al-Qasr, au poste de contrôle sur la route de Farafra, un panneau signale la direction de **Deir al-Haggar**. Un temple en grès érigé sous le règne de Néron (45-68) se dresse 5 km plus loin. Récemment rénové, il est désormais ouvert au public (entrée 20 £E et demi-tarif pour les étudiants).

Sur une route secondaire revenant vers Mout, près du village en ruine d'Amhadah, on peut visiter plusieurs **tombes** du XXIIe siècle av. J.-C. Environ 15 km plus loin dans la direction de Mout, le village mamelouk de **Qalamun** est doté d'un cimetière offrant un beau panorama sur les alentours.

Circuits organisés

Comme les autres oasis, Dakhla possède son lot de guides du désert. La plupart des hôtels et des restaurants peuvent vous aider à trouver un 4x4 pour partir en excursion dans la région. A titre d'exemple, Hamdy, du restaurant Ahmed Hamdy, propose un circuit d'une journée incluant, entre autres, Qalamun, Al-Gedida, une virée à travers les dunes, une source, Al-Qasr et les tombes de Muzawaka (100 £E). Il peut emmener jusqu'à six personnes. Pour le même parcours, un circuit d'une journée et d'une nuit avec musique bédouine tourne autour de 300 £E. Le propriétaire du Campement Bédouin (voir *Où se loger*), Hag Abdel Hamid, organise aussi des méharées ou des circuits en Jeep autour de Dakhla. Comptez entre 100 et 150 £E par personne et par jour, services du guide, repas et couchage compris.

Où se loger

Camping. Il est possible de camper près des dunes à l'ouest de Mout ou sur un plateau désertique au nord d'Al-Qasr où l'on bénéficie d'un ciel merveilleusement étoilé. Renseignez-vous préalablement auprès de l'office du tourisme.

Resthouses. Mout comprend deux *resthouses*. La ***Government Rest House***, près de la station de bus (dans le même bâtiment que l'office du tourisme), se révèle plutôt sommaire et rencontre des problèmes d'eau courante. Elle présente néanmoins l'avantage d'être bon marché (4,35 £E par personne). Le ***Dar al-Wafdeen Government Hotel*** n'accueille quant à lui que les officiels.

Hôtels. Il n'existe pas d'autre hôtel à Al-Qasr que le sympathique ***Al-Qasr Hotel*** (☎ *876-013*), sur la route principale près de l'entrée de la vieille ville. Il possède quatre chambres vastes et lumineuses dotées de petits balcons (5 £E par personne). Le petit déjeuner coûte 2 £E. Les s.d.b. communes sont propres et, contrairement à la norme, ne disposent que d'eau chaude. Mohammed, l'aimable gérant, s'occupe aussi du café au rez-de-chaussée et du restaurant qui sert de bons plats simples.

A Mout même, une autre adresse raisonnable, le ***Gardens Hotel*** (☎ *821 577*) offre des simples/doubles sans ventil. à 12/16 £E, 15/20 £E avec s.d.b. (triples 24 £E). Comptez un supplément pour le petit déjeuner. Un peu d'eau chaude coule des douches à l'occasion, mais les chambres communes s'avèrent parfois calamiteuses. Malgré tout, il fait bon se détendre dans la cour plantée de palmiers à l'arrière du bâtiment. L'hôtel loue des bicyclettes moyennant 5 £E.

Tout aussi économique, le ***Nasser's Hotel*** se tient à la lisière de Sheikh Waley, un village à 5 km à l'est de Mout sur la route de l'oasis de Kharguèh (ou à 20 mn de Mout à bicyclette). Signalé par un panneau, il se situe à environ 400 m de la route principale. Nasser, le jeune et sympathique propriétaire, a mis deux ans à construire cette simple maison paysanne en briques crues. Il dispose de cinq chambres qu'il loue 10 £E par personne, petit déjeuner compris. Il vient généralement à la rencontre des bus de Kharguèh et de Farafra mais dans le cas contraire, vous pouvez le contacter au restaurant de son frère Ahmed Hamdy à Mout (☎ 820 767).

Deux nouveaux lieux d'hébergement ont ouvert entre Mout et Al-Qasr. Le ***Campement Bédouin*** (*☎ 830 604/5, les panneaux indiquent "Bedwen Camp"*), vous attend dans le désert, à 7 km au nord de Mout, au sommet d'une colline près du petit village d'Al-Dohous. Dirigé par des Bédouins sédentarisés depuis une génération, le campement se compose de huit huttes en roseau et de trois pièces en brique crue, simples, propres et calmes donnant sur un cadre splendide. Les s.d.b. communes, également bien tenues, n'ont pas d'eau chaude. Un grand espace au sol recouvert de tapis et de coussins fait office de salle à manger. On y organise parfois des fêtes pendant lesquelles on joue de la musique bédouine. Les chambres coûtent 15 £E par personne, petit déjeuner compris.

Le trois-étoiles ***Mut Talata*** (*☎ 821 530*), rattaché au Pioneers Hotel de Kharguèh, présente les mêmes murs rose saumon. Il comprend six "chalets", trois tentes de toile équipées de matelas, une villa de cinq chambres et un restaurant. Vous dépenserez la somme élevée de 39/58 £E pour une simple/double en demi-pension.

Le ***Mebarez Hotel*** (*☎/fax 821 524*), sur la route d'Al-Qasr, après le Hamdy's Restaurant, pratique des prix légèrement inférieurs et a la faveur des groupes. Une simple/double coûte 28/42 £E, 44/58 £E avec s.d.b. et clim.

Où se restaurer

Al-Dakhla's Cafeteria, sur la place où s'arrêtent les bus, prépare quelques plats. Mieux, ***Qalamuni Cafeteria***, sur la même place, propose un vaste choix de spécialités bon marché.

Très fréquenté par les voyageurs, le ***Ahmed Hamdy's Restaurant*** (*☎ 820 767*) sert, entre autres, du poulet, des kebabs et des légumes ainsi que de la bière et des jus de citrons verts fraîchement pressés. Résultat d'une querelle entre deux frères, deux établissements portent des noms quasi similaires pouvant prêter à confusion. L'établissement original est le plus proche du Mebarez Hotel.

Si vous avez une grosse faim, optez pour l'***Abu Mohammed Restaurant*** (8 à 10 £E). Soupes, légumes, riz, kebabs, salades, desserts et bière sans alcool sont au menu.

Près du Gardens Hotel, l'***Anwar Paradise Restaurant*** offre un choix de viandes, de riz, d'omelettes et de salades et surtout une spécialité de légumes variés cuits au four et présentés dans un plat en terre. Malgré les prix bon marché, mieux vaut venir le soir lorsque le chef cuisinier se trouve dans les parages.

Le ***Mebarez Hotel Restaurant*** n'est pas mal mais plus cher. Vous débourserez 5 £E pour le petit déjeuner, 14 £E pour le déjeuner et 16 £E pour le dîner.

Vous pouvez également faire un tour au ***Shehab Restaurant*** et au ***Al-Wadi Fiteer Place*** voisin pour déguster une petite douceur.

Comment s'y rendre

Avion. EgyptAir dessert Le Caire au départ de Mout les mercredi et dimanche à 8h. Un aller simple revient à 500 £E. L'aéroport se situe à 10 km de Midan al-Gamaa sur la route d'Uwaynat.

Bus. Un bus à destination du Caire *via* l'oasis de Kharguèh (8 £E) et Assiout (15 £E) part tous les jours à 19h et à 20h. Le trajet jusqu'au Caire (durée théorique 8 à 10 heures) coûte 42 £E. Vous pouvez également vous rendre dans la capitale *via* les oasis de Farafra et de Bahariya avec le bus de 6h ou de 18h (35 £E). D'autres bus à destination d'Assiout (15 £E) *via* Kharguèh (8 £E) circulent quotidiennement à 6h, 8h et 17h. Les mardi, vendredi et dimanche à 5h, un bus relie aussi Louxor *via* Kharguèh et Assiout.

Taxis collectifs. Partant de la station de bus, ils font payer 7 £E pour Kharguèh et 15 £E pour l'oasis de Farafra ou pour Assiout. Mieux vaut vous y prendre le matin à cause de leur nombre limité. Des microbus desservent également l'oasis de Farafra (12 à 15 £E).

Comment circuler

Bus. Des bus relient Mout à Al-Qasr à 7h, à 10h30, à 13h et à 14h mais ne comptez pas trop dessus car le service manque de fiabilité.

Pick-ups. La plupart de petites villes et des villages sont accessibles en pick-up, mais il s'avère difficile de connaître la destination de chacun de ces véhicules souvent bondés. Ceux à destination d'Al-Qasr (50 pt) partent d'un point situé près du poste de police. Vous pouvez monter dans un pick-up pour Balat et Bashandi devant l'hôpital (1 £E). Il est parfois moins compliqué de négocier directement avec un chauffeur pour se rendre dans un endroit particulier.

Bicyclettes. L'Abu Mohammed Restaurant et le Gardens Hotel louent quelques bicyclettes bringuebalantes pour 5 £E.

L'OASIS DE FARAFRA

Farafra, la plus petite oasis du désert de Libye, a pour ville principale Qasr al-Farafra qui doit son nom à un fort dont presque rien ne subsiste. Comme dans les autres villes anciennes des oasis, les villageois se retranchaient dans la forteresse lors des attaques et chaque famille se voyait attribuer une pièce où elle stockait ses provisions. Bien que reliés à Mout (Dakhla) par une route asphaltée de 300 km et à Bahariya par un autre tronçon de 185 km, les 2 900 habitants du lieu se trouvent encore relativement isolés du reste du monde. Pour le meilleur ou pour le pire, cette situation est en train de changer. La population augmentant de 1,8% par an, des constructions de quatre étages en parpaings commencent en effet à pousser.

D'origine bédouine, la plupart des habitants de Farafra perpétuent encore certaines traditions séculaires. Les petites maisons en brique crue de la ville comportent toutes des portes en bois dotées de serrures médiévales. De même, certains murs s'ornent de versets du Coran et de peintures représentant des bateaux ou des avions faisant référence au pèlerinage à La Mecque. En plus des olives et de l'huile d'olive, spécialités de la région, l'oasis produit des dattes, des figues, des abricots, des goyaves, des oranges, des pommes et des graines de tournesol. Le blé et le riz constituent les principales cultures.

Le calme et la simplicité de l'endroit ne manqueront pas de vous enchanter, surtout si vous venez du Caire ou de Kharguèh. Il n'y a pas grand-chose à faire, mais vous pouvez flâner à travers la ville et ses magnifiques jardins puis vous aventurer dans le désert alentour.

Renseignements

Il n'existe pas d'office du tourisme en tant que tel mais le maire de Farafra, Mohammed Rifaat, connaît bien son sujet et vous aide efficacement. Il lui arrive même souvent d'inviter des voyageurs dans ses appartements de l'hôtel de ville. Le bureau de poste voisin ouvre de 8h30 à 14h30 et ferme le vendredi. A côté, le central téléphonique fonctionne tous les jours de 6h à 12h mais ne concerne que les appels nationaux.

Impossible de changer de l'argent dans l'oasis.

Musée Badr

Seul lieu de visite de Farafra, le musée mérite le coup d'œil. Il est l'œuvre de Badr,

L'OASIS DE FARAFRA

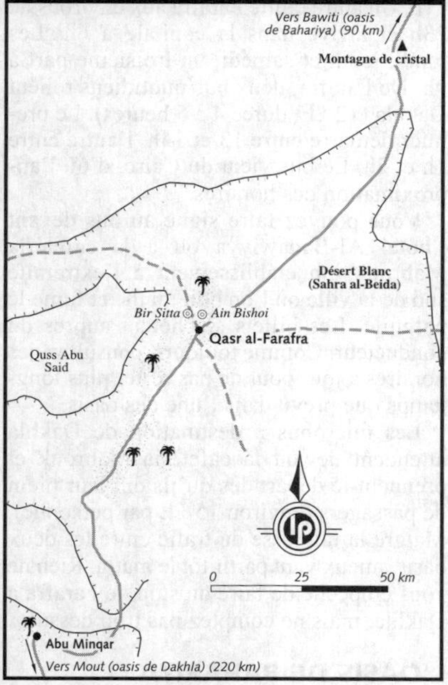

un artiste très expressif qui peint et sculpte des représentations assez naïves de la vie quotidienne des villageois locaux.

Bir Sitta

Bir Sitta (puits n°6), une source chaude sulfureuse à 6 km de Qasr al-Farafra, est l'étape obligée de la plupart des itinéraires. Il s'agit d'un endroit idéal pour prendre un bain de minuit sous le ciel étoilé ou pour faire du camping. Malheureusement, un début de construction annonçant la venue prochaine d'un hôtel sur la colline voisine pourrait bien modifier l'attrait du lieu.

Désert Blanc

Le désert Blanc, ou Sahra al-Beida, est une région étrange constituée de formations rocheuses d'une blancheur éclatante érodées par le vent. Certaines évoquent la silhouette d'une autruche, d'un dromadaire ou d'un faucon, entre autres formes bizarres. A l'aube ou au crépuscule, la craie blanche se teinte de nuances roses ou orangées et, sous la pleine lune, le désert ressemble à une banquise inquiétante.

Les premiers rochers apparaissent sur le côté sud de la route de Bahariya, à environ 20 km de Qasr al-Farafra. Le premier kilomètre est accessible aux véhicules standard mais seuls les 4x4 peuvent s'avancer davantage à l'intérieur de la zone. Certains visiteurs descendent du bus et marchent ensuite dans le désert. Si vous optez pour cette solution, prévoyez un équipement adéquat et sachez qu'il n'y a pas beaucoup de trafic dans un sens comme dans l'autre.

Autrement, il existe des excursions organisées dans le désert Blanc. Vous pouvez vous adresser par exemple à l'Al-Badawiyya Safari & Hotel (voir *Où se loger et se restaurer*). Les trois frères bédouins qui gèrent cette affaire possèdent des années d'expérience et proposent des méharées ou des circuits en 4x4.

Où se loger et se restaurer

A l'heure actuelle, rien ne vous empêche de camper à Bir Sitta. Cependant, lorsque le nouvel hôtel sera construit, les touristes devront peut-être aller planter leur tente ailleurs.

La ville ne dispose que de deux lieux d'hébergement. L'***Al-Farafra Tourist Rest House*** se situe à proximité du nouvel hôpital, à environ 1 km le long de la route de Bahariya. Vous dépenserez 10 £E par personne pour une chambre sommaire à trois lits équipée d'un ventil. Il n'y a ni eau chaude ni petit déjeuner.

Joliment conçu en brique crue, l'***Al-Badawiyya Safari & Hotel*** (☎ *345 8524 au Caire*) fait partie des meilleurs hôtels des oasis et offre différents styles de chambres. Une vaste chambre à quatre lits avec s.d.b. commune coûte 10 £E par personne. Comptez 15 £E par personne pour une double avec s.d.b. commune. Pour une double ou une triple spacieuse avec s.d.b., petit salon et TV, vous devrez débourser respectivement 50 et 70 £E. Le petit déjeuner revient

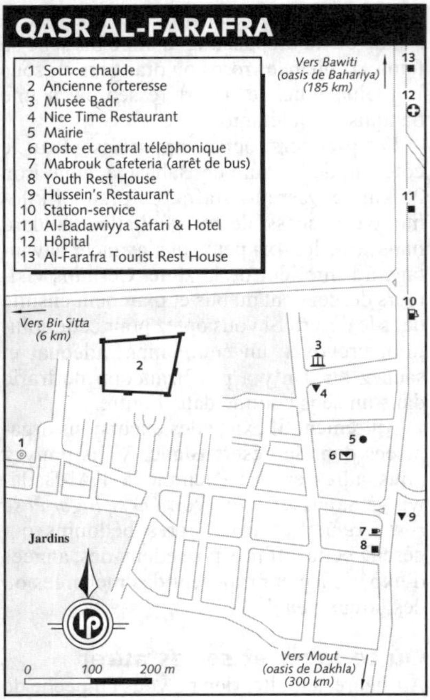

entre 5 et 8 £E. Nous vous conseillons de réserver.

La ***Youth Rest House***, sur la même route, n'accueille que les Égyptiens.

Farafra manque d'endroits où se sustenter. ***Hussein's*** est le plus grand des deux restaurants de la ville mais, vers 19h, il ne reste déjà plus grand-chose à manger. Vérifiez les prix.

Le tout petit restaurant ***Nice Time***, près du musée Badr, est devenu le repaire des voyageurs.

En dehors de ces adresses, l'hôtel ***Al-Badawiyya*** prépare une cuisine plus onéreuse mais fraîche et de bonne qualité. Un plat de spaghettis (avec sauce à base de vraies tomates) revient à 5 £E et une portion de poulet à 25 £E.

Comment s'y rendre

Un bus se rend de Farafra au Caire (25 £E, durée 10 à 11 heures) *via* Bahariya (10 £E, durée 2 heures 30) tous les jours entre 10 et 11h. Un autre quitte Farafra aux environs de 23h et arrive dans la capitale à 6h. Les lundi, jeudi et samedi, un troisième part à 9h. De Farafra, deux bus quotidiens relient Dakhla (12 £E, durée 4 à 5 heures). Le premier démarre entre 13 et 14h, l'autre entre 1h et 2h. Le bus vient du Caire, d'où l'approximation des horaires.

Vous pouvez faire signe au bus devant l'hôtel Al-Badawiyya ou à la cafétéria Mabrouk, un établissement à l'extrémité sud de la ville où l'on boit du thé et fume le narguilé. Les billets s'achètent auprès du conducteur. Comme toujours, consultez des horaires à jour pour ne pas rester plus longtemps que prévu dans l'une des oasis.

Les microbus à destination de Dakhla attendent devant la cafétéria Mabrouk et prennent le départ dès qu'ils ont leur plein de passagers (environ 15 £E par personne). Malgré la faiblesse du trafic entre les deux oasis, mieux vaut partir tôt le matin. Rien ne vous empêche de faire du stop de Farafra à Dakhla, mais ne comptez pas trop dessus.

L'OASIS DE BAHARIYA

Bahariya occupe une dépression de 2 000 km^2 à environ 330 km au sud-ouest du Caire. Centre agricole majeur dans l'antiquité, elle produisait un vin réputé dès le Moyen Empire. La plupart de ses monuments anciens datent d'une époque postérieure, celle où une route reliait les souverains libyens de la XXVIe dynastie à leur territoire d'origine. Si aucune route marchande importante ne passait par l'oasis, elle connut cependant une certaine prospérité jusqu'au IVe siècle avant que les tribus de pillards et le déclin du pouvoir romain n'abandonnent au désert ses riches terres arables.

Des routes asphaltées traversant le désert relient l'oasis au Caire, à Qasr al-Farafra et à Siouah.

Bawiti (30 000 habitants) est la ville principale. En 1999, après quatre ans de fouilles tenues secrètes, une nécropole a été exhumée par des archéologues. Elle rassemble plus de 200 **momies** gréco-romaines, bien conser-

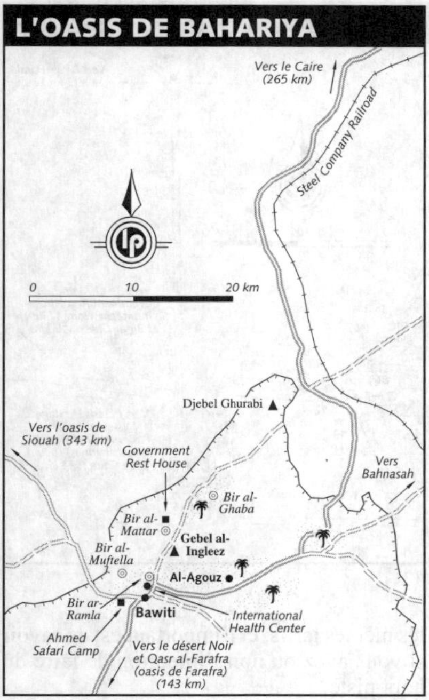

vées, qui dateraient de 332 av. J.-C. à la fin du deuxième siècle.

Renseignements

L'office du tourisme occupe le bâtiment de la mairie en face du poste de police. Il ouvre en principe de 8h à 14h et de 17h à 20h du dimanche au jeudi.L'agence de la National Bank ne change que l'argent liquide et vous accueille de 8h à 14h. Le central téléphonique fonctionne de 8h à 24h et ne concerne actuellement que les communications nationales.

Oasis Heritage Museum

Il se situe sur la route du Caire à environ 1 km du poste de police et ressemble au musée de Farafra en plus petit et plus récent. Aménagé à l'intérieur d'une petite maison par le jeune artiste Mahmoud Eed, il présente des scènes de la vie villageoise traditionnelle constituées de figurines en argile crue. Le musée expose également des robes et des bijoux anciens.

Sources chaudes et froides

Les plus proches de Bawiti sont les sources romaines d'Al-Bishmu, à environ 10 mn de marche du Popular Restaurant. Elles ne permettent pas la baignade mais offrent un point de vue splendide sur les terres cultivées de l'oasis et sur le désert au-delà. Pour vous baigner, rendez-vous à Bir al-Muftella, à 3 km du centre-ville. La source seule ne mérite pas le déplacement mais la promenade à pied à travers la ville présente un certain intérêt. Empruntez la route de Siouah et demandez votre chemin. Si vous passez devant un grand bâtiment blanc de forme conique (le mausolée d'un cheikh) sur votre droite, vous êtes sur la bonne voie.

La source chaude sulfureuse de Bir ar-Ramla plaira aux amateurs de bains brûlants (45°C). Les femmes veilleront à ne pas se découvrir. Comptez 3 km de marche depuis le centre-ville.

Bir al-Ghaba, à 15 km au nord-est de Bawiti, est sans doute le lieu le mieux indiqué. Rien ne vaut en effet un bain chaud sous la lune à la lisière du désert. L'Alpenblick Hotel y gère un terrain de camping rudimentaire. N'oubliez pas d'amener des provisions car vous ne trouverez rien sur place.

A Bir al-Mattar, 7 km au nord-est de Bawiti, des sources froides coulent le long d'un viaduc puis se déversent dans un bassin en béton.

Gebel al-Ingleez

Les alentours de Bawiti invitent à la randonnée pédestre. Impossible de manquer le Gebel al-Ingleez, une colline au sommet aplati supportant les ruines d'un fort de la Première Guerre mondiale bâti par le capitaine Williams afin de contenir les mouvements de la tribu libyenne des Senousis. Pour vous y rendre, prenez la route du Caire puis tournez sur la piste qui conduit à Bir al-Ghaba et à la Government Rest House de Bir al-Mattar. Sans perdre de vue la montagne, suivez les sentiers de village jusqu'au site. Le trajet dure environ une heure.

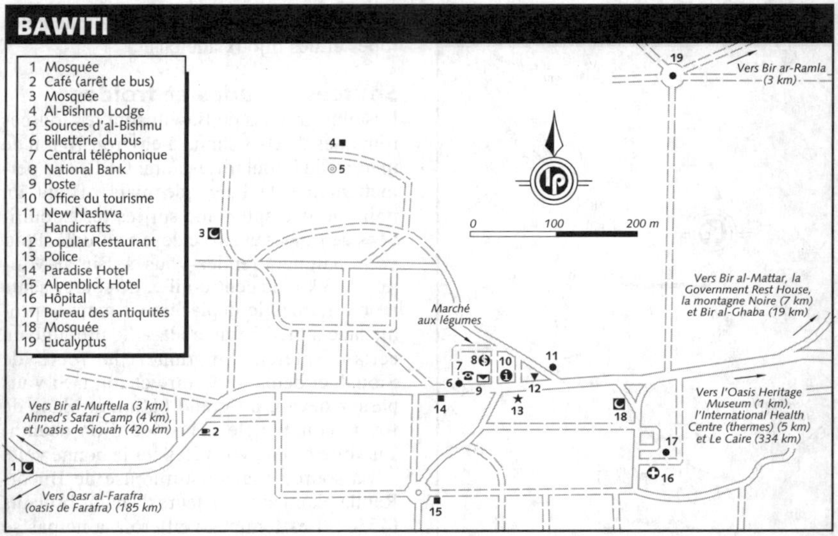

Désert Noir

A une vingtaine de kilomètres de Bawiti, sur la route de Farafra, des montagnes noires en forme de volcan signalent le début du désert Noir. Au cours des millénaires, l'érosion des massifs a répandu sur le sol alentour une fine couche de poussière noire.

Désert Blanc

Nous vous recommandons de ne pas entreprendre le trajet onéreux entre Bawiti et le désert Blanc mais de partir plutôt de Farafra (voir la rubrique précédente).

Autres sites

Bahariya n'est pas réputée pour ses sites anciens mais vous pourrez voir à Bawiti les vestiges d'un temple et d'une installation humaine de la XVIIe dynastie. Plusieurs tombes antiques se tiennent également dans les parages.

Circuits organisés

La concurrence fait rage entre les différents hôtels de la ville qui organisent des circuits dans le désert. Ils pratiquent plus ou moins les mêmes tarifs, et l'important est de savoir si vous avez ou non l'intention de faire du hors-piste.

Une excursion de deux jours et une nuit en 4x4 dans le désert Blanc (maximum quatre personnes) coûte 350 £E en restant près de la route. Le prix s'élève à 800 ou 900 £E pour trois jours et deux nuits de hors-piste, nourriture, tentes et couvertures comprises. La plupart des prestataires en ville proposent aussi des circuits de trois ou quatre jours à destination de Siouah. Comptez alors 700 £E (maximum quatre personnes) mais le prix n'inclut pas forcément le bivouac dans le désert. Badri, de la boutique New Nashwa Handicrafts, est l'un des guides les plus fiables. Demandez toujours à voir la voiture avant de partir et veillez à amener suffisamment d'eau.

Où se loger et se restaurer

En général, des rabatteurs viennent à la rencontre des voyageurs arrivant par le bus. Ils se contentent de distribuer la carte de leur établissement respectif et d'attendre que vous vous décidiez.

La ***Government Rest House*** se situe à 7 km de la ville, près de Bir al-Mattar. Vous pouvez y loger moyennant 5 £E la nuit (transport compris) mais cet établissement au confort très sommaire aurait bien besoin d'une rénovation. Adressez-vous à l'office du tourisme ou au Paradise Hotel.

Le ***Paradise Hotel*** (☎ *802 600*), dans le centre-ville, reste très rudimentaire malgré des travaux récents. Il comprend six chambres à trois lits et fait payer 3,50 £E par personne. Comptez un supplément d'1,50 £E pour le petit déjeuner servi sur une petite terrasse recouverte de vigne.

L'***Ahmed's Safari Camp*** (☎ *802 090*), à 4 km à l'ouest du centre, a la faveur des voyageurs et des groupes qui traversent l'Afrique. Il propose plusieurs options (les prix sont calculés par personne) : vous dépenserez 12,50 £E pour une double, fraîche et agréable, avec s.d.b., petit déjeuner compris ; une chambre avec s.d.b commune revient à 5 £E et une simple cabane en roseau à 3 £E ; vous pouvez aussi dormir sur le toit moyennant 2 £E. Dans les trois derniers cas, le petit déjeuner est en sus. Trois nouvelles grandes chambres voûtées avec s.d.b. complètement équipées coûtent 25 £E sur la base de deux personnes. L'établissement sert des repas et de la bière. Si vous ne trouvez aucun véhicule pour vous accompagner, marchez jusqu'à la bifurcation pour Siouah et demandez votre chemin. Vous pouvez aussi louer une bicyclette en ville à la boutique New Nashwa Handicrafts.

Assez plaisant mais plus cher, l'***Alpenblick Hotel*** (☎ *802 184*) offre des chambres propres dans un bâtiment de deux étages. Vous débourserez 35/46 £E pour une double spacieuse sans/avec s.d.b. (et eau chaude), petit déjeuner compris. Comptez 17 £E pour une chambre économique, petit déjeuner en sus.

L'hôtel dispose aussi de quinze cabanes avec matelas installées à Bir al-Ghaba (10 £E la nuit). Un gardien veille sur cette espace clos et fournit du thé et du bois pour le feu. L'endroit est paisible mais vous devez amener vos provisions.

L'***Al-Beshmo Lodge*** (☎/*fax 802 177*), flambant neuf, se tient près des sources d'Al-Beshmo et possède vingt chambres simples/doubles confortables à 35/50 £E et à 55/80 £E avec s.d.b. Le prix comprend le petit déjeuner buffet. Toutes les chambres sont équipées de ventil. et certaines de la clim. Rien à reprocher aux s.d.b. communes, vastes et impeccables. Vous pouvez aussi profiter du café juste à côté de l'entrée.

L'***International Health Centre*** (☎ *802 322*), à 5 km de la ville sur la route du Caire, est un établissement thermal trois-étoiles à l'architecture regrettable. Ses vingt-sept chambres et huit chalets entourent une source chaude. La simple coûte 40 £E et la double 35 £E par personne en demi-pension. Un bassin profond rempli d'une eau aux vertus curatives voisine avec une salle de gymnastique, un sauna et un restaurant.

A moins de préparer vous-même vos repas, vous devrez vous sustenter dans les hôtels ou au ***Popular Restaurant*** (également connu sous le nom de Bayoumi's), le seul restaurant de la ville. Ce dernier sert des plats tels que poulet, soupe, riz et légumes (12 £E environ). Il ouvre également pour le petit déjeuner.

Il existe plusieurs épiceries où acheter des vivres avant de passer quelques nuits dans le désert.

Achats

La boutique New Nashwa Handicrafts (☎ 802 276), en face du Popular Restaurant, vend des couvertures blanches en poils de dromadaire (environ 100 £E) ainsi que divers articles et tapis dans la même matière. Badri, le propriétaire, loue aussi des bicyclettes (10 £E par jour).

Comment s'y rendre

Bus. Deux bus quotidiens partent pour Le Caire à 7h et à 15h et un troisième démarre parfois entre minuit et 1h. Les billets (de 10 à 12 £E) s'achètent au guichet et le reste à bord. Les lundi, jeudi et samedi aux alentours de 11h30, un bus en provenance de Farafra se rend dans la capitale pour le même tarif.

Pour aller à Farafra (18,25 £E), vous pouvez monter dans le bus venant du Caire qui quitte Bahariya à 8h, à 12h, à 15h et à 18h30. Le bus déposent généralement ses passagers devant le Popular Restaurant puis continue jusqu'à un nouveau café où il s'arrête pendant 30 minutes environ.

Sachez que le guichet de Bahariya (un kiosque face au central téléphonique) ne vend que certains billets. Comme la plupart des bus arrivent de plus loin, vous devez soit réserver au Caire, soit tenter votre chance. La billetterie suit des horaires fantaisistes ; essayez entre 9h et 13h ou vers 23h après la prière du soir.

Taxis collectifs. En théorie, un service de taxis pour Sayyida Zeinab au Caire part entre 15h et 16h. Cependant, l'horaire n'est pas toujours respecté et la ligne ne fonctionne pas forcement tous les jours. Renseignez-vous au Popular Restaurant. Les taxis (peu fréquents) pour Farafra coûtent aussi 15 £E. Les microbus pour l'une ou l'autre de ces destinations reviennent au même prix que les taxis. Ils attendent en face du poste de police. Dans ce cas aussi, demandez au restaurant.

Si vous voulez prendre un taxi pour Siouah, comptez 550 £E.

L'OASIS DE SIOUAH

Célèbre pour ses dattes et ses olives, l'oasis luxuriante de Siouah s'étend à 305 km au sud-ouest de Marsa-Matrouh et à 550 km à l'ouest du Caire, près de la frontière libyenne. Située à 12 m en dessous du niveau de la mer, elle occupe une cuvette de 9 à 28 km de large et de 80 km de long.

Il s'agit probablement de l'un des endroits les plus pittoresques et idylliques d'Égypte. Sur fond d'impressionnantes collines érodées et d'un océan de dunes, Siouah surgit comme un mirage : des villages de brique crue à l'ombre des palmiers-dattiers verdoyants, reliés entre eux par des torrents, des sources et des terrains irrigués.

L'oasis se situe sur l'ancienne route caravanière qui passait par Qara, Qattara et Kerdassa (près du Caire) et se terminait à Memphis. Pourtant, pendant des siècles, peu d'étrangers se sont aventurés dans cette contrée à l'exception des caravanes antiques et des pèlerins se rendant au célèbre temple d'Amon. L'isolement de Siouah a jusqu'à présent permis à ses habitants d'origine berbère de conserver une grande part de leurs coutumes et traditions.

Aujourd'hui, certains observateurs craignent que la modernité et le tourisme n'altère cet endroit unique. La route qui mène de l'oasis à Marsa-Matrouh a maintenant été rejointe par une autre qui conduit à Bahariya, au sud-est. Le petit flux de voyageurs qui empruntaient la première a cédé la place à un trafic désormais important.

Respectez la sensibilité des habitants et comportez-vous en conséquence. Aussi, évitez d'introduire de l'alcool dans l'oasis et, comme l'indique l'office du tourisme, de “manifester de l'affection en public”. Habillez-vous décemment, en vous couvrant les jambes et le haut du corps. En public, les femmes de Siouah revêtent une étole bleu-gris appelée *tarfodit* qui leur recouvre le visage et le haut du corps.

Histoire

Après la découverte de plusieurs sources d'eau fraîche, les premières populations berbères de Siouah sont attirées il y a des siècles par cet îlot de verdure au milieu d'un océan de sable désolé.

Le plus illustre visiteur de l'oasis, le jeune conquérant Alexandre, conduit en 331 av. J.-C. une petite expédition de huit jours dans le désert afin de consulter l'oracle du temple d'Amon. Il cherche la confirmation qu'il est bien le fils de Zeus et que, en tant que nouveau pharaon, il est aussi celui d'Amon.

En dehors des Grecs en l'an 160 de notre ère, la population ne voit aucun Européen jusqu'en 1792. Plusieurs sauvent leur vie de justesse après avoir tenté d'explorer les lieux, et les habitants gagnent ainsi une réputation d'indépendance farouche et d'hostilité envers les non-musulmans. Au XIXe siècle, le gouvernement égyptien connaît également quelques problèmes en

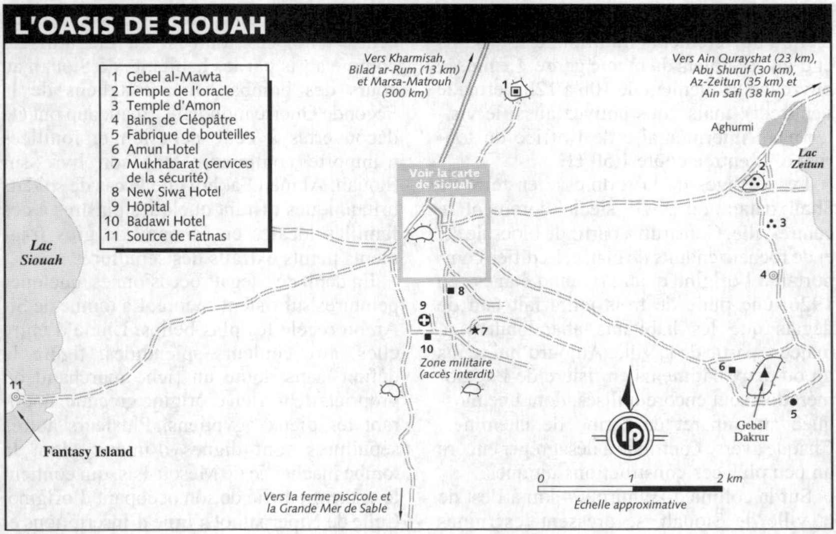

tentant de s'attirer l'allégeance de l'oasis. Pendant la Seconde Guerre mondiale, les forces britanniques et italiennes se disputent Siouah et Jaghbub, 120 km à l'ouest en Libye, jusqu'à ce que Rommel abandonne la partie. A partir de ce moment, les habitants sont davantage intégrés au pays mais le territoire demeure isolé jusqu'à la construction dans les années 80 de la route qui le relie à Marsa-Matrouh. Aujourd'hui, la population parle toujours son propre dialecte berbère et se distingue culturellement du reste de l'Égypte.

Informations

L'office du tourisme (☎ 460 2883) se trouve en face de l'Arous al-Waha Hotel. Très serviable et bien informé, Mahdi Hweiti vous aide à organiser des excursions dans les villages environnants. Le bureau vous accueille généralement de 8h à 14h, tous les jours sauf le vendredi. Vous pouvez aussi contacter Mahdi à son domicile (☎ 460 2130).

Siouah ne disposant d'aucune banque, pensez amener assez d'espèces pour couvrir vos besoins. Le bureau de poste occupe le même bâtiment que la police, en face de l'Arous al-Waha Hotel, et ouvre de 8h à 14h tous les jours sauf le vendredi. Le central téléphonique voisin fonctionne 24h/24.

Permis. Si vous projetez de vous aventurer assez loin des sentiers battus, vous aurez besoin d'un permis. Mahdi Hweiti, de l'office du tourisme de Siouah, peut vous conseiller à se sujet. La plupart des autorisations sont émises assez rapidement par le bureau local de la Sécurité. Vous devrez vous munir d'une photo et de votre passeport (plus une photocopie).

Lieux de visite

La principale attraction de Siouah est l'oasis elle-même avec ses 300 000 palmiers, ses 70 000 oliviers et ses nombreux vergers. Plus de 300 sources et torrents d'eau fraîche arrosent la zone et attirent une grande variété d'oiseaux.

A l'angle de la rue par rapport aux bureaux de l'administration locale, la **House of Siwa Museum** (maison traditionnelle de Siouah) renferme une modeste collection de vêtements traditionnels, d'outils et d'autres objets du même genre. Le musée ouvre théoriquement de 10h à 12h (fermé le vendredi), mais vous pouvez aussi le visiter par l'intermédiaire de l'office du tourisme. L'entrée coûte 1,50 £E.

Les vestiges de la forteresse en terre de **Shali** datant du XIIIe siècle dominent le centre-ville. Construit à partir de blocs de sel et de rochers enduits de glaise, l'édifice comportait à l'origine quatre ou cinq étages. En 1926, une pluie de trois jours fait tant de dégâts que les habitants abandonnent la majeure partie de la ville. Aujourd'hui, seuls un ou deux bâtiments en lisière de l'agglomération sont encore utilisés, dont une mosquée au minaret en forme de cheminée. Chaque averse contribue à désagréger encore un peu plus ces constructions uniques.

Sur la colline d'Aghurmi, 4 km à l'est de la ville de Siouah, se dressent les ruines du **temple de l'Oracle** remontant à la XXVIe dynastie. Bâti au VIe siècle av. J.-C., probablement au-dessus d'un sanctuaire antérieur, il est dédié à Amon plus tard assimilé à Rê, le dieu solaire égyptien, puis à Zeus. Son oracle se rend rapidement célèbre et prend tant de pouvoir qu'en 524 av. J.-C. le chef perse Cambyse envoie de Thèbes une armée de 50 000 hommes dans le désert pour détruire le temple. Perdue au milieu des sables quelque part entre Kharguèh et Siouah, cette armée légendaire n'arrivera jamais à destination. Deux siècles plus tard, Alexandre le Grand lance une périlleuse expédition pour consulter l'oracle.

Aujourd'hui, le temple se trouve dans la partie nord-est du village en ruine d'Aghurmi (suivez les panneaux). Bien qu'en mauvais état, il mérite la visite et offre un bon point de vue sur l'oasis environnant.

Environ 200 m plus loin le long du sentier, vous pourrez voir le **temple d'Amon** (également appelé temple d'Umm Ubaydah) presque totalement détruit. Édifié sous la XXXe dynastie, il se résume désormais à un pan de mur couvert d'inscriptions.

Le **Gebel al-Mawta** (la colline des Morts) est criblé d'hypogées datant de l'époque ptolémaïque et romaine. Situées à 1 km du centre-ville, ces tombes ont été utilisées comme abris par les habitants de Siouah au cours des bombardements italiens de la Seconde Guerre mondiale. Beaucoup ont été découvertes à cette occasion et fouillées n'importe comment. Dans son livre sur Siouah, Ahmed Fakhry cite le cas de soldats britanniques offrant quelques piastres à des familles locales en échange de gros fragments peints extraits des sépultures.

En dépit des dégâts occasionnés, quelques peintures subsistent encore. La tombe de Si-Amon recèle les plus belles. L'une d'entre elles, aux couleurs splendides, figure le défunt, sans doute un riche marchand ou propriétaire terrien d'origine grecque, honorant les dieux égyptiens. Plusieurs autres sépultures sont dignes d'intérêt, dont la tombe inachevée de Mesou-Isis, qui contient le crâne momifié de son occupant d'origine. Celle de Niperpathot s'orne d'inscriptions et de dessins naïfs utilisant le même pigment ocre-rouge que les poteries actuelles de Siouah. Enfin la tombe du Crocodile présente des peintures murales très détériorées. Vous ne pouvez pas pénétrer à l'intérieur des tombes sans l'un des gardiens en possession des précieuses clés. Ils vous renseignent en général efficacement et s'attendent à un bakchich mérité. Ils travaillent de 7h à 14h (jusqu'à 12h le vendredi).

Sources

En suivant à travers une palmeraie le sentier qui conduit au temple d'Amon, vous arriverez aux **bains de Cléopâtre** également appelés source de Juba. L'eau de cette source naturelle coule à l'intérieur d'un bassin en pierre dans lequel se baignent les gens des environs malgré l'écume peu engageante qui flotte à la surface. Les femmes qui décideraient de se baigner doivent s'attendre à braver les regards insistants et veilleront impérativement à garder leurs vêtements. A l'heure où nous écrivons cet ouvrage, le restaurant Abdu faisait construire des cabines de bain et une aire de repos près de la source. L'eau du bassin devrait aussi être nettoyée.

SIOUAH

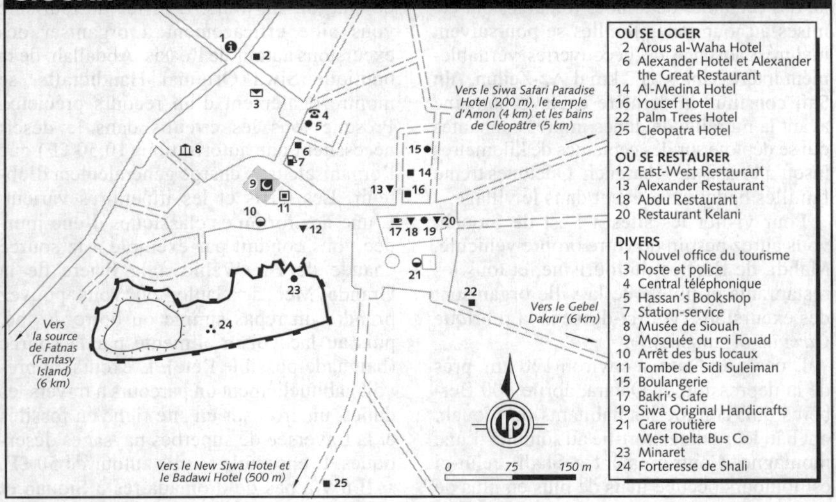

Plus agréable et retirée, la **source de Fatnas** (parfois surnommée "l'île fantastique") forme une oasis au milieu du lac de sel de Siouah. On y accède en traversant une chaussée étroite. A environ 6 km de Siouah, le bassin de la source offre un cadre idyllique parmi les palmiers et la végétation luxuriante. La baignade s'avère plus sûre qu'aux bains de Cléopâtre, mais les femmes non accompagnées doivent néanmoins se tenir sur leurs gardes et réserver leur bikini pour la plage. Fumer la *chicha* ou siroter du thé dans le petit café de la palmeraie en regardant le soleil se coucher sur le lac fait partie des délices de Siouah. Pour vous rendre à la source, passez devant le bâtiment de la municipalité et prenez la route de droite à la première bifurcation. Continuez en contournant la base de la forteresse de Shali et, à l'intersection suivante, repérez le panneau qui indique le direction à suivre.

A 4 km de la ville, le **mont Dakrur** accueille les rhumatisants. De juillet à septembre, ils viennent en masse s'immerger dans des bains de sable brûlant. La montagne fournit également le pigment ocre-rouge qui sert à la décoration des poteries de Siouah.

Environs de Siouah

Plusieurs villages intéressants se trouvent à l'ouest de la ville principale de Siouah. Situés à 15 km, **Kharmisah** et **Bilad ar-Rum** (la cité des Romains) sont accessibles en bus. Il s'agit de villages berbères dont le second possède une centaines de tombes creusées dans les collines voisines. Un archéologue grec a prétendu en 1995 que Maraki, à quelques kilomètres de là, renfermait le tombeau d'Alexandre le Grand. Cette thèse démentie, l'endroit demeure interdit au public.

D'autres sources coulent à l'est de Siouah dont **Ain Qurayshat**, à 27 km, et **Abu Shuruf**, 7 km plus à l'est, dans un bosquet de palmiers. Les habitants considèrent cette dernière comme la plus grande et la plus propre de l'oasis. L'eau profonde de 3 m s'écoule dans la lac Zeitun, un deuxième vaste lac salé. On arrive 5 km plus loin à **Az-Zeitun**, un village en brique crue abandonné, battu par le sable et le vent, qui surgit tout seul au milieu de la plaine sablonneuse. A environ 2 km de là, des centaines de tombes romaines ont été mises au jour et les fouilles se poursuivent malgré l'absence de découvertes véritablement intéressantes. A 3 km d'Az-Zeitun, **Ain Safi** constitue la dernière enclave humaine avant la muraille de dunes impressionnantes qui se déploie sur des centaines de kilomètres jusqu'à l'oasis de Kharguèh. Quelques trente familles bédouines vivent dans le village.

Pour visiter les sites à l'est de Siouah, vous aurez besoin de votre propre véhicule. Mahdi, de l'office du tourisme, et tous les restaurants et hôtels de la ville organisent des excursions (voir ci-dessous la rubrique *Circuits organisés*).

L'oasis de **Qara**, à environ 120 km, près de la dépression de Qatara, abrite 300 Berbères qui, comme les habitants de Siouah, ont bâti leur village fortifié au sommet d'une montagne. Contrairement à Shali, celui-ci est toujours occupé mais de plus en plus de nouveaux logements en béton occupent la partie basse. Pour vous y rendre, empruntez l'étroite route asphaltée qui part de la route Siouah-Marsa-Matrouh au niveau de la *resthouse*, à 150 km de Siouah. Vous pouvez soit y aller en pick-up (250 £E) soit vous adresser en ville aux personnes qui proposent des circuits dans le désert.

A 13 km au sud de Siouah, vous pouvez visiter une **ferme piscicole**. Cet endroit curieux se situe dans une zone de dunes de sable où les compagnies de prospection pétrolière n'ont trouvé que des nappes d'eau chaude. Un homme a alors décidé d'y monter un élevage de poissons.

Au-delà, le paysage cède la place à la **Grande Mer de Sable**, le plus vaste champ de dunes du monde entre l'Égypte et la Libye. Ces dunes magnifiques mais dangereuses atteignant parfois 150 m de haut s'étendent sur 800 km au sud du Gilf Kebir. Malgré un certain nombre d'expéditions, ce vaste territoire demeure l'un des moins explorés du globe.

Circuits organisés

Tous les restaurants ou hôtels de Siouah proposent des circuits allant d'une demi-journée dans le désert environnant au safari de cinq ou six jours. L'office du tourisme vous aide efficacement à organiser des excursions autour de l'oasis. Abdallah, de la boutique Siwa Original Handicrafts, se montre également d'un recours précieux. Presque tous les circuits dans le désert nécessitent une autorisation (10,50 £E) que l'organisateur se charge généralement d'obtenir. Les tarifs et les itinéraires varient. L'une des formules classiques d'une journée vous conduit par exemple à la source chaude de Bir Wahid à la lisière de la Grande Mer de Sable, où vous pouvez prendre un repas simple ou boire du thé, puis au lac voisin alimenté par la source (baignade possible l'été). L'excursion prévoit habituellement un parcours à travers les dunes, un arrêt sur un site riche en fossiles et la traversée de superbes paysages désertiques. L'ensemble tourne autour de 50 £E.

Il n'y a pas de dromadaires à Siouah et tous les circuits s'effectuent par conséquent en 4x4. Avant de partir dans le désert, prévoyez une quantité d'eau suffisante et assurez-vous que le véhicule est en bon état de marche.

Manifestations particulières

Le mont Dakrur accueille chaque année la fête de Siaha. Pendant trois jours, au moment de la pleine lune d'octobre, des milliers d'hommes de Siouah se rassemblent pour célébrer l'amitié et le plaisir d'être ensemble en oubliant tous les griefs de l'année écoulée. Les femmes ne participent pas aux festivités mais les fillettes de moins de 12 ans sont admises jusqu'au coucher du soleil.

Des centaines de personnes extérieures à l'oasis, Égyptiens et touristes étrangers, se mêlent à l'événement.

Un fois par an, la petit tombeau de Sidi Suleiman, derrière la grande mosquée du centre-ville, est le théâtre d'un *moulid*. Certains jeudi, après la prière du soir, les soufis locaux de l'ordre des Arusiya se réunissent ici pour un *zikr*. Ils ne voient pas d'objection à ce que des étrangers assistent à la cérémonie.

Où se loger

A Siouah, l'irruption de la modernité se manifeste hélas sous la forme de rabatteurs d'hôtel racolant les nouveaux arrivants à leur descente du bus.

Camping. Comme un peu partout en Égypte depuis le massacre de Louxor, la police craint le camping sauvage. Cependant, vous pouvez demander à l'Amun Hotel, sur le mont Dakrur, l'autorisation de planter votre tente. Renseignez-vous aussi auprès de l'office du tourisme au cas où la réglementation se serait assouplie.

Hôtels. Le ***Palm Trees Hotel*** (☎ *360 2204*), près de la grand-place, est une bonne adresse. Il dispose de chambres bien tenues dotées de ventilateurs, de grandes baies vitrées et de petits balcons. Une double avec/sans s.d.b. coûte 5/6 £E par personne. L'eau chaude coule en permanence et il n'y rien à redire sur la propreté des s.d.b. Cerise sur le gâteau, l'établissement possède un paisible jardin ombragé avec des fauteuils en palmier parfaits pour la détente. Vous pouvez aussi louer des bicyclettes.

Dans le centre-ville, le ***Yousef Hotel*** (☎ *460 162*) concurrence directement le précédent. Il propose des chambre parfois exiguës mais propres avec lits confortables et douches chaudes. Salama, le propriétaire très serviable, loue des bicyclettes. Comptez 5 £E la nuit, petit déjeuner en sus.

Le vieil hôtel ***Al-Medina*** facture également 5 £E la nuit, pour un cadre beaucoup moins reluisant. Les deux établissements se situent à proximité des mosquées.

Le ***Cleopatra Hotel*** (☎ *460 2148*) vous attend au sud de la grand-place. Dans ce bâtiment original, une simple sans/avec s.d.b. revient à 10/14 £E et une double à 13/18 £E. Plus chères mais d'une qualité bien supérieure, les chambres aménagées dans des chalets avec ventilateur au plafond et mobilier en bois coûtent 25/34 £E. Les prix n'incluent pas le petit déjeuner.

Un peu plus haut, vous trouverez le ***New Siwa Hotel***, l'adresse la plus économique et la moins reluisante de Siouah (2,50 £E le lit). Descendez la rue principale et tournez à droite pour rejoindre le ***Badawi Hotel***, dirigé par un jeune homme du même nom. Vous débourserez 5 £E pour un lit confortable et éventuellement un ventil. Les couples souhaitant loger ici doivent produire leur certificat de mariage.

L'***Alexander Hotel*** (☎ *460 2081*) se tient à deux pas du central téléphonique. Il possède neuf chambres et huit autres à venir. Son escalier intérieur descend dans le restaurant Alexander the Great à l'étage inférieur. Comptez 12/25 £E pour une simple/double immaculée avec s.d.b., petit déjeuner en sus.

En face de l'office du tourisme, l'***Arous al-Waha Hotel*** (☎ *460 2100*) comprend 20 chambres. Il ressemble davantage à un bâtiment administratif qu'à un hôtel mais son personnel sympathique a le sens du service. Les chambres sont équipées de ventil. et de s.d.b. avec eau chaude en permanence. Il facture 54/72 £E la simple/double, petit déjeuner compris. Le lit supplémentaire revient à 15 £E. Il existe aussi deux suites à 60 £E, petit déjeuner en sus. Les prix incluent le service et les taxes.

Le trois-étoiles ***Siwa Safari Paradise Hotel*** (☎ *460 2289/90, fax 460 2286*) occupe une palmeraie à environ 200 m en descendant la route qui mène au temple d'Amon. Son architecture ne se révèle pas à la hauteur du jardin pittoresque alentour et il pratique des tarifs élevés. En demi-pension, vous dépenserez 295/467 £E pour une simple/double avec air conditionné, TV et réfrigérateur. Les bungalows non climatisés coûtent 242/354 £E la simple/double. De petites cabanes en roseau dépourvues de ventilateur sont installées dans une autre partie de l'hôtel mais leur prix s'avère très exagéré (30 £E par personne).

L'***Amun Hotel*** se tient sur le mont Dakrur. En plein été, il accueille en général une clientèle exclusivement composée de personnes souffrant de rhumatismes (5 £E le lit). Il est pourtant difficile de se ravitailler dans le secteur.

(Suite du texte en page 386)

L'ARTISANAT DE SIOUAH

La richesse culturelle de Siouah s'exprime encore de nos jours à travers l'abondance d'objets traditionnels fabriqués à l'usage des habitants de l'oasis ou pour les touristes. Hélas, 98% des productions anciennes telles que bijoux, coffres en bois et autres héritages familiaux sont devenues des objets de collection vendus et dispersés de par le monde.

Les habitants de Siouah portent, avec les Nubiens, les bijoux les plus volumineux et les plus travaillés que l'on puisse trouver en Égypte. Si les femmes n'arborent plus leurs pesantes parures en argent qu'à certaines occasions, certaines pièces intéressantes continuent néanmoins d'être fabriquées. L'*aghrow* et l'*adrim* figurent parmi les ornements les plus spectaculaires. Le premier, un lourd et robuste torque en argent attaché derrière le cou par un crochet et un anneau, formait l'apanage des jeunes filles nubiles en quête d'un mari. L'*adrim*, un large disque en argent recouvert de motifs se suspendait au précédent. L'ensemble était traditionnellement porté jusqu'à la nuit de noce. Pour acheter un *aghrow* et un *adrim* de fabrication actuelle, comptez plusieurs centaines de livres égyptiennes contre plusieurs milliers dans le cas d'un bijou ancien.

Le *lugiyet*, un bandeau de cuir décoré de boutons de nacre et de trois anneaux d'argent pendant de chaque côté, constitue probablement le bijou le plus caractéristique. Il se porte sur le front avec les anneaux contre les tempes. On le trouve rarement dans les boutiques. Autre ornement impressionnant, le *tiyalakan* se présente comme une énorme boucle d'oreille en forme de croissant à laquelle se balancent des chaînettes d'argent dont certaines dotées de grelots et d'amulettes. Trop lourdes pour le lobe de l'oreille, ces boucles sont attachées sur une sorte de harnais de cuir couvrant la tête.

A Siouah, il existe une bague en argent pour chaque doigt à l'exception de l'index. Elles revêtent différentes formes et comportent généralement des motifs géométriques. Petite et rectangulaire, l'*emhabis entad azoua* est réservée au pouce tandis que l'*emhabis entad nammas*, ornée d'un grand disque, se porte au majeur après le mariage. On peut également citer l'*emhabis entakoutout,* une grande bague rectangulaire

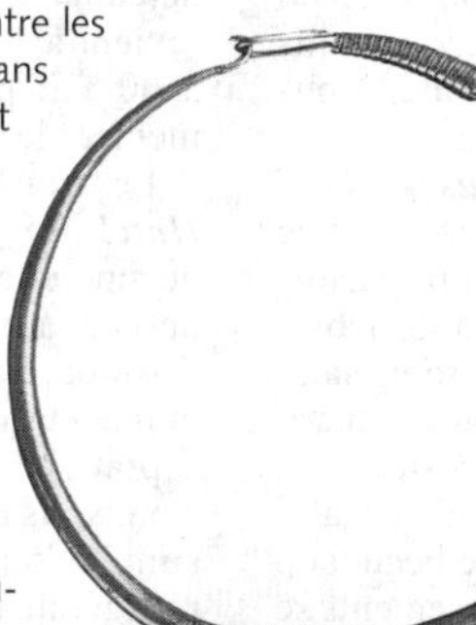

Ci-dessus : bague de mariage (photo de Juliet Coombe/La Belle Aurore)

Ci-contre : *aghrow* et *adrim* de Siouah (photo de Dennis Wisken/ Sidewalk Gallery)

Traditionnellement installé en Égypte occidentale autour de Siouah, le peuple berbère a su conserver sa propre identité et sa langue

JULIET COOMBE / LA BELLE AURORE

JULIET COOMBE / LA BELLE AURORE

JULIET COOMBE / LA BELLE AURORE

En haut : cette alliance berbère de Siouah aide celui qui la porte à s'orienter dans le désert

En bas : détail d'un voile de Siouah finement travaillé de perles

Ci-contre : pendentif de Siouah (photo de Dennis Wisken/ Sidewalk Gallery)

pour l'annulaire, et l'*emhabis entasart*, ovale et pointue, pour l'auriculaire. Des répliques modernes de ces objets traditionnels coûtent entre 50 et 150 £E dans les boutiques d'artisanat.

Les robes de mariée de Siouah se distinguent par leurs broderies rouges, orange, vertes et noires souvent agrémentées de coquillages et de perles. Les deux types de robes, l'*asherah nazitaf* de soie noire et l'*asherah namilal* en coton blanc, s'achètent sur les marchés entre 250 et 400 £E. En ce qui concerne les autres réalisations artisanales, les objets anciens d'une facture plus fine reviennent plus cher.

Siouah est aussi réputée pour ses ouvrages en vannerie. Les femmes et les jeunes filles confectionnent avant tout des articles utilitaires en palme tressée même si aujourd'hui la production s'adresse beaucoup aux touristes. Les paniers anciens se reconnaissent à leurs finitions de meilleure qualité et à l'utilisation de soie ou de cuir au lieu de polyester ou de vinyle. Le *tarkamt*, un plat en vannerie doté d'un centre en cuir rouge, s'utilise traditionnellement pour servir des pâtisseries (de 5 à 50 £E suivant la taille). Le plus grand type de panier est le *tghara* dans lequel on conserve le pain (de 100 à 250 £E). Parmi les objets de plus petite dimension, on trouve l'*aqarush* et le *nedibash* orné de glands de soie rouges et verts (à partir de 10-15 £E).

Les artisans de Siouah travaillent aussi le bois et l'argile. Ils mélangent la glaise locale avec de la paille et la colorent à l'aide d'un pigment extrait du mont Dakrur pour façonner des pots à eau, des tasses et des brûloirs à encens. Le *maklay*, une tasse à fond arrondi, et l'*adjra*, utilisée pour se laver les mains, font partie des achats les plus fréquents de même que le *timjamait* (brûloir à encens). Pour ces articles, comptez à partir de 5 £E.

(Suite du texte de la page 383)

A environ 17 km du centre de Siouah, sur la route de Bilad ar-Rum, on rencontre sur la montagne Blanche au sommet aplati le premier lieu d'hébergement écologique d'Égypte. Bâti suivant des modes de construction traditionnels, ***Adrerere Amellal*** surplombe le lac et bénéficie d'une vue étonnante sur l'oasis jusqu'à la lisière de la Grande Mer de Sable et au-delà. A en croire son propriétaire, le protecteur de l'environnement Mounir Naematalla, ce site revêtirait un caractère mystique. Après quelque temps sur place, on finit effectivement par se poser la question. Avec ses chambres et ses suites d'une belle simplicité, sa source naturelle au milieu des palmiers-dattiers et sa nourriture à base de produits biologiques cultivés sur place, l'endroit se destine à devenir l'un des meilleurs lieux d'hébergement du pays. Pour plus d'informations sur les prix, contactez l'office du tourisme du Caire (☎ 340 0052, fax 341 3331).

Où se restaurer

A Siouah, une poignée de restaurants et de cafés proposent à peu près le même type de menu.

Le plus ancien, l'***Abdu Restaurant***, en face du Youssef Hotel, attire toujours une clientèle nombreuse. Il sert un vaste choix de plats traditionnels, de légumes, de couscous et de poulet rôti. On peut aussi déguster une savoureuse pizza (5 £).

En face de l'Al-Medina Hotel, l'***Alexander Restaurant*** remporte le même succès.

L'ancien cuisinier de l'Alexander Restaurant a récemment ouvert son propre établissement, l'***Alexander the Great Restaurant***, et prépare quasiment les mêmes spécialités que les autres. On remarquera le curry qui figure sur pratiquement toutes les cartes de la ville depuis que trois Pakistanais ont passé un mois dans l'oasis. Vous pouvez aussi commander des plats végétariens.

Rien ne vous empêche de tester aussi l'***East-West Restaurant,*** qui fait face à la mosquée de l'autre côté de la place. A gauche en descendant de l'Abdu Restaurant, le ***Restaurant Kelani*** semble boudé par la clientèle.

Les deux cafés de la place cuisinent du *ta'amiyya* le matin et vous pouvez acheter du pain tout chaud sorti du four dans la boulangerie non loin de là. Un marché se déroule sur la place le vendredi matin.

L'***Arous al-Waha Hotel*** dispose de sa propre cafétéria. Le ***Palm Trees Hotel*** sert aussi à manger mais peu de gens semblent privilégier cet endroit.

Vous pouvez fumer la *chicha*, boire une tasse de café et jouer au trictrac dans les différents établissements disséminés autour de la place. Le ***Bakri's Cafe*** (également appelé Sohag Rest House), à proximité de l'Abdu Restaurant, compte parmi les plus populaires.

Achats

En ville, plusieurs magasins d'artisanat se disputent le commerce touristique : paniers, bijoux, voiles bleus portés par les femmes et poteries (voir la rubrique spéciale *Artisanat de Siouah*). Comparez les prix et les articles entre la petite boutique à l'arrière du Palm Trees Hotel, celle située près de la grand-place sur la route du Cleopatra Hotel, et Hassan's Bookshop. A côté de l'Abdu Restaurant, le magasin Siwa Original Handicrafts affiche ses prix. Le propriétaire, Abdallah Baghi, et son cousin Suleiman ont également sauvé quelques pièces anciennes afin de conserver au moins une partie de l'héritage culturel unique de Siouah. Vous pouvez admirer ces objets mais pas les acheter.

Siouah produit aussi des dattes et des olives vendues en ville. Le marchand vous laisse en général tester les différents types de préparations pour que vous fassiez votre choix.

Comment s'y rendre

La gare routière de la compagnie West Delta Bus Co vous attend sur la grand-place. Un bus quotidien part à 7h à destination d'Alexandrie (15 £E, durée 8 heures) et s'arrête en route à Marsa-Matrouh (8 £E, durée 4 heures). Un second bus pour Alexandrie *via* Marsa-Matrouh quitte l'oasis à 10h. Il est climatisé et coûte 25 £E (10 £E pour Marsa-Matrouh). Ces services nécessitent une réservation. Une ligne supplémentaire sans réservation dessert chaque jour Marsa-Matrouh à 14h (9 £E).

Une route asphaltée relie Siouah à l'oasis de Bahariya mais il n'existe pas de moyens de transport publics. Compte tenu du mauvais état de la chaussée, peu de gens l'empruntent. Vous rencontrerez cependant en ville des petits débrouillards prêts à vous conduire si vous déboursez 550 £E.

Depuis/vers la Libye. A l'heure où nous écrivons, il est illégal de traverser la frontière libyenne et de se rendre dans la ville d'Al-Jaghbub, à environ 120 km de là. La frontière ne se trouve qu'à 50 km mais on la dit minée et la situation ne risque pas de changer de sitôt. Dans le cas contraire, une route goudronnée permet d'aller d'Al-Jaghbub à la côte libyenne.

Comment circuler

Un bus local partant d'un point à proximité de la mosquée du roi Fouad se rend à Kharmisah et à Bilad ar-Rum deux ou trois fois par jour, habituellement à 7h et à 14h (1 £E). Le bus repart environ 45 minutes après son arrivée à destination. Par conséquent, mieux vaut prendre le bus du matin et revenir avec celui de l'après-midi. Si vous restez bloqué sur place, vous devrez loger chez l'habitant car il n'y a aucun lieu pour se loger ni se restaurer dans les parages.

Une meilleure solution consiste à monter dans l'un des pick-ups qui font la navette entre Siouah et Bilad ar-Rum. Vous dépenserez entre 50 pt et 1 £E suivant l'endroit où vous descendrez. Renseignez-vous auprès de Mahdi, de l'office du tourisme, ou dans n'importe quel restaurant.

La bicyclette est un moyen génial de circuler dans l'oasis. Vous pouvez en louer une au Palm Trees Hotel, dans la petite boutique en face de l'Abdu Restaurant et à l'Arous al-Waha Hotel. Le prix standard tourne autour de 2,50 £E la demi-journée et de 5 £E la journée.

Vous pouvez aussi circuler en *careta* (charrette tirée par un âne), un mode de transport moins pratique mais amusant. Attendez-vous à payer environ 10 £E la demi-journée.

Alexandrie et la côte méditerranéenne

Ancien joyau du monde hellénistique, Alexandrie, au charme alangui, se tient sur la côte septentrionale de l'Égypte, à l'ouest de ce bras du Nil qui se jette à Rosette, là où le désert rencontre les eaux scintillantes de la Méditerranée. Toute proche, la cité d'El-Alamein, siège de la célèbre bataille du même nom, marqua un tournant décisif en faveur des Alliés pendant la campagne d'Afrique ; un peu plus loin, à l'ouest, se dressent les stations balnéaires de Sidi Abdel Rahman et Marsa-Matrouh. Après Marsa-Matrouh, la route qui mène à la frontière libyenne suit un littoral quasi désert, ourlant la Grande Bleue de falaises escarpées et de plages de sable fin.

A ne pas manquer

- **Un dîner de fruits de mer à Alexandrie.** La dégustation d'un délicieux poisson grillé en terrasse dans les rues d'Alexandrie vaut à elle seule le voyage.
- **Un café et une bière bien fraîche.** Alexandrie s'enorgueillit de magnifiques bars et cafés d'époque.
- **Les catacombes de Kom ash-Shuqqafa.** Une nécropole souterraine peu visitée mais vraiment originale.
- **Le palais de Montazah.** Appréciez la délicieuse atmosphère de ses jardins et la mer limpide à leurs pieds.
- **Les vieilles maisons ottomanes de Rosette.** Sous ses airs de bout du monde, Rosette recèle des demeures à l'architecture passionnante.
- **Les plages de Marsa-Matrouh.** Le sable et la mer de l'ouest de la côte méditerranéenne sont sans pareils en Égypte.

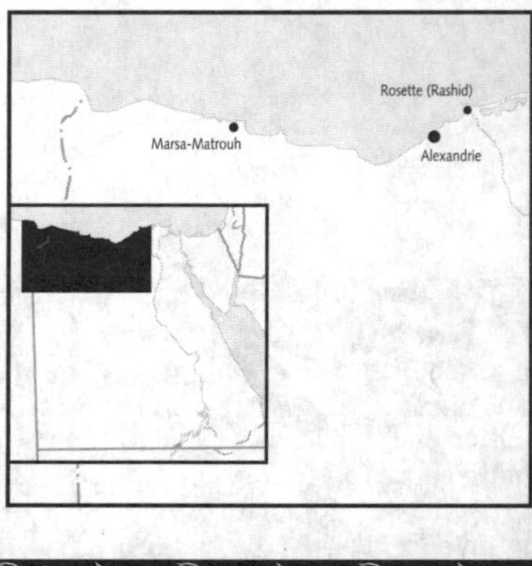

Alexandrie

On a souvent dit d'Alexandrie (Iskendariyya) qu'elle était, des grandes cités qui ont fait l'histoire, la plus pauvre en vestiges. Fondée par Alexandre le Grand, elle ne garde en effet aucune trace de l'illustre personnage ; alors qu'elle abritait l'une des Sept Merveilles du monde, pas un seul monument d'importance n'y subsiste, et l'ancienne cité de Cléopâtre, jadis rivale de Rome, se présente aujourd'hui comme une ville provinciale surpeuplée et sans prestige particulier.

Confronté à la réalité de l'actuelle Alexandrie – un agglomérat d'immeubles un peu sales se bousculant vers le front de mer –, le visiteur ne peut réprimer sa déception. Pourtant, juger la ville sur cette première impression ne serait pas lui rendre justice. Toute en nuances et en contrastes, elle réserve en effet quantité de découvertes à qui veut bien lui consacrer du temps.

HISTOIRE

L'histoire d'Alexandrie représente en quelque sorte le chaînon manquant entre

LA CÔTE MÉDITERRANÉENNE

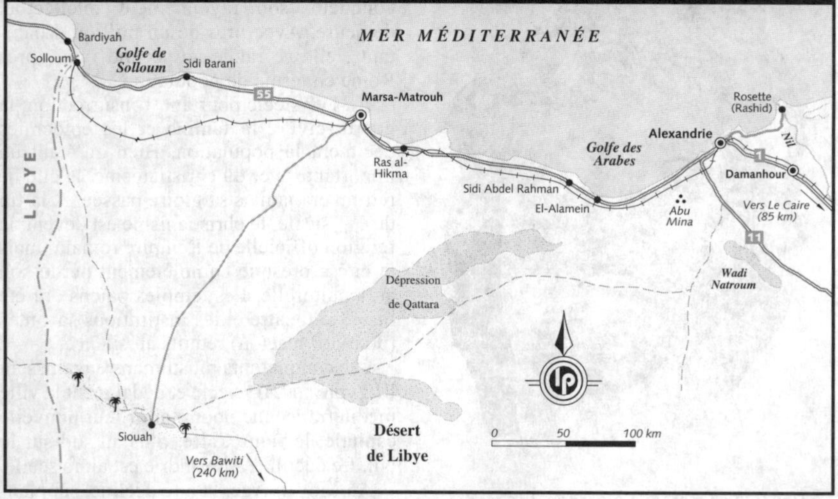

l'époque pharaonique et l'avènement de l'islam. La ville engendra en effet la dernière grande dynastie de pharaons, servit de porte d'entrée en Égypte aux Romains et fut l'un des foyers du christianisme naissant. Mais les envahisseurs musulmans, eux, la dédaignèrent et allèrent planter leur camp sur le site du futur Caire. Elle connut alors un rapide déclin.

Alexandrie vit le jour avec la conquête de l'Égypte par Alexandre le Grand. S'étant fait confirmer par les prêtres de Memphis la légitimité de son règne sur le pays, le général macédonien remonte le Nil jusqu'à la Méditerranée. Sur le rivage de cette mer familière, il choisit un village de pêcheurs sur l'emplacement duquel il décide d'édifier une cité nouvelle, dont les fondations sont posées en 331 av. J.-C.

On raconte que c'est Alexandre lui-même qui en imagina le plan initial en échiquier. Une vision dont il ne connut jamais la version en pierre. Immédiatement après, il partit consulter l'oracle d'Amon à Siouah, puis marcha à la tête de son armée sur la Perse, puis l'Inde, aux portes de laquelle il devait s'éteindre deux ans plus tard. Sa dépouille fut ramenée pour être ensevelie à Alexandrie, la cité dont il rêvait de faire le centre culturel et politique de son empire.

A sa place, ce fut l'un de ses généraux, Ptolémée, qui présida au développement de la ville. Sous sa férule, elle se remplit de monuments dont l'architecture n'avait rien à envier à ceux de Rome ou d'Athènes. Dans le dessein de s'inscrire, au moins en apparence, dans la continuité des dynasties pharaoniques antérieures, Ptolémée donne à Alexandrie une physionomie égyptienne en la dotant de sphinx, d'obélisques et de statues récupérés sur les sites anciens de Memphis et d'Héliopolis. La cité devient à cette époque un port majeur au carrefour des routes commerciales entre l'Europe et l'Asie, et surtout sa réputation intellectuelle dépasse bientôt sa prospérité économique. Centre de la pensée et de l'enseignement scientifiques, philosophiques et littéraires renommé dans le monde entier, Alexandrie draine désormais les meilleurs artistes et érudits de l'époque. Sa célèbre bibliothèque contient cinq cent mille volumes, et de son

Une tête en marbre d'Alexandre le Grand. Les trous forés autour de la tête supportaient certainement une auréole dorée en forme de soleil

institut de recherche, le Museïon, sortent certains des travaux les plus pointus de l'époque.

Une tour massive élevée sur l'île de Pharos (qui donnera son nom aux futures constructions de ce type), à proximité du rivage, sert à guider les navires qui jettent l'ancre dans le port florissant et devient le symbole ostentatoire de la grandeur de la cité. Le célèbre *pharos* d'Alexandrie revêt des proportions si colossales que les anciens le comptent parmi les Sept Merveilles du monde.

Pendant le fameux règne de Cléopâtre, Alexandrie rivalise avec Rome, y compris sur le plan militaire. Jugeant cette situation intolérable, l'Empire entreprend d'agir en conséquence (voir la rubrique *Histoire* du chapitre *Présentation du pays*).

Sous mainmise romaine, la ville conserve encore son statut de capitale et, malgré l'incendie de sa grande bibliothèque au cours de la première tentative romaine de conquête, son rayonnement intellectuel demeure. Avec près de un million d'habitants, elle se range au second rang après Rome en terme de population.

Au IVe siècle pourtant, l'insurrection, la guerre civile, la famine et les épidémies déciment la population. Bien qu'étant un important foyer du christianisme, la cité ne retrouvera jamais sa gloire passée. A la fin du IVe siècle, le christianisme est devenu la religion officielle de l'empire romain, mais la cité a presque complètement perdu son aura culturelle. Les temples païens ont été rasés, le théâtre et les institutions savantes (dont le Museïon) réduits au silence.

Les conquérants musulmans envahissent l'Égypte au VIIe siècle et dédaignent la ville méditerranéenne pour établir leur nouvelle capitale, le futur Caire, plus au sud sur le Nil. Le déclin d'Alexandrie est alors scellé.

Au Moyen Age, la cité décline, supplantée par la ville portuaire voisine de Rosette. Les ruines de ses monuments, détruits par les tremblements de terre, servent de carrières pour les constructions civiles. Rétrécie aux limites de la péninsule (aujourd'hui Anfushi) qu'encadrent les deux ports, la grande cité classique n'est à peine plus qu'une bourgade de pêcheurs, comptant désormais moins de dix mille âmes.

Le venue de Napoléon Bonaparte en 1798 marque un tournant dans la destinée d'Alexandrie. Conscient de son importance stratégique, il s'emploie à sa résurrection. Sous le règne du souverain égyptien réformateur Méhémet-Ali, une nouvelle ville est élevée sur le site de l'ancienne et un canal la relie au Nil. La cité redevient l'un des ports les plus prospères de la Méditerranée et attire un flux de riches commerçants d'origine turque suivis bientôt par les juifs, les Grecs, les Italiens et bien d'autres Méditerranéens. Les intérêts et investissements français et britanniques augmentent avec la construction du canal de Suez. Son aspect multiculturel, sa vitalité commerçante et ses racines antiques donnent à Alexandrie une aura presque mythique qui inspire un nouveau cercle de poètes, d'écrivains et d'intellectuels (voir l'encadré *L'Alexandrie littéraire* dans ce chapitre).

Hélas, la renaissance ne dure que le temps d'un feu de paille. La révolution qui porte au pouvoir Gamal Abdel Nasser en 1952 sonne le glas de cette période cosmopolite. Les étrangers quittent en masse le pays, souvent après avoir liquidé en hâte leurs biens menacés de nationalisation par le nouveau gouvernement.

Depuis lors, la physionomie de la ville a connu un changement radical. Comptant 300 000 habitants (dont environ 40% d'étrangers) dans les années 40, Alexandrie abrite désormais une population de 5 millions de personnes, presque exclusivement d'origine égyptienne, alimentée par l'exode rural. La sophistication et le lustre de la ville ont peut-être disparu, mais comme le fait remarquer un personnage de Naguib Mahfouz dans *Miramar* : "Il fallait bien qu'un jour Alexandrie revienne à son peuple."

Principal port d'Égypte, la ville sert aussi de lieu de villégiature estivale, car elle offre davantage de fraîcheur que la capitale. Aussi, tous ceux qui peuvent se le permettre transhument-ils du Caire vers la côte méditerranéenne. Les privilégiés possèdent des résidences d'été dans les stations balnéaires huppées de la périphérie d'Alexandrie telles que Mamoura ou Agamy.

ORIENTATION

Alexandrie est une vraie ville de bord de mer : longue d'une vingtaine de kilomètres d'est en ouest, elle ne dépasse pas 3 km de large. Le centre-ville s'organise autour du port est, pratiquement fermé par deux étroites bandes de terre.

Midan Ramla, connue aussi sous le nom de Mahattat Ramla (gare de Ramla), terminus central de toutes les lignes de tramway, forme le cœur de la cité. Elle rejoint, au coin nord-ouest, la vaste Midan Saad Zaghloul qui s'étend jusqu'au front de mer. Le quartier commerçant du centre-ville, qui comprend ces deux places ainsi que les artères sud et ouest, accueille l'office du tourisme, les compagnies aériennes, les restaurants et la plupart des hôtels bon marché.

Les quartiers plus anciens de la ville, dont Anfushi, se situent à l'ouest du centre. A l'est, on trouve une succession de quartiers plus récents comme Ibrahimiyya, qui renferme un petit *souk* (marché) intéressant, Chatby et ses catacombes antiques, et enfin Rushdy, adresse favorite du personnel diplomatique et des expatriés. La banlieue est se termine au domaine de Montazah, site d'un des palais présidentiels, d'un hôtel et d'immenses jardins.

Longeant le front de mer, la Corniche, appelée sur certaines parties Sharia 26th of July, puis Sharia Al-Geish (avenue de l'Armée), relie Anfushi à Montazah. Parallèle à la Corniche, la Tariq ("avenue") al-Horreyya suit le même parcours à environ 1 km du bord de mer.

Notez que si, au Caire, *sharia* se traduit par "street", le français prédomine encore à Alexandrie et l'on parle de "rue".

RENSEIGNEMENTS

Prorogations de visa

Le service des passeports se situe 28 Talaat Harb. Vous aurez besoin d'une photo, d'une photocopie des pages *ad hoc* de votre passeport (des photocopieuses sont disponibles à l'entrée), ainsi que du passeport lui-même. Le bureau ouvre de 8h à 13h30 tous les jours sauf le vendredi.

Office du tourisme

L'office du tourisme principal (☎ 807 9885) vous attend à l'angle sud-ouest de Midan Saad Zaghloul de 8h à 18h. Ils ont un autre bureau sur le quai n°1 de la gare Masr. La police touristique (☎ 483 3378) occupe l'étage au-dessus de l'office du tourisme principal.

Consulats étrangers

Pour plus de détails sur les consulats basés à Alexandrie, reportez-vous à la rubrique *Ambassades* du chapitre *Renseignements pratiques*.

Argent

Pour changer du liquide ou des chèques de voyage, le plus simple consiste à s'adresser

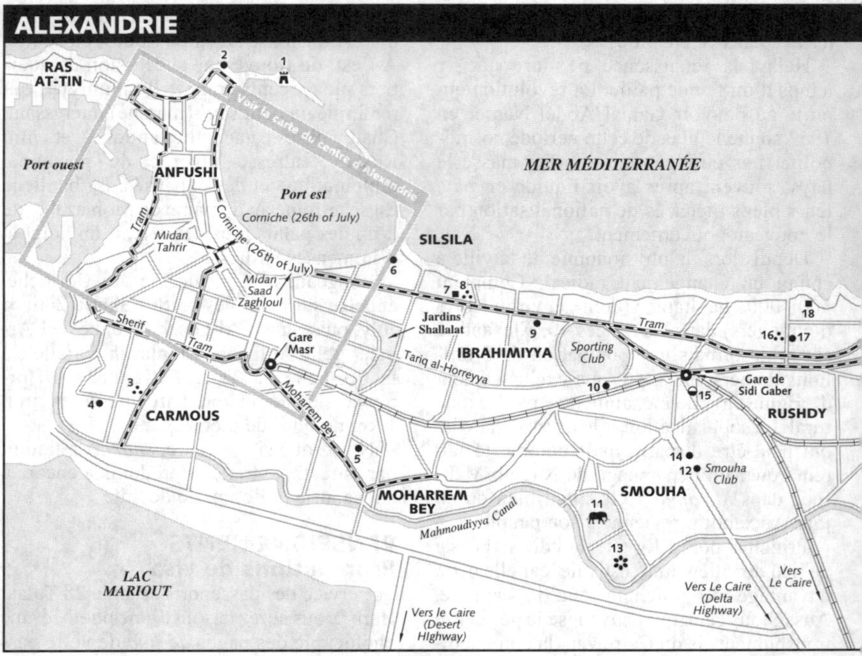

aux nombreux bureaux de change situés dans les rues adjacentes entre Midan Ramla et la Corniche. Il en existe aussi plusieurs dizaines le long de Talaat Harb.

L'Egyptian-British Bank (☎ 483 2839), 47 Sultan Hussein, à cinq minutes de marche à l'est du centre, dispose d'un DAB, où vous pouvez effectuer des retraits à l'aide d'une carte Visa.

American Express (Amex, ☎ 541 0177, fax 545 7363), 34 Al-Moaskar ar-Romani, est installé à Rushdy, c'est-à-dire un peu loin du centre. Le bureau ouvre de 8h30 à 17h tous les jours sauf le vendredi. Il fait également office d'agence de voyages et vous pouvez recevoir du courrier à son adresse.

La principale agence Thomas Cook (☎ 482 7830, fax 483 4073), 15 Midan Saad Zaghloul, s'avère beaucoup plus facile d'accès (ouverte de 8h à 17h).

Si vous devez vous faire envoyer de l'argent, il existe en ville deux bureaux Western Union (voir la rubrique *Questions d'argent* dans le chapitre *Renseignements pratiques*).

Poste et communications

La poste centrale est un petit bureau de poste juste à l'est de Midan Orabi. A l'angle, un bureau offre aussi un service de courrier électronique (EMS). La ville comprend plusieurs autres bureaux de poste dont l'un jouxtant la gare Masr (à gauche en sortant) et un autre à Mahattat Ramla (ouvert jusqu'à 18h). La plupart ouvrent de 8h à 15h tous les jours, sauf le vendredi.

Pour récupérer du courrier en poste restante, allez au centre de tri dans une rue perpendiculaire (à l'ouest) à Midan Orabi. Il s'agit d'un petit bâtiment en pierre, décrépit, en face d'un immeuble de quinze étages.

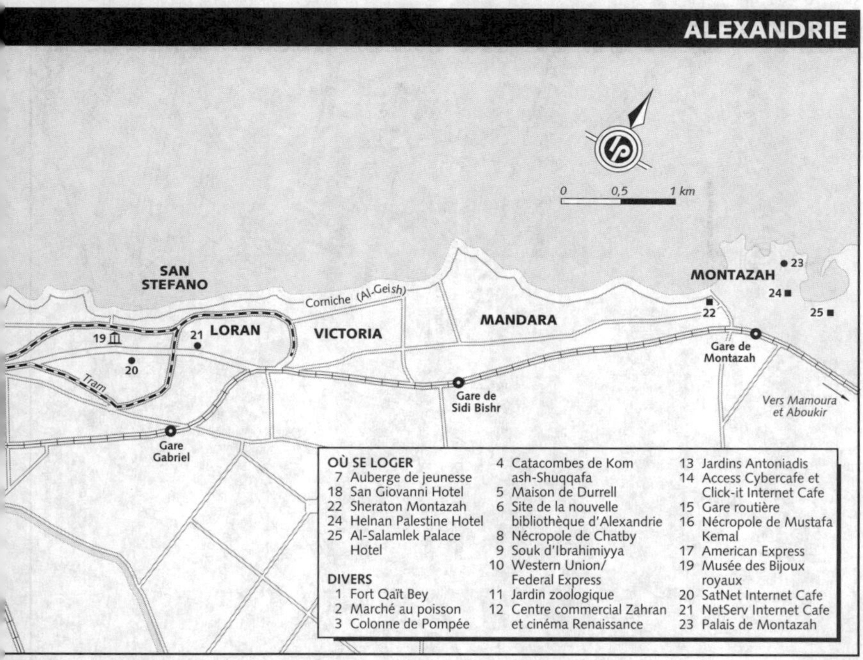

Entrez par la Sharia Sahafa. Il ouvre de 6h30 à 18h, tous les jours, sauf le vendredi.

Les agences téléphoniques de Midan Ramla et de Midan al-Gomhuriyya, en face de la gare Masr, fonctionnent 24h/24. Celle de Midan Ramla propose aussi un service (☎ 483 3136) permettant de recevoir des fax (6 £E).

E-mail et accès Internet

Actuellement, Alexandrie possède déjà quatre cybercafés, malheureusement éloignés du centre.

Access Cybercafe
(☎ 425 5766, www.cyberaccess.com.eg). Au 1er étage d'une galerie marchande près du nouveau centre commercial Zahran à Smouha. Ouvert tous les jours de 9h à 24h, 10 £E l'heure.

Click-It Internet Cafe
(☎ 311 7520). Au rez-de-chaussée de la galerie marchande près du nouveau centre commercial Zahran à Smouha. Ouvert tous les jours de 10h30 à 1h, 12 £E l'heure et 7 £E la demi-heure.

NetServ Internet Cafe
(☎ 587 2269, webmaster@netserv.com.eg). Situé 678 Tariq al-Horreyya, à Loran. Ouvert tous les jours de 9h à 1h, 8 £E l'heure de 10h à 15h, et 12 £E ensuite.

SatNet Internet Cafe
(☎ 312 9985), 603 Tariq al-Horreyya, à Zizinia. Ouvert tous les jours de 10h à 24h. 12 £E l'heure, tarif minimum 6 £E.

Pour vous rendre aux cybercafés de Smouha, prenez un minibus devant le Cecil Hotel jusqu'à la gare routière Sidi Gaber. De là, dirigez-vous vers le sud en tournant le dos à la gare ferroviaire jusqu'à la rue principale où vous prendrez à droite. Au bout de 200 m, vous arriverez à un rond-point, c'est la deuxième à gauche. La galerie marchande occupée par les cybercafés se situe entre la

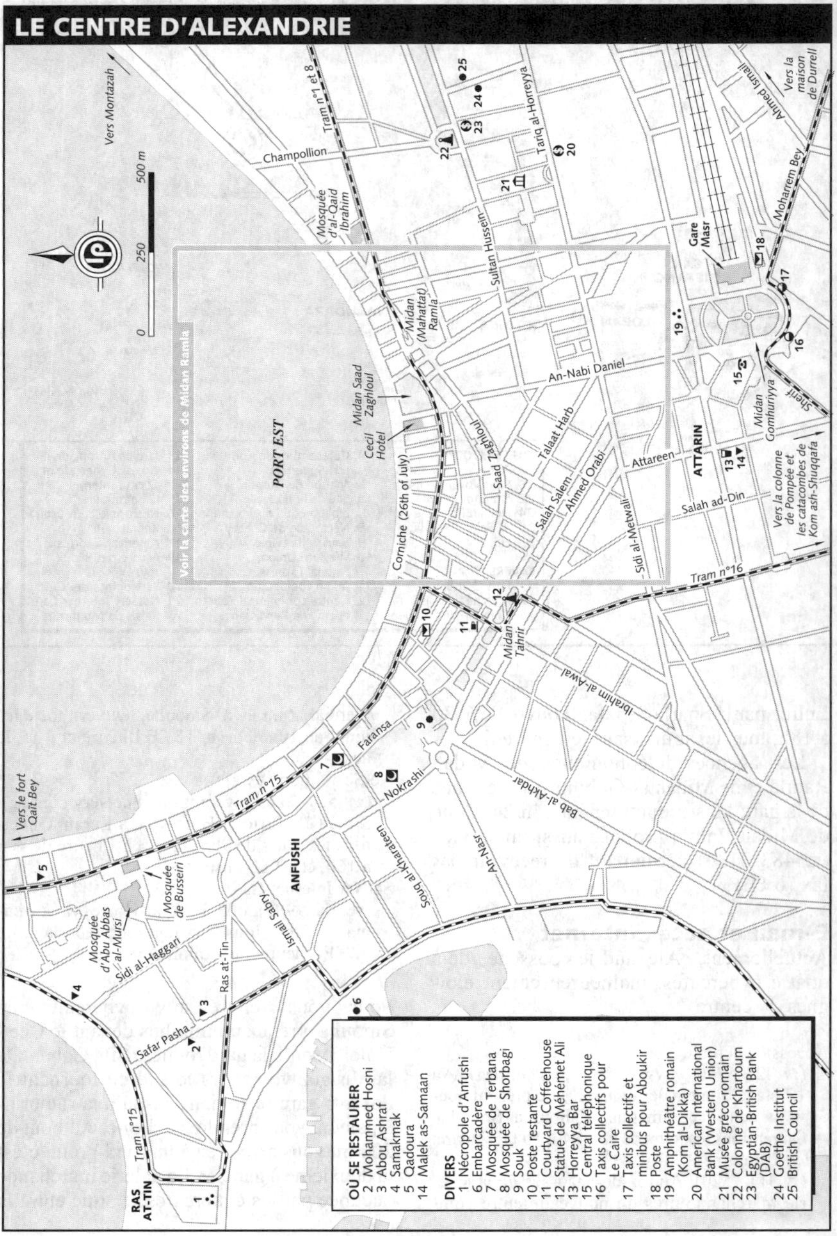
LE CENTRE D'ALEXANDRIE
PORT EST
Voir la carte des environs de Midan Ramla
Vers Montazah
Vers le fort Qait Bey
Vers la maison de Durrell
Vers la colonne de Pompée et les catacombes de Kom ash-Shuqqafa
0
250
500 m
RAS AT-TIN
ANFUSHI
ATTARIN
Mosquée d'Abu Abbas al-Mursi
Mosquée de Busseiri
Mosquée d'al-Qaid Ibrahim
Cecil Hotel
Midan Saad Zaghloul
Midan (Mahattat) Ramla
Midan Tahrir
Midan Gomhuriyya
Gare Masr
Tram n°15
Tram n°1 et 8
Tram n°16
Champollion
Corniche (26th of July)
Sultan Hussein
Tariq al-Horreyya
An-Nabi Daniel
Saad Zaghloul
Talaat Harb
Salah Salem
Ahmed Orabi
Attareen
Sidi al-Metwali
Salah ad-Din
Ahmed Ismail
Moharrem Bey
Sherif
Faransa
Nokrashi
Ibrahim al-Awal
Bab al-Akhdar
An-Nasr
Souq al-Khaiteen
Ismail Sabry
Ras at-Tin
Sidi al-Haggari
Safar Pasha
OÙ SE RESTAURER
2 Mohammed Hosni
3 Abou Ashraf
4 Samakmak
5 Qadoura
14 Malek as-Samaan
DIVERS
1 Nécropole d'Anfushi
6 Embarcadère
7 Mosquée de Terbana
8 Mosquée de Shorbagi
9 Souk
10 Poste restante
11 Courtyard Coffeehouse
12 Statue de Méhémet Ali
13 Horreyya Bar
15 Central téléphonique
16 Taxis collectifs pour Le Caire
17 Taxis collectifs et minibus pour Abookir
18 Poste
19 Amphithéâtre romain (Kom al-Dikka)
20 American International Bank (Western Union)
21 Musée gréco-romain
22 Colonne de Khartoum
23 Egyptian-British Bank (DAB)
24 Goethe Institut
25 British Council

mosquée et le nouveau centre commercial Zahran, un bâtiment rose de plusieurs étages. Comptez en tout 10 mn de marche.

Les autres adresses se trouvent encore plus loin. Montez dans le tramway n°2 ou n°5 à Mahattat Ramla et descendez à San Stefano (asseyez-vous du côté droit pour repérer le Landmark Hotel juste avant l'arrêt). De l'arrêt, retournez sur vos pas, passez devant l'hôtel, et prenez la première à gauche, qui vous conduit à la Tariq al-Horreyya, une artère plutôt animée. Il ne vous reste plus qu'à parcourir 400 m vers l'est (sur votre gauche) pour atteindre le NetServ ou 200 m en direction du centre-ville pour rejoindre le SatNet.

Librairies

Les bonnes librairies manquent à Alexandrie et vous aurez même du mal à dénicher un exemplaire du *Quatuor d'Alexandrie,* de Lawrence Durrell. La petite sélection d'ouvrages en anglais d'Al-Ahram, à l'angle de Midan al-Horreyya et de Sharia an-Nabi Daniel, constitue ce qui se fait de mieux en ville. Le magasin ouvre de 9h à 16h du samedi au jeudi (le dimanche jusqu'à 13h). Mentionnons également la librairie Al-Mustaqbal, en face du cinéma Metro, 32 Sharia Safiyya Zaghloul. Il s'avère plus facile de se procurer des journaux et des magazines étrangers. Le kiosque de la Mahattat Ramla reçoit toutes sortes de parutions depuis *Elle* (en version française, anglaise et italienne) jusqu'au *Monde*.

Centres culturels

La plupart des centres culturels de la ville disposent d'une bibliothèque et organisent des projections de films, des lectures, des expositions et des spectacles. Pour connaître le programme, consultez *Egypt Today* ou *Alex Today*, plus difficile à trouver. Pensez à prendre votre passeport : il est possible qu'on vous le demande à l'entrée.

Alliance française
(☎ 492 0804), 30 Sharia an-Nabi Daniel. Ouvert de 9h à 12h et de 17h à 19h30 du dimanche au jeudi. Il présente tous les jours des projections de films ou de vidéos.

Services médicaux

Les pharmacies ne font pas défaut à Alexandrie, en particulier le long de Sharia Saad Zaghloul. L'officine en face de Mahattat Ramla, près du glacier Baskin Robbins, reste ouverte jusqu'à 24h.

L'ALEXANDRIE ANTIQUE

L'Alexandrie antique se révèle presque aussi immatérielle que l'Atlantide. Ville de légende, elle est indissociable dans notre esprit de Cléopâtre, des Sept Merveilles du monde et de la fameuse grande bibliothèque, autant d'évocations à la lisière du mythe. Aujourd'hui, seuls une ou deux colonnes par-ci, un arc isolé par-là attestent la réalité de ce passé. Pourtant, grâce aux recherches archéologiques, un nombre croissant d'éléments sont mis au jour et redonnent forme à la cité antique. Une grande partie reste néanmoins inaccessible. L'Alexandrie de Cléopâtre gît à 6 m de profondeur mais livre de temps à autre quelques-uns de ses secrets. Ainsi, la nécropole gréco-romaine exhumée accidentellement en 1997 lors de la construction d'une route. Ces dernières années, l'exploration de la mer a aussi permis des découvertes spectaculaires (voir l'encadré *Le palais royal et autres découvertes sous-marines*).

Le reste du temps, il est nécessaire de faire preuve d'imagination. Si vous vous tenez, par exemple, à l'intersection de Sharia an-Nabi Daniel et de Tariq al-Horreyya, avec d'un côté la librairie Al-Ahram et de l'autre une pâtisserie, sachez que cet espace représentait le cœur de la cité antique. L'actuelle Tariq al-Horreyya correspond à l'ancienne voie Canope, qui reliait la porte du Soleil, à l'est, à la porte de la Lune, à l'ouest. Une source du Ve siècle décrit cette voie comme étant bordée d'un bout à l'autre par une rangée de colonnes.

Un peu plus au sud, la **Sharia an-Nabi Daniel** s'est substituée à la ptolémaïque voie du Soma. Il s'agirait du site du célèbre Museïon et de la grande bibliothèque où se réunissaient philosophes, écrivains et savants. On pense que ces grandes institutions se tenaient sur le côté ouest de la voie,

CÔTE MÉDITERRANÉENNE

LES ENVIRONS DE MIDAN RAMLA

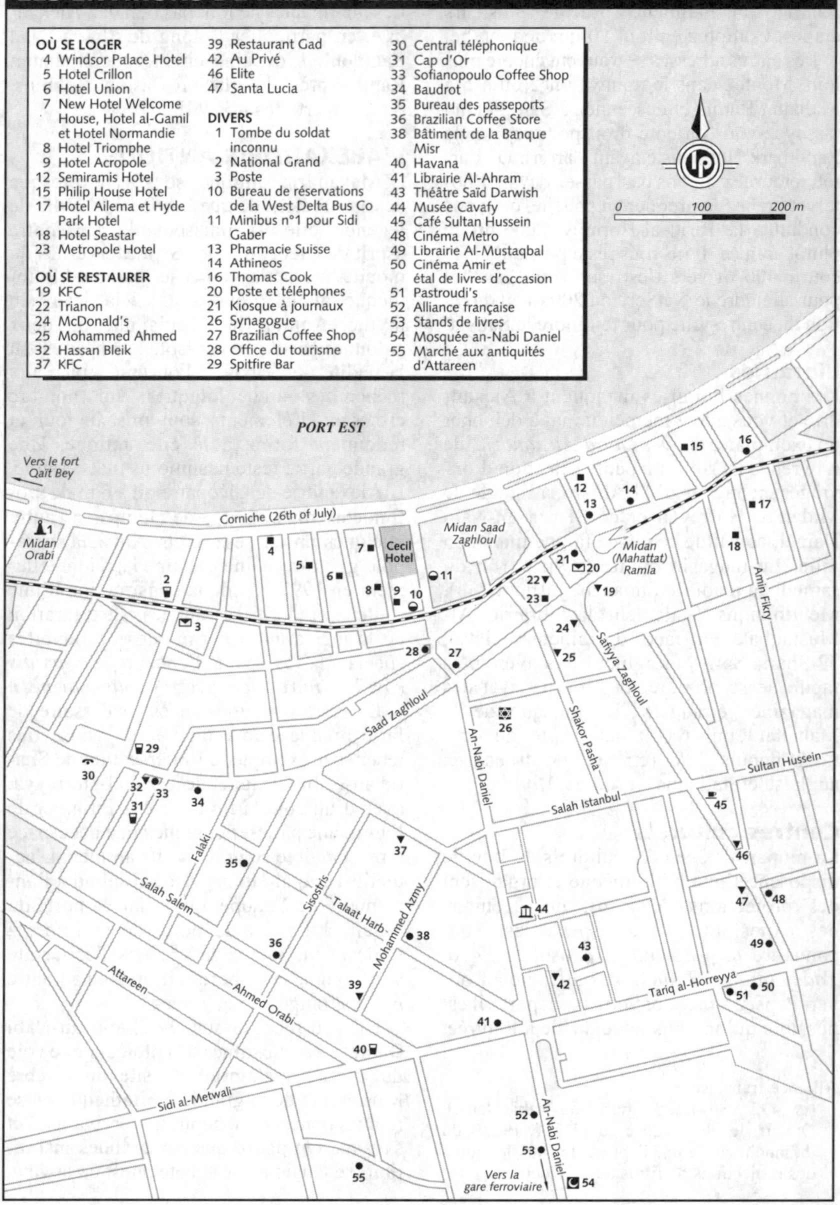

à droite en s'éloignant d'Al-Horreyya. Pourtant, ce ne sont pas les monuments visibles qui font battre le cœur mais ce que l'on imagine peut-être enfoui sous l'insignifiante **mosquée** moderne **an-Nabi Daniel**, du côté est de la rue. Certains érudits, archéologues amateurs et esprits romantiques croient, espèrent et rêvent qu'existent sous la mosquée de profondes cryptes renfermant le tombeau d'Alexandre le Grand. Un début de fouilles a effectivement mis au jour les vestiges d'un temple romain du IVe siècle, mais les autorités religieuses ont mis le holà à des recherches plus poussées.

En attendant d'autres découvertes, les plus beaux trésors d'Alexandrie sont exposés au Musée gréco-romain de la ville.

Musée gréco-romain

Les 24 salles de ce superbe musée contiennent environ 40 000 pièces de valeur remontant pour certaines au IIe siècle av. J.-C. Hélas, comme dans beaucoup de musées égyptiens, l'étiquetage s'avère pratiquement inexistant. Parmi les objets à ne pas manquer, on citera trois têtes sculptées d'Alexandre (salle 6), le fondateur de la ville. Fixées au mur, deux impressionnantes mosaïques provenant du delta du Nil et postérieures de un siècle à la mort d'Alexandre représentent la reine Bérénice, épouse de Ptolémée III.

A l'autre extrémité de la salle, après une statue géante du taureau Apis issue du Serapeum, on peut admirer deux sculptures du dieu Sérapis, l'une en bois et l'autre en marbre. Cette divinité, mi-égyptienne (mélange d'Osiris et d'Apis) mi-grecque (avatar de Zeus et de Poséidon), est le produit d'un syncrétisme religieux propre à Alexandrie, inventé par Ptolémée Ier afin de réunir dans un culte commun ses sujets grecs et égyptiens. Les nombreuses figures de Sérapis (dont le taureau Apis est aussi une manifestation) présentes dans le musée témoignent du succès de l'entreprise.

La salle 9 renferme un crocodile momifié qui aurait servi lors des processions en l'honneur du dieu crocodile Sobek. La porte en bois ouvragé, à côté de la momie, vient du temple du Fayoum reconstitué dans le jardin du musée.

La salle 12 offre d'autres exemples de syncrétisme religieux, en l'occurrence des statues en granit rose de souverains Lagides portant l'habit et la couronne pharaonique afin de se poser en héritiers légitimes des dynasties précédentes. Au centre de la pièce se tient une jolie statue de Marc Aurèle qui visita Alexandrie en l'an 175. Elle fut exhumée lors des travaux de fondations du théâtre Saïd-Darwish, près de Tariq al-Horreyya.

La salle 18, quatrième sur la gauche, abrite la seule représentation historique du phare d'Alexandrie sous la forme de plusieurs petites lanternes en terre cuite du IIIe siècle av. J.-C. montrant les trois étages de la tour (voir l'encadré *Le phare d'Alexandrie*).

Dans la salle 24, consacrée aux monnaies, plusieurs pièces s'ornent du portrait d'Alexandre (panneaux 34-36) ou de profils de Cléopâtre VII (panneau 88), la Cléopâtre de Shakespeare et d'Hollywood, qui, à en juger "sur pièces", ressemblait davantage à Virginia Woolf qu'à Elizabeth Taylor.

Les dernières salles regroupent des objets de la période copte. Le plus impressionnant est un énorme chapiteau en marbre du IVe siècle décoré d'un motif de vannerie (salle 2). Retrouvé près de Mahattat Ramla, il aurait appartenu à l'une des toutes premières églises de la ville.

Pour les vrais amateurs, nous recommandons chaleureusement le *Petit Guide du Musée Gréco-Romain,* de Jean-Yves Empereur (archéologue fouillant actuellement le site sous-marin du phare), en vente à la librairie du musée. Du même auteur, on pourra lire et regarder avant de partir *Alexandrie : redécouverte,* édité chez Stock Fayard, en 1998.

Le Musée gréco-romain (☎ 483 6434) se situe 5 Al-Mathaf ar-Romani, au nord-ouest de Tariq al-Horreyya et à une courte distance à pied du croisement avec Sharia Safiyya Zaghloul. Il ouvre tous les jours de 9h à 16h (pause le vendredi de 11h30 à 13h30 pour la prière). L'entrée coûte 16/8 £E avec un supplément de 10/150 £E si vous utilisez un appareil photo ou un caméscope.

Le palais royal et autres découvertes sous-marines

Alexandrie a récemment révélé quelques autres de ses trésors cachés. Les fouilles sous-marines entreprises depuis des années dans le port est ont fini par porter leurs fruits en 1998 avec des découvertes spectaculaires qui ont de nouveau placé la cité méditerranéenne sous les feux de l'attention internationale.

Deux zones de plongée distinctes sont actuellement en cours d'exploration : la zone autour du fort Qaït Bey et la partie sud-est du port est, que les archéologues soupçonnaient depuis longtemps d'abriter un palais royal de l'époque ptolémaïque.

Des centaines de pièces, dont des corps de sphinx (leur têtes ont été emportées par les courants marins), des colonnes, des chapiteaux et des fragments d'obélisques ont été répertoriés sur le premier site. Les plongeurs ont également découverts des blocs de granit colossaux dont certains semblent s'être brisés en tombant d'une hauteur élevée. Cela accréditerait la thèse selon laquelle ces fragments auraient bien appartenu au phare jadis considéré comme l'une des Sept Merveilles du monde.

Les découvertes réalisées dans la zone du palais royal s'avèrent encore plus impressionnantes. L'équipe sous-marine franco-égyptienne a repéré des plates-formes, des carrelages et des colonnes de granit rouge faisant partie de l'ancien palais, ainsi que les restes d'un embarcadère en bois du Ve siècle et une épave de navire que le carbone 14 date d'entre 90 av. J.-C. et 130 de notre ère. Cependant, rien n'a marqué l'ensemble des médias et de l'opinion publique autant que les statues. En 1998, devant une foule de journalistes et de cameramen du monde entier, les archéologues ont remonté à la surface une splendide effigie en granit noir de la déesse Isis tenant un vase canope, ainsi qu'un sphinx en diorite dont le visage est probablement celui de Ptolémée XII, père de Cléopâtre.

Après avoir été dûment examinées et photographiées, ces pièces ont ensuite été rendues à leur séjour marin. Plutôt que d'extraire définitivement ces antiquités de la mer, les autorités égyptiennes envisagent en effet de créer le premier musée sous-marin du monde doté d'un tunnel en Plexiglas dans lequel les visiteurs pourront se promener à 5 m sous la surface de l'eau et admirer l'ensemble *in situ*. Si ce projet ambitieux voit le jour, Alexandrie pourra s'enorgueillir de posséder à nouveau l'une des merveilles du monde.

CÔTE MÉDITERRANÉENNE

Amphithéâtre romain (Kom al-Dikka)

Les treize rangées de gradins en marbre du seul théâtre romain d'Égypte ont été mises au jour en 1964 lors du creusement des fondations d'un nouvel immeuble d'habitation. Les gradins, disposés en demi-cercle autour de l'arène, sont extrêmement bien conservés, mais l'ensemble n'a rien de subjuguant. Les fouilles se concentrent actuellement sur la zone au nord de l'édifice où une équipe s'emploie à dégager les vestiges de thermes romains.

L'amphithéâtre se dresse Sharia Youssef, à l'extrémité nord de Midan Gomhuriyya (appelée aussi Mahattat Masr – "de la gare Masr"). Il est ouvert tous les jours de 9h à 16h (6/3 £E). Ici encore, oubliez le caméscope, à moins d'accepter d'acquitter de l'exorbitante taxe habituelle.

Colonne de Pompée et Serapeum

Cette colonne en granit rose, massive mais peu impressionnante, que les croisés attribuèrent à tort à Pompée, s'élève à 30 m au-dessus des ruines décevantes de l'acropole ou Serapeum. A l'époque ptolémaïque, un surplomb rocheux supportant un escalier de cent marches permettait d'accéder au grand temple voué à Sérapis, le dieu inventé de toutes pièces à Alexandrie (voir le paragraphe *Le Musée gréco-romain*). Des sanctuaires secondaires et une bibliothèque créée par Cléopâtre entouraient ce lieu de culte majeur. Le site se résume aujourd'hui à un gros tumulus de terre criblé de trous et de tranchées présentant quelques sphinx (provenant d'Héliopolis) disséminés, un nilomètre et la fameuse colonne dite de Pompée.

Mesurant 9 m de circonférence, cette colonne fut érigée en 293 par Dioclétien au milieu du complexe du Serapeum. Vers 391, elle fut le seul élément architectural à résister à l'assaut final contre les païens d'Alexandrie au cours duquel les chrétiens mirent à sac le Serapeum et la bibliothèque. Il s'agit d'ailleurs du seul monument intégral encore debout aujourd'hui dans la ville.

Les visiteurs du XIXe siècle avaient coutume d'escalader la colonne et de piqueniquer au sommet. Inutile de dire que cette pratique n'a plus cours. La colonne constitue à peu près la seule chose à voir sur place et on peut l'apercevoir à travers un large trou dans le mur à l'extrémité sud du site. Si vous voulez admirer la colonne de plus près, le site ouvre de 9h à 16h. L'entrée coûte 6/3 £E sans supplément pour les appareils photo.

Pour vous y rendre, prenez le tramway jaune n°16 à Mahattat Ramla (15 pt). Le trajet dure environ 30 mn et le tramway vous dépose juste à entrée. Vous pouvez aussi partir de Midan Gomhuriyya, devant la gare ferroviaire, suivre les rails du tramway vers l'ouest le long de Sharia Sherif, puis tourner à gauche, toujours en suivant les rails. Cet itinéraire vous conduit dans une rue où se tient un marché animé. Le Serapeum est 300 m plus loin, sur la droite. Comptez environ 1,5 km de marche.

Catacombes de Kom ash-Shuqqafa

Ces catacombes, la plus vaste nécropole romaine connue en Égypte, furent découvertes accidentellement en 1900, lorsque la terre se déroba sous les sabots d'un âne. Elles comprennent trois niveaux de tombes et de chambres funéraires creusées dans la roche sur une profondeur de 35 m. Le niveau inférieur, inondé, n'est pas accessible, mais les parties visitables impressionnent déjà suffisamment.

On y accède par un escalier en colimaçon taillé dans une cheminée circulaire. Les corps étaient probablement descendus par cette même cheminée à l'aide de cordes. L'escalier donne sur une **rotonde** percée d'un puits central plongeant dans les ténèbres du niveau inférieur immergé. Au IIe siècle, lors de la construction de cette crypte initialement familiale, la rotonde débouchait seulement sur le triclinium (à gauche) et sur la chambre funéraire principale (droit devant). Par la suite, d'autres chambres furent ajoutées, permettant à la nécropole d'accueillir plus de trois cents défunts.

Le **triclinium** servait de vestibule dans lequel la famille en deuil se réunissait pour un banquet funéraire en hommage au défunt. Les premiers archéologues qui pénétrèrent dans les lieux trouvèrent de la vaisselle et des amphores de vin.

De retour dans la rotonde, descendez les escaliers jusqu'à la **tombe principale**, l'élément central des catacombes, digne d'un décor de film d'horreur. Ce temple funéraire miniature dispose d'une antichambre à colonnes et fronton conduisant à un sanctuaire intérieur. Il présente une curieuse iconographie funéraire, synthèse des traditions égyptienne, grecque et romaine. En entrant dans la chambre intérieure, vous remarquerez sur les deux montants de la porte, des représentations sculptées d'Anubis, le dieu égyptien des nécropoles, vêtu en légionnaire romain et portant une queue de serpent symbole d'un génie protecteur grec, Agathos.

On ne connaît pas avec certitude l'identité des défunts, mais une théorie veut qu'il s'agisse du couple de patriciens romains figurés dans les niches de l'antichambre.

De l'antichambre, deux courts passages mènent à une vaste salle ayant approximativement la forme d'un U et percée de sortes

LES CATACOMBES DE KOM ASH-SHUQQAFA

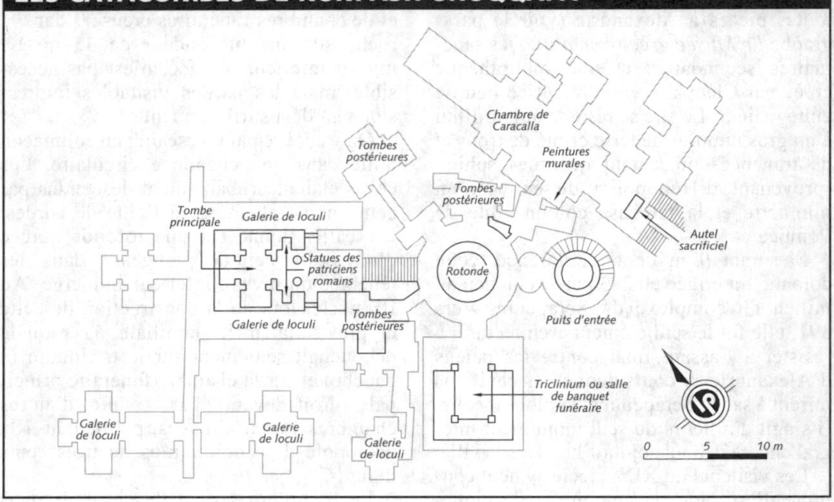

d'alvéoles destinées à recevoir chacune un ou plusieurs corps. Ces *loculi* étaient ensuite scellés par une dalle de plâtre.

Quatre autres galeries partent également de la rotonde et conduisent à de nouveaux ensembles funéraires. L'une d'elles aboutit à un ensemble complètement différent, connu sous le nom de **chambre de Caracalla** (du nom de l'empereur romain qui persécutait les chrétiens auxquels on dit qu'il servit de refuge). Antérieur à la nécropole, il dispose de son propre escalier d'accès (creusé de longue date) et n'a été relié à celle-là que par des pilleurs de sépultures. En franchissant le trou dans le mur qui sert d'entrée, regardez à droite les peintures murales à demi effacées.

Illustré de belles photos et d'un abord facile, le *Petit Guide des catacombes de Kom ash-Shuqqafa,* de Jean-Yves Empereur, n'est pas en vente sur place. Si vous souhaitez vous le procurer en ville, essayez par exemple la librairie Al-Mustaqbal, Sharia Safiyya Zaghloul.

Kom ash-Shuqqafa (☎ 482 5800) se trouve à environ 5 mn de marche au sud de la colonne de Pompée. Contournez le mur sur la droite après avoir quitté le Serapeum et continuez tout droit. Au bout de 150 m, vous atteindrez l'entrée des catacombes après une petite place. Le site ouvre de 9h à 16h. L'entrée coûte 12 £E, 6 £E pour les étudiants. Avec toujours le supplément de 10/150 £E pour les appareils photo et caméscopes.

LE CENTRE D'ALEXANDRIE
Midan Ramla et la Corniche

Ce secteur recueille des avis partagés. Pourtant, le **Cecil Hotel**, qui surplombe Midan Saad Zaghloul, construit en 1930, est une véritable institution qui rend hommage à l'âge d'or de la ville, l'époque où elle recevait des hôtes aussi prestigieux que Somerset Maugham ou Winston Churchill. Une suite du premier étage abritait les activités des services secrets de sa gracieuse majesté.

La zone autour de Midan Ramla illustre bien le passé cosmopolite de la ville. Remarquez la **pharmacie Suisse** avec ses armoires vitrées en bois sombre, peintes de têtes de mort, de tibias croisés et d'avertissements "substances toxiques", ou son voisin, le grand salon de thé **Athénios**, jadis fréquenté par les jeunes filles grecques et les pachas égyptiens. L'Athénios n'est plus ce qu'il était, mais, de l'autre côté de la place, en diagonale, le **Trianon** attire toujours une clientèle huppée. C'est l'endroit idéal pour prendre un café noir avec croissants.

Midan Ramla occupe plus ou moins l'ancien site du Caesareum, un vaste sanctuaire et un temple bâtis par Octave, le premier empereur romain à régner sur l'Égypte. Pour signaler l'entrée du complexe, il fit ramener d'Héliopolis deux grands obélisques qui se dressaient à l'emplacement actuel du Trianon. L'un d'entre eux finit par se renverser mais l'autre resta debout bien longtemps après la disparition du Caesareum. Fréquemment dessinés par les visiteurs, ils étaient surnommés les "aiguilles de Cléopâtre". Après 1 800 ans de présence à Alexandrie, l'un des obélisques fut transféré à Londres au bord de la Tamise en 1877 et l'autre envoyé à New York, deux ans plus tard, pour être érigé dans Central Park.

Les marchands de *termis*, ces petits haricots jaunes servis dans un cornet en papier, ne sont pas près de voir leur commerce péricliter le long de la Corniche d'Alexandrie

Non loin de là, en vous dirigeant vers l'ouest, le long de Sharia Saad Zaghloul, puis en tournant dans Sharia an-Nabi Daniel, à gauche, en face du Brazilian Coffee Store, vous atteindrez la grande **synagogue** d'Alexandrie (en bas de la première ruelle à gauche). Construite il y a plus de un siècle à l'intention d'une communauté juive prospère qui comptait environ quinze mille membres, elle n'accueille plus aujourd'hui qu'une poignée de personnes âgées dont une majorité de femmes. Malheureusement, ce magnifique édifice d'architecture italienne, doté de colonnes en marbre rose, ouvre rarement.

Juste au sud de la synagogue, une rue latérale donnant sur Sharia an-Nabi Daniel conduit au musée Cavafy (voir l'encadré *L'Alexandrie littéraire*). Si vous préférez les lieux plus grandioses, tournez à droite au niveau de l'embranchement et descendez jusqu'au croisement avec Sharia Talaat Harb jusqu'au splendide **bâtiment de la Banque Misr**. La banque fonctionne toujours, ce qui vous autorise un coup d'œil à l'intérieur. Avec ses banquettes à haut dossier, ses voûtes néogothiques et ses vitraux, elle fait penser à la nef d'une église du plus bel effet. En sortant de là, vous pouvez emprunter la rue à droite et descendre Sharia Talaat Harb pour rejoindre Midan Tahrir et Anfushi.

Midan Tahrir et Anfushi

Midan Tahrir. Plus connue sous le nom de Midan Manshiya, elle fut conçue en 1830 comme la pièce centrale de la nouvelle Alexandrie voulue par Méhémet-Ali, dont la haute statue équestre veille au centre. Certains bâtiments autour de ce grand espace ouvert témoignent d'une belle architecture, qui se remarque à peine après des décennies d'incurie.

Souks. A l'extrémité nord de la place, l'architecture imposante et décrépite cède le pas à un cadre plus intime à l'approche du quartier des souks. Deux artères principales aboutissent au marché : Sharia Nokrashi, à gauche, et Sharia Faransa, à droite. La première s'étend sur environ 1 km et déborde d'étals de produits alimentaires, de boulan-

CÔTE MÉDITERRANÉENNE

L'Alexandrie littéraire

Il y a deux ans, un sondage national a eu lieu dans la presse et les librairies du Royaume-Uni afin de désigner les cent romans les plus populaires. A cette occasion, *Le Quatuor d'Alexandrie*, de Lawrence Durrell, s'est classé aux alentours de la quarantième place. Ainsi, on connaît plus souvent cette ville éminemment romanesque par sa littérature et ses écrivains que grâce à ses monuments et autres sites touristiques.

Ironie du sort, le meilleur écrivain d'Alexandrie et son défenseur le plus fervent, Constantin Cavafy, n'est plus connu aujourd'hui que d'une poignée d'amateurs de poésie sérieuse. Ses poèmes ont été cependant traduit en France par Marguerite Yourcenar (*Présentation critique de Constantin Cavafy*, Gallimard, 1978). Né de parents grecs (1863-1933), il a passé pratiquement les soixante-dix années de sa vie dans la cité méditerranéenne. Il travaillait comme fonctionnaire pour le ministère des Travaux publics dans un bureau situé au-dessus de la pâtisserie Trianon, qui existe encore aujourd'hui. Jamais réunis de son vivant, ses poèmes ont fait l'objet, depuis, de nombreuses traductions et publications. Certains d'entre eux ressuscitent des événements et des personnages de l'époque ptolémaïque, tandis que d'autres s'inspirent du quotidien d'Alexandrie ou évoquent des rencontres.

L'auteur passe les vingt-cinq dernières années de sa vie au deuxième étage d'un appartement situé au n°4 de la rue Lepsius (l'actuelle Sharia Sharm el-Sheikh) au-dessus d'une maison de passe. Situé à proximité d'une église grecque et en face d'un hôpital, son logement représente selon lui le lieu de résidence idéal, carrefour où sont offerts à la fois la chair, l'absolution des péchés et un endroit pour mourir. Il s'agit aujourd'hui du **musée Cavafy** dont deux pièces sont restées telles que l'écrivain les a laissées. Les quatre autres regroupent, sur des tables, différentes éditions de ses œuvres, ainsi que des fac-similés de ses manuscrits, de ses carnets de notes et de sa correspondance. Le musée ouvre de 10h à 15h, tous les jours, sauf le lundi (8 £E). On peut également voir une petite exposition consacrée au disciple de Cavafy, l'écrivain grec d'Alexandrie Stratis Tsirkas, auteur de poèmes, de nouvelles et du monumental *Drifting Cities*, une trilogie sur les manœuvres politiques de la Grèce pendant la guerre à Jérusalem, au Caire et à Alexandrie. Ce livre, qui rappelle celui de Durrell, existe en français (*Cités à la dérive*, Point/Seuil, 1993), mais il est aujourd'hui épuisé.

Cavafy est introduit dans l'univers anglo-saxon par Edward Morgan Forster, le célèbre romancier anglais qui a déjà publié *Une chambre avec vue* et *Howards End* lorsque celui-ci arrive à Alexandrie en 1916. Employé par la Croix-Rouge, il passe trois ans dans la ville, mais

geries, de cafés et de bazars vendant toutes sortes d'articles domestiques. La seconde regorge de tissus, de vêtements et de tout ce qui concerne la couture. Le dense réseau d'allées couvertes s'étendant vers l'ouest s'appelle le Zinqat as-Sittat (littéralement "la bousculade des femmes"). On y vend, entre autres, quantité d'articles de mercerie (boutons, galons, colifichets, perles...). Plus loin, vous trouverez les marchands de bijoux en or et en argent, les herboristes et les vendeurs d'épices.

Anfushi. Au croisement de Sharia Faransa et du souk al-Kharatin, l'intéressante petite **mosquée Terbana**, du XVIIe siècle, intègre dans sa structure des vestiges antiques telles les deux colonnes classiques qui soutiennent son minaret.

La façade en briques peintes en rouge et noir correspond à l'architecture typique de la région du delta (sur Sharia Nokrashi, la **mosquée Shorbagi** voisine appartient au même style et englobe elle aussi des éléments antiques).

L'Alexandrie littéraire

celle-ci ne figure pas dans ses romans (il s'attelle à l'époque à la rédaction de *Route des Indes*). Il écrit par contre pour la presse locale anglophone et réalise ce qu'il nomme un "antiguide". *Alexandrie : une histoire et un guide* (Quai Voltaire, 1990) est en effet conçu comme un guide des choses intangibles, partant du principe que les sites d'Alexandrie ne présentent pas d'intérêt en eux-mêmes, mais deviennent fascinants dès qu'on les considère à la lumière du passé.

Cet ouvrage offre une approche de la ville à Lawrence Durrell, qui débarque en Égypte vingt-deux ans après le départ de Forster. Évacué de Grèce, l'écrivain ne se plaît guère au Caire, où il s'est d'abord installé, ni plus tard à Alexandrie, qu'il perçoit comme une version délabrée de Naples. Nous sommes alors en 1942-45, et l'auteur apprendra par la suite à apprécier l'étrange atmosphère de décadence et de promiscuité engendrée par les aléas de la guerre qui se déroule dans le désert. Il travaille comme attaché de presse et vit dans la tour d'une grande bâtisse de Moharrem Bey, au n°19 de Sharia Maamoun, où il passe du bon temps et écrit des poésies ainsi qu'un court roman, *The Dark Labyrinth*. Lors de notre dernière visite en 1998, la maison et sa tour d'angle étaient toujours en place. Cependant, après avoir déjà démoli la villa contiguë, les promoteurs étaient tentés de leur faire subir le même sort. Il se peut donc qu'elle n'existe plus aujourd'hui. Pour vous en assurer, descendez Sharia Moharrem Bey vers le sud-est en partant de la gare ferroviaire, tournez à gauche dans Sharia Ahmed Ismaïl, puis à droite près du musée d'Art moderne. Au bout de 300 m, tournez à droite au niveau du petit rond-point ; Sharia Maamoun est la deuxième ou troisième rue latérale sur la gauche.

A dire vrai, les Égyptiens qui ont lu *Le Quatuor d'Alexandrie* n'apprécient pas particulièrement ce livre, qui dépeint une ville qu'ils ne reconnaissent pas. Durrell n'avait d'ailleurs pas beaucoup d'affinités avec la population locale et son ouvrage parle davantage de Grecs, de juifs et d'expatriés en tout genre. A l'exception du copte de service, les Égyptiens sont en effet les grands absents. Par ailleurs, l'érotisme torride et la sensualité qui teintent le roman renvoient davantage à la nature profonde de l'écrivain qu'à une quelconque réalité de la ville telle qu'elle est ressentie par la majorité des gens.

En un mot, visiter Alexandrie en quête des visions glanées dans le *Quatuor* équivaut à parcourir le Tanger d'aujourd'hui pour retrouver les scènes d'*Un thé au Sahara* ou de *Réveillon à Tanger,* de Paul Bowles. Néanmoins, pour les plus mordus, il existe, en français, un carnet de voyage littéraire et photographique coécrit par Rodolphe Hammadi et Lawrence Durrell lui-même : *Alexandrie d'Égypte : les lieux du Quatuor d'Alexandrie* (E. Koehler, 1989).

Anfushi est la partie ottomane de la ville. Tandis qu'au XIXe siècle les Midan Ramla et Tahrir reproduisaient l'architecture européenne, Anfushi, considéré comme peu fréquentable, gardait intact son caractère autochtone comme un pied de nez à la nouvelle cité cosmopolite. Ce quartier demeure aujourd'hui encore l'un des plus pauvres de la ville, avec sa population dense qui s'entasse dans des habitations vétustes, dont certaines semblent sur le point de s'écrouler. **Sharia Ras at-Tin**, en particulier, comprend plusieurs bâtiments jadis superbes, tombés dans un état de décrépitude désolant.

Au nord de Sharia Ras at-Tin, Sharia Faransa devient plus étroite et débouche soudain sur une place dominée par la blancheur de la grande **mosquée d'Abu Abbas al-Mursi**. Édifiée en 1943 sur le site d'une mosquée antérieure, au-dessus du tombeau d'un saint musulman du XIIIe siècle, elle offre un exemple moderne mais impressionnant d'architecture islamique. Il faut la voir les jours de célébrations religieuses et pendant le ramadan, lorsque des milliers de fidèles se réunissent pour profiter des festivités nocturnes.

Le fort Qaït Bey se dresse à un peu plus de 1 km de la mosquée, le long de la Corniche. Si vous êtes amateur de tombes, à la **nécropole d'Anfushi**, cinq sépultures datant des environs de 250 av. J.-C. vous attendent à 1 km vers l'ouest. Les deux principales comportent des peintures murales très détériorées, censées imiter le marbre. Elles sont loin de présenter autant d'intérêt que les catacombes de Kom ash-Shuqqafa. La nécropole ouvre de 9h à 16h (12/6 £E).

Fort Qaït Bey

Le fort Qaït Bey ressemble hélas à un château Playmobil. Son principal attrait réside dans le fait qu'il occupe le site du célèbre phare d'Alexandrie (voir l'encadré *Le phare d'Alexandrie*).

Le phare avait disparu depuis un siècle lorsque, vers 1480, le sultan mamelouk Qaït Bey ordonna la fortification de la péninsule portuaire et l'édification d'une forteresse et d'une mosquée réutilisant les vestiges du phare. Au XIXe siècle, Méhémet-Ali modernisa le fort qui lui doit son aspect maniéré. En approchant des murs extérieurs, vous pourrez cependant apercevoir de grandes colonnes de granit rouge qui proviennent probablement du phare.

A l'heure actuelle, les trois premiers étages abritent un petit musée naval (☎ 480 9144) qui expose des pièces variées dont des armes ottomanes et des éléments divers provenant de l'infortunée flotte napoléonienne, écrasée par l'amiral Nelson à Aboukir en 1798. Le fort ouvre de 9h à 16h. L'entrée coûte 6/3 £E avec un supplément de 10 £E pour visiter le musée naval, qui n'en vaut vraiment pas la peine. Le fort mérite toutefois le déplacement, ne serait-ce que pour les vestiges du phare. Par ailleurs, un chantier naval intéressant se tient juste avant. De petits bateaux de pêche sont amarrés au bout de la Corniche et offrent un bon sujet de photo avec le fort en arrière plan. Un marché au poisson fort odorant a lieu non loin de là.

Comment s'y rendre. Comptez de 30 à 45 mn pour aller à pied du secteur de Midan Ramla jusqu'au fort en empruntant la Corniche. Il s'agit vraiment d'une belle promenade, mais vous pouvez néanmoins préférer le tramway jaune n°15 qui part de Mahattat Ramla (15 pt) ou faire signe à l'un des microbus qui circulent le long de la Corniche. Un taxi revient à peu près à 2 £E.

LES FAUBOURGS EST

Nécropole de Chatby

La nécropole de Chatby (près de l'auberge de jeunesse) est considérée comme la plus ancienne découverte à Alexandrie. Mises au jour en 1904, les tombes datent du IVe siècle av. J.-C., peu de temps après la fondation de la cité, et correspondent à sa première génération d'habitants. Plus à l'est, dans Sharia al-Moaskar ar-Romani, en face de l'agence American Express, on trouve la nécropole **Mustafa Kemal**. Deux de ses quatre tombes se distinguent par leurs colonnes doriques centrales. Les deux nécropoles ouvrent de 9h à 16h. L'entrée coûte 6 £E pour la première et 12 £E pour la seconde (demi-tarif pour les étudiants). Les gardiens du lieu vous demanderont peut-être un petit bakchich.

Comment s'y rendre. Le bus n°218 de Mahattat Ramla vous dépose près de la nécropole de Chatby. Pour vous rendre à la nécropole Mustafa Kemal, prenez le tramway n°1 ou n°2 jusqu'à Mustafa Kemal as-Sughayyer et marchez vers l'est jusqu'à la Sharia al-Moaskar ar-Romani. Tournez à gauche (en direction de la mer) et continuez encore un peu. La nécropole est sur votre gauche.

Musée des Bijoux royaux

Il réunit une collection impressionnante de bijoux et d'objets d'art plutôt kitsch ayant appartenu au trésor royal depuis le règne de Méhémet-Ali, au début du XIXe siècle, jusqu'à la dissolution de la monarchie en 1952. En dehors des pièces classiques, on remarquera des outils de jardin incrustés de diamants, des montres précieuses avec portrait

Le phare d'Alexandrie

D'après les récits antiques, on sait que la côte égyptienne était particulièrement traîtresse, avec des écueils, des bancs de sable et un rivage plat et uniforme offrant peu de points de repère pour la navigation. Aussi Ptolémée ordonna-t-il la construction d'une grande tour inaugurée en 283 av. J.-C., après douze ans de travaux. D'un caractère unique, l'ouvrage revêt des proportions si colossales que les Anciens le classent au rang des Sept Merveilles du monde.

Dans sa forme initiale, le "Pharos", probablement surmonté d'une statue, était une simple balise comme souvent à l'époque. Selon les historiens, la tour ne se transforme en phare proprement dit qu'au Ier siècle de notre ère lorsque les Romains lui ajoutent un signal lumineux, sans doute sous la forme d'une flamme alimentée par de l'huile et reflétée par des feuilles de bronze poli. Il existe plusieurs excellentes descriptions du phare dont les plus récentes remontent au XIIe siècle. Constitué, comme les minarets primitifs, d'une base carrée, d'une section centrale octogonale et d'un sommet de forme ronde, il aurait, à en croire certains spécialistes, inspiré l'architecture islamique. On peut toujours voir à quoi il ressemblait sur une mosaïque de la basilique Saint-Marc de Venise et à travers deux petites représentations en terre cuite exposées au Musée gréco-romain d'Alexandrie.

Pendant près de seize siècles, le phare d'Alexandrie résista aux vents, aux courants et à un raz de marée, jusqu'à ce jour de 1303 où un violent tremblement de terre secoua toute la Méditerranée orientale de l'Égypte à la Grèce et le détruisit totalement. Cent ans après, le sultan Qaït Bey fit bâtir sur le même site une forteresse qui réutilisa ses blocs de pierre.

Près de sept siècles plus tard, l'édifice antique pourrait bien connaître une sorte de résurrection. En 1998, le célèbre couturier français Pierre Cardin a en effet annoncé son intention de doter Alexandrie d'un nouveau phare de 133 m de haut près de l'emplacement du précédent. Les projets penchent pour une tour en béton recouverte de miroirs réfléchissants et pourvue de faisceaux lumineux en couleur, commandés par ordinateur, capables de rayonner jusqu'à 50 km de la côte. L'ensemble devrait être achevé en l'an 2000 mais, fort heureusement, aucune construction n'a été entamée à ce jour.

miniature peint à la main, ainsi qu'un jeu d'échecs serti de diamants. Le musée est aménagé dans l'un des anciens palais du roi Farouk, tout à fait fascinant dans le genre luxe tapageur.

Le musée (☎ 586 8348) ouvre de 9h à 16h (avec une pause le vendredi de 11h30 à 13h30 pour la prière) et l'entrée coûte 10/5 £E. Il se tient 27 Sharia Ahmed Yehia Pasha, à Glym. Pour vous y rendre, montez dans le bus n°2 à Mahattat Ramla et descendez à l'arrêt Qasr as-Safeh.

Palais de Montazah

Ancien domaine estival de la famille royale, le palais de Montazah, au style vaguement florentin et mauresque, sert depuis la révolution de résidence présidentielle. Au sud-est du palais se tient le Salamlek, un bâtiment à l'architecture tout aussi débridée, également construit par Abbas II. Conçu comme un chalet pour flatter la maîtresse autrichienne du souverain, il a récemment été reconverti en hôtel de luxe.

Le palais présidentiel est fermé au public, mais le parc luxuriant ainsi que la plage semi-privée (5 £E) vous accueillent volontiers pour passer une agréable journée de détente. L'accès aux jardins coûte 2 £E (3 £E les jours fériés).

Comment s'y rendre. Le plus simple consiste à héler un microbus sur la Corniche ou sur Tariq al-Horreyya. Lorsqu'il ralentit, criez "Montazah" et montez à bord s'il se dirige dans cette direction. La plupart des microbus partent de Midan Gomhuriyya, en face de la gare ferroviaire, et vous pouvez les prendre à cet endroit. Depuis les gares Masr ou Sidi Gaber, un train local pour Aboukir s'arrête aussi à Montazah, mais le service est lent et peu fréquent.

LES PLAGES

Entre le port est et Montazah, les quelques plages publiques ou semi-publiques du front de mer sont généralement sales et surpeuplées. De bien meilleure qualité, la plage de Mamoura, à environ 1 km à l'est du palais de Montazah, bénéficie même de quelques vaguelettes. De plus, il s'agit du seul endroit où les femmes peuvent se sentir véritablement à l'aise en maillot de bain (une pièce, quand même !). Les autorités locales tentent de préserver le côté élitiste de cette banlieue balnéaire en faisant payer 3 £E (au guichet, à la sortie de Sharia Abu Qir) l'accès à la zone. De Midan Gomhuriyya, les microbus pour Aboukir desservent aussi Mamoura.

OÙ SE LOGER

A Alexandrie, la haute saison s'étend de juin à septembre. A cette période, la moitié de la capitale semble débarquer ici pour se soustraire à la canicule. Les Cairotes occupent surtout les appartements de vacances qui bordent la Corniche dans les faubourgs est, mais, en plein mois d'août, il est parfois difficile de dénicher une chambre d'hôtel, même de catégorie bon marché.

Pour avoir des informations d'ordre général sur les lieux d'hébergement, consultez la rubrique *Hébergement* du chapitre *Renseignements pratiques*.

OÙ SE LOGER – PETITS BUDGETS

Sauf indication contraire, les prix mentionnés ci-dessous incluent les taxes et le petit déjeuner.

Auberge de jeunesse

La ***Youth Hostel*** (☎ *597 4559, 13 Sharia Port Said, Chatby*) est correcte, mais pas particulièrement agréable. Elle souffre d'une mauvaise situation, trop éloignée du centre-ville, et ses chambres ne donnent pas sur la mer. Les membres paient 8 £E pour un dortoir de huit personnes et de 14 à 20 £E pour l'une des nouvelles chambres doubles. Comptez un supplément de 4 £E pour les non-membres et de 2 £E pour le petit déjeuner. Prenez n'importe quel tramway bleu à Mahattat Ramla et descendez au casino de Chatby, devant le collège Saint-Marc. Traversez pour vous trouver du côté du collège qui regarde la mer et remontez un peu Sharia Port Said vers l'ouest.

Hôtels

A peu près tous les hôtels économiques d'Alexandrie se tiennent autour de Midan Ramla, dans les rues latérales débouchant sur la Corniche et, en particulier, dans celles situées derrière l'hôtel Cecil. La plupart de ces établissements donnent, du moins en partie, sur la Corniche. Par conséquent, ne vous privez pas d'une chambre avec vue sur la mer.

Les hôtels cités plus bas sont classés par ordre croissant de prix.

Le ***New Hotel Welcome House*** (☎ *480 6402, 8 Sharia Gamal ed-Din Yassin*), dans la rue derrière le Cecil, s'avère sans conteste le meilleur des trois hôtels occupant les deux étages supérieurs de l'immeuble. La qualité des chambres varie, mais on note un effort d'entretien. Essayez d'obtenir l'une des trois doubles donnant sur le port. A 16 £E avec douche et toilettes, ce sont de bonnes affaires. Les deux autres établissements se valent : l'***Hotel al-Gamil*** (☎ *481 5458*) facture 17 £E la double malpropre et sans vue sur la mer. En plus, les sanitaires sentent mauvais. L'***Hotel Normandie*** (☎ *480 6830*) possède bien des chambres avec vue, mais vraiment très sommaires.

Le ***Philip House Hotel*** (☎ *483 5513*), au 2e étage de l'une des magnifiques bâtisses italo-mauresques, sur le côté nord de Midan Ramla, appartient plutôt à la catégorie des pensions, et pas des meilleures. Elle est cependant relativement bien tenue. Parmi la poignée de chambres (sans s.d.b.), on citera une double avec vue superbe sur le port (30 £E) et une autre avec vue partielle sur le même paysage (25 £E). Dans le même bâtiment, évitez les hôtels Bahrain et New Barhain, deux véritables bouges.

L'***Hotel Acropole*** (☎ *480 5980, 4e étage, 1 Gamal ed-Din Yassin*) offre plusieurs chambres donnant sur Midan Saad Zaghloul, mais aucune sur le port. La propreté de certaines ainsi que le confort des lits laissent beaucoup à désirer. De plus, il n'y a que des s.d.b. communes dans lesquelles l'eau chaude ne coule que par intermittence. Malgré tout, un charme plaisant se dégage de cet endroit biscornu et décadent. Comptez de 15 à 20 £E pour une simple et de 25 à 35 £E pour une double, suivant la situation de la chambre.

L'***Hotel Triomphe*** (☎ *480 7585, 5e étage, 2 Gamal ad-Din Yassin*), du même genre que le précédent en beaucoup plus sale, ne dispose d'aucune chambre avec vue sur la mer. Il pratique des prix à peu près similaires.

L'***Hotel Ailema*** (☎ *484 7011, 7e étage, 21 Amin Fikry*), du mauvais côté de Midan Ramla, ne donne pas sur la mer. Il se rattrape cependant par un aspect désuet plutôt attachant qui évoque les photos sépia. Si vous avez lu Naguib Mahfouz, vous vous croirez à la pension Miramar du livre du même nom. Vous dépenserez 30/40 £E pour une simple/double ou 40/60 £E avec s.d.b. ; les petits déjeuners sont compris.

Le ***Hyde Park Hotel*** (☎ *483 5666, 6e étage, 21 Amin Fikry*), également au sud de Midan Ramla, lui non plus sans vue sur la mer, occupe l'étage au-dessous de l'Hotel Ailema. Du même style que le précédent, il est cependant un peu moins bien tenu. Une simple/double coûte 25/30 £E et 30/40 £E avec s.d.b. Le petit déjeuner est "compris" mais pas obligatoire et, en vous en passant, vous économiserez 10 £E sur le prix de la chambre.

L'***Hotel Seastar*** (☎ *480 5343, fax 483 2388, 24 Amin Fikry*) se donne l'air d'un vaste établissement moderne de catégorie moyenne, mais ses chambres sans vue se révèlent sinistres et dépourvues de cachet. Pire, elles ne brillent guère par leur bonne tenue et les éléments cassés, la moquette et les draps douteux expliquent sans doute la modicité des prix. Comptez 35/40 £E la simple/double, 45/55 £E avec s.d.b., et encore moins cher si vous ne prenez pas le petit déjeuner.

L'***Hotel Union*** (☎ *480 7312, fax 480 7350, 5e étage, 164 Sharia 26th of July*), deux rues derrière le Cecil, offre un bon rapport qualité/prix et le confort d'un trois-étoiles pour un prix de catégorie économique. Ses chambres sont à classer parmi les plus propres d'Alexandrie, et les s.d.b. carrelées étincellent. La plupart des chambres bénéficient d'un balcon avec une vue splendide sur le port. L'hôtel facture 30/38 £E la simple/double, 45/60 £E avec s.d.b., petit déjeuner en sus. Nous vous conseillons de réserver.

L'***Hotel Crillon*** (☎ *480 0330, 4e étage, 5 Sharia Adib Ishaq*), deux pâtés de maisons derrière le Cecil, se range juste derrière l'Hotel Union en terme de propreté, bien que quelques chambres détonnent notablement. Le joli salon et hall de réception date d'avant la révolution de 1952 et la plupart des chambres sont dotées d'un parquet ciré et de fenêtres à la française s'ouvrant sur des balcons offrant une vue superbe sur le port. La double coûte 53 £E avec douche et 67 £E avec s.d.b. Réservez impérativement.

OÙ SE LOGER – CATÉGORIE MOYENNE

L'***Hotel Union*** et l'***Hotel Crillon*** (répertoriés dans la rubrique *Petits budgets*) correspondent globalement aux normes de la catégorie moyenne mais ne possèdent pas certains services tels que lignes téléphoniques internationales, bar ou restaurant. Ils ont en plus l'avantage d'avoir une situation centrale, contrairement à la plupart des hôtels de la présente catégorie, massivement regroupés dans les faubourgs est, le long de la Corniche. Ces derniers jouissent le plus souvent d'une jolie vue sur la mer mais les centres d'intérêt culturels ou touristiques sont rares.

Le ***Metropole Hotel*** (☎ *482 1465, fax 482 2040, 52 Sharia Saad Zaghloul*) jouit d'une situation centrale à proximité de Midan Ramla. Ses chambres donnent pour la plupart sur Midan Saad Zaghloul et le port. Récemment rénové, ce vieil établissement distingué s'est décerné lui-même une mention quatre-étoiles. Quelques belles chambres permettent d'oublier le hall horriblement rococo. Les simples vont de 160 à 180 £E et les doubles de 180 à 190 £E. Le prix du petit déjeuner obligatoire (14 £E) vient s'ajouter aux 19% de taxes, non incluses.

Le ***San Giovanni Hotel*** (☎ *456 7775, fax 546 4480, 205 Sharia al-Geish*) vous attend au milieu d'un cadre superbe surplombant la baie de Stanley. Il offre un accès direct à la plage. Assez éloigné du centre, il est cependant proche du quartier animé de Rushdy et à une courte distance à pied de la gare routière et ferroviaire de Sidi Gaber. Son restaurant figure, dit-on, parmi les meilleurs d'Alexandrie, et la cafétéria fonctionne 24h/24. Une simple/double/triple coûte 62/81/97 £E, taxes et petit déjeuner compris.

Le ***Semiramis Hotel*** (☎ *482 6837*), sur la Corniche, près du consulat italien, n'a sa place dans cette liste qu'à cause de sa situation exceptionnelle. Dommage que l'endroit soit si dramatiquement négligé et usurpe franchement le statut de trois-étoiles dont il se réclame. La saleté des chambres, sans clim. ni ventil., rivalise avec celle des parties communes, sinistres. On demande cependant 120 £E pour une double.

CÔTE MÉDITERRANÉENNE

OÙ SE LOGER – CATÉGORIE SUPÉRIEURE

Alexandrie possède son lot de cinq-étoiles appartenant à des chaînes hôtelières. Parmi eux, l'***Helnan Palestine*** (☎ *547 4033, fax 547 3378*), le ***Mercure Alexandria-Romance*** (☎ *588 0911, fax 587 0526*), le ***Ramada Renaissance*** (☎ *548 3977*) et le ***Sheraton Montazah*** (☎ *548 0550, fax 540 1331*). Ils pratiquent les prix standard de la catégorie et sont éloignés du centre.

Si vous avez prévu votre séjour alexandrin en hôtel de luxe, offrez-vous plutôt le ***Cecil Hotel*** (☎ *483 7173, fax 483 6401, Midan Saad Zaghloul, Ramla*). Il dépend désormais de la chaîne Sofitel et, à travers les réaménagements successifs, certains espaces communs comme le hall et le bar ont perdu de leur charme et de leur élégance. Cependant, les chambres restent splendides et la vue inégalable. Un très bon restaurant chinois se tient sur le toit. Les prix s'échelonnent de 84 à 110 £E pour une simple et de 96 à 125 £E pour une double (les plus chères donnent sur la mer). Le petit déjeuner-buffet en sus est obligatoire ainsi que les 22% de taxes.

L'***Al-Salamlek Palace Hotel*** (☎ *547 7999, fax 547 3585*) est le résultat de la récente reconversion d'un château italianisant bâti dans le parc du palais de Montazah par le khédive Abbas II pour sa maîtresse autrichienne. Nous n'y avons pas séjourné, mais on dit les chambres somptueuses. En tout cas, le cadre est splendide.

Le ***Windsor Palace Hotel*** (☎ *480 8439, fax 480 9090, 17 Sharia esh-Shohada*) occupe tout un pâté de maisons sur la Corniche, un peu à l'ouest du Cecil, son plus célèbre rival. Cet élégant bâtiment datant de 1907 conserve encore beaucoup d'éléments de son décor d'origine (l'ascenseur est splendide). Hélas, il souffre d'une mauvaise gestion et manque d'un grand nombre de commodités qu'on s'attend à trouver dans les hôtels de cette catégorie. Vous débourserez 95 £E pour une double standard.

OÙ SE RESTAURER

L'un des grands plaisirs d'Alexandrie consiste à s'attarder dans ses différents cafés et à se régaler de fruits de mer.

Fast-foods

La plupart des fast-foods se situent dans les faubourgs à la mode tels que Rushdy, Smouha et Mamoura, mais ***McDonald's*** dispose d'un restaurant central sur Sharia Safiyya Zaghloul, au sud de Midan Ramla, et un ***KFC*** vous attend à l'angle de la place elle-même. Un autre KFC se tient aussi dans Sharia al-Kineesa al-Kobtiyya, tout près de Sharia an-Nabi Daniel.

Manger du poisson à Alexandrie

Alexandrie ne manque pas de bons restaurants spécialisés, mais il peut s'avérer amusant d'acheter, à emporter, du poisson cuit au four ou grillé. Allez par exemple dans les petits établissements de Sharia Safar Pasha. Ils préparent devant vous la pièce que vous avez choisie dans la pêche du jour et vous pouvez la déguster ensuite en plein air.

Les habitants d'Alexandrie apprécient en particulier le *balti*, un poisson plutôt plat d'environ 15 cm de long, gris avec le ventre clair, et le *bouri*, d'environ 30 cm, fin et argenté avec le dos plus sombre. Le vendeur pèse la quantité voulue et vous fait payer en fonction du poids. Le *balti* tourne autour de 12 £E le kilo et le *bouri* autour de 18 £E. Nettoyé, écaillé, fariné et assaisonné d'épices, le poisson est cuit à votre convenance sur une plaque ou dans un four pendant 15 à 20 mn. Il ne vous reste plus ensuite qu'à le savourer avec du pain et du houmous. Quel délice !

Nous vous recommandons en particulier deux adresses. Le ***Salim al-Fouly***, dans le souk d'Ibrahimiyya (voir la rubrique *Faire son marché* dans *Où se restaurer*), se distingue par sa devanture carrelée dans la première rue à droite, en descendant le souk depuis la ligne de tramway. Dépourvu de nom, l'autre établissement se situe à l'extrémité sud de Sharia al-Moaskar ar-Romani à Rushdy. Dans les deux cas, vous pouvez emporter vos poissons et les déguster sur les rochers du front de mer.

Petits budgets

Pour vous sustenter à bon marché, rendez-vous à l'intersection de Sharia Safiyya Zaghloul et de Midan Ramla, ainsi que le long de Sharia Shakor Pasha, une rue plus loin en allant vers l'ouest. Là, quantité de petits établissements vendent du *foul* et du *ta'amiyya*, d'autres des sandwiches, sans oublier l'inévitable *kushari*.

Mohammed Ahmed (*317 Sharia Shakor Pasha*) a la réputation d'être le meilleur du lot. Spécialiste du foul, il prépare aussi du ta'amiyya, des omelettes, du fromage frit, avec bien sûr les salades, sauces et purée de sésame habituels. En dépit de sa cuisine un peu grasse, les habitants d'Alexandrie ne jurent que par lui et affluent en masse. Un repas complet coûte tout au plus 4 à 6 £E par personne. On peut également acheter des plats à emporter.

Hassan Bleik (*18 Sharia Saad Zaghloul*), près du Sofianopoulo Coffee Store, est un vénérable restaurant libanais niché derrière une pâtisserie. Tant pis pour les nappes un peu douteuses, on y déguste d'excellentes spécialités levantines comme le *kibbeh* à la sauce au yaourt, la *fatta* à base de pois chiches et d'agneau, ou des foies de volaille. Les plats varient de 6 à 14 £E. Le restaurant n'ouvre que de 12h à 18h.

Le ***Havana*** (☎ *483 0661*), au croisement de Sharia Orabi et de Tariq al-Horreyya à Attarin, fait surtout bar (voir la rubrique *Où sortir*) mais prépare aussi de la bonne cuisine. Les délicieux calamars frits accompagnés d'une montagne de frites et de salade coûtent la modique somme de 10 £E. Nous vous recommandons également les pizzas (9-18 £E). Vous pouvez commander, entre autres, des omelettes (5-8 £E), des foies de volaille (9,50 £E) et même du porc rôti (13,50 £E), car le patron est copte.

Le ***Restaurant Gad*** (*Sharia Mohammed Azmy*) est une succursale du restaurant du même nom au Caire. Cette "chaîne" se spécialise dans les déjeuners simples et bon marché.

Restaurants

Centre-ville. Les meilleures adresses se trouvent pour la plupart sur et autour de Tariq al-Horreyya, en particulier à l'intersection de Sharia Safiyya Zaghloul.

Au Privé (☎ *484 1881*) se cache au bout d'une petite ruelle au nord-est de l'intersection de Sharia an-Nabi Daniel et de Tariq al-Horreyya. Il constitue le seul lieu nocturne à la mode d'Alexandrie. Il propose un menu bar et un menu restaurant. Le premier comprend des hors-d'œuvre, des hamburgers, des salades ainsi qu'une grande variété de fruits de mer. Une savoureuse assiette de calamars grillés sans garniture revient à 16 £E. Les prix s'échelonnent de 6 à 40 £E. D'inspiration nettement française, le deuxième menu se compose de plats à base de canard et de lapin, mais aussi de fruits de mer et de steaks, le tout baignant dans de riches sauces. Comptez à partir de 30 £E pour un plat. La Stella locale revient à 8 £E. Ajoutez à la note 3 £E de couvert et 17% de taxes.

Elite (☎ *482 3592, 43 Sharia Safiyya Zaghloul*), près du cinéma Métro, semble vivre dans une bulle années 50 sous la férule de son éternelle patronne, madame Christina, une dame assez âgée mais tout à fait formidable. Le menu affiché à l'extérieur près de la porte va des spaghettis bolognaise (4,50 £E) aux grillades (25-30 £E) et peut s'accompagner d'une bière (5,25 £E). Le restaurant ouvre de 11h à tard le soir.

Le ***Malek as-Samaan***, sur Sharia Attareen, se tient au sud du croisement avec Sharia Youssef. Le petit marché aux vêtements qui se tient le jour dans la cour cède la place, le soir, à un restaurant en plein air qui sert, à partir de 20h, du pigeon et des cailles. Cet établissement, très inhabituel en Égypte, mérite d'être essayé. On peut également consommer une bière.

Le ***Santa Lucia*** (☎ *482 4240, 40 Sharia Safiyya Zaghloul*) a longtemps été considéré comme l'un des meilleurs restaurants d'Alexandrie, mais sa qualité aurait baissé ces dernières années. Le menu francophone manifeste une préférence marquée pour les produits de la mer accommodés à la mode du jour, tels que des spaghettis aux fruits de mer ou des crevettes à l'indienne. Un repas avec entrée tourne autour de 40 £E.

Anfushi. Pour un dîner de qualité dans la rue à des prix honnêtes, le quartier *baladi* d'Anfushi rassemble quelques-uns des meilleurs restaurants de la ville. Une dizaine d'établissements bordent Sharia Safar Pasha et l'on peut entendre le grésillement de la viande et du poisson cuisant sur leur barbecue. Vous avez peu de chance d'être déçu en vous installant au hasard, cependant les restaurants cités ci-dessous ont été testés par nos soins et appréciés.

L'***Abou Ashraf*** (☎ *481 6597, 28 Safar Pasha*) est l'un des spécialistes du poisson. Choisissez le vôtre dans la pêche du jour et prenez place sous l'auvent de couleur verte pour assister à la cuisson. Le prix dépend du poids du poisson et de sa variété. Le mulet gris coûte par exemple 30 £E le kilo et les gambas 120 £E. Le restaurant reste ouvert pratiquement 24h/24, comme la plupart de ceux de cette rue attrayante.

Le ***Mohammed Hosni*** (*48 Sharia Safar Pasha*) se distingue des autres, car il propose à la fois de la viande et du poisson. Lors de notre visite, des gambas, des poissons et des cailles se côtoyaient sur le grill. Nous avons commandé 500 g de kebab et de *kofta*, un délicieux riz à l'agneau cuit au four, du *tahina*, du *baba ganough* et du pain. Au final, ce repas copieux ne nous a coûté que 30 £E pour deux.

Le ***Qadoura*** (☎ *480 0405, 33 Bairam al-Tonsi*) se présente depuis longtemps comme le restaurant de poissons le plus prisé d'Alexandrie. Les tables en terrasse voisinent avec les rails du tramway et, comme dans tous les établissements du genre, vous devez d'abord choisir votre poisson. Les bacs remplis de glace offrent pour le moins un choix de bars, de mulets gris ou rouge, de maquereaux, de soles, de calamars et de crevettes. Un *mezze* est servi automatiquement avec votre commande (il n'y a pas de menu). La plupart des poissons reviennent aux environs de 35 £E le kilo et les crevettes à 80 £E. Ouvert 24h/24.

Le ***Samakmak*** (☎ *480 9523, 42 Qasr Ras at-Tin*) appartient à l'ancienne reine de la danse du ventre d'Alexandrie, Zizi Salem. Son restaurant se classe dans la catégorie supérieure par rapport à l'Abou Ashraf et au Qadoura. Le poisson grillé ou frit figure au menu, mais l'endroit est surtout réputé pour ses fruits de mer, sa langouste, son excellent tajine de crabe et ses délicieux spaghettis aux palourdes. Attendez-vous à débourser aux alentours de 50 £E par personne.

Cafés

Il existe à Alexandrie au moins cinq cafés incontournables. Le plus célèbre d'entre eux, le ***Pastroudi's***, fondé en 1923 par des Grecs, a été immortalisé dans *Le Quatuor d'Alexandrie,* de Durrell. Depuis longtemps oublié des cercles littéraires, il paraît en vérité bien vieillot. Mais pour une fin d'après-midi de lecture en compagnie d'un thé citron et de pâtisseries (vous atteindrez facilement les 5 £E de tarif minimal), ses tables en extérieur sont plus que parfaites. Il se situe 39 Tariq al-Horreyya, près du cinéma Amir.

Le ***Trianon***, face à Midan Ramla, avait les faveurs du poète Constantin Cavafy, qui travaillait dans le bureau au-dessus. Il attire toujours énormément de monde et sert un petit déjeuner continental au café malheureusement imbuvable.

Un bien meilleur breuvage vous attend au ***Brazilian Coffee Store***, à 100 m en descendant Sharia Saad Zaghloul, ou au ***Sofianopoulo Coffee Store***, à l'extrémité ouest de la même rue. Là, d'énormes moulins à café chromés trônent au milieu de sacs et de boîtes débordants de grains brillants et parfumés. En l'absence de places assises, vous devrez hélas savourer votre café debout (l'annexe du Brazilian Coffee Store, Sharia Salah Salem, dispose de quelques chaises).

Presque contigu au Sofianopoulo, le ***Baudrot,*** déserté l'hiver, redevient l'été un lieu très fréquenté pour son jardin et ses chaises et tables en rotin sous la treille.

Faire son marché

Fruits et légumes vous attendent au souk de Sharia Nokrashi, à l'ouest de Midan Tahrir, ou au souk d'Ibrahimiyya, près de l'arrêt de tramway Al-Moaskar (à deux stations de Mahattat Ramla par n'importe quel tram). Sur ces deux marchés, des *ba'al* (épiciers) vendent des fromages, des olives, des yaourts, du pain… La bière s'achète dans une boutique spécialisée près de Midan Saad Zaghloul, à quelques numéros du guichet de la West Delta Bus Co.

OÙ SORTIR

La vie culturelle d'Alexandrie ne s'est jamais vraiment remise de l'exode des Européens et des juifs dans les années 40 et 50. Depuis lors, Le Caire accapare jalousement le domaine des arts, si bien que la ville méditerranéenne se contente d'un seul théâtre et d'une seule salle de concert et n'a ni galeries ni opéra. De même, jusqu'en 1998, elle n'avait plus vu s'ouvrir aucun nouveau cinéma depuis la Révolution (1952). Heureusement, Alexandrie compte au moins deux des meilleurs bars du pays.

Ahwa

Pendant l'été, les 20 km de la Corniche se transforment en un long chapelet d'*ahwa* (cafés) qui s'égrènent de Ras at-Tin à Montazah. Ces établissements ne font pas partie des bonnes adresses car ils fonctionnent avec une clientèle de passage et pratiquent des prix exagérés. Nous vous recommandons cependant le ***Sultan Hussein***, sous des stores jaunes à l'angle des rues Sultan Hussein et Safiyya Zaghloul. Il ne racole pas le chaland et l'on y fume une très bonne *chicha.* Si vous recherchez un boui-boui pittoresque, jetez un coup d'œil à l'ahwa qui occupe la cour centrale d'un vieil immeuble délabré au point de rencontre de Midan Orabi et de Midan Tahrir. Pour le trouver, vous devrez vous frayer un chemin à travers un passage encombré d'étalages de vêtements.

Bars

Suivant nos critères, le ***Havana*** remporte la palme du meilleur bar d'Égypte. Il est dirigé par Nagui, dont le père a racheté l'affaire dans les années 50 à son ancien propriétaire d'origine grecque. Depuis, certains détails ont sans doute changé mais l'atmosphère cosmopolite prévaut toujours autour de ses six tables. Nagui fait aussi très bien la cuisine (voir la rubrique *Où se restaurer*). Le Havana se tient sur Tariq al-Horreyya, non loin de l'angle avec Sharia Orabi, et ouvre de 12h à 2h. Aucune enseigne ne le distingue, mais il vous suffit de frapper à la porte souvent fermée à clé pour être le bienvenu (du moins tant que vous respectez l'avis : "Ne pas entrer en pyjama ni cracher par terre").

Le ***Cap d'Or***, 4 Sharia Adib, au sud de la Sharia Saad Zaghloul, concurrence presque le précédent. Avec ses fenêtres à vitraux, son grand bar et tout un tas d'objets anciens accrochés aux murs, il fait penser à un bar à tapas d'Andalousie. Les gens viennent en masse se régaler de calamars, de crevettes ou de poissons, tous excellents. Cependant, rien ne vous empêche de vous asseoir sur un tabouret pour boire une simple bière. L'établissement ferme à 3h. Le ***Spitfire*** voisin, au nord de Saad Zaghloul, présente un caractère totalement différent et évoque un bar de Bangkok, les femmes en moins bien entendu. Il a la réputation d'être un repaire de marins et ses murs arborent des affiches de compagnies maritimes et des photos de piliers de comptoir. Extinction des feux à minuit.

D'autres bars méritent le déplacement. C'est le cas de l'***Horreya***, sur Sharia Attarin, au sud du croisement avec Sharia Youssef, et du tristement décrépit ***National Grand***, en face de la poste, juste avant la Corniche. Si vous voulez boire sans dîner, les grandes fenêtres de l'***Elite*** vous permettent d'observer l'animation de la rue en sirotant une Stella.

Musique, théâtre et danse

Alexandrie ne propose quasiment rien en matière de théâtre ou de musique. Les rares spectacles se déroulent la plupart du temps au théâtre Saïd Darwish (☎ 482 5602, 22 Tariq al-Horreyya). Le restaurant Elite affiche généralement la programmation en cours, également publiée dans *Egypt Today*. Renseignez-vous aussi auprès du centre culturel français (voir la rubrique *Centres culturels* plus haut dans ce chapitre).

ACHATS

On trouve un souk à l'ouest de Midan Tahrir, et un assortiment de vieilles boutiques sombres borde les rues Safiyya Zaghloul et Saad Zaghloul. Alexandrie n'a en fait rien d'un paradis du shopping, à moins de s'intéresser aux antiquités et aux vestiges du passé. Le dédale de ruelles du secteur d'Attareen renferme un marché aux puces réputé. Lorsque la haute société européenne d'Alexandrie fut contrainte de quitter l'Égypte à la hâte après la révolution de 1952, elle laissa sur place une grande partie de ses biens, qui ont alimenté ensuite les boutiques d'Attareen. On peut faire quelques superbes trouvailles, mais peu de vraies affaires, car les marchands connaissent leur métier et possèdent même parfois des annexes à Paris. La clientèle se compose essentiellement de riches Égyptiens et de collectionneurs des pays du Golfe, des États-Unis et d'Europe.

COMMENT S'Y RENDRE

Avion

Des vols internationaux relient Alexandrie à Athènes (Olympic Airways), à Francfort (Lufthansa), à l'Arabie saoudite et à Dubai (EgyptAir). Les compagnies aériennes représentées en ville sont :

Air France
(☎ 483 8901), 22 Salah Salem
British Airways
(☎ 483 6668), 15 Midan Saad Zaghloul
EgyptAir
(☎ 483 3357), 19 Midan Saad Zaghloul
Gulf Air
(☎ 482 1711), 33 Safiyya Zaghloul
KLM
(☎ 482 8547), 6 Tariq al-Horreyya
Lufthansa
(☎ 483 7031), 6 Talaat Harb
Olympic Airways
(☎ 482 1014), 19 Midan Saad Zaghloul
SAS
(☎ 483 3973), Tariq al-Horreyya, en face du cinéma Amir
TWA
(☎ 483 4682), 2 Tariq al-Horreyya

Les lignes intérieures à destination d'Alexandrie coûtent cher. Comptez 248 £E l'aller simple au départ du Caire (40 mn de trajet). A moins d'être terriblement pressé, mieux vaut par conséquent prendre le bus, le taxi ou le train. Le temps perdu à aller et venir des aéroports n'arrange rien, d'autant que celui d'Alexandrie devrait être transféré encore plus loin de la ville (voir la rubrique *Comment circuler* de ce chapitre).

Bus

Les bus longue distance partent tous d'un dépôt situé derrière la gare ferroviaire Sidi Gaber. Le minibus n°1, devant l'hôtel Cecil, relie celui-ci au centre-ville (si on vous dépose devant la gare ferroviaire, prenez le passage souterrain jusqu'au dernier quai. Là, descendez l'escalier vers la sortie arrière).

Les principales compagnies représentées sont Superjet (☎ 422 8566), dont le guichet et les quais de départ se situent juste à l'extérieur de la gare ferroviaire, et West Delta (☎ 420 0916), environ 100 m à l'est. Entre les deux, plusieurs petites baraques près de la route servent de guichets aux compagnies East Delta et Upper Egypt.

West Delta dispose aussi d'un bureau de réservation en centre-ville sur Midan Saad Zaghloul, à proximité de l'office de tourisme principal.

Le Caire. Des bus Superjet à destination du Caire partent toutes les 30 mn de 5h30 à 22h (ils desservent aussi l'aéroport de la capitale). Le trajet dure 2 heures 30 et coûte de 20 à 25 £E jusqu'à 18h30 et de 22 à 31 £E après. Il existe encore un bus à 1h, mais pour l'aéroport seulement (31 £E). Les bus West Delta partent toutes les heures de 5h à 1h30 (16 à 20 £E). Les véhicules Superjet sont légèrement plus grands et plus modernes, mais on trouve l'air conditionné et des toilettes à bord de tous les bus de la ligne.

Côte nord et Siouah. Un bus Superjet part pour Marsa-Matrouh (24 £E, durée 4 heures) à 7h15 les jeudi, vendredi, samedi et dimanche, et douze bus West Delta desservent chaque jour cette destination (de 15 à 23 £E). Celui de 18h continue jusqu'à Solloum (20 £E, durée 9 heures) et celui de 11h jusqu'à Siouah *via* Marsa-Matrouh (25 £E, durée 9 heures).

La plupart des véhicules s'arrêtent à El-Alamein et, si vous le demandez, à Sidi Abdel Rahman moyennant 6 £E.

Sinaï. Un bus quotidien de Superjet quitte Alexandrie à 18h30 pour Sharm el-Sheikh (77 £E, durée 7 heures).

Canal de Suez et côte de la mer Rouge. Un bus Superjet rallie chaque jour Port-Saïd (22 £E, durée 4 heures) à 6h45 et un autre Hurghada (75 £E, durée 9 heures) à 20h. Quatre bus quotidiens de West Delta desservent Port-Saïd (17-20 £E). Deux autres vont à Ismaïlia (17 £E) à 7h et à 14h30 et deux autres encore à Suez (20 £E) à 6h30 et à 14h30. Un bus Upper Egypt part tous les jours pour Hurghada (55 £E) à 18h30 et descend jusqu'à Port Safaga (60 £E).

Bus internationaux. Superjet et West Delta affrètent chacun un bus pour Benghazi et Tripoli en Libye. Le premier démarre chaque jour à 8h30 et coûte 60 £E jusqu'à Benghazi et 123 £E jusqu'à Tripoli (durée 32 heures). Le deuxième part à 13h, coûte 75 £E et arrive 17 heures plus tard à Benghazi, où vous attend la correspondance pour Tripoli.

Train

Mahattat Masr est la principale gare ferroviaire d'Alexandrie, même si celle de Sidi Gaber, qui dessert les banlieues populaires de l'est, gère un trafic presque aussi important. A Mahattat Masr, les billets de 1re et de 2e classe en voiture climatisée s'achètent au guichet situé près du stand d'informations touristiques. Les billets ordinaires de 2e et de 3e classes sont en vente dans le hall.

Un train à destination du Caire quitte Alexandrie au minimum toutes les heures de 5h à 22h environ (un autre part à 3h25) et s'arrête 5 mn plus tard à la gare de Sidi Gaber. Les meilleurs trains, les Turbini (ou trains espagnols), sont directs jusqu'au Caire (durée 2 heures 30) et partent de Mahattat Masr à 8h, à 14h et à 19h. Le billet de 1re/2e classe en voiture climatisée revient à 22/17 £E.

Presque aussi bons, les Faransawi (ou trains français) s'arrêtent à Damanhour, à Tantah et à Benha, avant de rejoindre Le Caire 2 heures 45 plus tard. Ils partent à 7h, à 15h et à 19h30 et coûtent 20/12 £E en 1re/2e classe.

Deux trains quotidiens quittent Alexandrie pour Marsa-Matrouh (durée 6 heures environ) à 6h45 et à 13h. Nous vous les déconseillons car ils ne disposent pas de 1re classe mais seulement de 2e et de 3e classes dont les meilleurs sièges coûtent 8,10 £E. Pour ce trajet, préférez le bus, plus rapide et plus confortable.

Taxis collectifs

La station de taxis collectifs se tient de l'autre côté de la place par rapport à Mahattat Masr. La course tourne autour de 8 à 10 £E pour aller au Caire ou à Marsa-Matrouh suivant le chauffeur à qui vous vous adressez. Les taxis couvrent aussi des destinations plus locales telles que Zagazig (8 £E), Tantah (5 £E), Mansourah (8 £E) ou Aboukir (50 pt). On trouve également une station plus importante à Moharrem Bay.

Bateau

Actuellement, il n'existe plus aucun transport maritime de passagers au départ d'Alexandrie. Les derniers bateaux ont cessé leur activité en 1997. Il y a peu de chance que la situation change.

COMMENT CIRCULER

Depuis/vers l'aéroport

L'aéroport se situe au sud-ouest du centre-ville. Prenez le bus n°203 de Mahattat Ramla ou le n°703 de Midan Orabi. Comptez 10 £E maximum pour un taxi. A l'heure où nous écrivons, il était question de transférer l'aéroport sur le site d'un ancien terrain d'aviation militaire à Burg al-Arab, quelque 60 km à l'ouest d'Alexandrie.

Bus et minibus

En tant que visiteur, vous n'aurez pas l'occasion d'utiliser le bus car les tramways et les microbus constituent un moyen beaucoup plus pratique de circuler en ville.

Train

Le seul service susceptible de vous intéresser est un train lent de 3e classe qui dessert Aboukir au départ de Mahattat Masr. Il s'arrête, entre autres, à Sidi Gaber, à Montazah et à Mamoura. Le billet coûte 40 pt.

Tramway

Il s'agit de la meilleure façon de se déplacer à Alexandrie. De Mahattat Ramla, la station principale, des rames de couleur jaune citron relient l'ouest de la ville.

N°14 : Mahattat Masr et Moharrem Bay ;
N°15 : Ras at-Tin *via* la mosquée Abu al-Abbas Mursi et le fort Qaït Bey ;
N°16 : la station Carmous *via* la colonne de Pompée.

Les rames bleues desservent la partie est :

N°1 : 2/3 du trajet jusqu'à Montazah ;
N°2 : 2/3 du trajet jusqu'à Montazah *via* Zizinia ;
N°3 et n°7 : Sidi Gaber Nord ;
N°4 et n°6 : Sidi Gaber Sud ;
N°5 et n°8 : San Stefano.

Certains tramways disposent de deux ou trois wagons et, dans ce cas, l'un d'eux est réservé aux femmes. Un étranger montant par inadvertance dans la mauvaise voiture provoque immanquablement l'amusement général. Le ticket normal coûte 15 pt.

Taxi

Les taxis d'Alexandrie pratiquent les mêmes tarifs que ceux du Caire. Un court trajet de Midan Ramla à Mahattat Masr revient par exemple à 2 £E. Comptez 4 £E pour vous rendre à l'une des plages de la banlieue est.

Les environs d'Alexandrie

ABOUKIR

Cette ville côtière à 24 km à l'est du centre d'Alexandrie revêt une importance historique particulière, car deux batailles majeures s'y sont déroulées au XVIIIe siècle entre les Français et les Anglais. Lors de la bataille du Nil en 1798, l'amiral Nelson surprend et détruit la flotte française dans la baie d'Aboukir. Bonaparte garde cependant le contrôle de l'Égypte malgré l'atteinte portée à sa liaison maritime avec la France. En 1799, les Britanniques débarquent 15 000 soldats turcs à Aboukir, mais les troupes napoléoniennes fortes de 10 000 hommes, pour la plupart à cheval, parviennent à les repousser à la mer, où 5 000 d'entre eux se noient.

Mieux vaut visiter Aboukir en semaine afin d'éviter la foule qui afflue d'Alexandrie le week-end. Si vous aimez les fruits de mer, vous devez absolument faire le déplacement.

De nombreux bus quotidiens à destination d'Aboukir partent du centre d'Alexandrie (par exemple le bus n°260 et n°261 ou le minibus 729 de Midan Orabi). Cependant, il est souvent plus simple de monter dans un microbus à la gare ferroviaire (60 pt). Essayez de vous souvenir que les Égyptiens avalent le q/k. Aboukir se prononce en fait "abou'ir".

ABU MINA

Légionnaire romain originaire d'Afrique de l'Ouest, saint Ménès subit le martyre à la fin du IIIe siècle pour avoir déserté et s'être converti au christianisme. Il fut enterré près de l'actuel site d'Abu Mina, qui devint par la suite un lieu de pèlerinage fameux, doté de plusieurs églises et même d'une basilique, aujourd'hui détruite. D'après l'hagiographie, des Mamelouks auraient retrouvé ses ossements au XIVe siècle et ne seraient pas parvenu à les brûler, preuve pour eux qu'ils avaient affaire à un saint.

Une équipe allemande travaille à Abu Mina depuis 1969 (les fouilles ont révélé l'église médiévale qui renfermerait les restes de saint Ménès) et les autorités parlent d'un grand projet de musée et de parc archéologique. A l'heure actuelle, le site n'est pas ouvert au public.

ROSETTE (RASHID)

Rashid, l'ancienne Rosette, se trouve à 65 km à l'est d'Alexandrie, là où le bras occidental du Nil se jette dans la Méditerranée, à quelque 6 680 km du lac Victoria, où il prend sa source.

Fondée au IXe siècle, la ville doit surtout sa notoriété à la découverte sur son territoire de la pierre dite de Rosette, la stèle qui a fourni la clé des hiéroglyphes (voir l'encadré *La pierre de Rosette*). Au XVIIe et au XVIIIe siècle, elle assuma aussi la fonction de principal port égyptien. Tandis qu'au XIXe siècle, Alexandrie effectuait un retour au premier plan, elle amorce son déclin pour n'être plus aujourd'hui qu'une petite bourgade de province assoupie, vivant de la pêche et des dattes. A l'heure actuelle, le visiteur croise dans ses rues davantage de chevaux et de carrioles tirées par un âne que de voitures.

Large et abondant, le Nil offre ici un aspect particulièrement magnifique. De petits chantiers navals bordent la Corniche et de gracieux palmiers poussent sur la berge d'en face.

Attention. Évitez de visiter Rosette dans les jours qui suivent un orage, car ses rues en terre battue se transforment vite en bourbier.

A voir et à faire

Le principal attrait de Rosette réside dans ses anciennes maisons de marchands de l'époque ottomane. Construites dans le style typique du delta, une alternance de petites briques plates rouges et noires, elles comportent généralement trois étages dont les derniers forment un encorbellement. Elles s'ornent aussi d'un grand nombre de moucharabiehs, fenêtres en bois ouvragé permettant de voir sans être vu. On recense vingt-deux de ces splendides habitations dans un périmètre qui ne dépasse pas 500 m de côté. La plupart ont été restaurées ou sont en cours de rénovation, et huit d'entre elles ouvrent leur porte au public. Il faut en théorie s'acquitter d'un droit d'entrée mais, lors de notre visite, le guichet (dans le petit parc devant le musée, voir *Le musée* plus bas dans cette rubrique) était fermé.

CÔTE MÉDITERRANÉENNE

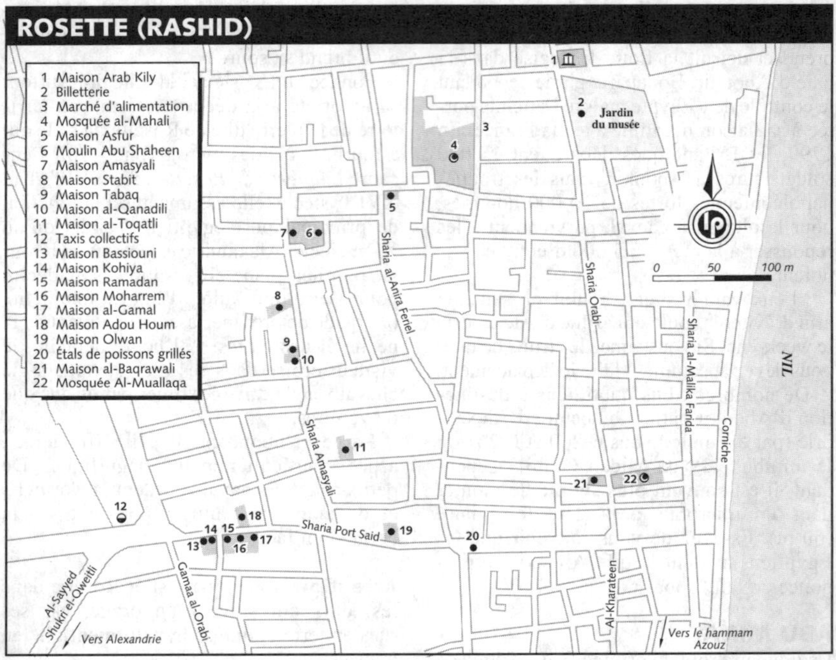

Maison Ramadan. Cette bâtisse, la plus impressionnante de Rosette, fait partie du groupe juste à l'ouest de la place où stationnent les taxis et les minibus. Complètement dépourvue de mobilier, comme toutes les autres, elle donne une parfaite idée de l'agencement de ce type d'habitation. Les pièces en pierre grossière du rez-de-chaussée servaient à entreposer les marchandises, tandis que le premier étage était réservé aux hommes.

Dans ce cas précis, on note une salle de réception surplombée par une galerie en bois fermée dissimulant les femmes à la vue des hôtes. L'escalier d'accès à la galerie se cache derrière un faux placard. En montant les marches qui conduisent au 2e étage, vous remarquerez, au niveau du sol, un petit tourniquet permettant à la gent féminine de servir le thé et le café tout en demeurant invisible.

L'étage au-dessus correspond au domaine des femmes. On aperçoit, sur la gauche, la cuisine, reconnaissable à son énorme conduit de cheminée. On est surpris par la clarté et la bonne aération du lieu, dues au système des moucharabiehs.

Le dernier étage renferme un petit hammam au plafond voûté, autrefois recouvert de morceaux de verre coloré.

Autres maisons ottomanes. De la maison Ramadan, descendez la colline et prenez Sharia Amasyali, la deuxième à gauche. Un alignement de jolies demeures bordent cette rue ainsi que les ruelles de chaque côté. Fermée au public, la **maison al-Toqatli** (deuxième rue à droite) présente une façade digne d'intérêt.

De retour dans Sharia Amasyali, on peut admirer deux autres bâtisses fermées au public avant d'atteindre la superbe **maison**

ANDREW HUMPHREYS

La colonne de Pompée (30 m) à Alexandrie

ANDREW HUMPHREYS

Pause dans un *ahwa* (café) à Alexandrie

PATRICK SYDER

Alexandrie est une ville méditerranéenne s'étalant sur 20 km de côte

PATRICK SYDER

Mosquée d'Abu Abbas al-Mursi, à Alexandrie

PATRICK SYDER

Mémorial d'El-Alamein aux soldats britanniques

MARK ECCLESTON

Le fort Qaït Bey d'Alexandrie, construit en 1480, a été modernisé au XIXe siècle par Méhémet-Ali

La pierre de Rosette

Pièce vedette du British Museum de Londres, la pierre de Rosette est considérée comme l'une des découvertes majeures de l'égyptologie. Mise au jour en 1799 par des soldats napoléoniens lors de la construction d'un fort près de Rosette, elle appartient à une grande stèle noire remontant au règne de Ptolémée V (vers 196 av. J.-C.). Œuvre probable des prêtres de Memphis, elle commémore l'accession au trône du souverain, mais surtout le fait en trois langues : l'égyptien, le démotique (une forme cursive de hiéroglyphes) et le grec. Les spécialistes se rendirent rapidement compte que la comparaison de ces textes pouvait fournir la clé des écrits indéchiffrables retrouvés sur les murs des temples et des tombeaux.

En 1801, la pierre de Rosette est concédée aux Britanniques, qui entreprennent de l'étudier. L'Anglais Thomas Young détermine le sens de lecture des hiéroglyphes et constate que certains, présentés sous forme de cartouches, correspondent au nom du pharaon.

Cependant, il faut attendre 1821 pour que Jean-François Champollion entame sa transcription des hiéroglyphes égyptiens à partir de la fameuse pierre. Deux ans plus tard, il établit une liste complète des signes avec leurs équivalents grecs. Champollion découvre le premier que ces signes peuvent être alphabétiques, syllabiques ou déterminatifs, et que le texte de la pierre constituent une traduction du grec et non l'inverse. Son travail de Chartreux a non seulement permis de lever le mystère de l'écriture hiéroglyphique mais aussi, par là même, de mieux comprendre la civilisation de l'Égypte ancienne dans son ensemble.

Amasyali. Celle-ci arbore la façade la plus remarquable, dotée de belles petites lanternes et d'importants moucharabiehs. Elle recèle un plafond peint de motifs islamiques dans l'une des pièces du rez-de-chaussée et des boiseries incrustées de nacre dans les étages supérieurs.

Sa voisine, la **maison Abu Shaheen**, comprend au rez-de-chaussée une reconstitution de moulin. Dans la cour, des colonnes de granit à chapiteaux gréco-romains soutiennent le toit des écuries.

Mosquée d'al-Mahali. Situé à environ 100 m de la maison Abu Shaheen, l'édifice englobe aussi une forêt de colonnes antiques presque toutes différentes (cannelées, sculptées, doriques, corinthiennes) dont on ignore la provenance. On peut néanmoins supposer qu'elles ont été récupérées à Alexandrie au Moyen Age, lorsque la ville périclitait au profit de Rosette. Réalisés dans le style du delta, les portails de la mosquée sont de toute beauté, de même la tombe centrale dans la salle de prière.

Musée. Fermé lors de notre dernière visite, le musée a été aménagé dans la **maison Arab Kily**, ancienne résidence du gouverneur durant l'âge d'or de Rosette. Le guichet (également fermé) du musée et des maisons ottomanes se trouve dans les jardins en face.

Du musée, dirigez-vous vers le sud parallèlement au cours du fleuve pour atteindre l'intéressante **mosquée Al-Muallaqa**. Édifiée sur des colonnes gréco-romaines, elle présente un rez-de-chaussée servant d'entrepôts et de boutiques. En continuant sur la même rue, vous arriverez au hammam Azouz, 200 m plus loin.

Hammam Azouz. Le hammam occupe le bâtiment de deux étages couleur coquille d'œuf avec une colonne couchée près de l'entrée. Si vous trouvez porte close, attendez sur place que quelqu'un aille prévenir le gardien. Cela vaut la peine d'insister car, s'il n'a subi aucune restauration, le hammam demeure néanmoins en très bon état.

On pénètre d'abord dans une salle ornée d'une fontaine centrale et entourée de plates-formes. Là, les baigneurs se dévêtaient puis, après s'être exposés à la vapeur et frottés énergiquement, revenaient s'allonger pour bavarder en sirotant du thé. A noter, une autre colonne antique de granit rose. La petite porte à droite débouche sur les salles de sudation au dallage de marbre noir et blanc, qui conduisent enfin dans une pièce superbe dont le plafond à coupole est incrusté d'éléments en verre coloré. Aux quatre coins, les petites alcôves servaient à la toilette et conservent pour certaines leur bassin en pierre.

Les hammams de ce type fonctionnaient encore jusqu'à une période relativement récente, mais ont presque tous cessé leur activité depuis que la plupart des foyers égyptiens sont équipés d'une salle d'eau.

Comment s'y rendre

Des bus et des trains circulent entre Alexandrie et Rosette, mais le minibus constitue un moyen de transport plus pratique. De la gare ferroviaire d'Alexandrie, grimpez dans un véhicule à destination d'Aboukir (60 pt). Après Alexandrie, la longue route dégagée est bordée à gauche par la voie ferrée et à droite par des champs. Descendez à l'endroit où le minibus tourne soudainement à gauche et traverse les rails. Du côté nord de la voie, le bus pour Rosette attend sur une petite aire de stationnement (1,50 £E, 45 minutes). Au retour, vous pouvez prendre à Rosette un minibus direct (2,50 £E) pour le centre d'Alexandrie (il parcourt toute la Corniche et passe par Midan Saad Zaghloul).

La côte méditerranéenne

La bande littorale entre El-Alamein et Alexandrie a été largement submergée par les affreux "villages touristiques" bétonnés qui accueillent les Cairotes aisés pendant la canicule.

EL-ALAMEIN

La petite ville côtière d'El-Alamein, à 105 km à l'ouest d'Alexandrie, évoque avant tout la victoire décisive des Alliés sur les puissances de l'Axe pendant la Seconde Guerre mondiale (voir l'encadré *La bataille d'El-Alamein*). Aujourd'hui, elle connaît une construction intensive destinée à la doter d'infrastructures portuaires pour le trafic pétrolier.

Les deux hôtels, le musée et le cimetière du Commonwealth, entre autres, s'alignent le long d'une rue qui dévie de la route principale au niveau du mémorial grec, puis la rejoint à la sortie de l'agglomération. Un central téléphonique se tient un peu au-delà du musée.

Musée de la Guerre

Il contient une intéressante collection d'uniformes, de souvenirs et de peintures illustrant la bataille d'El-Alamein et les campagnes d'Afrique du Nord. Un documentaire italien de 30 minutes vient compléter les cartes et les explications en arabe, en français, en anglais, en allemand et en italien.

Le musée ouvre de 8h à 18h, et l'entrée coûte 5/2,50 £E (avec un supplément de 5 £E pour prendre des photos).

Cimetière militaire du Commonwealth

Situé dans la partie est de l'agglomération, ce cimetière évocateur comprend 7 000 tombes disposées le long d'une pente surplombant le champ de bataille désert d'El-Alamein. Ici reposent les soldats britanniques, australiens, néo-zélandais, français, grecs, africains, malais et indiens qui ont combattu aux côtés des Alliés. La War Graves Commission assure l'entretien du lieu dont l'accès est libre.

Cimetières militaires allemand et italien

A environ 7 km à l'ouest d'El-Alamein, sur un promontoire surplombant la mer, se dresse une sorte de forteresse de grès parfaitement close. On peut voir, dans ce lieu de mémoire silencieux, les tombes des soldats allemands et, au centre, un monument aux morts en forme d'obélisque.

A peu près 4 km plus loin, le cimetière italien se distingue par une haute tour élancée.

Où se loger et se restaurer

L'*Al-Amana Hotel*, presque en face du musée, dispose de doubles quelconques, mais bien supérieures à celles de la *resthouse* en bas de la rue. Comptez 20/30 £E pour une chambre sans/avec s.d.b. Sa petite cafétéria sert des plats à base de riz et de poulet, des omelettes, du *foul,* ainsi que des boissons et des biscuits.

L'***El Alamein Rest House*** (☎ *430 2785*), une ancienne bonne adresse, se trouve aujourd'hui dans un état de délabrement tel que nous vous la déconseillons.

L'***Hotel Atic*** (☎ *03-492 1340*), 15 km à l'est d'El-Alamein, est le plus proche des nombreuses stations balnéaires qui défigurent cette portion de la côte. Il facture 120 £E la double.

Vous pouvez éventuellement camper sur les plages à condition de demander un *tasrih* (permis) à la police locale, si vous la trouvez.

Comment s'y rendre

Bus. D'Alexandrie, prenez n'importe quel bus pour Marsa-Matrouh depuis Sidi Gaber (voir *Comment s'y rendre* dans la rubrique *Alexandrie*). Il vous déposera sur la route principale à environ 200 m en bas du musée.

Taxis collectifs. Les taxis collectifs partent de la station en face de la gare ferroviaire d'Alexandrie (6 £E environ). Il s'agit le plus souvent de microbus. Le retour s'effectue sans problème par le même moyen et

La bataille d'El-Alamein

La grande bataille d'El-Alamein, opposant les divisions de tanks alliées du feld-maréchal Montgomery aux troupes blindées de l'Afrika Korps du feld-maréchal Rommel, a changé le cours de la guerre en Afrique du Nord.

En juin 1942, Rommel, le "Renard du désert", lance une offensive depuis Tobrouk, en Libye. A la tête de cinq cents chars, il espère ainsi forcer les lignes alliées à Alexandrie et dans la région du canal de Suez. Depuis deux ans, aucun affrontement n'a pu être décisif, mais cette fois les forces de l'Axe croient en la possibilité d'une percée. Cependant, les Alliés arrêtent leur avancée grâce à une ligne de défense qui s'étend vers le sud d'El-Alamein à la dépression de Qattara. Le 23 octobre 1942, la 8e armée de Montgomery quitte Alexandrie avec une centaine de tanks. En l'espace de deux semaines, les forces germano-italiennes sont repoussées et Rommel et le reste de l'Afrika Korps contraints de regagner Tunis.

Plus de 80 000 soldats ont perdu la vie ou ont été blessés à El-Alamein et au cours des autres combats pour le contrôle de l'Afrique du Nord. A proximité de la ville, trois vastes cimetières contenant des milliers de tombes portent un témoignage émouvant sur cet épisode de la guerre. Ils constituent par ailleurs les principaux sites touristiques du secteur.

vous pouvez même poursuivre jusqu'à Sidi Abdel Rahman. Le trafic est régulier, mais pensez tout de même à amener de l'eau à cause de la chaleur parfois étouffante.

SIDI ABDEL RAHMAN

A 23 km à l'ouest d'El-Alamein, les plages de sable blanc et les eaux turquoise de la Méditerranée font de Sidi Abdel Rahman un endroit étonnant. Hélas, les promoteurs doivent déjà lorgner sur ce joyau littoral encore préservé.

Des Bédouins se rassemblent à l'occasion dans un petit village à 3 km de la plage. Arrivés de Cyrénaïque (nord-est de la Libye) il y a plusieurs siècles, ils appartiennent à la tribu des Awlad Ali, qui a assujetti les petites tribus locales des Morabites. Ils se répartissent en cinq tribus majeures, elles-mêmes divisées en clans de quelques milliers d'individus. L'État égyptien s'est employé à sédentariser ces populations nomades, si bien que la plupart ont abandonné leurs tentes et veillent sur leurs troupeaux de chèvres et de moutons depuis leurs nouvelles habitations en pierre et en béton.

Où se loger et se restaurer

L'***El-Alamein Hotel*** (*☎ 492 1228, fax 492 1232*) affiche le tarif très exagéré de 440 £E pour une double de trois-étoiles standard sans aucun cachet. A environ 3 km à l'ouest, à l'embranchement pour Hanna Beach (Shaat al-Hanna), quelques tentes sont parfois installées à l'intention des touristes, mais ne comptez pas trop dessus. A condition de détenir une autorisation, vous pouvez camper plus loin le long de la plage.

Comment s'y rendre

Le bus pour Marsa-Matrouh qui s'arrête à El-Alamein peut aussi vous déposer à Sidi Abdel Rahman. Il fait généralement une pause juste après l'embranchement de Hanna Beach. Des taxis collectifs relient El-Alamein à Sidi Abdel Rahman et à d'autres lieux plus à l'ouest, mais il n'y a pratiquement plus de trafic dès le début de l'après-midi.

RAS AL-HIKMA

A environ 48 km de Marsa-Matrouh, Ras al-Hikma n'offre rien de plus qu'un petit village bédouin doté de plusieurs belles plages. Il existe en théorie un camping officiel dans les parages. Les bus ordinaires entre Alexandrie et Marsa-Matrouh peuvent vous déposer ici à moins que vous ne préfériez prendre l'un des rares taxis pour Marsa-Matrouh.

MARSA-MATROUH

Bâtie autour d'une jolie baie aux eaux limpides et aux plages de sable immaculé, Marsa-Matrouh (80 000 habitants) attire l'été un flot de vacanciers égyptiens. Pendant cette période, attendez-vous à trouver l'agglomération et ses plages les plus proches archibondées. Grise et totalement dépourvue d'attrait, la ville se vide l'hiver avec la fermeture de la plupart des hôtels et des restaurants.

Orientation et renseignements

Vous n'avez véritablement que deux rues à connaître à Marsa-Matrouh : la Corniche, qui suit le front de mer tout du long, et Sharia Iskendariya, perpendiculaire à celle-ci, qui se dirige vers la colline derrière la ville.

Les hôtels les plus chers bordent la Corniche, tandis que les autres se répartissent en ville, la plupart à proximité de Sharia Iskendariya. Cette dernière regroupe aussi dans ses parages le gros des restaurants et des boutiques.

Le bureau des passeports se situe juste à la sortie de Sharia Iskendariya, à deux pâtés de maisons au nord de la gare ferroviaire. Il ouvre tous les jours de 8h30 à 14h et de 18h à 21h (de 17h à 20h l'hiver). L'office du tourisme (☎ 493 1841) occupe le rez-de-chaussée du bâtiment du gouvernorat, à un pâté de maisons à l'ouest de Sharia Iskendariya, à l'angle de la Corniche. Il ouvre tous les jours de 8h30 à 18h (jusqu'à 21h l'été). La police touristique se trouve juste à côté.

La ville possède deux banques. La National Bank of Egypt, à l'ouest de Sharia Iskendariya et au sud de la Corniche, change l'argent liquide et les chèques de voyage. En insistant, vous parviendrez

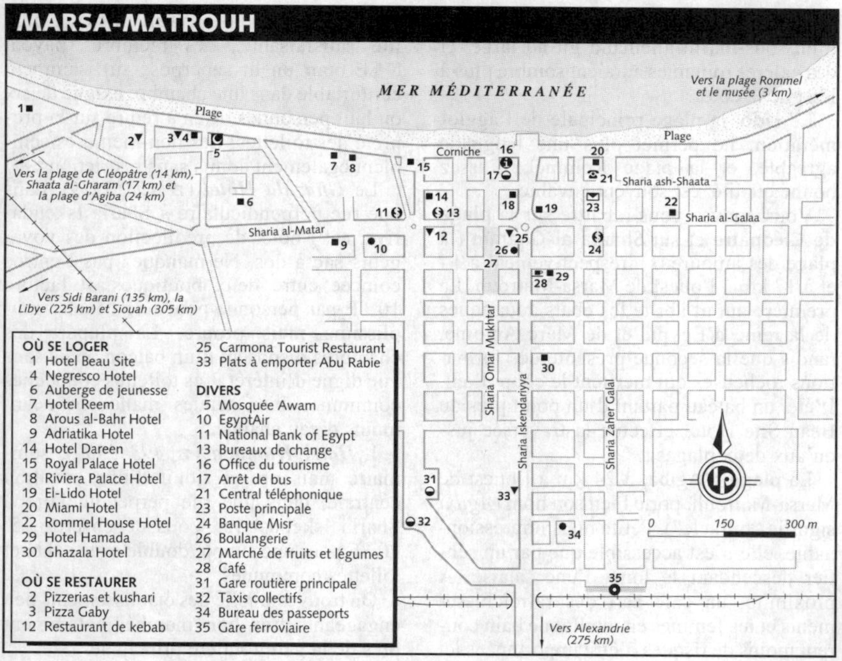

peut-être à retirer du liquide avec une carte Visa ou MasterCard à la Banque Misr, sur Sharia al-Galaa, où se tiennent aussi plusieurs bureaux de change.

La poste vous attend Sharia ash-Shaata, à un pâté de maisons au sud de la Corniche et à deux pâtés de maisons à l'est de Sharia Iskendariya (ouvert de 8h30 à 15h sauf le vendredi et le samedi). Le central téléphonique, de l'autre côté de la rue, fonctionne 24h/24.

Musée Rommel et sa plage

Aménagé dans les grottes qui ont servi de quartier général à Rommel pendant une partie de la bataille d'El-Alamein, ce "musée" expose des photos, un buste du "Renard du désert", des cartes militaires allemandes, italiennes et britanniques en mauvais état, ainsi que la capote militaire supposée du maréchal. Il se trouve à 3 km à l'est du centre-ville, près de la plage du même nom. Un panneau indique l'embranchement à prendre. Le musée n'ouvre que l'été de 9h30 à 16h (50 pt). Vous pouvez cependant le visiter l'hiver en vous adressant à l'office du tourisme ou au gouvernorat.

Un peu à l'est du musée, la plage Rommel aurait été le lieu de la baignade quotidienne du maréchal entre deux combats. Elle est fréquentée par les vacanciers égyptiens, et les femmes ne s'y sentiront pas à l'aise. Vous pouvez marcher le long de la petite baie (ou bien louer une bicyclette ou une *careta*, les carrioles tirées par un âne qui servent de taxis à Marsa-Matrouh) ou prendre un bateau depuis l'embarcadère situé 300 m à l'est de Sharia Iskendariya.

Autres plages

Il suffit de s'éloigner de l'environnement urbain pour profiter d'une mer superbe préservée de l'intervention humaine. L'épave d'un sous-marin allemand gît au large, et des galères romaines auraient sombré plus à l'est de la côte.

Le **Lido**, la plage principale de l'agglomération, ne permet plus une baignade agréable, et la plage Rommel, d'assez bonne qualité, est souvent envahie.

Vous pouvez vous rabattre sur la **plage de Cléopâtre** et sur **Shaata al-Gharam** (la plage des amoureux), respectivement à 14 et à 17 km à l'ouest de Marsa-Matrouh. La première aurait abrité les ébats aquatiques de la reine d'Égypte et de Marc Antoine, tandis que la seconde présente des formations rocheuses qui méritent le coup d'œil. L'été, un bateau partant d'un point près du Beau Site Hotel effectue la traversée jusqu'aux deux plages.

La **plage d'Agiba**, à 24 km à l'ouest de Marsa-Matrouh, porte bien son nom (*Agiba* signifie "miracle"). Petite mais impressionnante, elle n'est accessible que par un sentier descendant le long d'une falaise. A proximité, un café sert des rafraîchissements et les femmes en maillot de bain courent moins de risques d'être importunées ici que sur d'autres plages.

Où se loger

L'hébergement laisse plutôt à désirer. Généralement mal tenus, les hôtels pratiquent des prix exagérés, car la forte demande estivale les dispense de tout effort. Il en existe un grand nombre, en particulier à l'extérieur de la ville, mais nous nous contenterons ici de citer quelques-unes des meilleures adresses centrales.

Les tarifs varient considérablement entre l'été et l'hiver, et l'on peut parfois profiter de réductions substantielles jusqu'au début du mois de juin.

Où se loger – petits budgets

Il n'existe pas de camping officiel mais vous pourrez peut-être planter votre tente le long de la plage ou à Rommel Beach. Renseignez-vous auprès de l'office du tourisme.

La ***Youth Hostel*** (☎ *493 2331*), l'auberge de jeunesse, située à deux pâtés de maisons au sud de la mosquée Awam, offre une qualité satisfaisante. Les membres payent 8 £E pour un lit superposé suffisamment confortable dans une chambre exiguë de six ou huit personnes. Rien à redire sur la propreté des toilettes. Les non-membres semblent également admis sans restrictions.

Le ***Ghazala Hotel*** (☎ *493 3519*), dans une rue perpendiculaire à Sharia Iskendariya, est l'hôtel de prédilection des voyageurs sac à dos. Ne manquez pas l'entrée coincée entre deux boutiques. Il facture 10 £E par personne pour une couche simplissime mais propre. La plupart des chambres disposent d'un balcon, mais sans vue digne d'intérêt. Les toilettes et douches communes bien tenues manquent néanmoins d'eau chaude.

L'***Hotel Hamada*** (☎ *493 3300*), sommaire mais propre, jouit d'une situation centrale, dans une rue perpendiculaire à Sharia Iskendariya. Vous dépenserez 15/20 £E pour une simple/double avec s.d.b. et toilettes communes.

On trouve en ville des établissements peu engageants très bon marché, notamment près de la gare routière principale.

Où se loger – catégories moyenne et supérieure

Centre-ville. L'avantage de loger dans le centre-ville réside dans la proximité des rares boutiques et restaurants. Par contre, vous devrez vous déplacer pour profiter d'une plage correcte.

L'***Hotel Dareen*** (☎ *493 5607*) dispose de chambres décentes mais pas toujours irréprochables. Du moins les draps sont-ils propres et les s.d.b. attenantes pourvues d'eau chaude. La simple/double coûte 30/45 £E (plus 10 £E l'été). Comptez 5 £E de moins si vous vous passez de petit déjeuner (pain rassis et confiture).

L'***El Lido Hotel*** (☎ *493 2249, fax 493 2248*), à l'angle de Sharia Iskendariya et de Sharia el-Galaa, propose des simples/doubles à 35/44 £E avec petit déjeuner et à 30/35 £E sans. En été, les prix augmentent de 50%. Les chambres sont sombres et exiguës avec TV, téléphone et s.d.b.

CÔTE MÉDITERRANÉENNE

L'*Adriatika Hotel* (☎ *493 5195*), dans Sharia al-Matar, près de l'agence EgyptAir, offrait un confort acceptable pour un établissement classé dans le bas de la catégorie moyenne (simple/double à 28/40 £E). Cependant, il était fermé pour rénovation lors de notre dernière visite.

Le ***Rommel House Hotel*** (☎ *493 5466, fax 347 1496*), Sharia al-Galaa, à l'est de la Sharia Iskendariya, possède des simples/doubles avec s.d.b., TV et réfrigérateur à 83/111 £E l'été et à 43/63 £E l'hiver, petit déjeuner compris.

Le ***Riviera Palace Hotel*** (☎ *493 3045, fax 493 0004*), d'un bon rapport qualité/prix, dispose de grandes chambres correctes avec vue partielle sur la baie (100 £E la double en hiver). L'été, vous pouvez opter pour la demi-pension (125/185 £E).

Le ***Miami Hotel*** (☎ *493 1400*) est un grand trois-étoiles sinistre qui ne vaut que par son emplacement sur la Corniche. Comptez 162/200 £E l'été et 120/144 £E l'hiver – tarifs exagérés.

Le long de la Corniche. Un chapelet d'hôtels plus ou moins comparables borde le front de mer à l'ouest de Sharia Iskendariya. Ils bénéficient pratiquement tous d'une jolie vue sur la mer, mais les services font défaut dans leurs environs immédiats.

Doté de 10 étages et de 126 chambres, le ***Royal Palace Hotel*** avait auparavant des chambres à prix très raisonnables (moins de 50 £E l'été) avec s.d.b., balcon et petit déjeuner. Des rénovations étaient en cours lors de notre venue.

L'***Arous al-Bahr Hotel*** (☎ *493 4420*) logeait sa clientèle dans des chambres un peu moins nettes que celles du Royal Palace, mais il subit aussi des travaux d'aménagement. La simple/double revient l'été à 70/115 £E en demi-pension et l'hiver à 24,50/36,50 £E (35/53 £E avec petit déjeuner).

L'***Hotel Reem*** (☎ *493 3605*) est équipé de chambres propres avec balcon à 86/140 £E l'été en demi-pension. En hiver, comptez 25/40 £E pour une simple/double ou 30/50 £E avec petit déjeuner.

Le ***Negresco Hotel*** (☎ *493 4491, fax 493 3960*) vous accueille dans des chambres impeccables mais un peu onéreuses en haute saison (145/240 £E). L'hiver, les prix redeviennent abordables (45/75 £E).

L'***Hotel Beau Site*** (☎ *493 8555, fax 493 3319*) constitue sans conteste l'option la plus séduisante si vous avez les moyens. Vous débourserez 390/577 £E l'été pour une simple/double "luxueuse" donnant sur la plage, petit déjeuner inclus. Les prix baissent de moitié l'hiver. Les chambres comprennent tous les aménagements modernes. Quelques-unes, de taille réduite mais avec un grand balcon, sont disponibles pour beaucoup moins cher au-dessus de la discothèque. Par ailleurs, l'établissement peut se vanter de posséder la seule plage privée de Marsa-Matrouh.

Où se restaurer

En matière de restaurants, la situation n'est pas mirobolante. Lors de notre dernière visite, en hiver, le choix se limitait alors au ***Camona Tourist Restaurant***, à l'angle de Sharia al-Galaa et de Sharia Iskendariya, et à un ***restaurant de kebab***, à environ 200 m à l'ouest du précédent. Les deux établissements servent des kebabs, des *kofta* et du poulet. Le deuxième prépare aussi du *fitir*, un sorte de crêpe/pizza égyptienne. On peut également acheter des plats à emporter chez ***Abu Rabie***, au bout de Sharia Iskendariya, du côté de la gare. Il propose du foul, du ta'amiyya, des salades et de bons sandwiches aux *gamboury* (crevettes) ou aux calamars à 1,25 £E environ.

Pour déguster une excellente pizza (l'été uniquement), descendez sur la Corniche. La ***Pizza Gaby*** se tient juste après le Negresco Hotel et toutes ses préparations tournent autour de 10 £E. Au coin de la rue, deux pizzerias de qualité inférieure voisinent avec un *kushari*.

Le ***Beau Site Restaurant***, dans l'hôtel du même nom, s'avère plutôt bon mais attention à l'addition, salée.

Comment s'y rendre

Avion. EgyptAir relie Le Caire et Marsa-Matrouh (344 £E l'aller simple). Son agence se situe au rond-point près de la route de Siouah et de Solloum.

Bus. Pour des détails sur les bus au départ du Caire ou d'Alexandrie à destination de Marsa-Matrouh, consultez la rubrique *Comment s'y rendre* de ces deux villes.

Marsa-Matrouh possède deux gares routières. La principale vous attend un peu au-dessus de la gare ferroviaire. La seconde se limite à un kiosque et à une aire de stationnement près de l'office du tourisme.

De la petite station, un bus Superjet part chaque jour pour Alexandrie (24 £E, 4 heures) à 14h30 et un autre pour Le Caire (37 £E, 5 heures) à 15h.

West Delta effectue au moins sept liaisons quotidiennes avec Alexandrie (11 ou 15 £E) au départ de la gare routière principale, plus trois autres en bus de luxe depuis la petite station (20 ou 23 £E). Quatre bus quotidiens desservent Le Caire. L'un part à 7h30 de la station principale (25 £E, sans clim.) et les trois autres, climatisés, de l'office du tourisme (35 £E). Neuf bus par jour relient Solloum (4 heures) de la gare routière principale à partir de 7h. Les véhicules les plus inconfortables ne coûtent que 6,25 £E et les prix s'élèvent à 10 £E pour les services de meilleure qualité qui circulent plus tard dans la journée. Des bus sommaires et non climatisés à destination de Siouah démarrent à 7h30, à 13h30 et à 16h. Les deux premiers reviennent à 7 £E et le troisième à 10 £E. Le trajet prend environ 5 heures suivant le nombre de pannes (il y en a toujours au moins une).

Train. A éviter, car même le chef de gare de Marsa-Matrouh admet que les trains sont épouvantables. Si vous décidez de passer outre notre conseil, sachez qu'il existe deux départs pour Alexandrie à 7h et à 15h40 (6,40/2,80 £E en 2e/3e classe). Le voyage dure entre 6 et 7 heures. Aucune ligne ne dessert Solloum, vers l'ouest.

Taxis collectifs. La station de taxis se tient de l'autre côté de la gare routière. Comptez 10 £E pour aller à Siouah (si le nombre de passagers est suffisant), 6 £E pour Sidi Barrani, 10 £E pour Solloum et 8 £E pour Alexandrie.

Comment circuler

Les *caretas* (carrioles tirées par un âne) constituent le mode de transport le plus pratique pour circuler dans les rues de Marsa-Matrouh. Certaines ressemblent à de petits chariots recouverts d'une bâche en toile colorée. Une traversée de la ville coûte rarement plus de 2 £E. Le parcours du centre-ville au musée Rommel revient à 3 £E.

Vous pouvez louer un taxi ou un pick-up privé pour la journée, mais il faut pour cela marchander ferme, surtout l'été.

En été, des bus réguliers desservent en théorie la plage de Cléopâtre et la plage d'Agiba depuis la Sharia Iskendariya.

SIDI BARANI

Il s'agit d'une petite ville bédouine animée, à environ 135 km à l'ouest de Marsa-Matrouh sur le chemin de la Libye. Elle sert d'étape de ravitaillement en essence et en nourriture et dispose d'un petit hôtel et de quelques endroits servant à manger.

SOLLOUM

Nichée au pied du Gebel as-Solloum, au bord du golfe du même nom, Solloum semble surgir de nulle part. Vu l'absence de touristes occidentaux, vous ne risquez guère d'être harcelés comme dans certaines régions d'Égypte. On trouve en ville un bureau de poste et une succursale de la National Bank of Egypt.

Dans l'agglomération, les ordures qui jonchent la plage empêchent malheureusement d'apprécier les eaux cristallines de la Méditerranée. Plus à l'est, vous pourrez néanmoins profiter d'étendues de sable retirées. Renseignez-vous au préalable sur la qualité de l'endroit choisi. Certaines portions de la plage appartiennent à l'État et sachez que vous encourez quelques ennuis si vous vous attardez après 17h sans autorisation.

A l'entrée est de la ville, le cimetière militaire du Commonwealth s'avère plus modeste que celui d'El-Alamein.

Rien ne donne envie de dormir sur place mais, le cas échéant, l'***Hotel al-Ahram*** (☎ *480 0148*) est sans doute l'établissement le moins médiocre du lot. Vous dépenserez 6/12 £E pour une simple/double rudimentaire. Deux ***lokandas*** (le nom désignant les établissements sommaires et bon marché) se signalent par une enseigne en arabe.

A la frontière, 12 km plus loin, vous pouvez loger à l'***Hotel at-Ta'un***, dont le nom figure seulement en arabe. Un ou deux stands de foul jouxtent l'hôtel, mais demandez le prix avant d'acheter.

Comment s'y rendre

Un bus et des taxis collectifs occasionnels desservent Solloum depuis Alexandrie et Marsa-Matrouh. Reportez-vous à la rubrique *Comment s'y rendre* de ces deux villes. De Solloum, trois bus quotidiens relient Marsa-Matrouh (7 et 8 £E, 4 heures) et certains continuent jusqu'à Alexandrie (20 £E, 8 heures). Un taxi pour Marsa-Matrouh revient à environ 10 £E.

Libye. Le poste-frontière se situe à Amsaad, juste au nord du col d'Halfaya, à 12 km à l'ouest de Solloum. D'Amsaad, des taxis remontent la montagne et vous conduisent du côté égyptien (2 à 3 £E). Après les formalités douanières de part et d'autre (vous pouvez traverser à pied), un taxi libyen vous transporte jusqu'à Al-Burdi moyennant 1 DL. De là, des bus rejoignent Tobrouk et Benghazi.

Notez bien qu'aucun visa libyen n'est délivré à la frontière.

Le canal de Suez

Prouesse de la technique moderne, le canal de Suez fut aussi le point d'orgue des efforts répétés des différents empires d'Égypte qui, au cours des siècles, rêvèrent d'étendre leur puissance commerciale, militaire et politique en reliant la mer Rouge à la Méditerranée. Si donc le canal actuel n'est certainement pas le premier projet de son espèce, le secret de sa réussite est d'avoir su oublier le Nil et creuser carrément à travers l'isthme de Suez une route maritime capitale entre l'Europe et l'Asie.

La première tentative dont l'histoire a conservé le souvenir est celle du canal entrepris par le pharaon Néchao II entre 610 et 595 av. J.-C. Celui-ci s'étendait de Boubastis, une ville du delta du Nil (près de l'actuelle Zagazig) à la mer Rouge, *via* les lacs Amer. Après avoir, dit-on, causé la mort de plus de dix mille ouvriers, le projet fut abandonné. Près d'une centaine d'années plus tard, il fut repris et amélioré sous la domination du roi perse Darius. Les Romains reprirent une dernière fois le chantier sous Trajan mais, au cours des siècles suivants, il fut le plus souvent négligé et livré à l'envasement, ou bien sporadiquement dragué par un souverain ou un autre.

À partir de 649, et pendant les vingt ans qui suivirent, il connut une brève période de restauration sous Amr ibn al-As, le conquérant arabe de l'Égypte.

En 1798, après l'invasion française, l'existence d'une route maritime méridionale vers l'Asie fut à nouveau reconnue de première importance. Pour la première fois, on envisagea de creuser à travers l'isthme relativement étroit de Suez un chenal qui relierait directement la Méditerranée à la mer Rouge. Une idée abandonnée après que les ingénieurs de Bonaparte eurent calculé, à tort, qu'il existait 10 m de différence de niveau entre les deux mers.

Plusieurs années plus tard, les Britanniques rectifièrent le tir, mais ce fut le consul français d'Égypte, Ferdinand de Lesseps, qui mena le projet du canal de Suez à terme. En 1854, il soumit sa proposition au khédive égyptien Saïd Pasha, qui l'autorisa à creuser. Les travaux commencèrent en 1859.

Une décennie plus tard, l'ouvrage était enfin inauguré en grande pompe. Le 16 novembre 1869, deux flottilles, arrivant l'une de Port-Saïd et l'autre de Suez, se rejoignaient dans la ville nouvelle d'Ismaïlia. Le canal de Suez était déclaré ouvert, séparant officiellement le continent africain de l'Asie.

A ne pas manquer

- **Le canal.** Le plus célèbre au monde. Les pétroliers géants qui semblent glisser sur le désert y taillent inlassablement leur route.
- **Ismaïlia.** Plongez-vous dans le passé colonial de l'Égypte en arpentant le vieux quartier européen.
- **Port-Saïd.** Déambulez dans les ruelles de la vieille ville.

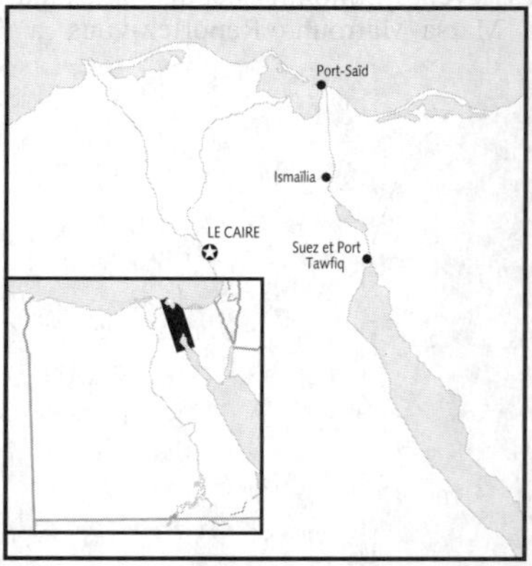

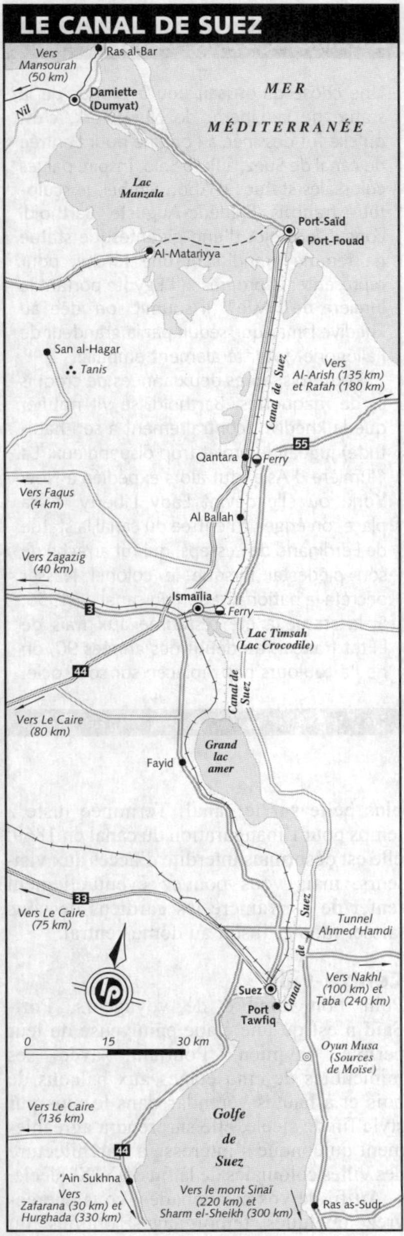

PORT-SAÏD

La principale attraction de Port-Saïd est bien sûr le canal de Suez. Le spectacle de ces énormes cargos et pétroliers attendant leur tour à l'entrée nord du canal est mémorable. Port-Saïd possède pourtant un second atout : son statut de port franc, qui fait d'elle la cité la plus prospère du canal.

Fondée au début des travaux en 1859, par le khédive Saïd Pasha, qui lui laissa son nom, elle s'est formée principalement sur une île, gagnée sur le lac Manzala, à l'ouest. La ville ne cessa de s'agrandir jusqu'en 1956, année où elle fut en grande partie bombardée durant la crise de Suez. Elle souffrit de nouveau en 1967 et en 1973, lors des conflits avec Israël. Si certains dommages sont encore visibles, la cité, qui compte près de 400 000 habitants, est pratiquement entièrement reconstruite.

Dans certaines artères du Port-Saïd d'origine, on peut admirer quelques jolies bâtisses aux balcons en bois. L'architecture du début du siècle, parfois en un triste état, semble porter au plus profond d'elle-même les stigmates de l'histoire tourmentée de ce port international.

Les Égyptiens considèrent l'endroit comme une station balnéaire et des centaines de bungalows s'alignent sur la côte, à l'extrême nord de la ville.

Orientation

Port-Saïd est reliée au continent par un pont au sud et une digue à l'ouest. Il existe aussi un ferry sur le lac Manzala pour Al-Matariyya, tandis qu'un autre assure la liaison avec la ville jumelle de Port-Fouad, de l'autre côté du canal.

La plupart des banques, des agences de voyages et les principaux services administratifs se trouvent soit sur Sharia Palestine, qui longe le canal, soit dans Sharia al-Gomhuriyya, la grande artère de Port-Saïd, qui lui est parallèle.

Renseignements pratiques

Prorogation de visas. S'il vous faut proroger votre visa, rendez-vous au bureau des passeports de l'immeuble du gouvernorat (aile gauche, 4e étage, guichet 7), ouvert de 8h à 14h (fermé le vendredi).

Douanes. Port-Saïd ayant été déclarée zone franche en 1976, chacun doit passer par la douane, en entrant ou en quittant la ville. Tâchez d'avoir votre passeport en poche et, si l'on vous le demande, déclarez appareil photo, caméra ou tout produit électronique en entrant. Pour vos achats, renseignez-vous dans le magasin pour savoir s'il vous faut ou non acquitter une taxe.

Offices du tourisme. Le bureau principal (☎ 235 289), 43 Sharia Palestine, dispose de cartes et vous renseignera sur le canal et le port. Il ouvre de 9h à 13h30 et de 15h à 20h, du samedi au jeudi (fermeture le vendredi). Il existe une annexe à la gare.

Argent. Sharia al-Gomhuriyya abrite un certain nombre de banques. La National Bank of Egypt semble la plus pratique pour le change des chèques de voyage.

Thomas Cook (☎ 227 559), 43 Sharia al-Gomhuriyya, vous accueille tous les jours de 9h à 18h. Non loin de là, l'agence Mena Tours abrite une succursale d'American Express (Amex) (☎ 230 939), ouverte de 10h à 15h, mais ne proposant aucun service de change de devises.

Poste et communications. La poste principale, ouverte de 9h à 17h (fermée le vendredi), se situe face au parc Ferial, à une rue au nord de Sharia al-Gomhuriyya.

Il existe deux centraux téléphoniques ouverts 24h/24 : l'un dans Sharia Palestine, au coin de la deuxième rue au nord-ouest de l'office du tourisme, l'autre derrière le bâtiment du gouvernorat.

Maison du Canal de Suez

Si vous avez déjà vu au moins une photo de Port-Saïd, il y a fort à parier qu'il s'agissait des spectaculaires coupoles vertes de la maison du Canal de Suez. C'était depuis cette bâtisse aux colonnes blanches, sise au sud-ouest du terminal des ferries et de l'office du tourisme, qu'on goûtait la vue la plus belle sur le canal. Terminée juste à temps pour l'inauguration du canal en 1869, elle est désormais interdite d'accès aux visiteurs, mais vous pouvez éventuellement tenter de convaincre les gardiens de vous laisser monter jusqu'au dôme central.

La Liberté sur le canal

Une chose qu'on sait peu à propos de la statue de la Liberté de New York, c'est qu'elle fut dessinée à l'origine pour l'entrée du canal de Suez, à Port-Saïd. Inspiré par les colossales statues d'Abou Simbel, le sculpteur français Frédéric-Auguste Bartholdi conçut le projet d'une gigantesque statue de femme brandissant une torche, pour représenter le progrès : "l'Égypte portant la lumière de l'Asie". Il soumit son idée au khédive Ismaïl qui, séduit par la grandeur de l'allégorie, fut littéralement emballé.

Toutefois, après deux années de croquis et de maquettes, Bartholdi se vit notifier que le khédive (contrairement à son habitude) jugeait le projet trop dispendieux. La "lumière d'Asie" fut alors expédiée à New York, où elle devint Lady Liberty. A sa place, on érigea à l'entrée du canal la statue de Ferdinand de Lesseps, qui fut arraché de son piédestal lorsque le colonel Nasser décréta la nationalisation du canal en 1956. Si la statue a été restaurée aux frais de l'État français au début des années 90, on ne l'a toujours pas replacée sur son socle.

Centre-ville

Pour bon nombre de voyageurs, Port-Saïd n'est qu'une étape ennuyeuse de leur périple égyptien. Pourtant, avec ses immeubles de cinq étages aux balcons de bois et à hautes vérandas dans le plus pur style fin de siècle, elle surprendra agréablement quiconque s'intéresse à l'architecture des villes coloniales de la fin du XIXe siècle.

Au fil de vos promenades, vous apercevrez quelques témoignages oubliés du

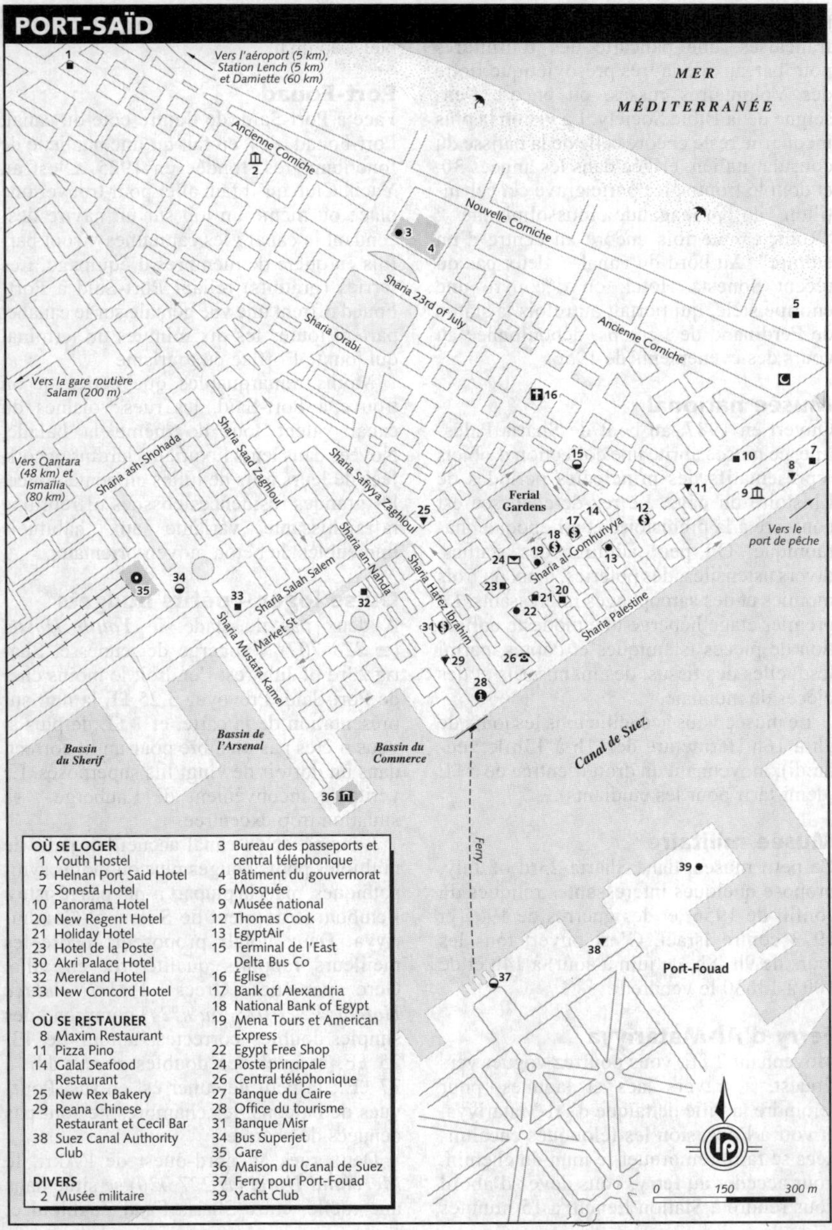
PORT-SAÏD
Vers l'aéroport (5 km), Station Lench (5 km) et Damiette (60 km)
MER MÉDITERRANÉE
Ancienne Corniche
Nouvelle Corniche
Sharia 23rd of July
Sharia Orabi
Vers la gare routière Salam (200 m)
Vers Qantara (48 km) et Ismaïlia (80 km)
Sharia ash-Shohada
Sharia Saad Zaghloul
Sharia Safiyya Zaghloul
Sharia an-Nahda
Sharia Salah Salem
Market St
Sharia Mustafa Kamel
Sharia Hafez Ibrahim
Sharia al-Gomhuriyya
Sharia Palestine
Ferial Gardens
Vers le port de pêche
Canal de Suez
Bassin du Sherif
Bassin de l'Arsenal
Bassin du Commerce
Ferry
Port-Fouad
0 150 300 m
OÙ SE LOGER
1 Youth Hostel
5 Helnan Port Said Hotel
7 Sonesta Hotel
10 Panorama Hotel
20 New Regent Hotel
21 Holiday Hotel
23 Hotel de la Poste
30 Akri Palace Hotel
32 Mereland Hotel
33 New Concord Hotel
OÙ SE RESTAURER
8 Maxim Restaurant
11 Pizza Pino
14 Galal Seafood Restaurant
25 New Rex Bakery
29 Reana Chinese Restaurant et Cecil Bar
38 Suez Canal Authority Club
DIVERS
2 Musée militaire
3 Bureau des passeports et central téléphonique
4 Bâtiment du gouvernorat
6 Mosquée
9 Musée national
12 Thomas Cook
13 EgyptAir
15 Terminal de l'East Delta Bus Co
16 Église
17 Bank of Alexandria
18 National Bank of Egypt
19 Mena Tours et American Express
22 Egypt Free Shop
24 Poste principale
26 Central téléphonique
27 Banque du Caire
28 Office du tourisme
31 Banque Misr
34 Bus Superjet
35 Gare
36 Maison du Canal de Suez
37 Ferry pour Port-Fouad
39 Yacht Club

temps des colonies : les anciennes Postes françaises, une pancarte des fournitures pour bateaux de la très présoviétique flotte des Volontaires russes, ou encore l'enseigne de la Bible Society. La vision la plus incongrue reste encore celle de la bâtisse du consulat italien, érigée dans les années 30, et dont le frontispice porte gravé cet échantillon de propagande mussolinienne : "Rome… une fois encore au centre d'un empire". Au bord du canal, à deux pas du récent Sonesta Hotel, on découvre une énorme stèle, qui portait autrefois la statue de Ferdinand de Lesseps, déboulonnée au cours des événements de 1956.

Musée national

Ouvert en 1987, au bout de Sharia Palestine, ce musée abrite une collection d'objets représentatifs des principales périodes de l'histoire du pays. Le rez-de-chaussée est consacré à la préhistoire et à l'époque pharaonique. On peut admirer des statues, divers ustensiles, des poteries, deux ou trois momies et des sarcophages intéressants. Le premier étage héberge une modeste collection de pièces islamiques et coptes, parmi lesquelles des tissus, des manuscrits et des pièces de monnaie.

Le musée vous accueille tous les jours de 9h à 16h (fermeture de 11h à 13h le vendredi), moyennant un droit d'entrée de 6 £E (demi-tarif pour les étudiants).

Musée militaire

Ce petit musée, dans Sharia 23rd of July, propose quelques intéressantes reliques du conflit de 1956, et des guerres de 1967 et 1973 contre Israël. C'est ouvert tous les jours de 9h (8h, de juin à août) à 14h et de 10h à 13h30 le vendredi.

Ferry d'Al-Matariyya

Moyennant 2 £E, vous pourrez voguer vers l'ouest, à travers lacs et lagunes, pour rejoindre la ville deltaïque d'Al-Matariyya, et voir à l'occasion les felouques encalminées se faire remorquer le long du chemin. Pour accéder au ferry, vous devez d'abord vous rendre à Station Lench, à 15 minutes en taxi vers Damiette (Dumyat), au nord-ouest du quai.

Port-Fouad

Face à Port-Saïd, de l'autre côté du canal, Port-Fouad n'est en fait qu'une banlieue de fonctionnaires, fondée en 1925. C'est au Yacht Club qu'il faut aller pour trouver une place ou même un job sur un navire descendant le canal ; les capitaines y sont parfois en quête de membres d'équipage. Les ferries (gratuits) reliant Port-Saïd à Port-Fouad offrent une vue géniale sur le canal et partent toutes les dix minutes du terminal qui jouxte l'office du tourisme.

Moins remarquables que celles qu'on trouve à Port-Saïd, les rues voisines du canal valent tout de même la balade. Noyées dans leurs luxuriants jardins et coiffées de leurs toits de tuiles en pente douce, les grandes résidences cossues offrent une rafraîchissante variante aux habituels immeubles de béton moyen-orientaux.

Où se loger – petits budgets

A deux pas du stade, le ***Youth Hostel*** (☎ *228 702*), l'auberge de jeunesse, Sharia 23rd of July, est l'endroit le moins cher de Port-Saïd. Prévoyez 3,25 £E la nuit sur présentation de la carte, et 1 £E de plus si vous n'êtes pas membre pour un lit correct, dans un dortoir de vingt lits superposés. Le véritable inconvénient de l'auberge : sa situation trop excentrée.

Le quartier du canal accueillait jadis de multiples petits bouges plus ou moins sympathiques, mais la plupart n'ont pas résisté à l'embourgeoisement de Sharia al-Gomhuriyya. Deux hôtels proposent encore les meilleurs rapports qualité/prix en ville. Géré par des Grecs, l'***Akri Palace Hotel*** (☎ *221 013, au n°24*) comprend des simples/doubles correctes, autour de 13/25 £E, et quelques doubles avec s.d.b. à 37 £E ; le petit déjeuner est en sus. Pourvues de balcons, les chambres ne sont pas dénuées de charme.

Deux rues au nord-ouest de l'Akri, le ***Mereland Hotel*** (☎ *227 020*) se situe dans une ruelle, entre Sharia Saad Zaghloul et

Sharia an-Nahda. Ses grandes chambres impeccables se louent 24/35 £E avec s.d.b. ou 15/20 £E en simple/double avec des toilettes communes très correctes ; le petit déjeuner n'est pas compris.

Où se loger – catégories moyenne et supérieure

L'***Hotel de la Poste*** (☎ *224 048, 42 Sharia al-Gomhuriyya*) jouit d'une élégance surannée que la direction a su préserver grâce à de prudents travaux de rénovation. Les simples/doubles sur la rue, avec s.d.b. et balcon, reviennent à 35/44 £E sans le petit déjeuner. Les autres sont louées 28/38 £E et certaines disposent de la TV et d'un réfrigérateur. L'endroit propose un restaurant, un bar et une pâtisserie au rez-de-chaussée.

Voisin du dépôt des bus Superjet, le ***New Concord Hotel*** (☎ *235 342, fax 235 930*) est un trois-étoiles comprenant des chambres sans caractère, moquettées du sol au plafond, avec s.d.b., ventil. et TV. Les chambres des étages les plus élevés bénéficient pour certaines d'une jolie vue sur le canal. Moyennant 63/84 £E en simple/double, petit déjeuner compris, ce n'est pas une mauvaise affaire.

Dans une ruelle donnant dans Sharia al-Gomhuriyya, le ***New Regent Hotel*** (☎ *235 000, fax 224 891*) est un coquet trois-étoiles doté de chambres correctes et modernes à 86/117 £E, petit déjeuner compris. L'établissement abrite un restaurant.

Frôlant la catégorie luxe, le ***Holiday Hotel*** (☎ *220 711, fax 220 710, 23 Sharia al-Gomhuriyya*), diagonalement opposé à l'Hotel de la Poste, propose des chambres à 136/168 £E en simple/double, taxes et petit déjeuner compris.

Trois-étoiles de conception moderne, le ***Panorama Hotel*** (☎ *325 101, fax 325 103*) se dresse dans la partie nord-est de Sharia al-Gomhuriyya. Ses simples/doubles climatisées avec s.d.b. et TV sont facturées 129/169 £E. Sa situation face à une mosquée pourra dissuader les dormeurs au sommeil délicat.

Sur le front de mer, le ***Helnan Port Said Hotel*** (☎ *320 890, fax 323 762*) est classé cinq-étoiles par l'office du tourisme, en grande partie sans doute pour la vue. Comptez 520/700 £E en simple/double, taxes et petit déjeuner compris. L'endroit comprend un restaurant, un bar et plusieurs boutiques.

Concurrent direct du Helnan, le ***Sonesta Hotel*** (☎ *325 511, fax 324 825*), plus récent, est implanté tout au nord du canal. Tablez sur 120/150 $US la simple/double donnant sur la ville ou 150/185 $US avec vue sur le canal (taxes comprises).

Où se restaurer

On ne s'étonnera guère de trouver quantité de restaurants de poissons dans Port-Saïd. L'un des moins chers, le ***Galal***, se trouve au coin des rues al-Gomhuriyya et Gaberti. L'assiette de calamars n'y coûte que 12 £E, et les plats de poissons débutent à 14 £E. L'établissement dispose de quelques tables en terrasse, d'un comptoir de ventes à emporter proposant du shawarma et toute une gamme de petites entrées grecques (feuilles de vigne farcies, etc.). Attention, vous n'aurez droit à la bière que si vous dînez à l'intérieur.

A l'avant de l'***Hotel de la Poste,*** on trouve un bar, un café et un restaurant. Ce dernier sert à prix compétitifs hamburgers, sandwiches, salades et ce qu'il prétend être des pizzas. Sa terrasse est un rendez-vous prisé pour s'offrir un petit gâteau accompagné d'un café ou un rafraîchissant jus de citron vert.

Les amateurs de vraies pizzas se rabattront sur la très voyante ***Pizza Pino*** (☎ *239 949*) dans Sharia al-Gomhuriyya, ou, non loin de là, sur la nouvelle annexe de ***Pizza Inn***, au sein du Panorama Hotel.

Si vous souhaitez de la cuisine chinoise ou coréenne, courez au ***Reana***, toujours dans la même rue. Installé au-dessus du Cecil Bar, l'endroit propose un large éventail de mets, dont des plats principaux à base de fruits de mer s'échelonnant de 15 à 35 £E, et quelques spécialités végétariennes. Le ***Cecil*** (☎ *223 911*) est l'un des rares bars de la ville où l'on peut s'installer en terrasse. En plus, il reste ouvert assez tard.

Vous recherchez quelque chose de légèrement plus raffiné ? Essayez le ***Maxim***

(☎ *234 335)*, au 1er étage du centre commercial jouxtant le Sonesta Hotel, où vous débourserez environ 30 £E pour un repas complet. Les plats de pâtes ou les calamars frits s'avèrent beaucoup moins onéreux.

Si vous êtes en quête d'une vue imprenable sur les navires entrant dans le canal, précipitez-vous au ***Suez Canal Authority Club***, sur le front de mer, à Port-Fouad. Ouvert uniquement à l'heure du déjeuner, l'établissement vous propose du poulet ou de la viande avec du riz et de la salade, moyennant 7 £E (plus 3 £E de droit d'accès) sur la terrasse. En débarquant du ferry, le club est tout de suite à gauche ; son entrée fait face aux courts de tennis.

A trois rues au nord de Sharia al-Gomhuriyya, dans Market St, se tient un ***marché aux fruits et légumes*** assez animé. Citons enfin la ***New Rex Bakery***, pâtisserie fort cotée, au croisement de Market St et de Sharia Safiyya Zaghloul.

Achats

On peut pratiquement acheter tout à Port-Saïd, encore que, depuis la libéralisation de l'économie par le gouvernement au milieu des années 90, le marché a surtout cherché à satisfaire les besoins des marins de passage : gadgets électroniques et jeans bon marché emportent donc la mise. C'est dans Sharia al-Gomhuriyya qu'on réalise les meilleures affaires ; essayez l'Egypt Free Shop dans cette artère.

Comment s'y rendre

Comme vous devez passer par la douane avant de quitter Port-Saïd, prévoyez suffisamment de temps pour les formalités. Les gares routières et ferroviaire ont toutes des bureaux de douane.

Avion. EgyptAir (☎ 222 870) possède une agence 39 Sharia al-Gomhuriyya, mais il n'existe aucune liaison aérienne avec Port-Saïd.

Bus. La ville compte trois terminaux de bus. Les bus Superjet à destination du Caire (15 £E, 3 heures) partent 11 fois par jour devant la gare. La compagnie propose aussi un bus pour Alexandrie (22 £E, 4 heures) qui part à 16h30. Il est prudent de réserver au guichet du terminal de Superjet, juste à l'est de la gare.

Les lignes de l'East Delta Bus Co desservent les destinations hors delta (ainsi que, bizarrement, Tantah, qui est pourtant dans le delta), depuis son terminal situé près du parc Ferial (appelé également "Lux terminal"). Pour le Caire, ils démarrent toutes les heures de 6h à 18h (13 à 15 £E). Les plus chers sont non-stop, d'où un gain théorique de 30 minutes sur les 3 heures 30 du parcours. Quatre bus assurent la liaison avec Alexandrie (*via* Damiette, de 17 à 22 £E) à 7h, 9h, 14h30 et 16h30. D'autres partent vers Ismaïlia (5 £E) chaque heure entre 6h et 18h. Les bus ralliant Suez (7,50 £E, 2 heures 15) s'en vont à 6h, 10h, 13h et 16h. Pour rejoindre Al-Arish, sur la péninsule du Sinaï, rendez-vous d'abord à Ismaïlia ou Qantara, puis changez de bus ou poursuivez en taxi. Consultez également plus loin le paragraphe *Comment s'y rendre* de la rubrique *Ismaïlia*.

Enfin, le troisième terminal, connu sous le nom de *Salam station* (gare routière de Salam), se situe dans Sharia an-Nasr, au nord-ouest de la gare ferroviaire. Les bus à destination des villes du delta, hormis Tantah, partent de cet endroit. Toutes les heures, à la demie, un bus prend la route du sud, vers Qantara (2,50 £E).

Train. Quatre trains quotidiens partent pour Le Caire. Le trajet dure 4 heures et c'est le moyen de transport le plus lent, mais aussi le moins cher, pour rejoindre la capitale. Il n'existe aucune 1re classe. Les tarifs sont les suivants : 14 £E en 2e classe climatisée, 5,50 £E en 2e classe et 3 £E en 3e classe. Le train fait une halte à Ismaïlia.

Cinq autres trains quotidiens desservent uniquement Ismaïlia (6/2,30/1 £E). Deux autres effectuent la grande boucle *via* Ismaïlia et Zagazig pour atteindre Alexandrie (28/8,50/4 £E).

Taxis collectifs. Les taxis collectifs partent d'un parking assez fangeux, derrière la gare

Croisière sur le canal

Même si des centaines de navires croisent chaque semaine dans le canal de Suez, suivre leur exemple ne va pas de soi : les autorités du port ne vous laisseront pas facilement embarquer à bord d'un cargo et il n'existe aucun prestataire spécialisé. Cependant, il existe au moins deux manières d'admirer le célèbre chenal depuis le pont d'un bateau.

Si vous séjournez à Suez, vous pouvez louer un bateau pour remonter jusqu'à Port-Saïd. Mohammed Moseilhy, de Damanhur Shipping (☎ 062-572 177), peut s'en occuper, mais il faut le prévenir quelques jours à l'avance. Comptez au moins 500 £E pour un bateau contenant au maximum 12 passagers.

La solution la moins onéreuse consiste à prendre le ferry de Qantara, à 35 km au nord d'Ismaïlia. Deux bateaux font la navette et peuvent même passer avec les convois ; vous aurez donc peut-être la chance de voir un pétrolier géant de très près. Le ferry des piétons est gratuit et se prend en pleine ville, alors que celui des véhicules est plus au sud. Pour une place à bord, jetez-vous dans la joyeuse cohue de gens, poulets, baudets et autres vélos.

Arrimé au bout du canal, à Port-Saïd, le bateau-restaurant *Noras I* (☎ 326 804) propose une balade de 1 heure 15 pour 10 £E. Il part tous les jours à 15h et à 20h30. A bord, vous pourrez même vous faire servir un repas de poisson tout à fait convenable (36 à 60 £E).

Si vous réussissez à trouver un navire, sachez qu'il est déconseillé de prendre des photos, compte tenu de la forte présence de l'armée le long du canal.

routière de Salam, mais l'activité semble assez réduite dans l'après-midi. Prévoyez 8 £E pour Le Caire (meilleur marché qu'un billet de bus). Pour les autres tarifs, citons : Qantara (2,50 £E), Ismaïlia (3,50 £E), Suez (6 £E) et Zagazig (6 £E).

Bateau. Un certain nombre de navires vont et viennent de Port-Saïd à Limassol (Chypre). La plupart sont des bateaux de croisière cinq-étoiles proposant des circuits forfaitaires incluant l'Égypte et Israël. Ils naviguent d'avril à octobre. Si vous souhaitez en savoir plus, contactez Mena Tours (☎ 225 742), dans Sharia al-Gomhuriyya.

A Chypre, adressez-vous à Paradis Island Tours (☎ 357-237 4699) ou Louis Tours (☎ 357-237 4699). Depuis Limassol, vous pouvez poursuivre en bateau vers Haïfa (Israël) ou plusieurs îles grecques.

Comment circuler

Le *hantour* (carriole tirée par un cheval) convient à merveille pour circuler dans Port-Saïd. Prévoyez environ 10 £E l'heure de location avec cocher. Sinon, de multiples taxis bleu et blanc sillonnent la ville.

QANTARA

La seule raison de gagner Qantara, à 50 km au sud de Port-Saïd, c'est pour passer le côté oriental du canal. Nul en effet ne ressent le besoin de s'y attarder (voir l'encadré *Croisière sur le canal*). Les taxis collectifs démarrent de la rive orientale – comptez autour de 7 £E pour Al-Arish (à 150 km). Un pont sur le canal est en cours de construction.

La majeure partie de Qantara fut détruite pendant la guerre contre Israël de 1973, et les immeubles de la ville sont encore criblés d'impacts de balles.

ISMAÏLIA

Ismaïlia fut fondée dans les années 1860, à l'époque de la réalisation du canal de Suez, par Ismaïl Pasha, le khédive d'Égypte, à qui elle doit son nom. Ferdinand de Lesseps, qui dirigeait la Compagnie du canal de Suez, résida dans la localité, jusqu'à l'achèvement des travaux.

Comme à Port-Saïd, une flânerie dans les élégantes rues coloniales vous procurera un plaisir insoupçonné. Ne vous attendez pas bien sûr à de somptueux monuments, mais quelques superbes anciennes villas ombragées parsèment la ville, au plan quadrillé à l'occidentale. Hormis l'intérêt architectural, il est amusant d'observer comment cette cité en bordure du canal reflète bien les alternances d'influence des maîtres français et britanniques qui tirèrent successivement les ficelles en Égypte au XIXe siècle et dans la première moitié du XXe siècle.

Orientation

Ismaïlia représente peut-être la plus pittoresque des villes nouvelles bordant le canal, encore qu'elle se soit rapidement développée en une sorte d'embrouillamini urbain. Accueillant près de 300 000 habitants, elle est divisée en deux par la voie ferrée, qui marque une sorte de frontière entre des artères bien entretenues, d'un côté, et une véritable zone sinistrée, de l'autre.

Si on cherche la grande rue d'Ismaïlia, c'est sans conteste Sharia Sultan Hussein, qui relie la ligne de chemin de fer au Sweetwater Canal (canal d'eau douce). La grand-place, Midan al-Gomhuriyya, se révèle des plus paisibles. L'avenue qui longe le Sweetwater Canal est connue sous trois appellations : Mohammed Ali Quay, la Promenade et Sharia Salah Salem.

A l'ouest des rails, vous trouverez les principaux terminaux de bus et de taxis collectifs, au milieu de rues boueuses et défoncées.

Renseignements pratiques

Prorogation de visas. Si vous devez faire proroger votre visa, adressez-vous au bureau des passeports de Midan al-Gomhuriyya, qui vous accueille chaque jour de 8h à 14h (sauf le vendredi).

Offices du tourisme. L'office du tourisme (☎ 321 074, poste 284) se trouve dans le bâtiment du Gouvernorat, sur Mohammed Ali Quay. Il ouvre quotidiennement de 8h à 14h (à l'exception du vendredi) mais a peu à offrir, en dehors des habituelles brochures sur papier glacé.

Argent. Une agence de la Bank of Alexandria est implantée en face de la gare, de l'autre côté de la place, tandis que la Banque du Caire se trouve dans Sharia Hassan Nadh. Amex (☎ 324 361) est représenté par Mena Tours, 12 Sharia Sultan Hussein.

Poste et communications. Pour trouver la poste principale (GPO), il suffit de remonter juste un peu les voies ferrées, en partant de la gare. Le central téléphonique, ouvert 24h/24, est de l'autre côté du square qui se trouve devant la gare, pratiquement en face la Bank of Alexandria.

Musée d'Ismaïlia

Situé sur Mohammed Ali Quay, à quelques rues au nord-est du bâtiment du gouvernorat, ce petit musée ne manque pas d'intérêt et propose plus de quatre mille pièces des époques pharaonique et gréco-romaine. On peut admirer des statues, scarabées, stèles, et autres documents ayant trait au premier canal, creusé entre les lacs amer et Boubastis, par le souverain perse Darius. Point d'orgue de la collection : une mosaïque du IVe siècle de notre ère représentant des personnages classiques de la mythologie grecque. En haut, Phèdre envoie une lettre d'amour à son beau-fils, Hippolyte (qui connut une fin tragique lorsque son père lança Poséidon à ses trousses). Au-dessous, Dionysos, le dieu du vin, musarde dans un char, conduit par Éros. La partie basse retrace les vertus d'Hercule, demi-dieu et fils de Jupiter. Le musée est ouvert tous les jours de 9h à 16h, moyennant 6 £E (demi-tarif pour les étudiants).

Jardin des Stèles

Juste au sud-ouest du musée, un jardin contient un pauvre petit sphinx solitaire de l'époque de Ramsès II. Vous devez obtenir la permission du musée pour visiter ce parc, mais les statues n'ont rien de remarquable et peuvent s'admirer de la rue.

Maison de F. de Lesseps

La demeure de l'ancien consul français d'Égypte fut longtemps ouverte au public. Aujourd'hui, il est impossible de la visiter car elle tient lieu de résidence aux invités de

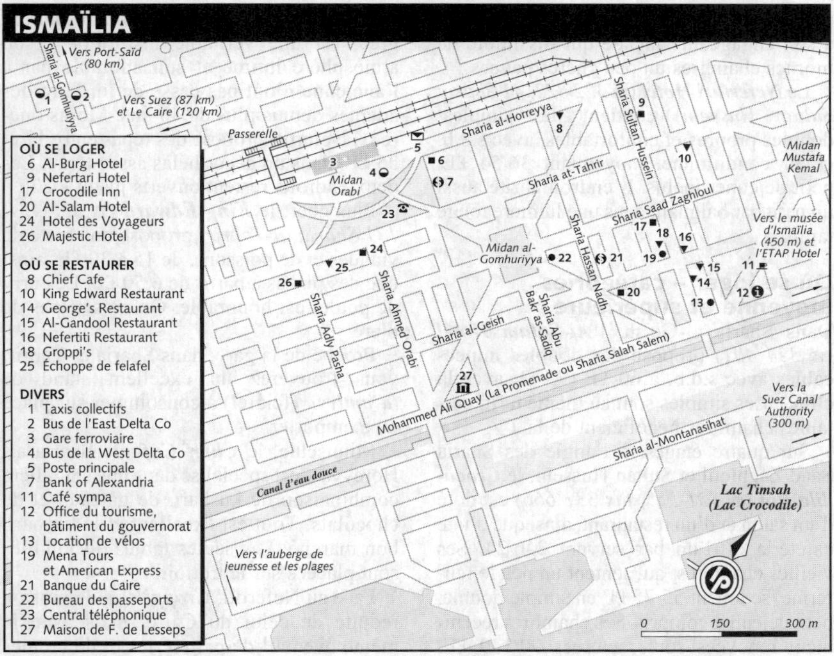

marque de la Suez Canal Authority. La maison se situe dans Mohammed Ali Quay, non loin du croisement avec Sharia Ahmed Orabi. Si vous tenez absolument à y jeter un œil, demandez une autorisation à la Suez Canal Authority.

Plages

On trouve plusieurs plages agréables aux environs du lac Timsah, à 12 km au sud-est de la ville, mais celles-ci ayant conquis la classe moyenne cairote, leur accès ne va jamais sans l'acquittement d'un droit d'entrée à l'un des clubs et hôtels qui parsèment le rivage. Comptez environ 20 £E, certains forfaits comprenant un déjeuner-buffet.

Où se loger – petits budgets

La ***Youth Hostel*** (☎ *322 850*), l'auberge de jeunesse, s'élève sur une plage du lac Timsah et propose des chambres à 2/4/6 lits, moyennant 18/15/8 £E par personne, petit déjeuner compris. Elles sont bien tenues et confortables, avec vue sur le lac. Les toilettes et les douches carrelées sont immaculées. La direction ne semble pas trop soucieuse de savoir si vous possédez ou non une carte de membre.

Au coin des Sharia at-Tahrir et Ahmed Orabi, l'***Hotel des Voyageurs*** est facilement accessible à pied depuis la gare. Cette grande bâtisse un peu négligée abrite des simples et des doubles sommaires mais acceptables à 10/16 £ avec toilettes sur le palier. De l'autre côté de la rue, l'***Atlanta*** est franchement à éviter. Une rue au sud-ouest, le ***Majestic*** (☎ *223 607*) facture 6/12/15 £E ses simples/doubles/triples.

Au nord de la place, l'***Al-Burg Hotel*** (☎ *326 327*) propose des chambres climatisées avec s.d.b. et TV, à 30/50/75 £E en simple/double/triple ; prévoyez 5 £E en sus pour le petit déjeuner. Ne vous fiez pas trop à son engageante façade qui dissimule de mornes chambres un peu chères payées.

Le ***Nefertari Hotel*** (☎ *322 822, 41 Sharia Sultan Hussein*) contient des simples/doubles propres et confortables, avec s.d.b. et air conditionné, moyennant 36/54 £E, petit déjeuner inclus. L'endroit abrite aussi un petit bar baignant dans une lumière rouge tamisée.

Où se loger – catégories moyenne et supérieure

Dans Sharia al-Geish, l'***Al-Salam Hotel*** (☎ *324 401*) propose des doubles impeccables avec s.d.b. à 60 £E (75 £E avec la clim.). Les simples sont au même tarif, certaines chambres bénéficient de la TV.

Sur quatre étages, à l'angle des Sharia Saad Zaghloul et Sultan Hussein, le ***Crocodile Inn*** (☎ *331 555, fax 331 666*) est doté d'un salon et d'un restaurant, ainsi que d'une cafétéria et d'un bar servant 24h/24. Ses vieilles chambres, qui sentent un peu le renfermé, se louent 55/75 £E en simple/double, petit déjeuner compris. Ses chambres récemment rénovées sont facturées 90/130 £E, mais ce surcoût ne se justifie guère.

Sur la rive du lac, à Gezirat al-Fursan, l'***ETAP*** (☎ *338 040, fax 338 043*) dispose de tous les aménagements d'un hôtel de luxe ; ses chambres démarrent à 97/150 $US en simple/double. Moyennant 20 £E environ, les gens de l'extérieur peuvent utiliser la piscine et la plage, mais le vendredi un buffet est obligatoirement compris dans le forfait de 47 £E.

Où se restaurer

On trouve quelques gargotes vraiment bon marché dans l'allée commerçante située entre les restaurants George et Nefertiti. Parmi celles-ci, à ***Al-Gandool***, on sera ravi de vous servir un kilo de viandes assorties pour 35 £E, bien que, contre à peine deux ou trois livres, vous puissiez aussi opter pour un plat de spaghetti.

George's et ***Nefertiti*** (☎ *220 494*), tous deux installés dans Sharia Sultan Hussein, servent du poisson et des plats de viande. Le poisson de chez George's, un restaurant grec, est une véritable institution ; son atmosphère intime et son adorable bar à l'ancienne n'ont pas cessé de lui faire des adeptes depuis plus de 40 ans. Moins onéreux, Nefertiti propose des repas entre 12 et 25 £E, dans un décor hélas assez terne. Les deux endroits restent ouverts jusqu'à 22h.

Plus cher, le ***King Edward*** (☎ *325 451, 171 Sharia at-Tahrir*) propose une carte de viandes et de poissons, de 15 à 30 £E, ainsi que des pizzas à partir de 6,50 £E. Le curry de poulet est honorable. On ne sert pas de bière.

Proche de la gare, dans Sharia at-Tahrir, vous trouverez un excellent stand de ***ta'amiyya*** (felafel) à consommer sur place ou à emporter.

Minuscule, le ***Chief Cafe*** de Sharia al-Horeyya s'est spécialisé dans une singulière combinaison de kushari, de gâteaux et de chocolats. Tout est excellent et le kushari, bon marché. Les seules tables disponibles sont placées sur le trottoir.

Face au Nefertiti, ***Groppi's*** est la version réduite de celui du Caire, mais avec le même éventail de pâtisseries et de crèmes glacées.

A une rue de la célèbre pâtisserie, presque au bout de la promenade, un vieux ***café*** irradie une chaleureuse atmosphère. Quant aux amateurs de jus de fruits frais, ils trouveront leur bonheur autour du terminal des bus de Midan Orabi.

Comment s'y rendre

Bus. Ismaïlia possède deux gares routières. Sur Midan Orabi, la West Delta Bus Co propose de fréquents départs pour le Caire (2 heures 30, 6 £E). A 7h et 14h30, d'autres bus s'en vont à Alexandrie (17 £E). Le terminal de l'East Delta Bus Co se situe dans Sharia al-Gomhuriyya, de l'autre côté de la voie ferrée. Ils desservent eux aussi fréquemment la capitale, moyennant 6 £E.

Les bus de l'East Delta Co pour Port-Saïd (4 £E le billet) partent toutes les 30 ou 45 minutes et pour Suez (3,50 £E) toutes les 15 ou 20 minutes. La ligne qui dessert le Sinaï démarre du même endroit. Toutes les heures, des bus rallient Al-Arish (en 3 heures) de 8h à 17h. Comptez en général 7 £E, mais les tarifs fluctuent pour les lignes directes du Caire. Enfin, des bus partent pour Sharm el-Sheikh (25 £E) à 6h30, 12h, 14h30, 15h30, 21h, 22h, 23h et 24h.

Train. Chaque jour, une dizaine de trains arrivent du Caire (*via* Zagazig) en gare d'Ismaïlia. Les billets reviennent à 8/4,40/1,80 £E en 2e classe climatisée/2e classe ordinaire/3e classe ; le voyage dure au moins 3 heures.

A destination de Port-Saïd, il existe dix trains par jour (6/2,30/1 £E, 1 heure 30) et des départs encore plus fréquents pour Suez (2,40/1,10 £E en 2e/3e classe). Mais c'est vraiment très long et la gare de Suez est trop excentrée.

Pour Alexandrie (15/6,70/3 £E, 5 heures), vous avez le choix entre le train de 8h30 et celui de 19h50.

Taxis collectifs. Les taxis collectifs partent du dépôt situé de l'autre côté de la rue, face au terminal de l'East Delta Bus Co. Les villes desservies comprennent : Suez (3 £E), Port-Saïd (3,50 £E), Zagazig (3 £E), Mansourah (5,50 £E), Le Caire (5 £E) et Al-Arish (7 £E).

Comment circuler

Les parcs et les rues bordées d'arbres de la ville conviennent à merveille à la bicyclette. Installé derrière le restaurant Al-Gandool, un magasin de cycles loue des vélos moyennant 5 £E la journée.

SUEZ

Suez est une ville en pleine métamorphose. Quasi détruite après les guerres avec Israël de 1967 et 1973, rares sont aujourd'hui les traces des dommages qu'elle a connus. Toutefois, les rues principales rénovées masquent difficilement les ruelles sordides aux allures de bidonvilles. Dans Sharia al-Galaa, un monument commémore les deux guerres.

Suez s'étend sur les rivages du golfe, au point où la mer Rouge rejoint l'entrée méridionale du canal de Suez. La cité elle-même se subdivise entre la ville de Suez proprement dite et Port Tawfiq. Cette dernière, située à l'embouchure du canal, se prête admirablement à l'observation des bateaux qui passent et abrite également quelques rues bordées de gracieuses maisons coloniales ayant échappé aux bombes. Elle est reliée à la ville elle-même par la Sharia al-Geish, une large artère qui traverse une zone industrielle avant de pénétrer au cœur de Suez. Il reste ici deux ou trois bâtiments anciens, en passe d'être bientôt submergés par les inévitables tours élevées à la va-vite.

Si le centre de Suez paraît légèrement plus animé que celui de Port Tawfiq, il n'y a pas grand chose à faire dans l'un comme dans l'autre, hormis contempler les navires qui entrent ou sortent du canal. Par ailleurs, rien n'est spécialement prévu pour les touristes. En fait, Suez est un lieu de transit par excellence, non seulement pour les gros pétroliers, cargos et autres yachts privés, mais aussi pour les voyageurs et les fidèles musulmans. La ville constitue en effet l'un des points de départ du *hadj* (pèlerinage à La Mecque). Quant aux autres visiteurs, ils sont pour la plupart juste de passage, en route vers le Sinaï ou les plages de la mer Rouge.

Renseignements pratiques

Prorogation de visas. Si vous souhaitez faire proroger votre visa, le bureau des passeports de Suez se situe dans Sharia al-Horreyya, qui donne dans Sharia Saad Zaghloul.

Offices du tourisme. Le personnel de l'office du tourisme (☎ 223 589) de Port Tawfiq vous renseignera avec compétence sur la ville, le canal et les sites environnants. Il vous accueille tous les jours de 8h à 18h (le vendredi jusqu'à 14h).

Consulats étrangers. Le consulat d'Arabie saoudite (☎ 222 461) de Port Tawfiq (à l'angle de l'office du tourisme) est ouvert de 9h à 15h (fermé le vendredi). Il existe deux sections distinctes, l'une pour les visas de travail, l'autre pour le pèlerinage à La Mecque ; les visas de transit ou de tourisme se classent, semble-t-il, dans une catégorie intermédiaire. Quoi qu'il en soit, obtenir un visa peut nécessiter jusqu'à un mois ; au minimum, vous devrez présenter un billet d'avion et une lettre de votre ambassade. Si vous faites escale à Djeddah, il vous faudra produire, en outre, une lettre de la compagnie émettrice du billet de correspondance. Compte tenu des obstacles à franchir, le mieux est d'opérer par l'entremise de Mena Tours (☎ 336 888), qui simplifiera les procédures et s'arrangera pour vous fournir les documents idoines à l'avance.

Argent. La plupart des principales banques égyptiennes disposent d'une succursale à Suez. L'agence Mena Tours abrite un bureau Amex (☎ 220 269), 3 Sharia al-Marwa, à deux pas de l'office du tourisme.

Poste et communications. La poste principale est installée dans Sharia Hoda Shaarawi. Un bureau annexe vous accueille aussi à Port Tawfiq. Le central téléphonique occupe le croisement des Sharia Shohada et Saad Zaghloul.

Où se loger – petits budgets

Au cours du mois du *hadj,* les hôtels bon marché ont tendance à faire le plein de voyageurs allant ou revenant d'Arabie saoudite par la mer.

Située sur la grande route qui quitte Suez par l'ouest, la ***Youth Hostel*** (☎ *221 945*), l'auberge de jeunesse, affiche certes des tarifs défiant toute concurrence (5 £E avec la carte de membre, 6 £E sans la carte), mais accuse un laisser-aller certain et est très éloignée de tout.

Au centre de Suez, une poignée d'établissements bon marché se concentrent dans Sharia at-Tahrir (localement nommée Sharia an-Nimsa) et Sharia Talaat Harb. Parmi les moins chers, le ***Haramein Hotel*** (☎ *320 051*), presqu'au bout de Sharia at-Tahrir, promet extérieurement plus que ses chambres médiocres n'ont à offrir ; mais à 6/10 £E la simple/double sans ventilateur, il remporte un franc succès auprès de ceux dont le budget est limité. Les toilettes communes sont à peu près fréquentables.

Du même acabit, mais plus cher, l'***Hotel at-Tahrir***, juste en bas de l'artère et uniquement signalé en arabe, ainsi que l'***Hotel Chahen***, dans Sharia Talaat Harb, proposent des simples/doubles à 9/16 £E. L'un comme l'autre ne semblent guère apprécier les étrangers.

Légèrement plus acceptable, l'***Hotel al-Medina*** (☎ *224 056*), également dans Sharia Talaat Harb, demande 10 £E par personne. Un cran au-dessus encore, l'***Hôtel d'Orient***, dans Sharia Hoda Shaarawi, propose des simples/doubles assez sommaires à 10/12 £E.

De l'autre côté de Sharia as-Salaam, le ***Star Hotel*** (☎ *228 737*), dans Sharia Banque Masr, propose des simples/doubles avec ventil. à 20/25 £E. Les toilettes n'y sont pas toujours propres et des voyageurs se sont plaints du personnel.

Vous serez mieux loti en poussant dans la même rue jusqu'au ***Sina Hotel*** (☎ *334 181*), dont les simples/doubles/triples sont facturées 17/26/34 £E. Comptez un supplément de 5 £E pour la clim. et de 3 £E pour le petit déjeuner.

Si vous tenez absolument à dormir à Port Tawfiq, la solution la moins chère semble être l'***Arafat Hotel*** (☎ *338 355*), dans la rue du même nom. Les simples/doubles/triples reviennent à 15/22/33 £E sans s.d.b. ou à 24/30/37 £E avec. Récemment rénové, l'endroit est bien tenu et d'une propreté exemplaire. On trouve même des en-cas et des articles de toilette en vente à la réception.

Où se loger – catégories moyenne et supérieure

Le ***Masr Palace Hotel*** (☎ *223 031, 2 Sharia Saad Zaghloul*) dispose de 101 lits dans des chambres dont les prix, les prestations et la propreté sont très variables. Les simples/doubles climatisées avec s.d.b. et petit déjeuner débutent à 23,50/31 £E, taxes non comprises. Il s'agit d'un bon rapport qualité/prix, pour des chambres qui n'ont rien d'exceptionnel.

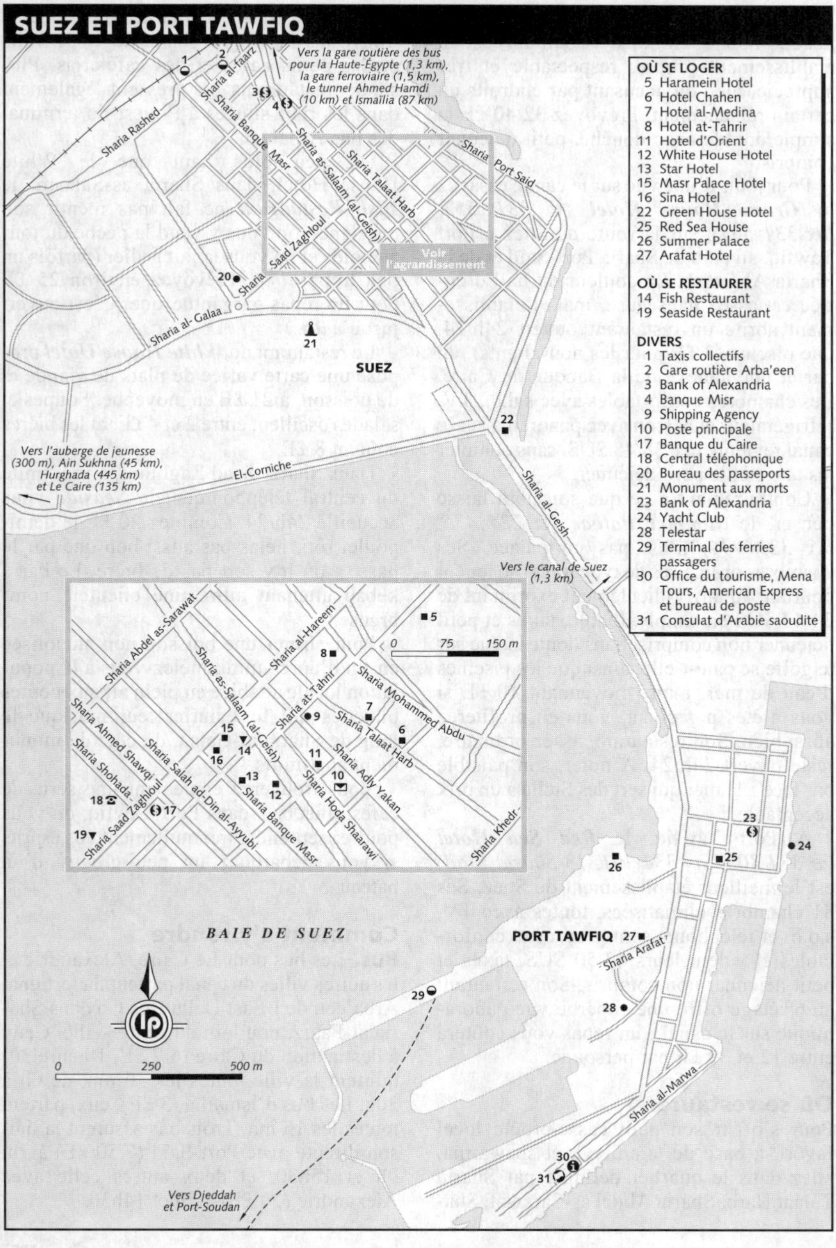
SUEZ ET PORT TAWFIQ
OÙ SE LOGER
5 Haramein Hotel
6 Hotel Chahen
7 Hotel al-Medina
8 Hotel at-Tahrir
11 Hotel d'Orient
12 White House Hotel
13 Star Hotel
15 Masr Palace Hotel
16 Sina Hotel
22 Green House Hotel
25 Red Sea House
26 Summer Palace
27 Arafat Hotel
OÙ SE RESTAURER
14 Fish Restaurant
19 Seaside Restaurant
DIVERS
1 Taxis collectifs
2 Gare routière Arba'een
3 Bank of Alexandria
4 Banque Misr
9 Shipping Agency
10 Poste principale
17 Banque du Caire
18 Central téléphonique
20 Bureau des passeports
21 Monument aux morts
23 Bank of Alexandria
24 Yacht Club
28 Telestar
29 Terminal des ferries passagers
30 Office du tourisme, Mena Tours, American Express et bureau de poste
31 Consulat d'Arabie saoudite
Vers la gare routière des bus pour la Haute-Égypte (1,3 km), la gare ferroviaire (1,5 km), le tunnel Ahmed Hamdi (10 km) et Ismaïlia (87 km)
Sharia Rashed
Sharia al-faarz
Sharia Banque Masr
Sharia as-Salaam (al-Geish)
Sharia Talaat Harb
Sharia Port Said
Sharia Saad Zaghloul
Voir l'agrandissement
Sharia al- Galaa
SUEZ
Vers l'auberge de jeunesse (300 m), Ain Sukhna (45 km), Hurghada (445 km) et Le Caire (135 km)
El-Corniche
Sharia al-Geish
Vers le canal de Suez (1,3 km)
Sharia Abdel as-Sarawat
Sharia al-Hareem
Sharia as-Salaam (al-Geish)
Sharia at-Tahrir
Sharia Mohammed Abdu
Sharia Talaat Harb
Sharia Ahmed Shawqi
Sharia Salah ad-Din al-Ayyubi
Sharia Shohada
Sharia Saad Zaghloul
Sharia Banque Masr
Sharia Adly Yakan
Sharia Hoda Shaarawi
Sharia Khedr
0 75 150 m
BAIE DE SUEZ
PORT TAWFIQ
Sharia Arafat
Sharia al-Marwa
0 250 500 m
Vers Djeddah et Port-Soudan

Le ***White House Hotel*** (☎ *227 599, fax 223 330, 332 Sharia as-Salaam*) est un établissement propre, respectable et très apprécié, bien qu'accusant par endroits un certain relâchement. Prévoyez 32/40 £E la simple/double avec douche, petit déjeuner compris.

Pour jouir d'une vue sur le canal, essayez le ***Green House Hotel*** (☎ *331 553, fax 331 554*), sur la route de Suez à Port Tawfiq, au coin de Sharia Port-Saïd et de la Sharia Al-Geish. La couleur du hall d'entrée est assez nauséeuse, mais l'établissement abrite un restaurant ouvert 24h/24, une piscine (3 £E pour les non-clients), un bar et une annexe de la Banque du Caire. Les chambres confortables avec s.d.b., TV, réfrigérateur et balcon avec panorama sur le canal reviennent à 38/48 $US, sans compter les taxes et le petit déjeuner.

Contrairement à ce que son nom laisse penser, le ***Summer Palace*** (☎ *224 475, fax 321 944*) n'est pas un palace. Ses chambres ordinaires de type motel se louent pourtant au tarif ridiculement exorbitant de 34/44 $US en simple/double, taxes et petit déjeuner non compris. Sans doute la vue sur le golfe se paie-t-elle, ainsi que les piscines d'eau de mer, mais, moyennant 10 £E si vous n'êtes pas client, vous en profiterez aussi bien. Son restaurant, assez ordinaire, reste ouvert 24h/24. A noter, son paisible bar face à la mer qui sert des Stella à un prix acceptable.

A Port Tawfiq, le ***Red Sea Hotel*** (☎ *334 302, fax 334 301, 13 Sharia Riad*) est le meilleur établissement de Suez. Ses 81 chambres climatisées, toutes avec TV, s.d.b. et téléphone, sont propres et confortables et valent leurs 43/50 $US, taxes et petit déjeuner non compris. Son restaurant au 6e étage offre une superbe vue panoramique sur le canal ; un repas vous coûtera entre 12 et 33 £E par personne.

Où se restaurer

Pour s'offrir son petit casse-croûte local favori, à base de ta'amiyya et shawarma, allez dans le quartier délimité par Sharia Talaat Harb, Sharia Abdel as-Sarawat, Sharia Banque Masr et Sharia Khedr. On y trouve aussi quelques stands de jus de fruits et des petits cafés et des cafétérias. Plusieurs restaurants se pressent également dans les rues situées à l'ouest du terminal des bus Arba'een.

Un peu plus haut que le White House Hotel, dans Sharia as-Salaam, le ***Fish Restaurant*** ne fait pas mentir son enseigne : on vous y vend la pêche du jour au poids et on vous la fait griller (parfois un peu trop) *illico*. Prévoyez environ 25 £E pour un repas gargantuesque. C'est ouvert jusqu'à 2h.

Le restaurant du ***White House Hotel*** propose une carte variée de plats de viande et de poisson, à 21 £E en moyenne. Soupes et salades oscillent entre 2 et 4 £E, et les bières coûtent 8 £E.

Dans Sharia Saad Zaghloul, à proximité du central téléphonique, le ***Seaside*** vous accueille 24h/24. Comptez 20 £E le demi-poulet rôti, hélas pas aussi bon que par le passé ; on n'y sert pas de bière. Le bar à kebab attenant attire une clientèle nombreuse.

Pour siroter une boisson non alcoolisée en fin d'après-midi, mêlez-vous à la population locale attablée en plein air aux petites buvettes qui font hurler leur musique le long de Sharia al-Galaa, du côté du monument aux morts.

Vous trouverez également une série de cafés, plus bas, dans Port Tawfiq, où vous pourrez reprendre tranquillement vos esprits si vous débarquez un peu groggy d'un bateau.

Comment s'y rendre

Bus. Les bus pour Le Caire, Alexandrie et les autres villes du canal partent du terminal Arba'een de l'East Delta Bus Co dans Sharia al-Faarz, non loin du centre-ville. Ceux à destination du Caire (6/7 £E, 1 heure 30) quittent la ville toutes les 30 mn, de 6h à 20h. Les bus d'Ismaïlia (3 £E), eux, partent toutes les 15 mn. Trois bus assurent la liaison directe avec Port-Saïd (7,50 £E) à 7h, 9h et 15h30, et deux autres celle avec Alexandrie (20 £E) à 7h et 14h30.

Les bus en direction de la péninsule du Sinaï démarrent aussi du terminal de l'East Delta Bus Co. Pour rallier Al-Arish, mieux vaut se rendre d'abord à Ismaïlia puis, de là, prendre un autre bus. Sinon, empruntez le bus de 15h pour Nakhl (prononcer Nekhl) (8 £E) et trouvez une correspondance sur place. Sachez toutefois que très peu de véhicules circulent entre Nakhl et Al-Arish, aussi avez-vous de fortes chances d'attendre longtemps. Le même bus poursuit son chemin jusqu'à Taba (30 £E, 5 heures) et Nuweiba (25 £E, 6 heures).

Cinq bus circulent non-stop jusqu'à Sharm el-Sheikh (20 £E, 5 heures 30) sur la route directe qui longe le golfe de Suez. Ils poursuivent leur route jusqu'à Dahab (23 £E, 6 heures 30) et Nuweiba (25 £E). Il existe aussi, à 11h, un bus pour le monastère Sainte-Catherine (17 £E, 5 heures) *via* Wadi Feran.

Les bus pour les villes voisines d'Oyun Musa (1 heure), Ras as-Sudr (7/8 £E, 1 heure 15), Hammam Fara'un (1 heure 45) ainsi que pour El-Tor (4 heures) partent à intervalles irréguliers tout au long de la journée. Les bus de 11h et de 15h pour Sharm el-Sheikh et celui de 11h pour Sainte-Catherine peuvent aussi vous y déposer en route.

Parfois des minibus desservent aussi des destinations dans le Sinaï. Attendez-vous à 15 £E environ par personne pour le monastère Sainte-Catherine, 20 £E pour Sharm el-Sheikh ou Nuweiba et 35 £E pour Dahab. Demandez autour de vous à la gare routière pour en savoir plus.

Pour les bus à destination du littoral de la mer Rouge, Louxor et Assouan, vous devez vous rendre au terminal de l'Upper Egypt Bus Co, à quelque 3 kilomètres au nord de la ville, juste avant la gare. Des bus partent pour Hurghada (de 25 à 35 £E) presque toutes les heures. Vous pouvez descendre à Ain Sukhna ou Zafarana (8 £E les deux). La plupart des bus poursuivent jusqu'à Qena (26/30 £E, en 9 à 10 heures) *via* Port-Safaga.

Six bus desservent quotidiennement Louxor (de 35 à 37 £E, 10 heures) et trois d'entre eux continuent sur Assouan (de 40 à 45 £E, 14 heures). Vous avez aussi la possibilité de trouver une place pour Le Caire (10 £E) dans un bus de l'Upper Egypt Co parti d'une des villes de la mer Rouge. Ils font halte vers 12h, 14h30 et 15h ; mais mieux vaut réserver.

Les horaires de départ étant toujours sujets à modification, n'oubliez pas de les vérifier à l'avance auprès du personnel du terminal concerné.

Train. Il faut être un brin masochiste pour vouloir rejoindre ou quitter Suez en train. La gare se situe à 2 km due la gare routière Arba'een ; un microbus assure la navette moyennant 25 pt. Six trains partent chaque jour pour Le Caire (2,60/1,05 £E en 2e/3e classe, 2 heures 15) mais ne vont pas plus loin que Ain Shams, à 10 km au nord-est du centre de la capitale !

Neuf trains (extrêmement lents) assurent la liaison avec Ismaïlia (2,40/1,10 £E en 2e/3e classe, 2 heures 30).

Taxis collectifs. Les taxis collectifs se garent non loin de la gare routière Arba'een, et desservent la plupart des destinations assurées par les bus et les trains.

Il n'existe aucun système organisé de taxis collectifs dans le Sinaï, d'où les tarifs prohibitifs qui sont pratiqués. La desserte est assurée pour les villes suivantes : Le Caire (5 £E), Ismaïlia (3 £E), Port-Saïd (6 £E) et Hurghada (20 £E, moins de 4 heures de route). El-Tor est la seule ville du Sinaï régulièrement desservie par les taxis collectifs, moyennant 10 £E.

En formant un groupe de 7 personnes, vous pourrez aisément louer un *special taxi* pour vous emmener au monastère Sainte-Catherine, sur la péninsule du Sinaï (de 175 à 200 £E), aux sources chaudes d'Ain Sukhna, à 45 km au sud de Suez (100 £E l'aller, 150 £E l'aller-retour), ou encore visiter les monastères de la mer Rouge (350 £E l'aller-retour).

Bateau. Même s'il fut longtemps possible d'aller en bateau de Port-Saïd à Port-Soudan (au Soudan), la liaison n'est plus assurée. Mais si vous tenez absolument à effectuer cette éprouvante traversée, des bateaux assurent la liaison de Djeddah à Port-Soudan.

Si vous trouvez un bateau pour l'effectuer, sachez que le trajet de Suez à Djeddah demande au moins deux jours. Ensuite, des embarcations partent quotidiennement de Djeddah à 13h (vous êtes censé vous présenter au moins cinq heures avant l'embarquement). Les tarifs sont les suivants : 270 £E en 1re classe, 230 £E en 2e classe, 175 £E en Pullman et 125 £E sur le pont.

Vous pouvez réserver vos billets pour Djeddah auprès de Telestar à Suez (☎ 326 251) ou Mena Tours (☎ 228 821) à Port Tawfiq. Sinon, appelez Mohammed Moseilhy à la Damanhur Shipping Agency (☎ 572 177).

Apparemment, il n'est pas possible d'obtenir un billet pendant le hadj, et on ne vous en délivrera aucun si vous n'êtes pas en possession des visas nécessaires.

Vous trouverez quelquefois des yachts privés qui vous accepteront à bord pour mettre le cap au sud. A l'occasion, des voyageurs ont ainsi pu rallier l'Inde, l'Afrique du Sud et même l'Australie. Mohammed Moseilhy a parfois de bons tuyaux.

Comment circuler

Des microbus réguliers circulent dans Sharia as-Salaam, entre le terminal des bus Arba'een et Port Tawfiq. Le long de leur parcours, sur un signe, ils vous prendront n'importe où et vous déposeront absolument où vous voulez (25 pt).

Le littoral de la mer Rouge

La côte égyptienne de la mer Rouge se déploie sur plus de 800 km de Suez, au nord, jusqu'au village de Bir Shalatein, au sud, près de la frontière contestée avec le Soudan. Réputée pour ses eaux turquoise, ses splendides récifs coralliens et sa faune exotique, la région attire chaque année plus de 200 000 visiteurs. Ces dernières années, l'important développement touristique en Égypte s'est traduit par la construction de quantité de complexes balnéaires.

Hélas, cet essor incontrôlé a depuis dix ans des répercussions fâcheuses sur l'environnement. On estime en effet que les opérations immobilières et l'exploitation inconsidérée des sites par les tours-opérateurs dans la zone de Hurghada, la principale ville balnéaire, ont endommagé de 60 à 80% des bancs de corail. A certains endroits, les jetées en béton ont totalement altéré la ligne naturelle du littoral. Depuis peu, des lois interdisent ces pratiques mais elles se montrent impuissantes à endiguer la spéculation engendrée par la manne touristique. Aujourd'hui, même les villes au sud de Hurghada, telles que Port Safaga et la pittoresque Al-Quseir, ne semblent pas épargnées par le phénomène.

AIN SUKHNA

Ain Sukhna (littéralement "source chaude") abrite des sources provenant du Gebel Ataka, la montagne la plus septentrionale du désert Oriental. L'endroit n'offre rien d'exceptionnel, mais il se trouve sur une jolie portion du littoral. La route se fraie un chemin entre la mer et les collines qui descendent quasiment jusqu'à la plage, plutôt propre. Malheureusement, les promoteurs s'attaquent actuellement au site et ont entrepris de transformer en stations balnéaires bétonnées la bande côtière jusqu'à Zafarana, au sud. Pire, l'État égyptien projette de construire un grand port industriel.

Ain Sukhna peut faire l'objet d'une journée d'excursion depuis Le Caire (*via* Suez).

A ne pas manquer

- **La mer Rouge.** Plongez dans les eaux turquoise du littoral pour admirer les coraux et la faune sous-marine.
- **Les monastères Saint-Antoine et Saint-Paul.** Ces hauts lieux du christianisme abritèrent les premières communautés monastiques.
- **Hurghada.** Prélassez-vous sur la plage d'un grand complexe balnéaire.
- **Al-Quseir.** Imaginez-vous dans la peau d'un marchand d'épices parcourant les venelles de la vieille ville dominée par la dernière forteresse ottomane de la mer Rouge.
- **Le désert Oriental.** Offrez-vous la splendeur d'un coucher de soleil au-dessus de ses montagnes escarpées.

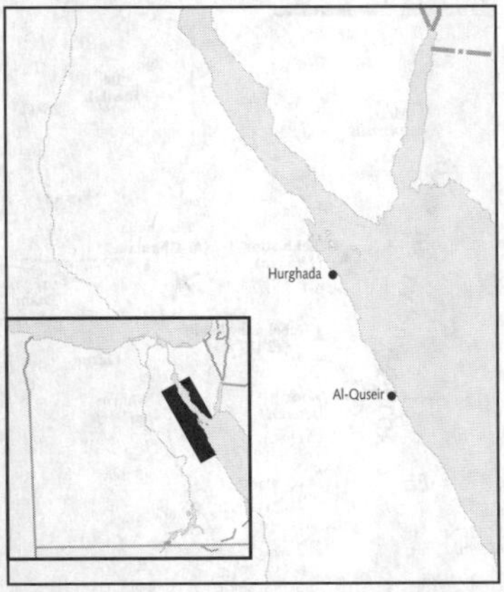

Toutes les plages dépendant des villages touristiques, il faut le plus souvent payer pour pouvoir y accéder.

Le littoral de la mer Rouge

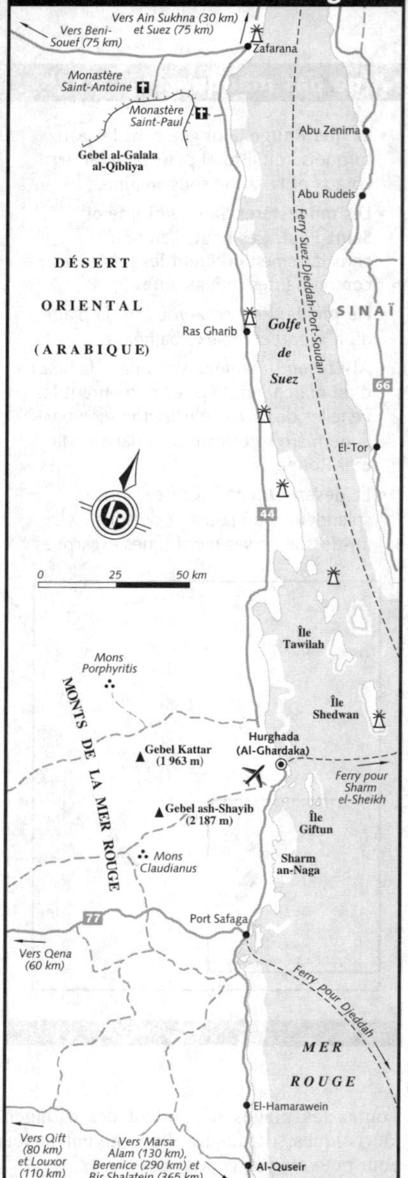

De Suez, trois bus quotidiens relient Ain Sukhna (5 £E). Sur place, peu d'endroits servent des en-cas ou des rafraîchissements et, à moins d'amener des provisions, vous devrez vous restaurer dans les hôtels.

Si vous comptez séjourner plus longtemps, plusieurs complexes hôteliers comparables vous attendent. Juste à côté de la source chaude, l'***Ain Sukhna Hotel*** (*☎ 772 367, fax 378 3642*), un peu négligé, offre un choix de 80 chambres à 40/60 $US, petit déjeuner compris. L'***Al-Sukhna Portrait Hotel*** (*☎ 325 560, fax 322 003*), un hôtel-résidence en multipropriété, fait payer 308 £E pour une double en demi-pension.

ZAFARANA

Située à 62 km au sud d'Ain Sukhna et à 150 km à l'est de Beni-Souef, Zafarana n'est guère plus qu'une ville d'étape. Elle se trouve en effet sur la route des monastères coptes Saint-Antoine et Saint-Paul, dans les montagnes qui surplombent le golfe de Suez. Sa situation pourrait cependant évoluer grâce à la quantité de complexes balnéaires en cours de construction. Pour l'instant, vous pouvez passer la nuit au ***Sahara Inn Motel*** ou dans le cinq-étoiles ***Windsor Zafarana***. Compte tenu du manque de choix, nous vous conseillons plutôt de continuer jusqu'à Hurghada.

Les bus de Suez à Hurghada vous déposent à Zafarana, et un bus quotidien part de Beni-Souef.

LES MONASTÈRES

Saint-Antoine et Saint-Paul, les plus anciens monastères coptes d'Égypte, se trouvent à 35 km l'un de l'autre à vol d'oiseau, mais à 82 km par la route à cause des falaises et du plateau du Gebel al-Galala al-Qibliya (de 900 à 1 300 m d'altitude).

Un sentier traverse le sommet du plateau, mais cette marche en terrain difficile nécessite un guide et de l'entraînement. Ceux qui l'ont entreprise conseillent de partir de Saint-Paul.

Dans des conditions optimales, le parcours jusqu'à Saint-Antoine s'effectue en deux jours.

Renseignements

Les monastères accueillent les visiteurs de 9h à 17h. Si vous souhaitez passer la nuit à Saint-Paul, vous devrez d'abord obtenir l'autorisation auprès de sa représentation du Caire. Par contre, les moines de Saint-Antoine acceptent difficilement de loger des touristes. Les représentations de Saint-Paul (☎ 590 0218) et de Saint-Antoine (☎ 590 6025) se trouvent dans le centre de la capitale, aux alentours de la cathédrale Saint-Marc, non loin de Sharia al-Galaa. Les religieux ne reçoivent personne pendant le Carême (de février à Pâques au mois d'avril), mais font parfois une exception.

Attention

Une importante présence militaire se manifeste sur la majeure partie de la côte. Certaines zones minées sont indiquées par des panneaux et sont entourées de fils de fer barbelés, mais pas toutes, en particulier dans le sud. Si vous décidez de vous rendre sur un plage retirée, repérez d'abord d'éventuelles traces de pneus ou de pas. Mieux encore, renseignez-vous auprès des autorités. De même, abstenez-vous de photographier les installations militaires.

Monastère Saint-Antoine

Perdu dans l'environnement aride et rocheux du désert Oriental, ce vaste ensemble fortifié, remontant aux débuts de la tradition monastique, a été construit au IVe siècle par les disciples de Saint-Antoine au pied du Gebel al-Galala al-Qibliya. Il s'agit du plus grand des monastères coptes.

L'inspirateur de cette communauté religieuse est un fils de marchand ayant abandonné tous ses biens pour se consacrer à Dieu et mener une existence d'ermite dans une grotte près du Nil. Vers 294, il se retire dans le désert pour échapper aux sollicitations. Tandis que ses disciples adoptent une vie communautaire austère au pied de la montagne, il élit domicile dans une grotte surplombant l'actuel monastère et y vécut jusqu'à l'âge de 105 ans.

Malgré son isolement, le monastère essuie plusieurs raids bédouins au VIIIe et au IXe siècle. Au XIe siècle, il est pillé par l'armée de Nasr ed-Dawla, avant le massacre des moines par leurs serviteurs quatre siècles plus tard.

A l'image de saint Antoine, les soixante moines et les cinq novices de la communauté ont fait vœu de pauvreté, de chasteté, d'obéissance et de prière.

Le monastère possède plusieurs églises, chapelles et dortoirs, ainsi qu'une hôtellerie, une boulangerie, un potager et une source. Sa partie la plus ancienne, l'**église Saint-Antoine**, se trouve au-dessus de la tombe du saint. Elle contient le plus important ensemble de peintures murales coptes d'Égypte. Elles sont actuellement en cours de restauration. Réalisées sur enduit sec, elles remontent au début du XIIIe siècle. Débarrassées de la poussière accumulée au cours des siècles, elles présentent des couleurs lumineuses illustrant le lien entre l'art copte et les civilisations byzantine et musulmane de la Méditerranée orientale.

Les moines aménagent un musée qui exposera une partie de la grande collection de manuscrits et de croix du monastère.

Si vous effectuez le trajet à pied depuis la route principale, amenez un équipement adéquat et une provision d'eau suffisante pour affronter un long parcours chaud et aride.

Dans la foulée, vous pouvez aussi grimper les 300 m (ou les 1 158 marches en bois) qui conduisent à la **grotte de Saint-Antoine**, située sur une colline au nord-est du monastère. Comptez environ 1 heure pour atteindre le site. La grotte renferme une petite chapelle avec un autel. A noter les inscriptions médiévales sur les parois et la vue splendide sur les collines et la vallée.

Monastère Saint-Paul

Avec ses autels, ses cierges, ses œufs d'autruche (symbole de la résurrection) et ses peintures murales aux couleurs vives, l'**église Saint-Paul** constitue l'élément le plus intéressant de ce vaste ensemble conventuel per-

Plage ou chantier de construction ? Le littoral de la mer Rouge est progressivement grignoté par un raz-de-marée de béton

ché sur les rochers du Gebel al-Galala al-Qibliya. Elle se dresse sur l'emplacement de la grotte où, au IVe siècle, Paul vécut pendant 90 ans après avoir fondé le monastère en hommage à saint Antoine. Selon la légende, ce dernier aurait survécu à son disciple et effectué à l'âge de 90 ans le pénible parcours dans la montagne pour enterrer saint Paul. Au-dessus de l'église, la **forteresse** servait de refuge aux moines lors des raids menés par les Bédouins.

Les visiteurs sont accueillis à bras ouverts. Deux moines parlant un anglais parfait se chargent des visites guidées. Saint-Paul dispose de deux lieux d'hébergement. Les religieux vous offrent gracieusement le gîte et le couvert, mais n'abusez pas de leur hospitalité.

Comment s'y rendre

Les bus entre Suez et Hurghada vous emmènent jusqu'à Zafarana mais l'accès direct aux monastères est limité aux véhicules privés et aux bus d'excursion en provenance du Caire ou de Hurghada. Le moyen le plus simple consiste à se joindre à un circuit organisé au départ de Hurghada.

Pour vous rendre à Saint-Antoine, à 45 km de la côte, suivez la route de Zafarana à Beni-Souef. A 30 km de Zafarana, un embranchement mène au monastère. Il ne vous reste plus alors qu'à marcher pendant 13 km dans le désert.

Pour rejoindre Saint-Paul, vous pouvez prendre un bus effectuant la liaison Suez-Hurghada, descendre après Zafarana, puis emprunter la route du monastère qui débute au sud du phare. Les bus entre Suez et Qena circulent sur la route côtière et peuvent aussi vous déposer au niveau de l'embranchement du monastère. Vous devrez ensuite parcourir 13 km à travers le désert sur une route mal goudronnée.

Vous pouvez prendre un taxi de Suez ou de Hurghada jusqu'aux monastères, mais rien ne vaut un véhicule personnel.

AL-GOUNA

Il s'agit d'une station balnéaire flambant neuve construite par un magnat égyptien à une vingtaine de kilomètres au nord de Hurghada. Pourvu, entre autres, de six hôtels, d'un aéroport, d'un hôpital, d'un amphithéâtre en plein air, d'un golf et d'un centre commercial, ce lieu de villégiature pour riches Égyptiens organise souvent des concerts et des manifestations sportives. Al-Gouna a été conçue avec davantage de goût que les autres sites balnéaires de Hurghada. Elle invite à lézarder sur la plage à l'abri du tumulte urbain. Doté de coupoles et d'arcades, le trois-étoiles ***Al-Khan Hotel*** (☎ *549 712*) (simple/double à 26/32 $US, petit déjeuner compris) et le quatre-étoiles ***Dawar al-Umda*** (☎ *545 060*) (simple/double à 30/40 $US, petit déjeuner compris), s'inscrivent dans le style de Hassan Fathy, le plus célèbre architecte égyptien. Dans la catégorie supérieure, le cinq-étoiles ***Sheraton Miramar*** (☎ *545 606*), un mirage postmoderne aux couleurs pastel, est l'œuvre de l'architecte Michael Graves. Une double coûte au minimum 135 $US en basse saison.

HURGHADA (AL-GHARDAKA)

Il y une quinzaine d'années, Hurghada ne disposait que de deux hôtels séparés par une plage vierge. Aujourd'hui, cet ancien village de pêcheurs isolé accueille plus de 35 000 personnes. Sa centaine de complexes hôteliers s'adresse à des amateurs de soleil et de plongée venus du monde entier dans le cadre de séjours organisés. Ses eaux transparentes et ses superbes bancs de corail ont fait de Hurghada (Al-Ghardaka pour les Égyptiens) la station balnéaire la plus prisée du pays. Cependant, elle n'a pas grand-chose à offrir à ceux qui se désintéressent de la plage et de la plongée.

Résultat du boom immobilier, des blocs de béton défigurent une grande partie de l'agglomération dont chaque parcelle de terre ou de sable se transforme en chantier de construction. Au sud de Hurghada, une série d'hôtels quatre ou cinq-étoiles bétonne le littoral sur une vingtaine de kilomètres à l'image de certaines côtes d'Europe méridionale. Pire encore, les promoteurs construisent de plus en plus au sud.

Devant l'ampleur des dégâts sur l'environnement, les autorités ont heureusement pris les mesures qui s'imposaient pour endiguer la construction tous azimuts. L'Egyptian National Parks Office a récemment

Hurghada et ses environs

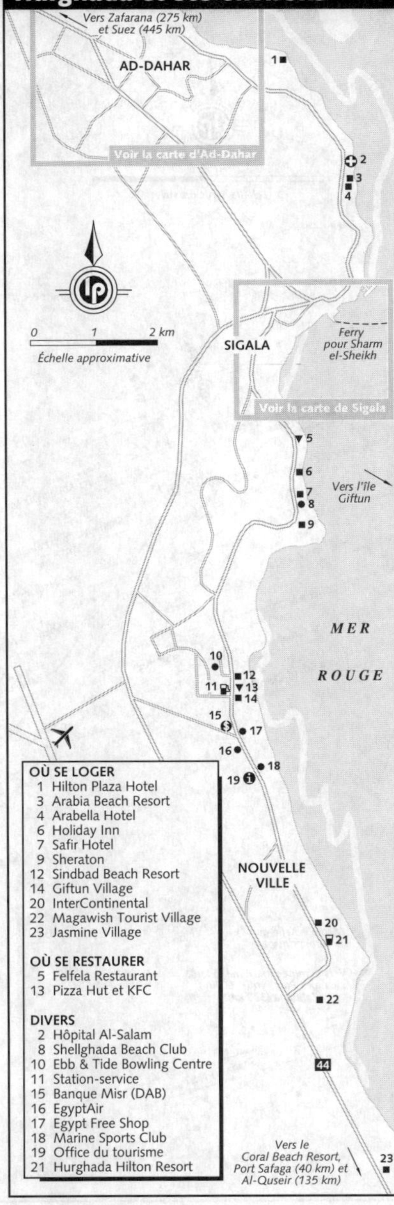

AD-DAHAR, HURGHADA

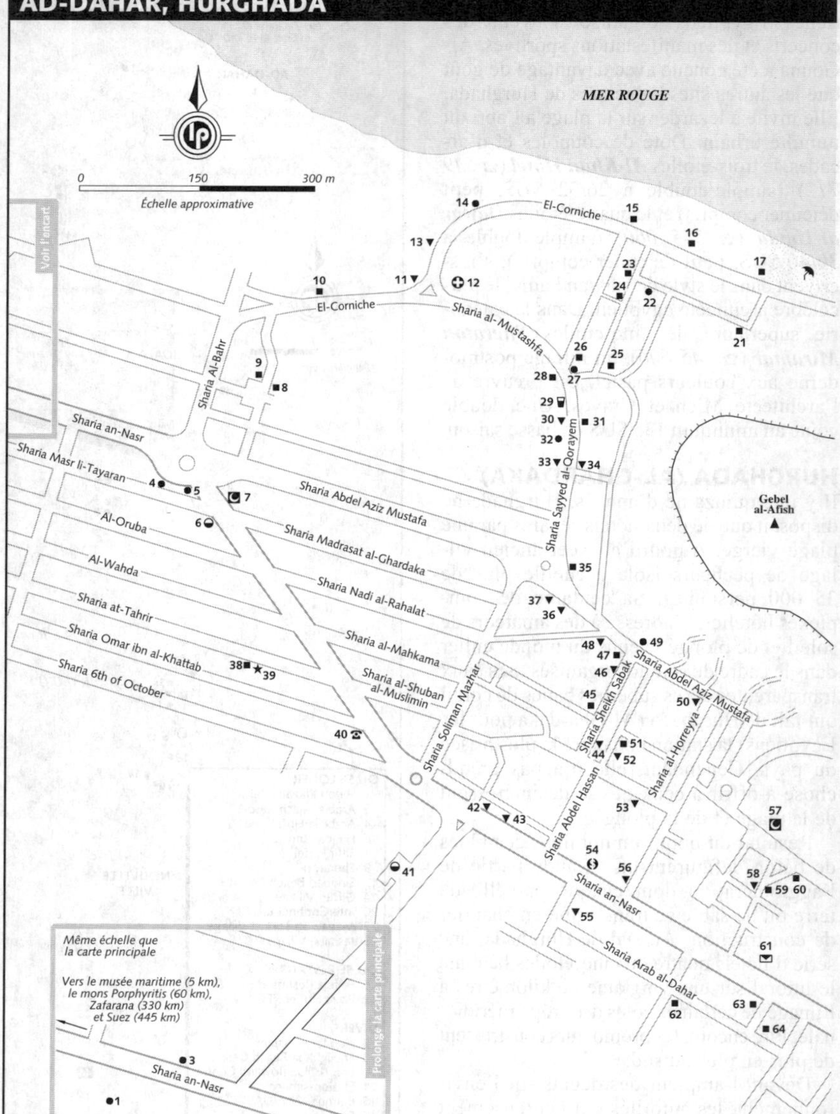

GLENN BEANLAND

Monastère Sainte Catherine (mont Sinaï)

GLENN BEANLAND

Chapelle grecque orthodoxe (mont Sinaï)

THOMAS HARTWELL

Assalah, qui était à l'origine un village bédouin du Sinaï, est devenu une agréable ville littorale

Le ruisseau d'Ain Umm Ahmed, dans le Sinaï

La baie des Requins (Shark's Bay) dans le Sinaï

Le mode de vie nomade des 500 000 Bédouins d'Égypte change progressivement

établi un bureau à Hurghada et une ONG, l'Hurghada Environmental Protection and Conservation Association (HEPCA), qui tente d'apporter des solutions aux problèmes écologiques de la région.

La saison touristique la plus forte s'étend de novembre à février. Durant cette période, de nombreux Européens en voyage organisé affluent à Hurghada.

Orientation

Ad-Dahar, le centre-ville, regroupe la majeure partie des hôtels bon marché. Il se tient à l'extrémité nord de la ribambelle de complexes formant Hurghada, au pied du Gebel al-Afish qui arrête le vent et obstrue la vue sur la mer. Son artère principale, Sharia an-Nasr, est aussi la route nationale qui relie Hurghada à Port Safaga et à Suez.

Un peu plus bas sur la côte, les restaurants et les résidences hôtelières poussent comme des champignons autour du port de **Sigala**, d'où partent les bateaux pour Sharm el-Sheikh.

Au sud de Sigala, une route serpente tout au long du littoral, et relie les différents complexes balnéaires. Au niveau du village touristique cinq-étoiles de Magawish, à environ 15 km au sud d'Ad-Dahar, elle croise une autre route quelques kilomètres à l'intérieur des terres. Elle passe ensuite devant des complexes plus récents et des chantiers sur le chemin de Port Safaga.

Renseignements

Prolongations de visa. Les prolongations de visa et les visas à entrées multiples s'obtiennent au bureau des passeports et de l'immigration (☎ 546 727), à l'extrémité nord d'Ad-Dahar, dans Sharia an-Nasr. Il ouvre de 8h à 14h tous les jours sauf le vendredi.

Offices du tourisme. L'office du tourisme de Hurghada (☎ 446 513), sur la route principale, au début de l'enfilade de complexes hôteliers, ouvre de 8h30 à 15h tous les jours sauf le vendredi.

Argent. A Ad-Dahar, la Banque Misr, la National Bank of Egypt, pourvue d'un gui-

Sauver la mer Rouge

Les protecteurs de l'environnement estiment que plus de 700 bateaux naviguent chaque semaine entre Hurghada et les nombreux récifs de corail situés à une heure maximum de la ville. Jusqu'à une période récente, rien n'empêchait les capitaines de jeter l'ancre au milieu des récifs ni les plongeurs de ramener dans leurs bagages une branche de corail. Aujourd'hui, grâce aux efforts de la Hurghada Environmental Protection and Conservation Association (HEPCA) et du récent National Parks Office de Hurghada, les coraux de la mer Rouge font enfin l'objet de mesures de sauvegarde.

Établi en 1992 par quinze grandes compagnies de plongée réputées, le programme de l'HEPCA comporte des campagnes de sensibilisation, des actions locales et des opérations de lobbying pour inciter le gouvernement à instaurer une réglementation appropriée. A l'heure actuelle, la côte qui s'étend au sud du gouvernorat de Suez correspond à une zone protégée.

Parmi les réalisations concrètes, on peut citer l'installation de plus de 350 bouées d'amarrage sur les sites de plongée très fréquentés autour et au sud de Hurghada, afin d'éviter que les bateaux ne jettent l'ancre sur les récifs. La police maritime veille.

Toute personne plongeant ou pratiquant une activité nautique au milieu des récifs doit s'acquitter d'une taxe spéciale de 1 £E. Ce geste symbolique doit faire prendre conscience au public que les coraux et les îles appartiennent à une zone protégée. Pour plus de détails sur les règles en vigueur, consultez le chapitre *Plongée en mer Rouge*.

L'HEPCA et le National Parks Office encouragent les visiteurs à jouer un rôle actif dans la préservation des fonds marins menacés. Le National Parks Office, à proximité du Sindbad Seaview Hotel, face à la plage publique d'Ad-Dahar, programme une projection de diapositives sur les bancs de corail de Hurghada. Vous pouvez vous procurer une brochure sur place ou téléphoner au ☎ 549 632 de 8h30 à 14h pour plus d'informations sur ce sujet.

L'HEPCA, juste au-dessus du vieux port, vend un guide des principaux sites de plongée de Hurghada et de Safaga (70 £E). Cette somme correspond au coût d'installation et d'entretien d'une bouée d'amarrage. Pour d'autres renseignements relatifs à la préservation de l'environnement, appelez le ☎ 445 035 du samedi au jeudi de 9h à 18h.

chet automatique, et la Bank of Alexandria vous attendent dans Sharia an-Nasr. Les deux premières permettent aux détenteurs de cartes Visa ou MasterCard d'obtenir du liquide. Elles ouvrent généralement 7j/7 de 9h à 13h et de 18h à 21h pour le change.

A Sigala, une agence Thomas Cook (☎ 443 338) vous accueille dans Sharia Sheraton tous les jours de 9h à 14h et de 18h à 21h.

La bande côtière ne comprend qu'une seule banque, la Banque Misr, au sud de la vieille auberge de jeunesse. En cas de panne de son guichet automatique, elle vous autorise à retirer de l'argent sur présentation de votre carte Visa ou MasterCard. Une succursale de la National Bank of Egypt figure dans la plupart des complexes balnéaires, et l'InterContinental dispose d'un distributeur.

Poste et communications. La poste principale se situe dans Sharia an-Nasr en allant vers l'extrémité sud d'Ad-Dahar. Le central téléphonique, dans la même rue, plus loin au nord-ouest, fonctionne 24h/24. En face, un service de fax (fax 544 581) est à votre disposition de 8h à 14h et de 20h à 22h tous les jours sauf le vendredi.

Courrier électronique et accès Internet. A Ad-Dahar, la librairie Aboudi, dans Sharia al-Mustashfa, a lancé le premier cybercafé de Hurghada. Il fait payer 20 £E l'heure de 10h à 17h, et 25 £E de 17h à 24h. Le Ebb & Tide Bowling Centre, juste au nord du Sindbad Beach Resort, projette également un café de ce type. Téléphonez au ☎ 442 994 pour savoir s'il est ouvert.

Agences de voyages. Avec au moins 45 agences de voyages, vous aurez l'embarras du choix. Misr Travel (☎ 548 715) dispose d'un bureau à Ad-Dahar près de la grande mosquée. Pour plus de détails sur les formules proposées, reportez-vous à *Circuits organisés* plus bas dans cette rubrique. Vous pouvez aussi vous adresser à l'agence Thomas Cook (☎ 443 388) de Sigala.

Librairies. La librairie Aboudi, face au centre commercial de la place du marché de Ad-Dahar, propose un petit choix de romans égyptiens et étrangers, quelques livres en français, des cartes, des guides, des journaux ainsi que des cartes postales. La boutique ouvre tous les jours de 10h à 24h.

Journaux et magazines. Dans les kiosques à journaux de Hurghada (dont un près du Peanuts Bar de Dahar), vous pouvez vous procurer le magazine gratuit *Hurghada Bulletin* qui publie le programme des manifestations locales.

En cas d'urgence. Il existe trois hôpitaux à Ad-Dahar. La clinique privée Safa Hospital se situe près de la station de la compagnie de bus Upper Egypt Bus Co. Une nouvelle clinique privée, l'Al-Salam Hospital (☎ 548 785/6/7), à mi-chemin entre Dahar et Sigala, près de l'Arabia Beach Resort, dispose d'un service d'urgence fonctionnant 24h/24. Enfin, l'hôpital public (☎ 546 740) est à l'autre bout de la ville, près du Shedwan Golden Beach Hotel.

D'autres services possèdent un numéro d'urgence : les ambulances (☎ 546 490), la police (☎ 546 303) et la police touristique (☎ 546 765).

Aquarium. Grâce à un bel ensemble de poissons et autres créatures marines bizarroïdes, l'aquarium, au nord de l'hôpital public d'Ad-Dahar, donne aux réfractaires à la plongée un aperçu de la faune locale. Il ouvre de 9h à 23h et l'entrée coûte 5 £E (pas de réduction pour les étudiants) avec un supplément de 2/10 £E pour les appareils photo et les caméscopes.

> **Un mot d'avertissement**
>
> Peuplée de jeunes gens originaires de Haute-Égypte, Hurghada demeure très traditionnelle malgré sa vocation touristique. Tenez en compte dès que vous vous éloignez des abords de la plage. Ces dernières années, un nombre croissant de touristes court-vêtus déambulent dans le quartier du marché d'Ad-Dahar. Qu'ils ne s'étonnent pas alors d'être importunés.

Musée de la marine

Un musée décrépit et un petit aquarium, ouverts de 8h à 20h (4 £E), occupent la station de biologie marine, à 5 km au nord de la ville. Pour vous y rendre, prenez un minibus près de la grande mosquée se rendant à Suez par la route nationale (50 pt).

Plages et piscines

Souvent arides, les plages de Hurghada ne comptent pas parmi les plus belles.

Il existe une plage publique à Ad-Dahar et une autre, beaucoup plus petite, près du port de Sigala. Bien que relativement propre, le sable ressemblant à de la poussière fine et les détritus flottant sur les vagues sont plutôt dissuasifs. A Sigala, le voisinage de la mosquée oblige à rester en pantalon et en T-shirt. A Dahab, des hommes se rassemblent souvent le long du muret de la plage pour regarder les femmes se baigner et se faire bronzer. L'accès à chacune de ces plages coûte 1 £E.

Les autres plages près de la ville sont payantes. Vous pouvez vous rabattre sur les plages des complexes hôteliers ou sur celle, de dimension réduite, du restaurant Al-

Sakia de Sigala (15 £E minimum, boisson comprise). Dans ce dernier cas, la proximité du port implique hélas une eau passablement sale.

En faisant preuve d'aplomb, vous parviendrez peut-être à vous faufiler jusqu'à la plage privée d'un hôtel. Cependant, devant le nombre de resquilleurs, la surveillance s'est renforcée. En cas d'échec de l'entreprise, vous devrez alors payer entre 10 et 40 £E la journée.

"Snorkeling" (plongée sans bouteille)

Il existe quelques bancs de corail facilement accessibles aux baigneurs depuis la plage au sud du Sheraton. Cependant, les plus beaux récifs vous attendent au large et nécessitent une journée d'excursion en bateau.

Depuis des années, l'**île Giftun** se classe parmi les sites les plus prisés. Une formule d'une journée comprenant le transport aller-retour, deux arrêts au milieu des récifs, le matériel de snorkeling et le déjeuner sur le bateau ou sur l'île revient au minimum à 30 $US. Des excursions nocturnes sont également envisageables à condition de bien choisir le capitaine et son équipage. Cette remarque vaut en particulier pour les groupes de femmes seules, parfois victimes d'avances insistantes.

Nous vous conseillons de comparer les prestations des nombreuses compagnies plutôt que de compter uniquement sur votre hôtel, souvent commissionné par l'une d'elles. Le service peut ne pas correspondre à la description initiale mais, en supprimant un intermédiaire, vous limitez les risques de déception. Certains clubs de plongée réputés organisent aussi des sorties pour les adeptes du snorkeling et offrent au moins l'assurance d'un respect des récifs.

Avant d'embarquer, munissez-vous de votre passeport qui peut vous être demandé au port.

Lorsque vous nagez ou pratiquez le snorkeling, pensez à vous enduire de crème solaire ou à porter éventuellement un T-shirt car les rayons du soleil pénètrent la surface de l'eau. Pour plus d'informations sur la faune et la flore sous-marines ainsi que sur les sites de snorkeling, consultez le chapitre *Plongée en mer Rouge*.

Plongée

Consultez le chapitre *Plongée en mer Rouge*.

Autres sports nautiques

Les grands complexes balnéaires répondent à tous les goûts en matière de sports nautiques. Le Three Corners Village Resort, le Jasmin Village et le Giftun Village ont la faveur des véliplanchistes. Cependant, la construction massive le long du littoral a modifié l'effet du vent. Les vrais amateurs préfèrent alors le Sinaï ou la partie plus méridionale de la côte. A Hurghada, une heure de cours tourne autour de 120 £E, matériel compris. Les tarifs s'échelonnent de 660 à 700 £E pour une semaine de location d'équipement. Dans certains complexes, on pratique également le ski nautique et le vol à voile.

Promenades en ballon

La compagnie allemande Cast Ballooning Egypt propose des promenades en montgolfière au-dessus du désert autour de Hurghada. Le circuit de 5 ou 6 heures se compose d'une heure en ballon et d'un safari en Jeep avec petit déjeuner dans un campement bédouin (180 £E par personne). Pour plus d'informations, appelez le ☎ 444 928 ou le ☎ 012-218 2355.

Circuits organisés

Au départ de Hurghada, les formules d'excursion ne manquent pas. La plupart des grands hôtels et des agences de voyages organisent les circuits mentionnés ci-dessous. Beaucoup s'adressent aux vacanciers qui arrivent en charter et n'ont pas l'intention de voyager dans le reste du pays. Les plus dynamiques peuvent opter pour une formule éclair d'une journée (200 £E) ou deux (450 £E) au Caire. L'excursion d'une journée à Louxor revient à 250 £E.

Plus réalistes, certains safaris en Jeep dans le désert incluent au moins la visite du Mons Porphyritis ou du Mons Claudianus,

SIGALA, HURGHADA

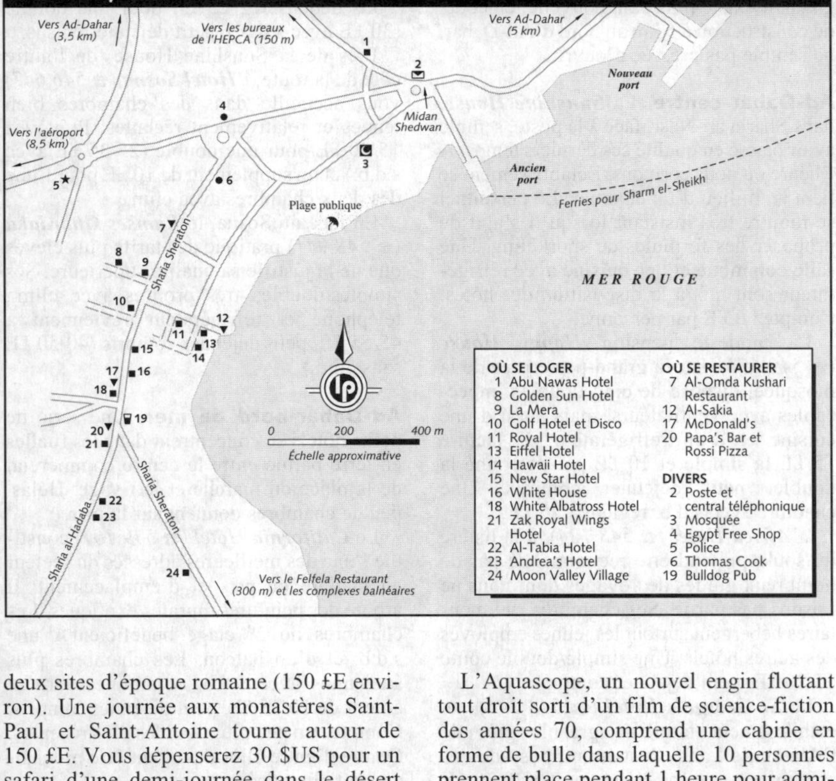

deux sites d'époque romaine (150 £E environ). Une journée aux monastères Saint-Paul et Saint-Antoine tourne autour de 150 £E. Vous dépenserez 30 $US pour un safari d'une demi-journée dans le désert dont une heure à dos de dromadaire. Comptez au moins 75 £E pour une soirée dans le désert avec parcours en voiture au crépuscule, méharée et barbecue.

Renseignez-vous plusieurs jours à l'avance, car ces formules requièrent un nombre minimal de participants.

Excursions sous-marines. A bord du sous-marin jaune Sindbad, 46 personnes peuvent descendre à 22 m de profondeur. L'excursion (50 $US) dure 2 heures dont une pour se rendre du Sindbad Beach Resort au site d'immersion. Pour davantage de détails, contactez le Sindbad Beach Resort (☎ 443 261).

L'Aquascope, un nouvel engin flottant tout droit sorti d'un film de science-fiction des années 70, comprend une cabine en forme de bulle dans laquelle 10 personnes prennent place pendant 1 heure pour admirer les fonds marins (40 $US). Téléphonez au ☎ 443 710 ou renseignez-vous à l'Hor Palace, au nord de l'InterContinental, dans la zone des complexes balnéaires.

De nombreux hôtels proposent des excursions en bateau à fond de verre moyennant de 25 à 35 £E l'heure.

Où se loger – petits budgets

La plupart des hôtels de cette catégorie se trouvent à Ad-Dahar ou au nord du centre-ville, au pied du Gebel al-Afish, non loin de la mer. Un camp de jeunesse vous attend à 5 km au nord de la ville à condition de réserver à l'avance au Caire. Cela dit, l'aspect du lieu s'avère peu engageant. L'ancienne petite auberge de jeunesse de Hurghada n'existe plus et la nouvelle, en cours de construction à 5 km au nord d'Ad-Dahar, ne semble pas pressée d'ouvrir.

Ad-Dahar-centre. La ***Sunshine House***, dans Sharia an-Nasr, face à la poste, semble avoir baissé en qualité ces derniers temps. A l'heure où nous écrivons, l'établissement se tient au milieu d'un chantier. Le personnel se montre très insistant lorsqu'il s'agit de proposer des formules de snorkeling. Une salle commune et une cuisine avec réfrigérateur sont mis à la disposition des hôtes. Comptez 6 £E par personne.

La modeste pension ***Happy House*** (☎ *549 611*), sur la grand-place près de la mosquée, dispose de cinq doubles impeccables avec ventilateurs, mais aussi d'une cuisine et d'un réfrigérateur. Il facture 15 £E la simple et 10 £E par personne la double, petit déjeuner compris. Une chambre avec s.d.b. revient à 25 £E.

L'***Africa Hotel*** (☎ *548 124*), à la lisière du souk, prétend être recommandé par de nombreux guides de voyages dont nous ne faisons pas partie. Ses chambres rudimentaires hébergent surtout les jeunes employés des autres hôtels. Une simple/double coûte 15/20 £E, petit déjeuner compris.

Le ***St George's Hotel*** (☎ *548 246*), un établissement familial agréable près de l'Aladdin's Lamp Restaurant, possède des chambres rénovées récemment à 20/30 £E (25/35 £E avec le petit déjeuner).

Le ***Shakespear Hotel*** (☎ *546 256*), tout en haut de Sharia Abdel Aziz Mustafa, offre plusieurs chambres avec ventilateurs, spacieuses mais en piteux état (30 £E environ). Vous devrez payer un supplément de 15 £E pour avoir la clim. et une s.d.b. L'hôtel ne sert pas de petit déjeuner.

Deux adresses dans Sharia al-Sheikh occupent le haut du tableau de la catégorie économique. Le ***Gobal Hotel*** (☎ *546 623*) proposent des simples/doubles à 15/25 £E avec petit déjeuner et parfois une s.d.b. Elles sont toutes équipées d'un ventil. mais les s.d.b. laissent un peu à désirer. Le ***Happy Land Hotel*** (☎ *547 373*) vous loge dans des chambres propres avec téléphone. Vous dépenserez 25 £E pour une double (30 £E avec s.d.b.), petit déjeuner en sus.

Près de la Sunshine House, de l'autre côté de la route, l'***Hotel Sosna*** (☎ *546 647*) vous accueille dans des chambres bien tenues et relativement récentes. Prévoyez 15/20 £E pour une double (25/35 £E avec s.d.b.) et un supplément de 10 £E pour l'une des deux chambres avec clim.

En face du Sosna, le ***Ramses Ghardaka*** (☎ *548 941*) pratique des tarifs plus élevés que ne le justifie sa qualité supérieure. Ses simples/doubles très propres avec clim., téléphone et réfrigérateur reviennent à 45/55 £E, petit déjeuner compris (40/50 £E sans clim.).

Ad-Dahar-bord de mer. Une série de petits hôtels se concentrent dans les ruelles en terre battue entre le centre commercial de la place du marché et le rivage. Hélas, peu de chambres donnent sur la mer.

Le ***California Hotel*** (☎ *549 101*) constitue l'une des meilleures adresses du secteur en matière de prix et d'emplacement. Il arbore des peintures murales exotiques. Les chambres du 2e étage bénéficient d'une s.d.b. et d'un balcon. Les chambres plus anciennes avec s.d.b. commune tournent autour de 10/15 £E, petit déjeuner compris. Comptez un peu plus pour les plus récentes. Quatre d'entre elles devraient être prochainement climatisées.

Plus bas que la librairie Aboudi, le ***Four Seasons*** (☎ *549 260*) dispose de 14 chambres avec s.d.b. dont 6 avec clim. un peu plus chères. Vous ne paierez que 15/25 £E, petit déjeuner compris, pour une chambre sans clim., mais avec ventil. et balcon. Vous pouvez profiter de la plage du Geisum Village Hotel moyennant 5 £E.

Plaisant et confortable, l'***Alaska Hotel*** (☎ *548 413*), sur la montée derrière la librairie Aboudi, facture 8,50 £E par personne, petit déjeuner en sus (2 £E).

A proximité de la plage publique, le ***Casablanca Hotel*** (☎ *548 292*), ancien Sea Oasis, a changé de nom et de direction. Ses chambres propres, claires et spacieuses reviennent à 15/25 £E, petit déjeuner compris (25/40 £E avec clim.).

Le ***Pharaohs Hotel*** (☎ *547 577*) a dû baisser ses prix en raison de la concurrence acharnée et de la crise du tourisme après le massacre de Louxor en 1997. Si vous aimez les grandes chambres, vous serez satisfait. Il fait payer 15/25 £E pour une simple/double avec balcon et s.d.b. commune, petit déjeuner compris.

Sigala. Si vous souhaitez loger près du port, essayez l'***Abu Nawas Hotel*** (☎ *442 830*), derrière le bureau des postes et communications. Il remplit difficilement ses grandes chambres claires avec ventil. et s.d.b. commune à cause de leur prix exagéré (15/25 £E).

Où se loger – catégorie moyenne

Ad-Dahar-centre. Le ***Ritz Hotel*** (☎ *547 031*), un endroit décontracté à l'écart, près d'une minuscule antenne de la police touristique, dispose de simples/doubles avec clim. à 30/60 £E ainsi que d'un bar et d'un restaurant. Vous pouvez accéder à la plage du Sand Beach Hotel (5 £E).

Trois établissements se tiennent dans les parages de Sharia al-Bahr, au nord de la grande mosquée. Le ***Sea Horse Hotel*** (☎/*fax 547 016*), un trois-étoiles ancien mais correct, s'adresse, comme beaucoup, à une clientèle d'Allemands en voyage organisé. La plupart des chambres sont recouvertes de moquette et équipées de la clim., d'une s.d.b., d'une TV et d'un téléphone. Comptez 75/95 £E en basse saison, petit déjeuner compris.

Jouxtant le précédent, l'***Al-Gezira Hotel*** (☎ *548 709, fax 548 708*) fait aussi partie des hôtels les plus anciens de cette catégorie. Si la demi-pension obligatoire ne vous rebute pas, la formule s'avère intéressante (65/93/121 £E la simple/double/triple). En haute saison, les prix augmentent d'environ 25 £E par personne. Toutes les chambres sont pourvues de la clim., d'une s.d.b., d'un téléphone et parfois d'une TV. Vous pouvez utiliser gratuitement la plage et la piscine du Sand Beach Hotel dépendant du même groupe hôtelier.

Les six étages de l'***Horus Hotel*** (☎/*fax 549 801*), voisin fréquenté par les touristes belges, abritent des chambres sans aucun charme avec clim., TV et réfrigérateur (60/100 £E la simple/double, petit déjeuner compris).

Ad-Dahar-bord de mer. Le ***Sindbad Inn*** (☎ *544 404*), Sayyed al-Qorayem, vous accueille dans ses 32 chambres propres et bien tenues (70/100 £E la simple/double, petit déjeuner compris). Ses hôtes bénéficient de l'accès gratuit à la plage du Sindbad Beach Resort.

Un peu plus haut sur le littoral, l'énorme ***Three Corners Empire Hotel*** (☎ *549 200, fax 549 213, info@threecorners.com*) ne compte pas moins de 366 chambres. Il évoque davantage un immeuble HLM qu'un hôtel mais jouit d'une situation centrale, à deux minutes de la plage et du Three Corners Village. Les chambres coûtent 24/28 $US, petit déjeuner compris.

En bordure de mer, l'***Al-Arousa Hotel*** (☎ *548 434, fax 549 190*), l'une des meilleures adresses de cette catégorie, se distingue par ses chambres immaculées avec clim., s.d.b., TV, réfrigérateur et balcon donnant sur la mer (80/130 £E en demi-pension obligatoire). Un bar jouxte sa piscine intérieure (10 £E pour les non-résidents). Les clients peuvent fréquenter gratuitement la plage du Geisum Village, de l'autre côté de la route. Nous vous conseillons de réserver car l'hôtel héberge beaucoup de plongeurs.

Le ***Geisum Village*** (☎ *548 048, fax 547 995*) se révèle le plus économique des trois établissements, en lisière de plage (80/140 £E la simple/double en demi-pension).

De l'autre côté de la route, face à la plage publique, le ***Sindbad Sea View*** (☎ *443 261*), dernier-né du groupe Sindbad, propose 32 chambres avec clim. et TV satellite (80/110 £E). Si la petite piscine intérieure ne vous dit rien, une navette vous conduit au Sindbad Beach Resort pour profiter librement de la plage.

Sigala. Le nombre surprenant d'hôtels de catégorie moyenne autour de Sharia Sheraton ne cesse de s'accroître.

Le ***La Mera*** (☎ *442 075*), un petit hôtel dans la rue principale, loge sa clientèle dans des chambres climatisées quelque peu délabrées (35/60 £E). Derrière, le sympathique ***Golden Sun Hotel*** (☎ *444 403, fax 443 862*) possède des chambres climatisées impeccables à 50/75 £E, petit déjeuner compris. Vous aurez droit à des serviettes fleuries. Un café égyptien est aménagé dans la cour où l'on fume le narghilé.

Dans la rue principale, le ***Golf Hotel*** (☎ *442 828*) affiche des petites chambres à 45/80 £E, petit déjeuner compris. Il a la faveur des groupes tchèques, russes et polonais. A noter l'existence d'une discothèque (entrée libre).

De l'autre côté de la rue, le ***White House*** (☎ *443 688, fax 442 085*) sort perdant de la concurrence féroce qui s'exerce dans le secteur. Vous débourserez 39/59/74 £E pour une simple/double/triple à l'arrière du bâtiment et 51/71/86 £E pour une chambre côté rue, petit déjeuner compris. Les résidents ne paient pas l'entrée de la plage du Giftun Village.

Plus bas, le ***New Star Hotel*** (☎ *442 588*) loue des chambres confinées avec clim. moyennant 25/40/70 £E, petit déjeuner en sus. Vieux et peu attirant, il a souffert de la récente baisse du tourisme.

De l'autre côté de la rue, vous pouvez opter pour le ***White Albatross Hotel*** (☎*/fax 442 519, 162 Sheraton Rd*), un établissement familial de 40 chambres climatisées (59/89 £E la simple/double, petit déjeuner compris). Pour 10 £E, vous pouvez utiliser la plage du Pasha Cataract Hotel en face.

Un autre groupe de deux et trois-étoiles plus ou moins équivalents se trouve près de la mer, à proximité du restaurant Al-Sakia.

Le ***Royal Hotel*** (☎ *447 728*) occupe les cinq étages d'un bâtiment en béton orange et bleu (13/24 £E la simple/double, petit déjeuner compris). Au bord de la route, l'***Eiffel Hotel*** (☎ *444 570*) vous reçoit dans l'une de ses 129 chambres avec clim. (60/90 £E, petit déjeuner compris). Juste derrière, le ***Hawaii Hotel*** (☎ *445 101*), le plus récent des trois, facture 45/80 £E une chambre impeccable avec petit déjeuner.

Un nouvel ensemble d'hôtels de catégorie moyenne se situe dans Sharia al-Hadaba, après la bifurcation de Sharia Sheraton vers les complexes de la côte. Les chambres du ***Zak Royal Wings Hotel*** (☎*/fax 446 012*), au nom étrange, se répartissent autour d'une piscine (65/80 £E, petit déjeuner compris).

De l'autre côté de la route, l'***Andrea's Hotel*** appartient à un chef formé en Italie. Une chambre avec clim. revient à 20/34 £E, petit déjeuner compris. Il est associé au centre de plongée du Sheraton Hotel. Une navette relie les deux établissements.

Juste à côté, le bâtiment de l'***Al-Tabia Hotel*** (☎ *442 350, fax 442 351*), crénelé comme un château fort, présente un aspect plutôt kitsch (22/34 £E en demi-pension).

Le ***Moon Valley Village*** (☎ *442 811*), dans Sharia Sheraton, au début de la série de complexes balnéaires, possède un joli jardin et jouit du meilleur emplacement parmi les hôtels de sa catégorie à Sigala. Ses 44 chambres (60/95 £E) offrent un beau point de vue sur la mer Rouge. La portion de plage privée de l'autre côté de la route appartient à l'hôtel.

Où se loger – catégorie supérieure

Avec Le Caire, Hurghada concentre la plus grande quantité d'hôtels et de complexes quatre et cinq-étoiles d'Égypte. Leur nombre ne cesse d'augmenter tandis que les promoteurs investissent de plus en plus au sud. La majeure partie de ces établissements se concentrent le long d'une bande côtière d'une vingtaine de kilomètres débutant au sud de Sigala. Cependant, à cause du boom immobilier, d'autres surgissent aussi au bord de la plage entre Ad-Dahar et Sigala. La plupart s'adressent à une clientèle de vacanciers en voyage organisé. Ils laissent à désirer sur le plan de la construction et de l'esthétique.

Nous nous contenterons de citer ici quelques-unes des meilleures adresses.

Sachez que certaines agences de voyages en Europe et au Caire accordent des rabais si vous réservez. Par ailleurs, les tarifs fluctuent en fonction de la saison et de l'activité touristique. Sauf indication contraire, les prix mentionnés incluent le petit déjeuner.

Bien placé, le ***Sedwan Golden Beach Hotel*** (☎ *547 007, fax 548 045*) se tient sur la corniche près du centre d'Ad-Dahar. Les prix de ce complexe monumental de 370 chambres ont diminué ces dernières années. Avec sa grande piscine, sa plage correcte et sa nourriture réputée de bonne qualité, il attire surtout des Allemands et des Français (35/50 $US la simple/double carrelée avec clim.).

Premier construit le long de la bande côtière, le ***Sheraton*** (☎ *442 000, fax 443 333*) donne son nom à l'une des rues principales de Hurghada. Son bâtiment circulaire à l'architecture contemporaine complètement dépassée pourrait bien revenir à la mode s'il n'est pas remplacé par un autre cube de béton. Malgré son esthétique douteuse, il dégage davantage de caractère que ses voisins. Il possède deux plages et une marina. Les chambres coûtent 60/80 $US en demi-pension.

Le ***Giftun Village*** (☎ *442 665, fax 442 666*), plus au sud, fait aussi partie des installations les plus anciennes de Hurghada. Ses 380 chambres confortables, aménagées dans des chalets blanchis à la chaux, ont été rénovées. Son personnel accueillant et ses buffets bien préparés justifient le prix des chambres (50/58 $US en demi-pension). On y trouve aussi un centre de plongée et de planche à voile dirigé par des Allemands.

Autre établissement ancien de Hurghada, le ***Jasmine Village*** (☎ *446 442, fax 446 441*) s'adresse surtout à des groupes logés dans 434 chambres-bungalows climatisées. Le centre nautique comprend un club de plongée réputé, et l'on peut pratiquer la planche à voile. A noter également un terrain de jeu. L'hôtel est accessible aux handicapés. Les chambres coûtent à partir de 32/48 $US en demi-pension.

Le ***Magawish Tourist Village*** (☎ *442 621, fax 442 759*) n'est sans doute pas l'hôtel le plus chic, mais son architecture en forme de vaisseau spatial vaut son pesant d'or. Ancien Club Med, il dispose d'une aire de jeux pour les enfants, d'une immense plage, d'installations sportives correctes ainsi que de la seule chambre de décompression de Hurghada. Comptez au minimum 29/38 $US pour une chambre en demi-pension. Le complexe appartient à Misr Travel. Vous pouvez vous informer sur les réductions possibles auprès de n'importe quelle agence de la compagnie.

Dernier complexe de la bande côtière, le ***Coral Beach*** (☎ *447 160*), loin de la ville, a la chance de ne pas donner sur d'autres hôtels en béton. La clientèle italienne apprécie ses chambres bien équipées, ses bonnes installations sportives et sa grande plage dotée d'un récif corallien (55/80 $US en demi-pension).

Où se restaurer

Le homard se reproduit du début avril à la mi-octobre, sa pêche est alors interdite. Néanmoins, certains restaurants sans scrupules ne se gênent pas pour le faire figurer au menu pendant cette période.

Où se restaurer – petits budgets

Ad-Dahar-centre. Les petits lieux de restauration du souk touristique ont pour la plupart été transformés en boutiques de souvenirs. On trouve cependant quelques spécialistes du poulet grillé, dont le ***Zeko***, en face du Happy House Hotel, mais aussi deux cafés.

Dans Sharia al-Sheikh Sabak, ***La Torta***, un petit café authentique sans équivalent à Ad-Dahar, se limite à six tables et sert quelques pâtisseries.

Le ***Bell Riviera***, dans Sharia Abdel Aziz Mustafa (à ne pas confondre avec son homonyme onéreux de l'autre côté de la rue), prépare une excellente soupe de lentilles (3 £E), des spaghettis (3,50 £E), des pizzas (7-10 £E), des calmars (9 £E) et le petit déjeuner (4 £E). Un conseil, évitez les toilettes.

Les voyageurs fréquentent le petit ***Egyptian Corner***, voisin du précédent. Son menu très limité comprend une formule petit déjeuner (5 £E), des spaghettis bolognaise (4 £E), et des plats simples tels que du poulet (8 £E).

Ad-Dahar-bord de mer. Des restaurants et des magasins bordent Sharia Sayyed al-Qorayem qui part du Shakespear Hotel et rejoint le Shedwan Golden Beach Hotel sur la corniche. Le supermarché Al-Saby est assez bien approvisionné.

Le ***Norhan***, un petit établissement sans prétention doté d'une terrasse, se contente d'un menu restreint. Les plats de résistance tels que le hachis parmentier ou le poulet coûtent de 5 à 9 £E avec une boisson non alcoolisée offerte. Comptez 6 £E pour une pizza un peu pâteuse.

Le ***Cafe Cheers***, un petit restaurant au bord de la corniche, est ouvert 24h/24. Des pintes de bière bien fraîche accompagnent les hamburgers, les pizzas et quelques plats de kebab à prix raisonnables.

Sigala. En dehors des établissements bon marché plutôt quelconques du début de la Sharia Sheraton, on peut citer l'***Al-Omda Restaurant*** où un plat de *kushari* correct tourne autour de 2,50 £E. La plupart des autres restaurants économiques ont été chassés par la flambée du prix des terrains. Si les fast-foods vous manquent, un ***McDonald's*** se tient Sharia Sheraton.

Le long de la côte. En suivant la route sur 2 km, vous arriverez après le Moon Valley Village au ***Felfela Restaurant*** (☎ *442 410*), le restaurant le mieux situé du pays. Niché dans une anse de la côte sur un promontoire surplombant la mer turquoise, il s'agit d'un endroit splendide pour dîner sans se ruiner (pour plus de détails sur cet établissement original, voir la rubrique *Où se restaurer – petits budgets* du chapitre *Le Caire*). La bière est un peu plus chère que la nourriture (10 £E pour une Stella locale).

Un ***Pizza Hut*** et un ***KFC*** se trouvent plus loin dans la zone des complexes balnéaires.

Restaurants

Ad-Dahar-centre. Le ***Young Kang***, Sharia Sheikh Sabak, prépare une cuisine asiatique correcte. Le lieu est d'une propreté douteuse. Le plat de riz coûte 10 £E et le poulet à la sauce aigre-douce 17 £E.

Également populaire, la ***Pizza Tarboush*** (☎ *548 456*), dans Sharia Abdel Aziz Mustafa, vend des pizzas variées (9-18 £E).

Rendez-vous à l'***Omar Khayyam***, sur Sharia an-Nasr, pour manger du poisson grillé (15 £E) arrosé d'une bière (7 £E).

Le pub et "steak house" ***Scruples***, Sharia an-Nasr, en face de la National Bank, possède deux annexes semblables à Dahar. Cet établissement climatisé plutôt conventionnel dispose d'un bar sombre à l'étage qui ne tente apparemment que les couples de tourtereaux égyptiens. Vous dépenserez la somme raisonnable de 25 £E environ pour un filet de bœuf garni de riz et de légumes. L'académie de billard ***Scruples Biliardeni***, au bout de Sharia Abdel Aziz Mustafa, dépend de la même direction, et sert un menu similaire. Une bière coûte 7 £E.

Le ***Red Sea I Restaurant*** (☎ *547 704*), dans une rue débouchant sur Sharia an-Nasr, a la faveur des groupes de touristes qui dînent hors de leur hôtel. Le soir, la terrasse sur le toit affiche complet. Le vaste choix de fruits de mer, de spécialités égyptiennes et de pizzas répond à tous les budgets. Les plats de résistance s'échelonnent de 15 à 40 £E.

Le ***Pharaoh's Restaurant***, juste à l'angle de la rue par rapport au précédent, sert des plats égyptiens dont un *kebab hala* tout à fait correct (13 £E). La bière y coûte 7 £E.

Ad-Dahar-bord de mer. Le ***Red Sea Restaurant II*** (☎ *549 630*), l'annexe du Red Sea I Restaurant, reprend le même menu.

Le ***Bar BQ Inn*** voisin cuisine des calmars (25 £E environ) et du poulet au barbecue (16 £E) à faire passer avec une bière (6,50 £E). Il accueille beaucoup de touristes russes logeant au Shedwan Golden Beach Hotel, non loin de là.

Le sympathique ***Portofino*** (☎ *546 250*), dans Sharia Sayyed el-Qorayem, en face du Red Sea II, propose de bons plats italiens et quelques spécialités égyptiennes à prix modérés. Vous dépenserez environ 15 £E pour déguster les meilleures pâtes de la ville. Le soir, le patron discute avec les clients.

Le ***Belgian Restaurant*** (☎ *547 816*), près du Three Corners Empire, dans Sharia Sayyed al-Qorayem, sert une nourriture relativement onéreuse et décevante, hormis les pizzas à partir de 16 £E.

Plus bar que restaurant, le ***Bierkeller Restaurant*** (☎ *545 086*), à l'Arabella Hotel, sur la route de Sigala, propose de 18 à 22h un menu fixe composé de plats allemands roboratifs (9,99 £E). La direction compte sûrement sur le vaste choix de bières pour majorer la note. Le menu du mois figure généralement dans le *Hurghada Bulletin*.

Sigala. Comme les hôtels, les restaurants poussent ici comme des champignons.

L'***Al-Sakia*** (☎ *442 497*), juste au bord de l'eau, jouit d'une vue magnifique sur les bateaux de pêche du vieux port. La nourriture, un mélange de fruits de mer et de cuisine égyptienne, se révèle savoureuse. Les plats de résistance tournent autour de 20 £E. Il s'agit d'un endroit plaisant pour siroter une bière (8 £E) à l'air libre.

Les plongeurs et les expatriés de Hurghada privilégient le ***Rossi Pizza*** (☎ *446 053*), situé à la bifurcation de Sharia Sharaton. Il sert, entre autres plats, toutes sortes de pizzas croustillantes (9-17 £E). Le service est bon enfant, et les femmes n'ont pas à craindre d'être importunées.

Le long de la côte. Si vous avez envie de déjeuner sur une île, un complexe/restaurant, le ***Mahmya*** (littéralement "protectorat"), a ouvert à Giftun en pleine zone protégée. Les responsables affirment nettoyer les lieux et ramener les eaux usées dans un container spécial. Des tentes et des douches sont mises à la disposition des visiteurs pendant la journée, mais on ne peut pas passer la nuit sur place. Une excursion d'une demi-journée (de 9h30 à 15h), transport en bateau et déjeuner inclus, revient à 30 $US. Pour plus d'informations, appelez le ☎ 444 806.

Où sortir

Bars. Pour boire une ou deux bières, le ***Peanuts Bar***, sur la place du marché, près du Three Corners Empire de Dahar, offre une alternative aux restaurants avec licence. Ouvert 24h/24, ce repaire de moniteurs de plongée abreuve sa clientèle de Stella (8,50 £E) et de bières allemandes à la pression à partir de 10 £E (cacahuètes à volonté). Le mardi soir, le bar programme des soirées destinées aux plongeurs.

Rattaché au Rossi Pizza, le ***Papa's Bar*** fait partie des bars en vogue. Les femmes ne risquent rien. Les adeptes de la plongée et les expatriés hantent aussi le ***Bulldog Pub***, de l'autre côté de la rue, qui offre souvent des repas à titre gracieux. Pour plus d'informations, consultez le *Hurghada Bulletin*. Tous les jeudi soir, le Hilton Pub, du Hurghada Hilton Resort, organise des soirées spéciales plongeurs avec bière gratuite à discrétion.

Discothèques et night-clubs. Les clubs de la plupart des grands hôtels présentent un spectacle, russe ou africain en général, ainsi que des démonstrations de danse du ventre. Au ***Cha Cha Disco***, près du Shedwan Golden Beach Hotel de Dahar, la happy hour dure de 22h à 23h. L'entrée coûte 15 £E. On vous remet une carte sur laquelle sont notées vos consommations (en cas de perte, vous devrez débourser 100 £E). L'été voit fleurir les discothèques en plein air à l'***Al-Sakia***, au ***Hilton Resort*** et au ***Sheraton*** ainsi que le ***Shellghada Beach Club***, très fréquenté, à deux pas du Safir Hotel. Le DJ opère dans une cabane en haut d'un arbre.

Le ***Kalaboush*** de l'Arabella Hotel, qui organise des soirées spéciales pratiquement chaque soir, le ***Regina***, du Sindbad Beach Resort, et ***The Dome***, de l'InterContinental, ont également beaucoup de succès. Il se passe souvent quelque chose à ***The Arena*** ou au ***Zeituna Beach Bar*** d'Al-Gouna qui se chargent aussi du transport. Pour en savoir plus, consultez le *Hurghada Bulletin*.

Casino. Le casino de l'InterContinental vous attend sur la côte, dans la zone des complexes. L'entrée est libre mais il faut parfois présenter son passeport. L'établissement exige une tenue correcte et n'accepte que les devises étrangères.

Achats

Depuis l'afflux des touristes d'Europe de l'Est ces dernières années, le commerce des souvenirs marins connaît une envolée. Un nombre inquiétant d'étals et de boutiques vendent tout et n'importe quoi, du requin empaillé au poisson monté en lampe. L'intervention récente de la police en a fait fermer beaucoup mais, si la demande ne faiblit pas, on peut craindre qu'ils se réinstallent dans les rues autour du marché. Refuser d'acheter ces "objets d'art" contribue au moins à endiguer le phénomène.

Vous pouvez vous procurer des produits détaxés à l'Egypt Free Shop, en face d'EgyptAir, dans le secteur balnéaire, ou dans le nouveau centre commercial au rond-point de Sigala.

Comment s'y rendre

Avion. Il existe deux agences EgyptAir à Hurghada : l'une (☎ 546 788) près de la station de bus Superjet d'Ad-Dahar, l'autre (☎ 447 503) dans la zone balnéaire, presque en face du Marine Sports Club. Des vols quotidiens desservent Le Caire (453 £E l'aller simple), et trois vols par semaine relient Sharm el-Sheikh (330 £E). Louxor (190 £E) et Assouan (324 £E *via* Louxor) bénéficient d'une liaison hebdomadaire.

L'hiver, des charters à destination de Hurghada décollent de différentes villes européennes. Si vous souhaitez vous rendre directement en Europe, renseignez-vous sur les charters valables en aller simple.

Orascom Aviation affrète un appareil entre Le Caire et l'aéroport d'Al-Gouna tous les jeudi après-midi avec retour le samedi soir. L'aller-retour tourne autour de 120 $US. Appelez le ☎ 547 934 pour plus d'informations.

Bus. Deux compagnies de bus opèrent à partir de Hurghada.

Le bureau (☎ 546 768) et la station de Superjet se trouvent près de la grande mosquée d'Ad-Dahar. Trois bus quotidiens partent pour Le Caire à 12h, à 14h30 et à 18h (47 £E, 6 heures), et un autre pour Alexandrie à 14h30 (75 £E, 9 heures).

Le bureau de l'Upper Egypt Bus Co se tient dans la gare routière principale, à l'extrémité sud d'Ad-Dahar. Des bus relient Le Caire toutes les deux heures de 7h à 0h30 (6 heures). Le trajet coûte de 35 à 45 £E en fonction du service à bord et de l'horaire. Deux d'entre eux déposent des passagers à Suez mais certains contournent la ville. Des bus directs pour Suez circulent toute la journée (25-35 £E, 5 heures).

Un dizaine de bus quotidiens d'Upper Egypt Bus Co desservent Qena (8 £E, trois heures), de 6h à 23h. Les bus pour Louxor (20-22 £E, 5 heures) démarrent à 10h, à 15h30, à 22h et à 23h, et continuent tous jusqu'à Assouan (35-40 £E). Vous pouvez prendre un bus pour Marsa Alam et Bir Shalatein *via* Al-Quseir (12 £E) et Safaga (5 £E) à 5h, à 15h et à 24h.

La compagnie assure une liaison quotidienne avec Beni-Souef (25 £E), Minîèh (30-35 £E), Sohag (16 £E) et Assiout (20 £E), et des bus réguliers vous conduisent à Qift et à Qus, si la police le permet.

Renseignez-vous à la gare routière car des changements interviennent fréquemment. Pour les longs trajets à destination de Louxor ou du Caire, par exemple, vous avez tout intérêt à réserver.

Taxis collectifs. La station de taxis se tient près du central téléphonique d'Ad-Dahar. Des taxis rejoignent Le Caire (30 £E par personne, 6 heures), Port Safaga (3 £E), Al-Quseir (7 £E), Qena (10 £E), Marsa Alam (15 £E) et Suez (20 £E, de 3 heures 30 à 4 heures). Ils ne vont ni à Louxor ni à Assouan mais vous pouvez toujours tenter de convaincre un chauffeur. En marchandant ferme, vous payerez 200 £E à vous seul pour les sept places du véhicule. Vous devrez aussi vous joindre à une escorte de police (voir ci-dessous).

Escortes de police. Si vous traversez la vallée du Nil en taxi ou avec votre propre voiture, vous serez sans doute obligé de vous faire escorter par la police. Les convois quittent le poste de contrôle à l'extrême sud de Hurghada à 6h, à 9h, à 11h et à 17h. Vérifiez bien ces horaires auprès de l'office du tourisme.

Bateau. Deux bateaux naviguent actuellement entre Hurghada et Sharm el-Sheikh tous les jours sauf le mercredi et le vendredi.

Le vieux ferry met de 5 à 7 heures pour couvrir les 144 km du trajet. Vu la taille relativement réduite de ce dernier, la traversée se révèle inconfortable lorsque la mer est agitée. Le cas échéant, restez allongé ou regardez en l'air en essayant d'ignorer les passagers malades. Le service s'interrompt si les vagues dépassent les trois mètres à l'est de l'île Shedwan, une situation qui n'arrive généralement que de novembre à janvier.

Vous pouvez acheter votre billet le matin même au port, mais mieux vaut réserver. La plupart des hôtels et toutes les agences de voyages se chargent volontiers de cette formalité. L'aller simple coûte 100 £E. Le ferry part du vieux port de Sigala entre 9h et 10h. Soyez sur place au moins une demi-heure à l'avance.

Le ferry de luxe à grande vitesse de la compagnie Travco quitte le vieux port de Sigala le lundi (à 5h et à 15h30), le mardi (à 6h et à 20h) et le samedi (à 6h). Comptez 33 $US par personne, et 75 $US par voiture. Ce bateau climatisé relie Sharm el-Sheikh en 1 heure 30. Pour plus d'informations, contactez Travco au ☎ 446 024/5.

Quatre bateaux par semaine desservent aussi Duba, en Arabie saoudite. Le billet coûte 160 £E par personne, et 340 £E par voiture. La traversée dure 3 heures. Appelez MenaTours au Caire (☎ 348 2230) ou le bureau de Telestar Lines (☎ 452 315) pour plus de détails.

Comment circuler

Depuis/vers l'aéroport. Un taxi entre l'aéroport, près de la zone des complexes balnéaires, et Ad-Dahar revient à 10 £E.

Microbus. Le matin, des microbus remplis de manœuvres sillonnent Sharia an-Nasr. Pendant la journée, ils circulent régulièrement du centre d'Ad-Dahar jusqu'à l'Inter-Continental, au sud, qui fait office de terminus (1 £E). Les petites courses à l'intérieur d'Ad-Dahar coûtent 25 £E.

Taxis. Du centre d'Ad-Dahar, des taxis vous conduisent vers le sud jusqu'au Sheraton moyennant 10 £E (ou plus en cas d'affluence touristique).

Bicyclette. A Ad-Dahar, la boutique Boho, dans Sharia Abdel Aziz Mustafa, près d'Al-Shaymaa Sea Trips, loue des bicyclettes (3 £E l'heure ou 10 £E par jour). Attention toutefois, car le vent contraire ne facilite pas ce mode de locomotion.

Auto-stop. Rien ne vous empêche de faire du stop en ville ou pour rejoindre les plages. Sachez cependant que les habitants de Hurghada semblent accoutumés à recevoir de l'argent en échange de leurs services.

LES ENVIRONS DE HURGHADA

Mons Porphyritis

A 20 km au nord de Hurghada, une piste partant de la route côtière mène à des carrières de porphyre romaines situées à une quarantaine de kilomètres à travers le désert. Cette pierre blanche et pourpre formée de cristaux servait à la fabrication de sarcophages, de colonnes et d'autres éléments décoratifs. La famille impériale, dont dépendait directement le gisement, avait fait construire sur le lieu d'exploitation des campements, des ateliers et même des temples à l'intention des ouvriers et des ingénieurs. Les rares vestiges du mons Porphyritis font aujourd'hui l'objet d'un nombre croissant de circuits organisés depuis Hurghada. Vous pouvez aussi vous rendre sur place en taxi.

Sharm an-Naga

Ce site balnéaire plutôt bas de gamme, à mi-chemin entre Hurghada et Port Safaga, attire surtout les plongeurs. Vous pouvez éventuellement y planter votre tente. Les visiteurs qui souhaitent passer une journée sur la plage doivent payer 10 £E. Misr Travel, à Hurghada, organise souvent des excursions à Sharm an-Naga, dont quelques endroits se prêtent bien au snorkeling.

PORT SAFAGA

Situé à 53 km au sud de Hurghada, Port Safaga (ou tout simplement Safaga) est avant tout un port utilisé pour l'exportation du phosphate extrait des mines locales et de celles d'Abu Tartur dans la vallée du Nil. Durant le *hadj*, de nombreux pèlerins embarquent pour La Mecque.

Dépourvue d'attrait, la ville n'offre pas de lieux d'hébergement pour les petits budgets. Au nord, des complexes onéreux dispensent des cours de plongée et de planche à voile. Le désastre immobilier de Hurghada se répète ici à une échelle plus réduite.

Orientation et renseignements

La Sharia al-Gomhuriyya, principale artère du front de mer, regroupe la plupart des services. La gare routière se situe à l'extrémité sud de la ville. Vers le nord, vous rencontrerez une série de petits établissements bon marché où vous restaurer ainsi que des étals de souvenirs de mauvais goût. Le bureau de poste est un peu plus loin. Une station de taxis vous attend à 2 km au nord de la gare routière, à côté du central téléphonique principal. Non loin de là, vous pouvez changer de l'argent à la Banque Misr ou à la Banque du Caire. La Bank of Alexandria se trouve plus au nord, à proximité du Maka Hotel. Les microbus circulent le long de la Sharia al-Gomhuriyya (25 pt). Ceux qui se dirigent vers le sud vous déposent à environ 400 m au nord de la gare routière. D'autres microbus font la navette entre la ville et les stations balnéaires du nord.

Planche à voile

Le vent fait la réputation de Safaga. Un certain nombre de complexes hôteliers disposent de centres de planche à voile ; le long de la côte, le vent souffle du nord. L'essor de la construction n'a pas eu les mêmes incidences qu'à Hurghada. L'hôtel Shams Safaga (☎ 451 783), avec son centre de planche à voile Mistral dirigé par des Allemands, est le plus reconnu pour la pratique de ce sport (voir ci-dessous la rubrique *Où se loger et se restaurer*).

Où se loger et se restaurer

Les hôtels bon marché semblent tous investis par des camionneurs attendant l'arrivée au port de leur future cargaison. Le ***Maka Hotel*** (☎ *451 866*), à l'extrémité nord de la ville, près de l'embranchement de Qena, fait payer la somme très exagérée de 28 £E pour une double rudimentaire avec ventil. et s.d.b. douteuse. Légèrement mieux mais toujours trop cher, l'***Al-Ezz Hotel*** dispose de simples/doubles à 35/40 £E avec s.d.b.

Le ***Cleopatra ASI Hotel*** (☎ *453 926*), à quelques centaines de mètres au nord du Maka Hotel, est nettement mieux. Comptez 69/99 £E pour une chambre avec s.d.b.

Environ 200 m au-dessus du précédent, le ***Safaga Hotel & Marina*** (☎ *451 133, fax 452 670*), un nouveau complexe hideux à la lisière nord de la ville, propose des chambres climatisées à partir de 21/36 $US, petit déjeuner compris.

Au moins six complexes hôteliers vous attendent au nord de la ville : le ***Menaville***, le ***Lotus Bay***, le long de la route principale, le ***Sun Beach Camp***, le ***Shams Paradise***, l'***Holiday Inn*** et le ***Shams Safaga*** (voir la rubrique *Planche à voile*) situé dans une rue latérale faisant le tour de la baie. Le plus économique du lot, *le **Lotus Bay*** (☎ 451 040) facture 41/62 $US une chambre en demi-pension. A l'autre bout de l'échelle, une chambre au ***Holiday Inn*** (☎ 452 821) revient à 90/100 $US en demi-pension.

Une série de petits restaurants économiques se déploient au nord de la gare routière, le long de Sharia al-Gomhuriyya. Autrement, rabattez-vous sur la ***pizzeria*** du ***Cleopatra Hotel***, qui possède aussi un bar, ou sur les restaurants onéreux des complexes.

Comment s'y rendre

Bus. Cinq bus quotidiens traversent Port Safaga en allant au Caire (25-50 £E) et s'arrêtent à Suez (40 £E). D'autres relient directement Suez (22-40 £E), toutes les une ou deux heures *via* Hurghada (2,50-5 £E). Les bus pour Al-Quseir (5-8 £E) partent à 6h, à 13h30 et à 16h et ceux pour Marsa Alam (10 £E) à 1h et à 6h. La liaison régulière jusqu'à Qena coûte entre 7 et 10 £E. Cinq bus quittent Port Safaga pour Louxor (15-20 £E), et quatre pour Assouan (30-40 £E) tous les jours à 11h, à 13h30 (Louxor seulement), à 16h30, à 23h30 et à 1h.

Taxis collectifs. Les taxis empruntent trois itinéraires : Hurghada (40 minutes, 5 £E), Al-Quseir (tôt le matin, 5 £E), et Qena (10 £E), Marsa Alam (25 £E) et Suez (25 £E). Préparez-vous à marchander.

Bateau. Le seul transport de passagers au départ de Port Safaga concerne Duba. L'*Al-Salam al-Seoudi* part tous les jours, la traversée dure environ 7 heures. Vous dépenserez 170 £E en 1re classe, 120 £E en 2e classe et 85 £E en classe économique. Les billets s'achètent au bureau de la Telestar Lines à Safaga (☎ 452 315/6). Il n'existe plus de service régulier pour Djeddah en dehors de la période du *hadj*. Informez-vous auprès de la Telestar Lines au cas où la liaison aurait repris.

LES ENVIRONS DE PORT SAFAGA

Mons Claudianus

A environ 40 km sur la route de Qena, un chemin conduit à une carrière de granit et à une forteresse romaines. Ce lieu aride et désolé représentait la fin du parcours pour les prisonniers condamnés à extraire les blocs de pierre de la montagne et un poste peu enviable pour les soldats chargés de les garder. L'endroit avait tout d'un bagne, comme en témoignent les vestiges des minuscules cellules où étaient enfermés les malheureux condamnés aux travaux forcés. On peut voir une énorme colonne abattue et fissurée qui gît là depuis 2 000 ans, mais aussi un petit temple et plusieurs autres ruines. La visite nécessite un guide ; les grands hôtels organisent des excursions. Si vous êtes motorisé, prenez l'embranchement à droite sur la route de Qena et suivez la chaussée cahoteuse qui serpente à travers les montagnes jusqu'au site.

AL-QUSEIR

La ville portuaire d'Al-Quseir se tient à 85 km au sud de Port Safaga et à environ 160 km à l'est de Qift sur le Nil. A l'époque pharaonique, les bateaux pour le pays de Pount levaient l'ancre à cet endroit de la côte. Le port antique ensablé s'étend aujourd'hui à quelque 8 km. La ville actuelle présente tout autant d'intérêt. Jusqu'au Xe siècle, ce port prospère de la mer Rouge sert de point d'embarquement majeur pour les pèlerins se rendant à La Mecque et joue un rôle prépondérant dans le commerce entre la vallée du Nil et la mer Rouge. Malgré son affaiblissement, la ville reste suffisamment active pour qu'au XVIe siècle, les Ottomans jugent utile de la doter de fortifications. Plus tard, les Britanniques reprennent aux Français le contrôle d'Al-Quseir, où transitent désormais les épices importées d'Inde en partance pour l'Angleterre. En 1869, l'ouverture du canal de Suez met un terme à tout cela. Le déclin de la ville s'accélère, malgré un bref regain de prospérité grâce au centre de traitement du phosphate dans les premières décennies du XXe siècle.

Al-Quseir dégage un charme que l'on ne trouve pas dans les autres villes de la mer Rouge. Dominé par un forteresse ottomane, le front de mer est bordé de bâtiments anciens en blocs de corail arborant des balcons en bois. On peut voir, disséminés au milieu des habitations, les mausolées à coupole de saints musulmans, pour la plupart des pèlerins morts sur le chemin de La Mecque. Le tourisme de masse n'a pas encore atteint cette zone (ce n'est qu'une question de temps). Les habitants se montrent généralement plus accueillants et moins agressifs qu'à Hurghada et à Port Safaga. En un mot, Al-Quseir mérite largement une visite.

Orientation et renseignements

Une agence de la National Bank of Egypt se trouve au nord-ouest du rond-point principal lorsqu'on arrive de Port Safaga. Le central téléphonique, au niveau de ce même rond-point, fonctionne 24h/24. Le bureau de poste vous attend à l'est, en descendant vers le front de mer.

Visites

La forteresse ottomane du XVIe siècle constitue le monument majeur de la ville. Modifiée par les Français, elle est bombardée au XIXe siècle par les Britanniques de 6 000 boulets de canon. Ces derniers parviennent à s'en emparer et la rendent imprenable grâce à une porte fortifiée. Les travaux de restauration seront bientôt achevés. A l'intérieur de la forteresse, un centre accueillant les visiteurs illustrera des thèmes de l'histoire locale tels que l'exploitation minière au bord de la mer Rouge, le rôle des monastères dans le commerce et le pèlerinage à La Mecque.

Le mausolée d'un cheikh yéménite du XIXe siècle se dresse juste en face de la forteresse. A noter la pierre tombale ancienne occupant une niche du mur.

En descendant sur le front de mer, vous pourrez voir le poste de police pittoresque aménagé dans un ancien *diwan* ottoman converti auparavant en hôtel de ville. Impossible de prendre des photos ou de visiter le bâtiment en raison de ses nouvelles attributions. Il est cependant question de transférer le poste de police et de restaurer les locaux.

Continuez le long du front de mer pour rejoindre une **maison de marchand** rénovée datant des années 20. En revenant vers le poste de police et en montant une rue latérale, vous arriverez devant un **bâtiment ottoman**, transformé en dispensaire, construit sous le règne du sultan Selim II. La **mosquée Faran** voisine remonte à 1704.

Où se loger

Les petits budgets n'ont pas d'autre choix que le ***Sea Princess Hotel*** (☎ *431 880*), au sud de l'arrêt de bus. Les simples/doubles avec ventil. sont toutes petites et coûtent 15/20 £E plus les taxes et le petit déjeuner (5 £E). L'établissement loue quelques masques et tubas. Les douches, dans le même espace que les toilettes, ne sentent pas très bon mais l'eau chaude coule en permanence.

Le quatre-étoiles ***Fanader Hotel*** (☎ *430 861, fax 431 415*), à 1,5 km au sud du Sea Princess, porte le nom de l'îlot rocheux juste au sud. Il dispose de 55 bungalows attenants coiffés de coupoles et de deux grandes villas. Une simple/double revient à 35/60 $US en demi-pension.

Dans la catégorie supérieure, le cinq-étoiles ***Mövenpick Sirena Beach*** (☎ *432 100, fax 432 128*) vous attend à 7 km au nord de la ville. Cet ensemble de bâtiments bas ornés de coupoles se classe parmi les meilleurs complexes de la côte, voire du pays. Son style se fond harmonieusement dans le paysage désertique alentour. Cet hôtel, où l'on sert une nourriture excellente, jouit de tout le confort d'un cinq-étoiles sans le côté tape-à-l'œil de beaucoup d'établissements égyptiens. La nuit, vous serez bercé par le murmure des vagues sur le rivage, et non par le martèlement sourd d'une discothèque. Sensible à la sauvegarde de l'environnement, la direction n'hésite pas à faire sortir de l'eau les clients surpris à mutiler les récifs coralliens aux abords de l'hôtel. Le centre de plongée Subex et les diverses installations sportives contribuent au confort et à la détente des hôtes dans un cadre paradisiaque. Vous dépenserez 120/165 £E pour une chambre standard, petit déjeuner compris.

Le ***Daly Dive Resort*** (☎ *432 039, fax 436 661)*, à une vingtaine de kilomètres au nord de la ville d'Al-Hamrawein, offre un accès facile à de superbes sites de plongée encore intacts qui attirent des groupes de plongeurs de toute l'Europe. Les voyageurs individuels sont les bienvenus lorsqu'il reste de la place (38/56 £E la simple/double en demi-pension).

Vers le sud en direction de Marsa Alam, deux autres endroits retiennent l'attention. A environ 20 km d'Al-Quseir, vous ne pouvez pas manquer l'***Utopia Beach Club***, un bateau de croisière sur le Nil converti il y quelques années en centre de plongée. Un autre centre, le ***Mangrove Bay***, vous accueille à 30 km au sud.

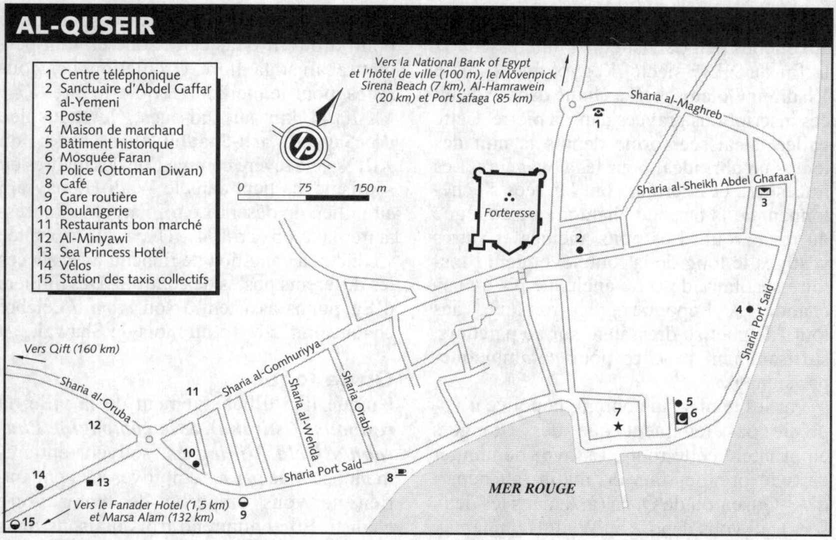

Où se restaurer

En matière de restauration, le choix s'avère très restreint. Le personnel du ***Sea Princess Hotel*** peut vous préparer quelque chose. Plusieurs établissements vendent du *ta'amiyya* et du poisson dans les parages de l'hôtel et de la station de bus. Une boulangerie se trouve également près de cette dernière. Sur la route de Qift, le café ***Al-Minyawi*** cuisine le meilleur poulet de la ville à condition de le commander à l'avance. Les non-résidents ont accès au buffet du ***Fanader Hotel*** (60 £E). Si vous ne craignez pas d'y mettre le prix, le buffet du ***Mövenpick*** n'a pas son pareil dans les environs (75 £E au minimum).

Comment s'y rendre

Bus. Quatre bus effectuent le trajet jusqu'au Caire (55 £E, 11 heures) *via* Port Safaga (5 £E pendant la journée, 8 £E le soir) et *via* Hurghada (10 et 15 £E). Ils partent à 5h, à 5h30, à 19h45 et à 20h30. Ceux de 5h et de 19h45 vont aussi à Suez. Deux bus quittent la ville pour Marsa Alam (5 £E) à 11h30 et à 13h. Quatre bus quotidiens desservent Qena (5-10 £E, 4 heures) *via* Qift. Ils prennent le départ à 3h, 4h30, 7h30 et 12h30. On parle de déplacer la gare routière dans un endroit donnant sur la route de Port Safaga, mais pour l'instant rien ne bouge.

Taxis collectifs. La station de taxis se situe à l'extrémité sud de la ville. Les tarifs officiels préconisés sont les suivants : Le Caire 35 £E, Suez 25 £E, Qena 8 £E, Hurghada 7 £E, Port Safaga 5 £E. Comme à Hurghada, vous devrez louer le taxi entier pour vous rendre à Louxor. Les chauffeurs demandent 250 £E, mais le marchandage s'impose. Pour des questions de sécurité, les véhicules passent impérativement par Port Safaga.

Comment circuler

En face de la station de taxis, une boutique sans nom loue des bicyclettes à 15 £E la journée, mais il est possible de négocier le prix à la baisse.

LES ENVIRONS D'AL-QUSEIR

Wadi Hammamat

A mi-chemin entre Al-Quseir et Qift, le Wadi Hammamat recèle un ensemble fascinant d'**inscriptions d'époque pharaonique** auxquelles peu de visiteurs s'intéressent. A la fin du XIXe siècle, l'égyptologue russe Vladimir Golenischeff a étudié dans le détail ces inscriptions gravées dans la pierre. Cette vallée encaissée forme depuis la nuit des temps un abri idéal pour les voyageurs. Les traces que ces derniers ont laissées s'échelonnent de la période pharaonique au règne du roi Farouk. Les puits anciens et autres vestiges le long de la route évoquent l'histoire séculaire de cette ancienne piste marchande. A l'époque gréco-romaine, des tours de guet se dressaient sur ce parcours, suffisamment proches pour communiquer par signaux.

Par les temps qui courent, la police n'apprécie pas tellement que des étrangers empruntent cette route. Essayez de monter dans le premier bus du matin, au départ d'Al-Quseir ou de Qena (à 7h dans les deux sens) qui vous dépose au Wadi Hammamat. Au retour, tentez d'attraper le bus suivant 4 ou 5 heures plus tard. A défaut, vous pouvez toujours négocier la course avec un chauffeur de taxi.

MARSA ALAM

Marsa Alam est un petit village de pêcheurs à 132 km au sud d'Al-Quseir. Une route le relie aussi à Edfou à travers 230 km de désert. La région vit de l'exploitation des mines de phosphate, même si le tourisme tend à supplanter cette activité. L'agglomération forme un "T" constitué par la jonction de la route d'Edfou et de la route côtière. Au sud de cette jonction, le centre présente une petite galerie commerçante incongrue abritant une pharmacie, une école et un central téléphonique d'où l'on peut parfois appeler à l'étranger. Un aéroport est en cours de construction à mi-chemin entre Marsa Alam et Port Safaga.

L'endroit se prête principalement à la plongée et au snorkeling. Voyager au sud de Marsa Alam requiert actuellement un laissez-passer militaire émis au Caire. Par conséquent, vous n'aurez sans doute pas la possibilité de profiter de la plage prisée des amateurs de snorkeling, à 7 km au sud de la ville. De nouveaux complexes sont sur le point d'ouvrir dans cette zone et vont permettre ainsi la libre circulation des touristes, pour le meilleur et pour le pire.

A 145 km au sud-ouest, le **mausolée de Sayyed ash-Shadhli**, un cheikh du XIIIe siècle révéré comme l'un des maîtres du soufisme, se tient dans le Wadi Humaysara au milieu du désert. Le roi Farouk a fait restaurer la tombe en 1947. Une route asphaltée y conduit à condition de franchir avec succès les différents postes de contrôle. Des milliers d'Égyptiens assistent à son *moulid* célébré chaque année le 15 du mois de Shawal.

Où se loger

Unique lieu d'hébergement de la ville, la ***resthouse (istiraha) de la compagnie Pharaoh's Gold Mining*** est souvent entièrement occupée par les employés. Cependant, rien ne vous empêche de tenter votre chance. Elle comprend trois maisons dans la partie nord de la ville, à environ 700 m de l'embranchement d'Edfou.

Trois camps de plongée bordent la côte au nord de Marsa Alam.

Le ***Coral Cove Beach Safari*** (☎ *364 7970*) se trouve à 7 km au nord de la ville. Lové autour de deux baies azurées, il dispose de dix tentes semi-permanentes et de douches à l'alimentation en eau limitée. Il fait payer la somme rondelette de 55 £E en demi-pension et de 70 £E en pension complète. Par contre, vous pouvez planter votre tente moyennant seulement 15 £E. Attention, car la plage au nord du cap principal est minée. Pour rejoindre le camp, vous pouvez négocier avec un taxi de Marsa Alam (10-15 £E), prendre le bus ou faire du stop.

Le ***Red Sea Diving Safari*** (☎ *339 9942, fax 349 4219*), à Marsa Shaqara, à 20 km au nord de Marsa Alam, appartient à Hossam Helmi, un avocat et militant écologiste amateur de plongée. Composé de 10 tentes, de 10 huttes et de 10 chalets en pierre impeccables (30/40/50 $US en pension complète), il s'agit du gîte le plus confortable de cette partie du littoral. Vous n'êtes pas obligé de pratiquer la plongée pour profiter de ce site calme et splendide.

Le camp d'***Al-Nabaa***, à une vingtaine de kilomètres plus au nord, s'adresse principalement aux plongeurs. Il dispose de 30 tentes et de 10 bungalows en bois. Un hôtel de 100 chambres devrait voir le jour prochainement (20/30 £E la simple/double en pension complète).

Où se restaurer

Au niveau de la jonction, deux ***cafés*** servent du *ta'amiyya* peu appétissant à proximité de deux épiceries mal approvisionnées. Le jeune patron de la ***cafétéria***, près de la station-service, se montre très avenant. Dommage que la nourriture se limite à des sandwichs rassis, à des soupes instantanées et autres hamburgers surgelés. Une ***boulangerie*** se trouve juste à côté.

Comment s'y rendre

Le bus qui traverse le désert quitte Assouan à 6h15, s'arrête à Edfou entre 8h et 8h30 et arrive à Marsa Alam environ 3 heures plus tard. Il continue jusqu'à Bir Shalatein, mais vous avez actuellement peu de chances de franchir les postes de contrôle au sud de Marsa Alam. Le bus qui retourne à Assouan (10,50 £E) *via* Edfou (9 £E) part aux alentours de 7h du café situé au carrefour en T entre la route d'Edfou et la route côtière.

Trois bus assurent la liaison avec Al-Quseir (5 £E, 1 heure 30) à 2h, à 4h et à 17h. De là, des bus plus fréquents desservent les destinations du nord.

BERENICE

Le petit port et ville de garnison de Bérénice, à 150 km au sud de Marsa Alam, fut fondé en 275 av. J.-C. par Ptolémée II Euergetes et joua un rôle commercial jusqu'au Ve siècle. On peut admirer dans les environs le **temple de Sémiramis**. Les porte-avions de l'US Navy mouillent parfois dans les parages. Il s'agit apparemment d'une étape de ravitaillement des forces d'intervention rapide américaines. Vous n'êtes pas certain de pouvoir descendre aussi bas sur la côte, à moins de détenir le permis nécessaire pour circuler au sud de Marsa Alam.

BIR SHALATEIN

Ce petit village à 90 km au sud de Berenice marque la frontière administrative entre l'Égypte et le Soudan. L'Égypte considère néanmoins que la véritable frontière se situe 175 km plus loin au sud-est, après la ville de Halaïb, un ancien port important tombé dans l'oubli.

Cette zone concentre certains des plus beaux sites marins de la mer Rouge. Les centres de plongée installés au nord organisent de plus en plus d'excursions en bateau dans la région. Les plongeurs et les rares randonneurs du désert sont pratiquement les seuls à parvenir jusque-là.

Les permis doivent en effet être demandés longtemps à l'avance ou bien obtenus à coup de bakchichs par les différents clubs de plongée.

Plongée en mer Rouge

Formations coralliennes s'élevant telles des montagnes depuis les fonds marins ou récifs affleurant grouillant de vie, vertigineux à-pics ou épaves festonnées de corail, la mer Rouge constitue un véritable paradis pour les plongeurs. En 1989, une commission internationale de scientifiques et de défenseurs de l'environnement distingua la partie nord de cette étendue d'eau de 1 800 km de long parmi les sept merveilles sous-marines du monde. Depuis lors, cette partie du globe reçoit chaque année des milliers de visiteurs.

Cernée par le désert sur trois côtés, la mer Rouge se forma voilà 40 millions d'années, lorsque la péninsule Arabique se détacha de l'Afrique, laissant s'engouffrer les eaux de l'océan Indien. Bordée au sud par les 25 km du détroit de Bab al-Mandab, elle est en outre la seule mer tropicale entièrement fermée. Aucune rivière ne s'y jette et l'afflux de l'océan Indien est pratiquement négligeable. Avec des caractéristiques géographiques aussi singulières, auxquelles il faut ajouter le climat désertique et les températures élevées, cette mer accuse un haut degré de salinité. Par ailleurs, le vent souffle fort et elle n'est vraiment calme qu'une cinquantaine de jours par an.

Les sites de plongée se concentrent plutôt dans sa partie septentrionale. Les destinations les plus prisées englobent l'extrémité sud de la péninsule du Sinaï et, en particulier, la mince bande de terre qui s'avance dans l'eau, territoire du **parc national Ras Mohammed**, souvent baptisé le "joyau de la couronne de la mer Rouge". Autre site majeur : le **détroit de Tiran**. Grâce aux courants circulant dans cet étroit et profond chenal, les coraux prolifèrent et attirent une faune marine variée. Plus au nord, sur la rive égyptienne du golfe d'Aqaba, les récifs ne sont pas moins prisés des visiteurs. Enfin, dans la zone occidentale de la péninsule du Sinaï, le **détroit de Gubal** abrite une série de pics coralliens affleurants, où s'est heurtée la coque de plus d'un bateau naviguant vers le nord et le canal de Suez. C'est là qu'ont coulé la plupart des épaves d'Égypte, dont celle du célèbre cargo datant de la Seconde Guerre mondiale, le **Thistlegorm**.

Plus au sud, le long du littoral de la mer Rouge, les plus beaux récifs abondent autour de la kyrielle d'îles et d'îlots rocheux situés au large. Si l'accroissement incontrôlé du tourisme a endommagé la plupart

A ne pas manquer

- **Ras Mohammed.** Foisonnant de coraux et de poissons, ce parc national réputé dans le monde entier ne compte pas moins de 20 sites.
- **Le Thistlegorm.** Bombardée pendant la Seconde Guerre mondiale et découverte par Jacques Cousteau, c'est l'une des épaves les plus convoitées du globe par les plongeurs.
- **Le détroit de Tiran.** Une abondante faune sous-marine, une foisonnante variété de sites et un paysage vraiment spectaculaire.

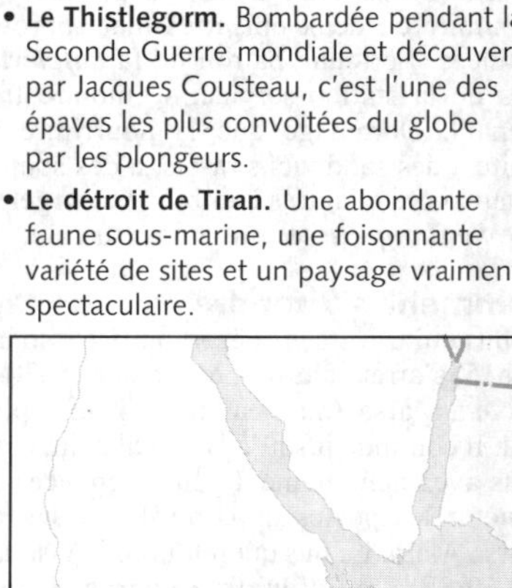

PLONGÉE EN MER ROUGE

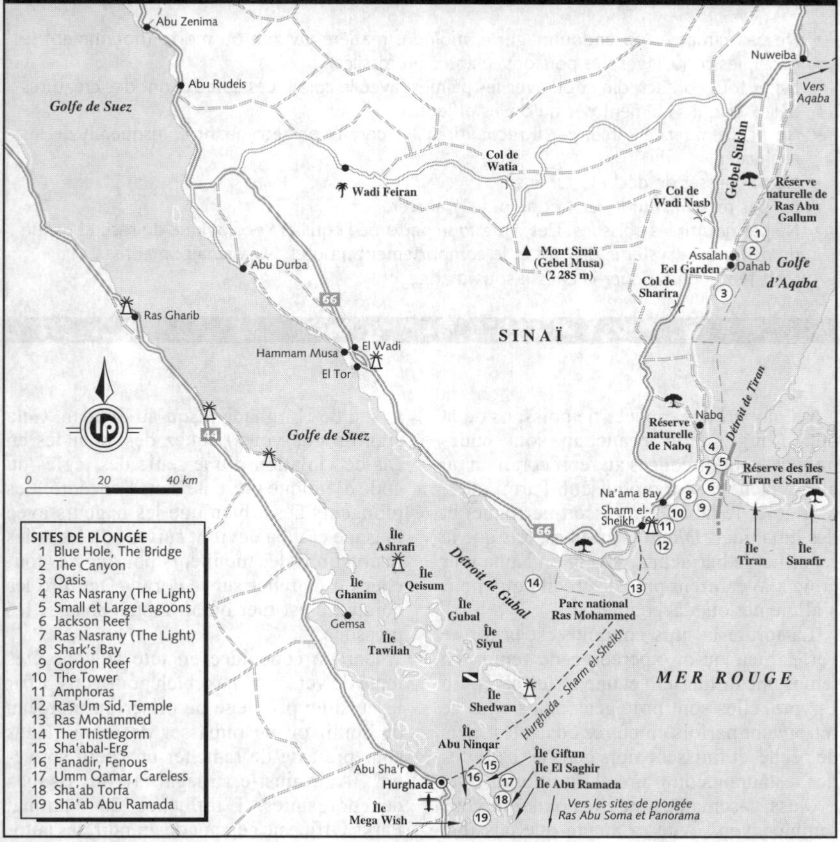

des récifs côtiers avoisinant Hurghada, on peut toutefois, plus au sud, accéder, même depuis le rivage, à des sites encore intacts.

LA FAUNE SOUS-MARINE

La mer Rouge foisonne de plus de mille espèces. Requins, raies, tortues, dauphins, coraux multicolores, éponges et autres invertébrés en tout genre prospèrent dans ces eaux.

Le corail est la composante principale d'un récif. Pendant des siècles, on a cru qu'il s'agissait d'une sorte de plante fleurie, on sait désormais qu'il s'agit en fait d'une forme de vie animale. On distingue aussi bien des coraux durs que des coraux mous, leur dénominateur commun étant les polypes qui les composent : de minuscules corps cylindriques dont l'orifice supérieur est entouré de tentacules urticantes, lesquelles piquent la proie et l'attirent dans ce qui sert d'estomac aux coraux. Pendant la journée, les coraux se rétractent dans leur calice calcaire.

Code d'éthique pour la protection des récifs

- Ne pas ramasser ou endommager la moindre matière vivante ou morte (notamment le corail, les coquillages, les poissons, plantes ou fossiles).
- Éviter tout contact, direct ou avec les palmes, avec le corail. Les coraux sont des créatures délicates qui s'abîment dès qu'on les effleure.
- Ne pas remuer le sable, car il recouvrirait les coraux en retombant et risquerait de les asphyxier.
- Ne pas laisser de déchets sur le site.
- Ne pas marcher sur le récif et ne pas s'y ancrer.
- Ne pas nourrir les poissons. Cette pratique perturbe l'équilibre écologique du récif et risque de dérégler le système digestif et le comportement naturel des animaux marins.
- S'abstenir de pratiquer la chasse sous-marine.

La plupart des espèces de poissons de la mer Rouge, dont beaucoup sont endémiques, sont inféodées au récif corallien où elles vivent et se reproduisent. Parmi elles, le mérou, le labre, le poisson-perroquet et des lutjanidés. D'autres groupes, tels que le requin et le barracuda, vivent en haute mer et ne s'aventurent près des récifs que pour s'alimenter ou s'accoupler.

La tortue la plus courante est la tortue verte, bien qu'on aperçoive de temps en temps une tortue-luth et une tortue caret. En Égypte, elles sont protégées, mais elles se retrouvent parfois empêtrées dans les filets de pêche, et finissent alors dans les assiettes des restaurants du Caire et du littoral.

Aussi fascinantes qu'elles puissent vous sembler, vous éviterez autant que possible d'approcher certaines créatures comme les oursins, le corail de feu, le poisson scorpion, la murène, le poisson-pierre et le baliste.

PROTECTION DES RÉCIFS

Les merveilles naturelles de la mer Rouge valent (beaucoup diraient "surpassent") les splendeurs de l'Égypte pharaonique, mais la vigilance s'impose pour éviter que les délicats récifs coralliens et la faune ne soient endommagés à jamais. La quasi-totalité du littoral égyptien bordant le golfe d'Aqaba constitue désormais un secteur protégé, de même que la zone côtière depuis le sud de Hurghada jusqu'au Soudan. Cela signifie que vous risquez des amendes en cas de violation d'une seule des règles du code d'éthique présenté dans l'encadré. Les plongeurs aussi bien que les nageurs avec masque et tuba devront suivre à la lettre les instructions des moniteurs pour *ne pas* toucher ou marcher sur le corail. Détruire les coraux, c'est tuer ou au moins chasser les poissons.

Gardez cette idée en tête si vous êtes tenté de verser un bakchich pour vous offrir le nuisible privilège de briser un morceau de corail ou de ramasser des coquillages sous prétexte de ramener un "petit souvenir". Agir ainsi est illégal et vous risquez des poursuites. L'influence du National Parks Office ne cessant de grandir, les autorités sont de plus en plus strictes avec les contrevenants et le contrôle des bagages aux frontières. On peut non seulement vous infliger une amende, mais aussi vous interdire de plonger à nouveau dans le secteur.

En plus du code cité en encadré, voici quelques règles supplémentaires qui vous aideront à préserver l'environnement et la beauté des récifs :

- Ne portez pas de gants. Comme vous ne toucherez pas à la faune et à la flore, ils sont inutiles. Le port des gants est interdit dans le parc national Ras Mohammed et dans les îles méridionales, mais certains clubs de plongée se montrent laxistes quant à l'application de cette règle.

- Soyez prudent avec vos palmes. Même en l'absence de tout contact, les mouvements des palmes près d'un récif peuvent abîmer de délicats organismes. Veillez à ne pas soulever le sable. En retombant, celui-ci peut étouffer les minuscules organismes du récif.
- Contrôlez votre flottabilité. La mer Rouge étant très salée et donc plus porteuse, vous devrez ajouter des plombs pour compenser. Veillez à être correctement lesté et à ce que votre ceinture soit bien placée, pour vous maintenir à l'horizontale.
- Redoublez de prudence dans les cavités sous-marines. Passez le moins de temps possible à l'intérieur, car vos bulles d'air prises au piège sous la voûte rocheuse risquent d'assécher des organismes jusque-là submergés et donc de les faire périr.
- Résistez à la tentation de ramasser ou d'acheter des coraux ou des coquillages. Outre les dégâts causés à l'environnement, emporter ce type de souvenirs nuit à la beauté du site, tout en gâchant le plaisir des visiteurs suivants. La même règle s'applique aux sites archéologiques sous-marins (épaves de bateau, pour la plupart). Ils sont protégés par la loi égyptienne et les autorités sont très sévères avec les contrevenants.
- Veillez à ramasser vos éventuels détritus, ainsi que ceux que vous pourriez trouver sur place. Le plastique, en particulier, constitue une sérieuse menace pour la faune et la flore sous-marines. Ainsi, une tortue peut prendre un sachet pour une méduse et le manger.

Un nouvel état d'esprit

Sous la forte pression du public, le gouvernement égyptien a décidé de rouvrir quinze îles de la mer Rouge aux plongeurs et aux nageurs avec masque et tuba. A l'origine, elles étaient interdites en raison de l'impact destructeur du tourisme sur les récifs coralliens, réputés abriter certains des plus merveilleux sites sous-marins au monde. Les zones de plongée au large des îles Zabargad, Rocky, Brothers et Abu Kizan n'accueillent en ce moment que deux circuits par semaine, avec un maximum de six bateaux par sortie (pas plus de 15 plongeurs par bateau).

SITES DE PLONGÉE

Loin d'être exhaustive, la liste qui suit recense les sites les plus fréquentés.

Secteur de Dahab

Bells (les Cloches). Falaise qui s'adresse uniquement aux plongeurs assez expérimentés.

The Blue Hole. Un trou de 80 m de profondeur dans le récif, situé à quelques mètres à peine du rivage. Site malgré tout dangereux, à réserver aux plongeurs confirmés. Sachez qu'il n'y a rien à voir tout au fond et, selon certains directeurs de clubs, la réputation de ce site est largement surfaite.

The Bridge. Voisine du Blue Hole, cette déclivité dans le récif attire davantage de créatures marines que le Blue Hole lui-même. Par ailleurs, elle se situe assez près de la côte pour être observée avec un simple masque et un tuba.

The Canyon. Site de plongée populaire mais dont l'approche risque de sembler pénible au plongeur non aguerri. Depuis le rivage, vous nagez en tuba le long du récif, avant de vous immerger, en passant devant un mur de corail, jusqu'au bord du Canyon. Parmi les sites voisins intéressants, on citera Canyon's Table, Abu Talha et Abu Helal.

Eel Garden (le jardin aux Anguilles). A 15 minutes à pied au nord du phare d'Assalah, voilà un lieu très prisé des nageurs en tuba, qui convient aussi aux plongeurs débutants. La profondeur maximum atteint 17 m et le fond est sablonneux.

The Islands (les îles). Une série de pinacles coralliens à 18 km environ au sud de Dahab.

Oasis. Un endroit écarté, remarquable par la variété de sa vie marine, à 8 km de la ville de Dahab. Voisin du site The Three Pools (Trois Bassins).

Secteur de Sharm el-Sheik et de Na'ama Bay

Notez que, pour les plongeurs, l'île de Sanafir est interdite et qu'il est strictement défendu de débarquer sur l'île de Tiran, minée.

Small Lagoon et Large Lagoon. Au large de la pointe nord-ouest de l'île de Tiran, on découvre un récif peu profond et l'épave du *Sangria*. Les courants sont violents et il existe un point de mouillage, de sorte que les bateaux ne jettent pas l'ancre. Un peu plus bas, Large Lagoon comprend un récif grouillant de vie.

Jackson Reef. A mi-chemin entre l'île de Tiran et le continent, l'endroit abrite des requins et de gros poissons pélagiques (de pleine mer). Le tombant atteint 70 m et le site ne s'adresse pas aux débutants, d'autant que les courants sont puissants.

Gordon Reef. Proche de Ras Nasrany, l'endroit recueille les suffrages des plongeurs expérimentés. Requins et poissons de haute mer y ont élu domicile, et on peut en plus y inspecter une épave. Thomas et Woodehouse Reefs ne sont pas mal non plus.

Ras Nasrany. Deux sites méritent votre attention ici : The Light (la Lumière) et The Point (la Pointe). L'endroit offre des tombants de 40 m, où pullulent quantité de poissons de roches et de haute mer.

Shark's Bay. Parfait pour les débutants, le site plaît aussi aux plongeurs plus expérimentés, avec son récif bien pentu et un profond canyon au large. Réputé pour les raies manta.

The Tower. Au sud de Na'ama Bay, on est ébloui par cette paroi qui dégringole à 60 m, alors qu'on se trouve à peine au large des côtes. Les couleurs vives du site combleront les photographes.

Amphoras. Site également baptisé "Mercure". Un galion turc repose au fond. Les traces de sa cargaison de mercure sont encore visibles parmi les coraux. D'ici à Ras Um Sid, on trouve les sites de Turtle Bay, Paradise et Fiasco.

Ras Um Sid. Un site de choix, donnant sur un versant profond, d'accès facile et tout près du phare. Le splendide jardin corallien attire de multiples espèces de poissons. Comme un certain nombre d'hôtels se partagent la petite plage locale, les plongeurs qui n'en sont pas clients doivent utiliser le chemin d'accès à gauche du phare.

Temple. Trois grands pics émergeant à la surface, depuis une profondeur d'une vingtaine de mètres, juste autour de la pointe.

Ras Mohammed. L'un des sites de plongée les plus réputés au monde. Afin de protéger le parc national maritime, le nombre des bateaux de plongée est limité et l'accès à la mer restreint à des zones bien précises. La réserve abrite vingt sites, dont Shark Observatory, Sting Ray Alley et Eel Garden… des noms de lieu fort évocateurs ! Une épave (à 10 ou 15 m) a répandu des centaines de cuvettes de toilette au fond de l'eau, tandis qu'au sud-ouest vous inspecterez l'épave du *Dunraven*, un vaisseau britannique qui sombra (et se retourna) en 1876, lors d'une traversée de Bombay à Newcastle (Angleterre). De nombreux clubs associent l'exploration de cette épave à celle du *Thistlegorm*.

Le Thistlegorm. Découverte par Jacques Cousteau dans les années 50, il s'agit sans doute de l'épave la plus prisée du Sinaï. Il s'agit d'un navire militaire britannique qui fut bombardé et coulé avec sa pleine cargaison de matériel de guerre (tanks, Jeeps, fusils…) au cours de la Seconde Guerre mondiale. Redécouverte en 1993, à une profondeur de 17 à 35 m au nord-ouest de Ras Mohammed, elle représente à l'heure actuelle l'épave incontournable de la mer Rouge (bien qu'on l'ait d'ores et déjà dépouillée de ses souvenirs de guerre). Mieux vaut prévoir une excursion avec une nuit sur place, car il faut 3 heures et demie de traversée en bateau pour y aller, au départ de Sharm el-Sheikh. La mer est souvent agitée.

Sha'ab Abu Nabas. Un groupe de petites îles submergées à l'embouchure sud du détroit de Gubal, et qui ont percé davantage de coques que tout autre récif depuis l'ouverture du canal de Suez en 1869. L'un des plus célèbres navires de ce cimetière marin n'est autre que le *Carnatic*, qui sombra en 1879 ; avec ses barrots en bois détériorés, il est quasiment devenu un récif à lui tout seul. Les plongeurs fréquentent assidûment le site, ainsi que les épaves de deux cargos grecs, le *Giannis D* et le *Chrisoula K*, qui coulèrent tous deux au début des années 80. Les trois vaisseaux se trouvent à 45 mn de traversée en bateau, depuis Ras Mohammed, mais on y accède également au départ de Hurghada (2 heures de traversée).

Hurghada et Safaga

Le développement touristique effréné de ces dernières années a littéralement saccagé les récifs proches de Hurghada, si bien qu'aujourd'hui les plongeurs chevronnés se rabattent sur des sites plus au large, souvent à 2 heures de bateau de la station balnéaire. Certains choisissent simplement de plonger plus loin le long de la côte. Grâce aux efforts enfin déployés en matière de protection de l'environnement, la situation a une chance de s'améliorer. Voici une sélection des meilleurs sites aux environs de Hurghada et de Safaga :

GLENN BEANLAND

THOMAS HARTWELL

Les eaux turquoise de la mer Rouge attirent les plongeurs du monde entier. Les récifs coralliens de Sharm el-Sheikh constituent un endroit idéal pour découvrir la faune marine avec masque et tuba

THOMAS HARTWELL

JM BRETTELL

La mer Rouge est riche de plus de 1 000 espèces marines. Bon nombre d'entre elles sont endémiques et la barrière de corail constitue leur biotope privilégié

Attention au Ptéroïs, poisson magnifique mais venimeux

JM BRETTELL

Les coraux sont fragiles : abstenez-vous de les toucher lors d'une plongée

JM BRETTELL

RAFEL AL MA'ARY

Dissimulée dans une crevasse du récif corallien, une gobie guette sa proie

RAFEL AL MA'ARY

Un poisson clown et une anémone

RAFEL AL MA'ARY

Surprenant nudibranche tacheté

RAFEL AL MA'ARY

Étonnante circonvolution corallienne à côté d'un massif de gorgones rouges

Shedwan Island. Longue de 25 km, elle attire, avec ses longues falaises abruptes, requins et autres pélagiques. A sa pointe nord, on découvre Blind Reef, un autre tombant. Accessible en bateau depuis Hurghada.

Sha'ab al-Erg. Récif en forme de fer à cheval, doté d'un lagon peu profond, il est célèbre pour ses dauphins et ses raies manta. Le lieu reçoit parfois la visite de requins à pointe blanche.

Umm Qamar. Ce long et étroit récif à une 1 heure 30 de bateau environ, au nord de Hurghada, plonge abruptement à l'est. De sublimes coraux mous et violacés forment trois tours, cernées par des poissons de verre.

Careless. Récif au milieu de la mer, à 5 km de l'île de Giftun, parfois interdit d'accès en raison de courants puissants et capricieux. Réputé pour ses deux ergs, qui s'étendent sur un plateau débouchant sur une descente vertigineuse ; ils sont entourés d'une forêt de coraux foisonnante de poissons (dont un groupe de murènes).

Fanadir. Récif très fréquenté, proche de Hurghada. Ses jardins coralliens conduisent à un haut-fond qui plonge dans les abysses. Si différentes espèces de poissons abondent, l'endroit est surtout connu pour ses poissons pierre et ses poissons scorpion. Fréquenté aussi par les dauphins.

Fanous. Constitué de deux récifs, Fanous-Est et Fanous-Ouest, à environ 45 minutes de Hurghada. Renommé pour ses dauphins et quelques poissons plus rares, qu'on aperçoit à l'occasion, ainsi que pour ses splendides pinacles coralliens.

Giftun Islands. Ces îles très courues, Giftun Kebir (Grande Giftun) et Giftun Sughayer (Petite Giftun), auxquelles on accède après une courte traversée depuis Hurghada, sont entourées de prodigieux récifs, grouillant de vie marine. Elles englobent les sites de Hamda, de Banana Reef, de Sha'ab Sabrina et d'Erg Somaya.

Sha'ab Torfa. Long récif en forme de croissant formant un détroit entre les îles Giftun et où abondent plusieurs types de coraux regorgeant de poissons, dont le poisson-clown.

Sha'ab Abu Ramada. Situé à 11 km environ au sud-est de Hurghada, ses énormes légions de poissons ont valu à l'endroit le surnom d'"aquarium".

Tobia Arbaa. Juste au sud de Ras Abu Soma, cet ensemble de sept ergs haut de 12 m présente des coraux et une faune de toute beauté.

Gamul Sughayar. A 15 minutes à peine de Port Safaga, c'est le second d'une chaîne de récifs qui se déploient vers le nord depuis l'île de Safaga. On peut y plonger par tous les temps. Il est célèbre pour sa colonne creuse, où se nichent des gorgones et pour, bien sûr, l'abondance de sa faune et de sa flore marines.

Panorama. Il encercle une petite île, pourvue d'une balise, à un peu plus d'une heure au large de Safaga. Un plateau de 15 à 25 m mène à un à-pic impressionnant. Les gros poissons y ont élu domicile et l'on peut admirer des tortues, des barracudas, diverses espèces de requins, des raies et des dauphins.

Îles du sud

Les îles du sud, nettement moins fréquentées, offrent de nouvelles sensations aux plongeurs qui souhaitent sortir des sentiers battus. Quatre îles situées dans les eaux territoriales plus au sud, **The Brothers** (Small Brother et Big Brother), **Zabargad, Rocky** et **Abu Kizan**, sont réputées offrir certains des sites les meilleurs et les plus convoités de la mer Rouge. Toutefois, on vient seulement de les rouvrir au public, après une interruption de trois ans durant laquelle on a mis sur pied un plan de conservation et de gestion des sites, tout en installant des bouées d'amarrage. L'accès est strictement réglementé, à tel point qu'un seul bateau, l'*Orchid I*, a eu la permission d'y mouiller dans les six premiers mois qui suivirent la réouverture ; récemment, l'*Oyster* s'est aussi vu accorder ce droit. Ici, les visiteurs doivent avoir effectué au moins cinquante plongées. Il est défendu d'accoster sur l'île ou de plonger la nuit, et le règlement des parcs nationaux s'applique : pêche interdite et port des gants interdits. On doit obtenir une autorisation pour chaque sortie en mer et un gardien du parc accompagne les bateaux, pour s'assurer du respect des règles et surveiller le site.

Si l'on vous propose une excursion dans ces endroits reculés, mieux vaut appeler le bureau du parc national de Hurghada ou de Sharm el-Sheikh pour vérifier que le bateau a reçu son accord ; sachez que si les autorités vous surprennent à bord d'une embarcation non autorisée, vous risquez la confiscation de votre matériel ou de vos affaires personnelles, ainsi que l'emprisonnement. Sachez également que les courants sont forts et la mer souvent houleuse. Mais si les conditions atmosphériques le permettent, vous serez récompensé par des récifs tout à fait spectaculaires et encore vierges, sans parler de l'étonnante faune marine.

CENTRES DE PLONGÉE

A mesure qu'on aménage le littoral du Sinaï et de la mer Rouge, les clubs de plongée ne cessent de proliférer. Presque toutes les grandes stations balnéaires de la région possèdent un centre de plongée. Il existe aussi de plus petites structures, dont certaines fonctionnent depuis longtemps, tandis que d'autres, uniquement installées pour tirer un rapide profit de l'engouement pour ce loisir, peuvent fermer du jour au lendemain. Bref, vous n'aurez que l'embarras du choix. Qu'il s'agisse de clubs décontractés ou de structures plus formelles et plus chic, les deux critères qui devront vous guider sont la sécurité et l'attention portée à l'environnement.

Sécurité

Il n'existe aucun organisme officiel supervisant les clubs de plongée égyptiens, et si la plupart sont bien équipés et emploient des professionnels, ce n'est malheureusement pas le cas de tous. Mieux vaut donc bien se renseigner avant d'opter pour tel ou tel établissement. Parmi, les mesures de sécurité de simple bon sens, citons les suivantes :

- Prenez le temps de visiter plusieurs centres de plongée et de sentir celui qui vous convient le mieux
- Si vous n'avez pas plongé depuis plus de trois mois, faites quelques plongées de réadaptation.
- Si vous prenez des cours, choisissez un centre dans lequel un moniteur parle votre langue.
- Veillez à ce que votre équipement soit propre et entreposé à l'abri du soleil.
- Vérifiez que tous les tuyaux, embouts et valves ne fuient pas.
- Assurez-vous que les combinaisons soient en bon état.
- Vérifiez que le bateau dispose d'oxygène, en cas d'accident.
- Si vous plongez dans la région du Sinaï, demandez si le club reverse 1 $US par plongeur et par jour pour le caisson de décompression ; c'est à ce genre de détail qu'on juge si l'organisme se préoccupe réellement de sécurité·

Brevets de plongée

Les centres de plongée proposent des brevets de différents organismes reconnus dans le monde entier : PADI, NAUI, SSI et CMAS. PADI demeure le plus répandu. Les prix varient peu d'un centre à l'autre. Pour un stage PADI de 5 jours, sanctionné par un brevet, prévoyez entre 250 et 330 $US. En comparant les tarifs, vérifiez s'ils comprennent les frais de délivrance du brevet. Dans le cas contraire, comptez un supplément de 30 $US.

Au cours de la formation, vous apprendrez des réflexes qui, une fois sous l'eau, deviendront une seconde nature. Ils consistent en une série de cours théoriques, où vous apprenez les principes et les rudiments de la plongée ; viennent ensuite des exercices dans un bassin, que prolongent des séances en mer, dans des sites sécurisants. Si vous n'avez jamais plongé, tous les clubs proposent un baptême qui coûte entre 35 et 50 $US, équipement compris.

La plupart des centres organisent également des formations pour des plongeurs déjà brevetés. Comptez 220 $US pour le brevet Advanced Open Water.

Équipement

Tous les centres louent des équipements, souvent à des prix compétitifs. Certains plongeurs préfèrent cependant apporter leur propre matériel, notamment le masque, les palmes et le détendeur. Par jour, comptez en général 4 $US pour un masque et 1 $US pour un tuba, tandis qu'un équipement complet revient à entre 20 et 35 $US la journée.

Paradoxalement, malgré la chaleur intense du désert, les eaux de la mer Rouge se révèlent parfois fraîches, aussi est-il nécessaire de plonger avec une combinaison. Elles se louent de 6 à 20 $US par jour.

Sorties en mer

Lorsque vous avez choisi un club, renseignez-vous sur son planning de sorties. En effet, certaines d'entre elles sont réservées aux confirmés. Pourtant, il arrive que des centres peu scrupuleux embarquent des novices vers des destinations demandant un bon niveau de plongée. Un club digne de ce nom ne procède pas ainsi.

Si vous rejoignez les réserves de Ras Mohammed ou de Nabq, prévoyez 5 $US de droit d'accès au parc, en supplément du coût de la séance de plongée. N'oubliez pas votre passeport. La visite des épaves du détroit de Gubal entraîne souvent des frais en sus. En principe, comptez un supplément de 15 à 20 $US pour explorer celle du *Dunraven*. Les sorties d'une journée au départ de Sharm el-Sheikh, pour l'exploration sous-marine du *Thistlegorm,* s'échelonnent entre 75 et 100 $US, selon que le repas est compris ou non.

De nombreux centres organisent des croisières plongée (de une nuit à deux semaines) vers des sites reculés. Le choix est vaste, notamment dans la région de Hurghada, et même si vous pouvez négocier avec le capitaine, les arrangements se font en général par l'entremise des clubs, dont la plupart sont propriétaires d'au moins un ou deux bateaux. Demandez à voir le navire avant de vous engager et, si l'excursion s'avère particulièrement bon marché, vérifiez si les frais de plongée et de repas sont inclus.

Centres

Sharm el-Sheik et Na'ama Bay. Il existe des dizaines de centres dans ce secteur. Voici les coordonnées des clubs les plus réputés :

African Divers (☎/fax 660 307, african@sinainet.com.eg). PADI, NAUI, CMAS, SSI. Dirigé par Claude et Liza Antoine, le club dispose de son bateau pour les croisières plongée. Établi de longue date et réputé pour s'occuper individuellement de chaque plongeur.

Anemone (☎ 600 995, anemone@sinainet.com.eg). PADI, NAUI, SSI. Centre décontracté, installé au Pigeon House Hotel.

Aquamarine Diving Centre (☎ 600 276, fax 600 176). PADI. Basé au Novotel, c'est un club renommé, offrant un large éventail de possibilités, ainsi que des formations par le biais du Red Sea Diving College.

Aquanaute (☎ 600 187, fax 600 619). PADI. Organisme belge jouissant d'une bonne réputation, situé non loin du village de New Tiran.

Camel Dive Club (☎ 600 700, fax 600 601, reservations1@cameldive.com). PADI, CMAS, NAUI, SSI. Juste en face de Sanafir, un centre hautement respecté et tenu par un plongeur de la région, Hisham Gabr, qui a une longue expérience du Sinaï. Il comprend aussi des aménagements pour les handicapés.

Oonas Diving Centre (☎ 600 581). PADI. Situé à l'extrémité nord de la baie, c'est un centre sympathique et très fréquenté, d'autant plus que les tarifs s'avèrent assez modérés (compte tenu de ceux pratiqués d'ordinaire à Sharm el-Sheikh). Les stagiaires peuvent loger sur place, moyennant 40/60 $US la simple/double climatisée, avec le petit déjeuner. Consultez également *Circuits organisés*, dans le chapitre *Comment s'y rendre*.

Red Sea Diving College (☎ 600 313, fax 600 312, e-mail : college@sinainet.com.eg). PADI. Ce centre ne propose que des formations et un hébergement abordable pour ceux qui les suivent : formule bed and breakfast en dortoir climatisé (8 lits) à 10 $US la nuit.

Sinai Divers (☎ 600 150, sinai-divers@sinainet.com.eg). PADI, CMAS, SSI. Implanté au Ghazala Hotel, ce club consent une remise de 20% aux membres du Cairo Divers Group.

Subex (☎ 600 100). CMAS. Club de plongée suisse, au sein du Mövenpick Hotel. Des années d'expérience dans la mer Rouge.

Dahab. Outre le fait que les récifs du secteur sont somptueux, vous trouverez à Dahab des circuits combinant méharée et plongée. La plupart comprennent une journée d'excursion en Jeep et à dos de dromadaire, le long de la côte désertique, avant de rejoindre un site de plongée isolé, au large. Vous pouvez passer la nuit sur place ou revenir le soir même. Bref, c'est une façon originale d'associer la balade dans le désert à l'exploration sous-marine. Dahab compte à l'heure actuelle 22 clubs, même si tous ne jouissent pas de la meilleure réputation. Voici la liste des plus renommés :

Club Red (☎ 640 380, clubred@intouch.com). PADI. Passages de brevets et sorties plongée.

Fantasea Dive Centre (☎/fax 640 043, fdc@intouch.com). PADI, SSI. Tenu par Chris Harding et Mohammed Rafaie, un couple australo-égyptien propriétaire du club et venant de s'installer à l'extrémité nord d'Assalah. A l'époque de la rédaction de ce guide, le centre construisait un site d'hébergement pour les plongeurs. Il propose des circuits méharée/plongée d'une journée à 85 $US.

Inmo (☎ 640 370, fax 640 372, www.inmodivers.com). PADI. Dirigé par Mohamed et Ingrid al-Kabany. Comptant parmi les premiers clubs de Dahab, son attrayant complexe, coiffé d'un dôme, abrite un hôtel et un restaurant, tout en offrant la gamme complète des prestations d'un centres de plongée. Son circuit méharée/plongée de trois jours vous entraîne dans des secteurs vierges, au sud de Dahab, et revient à 115 $US la journée. Vous pouvez contacter les responsables directement sur leur site Internet.

Nesima Dive Centre (☎ 640 320, fax 640 321, nesima@intouch.com). PADI. Bien géré et hautement réputé, ce centre appartient au militant écologiste et ancien plongeur Sherif Ebeid. Homme de la région, il possède en outre un agréable hôtel (voir *Où se loger* dans le chapitre *Le littoral de la mer Rouge*). Prévoyez 85 $US pour un circuit méharée/plongée d'une journée.

Sphinx Dive Centre (☎ 640 458, fax 640 032, sphinx-d@intouch.com). PADI, NAUI. Tenu par l'énergique Arman Gazeryan, ce club jouit d'une bonne renommée, d'autant qu'il compte parmi les rares à n'être pas uniquement certifié PADI.

Nuweiba. A l'inverse des stations balnéaires plus au sud, celle-ci ne compte que trois clubs.

Aquasport (☎ 520 321, fax 520 327). PADI. Situé dans le complexe du Nuweiba Hilton Coral Resort, ce club propose les habituelles formations à 275 $US, plus 80 $US pour tous les extras.

Diving Camp Nuweiba (☎ 500 402). PADI, CMAS. Géré par Hartmut Jannsen et Sylvia May, au sein du Helnan Nuweiba Hotel, ce centre organise les formations classiques, mais à des tarifs nettement plus élevés que les clubs de Dahab ou de Na'ama Bay. Prévoyez 330 $US pour le brevet CMAS pour débutants, avec 25 $US en sus pour les fournitures et les frais administratifs. Ce centre a été critiqué pour avoir ancré sur les récifs coralliens ; vérifiez si la situation a évolué avant de vous inscrire.

Scuba Divers La Sirène (☎ 500 701, fax 500 702, SCUBA@gega.net). SSI. Centre sous direction allemande, qui propose aussi bien des plongées sur la côte que des circuits (pour 2 personnes minimum) de deux à sept jours, moyennant 115 $US environ la journée.

Hurghada et littoral de la mer Rouge. Comme les récifs au large de Hurghada ne sont plus aussi fastueux que par le passé, autant opter pour des croisières plongée, de plusieurs jours à une semaine, englobant des sites éloignés, depuis l'île relativement proche de Shedwan jusqu'aux rivages de Marsa Alam. Avec plus de cent vingt-deux clubs implantés dans le secteur, la liste qui suit n'est qu'une modeste sélection :

Aquanaut Red Sea (☎ 549 891, fax 547 045, peterd@hurghada.ie-eg.com). PADI. Membre fondateur du Hurghada Quality Dive Club, qui regroupe des clubs soucieux de préserver un niveau minimum de sécurité et de qualité des prestations. Personnel polyglotte et deux bateaux spécialement conçus pour la plongée et les croisières plongée.

Daly Dive (Au Caire, ☎ 383 0447, fax 338 3470, dalytv1@intouch.com). Centre de plongée bien établi à Al-Hamrawein, à 65 km au sud de Safaga, disposant de son propre bateau de plongée. Très prisé des groupes de plongeurs européens.

Jasmin Diving Centre (☎/fax 446 455, jasmindc@intouch.com). PADI, SSI. Au sein du Jasmin Hotel de Hurghada, ce centre est aussi membre du Hurghada Quality Dive Club. Organise des croisières plongée à partir de ses propres bateaux.

Red Sea Diving Center (☎ 442 960, fax 442 234, wrkneip@intouch.com). PADI, SSI, CMAS. Centre de plongée établi de longue date et dont la réputation n'est plus à faire. Anciennement connu sous le nom de "Rudi Kneip", c'est un autre membre fondateur du Hurghada Quality Dive Club. Il dispose de six bateaux et dispense des cours en anglais et en allemand.

Red Sea Diving Safari (☎ 337 1833, fax 349 4219, redseasaf@hotmail.com). A Marsa Shagara, non loin de Marsa Alam, ce club dirigé par l'écologiste Hossam Hassan est installé dans une baie paisible et préservée. Il possède deux bateaux pour les plongées au large.

Red Sea Scuba Schools (☎ 444 854). PADI. Situé dans le complexe Hilton de Hurghada, ce centre dispose aussi d'une annexe à Sharm el-Sheikh. Également connu sous le nom "Emperor Divers".

Shams Safaga Diving Center (☎ 451 781, fax 451 780). PADI. Centre de plongée réputé du complexe Shams Safaga Resort, sur le point d'ouvrir un nouveau "divers lodge" (gîte de plongée) à une quarantaine de kilomètres au sud de Marsa Alam.

Sharm al-Naga Dive Center (☎ 444 109, willys@red-sea.com). PADI, CMAS, NAUI. Direction hollandaise pour ce club niché dans une baie isolée entre Hurghada et Safaga, à Sharm al-Naga (sur la route de Safaga). Les cours sont donnés en six langues différentes et l'organisme propose un hébergement sous tente pour les plongeurs, ainsi que des croisières.

Sub Aqua (☎ 442 473, subaqua@red-sea.com). PADI, NAUI, CMAS. Annexe du Diveteam Sub Aqua, de l'hôtel Sofitel, à Hurghada, un club qui se spécialise dans la plongée aux quatre coins du monde.

Subex. Cet organisme suisse très connu dispose de trois centres sur la côte : Subex Hurghada (☎ 547 593, fax 547 471), à Ad-Dahar ; Subex Paradiso (☎ 547 934, fax 547 933), à Al-Ghouna ; et Subex Quseir, à l'hôtel Mövenpick de Quseir (☎ 432 100, fax 432 124).

CONSEILS POUR PLONGER EN TOUTE SÉCURITÉ

Chaque année, on recense plusieurs accidents mortels de plongée en mer Rouge. Dans la presque totalité des cas, ils sont dus au non respect des règles de sécurité et à l'imprudence de plongeurs, souvent expérimentés.

Débutants : passez à l'acte !

Envie de voir sous la surface ? Faites donc un "baptême" qui vous permettra de ressentir vos premiers émois subaquatiques. Il s'agit d'une balade sous-marine d'une vingtaine de minutes, encadrée par un moniteur, dans un site très sécurisant. L'Égypte présente des conditions idéales pour s'initier : eaux cristallines et chaudes, personnel compétent et matériel performant.

Commencez par rechercher un centre de plongée qui vous inspire. Comme pour toute activité nouvelle, la relation de confiance est essentielle pour la réussite d'un baptême. Frappez à plusieurs portes, posez des questions, sentez l'ambiance. Aucune formalité n'est requise. Les seules contre-indications sont d'ordre médical : affections O.R.L. graves, épilepsie et pathologies cardio-vasculaires (infarctus, etc.), rhume, sinusite et… grossesse. Quant aux enfants, grâce à un matériel adapté, ils peuvent faire un baptême dès 8 ans.

Le baptême se déroule en tête à tête ou en petit groupe avec un moniteur. A terre, celui-ci vous explique brièvement les règles élémentaires de sécurité (communication par signes : "ça va", "ça ne va pas", manœuvre d'équilibration des oreilles) et vous présente le matériel (masque, palmes, détendeur, bouteilles d'air comprimé, stab, ceinture de plombs). L'ensemble vous paraîtra peut-être encombrant mais, une fois sous l'eau, vous serez étonné de l'aisance de vos mouvements. Vient ensuite l'immersion. Le moniteur vous équipe et vous prend en charge. Premier essai de respiration dans le détendeur, en surface. Sur un petit fond (environ 5 mètres), dans un site calme, il vous fait descendre en douceur et ne vous quitte pas des yeux. Au fond, il guide vos évolutions, pendant une vingtaine de minutes. Vous n'avez qu'à respirer et à vous griser d'images, en apesanteur ! Si vous êtes très timoré, demandez à faire un baptême dans la piscine d'un hôtel. Vous aurez ainsi de l'eau jusqu'à la taille et vos appréhensions (claustrophobie, peur d'étouffer, etc.) se dissiperont.

Conquis par ces sensations nouvelles ? Lancez-vous dans une formation débutant, proposée par des organismes internationaux (PADI, CMAS, SSI), tous représentés en Égypte. Les formations, standardisées, sont assurées par les centres de plongée. Avec un brevet (comptez trois à quatre jours), vous pourrez, comme avec un permis, plonger partout dans le monde entier.

Voici quelques règles de bon sens pour plonger en toute sécurité :

- Ne buvez pas d'alcool avant une plongée. Sur 160 cas sérieux observés en 1997 par les responsables du caisson de décompression de Sharm el-Sheikh, 46% des sujets avaient bu la veille au soir. L'alcool déshydrate, surtout dans un climat aussi sec que celui de l'Égypte, et il augmente le risque de malaise lors de la décompression.
- Si vous prenez le moindre médicament sous contrôle médical, informez votre médecin de votre intention de faire de la plongée. En effet, certains médicaments modifient le métabolisme.
- Ne vous surestimez pas. Les eaux claires de la mer Rouge hypnotisent les plongeurs au point que certains oublient que les limites de la plongée loisir se situent à -30 m.
- Ne prenez pas l'avion dans les 24 heures qui suivent une plongée, et n'allez pas non plus en altitude ; ainsi, attendez un jour avant d'effectuer une excursion au monastère Sainte-Catherine ou dans les montagnes du désert d'Arabie.
- Repérez bien l'embarcation de votre centre de plongée. En effet, certains sites sont surfréquentés et il est facile de perdre sa palanquée.
- Contractez une assurance couvrant les risques liés à la plongée. Les centres les plus réputés l'exigeront. La plupart des clubs sérieux peuvent vous proposer une assurance. Le caisson de recompression de Sharm el-Sheikh peut également vous venir en aide.

En cas d'urgence

Notez que le canal VHF d'urgence est le 16.

Sharm el-Sheikh
(☎ 660 922/3) Hyperbaric Medical Center. Caisson de recompression dirigé par le Dr Adel Taher (☎ portable 012-212 4292)

Hurghada
(☎ 442 625, fax 442 255). Le centre de recompression du village de Megawish est dirigé par le Dr Hossam Nasef (☎ 442 625, portable 012-218 7550).

Les personnes suivantes sont des spécialistes de la médecine hyperbare : Dr Wael Nasef (☎ 442 350), Dr Ehab (☎ 442 519), Willy Schmidhamer (auxiliaire médical, ☎ 444 109).

RENSEIGNEMENTS COMPLÉMENTAIRES

Certes, il existe une pléthore de beaux livres sur la flore et la faune de la mer Rouge, lesquels sont en vente dans les librairies d'hôtel et dans les stations balnéaires, mais les guides de terrain s'avéreront plus utiles pour les plongeurs. Parmi les meilleurs, citons : *The Red Sea Diver's Guide : Volume 2, From Sharm el-Sheikh to Hurghada*, par Shlomo et Roni Cohen. Il vous fournira des descriptions détaillées et illustrées sur les sites de plongée des alentours de Sharm el-Sheikh et de Hurghada, ainsi que des renseignements sur les courants et la faune locale.

La première ONG (organisation non gouvernementale) écologiste, HEPCA, a publié son propre guide des sites de la région de Hurghada et de Safaga : *The Official HEPCA Dive Guide*. Disponible au bureau de l'organisation, à Hurghada (consultez la section consacrée à cette station), il vous coûtera 70 £E, les bénéfices servant à financer l'entretien des bouées d'amarrage installées par l'association dans le secteur. L'ouvrage s'attarde sur 46 sites avec des dessins et des croquis et contient même un petit index sur les poissons.

Sur Internet, le "Centre de plongée virtuelle" du gouvernement égyptien propose d'excellentes descriptions détaillées de plus de 73 sites, ainsi que les différents niveaux de compétence nécessaires aux plongeurs (même s'ils sont légèrement sous-estimés). Allez sur le site www.touregypt.net et cliquez sur "Red Sea Virtual Diving Center". Moins informatif, mais parfois utile, le site www.red-sea.com recense les centres de plongée et les bateaux de croisière plongée.

Le Sinaï

Région d'une incroyable et impressionnante beauté, le Sinaï a été un lieu de refuge, de conflits et de curiosité durant des milliers d'années. Situé entre l'Afrique et l'Asie, il est bordé au nord par la mer Méditerranée et s'avance au sud en péninsule dans la mer Rouge, entre les golfes d'Aqaba, à l'est, et de Suez, à l'ouest. Au sud, l'arrière-pays voit se succéder des rangées de sommets brun-rouge dénudés et découpés, entourés de plaines désertiques pittoresques à la sécheresse implacable. Le Sinaï offre de nombreux contrastes depuis les dunes et les marais de son littoral bordé de palmiers au nord, jusqu'aux superbes récifs coralliens de la mer Rouge.

A l'époque pharaonique, les carrières du Sinaï fournissaient en abondance turquoise, or et cuivre. Du fait de sa situation stratégique, ce "Pays de la Turquoise" que convoitaient les bâtisseurs d'empire fut l'enjeu d'innombrables guerres.

Le Sinaï est le "grand et terrible désert" de la Bible que le peuple d'Israël traverse pour gagner la Terre promise. C'est au sommet du mont Sinaï qu'il entend Dieu prononcer les Dix Commandements.

Le Sinaï fait aujourd'hui l'objet de projets de développement et de "reconstruction" comme ce fut le cas pour la Nouvelle Vallée du Désert occidental dans les années 70 et 80, période à laquelle on encouragea les fellaheen (paysans) en manque de terre dans la vallée du Nil surpeuplée à aller s'implanter dans les oasis. L'État égyptien a percé un nouveau canal, le canal Al-Salam, pour amener de l'eau douce du canal de Suez dans les diverses zones du nord du Sinaï. Des routes sont goudronnées et des usines de dessalement d'eau de mer sont en cours d'installation dans les villes du littoral. Le tourisme a connu un important développement ces quinze dernières années, en particulier dans le sud-est. Des études estiment que la ville touristique de Sharm el-Sheikh a vu sa

A ne pas manquer

- **La mer Rouge.** Perdez-vous dans un autre monde en plongeant au milieu des merveilles sous-marines du parc national Ras Mohammed.
- **Embarquez pour un circuit méharée/plongée.** Mariez l'aventure dans le désert et sous la mer grâce aux Bédouins de Dahab.
- **Randonnée.** Découvrez les oasis cachées et les sources des montagnes au cours d'une randonnée dans l'austère désert du Sinaï.
- **Lever de soleil sur le mont Sinaï.** Laissez-vous inspirer par les pentes de la montagne sur laquelle Moïse reçut les Dix Commandements et contemplez les premières lueurs du jour sur les montagnes.
- **Le Coloured Canyon.** Laissez-vous prendre par l'étrange silence de ce canyon, une merveille géologique.
- **Serabit al-Khadim.** Allez voir dans cet ancien temple et cette ancienne mine jusqu'où l'attrait de la turquoise menait les pharaons.

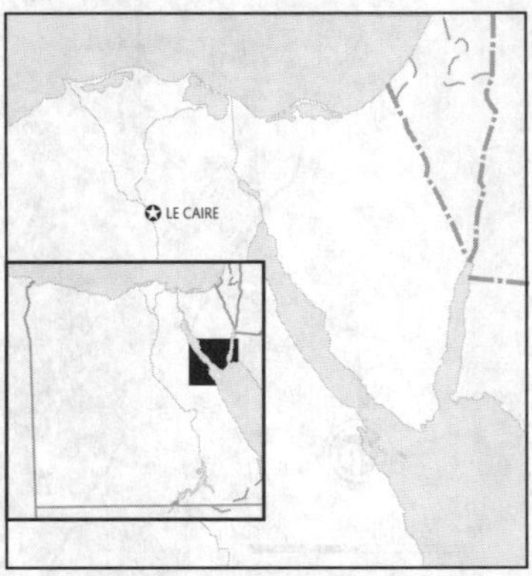

LE SINAÏ

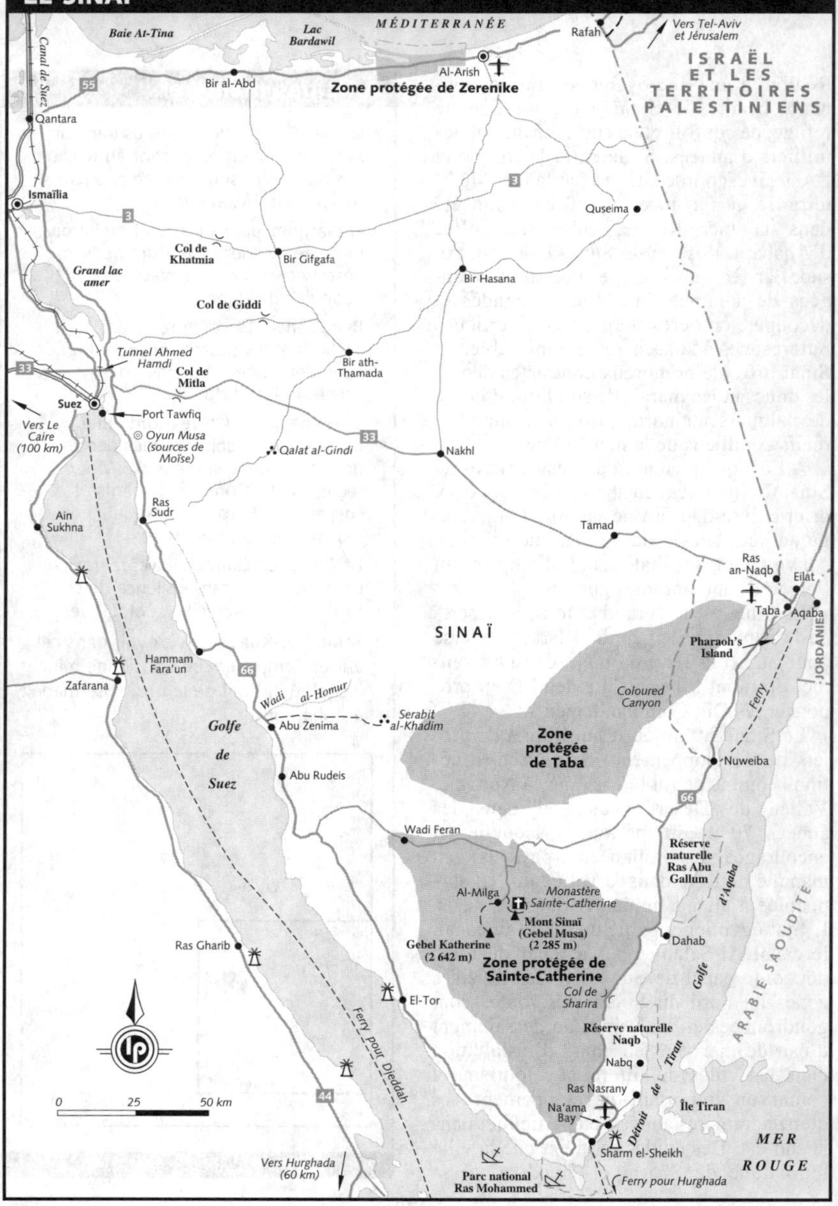

SINAÏ

population multipliée par huit durant la dernière décennie. Les habitants du Sinaï, les Bédouins, sont désormais en minorité sur leur terre natale. Ils n'ont guère les moyens de résister à tous ces changements.

Géologie

C'est dans le Sinaï que la géologie de l'Égypte présente certains de ses aspects les plus étonnants : montagnes de granit et de grès entaillées par de profonds wadi et récifs de coraux ceinturant la péninsule. C'est à cet endroit même qu'il y a quelques 40 millions d'années les plaques continentales arabique et africaine ont commencé de se séparer, donnant ainsi naissance au golfe de Suez. Il est assez peu profond (95 m), comparé au golfe d'Aqaba, qui l'est beaucoup plus (1 800 m). Ce dernier, large de 14 à 25 km selon les endroits, fait partie du rift (une fissure de la couche supérieure de la terre) qui s'étend de la mer Morte, en Israël, jusqu'au Mozambique en Afrique du Sud, en passant par la mer Rouge, l'Éthiopie et le Kenya.

Climat

Il fait chaud dans le Sinaï. N'oubliez pas d'emporter toujours de l'eau avec vous, de vous couvrir abondamment de crème solaire, de porter des vêtements qui vous protègent des coups de soleil (mieux vaut mettre un T-shirt pour la baignade), et de vous abriter la tête sous un chapeau ou un foulard. En été, la température peut monter jusqu'à 50°C. Il fait très froid durant la nuit. Les journées peuvent être glaciales en montagne : emportez donc aussi des vêtements chauds. Pour camper dehors en hiver, il faut absolument un sac de couchage (on a déjà vu de la neige sur le mont Sinaï).

Renseignements

Visas. Pour entrer en Égypte par le Sinaï en venant d'Israël, il faut se munir d'un visa égyptien qu'il faut se procurer avant la frontière.

Si vous souhaitez seulement visiter le littoral oriental du Sinaï de Taba à Sharm el-Sheikh, vous pouvez obtenir un laissez-passer de 14 jours à la frontière. Pour plus de renseignements sur la passage d'Israël en Égypte, voir le chapitre *Comment circuler* ainsi que la rubrique *Taba* un peu plus loin dans ce chapitre.

Dans le Sinaï, on ne peut obtenir de prorogation de visa qu'au bureau d'El-Tor.

Argent. Changer de l'argent dans le Sinaï ne pose pas de problème. Les banques et les hôtels de Sharm el-Sheikh, de Na'ama Bay, de Dahab, de Nuweiba, de Taba, du monastère Sainte-Catherine et d'Al-Arish changent argent liquide et chèques de voyage. Elles acceptent parfois les cartes de crédit.

Sports nautiques

Si les eaux qui bordent le Sinaï sont surtout réputées pour la plongée sous-marine, elles sont aussi de plus en plus renommées pour d'autres sports nautiques. Vous pourrez découvrir des récifs spectaculaires avec un masque et un tuba. Tous les principaux centres touristiques offrent aussi des excursions en bateau à fond de verre. La plupart

Attention : mines terrestres !

Quoi que disent les tour-opérateurs locaux, certaines régions du Sinaï recèlent encore des mines terrestres datant de la guerre avec Israël. Ne vous fiez pas aux prestataires touristiques, aux panneaux ou aux barbelés pour vous indiquer les zones potentiellement dangereuses. Même en l'absence de toute indication, soyez très prudent et évitez de sortir des sentiers battus. Deux touristes américains ont été tués en 1995 pour être sorti des pistes avec un guide dans la région qui entoure la zone protégée très sillonnée de Nabq. De brusques crues entraînent parfois des mines au-delà de leur emplacement d'origine, si bien que même les Bédouins qui connaissent la région peuvent en être parfois les victimes. Ne quittez donc pas les pistes et n'explorez pas une plage vierge sans vous être assuré qu'elle ne présente pas de danger.

Respecter le délicat écosystème du Sinaï

Si le Sinaï est en grande partie un désert chaud et sec, il n'est pas pour autant dépourvu de vie. Il y règne un très subtil écosystème qui est menacé par la fréquentation touristique.

Le Sinaï offre un paysage unique de montagnes rocailleuses entaillées par des wadi asséchés dans lesquels réussissent à survivre des touffes noueuses de tamaris et, de temps à autre, un acacia. Bordant tout cela, un cordon de dunes littorales recèle toutes sortes de plantes qui tiennent de façon ténue à la vie dans son sol sablonneux. Une fois tous les dix ou vingt ans, quand des nuages d'orage s'accumulent sur les montagnes et laissent tomber des quantités d'eau colossales, ce paysage se transforme en une mer de verdure. Les graines enfouies dans le sol depuis des années s'épanouissent soudain pour donner naissance à la vie. Pour la faune du Sinaï, telle que la gazelle et le daman des rochers (comme pour les troupeaux de chèvres des Bédouins), ce sont là de rares moments d'abondance.

Jusqu'à récemment, les seules personnes qui circulaient dans cette région étaient les Bédouins sur leurs dromadaires. De nos jours, des groupes de touristes avides d'aventure et de sites vierges tracent leur chemin en creusant des sillons avec leurs 4x4 qui retournent la terre, déracinent les plantes et créent un phénomène d'érosion. Conscient de la menace qui pèse sur l'écosystème du Sinaï, les autorités ont interdit aux véhicules de sortir des routes dans certaines régions, telles que le parc national Ras Mohammed et les zones protégées de Nabq et de Ras Abu Gallum. D'ici peu, ces règles s'appliqueront aussi au Taba National Monument, au site du Coloured Canyon et à d'autres sites renommés à l'écart des routes. Mais édicter des interdictions et les faire réellement respecter dans des régions aussi vastes sont deux choses différentes. Même si des gardes patrouillent dans les zones protégées, c'est avant tout aux touristes de respecter les règles. Aussi, ne vous laissez pas convaincre par des guides trop zélés désireux de vous montrer quelque chose situé hors des sentiers battus. Si vous souhaitez véritablement explorer la région en profondeur, faites-le à l'ancienne, à pied ou à dos de dromadaire.

Autre nuisance liée au tourisme, les ordures. Chaque année, des volontaires ramassent sur les plages et dans les récifs des tonnes de détritus. En 1997, l'effort conjugué durant un mois des centres de plongée locaux et d'organisations non-gouvernementales pour nettoyer Dahab a rapporté un montant colossal d'immondices : 5 000 tonnes[3]. Fin 1998, Lonely Planet a contribué à une opération de nettoyage dans la zone protégée d'Abu Gallum. Au total, 640 kg de détritus ont été ramassés sur le seul récif. Sans parler de ce qui jonchait le sol. Emportez toutes vos ordures avec vous.

Tout n'est pas sombre pour autant. En dehors des opérations de nettoyage, de nouvelles zones protégées ont été instituées à Sainte-Catherine et autour de Taba. L'application de plus en plus stricte des règles des parcs nationaux dans d'autres zones protégées favorise le maintien de ces sites vulnérables face aux assauts du tourisme. Traitez le Sinaï avec soin, sur terre et sous la mer. Faites votre possible pour préserver la beauté de ce lieu exceptionnel.

des stations balnéaires proposent également du jet-ski, même si c'est illégal. Excursions en bateaux en forme de banane et parachute ascensionnel figurent parmi les autres activités proposées.

Avec les vents qui soufflent constamment de part et d'autre de la péninsule, les parties du littoral du Sinaï qui ne sont pas surexploitées offrent d'excellentes conditions de pratique du surf. L'un des endroits les plus réputés est Moon Beach Resort à Ras as-Sudr. Dahab est également célèbre pour ses vents offshore. Pour savoir quels sont les hôtels qui offrent la possibilité de pratiquer le surf, voir les rubriques correspondantes.

Comment circuler

Les quelques routes goudronnées à travers déserts et collines ne relient que les villages habités en permanence. Les transports en commun ne sont pas aussi réguliers que dans le reste de l'Égypte. On peut aller presque partout en bus tout en sachant qu'il n'y a généralement que deux liaisons par jour, voire une seule. Les taxis collectifs n'existent pas, du moins comme on l'entend généralement. Comme vous le diront les chauffeurs de Suez, en dehors de la route du littoral pour El-Tor, vous ne pouvez monter dans un taxi collectif qu'à condition de payer beaucoup plus cher que dans le reste de l'Égypte pour une distance similaire, et ce après avoir dûment négocié. Ceci tient au fait qu'il n'y a pas suffisamment de locaux qui ont besoin d'un système de transport vraiment organisé.

Si vous conduisez votre propre véhicule, vous verrez parfois des panneaux interdisant aux étrangers de quitter les routes. Ces interdictions sont rarement appliquées de nos jours, elles doivent néanmoins éveiller votre attention. Si vous roulez en hiver, n'oubliez pas qu'il pleut beaucoup plus dans le Sinaï que vous ne pouvez l'imaginer. Des inondations soudaines font souvent disparaître les routes goudronnées, en particulier autour du Wadi Feran. Les chauffeurs de taxi connaissent les endroits qui posent problème.

OYUN MUSA

Oyun Musa, ou les "sources de Moïse", est l'endroit où Moïse adoucit, dit-on, miraculeusement l'eau des sources trop amère pour être buvable en y jetant un arbre bien particulier, comme le lui avait conseillé Dieu.

Sept des douze sources d'origine subsistent encore, sources autour desquelles s'est développé un petit village. Les palmiers présentent un aspect inhabituel car ils ont été décapités durant les diverses guerres du Sinaï, et ils n'ont pas encore retrouvé leur état antérieur.

Oyun Musa se situe à 25 km au sud du tunnel Ahmed Hamdi, qui passe sous le canal de Suez, à proximité de Suez. Le camping de Oyun Musa peut vous accueillir, mais il ne dispose pas d'eau potable car l'eau de source est trop saumâtre.

Comment s'y rendre

Les bus qui vont du Caire (six par jour) et de Suez (ils partent à 11h et 15h) à Sharm el-Sheikh et au monastère Sainte-Catherine passent par Oyun Musa.

RAS AS-SUDR

La ville de Ras as-Sudr, ou Sudr, située à 60 km au sud du tunnel Ahmed Hamdi, s'est développée autour d'une des plus grandes raffineries de pétrole du pays. La proximité du tunnel lui a aussi valu de se convertir en station balnéaire. Au moment de la rédaction de ce guide, nombre de nouveaux villages touristiques, pour la plupart destinés aux week-ends des Cairotes, étaient en cours de construction (depuis 35 km au sud du tunnel jusqu'au sud de Sudr).

Où se loger et se restaurer

A une dizaine de kilomètres au nord de Sudr se trouve une série d'hôtels plus ou moins délabrés dont l'***Al-Mahrosa*** et le ***Mesalla Beach***. Le ***Banana Beach Village*** (☎/fax *247 5258*), rénové, loue ses chambres simples/doubles 100/140 £E en demi-pension. Le ***Helnan Royal Beach Hotel*** (☎ *400 101*), juste au sud de Sudr, offre les prestations habituelles des "resorts". Les chambres coûtent 70/90 $US, petit déjeuner et taxes non compris. Dans ses publicités, le Helnan se vante d'être une destination propice au surf, mais les vents sont peu fiables à cause de l'abondance de constructions dans le secteur.

Plus au sud, à environ 38 km de Ras as-Sudr, le trois-étoiles ***Moon Beach Resort*** (☎/fax *336 5103*) offre des bungalows en bord de mer avec balcon, clim. et réfrigérateur à 145/230 £E en demi-pension. Centre de surf réputé (voir plus haut la rubrique *Sports nautiques*), il propose des cours à 70 £E l'heure, équipement fourni, avec un tarif dégressif en fonction du nombre d'heures réservées. Des conditions intéressantes sont consenties aux surfers qui réservent depuis l'étranger.

Comment s'y rendre

Tous les bus allant du Caire et de Suez à Sharm el-Sheikh et au monastère Sainte-Catherine passent par Sudr. Comptez environ 1 heure 30 de trajet depuis Suez.

QALAAT AL-GINDI ET NAKHL

A environ 80 km au sud du tunnel Ahmed Hamdi se dresse Qalaat al-Gindi, une forteresse édifiée il y a huit siècles par Salah ad-Din. Au XIIe siècle, les musulmans venus d'Afrique et de la Méditerranée ont afflué dans le Sinaï alors qu'ils étaient en chemin vers La Mecque. Comme les routes caravanières convergeaient à Qalaat al-Gindi, Salah ad-Din construisit une citadelle pour protéger les pèlerins qui accomplissaient leur hadj. Il avait aussi l'intention d'utiliser cette forteresse, encore presque intacte de nos jours, pour lancer des attaques contre les Croisés, qui avaient alors atteint Jérusalem. Il réussit à les évincer de la Ville sainte avant même l'achèvement de sa forteresse.

Totalement à l'écart des sentiers battus, Qalaat al-Gindi est rarement visité. Depuis la côte, il faut prendre un embranchement à la hauteur de Ras as-Sudr. En l'absence de tout transport en commun, on ne peut s'y rendre qu'en taxi ou avec son propre véhicule.

En continuant une vingtaine de kilomètres vers le nord depuis Qalaat al-Gindi, on arrive à un embranchement pour Nakhl, situé 60 km plus à l'est. En plein désert, au beau milieu de la péninsule du Sinaï, cette petite localité compte environ 60 habitants. Elle possède un hôtel (si l'on peut dire) pour les rares voyageurs qui passent par là, mais aussi une station-service, un supermarché et une boulangerie.

HAMMAM FARA'UN

Situé à une cinquantaine de kilomètres au sud de Ras as-Sudr, Hammam Fara'un, ou les "bains du pharaon", possède des sources chaudes censées avoir des vertus curatives. Un grand panneau placé à l'entrée du site affirme qu'un immense établissement thermal cinq-étoiles va être construit. En attendant, la plage jonchée de détritus attire locaux qui viennent y passer la journée. Il est déconseillé aux touristes femmes de se baigner autrement qu'avec les jambes couvertes et un T-shirt bien ample.

Les bus venant du Caire ou de Suez (ou s'y rendant) peuvent vous déposer à l'embranchement pour Hammam Fara'un, qui se trouve à environ 1 heure 45 de Suez. La plage est proche de la grand-route.

SERABIT AL-KHADIM

Quelques-uns des projets de développement du Sinaï menés par l'Égypte concernent cette bande de littoral de 90 km de long située en bordure du golfe de Suez. La plupart de ces projets ayant trait à l'exploitation du pétrole offshore, la région est dénaturée par la prolifération des oléoducs, des derricks et autres structures.

La commune d'**Abu Zenima** abrite une usine de traitement du manganèse ainsi qu'une maison de repos en bordure de la grand-route où s'arrête le bus.

Juste après Abu Zenima, une sorte d'embranchement mène aux anciennes mines de turquoise et aux spectaculaires vestiges du temple pharaonique de **Serabit al-Khadim**. Malgré son emplacement très reculé, la mine de turquoise fut exploitée dès l'Ancien Empire. Le temple, qui date de la XIIe dynastie, est dédié à la déesse Hathor. Le sanctuaire qui le jouxte, et qui date du Nouvel Empire, est dédié à Sopdu, dieu du Désert oriental. Dans les nombreuses cours du temple se trouvent des inscriptions qui recensent les bienfaiteurs du lieu, parmi lesquels Hatshepsout et Thoutmosis III. Il fut, pense-t-on, abandonné sous le règne de Ramsès VII.

Dans le **Wadi Maragha** et le **Wadi Mukattab** (vallée des Inscriptions) voisins, d'autres inscriptions sur des stèles et sur la roche, dont certaines remontent à la IIIe dynastie, attestent également de l'exploitation de la turquoise dans la région. Malheureusement, de nombreux chantiers

SINAÏ

d'exploitation et des stèles ont été endommagés lorsque les Britanniques ont tenté, sans succès, de remettre en œuvre la mine, en 1901.

Serabit al-Khadim et ses environs sont devenus un pôle d'expédition dans le désert très couru. La plupart des établissements de Na'ama Bay vous proposeront de vous y emmener. Si vous y allez par vos propres moyens, mieux vaut le faire en 4x4. Suivez la route/piste qui part juste au sud d'Abu Zenima et mène dans le désert durant environ 39 km. Quand vous verrez une coupole blanche sur la droite, prenez la piste à gauche. Au bout de 3 km environ, vous arriverez au village de Sheikh Barakat. Vous pourrez trouver un guide pour vous conduire sur les sept kilomètres de piste restants pour atteindre le temple. Après quoi, il vous faudra grimper durant 40 à 45 minutes. Une autre piste relie le village à Wadi Feiran, à 40-45 km de là. Suivez bien les pistes et faites-vous accompagner par un guide, certaines des zones avoisinantes étant minées.

EL-TOR

Également connu sous le nom de **Tur Sinai**, El-Tor est la capitale administrative du gouvernorat du sud du Sinaï. C'est une ville en plein essor. Sa vaste avenue centrale large et propre, est bordée d'immeubles récents. Si vous décidez d'y séjourner, il existe deux ou trois hôtels en ville, tels que le ***Tur Sinai Hotel*** (☎ *770 059*), à la gare routière, qui loue des simples/doubles à 48/69 £E, ou le ***Lido Hotel*** (☎ *771 780*), près du front de mer, dont les chambres valent 20/30 £E, petit déjeuner non compris. El-Tor possède plusieurs banques et s'avère l'endroit le plus proche pour obtenir des prorogations de visa pour les stations de Sharm el-Sheikh et au-delà (pour ce faire, allez au Mogamma de la ville, le principal bâtiment administratif situé dans la rue principale, dans le centre).

LE PARC NATIONAL RAS MOHAMMED

Premier parc national d'Égypte, Ras Mohammed occupe la pointe la plus méridionale du Sinaï. Classé parc national marin en 1988, il a vu ses limites repoussées jusqu'à proximité de Sharm el-Sheikh l'année suivante. Il s'étend désormais sur 829 km^2 de terre et de mer, avec l'île de Tiran. Le cap de Ras Mohammed se situe à environ 30 km de Sharm el-Sheikh, sur la route d'El-Tor.

Le classement de ce parc a donné lieu à de nombreuses controverses, mais il a réussi a protéger le fragile environnement de cette région de la destruction qu'engendre la construction de nouvelles infrastructures sur le littoral de Sharm el-Sheikh. Les hôtels ne peuvent pas s'implanter dans la région. Seulement 12% du parc reste accessible aux visiteurs. Le nombre de bateaux autorisés à amener des plongeurs dans la zone a également été plafonné. Malgré ces restrictions, Ras Mohammed est le principal pôle d'attraction de presque tous les tour-opérateurs de Sharm el-Sheikh et de sa voisine Na'ama Bay. Le parc est ainsi fréquenté par plus de 50 000 visiteurs par an.

Deux entrées permettent d'accéder au parc, l'une au nord-ouest et l'autre au nord-est, plus près de Sharm el-Sheikh. Le centre d'accueil des visiteurs et le restaurant du parc se situent également au nord-est, dans une région connue sous le nom de Marsa Ghoslane. Vous pourrez obtenir un permis de camper (5 £E par personne et par nuit) en sachant que le camping n'est autorisé que dans des zones bien précises. L'accès des véhicules (5 $US par personne) est limité à certaines parties du parc. Pour des raisons de sécurité, il est interdit de quitter les pistes officielles.

Si vous campez, veillez à respecter l'environnement en laissant votre place impeccable après votre départ. Les gardes veillent à ce que les règles de campement soient parfaitement respectées. N'entrez pas dans les zones que vous savez être hors limites sous peine de poursuites. Pour circuler, il faut absolument disposer d'un véhicule ou se joindre à l'une des nombreuses excursions organisées en bus ou en jeep depuis Sharm el-Sheikh et Na'ama Bay. Quant aux plongeurs, ils accèdent plutôt par bateau.

Emportez votre passeport avec vous à Ras Mohammed. Les visiteurs qui disposent seulement d'un permis pour le Sinaï ne peuvent accéder à Ras Mohammed, qui se situe au-delà de Sharm el-Sheikh, limite du permis. Cependant, vous ne devriez pas avoir de problème si vous venez en bateau dans le cadre d'une plongée. En cas de doute, renseignez-vous auprès du club de plongée. Pour en savoir plus sur les activités sous-marines à Ras Mohammed même, consultez le chapitre *Plongée en mer Rouge*.

SHARM EL-SHEIKH ET NA'AMA BAY

La côte sud du golfe d'Aqaba, entre l'île de Tiran dans le détroit du même nom et le parc national de Ras Mohammed à la pointe du Sinaï, offre parmi les plus sublimes et les plus étonnants spectacles sous-marins. Les eaux cristallines, les superbes récifs et l'incroyable diversité de poissons exotiques font de cette région le paradis des plongeurs.

Na'ama Bay est une station balnéaire qui s'est développée à partir de rien, ou presque rien, depuis le début des années 80. Sharm el-Sheikh (ou Sharm), nettement plus ancien, doit son premier essor aux Israéliens lors de leur occupation de la péninsule (1967-1982). Toutes deux regardent vers Hurghada et alignent des séries de plus en plus denses de bâtiments et d'hôtels sur une côte jadis vierge. Bien que les deux localités soient distantes de six kilomètres, elles finissent par se rejoindre pour former une longue bande urbanisée. La plupart de ces constructions sont des "resorts" quatre ou cinq étoiles destinés aux groupes de touristes venus directement d'Europe. Autant dire que les voyageurs à petit budget ou ceux qui sont à la recherche de charme et de tranquillité n'ont guère de chance de trouver leur bonheur ici.

Renseignements

Bureau des passeports. Le bureau des passeports de Sharm el-Sheikh est ouvert tous les jours de 9h30 à 14h, sauf le vendredi. Les prorogations de visa ne peuvent s'obtenir qu'à El-Tor.

Police touristique. Il n'existe pas d'office du tourisme. La police touristique a son bureau sur les hauteurs à Sharm el-Sheikh et dispose d'une antenne près du Marina Sharm Hotel à Na'ama Bay.

Argent. La Banque Misr, la Bank of Alexandria et la National Bank of Egypt possèdent des agences à Sharm el-Sheikh (sur les hauteurs) et à Na'ama Bay. La Banque Misr accepte la MasterCard et la Bank of Alexandria la carte Visa. Pour l'American Express (Amex), il faut passer par l'Egyptian American Bank dans le souk, à côté du centre commercial de Na'ama Bay. Il est ouvert de 8h30 à 14h et de 18h à 21h du dimanche au jeudi, de 10h à 13h et de 18h à 21h le vendredi et le samedi.

Au moment de la rédaction de ce guide, il existait trois distributeurs automatiques à Na'ama Bay : dans le hall du Mövenpick Hotel, à l'entrée du Sanafir Hotel et à l'extérieur de la Banque Misr (sous Best Tours), dans le souk. Au moment de la publication de ce guide, il devrait aussi y avoir un distributeur à l'agence de la Banque Misr à Sharm el-Sheikh (à côté du central téléphonique).

Thomas Cook (☎ 601 808) possède un nouveau bureau dans la rue principale de Na'ama Bay, ouvert tous les jours de 9h à 21h. On peut y retirer de l'argent.

Poste et communications. La poste se trouve sur les hauteurs de Sharm el-Sheikh. Elle ouvre tous les jours de 8h à 15h, sauf le vendredi. Tout proche, le central téléphonique reste ouvert 24h/24. Il existe un certain nombre de téléphones à carte à Na'ama Bay, dont l'un au supermarché Shamandura et au moins deux sur la promenade de front de mer (l'un d'eux en face du Red Sea Diving College). Sachez toutefois que les boutiques du voisinage sont connues pour faire payer 30 £E une carte à 15 £E.

E-mail et accès Internet. Il existe un cybercafé/bar à Na'ama Bay juste à côté des planches du Hilton Fayrouz (15 £E/heure).

SHARM EL-SHEIKH

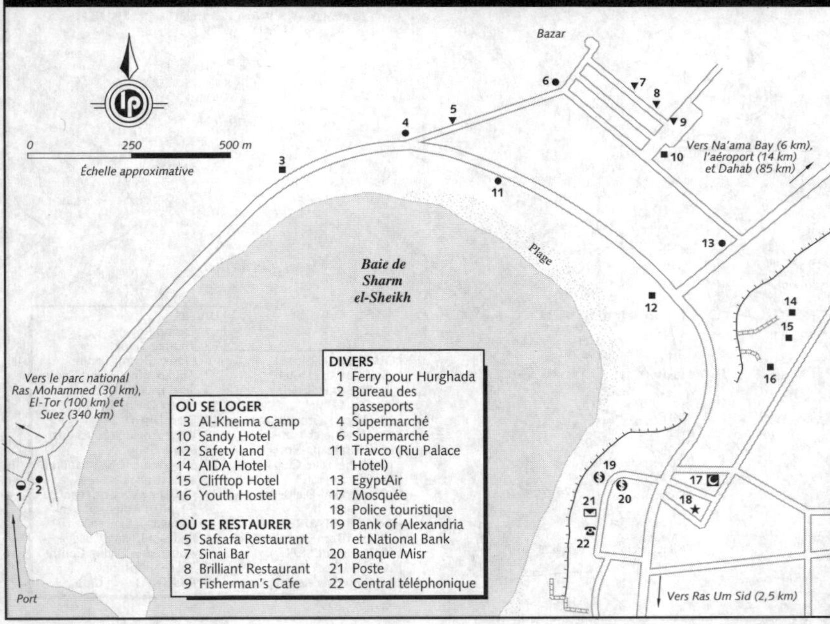

Le Sanafir Hotel a également l'intention de mettre en place un service Internet.

Photographie sous-marine. On peut facilement se procurer des appareils de photo sous-marins à Na'ama Bay. La plupart des clubs de plongée en louent. La chaîne Wide Angle possède des succursales près du Camel Dive Club, mais aussi sur la promenade en face du Red Sea Diving College. Ils louent des appareils de photo sous-marins à partir de 20 $US par jour et des caméras à partir de 60 $US.

Plongée sans bouteilles

Na'ama Bay abrite des récifs. Les plus beaux sont les étonnants Near et Middle Gardens, et le plus impressionnant, Far Garden. Le Near Garden se situe près de la pointe, à l'extrémité nord de la baie, juste en contrebas du Sofitel Hotel. Le Far Garden se trouve à quatre heures de marche de là, le long de la côte. Vous pouvez essayer d'aller à pied jusqu'aux récifs, mais vous risquez de trouver le passage bloqué du fait des grands hôtels nouvellement construits sur le rivage. Il vous faudra peut-être vous y rendre en bateau durant une excursion organisée par un centre de plongée. Quoi qu'il en soit, n'oubliez pas d'emporter avec vous beaucoup d'eau et de crème solaire.

Le site de Ras Um Sid, près du phare de Sharm el-Sheikh, se prête merveilleusement bien à la plongée sans bouteilles. La petite plage, plutôt surpeuplée, est aujourd'hui segmentée entre plusieurs établissements hôteliers. Les abords du phare, même s'ils ne recèlent pas de plage à proprement parler, sont accessibles gratuitement.

Il est possible d'accéder à certains sites plus éloignés en partant avec un bateau de plongée (renseignez-vous auprès des

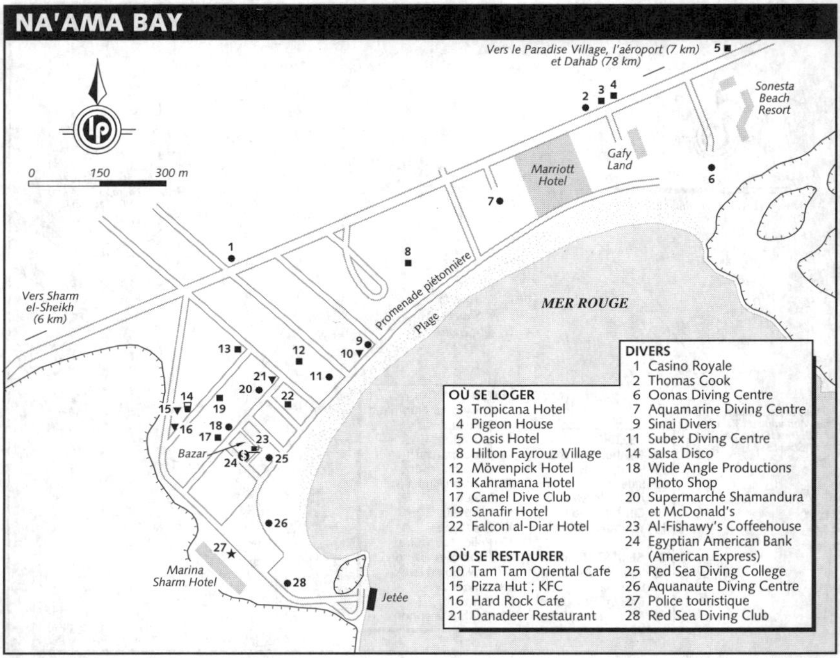

centres de plongée de la ville). Pour l'excursion de la journée, il faut compter entre 20 et 50 $US. Nombre de clubs organisent également des excursions de plongée sans bouteilles au parc national Ras Mohammed moyennant 50 $US ou plus. Cependant, les tombants ne sont pas idéaux pour la plongée sans bouteille et les courants peuvent être très forts.

La plupart des clubs de plongée louent des masques, des tubas et des palmes. N'oubliez pas que les mêmes règles de protection des récifs s'appliquent aux plongeurs sans bouteilles. Pour plus de précisions, consultez le chapitre *Plongée en mer Rouge*.

Plongée sous-marine

Sharm el-Sheikh est l'une des premières destinations au monde pour la plongée. Reportez-vous au chapitre *Plongée en mer Rouge*.

Autres sports nautiques

La plupart des grands hôtels offrent également la possibilité de pratiquer des sports ou autres activités nautiques, notamment la voile (35 £E l'heure), la planche à voile (40 £E l'heure), le parachute ascensionnel (120 £E l'heure), le pédalo (35 £E l'heure), des excursions en bateau à fond de verre (30 £E) et en bateaux-banane (25 £E les 15 minutes), etc.

L'accès à une piscine d'hôtel coûte environ 45 £E par personne et par jour. Toute la plage de Na'ama Bay appartient désormais à des hôtels. Si certains hôtels ne s'en soucient guère, la plupart obligent les non-résidents à payer pour rester sur leur plage. Il est interdit de se baigner à Na'ama Bay après 23h. N'oubliez pas que, malgré l'essor touristique de la région, les plages et les eaux de Na'ama Bay font partie de la zone protégée de Ras Mohammed : la même réglementa-

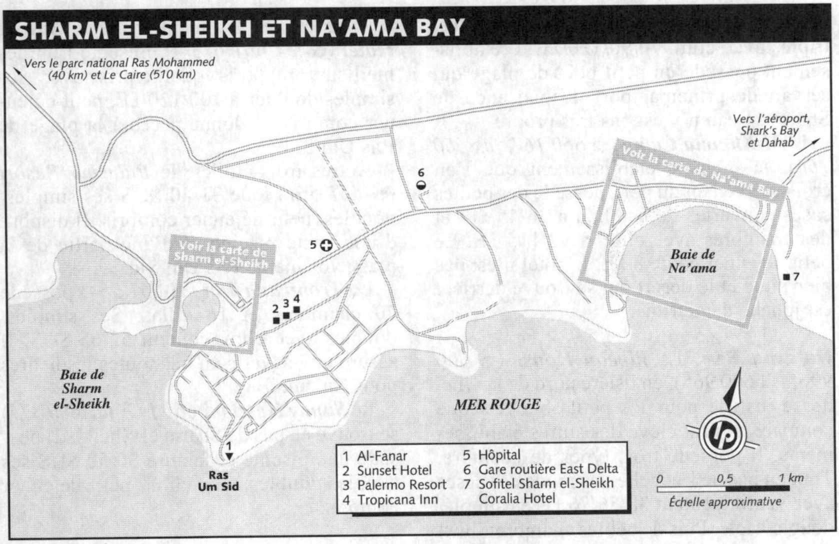

tion s'y applique. Pour plus de précisions, voir le chapitre *Plongée en mer Rouge*.

Méharées

Les méharées dans des "villages bédouins traditionnels" pour partager des "repas bédouins traditionnels", facturées de 35 à 60 $US, se réduisent souvent à un repas au milieu d'un vaste groupe de touristes. Si vous désirez vraiment découvrir le désert à dos de dromadaire et en compagnie de Bédouins, il vaut mieux négocier directement avec des Bédouins dans l'un des sites touristiques plus au nord, tels que Dahab.

Balades équestres

Quelques hôtels proposent des randonnées à cheval dans le désert. Mais il faut compter au minimum 10 $US l'heure, beaucoup plus cher que n'importe où ailleurs en Égypte. Si le prix ne vous rebute pas, adressez vous aux hôtels Oasis ou Sanafir à Na'ama Bay.

Excursions organisées

La plupart des plus grands hôtels et agences de voyages organisent des excursions en bus ou en Jeep au monastère Sainte-Catherine ou dans d'autres sites du désert, tels que le Coloured Canyon (voir la rubrique *Nuweiba* un peu plus loin dans ce chapitre) moyennant 45 $US au minimum. A Dahab ou Nuweiba, vous trouverez des conditions plus avantageuses.

Pour ceux qui visitent seulement le Sinaï, des excursions rapides sont également organisées au départ du Caire.

Où se loger – petits budgets

Sharm el-Sheikh. Le moins cher, mais en aucun cas le meilleur, reste la ***Youth Hostel*** (☎ *660 317*), l'auberge de jeunesse, perchée sur les hauteurs. Un lit dans un dortoir à huit vous coûtera 18,6 £E (19,6 £E pour les non-membres), sans le petit déjeuner. Elle est ouverte de 6h30 à 9h et de 14h à 22h et ne semble pas trop pointilleuse sur les cartes de membre.

Le ***Safety Land*** (☎ *660 359, fax 660 458*) était en rénovation au moment de la rédaction de ce guide. Selon la direction, les simples/doubles dans ses bungalows rénovés devraient coûter 37/54 £E, petit déjeuner non compris, et les simples/doubles/triples avec clim. 70/90/120 £E. L'établissement possède un petit bout de plage qui servait de principal port de plaisance de Sharm ; l'eau n'y est pas très propre.

L'***Al-Kheima Camp*** (☎ *660 167, fax 660 166*), le premier établissement que l'on croise en venant du port, possède des petites cases couvertes de bambou à 36/45 £E, et des chambres avec clim. à 92/115 £E. Le petit déjeuner coûte 8 £E. L'hôtel n'est pas bien situé et le désert qui se trouve derrière est jonché de détritus.

Na'ama Bay. La ***Pigeon House*** (☎ 600 996, fax 600 965), en lisière nord de la ville, ne se justifie pour les petits budgets que comparé au prix élevé des autres établissements. Il possède trois types de chambre. Tout en bas de l'échelle, les modestes cases avec ventil. coûtent 38/56/76 £E en simple/double/triple. Puis de petites chambres, bien que propres et confortables, sont facturées plus cher qu'elles ne le méritent : 65/85/105 £E. Dans les deux cas, les sanitaires sont communs. Les chambres de qualité supérieure avec clim. et s.d.b. reviennent à 120/170/205 £E. Ces tarifs pratiqués en été peuvent augmenter l'hiver. Et comme il s'agit là de l'hôtel le moins cher de la région, il affiche souvent complet, aussi pensez à réserver.

Le ***Red Sea Diving College*** et le ***Camel Divers*** proposent un hébergement plutôt bon marché réservé, toutefois, aux personnes qui suivent des formations de plongée.

Où se loger – catégorie moyenne

Sharm el-Sheikh. Une nouvelle série d'hôtels sortent de terre dans la zone de construction de Ras Um Sid, au-dessus de Sharm el-Sheikh.

L'un des premiers, le ***Clifftop Hotel*** (☎ *660 251*), qui dépend du groupe Helnan, offre des simples/doubles/triples raisonnables, avec TV, clim., réfrigérateur et s.d.b. à 50/65/78 $US, petit déjeuner compris. Y loger vous donne aussi accès à la plage du Marina Sharm Hotel.

Trois-étoiles flambant neuf, le ***Sunset Hotel*** (☎*/fax 661 673/4*) présente l'un des meilleurs rapports qualité/prix avec ses simples/doubles à 100/120 £E, petit déjeuner compris. Il donne accès à la plage de Ras Um Sid.

Autres trois-étoiles, le ***Palermo Resort*** (☎ *661 561*) loue 31/40 $US ses simples/doubles, petit déjeuner compris. Il dispose d'une vaste piscine et d'une partie de la plage voisine de Ras Um Sid.

Le ***Tropicana Inn*** (☎ *661 384*) possède 70 chambres et 16 villas. Ses simples/doubles avec clim. coûtent 52/65 $US. Il assure une navette en bus toutes les heures pour Na'ama Bay.

Le ***Sandy Hotel*** (☎ *661 177, fax 660 377*) se trouve en bas de Sharm el-Sheikh. Il possède une piscine et facture 30/50 $US ses simples/doubles avec clim., petit déjeuner compris.

Na'ama Bay. Le ***Sanafir Hotel*** (☎ *600 197, fax 600 196*) est l'un des meilleurs établissements de sa catégorie. Il propose deux types de chambres. Ses tarifs varient selon la saison. Comptez 64/78/99 $US pour une chambre "supérieure" avec clim. en simple/double/triple en basse saison, et 82/98/126 $US en haute saison. Le prix s'entend petit déjeuner compris, mais pas les taxes. Avec l'ajout de nouvelles chambres et d'une piscine, il a perdu de son intimité. Reste que ses anciennes chambres, avec leurs murs blanchis à la chaux, leur plafonds à coupoles et leurs lits en estrade auxquels on accède par deux ou trois marches, ont beaucoup de charme.

Moins joli, mais un peu moins cher, le ***Kahramana Hotel*** (☎ *601 071, fax 601 076*), situé un peu en retrait de la plage, loue ses simples/doubles 50/60 $US, petit déjeuner compris.

Le ***Tropicana Hotel*** (☎ *600 652, fax 600 649*), un nouvel établissement en bordure ouest de l'artère principale, ressemble à une pâle imitation du Sanafir (bien que plus cher). Les chambres avec clim., TV, téléphone et petit déjeuner reviennent à 70/90/110 $US. L'hôtel ne dispose pas d'accès direct à la plage, seulement d'une petite piscine d'où l'on jouit d'une belle vue sur les montagnes. Pratiquement en face, de l'autre côté de la rue, et disposant d'un petit morceau de plage, le ***Gafy Land*** (☎ *600 211, fax 600 210*) propose des chambres modernes, basses de plafond, avec TV, clim., téléphone, minibar et une grande s.d.b. à 60/70 $US, petit déjeuner compris, mais pas les taxes.

De l'autre côté de la rue, à l'extrémité nord de Na'ama Bay, l'***Oasis Hotel*** (☎ *602 624*) propose des chambres avec clim. et s.d.b. commune 32/39 $US, petit déjeuner compris (mais hors taxes). Il possède aussi des chambres avec s.d.b. à 37/44 $US et des cases en béton et roseau à 40/60 £E.

Pas très loin, à l'extrémité nord de la rue principale, le ***Paradise Village*** (☎ *601 280/8, fax 601 289*) loue ses simples/doubles/triples au prix relativement raisonnable de 130/200/270 £E. Ses hôtes ont accès aux équipements de la plage de Sonesta.

Où se loger – catégorie supérieure

Toute la côte au nord de Na'ama Bay a fait l'objet d'une véritable frénésie immobilière depuis deux ou trois ans. Elle est désormais bordée par un terrain de golf mais aussi par une série de "resorts", dont certains gigantesques, qui descendent en terrasse de la falaise jusqu'à la mer. A présent, les promoteurs s'intéressent à la zone de Ras Um Sid. La plupart de ces établissements visent une clientèle de groupes. Comme à Hurghada, ils offrent des tarifs beaucoup plus intéressants si l'on réserve de l'étranger. Sauf mention contraire, les prix des hôtels suivants comprennent le petit déjeuner mais pas les taxes.

L'***AIDA Beach Hotel*** (☎ *660 719, fax 660 722*) est l'un des meilleurs hôtels de Sharm el-Sheikh. Construites sur deux niveaux autour d'une vaste piscine, les chambres possèdent toutes la clim. et la TV par satellite. L'un des attraits de l'endroit est son bowling. Comptez à partir de 85 $US pour une double.

Na'ama Bay offre des prestations bien meilleures. Le ***Camel Dive Club*** (☎ *600 700, 600 601*), en haut de la promenade, est un petit hôtel agréable, aux chambres joliment décorées, qui dépend du centre de plongée du même nom. Antidote au gigantisme des établissements à la ronde, il est très bien tenu et dispose de cinq chambres spécialement équipées pour les personnes handicapées. Il possède aussi une piscine particulièrement bien conçue. Les simples/doubles reviennent à 75/94 $US, taxes comprises. Les clients qui pratiquent la plongée dans le centre bénéficient d'une réduction.

Le ***Falcon al-Diar*** (☎ *600 827*), en bas de la promenade, compte également parmi les plus petits hôtels. Comme ses grands voisins, il dispose d'une piscine, d'une plage et d'un restaurant, et se prévaut d'un cadre plus intime. Ses clients apprécient aussi son buffet. Les simples/doubles coûtent 88/110 $US, petit déjeuner non compris ; hors saison, les prix sont négociables.

Le ***Mövenpick Hotel*** (☎ *600 100/5, fax 600 111*) est un gigantesque établissement cinq-étoiles. C'est sans doute le plus grand et le plus massif ensemble de constructions édifié en front de mer. Cependant, si vous aimez l'aspect imposant des "resorts", vous serez comblé. Les simples/doubles les moins chères valent à partir de 90/130 $US (l'été) et 160/190 $US (l'hiver), taxes comprises. Si cela ne vous suffit pas, sachez qu'il existe aussi à 5 km à l'est de Na'ama Bay le nouveau ***Golf Hotel Sharm Mövenpick*** (☎ *603 200*) qui compte 270 chambres, un centre de conférence et un golf de 18 trous.

Moins gigantesque que le Mövenpick, le ***Hilton Fayrouz Village*** (☎ *600 137, fax 601 040*) propose ses bungalows de luxe, avec clim. le long de la promenade. S'il ne brille pas par son architecture, il bénéficie d'un bon emplacement et présente un caractère plus intimiste que ses voisins géants. Il dispose évidemment de piscines, de restaurants et d'équipements de plage. Les simples/doubles démarrent à 65/80 $US.

Dominant les falaises au nord de Na'ama Bay, le ***Sofitel Sharm el-Sheikh Coralia Hotel*** (☎/fax *626 000*) est l'un des plus récents et des plus luxueux établissements de la région. D'allure vaguement mauresque, ses chambres aux murs blanchis à la chaux sont décorées avec goût. Elles offrent des vues fabuleuses sur la baie. La cuisine passe pour l'une des meilleures de Na'ama Bay. Il faut compter 180/208 $US en simple/double.

Où se restaurer

Sharm el-Sheikh. Il existe deux ou trois petits cafés/restaurants dans le bazar derrière la gare routière. Le ***Sinai Star*** sert d'excellents poissons autour de 12 £E par personne.

Le ***Brilliant Restaurant*** offre un éventail de plats égyptiens traditionnels et des desserts à prix raisonnable. Un plat de poulet servi avec une salade vous reviendra autour de 15 £E.

Le ***Fisherman's Cafe*** propose du poulet ou du poisson accompagné de généreuses portions de riz, de salade, de tahina et de pain à 1 £E. La bière coûte 10 £E.

Le ***Safsafa Restaurant***, dans le vieux "centre commercial" de Sharm, est l'un des meilleurs restaurants de la région. Tenu par une famille, il ne compte que huit tables et passe auprès des habitants pour servir le poisson le plus frais de Sharm. La clientèle est plutôt familiale. Un plat de calamars et de riz, avec tahina et baba ghanouge, vous coûtera 18 £E. Le restaurant ne sert pas de bière.

L'***Al-Fanar***, sur la plage de Ras Um Sid, au pied du phare, est un restaurant de style bédouin en plein air, avec des alcôves. Ses prix ne sont pas très bon marché (un déjeuner vous coûtera plus de 30 £E), mais la vue sur la mer est merveilleuse. La cuisine est savoureuse et les bières fraîches (10 £E).

Si vous voulez dîner sous les étoiles, bercé par le clapotis des vagues sur la plage, essayez le ***Safety Land***. Ce n'est pas à proprement parler un restaurant, mais on sert des plats de poisson ou de calamar à 25 £E, et des en-cas (omelette et salade) à déguster quasiment les pieds dans l'eau. Les bières sont à un prix raisonnable (7,5 £E).

Pour faire vos provisions, vous trouverez un supermarché bien approvisionné dans le bazar.

Na'ama Bay. Les lieux où se restaurer abondent, mais n'espérez pas faire un repas bon marché (par rapport au reste du pays en tout cas). Les hôtels offrent un vaste éventail de restaurants aussi bien de fruits de mer que de cuisine thaï, onéreux.

Le ***Tam Tam Oriental Cafe***, l'un des restaurants les moins chers de Na'ama Bay, mérite sa réputation. Surplombant la plage, c'est un endroit agréable. Vous avez le choix entre toute une gamme de mets égyptiens, dont les mezzes à 3,75 £E la coupelle, le kushari à 7,5 £E et le pigeon rôti à 17 £E. Vous pouvez aussi fumer une chicha (pipe à eau) moyennant 3,5 £E.

Le ***Chef Jurgen's Restaurant***, du côté de la Pigeon House, justifie lui aussi sa renommée. Il offre des plats de pâtes à partir de 10,5 £E ainsi qu'un bon choix de plats végétariens, plus des fruits et des crêpes en dessert. La bière coûte 9,5 £E.

Également populaire, le ***Danadeer Restaurant*** (☎ *600 321*), situé à l'angle en face du Falcon al-Diar, du côté du Sanafir, propose un bon choix de fruits de mer et de plats égyptiens. Comptez 35 £E pour un plat de poisson.

Jouxtant le Kahramana Hotel, le ***Which Way Cafe*** permet de se restaurer à des conditions très raisonnables, grâce à des pizzas facturées à partir de 8 £E.

Si vous avez envie de changement, il existe un petit restaurant dépendant de la chaîne sino-cairote ***Peking*** dans le Sanafir Hotel, tandis que le Sofitel possède un restaurant indien, vivement recommandé mais onéreux, le ***Rangoli Restaurant***. Il est conseillé de réserver en haute saison.

Le ***Fishta Cafe*** du Sanafir Hotel propose des glaces Mövenpick à 5 £E et des chicha à 6 £E. Pour prendre un thé et fumer la chicha, vous pouvez aussi aller dans le centre commercial vous asseoir au ***Al-Fishawy's***, pâle imitation de son homonyme cairote.

Il existe ici aussi les habituels fast-foods : McDonald's, KFC et Pizza Hut se trouvent tous dans la rue qui part en face du Sanafir ou à proximité. Il y a même un ***Hard Rock Cafe*** (☎ *602 665*) ouvert depuis peu, très fréquenté par les jeunes bourgeois cairotes

SINAÏ

qui affluent ici le week-end et les jours fériés.

Où sortir

Étant donné l'affluence touristique, Sharm el-Sheikh possède un nombre croissant de bars et de lieux ou danser. Le club du moment est le ***Bus Stop*** du Sanafir Hotel qui demande un droit d'entrée de 20 £E. Le ***Salsa*** du Cataract Hotel est également couru.

Très fréquenté, pour boire seulement un verre, le ***Rooftop Bar*** du Sanafir Hotel, à Na'ama Bay, fait payer un prix minimum de 10 £E (les bières coûtent 8 £E).

Les plongeurs se retrouvent volontiers au ***Pirates Bar*** du Hilton Fayrouz Village qui propose un happy hour entre 17h30 et 19h30 (toutes les boissons bénéficient alors d'un rabais de 30%).

Le ***Harry's Pub*** du Marriott Hotel est un autre lieu de rendez-vous, plus onéreux, offrant un vaste choix de bières à la pression. Parfois, il organise des soirées spéciales avec bière à volonté à 20 £E.

Le ***Hard Rock Cafe*** attire les foules le soir. Il propose aussi des soirées spéciales pour pimenter les prestations habituelles de la chaîne.

Le ***Casino Royale*** du Mövenpick est le seul endroit de la ville où les visiteurs (les Égyptiens sont interdits d'entrée) peuvent risquer au jeu leurs devises.

Comment s'y rendre

Air. EgyptAir (☎ 661 056) possède une nouvelles agence dans Sharm el-Sheikh, près du départ de la route pour Na'ama Bay. La compagnie dessert tous les jours Le Caire (477 £E) et trois fois par semaine Hurghada (330 £E). Elle assure également des vols pour Louxor (415 £E) les jeudi et samedi.

Air Sinai offre actuellement un vol Le Caire-Sharm el-Sheikh tous les lundi, en hiver seulement. Ce vol est à destination de Tel-Aviv et coûte 477 £E l'aller simple.

Il existe pratiquement à longueur d'année des vols charters depuis un certain nombre de grandes villes d'Europe.

Bus et minibus. La gare routière se trouve à Sharm el-Sheikh. Les bus allant vers Dahab et au-delà s'arrêtent parfois sur l'artère principale de Na'ama Bay, mais ne comptez pas sur eux. De même, si vous prenez un bus vers Le Caire ou Suez, mieux vaut aller à la gare routière East Delta Co, située derrière la station-service Mobil, à mi-chemin entre Na'ama Bay et Sharm el-Sheikh. Pour Le Caire, il est vivement conseillé de réserver sa place.

Depuis Sharm el-Sheikh, les services directs pour Le Caire (7 heures) de East Delta Co les plus avantageux partent à 7h30, 10h30, 11h30, 12h30, 13h30, 15h et 16h30. Ils coûtent entre 40 et 50 £E (celui de 11h30 coûte 40 £E). Dans les quatre bus partant entre 22h et 24h, la place coûte 65 £E.

Superjet a un bus pour Le Caire (55 £E) qui part à 23h de son terminus proche de East Delta Co.

Une autre solution moins chère mais plus longue consiste à prendre un bus pour Suez, puis un autre bus ou un taxi collectif jusqu'au Caire (ou l'inverse dans l'autre sens). Les bus pour Suez (25 ou 30 £E, 5 heures 30) partent pratiquement toutes les heures, entre 7h et 23h.

Les sept bus pour Dahab (1 heure 30) partent à 6h30, 7h30, 9h, 15h, 17h, 21h et 24h. Le billet coûte 10 £E. Les bus de 9h et de 17h continuent sur Nuweiba (25 £E), celui de 9h allant même jusqu'à Taba (35 £E). Le bus de 7h30 va jusqu'au monastère Sainte-Catherine (25 £E).

Des minibus assurent également la liaison entre Sharm el-Sheikh, Suez et Le Caire, ainsi qu'avec Dahab au nord, mais ils ne sont pas très fréquents (renseignez-vous à la gare routière).

Bateau. Sauf en cas de panne ou d'autre problème, un ferry relie Sharm el-Sheikh et Hurghada les lundi, mercredi et vendredi, en quittant le port à 9h ou 10h. Vous pouvez réserver votre place dans la plupart des hôtels ou chez Thomas Cook à Na'ama Bay. Pour plus de détails, voir la rubrique *Hurghada* dans le chapitre *Le littoral de la mer Rouge*.

Travco (☎ 661 111) assure un service de ferry climatisé et très rapide reliant Sharm à Hurghada en 1 heure 30 (certains passagers disent toutefois avoir mis plus longtemps). Le bateau part le lundi à 7h30 et 18h, le mardi à 8h30 et 22h30 et le samedi à 18h. Le billet coûte 33 $US (75 $US pour les véhicules). Pour tous renseignements, adressez-vous au bureau Travco, dans le Riu Palace Hotel.

Comment circuler

Desserte de l'aéroport. L'aéroport se situe à Ras Nasrany, à environ 8 km au nord de Na'ama Bay. Le taxi pour Na'ama Bay coûte environ 20 £E.

Bus. Vous pouvez également prendre un pick-up Toyota moyennant de 50 pt à 1 £E. Sinon, vous avez aussi la possibilité de faire du stop, étant donné l'abondance de la circulation sur les routes, sous réserve des diverses mises en garde contre le stop en général.

Les hôtels situés du côté de Ras Um Sid assurent souvent un service de navette privé vers Na'ama Bay.

Voiture. Un certain nombre de sociétés de location de voiture ont des agences à Na'ama Bay, généralement dans l'un des grands hôtels. Avis (☎ 600 979) se trouve dans le Sonesta Beach Resort, Hertz (☎ 600 459) dans les hôtels Mövenpick et Sanafir et Max Europcar (☎ 600 686) dans le Hilton Fayrouz Village. Le Sanafir Hotel loue des 4x4 Jeep à 85 $US par jour, tandis Fox Safari (☎ 601 074, poste 510), également à Na'ama Bay, les propose à 120 $US, services d'un chauffeur compris.

Bicyclette. Des échoppes bordant la promenade de Na'ama Bay louent des vélos et des VTT moyennant 10 £E ou plus par jour.

Bateau. Le port de plaisance de Sharm el-Sheikh a été transféré dans un nouveau site, à l'ouest de la ville. Certains des clubs de plongée de Na'ama Bay amènent leurs bateaux près de la jetée de Na'ama Bay chaque jour, tôt le matin, tandis que d'autres assurent le transport en ferry de leurs clients jusqu'au port de plaisance. Il est possible de circuler sur l'un de ces bateaux, dans un sens ou dans l'autre, en s'adressant au port de plaisance ou à la jetée de Na'ama Bay vers 6h30. Vous pouvez également vous adresser à l'un des centres de plongée.

SHARK'S BAY

Shark's Bay, ou Beit al-Irsh, fut pendant longtemps un camp de vacances simple et tranquille situé à 6 km au nord de Na'ama Bay (l'embranchement restait très discret). Malheureusement, le gigantesque Pyramisa Hotel a colonisé la moitié de la plage. Reste que, depuis la plage de galets, vous pouvez atteindre à pied de bons endroits où plonger avec masque ou bouteilles. La plupart des baigneurs plongent dans le canyon voisin profond de 15 à 20 m avec le club Embarak.

Il n'existe pas d'autre solution pour venir ici ou en partir que de faire du stop ou de négocier avec un chauffeur de taxi. Pour venir ici en pleine nuit, vous risquez d'avoir à faire tout le chemin à pied.

Où se loger et se restaurer

Deux-étoiles, le ***Shark's Bay Camp*** (☎ *600 947, fax 600 943*) propose des cases propres et confortables sur la plage à 50/65 £E en simple/double et d'autres, plus en hauteur sur la colline, qui sont dotées de ventil. à 60/75 £E. Le camping dispose de toilettes propres et de douches avec eau chaude. Il existe aussi un petit marché et un ***restaurant*** de style bédouin dont les plats commencent à 21 £E.

DAHAB

Petite station balnéaire à 85 km au nord de Sharm el-Sheikh, Dahab joue les Koh Samui du Moyen-Orient. Beignets de bananes et Bob Marley, voyageurs habillés en tie-dye et boutiques aux noms tels que "Laughing Buddha" dans lesquelles on vous propose de vous faire le tarot : voici le programme du lieu. Si vous souhaitez être hébergé quasiment sur la plage, il peut vous en coûter seulement 5 £E par nuit. Aussi, les voyageurs sac à dos sont fréquents, s'arrêtant ici une nuit ou deux et finissant par rester des semaines, sinon des mois.

Malgré sa réputation quelque peu usurpée de rendez-vous de hippies tentés par la drogue, la ville présente d'autres attraits. A quelques pas de là, vous pouvez dénicher des hôtels et restaurants en bord de plage parfaitement tranquilles. Et si Dahab n'est pas totalement à l'abri de cette vague de construction qui dénature une grande partie du littoral du Sinaï, c'est encore un endroit où les voyageurs individuels restent la règle, soit un bon antidote aux groupes et aux énormes complexes touristiques de Sharm el-Sheikh et de Hurghada.

Dahab et la drogue

La drogue circule abondamment à Dahab. Même s'il n'y a pas une très forte présence policière ici, n'oubliez pas que les autorités voient d'un mauvais œil l'usage des drogues, d'autant qu'on assiste à une escalade vers des drogues dures comme l'héroïne. Vous n'échapperez pas à la surveillance de la police sous prétexte que vous êtes un touriste. Des Occidentaux arrêtés à Dahab pour détention de drogue ont été incarcérés. Les peines encourues sont lourdes : faire entrer et vendre de la drogue est passible d'une peine de 25 ans de prison ou de la mort par pendaison. Des exécutions pour de telles infractions ont lieu depuis 1989.

Orientation

Dahab se divise en deux secteurs. La partie nouvelle, que les habitants appellent Dahab City, abrite certains des hôtels les plus chers, la gare routière, les bureaux de poste et de téléphone ainsi qu'une banque. L'autre partie, **Assalah**, qui borde la plage vers le nord, était à l'origine un village bédouin. Elle compte aujourd'hui davantage d'entrepreneurs égyptiens et de voyageurs à petits budgets que de résidents bédouins. Le village proprement dit s'est déplacé vers le nord. Assalah se subdivise entre **Masbat** et **Mashraba**. Masbat commence en gros à la hauteur du phare, à l'extrémité nord d'Assalah. Elle se compose d'un méli-mélo de "camps", d'hôtels et de restaurants décontractés au milieu des palmiers ainsi que d'un petit bazar très animé. Au sud, commençant en gros à l'emplacement des fouilles, Mashraba doit son nom aux sources d'eau douce qui se trouvent apparemment aux abords de la plage. C'est dans ce lieu beaucoup plus calme que Masbat que commencent à fleurir les camps et les petits hôtels.

Renseignements

Police touristique. Il n'existe pas d'office du tourisme à Dahab, mais la police touristique se trouve dans Dahab City, près du Novotel Holiday Village.

Argent. La National Bank of Egypt possède une agence dans le Novotel Holiday Village (ouverte de 9h30 à 12h30 et de 18h30 à 20h30) et une autre près de la gare routière. Une Banque "de" Caire, à l'apparence un peu bizarre, se trouve à côté de la Snapper Photo Shop à Assalah. Elle ouvre de 9h à 14h (de 9h à 11h le vendredi), et de 18h à 21h.

Poste et communications. Les bureaux de poste et de téléphone font face à la gare routière à Dahab City. Le second reste ouvert 24h/24, et possède un téléphone à cartes. Il existe deux autres téléphones à cartes dans Assalah, l'un au supermarché Oxford, l'autre au milieu du bazar, à la hauteur de la boutique de papyrus. L'un et l'autre vendent des cartes téléphoniques. Pour éviter de vous rendre à la poste, vous pouvez mettre vos lettres timbrées dans la "mail postal box" (censée être relevée tous les jours à 10h), à la porte du supermarché Ghazala à Assalah.

E-mail et accès Internet. Dahab se vante de posséder deux cafés Internet. Au

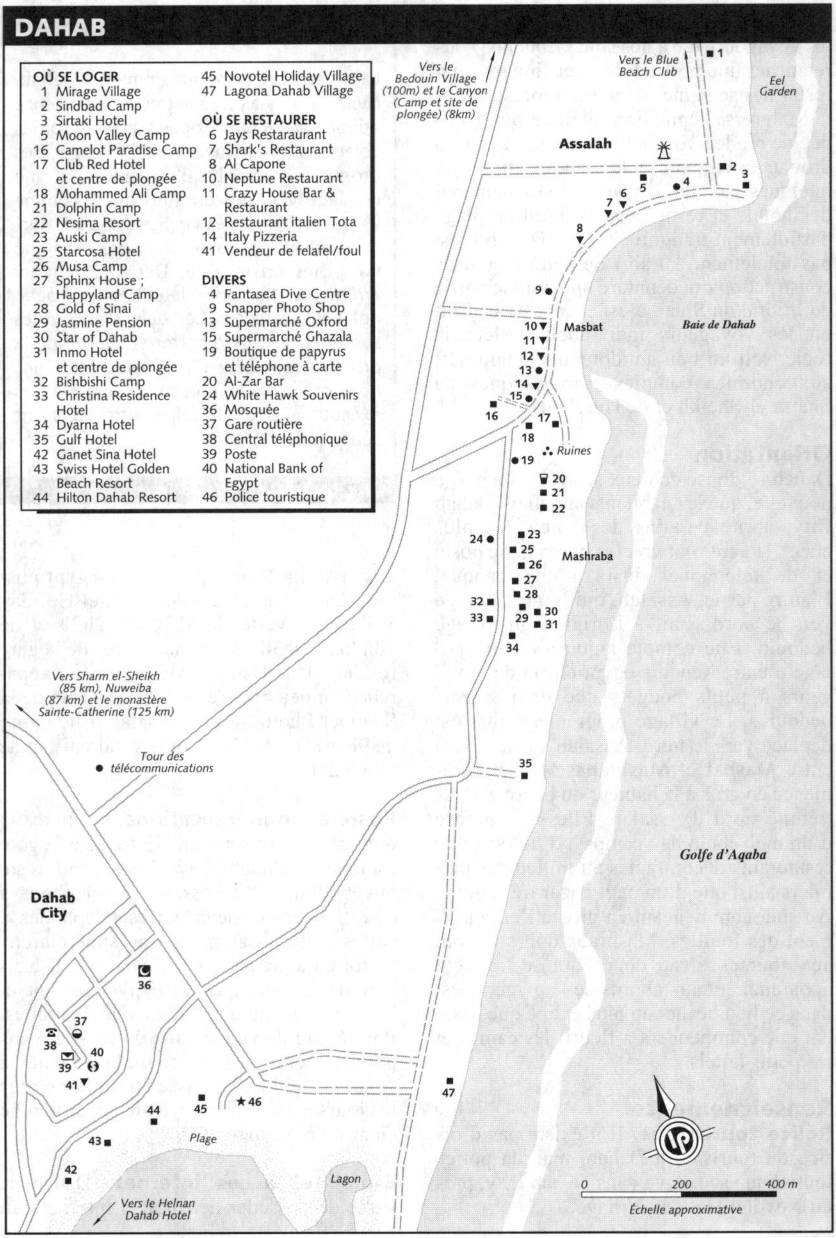
DAHAB
OÙ SE LOGER
1 Mirage Village
2 Sindbad Camp
3 Sirtaki Hotel
5 Moon Valley Camp
16 Camelot Paradise Camp
17 Club Red Hotel et centre de plongée
18 Mohammed Ali Camp
21 Dolphin Camp
22 Nesima Resort
23 Auski Camp
25 Starcosa Hotel
26 Musa Camp
27 Sphinx House ; Happyland Camp
28 Gold of Sinai
29 Jasmine Pension
30 Star of Dahab
31 Inmo Hotel et centre de plongée
32 Bishbishi Camp
33 Christina Residence Hotel
34 Dyarna Hotel
35 Gulf Hotel
42 Ganet Sina Hotel
43 Swiss Hotel Golden Beach Resort
44 Hilton Dahab Resort
45 Novotel Holiday Village
47 Lagona Dahab Village
OÙ SE RESTAURER
6 Jays Restaraurant
7 Shark's Restaurant
8 Al Capone
10 Neptune Restaurant
11 Crazy House Bar & Restaurant
12 Restaurant italien Tota
14 Italy Pizzeria
41 Vendeur de felafel/foul
DIVERS
4 Fantasea Dive Centre
9 Snapper Photo Shop
13 Supermarché Oxford
15 Supermarché Ghazala
19 Boutique de papyrus et téléphone à carte
20 Al-Zar Bar
24 White Hawk Souvenirs
36 Mosquée
37 Gare routière
38 Central téléphonique
39 Poste
40 National Bank of Egypt
46 Police touristique
Vers le Bedouin Village (100m) et le Canyon (Camp et site de plongée) (8km)
Vers le Blue Beach Club
Eel Garden
Assalah
Masbat
Baie de Dahab
Ruines
Mashraba
Vers Sharm el-Sheikh (85 km), Nuweiba (87 km) et le monastère Sainte-Catherine (125 km)
Tour des télécommunications
Golfe d'Aqaba
Dahab City
Plage
Lagon
Vers le Helnan Dahab Hotel
0
200
400 m
Échelle approximative

SINAÏ

Snapper Photo Shop, sur la baie, vous pouvez envoyer des e-mails moyennant 50 pt la minute, avec un minimum de 3 £E. Les heures d'ouverture vont de 10h30 à 14h et de 16h à 22h. On peut aussi envoyer des e-mails depuis le White Hawk Souvenir Shop (☎ 640 377), en face de l'entrée de l'Auski Camp. Il demande 25 £E l'heure ou 7,5 £E les 15 minutes. L'installation de nouveaux ordinateurs et de nouvelles lignes téléphoniques est prévue, les prix pourraient donc baisser.

Attention !

A Dahab, l'eau du robinet n'est pas potable (de nombreuses boutiques vendent de l'eau en bouteille). Évitez également de prendre des bains de soleil seins nus.

Plongée sous-marine

Avec la flânerie, la plongée est l'activité la plus prisée à Dahab. Les différents clubs de plongée de la ville offrent un vaste choix. Soyez vigilant dans le choix du club car certains ont mauvaise réputation en manière de sécurité. Pour plus de précisions, consultez le chapitre *Plongée en mer Rouge*.

Autres sports nautiques

Les amateurs de plongée sans bouteille vont à Eel Garden, juste au nord d'Assalah. On peut louer masque, palmes et tuba pour environ 20 £E par jour à différents endroits le long de la bande de restaurants, mais aussi des pédalos (20 £E l'heure) et des kayaks (10 £E l'heure). Il existe une école de surf au Novotel Holiday Village (la baie s'y prête merveilleusement). On peut aussi louer des planches à voile à l'extrémité nord de la baie de Dahab.

Assalah ne possède pas de "plage", la côte rocheuse s'avançant directement dans la mer jusqu'au récif. Les plages de sable doré auxquelles Dahab doit son nom se situent près du lagon autour duquel s'agglutinent les complexes touristiques.

Méharées

Les Bédouins de la région organisent souvent des méharées dans le Sinaï. Le matin, les chameliers se rassemblent dans le village, le long du front de mer. Faites-vous enregistrer auprès de la police avant de partir en randonnée. Ne payez pas le prestataire avant qu'il ne vous ait ramené au village. Comptez à partir de 70 £E pour une journée d'excursion. Il ne vous servira sans doute à rien de marchander car les prestataires semblent s'être mis d'accord sur un même tarif. La nourriture est incluse.

Excursions en Jeep

Tous les hôtels et les centres de plongée organisent des excursions en Jeep au Coloured Canyon (pour plus de détails, voir plus loin la rubrique *Nuweiba*) et à Ras Abu Gallum. Les itinéraires ne varient guère, mais il peut vous en coûter 15 £E par personne (avec un minimum de 4 personnes) pour aller faire le matin de la plongée sans bouteille au Blue Hole, ou 35 £E et plus pour une excursion le soir dans les montagnes avec un dîner dans un camp bédouin.

Balades à cheval

Si vous souhaitez monter à cheval, guettez à Mashraba l'un des Bédouins qui arpentent la plage avec des chevaux à louer. Comptez environ 15 £E l'heure. Depuis le Novotel Holiday Village, vous pouvez faire le tour du lagon à cheval moyennant 45 £E.

Où se loger – petits budgets

La plupart des voyageurs à petits budgets se rendent directement à Assalah. Il se trouve en effet toute une série de "camps" constitués d'un ensemble de cases en pierre, en ciment ou en roseau. Elles abritent deux ou trois matelas posés à même le sol et sont pourvues de sanitaires communs. Les camps situés au sud du Nesima Resort sont les meilleurs car ils sont protégés du vent, disposent de davantage d'espace, et se trouvent même pour certains au bord de l'eau à l'ombre des palmiers.

On commence à voir apparaître dans nombre de ces camps de véritables chambres avec s.d.b. Elles coûtent considérablement plus cher que les cases, mais les prix sont négociables.

Voici deux ou trois points auxquels il est nécessaire de prêter attention. N'oubliez pas que les cases en béton avec toit métallique sont beaucoup plus chaudes que celles en roseau, mais ces dernières sont moins sûres (demandez un cadenas). Vérifiez qu'il y a de l'électricité et de l'eau courante (voire dans certains cas de l'eau chaude), ainsi que des matelas corrects, des moustiquaires et des ventilateurs. La liste suivante (non exhaustive) est établie en allant du nord au sud. Les prix sont négociables en basse saison.

L'***Auski Camp***, près du Starcosa Hotel, est un camp renommé tenu par l'aimable Nasser. Il demande 10 £E pour une chambre ordinaire, 15 £E avec ventil. Les grandes chambres avec s.d.b. coûtent 25 £E et les chambres récemment construites avec clim. 40 £E ou 60 £E. Le camp dispose d'eau chaude, mais malheureusement pas de plage.

Le ***Bishbishi Camp*** est probablement le camp le plus propre de Dahab. Bien qu'il soit situé de l'autre côté de la route par rapport à la plage, il jouit d'une réputation justifiée auprès des voyageurs. Il possède 18 chambres qui vont des cases avec matelas sur le sol à 12 £E (10 £E en simple) jusqu'aux chambres avec s.d.b. et ventil. à 30/40 £E. Toutes les fenêtres des chambres sont grillagées. L'eau chaude coule à flots dans les sanitaires communs, qui sont d'une propreté impeccable.

Le ***Camelot Paradise Camp*** (☎ *640 136*) est un petit camp/hôtel auquel on peut accéder par une ruelle qui passe sur le côté du supermarché Ghazala. Il dispose de cases à 10 £E pour deux et 7 £E pour une personne, mais les prix se discutent. Il possède aussi, dans un petit bâtiment, des chambres propres de bonne taille avec s.d.b. et ventil. louées 20/30 £E. Si le camp affiche complet, vous avez toujours la solution de dormir à trois sur le toit de cet hôtel. Une cuisine et une laverie sont à la disposition des hôtes. Pour le petit déjeuner, comptez à partir de 3 £E.

Le ***Dolphin Camp*** (☎ *640 018*), près du Nesima Resort, possède des cases à 10/15 £E sans ventil. ou 20 £E avec. Les équipements sont propres. Certains voyageurs ayant signalé des vols, mettez vos objets de valeur en lieu sûr.

Le ***Gold of Sinai***, autre camp/hôtel situé légèrement en retrait du front de mer, propose des chambres en béton à 20 £E. Les simples/doubles avec sanitaires communs coûtent 7/14 £E, celles avec s.d.b. et ventil. 20/30 £E. Les chambres avec clim. coûtent 20 £E de plus.

Le ***Happyland Camp***, près du Sphinx House, nous a été recommandé par certains voyageurs bien que ses s.d.b. ne soient pas très propres. Les doubles avec s.d.b. et ventil. sont facturées 20 £E par personne, les chambres avec clim. 40 £E. Le camp possède aussi des cases sans s.d.b. à 5 £E par personne. Il bénéficie d'un joli restaurant sur la plage avec parasols.

La ***Jasmine Pension*** (☎ *640 110*) est un petit hôtel bien tenu installé dans un bâtiment en front de mer, juste en bas du Gold of Sinai. Ses simples/doubles avec s.d.b. et ventil. valent 15/30 £E. Ses chambres avec balcon sur la mer coûtent 15 £E. Dans leur petit restaurant au bord de l'eau, le patron et sa femme anglaise servent des plats maison.

Le ***Mirage Village*** (☎ *640 341*), en bord de mer juste au nord du phare, est tenu par le très sympathique Salama. C'est un lieu chaleureux et sûr mais, comme la plupart des camps, il est en train de se transformer en hôtel, et les prix s'en ressentent. Les dernières chambres sommaires valent 25 à 30 £E, mais elles ne devraient pas subsister longtemps. Les simples/doubles coûtent 50/82 £E sans douche et 68/100 £E avec. Les triples/quadruples sans douche coûtent 61/68 £E. Toutes les chambres sont dotées d'une moustiquaire, d'un ventil. et d'une commode. On peut prendre repas et bières sur place.

Le ***Mohammed Ali Camp***, dans le centre d'Assalah, est le plus ancien des camps. C'est aussi le plus grand. Il compte 128 chambres avec s.d.b. et ventil., qui valent entre 30 et 40 £E. Les doubles avec clim. coûtent 60 £E. Il reste encore une ou deux vieilles chambres à 5 £E, toutefois peu engageantes. L'endroit est propre, mais souvent bruyant. Le personnel est connu pour se montrer un peu trop amical avec les femmes seules.

Le ***Moon Valley Camp*** (☎ *640 338*), en plein milieu d'une batterie de restaurants, coûte 10 £E par personne dans un cube étouffant ou dans l'une des cases, tous deux dotés de ventil. Sans ventil., il vous en coûterait 5 £E. Voilà encore un établissement qui cherche à se transformer en hôtel et qui a l'intention d'ajouter des chambres climatisées.

Le ***Musa Camp*** dispose de doubles avec douche, toilettes et moustiquaires à 40 £E ainsi que de cases plus modestes. Un luxuriant bosquet de palmiers fournit en abondance une ombre précieuse sur cette plage couverte de graviers, ce qui la rend particulièrement avenante.

Le ***Sindbad Camp***, juste au nord de la pointe de la baie de Dahab,,possède des cases à 6 £E par personne dont la propreté laisse à désirer. Il dispose aussi de chambres avec s.d.b. à 15 £E. Son propriétaire est un sympathique Bédouin du nom de Nabil.

Le ***Star of Dahab***, près de Inmo, demande 15/20 £E pour une/deux personnes dans l'une des chambres de couleur abricot ou dans une case de roseau en forme de ruche (éclairée seulement à la bougie) proche de l'eau. Les sanitaires communs sont d'une propreté acceptable et possèdent l'eau chaude. On y trouve aussi une petite laverie. Quand on possède une tente, on peut parfois camper sur le gravier au bord de l'eau moyennant 5 £E par personne, mais il n'y a de la place que pour deux tentes.

Où se loger – catégorie moyenne

Les hôtels de catégorie moyenne se multiplient à Dahab. Si vous êtes passionné de plongée sous-marine et si vous ne craignez pas d'être à l'écart des centres d'animation, jetez votre dévolu sur le ***Canyon Dive Resort*** (☎/*fax 640 197*) situé dans le site du même nom, à une huitaine de kilomètres au nord de Dahab. Il possède 17 chambres au confort très rustique avec ventilateur et s.d.b. commune louées 15 $US par personne, petit déjeuner compris. Les chambres avec clim. et s.d.b. vous reviendront à 25 $US par personne.

En ville, au nord de Masbat, le nouveau ***Blue Beach Club*** (☎/*fax 640 413*) propose des chambres très propres avec ventil. à 35/40 $US, petit déjeuner compris. C'est une adresse souvent retenue par les groupes suisses et allemands.

Le ***Sirtaki Hotel*** (☎ *640 417*) est un nouveau quatre-étoiles lié à un centre de plongée situé près du phare, à l'extrémité nord de la baie de Dahab. Toujours est-il que les vues sur la mer sont belles et que les simples/doubles avec clim., TV et balcon coûtent 43/66 $US, petit déjeuner inclus.

Le ***Club Red Hotel*** (☎/*fax 640 380*), lié au Club Red Diving Centre de Masbat, propose des chambres avec s.d.b. et ventil. à un prix raisonnable : 15/25/32/36 $US, petit déjeuner compris. Si vous plongez avec ce centre, l'hôtel vous consent un rabais de 15%.

Un peu plus au sud, le ***Starcosa Hotel*** (☎/*fax 640 388*) est un hôtel confortable où les simples/doubles avec ventilateur, s.d.b. et eau chaude coûtent 37/60 £E, petit déjeuner non compris.

Voisin, le ***Sphinx House*** (☎ *640 032*) demande 30/40 £E pour des chambres correctes avec ventil., moustiquaire, s.d.b. commune et petit déjeuner. Les chambres situées dans le bâtiment récent se montent à 130/150 £E. L'hôtel possède des chambres spacieuses, une piscine, un restaurant, une salle de billard.

A environ 100 m au sud, de l'autre côté de la route, le ***Christina Residence Hotel*** (☎ *640 390, fax 640 406*), tenu par des Suisses, dispose de deux triples et de huit doubles avec ventil. et s.d.b. très propres. Les doubles coûtent de 15 à 22 $US et les triples de 22 à 30 $US. Comptez environ 3 à 10 £E pour le petit déjeuner.

Son voisin, l'***Inmo Hotel*** (☎ *640 370, fax 640 372*), s'adresse surtout à une clientèle de plongeurs venant en voyage organisé depuis l'Europe, en particulier d'Allemagne, mais il accepte également les individuels quand il a de la place. Il propose deux types de chambre et pratique des tarifs différents pour les plongeurs et les non-plongeurs. Les simples/doubles/triples avec s.d.b. coûtent 138/176/208 £E pour les plongeurs et environ 15 £E de plus pour les non-plongeurs. Des chambres plus petites pour petits budgets se louent 61/84 £E en simple/double pour les plongeurs, ou 59/81 £E pour les non-plongeurs. Les chambres présentent un aspect pittoresque avec leurs ventil., leur plafond à coupole et leur joli mobilier. L'hôtel dispose de quelques VTT pour ses hôtes.

Avec ses 42 chambres, le ***Dyarna Hotel*** (☎ *640 120, fax 640 122*) offre un vaste choix. Hormis son personnel sympathique, il ne possède guère d'atouts. Il dispose d'une piscine, de deux restaurants, d'un bar sur le toit et d'une discothèque. Les chambres avec ventil. se louent 40/60/80 £E, la double avec clim. 80 £E.

Le ***Gulf Hotel*** (☎ *640 147, fax 640 460*), au sud d'Assalah, est un vieil hôtel pas très gai d'aspect qui demande 120 £E pour des doubles avec clim., petit déjeuner compris. Il ne consent pas de réduction pour les personnes seules. Il sert de la bière.

Le ***Lagona Dahab Village*** (☎ *640 352, fax 640 351*) se trouve sur la plage, au beau milieu de nulle part, entre Dahab City et Assalah. Les chambres valent 50/80 £E en simple/double avec ventilateur, petit déjeuner et taxes compris. Les chambres avec clim. se monnaient environ 20 £E supplémentaires par personne. C'est un endroit assez confortable mais qui semble agencé comme un "resort". Il possède un restaurant où l'on ne sert pas d'alcool.

Où se loger – catégorie supérieure

Vivement recommandé, le ***Nesima Resort*** (☎ *640 320, fax 640 321*) donne sur la plage à Mashraba. Ses chambres à coupole, simples mais très confortables, valent 41/52 $US avec ou sans clim., petit déjeuner inclus. Calme bien que central, il possède une sublime piscine avec un bar à jus de fruits donnant sur la plage. Il est possible de faire garder ses enfants.

La plupart des établissements les plus onéreux de Dahab se regroupent autour de la plage proche de Dahab City. En allant du nord au sud, vous trouverez le vieux ***Novotel Holiday Village*** (☎*/fax 640 301*) qui, hormis son emplacement exceptionnel, manque d'attrait. Les chambres de diverses catégories s'échelonnent entre 50 et 90 $US en simple ou 68 et 116 $US en double. Il possède aussi des cases en bambou à deux lits louées 20 $US par personne, petit déjeuner compris (ce qui reste cher vu les conditions bien plus avantageuses d'Assalah). Les non-résidents peuvent accéder à la piscine moyennant 40 £E. Le Novotel abrite un centre de plongée.

Proche de ce dernier et flambant neuf, le ***Hilton Dahab Resort*** (☎ *640 310*) propose des chambres à coupole blanchies à la chaux à 110/130 $US, taxes et petit déjeuner inclus. Il possède deux piscines et offre tous les services d'un cinq-étoiles.

Implanté à côté du Hilton, le ***Swiss Inn Golden Beach Resort*** (☎ *640 471/2, fax 640 470*) est un autre cinq-étoiles doté d'un gigantesque hall en marbre. Il dispose de doubles à 80 $US, petit déjeuner compris. On peut accéder à sa plage moyennant 25 £E.

Le plus au sud (en attendant la construction du prochain hôtel), donnant sur la baie à Dahab City, le ***Ganet Sina Hotel*** (☎ *640 440, fax 640 441*) est très fréquenté par des groupes venant du Caire. Il demande 45/60/75 $US sans compter les taxes et le petit déjeuner pour ses simples/doubles. Ses petites chambres de style chalet sont confortables mais beaucoup plus chères qu'elles ne le méritent. Quant au terrain, sa végétation est clairsemée. En conclusion, l'hôtel n'est pas vraiment tentant. Reste néanmoins l'existence d'une très bon club de surf où vous pouvez prendre trois heures de cours pour 205 £E.

Complètement isolé, à l'écart des autres hôtels, le ***Helnan Dahab Hotel*** (☎ *640 427, fax 640 428*) possède une piscine, des bars, des restaurants et des simples/doubles à 60/80 $US en demi-pension. Il abrite aussi un centre de surf, le Club Mistral.

Où se restaurer

Le bord de mer d'Assalah est jalonné d'endroits où se restaurer. Ils servent le petit déjeuner, le déjeuner et le dîner en affichant à peu près tous la même carte. Un plat vous coûtera généralement entre 6 et 25 £E. Mieux vaut toutefois ne pas arriver affamé car le service risque d'être lent. Ce sont des endroits où les gens aiment à se retrouver.

Le ***Jays Restaurant***, à Masbat, a la faveur des gens des locaux. Il sert l'habituel mélange de mets égyptiens et occidentaux. Attenant, le ***Shark's Restaurant*** est très couru pour son vaste choix de plats principaux à partir de 10 £E et ses formules végétariennes proposées presque tous les jours. L'un et l'autre servent de la bière et ne sont ouverts qu'au dîner.

Si vous voulez vous changer de la cuisine habituelle en voyage, allez goûter la cuisine chinoise du ***Neptune Restaurant*** (plats à partir d'environ 8 £E)

SINAÏ

Le ***Tota***, dans un bâtiment en forme de bateau en plein cœur d'Assalah, prépare le meilleur poulet à l'italienne du coin. Il propose aussi une excellente soupe accompagnée de croûtons aillés à 4,5 £E, de grandes pizzas pâteuses (qui manquent un peu de garniture) à 9 £E, tout un éventail d'autres plats à moins de 20 £E ainsi que du gâteau au chocolat à 3,5 £E et de la bière à 7,5 £E. Tout proche, près du supermarché Oxford, l'***Italy Pizzeria*** prépare des pizzas nettement meilleures à partir de 8 £E.

Peu de gens semblent rester au ***Dolphin Camp***, pourtant la nourriture y est bonne, les portions sont généreuses et c'est l'un des rares camps où l'on puisse accompagner son repas d'une bière.

Quelques restaurants, dont l'***Al Capone*** et le ***Crazy House***, servent du poisson frais qu'ils exposent en devanture et vendent au poids.

Si manger en face du défilé de personnes qui arpentent le bord de mer ne vous convient pas, jetez votre dévolu sur le ***Nesima Resort*** dont le restaurant est plus intime. Il sert également une délicieuse cuisine. Ses steaks sont réputés dans tout le Sinaï et coûtent autour de 25 £E.

Pour déjeuner, vous pouvez aussi descendre au restaurant de bord de plage de la ***Jasmine Pension***, où des plats à prix raisonnables sont mitonnés par la patronne formée à Londres.

Les grands hôtels près du lagon possèdent aussi des restaurants, cependant prendre un repas ici vous reviendra infiniment plus cher sans que la cuisine soit meilleure pour autant.

Où sortir

Si vous cherchez de la bière, du vin ou des tables de billard, essayez le ***Crazy House***. L'***Al-Zar Bar***, près du Dolphin Camp, sert des Stella bien fraîches à 6 £E. Bien qu'il y ait rarement foule, il distille une musique rock à plein volume…

Le ***Shipwreck Bar***, du Nesima Resort, est très fréquenté par les plongeurs et autres. En été, on peut prendre un verre sur le toit-terrasse. Lors du happy hour, entre 20h et 22h, la bière coûte 5 £E.

Sinon, vous n'avez d'autre choix que d'aller à la discothèque le ***Black Prince*** (entrée : 5 £E), dans le Gulf, ou la plus rustique ***Savana Disco***, du Dyarna Hotel, qui est gratuite et ouvre à partir de 21h.

En dehors d'Assalah, vous trouverez aussi des bars dans les grands hôtels.

Comment s'y rendre

Bus. La gare routière se situe à Dahab City. La liaison la plus régulière est celle pour Sharm el-Sheikh (10 £E, 1 heure 30) avec des bus à 8h30, 10h, 13h, 14h30, 21h et 22h. Les bus pour Nuweiba (8 £E) partent à 10h30 et 18h30. Le service de 10h30 va à Taba (20 £E). Le bus de 9h30 pour Sainte-Catherine (15 £E) met 2 ou 3 heures. Les bus pour Le Caire (9 heures) partent à 8h30, 13h et 14h30 (tous à 55 £E) et à 22h (70 £E). Les bus pour Suez (28 £E, 6 heures 30) quittent la gare à 8h15, 10h et 21h. Au moment de la rédaction de ce guide, les horaires de départ affichés à la gare routière étaient erronés. Il vaut donc mieux vérifier les horaires au guichet (s'il est ouvert).

Taxis collectifs. En règle générale, les taxis collectifs reviennent beaucoup plus cher que les bus. Les chauffeurs savent que vous ne faites appel à eux que parce qu'il n'y a aucun bus qui vous convienne et parce qu'il est difficile de faire du stop : ils ont un marché captif. Alors qu'une excursion, à Sainte-Catherine par exemple, peut ne coûter que 10 £E par personne, elle vous reviendra souvent à près de 20 £E. Un taxi entier (avec au moins 7 passagers) pour Nuweiba ou Sharm el-Sheikh coûte environ 50 à 60 £E, et pour Taba environ 15 £E par personne.

Comment circuler

Des pick-ups attendent généralement à l'arrivée des bus. Ils vous emmènent à Assalah pour environ 1 £E.

NUWEIBA

Nuweiba n'est sûrement pas la station balnéaire la plus attrayante du Sinaï. L'agglomération s'étire tout en longueur et doit à

SINAÏ

son importante activité portuaire un trafic ininterrompu de gens et de véhicules qui embarquent sur le ferry pour Aqaba ou en débarquent. Restent la beauté des montagnes qui l'entourent et les sublimes récifs coralliens.

Orientation

Nuweiba se divise en trois parties. Au sud : le port et une grande gare routière, des banques, deux ou trois hôtels peu engageants et le nouveau Hilton Coral Resort. A environ 8 km plus au nord : "Nuweiba City", un village petit mais assez étendu abritant tout un choix d'hébergements, un bazar avec des boutiques touristiques et plusieurs endroits où se restaurer à petit prix. Avec la construction de nouveaux hôtels, le sud de la "city" rejoint progressivement le port. Plus au nord, à 15 minutes à pied par la plage, on arrive à Tarabin. Drapée le long de l'extrémité nord de la calme baie de Nuweiba, cette oasis en bordure de plage, jadis tranquille, se transforme rapidement en un lieu de rencontre et de fête, en particulier durant les vacances israéliennes. Bien qu'elle offre l'attrait de sa vaste plage, de ses eaux tièdes et d'un hébergement en bord de mer à petit prix, Tarabin présente un caractère un peu factice et reste moins fréquentée par les voyageurs que Dahab.

Renseignements

La poste et le central téléphonique (ouverts 24h/24) se situent à Nuweiba City, près de l'hôpital. Au port se trouvent un autre bureau de poste ainsi que des agences de la National Bank of Egypt et de la Banque Misr (ni l'une ni l'autre n'acceptent les dinars jordaniens), une agence Misr Travel et une boutique Egypt Free Shop (duty-free). La police touristique se situe près du Helnan Nuweiba Hotel, à Nuweiba City. Une antenne de la National Bank of Egypt, installée dans ce même hôtel Helnan, est ouverte du samedi au jeudi de 9h à 13h et de 19h à 21h, ainsi que le vendredi de 9h à 11h.

Attention ! Les bains de soleil les seins nus gagnent du terrain parmi les visiteurs de Nuweiba, en particulier les Israéliens qui séjournent à Tarabin. Cependant, réfléchissez à deux fois avant de prendre part à cet effeuillage.

Coloured Canyon

Le Coloured Canyon, qui s'étend entre Sainte-Catherine et Nuweiba, doit son nom aux strates de couleurs vives et variées qui se succèdent le long de ses étroites et abruptes parois rocheuses en dessinant comme des tableaux. Un silence total (le canyon est abrité du vent) ajoute à l'étrangeté du lieu. Les clients des hôtels et les groupes qui viennent en excursion pour la journée envahissent souvent les lieux et empêchent de jouir du calme. Heureusement, le Coloured Canyon s'inscrit dans les limites du nouveau Monument national de Taba. Une contribution sera peut-être demandée à chaque visiteur. On peut venir en véhicule jusqu'à une centaine de mètres du canyon, qui se situe à environ 5 km de la grand-route.

Sports nautiques

Là encore, les merveilles sous-marines sont le grand attrait du lieu. Pour plus de détails, consultez le chapitre *Plongée en mer Rouge*.

Si vous souhaitez faire du kayak, adressez-vous à l'Al-Waha Tourism Village ou au Hilton Coral Resort, où la location coûte 6 $US l'heure. Ce dernier loue aussi des jet-skis moyennant 15 $US les 10 minutes.

Méharées et circuits en Jeep

Nuweiba est sans doute le meilleur endroit du Sinaï pour organiser des méharées ou des circuits en Jeep dans les spectaculaires montagnes qui bordent le littoral. L'excursion au **Coloured Canyon** peut se faire dans la journée. Y consacrer deux ou trois jours permet de visiter en outre quelques beaux wadi et oasis. Parmi les autres destinations renommées, citons **Ain al-Furtega**, une oasis facilement accessible en voiture ordinaire depuis Nuweiba, **Ain Hudra**, le lieu où Myriam aurait été frappée par la lèpre pour avoir critiqué Moïse, mais aussi **Wadi Ghazala**, dont le nom vient des gazelles que l'on

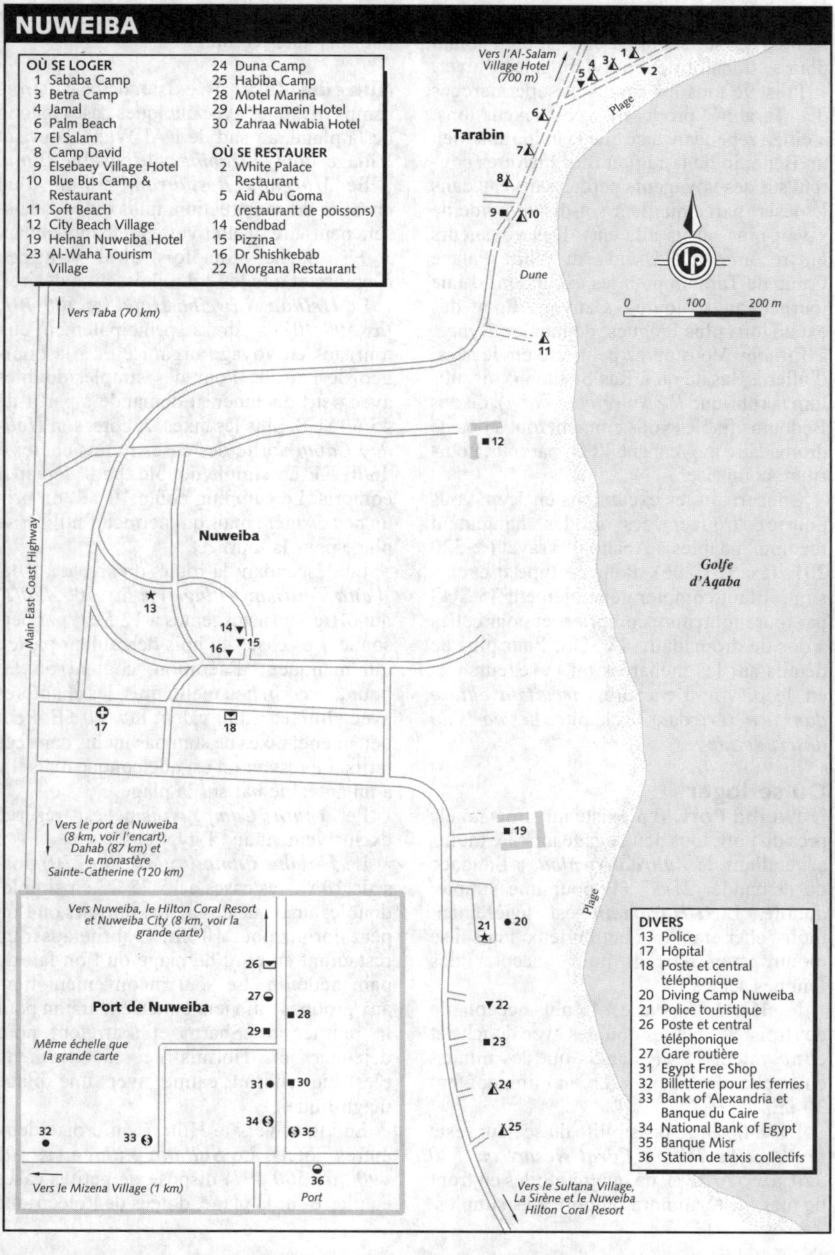
NUWEIBA
OÙ SE LOGER
1 Sababa Camp
3 Betra Camp
4 Jamal
6 Palm Beach
7 El Salam
8 Camp David
9 Elsebaey Village Hotel
10 Blue Bus Camp & Restaurant
11 Soft Beach
12 City Beach Village
19 Helnan Nuweiba Hotel
23 Al-Waha Tourism Village
24 Duna Camp
25 Habiba Camp
28 Motel Marina
29 Al-Haramein Hotel
30 Zahraa Nwabia Hotel
OÙ SE RESTAURER
2 White Palace Restaurant
5 Aid Abu Goma (restaurant de poissons)
14 Sendbad
15 Pizzina
16 Dr Shishkebab
22 Morgana Restaurant
Vers l'Al-Salam Village Hotel (700 m)
Plage
Tarabin
Dune
0
100
200 m
Vers Taba (70 km)
Main East Coast Highway
Nuweiba
Golfe d'Aqaba
Vers le port de Nuweiba (8 km, voir l'encart), Dahab (87 km) et le monastère Sainte-Catherine (120 km)
Vers Nuweiba, le Hilton Coral Resort et Nuweiba City (8 km, voir la grande carte)
Port de Nuweiba
Même échelle que la grande carte
Vers le Mizena Village (1 km)
Port
Vers le Sultana Village, La Sirène et le Nuweiba Hilton Coral Resort
DIVERS
13 Police
17 Hôpital
18 Poste et central téléphonique
20 Diving Camp Nuweiba
21 Police touristique
26 Poste et central téléphonique
27 Gare routière
31 Egypt Free Shop
32 Billetterie pour les ferries
33 Bank of Alexandria et Banque du Caire
34 National Bank of Egypt
35 Banque Misr
36 Station de taxis collectifs

SINAÏ

aperçoit parfois sur ses dunes, et **Ain Umm Ahmed**, dont le cours d'eau est bien connu pour se transformer en rivière gelée l'hiver.

Presque tous les camps et supermarchés de Tarabin proposent ces excursions. Veillez cependant à ce que le guide soit bien un Bédouin de la région (des histoires courent sur des voyageurs perdus sans eau dans le désert parce que leur soi-disant guide ne savait plus où ils allaient). Des voyageurs ont recommandé Usama au White Palace Camp de Tarabin pour les excursions d'une journée au Coloured Canyon. Pour des excursions plus longues, demandez Aynaz, à Tarabin. Vous aurez peut-être envie aussi d'aller à Basata ou à Ras Shaitan (voir plus loin la rubrique *De Nuweiba à Taba*), où des Bédouins fiables vous emmèneront à dos de dromadaire moyennant 80 £E par jour, nourriture comprise.

Concernant les excursions en Jeep, vous pourrez trouver des guides hautement recommandables à Abanoub Travel (☎ 520 201, fax 520 206). Pour ce type d'excursion, il faut compter généralement 35 $US par jour, nourriture comprise, et pour celles à dos de dromadaire 45 $US. Pour plus de détails sur les méharées ou les excursions en Jeep, voir l'encadré *Circuits-aventure dans le désert*, dans le chapitre *Les oasis du désert de Libye*.

SINAÏ

Où se loger

Nuweiba Port. Il n'existe que trois hôtels près du port, tous peu engageants. Le moins accueillant, le ***Zahraa Nwaiba***, a l'audace de demander 25/37 £E pour une simple/double. L'***Al-Haramein*** est légèrement moins cher et un tout petit mieux, mais il se montre très réticent pour accepter des femmes seules.

Le ***Motel Marina*** est le plus acceptable des trois. Ses petites doubles avec douche et clim. valent 75 £E, tandis que les minuscules chambres sans s.d.b. ni clim. coûtent 30 £E.

La seule autre possibilité du secteur reste le ***Nuweiba Hilton Coral Resort*** (☎ *520 320, fax 520 327*), un quatre-étoiles en front de mer, juste au nord du port. Les simples/doubles démarrent à 115/149 $US, taxes et petit déjeuner compris.

Nuweiba City. Il existe deux ou trois camps rustiques avec quelques cases le long de la plage, au sud de l'Al-Waha Tourism Village, dont le ***Habiba*** et le paisible ***Duna***.

Le ***Morgana Restaurant*** a l'air d'un chantier de construction, mais on vous laissera peut-être planter votre tente moyennant 3 £E. Sachez toutefois qu'il y a peu d'ombre et que les s.d.b. laissent à désirer.

Le ***Helnan Nuweiba Hotel*** (☎ *500 401, fax 500 407*) s'adresse principalement aux touristes en voyage organisé et à la bourgeoisie cairote. Pour des simples/doubles avec petit déjeuner, il demande à partir de 45/60 $US, plus les taxes. A côté, son ***Holiday Camp*** abrite des cases moins chères à 46/62 £E en simple/double, petit déjeuner compris. Le camping coûte 10 £E, un prix un peu exagéré mais qui permet d'utiliser sa plage pour la journée.

En descendant la route, on arrive à l'***Al-Waha Tourism Village*** (☎/*fax 500 420/1*) qui offre 16 vastes tentes à 12,5 £E par personne. Les cases en bois de couleur pastel, qui manquent d'aération, coûtent 55 £E pour deux. Un peu meilleures, les chambres avec clim. et s.d.b. valent 80/100 £E. Petit déjeuner et taxes ne sont pas inclus dans ces tarifs. Le restaurant est quelconque mais il y a un agréable bar sur la plage.

Le ***Youth Camp***, voisin, est réservé exclusivement aux Égyptiens.

Le ***Habiba Camp*** (☎/*fax 500 770*) possède 10 vastes cases à 15/25 £E en simple/double, ainsi que des tentes-dortoirs où l'on peut dormir pour 10 £E. Il abrite aussi un restaurant en bord de plage où l'on fait du pain bédouin. Le seul inconvénient tient aux groupes qui viennent en excursion pour la journée de Sharm et s'arrêtent pour déjeuner ici. Hormis cet inconvénient, c'est un endroit calme avec une plage magnifique.

En allant vers le Hilton, on croise deux autres hôtels. Le ***Sultana Village*** (☎ *500 490, fax 500 491*) dispose de petites cases en pierre sur la plage, dotées de l'électricité

Le dauphin de Nuweiba

Il y a quelques années, un jeune Bédouin muet prénommé Abdullah, originaire de Mizena, un minuscule village situé à environ 1 km du port de Nuweiba, remarqua un dauphin solitaire qui fréquentait la baie sur laquelle son village donnait. Il commença à devenir son ami en nageant avec lui dans les eaux turquoise et en plongeant dans les profondeurs. Alors qu'il était incapable de parler aux humains, Abdullah sut établir une sorte de communication avec le dauphin qu'il baptisa Holeen qui revenait régulièrement pour l'emmener nager avec lui. Au cours des mois et des années qui suivirent, ils en vinrent à constituer un "fait divers" : Abdullah retrouva la parole.

Ce lien incroyable entre un humain et un mammifère marin sauvage attira, bien sûr, quantité de spectateurs et de participants, au point que les visiteurs inondent aujourd'hui le village d'Abdullah dans l'espoir de nager avec Holeen. Pour être sûrs que le dauphin reviendra dans la baie chaque jour, les villageois le nourrissent. Ils demandent également aux visiteurs 10 £E pour aller nager et 10 £E pour louer un masque et un tuba.

Si vous êtes prêt à débourser cette somme, pensez à enlever tout bijou ou objet pointu avant d'entrer dans l'eau. Contentez-vous de contempler Holeen plutôt que de vouloir le poursuivre pour l'attraper. Un coup de sa queue suffit à le propulser loin des indésirables poursuivants, mais si l'attention dont il fait l'objet devient trop pesante, cette gracieuse créature des profondeurs pourrait tout aussi bien retourner là d'où elle vient.

et de lits-divans. Il possède aussi un restaurant. Toutefois, ses tarifs sont un peu excessifs pour des chambres sans clim. ni s.d.b. : 80/120 £E en double/triple.

Plus loin sur la plage, ***La Sirène Resort*** (☎ *500 701*) propose 40 chambres charmantes, blanchies à la chaux, avec clim., téléphone, s.d.b. et TV. Les simples/doubles/triples coûtent 36/48/65 $US. L'hôtel abrite un bar et un restaurant de plage, ainsi qu'un centre de plongée tenu par des Allemands.

Le ***City Beach Village***, à mi-chemin entre Nuweiba City et Tarabin, pourra plaire à ceux qui ont envie de passer la journée sur une plage tranquille. Vous avez la possibilité de planter votre tente pour 5 £E, de camper dans l'une des cases en roseau pour 10 £E, ou bien d'opter pour une chambre simple/double à 45/55 £E (petit déjeuner inclus dans ce dernier cas). Le restaurant offre un choix limité de mets, dont le petit déjeuner (entre 5 et 8 £E) et des plats de viande ou de poisson (environ 20 £E). La bière coûte 8 £E.

Tarabin. A mesure que Tarabin se développe dans l'esprit de Dahab, le choix d'hébergement s'élargit. On peut trouver un matelas dans l'une des cases de bambou ou de béton des camps pour 5 £E, ou bien loger dans l'un des deux ou trois hôtels.

Camps. La plupart de ces camps abritent des cafés qui vendent nourriture et boissons. Certains sont tenus par des Soudanais, ce qui leur donne un caractère décontracté bien particulier. Parmi ces camps, citons, du nord au sud :

Le ***Sababa Camp*** (☎ *500 855*) reste pour le moment le camp situé le plus au nord, mais il est sûr qu'un autre va venir s'installer à côté de lui d'ici peu. Ses cases, petites mais propres, avec sanitaires communs, se louent 10 £E.

Le ***Betra Camp***, également à l'extrémité nord de la plage, possède 35 bungalows avec ventil. et s.d.b. communes, à 10 £E par personne. Bien que l'ensemble du camp soit plutôt soigné, les s.d.b. ne sont pas à la hauteur.

Le ***Jamal*** est un grand camp très fréquenté par les jeunes Israéliens. Tous les panneaux sont indiqués en hébreu. Rénové depuis peu, il regroupe dans un petit espace 40 chambres et 40 bungalows. Les chambres doubles avec s.d.b. et

SINAÏ

clim. coûtent 60 £E. Les cases pour deux personnes valent 20 £E. Certaines chambres se trouvent sur le toit. Le restaurant, au rez-de-chaussée, reste ouvert 24h/24.

Le ***Palm Beach*** est un endroit soigné qui offre un vaste espace de détente, bordé par les vignes et ombragé par les palmiers. Les simples/doubles dans des cases avec ventil. vous reviendront à 10/15 £E en été. En hiver, elles tombent à 5 £E par personne. Le petit déjeuner coûte 8 £E. Le camp projette d'ouvrir un restaurant de foul et de ta'amiyya.

A l'***El Salam***, les gens sont peu accueillants, l'environnement aride et la musique bruyante.

Le ***Camp David*** dispose désormais de 20 chambres avec clim. et s.d.b. à 50 £E. Les cases avec ventil. et s.d.b. communes valent 20 £E.

Le ***Blue Bus*** est l'un des premiers établissements de Tarabin. C'est plutôt un endroit où se restaurer qu'un camp. Il dispose néanmoins de quelques cases avec ventil. (10 £E par personne) dotées de vieilles chaises longues bancales en roseau.

Le ***Soft Beach***, un camp tenu par des Soudanais, juste au sud de la dune de sable, comporte 30 cases. Comptez 15 £E pour deux ou 10 £E pour une personne dans une petite case. Les douches extérieures n'ont que l'eau froide, mais le personnel affirme qu'il y a de l'eau chaude en hiver. Juste à côté, on peut louer des chevaux pour 30 à 40 £E l'heure.

Hôtels. L'***Elsebaey Village Hotel*** (☎ *500 373*) est un petit hôtel propre, au cœur de Tarabin. Ses 15 chambres couvertes de carreaux de céramique, dotées d'un ventilateur, d'une commode et d'un lit double, se louent 40 £E avec s.d.b. commune. Les chambres avec clim. et s.d.b. sont facturées 80 £E. L'hôtel abrite un bar sur son toit-terrasse, un restaurant au rez-de-chaussée et un supermarché.

L'***Al-Salam Village*** (☎ *500 440*) est un vaste établissement de 100 chambres occupant la pointe de l'extrémité nord de la baie de Nuweiba. Le cadre est austère et peu pratique mais la mer est proche. Nombre d'Israéliens descendent ici, mais à 35/45 $US la simple/double avec clim. (avec petit déjeuner, TV et réfrigérateur), le tarif paraît surévalué pour des chambres préfabriquées sans attrait.

Où se restaurer

Si vous logez au port ou à Tarabin, vous n'avez guère d'autre choix pour vous restaurer que les hôtels et les camps. Au port, vous trouverez aussi une série de petite échoppes bon marché à environ 150 m sur la gauche (en tournant le dos à l'entrée du port). A Tarabin, il y a un supermarché en face de l'Elsebaey Village Hotel qui vend de l'épicerie de base. De l'autre côté de la rue, le ***Blue Bus Camp*** a un grand succès avec ses pizzas à partir de 12 £E et ses plats autour de 20 £E. Le ***Supermarket Aiwa***, entre le camp Palm Beach et le camp El Salam, vend aussi du ravitaillement (il y a un téléphone à cartes à l'extérieur). Plus loin, sur le bord de mer, on arrive au ***Aid Abu Goma***, un petit restaurant de poisson très couru. Il sert du poisson frais à partir de 25 £E, mais il est bondé durant les vacances israéliennes.

A Nuweiba City, vous aurez davantage de choix. De fait, le bazar en plein air compte quelques-uns des meilleurs endroits où se restaurer de tout le Sinaï dans la catégorie petits budgets. Jouissant d'une formidable renommée, le ***Dr Shishkebab*** offre un généreux accompagnement de ta'amiyya, de salade, d'aubergine frite et d'houmous avec tous ses plats. Tout ceci, avec une énorme portion de délicieux *daoud pasha* (des boulettes de viande arrosées d'une riche sauce tomate) et de riz, coûte 17 £E. Le "docteur", facile à repérer, est un homme corpulent au visage réjoui surmonté d'un turban blanc qui va de table en table en veillant attentivement sur tous ses hôtes. Parfois, ses amis et lui sortent leurs *tablas* et donnent un concert impromptu.

Autre endroit fabuleux du bazar, le ***Sendbad*** sert des portions encore plus copieuses et encore moins chères que le Dr Shishkebab… Son propriétaire est tout aussi jovial.

A deux pas de là, le minuscule restaurant ***Pizzina*** prépare d'excellentes pizzas avec des garnitures fraîches à partir de 12 £E.

Au ***bar de la plage*** du Helnan Holiday Camp, vous pouvez savourer des plats de poulet/poisson à 18/25 £E, ou bien prendre un en-cas à moindre prix et boire une Stella.

Comment s'y rendre

Bus. Prendre un bus pour partir de Nuweiba ne s'avère pas toujours évident, surtout si vous logez du côté de Tarabin. Les bus qui vont à Taba ou en viennent quittent la grand-route à la hauteur de l'hôpital pour effectuer un circuit qui les fait passer devant le Helnan Holiday Camp et le Dr Shishkebab, avant de regagner la grand-route et de poursuivre leur chemin. Ils s'arrêtent généralement aussi au port, soit à la gare routière, soit juste en face, devant le Motel Marina. Vous pouvez vraisemblablement prendre le bus à l'un ou l'autre de ces endroits (vous pouvez en tout cas en descendre). Cependant, mieux vaut si possible vérifier auprès des habitants si l'itinéraire du bus que vous voulez prendre n'a pas changé, ce qui est parfois le cas, ou s'il s'arrête bien dans le port.

Les bus pour Le Caire et d'autres destinations attendent généralement à l'arrivée des ferries. Le bus de Taba au Caire (50 £E) *via* Sainte-Catherine (10 £E) s'arrête à la hauteur du commissariat de police, près du Helnan, entre 10h et 10h30, et arrive au port vers 11h (parfois plus tôt). Il y a un autre bus pour Le Caire à 15h qui coûte 55 £E. Les bus pour Sharm el-Sheikh (20 £E) *via* Dahab (10 £E) partent à 6h30 et 16h ; ceux pour Taba partent à 6h (10 £E) et 12h (19 £E) ; et ceux pour Suez à 6h (25 £E, 6 heures *via* Nakhl).

Taxis collectifs. Il existe près du port une grande station de taxis collectifs qui, pour une fois dans le Sinaï, pratiquent des tarifs uniformes. Comptez 40 £E pour Suez, et de 50 £E pour Midan Ulali au Caire.

Avec l'essor de Tarabin, les taxis collectifs prennent maintenant les gens directement sur la route qui va, au nord, vers Israël, et, au sud, vers Dahab, le monastère Sainte-Catherine ou Sharm el-Sheikh.

Voitures. On peut louer des véhicules à l'agence Europcar située dans le Hilton Coral Resort.

Bateau. Pour tous détails sur les ferries et bateaux rapides pour Aqaba en Jordanie, voir la rubrique *Voie maritime* du chapitre *Comment s'y rendre*.

Comment circuler

Un *tof-tof* (un bus ouvert sur les côtés) est censé faire la navette entre le port, Nuweiba City et Tarabin, d'environ 6h à 18h, mais il semble qu'il soit constamment en panne. S'il marche à nouveau, il devrait coûter 1£E et s'arrêter n'importe où.

A Tarabin, les taxis collectifs demandent le prix exorbitant de 5 à 10 £E pour les quelques kilomètres qui séparent Tarabin et Nuweiba City, et 15 £E pour aller au port. Pour accéder à l'un des arrêts de bus de Nuweiba City, vous n'avez d'autre solution que de prendre un taxi collectif ou de marcher durant 2 km.

DE NUWEIBA A TABA

Le long de la fabuleuse côte au nord de Nuweiba, en particulier près de Taba, se succèdent de vastes et coûteux "villages touristiques", plus ou moins achevés. Même si la plupart d'entre eux ne sont pas trop laids, ils dénaturent la sauvage beauté de cette côte désertique.

Plages

On peut encore dénicher le long de cette route quelques plages désertes bordées par des eaux d'un bleu étonnant et des poches de récifs frangeants. Pour y accéder, il n'y a pas d'autre solution que de prendre un taxi collectif, un bus (mais vous aurez sans doute à payer le trajet complet Nuweiba-Taba) ou bien d'y aller en stop.

A une huitaine de kilomètres au nord de Nuweiba, à ***Maagana Beach***, une rangée de cases est disposée en forme de ruche le long d'une ravissante baie.

Sur la route, un peu au nord Maagana Beach, se trouve un endroit où il est possible de prendre un en-cas et des boissons.

A environ 2 ou 3 km plus loin, **Ras Shaitan** (la "Tête de Satan") est une pointe rocheuse qui s'avance dans la mer. Elle abrite sur son flanc nord une petite série de camps très simples tenus par des Bédouins. Dans ces camps aux noms tels que ***Mazag*** (que l'on pourrait traduire par "humeur"), on peut se loger moyennant 15 à 20 £E par personne. Les personnages New Age qui fréquentent ce lieu sont parfois un peu déroutants. Le site n'en dégage pas moins une atmosphère paisible et se prête merveilleusement à la baignade.

Sept kilomètres plus loin, le ***Barracuda Village*** offre une série de cases en pierre au bord de l'eau (et un gigantesque et affreux complexe touristique à côté). A 3 km de là, le ***Bawaki Beach Hotel*** (☎ *500 470*) est un trois-étoiles bien isolé. On peut aller pratiquement à pied depuis sa case donnant sur la plage jusqu'à de superbes sites de baignade.

Situé à quelque 23 km au nord de Nuweiba, le ***Basata*** (☎ *500 481 ou au Caire* ☎ *350 1829*) est l'un des plus fameux hôtels/camps du Sinaï. Cet hôtel simple, propre et écologique mérite bien son nom. Son propriétaire, Sherif Ghamrawy, est un écologiste. Toute la philosophie de son hôtel reflète bien son souci de l'environnement : il pratique la culture organique, ses clients sont priés de trier leurs détritus pour les jeter dans des poubelles distinctes afin de permettre leur recyclage. Le Basata abrite une cuisine commune dans une case, une boulangerie et un terrain de camping. Ses 18 cases de bambou coûtent 25 £E par personne. Si vous désirez dormir sur la plage, il vous en coûtera 15 £E par personne. Vous pouvez venir profiter de la plage seule, si l'hôtel n'est pas bondé, en payant un droit d'accès de 10 £E. La baie se prête à la baignade, mais la plongée avec bouteilles est interdite. Il est conseillé de réserver dans cet endroit qui connaît une forte fréquentation lors des vacances égyptiennes et israéliennes.

A environ 5 km au nord de Basata se trouve un établissement de 90 chambres, le ***Club Aqua Sun*** (☎ *530 391, fax 530 390*), qui demande 24/35/40 $US, petit déjeuner compris. Comme la plupart de ces hôtels/camps de bord de mer, il donne sur une superbe plage et un merveilleux récif.

Au-delà, le ***Sally Land Holiday Village*** (☎ *530 380, fax 530 381*) propose des simples/doubles à 42/50 $US, petit déjeuner compris. Malgré son nom, il est fréquenté par des touristes New Age d'Europe qui regardent d'un œil mauvais les enfants et les adultes qui troublent leurs séances de méditation en faisant du bruit sur la plage.

Le Fjord

Cette petite baie protégée, à seulement 15 km de Taba, est très fréquentée par les amateurs de bains de soleil. Sur l'éminence au nord se dresse le petit ***Salima Motel*** (☎ *530 130/1*). Propre et tenu par l'aimable Mohammed Magdi, il possède six chambres sommaires louées 40/60 £E en simple/double. Les repas coûtent 10/20/25 £E au petit déjeuner/déjeuner/dîner. Réservez si vous désirez passer la nuit, car c'est un endroit très couru par les Israéliens.

Pharaoh's Island

Située à seulement 7 km de Taba, Pharaoh's Island (Gezirat Fara'un) se trouve à environ 250 m au large de la côte égyptienne. Le château de Salah ad-Din surplombe cet îlot. Très restaurée, cette forteresse fut construite par les Croisés en 1115, puis assiégée et agrandie par Salah ad-Din en 1170. Il voulait en faire un rempart contre l'avancée des Croisés qui menaçait le sud de la Palestine. A l'apogée de leur succès, les Croisés paraissaient en effet convoiter les cités saintes de La Mecque et de Médine. Une partie des restaurations modernes en béton dénature l'œuvre de Salah ad-Din. L'île n'en reste pas moins un agréable but d'excursion d'une demi-journée. Les eaux cristallines sont extrêmement engageantes, si bien qu'une nuée de bateaux de plaisance israéliens chargés de plongeurs viennent de la proche Eilat pour croiser dans les parages. Depuis l'île, on peut voir le Taba Hilton et le port d'Aqaba en Jordanie.

Pharaoh's Island est ouverte à la visite de 9h à 17h. L'entrée coûte 6 $US (3 $US pour les étudiants) ; les billets se prennent en débarquant. Le billet pour le trajet en bateau aller-retour coûte 4 $US et se prend à la cafétéria proche du Salah ad-Din Hotel.

Le ***Salah ad-Din Hotel*** (☎ *530 340/2, fax 530 343*), qui fait face à Pharaoh's Island, possède 120 chambres de style dépouillé au prix un peu excessif de 72/93 $US la simple/double. Toutes les chambres ont la clim. et une s.d.b. L'hôtel abrite un restaurant où le repas coûte 13 $US. Il y a aussi un café (cher) sur l'île.

TABA

Jusqu'en 1989, quelques centaines de mètres de plage, un hôtel de luxe et un café situés à Taba, sur la frontière israélo-égyptienne, étaient une pomme de discorde entre les deux pays. Après plusieurs années de conflits et un arbitrage officiel, la terre a été restituée à l'Égypte. Depuis 1982, date à laquelle le reste du Sinaï a été rendu à Israël, Taba joue un rôle actif de poste frontière. La frontière est ouverte 24h/24, sauf la nuit du vendredi au samedi, le sabbat juif.

Vous trouverez en "ville" une petite poste, un central téléphonique ainsi qu'un hôpital, une boulangerie et une agence EgyptAir (souvent fermée). Vous pouvez changer de l'argent aux guichets de la Banque du Caire (ouvert à des heures variables) et de la Banque Misr (ouvert 24h/24), tous deux situés à 100 m de la frontière, ou au Taba Hilton Hotel. Leurs taux varient peu.

Où se loger et se restaurer

Haut de 10 étages, le ***Taba Hilton*** (☎ *530 300*) abrite des chambres à 160/208 $US en simple/double, taxes comprises, et un centre de plongée. Dans sa nouvelle extension, le ***Nelson Village*** (☎ *530 140*), les chambres atteignent 185/233 $US.

Au moment de la rédaction de cet ouvrage, il était prévu de construire les premiers hôtels d'une gigantesque installation touristique baptisée Taba Heights, proche de là.

Le ***Panorama Restaurant***, en face de la gare routière, semble avoir été abandonné par tous sans exception, sans doute parce qu'il fait payer 5 £E le Coca. A la cafétéria de la gare routière, légèrement moins chère mais vraiment peu accueillante, il vous faudra négocier pour avoir un plat de poisson, de riz ou bien une salade (15 £E), aussi bien que du café ou de l'eau.

Comment s'y rendre

Avion. EgyptAir assure tous les lundi des vols pour l'aéroport de Ras an-Naqb (497 £E), à 38 km de Taba. Quand le gigantesque complexe de Taba Heights sera ouvert, Orascom Air desservira aussi la région.

Bus. La East Delta Bus Co a plusieurs services de bus pour Taba. Le bus de 10h va à Nuweiba (10 £E), au monastère Sainte-Catherine (25 £E) et continue sur Le Caire (60 £E). Un autre bus pour Le Caire (65 £E) part à 14h mais passe par Nakhl. D'autres bus partant à 9h et à 15h vont à Sharm el-Sheikh (35 £E), en s'arrêtant à Nuweiba (10 £E) et à Dahab (15 £E). Pour Nuweiba seul, il existe également un bus à 14h. Le bus pour Suez (40 £E, 5 heures *via* Nakhl) part à 7h.

Comment circuler

Taxi collectif. Un taxi (jusqu'à sept personnes) pour Nuweiba coûte 30 £E par personne ou 210 £E, et 300 £E pour Sharm el-Sheikh. Pour Le Caire, comptez autour de 50 à 60 £E par personne. Vous pouvez également trouver un ou deux minibus qui vous emmènent à Dahab moyennant environ 15 £E par personne. Votre pouvoir de négociation augmente si le bus n'est pas trop loin.

Voiture. Le seul loueur de voiture, Europcar (☎ 379 222, fax 379 660), se trouve dans le Taba Hilton Hotel.

LE MONASTÈRE SAINTE-CATHERINE

Vingt-deux moines grecs orthodoxes vivent dans ce monastère au pied du mont Sinaï. Cet ordre monastique fut fondé au IVe siècle par l'impératrice byzantine Hélène qui fit construire une petite chapelle à côté du site où s'élevait le buisson ardent d'où Dieu s'était adressé à Moïse.

La chapelle est dédiée à Sainte-Catherine, la martyre légendaire d'Alexandrie, qui subit le supplice de la roue et fut décapitée pour sa foi chrétienne. Son corps fut

LE MONASTÈRE SAINTE-CATHERINE

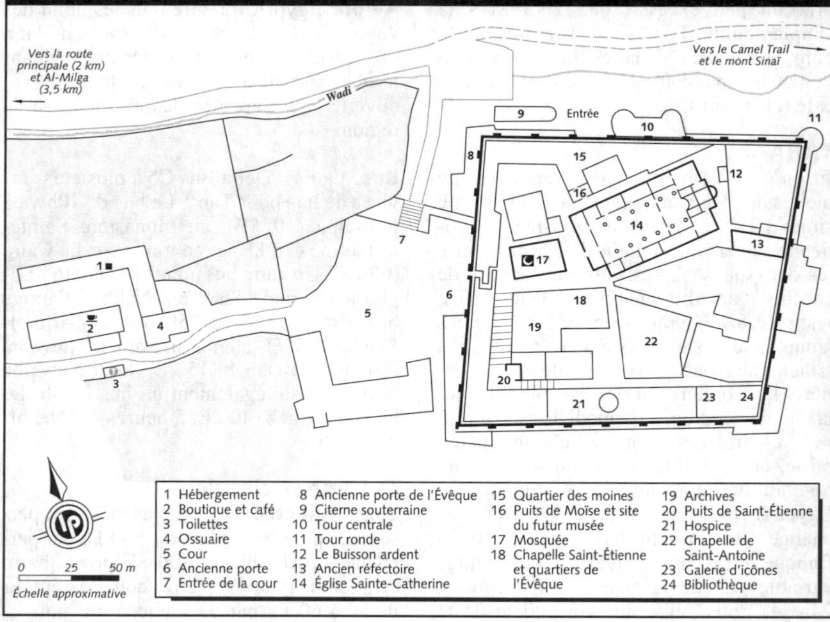

extrait de l'engin de torture par des anges. L'engin ayant échappé au contrôle des bourreaux, il tua les païens qui regardaient la scène. Elle fut alors transporté sur les pentes du Gebel Katarina, la plus haute montagne d'Égypte, située à environ 6 km au sud du mont Sinaï. C'est là que le corps fut "découvert" environ trois siècles plus tard par les moines du monastère.

Au VIe siècle, l'empereur Justinien ordonna d'édifier une forteresse, englobant une basilique et un monastère ainsi que la chapelle d'origine pour abriter les moines de Sainte-Catherine, mais aussi pour servir de refuge aux chrétiens du Sud-Sinaï. Depuis, c'est un lieu de pèlerinage pour les chrétiens du monde entier qui sont nombreux à avoir bravé moult difficultés et dangers pour parvenir jusqu'en ce lieu si isolé.

Le monastère n'a jamais été pillé par les musulmans qui l'ont toujours respecté. Néanmoins, les Fatimides tentèrent d'en prendre possession. Pour protéger Sainte-Catherine, les moines ont accepté qu'une mosquée soit construite dans l'enceinte du monastère. Aujourd'hui encore, ce sont les musulmans qui gardent l'accès au site orthodoxe.

De nos jours, le monastère et le mont Sinaï sont envahis par les touristes venus en car, surtout le matin. Lors de la visite, n'oubliez pas que vous êtes dans un monastère, et non pas dans un musée. Les seules parties de ce monastère auxquelles le public peut accéder sont la chapelle et une salle plutôt macabre, où sont entassés des os de moines défunts, ainsi qu'à une superbe collection d'icônes et de crosses ornées de joyaux.

Le monastère Sainte-Catherine est ouvert à la visite de 9h à 12h, tous les jours sauf les vendredi, samedi, dimanche et jours fériés.

Orientation et renseignements

Le monastère se situe à 3,5 km environ du village de Katreen, appelé Al-Milga par les Bédouins locaux, les Jabaliya, ou à 2 km du grand rond-point sur la route qui les sépare. A Al-Milga, vous trouverez une banque, un central téléphonique (ouvert 24h/24), un poste de police, un bureau de la police touristique (près de la mosquée), plusieurs hôtels et une série de boutiques et de cafés. La Banque Misr accepte de changer l'argent liquide et les chèques de voyage. Elle devrait permettre de retirer de l'argent avec une carte Visa ou MasterCard. Elle ouvre de 9h à 14h et de 18h à 21h.

Mont Sinaï

Même si certains archéologues et historiens remettent en question l'histoire biblique du mont Sinaï, c'est un lieu révéré par les chrétiens, par les musulmans et par les juifs. Tous croient que c'est depuis le sommet de ce mont que Dieu a révélé à Moïse les Dix Commandements.

Haut de 2 285 m, le mont Sinaï (ou Gebel Musa, comme on l'appelle localement), culmine au-dessus du monastère de Sainte-Catherine. L'ascension du sommet peut s'effectuer facilement par deux voies bien tracées : la piste des dromadaires et les Marches du Repentir. Notez toutefois que le mont Sinaï n'est pas la montagne qui se situe en haut de la vallée, juste derrière le monastère, celle-ci est beaucoup plus basse ! Depuis le sommet, la vue s'étend jusqu'au sommet encore plus haut du Gebel Katarina.

Par la piste des dromadaires, l'itinéraire le plus facile, l'ascension dure environ deux heures. On croise généralement au moins quatre ou cinq vendeurs de thé et de Coca en route. A la hauteur du dernier stand, là où la piste des dromadaires rejoint les marches, on vous propose parfois un petit déjeuner.

L'autre voie pour gagner le sommet, les très pénibles 3 000 Marches du Repentir, fut mise en place par un moine en guise de pénitence. Si vous souhaitez essayer l'un et l'autre de ces chemins, mieux vaut suivre le sentier à l'aller et descendre par les marches au retour, surtout si vous voulez bénéficier d'une vue grandiose sur le monastère.

Durant l'été, il est préférable d'éviter la canicule en commençant la randonnée dès 2 ou 3h. De la sorte, vous assisterez aussi au lever du soleil. Bien que des panneaux en pierre balisent le chemin, il est parfois un peu difficile de s'y retrouver, aussi faut-il emporter une lampe-torche.

Du fait du caractère sacré des montagnes et de l'impact qu'exercent les nombreux groupes dans un environnement désertique, le bureau des Parcs nationaux a institué quelques règles indispensables pour ceux qui veulent passer la nuit ici. Outre respecter le code de base des randonneurs (voir l'encadré *La zone protégée de Sainte-Catherine*), si vous passez la nuit dans la montagne, on vous demande de dormir juste en dessous du sommet, sur un petit plateau appelé bassin de Elijah. Cinq toilettes à compost ont été placées pour éviter la pollution. Vous pouvez ensuite grimper au sommet pour contempler le lever du soleil.

Si vous avez l'intention de passer la nuit au sommet, veillez à emporter suffisamment d'eau et de nourriture. Comme il fait froid et venteux là-haut (même en été), prenez des vêtements chauds et un sac de couchage (il n'y a pas suffisamment d'espace pour planter une tente). On trouve parfois des couvertures à louer pour une livre ou deux. Dès la mi-mai, attendez-vous à partager le sommet avec des hordes de touristes.

Au sommet même se dresse une chapelle grecque orthodoxe, qui abrite de superbes peintures et ornements, mais aussi une petite mosquée. Cependant, elles ont été tellement profanées par des touristes dans les années 80 qu'elles restent habituellement fermées à clef. Le sommet offre aussi des vues spectaculaires sur les montagnes alentour, nues et déchiquetées, ainsi que sur les vallées profondes. Au fil des heures du jour, les rochers et les falaises changent de couleur comme des caméléons de pierre.

Où se loger

Le monastère Sainte-Catherine tient une ***hostellerie***. Si la réception reste ouverte toute la journée, l'enregistrement ne s'ef-

La zone protégée de Sainte-Catherine

Au début des années 90, l'impact du tourisme de masse sur le monastère et les montagnes environnantes se fit ressentir de façon dramatique. D'immenses quantités de détritus jonchaient le mont Sinaï, les hôtels se multipliaient de façon alarmante à Al-Milga. En 1996, les autorités ont finalement réagi en créant, par décret du Premier ministre, la zone protégée de Sainte-Catherine, qui s'étend sur 4 350 km^2.

Cette vaste zone montagneuse englobe un écosystème désertique de haute altitude, unique, ainsi que des sites historiques sacrés pour les trois religions monothéistes. Afin de limiter l'impact des touristes dans ce lieu très spécial, suivez le code de conduite suivant :

- Respectez l'importance religieuse et historique de la région ainsi que la culture et les traditions bédouines locales.
- Remportez vos ordures avec vous, enterrez vos excréments et brûlez votre papier de toilette.
- Usez avec modération de l'eau des sources et ne la contaminez pas.

Il est interdit par la loi de :

- Enlever un objet quelconque, notamment des roches, des plantes et des animaux.
- Déranger ou blesser des oiseaux ou autres animaux.
- Couper ou déraciner des plantes.
- Laisser des graffitis.

Des brochures sur les quatre "sentiers d'interprétation" de la région ont également été publiés, notamment au mont Sinaï. Bien conçues, elles comportent des commentaires sur la flore, la faune ainsi que les sites ayant une importance religieuse ou historique. Vous pouvez les acheter au centre d'accueil des visiteurs du monastère moyennant 5 £E chaque. Cet argent sert à l'entretien des sentiers. Pour permettre à la population locale de tirer profit du tourisme, vous êtes vivement invité à louer les services d'un guide bédouin local. Vous le trouverez à Al-Milga et il vous demandera de 20 à 25 £E pour une marche d'une demi-journée.

fectue qu'entre 8h et 13h, et 16h et 22h. L'hostellerie comporte des dortoirs non mixte (sept lits) qui coûtent 35 £E par personne et des chambres à trois lits avec s.d.b. à 40 £E par personne. Les équipements sont rustiques et de nombreux voyageurs se sont plaints de l'absence de propreté des s.d.b. Le petit déjeuner coûte 4 £E, le déjeuner ou le dîner 8 £E. Vous pouvez laisser vos bagages dans l'une des chambres pendant que vous faites l'ascension du mont Sinaï. Ce service vous coûtera environ 2 £E.

Harmonieusement intégré dans le paysage environnant, l'onéreux ***St Katherine's Tourist Village*** (*☎ 470 333, fax 470 323*) se situe près du rond-point à 2 km à l'ouest du monastère. Les simples/doubles/triples coûtent 130/156/197 $US, petit déjeuner et dîner compris. Les chambres avec clim., TV et s.d.b. ont vue sur le monastère au loin.

Sur votre droite, à environ 400 m avant d'atteindre la mosquée Al-Milga, sur la hauteur qui fait face à l'hôtel Al-Fairoz, sont groupés trois hôtels. Trois-étoiles, le ***Daniela Village*** (*☎ 470 225*) possède 52 bungalows avec des chambres relativement confortables à 49/65/79 £E, petit déjeuner compris.

A côté, le ***Al-Wadi al-Mouqudus*** (☎ *470 225*) est un deux-étoiles dont les 58 chambres valent 130/180/230 £E, petit déjeuner compris. A ses côtés se dresse un cinq-étoiles incongru au luxe tapageur, le ***Catherine Plaza Hotel*** (☎ *470 289, fax 470 292*). Il possède 128 chambres à 75/100/115 $US, petit déjeuner compris. Il abrite une piscine et plusieurs restaurants et bars.

A environ 6 km sur la route de Nuweiba, le ***Morgenland Village*** (☎ *470 331*) demande 80/102 $US pour ses simples/doubles, petit déjeuner en sus. Environ 4 km plus loin, à la hauteur de l'embranchement pour Dahab, le ***Green Lodge Camping*** (☎ *470 314*) offre un confort très rustique et un restaurant. Encore 10 km plus loin, à 5 km en direction de Dahab, et à proximité de l'aéroport, l'***Al-Salam Hotel*** (☎ *470 409*) loue des doubles pour 16 $US, petit déjeuner compris.

Où se restaurer

A Al-Milga, vous trouverez une ***boulangerie*** en face de la mosquée et deux ***supermarchés*** bien approvisionnés dans la galerie commerciale. Quelques petits restaurants se cachent derrière la boulangerie, le plus raisonnable étant le ***Kafeteria Ikhlas*** (essayez son poulet avec de la soupe, à 12 £E). Juste à côté de l'arrêt de bus, le ***Katrien Rest House*** (pas d'hébergement) est seulement ouvert pour le déjeuner. Il sert lui aussi un copieux plat de poulet avec du riz et des légumes.

De l'autre côté de la place, près de la banque, le ***Restaurant for Friends*** a beaucoup de succès avec des plats autour de 8 £E.

La cafétéria moderne ***Al-Monaga***, près du rond-point, a pour principale clientèle les groupes organisés. Un plat de poulet, avec soupe et salade, vous coûtera 17 £E.

Comment s'y rendre

Bus. Vous pouvez demander au chauffeur de vous déposer au rond-point, l'endroit le plus proche du monastère. Les bus partent de la place en face de la mosquée à Al-Milga. Il y a parfois un bus entre 12h et 13h pour Sharm el-Sheikh (20 £E) *via* Dahab (15 £E). Le bus pour Suez (20 £E, 5 heures) part à 6h. Il permet de rejoindre Le Caire de façon plus avantageuse que par le bus direct, en prenant ensuite à Suez un bus ou un taxi collectif pour Le Caire moyennant environ 8 £E. Le bus pour Le Caire (40 £E) qui vient de Taba passe à 10h. Un bus pour Taba (20 £E) *via* Nuweiba (15 £E) part à 15h30, mais il ne va parfois que jusqu'à Nuweiba.

Taxis collectifs. Les taxis collectifs passent irrégulièrement et peu fréquemment par le village. Avec un peu de chance, vous pourrez trouver un chauffeur de taxi d'accord pour vous emmener jusqu'au Caire moyennant environ 300 £E pour le véhicule, jusqu'à sept personnes. Un taxi similaire pour Suez vous reviendra à environ 200 £E après d'intenses négociations. Au monastère, des taxis attendent souvent les gens qui redescendent du mont Sinaï en début d'après-midi. Comptez entre 10 et 20 £E par personne pour Dahab ou Nuweiba.

WADI FEIRAN

Cette luxuriante oasis de palmiers-dattiers, avant-poste bédouin entre la côte ouest du Sinaï et le monastère Sainte-Catherine, surgit au beau milieu d'un paysage de désert aride et de collines rocailleuses. Un couvent se dresse sur le versant ouest du Wadi Feiran, mais il faut une autorisation du monastère Sainte-Catherine pour le visiter.

AL-ARISH

Sur une grande partie de la côte nord du Sinaï, depuis Port Fouad pratiquement jusqu'à Al-Arish, s'étend une lagune marécageuse, le lac Bardawil, séparée de la Méditerranée par une crête calcaire, ce qui rend la région peu attrayante pour la baignade. La route suit ce qui doit être l'une des plus anciennes voies de l'histoire, celle qu'utilisèrent les pharaons pour pénétrer dans ce qui est actuellement Israël, la Jordanie et, de là, la Syrie, et, dans l'autre sens, par les Perses, les Grecs, les Croisés, les Arabes musulmans et bien d'autres.

Située au-delà du lac Bardawil, Al-Arish, la capitale du gouvernorat du Sinaï du nord, compte 40 000 habitants. Son plus grand attrait, sa plage bordée de palmiers, est de plus en plus fragmentée par les constructions qui se développent le long de la côte. De nos jours, c'est un lieu peu visité par les Égyptiens comme par les touristes étrangers sauf au plus fort de l'été quand la bourgeoisie cairote se déplace en masse.

Orientation et renseignements

La principale route côtière, Sharia Fuad Zikry, forme un embranchement en T avec Sharia 23rd of July, qui part vers le sud sur 2 ou 3 kilomètres (et change en route de nom pour devenir Sharia Tahrir), jusqu'à la gare routière et la station de taxis collectifs.

L'office du tourisme, situé sur la Sharia Fuad Zikry, en bas du Sinai Beach Hotel, a des heures d'ouverture peu évidentes (il ne semble jamais être ouvert).

La National Bank of Egypt, Sharia Tahrir, ouvre du dimanche au jeudi de 9h à 14h30. A côté, dans une rue perpendiculaire à Sharia Tahrir, se trouve la Banque Misr. La Bank of Alexandria et la Banque du Caire ont toutes deux des agences dans Sharia 23rd of July.

La poste, ouverte de 8h30 à 14h30 sauf le vendredi, se trouve un peu à l'est de la Banque Misr. Le central téléphonique, ouvert 24h/24, est proche de la poste.

A voir et à faire

La **zone protégée de Zerenike** est un paradis pour les oiseaux migrateurs. Créée en 1985 par l'office des parcs nationaux égyptiens, elle couvre 220 km^2 le long du littoral, depuis la partie est du lac Bardawil jusqu'à environ 25 km à l'est d'Al-Arish. L'entrée de cette zone protégée se situe à environ 35 km à l'est de Al-Arish. Le droit d'entrée est de 5 $US. A l'intérieur des portes, il y a un centre d'accueil des visiteurs avec une cafétéria, ouvert tous les jours du lever au coucher du soleil.

Le **Sinai Heritage Museum**, en bordure de la ville, sur la route côtière menant à Rafah, fut créé il y a quelques années pour faire découvrir la vie dans le Sinaï. Parmi les pièces exposées figurent des objets d'artisanat bédouins, des outils, des vêtements et des médecines traditionnelles accompagnés d'un commentaire en anglais. Le musée est ouvert du samedi au jeudi de 9h30 à 14h. L'entrée coûte 1 £E, plus 5/25 £E pour un appareil photo/caméscope.

Tous les jeudi, quand le **souk** s'installe dans la plus ancienne partie de la ville, les Bédouins arrivent du désert dans des pick-ups ou à dos de dromadaire. Les femmes voilées font le commerce d'objets en argent ou en perle et de robes brodées, tandis que les hommes vendent des selles de dromadaires. Si elles présentent parfois de jolis objets d'artisanat, ces femmes cherchent plutôt à vendre les plus ordinaires aux touristes et à conserver les plus beaux pour les revendeurs qui les leur achètent pour les boutiques du Caire. Mais les voir arriver et marchander est déjà un spectacle. Parfois même, on les voit s'acheter de l'or avec le produit de la vente de leur artisanat.

L'autre grande attraction est la **plage**. Avec ses palmiers, son sable blanc fin et ses eaux transparentes (avec même parfois de petites vagues), c'est l'une des plus belles plages égyptiennes de la Méditerranée. Malheureusement, comme c'est souvent le cas, les femmes risquent de se sentir un peu gênées pour se baigner ici. La plage fait théoriquement l'objet d'un couvre-feu après la tombée du jour.

Où se loger – petits budgets

Sur la plage, le ***Golden Beach Hotel*** (☎ *342 270*) regroupe un ensemble de bungalows en ciment grisâtres qui comportent jusqu'à trois lits. Ils se louent 15 £E le bungalow, petit déjeuner non compris. Il n'y a que des douches froides.

Juste en haut sur la route, plus correct, le ***Moon Light Hotel*** (☎ *341 362*) propose des simples/doubles à 15/30 £E, petit déjeuner inclus.

Le ***Safa Hotel***, Sharia Tahrir, est un hôtel bruyant où les doubles se louent 10 £E par personne avec s.d.b. (eau froide) ou 5 £E sans. Il est déconseillé aux femmes seules de séjourner ici.

AL-ARISH

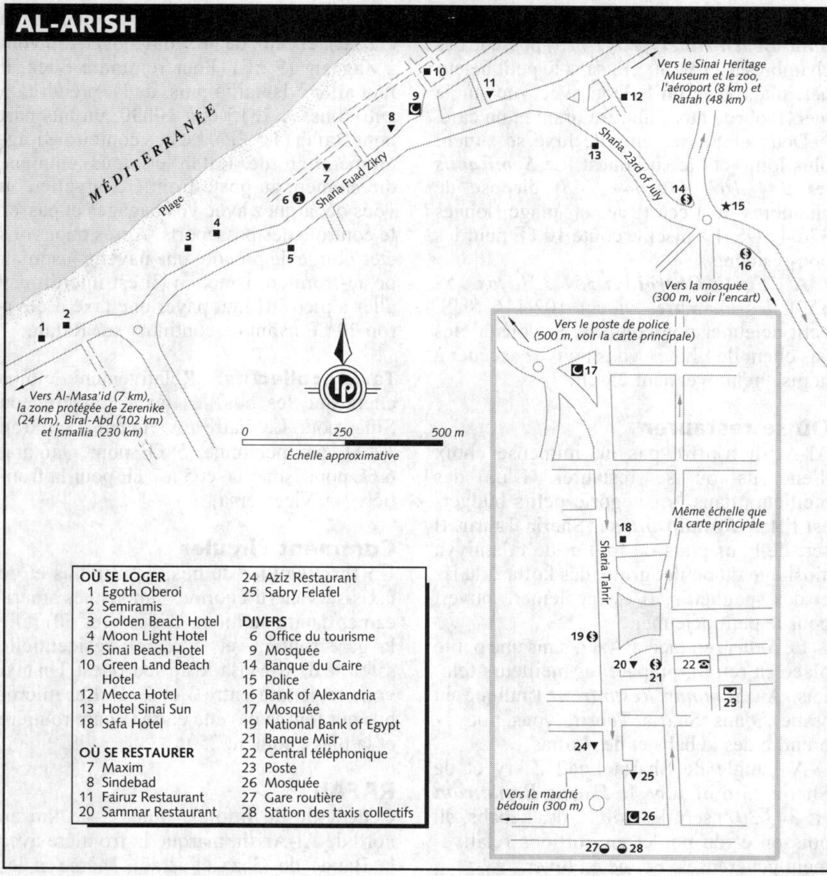

Derrière le New Golden Beach, le ***Mecca Hotel*** (☎/*fax 344 909*) est un bon établissement, sympathique et propre, qui demande 30/40 £E pour ses simples/doubles avec ventilateur et eau chaude.

Quasiment sur la plage, le ***Green Land Beach Hotel*** (☎ *340 601*) offre l'un des meilleurs rapports qualité/prix. Ses doubles/triples avec s.d.b., propres et confortables, coûtent 25/30 £E, petit déjeuner en sus. La plupart des chambres sont dotées de terrasses.

Où se loger – catégories moyenne et supérieure

Restaurant populaire en bord de plage, le ***Maxim*** (☎ *340 850*) s'est maintenant agrandi pour proposer des chambres et des chalets. Mais il ne sont ouverts qu'en été.

L'***Hotel Sinai Sun*** (☎ *341 855*) est un établissement correct où les simples/doubles avec s.d.b., TV, téléphone et clim. valent 14/18 $US en hiver, 21/25 $US en été. Vous débourserez 6 £E supplémentaires pour le petit déjeuner.

SINAÏ

Un peu mieux, mais plus onéreux, le ***Sinai Beach Hotel*** (☎ *341 713*) possède des chambres à 115/130 £E, sans le petit déjeuner, mais avec un balcon avec vue sur la mer. Il abrite aussi un restaurant et un café.

Deux établissements de luxe se situent plus loin vers le sud-ouest. Le ***Semiramis*** (☎ *344 167, fax 344 168*) dispose de chambres à l'écart de la plage louées 37/64 $US. La piscine coûte 10 £E pour les non-résidents.

A l'***Egoth Oberoi*** (☎ *351 321, fax 352 352*), les chambres valent 102/116 $US, petit déjeuner non compris. Si vous n'êtes pas client de l'hôtel, vous pouvez accéder à la piscine moyennant 25 £E.

Où se restaurer

Al-Arish n'offre pas un immense choix d'endroits où se restaurer. L'un des meilleurs dans la catégorie petits budgets est l'***Aziz Restaurant***, sur Sharia Tahrir. Il sert de bons plats de foul et de ta'amiyya ainsi que du poulet grillé, des koftas, du riz et des spaghettis. Il est également ouvert pour le petit déjeuner.

Le ***Sabry***, en face d'Aziz, dans une petite place en retrait, prépare les meilleurs felafels. Au ***Sammar Restaurant*** (indiqué en arabe), dans Sharia Tahrir, vous pouvez prendre des kebabs et des koftas.

A l'angle de Sharia Fuad Zikry et de Sharia 23rd of July, le ***Fairuz Restaurant*** (☎ *343 307*) sert des koftas, des kebabs, du poisson et du poulet en portions relativement généreuses. Fermé en hiver.

Plus à l'ouest, Sharia Fuad Zikry, le ***Sindebad*** vend du foul et du ta'amiyya.

Sur la plage, au milieu des palmiers, le plus luxueux ***Maxim*** est spécialisé dans le poisson. Sa cuisine est savoureuse, mais il faut compter autour de 25 à 40 £E. Il n'est ouvert qu'en été.

Comment s'y rendre

Bus. Les bus pour Le Caire (5 heures) quittent Al-Arish à 7h (25 £E) et à 16h (35 £E). Il y a un bus pour Ismaïlia (7 £E, 3 heures) *via* Qantara (5 £E) toutes les heures jusqu'à 15h. Les bus qui partent pour Ismaïlia à 7h et à 15h continuent jusqu'à Mansourah (11 £E), et ceux de 7h, 7h45, 9h et 15h vont à Zagazig (9 £E). Pour rejoindre Suez, il faut aller à Ismailia puis, de là, prendre un autre bus. A 7h15 et à 10h30, un bus part pour Rafah (1,5 £E). Le bus contourne l'agglomération de Rafah et vous emmène directement au poste-frontière égyptien où vous débarquez avec vos bagages et passez le contrôle des passeports. Après quoi vous êtes obligé de prendre une navette jusqu'au poste-frontière israélien (il est interdit d'y aller à pied). Il faut payer une taxe d'environ 20 £E avant de continuer sur Rafah.

Taxis collectifs. Relativement moins chers que les bus, les taxis collectifs du Sinaï pour Le Caire reviennent à environ 12 £E par personne, 5 £E pour Qantara, 6 £E pour Ismaïlia, et 5 à 7 £E pour la frontière (ou vice versa).

Comment circuler

Un flux régulier de bus, de minibus et de taxis-service (d'énormes limousines américaines datant au moins des années 60) relie la gare routière et la région résidentielle satellite d'Al-Masa'id au sud-ouest. Un taxi vous reviendra entre 3 et 5 £E. Les microbus qui font la navette entre la gare routière et la plage coûtent 25 pt.

RAFAH

Cette ville du littoral, située à 48 km au nord de Al-Arish, marque la frontière avec la Bande de Gaza et Israël. Même si les pères fondateurs de la ville ont pensé que la douceur de son emplacement sur les rives de la Méditerranée pouvait en faire une station balnéaire idéale, elle ne possède aucun hôtel (il existe quelques chalets). L'hôtel bon marché le plus proche se situe à Sheikh Zuweid, à 17 km de Rafah.

Le passage de la frontière se situe à 4 km de l'agglomération.

Comment s'y rendre

Deux ou trois bus locaux relient l'agglomération de Rafah et Al-Arish (1 £E). Voyez le chapitre *Comment s'y rendre*.

Langue

L'arabe est la langue officielle de l'Égypte. Cependant, l'arabe que l'on parle dans la rue diffère considérablement de l'arabe moderne unifié tel qu'il est écrit dans les journaux ou parlé à la radio, ou de l'arabe classique que l'on entend lors des prières à la mosquée.

L'arabe dialectal égyptien (ECA, "egyptian colloquial arabic") est amusant mais difficile à apprendre. C'est à la base un dialecte de l'arabe moderne unifié mais, concrètement, il s'en écarte tellement qu'il constitue presque une autre langue. A l'instar de la plupart des dialectes, cette langue parlée présente des différences notables avec les autres dialectes des pays arabophones voisins, alors que l'arabe plus spécialisé ou plus littéraire ne présente guère de différences, seule la prononciation change considérablement. Concrètement, un Arabe de Jordanie ou d'Irak n'éprouvera guère de difficultés à discuter de politique, de philosophie ou de littérature avec un Égyptien lettré ; en revanche, il aura beaucoup de mal à se faire comprendre dans une boulangerie.

Il n'existe pas de forme écrite officielle de l'arabe dialectal égyptien, bien que dans la pratique rien ne l'empêche – le prix Nobel de littérature Naguib Mahfouz n'hésite pas à écrire des passages entiers en utilisant essentiellement l'argot égyptien (ou cairote).

Toujours est-il que les étrangers qui désirent apprendre l'arabe dialectal égyptien – plutôt que l'arabe moderne unifié (MSA, "modern standard arabic"), la *lingua franca* écrite et parlée, assez proche en pratique de la langue de tous les jours des pays arabes du Levant, et comprise par la plupart des gens – s'entendent dire qu'on ne peut pas l'écrire. Ils n'ont alors d'autre choix que de se rabattre sur un système de transcription ou un autre, dont aucun n'offre entière satisfaction. Pour ceux qui étudient l'arabe moderne unifié, ces systèmes constituent plus souvent une difficulté qu'une aide. Savoir s'il est plus pertinent d'apprendre d'abord l'arabe moderne unifié, puis un dialecte (dans ce cas, vous devrez attendre très longtemps avant d'être capable de discuter avec les gens dans la rue), ou l'inverse, prête à une discussion sans fin. Une telle complexité explique en partie pourquoi si peu de non-Arabes ou de non-musulmans se lancent dans l'apprentissage de l'arabe. Néanmoins, apprendre ne serait-ce que quelques mots et expressions vous permettra de mieux découvrir et sentir le pays et vous ouvrira des portes.

Prononciation

La prononciation de l'arabe s'avère très difficile pour qui n'est pas familier avec les intonations et les combinaisons phoniques. Prononcez lentement et distinctement les mots et expressions translitérés ci-dessous.

Le petit guide suivant devrait vous être utile, mais il reste approximatif tant les règles de prononciation et d'usage des voyelles sont nombreuses.

Voyelles courtes

a comme dans "chat" (parfois très bref)
e comme dans "net" (parfois très bref)
i comme dans "nid"
o comme dans "lot"
u comme dans "chou"

Voyelles longues

Les voyelles longues sont indiquées par un signe diacritique, à savoir un tiret placé au-dessus de la lettre.

ā comme le "â" dans "pâte"
ē comme le "è" dans "père"
ī comme le "i" dans "pire" (mais plus long)
ō comme le "ô" dans "apôtre"
ū comme le "ou" dans "jour"

A noter : il arrive que les voyelles soient également transcrites sous forme de doubles

L'alphabet arabe

Finale	Médiale	Initiale	Isolée	Translitération	Prononciation
ـا			ا	ā	comme le "a" dans "chat"
ـب	ـبـ	بـ	ب	b	comme dans "bête"
ـت	ـتـ	تـ	ت	t	comme le "t" dans tas
ـث	ـثـ	ثـ	ث	th	comme le "th" dur anglais dans "thin"
ـج	ـجـ	جـ	ج	g	comme le "g" dans golfe
ـح	ـحـ	حـ	ح	H	un "h" très aspiré, un soupir de soulagement
ـخ	ـخـ	خـ	خ	kh	comme le "ch" allemand dans ("nach")
ـد			د	d	comme le "d" dans "dur"
ـذ			ذ	dh	comme le "th" anglais dans "this"
ـر			ر	r	r (roulé)
ـز			ز	z	comme le "z" dans "zip"
ـس	ـسـ	سـ	س	s	comme dans "seau", jamais z
ـش	ـشـ	شـ	ش	sh	comme le "ch" dans "char"
ـص	ـصـ	صـ	ص	ṣ	"s" emphatique
ـض	ـضـ	ضـ	ض	ḍ	"d" emphatique
ـط	ـطـ	طـ	ط	ṭ	"t" emphatique
ـظ	ـظـ	ظـ	ظ	ẓ	"z" emphatique
ـع	ـعـ	عـ	ع	'	la lettre arabe "ayn" ; comme une contraction de la glotte avant de dire "oh, oh"
ـغ	ـغـ	غـ	غ	gh	comme le "r" grasseyé parisien
ـف	ـفـ	فـ	ف	f	comme le "f" dans fée
ـق	ـقـ	قـ	ق	q	un "k" très guttural ; en arabe égyptien : un coup de glotte
ـک	ـکـ	کـ	ک	k	comme le "k" dans "képi"
ـل	ـلـ	لـ	ل	l	comme le "l" dans "lin"
ـم	ـمـ	مـ	م	m	comme le "m" dans "mère"
ـن	ـنـ	نـ	ن	n	comme le "n" dans "nom"
ـه	ـهـ	هـ	ه	h	aspiré comme dans "hourra"
ـو			و	w	comme le "ou" dans "oued" ou
				ū	long, comme le "ou" dans chou
				aw	ou comme le "aou" dans "raout"
ـي	ـيـ	يـ	ي	y	comme le "y" dans "yéti" ; ou
				ī	encore plus long que "i" dans "cire", ou
				ay	soit le "ai" de "ail", soit celui de "ouais"

Voyelles. Les sons de certaines voyelles arabes ne figurent pas dans l'alphabet. Voir le guide de prononciation p. 514.

Consonnes emphatiques. Pour simplifier, nous n'avons pas transcrit les consonnes emphatiques dans ce guide.

voyelles, c'est-à-dire : aa (ā), ii (ī) et ouou (ū).

Diphtongues (combinaisons de voyelles)

aw comme "aou" dans "raout"
ay comme "ai" dans "ail"
ei comme "ei" dans "traîne"

Attention aux deux dernières diphtongues : dans certains mots, l'une peut remplacer l'autre selon la manière dont la personne prononce ! Rappelez-vous que ces règles sont seulement indicatives.

Consonnes

Vous trouverez dans l'alphabet arabe de la page précédente la prononciation de toutes les consonnes arabes. Attention à toujours prononcer les doubles consonnes indiquées dans les transcriptions. Ainsi le mot *el-hammam* (toilettes) se prononce "el-ham-mam".

Autres sonorités

L'arabe possède deux sonorités très difficiles à prononcer par des étrangers : le son 'ayn et le coup de glotte. La lettre 'ayn correspond à un son sans aucun équivalent en français. C'est un son qui ressemble à celui du coup de glotte (qui n'est en fait pas représenté dans l'alphabet), si ce n'est que pour l'émettre, il faut contracter avec encore plus de force les muscles du fond de la gorge – c'est un son dont on dit qu'il ressemble à celui émis par quelqu'un qu'on étrangle ! Dans de nombreux systèmes de translitération, 'ayn est représenté par un apostrophe inversé (') et le coup de glotte par un apostrophe ('). Pour faciliter l'usage de ce guide de prononciation, nous avons simplifié la translitération (ainsi que dans le reste du livre) en utilisant seulement l'apostrophe, sans faire la distinction entre le coup de glotte et le 'ayn. Cela ne devrait pas, en principe, empêcher un arabophone de vous comprendre.

Translitération

Convertir ce qui reste pour les profanes d'insondables arabesques en familiers caractères romains n'a rien d'un jeu d'enfant. En réalité, aucun système de transcription ne s'avère vraiment satisfaisant. Dans ce guide, nous nous sommes efforcés d'uniformiser certaines orthographes de noms de lieux ou autres. Pour l'article défini ("le" ou "la"), l'arabe n'utilise qu'un seul mot, *al*. Or *al* se modifie devant certaines consonnes (ainsi en arabe Saladin se dit *Salah ad-Din,* ce qui signifie littéralement "droiture de la foi"; ici *al* est devenu *ad* devant le "d" de Din). On utilise aussi souvent *el* que nous avons laissé comme tel dans les noms de lieux plus connus sous cette forme (El-Alamein, Sharm el-Sheikh) ou lorsqu'il figure ainsi dans les noms d'hôtels ou de restaurants. D'autant que le "a" court se rapproche plus du "eu" français que du "a". Dans les villes, les boulevards qui bordent le Nil s'appellent fréquemment Corniche el-Nil (prononcé Corniche eun-Nil). Que ce soit dans ce guide ou sur les panneaux que vous rencontrerez, n'oubliez pas que, derrière ces variations d'orthographe, c'est toujours du même article qu'il s'agit.

Le problème de transcription en général se heurte à une multitude de pièges pour lesquels il n'existe pas de solution "correcte". Les gens du pays eux-mêmes doivent faire appel à leur intuition pour savoir comment effectuer la conversion, ce qui donne des résultats souvent amusants. Le

L'impossible transcription

A son éditeur qui s'inquiétait des "incohérences dans l'orthographe des noms propres" des *Sept Piliers de la sagesse* (livre où il raconte la révolte arabe lors de la Première Guerre mondiale), T. H. Lawrence répondit :

"Les noms arabes ne passent pas en anglais. Il existe des "systèmes scientifiques" de translitération pour ceux qui connaissent assez l'arabe pour s'en sortir, mais nuls pour les autres. J'orthographie mes noms n'importe comment, pour montrer à quel point ces systèmes sont ineptes."

fait que les Français et les Anglais aient exercé une grande influence (sans que ces derniers n'aient "vaincu" les premiers dans l'Égypte moderne) a entraîné toutes sortes de conceptions sur la transcription. Le taux élevé d'analphabétisme dans le pays n'arrange pas les choses. Aussi ne soyez pas déconcerté si vous remarquez une demi-douzaine d'orthographes différentes pour désigner la même chose.

Les lettres "q" et "k" ont souvent été interchangées dans leur transcription, comme le mot Iraq également orthographié Irak, *souq* (marché), souvent écrit "souk", *qasr* (château) parfois écrit "kasr" ou encore Doqqi, souvent écrit Dokki, le faubourg du Caire, que les Égyptiens prononcent en réalité Do'i, par suite de leur habitude d'avaler la lettre "q". C'est comme s'il fallait orthographier le français tel qu'il est parlé de Marseille en Alsace, en passant par les banlieues et les campagnes !

Salutations et civilités

Il existe tout un code des salutations, plus complexe qu'en français. Dire simplement "bonjour" s'exprime différemment selon le contexte et le moment. Chaque type de salutation exige une réponse qui varie elle aussi selon que l'on s'adresse à un homme, à un femme ou à un groupe.

Bonjour
  salām 'alēkum
  (litt. : "la paix soit avec vous")
(en réponse)
  wa 'alēkum es salām
  (litt. : et que la paix soit avec vous)
Bonjour/bienvenue
  ahlan wa sahlan
(en réponse)
  ahlan bīk (à un homme)
  ahlan bīkī (à une femme)
  ahlan bīkum (à un groupe)
Ravi(e) de vous rencontrer (lors d'une première rencontre)
  tasharrafna (poli)
  fursa sa'īda (informel)
Bonjour (le matin)
  sabāH al-khēr
(en réponse)
  sabāH an-nūr
Bonsoir
  misa' al-khēr
(en réponse)
  misa' an-nūr
Bonne nuit
  tisbaH 'ala khēr (à un homme)
  tisbaHī 'ala khēr (à une femme)
  tisbaHu 'ala khēr (à un groupe)
(en réponse ; également utilisé pour "Bon après-midi" en fin d'après-midi)
  wenta bikhēr (à un homme)
  wentī bikhēr (à une femme)
  wentù bikhēr (à un groupe)
Au revoir
  ma'as salāma (litt. : allez en sécurité)

Mots et formules utiles

En arabe égyptien, il existe trois manières de dire "s'il vous plaît" ou "je vous prie", chacune adaptée à un contexte différent.

Pour demander quelque chose à un commerçant, dites : *min fadlak* (à un homme), *min fadlik* (à une femme) ou *min fadlukum* (à un groupe).

Dans une situation similaire, mais pour donner plus de poids à votre demande (pour attirer, par exemple, l'attention d'un serveur), dites : *law samaHt* (à un homme), *law samaHtī* (à une femme), *law samaHtu* (à un groupe).

Si vous offrez quelque chose à quelqu'un, par exemple une chaise ou une place dans le bus, ou si vous invitez quelqu'un chez vous ou à partager un repas, dites : *tfaddal* (à un homme), *tfaddalī* (à une femme) *ou tfaddalū* (à un groupe).

Les mêmes mots commençant par "i" (tel que *itfaddal*) peuvent s'employer pour exprimer presque la même chose ou "Je vous en prie, allez-y" (et faites quelque chose).

Excusez-moi
  'an iznak, esmaHlī (à un homme)
  'an iznik, esmaHīlī (à une femme)
  'an iznukum, esmaHūlī (à un groupe)

Merci
shukran
Merci beaucoup
shukran gazīlan
Non merci
la' shukran
Soyez le bienvenu
'afwan, al-'affu
Oui
aywa
na'am (plus formel)
Non
la'
Pardon
'assif

Pour faire un brin de conversation

Comment allez-vous ?
izzayyak ? (à un homme)
izzayyik ? (à une femme)
izzayyukum ? (à un groupe)
Je vais bien
kwayyis ilHamdu lillah (à un homme, litt. : bien grâce à Dieu)
kwaysa ilHamdu lillah (à une femme)
kwaysīn ilHamdu lillah (à un groupe)

(Seuls *kwayyis*, *kwaysa* et *kwaysīn* signifient littéralement "bien" ou "bon", mais on les utilise rarement ainsi en réponse à la formule "Comment allez-vous ?")

Quel est votre nom ?	*ismak ēh ?* (à un homme)
	ismīk ēh ? (à une femme)
Mon nom est…	*ismī...*

Allemagne	*almanya*
Belgique	*bilja*
Canada	*kanada*
Espagne	*isbanya*
France	*fransa*
Hollande	*holanda*
Italie	*itāliyya*
Suisse	*swīsra*

Un mot utile à connaître est *imshī,* qui signifie "allez-vous en". Utilisez-le quand vous êtes assiégé par les enfants près de pyramides ou d'autres sites touristiques, mais ne l'employez pas vis à vis des adultes, dites simplement *la' shukran* ("non merci").

Difficultés de langage

Je comprends	*ana fāhem*
Je ne comprends pas	*ana mish fāhem*
Parlez-vous…	*enta bititkallim* (à un homme)
	entī bititkallimī (à une femme)
français ?	*fransāwī ?*
anglais ?	*inglīzī ?*

Pour voyager

A quelle distance se trouve…?
kam kilo li…?
Je veux aller à…
ana 'ayiz arūH…
Combien y a-t-il de bus par jour pour…?
kam otobīs fil yōm yerūH…?
Est-ce que ce bus va à…?
al-otobīs da yerūH…?
Quel bus va à…?
otobīs nimra kam yerūH…?
Quel est le tarif pour…?
bikam at-tazkara li…?

Dites-moi s'il vous plaît quand nous arrivons à…
min fadlak, ullī emta Hanūsel…

Arrêtez-vous ici, s'il vous plaît.
wa'if/hassib hena, min fadlak
Attendez-moi s'il vous plaît.
mumkin tantazarnī
Puis-je/m'asseoir ici ?
mumkin eglis/neglis hena ?
Attendez !
istanna !

Quand est-ce que le…
part/arrive ?
emta qiyam/wusuul…?

bus	*al-otobīs*
train	*al-'atr*
bateau	*al-markib*
ferry	*ma'atiya*

Où se trouve...?	*fein...?*
l'aéroport	*matār*
la gare routière	*maHattat al-otobīs*
la gare ferroviaire	*maHattat al-'atr*
le guichet	*maktab at-tazāker*
la rue	*ash-shāri'*
la ville	*al-medīna*
le village	*al-qarya*
l'arrêt du bus	*maw'if al-otobīs*
la gare	*al-maHatta*

Où puis-je louer un(e)… ?
fein e'aggar ...?

bicyclette	*'agala*
bateau	*markib*
voiture	*sayyāra/'arabiyya*
dromadaire	*gamal*
âne	*Humār*
cheval	*Husān*

Directions

Où se trouve l'hôtel... ?	*fein al-funduq... ?*

Pouvez-vous m'indiquer le chemin pour l'hôtel... ?
mumkin tewarrīnī at-tarīqlil-funduq... ?

où	*fein*
ici	*hena*
là-bas	*henek*
cette adresse	*al-'anwān da*
nord	*shimāl*
sud	*ganūb*
est	*shark*
ouest	*gharb*

En ville

Où se trouve(nt)… ?	*fein... ?*
la banque	*al-bank*
le coiffeur	*al-Hallē'*
la plage	*al-plā/ash-shaata*
la citadelle	*al-'ala*
l'ambassade	*as-sifāra*
les toilettes pour femme	*twalēt al-Harīmī*
les toilettes pour hommes	*twalēt ar-ragel*
le marché	*as-sūq*
le monastère	*dēr*
la mosquée	*al-gāme'*
le musée	*al-matHaf*
la vieille ville	*al-medīna/ al-'adīma*
le palais	*al-'asr*
le commissariat de police	*al-bolīs*
la poste	*al-bōsta/maktab al-barīd*
le restaurant	*al-mat'am*
la synagogue	*al-ma'bad al-yehūdī/al-kinees*
l'université	*al-gam'a*
le zoo	*Hadīqat al-Haywān*

Argent

Les Égyptiens disposent de tout un choix de mots pour désigner leur monnaie et ils s'en servent dans la plupart des transactions quotidiennes.

Livre	*guinay*
1/2 livre (50 pt)	*nuss guinay*
1/4 livre (25 pt)	*ruba' guinay*
20 pt	*riyal*
10 pt	*barisa*
5 pt	*shilling*

Je voudrais changer…	*ana 'ayiz usarraf...*
de l'argent	*fulūs*
des chèques de voyage	*shīkāt siyaHiyya*

$US	*dolār amrikānī*
FF	*fran fransāwī*
DM	*mārk almānī*

Hébergement

Je voudrais voir les chambres	*awiz ashūf al-owad*
Puis-je voir d'autres chambres ?	*mumkin ashūf owad tānī ?*
Quel est le prix de la chambre pour une nuit ?	*kam ugrat al-odda-bil-laila ?*
Avez-vous des chambres moins chères ?	*fī owad arkhas ?*
C'est trop cher	*da ghālī 'awī*

Ça va bien	*da kwayyis*
air conditionné	*takyīf hawa*

Achats

Où puis-je acheter… ?	*fein mumkin ashtirī...?*
Combien coûte ce/cette… ?	*bikam da ...?*
C'est trop cher	*da ghālī 'awī*
Avez-vous… ?	*fī 'andak ...?*

Temps et dates

Quelle heure est-il ?	*sā'ah kam ?*
Quand ?	*emta?*
jour	*yom*
mois	*shaher*
aujourd'hui	*el nharda*
demain	*bokra*
semaine	*esbuwa*
année	*sana*
hier	*mberrah*
tôt	*badrī*
tard	*mut'akhar*
tous les jours	*kull yōm*

Dimanche	*(yōm) al-aHadd*
Lundi	*(yōm) al-itnīn*
Mardi	*(yōm) at-talāt*
Mercredi	*(yōm) al-arba'a*
Jeudi	*(yōm) al-khamīs*
Vendredi	*(yōm) al-gum'a*
Samedi	*(yōm) as-sabt*

Dans l'est de l'Égypte, on se réfère non seulement au calendrier hégirien, mais aussi au calendrier grégorien. Les noms des mois en arabe égyptien sont facilement compréhensibles car ils ressemblent beaucoup à leurs équivalents européens.

Janvier	*yanāyir*
Février	*fibrāyir*
Mars	*māris*
Avril	*abrīl*
Mai	*māyu*
Juin	*yunyu*
Juillet	*yulyu*
Août	*aghustus*
Septembre	*sibtimbir*

Nombres

Attention à ne pas confondre les chiffres dont les symboles se ressemblent d'une langue à l'autre. Prêtez aussi particulièrement attention à l'ordre des mots dans les nombres de 21 à 99.

0	٠	*sifr, zero*
1	١	*wāHid*
2	٢	*itnein*
3	٣	*talāta*
4	٤	*arba'a*
5	٥	*khamsa*
6	٦	*sitta*
7	٧	*sab'a*
8	٨	*tamanya*
9	٩	*tis'a*
10	١٠	*'ashara*
11	١١	*Hidāshar*
12	١٢	*itnāshar*
13	١٣	*talattāshar*
14	١٤	*arba'tāshar*
15	١٥	*khamastāshar*
16	١٦	*sittāshar*
17	١٧	*saba'tāshar*
18	١٨	*tamantāshar*
19	١٩	*tisa'tāshar*
20	٢٠	*'ishrīn*
21	٢١	*wāHid wi 'ishrīn*
22	٢٢	*itnein wi 'ishrīn*
30	٣٠	*talatīn*
40	٤٠	*arba'īn*
50	٥٠	*khamsīn*
60	٦٠	*sittīn*
70	٧٠	*sab'īn*
80	٨٠	*tamanīn*
90	٩٠	*tis'īn*
100	١٠٠	*miyya*
101	١٠١	*miyya wi wāHid*
110	١١٠	*miyya wi 'ashara*
1000	١٠٠٠	*'alf*
2000	٢٠٠٠	*'alfein*
3000	٣٠٠٠	*talattalāf*
4000	٤٠٠٠	*arba'talāf*
5000	٥٠٠٠	*khamastalāf*

Nombres ordinaux

premier	*'awwal*
deuxième	*tānī*
troisième	*tālit*
quatrième	*rābi'*
cinquième	*khāmis*

Octobre	*'uktoobir*
Novembre	*nufimbir*
Décembre	*disimbir*

Pour la liste des mois du calendrier hégirien, voir la rubrique *Jours fériés et manifestations culturelles* du chapitre *Renseignements pratiques*.

Santé et urgences

J'ai besoin d'un médecin	*'awiz doktōr*
Où se trouve l'hôpital ?	*fein el mustashfa ?*
Mon ami(e) est malade	*sadīqi 'ayan*
J'ai la tête qui tourne	*ana dayikh*
Je suis allergique (à/aux…)	*'andī Hasasiyya (dodd…)*
antibiotiques	*el entībiyotik*
pénicilline	*el binisilīn*
Je suis…	*'andī...*
asthmatique	*hasāsiyya fi sadri*
diabétique	*marad es sukkar*
épileptique	*marad es sar'*

accident	*Hadsa*
antiseptique	*mutahhir*
aspirine	*asbirin*
sparadrap	*blāstir*
préservatifs	*kabābīt*
diarrhée	*is-hāl*
fièvre	*sukhūna*
mal à la tête	*sudā'*
hôpital	*mustashfa*
pharmacie	*agzakhana*
enceinte	*Hāmel*
ordonnance	*roshetta*
serviettes hygiéniques	*napkins*
mal à l'estomac	*waga' fil batn*
tampons	*hifāz al-'āda al-shahriyya*

Glossaire

abd – serviteur, servante de
abeyya – robe de femme
abu – père, saint
ahwa – café
ain – puits, source

bab – porte
bahr – rivière
bakchich – pourboire
baladi – local, rural
barque solaire – bateau en bois placé dans le tombeau du pharaon ou à proximité. C'était l'embarcation symbolique servant à transporter le défunt dans son voyage sur la mer de la mort jusqu'au Royaume des Morts pour être jugé devant Osiris et pour son passage final dans l'après-vie éternelle
bawwab – portier
beit – maison
bey – terme de respect
bir – source, puits
birket – lac
burg – tour

caliphe – souverain islamique (également écrit khalif)
canopes (vases) – urnes funéraires en terre contenant les viscères (foie, estomac, poumon, intestin) embaumés du pharaon momifié
caravanserai – caravansérail, c'est-à-dire auberge pour les marchands
cartouche – figure oblongue entourant les *hiéroglyphes* des noms royaux ou divins
cénotaphe – tombeau symbolique, temple ou lieu de culte complémentaire du lieu de sépulture effectif du pharaon
chapiteau – sommet, partie décorée d'une colonne
chicha – pipe à eau

dahabiyya – bateau aménagé en habitation
darb – piste, rue
deir – monastère, couvent

eid (ou aïd) – festin, fête
emir – souverain islamique, chef militaire ou gouverneur
ensemble funéraire – lieu du dernier repos d'un pharaon. Il comprenait habituellement : une pyramide qui était le tombeau du roi auprès duquel étaient entreposés tous ses biens domestiques, ses vêtements et ses trésors ; un temple funéraire érigé du côté est de la pyramide et destiné au culte du pharaon défunt ; des fosses pour les *barques solaires* ; un temple de la vallée sur les rives du Nil où l'on procédait à la momification ; et une chaussée massive menant du fleuve à la pyramide

fausse porte – porte factice représentée à moitié ouverte sur la paroi d'un tombeau pour permettre à l'esprit du pharaon, le *ka* ou énergie vitale, d'aller et venir à volonté
fellaheen – les paysans ou ouvriers agricoles qui constituent la majorité de la population égyptienne. Fellaheen signifie littéralement "laboureur" ou "homme de la terre"
filous – argent
finial – la partie supérieure d'un minaret
fitir – une sorte de pizza avec une base en pâte feuilletée
foul – purée de fèves que l'on mange généralement à l'aide d'un morceau de pain

galabiyya – robe longue portée par les hommes
gebel – montagne ou chaîne montagneuse
gezira – île
guinay – livre (monnaie)

hajj – pèlerinage à La Mecque. Tous les musulmans doivent faire ce pèlerinage au moins une fois dans leur vie
hammam – bains
hantour – voiture à cheval
haramlik – quartier des femmes
Heb-sed (fête du) – fête jubilaire qui avait lieu après trente ans de règne d'un

pharaon puis ensuite tous les trois ans. Ces cérémonies qui célébraient le rajeunissement royal se déroulaient sur cinq jours
Heb-sed (course du) – remise en scène traditionnelle du couronnement du pharaon durant la fête du Heb-sed. Le roi s'asseyait d'abord sur le trône de la Haute-Égypte puis ensuite sur le trône de la Basse-Égypte pour symboliser l'unification du pays et le renouveau de son règne
hiéroglyphes – écriture des anciens Égyptiens qui se servaient d'images ou de symboles pour représenter les objets, les mots ou les sons
hypostyle (salle) – salle dont le plafond est supporté par des colonnes

iconostase – cloison comportant des portes et des rangées d'icônes dans les églises chrétiennes orientales
imam – homme instruit dans l'islam et qui fait souvent office de *muezzin*
ithyphallique – se dit d'une statue de dieu ou de pharaon dont le phallus est en érection (généralement utilisé en référence au dieu Min). C'est un signe de fertilité
iwan – salle voûtée ouvrant sur une cour centrale, dans la *madrasa* d'une mosquée

ka – esprit, ou "double", d'une personne vivante qui conquiert sa propre identité à la mort de cette personne. La survivance du ka exigeait, toutefois, la persistance du corps, d'où la momification. Le ka était aussi l'énergie vitale émanant d'un dieu et transférée par le pharaon à son peuple
khamseen – vent chaud du désert Occidental
khan – autre nom pour un caravansérail
khanqah – monastère soufi
khédive – vice-roi égyptien sous la souveraineté ottomane (1867-1914)
khwaga – étranger
kineesa – église
kubri – pont
kuttab – école coranique

Livre des Morts – anciennes formules théologiques, ou hymnes, qui ont donné lieu à de superbes peintures et gravures sur les parois des tombeaux
lotus – nénuphar blanc considéré comme sacré dans l'Égypte ancienne

madrasa – école où l'on enseigne la loi islamique
mahatta – gare
makwagee – blanchisseur
mammisi – maison de l'accouchement. Dans ces petits temples ou chapelles érigés à proximité du temple principal avaient lieu les rituels accompagnant la naissance divine du roi vivant. Les pharaons étaient considérés comme des incarnations du dieu-faucon Horus
mashrabiyeh – panneau ou grillage en bois sculpté caractéristique de l'architecture islamique
Misr (ou masr) – Égypte (signifie également Le Caire)
mastaba – du mot arabe "estrade", désigne une structure en brique de terre placée au dessus des tombes et à partir de laquelle furent développées les pyramides
matar – aéroport
midan – place dans une ville
mihrab – niche dans le mur d'une mosquée qui indique la direction de La Mecque
minbar – chaire dans une mosquée
moulid – fête célébrant la naissance d'un saint local ou autre saint personnage
muezzin – personne chargée officiellement d'appeler à la prière cinq fois par jour du haut du minaret de la mosquée
mugzzabin – fidèles *sufi* qui participent à des *zikr* afin de parvenir à l'unité avec Allah

natron – carbonate hydraté de sodium qui se trouve sous forme de cristaux blanchâtres dans les dépôts salins et les lacs salés et qui sert de conservateur naturel. Dans l'Égypte ancienne, on l'utilisait pour la momification en y plongeant le cadavre afin de le dessécher
nilomètre – puits descendant dans le Nil et contenant une colonne centrale graduée. Ces graduations servent à mesurer le niveau du fleuve, en particulier en période de crue
nome – division administrative ou province de l'Égypte ancienne, introduite

durant l'Ancien Empire. Il y avait 22 nomes en Haute-Égypte et 20 en Basse-Égypte

obélisque – monument de l'Égypte ancienne qui consistait en une pierre levée monolithique à base quadrangulaire et taillée en forme de pyramide, souvent dorée à la pointe. Les obélisques étaient habituellement en granite rose et placés par deux à l'entrée d'une tombe ou d'un temple. Un obélisque seul faisait parfois l'objet d'un culte
Opet (fête de) – cérémonies qui se déroulaient à Louxor (Thèbes) pendant la saison des inondations du Nil. Les statues de la triade thébaine (Amon, Mout et Khonsou) étaient alors transportées par le fleuve du temple de Karnak au temple de Louxor pour participer aux festivités
oud – sorte de luth

pacha – seigneur. Terme souvent utilisé aussi de façon plus générale pour désigner une personne ayant un rang
porphyre – du grec *pophuritês* (pourpre), roche de couleur pourpre très résistante à l'érosion. De nombreux sarcophages étaient faits en porphyre
pylône – porte monumentale à l'entrée d'un temple

qa'a – salle de réception
qala'a – forteresse
qasr – palais

ramadan – neuvième mois du calendrier lunaire islamique durant lequel les musulmans jeûnent du lever au coucher du soleil
ras – cap, promontoire

sabil – fontaine publique d'eau potable
sarcophage – immense cercueil en pierre ou en marbre dans lequel étaient placés d'autres cercueils en bois abritant la momie du pharaon ou de la reine
scarabée – bousier considéré comme sacré dans l'Égypte ancienne et représenté sur des amulettes ou dans les hiéroglyphes en tant que symbole du dieu-soleil Rê
serapeum – réseau de galeries souterraines construites comme tombeaux pour les bœufs sacrés d'Apis momifiés ; le plus important temple du dieu gréco-égyptien Serapis
serdab – réduit secret dans un tombeau, ou pièce en pierre en face de certaines pyramides, abritant un cercueil contenant une statue du roi défunt de taille humaine et d'apparence vivante. Les serdab avaient pour fonction de permettre au *ka* du pharaon de communiquer avec le monde extérieur
shadouf – roues à eau servant pour l'irrigation
shai – thé
sharia – route ou voie en arabe
Shari'a – loi islamique, l'essentiel de la doctrine qui règle la vie des musulmans
sharm – baie
souk – marché
speos – tombeau ou chapelle creusé dans le rocher
stele (pl. : stelae) – dalle ou colonne commémorative en pierre ou en bois ornée d'inscriptions ou de figures
Soufi – adepte d'un des ordres mystiques islamiques qui accordent une grande importance à la danse, au chant et aux transes pour atteindre l'unité avec Dieu

ta'amiyya – boulettes frites à base de purée de pois chiche et d'épices que l'on fourre généralement dans un morceau de pain, avec de la salade et du tahina
tabla – petit tambour qui se tient à la main
tarbouche – couvre-chef que l'on appelle ailleurs un fez
Textes des pyramides – peintures et reliefs sur les parois des salles intérieures et des chambres funéraires des pyramides ainsi souvent que sur les sarcophages eux-mêmes. Ces textes rappelaient les cérémonies funéraires du pharaon ainsi que les rituels du temple, les hymnes vitaux pour le passage dans l'autre vie et, parfois, des événements majeurs de sa vie
towla – backgammon ou jacquet

ulema – groupe d'érudits ou de chefs religieux musulmans ; un membre de ce groupe
umm – mère de

uræus – cobra se redressant vers l'arrière avec le capuchon gonflé, associé à la déesse Renenutet. Ce symbole, le plus caractéristique de la royauté égyptienne, figurait sur la couronne ou la coiffe du pharaon. Ce serpent sacré crachant du feu était un agent de destruction et le protecteur du roi

wadi – cours d'eau du désert asséché sauf durant la saison des pluies
waha – oasis
wikala – autre nom pour caravansérail
zikr – longues séances au cours desquelles les *mugzzabin* soufis chantent, dansent et tournoient pour atteindre l'unité avec Dieu

Remerciements

Merci à tous les voyageurs qui ont pris le temps et la peine de nous écrire leurs expériences en Égypte.

Vistor Abrash, Sabah Akbar, Colin Allin, Tim Allratt, Dan Andrews, Bob Applebaum, Maggie Armstrong, Ian Ashbridge, Fares Abdel Aziz, Carminia Banares, Melinda Banki, Danielle Baron, Stephen Bateson, Anita Batistic, AJ Beekman, Sue Bellamy, Connie J Bennett, Patricia Bernard, A Biery, Jan Blazek, Eric Blyboon, Jacqui Boardman, Harry Boehme, Gwen Boelems, Bonki et Andi Bonin, Eric Boudin, Oliver Bradley, Kim Brattinga, Sonja Bregman, BJ Gidon Bromberg, Michelle Bromley, Daniel Brons, Andeas Bruckmeier, Todd Bryan, Geoff Budd, Luc Buseyne, Jonathon Butchard, Paola Buzi, Tina Calov, Mark Cameron, Rees Cameron, M Caroe, Deborah Carr, Michael Carroll, Tom Cauchon, Ken Chamberlain, Patrick et Beryl Chambers, Jon Chion, Kwok Chor-ying, G Chow, Stephen Chubb, Ann Clark, Rodney et Rosemary Clark, Sylvia Clark, Amy Clifton, Alice Coelho, Basil Condos, Eric Cooper, Colin Cotterill, Jeff Crandall, Amanda Cranmer, A Cressaty, Vanessa Cross, Anne Croxford, Megan Curtis, Warren Da Costa, Lee D'Alterio, Isobel Dams, Susan Daniels, RAH Davies, Simon Davies, Melanie Delieu, Peter Denby, Patrick Dennis, Spencer Denyer, Mieke Denys, Kari Dolezal, Mike Dolota, M Donahue, Shirley Doss, Sheri Stanford Driver, AL Duffy, Audrey Duffy, Yvonne Duncan, Laura Dunham, David Dunkley, Rosemary Dunning, Phil Dunnington, Greg Eastwood, Amro Elio, Erwin van Engelen, Andreas Engelmayer, Coenoden Engelsman, Michael Esinger, Tim Eyre, Marc Fabien, Tammy Fellin, Robyn Ferguson, Marc Ferroud-Plattet, Scott Fincham, Jonah Fisher, Marilyn Flax, Sulveigh Ford, John Fowler, Ellen Frankel, Ines Freuz, P Wayne Frey, Per-Axel Frielingsdorf, Simon Froehling, Adam Fry, Dave Fuller.

Michelle Gallagher, Belinda Gaskell, EPG Gearon, Stefan Gerke, Helen Gibbs, Mark Giddens, Maria Gil, Richard Gillingham, Angela Godfrey, David Goldberg, Leigh Goldstein, Wolf Gotthilf, Louise Goulding, Nadia Graham, John Grainger, Alexander Groenewege, Xavier Gros, Jana Hamplova, Marisa Handler, David Hannam, Amanda Harvey, Mike Hayes, Andrew Hecht, Eric et Patricia M Hicks, Karsten Hilbert, Lana Hinton, Andrew Hirsch, Cynthia Holmes, Melainie Holten, David Hooper, Vita Hribar, Petr Hruska, Andrew Hubbard, A Hurley, Candi Hutchison, PJ Hyland, Ameer Ibrahi, Jan Iversen, Keith G Jackson, Thomas Jacobs, Barbara et Pete Jeene, Meg Jolliffe, Margie Jones, Malene Jorgensen, Julie Anne Justus, Catherine Kean, Kate Keen, AA Kelly, Dave Kento, Prof Hanan J Kisch, Willem Klaassen, Heidi Klaschka, Alexander Klupp, John Knight, Andrea Koeninger, Kostya et Sasha, Mike Krosin, Arthur van der Laak, Nadya Labib, Alexandra Lang, Tony Lattari, Paul Lau, Luc Lauwers, Brenda Lee, Darren Lee, Joanne Lee, Lucien Lefranc, Gina Lennox, Veerle Libberecht, Simon Lim, Jenny Linde, Eric Linder, Daniel Lindhagen, Fabrizio Loschi, T Lout, Hans Lubbinje, Jamie Maler, Yasser Mamdouh, M Marchini, Cheinan Marks, Jean-Denis Martin, Neil Masey, Richard Maurice, Jason McGrath, Maureen McGuire, James McKechne, Jane McKenzie, Chelsea McKinny, Kuwakubo Megumi, Stefan Meier, Mari Mellum, S et M Merz-Kubesch, Sarah Michael, Michael Middleton, Sharon Midge, Fizh Mike, Ian Millard, Gilbert Moase, Mario Moeller, Amanda Mohabir, Toni Mooy, Steffi Morjan, Robert Morris, Mohamed Moseilhy, Dietrich Mulder, Samuel Mullerstraat, Franklin Murillo, Carol et Sean Murphy, Phil Murphy, Randy Nelson, Ben Nicholls, Stuart Norgrove, Pat O'Brien, Caren Ogland, Amanda O'Neill, Valentina Othmacic, Jennifer Parkes, Wendy Parnell, James Parsons, Alesandro Pascale, Bostjan Payntan, Pieter Peeters, Jimmy Pegg, Stepan Peichl, Daniel Pfund, Nick Picton, Véronique Pion, Anna Plandiura Riba, Shirley Porsche, Matthew Price, Tony Pringle, Leon Punt, Marie-Lise Quaradeghini, Ambrogio Radaelli, Zeena Rasheed, Melissa Reid, Victoria Relf, Dr Mark Rembrandt, David Roberts, Jacob Rode, Brittany Rogers, Graham Rogers, Renatus Rohde, Pilar Rojo, David Rowe, Antony Sachs, Tarek Sadek, Sara et Massimiliano, Barbara Sawyer, Sam Schaeffer, Erica Sefton

Victor Sheahan, Thomas Siffer, Janna Silverstein, Amelia Simpson, Helen Simpson, BJ Skane, Richard Skilton, Bob Skinner, Alex Sky, Stuart Slater, Fiona Slaw, Judith Slot, Doris Smith, Rebecca Smith, Stephen Smith, Annette Snow, Andrea Solotar, Ricardo Sosa, Steve Sosa, Damien Spry, Carla Stacey, Rana J Standal, Niels Stougaard, Ida Strasser, Thorsten Strufe, Paul Stuart, Craig Summers, Mari Swanston, J Swinden, John Sylvester, Grant Tarliang, John M Taylor, Ruth Thompson, Alfred J Tinao, Gerhard Topfer, Monique Tortrat, Darin Triplett, Ramses Valvekens, Arlette Vanderheijden, Johan Verheyden, Vincent Vermeire, Sonan Janzan Vertregt, Hugo Vet, Sonya Virtu, Radim Vovesny.

Carl Wahlen, Louise Walker, Kevin Wall, Ron et Olga Wallace, Ayesha Walmsley, Chris Ward, Michael Ward, Lisa Warren, Phil Watmough, Marjan Weeda, Sheila Weinberg, Kathryn Weir, Izak Wessels, Kate Whittington, Kirsten Willoughby, Toni Wills, Diana Wilson, Jennifer P Wilson, Dan Wolf, Daniel Worsley, Faisal Yafai, Fran Yniguez, Paola Zancanaro, Jane Z Zhang, Hédi, Isabelle et Leïla Zitouni, Carolien van Zoest, Erik Zoonleif, Aleksandra Ztobinska, Daan Zuyderland, Jum Zwijnenburg.

LONELY PLANET

Guides Lonely Planet en anglais

Les guides de voyage Lonely Planet en anglais couvrent le monde entier. Six collections sont disponibles. Vous pouvez les commander dans toute librairie en france comme à l'étranger. Contactez le bureaux Lonely Planet le plus proche.

travel guide : couverture complète d'un ou de plusieurs pays, avec des informations culturelles et pratiques
shoestring : pour tous ceux qui ont plus de temps que d'argent
walking guides : un descriptif complet des plus belles randonnées d'une région ou d'un pays
guides pisces : un descriptif complet des plus belles plongées d'une région
phrasebooks : guides de conversation, des langues les plus usuelles aux moins connues, avec un lexique bilingue
travel atlas : des cartes routières présentées dans un format pratique
travel literature : l'âme d'un pays restituée par la plume d'un écrivain

---

EUROPE Amsterdam • Andalucia • Austria • Baltic States phrasebook • Berlin • Britain • Central Europe on a shoestring • Central Europe phrasebook • Crotia • Czech & Slovak Republics • Denmark • Dublin • Eastern Europe on a shoestring • Eastern Europe phrasebook • Estonia, Latvia & Lithuania • Europe • Finland • France • French phrasebook • Germany • German phrasebook • Greece • Greek phrasebook • Hungary • Iceland, Greenland & the Faroe Islands • Ireland • Italy • Italian phrasebook • Lisbon • London • Mediterranean Europe on a shoestring • Mediterranean Europe phrasebook • Paris • Poland • Portugal • Portugal travel atlas • Prague • Romania & Moldova • Russia, Ukraine & Belarus • Russian phrasebook • Scandinavian & Baltic Europe • Scandinavian Europe phrasebook • Slovenia • Spain • Spanish phrasebook • St Petersburg • Switzerland • Trekking in Spain • Ukranian phrasebook • Vienna • Walking in Britain • Walking in Italy • Walking in Ireland • Walking in Switzerland • Western Europe • Western Europe phrasebook
travel literature : The Olive Grove : Travels in Greece

AMÉRIQUE DU NORD Alaska • Backpacking in Alaska • Baja California • California & Nevada • Canada • Deep South • Florida • Hawaii • Honolulu • Los Angeles • Miami • New England • New England USA • New Orléans • New York City • New York, New Jersey & Pennsylvania • Pacific Northwest USA • Rocky Mountains States • San Francisco • Seattle • Southwest USA • USA • USA phrasebook • Vancouver • Washington, DC & The Capital Region
travel literature : Drive thru America

AMÉRIQUE CENTRALE ET CARAÏBES Bahamas and Turks & Caicos • Bermuda • Central America on a shoestring • Costa Rica • Cuba • Eastern Caribbean • Guatemala, Belize & Yucatan : La Ruta Maya • Jamaica • Mexico • Mexico City • Panama
travel literature : Green Dreams : Travels in Central America

AMÉRIQUE DU SUD Argentina, Uruguay & Paraguay • Bolivia • Brazil • Brazilian phrasebook • Buenos • Chile & Easter Island • Chile & Easter Island travel atlas • Colombia • Ecuador & the Galapagos Islands • Latin American (Spanish) phrasebook • Peru • Quechua phrasebook • Rio de Janeiro • South America on a shoestring • Trekking in the Patagonian Andes • Venezuela
travel literature : Full Circle : a South American Journey

LONELY PLANET

AFRIQUE Africa – the South • Africa on a shoestring • Arabic (Egyptian) phrasebook • Arabic (Moroccan) phrasebook • Cairo • Cape Town • Central Africa • East Africa • Egypt • Egypt travel atlas • Ethiopian(Amharic) phrasebook • The Gambia & Senegal • Kenya • Kenya travel atlas • Malawi, Mozambique & Zambia • Morocco • North Africa • South Africa, Lesotho & Swaziland • South Africa travel atlas • Swahili phrasebook • Trekking in East Africa • Tunisia • West Africa • Zimbabwe, Botswana & Namibia • Zimbabwe, Botswana & Namibia travel atlas
travel literature : The Rainbird : A Central African Journey • Songs to an african Sunset : A Zimbabwean Story • Mali Blues : Travelling to an African Beat

ASIE DU NORD-EST Beijing • Cantonese phrasebook • China • Hong Kong, Macau & Gangzhou • Hong Kong • Japan • Japanese phrasebook • Japanese audio pack • Korea • Korean phrasebook • Kyoto • Mandarin phrasebook • Mongolia • Mongolian phrasebook • North-East Asia on a shoestring • Seoul • South West China • Taiwan • Tibet • Tibetan phrasebook • Tokyo

ASIE CENTRALE ET MOYEN-ORIENT Arab Gulf States • Central Asia • Central Asia pharasebook • Iran • Israel & Palestinian Territories • Israel & Palestinian Territories travel atlas • Istanbul • Jerusalem • Jordan & Syria • Jordan, Syria & Lebanon travel atlas • Lebanon • Middle East on a shoestring • Turkey • Turkish phrasebook • Turkey travel atlas • Yemen
travel literature : The Gates of Damascus • Kingdom of the Film Stars : Journey into Jordan

OCÉAN INDIEN Madagascar & Comoros • Maldives • Mauritius, Réunion & Seychelles

SOUS-CONTINENT INDIEN Bangladesh • Bengali phrasebook • Bhutan • Delhi • Goa • Hindi/Urdu phrasebook • India • India & Bangladesh travel atlas • Indian Himalaya • Karakoram Highway • Nepal • Nepali phrasebook • Pakistan • Rajastan • South India • Sri Lanka • Sri Lanka phrasebook • Trekking in the Indian Himalaya • Trekking in the Karakoram & Hindukush • Trekking in the Nepal Himalaya
travel literature : In Rajasthan • Shopping for Buddhas

ASIE DU SUD-EST Bali & Lombok • Bangkok city guide • Burmese phrasebook • Cambodia • Hill Tribes phrasebook • Ho Chi Minh City (Saigon) • Indonesia • Indonesian phrasebook • Indonesian audio pack • Jakarta • Java • Lao phrasebook • Laos • Laos travel atlas • Malay phrasebook • Malaysia, Singapore & Brunei • Myanmar (Burma) • Philippines • Pilipino phrasebook • Singapore • South-East Asia on a shoestring • South-East Asia phrasebook • Thai phrasebook • Thai audio pack • Thai Hill Tribes phrasebook • Thailand • Thailand's Islands & Beaches • Thailand travel atlas • Vietnam • Vietnamese phrasebook • Vietnam travel atlas

AUSTRALIE ET PACIFIQUE Australia • Australian phrasebook • Bushwalking in Australia • Bushwalking in Papua New Guinea • Fiji • Fijian phrasebook • Islands of Australia's Great Barrier Reef • Melbourne • Micronesia • New Caledonia • New South Wales & the ACT • New Zealand • Northern Territory • Outback Australia • Papua New Guinea • Papua New Guinea (Pidgin) phrasebook • Queensland • Rarotonga & the Cook Islands • Samoa: American & Western • Solomon Islands • South Australia • Sydney • Tahiti & French Polynesia • Tasmania • Tonga • Tramping in New Zealand • Vanuatu • Victoria • Western Australia

ÉGALEMENT DISPONIBLE Antartica • Brief Encounter : Stories of love, Sex & Tracel • Chasing Rickshaws • Not the Only Planet : Travel Stories from Science Fiction • Travel with Children • Traveller's Tales

LONELY PLANET

Guides Lonely Planet en français

Les guides de voyage Lonely Planet en français sont distribués partout dans le monde, notamment en France, en Belgique, au Luxembourg, en Suisse et au Canada. Vous pouvez les commander dans toute librairie. Pour toute information complémentaire, contactez : Lonely Planet Publications – 1, rue du Dahomey, 75011 Paris – France.

Afrique du Sud • Amsterdam • Andalousie • Athènes et les îles grecques • Australie • Barcelone • Brésil • Californie et Nevada • Cambodge • Chine • Corse • Cuba • Guadeloupe et ses îles • Guatemala et Belize • Inde • Indonésie • Jordanie et Syrie • Laos • Lisbonne • Londres • Louisiane • Madagascar et Comores • Malaisie et Singapour • Maroc • Martinique, Dominique et Sainte-Lucie • Mexique, le Sud • Myanmar (Birmanie) • Namibie • Népal • New York • Pologne • Prague • Québec et Ontario • Réunion et Maurice • Rome • Sénégal • Sri Lanka • Tahiti et la Polynésie française • Thaïlande • Turquie • Vietnam • Yémen • Zimbabwe et Botswana

Beaux livres

Sur la trace des rickshaws

Livre anniversaire publié à l'occasion de nos 25 ans, "Sur la trace des rickshaws" est une enquête sur les pousse-pousses et les cyclo-pousses, véritables taxis du continent asiatique.

Par le truchement de l'image et du texte, cet ouvrage rend palpable l'univers méconnu des rickshaws et invitent à partager le quotidien de leurs conducteurs. Une sélection de plus de 200 photos éclatantes de couleur, tour à tour insolites ou poignantes, retrace le curieux périple à travers 12 villes d'Asie : Agra • Calcutta • Dhaka • Hanoi • Hong Kong •Jogjakarta • Macao • Manille • Pékin • Penang • Rangoon • Singapour.

En vente en librairie • Textes de Tony Wheeler et photographies de Richard I'Anson
195,00 FF - $C58.95 - UK£ 19.99 - US$ 34.95 - A$45.00

Le journal de Lonely Planet

Parce que vous nous envoyez quotidiennement des centaines de lettres pour nous faire part de vos impressions, nous publions chaque trimestre le Journal de Lonely Planet afin de vous les faire partager.

Un journal parsemé de conseils en tout genre avec un concentré d'informations de dernière minutes (passage de frontière, visas, santé, sécurité...), des sujets d'actualité et des discussions sur tous les problèmes politiques ou écologiques sur lesquels il faut s'informer avant de partir.

Le Journal de Lonely Planet est gratuit. Pour vous abonner, écrivez-nous :

Lonely Planet France – 1, rue du Dahomey – 75011 Paris France

LONELY PLANET

Lonely planet en ligne

www.lonelyplanet.com et maintenant www.lonelyplanet.fr

Avec près de 2 millions de visiteurs mensuels, le site de Lonely Planet est l'un des sites de voyage les plus populaires au monde.

La recette de son succès est simple : une équipe de 15 personnes travaille à plein temps à l'enrichir quotidiennement. Près de 200 destinations sont passées au crible (avec carte intéractive et galerie photos) afin de vous permettre de mieux préparer votre voyage. Vous trouverez également des fiches de mises à jour écrites par nos auteurs afin de compléter les informations publiées dans nos guides. Le site de Lonely Planet vous offre l'accès à un des plus grands forums, réunissant des centaines de milliers de voyageurs : idéal pour partager vos expériences, chercher des renseignements spécifiques ou rencontrer des compagnons de voyage. Les liens que nous suggérons vous permettent de découvrir le meilleur du net.

Pour facilier la tâche de nos lecteurs francophones, nous venons d'ouvrir un site en français : www.lonelyplanet.fr. Venez le découvrir et contribuer à sa qualité en participant notamment à son forum.

Élu meilleur site voyage par l'Express Magazine en décembre 98 (@@@@@).

***"Sans doute le plus simple pour préparer un voyage, trouver des idées, s'alanguir sur des destinations de rêve."* Libération**

Index

Texte

Les références des cartes sont en **gras**

Les références des cartes sont en **gras**